Lehr- und Handbücher der Politikwissenschaft

Herausgegeben von
Dr. Arno Mohr

Lieferbare Titel:

Regierungssystem der USA

Lehr- und Handbuch

Herausgegeben von
Prof. Dr. Dr. h.c. mult. Wolfgang Jäger,
Dr. Christoph M. Haas
und
Dr. Wolfgang Welz

3., überarbeitete und aktualisierte Auflage

Oldenbourg Verlag München Wien

Bibliografische Information der Deutschen Nationalbibliothek

Die Deutsche Nationalbibliothek verzeichnet diese Publikation in der Deutschen
Nationalbibliografie; detaillierte bibliografische Daten sind im Internet über
<http://dnb.d-nb.de> abrufbar.

© 2007 Oldenbourg Wissenschaftsverlag GmbH
Rosenheimer Straße 145, D-81671 München
Telefon: (089) 45051-0
oldenbourg.de

Lektorat: Wirtschafts- und Sozialwissenschaften, wiso@oldenbourg.de
Herstellung: Anna Grosser
Satz: DTP-Vorlagen der Herausgeber
Coverentwurf: Kochan & Partner, München
Gedruckt auf säure- und chlorfreiem Papier
Druck: Grafik + Druck, München
Bindung: Thomas Buchbinderei GmbH, Augsburg

ISBN 978-3-486-58438-7

Inhalt

Vorwort

Der nunmehr in dritter Auflage erscheinende Band ist als eine wissenschaftlich-systematische Einführung in das Regierungssystem der USA konzipiert. Er macht die besonderen Bedingungen des innen- und außenpolitischen Prozesses in den Vereinigten Staaten von Amerika für seine Leserinnen und Leser verständlich. Im Vordergrund der Betrachtungen stehen die Verfassungsordnung und die politischen Institutionen sowie die sie tragenden und beeinflussenden Kräfte. Aus politikwissenschaftlicher Perspektive editiert wendet sich das Lehr- und Handbuch nicht allein an die Studierenden und Dozierenden unseres Faches und der unserer Nachbardisziplinen, sondern an alle, die sich für das Thema interessieren.

Die positive Resonanz zu den ersten Auflagen bestärkte uns, die inhaltliche Struktur des Bandes für die vorliegende umfassende Überarbeitung im wesentlichen beizubehalten und unsere Autorinnen und Autoren auch für die Neuauflage zu bitten, ihre Beiträge unter der Zielsetzung zu verfassen, grundlegend in die verschiedenen Sachgebiete und Aspekte des politischen Systems der USA einzuführen. Die Darlegungen der Artikel werden durch zahlreiche Tabellen und Abbildungen unterlegt. Sie sollen ebenso wie der umfangreiche Apparat im Anhang eine wichtige Ergänzung für die Lektüre sein und die Arbeit mit dem Buch erleichtern. Jeder Beitrag schließt mit einer Auswahl der einschlägigen Fachliteratur, die ebenso Klassiker wie aktuelle Studien umfaßt und zur vertiefenden Beschäftigung einlädt. Themenbezogen werden zudem bei fast allen Beiträgen die wichtigsten Websites aufgeführt, die weiterführende Informationen insbesondere zu aktuellen Entwicklungen in der US-Politik bieten. Aus den Erfahrungen in der Lehre waren uns die Erweiterung des Glossars der Fachbegriffe der amerikanischen Politik und Politikwissenschaft sowie die Neueinfügung der US-Verfassung in englischer und deutscher Sprache ein wichtiges Anliegen.

Der Tod von Jürgen Heideking (1947-2000) und Winfried Steffani (1927-2000), die in den ersten beiden Auflagen die Kapitel zur Verfassung respektive dem Kongreß sowie der Gesetzgebung beitrugen, hat uns zutiefst erschüttert. Den Kernbestand und Geist ihrer Ausführungen zu bewahren, war das Ziel der Aktualisierung und Überarbeitung ihrer Artikel. Wir hoffen, damit einen Beitrag zu ihrem Andenken zu leisten.

Die Herausgeber bedanken sich bei den Autorinnen und Autoren für die fruchtbare und geduldige Zusammenarbeit. Für die tatkräftige Unterstützung bei den redaktionellen Arbeiten geht unser Dank an Björn Setzer und Markus B. Siewert. Dem Lektorat Wirtschafts- und Sozialwissenschaften des Oldenbourg-Verlags danken wir für die erneut reibungsfreie und unkomplizierte Abwicklung der Publikation.

Wolfgang Jäger   Christoph M. Haas   Wolfgang Welz

Tabellenverzeichnis

Abbildungverzeichnis

*Rita Schneider-Sliwa**

1   Die Sozialstruktur

1.1   Einwanderungsgesellschaft USA

Die USA sind von jeher ein Einwanderungsland gewesen. Schon mehr als zweihundert Jahre vor ihrer Gründung als Vereinigte Staaten waren die englischen Kolonien der Zufluchtsort von Zehntausenden von Menschen, die der Unfreiheit in ihrem Heimatland durch Auswanderung zu entgehen versuchten. Mit der Gründung der USA brachten die Angloamerikaner „die Gleichheit der Bedingungen in die Neue Welt [...]. Nie gab es bei ihnen Bürger und Adelige; die Vorurteile der Geburt waren dort ebenso unbekannt wie die des Berufes. Da der gesellschaftliche Zustand mithin demokratisch war, konnte die Demokratie mühelos ihr Reich errichten. Dieser Tatbestand ist aber keine Besonderheit der Vereinigten Staaten; fast alle Kolonien Amerikas sind durch Menschen gegründet worden, die unter sich gleich waren oder die es als Einwohner wurden" (Tocqueville 1985: 184). Mit Gründung der USA wurde also ein neues, freiheitliches Gesellschaftsideal als „government by the people, through the people and for the people" als Grundlage des politischen Staatssystems verankert. Da die USA dieses Gleichheitsideal noch vor der Französischen Revolution in einer Zeit verankerten, als es weltweit nur feudale Herrschaftsstrukturen gab, und da die amerikanische Verfassung von allen heute gültigen mit über zweihundert Jahren die älteste ist, boten sich die USA seit jeher als Testmodell an, um die Entwicklung von Gleichheit in der Gesellschaft zu studieren. Insbesondere seit Gründung der Nation steht die Einwanderungsgesellschaft USA auf dem Prüfstand, denn sie rühmte sich, „die Verfolgten dieser Welt" aufzunehmen und zog de facto Millionen von Menschen aus aller Welt an, die dem Mythos Amerika folgten.

Zwischen 1820 und 2004 wanderten fast 70 Mio. Menschen ein, die Zahl der illegal Eingewanderten oder der illegal eingeführten Sklaven nicht mitgerechnet (U.S. Department of Homeland Security/Office of Immigration Statistics: 5). Obwohl die USA nicht das einzige Ziel europäischer Auswanderer war, nahm sie doch überproportional viele auf, die Europa wegen Kriegen, politischer, religiöser oder ethnischer Verfolgung, wirtschaftlichen Mißernten und Hungersnöten verließen. Amerika bot vielleicht nicht direkt unbegrenzte Möglichkeiten, sondern zunächst einmal die Hoffnung auf eine Möglichkeit, seine wirtschaftliche Existenz in dem riesenhaften Land sichern zu können. Während in Europa zwischen 1800

---

* Der Beitrag ist eine Zusammenfassung der Kapitel 1, 5 und 6 aus Schneider-Sliwa 2005.

und 1900 die Bevölkerung um 187 Mio. auf 401 Mio. und in Asien von 522 Mio. auf 859 Mio. wuchs, waren die USA mit 9,6 Mio. um 1820, 23,2 Mio. um 1850 und 76,2 Mio. um 1900 ein vergleichsweise dünn besiedeltes Land, das realistischerweise Optionen für die Zuwanderer bot (U.S. Bureau of the Census 2005a: 8). Die Geschichte der Einwanderungsbewegungen und der Reaktion der amerikanischen Gesellschaft auf die Einwanderung zeigt jedoch deutlich, daß sowohl die Optionen als auch die Bedingungen für die Gleichheit aller in zunehmendem Maße schwanden. Die Geschichte der Einwanderung in den USA läßt sich in drei Phasen unterschiedlicher Handhabung der Migration unterteilen.

Während der „alten Einwanderung", der ersten aufgrund ihrer geringen Einwandererzahlen noch unregulierten Phase, betrug die Gesamtzahl der Puritaner, die von 1628 bis 1640 nach Massachusetts kamen, rund 20.000 jährlich. Diese Einwanderer prägten die gesellschaftlichen Leitbilder der USA, ihre Wertehaltungen, die gesellschaftlichen Normen einer vorherrschenden *White Anglo Saxon Protestant* (*WASP*) Kultur, die zum Maßstab der Bewertung der späteren gesellschaftlichen Entwicklungen wurde, weswegen diese Phase besonderer Aufmerksamkeit bedarf (siehe unten). Bis zum Ende des 18. Jahrhunderts waren rund 450.000 Einwanderer aus nord- und westeuropäischen Ländern nach Nordamerika gekommen. Nach 1815 begann die große, zwar noch unregulierte, jedoch statistisch schon sehr genau erfaßte Immigration. Diese dokumentierte von 1815 bis 1860 fast 5 Mio. Einwanderer und bis 1896 überwiegend Einwandererströme aus Nord- und Westeuropa, auch wenn sich deren Anteil zwischen 1820 und 1896 von 90 Prozent auf 55 Prozent verringert hatte. Bereits diese Phase ist sehr eng mit der Entwicklung von Xenophobie und politisch-nativistischen Bewegungen verbunden, die seit den 1840er Jahren und den großen irischen Einwanderungsströmen eine starke Gegenkraft gegen gewisse Einwanderungsgruppen und die vermutete „Überfremdung" aufzubauen versuchten und dabei auch militante Aktionen provozierten.

Die zweite, von einer Umschichtung der Einwanderungsströme gekennzeichnete „neue Einwanderung" ab 1890 brachte vorwiegend Ost- und Südosteuropäer ins Land, die den öffentlichen Debatten um Migration und das Fremdkulturelle weiteren Aufschwung gab. Waren um 1907 noch 76 Prozent der Einwanderer aus Süd-, Ost- und Südosteuropa sowie Kleinasien, darunter zwischen 1906 und 1910 1,5 Mio. Juden (im Vergleich dazu 1880 eine jüdische Gesamtbevölkerungszahl von 180.000), so wurden unter politischem Druck die Einwanderungszahlen zunehmend begrenzt und ab 1917 Restriktionen eingeführt, die zusammen mit den Einwanderungsgesetzen von 1921 und 1924 die Anteile der Personen aus diesen Ländern auf 3 Prozent jährlich der vor 1890 ohnehin verschwindend geringen Einwanderung reduzierten. Gegen die asiatische Einwanderung, die wegen des Baus der Kontinentaleisenbahnstrecken notwendig und teilweise angeworben worden war, wurde nach Beendigung der großen Streckenbauten 1882 das erste Einwanderungsverbot für Chinesen erlassen. Festzuhalten ist, daß der Aufstieg der USA zu der führenden industriellen Großmacht während der zweiten Einwanderungsphase nur möglich war, weil jene Millionen von überwiegend ungelernten Immigranten ins Land kamen, die durch Arbeit zu Niedrigstlöhnen die Expansion der Industrien möglich machten (Adams 1994; Adams 2000a; Adams 2000b). Als jedoch die Arbeit beendet war – etwa der Bau der Transkontinentalbahnen – und die chinesischen Arbeiter zu Konkurrenten auf dem amerikanischen Arbeitsmarkt wurden, schuf man entsprechende Gesetze, um die weitere Einwanderung zu verbieten (Tabelle 1-1).

Tabelle 1-1: Ethnische Gruppen und Schwerpunkte wichtiger Einwanderungsgesetze und -programme

1819	Bestimmung zur Erfassung von Einwanderern
1864	Verabschiedung eines Gesetzes zur Erleichterung der Einwanderung von Kontraktarbeitern (*Contract Labor Law*)
1868	De jure Verfassungswidrigkeit des Gesetzes erkannt
1875	Erste Bundesregelung zur Begrenzung der Einwanderung (Einwanderungsverbot für Sträflinge und Prostituierte)
1882	*Chinese Exclusion Act*, Bundesgesetz zur Begrenzung der Einwanderung von Chinesen
1882	Einwanderungsverbot für Geisteskranke und mögliche Sozialfälle; Kopfsteuer für Einwanderer
1883	De facto Abschaffung des *Contract Labor Law*
1891	Bundesregierung übernimmt die Steuerung der Einwanderung, Eröffnung des Einwanderer-Durchgangslagers Ellis Island, N.Y.
1903	Ausdehnung des Einwanderungsverbots für Polygamisten, Anarchisten und Radikale
1907	Erhöhung der Einwanderungssteuer; Ausdehnung des Einwanderungsverbotes für Personen mit körperlichen und geistigen Behinderungen, Tuberkulosekranke und elternlose Kinder
1917	Abkommen zwischen den USA und Japan zur Beschränkung der japanischen Einwanderung
1917	Einwanderungsverbot für Personen über 16 Jahre, die nicht Englisch lesen können, de facto Ausschluß der Einwanderung von Asiaten und Personen anderer Schriftkundigkeit; Ausnahme: religiös Verfolgte
1921	Einwanderungsbeschränkung für Europäer auf rd. 385.000. Einführung eines Quotensystems, 3 Prozent der 1910 in den USA jeweils ansässigen Nationalität werden aufgenommen
1924	*Johnson-Reed Act*, Begrenzung der jährlichen Quote auf 2 Prozent der 1890 jeweils ansässigen Nationalität; Beschränkung der europäischen Einwanderung auf jährlich 153.000, innerhalb der vorgegebenen Obergrenze kann eine Nationalität nach ihrem Anteil an der Gesamtbevölkerung von 1920 aufgenommen werden
1925	*Oriental Exclusion Act* verschärft die Beschränkungen gegen Einwanderer aus Gesamt-Asien
1930	Fortführung der strikten Einwanderungsregelungen
1942	Bracero-Abkommen zwischen Mexiko und den USA zur Einreise von Zeitarbeitern aus Mexiko
1943	Aufhebung des Einreiseverbotes für Chinesen
1946	*War Brides Act* zur Einwanderung von Ehegatten und Kindern amerikanischer Soldaten
1948	*Displaced Persons Act* zur Einwanderung von jährlich 205.000 Vertriebenen zusätzlich zur Quotenregelung
1950	Erhöhung der Vertriebenenquote auf 339.000
1952	*McCarran-Walter Immigration and Naturalization Act*, Eliminierung der Begrenzungen aufgrund von Rasse und Ethnie. Einführung einer nationalen Quote sowie eines Präferenzsystems für Familienangehörige und qualifizierte Berufsfachleute. Wirtschaftliche Bedürfnisse und Interessen des Landes als Auswahlkriterien, Quoten für qualifizierte Arbeitskräfte und Familienangehörige, jährliche Einwanderungshöchstgrenze 250.000 Personen. Beschränkung der asiatischen Einwanderung auf jährlich maximal 2000 je asiatischer Nationalität
1953	*Refugee Relief Act* zur Einwanderung von Flüchtlingen außerhalb der Kontingentierung
1957	*Refugee Escape Act*, Erleichterung der Einwanderung von Flüchtlingen
1960	*World Refugee Year Law*, erneute Erleichterung der Aufnahme von Flüchtlingen
1962	*Migration and Refugee Assistance Act*, zusätzliche Erleichterung der Aufnahme von Flüchtlingen

Quelle: Schneider-Sliwa, Rita, USA. Geschichte, Wirtschaft, Geographie, Politik. Darmstadt 2005, S. 108

Es begann die dritte Phase der „reglementierten Einwanderung". Den Anfang machte 1921 das Einwanderungsverbot für Japaner und die Einführung eines Quotensystems. Mit der Quotierung der Einwanderung auf 3 Prozent der Anteile an den jeweiligen Bevölkerungs-gruppen vor 1890 sank gleichzeitig auch die Zahl der Einwanderer von über 800.000 im Jahr 1921 auf weniger als 150.000 im Jahr 1930. Die Einwanderungsströme wurden nachhaltig verändert: Vom nord-, west- und mitteleuropäischen Anteil von nur noch 20,2 Prozent zwi-schen 1910 und 1914 und einem Anteil Ost- und Südosteuropäer von 79,8 Prozent wandelten sich die Anteile bis 1950 wieder auf 79,5 Prozent aus West-, Nord- und Mitteleuropa und nur noch 20,5 Prozent aus Ost- und Südosteuropa und stiegen erst nach 1963 wieder in Folge des Kalten Krieges und der Position der USA in Bezug auf den Ostblock auf 38,6 Prozent aus diesen Herkunftsgebieten (Abbildung 1-1).

Abbildung 1-1: Legale Einwanderung 1951-2004

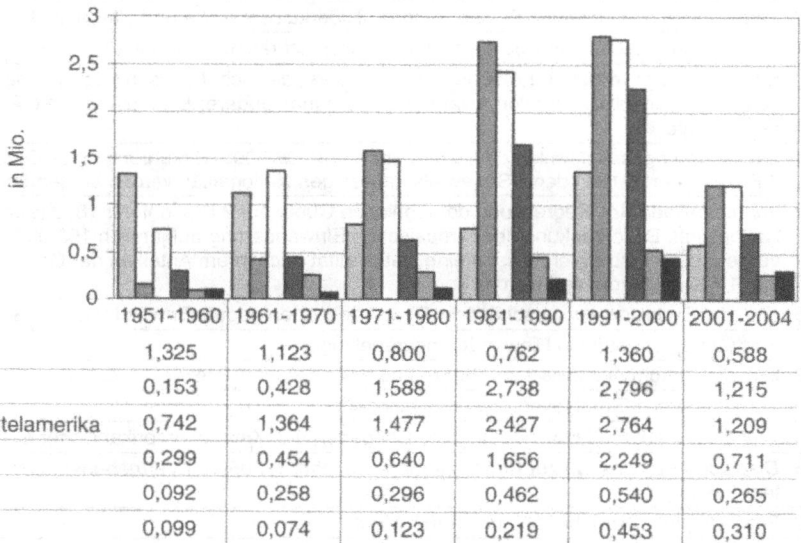

in Mio.	1951-1960	1961-1970	1971-1980	1981-1990	1991-2000	2001-2004
Europa	1,325	1,123	0,800	0,762	1,360	0,588
Asien	0,153	0,428	1,588	2,738	2,796	1,215
Nord- und Mittelamerika	0,742	1,364	1,477	2,427	2,764	1,209
Mexiko	0,299	0,454	0,640	1,656	2,249	0,711
Südamerika	0,092	0,258	0,296	0,462	0,540	0,265
Andere	0,099	0,074	0,123	0,219	0,453	0,310

Quelle: U.S. Department of Homeland Security/Office of Immigration Statistics, 2004 Yearbook of Immigration Statistics, Washington, D.C. 2006, S. 7 f.

Obwohl die Quotierung von Einwanderern mit dem Prinzip der Gleichheit des ursprünglich gewählten Gesellschaftsideals nicht vereinbar war, hielten die USA daran fest, auch als sich humanitäre Erwägungen z. B. bei den Verfolgten des NS-Regimes angeboten hätten. Die strengen Einwanderungsbestimmungen wurden in dieser Zeit nicht gelockert, sondern es wurde nur einem Minimum an Einwanderern die Aufnahme gewährt. Auch die nach der Reichspogromnacht international bekannt gewordene Verfolgung der Juden wurde nicht zum Anlaß genommen, die Quotenregelung zu entschärfen. Die schon in den 1910er Jahren ge-führte öffentliche Debatte über die jüdische Einwanderung wurde auch während den 1930er Jahren geführt und in den Kontext der 10 Mio. Arbeitslosen in den USA gestellt, gestärkt durch rechtsextreme Verbände, aber auch eine breite Öffentlichkeit, die Restriktionen gegen jüdische Einwanderung unterstützte und selbst einen Kongreßantrag von 1939 zum Scheitern brachte, 20.000 jüdische Kinder über die Quotenregelung hinaus aufzunehmen (Dinnerstein/Reimers 1988: 80 f.). Ressentiments gegen die als fremdkulturell empfundene Bevölkerungssegmente führten während der Kriegszeit auch zur Internierung von 110.000 Bürgern japanischer Abstammung, die unter großen Entbehrungen in Lagern gefangen gehalten wurden und erst Jahrzehnte später Wiedergutmachung von der amerikanischen Regierung einfordern konnten.

Die auf Ländern beruhende Quotenregelung wurde erst durch die Einwanderungsgesetzgebung von 1965 geändert, welche nicht Quoten per se, sondern die Bemessungsgrundlage änderte. Unabhängig von den Herkunftsländern wurden Quoten nach Berufsgruppen und den jeweiligen Engpässen auf dem amerikanischen Arbeitsmarkt bestimmt. Die Umorientierung auf Nützlichkeitserwägungen entsprach einer gewissen Tradition, die auch während des Industriekapitalismus des 19. Jahrhunderts die zum damaligen Zeitpunkt dringend gesuchten Arbeitskräfte ins Land zogen. Die nach 1965 verzeichneten Einwanderströme hatten das für die postindustrielle Gesellschaft typische Ausbildungsprofil und brachten eine hochausgebildete Elite (*brain drain*), vorwiegend aus Indien und lateinamerikanischen Ländern in die USA. Dabei wurde aus politischen Gründen – als Bollwerk im Kalten Krieg sowie aus Gründen der Allianzbildung gegen aufkommende revolutionäre Tendenzen in Lateinamerika – sowie wegen der Monroe-Doktrin von 1821 („Amerika den Amerikanern") der westlichen Hemisphäre als Interessensgebiet der USA Präferenz gegeben und für diese die zahlenmäßige Einwanderungsbegrenzung aufgehoben. Aufgrund dieser Regelungen wurden z. B. 1973 im Zensus mehr als 10 Mio. Menschen hispanischer Herkunft erfaßt und im Jahr 2004 über 40,7 Mio. (U.S. Bureau of the Census 2005a: 15).

1.2 Der Umgang mit den Kulturen – das Selbstverständnis der Amerikaner

Moral und Ethik basieren auf sozialen Wertordnungen, die in jeder Kultur anders definiert sind. In den USA sind Moral- und Ethikvorstellungen einer puritanisch-calvinistischen Gesellschaft über Jahrhunderte zur vorherrschenden Norm kultiviert worden, in der das Streben nach individuellem Wohlstand ebenso moralischer Grundwert wie die dazu nötigen Maßnahmen waren, wie z. B. die Sklavenhaltung. Die amerikanische Sozialisation brachte jeder Generation diese grundsätzlich amerikanischen Werte bei, die aus einer ursprünglich europäisch-kollektiven Gesellschaftsstruktur eine individualistische entstehen ließ. In dieser Gesellschaft, die zum Vorbild der europäischen Revolutionen und des Gedankens von Freiheit und Gleichheit wurde, bedeutete letztlich individuelle Freiheit auch Akzeptanz von Ungleichheit. Die Freiheit des Einzelnen wurde zum Normwert von Verfassung und Politik, welche lediglich eine über dreihundertjährige koloniale Tradition amerikanischer Wirklichkeit institutionalisierten und damit zum Leitwert der politischen Kultur der USA machten. Individualismus war eine zentrale Konstitutionsbedingung dieser Demokratie noch bevor sie sich eine

Verfassung gab, in der das Streben nach Glück und Selbstentfaltung als Grundrecht anerkannt wurde. Charakteristikum dieser Demokratie war ein Mensch, der allein aus religiös geprägter Geisteshaltung und Eigenverantwortlichkeit handelte. Der so verstandene Individualismus „ist eine überlegte und friedliche Anschauung, die jeden Staatsbürger geneigt macht, sich von der Masse zu isolieren und sich mit seiner Familie und seinen Freunden abseits zu halten; so überläßt er gerne die große Gesellschaft sich selbst, nachdem er sich eine kleine Gesellschaft zum eigenen Gebrauch geschaffen hat. [...] Der Individualismus ist demokratischen Ursprungs und seine Entwicklung droht mit der fortschreitenden Gleichheit zu wachsen" (Tocqueville 1985: 238 f.).

Das Hochstilisieren des Individualismus war mehr als einfacher Mechanismus, um eine Demokratie aufzubauen, vielmehr wurde er als religiös begründet und daher als unantastbar angesehen. Die strengreligiösen puritanischen Einwanderer sahen in Amerika das „Neue Jerusalem" und einen zweiten Neuanfang der Menschheit. Prediger und religiöse Führer machten deutlich, daß das Neue Land gleichbedeutend mit „Freiheit von Sünde und Irrtum" sei und eine bessere Möglichkeit böte, ein gottgefälliges Leben zu führen (Boorstin 1965; Lerner 1960; Persons 1975; Hall 1959). Mit der Metapher vom „Neuen Jerusalem", einem mit Bedacht gewählten und im 16.und 17. Jahrhundert weithin bekannten Leitbild für utopische Gesellschaften wurde von Beginn an die moralische Überlegenheit der religiösen Wertehaltung der Einwanderer der ersten Stunde als Neuanfang für die gesamte amerikanische Zivilisation zementiert. Dabei wurde dieses religiöse Selbstverständnis der Puritaner von der Vorstellung genährt, daß der amerikanische Kontinent selbst Teil des göttlichen Heilsplanes sei (Fluck 1999: 726). Amerika war das Gelobte Land, das, so der Glaube, von der göttlichen Vorsehung auserwählt sei. Dieser Glaube an den Exzeptionalismus Amerikas, der sich über die Generationen bis in die amerikanische Gegenwartsgesellschaft und -politik fortsetzte und in dem Amerika, aber auch das Individuum Teil des göttlichen Heilsplanes waren, machte es von jeher schwer, von der vorherrschenden Meinung abzuweichen. Amerikas religiös begründeter Exzeptionalismus, das nach dem göttlichen Heilsplan lebende Individuum einer *White Anglo Saxon Protestant* (*WASP*) Prägung sowie Anglokonformität wurden zur vorherrschenden Gesellschaftsnorm hochstilisiert, eine Norm, an der bis in die Gegenwart jeder neue Einwanderer oder fremdkulturelle Einwohner gemessen wird.

Mit Amerika wurde also nicht nur eine ahistorische Situation, sondern eine Neue Welt für einen neuen Persönlichkeitstypus (*new breed*) geschaffen. Die individualistische und zugleich pluralistische Gesellschaft der Einwanderer bedurfte besonderer Mechanismen, um eine nationale Identität zu erzeugen, das Land in Wert zu setzen und innere Stabilität zu garantieren. Als Mechanismen dienten sorgfältig kultivierte Mythen. Als neues Credo (*new creed*) propagiert, machten sie Amerika über vier Jahrhunderte selbst zum mythischen Raum, zur normativen Idee und zur kollektiven Metapher für individuelle Freiheit. Amerika wurde zur Vorstellung vom Gelobten Land (Zöller 1992: 286 f.; Kamphausen 1992: 260). Die bewußte Einpflanzung von religiös fundierten Mythen – von der Auserwähltheit Amerikas, der Einzigartigkeit des in diesem Lande lebenden neuen Menschentypus, von dem Sendungsbewußtsein, sich die *frontiers* dieses Garten Edens untertan zu machen u. v. m. – machte individuelles Glück und Wohlstand zum Garanten von Freiheit, Mündigkeit und Selbstentfaltung. Die Individualisierung wurde zugleich zur „Amerikanisierung" in der zunächst religiös gesehenen „Neuen Welt", später in der säkular gewordenen Industriegesellschaft entlang der *frontiers* des sich ausdehnenden Wirtschaftsraumes.

Die religiös eingebetteten Gründungsmythen und ihre säkularen Gegenstücke dienten zugleich mehreren Zielen, um sowohl die religiös motivierten wie auch die weltlich orientierten neuen Amerikaner mit ihrer ganzen Pluralität der Herkunftsgebiete in eine neue und einheitliche Gesellschaftsform zu gießen: Die nationalen Mythen sollten das Bild eines erfolgreichen Individuums zeichnen und verklären. Galt schon in der puritanischen und calvinistischen Verhaltensethik das Streben nach sozialem und materiellem Erfolg als Teil eines Gnadenbundes mit Gott, den die Menschen durch Tüchtigkeit, Selbstdisziplin und Eigenverantwortlichkeit einzuhalten hatten, so war es derselbe Erfolgsmythos vom „Glück des Tüchtigen", der in einer von Millionen Einwanderern geprägten Zeit des Industriekapitalismus als Mörtel dienen konnte, alle Neuankömmlinge auf Hingabe zu diesem Land, das ihnen den Erfolg bescheren konnte, einzuschwören. Der bewußt säkular orientierte Erfolgsmythos, propagiert von Benjamin Franklin und anderen, der sich in der immer wiederkehrenden Erfolgsgeschichte Einzelner, die es vom Tellerwäscher zum Millionär brachten, zu bewahrheiten schien, diente somit allen, unbeeinträchtigt von ethnischer Herkunft, Religion oder Kultur als das verbindende Element für einen totalen persönlichen Einsatz im neuen Land. Diesem brachte es wiederum im kollektiven Handeln aller Einwanderer und Einwohner die nötigen Antriebskräfte für die aufstrebenden Industrien und die nationalen Wirtschaftsinteressen, welche wiederum mit einem weiteren Mythos bzw. einer nationalen Ideologie der „Vorbestimmung für die Welt" (*Manifest Destiny* von 1838), ferner einer Ausdehnung des Radius der amerikanischen Wirtschaftsinteressen (Monroe-Doktrin von 1823) untermauert wurden.

Insbesondere der „Amerikanisierungs-Mythos", der von 1782 (durch Hector St. John de Crèvecoeur propagiert) bis in das frühe Jahrhundert unterschiedliche Aspekte der Persönlichkeitsbildung des „Amerikaners als neuem Menschentypus" hervorhob – darunter in der frühen Phase das Ideal des einfachen, naturverbundenen, agrarisch lebenden Menschen, in der industriellen Phase des *frontiersman* und in der Phase der größten Einwanderungswellen das des Schmelztiegels –, sollte in hervorragender Weise dazu dienen, die einwandernden Kulturen zu assimilieren bzw. in ihrer Eigenart zu integrieren und gleichzeitig darin zu unterstützen, „echte Amerikaner" im Sinne des „neuen Menschenschlages" zu werden. Mit dem gleichnamigen Broadwaystück *Melting Pot* von Israel Zangwill von 1908 – kurz nach einer Hochphase der ost- und südosteuropäischen und jüdischen Einwanderung sowie der darüber geführten öffentliche Debatte zur Überfremdung – wurde die Idee des Schmelztiegels zudem enorm popularisiert. Nationale Mythen, die Amerika für sich erfand, sind diese Ideen dahingehend, als daß die geschichtliche Realität für die Einwanderer eine ganz andere war und Fremdenhaß, Nichtintegration und Nichterfolg vieler Einwanderer den „Schmelztiegel Gottes", in dem alle Völker ineinander verschmelzen und zu erfolgreichen Amerikanern werden, diametral entgegenstand. Ein wichtiger Grund liegt darin, daß zu jenem Zeitpunkt die so genannte amerikanische Identität seit fast dreihundert Jahren eine überwiegend angloamerikanische gewesen war. Wegen der Dominanz der *WASP*-Kultur bedeutete das verschmelzen in erster Linie die Anpassung der Einwanderer an die vorherrschenden gesellschaftlichen Normen eines Bevölkerungssegments, nämlich des angloamerikanischen. Zwar widersprach diese Art von Assimilation der Idee des Individualismus und kulturellen Pluralismus prinzipiell, allerdings verstand sich die angloamerikanische Identität als eine, in der die Anpassungsprozesse zur Bereicherung des Individuums und der Gesellschaft beitragen sollten. Amerikanismus galt im kulturellen Selbstverständnis also quasi als höhere Identitätsebene, die Individualismus und kulturellen Pluralismus dann einschloß und akzeptierte, wenn der Anpassungswille an die angloamerikanische „Leitkultur" und die Loyalität zur Nation über allem standen.

Von Anfang an bewirkte das Einschwören auf die gemeinsamen Grundwerte des Landes (Gründungsmythen; Exzeptionalismus, Individualismus und zugleich Pluralismus) und die Rolle des Individuums (Sendungsbewußtsein, Erfolgsmythos, Assimilations- bzw. Anpassungspflicht im *melting pot*) eine über alle Kultur-, Glaubens- und Klassenschranken hinwegreichende Nivellierung und Amerikanisierung. Das Einschmelzen der unterschiedlichen Immigrantenkulturen in Amerika bedeutete nicht, seine herkunftsbedingte Identität aufzugeben, sondern sich zusätzlich bewußt zu der neuen, amerikanischen Identität zu bekennen. Dazu gehörte das Annehmen des *American Way of Life* mit seinen Idealen und Werten. Amerikaner war man nicht nur durch Geburt, sondern durch innere Identifikation mit jenen Werten, die man in ihrer Gesamtheit als *American Creed* bezeichnet. In der Nivellierung der Geisteshaltung auf das amerikanische Credo lagen also der Schwerpunkt, den Amerika sich als Einwanderungsgesellschaft gab, und auch die „drohende Gefahr der Mehrheit" (Tocqueville 1985: 150 f.):

> „Ich kenne kein Land, in dem im Allgemeinen weniger geistige Unabhängigkeit und wirkliche Diskussionsfreiheit herrscht als in Amerika [...]. In Amerika zieht die Mehrheit einen drohenden Kreis um das Denken [...]. Die Inquisition hat niemals verhindert, daß in Spanien Bücher umliefen, die der Religion der Mehrzahl widersprachen. Die Herrschaft der Mehrheit kann es besser: Sie hat sogar den Gedanken getilgt, sie zu veröffentlichen."

Derartige Beobachtungen bewahrheiteten sich über 120 Jahre später noch in der von Joseph McCarthy geprägten Ära, die von Denunziantentum, Berufsverbot und Bestrafung Andersdenkender gekennzeichnet war.

Amerikanisierung und die Einheit der Nation – bezeichnenderweise auf Münzgeld zusammengebracht mit den Aufschriften *In God we trust* sowie *E Pluribus Unum* – wurden also auf einer ideengeschichtlichen Tradition errichtet, die aus bestimmten Glaubensüberzeugungen entstanden war und das amerikanische Selbstverständnis entscheidend prägte. Das im Vergleich zu Europa geschichtslose Amerika hat als Land jedoch eine längere ungebrochene ideengeschichtliche Tradition (Kamphausen 1992: 264). In einer auf Individualismus und Pluralismus angelegten multikulturellen und sich immer stärker ausdifferenzierenden Gesellschaft hatten die Gründungsmythen die Rolle, in dem Vielvölkerstaat, der als Einheit nur schwer so lange hätte bestehen können, jedem Einwanderer und jeder Kulturgruppe die Möglichkeit zu vermitteln, ihre eigene Identität und Sprache bewahren zu können und dennoch gerne freiwillig zu der neuen Nation gehören zu können, so jedenfalls die amerikanische Selbstinterpretation (Zöller 1992: 298–302). Dabei haben die Mythen nicht nur überdauert, sondern eine stetige Vertiefung erfahren. Sie gehören nach wie vor zu den Mechanismen, die das Selbstbildnis der amerikanischen Gesellschaft jeder weiteren Generation vermitteln.

1.3 Der Umgang mit dem Fremdkulturellen – die Realität

Die historische Perspektive zeigt sehr deutlich, daß die Bundesregierung den verschiedenen Ethnien und Minderheiten gegenüber nur eine begrenzte Toleranz hegte. Die Geschichte der ethnischen Gruppen und auch der heutigen multiethnischen Gesellschaft ist ein Wechselspiel von Immigration und restriktiver Politik dem Fremden gegenüber (Bennett 1963; Cafferty et al. 1983; Hofstetter 1984; Zimmermann/Fix 1995), welche sich immer wieder in Abschottung gegen gewisse Bevölkerungselemente äußerte. Somit ist die bundespolitische Tradition bedeutsam für die zukünftige Entwicklung der multikulturellen Gesellschaft und den Umgang der öffentlichen Verwaltung mit ihr. Die Geschichte zeigt, daß phasenweise Millionen von Fremdarbeitern im Ausland für amerikanische Industrien rekrutiert wurden, dokumentiert aber auch das Bestreben, im Nichtbedarfsfall ausgewählten Personenkreisen zeitweise den Zugang mit Hilfe von gesetzlichen Regelungen zu verwehren.. Dies betraf zunehmend Menschen aufgrund ihrer Herkunftsländer, Ethnie oder Rasse (Tabelle 1-1). Höchste Einwanderungszahlen, gefolgt von dramatischen Abnahmen nach Einwanderungsbeschränkungen deuten die Ambivalenz dem Fremden gegenüber an (Hutchinson 1981; Dittgen 1995). Historisch dokumentiert ist auch der Fremdenhaß in den Medien und Kongreßdebatten sowie der Antisemitismus nach 1900, der sich mit der Emigration von Juden aus dem von Pogromen gezeichneten Rußland massiv verstärkte, obwohl jährlich nur verhältnismäßig wenig Juden einwanderten. Mit 153.000 im Jahr 1907 wurde zwar die höchste jemals erreichte Anzahl registriert, dennoch stellten sie nur einen kleinen Anteil des gesamten Einwanderungsstromes dar. Der historische Abriß zeigt ein Amerika, das abweichend von seinem in der Verfassung festgesetzten Ideal, fremd- oder andersartig erscheinende Einwanderer und ansässige Bevölkerungsgruppen nicht immer offen aufnahm. Gerade während Kriegszeiten und Wirtschaftskrisen gab es Perioden tiefgreifenden Fremdenhasses. Die Regierung reagierte auf Überfremdungsängste mit schärfsten Einwanderungsgesetzen und Restriktionen. Bis zur Zweihundertjahrfeier der Unabhängigkeit 1976 war es auch nicht üblich, seine ethnische Herkunft zu betonen. Im Zuge der Festlichkeiten für den Mythos Amerika fand durch das Traditionsereignis eine Rückbesinnung auf die kulturellen Werte statt bzw. wurde eine gewisse Ethno-Romantik modern und auch zum Markt und Wirtschaftsfaktor.

Während es wieder en vogue ist, seine ethnische Herkunft zu betonen („I am German", „I am Irish", „I am Greek") – vor allem, wenn die vor Generationen eingewanderten Familienvorfahren nord- oder mitteleuropäischer Herkunft waren und man sich rein äußerlich kaum von der *WASP*-Norm unterscheidet – gilt dies weniger für Menschen anderer Rasse. Das Angloamerikanische unterscheidet mit sehr feiner Konnotation zwischen ethnischer Herkunft, z. B. Grieche erster, zweiter oder dritter Generation, wobei „ethnisch" bedeutet, daß man nicht *WASP* ist, aber (dennoch auch) ein interessantes Kulturerbe hat, wobei letzteres häufig auf ein paar Traditionen (*St. Patrick's Day Parade* für die Iren oder das Kulinarische für Personen mediterranen Ursprungs) reduziert. Der Begriff *race* dagegen ist ein statistisch-formaljuristisch korrekt gebrauchter, nicht wie im Deutschen negativ belegter Begriff und unterscheidet Menschen aufgrund biologisch-genetischer Merkmale. Während es seit 1976 in Mode kam, sich als US-Amerikaner auch seiner ethnischen Herkunft zu besinnen, verhielt es sich mit dem Merkmal *race* anders. Hier signalisierte seit der Bürgerrechtsbewegung beispielsweise der Slogan *Black is beautiful* nicht, daß es „in" war, schwarz zu sein, sondern daß Afroamerikaner auch Menschen und Bürger waren. Die Bürgerrechtsgesetze, deren Nachbesserungen und neue Praktiken der öffentlichen Verwaltungen haben dies seither anerkannt, jedoch sind in der Gegenwartsgesellschaft nicht alle Ressentiments verschwunden, die der Bürgerrechtsbewegung zugrunde lagen. Während die Akzeptanz für das Ethnische als Differenzierungsmerkmal der Weißen (!) heute hoch ist, gilt nicht das Gleiche für *race*, vor allem, wenn die einer anderen Rasse zugehörenden Menschen auch eine andere kulturelle Identität pflegen wie z. B. Afroamerikaner, die sich sprachlich durchaus bewußt von der *WASP*-Normkultur abheben (*Black English*). Sofern Personen anderer *race* kulturelle Normen und Werte wie Fleiß, Tüchtigkeit, haben, die die *WASP*-Kultur als die ihrigen ansieht – dies ist der Fall bei vielen ostasiatischen Kulturen – ist a priori eine höhere Anglokonformität gegeben, wobei die Anpassungsfähigkeit, die ein hoher Wert in einigen asiatischen Kulturen ist, dazu verhilft, in der Gesellschaft Erfolg zu haben, die zwar schon längst statistisch gesehen keine anglodominierte mehr ist, die aber noch eine Dominanz der *WASP*-Normen kennt.

1.4   Ausgewählte Einwanderungsgruppen, „vergessene" Bevölkerungssegmente

1.4.1   *Hispanics*

Die größte Einwanderungsgruppe in der Nachkriegzeit stellt die Latinobevölkerung (*Hispanics*, *Spanish surname population*). Laut statistischem Bundesamt waren 2004 41,3 Mio. von 293,7 Mio. Menschen, also 13 Prozent, hispanischer Herkunft. Die Latinobevölkerung (wobei laut Zensus gilt: „Hispanics may be of any race") wuchs zwischen 1970 und 1980 um 61 Prozent, zwischen 1980 und 1990 um 53 Prozent und zwischen 1990 und 2000 um 58 Prozent. Sie ist damit die am schnellsten wachsende der USA. Die *Hispanics* bilden zusammen mit den Afroamerikanern (2004: 37,5 Mio.) die größte Minderheit (U.S. Bureau of the Census 2005a: 16). Rechnet man die Zahl der nicht erfaßten, illegalen hispanischen Einwanderer hinzu, von denen rund 50 Prozent aus Mexiko stammen, handelt es sich um die größte Minderheit. Die Latinobevölkerung der USA ist nach Mexiko, Spanien, Kolumbien und Argentinien die fünftgrößte der Welt. Räumlich konzentriert sind rund drei Viertel von ihnen in den fünf größten Bundesstaaten Kalifornien, Texas, New York, Florida und Illinois. Ebenfalls wurden rund 77 Prozent von ihnen nicht in den USA geboren und 44 Prozent aller *Hispanics* leben seit weniger als 10 Jahren in den USA. Sie dokumentieren rein statistisch gesehen das Ende der *WASP-Society*, auch wenn diese es noch nicht ganz erkannt hat.

Hispanics sind in vielerlei Hinsicht eine bedeutende gesellschaftliche Kraft. Allein über 100 Fernseh- und Radiostationen senden in Spanisch. In Chicago, Philadelphia, Los Angeles und anderen Städten sind Beschilderungen im öffentlichen Raum oder im öffentlichen Verkehr nicht selten zweisprachig. In einigen Bundesstaaten und vielen Stadtregionen sind Menschen spanischer Muttersprache die Mehrheit, weswegen die Bundesregierung bereits 1977 das *Office of Hispanic Affairs* einrichten ließ. Mittlerweile sind in fast allen Bundesstaaten entsprechende Einrichtungen vorhanden und die Bundesregierung hat mit dem *Office of Bilingual Education and Minority Affairs/Department of Education* zusätzliche Institutionen geschaffen, um der Integration und Multikulturalität der *Hispanics* Rechnung zu tragen. Trotz der Tatsache, daß die *Hispanics* mittlerweile die stärkste Minderheit bilden, konnten sie bislang kaum politische Repräsentanz gewinnen. Im 109. Kongreß (2005-2007) gab es zwei Senatoren hispanischer Herkunft, lediglich 23 Abgeordnete waren Latinos (Stanley/Niemi 2006: 207). Wegen des Festhaltens an Wahlbezirkseinheiten, die mit den neuen Konzentrationsgebieten hispanischer Bevölkerung nicht übereinstimmen, konnte die für die Gesetzgebung wichtige Repräsentanz in Bezug auf zentrale Anliegen nicht gewonnen werden – Einwanderung, Gesundheitswesen, Ausbildung und Mindestlohnregelung zählen dazu. Gerade im Gesundheitsbereich sind jedoch Präventivmaßnahmen für die verschiedenen hispanischen Bevölkerungssegmente besonders wichtig. So stellen diese Gruppen beispielsweise einen Anteil von nur 13 Prozent an der Gesamtbevölkerung, machen jedoch 19 Prozent aller neu registrierten HIV-Fälle aus. Die Wahrscheinlichkeit einer solchen Infektion ist bei der hispanischen Bevölkerung 22mal größer als bei der weißen, nicht hispanischen Bevölkerung (National Center for Health Statistics 2005: 22). Auch ist bei ihr ein Phänomen zu beobachten, daß als *healthy migrant paradox* bekannt ist, nämlich daß fast alle Latino-Immigranten in der Phase der Nichtakkulturation kurz nach der Einwanderung noch einen relativ guten Gesundheitszustand aufweisen, der besser ist, als es ihr niedriger soziokultureller Status erwarten ließe, während sich bei längerer Aufenthaltsdauer in den USA und steigendem Akkulturationsgrad sich bei allen Latinogruppen der Gesundheitszustand verschlechtert. Dies wird darauf zurückgeführt, daß die Anpassung an die neue Gesellschaft einerseits auch die Anpassung an negative Konsumgewohnheiten bedeutet, ferner daß der Bruch mit den früheren sozialen Netzen, Isolation, Anpassungsschwierigkeiten und Diskriminierung sowie Umweltgifte am Arbeitsplatz Schädigungen bringen (Flack et al. 1995; National Center for Health Statistics 2005).

1.4.2   Indianer – *native Americans*

Die Volkszählung 2000 wies 1,5 Prozent der 281,4 Mio. Amerikaner, also 4,1 Mio. Menschen, als amerikanische Indianer und Ureinwohner Alaskas (*native Americans*) aus, wovon 2,5 Mio. sich als Indianer und 1,6 Mio. Personen sich als gemischtrassige Indianer deklarierten (Grieco/Cassidy 2001: 8). Indianer wurden seit dem Zensus 1790 erfaßt, aber erst seit 1860 als eigene Bevölkerungsgruppe dokumentiert. 1890 begann man, auch die in Reservaten lebenden Indianer zu erfassen. Die Zensusregionen im Westen hatten im Jahr 2000 die größte indianische Bevölkerung in absoluten Zahlen und Prozentanteilen: 2,8 Prozent der Bevölkerung im Westen, 1,3 Prozent im Süden, 1,1 Prozent im Mittelwesten und 0,7 Prozent im Nordosten. Über die Hälfte aller Indianer und Ureinwohner der USA einschließlich Alaskas leben heute in relativ wenigen Großstädten. Die zehn Bundesstaaten mit den größten Anteilen der indianischen Bevölkerung (insgesamt 62 Prozent der Indianer) sind nach dem Zensus 2000: Kalifornien (627.562 Personen), Oklahoma (391.946), Arizona (292.552),

Texas (215.599), New Mexico (191.474), New York (171.581), Washington (158.940), North Carolina (131.736), Michigan (124.412), Alaska (119 241) sowie Florida (117.880).

Armut, die sowohl infrastrukturbedingt ist als auch ein strukturelles Problem der Bevölkerung darstellt, ist eines der Probleme, mit denen Indianer heute kämpfen. Eng damit verknüpft sind armuts- und bildungsbedingte Hindernisse, in der Gesellschaft aufsteigen zu können, und auch massive gesundheitliche Beeinträchtigungen, die ebenfalls mit Armut in Zusammenhang gebracht werden können.

Mangelnde soziale Akzeptanz der Indianer zeigt sich gegenwärtig z. B. an der gegen sie verübten Kriminalität. Berichten des Justizministeriums zufolge werden Indianer mehr als doppelt so häufig wie der amerikanische Durchschnitt Opfer gewalttätiger Verbrechen. 70 Prozent der gegen Indianer verübten Verbrechen werden von Menschen anderer Rassenzugehörigkeit verübt, was einen weitaus größeren Prozentsatz darstellt, als dies bei weißen oder schwarzen Kriminalitätsopfern der Fall ist. Aus diesem Grund leitet das *Department of Justice* eine rassistische Motivation hinter den Straftaten ab.

Zu den Gesundheitsproblemen bei Indianern gehört Diabetes (Typ II) und seine Folgekrankheiten. Mit 15 Prozent Diabeteskranken sind Indianer 2,5mal stärker betroffen als die weiße, nichthispanische Bevölkerung der gleichen Altersgruppen. Das bundeseigene *Center for Disease Control* geht davon aus, daß die Anteile tatsächlich viel höher liegen. So zeigten Studien, daß 40 bis 70 Prozent der Indianer zwischen 45 und 74 Jahren im Allgemeinen sowie fast ein Viertel der Navajos über 20 Jahren Diabetes hatten und weitere 7 Prozent unerkannt an der Krankheit litten. Diese Krankheit zieht sich durch alle Indianergruppen, wo einzelne besonders gut erforscht wurden, zeigt sich die wahre Dimension des Problems. So fand man bei den Pima-Indianern über 30 Jahren 50 Prozent betroffen. Als Ursachen gelten genetische Veranlagungen wie Glukose-Unverträglichkeit, medizinische Risikofaktoren, ungesunde Lebensführung und auch Hunger. Die Bundesregierung reagierte 1996 mit dem *Diabetes Prevention Program* für Indianer.

1.4.3   Afroamerikaner

Die nach der Bürgerrechtsbewegung neu erlassenen Antidiskriminierungsgesetze schärften das Bewußtsein der öffentlichen Verwaltungen und eines Teiles der Öffentlichkeit für die Beachtung von Bürgerrechten und der *political correctness*. Nach der offiziellen Gleichstellung in allen Bereichen ersetzte bei der schwarzen Bevölkerung der Kampf um das wirtschaftliche Überleben den Kampf um die Gleichberechtigung. Die heutige sozioökonomische Situation der schwarzen Bevölkerung ist von massiven Ungleichgewichten gekennzeichnet. Als größte Minderheit zusammen mit den *Hispanics* sind sie die Bevölkerungsgruppe mit den niedrigsten Anteilen an berufsqualifizierender Ausbildung, gleichzeitig mit den höchsten Anteilen an Arbeitslosen und Sozialhilfeempfängern. Zwischen 1980 und 2004 stieg die afroamerikanische Bevölkerung von 26,7 Mio. auf 37,5 Mio. an (U.S. Bureau of the Census 2005a: 16). Ihre Anzahl in den innerstädtischen Gebieten hat zugenommen. *Black suburbanization*, der Wegzug afroamerikanischer Haushalte in Vororte, ist kein Massenphänomen, sondern eines, bei dem es aus innerstädtischen Ghettos heraus *spill over*-Effekte in angrenzende Jurisdiktionen gibt, was z. T. von der Innenstadtsanierung und den sie begleitenden Verdrängungsprozessen begünstigt wird. Zwar hat sein den ausgehenden 1970er Jahren auch auf lokalpolitischer Ebene eine massive Vertretung afroamerikanischer Interessen aufgrund der Tatsache eingesetzt, daß einige Metropolen von schwarzen Bürgermeistern regiert werden. Dennoch ist die amerikanische Gegenwartsgesellschaft eine duale, sich stetig auseinander entwickelnde, was auch die neuesten Zensusergebnisse und neue Phänomene der sozialen Ausdifferenzierung wie *gated communities* dokumentieren. Die Armut der Schwarzen ist anteilsmäßig weiter verbreitet als in der weißen Bevölkerung und zeigt sich in einer spezifischen räumlichen Manifestation, die auch die Züge des *environmental racism* annehmen kann, wenn z. B. gesundheitsschädigende Deponien im engsten Umfeld afroamerikanischer Stadtviertel errichtet werden.

1.4.4 Die USA als multikulturelle Gesellschaft

Vergangene und gegenwärtige Entwicklungen machen deutlich, daß es einen „Schmelztiegel" nie gegeben hat und daß dieser auch nicht angestrebt ist oder war. Das neue Schlagwort von der „multikulturellen Gesellschaft" signalisiert, daß Assimilierung der verschiedenen Einwanderergruppen und Ethnien nicht mehr angestrebt wird. Zwar wird in dem neuen Begriff Akzeptanz der Andersartigkeit, die Rückbesinnung auf das kulturelle Erbe und die harmonische Koexistenz verschiedener Bevölkerungsgruppen angedeutet. Historische und aktuelle Entwicklungen machen jedoch deutlich, daß die so genannte multikulturelle Gesellschaft eine zutiefst segregierte, mit einer ungelösten und sich beständig verschlechternden Sozialproblematik ist. Zwar sollte es in der Vorstellung der Amerikaner von ihrem Land es jeder zu etwas bringen können, ohne durch Rasse und Hautfarbe oder Geschlecht behindert zu werden. Die USA sind jedoch bis heute kein klassisch integrierter Sozialstaat geworden. Es gibt starke Tendenzen zur Auseinanderentwicklung, zur Segregation und zur Verschärfung von Disparitäten zwischen den verschiedenen Bevölkerungsgruppen.

1.5 Einkommensdisparitäten, Armut und Parallelgesellschaften: soziale Differenzierung

1.5.1 Einkommensentwicklung im Überblick

Ungleichheiten entstanden schon in der kolonialen sowie in der frühen amerikanischen Gesellschaft. Das heutige Gesicht der Ungleichheit läßt sich in vielfältiger Weise dokumentieren. Das mittlere Haushaltseinkommen (*median income*) betrug im Jahr 2003 US-$ 43.318. Das mittlere Einkommen afroamerikanischer und hispanischer Haushalte betrug US-$ 29.645 bzw. 32.997. Während weiße, nicht hispanische Haushalte US-$ 45.631 verzeichneten, wiesen asiatische Haushalte ein mittleres Jahreseinkommen von US-$ 55.699 auf (Abbildung 1-2).

Abbildung 1-2: Mittleres Haushaltseinkommen in den USA 1980-2003 (ausgewählte Jahre)

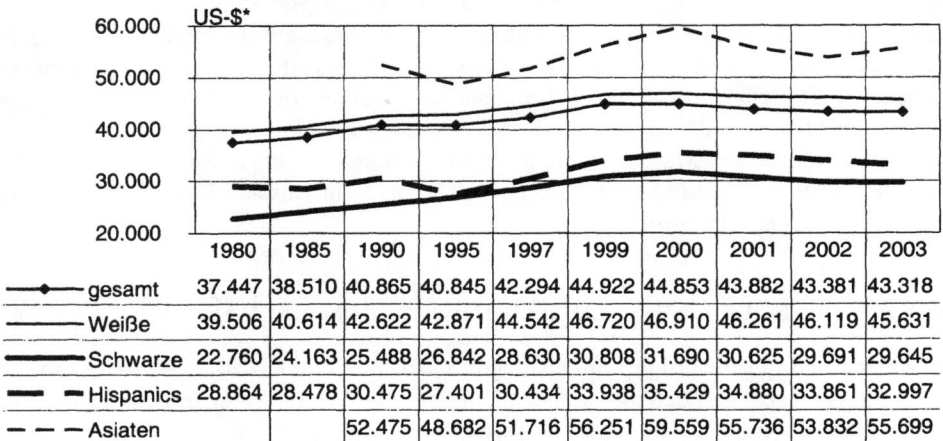

	1980	1985	1990	1995	1997	1999	2000	2001	2002	2003
gesamt	37.447	38.510	40.865	40.845	42.294	44.922	44.853	43.882	43.381	43.318
Weiße	39.506	40.614	42.622	42.871	44.542	46.720	46.910	46.261	46.119	45.631
Schwarze	22.760	24.163	25.488	26.842	28.630	30.808	31.690	30.625	29.691	29.645
Hispanics	28.864	28.478	30.475	27.401	30.434	33.938	35.429	34.880	33.861	32.997
Asiaten		52.475	48.682	51.716	56.251	59.559	55.736	53.832	55.699

* Money Income of Households – Median Income in Constant (2003) Dollars

Quelle: U.S. Bureau of the Census, Statistical Abstract of the United States, 2006: The National Data Book, Washington, D.C. 2005, S. 460.

Von Frauen geführte Familienhaushalte zeigten zwischen 1999 und 2000 einen Einkommenszuwachs von US-$ 27.042 und 28.116. Das Einkommen von Haushalten ausländischer Herkunft stieg im gleichen Zeitraum von US-$ 37.250 auf 38.929. Die regionale Einkommensentwicklung weist den Nordosten in der gleichen Periode als einzige Wachstumsregion aus; dort erhöhten sich die mittleren Einkommen von US-$ 43.394 auf 45.106. In metropolitanen Gebieten stiegen die Einkommen im selben Zeitraum von US-$ 44.222 auf 44.984, während sie im suburbanen Raum von US-$ 39.311 auf 50.262 anwuchsen. Vollzeit arbeitende Männer mußten erstmals seit mehreren Jahren einen Einkommensrückgang von US-$ 37.701 auf 37.339 hinnehmen, während das mittlere Einkommen von Frauen zwischen 1999 und 2000 bei US-$ 27.355 stagnierte. Auffallend bleibt damit, daß Vollzeit arbeitende Frauen noch im Jahr 2000 im Durchschnitt 25 Prozent weniger als Männer verdienten. Pro-Kopf-Einkommen wuchsen nur von US-$ 21.893 auf 22.199, blieben jedoch für *Hispanics* und die anderen ethnischen Gruppen gleich (Schneider-Sliwa 2005: 126 ff.).

1.5.2   Merkmale des „Zweiten Amerika"

Armutsbiographien – Faktor Bildung

Im Verlauf des gut zwanzigjährigen Zeitraums von 1980 bis 2002 zeigt sich in den USA ein Paradoxon von zunehmender Armut bei starkem Wirtschaftswachstum, das zwar zwei Rezessionen erlebte (1991 und 2001), ansonsten aber von einer relativ starken Dynamik geprägt war. Dieses Phänomen geht einher mit neuen Entwicklungen, die sich aufgrund des Sozialprofils der Armut und einiger Strukturdaten in sechs Punkten zusammenfassen lassen:

(1) „Feminisierung der Armut", (2) Kinderarmut, (3) Armutsbiographien bedingt durch unzureichende Bildung, (4) Altersarmut, (5) Ethnisches Profil der Armut, (6) Strukturelle Armut und Prekarität

(1) „Feminisierung der Armut"

Bedeutet die Verschlechterung des ökonomischen Status von Frauen, gekennzeichnet durch folgende Punkte: Zwischen 2001 und 2002 stieg die Zahl der von Frauen geführten Armutshaushalte erstmals seit 1997 wieder an. Waren 1980 lediglich 2,97 Mio. weibliche Haushaltsvorstände in Armutshaushalten, so erreichte diese Entwicklung Mitte der 1990er Jahre ihren Höhepunkt mit über 4 Mio. weiblichen gegenüber ca. 0,5 Mio. männlichen Haushaltsvorständen. 2002 wurden rund 3,6 Mio. *female headed poverty households* und 0,56 Mio. *male headed poverty households* registriert (Proctor/Dalaker 2003: 33).

Frauen haben schlechtere Chancen auf dem Arbeitsmarkt: Das mittlere Einkommen von Frauen mit *High-School*-Abschluß betrug 2000 US-$ 21.963 gegenüber US-$ 30.868 für Männer mit gleichem Abschluß. Mit *Bachelor*-Abschlüssen erhielten Frauen im Durchschnitt US-$ 35.408 gegenüber Männern mit US-$ 49.982. Bei gehobenen akademischen Abschlüssen stieg das Durchschnittsgehalt von Frauen auf US-$ 55.460 gegenüber US-$ 90.653 bei Männern (Spraggins 2000: 1).

(2) Kinderarmut

Das „zweite Amerika" derer, die nicht am wirtschaftlichen Wohlstand teilhaben, wird jünger. Die USA sind die einzige westliche Industrienation, in der Kinder und Jugendliche den größten Teil der Armutsbevölkerung ausmachen. 2002 gab es 44,2 Mio. weiße, nicht hispanische Kinder, 11,6 Mio. afroamerikanische und 12,8 Mio. hispanische Kinder in den USA (Fields 2003: 16). Die Armutsrate unter Jugendlichen betrug 1990 20,6 Prozent, im Jahr 1995 20,8 Prozent und 2002 16,7 Prozent (Proctor/Dalaker 2003: 28). Beachtenswert ist, daß die Kinderarmut nicht nur am Einkommensstatus des Haushalts gemessen wird. Vielmehr ist eine Modifikation der Indikatoren in Arbeit, mit der die US-Bundesregierung das Ausmaß der Schäden bei Kindern erfassen will, die durch Armut verursacht werden. Zu diesen Indikatoren gehören u. a. der Gesundheitszustand (U.S. Bureau of the Census, 2005b; Federal Interagency Forum on Child and Family Statistics 2002) und damit zusammenhängende altersbezogene Lernfähigkeiten. Die strukturellen Charakteristika der Kinderarmut waren 2006 wie folgt: 55 Prozent der Kinder (15,6 Mio.) leben in armen *(working poor)* Familien, in denen mindestens ein Elternteil ganzjährig eine Vollzeitarbeit hat. 26 Prozent (7,3 Mio.) Kinder haben mindestens einen Elternteil ganzjährig Teilzeit arbeitend. 19 Prozent (5,5 Mio.) haben nicht arbeitende Eltern. 26 Prozent der Kinder (7,3 Mio.) haben Eltern, die weniger als einen *High-School*-Abschluß haben, 36 Prozent (10,2 Mio.) haben Eltern mit mindestens einem *High-School*-Abschluß und 39 Prozent der Kinder (10,9 Mio.) arme Kinder haben Eltern mit mindestens einem *College (Bachelor-)* Abschluß. Hier zeigt sich, daß Ausbildung alleine in der Gegenwart nicht mehr vor Armut schützt. Die ethnischen Merkmale der Kinderarmut sind: 61 Prozent der Latino-Kinder (8,8 Mio.), 61 Prozent der afroamerikanischen Kinder (6,5 Mio.), 28 Prozent der asiatischen Kinder (0,8 Mio.) und 26 Prozent der weißen Kinder (11,1 Mio.) leben in Armut. 9,6 Mio. Kinder in den Kernstädten, 9,6 Mio.

Kinder in den Vororten, und 5,1 Mio. Kinder im ländlichen Raum sind arm (National Center for Children in Poverty 2006: http://www.nccp.org/pub_lic06b.html).

Die Armutsrate bei afroamerikanischen und hispanischen Kindern ist oft deutlich höher als bei weißen, nicht hispanischen Kindern. 2002 lebten nur 9,4 Prozent aller weißen Kinder in Armut, während es 32,3 Prozent aller afroamerikanischen und 28,6 Prozent aller hispanischen Kinder waren (Proctor/Dalaker 2003: 29 ff.). Daß Armut einen unterschiedlichen Ausprägungsgrad hat, zeigt sich daran, daß im Jahr 2000 rund 6 Prozent aller Kinder in Familien lebten, die unter der Hälfte der Armutsgrenze liegen, also bei US-$ 18.267 für einen Vier-Personen-Haushalt. 26 Prozent aller Kinder lebten in Haushalten mit Einkommen, welche die Armutsgrenze um bis zu 50 Prozent überstiegen, was bei einer vierköpfigen Familie US-$ 26.405 Jahreseinkommen entspricht. Kinder in konventionellen, d. h. Zwei-Eltern-Familien, sind weniger stark der Gefahr ausgesetzt, in Armut heranzuwachsen. 2000 waren nur 8 Prozent der Kinder solcher Familien arm, während es 40 Prozent der Kinder in Haushalten waren, die von alleinstehenden Frauen geführt wurden. Dieser Unterschied ist in der afroamerikanischen Bevölkerung noch deutlicher, wo 49 Prozent aller Kinder in *female headed households* in Armut aufwachsen.

(3) Armutsbiographien bedingt durch unzureichende Bildung
Für fast jeden dritten afroamerikanischen Jugendlichen (31,2 Prozent im Jahre 2002, 1993 noch 45,9 Prozent), der gegenwärtig heranwächst, und für 16,3 Prozent der amerikanischen Jugendlichen (1993 noch 22 Prozent) ist die Erfahrung von Armut, Verelendung und Wohlfahrtsabhängigkeit etwas ganz normales, ebenso hohe Gesundheitsrisiken, Ernährungsstörungen, psychische und physische Gefährdungen, Verhaltensstörungen, Gewaltbereitschaft und chronischer Hunger (U.S. Bureau of the Census, 2005b; Federal Interagency Forum on Child and Family Statistics 2002). Ein wichtiger Grund für „Armutsbiographien" ist das sich verschlechternde Bildungsprofil, das lediglich den Einstieg in Billiglohnjobs ermöglicht. Wenn ein junger Erwachsener im Alter von 18 bis 25 Jahren es versäumt, eine gute Ausbildung zu absolvieren, treten gravierende Folgen für ihn und den Staat ein. Jeder mangelhaft ausgebildete Jugendliche trägt für die gesamte Dauer seines Arbeitslebens, also 40 bis 50 Jahre, ein erhöhtes Risiko:

- auf dem Arbeitsmarkt schwer vermittelbar zu sein,
- schneller und länger Arbeitslosigkeit zu erleben,
- geringere Chancen zum sozialen Aufstieg zu haben,
- dauerhaft in die Abhängigkeit von staatlichen Transferleistungen wie Arbeitslosen- und Sozialhilfe abzusinken,
- seinen Kindern Armut und Abhängigkeit von staatlichen Transferleistungen vorzuleben und dieses Verhaltensmuster somit weiterzugeben,
- zur Verelendung über mehrere Generationen hinweg beizutragen.

(4) Altersarmut
Armut hat viele Gesichter, so auch das Gesicht des Alters. Aus Gründen prekärer Einkommen steigt der Anteil derer, die sich keine Krankenversicherung leisten können, stetig an. Da

eine Krankenversicherung in den USA nicht obligatorisch ist, haben 42,6 Mio. Menschen keine. Neben Kindern und Jugendlichen armer Familien ist mit den über 65jährigen, die insgesamt im Jahr 2000 34,5 Mio. Menschen oder 12,4 Prozent der Bevölkerung ausmachten, jene Gruppe am stärksten betroffen, die eine Krankenversicherung am dringendsten benötigen. Besonders hohe Anteile zeigen sich zudem noch in jenen Bundesstaaten, die als „Rentnerstaaten" gelten, so z. B. Florida und New Mexico.

(5) Ethnisches Profil der Armut
Es zeigt sich sehr deutlich, daß die Armut eine unterschiedliche ethnische Ausprägung hat: Bis zu einem Viertel aller Afroamerikaner und *Hispanics* sind von Armut betroffen; im Bereich der Bildung sind diese Gruppen schlechter gestellt. Innerhalb des ethnischen Profils der Armut wiederum verläuft ein Riß, der die Geschlechter betrifft. Unter der afroamerikanischen Bevölkerung werden die Verbesserungen der Lebensumstände, die über die Bildung erzielt werden können, bei Frauen deutlich aktiver angestrebt. Zwar hatten 2002 nur 17 Prozent der afroamerikanischen Bevölkerung über 25 Jahre einen *Bachelor*-Abschluß, Frauen hatten dabei jedoch einen statistisch signifikanten Vorsprung: 17,4 Prozent der Frauen und 16,4 Prozent der Männer hatten einen *Bachelor*-Abschluß, während es bei der weißen Bevölkerung umgekehrt war: Nur 27,3 Prozent der Frauen, aber 31,7 Prozent der Männer hatten diesen Abschluß (McKinnon 2003: 4). Die Struktur des dualen Amerika, die sich teilweise entlang eines einfachen Gegensatzes von schwarz/weiß sowie arm/mittelständisch zeigte, wird also viel differenzierter und zeigt nun deutlicher als je zuvor eine sich entwikkelnde soziale Distanz auch innerhalb des unterprivilegierten Bevölkerungssegments. Die Lebens- und Integrationsbedingungen für Afroamerikaner und *Hispanics* sehen grundsätzlich anders aus als für asiatische Minderheiten. Im Jahr 2003 lebten fast 36 Mio. (12,5 Prozent) der Amerikaner unter der Armutsgrenze. Getrennt nach Bevölkerungsgruppen weist die Statistik die Afroamerikaner (24,4 Prozent) und die *Hispanics* (22,5 Prozent) als diejenigen mit den höchsten Armutsraten aus (U.S. Bureau of the Census 2005a: 473). Selbst die offizielle Armutsgrenze ist für diese Haushalte noch eine unerreichbare Richtgröße. Arme, v. a. Minoritäten, haben auch heute noch kaum eine Chance, sozial aufzusteigen oder den Elendsvierteln zu entkommen. Die wissenschaftliche Literatur hat für dieses neue Phänomen des dauerhaften Verbleibens von Bevölkerungssegmenten in Armut den Begriff der *urban underclass* geprägt (Wilson 1996). Die ethnischen Konzentrationsgebiete in Großstädten sind aufgrund ihrer sozioökonomischen Strukturen (Armut und Geburtenraten von 3 bis 3,5 Prozent) und längerfristigen Perspektiven mit Enklaven der Dritten oder Vierten Welt vergleichbar, die von existentieller Not, Verfall und großer sozialer Krisenhaftigkeit gekennzeichnet sind. Hier wächst die Belastung durch Bevölkerungsgruppen mit niedrigem Einkommen und Abhängigkeit von der staatlichen Fürsorge. Überproportional betroffen sind vor allem Minderheiten, Frauen, Kinder und Jugendliche sowie von Frauen geführte Haushalte (Schneider-Sliwa 1996a; Schneider-Sliwa 1996b).

Die Tatsache, daß afroamerikanische und hispanische Bevölkerungsgruppen die höchsten Anteile an Arbeitslosen (Abbildung 1-3), an Personen, die von der öffentlichen Fürsorge leben, und an Armen haben, hat damit zu tun, daß Schwarze und *Hispanics* insbesondere im industriellen Sektor beschäftigt waren und die Entwicklung zur Dienstleistungsgesellschaft sowie die Globalisierung mit ihren Standortverlagerungen in Niedriglohnländer solche Arbeitsplätze gefährden. Die Prekarität verleiht diesen Bevölkerungsgruppen einen schlechten

Stand in einem Land, das keine Akzeptanz für Trittbrettfahrer auf dem sozialen System kennt und das bei den armen Personen zwei Kategorien unterscheidet: die *welfare poor*, also die Sozialhilfeempfänger und die *deserving poor*, also die für ihre staatliche Sozialhilfe seit einigen Jahren zur Arbeit verpflichtet werden (*work for pay*). Bevölkerungsprognosen zeigen hier die Dringlichkeit und den Handlungsbedarf vor allem im Ausbildungssektor.

Abbildung 1-3: Erwerbslosenquote* 1980-2004 (ausgewählte Jahre)

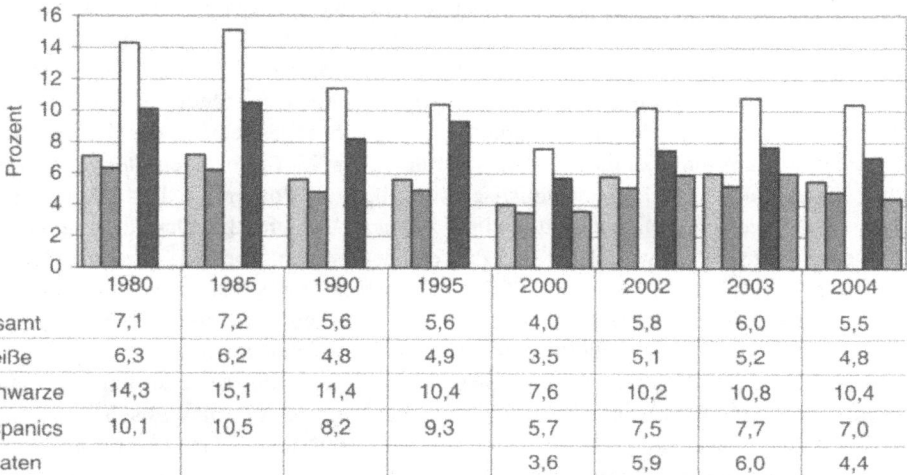

	1980	1985	1990	1995	2000	2002	2003	2004
▨ gesamt	7,1	7,2	5,6	5,6	4,0	5,8	6,0	5,5
▦ Weiße	6,3	6,2	4,8	4,9	3,5	5,1	5,2	4,8
☐ Schwarze	14,3	15,1	11,4	10,4	7,6	10,2	10,8	10,4
■ Hispanics	10,1	10,5	8,2	9,3	5,7	7,5	7,7	7,0
▨ Asiaten					3,6	5,9	6,0	4,4

*Anteil der Erwerbslosen an den zivil Beschäftigten insgesamt sowie innerhalb der Bevölkerungsgruppe.

Quelle: U.S. Bureau of the Census, Statistical Abstract of the United States, 2006: The National Data Book, Washington, D.C. 2005, S. 460.

(6) Strukturelle Armut und Prekarität
Weder stetiges Wirtschaftswachstum, noch das Wachstum der öffentlichen Ausgaben haben die Probleme der Armut auch nur annähernd gelöst. Bemerkenswert ist auch die Tatsache, daß die Armut kontinuierlich ansteigt, und zwar auch in Phasen, in denen sich die Arbeitslosenquoten nicht erhöhten (U.S. Bureau of the Census 2001: 414). Die bundesweite Arbeitsplatzentwicklung zeigt besonders in den Billiglohnkategorien starkes Wachstum, deren Einkommen jedoch oft so niedrig sind, daß Haushalte unter der Armutsgrenze bleiben. *Working poor* manifestieren im Gegensatz zu den *welfare poor* ein besonderes strukturelles Problem der Volkswirtschaft, die zwar insgesamt genug Güter und Dienstleistungen für alle produziert, aufgrund niedriger Löhne dennoch die Minimalversorgung eines Teiles der erwerbstätigen Gesellschaft nicht mehr gewährleistet (Goldsmith/Blakely 1992: 141). Armut wird also nicht nur von Arbeitslosen und Wohlfahrtsempfängern erlebt, sondern ist das alltägliche Problem von Millionen von Vollzeitarbeitenden, ferner für temporär Arbeitende, aber auch für jene, die Entlassungen anheim fielen und in ihren neuen Stellungen nur noch einen

Bruchteil ihres früheren Facharbeiterlohnes erhalten. Besonderheiten der gesetzlichen Regelungen des amerikanischen Arbeitsmarktes verschärfen ebenfalls die Prekarität (Tabelle 1-2).

Tabelle 1-2: Der amerikanische Arbeitsmarkt

Besonderheiten des amerikanischen Arbeitsmarktes

- Zwischen 1980 und 1999 Zuwachs von 24 Mio. Arbeitsplätzen
- Zuwachs in Billiglohn-Berufsgruppen des Tertiären Sektors
- Systematisch niedrigere Löhne und anteilsmäßig mehr Teilzeitbeschäftigung bei Frauen, Schwarzen, *Hispanics*
- Verschlechterung des Arbeitsmarktes für Jugendliche und Sinken der Vollbeschäftigung bei Jugendlichen
- Bevorzugte Einstellung nicht-gewerkschaftlich organisierter Arbeitskräfte („non union labor"), v. a. durch die öffentliche Hand
- Unfreiwillige Teilzeitbeschäftigung („temporary permanent work force") zu niedrigeren Löhnen, die keine Krankenversicherung und Sozialleistungen beinhalten – außer den Rentenbeiträgen – eine Regelung, die sogar für Regierungsangestellte gilt.

Institutionelle Rahmenbedingungen – Geringe Regulationsdichte des Arbeitsmarktes

- Flexible Lohnfindung – Dezentrales Tarifvertragssystem, Fehlen von Manteltarifverträgen, „concession bargaining" auf Betriebsebene
- Fehlen eines gesetzlich geregelten Kündigungsschutzes, traditionelle Rechtsdoktrin „employment at will" (Entlassung nach Belieben), Prinzip „hire and fire employment" – „last in – first out"
- Fehlen eines Betriebsverfassungs-, Urlaubs- oder Mutterschutzgesetzes auf Bundesebene
- Keine staatliche Hilfe bei Kurzarbeit oder Frühverrentung
- Arbeitslosenunterstützung von 26 bis max. 39 Wochen
- Nichtindexierte Mindestlohnregelung – Verringerung der Kaufkraft der Mindestlöhne.

Quellen: Walter, Christine, Zur Dynamik des Arbeitsmarktes in den Vereinigten Staaten, in: Die Weltwirtschaft, 1(1994), S. 113-132; Goldsmith, William W./Blakely, Edward J., Separate Societies. Poverty and Inequality in US Cities, Philadelphia 1992, S. 56-95.

1.5.3   Integrationserfolg asiatischer Minderheiten

Integration und Assimilation waren die wichtigste Aufgabe der Neuankömmlinge in der amerikanischen Gesellschaft. Integration hatten die Zuwanderer durch Annahme der vorherrschenden Normen, Werte, Denk- und Lebensweisen, der Mentalität und Kultur selbst zu leisten. Anerkennung und Aufnahme in die amerikanische Wertegesellschaft konnten gerade in jüngerer Vergangenheit viele Neuankömmlingen trotz ihres unterschiedlichen kulturellen Hintergrunds sehr schnell über das Berufsleben, die Schulausbildung oder unternehmerische Aktivitäten erlangen. Einwanderer sind heute auch besser ausgebildet als früher, weil die Einwanderungsbehörde (*Immigration and Naturalization Service*) seit 1965 eine Präferenz für höchstqualifizierte Arbeitskräfte festgesetzt hat.

Asiatische Minderheiten, insbesondere Chinesen, Japaner und Koreaner, gehören zu diesen höchstqualifizierten Einwandererkategorien. Vietnamesen, die zunächst nicht alle ein höchstqualifizierendes Bildungsprofil aufwiesen, teilten aber die Werte und die Arbeitsethik mit den anderen asiatischen Einwanderergruppen. Nach Jahrzehnten der erst 1945 abgeschafften gesetzlichen Diskriminierung gelten Asiaten mittlerweile als *model minority*: Sie sind jene Einwanderungsgruppe, die in kürzester Zeit den amerikanischen Traum vom wirtschaftlichen und sozialen Aufstieg verwirklicht und darin Anglo-Konformität zeigt. Die in die Hauptaufnahmeregionen Südkalifornien, Los Angeles, Miami, New York City und Washington, D.C. einwandernden Asiaten stellen spätestens in der zweiten Generation unter den Hochschulabsolventen die höchste Quote; in Harvard waren es im Jahr 2003 beispielsweise 19 Prozent, in Berkeley 67 Prozent der vollakademischen Abschlüsse, dies bei nur 3,6 Prozent Anteil an der Gesamtbevölkerung. Zu den Mechanismen, die ihre eigenen Kulturen für die Akkulturierung und den wirtschaftlichen Erfolg in den USA bieten, gehören:

- Erziehung zur sozialen Anpassung und zur Vermeidung von Konflikten,
- hoher Stellenwert von Bildung und Bildungswesen sowie eine Erziehung zu Leistung, Erfolgsstreben und einer Arbeitsdisziplin, die der calvinistisch-protestantischen Ethik ähnelt und daher Amerika vertraut ist,
- vertikale Gruppen- und Familienstruktur, Akzeptanz von Hierarchien in Gesellschaft und Wirtschaft.

1.5.4   Regionale Manifestationen des dualen Amerika

Das duale Amerika zeigt sich nicht nur in den vielfältigen Indikatoren der sozialen Distanz zwischen Bevölkerungssegmenten, sondern auch in räumlich getrennten Welten. Der Gegensatz manifestiert sich

- regional sowie in Indianerreservaten, ferner in bestimmten ländlichen Räumen,
- zwischen Kernstädten und *suburbs* allgemein,
- innerhalb der Kernstädte in den *inner city poverty areas* als Gebieten des sozialen Elends, der Armut und der Verslumung sowie
- innerhalb der Kernstädte in den *gated communities* als Enklaven des Wohlstands.

Ländliche Armut
In den USA gibt es auch zusammenhängende, innerregionale Armutsgebiete, in denen verschiedene ungünstige Faktoren zusammentreffen, so z. B. eine ungünstige verkehrsräumliche Lage, schlechte Böden, mangelnde Ressourcen, weitgehende bis totale Erschöpfung vorhandener natürlicher Ressourcen, nicht rentable Rohstoffvorkommen und ungünstige Landbesitzstrukturen für die kommerzielle Landwirtschaft. Zu den Merkmalen, die eine strukturelle Problematik kennzeichnen, gehören:

- höhere Arbeitslosigkeit,
- niedrigere Einkommen,
- hohe Konzentrationen von Personen ausländischer Herkunft, insbesondere *Hispanics*, welche teilweise ein ungünstiges Bildungsprofil für eine erfolgreiche Integration in den Arbeitsmarkt mitbringen,
- hohe Anteile an Personen mit niedrigem Bildungsstatus,

- monostrukturierte lokale Wirtschaft,
- hohe Anteile von Beschäftigten in der Landwirtschaft einerseits sowie sinkende Anteile von Beschäftigten in der Landwirtschaft („Farmensterben") andererseits,
- Bergbaugebiete jenseits der Appalachen, des *Superior Uplands* und der Rocky Mountains,
- ausgewählte Gebiete mit hohen Anteilen an Regierungsbeschäftigten, vor allem in den Gebieten der Nationalparks.

Danach sind Bergregionen der südlichen Appalachen und der Ozarks sowie Gebiete des ländlichen Südens (Georgia, Alabama, Louisiana) besonders betroffen.

Innerstädtische Armutsgebiete

Armut ist ein besonders schweres Problem in strukturschwachen Kernstadtgebieten, vor allem in Stadtteilen, in denen jene Afroamerikaner und *Hispanics* stark konzentriert sind, die einen hohen Anteil von Personen mit einem schlechteren Bildungsprofil besitzen. Afroamerikaner und *Hispanics*, vor allem aber Erstere, machen einen Großteil der Bevölkerung der riesigen Elendsgebiete aus. Elendsgebiete sind es, weil in ihnen Armut, Verfall, Arbeitslosigkeit und Abhängigkeit von staatlichen Transferleistungen sowie extrem hohe Geburtenraten herrschen.

1.5.5   Segregationslandschaften und Lebenswelten des dualen Amerika: Hyper-Ghettos und *Inner City Poverty Areas*

Für die meisten Städte lassen sich die räumlichen Dimensionen der segregierten Stadtteile nicht mehr mit ethnisch geprägten Enklaven oder Vierteln wie in Europa vergleichen. Die Hyper-Ghettos haben die facto Ausmaße europäischer Großstädte. Hyper-Ghettos der *urban underclass* dehnen sich stetig aus (Wilson 1996; Schneider-Sliwa 1996a). In der Kernstadt Atlanta mit der ungefähren Nord-Süd- und Ost-West-Ausdehnung von 27,5 km bzw. 28 km nehmen diese Gebiete mehr als die Hälfte des Stadtgebietes ein, in Washington, D.C. knapp 40 Prozent, das Hyper-Ghetto von Los Angeles, der Stadtteil South Central, hat eine Nord-Süd-Ausdehnung von 24 km. Die Liste der Städte mit Hyper-Ghettos ließe sich beliebig fortsetzen.

In den Hyper-Ghettos der *urban underclass* besteht eine für zukünftige Generationen sozial vordefinierte Lebenswelt, in der es um *basic needs* geht, also um die nötigste Versorgung mit Nahrung, Kleidung und Arbeit. Die Alltagswelt der Unterklasse ist ein Teilsystem, das existentiell von der Vielfalt der Wirtschaftskreisläufe, dem sogenannten *mainstream*-America und dem Lebensstil seiner „Leitkultur" abgekoppelt ist. Den Bewohnern wird ein völlig andersartiges, kollektives Muster der Lebensbewältigung aufgezwungen, welches kaum Handlungsspielräume zuläßt – mangels Arbeitsplätzen bleiben fast nur die Abhängigkeit von der Fürsorge, der Drogenhandel oder andere kriminelle Aktivitäten. Diese ungünstigen lebensweltlichen Rahmenbedingungen und bewußt wahrgenommenen Begrenzungen können wiederum zu Verhaltensweisen wie Vandalismus, Brandstiftung und anderen Formen der Kriminalität führen, die sich durchaus sichtbar im Raum und in den Statistiken auf kleinsten räumlichen Bezugseinheiten niederschlagen. Allein in innerstädtischen Armutsgebieten leben derzeit 20 Mio. Menschen. Bei Geburtenraten von 3,5 Prozent, die in lokalen Standesämtern und einzelnen staatlichen Gesundheitsbehörden dokumentiert sind, könnte man im ungünstigsten Falle von einer Verdoppelung innerhalb von 20 Jahren ausgehen und innerhalb von 40 Jahren mit einer innerstädtischen Armutsbevölkerung von 80 Mio. Menschen rechnen. Hierbei wird jedoch nur die Zahl von 20 Mio. innerstädtischen Armen zugrunde gelegt und nicht die übrigen 24 Mio. der derzeit erfaßten 44 Mio. Armen, die auch im ländlichen Raum oder in übrigen Stadtgebieten der Großräume leben. Unbeachtet von vielen, insbesondere auch von Entscheidungsträgern, wächst also die Armutsbevölkerung rasant an und damit die Notwendigkeit für die USA, sich mit der Innen- und Sozialpolitik im Sinne dauerhafter Lösungen des Armutsproblems auseinander zu setzen.

1.6   Literatur

Adams, Willi Paul, Deutsche im Schmelztiegel der USA. Erfahrungen im größten Einwanderungsland der Europäer, 3. Aufl., Berlin 1994.

Adams, Willi Paul, Die USA vor 1900, München 2000a.

Adams, Willi Paul, Die USA im 20. Jahrhundert, München 2000b.

Bennet, Marion T., American Immigration Policies: A History. Washington, D.C. 1963.

Boorstin, Daniel J., The Americans. Volume I: The Colonial Experience, New York 1965.

Cafferty, Pastora San Juan/**Chiswick**, Barry R./**Greeley**, Andrew M./**Sullivan**, Teresa A., The Dilemma of American Immigration. Beyond the Golden Door, New Brunswick 1983.

Dinnerstein, Leonard/**Reimers**, David M., Ethnic Americans. A History of Immigration, 3. Aufl., New York 1988.

Dittgen, Herbert, Die Reformen in der Einwanderungs- und Flüchtlingspolitik in den achtziger Jahren, in: Amerikastudien 3, 1995, S. 345-366.

Federal Interagency Forum on Child and Family Statistics, America's Children: Key Indicators of Well-Being, 2002, Part II. Indicators of Children's Well-Being, Washington, D.C. 2002.

Fields, Jason, Children's Living Arrangements and Characteristics: March 2002. U.S. Census Bureau, Current Population Reports, P20-547, Washington, D.C. 2003.

Flack, John M. et al., Epidemiology of Minority Health, in: Health Psychology, Vol. 14, 7(1995), S. 592-600.

Fluck, Winfried, Kultur, in: **Adams**, Willi Paul/**Lösche**, Peter (Hrsg.), Länderbericht USA. Geschichte, Politik, Geographie, Wirtschaft, Gesellschaft, Kultur, 3. Aufl., Bonn 1999, S. 719-803.

Grieco, Elizabeth M./**Cassidy**, Rachel C., Overview of Race and Hispanic Origin: 2000, U.S. Census Bureau, Census 2000 Brief, C2KBR/01-1, Washington, D.C. 2001.

Goldsmith, Wiliam W./**Blakely**, Edward J., Separate Societies. Poverty and Inequality in US Cities, Philadelphia 1992.

Hall, Thomas Cuming, The Religious Background of American Culture, New York 1959.

Hofstetter, Richard R., U.S. Immigration Policy, Durham 1984.

Hutchinson, Edward P., Legislative History of American Immigration Policy 1798-1965, Philadelphia 1981.

Kamphausen, Georg, Ideengeschichtliche Ursprünge und Einflüsse, in: **Adams**, Willi Paul et al. (Hrsg.), Länderbericht USA. Geographie, Geschichte, Politische Kultur, Politisches System, Wirtschaft, Band I, 2. Aufl. Bonn 1992, S. 259-280.

Lerner, Max, Amerika. Wesen und Werden einer Kultur: Geist und Leben der Vereinigten Staaten von heute, Frankfurt 1960.

McKinnon, Jesse, The Black Population in the United States: March 2002. U.S. Census Bureau, Current Population Reports, P20-541, Washington, D.C. 2003.

National Center for Health Statistics, Health, United States, 2005. With Chartbook on Trends in the Health of Americans, Hyattsville 2005.

National Center for Children in Poverty (Columbia University, Mailman School of Public Health), Basic Facts about Low-Income Children: Birth to Age 18, New York 2006.

Persons, Stow, American Minds. A History of Ideas, New York 1975.

Proctor, Bernadette D./**Dalaker**, Joseph, Poverty in the United States: 2002, U.S. Census Bureau, Current Population Reports, P60-222, Washington, D.C. 2003.

Schneider-Sliwa, Rita, Kernstadtverfall und Modelle der Erneuerung in den USA: Privatism, Public-Private-Partnerships, Revitalisierungspolitik und sozialräumliche Prozesse am Beispiel von Atlanta, Boston und Washington, D.C., Berlin 1996a.

Schneider-Sliwa, Rita, „Hyper-Ghettos" in amerikanischen Großstädten: Lebensräume und Konstruktionsprinzip der „urban underclass", in: Geographische Zeitschrift, 1(1996b), S. 27-43.

Schneider-Sliwa, Rita, USA. Geschichte, Wirtschaft, Geographie, Politik. Darmstadt 2005.

Spraggins, Renee E., Census Brief: Women in the United States: A Profile, U.S. Census Bureau, Current Population Reports, CENBR/001, Washington D.C. 2000.

Stanley, Harold W./**Niemi**, Richard G., Vital Statistics on American Politics, 2005-2006, Washington, D.C. 2006.

Tocqueville, Alexis de, Über die Demokratie in Amerika, Stuttgart 1985.

U.S. Bureau of the Census, Statistical Abstract of the United States, 2001: The National Data Book, Washington, D.C. 2001.

U.S. Bureau of the Census, Statistical Abstract of the United States, 2006: The National Data Book, Washington, D.C. 2005a.

U.S. Bureau of the Census, Indicators of Children's Well Being, Part II, Economic Security Indicators. Washington, D.C. 2005b.

U.S. Department of Education, National Center for Education Statistics. The Condition of Education 2002. Poverty among School Age Children. Washington, D.C. 2002

U.S. Department of Homeland Security/Office of Immigration Statistics, 2004 Yearbook of Immigration Statistics, Washington, D.C. 2006.

Walter, Christine, Zur Dynamik des Arbeitsmarktes in den Vereinigten Staaten, in: Die Weltwirtschaft, 1(1994), S. 113-132.

Wilson, William Julius, The Truly Disadvantaged, the Inner City, the Underclass and Public Policy, 9. Aufl., Chicago u. a. O. 1996.

Zimmermann, W./**Fix**, M. Immigrant Policy in the States: A Wavering Welcome. Amerikastudien 3, 1995, S. 367-388.

Zöller, Michael, Politische Kultur und politische Soziologie, in: **Adams**, Willi Paul et al. (Hrsg.), Länderbericht USA. Geographie, Geschichte, Politische Kultur, Politisches System, Wirtschaft, Band I, 2. Aufl. Bonn 1992, S. 281-302.

1.7   Websites

Department for Health and Human Services   http://www.hhs.gov/

Forum on Child and Family Statistics   http://www.childstats.gov/

National Center for Children in Poverty   http://nccp.org/

National Center for Health and Statistics   http://www.cdc.gov/nchs/

U.S. Bureau of the Census   http://www.census.gov/

Stand: 30.09.2006

Hans Vorländer

2 Gesellschaftliche Wertvorstellungen und politische Ideologien

2.1 *E Pluribus Unum?* Das Problem nationaler Identität in einer Gesellschaft von Einwanderern

Was es bedeutet, ein Amerikaner zu sein, ist in den USA eine immer wieder gestellte und doch kaum mit hinreichender Gewißheit beantwortete Frage. Deshalb nimmt es nicht wunder, daß sich ein weiter Bogen Vergewisserung suchender Selbstbefragung durch die mehr als 200-jährige Geschichte der Vereinigten Staaten zieht: von J. Hector St. John de Crèvecœur, der als „amerikanischer Farmer" die Frage „what then is the American, this new man?" stellte, bis hin zu dem Sozialphilosophen Michael Walzer, der 1990 einen Essay unter dem Titel „What does it mean to be an ‚American'?" veröffentlichte. Die Vereinigten Staaten, so Walzer, sind keine *patrie*, Amerikaner haben nie von ihrem Land als einem Vater- oder Mutterland gesprochen, auch nicht sprechen können. Die Vereinigten Staaten sind vielmehr eine Verbindung von ethnischen, rassischen und religiösen Gruppen, eine *nation of nationalities*. Wie ist dann aber *E Pluribus Unum* – das Insignum des Großsiegels der Vereinigten Staaten – denk- und vorstellbar? Was verbindet die Einwanderer aus den verschiedenen Herkunftsländern miteinander, was macht sie zu Amerikanern?

Um Amerikaner zu sein oder zu werden, so Philip Gleason in der Harvard Enzyklopädie der ethnischen Gruppen, „a person did not have to be of any particular national, linguistic, religious, or ethnic background. All he had to do was to commit himself to the political ideology centered on the abstract ideals of liberty, equality and republicanism" (Gleason 1980: 32). Er bemerkt damit zutreffend, daß es eine politische Ideologie ist, die, auf den Idealen Freiheit, Gleichheit und Republik beruhend, im Zentrum amerikanischer Identität steht. Wer sich zu dieser *Ideologia Americana* bekennt, ist Amerikaner.

2.2   „Amerikanismus" – Die nationale Integrationsideologie der Gesellschaft

Die erste „neue Nation" konnte nicht auf tradierte Muster kultureller und (staats-)kirchlicher Vorstellungen oder auf sozialen oder staatlichen Autoritäten aufbauen. Ein identitätsstiftender „operationalisierbarer" Nationalismus – ein klar abgegrenztes Staatsgebiet, ein festes Sozialgefüge sowie gemeinsame Symbole oder Mythen – gab es in den dreizehn Kolonien nicht. Der amerikanische Nationalismus entfaltete sich daher geradezu zwangsläufig im Rekurs auf die Beweggründe der Auswanderung aus Europa und auf die Vorstellungen der Siedler in der Gründungsphase der Vereinigten Staaten von Amerika. Die grundlegenden Ideen und Vorstellungen über die Existenz und die Räson des „neuen" Amerikas gingen in diese Form kollektiver Selbstverständigung ein und ließen, getragen von der durch puritanische Motive gestützten Annahme einer besonderen weltgeschichtlichen Rolle Amerikas, die Überzeugung eines einzigartigen und von der „alten", europäischen Welt deutlich zu unterscheidenden Sonderbewußtseins wachsen. Die Selbstbeschreibung einer spezifisch amerikanischen Lebensweise und eines diesen *way of life* ideell und politisch überhöhenden „Amerikanismus" weist eine erstaunliche Kontinuität auf, die auch von fremdländischen Beobachtern – von Alexis de Tocqueville (1835/40; zit. 1984) über James Bryce (1906), Werner Sombart (1906) bis zu Gunnar Myrdal (1944) und J.G.A. Pocock (1987) – immer wieder festgestellt worden ist.

2.2.1   Selbstdeutung und Interpretation im Zeichen des „Amerikanismus"

Integraler Bestandteil des Selbstverständnisses der amerikanischen Nation war einmal das Bewußtsein, eine „neue" Gesellschaft zu repräsentieren. Dies hatten sowohl puritanische Geistliche wie etwa Samuel Danforth, Cotton Mather oder John Winthrop als auch die *Federalists*, die Befürworter der Verfassung von 1787, sehr genau verstanden. Erstere hatten die Besiedlung als *errand into the wilderness* gedeutet (Miller 1956; Bercovitch 1979) und eine asketisch-protestantische Tugendlehre aufgestellt, um die Herausforderung zu meistern. Die *Federalists* hingegen hatten neue demokratische Verfahren und Institutionen entworfen, um die Fehler der alten Vorbilder, der durch mangelnde Tugendhaftigkeit ihrer Bürger dem Verfall preisgegebenen griechischen *Poleis* und römischen Republiken, zu vermeiden (Hamilton/Madison/Jay 1961).

Mit der Auffassung, eine neue Ordnung gestalten zu können, war gleichzeitig die sich aus antiken republikanischen Quellen und protestantischen Überzeugungen herleitende und in religiös-sozialen „Erweckungsbewegungen" manifest werdende Vorstellung einer stetigen „Erneuerung" des „amerikanischen Experimentes" verbunden. Der Glaube, daß ein solches „Experiment" erneuerbar sei, spiegelt sich nicht zuletzt in der Vorliebe für das Epitheton *new* in Politik und öffentlichem Diskurs wider: vom *New Nationalism* Theodore Roosevelts und *New Freedom* Woodrow Wilsons über den *New Deal* Franklin D. Roosevelts, die *New*

Frontier John F. Kennedys und den *New Federalism* von Richard Nixon und Ronald Reagan bis zu den zahlreichen Selbstetikettierungen als *New Intellectuals*.

Auf den zweiten Bestandteil des amerikanischen Selbstverständnisses hatte bereits Crèvecœur aufmerksam gemacht, für den das „Neue" in dem nicht-aristokratischen Ursprung der USA als einer egalitären und bürgerlichen Gesellschaft bestand. Was später auch Tocqueville als das Charakteristische der „gleichgeborenen" Gesellschaft und als ihren historischen Vorteil gegenüber der „Alten Welt" kennzeichnete, drückte sich für Crèvecoeur in „no aristocratical families, no courts, no kings, no bishops, no ecclesiastical dominion" aus. Von der tradierten Überzeugung, daß die gesellschaftliche Gleichheit die amerikanische Exzeptionalität begründe, ging auch das fortdauernde egalitäre Pathos der amerikanischen Mittelschichten-Gesellschaft aus. Diese lehnt – wie Umfragen immer wieder belegen – soziale Statuspositionen ab, die sich nicht durch individuell zurechenbare Leistungen rechtfertigen lassen (McCloskey/Zaller 1984; Lipset/Schneider 1983). Diese Gleichheitsauffassung war in der Geschichte der USA mehrfach die ideologische Basis für populistische Bewegungen und artikulierte sich in der Ära umfassender Demokratisierung unter der Präsidentschaft von Andrew Jackson (1829-1837) als Forderung von *equal rights for all, special privileges for none*.

Mit einer solchen Gleichheitsauffassung war das dritte Element des amerikanischen Selbstverständnisses, der radikale Individualismus, durchaus vereinbar. Für Crèvecœur zeichnete sich der „neue Mensch" vor allem dadurch aus, daß er die Möglichkeit hatte, sein eigenes Interesse verfolgen zu können. Damit war weniger die freie Religionsausübung gemeint als vielmehr die ökonomische Betätigungsfreiheit in einer nicht durch Stände und Zünfte reglementierten sozialen Umwelt. Die Arbeit war allein auf die „Basis der Natur" gegründet. Sie kannte, ebenso wie die Möglichkeit des Eigentumserwerbs durch Arbeit, keine Grenzen. Dieser Zusammenhang von individueller Arbeit, Leistung und Erfolg war und ist konstitutiv für das amerikanische Selbstverständnis und zugleich Grundlage des „amerikanischen Traums". Dieses Leistungs- und Erfolgsethos gewann seine gesellschaftliche Schubkraft aus einem puritanisch-religiösen Begründungszusammenhang. Bereits die puritanischen Geistlichen hatten am Ausgang der kurzen Epoche ihres theokratischen Regimes in der zweiten Hälfte des 17. Jahrhunderts die Erfüllung des amerikanischen „Versprechens" von der Befolgung der *values of piety, frugality, and diligence in one's worldly calling* (Danforth 1670, zit. 1968) abhängig gemacht. Und in Thomas Jeffersons Leitbild des *yeoman* verschmolzen Selbstgenügsamkeit, Landarbeit und göttliches Wohlwollen erzeugender Fleiß zu einer Utopie einer klassenlosen Agrargesellschaft, in dessen Mittelpunkt der tugendhafte und selbständige Farmer stand. Diese in der protestantischen Ethik wurzelnden Werte und Überzeugungen waren auch industriekapitalistisch dynamisierbar, wie Max Weber exemplarisch – aber zu Unrecht – an Benjamin Franklin und dem Herauswachsen des „kapitalistischen Menschen" aus dem „bewährten Christenmenschen" zeigte (Weber 1972a), und wie es dann vor allem der sozialdarwinistisch unterlegte Horatio Alger-Mythos des unbegrenzten Aufstiegs – „vom Tellerwäscher zum Millionär" – belegen sollte (Alger 1914).

Durch die Verknüpfung von protestantischer Ethik, individueller Bewährung und amerikanischer „Verheißung" wurden die Grundelemente einer säkularen Zivilreligion geprägt, die in der auf die Puritaner zurückgehenden Vorstellung, *God's chosen people* zu sein, zum Ausdruck kommt (Bellah 1967; Bellah 1975). Diese Zivilreligion hat aber nicht nur eine nach innen gerichtete Funktion, in dem sie das erfolgreiche Erwerbsstreben als Zeichen göttlichen Auserwähltseins und besonderer individueller Tüchtigkeit ausweist. Sie beinhaltet auch ein nach außen gerichtetes, in den 1840er Jahren als *Manifest Destiny* etikettiertes Sendungsbewußtsein, mit dem man den Anspruch der weißen, protestantischen Bevölkerung der USA auf Herrschaft über das Land und die Bewohner Nordamerikas zu rechtfertigen suchte. Diese zivilreligiöse „Aufladung" des Amerikanismus erklärt auch die moralisch-idealistische Rhetorik in der amerikanischen Außenpolitik, die trotz ihres nüchternen und interessengeleiteten Pragmatismus manchmal den Charakter religiöser Kreuzzüge anzunehmen scheint (Mead 2002).

2.2.2   Funktionen des „Amerikanismus"

„Amerikanismus" ist die Grundlage amerikanischer Identität. Die ihm zugrunde liegenden Werte Individualismus, Freiheit und Gleichheit, Demokratie und freie ökonomische Betätigung haben sich zu einer quasi-religiösen Doktrin verdichtet, deren Funktionen zu Recht mit der Heilsgeschichte in Kirche und Religion verglichen werden. Denn der „Amerikanismus" ist eine integrierende und identitätsstiftende Zivilreligion (Gebhardt 1990; Vorländer 1990). Dazu gehört unter anderem ein zeremonieller Aspekt, der sich in Inaugurationsreden und nationalen Botschaften des Präsidenten (*State of the Union Address*) rhetorisch in Szene setzt. Dazu gehören auch das alljährliche Ritual der Erinnerung an die Gründung der USA (4. Juli) und das Gedenken an Persönlichkeiten des öffentlichen Lebens, die diese amerikanischen Prinzipien exemplarisch verkörpern, und deren Geburtstage deshalb zu nationalen Feiertagen erhoben wurden (Fuchs 1990: 5). Die symbolische Inszenierung des Patriotismus und die Verehrung von Verfassung und Gründungsvätern (Vorländer 1989) sind, so mag es scheinen, das Einzige, was alle Amerikaner miteinander teilen. Deshalb sind die Zeremonien und Rituale des „Amerikanismus", die dem europäischen Beobachter häufig allzu pathetisch vorkommen, für den politischen Zusammenhalt der amerikanischen Gesellschaft so existentiell.

Das den „Amerikanismus" charakterisierende Wertesystem wird auch von den intellektuellen und politischen Eliten nicht in Frage gestellt, allenfalls wird sein Gehalt unterschiedlich bestimmt und mit dem Grad seiner Verwirklichung oder Abweichung historisch verglichen (Croly 1965; Huntington 1981). Der „Amerikanismus" erweist sich damit nicht nur als das ideologische Gravitationsfeld von Politik und Gesellschaft, sondern auch als zentraler Bezugspunkt von Interpretation, intellektueller Reflektion und wissenschaftlicher Darstellung (Pocock 1987; Vorländer 1997; Vorländer 2001). Gerade hier, auf der Ebene der politischen und intellektuellen Eliten, zeigte sich schon früh, daß „Amerikanismus" immer auch ein gesellschaftlicher Ordnungsentwurf war, in dem politische Freiheit, ökonomischer Individualismus und soziale Gleichheit (im Sinne von Chancengleichheit) verschmelzen und dessen Geltungsanspruch für den *novus ordo seculorum* tendenziell über den amerikanischen Halbkontinent hinausreichte (Gebhardt 1976).

„Amerikanismus" konnte aber auch dort, wo die amerikanische Gesellschaft im Inneren unter Druck geriet, als Instrument sozialer Kontrolle und politischer Ab- und Ausgrenzung fungieren. Einerseits ermöglichten die prinzipielle Offenheit der Gesellschaft und die Allgemeinheit der amerikanischen Ideale die Integration von kulturell, ethnisch und religiös sehr verschiedenen Gruppen. Andererseits konnte der Amerikanismus auch ausschließende Wirkung annehmen. Gerade weil er auf bestimmten Werten und Idealen beruht, ist das Bekenntnis hierzu die entscheidende Voraussetzung, zur amerikanischen Nation zu gehören. Diese Ambivalenz von universaler Geltung und partikularer Ausgrenzung war dem „Amerikanismus" von Beginn an inhärent, auch wenn sich langfristig der alle Gruppen einbeziehende Universalismus als stärker erweisen sollte.

Das puritanisch-fundamentalistische Erbe der frühen Einwanderer und ihr territoriales und ökonomisches Expansionsstreben verkürzten den „Amerikanismus" allerdings immer wieder zu einer Ideologie, die soziale und ökonomische wie auch politische und ethnokulturelle Ausgrenzung zu rechtfertigen schien. So diente er beispielsweise zur Repression von Kritikern der Beteiligung der USA am Ersten Weltkrieg und dann, im *Red Scare* (1919/20), als ordnungspolitischer Ausgrenzungsmechanismus gegen jede Reformbewegung, die sich nur entfernt in die Nähe sozialistischen oder kommunistischen Gedankenguts begab und deshalb als „unamerikanisch" denunziert werden konnte. Der McCarthyismus in der Epoche des Kalten Krieges stellte den Höhepunkt der Bekämpfung von *unamerican activities* im Namen amerikanischer Werte dar. Auch konnte der „Amerikanismus" durchaus in einem ethnokulturellen Sinne als Lebensform und Wertesystem der weißen angelsächsischen Bevölkerung verstanden werden. Waren doch am Anfang weder die Indianer noch die schwarze Sklavenbevölkerung amerikanische Bürger. Als aber die ethnische Heterogenität in der Mitte des 19. Jahrhunderts mit der Einwanderung von Katholiken und dann, um die Wende vom 19. ins 20. Jahrhundert, mit den Einwandererwellen aus Süd- und Osteuropa deutlich zunahm, versuchte man den Wertekanon des „Amerikanismus" zu einem politischen Konzept der Assimilation der neuen Bevölkerungsgruppen an den englisch-protestantischen *mainstream* zu komprimieren. Dieser ethnokulturell verengte „Amerikanismus" versagte den ethnisch-religiösen Minoritäten die kulturelle und politische Eigenständigkeit, suchte sie zu „amerikanisieren" und organisierte sich etwa in der *Know Nothing*-Bewegung und in den *Hereditary*-Gesellschaften Neuenglands (Gleason 1980). Als diese Strategie der forcierten Anpassung nicht mehr zu greifen schien und der Nativismus, nicht zuletzt aufgrund sich verschärfender sozialer und wirtschaftlicher Spannungslagen, politisch an Boden gewann (Higham 1968), wurde die Neuzuwanderung nach 1920 in sehr restriktiver Weise reglementiert.

Erst in den 1960er Jahren, in denen die Einwanderungsvorschriften wieder gelockert wurden, konnte die von der Bürgerrechtsbewegung geforderte und durch entsprechende Gesetzgebung (*Civil Rights Act, Voting Rights Act*) abgesicherte politische Gleichberechtigung schwarzer und anderer Minderheitengruppen durchgesetzt werden. Bezeichnenderweise stützten die Protestbewegungen ihren Anspruch auf politische Teilnahme auf das amerikanische „Versprechen" der allgemeinen Gültigkeit der zentralen amerikanischen Werte von Freiheit, Demokratie und sozialer (Chancen-)Gleichheit. Damit schien sich zu realisieren, was die Verfechter eines ethnischen Pluralismus als Gegenkonzept zum Nativismus schon zu Beginn des 20. Jahrhunderts ins Feld geführt hatten: die Vereinbarkeit von ethnokultureller und rassischer Vielfalt und liberal-demokratischer Ordnung (Kallen 1924; Higham 1975: 196; Steinberg 1981; Walzer 1981; Walzer 1990; Waters 1990).

Am Ende des 20. Jahrhunderts gewann die Frage, was es bedeutet, ein Amerikaner zu sein, durch die Veränderung der ethnischen Zusammensetzung der amerikanischen Bevölkerung neue Brisanz. 1980 war nur jeder fünfte Amerikaner ein „Nicht-Europäer". Zehn Jahre später aber entstammte jeder vierte Amerikaner afrikanischen, asiatischen, lateinamerikanischen oder indianischen Bevölkerungsgruppen. Vor allem die Einwanderer aus den spanischsprechenden Ländern Mittel- und Lateinamerikas, die sogenannten *Hispanics* (nach dem Zensus von 2000 die größte ethnische Minderheit, vor den schwarzen *Afro-Americans*) gewinnen in einzelnen Staaten wie Florida, Kalifornien und Texas beständig an Einfluß. Es ist die mit der demografischen Veränderung einhergehende Zunahme kultureller, ethnischer und sprachlicher Diversität, die in den letzten beiden Jahrzehnten des 20. Jahrhunderts geradezu eine „Kulturkampf" genannte Auseinandersetzung um den Stellenwert des Multikulturalismus ausgelöst hat (Vorländer/Herrmann 2001). Kontroversen waren entstanden um die Rahmenlehrpläne für Schulen und die Curricula an den Universitäten, Debatten wurden um politisch korrektes Sprachverhalten und einen offiziellen englisch-spanischen Bilingualismus geführt, und Diskussionen um Einwanderung und staatsbürgerliche Rechte haben einmal mehr das nationale Selbstverständnis der Vereinigten Staaten erschüttert. Der Kampf wurde zwischen den Traditionalisten, den Verteidigern eines geeinten Amerikas und den vermeintlichen Revolutionären, den Protagonisten eines neuen Multikulturalismus ausgefochten. Letztere kämpften für die Anerkennung der Pluralität von Ethnien und Kulturen, weshalb erstere die politische Einheit der Nation gefährdet sahen. Wo es für die Multikulturalisten um das Ende der Vorherrschaft einer westlich-europäisch geprägten Tradition ging, stand für die Traditionalisten die Bewahrung der Werte und Ideale im Mittelpunkt, von denen sie annahmen, daß sie den USA einen einzigartigen, exzeptionellen Rang unter den Nationen des Globus gesichert hatten. Ging es für die einen um die Behauptung minoritärer und ethnischer Identitäten, mithin um die Anerkennung multikultureller Differenzen, ging es für die anderen um Integration und Assimilation und die Bewahrung der Einheit. So stand *E pluribus unum* gegen *E pluribus plures*. Die Multikulturalismusdebatte war kein rein akademischer Diskurs, denn in den Kontroversen um Lehrpläne und Curricula, um Bilingualismus und politische Korrektheit ging es im Grunde einmal mehr um die Frage, was es bedeutet, ein Amerikaner zu sein. Dabei ist das Faktum der multikulturellen Vielfalt nicht mehr hintergehbar. Amerika besteht, wie auch die Zensusbefragungen ausweisen, aus fünf großen ethnokulturellen Gruppen. Damit ist indes keineswegs die universalistische Vorstellungswelt republikanischer Werte und Ideale hinfällig geworden. Einmal mehr hat sich auch in der Multikulturalismus-Debatte letztlich jenes Versprechen als realitätsmächtig erweisen können, das im Bekenntnis zu Republik, Demokratie, Freiheit und Grundrechten die Bedingungen für Zuwanderung, Zugehörigkeit und Mitgliedschaft im Gemeinwesen der Vereinigten Staaten sieht (Vorländer 2001).

2.3   Liberale Tradition und Politische Kultur

Historiographie und politische Kulturforschung gehen überwiegend davon aus, daß in den USA trotz ethnokultureller Vielfalt, regionaler Unterschiede und sozioökonomischer Konfliktlinien eine nationale politische Kultur besteht, die sich auf einen mehr als zwei Jahrhunderte stabilen Konsens über zentrale Werte wie Individualismus, Freiheit, Gleichheit, Schutz des Eigentums und ökonomischen Wettbewerb gründet. Die Dauerhaftigkeit und Dominanz dieses liberalen Wertkonsenses lassen die USA im Vergleich mit europäischen Staaten als eine *one ideology-society* erscheinen: „It had been our fate as a nation not to have ideologies but to be one" (Hofstadter 1963: 43). Während sich der europäische Liberalismus zunächst gegen Feudalismus und Absolutismus durchsetzen mußte und sich dann, im Zuge der Herausbildung des Industriekapitalismus, gegen Arbeiterbewegung und sozialistische Ideologie zu behaupten versuchte, fehlte in den USA eine feudal-aristokratische Herrschaftstradition und ein schlagkräftiger politischer und intellektueller Sozialismus. Ursächlich hierfür waren unter anderem die sukzessive Demokratisierung des Wahlrechts und – damit einhergehend – die Entstehung von Patronageparteien, die vielfach auch sozialpolitische Aufgaben wahrnahmen. Daher bestand für die Industriearbeiterschaft keine Notwendigkeit, eine politische Bewegung auszubilden, die die aufkommende soziale Frage auf dem Wege der Systemüberwindung zu lösen versucht hätte. Die Gründung der USA als bürgerliche Gesellschaft und das Ausbleiben des von vielen erwarteten Sozialismus haben die These begründet, daß die Kontinuität dieser „liberalen Tradition" und die ungebrochene Geltungskraft des demokratisch-kapitalistischen „Ethos" die spezifischen Merkmale des politischen Systems der USA darstellten.

2.3.1 Die historiographische These von der *liberal tradition*

Richard Hofstadter hat 1948 ein paradigmabildendes Resümee der amerikanischen politischen Tradition vorgelegt, in dem er – im Unterschied zu den *Progressive Historians* und hier vor allem zu Charles Beard (1941) – das konsensuale Konfliktlösungsmuster als charakteristisch für die politische Entwicklung ansah. Politische Konflikte waren, ob sie die Verfassungsberatungen in der Gründungsphase, die ökonomische Entwicklung zu Beginn des 19. Jahrhunderts, die Auseinandersetzung zwischen agrarischen und industriellen Interessen oder die *New Deal*-Kontroverse zwischen Franklin D. Roosevelt und seinen Republikanischen Opponenten betrafen, lediglich Streitigkeiten of *emphasis, not of structure*. Für alle Politiker und gesellschaftlichen Gruppierungen waren das Recht auf privates Eigentum und die Durchsetzung individueller Interessen sowie die Garantie der Chancengleichheit die zentralen politischen Glaubenssätze. Politik in den USA reduzierte sich deshalb weitgehend auf den Schutz des Wettbewerbs in der ökonomischen Sphäre. Ein darüber hinausgehendes kollektives politisches Handeln war in dieser *democracy in cupidity* weder notwendig, noch gab es hierfür eine Rechtfertigung (Hofstadter 1973: XXXVII).

Louis Hartz hat diese Beschreibung einer einheitlichen politisch-kulturellen Tradition in einen komparativen ideengeschichtlichen Zusammenhang gestellt und die Amerikaner als „natürliche Lockeaner" bezeichnet. Die besonderen Bedingungen in Nordamerika hätten dazu geführt, daß Siedler und Bewohner sich von den Wertvorstellungen leiten lassen konnten, die John Locke zur *raison d'être* seines *body politic* gemacht hatte: Schutz der individuellen Freiheit, Erwerb und Sicherung von Eigentum sowie ein allein zur Gewährleistung dieser Individualrechte verpflichteter Staat. Dieser „Lockeanismus" hätte seine Gültigkeit über den Entstehungs- und Gründungskontext hinaus behaupten können und in nahezu „absolutistischer" Manier die politische Kultur der USA bis in die Mitte des 20. Jahrhunderts geprägt (Hartz 1955).

Die Thesen von Hofstadter und Hartz sind nicht ohne Widerspruch geblieben (Bailyn 1967; Pocock 1975; Wood 1969). Ihre Kernaussage, daß sich die liberalen gesellschaftlichen Wertvorstellungen der Amerikaner über zwei Jahrhunderte nicht grundlegend verändert hätten, konnte zwar nicht widerlegt, aber doch differenziert werden (Ross 1979; Young 1996; Vorländer 1988; Vorländer1997; Vorländer 2004b). So gingen etwa die gesellschaftlichen Wertvorstellungen nicht allein in den „ökonomischen Tugenden des Kapitalismus" auf, wie es Hofstadter formuliert hatte. Denn der amerikanische Liberalismus beinhaltete nicht nur eine ökonomische, sondern auch eine demokratische und politische Dimension, die individuelle Freiheit, politische Gleichheit und eine starke anti-staatliche und anti-autoritäre Grundorientierung umfaßte. Das puritanisch-protestantische Erbe, die bis in die Gegenwart hinein lebendige Praxis unterschiedlicher Religionsgemeinschaften sowie die republikanische Tradition politischen Engagements auf lokaler Ebene in Form von Selbsthilfegruppen, Bürgerinitiativen und sozialen Bewegungen haben entscheidend zur Ausbildung einer bürgerschaftlichen Kultur (*civic culture*) beigetragen, die Almond und Verba zu den Charakteristika der politischen Kultur der USA rechneten (Almond/Verba 1963). Auf jene republikanische Gemeinwohltradition beziehen sich häufig auch die öffentlichen Appelle an Opferbereitschaft und Patriotismus, bei denen es sich jedoch zu einem großen Teil lediglich um Versuche einer politischen Instrumentalisierung von Resten einer ursprünglich sehr komplexen republikanischen Ordnungstheorie handelt. Das doppelte Erbe von Puritanismus und Republikanismus war zugleich die Ursache von Spannungen in der amerikanischen politischen Kultur. Denn die von Max Weber beobachteten Wirkungen der puritanischen Ethik waren nicht nur Stimuli für die individuelle Leistungsethik und die sozioökonomische Dynamik, sondern immer auch Widerlager eines materialistisch restringierten oder hedonistisch deformierten libertären Individualismus (Bellah et al. 1985). So gewannen die zahlreichen Protestbewegungen, von den Populisten bis hin zu den religiösen Bewegungen der *Moral Majority* und *New* (*Christian*) *Right* ihr politisches Momentum aus einem fundamentalistisch-protestantischen Begründungszusammenhang, der durch den Rekurs auf die puritanische Einwanderungsgeschichte legitimiert werden konnte (Riesebrodt 1988).

2.3.2   Empirische Untersuchungen zur liberalen politischen Kultur

Die Dominanz eines bürgerlich-kapitalistischen Ethos, das sich im 19. Jahrhundert durchgesetzt hat und auch im 20. Jahrhundert seine Geltung behaupten konnte, wird kaum in Zweifel gezogen. So hat eine Studie zur amerikanischen Ideologie festgestellt:

> „*It is still to those very ideas of individualism, private property, and a weak central government to which we look for explanation, justification, legitimization, and control of our structures and institutions. At the same time, the promised land of the Lockean ideology is for most remote indeed. For the poor, the black, the Mexican-American, the assemblyline worker, for many women, most city dwellers, and many young people, old-style liberalism isn't working*" (Lodge 1986: 96).

Der hier konstatierte Widerspruch zwischen der breiten Akzeptanz Lockescher Werte und der Evidenz ihrer eingeschränkten Realisierung ist von empirischen Untersuchungen immer wieder bestätigt worden (Lane 1962; Devine 1972). Die Befunde dieser Studie werden durch die Literatur über das „Amerikanische Ethos" gestützt (McCloskey/Zaller 1984). Nach deren Ergebnissen werden das auf privatem Eigentum basierende marktwirtschaftliche System genauso wie seine kulturellen Voraussetzungen – von Hofstadter als „Tugenden des Kapitalismus" bezeichnet – überwiegend bejaht: Freie Marktwirtschaft gebe jedem eine „faire Chance", sei „effizient", ermögliche ein Einkommen entsprechend den Fähigkeiten und der individuellen Tüchtigkeit; Wettbewerb sei leistungsstimulierend. An diesem liberalen Wertekonsens haben auch die an zahlenmäßiger Stärke zunehmenden hispanischen Bevölkerungsgruppen ebenso wenig etwas ändern können wie das in den letzten beiden Jahrzehnten wieder auflebende Bewußtsein der Eigenständigkeit ethnischer Kulturen. So zeigte eine Studie, in der die Veränderungen der Werteorientierungen in Kalifornien infolge von Neueinwanderungen aus dem asiatischen und hispanischen Sprach- und Kulturraum untersucht wurden, daß bei diesen Bevölkerungsgruppen eine nahezu gleichstarke Unterstützung der liberalen Grundwerte wie in der Gesamtbevölkerung besteht (Citrin/Reingold/Green 1990). Wenngleich sich die Einstellungen, Werte und Überzeugungen in der amerikanischen Gesellschaft noch immer mit den Begriffen Lockes zutreffend beschreiben lassen, so kann man doch beobachten, daß die Einstellungen der Amerikaner gegenüber wohlfahrtsstaatlichen Leistungen zunehmend von einem pragmatischen Kalkül bestimmt werden (Free/Cantril 1968). Der generelle Konsens über die Werte des Kapitalismus schließt danach die Akzeptanz sozialinterventionistischer und wirtschaftsregulierender Staatätigkeit nicht aus. Dies erklärt auch, warum Amerikaner in Umfragen eine Verringerung der Staatätigkeiten befürworten, gleichzeitig aber für Dienstleistungen im Gesundheits- und Bildungsbereich mehr Geld und neue Programme fordern, sofern der Mitteleinsatz „effizient" und „ohne Verschwendung" erfolgt (Lipset/Schneider 1983: 337 ff.; McClosky/Zaller 1984).

2.3.3   Die politische Kultur in komparativer Perspektive

Die politische Kultur der USA und die ihr zugrunde liegenden individualistischen und egalitären Wertvorstellungen stellen ohne Frage eine entscheidende Voraussetzung für die Kontinuität und Legitimität des amerikanischen politischen Systems dar, das sich diesbezüglich von den kontinentaleuropäischen Systemen deutlich unterscheidet. Denn durch das die ethnokulturelle und regionale Fragmentierung übergreifende Muster gesellschaftlicher Wertvorstellungen, das individuelle Leistungen und persönliche Verantwortung positiv sanktioniert, wird das politische System der USA von einem Erwartungs- und Legitimationsdruck entlastet, der in den Gesellschaften Kontinentaleuropas auf den „Staat" als dem zentralen Medium gesellschaftlicher Steuerung konzentriert ist. Die USA sind also keine „Staatsgesellschaft" (Dyson 1980), vielfach werden die USA als eine *society of opportunities* bezeichnet. Individuelles und bürgergesellschaftliches Handeln nehmen den zentralen Platz ein. *Government* kommt eine funktionelle und keine abstrakt-idealistische Bedeutung, wie dem Staat im kontinentaleuropäischen Verständnis, zu. Die Vereinigten Staaten kennen weder eine obrigkeitsstaatliche Tradition – wie Deutschland – noch eine etatistische Grundorientierung *à la française*, die im Staat den Produzenten öffentlicher Güter und kollektiven Sinns sieht. In der individualistischen politischen Kultur der USA werden die Entfaltungschancen des Einzelnen höher bewertet als die möglichen Leistungsdefizite des Staatshandelns, zählen

Selbsthilfe und Selbstorganisation mehr als Forderungsverhalten, das bei Enttäuschung in staatlichen Legitimationsentzug umschlägt.

So weisen die Bewohner der USA in Umfragen prinzipiell immer wieder die geringste Zustimmungsrate zu einer Reihe von staatlichen Aktivitäten im Bereich der Wirtschafts- und Sozialordnung auf. Das betrifft Preis- und Lohnkontrollen durch Gesetzgebung, die Verringerung wöchentlicher Arbeitszeit, die Skepsis gegenüber einem umfassenden Gesundheitssystem, sei es staatlich oder nach einem Zwangsversicherungssystem organisiert, und auch Arbeitsbeschaffungsprogramme weisen die geringste Zustimmungsrate im Vergleich zu beispielsweise Deutschland, Großbritannien und Italien auf. Der Sozial- und Interventionsstaat wird in den USA sehr viel weniger akzeptiert als in Europa. Eingeräumt werden muß indes, daß es beträchtliche Unterschiede zwischen den verschiedenen Ethnien und Einkommensgruppen in den USA gibt. Gleichwohl sind auch die erhöhten Zustimmungsraten in den niedrigeren Einkommensgruppen und vor allem bei den *Afro-Americans* immer noch geringer als im vergleichbaren anderen Staaten. Diese von der politischen Kultur gestützte schwache Tradition des Staates macht die USA immer noch zu einem „exzeptionellen" Land (Lipset 1996).

Das gilt auch hinsichtlich der Stellung der Religion im öffentlichen Leben. Die USA sind ein zutiefst religiöses Land. Die Religion ist ein bleibender Faktor des persönlichen Lebensraumes und der amerikanischen Gesellschaft geblieben. Die Kirchgangshäufigkeit hat sich so gut wie nicht verändert, rund 70 Prozent der Amerikaner sind Mitglieder einer Kirche oder einer kirchlichen Gemeinschaft. International vergleichende Studien haben immer wieder gezeigt, daß religiöse Werte in den USA nicht oder kaum an Bedeutung verlieren. Auch ist es so, daß die Amerikaner die Politik stark nach religiösen Maßstäben bewerten. Die moralistischen und fundamentalistischen Traditionen von evangelikalen und „wiedergeborenen" Christen speisen sich aus Entfremdungserfahrungen zwischen einem religiös verankerten Wertekosmos und einer als divergent empfundenen sozialen und politischen Welt. Nicht zuletzt die politischen Bewegungen von *Moral Majority* und *New Christian Right* haben es verstanden, die Religion zum mobilisierenden Thema der konservativen Bewegung zu machen. Die starken religiösen Orientierungen und Wertungen speisen einen moralischen Absolutismus, der soziale und politische Konflikte gerne manichäisch als Kampf zwischen dem Guten und dem Schlechten, Gott und dem Teufel interpretiert. Ronald Reagan konnte seinerzeit mit breiter Zustimmung die Sowjetunion das „Reich des Bösen" nennen, George W. Bush sprach von der „Achse des Bösen" und meinte die „Schurkenstaaten", die entweder den internationalen Terrorismus unterstützen und/oder im Begriff seien, nukleare, chemische oder biologische Massenvernichtungswaffen herzustellen.

Nimmt die Religion im öffentlichen Leben der USA ohnehin schon eine besondere Rolle ein, so haben die terroristischen Anschläge vom September 2001 für ein All-Zeit-Hoch religiöser Orientierungen und Themen in den Umfragewerten gesorgt. Zugleich zeigte sich auch eine deutliche Bereitschaft der Befragten, den politischen Islam mit einer Neigung zu Gewalt zu identifizieren. Das gilt vor allem für evangelikale und fundamentalistische religiöse Gruppen und solche, die sich den Konservativen und den Republikanern zurechnen. Wenngleich sich die Einschätzung über die Rolle der Religion für das Leben in den USA seit März 2002 wieder normalisiert hat, also diesbezüglich der besondere „September-Effekt" verbraucht ist, bleibt doch eine Tendenz bestehen, die schon zuvor erkennbar war: Entlang der kontroversen Fragen um den Zusammenhang von Religion und Politik bildet sich eine kulturelle Polarisierung aus, die auch das politische Verhalten der Wahlbürger und die Struktur des Parteiensystems immer stärker prägt (Vorländer 2004b).

2.4 Soziokulturelle und politisch-ideologische Konfliktlinien

Während die liberale Weltanschauung wegen ihres integrativen Charakters nach wie vor die Grundlage des politischen Konsenses in den USA bildet, sind auf der Ebene des politischen Willensbildungs- und Entscheidungsprozesses Veränderungen der politischen Einstellungen zu erkennen, die sich entlang von sozio-, ethnokulturellen oder regionalen Konfliktlinien ausgebildet haben. Das Besondere dieser spezifisch amerikanischen Subkulturen ist, daß sie sich nicht auf jene zentralen Konfliktdimensionen westlicher Gesellschaften zurückführen lassen, die dort das politische Spektrum und Parteiensystem seit dem 19. Jahrhundert maßgeblich geprägt haben. In den USA fanden weder die Trennung von Staat und Kirche, noch der Gegensatz agrarischer oder industrieller Lebensformen, noch der Gegensatz von Kapital und Arbeit einen dauerhaften und abgrenzbaren parteipolitischen Organisationsrahmen. Dies lag vor allem darin begründet, daß die sozialökonomischen Konflikte ethnokulturell überlagert und vielfach noch regional gebrochen wurden. Dementsprechend waren die amerikanischen Parteien keine Weltanschauungs- oder Milieuparteien wie in Europa, sondern Koalitionen aus sehr unterschiedlichen ethnischen und sozialen Gruppen. Ethnische Loyalitäten und religiös-moralische Einstellungen haben daher das Wahlverhalten amerikanischer Bürger zumeist stärker als sozioökonomische Motive bestimmt. Erst bei den Wahlen von 1896 und mehr noch bei den Wahlen von 1932 und 1936 gewannen ökonomische Probleme und Verteilungskonflikte eine solche politische Relevanz, daß sich das politische Spektrum nach ideologischen und eindeutigen sozialstrukturellen Merkmalen strukturierte und ethnische und religiös-moralische Determinanten stärker in den Hintergrund traten.

2.4.1 Ethnokulturelle Einstellungen, politisches Verhalten und Parteiensystem bis zum *New Deal*

Will man ein Tableau für die politischen Loyalitäten von ethnisch, religiös und kulturell definierten Gruppen im 19. Jahrhundert aufstellen, so lassen sich drei Faustregeln formulieren (Kantowicz 1980: 803 f.):

- Pietistische und Erweckungsbewegungen votierten in der Regel für die *Whigs* (vor 1854) oder Republikanisch (seit 1854). Die „dogmatischen" religiösen Gruppen, die den „rechten Glauben" über das „rechte Verhalten" stellten, wählten dagegen eher Demokratisch. Aus diesem Schema fallen allerdings die Methodisten und Baptisten der Südstaaten heraus, die seit den 1850er Jahren fest im Demokratischen Lager verankert waren.

- Die ethno-religiösen Gruppen, die sich dem *Yankee Protestant mainstream* zurechneten, votierten zumeist für *Whigs* oder Republikaner. Wer sich diesem *mainstream* entfremdet fühlte, wählte eher Demokratisch.
- Das dritte Kriterium bezieht sich auf die Bewahrung kulturell-moralischer Lebensweisen. Danach waren diejenigen, die sich eine weltanschaulich-moralisch aktive Regierung zum Schutz ihrer religiösen und kulturellen Lebensweisen wünschten, im Lager der *Whigs* oder Republikaner zu finden. Katholiken, Lutheraner und andere „Dogmatiker" unterstützten die Demokraten, um sich einer Politik religiöser und weltanschaulicher Neutralität zu versichern. Gemäß diesem Kriterium lassen sich beispielsweise im 19. Jahrhundert die Gruppen der Schwarzen, der Quäker und der schwedischen Lutheraner – mit stark ausgeprägter Loyalität – sowie die Neuengländer, die Gruppen englischer oder britisch-kanadischer Herkunft und die aus Deutschland stammenden Sektengruppierungen – mit deutlich schwächerer Loyalität – zum politischen Lager der *Whigs* und Republikaner zählen. Zu den Demokraten tendierten hingegen die Reformierten aus Deutschland und den Niederlanden sowie die deutschen Lutheraner. Starke Demokratische Affinitäten besaßen die Franko-Kanadier, die deutschen und irischen Katholiken, sowie die Weißen aus den Südstaaten.

Auf der Basis dieser vielfältigen ethnokulturellen und regionalen Scheidelinien (Neuengland war eher puritanisch-moralistisch, die weißen Südstaatler eher libertär und gegen jede moralische oder ökonomisch intervenierende Zentralregierung; in den Mittelstaaten hielten sich egalitär orientierte schottisch-irische Presbyterianer, deutschstämmige Lutheraner und holländische Calvinisten die Waage mit eher nationalistisch eingestellten anglophilen Quäkern, Anglikanern und Kongregationalisten) bildeten sich aus Koalitionen dieser Gruppierungen die ersten politischen Parteien, die *Federalists* und die *Jeffersonian Republicans*, heraus (Kelley 1977: 536-542). Bis zum *New Deal*-System der 1930er Jahre blieben die ethnokulturellen Orientierungen und die politischen Loyalitäten der Wähler weitgehend stabil (Kantowicz 1980: 804-806). Die *Jacksonian Democrats* waren die säkulare Partei, die vor allem von kulturellen Außenseitern und ethnischen Minderheiten nicht-protestantischer Glaubensrichtungen unterstützt wurden. Dementsprechend blieb die Politik der *Jacksonians* im kulturell-weltanschaulichen Bereich neutral. Anders die *Whigs*, die eindeutig die protestantische Partei waren, sich zum Anwalt moralisch-kultureller Anliegen und Interessen machten, nach 1850 aber an politischer Bedeutung verloren, weil fundamentalistische und nativistische Bestrebungen wie das *Temperance Movement* und die *Know Nothing*-Partei Unterstützung von den *Whigs* abzogen. Hinzu trat der Nord-Süd-Konflikt, der in Sezession und Bürgerkrieg gipfelte. Dieser Konflikt war eine Auseinandersetzung zwischen zwei Kulturen (Kelley 1977: 544), dem nördlichen handelsorientierten Wirtschaftssystem und der südlichen, auf Sklaverei und Großgrundbesitz basierenden Agrargesellschaft. Die besondere Brisanz dieses Konfliktes bestand darin, daß hierbei soziokulturelle und sozioökonomische Konfliktlinien in bisher einzigartiger Weise zusammenfielen. Aus den über den *Kansas-Nebraska-Act* von 1854 zerstrittenen *Whigs* entstand die neue Republikanische Partei, die ihren Rückhalt vor allem im Norden hatte. Damit wurde ein weit bis in die Mitte des 20. Jahrhunderts hineinreichender ethnischer Faktor in der Politik der USA wirksam. Gab es bis 1852 ein ausgeglichenes Zweiparteiensystem in den Südstaaten, wo sich die *Whigs* von den Demokraten wesentlich durch ökonomische, weniger durch ethnokulturelle Unterschiede voneinander abgrenzten, so war nach 1854 der Süden, aufgrund der bis 1952 nahezu uneingeschränkten Unterstützung der weißen Südstaatler für die Demokratische Partei, eine Einparteienregion. Hingegen blieben die Schwarzen bis 1936 die strikten Anhänger der Partei Abraham Lincolns. Dieses Muster ethnokulturell determinierter Politik veränderte sich erst in der zweiten Hälfte des 20. Jahrhunderts, als die Demokratische Partei zum Advokaten der Bürgerrechte der Schwarzen wurde und die weißen Südstaatler mit ihrer Präferenz für die Republikanische Partei (bei Präsidentschaftswahlen) einen Zweiparteienwettbewerb herstellten.

Vor 1852 prägten Fragen wie etwa das Alkoholverbot, der Nativismus und die Sklavenbefreiung das politische Verhalten der einzelnen ethnischen Gruppen. Gleichwohl gab es ökonomische Probleme wie beispielsweise die Schutzzollfrage, die das Wahlverhalten beeinflußten. Doch erst die Depression von 1893 schob die ökonomischen Probleme stärker in den Vordergrund und veränderte sukzessive die ethnopolitischen Loyalitäten, ohne jedoch ethnokulturelle Faktoren gänzlich belanglos werden zu lassen. Auf diese Weise konnten die Republikaner bei der Wahl von 1896 auf nationaler Ebene eine dominierende Position gewinnen und bis 1932 – abgesehen vom Wilson-Interregnum – halten. Dies nicht zuletzt deshalb, weil ihnen Einbrüche in das Demokratische Wählerpotential der Katholiken gelangen, die sich durch pietistisch-moralistische und calvinistische Strömungen innerhalb der Partei von den Demokraten entfremdet fühlten. Die ehemals den Demokraten nahestehenden Wähler des Mittleren Westens und Neuenglands, wie auch die sozial aufgestiegenen Deutsch-Lutheraner, stärkten die Vorherrschaft der Republikaner in den Jahren bis 1932, die auch die Jahre des *WASP*-Amerika genannt wurden (Kelley 1977: 548). Die große Wirtschaftskrise nach 1929 schob die sozioökonomischen Konfliktlinien in den Vordergrund, so daß ethnische Loyalitäten für das Wahlverhalten eine untergeordnete Rolle spielten. Die *New Deal*-Wählerkoalition bestand aus weißen protestantischen Südstaatlern, Katholiken, Juden, Schwarzen und Arbeitern. Sie war in sich sehr heterogen und wurde durch das gemeinsame Ziel einer sozialstaatlich aktiven und wirtschaftsregulierenden Administration zusammengehalten.

2.4.2 Entwicklung der „konservativen" und „liberalen" Ideologien seit dem *New Deal*

Seit dem *New Deal*-System der 1930er Jahre ist eine relative Konstanz „konservativer" und „liberaler" Einstellungsmuster zu beobachten, die mit der jeweiligen Orientierung an politischen Positionen der Demokratischen und der Republikanischen Partei korrelieren. Mit Franklin D. Roosevelts Anerkennung der Gewerkschaften als *countervailing power* in der industriellen Auseinandersetzung (durch den *Wagner Act*, 1935), mit den Anfängen eines Sozialversicherungssystems und der Einführung von staatlichen Sozial- und Beschäftigungsprogrammen bildete sich ein Muster heraus, das Demokraten und sogenannte *Old Left Liberals* politische Positionen einnehmen ließ, die als *pro-union, pro-(federal) government* und tendenziell *anti-business* bezeichnet wurden. Republikaner und traditionelle Konservative waren dementsprechend *anti-union, pro-business* und gegen eine Ausweitung zentralstaatlicher Regierungsaktivitäten (Lipset/Schneider 1983: 291; Shell 1986: 31).

Dieses Grundmuster politischer Orientierung ist lange Zeit konstant geblieben, wenn auch mit wesentlichen Einschränkungen: Bereits in den 1960er Jahren hatte sich eine deutliche Abschwächung der Klassen- und Statusunterschiede bezüglich der politischen Einstellungen gezeigt. Einige Untersuchungen und Autoren sprachen sogar von einer völligen Umkehrung des *New Deal*-Systems (Ladd 1975: 88; Ladd 1976/77). Richtig daran war, daß auf der Ebene der politischen Eliten staatliche Regulierung und die Rolle der Gewerkschaften eine größere Akzeptanz fanden, während auf der *mass public*-Ebene seit Mitte der 1960er Jahre ein Übergewicht konservativer Einstellungen feststellbar war (McClosky/Zaller 1984: 144, 295; Schissler 1988). Gleichzeitig wurden die alten politischen Konfliktlinien seit Mitte der 1960er Jahre mit den Studentenprotesten, der Bürgerrechtsbewegung, den Armutsprogrammen und Maßnahmen zur Gleichstellung der Schwarzen in der Administration Lyndon B. Johnsons sowie mit den Rassenunruhen in den Ghettos der Großstädte von der Auseinandersetzung über die *social issues* überlagert. Die öffentliche Aufmerksamkeit konzentrierte sich auf diese neuen Konflikte, die vor allem um die Fragen von Gleichberechtigung, Abtreibung und neuen außerehelichen, auch gleichgeschlechtlichen Lebensgemeinschaften entbrannten.

Die *New Left* und die *New Politics Liberals* zogen 1968, auf dem Konvent in Chicago, gegen die die Demokratische Partei bestimmende Allianz aus *Old Left Liberals* und Gewerkschaftsanhängern zu Felde und konnten 1972 mit der Nominierung von George McGovern zum Präsidentschaftskandidaten der Demokraten einen öffentlichkeitswirksamen Sieg erringen. Die *New Politics*-Liberalen, die sich aus jungen, zumeist gut ausgebildeten Mitgliedern der *attentive public* und abhängig Beschäftigten der oberen Mittelklasse zusammensetzten, waren im Vergleich zu den *New Deal*-Liberalen sehr viel kritischer gegenüber *government*, *business* und *labor* eingestellt und zeigten ein eher instrumentelles, auf die Sicherung selbstbestimmter Lebensweisen gerichtetes Verhältnis zur Politik (Huntington 1981).

Die langfristige Folge dieser Entwicklung waren die zunehmende Abnahme eines festgefügten, auf Parteiidentifikation beruhenden Wahlverhaltens (*dealignment*) und die auf die *New Politics*-Bewegung folgende Gegenreaktion von Neokonservatismus und protestantisch-fundamentalistischen Bewegungen (*Moral Majority* und *New Christian Right*), die zusammen mit den traditionellen Konservativen des *New Deal*-Systems und den liberalen Ostküsten-Republikanern die 1980 erfolgreiche „Reagan-Koalition" bildeten. Neokonservative waren ökonomisch durchaus *New Deal*-Liberale. Sie befürworteten die sozialen Sicherungssysteme Roosevelts, lehnten aber die Armutsprogramme der *Great Society* Johnsons wegen ihrer vermeintlichen Ineffizienz ab und wandten sich, auf dem Hintergrund einer individualistischen Leistungsethik, gegen staatliche Förderungsprogramme zur Integration und Gleichstellung diskriminierter Minderheiten (*affirmative action*) wie gegen die als hedonistisch und permissiv bezeichnete Lebensweisen-Orientierung der *New Politics* (Minkenberg/Inglehart 1989; Minkenberg 1990). Ging es den Neokonservativen, die als intellektuelle und politische Elite meinungsbildend wirkten, vor allem um eine Erneuerung der mit den traditionellen amerikanischen Werten identifizierten „ökonomischen Tugenden des Kapitalismus" (Hofstadter), so forderten (*New Deal*-) Konservative und die neuen (*social issue*-)Konservativen die Rückkehr zu einem ökonomischen *laissez faire*. Angesichts der Inflation und Arbeitslosigkeit und des als viel zu hoch angesehenen Sozialetats wurde *waste in government* zum ideologischen Ausgangspunkt für die Forderung nach einer Senkung der Steuerbelastung und der Beschneidung sozialstaatlicher Aufgaben. Am Ende der 1980er Jahre schienen sich mit

der allmählichen Auflösung des *New Deal*-Systems und der Vermischung von verteilungspo-
litischen und sozialkulturellen Konfliktlinien (Shell 1986; Vorländer 1986) die ohnehin sehr
inkonsistenten ideologischen Strömungen, die die innenpolitische Auseinandersetzung seit
1932/33 geprägt hatten, stärker zu verflüchtigen.

Entscheidend für die weitere Entwicklung ist die Verfestigung des kulturellen Konservatismus geworden. Hierbei spielten die Intellektuellen des Neokonservatismus eine sehr viel
geringere Rolle als jene fundamentalistische Rechte von *Moral Majority* und *New Right*, die
über eine starke populäre Verankerung in jenen Staaten des Mittleren Westen und Südens
verfügt, die zum *Bible Belt* zählen. Diese Bewegung brachte nicht nur Reagan 1980 den
Wahlsieg ein, sondern sie begründete in der Folge auch die strukturelle Mehrheitsposition
der Republikaner in den Südstaaten neu. Entstanden war die Bewegung der Neuen Rechten
und der selbsternannten „Moralischen Mehrheit" als Protestbewegung, die sich um einige
wenige *social issues* gebildet hatte. Sie forderte das Verbot von Pornographie in Büchern
und Medien, führte den Kampf gegen die Legalisierung der Abtreibung, plädierte für die
obligatorische Einführung von Schulgebeten und suchte nichtchristliche, „werterelativieren-
de" Erziehung aus den Schulen zu verbannen. Außerdem sollte die staatliche Förderungspo-
litik diskriminierter Minderheiten, die so genannten *affirmative action*-Programme, gestoppt
werden. Damit stellte sich diese Bewegung als eine Gegenbewegung zur Bürgerrechts-,
Emanzipations- und Protestbewegung der 1960er Jahre heraus.

Der christliche Fundamentalismus wurde politisch schlagkräftig und vermochte die landesweiten und lokalen Kampagnen gegen Abtreibung, die Gleichstellung von ethnischen Minderheiten und für die Rückkehr der traditionellen Familienwerte des alten Amerikas organisieren, weil er sich der Mittel eines modernen Politikmanagements zu bedienen weiß und der
fortdauernden Unterstützung der wortgewaltigen Fernsehprediger versichern kann. So wurde
die Christliche Rechte zu einer schlagkräftigen moralpolitischen *pressure group* und be-
scherte der Republikanischen Partei 1994 einen erdrutschartigen Sieg bei den Kongreßwahlen. Zudem bildete sich am pathologischen Rand der Neuen Rechten ein paramilitärischer
Flügel von Milizen aus. Der unmittelbare politische Einfluß der *militias* ist schwer meßbar.
Die Milizen vereinigen heidnische, antisemitische und christlich-fundamentalistische Strömungen, sie sammeln Waffen, verteilen Propaganda, die die Vorherrschaft der „weißen
Männer" wiederherzustellen sucht. Ihnen werden unter anderem die terroristischen Anschläge in Oklahoma im April 1995 und bei den Olympischen Spielen in Atlanta 1996 zugerechnet.

Die Folgen dieses verfestigten kulturellen Konservatismus haben sich dann in grundlegenden
und nachhaltigen Wendungen auf den verschiedensten Politikfeldern gezeigt, allen voran in
der Sozial- und Wohlfahrtspolitik. Sie bedeuteten nichts weniger als das Ende jener von
Franklin D. Roosevelt eingeleiteten *New Deal*-Politik (Vorländer 1999). Infolgedessen hat
sich den letzten Jahren eine geo- und soziokulturelle Polarisierung im politischen System
ausgebildet, die das politische Verhalten der Wahlbürger und die Struktur des Parteiensystems immer stärker prägt. Fundamentalisten, strenggläubige „evangelikale" Protestanten
finden sich vor allem im Mittleren Westen und dem Süden der USA. Sie sind in der Regel
Wähler der Republikaner und militante Gegner von Abtreibung und Befürworter eines größeren Einflusses der Religion auf das öffentliche Leben (besonders auf die Schulen). An Ost-

und Westküste überwiegen hingegen Nicht-Religiöse oder religiöse Modernisierer, die deutlich gegen fundamentalistische Positionen in Politik, Gesellschaft und Religion Stellung beziehen und eher zu den Demokraten neigen. Indes ist darauf hinzuweisen, daß die Religiosität alleine noch kein hinreichendes Kriterium für ein distinktes politisches Verhalten darstellt. So ist beispielsweise unter Evangelikalen, schwarzen und hispanischen Bevölkerungsgruppen der Glaube an Gott und die Auffassung einer bedeutsamen Rolle der Religion im öffentlichen Leben gleichermaßen stark, doch sind die politischen Folgerungen jeweils andere. Strenggläubige Protestanten fühlen sich der Republikanischen Partei verbunden, Afroamerikaner – und mehrheitlich auch die *Hispanics* – tendieren hingegen eher zu den Demokraten (Vorländer 2004b). Zu Beginn des 21. Jahrhunderts wird die politische Landschaft damit wieder stärker von soziokulturellen als von sozioökonomischen Verwerfungen geprägt.

2.5   Literatur

Abramowitz, Alan J., The United States: Political Culture under Stress, in: **Almond**, Gabriel A./**Verba**, Sidney (Hrsg.), The Civic Culture Revisited, Boston u. a. O. 1980, S. 177-211.

Alger, Horatio, Jr., Struggling Upward and Other Works, 1914 u. ö., New York 1945.

Almond, Gabriel A./**Verba**, Sidney, The Civic Culture. Political Attitudes and Democracy in Five Nations, Princeton 1963.

Bailyn, Bernard, The Ideological Origins of the American Revolution, Cambridge 1967.

Beard, Charles A., An Economic Interpretation of the Constitution of the United States, New York/London 1941 [EA 1913].

Bell, Daniel, ‚American Exceptionalism' Revisited: The Role of Civil Society, in: The Public Interest, Vol. 95, (1989), S. 38-56.

Bellah, Robert N., Civil Religion in America, in: Daedalus, Jg. 96, 1(1967), S. 1-21.

Bellah, Robert N., The Broken Covenant. American Civil Religion in Time of Trial, New York 1975.

Bellah, Robert N. et al., Habits of the Heart. Individualism and Commitment in American Life, Berkeley u. a. O. 1985.

Bercovitch, Sacvan, New England's Errand Reappraised, in: **Higham**, John/**Conkin**, Paul (Hrsg.), New Directions in American Intellectual History, Baltimore 1979, S. 85-104.

Bryce, James, The American Commonwealth, 2 Bde., New York 1906 [EA 1888].

Chesterton, Gilbert K., What I Saw in America, New York 1923.

Citrin, Jack/**Reingold**, Beth/**Green**, Donald P., American Identity and the Politics of Ethnic Change, in: Journal of Politics, Vol. 52, 4(1990), S. 1124-1154.

Crèvecoeur, J. Hector St. John de, Letters from an American Farmer, New York 1957 [EA 1782].

Croly, Herbert, The Promise of American Life, Cambridge 1965 [EA 1909].

Dahrendorf, Ralf, Die angewandte Aufklärung. Gesellschaft und Soziologie in Amerika, Frankfurt a. M. 1968.

Danforth, Samuel, A Brief Recognition of New England's Errand into the Wilderness (1670), in: **Plumstead**, A. William (Hrsg.), The Wall and the Garden. Selected Massachusetts Election Sermons, Minneapolis 1968, S. 151-176.

Devine, Donald I., The Political Culture of the United States. The Influence of Member Values on Regime, Boston 1972.

Dyson, Kenneth H. F., Die Ideen des Staates und der Demokratie. Ein Vergleich ,staatlich verfaßter' und ,nicht staatlich verfaßter' Gesellschaften, in: Der Staat, Jg. 19, 4(1980), S. 485-515.

Elkins, David I./**Simeon**, Richard E. B., A Cause in Search of its Effects, or What Does Political Culture Explain, in: Comparative Politics, Vol. 11, 2(1979), S. 127-145.

Free, Lloyd A./**Cantril**, Hadley, The Political Beliefs of Americans, New York 1968.

Fuchs, Laurence H., The American Kaleidoscope: Race, Ethnicity, and the Civic Culture, Hanover 1990.

Gebhardt, Jürgen, Die Krise des Amerikanismus. Revolutionäre Ordnung und gesellschaftliches Selbstverständnis in der amerikanischen Republik, Stuttgart 1976.

Gebhardt, Jürgen, Amerikanismus – Politische Kultur und Zivilreligion in den USA, in: Aus Politik und Zeitgeschichte, B 49(1990), S. 3-18.

Gleason, Philip, American Identity and Americanization, in: **Thernstrom**, Stephan (Hrsg.), Harvard Encyclopedia of American Ethnic Groups, Cambridge/London 1980, S. 31-58.

Hamilton, Alexander/**Madison**, James/**Jay**, John, The Federalist Papers, hrsg. von Clinton Rossiter, New York 1961.

Hartz, Louis, The Liberal Tradition in America. An Interpretation of American Political Thought Since the Revolution, New York 1955.

Higham, John, Strangers in the Land. Patterns of American Nativism 1860-1925, New York 1968.

Higham, John, Send These To Me. Jews and Other Immigrants In Urban America, New York 1975.

Hofstadter, Richard, Anti-Intellectualism in American Life, New York 1963.

Hofstadter, Richard, The American Political Tradition and the Men Who Made It, New York 1973 [EA 1948].

Huntington, Samuel P., American Politics: The Promise of Disharmony, Cambridge 1981.

Kallen, Horace M., Culture and Democracy in the United States. Studies in the Group Psychology of the American Peoples, New York 1924.

Kantowicz, Edward R., Politics, in: **Thernstrom**, Stephan (Hrsg.), Harvard Encyclopedia of American Ethnic Groups, Cambridge/London 1980, S. 803-813.

Kelley, Robert L., Ideology and Political Culture from Jefferson to Nixon, in: American Historical Review, Vol. 82, 3(1977), S. 531-562.

Kloppenberg, James T., The Virtues of Liberalism, Oxford 1998.

Ladd, Everett C., Ideology in America. Change and Response in a City, a Suburb, and a Small Town, New York 1972.

Ladd, Everett C. Transformations of the American Party System: Political Coalitions from the New Deal to the 1970's, New York 1975.

Ladd, Everett C., Liberalism Upside Down: The Inversion of the New Deal Order, in: Political Science Quarterly, Vol. 91, 4(1976/77), S. 577-600.

Lane, Robert E., Political Ideology: Why the American Common Man Believes What He Does, New York 1962.

Lipset, Seymour M., The First New Nation. The United States in Historical and Comparative Perspective, New York 1979.

Lipset, Seymour M., American Exceptionalism. A Double-Edged Sword, New York 1996.

Lipset, Seymour M./**Schneider**, William, The Confidence Gap: Business, Labor and Government in the Public Mind, New York 1983.

Lodge, George C., The New American Ideology, New York 1986.

McCloskey, Herbert/**Zaller**, John, The American Ethos. Public Attitude Toward Capitalism and Democracy, Cambridge/London 1984.

Mead, Walter Russell, Special Providence. American Foreign Policy And How It Changed The World, New York 2002.

Miller, Perry, Errand into the Wilderness, Cambridge 1956.

Minkenberg, Michael/**Inglehart**, Ronald, Neoconservatism and Value Change in the USA: Tendencies in the Mass Public of a Postindustrial Society, in: **Gibbins**, John R. (Hrsg.), Contemporary Political Culture. Politics in a Postmodern Age, London 1989, S. 81-109.

Minkenberg, Michael, Neokonservatismus und Neue Rechte in den USA. Neuere konservative Gruppierungen und Strömungen im Kontext sozialen und kulturellen Wandels, Baden-Baden 1990.

Myrdal, Gunnar, An American Dilemma, New York 1944.

Pocock, J.G.A., The Machiavellian Moment. Florentine Political Thought and the Atlantic Republican Tradition, Princeton/London 1975.

Pocock, J.G.A., Between Gog and Magog: The Republican Thesis and the Ideologia Americana, in: Journal of the History of Ideas, Vol. 48, 5(1987), S. 325-346.

Prätorius, Rainer, In God We Trust. Religion und Politik in den USA, München 2003.

Reichley, James A., Religion in American Public Life, Washington, D.C. 1985.

Riesebrodt, Martin, Fundamentalismus und ‚Modernisierung'. Zur Soziologie protestantisch-fundamentalistischer Bewegungen in den USA im 20. Jahrhundert, in: **Kodalle**, Klaus M. (Hrsg.), Gott und Politik in den USA, Frankfurt, a. M. 1988, S. 112-125.

Ross, Dorothy, The Liberal Tradition Revisited and the Republican Tradition Addressed, in: **Higham**, John/**Conkin**, Paul (Hrsg.), New Directions in American Intellectual History, Baltimore 1979, S. 116-131.

Schissler, Jakob, Die öffentliche Meinung: Konservativer Wandel und liberale Kontinuität, in: **Shell**, Kurt/**Dröser**, Elisabeth/**Frankenberger**, Klaus-Dieter/**Schissler**, Jakob (Hrsg.), Konservative Ideologie und politische Praxis, Frankfurt a. M./New York 1988, S. 26-54.

Shell, Kurt L., Der amerikanische Konservatismus, Stuttgart u. a. O. 1986.

Sombart, Werner, Warum gibt es in den Vereinigten Staaten keinen Sozialismus?, Tübingen 1906.

Smith, Rogers M., Beyond Tocqueville, Myrdal, and Hartz: the multiple traditions in America, in: American Political Science Review, Vol. 87, 3(1993), S. 549-566.

Steinberg, Stephen, The Ethnic Myth. Race, Ethnicity, and Class in America, New York 1981.

Storing, Herbert J., What the Anti-Federalists Were For, Chicago 1981.

Tocqueville, Alexis de, Über die Demokratie in Amerika, hrsg. von Jacob P. Mayer, Theodor Eschenburg und Hans Zbinden, München 1984.

Vorländer, Hans, Nach dem Neokonservatismus der Neoliberalismus? Zu den neueren politisch-ideologischen Strömungen in den USA, in: Aus Politik und Zeitgeschichte, B 26(1986), S. 29-45.

Vorländer, Hans, Forum Americanum. Kontinuität und Legitimität der Verfassung der Vereinigten Staaten von Amerika 1787-1987, in: Jahrbuch des Öffentlichen Rechts der Gegenwart, Jg. 36, (1987), S. 451-488.

Vorländer, Hans, Auf der Suche nach den moralischen Ressourcen Amerikas. Republikanischer Revisionismus und liberale Tradition der USA, in: Neue Politische Literatur, Jg. 33, 2(1988), S. 226-251.

Vorländer, Hans, Verfassungsverehrung in Amerika. Zum konstitutionellen Symbolismus in den USA, in: Amerikastudien, 34(1989), S. 69-82.

Vorländer, Hans, ,American Creed', liberale Tradition und politische Kultur der USA, in: **Gress**, Franz/**Vorländer**, Hans (Hrsg.), Liberale Demokratie in Europa und den USA, Festschrift für Kurt L. Shell, Frankfurt a. M. 1990, S. 11-33.

Vorländer, Hans, Hegemonialer Liberalismus. Politisches Denken und politische Kultur in den USA 1776-1920, Frankfurt a. M./New York 1997.

Vorländer, Hans, Liberale Tradition und kultureller Konservatismus in den USA, in: Österreichische Zeitschrift für Politikwissenschaft, Jg. 28, 4(1999), S. 375-390.

Vorländer, Hans, Der Kampf um die Deutungsmacht. Nationale Identität und Multikulturalismus in den USA, in: **Vorländer**, Hans/**Herrmann**, Dietrich (Hrsg.), Nationale Identität und Staatsbürgerschaft in den USA, Opladen 2001, S. 16-54.

Vorländer, Hans, Liberalism, in: **Whitfield**, Stephen J. (Hrsg.), A Companion to 20th Century America, Oxford/New York 2004a.

Vorländer, Hans, Politische Kultur, in: **Lösche**, Peter/**Loeffelholz,** Hans Dietrich von (Hrsg.), Länderbericht USA, Bonn 2004b.

Vorländer, Hans/**Herrmann,** Dietrich, Nationale Identität und Staatsbürgerschaft in den USA, Opladen 2001.

Walzer, Michael, Pluralism. A Political Perspective, in: **Thernstrom**, Stephan (Hrsg.), Harvard Encyclopedia of American Ethnic Groups, Cambridge/London 1980, S. 781-787.

Walzer, Michael, What Does It Mean to Be an 'American'?, in: Social Research, Jg. 57, (1990), S. 591-614.

Waters, Mary C., Ethnic Opinions. Choosing Identities in America, Berkeley u. a. O. 1990.

Weber, Max, Die Protestantische Ethik und der Geist des Kapitalismus, in: **Weber**, Max Gesammelte Aufsätze zur Religionssoziologie, Bd. 1, Tübingen 1972a, S. 163-206.

Weber, Max, Die protestantischen Sekten und der Geist des Kapitalismus, in: **Weber**, Max, Gesammelte Aufsätze zur Religionssoziologie, Bd. 1, Tübingen 1972b, S. 207-236.

Wildavsky, Aaron, The Three Cultures: Explaining Anomalies in the American Welfare State, in: Public Interest, Vol. 69, (1982), S. 17-30.

Wood, Gordon S., The Creation of the American Republic, 1776-1789, Chapel Hill 1969.

Young, James P., Amerikanisches politisches Denken: Von der Revolution bis zum Bürgerkrieg, in: **Fetscher**, Iring/**Münkler**, Herfried (Hrsg.), Handbuch der politischen Ideen, München 1985, S. 617-653.

Young, James P., Reconsidering American Liberalism. The Troubled Odyssey of the Liberal Idea, Boulder 1996.

Jürgen Heideking † / Paul Sterzel

3   Entstehung und Ausformung des Verfassungssystems

3.1   Die Ursprünge des amerikanischen Konstitutionalismus

Die amerikanische Revolution war in erster Linie eine Verfassungsrevolution. Sie wurde ganz wesentlich von dem Bemühen vorangetrieben, die zentralen Prinzipien und Werte des gesellschaftlichen Zusammenlebens zu ergründen und in institutionelle Formen umzusetzen. Sichtbarer Beleg dieser Dynamik und Experimentierfreude sind die 29 Verfassungen, die zwischen 1776 und der Jahrhundertwende auf dem Gebiet der bis dahin 16 Vereinigten Staaten entstanden. Mit der Annahme der Bundesverfassung von 1787 und der Hinzufügung einer *Bill of Rights* (1791) gelang der Durchbruch zur liberalen Grundrechtsdemokratie, die sich fortan weiter entfaltete und andere Völker zu beeinflussen begann.

Die Wurzeln eines spezifisch amerikanischen Konstitutionalismus reichen allerdings weit in die Kolonialzeit zurück. Sie finden sich ansatzweise in den königlichen *charters*, mehr aber noch in den von den Siedlern selbst verfaßten, die lokale und regionale Selbstverwaltung regelnden Urkunden. Anders als im Mutterland, wo vieles auf dem Gewohnheitsrecht beruhte, machten es die Bedingungen der Neuen Welt zwingend erforderlich, Normen, Regeln und wechselseitige Verpflichtungen schriftlich zu fixieren. Diese *covenants, compacts, fundamental orders* oder wie immer sie genannt wurden, bestanden in der Regel aus einer Aufzählung der „englischen Rechte" und einem Organisationsstatut, das die Einrichtungen des *self government* beschrieb (Lutz 1988: 13 ff.). Auf diese Weise bildete sich ein verbrieftes höheres Recht heraus, das Vorrang vor dem Gesetzesrecht hatte. Besonderen Schutz genossen die den großen englischen Dokumenten von *Magna Charta* bis zur *Declaration of Rights* von 1689 entnommenen „fundamentalen" Rechte auf Leben, Freiheit und Eigentum: Sie durften von den Regierungen nicht oder nur unter ganz bestimmten Voraussetzungen angetastet werden.

Die Unterscheidung zwischen Verfassungs- und Gesetzesrecht sowie das Konzept der Verfassungswidrigkeit von legislativen und exekutiven Akten waren also schon im Bewußtsein der Siedler verankert, als der Konflikt mit dem Mutterland in der Stempelsteuer-Krise von

1765 seinen ersten Höhepunkt erreichte (Adams 1973: 43). Vor diesem Hintergrund wird auch Thomas Jeffersons Aussage verständlich, daß es ihm 1776 bei der Formulierung der Unabhängigkeitserklärung nicht auf Originalität angekommen sei, sondern daß er lediglich das den meisten Amerikanern vertraute Gedankengut in prägnanter Weise habe zusammenfassen wollen.

3.2   Die Staatenverfassungen der Revolutionszeit

Die Verfassungen, die sich die Einzelstaaten ab 1776 gaben, stellten eine Synthese aus dieser Tradition und einer neuen, teils dogmatisch-republikanischen, teils aufklärerisch-rationalen Weltanschauung dar. Am stärksten dem Althergebrachten verpflichtet blieben Rhode Island und Connecticut, die lediglich ihre *charters* aus dem 17. Jahrhundert von monarchischen Einsprengseln reinigten. Die radikalsten Neuerungen führte Pennsylvania ein, das auf Veranlassung von Benjamin Franklin zum demokratischen Einkammersystem überging. Die meisten Staaten wählten den mittleren Weg, der Kontinuität mit Innovation verband.

In dieser Vielfalt der Formen und Verfahrensweisen erkennt man zahlreiche zukunftweisende Elemente. Hierzu zählte eine gerechtere Repräsentation, die es mehr Menschen als bisher erlaubte, aktiv am politischen Leben teilzunehmen. Durch die Lockerung der Zensusbestimmungen konnten nun durchschnittlich 70-90 Prozent der erwachsenen weißen Männer ihre Stimme bei den jährlichen Unterhauswahlen abgeben. Selbst die Senate, die der Theorie nach Bollwerke der besitzenden Elite bilden sollten, büßten viel von ihrem exklusiven Charakter ein. Wohl mußten Senatoren höhere Besitzqualifikationen als Unterhausabgeordnete erfüllen und durften bis zu fünf Jahre (in Maryland) amtieren. Sie verstanden sich aber mehr als Vertreter der territorialen Einheiten, zumeist der *counties*, in denen sie gewählt wurden, denn als Sprecher bestimmter Gruppen- oder Klasseninteressen. Auf diese Weise wurden die Senate den Unterhäusern von Funktion und Arbeitsweise her immer ähnlicher.

Die Staaten bekannten sich zum Prinzip des *limited government* und zur Gewaltenteilung, deren Wert Montesquieu in seinem viel gelesenen *De l'esprit des lois* so nachdrücklich gepriesen hatte. Während die ersten Verfassungen noch das Übergewicht der Volksvertretungen widerspiegelten, das diese nach Flucht oder Vertreibung der königlichen Gouverneure und Richter gewonnen hatten, gewährte man Exekutive und Judikative schon bald mehr Eigenständigkeit. Anstatt vom Parlament ließen New York (1777) und Massachusetts (1780) die Gouverneure direkt vom Volk wählen und gaben ihnen das Recht, mit einem suspensiven Veto in die Gesetzgebung einzugreifen. Diese starken Gouverneure wurden allerdings von einem Exekutivrat „eingerahmt", dessen Mitglieder vom Parlament bestimmt wurden. Die Judikative mußte noch darum kämpfen, als dritte Gewalt anerkannt zu werden. In einigen Staaten – Virginia, Massachusetts, North Carolina – hatten die Obersten Richter aber schon genügend Autorität, um über die Verfassungsmäßigkeit von Gesetzen zu entscheiden. Sie schufen Präzedenzfälle für die *judicial review* (Verfassungsgerichtsbarkeit), die später auch auf Bundesebene außerordentliche Bedeutung erlangte (Stern 1984: 26 ff.). Obgleich die meisten Staatenverfassungen den Parlamenten noch eine dominierende Rolle zugestanden, ging der Trend in Richtung einer institutionellen Trennung und funktionalen Verschränkung der Gewalten, was sich 1787 endgültig durchsetzen sollte.

Eine ähnliche Entwicklung hin zur Einheitlichkeit ist bei den Prozeduren der Verfassungsgebung zu beobachten. Die anfangs übliche Praxis der Revolutionsparlamente, eigenmächtig Verfassungen zu schreiben und in Kraft zu setzen, wurde bereits 1776 als unvereinbar mit der Volkssouveränität kritisiert. Pennsylvania berief deshalb eine spezielle *convention* ein, deren Funktion sich auf die Ausarbeitung und Verabschiedung der Verfassung sowie der Grundrechteerklärung beschränkte. Die Idee der *popular ratification* stammt hingegen aus Massachusetts. Hier einigte man sich 1780 auf ein Verfahren, das mehrere Gemeinden seit der Trennung von England konsequent gefordert hatten und das in seinen Grundzügen heute noch Vorbildcharakter hat: Ein eigens gewählter Konvent arbeitet die Verfassung aus und legt sie der Öffentlichkeit zur Stellungnahme vor; rechtskräftig wird sie erst nach erfolgter Ratifizierung durch die stimmberechtigten Bürger (in Massachusetts erfolgte die Abstimmung in den *town meetings*; in anderen Staaten bevorzugte man Ratifizierungskonvente). Zugleich erhielt das geschriebene Verfassungsrecht durch die klare Unterscheidung zwischen Gesetzgebung und Verfassungsgebung gewissermaßen „höhere" Weihen. Dementsprechend standen Änderungen der Verfassung (*amendments*) nicht im Ermessen der Parlamente, sondern bedurften ebenfalls der Zustimmung des Volkes. Diese Konstruktion erwies sich als gut geeignet, die Verfassung zu schützen, ohne Änderungen völlig zu blockieren.

Die Grundrechtsproblematik wurde recht unterschiedlich behandelt. In sechs Staaten gingen die Verfassungsväter von der Fortgeltung älterer Rechtsgarantien und des englischen *Common Law* aus und verzichteten entweder ganz darauf, Grundrechte zu erwähnen, oder inkorporierten lediglich einige wenige im Organisationsstatut der Regierung (*frame of government*). Weitere sechs Staaten, allen voran Virginia und Pennsylvania, formulierten separate Grundrechtskataloge und stellten sie gleichberechtigt neben das Organisationsstatut. Die wegweisende Lösung präsentierte schließlich John Adams in Massachusetts, dessen Verfassungsentwurf von 1780 aus einer Präambel, einem mehr als 70 Artikel umfassenden Grundrechtsteil und dem *frame of government* bestand. Obgleich die Rechteerklärungen deutlich an koloniale Traditionen anknüpften, brachten sie doch in dreierlei Hinsicht Neues: Erstens galten die *fundamental rights* nicht mehr länger als *rights of Englishmen*, sondern – unter dem Einfluß der Aufklärung – als allen (freien, weißen) Menschen von Gott verliehene „natürliche" Rechte. Zweitens dienten sie jetzt der Sinngebung und geistig-ideologischen Begründung eines republikanischen Regierungssystems. Am deutlichsten wurde dies in George Masons berühmter *Virginia Declaration of Rights*, deren 16 Artikel das Idealbild eines sich selbst regierenden, sittenstrengen und nur der Herrschaft des Rechts unterworfenen Volkes zeichneten. Drittens schließlich erlangten die Grundrechte nun juristische Verbindlichkeit und konnten vom Bürger vor Gericht eingeklagt werden.

Aufs ganze gesehen verbanden die Staatenverfassungen Erfahrungen der Kolonialzeit mit den Maximen der britischen Oppositions- oder *Country*-Ideologie (begrenzte Regierung, häufige Wahlen, Ämterrotation, Vorrang der Miliz vor einem stehenden Heer) sowie mit aufklärerischem Gedankengut, in dessen Lichte Politik als Wissenschaft, als Streben nach Fortschritt und Perfektion erschien. *Government* wurde auf die Zustimmung der Bürger gegründet, von denen man republikanische Tugend (*virtue*), d. h. Tatkraft, Rechtschaffenheit und aufopferungsvolle Hingabe für das Wohl der Gemeinschaft erwartete. Die Regierenden galten nicht länger als Herrscher, sondern waren auf Zeit berufene Treuhänder des Volkes. Alle gemeinsam unterstanden dem Recht, das in geschriebenen Verfassungen seine erhabenste Gestalt annahm. *Constitution* meinte nun, wie die Gemeindeversammlung von Concord in Massachusetts 1776 feststellte, „ein System von Grundsätzen", das dem Regierten den Besitz und Genuß seiner Rechte und Privilegien sichert und ihn vor Übergriffen der Regierenden schützt (Stourzh 1979: 349).

Derselben Geisteshaltung entsprang auch die erste Unionsverfassung. Die *Articles of Confederation* wurden 1777 vom Kongreß in Philadelphia angenommen, traten offiziell aber erst 1781 nach der Ratifizierung durch den letzten Staat Maryland in Kraft. Ihre Struktur war jedoch zwangsläufig anders, weil sie weder eine Gemeinschaft von Bürgern noch eine Nation, sondern einen Bund souveräner Staaten konstituierten. Deren zentrale Institution war der Konföderationskongreß, in den die dreizehn Parlamente durch jährliche Wahl Vertreter entsandten, und in dem jeder Staat – unabhängig von seiner Größe und Einwohnerzahl – eine Stimme besaß. Die Delegierten durften in einem Zeitraum von sechs Jahren maximal drei Jahre Dienst tun. Aus ihrer Mitte wählten sie einen Präsidenten, dessen Amtsperiode auf ein Jahr beschränkt war. Die Arbeit wurde vorwiegend durch Komitees, zum Teil aber auch schon durch Exekutivbehörden wie Kriegs- und Außenministerium geleistet.

Der Kongreß hatte das Recht, über Krieg und Frieden zu entscheiden, Heer und Flotte zu unterhalten und einen Oberbefehlshaber der Streitkräfte zu ernennen, Verträge mit auswärtigen Mächten zu schließen, Gesandte zu bestimmen, Kredite und Anleihen aufzunehmen sowie Münzen zu prägen und Papiergeld zu drucken. Er errichtete für Seerechtsfragen zuständige Admiralitätsgerichte und regelte den Postdienst in der Union. Überdies fungierte er bei Grenzstreitigkeiten der Staaten untereinander als Schiedsrichter. Der Kongreß war jedoch nicht befugt, Gesetze zu verabschieden und Steuern zu erheben. Der Finanzbedarf der Union mußte durch ein Umlageverfahren gedeckt werden, bei dem der Kongreß eine jährliche Gesamtsumme festsetzte und die Staaten ihren jeweiligen Anteil, der sich nach dem Wert des kultivierten Landes bemaß, in die gemeinsame Kasse einzahlten. Für alle wichtigen Entscheidungen war eine Zweidrittelmehrheit notwendig. Änderungen der *Articles of Confederation* erforderten gemäß dem Prinzip der Staatensouveränität sogar Einstimmigkeit. Diese Beschränkungen machten den Kongreß ganz gezielt von der Mitarbeit der Staaten abhängig.

Mit den Verfassungen der Einzelstaaten und den Konföderationsartikeln hatten die ehemaligen Kolonien innerhalb kurzer Zeit ein institutionelles Gerüst geschaffen, das den enormen Belastungen des Krieges gegen England standhielt und überdies durchaus geeignet schien, die dauerhafte Existenz der Union zu verbürgen. Die aufklärerischen Zirkel Europas priesen die revolutionären Verfassungen und Grundrechtserklärungen als das *non plus ultra* der modernen Staatskunst und als beste Alternative zum Absolutismus. Kein geringerer als Montesquieu hatte schließlich behauptet, die *république fédérative* verbinde auf ideale Weise die Vorteile eines Empire – militärische und wirtschaftliche Stärke – mit den Vorteilen der kleinen Republik, zu denen er die demokratische Willensbildung und die Homogenität der Bevölkerung rechnete. Im Falle der Vereinigten Staaten erwies sich die Konföderation jedoch nur als kurzlebiges Experiment, das noch vor Ablauf des ersten Jahrzehnts durch das neue Modell des Bundesstaates ersetzt wurde.

3.3   Die Entstehung der Bundesverfassung von 1787

Die ungefestigten wirtschaftlichen Verhältnisse, die sich zwangsläufig aus den Belastungen des Krieges und der nun notwendigen Anpassung an den internationalen Wettbewerb ergaben, ließen eine konstitutionelle Stabilisierung nicht zu. Auf den kurzen Nachkriegsboom folgte Mitte der 1780er Jahre eine Depression, die durch Geldverknappung, Preisverfall, Arbeitslosigkeit und steigende öffentliche und private Verschuldung gekennzeichnet war. Die Londoner Regierung wollte diese Schwächeperiode nutzen, um die ehemaligen Kolonien in ökonomische Abhängigkeit zurückzuzwingen. Sie behinderte die amerikanischen Exporte und versuchte, den Absatz britischer Waren zu steigern, indem sie die Einzelstaaten gegeneinander ausspielte. Der Kongreß fand auf diese Herausforderung keine Antwort, weil ihm die *commerce power* fehlte, mit der er die Außenhandelspolitik der Staaten hätte koordinieren und Schutzmaßnahmen treffen können. Überdies gerieten die Staaten mit ihren Beiträgen zur Unionskasse immer mehr in Verzug, so daß der Kongreß nicht einmal mehr den regelmäßigen Schuldendienst für die Anleihen leisten konnte, die er während des Krieges im In- und Ausland aufgenommen hatte. Dadurch verloren die sog. „kontinentalen" Schuldscheine, die als Geldersatz dienten, rasch an Wert, was zu einer weiteren Verknappung der Zahlungsmittel führte. Vor allem aber minderte das Unvermögen des Kongresses, die fälligen Zinsen zu entrichten, die Bereitschaft seiner französischen und niederländischen Gläubiger, neue, dringend benötigte Kredite zu gewähren. Als Ausweg bot sich die Erhebung von Importsteuern an, die dem Kongreß zu einer eigenen Einnahmequelle und einem Druckmittel gegen England verholfen hätten. Zwei Vorschläge für die hierfür erforderliche Verfassungsänderung scheiterten jedoch an der Einstimmigkeitsklausel der Konföderationsartikel.

Während die Autorität des Kongresses unaufhaltsam verfiel, gaben sich die Staaten alle Mühe, aus eigener Kraft der Lage Herr zu werden. Viele ihrer Bürger hatten sich in Erwartung steten Wachstums verschuldet und gerieten in Bedrängnis, da sie weder Zinsen zahlen noch ihre Steuern entrichten konnten. Die Parlamente wurden nun zu Foren heftigen Meinungsstreits über den richtigen Weg zur Bewältigung der Krise. Wo sich die radikal-republikanisch und agrarisch orientierten Kräfte durchsetzten, trafen sie Maßnahmen zum Schutz der Schuldner und ließen Papiergeld drucken. Auf diese Weise linderten sie die Not der ländlichen Bevölkerung, machten sich aber die wohlhabenden Gläubiger und die Handwerker, die durch den inflationären Wertverlust des Papiergeldes geschädigt wurden, zu erbitterten Feinden. Wo die konservative Elite die Überhand behielt, verfolgte sie einen strengen Sparkurs, der den Geldwert sicherte und die Gläubiger zufriedenstellte, dafür aber auf dem Land Proteste bis hin zum bewaffneten Widerstand gegen Steuererhebungen und Zwangsversteigerungen hervorrief. Den Höhepunkt dieser agrarischen Unruhen bildete *Shays' Rebellion* im Westen von Massachusetts, die Anfang 1787 nur durch den Einsatz mehrerer Staaten-Milizen unter Kriegsminister Henry Knox niedergeschlagen werden konnten.

All diese Geschehnisse bewirkten einen tiefgreifenden Stimmungswandel. Innerhalb weniger Jahre schlug die Siegeseuphorie in Ratlosigkeit und Pessimismus um. Zwei Erfahrungen prägten sich dem öffentlichen Bewußtsein ganz besonders ein: Der ohnmächtige Kongreß, der 1783 aus Furcht vor den eigenen Soldaten, die ihren Sold forderten, Philadelphia verließ und erst nach mehreren Zwischenstationen in New York City wieder einen festen Sitz fand;

und die in Interessengruppen und Fraktionen gespaltenen Staatenparlamente, deren Mehrheiten das Gesamtwohl aus den Augen verloren und sozialen Unfrieden stifteten. Nicht selten führte man die wirtschaftlichen Schwierigkeiten auf moralische Schwächen zurück: Die Amerikaner hätten das einfache Leben verleugnet und wären dem Luxus erlegen; sie hätten die Demokratie zu weit getrieben und die Warnungen der „natürlichen Aristokratie", wie John Adams die soziale Elite nannte, mißachtet; offenbar besäße das Volk doch nicht genügend *virtue*, um sich selbst regieren zu können. Gerüchte über eine bevorstehende Rückkehr der Briten, die Errichtung einer amerikanischen Monarchie oder den Zerfall der Union in mehrere Sonderbünde steigerten die Nervosität. Erste Anzeichen einer wirtschaftlichen Erholung änderten nichts daran, daß die breite Bevölkerungsmehrheit 1787 von der Notwendigkeit überzeugt war, den seit der Revolution eingeschlagenen Kurs zu korrigieren.

Dieses Meinungsklima kam den als *Nationalists* bezeichneten Politikern um Alexander Hamilton (New York) und Gouverneur Morris (Pennsylvania) zugute, die schon seit längerem die Stärkung der Zentralgewalt durch gründliche Verfassungsreformen gefordert hatten. Ein erster Schritt in dieser Richtung war der Konvent von Annapolis im September 1786, an dem sich fünf Staaten, darunter Virginia mit James Madison, beteiligten. Hamiltons Bericht und eine entsprechende Empfehlung des Kongresses veranlaßten dann alle Staaten außer Rhode Island, Delegierte zu einem weiteren Konvent im Mai 1787 nach Philadelphia zu entsenden. Ihr Auftrag lautete, die Konföderationsartikel mit den Erfordernissen der Union in Einklang zu bringen. Am 25. Mai begannen die vertraulichen Beratungen, die unter Vorsitz George Washingtons bis zum 17. September 1787 andauerten. Das Fernbleiben einiger radikaler Republikaner wie Patrick Henry aus Virginia und Samuel Adams aus Massachusetts schwächte die Verfechter der Einzelstaatensouveränität, die sich einer Mehrheit von *Nationalists* und gemäßigten Zentralisten gegenübersahen. Die 55 der ursprünglich 74 gewählten Delegierten, die regelmäßig oder über einen längeren Zeitraum teilnahmen, gehörten alle der besitzenden und gebildeten Oberschicht an. Viele von ihnen waren mit den wichtigsten staatstheoretischen Werken der Antike und der Aufklärung ebenso vertraut wie mit der verfassungsgeschichtlichen Entwicklung Großbritanniens. Besonders häufig zitiert wurden neben Montesquieu auch John Locke und William Blackstone. Doch den stärksten Einfluß auf die Beratungen übte zweifellos das „amerikanische Experiment" selbst in Form der politischen und konstitutionellen Erfahrungen aus, die jeder einzelne Delegierte seit der Revolution gesammelt hatte.

Eine wichtige Weichenstellung nahm der Konvent gleich zu Beginn vor: Er legte seine Vollmachten so weit aus, daß sie ihm erlaubten, sich vom Rahmenwerk der Konföderationsartikel zu trennen und eine völlig neue Verfassung zu entwerfen. Die Union sollte eine starke, handlungsfähige Regierung erhalten, deren Befugnisse und Machtmittel ausreichten, um den unmittelbar anstehenden ebenso wie den – nur vage vorhersehbaren – künftigen nationalen Aufgaben gerecht zu werden. Danach wandte sich die Debatte vier zentralen Problemkreisen zu: Dem Verhältnis zwischen Zentralgewalt und Einzelstaaten; der Gewaltenteilung innerhalb der Zentralregierung; der Repräsentation von großen und kleinen Staaten; und dem Interessenausgleich zwischen Nord- und Südstaaten.

(1) Die Delegierten stimmten weitgehend darin überein, daß der Bundesgewalt (*federal government*) in allen das Gesamtwohl betreffenden Dingen Vorrang vor den Einzelstaaten ge-

bühre. Welche Art von Zwangsgewalt (*coercive power*) man ihr zubilligen sollte, war allerdings umstritten. Extreme Forderungen wie die Umwandlung der Staaten in reine Verwaltungsbezirke (Hamilton) oder ein Vetorecht des Bundes gegen Staatengesetze (Madison) wurden abgelehnt. In seiner endgültigen Fassung garantierte der Verfassungsentwurf den Einzelstaaten die republikanische Regierungsform sowie Schutz vor Angriffen von außen und vor inneren Unruhen (*domestic violence*). Trat das letztere ein, so durfte die Bundesregierung auf Verlangen des betreffenden Staatenparlaments oder – falls dieses nicht tagte – der Staatenexekutive intervenieren. Sie konnte zu diesem Zweck Bundestruppen einsetzen oder die Milizen der Staaten ihrer Befehlsgewalt unterstellen. Noch deutlicher war der Umschwung zugunsten der Bundesgewalt im wirtschaftlichen Bereich. Der Konvent gestattete ihr, in eigener Regie Steuern und Einfuhrzölle zu erheben und den Handel zwischen den Staaten wie mit dem Ausland zu regulieren. Zugleich untersagte er den Staatenparlamenten, Papiergeld auszugeben und Gesetze zu verabschieden, die rückwirkend galten oder in privatrechtliche Verträge eingriffen. Damit waren die Voraussetzungen für die sichere Fundierung der Staatsschuld, einen einheitlichen Binnenmarkt und eine gemeinsame Wirtschafts-, Währungs- und Handelspolitik geschaffen. In zwei Generalklauseln fand der Übergang vom konföderativen zum bundesstaatlichen System seinen sichtbarsten Ausdruck: Art. I Abschn. 8 ermächtigte den neuen Kongreß, alle Gesetze zu beschließen, die er für „notwendig und angemessen" (*necessary and proper*) hielt, um die Kompetenzen des Bundes auszuschöpfen; und Art. VI erklärte die Verfassung sowie die Gesetze und Verträge des Bundes zum höchsten geltenden Recht (*supreme law of the land*), das jeden Richter ungeachtet der Verfassungen und Gesetze der Einzelstaaten band.

(2) Bei der Konstruktion der Bundesorgane ließen sich die Delegierten von der Absicht leiten, ein Übergewicht der Legislative, des neuen Kongresses, zu verhindern. Die Erfahrung mit den Staatenparlamenten hatte ihnen vor Augen geführt, daß ohne eine klare Gewaltentrennung die Gefahr einer „Mehrheitstyrannei" drohte. Deshalb lehnten sie auch nachdrücklich die These ab, der Kongreß sei „the depository of the supreme will of the society", und die Exekutive habe nichts anderes damit zu tun, als diesen „Gesamtwillen" zu vollstrecken (DHRC I, 1976: 238). Ihrer Meinung nach mußten Exekutive und Judikative vielmehr der ohnehin beträchtlichen Macht der Legislative Grenzen setzen, um das System als Ganzes im Gleichgewicht zu halten. Die Fürsprecher einer starken Exekutive hielten sogar ein absolutes Veto gegen Kongreßmaßnahmen für nötig, mußten sich aber mit einem suspensiven Veto begnügen. Dafür erreichten sie, daß der Präsident nicht vom Kongreß, sondern auf vier Jahre von einem Wahlmännergremium (*electoral college*) gewählt wurde, daß er sich unbegrenzt zur Wiederwahl stellen konnte und daß ihm ein Aufsichtsgremium nach Art der Exekutivräte erspart blieb. Möglichkeiten der Machtausweitung boten die Ernennung zum Oberbefehlshaber von Armee und Flotte sowie die Eidesformel, wonach der Präsident die Verfassung zu „erhalten, schützen und verteidigen" hat (Art. II). Die Exekutive wäre vom Konvent wohl weniger großzügig ausgestattet worden, wenn man nicht bereits darauf spekuliert hätte, daß der allseits geachtete George Washington der erste Präsident sein würde. Art. III schließlich stellte dem Kongreß und dem Präsidenten die Judikative als eigenständiges Verfassungsorgan zur Seite. Obgleich die Richter *during good behavior*, also praktisch auf Lebenszeit ernannt wurden, galten der Oberste Gerichtshof (*Supreme Court*) und die vom Kongreß einzurichtenden unteren Bundesgerichte allgemein als die schwächsten Organe der Zentralgewalt.

Der Konvent ließ die Frage offen, ob dem Obersten Gerichtshof das Recht zustünde, Bundesgesetze auf ihre Verfassungskonformität zu prüfen. Es bedurfte erst der kraftvollen Persönlichkeit des *Chief Justice* John Marshall (1801-1835), unter dessen Vorsitz das Gericht mit Erfolg die Befugnis der Normenkontrolle für sich reklamieren konnte.

(3) Die Frage der Repräsentation im Kongreß führte zunächst zum Zusammenprall von „großen" und „kleinen" Staaten. Extreme Positionen vertraten auf der einen Seite Virginia, das beide Kammern des Kongresses proportional zur Bevölkerungszahl der einzelnen Staaten besetzen wollte, und auf der anderen Seite New Jersey, das die Fortsetzung des alten Einkammersystems mit gleichmäßiger Vertretung aller Staaten vorschlug. Schließlich einigte man sich, bei der Sitzverteilung im Repräsentantenhaus die Einwohnerzahl zugrunde zu legen, im Senat dagegen jedem Staat zwei Sitze zu gewähren. Die Abgeordneten sollten in den Staaten für zwei Jahre direkt vom Volk gewählt, die Senatoren von den Parlamenten für sechs Jahre bestimmt werden. Dieser Kompromiß entschädigte die kleinen Staaten bis zu einem gewissen Grade für den erlittenen Macht- und Statusverlust. Über den Senat vermochten sie nun Einfluß auf die Gesetzgebung, den Abschluß von internationalen Verträgen und die Ernennung aller wichtigen Amtsinhaber im Bereich von Exekutive und Judikative zu nehmen. Auch das in Art. V festgelegte Verfahren der Verfassungsänderung erforderte die Mitwirkung der Staaten. *Amendments*, die von beiden Kammern des Kongresses mit Zweidrittelmehrheit oder von einem, auf Antrag von zwei Drittel der Einzelstaaten einzuberufenden Verfassungskonvent (*constitutional convention*) vorgeschlagen werden konnten, mußten von drei Viertel der Staaten – entweder durch Parlamentsbeschluß oder per Ratifizierungskonvent – angenommen werden, um Geltungskraft zu erlangen (Abbildung 3-1).

(4) Der Nord-Süd-Konflikt hatte seinen Ursprung in der Furcht der Südstaaten (Maryland bis Georgia), im Kongreß wegen ihres geringeren weißen Bevölkerungsanteils vom kommerziell geprägten Norden majorisiert zu werden. Sie wollten sicherstellen, daß die künftige Handelspolitik die Interessen der auf den Export von Agrarprodukten angewiesenen südlichen Farmer berücksichtigte und die Grundlage ihrer Wirtschaft, das Sklavereisystem, erhalten blieb. Die Delegierten des Nordens gestanden in einem relativ frühen Stadium der Beratungen den Südstaaten zu, bei der Ermittlung der Repräsentantenhaussitze drei Fünftel der versklavten Afro-Amerikaner mitzuzählen. Im Gegenzug erklärten sich die Südstaaten bereit, entsprechend mehr direkte Steuern zu zahlen (deren Erhebung vorerst ohnehin nicht zur Debatte stand). Als sie jedoch später für die Verabschiedung von Handelsgesetzen Zweidrittelmehrheiten in beiden Häusern des Kongresses verlangten, stellten die Nordstaatler ihren Kompromißvorschlag wieder in Frage. Sie sahen voraus, daß rasches Bevölkerungswachstum im Südwesten und die Aufnahme neuer Agrarstaaten wie Kentucky und Tennessee dem Süden ein politisches Übergewicht bescheren würden. Dieser Rückzug, verbunden mit heftigen Anti-Sklaverei-Attacken einiger Delegierter, hätte beinahe zum Abbruch des Konvents geführt. Schließlich gelang es einem Vermittlungskomitee doch noch, die unvereinbar scheinenden Standpunkte im sogenannten „großen Kompromiß" zusammenzuführen, der auch die Einigung bezüglich der unterschiedlichen Repräsentationsmodi im Senat und Repräsentantenhaus umfaßte: In Bezug auf Repräsentation und direkte Steuern blieb es bei der Dreifünfteklausel; der Süden gab sich mit einfachen Kongreßmehrheiten für handelsregulierende Maßnahmen zufrieden; und der Norden ließ in der Verfassung festschreiben, daß die Bundesregierung bis zum Jahr 1808 kein Einfuhrverbot für Sklaven beschließen durfte. Diese

Formel sicherte zwar den Erfolg des Konvents, legalisierte zugleich aber die Sklaverei, die in den Nordstaaten seit der Revolution bereits eingeschränkt oder abgeschafft worden war.

Abbildung 3-1: Verfahren der formellen Änderung der US-Verfassung[1]

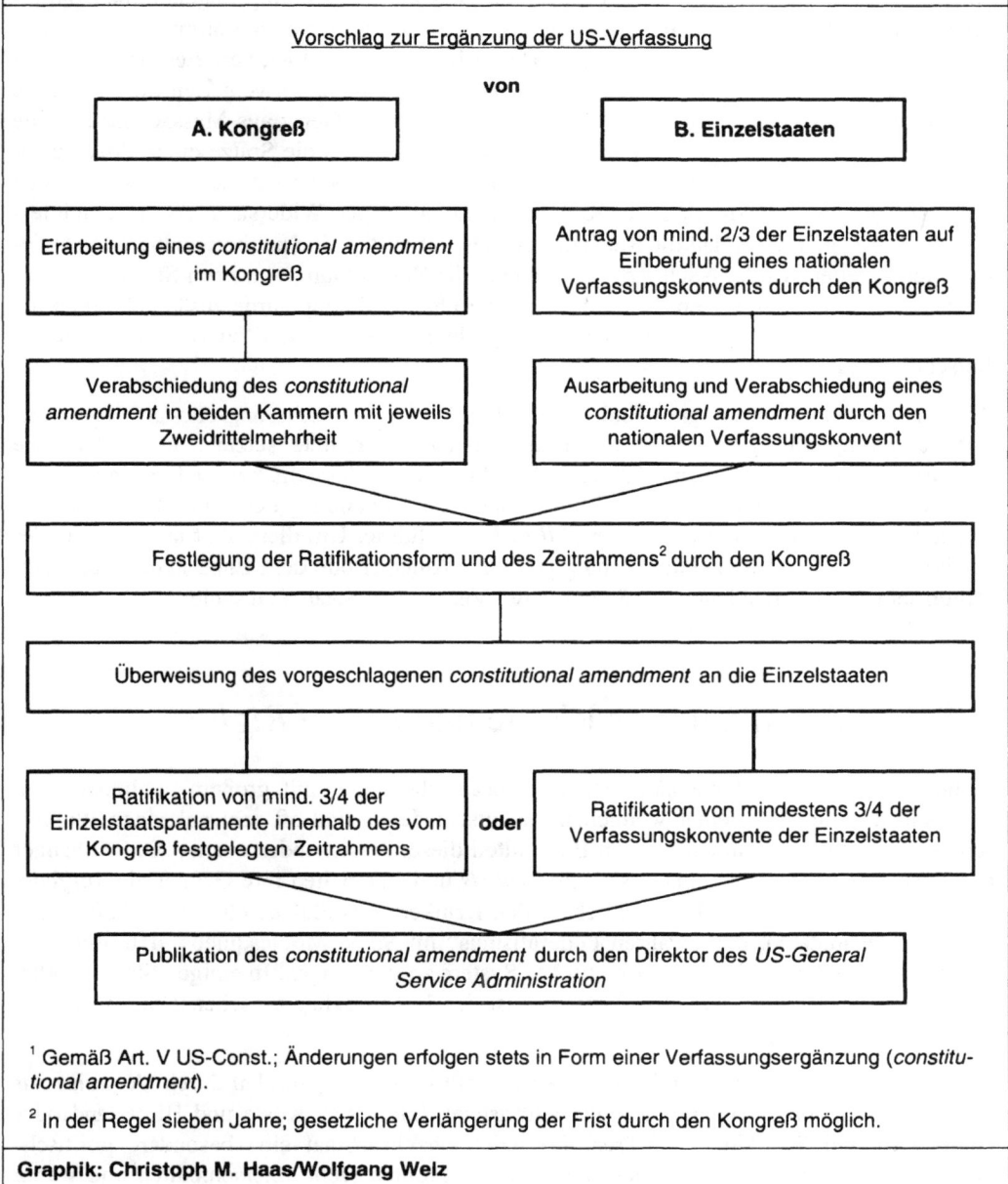

<u>Vorschlag zur Ergänzung der US-Verfassung</u>

von

| **A. Kongreß** | **B. Einzelstaaten** |

| Erarbeitung eines *constitutional amendment* im Kongreß | Antrag von mind. 2/3 der Einzelstaaten auf Einberufung eines nationalen Verfassungskonvents durch den Kongreß |

| Verabschiedung des *constitutional amendment* in beiden Kammern mit jeweils Zweidrittelmehrheit | Ausarbeitung und Verabschiedung eines *constitutional amendment* durch den nationalen Verfassungskonvent |

Festlegung der Ratifikationsform und des Zeitrahmens[2] durch den Kongreß

Überweisung des vorgeschlagenen *constitutional amendment* an die Einzelstaaten

| Ratifikation von mind. 3/4 der Einzelstaatsparlamente innerhalb des vom Kongreß festgelegten Zeitrahmens | **oder** | Ratifikation von mindestens 3/4 der Verfassungskonvente der Einzelstaaten |

Publikation des *constitutional amendment* durch den Direktor des *US-General Service Administration*

[1] Gemäß Art. V US-Const.; Änderungen erfolgen stets in Form einer Verfassungsergänzung (*constitutional amendment*).

[2] In der Regel sieben Jahre; gesetzliche Verlängerung der Frist durch den Kongreß möglich.

Graphik: Christoph M. Haas/Wolfgang Welz

In der Schlußphase lehnte der Konvent den Vorschlag ab, einen Grundrechtskatalog zu formulieren. Die Mehrheit der Delegierten hielt eine solche *Bill of Rights* entweder für unnötig, weil sie Bestimmungen der Staatsverfassung duplizieren würde, oder für schädlich, weil sie die Autorität der Bundesregierung beeinträchtigen könnte.

Am 17. September 1787 wurde der Verfassungsentwurf einstimmig angenommen. Allerdings fehlte neben Rhode Island auch der Staat New York, der kein Votum mehr abgeben konnte, da er nur noch durch einen Delegierten, Alexander Hamilton, vertreten war. Von den 41 Konventsmitgliedern, die bis zum Schluß ausgeharrt hatten, verweigerten drei – George Mason und Edmund Randolph aus Virginia sowie Elbridge Gerry aus Massachusetts – die Unterschrift. Nach ihrer Abreise aus Philadelphia traten sie an die Spitze einer Volksbewegung, die den Verfassungsentwurf ablehnte oder doch zumindest substantielle Änderungen erzwingen wollte. Die Mehrheit des Konvents hatte derartigen Widerstand erwartet und deshalb Vorsorge getroffen, daß die Ratifizierung des Entwurfs keine unüberwindbaren Schwierigkeiten bereiten würde. Nach Art. VII genügte die Zustimmung von neun Staaten, um die Verfassung in Kraft zu setzen. Der Bruch mit der alten Ordnung wurde zusätzlich durch die Empfehlung unterstrichen, anstelle der Staatenparlamente sollten Ratifizierungskonvente die Entscheidung fällen.

Als der Konföderationskongreß Ende September 1787 den Verfassungsentwurf zusammen mit dieser Empfehlung kommentarlos an die Staaten weiterleitete, setzte er eine öffentliche Diskussion in Gang, die im Juni 1788 zur Annahme der Verfassung, zwei Jahre später durch den Beitritt des dreizehnten Staates Rhode Island zur Vollendung der neuen Union und im Dezember 1791 zum Inkrafttreten der *Bill of Rights* führte. Um diese Zeit tagte bereits der zweite Kongreß, während sich Washingtons erste Amtsperiode dem Ende näherte und Hamilton sein Ziel erreicht hatte, die Finanzen der Vereinigten Staaten zu sanieren.

3.4   Ratifizierungsdebatte und *Bill of Rights*

In der Ratifizierungsdebatte kämpften zwei politische Lager mit großem publizistischem Aufwand um die Gunst einer weitgehend unentschiedenen und oft schwankenden Wählerschaft. Der Streit um Namen war ein Bestandteil dieser Auseinandersetzung: Die Anhänger des Verfassungsentwurfs nannten sich *Federalists* und stempelten ihre Gegner als *Antifederalists* ab. Dieses negative Etikett blieb an den Kritikern des Philadelphia-Plans haften, obwohl sie behaupteten, den „wahren Föderalismus" im Sinne Montesquieus, d. h. ein stark dezentrales, staatenbündisch-demokratisches System zu verteidigen. In einigen Staaten traten sie als *Republicans* auf, was den Parteienzwist der 1790er Jahre zwischen *Federalists* und *Republicans* ankündigte.

Die Spaltung in *Federalists* und *Antifederalists* läßt sich nicht pauschal durch Verweise auf den Gegensatz von kommerziellen und agrarischen Interessen, Küste und Hinterland oder Gläubigern und Schuldnern erklären. Da jeder einzelne Staat eine besondere politisch-ökonomische Konstellation aufwies, verliefen die Fronten recht unterschiedlich und waren vor allem ständig in Bewegung. Weder stimmten die *Federalists* in allen Punkten überein, noch verfolgten die *Antifederalists* eine klare gemeinsame Linie. Die vehemente Kritik an den Sklaverei-Bestimmungen etwa, die im Norden geübt wurde, fand im Süden – mit der rühmlichen Ausnahme von George Mason – kein Echo. Was die beiden Lager und insbesondere ihre prominenten Sprecher trennte, waren mentalitätsmäßig bedingte Nuancen in der Deutung von Republikanismus und Föderalismus. Die *Antifederalists* sahen sich als Hüter der „Ideen von 1776" gegen elitäres Gedankengut und übermäßigen Zentralismus. Viele von ihnen räumten durchaus ein, daß die Unionsregierung gestärkt werden müßte. Sie warfen aber dem Konvent vor, er habe seine Befugnisse überschritten und die Grundlagen eines „konsolidierten Reiches" geschaffen, das die Staaten über kurz oder lang völlig aufsaugen würde, und dessen Führer versucht sein könnten, die Freiheit des Volkes der eigenen Ruhmsucht zu opfern. Die Gefahr des Abgleitens in Monarchie oder Aristokratie sei um so größer, als der Verfassungsentwurf keine Grundrechterklärung enthalte, die Schutz vor einer Willkür der Bundesgewalt biete.

Gerade das letzte Argument entfaltete eine solche Wirkung, daß es beinahe die Ratifizierung der Verfassung verhindert hätte. Nachdem die *Federalists* in fünf Staaten erfolgreich waren, konnten sie Anfang Februar 1788 im Bostoner Konvent nur durch das Versprechen, sich für nachträgliche Änderungen der Verfassung und insbesondere für eine *Bill of Rights* einzusetzen, die knappe Mehrheit von 187:168 gewinnen. Hätte Massachusetts abgelehnt, wäre der Schwung des Ratifizierungsprozesses gebrochen und die Ablehnung der Verfassung auch in den meisten der noch ausstehenden Staaten – darunter so wichtigen wie Virginia und New York – besiegelt gewesen. In den folgenden Wochen praktizierten die Federalists in fast allen Staatenkonventen das Bostoner Modell der „*amendment*-Empfehlungen", um der Opposition den Wind aus den Segeln zu nehmen und die Ratifizierung sicherzustellen. Die Ehre des „neunten Staates" gebührte New Hampshire, das Virginia im Juni 1788 kurz zuvorkam. New York folgte im Juli, während North Carolina zwei und Rhode Island sogar drei Anläufe benötigten, bevor sie im Dezember 1789 bzw. im Juni 1790 die Verfassung ratifizierten.

Die *amendment*-Frage sollte auch während des Wahlkampfes zum Repräsentantenhaus im Winter 1788/89 eine wichtige Rolle spielen. Viele Kandidaten, darunter auch James Madison, mußten ihre Zusage erneuern, auf eine „Nachbesserung" der Verfassung hinzuwirken. Madison lehnte alle strukturellen Änderungen (etwa im Bereich der Steuerkompetenz) entschieden ab, wandelte sich aber – auch unter dem Einfluß eines Briefwechsels mit dem Gesandten in Paris, Thomas Jefferson – zum Befürworter von Grundrechtsgarantien. Im Kongreß, dessen beide Häuser von *Federalists* beherrscht wurden, kostete es ihn dann allerdings erhebliche Mühe, seine Kollegen von der Notwendigkeit eines Grundrechtskatalogs zu überzeugen. Vor allem der Senat, der den Handlungsspielraum der Bundesregierung lieber ausweiten als noch mehr einengen wollte, strich Madisons Vorschlag drastisch zusammen. Hinweise auf das Prinzip der Volkssouveränität und das Widerstandsrecht der Regierten entfielen ebenso wie die Formel *all men are created equal*, die das Sklavereisystem in Frage zu stellen drohte. Dennoch brachte Madison insgesamt 27 Grundrechte in den zehn *amendments* unter, die Ende 1791 ratifiziert wurden. Der erste Zusatzartikel führte gleich fünf der wichtigsten auf: Gewissensfreiheit, Meinungs- und Pressefreiheit, Versammlungs- und Petitionsfreiheit; *amendment* zwei und drei sicherten die Existenz der Staatenmilizen und den Vorrang der zivilen Gewalt vor dem Militär; die nächsten fünf Artikel enthielten wichtige prozedurale Schutzrechte, darunter den Anspruch auf einen Geschworenenprozeß und Rechtsbeistand sowie das Verbot grausamer Bestrafung und entschädigungsloser Enteignung; die beiden letzten *amendments* sicherten zu, daß auch die nicht schriftlich niedergelegten Rechte des Volkes ihre Geltung behielten, und daß der Bund seine verfassungsmäßigen Befugnisse nicht eigenmächtig zu Lasten der Staaten oder des Volkes erweitern dürfe.

Gemessen an der fast gleichzeitig ausgearbeiteten französischen Erklärung der Menschen- und Bürgerrechte wirkte die amerikanische *Bill of Rights*, wie die zehn *amendments* bald genannt wurden, eher bescheiden. Ihr unschätzbarer Vorteil bestand aber darin, daß sie Teil des geltenden Verfassungsrechts war und die Einhaltung jeder einzelnen Bestimmung damit vor Gericht eingeklagt werden konnte. Madison hatte die Grundrechtsgarantien auch für die Einzelstaaten verbindlich machen wollen, doch der Kongreß beschränkte ihren Geltungsbereich auf die Bundesgewalt. Dies änderte sich erst nach dem Bürgerkrieg, als die *due process of law*-Klausel des 14. *Amendments* dem *Supreme Court* eine Handhabe bot, Akte der Einzelstaaten auf ihre Übereinstimmung mit der Bundesverfassung zu überprüfen und im Falle des Widerspruchs für nicht anwendbar zu erklären.

Neben der Annahme des Verfassungsentwurfs war die *Bill of Rights* das bedeutendste Ergebnis der Ratifizierungsdebatte. Die monatelange öffentliche Auseinandersetzung um konstitutionelle Werte und Formen hatte aber noch andere signifikante Folgen. Die Kritik der *Antifederalists* zwang nämlich die *Federalists*, das neue Verfassungssystem gründlich zu erläutern und zu rechtfertigen. Aus der Flut der Pamphlete, Essays und Reden ragen bis heute die *Federalist Papers* heraus, die – von John Jay, Alexander Hamilton und James Madison unter dem Pseudonym „Publius" verfaßt – zunächst als Artikel in mehreren New Yorker Zeitungen publiziert wurden und bereits im Frühjahr 1788 in Buchform erschienen (Carey 1989). Jay und Hamilton betonten die wirtschaftlichen und sicherheitspolitischen Vorteile eines Bundesstaates, dessen friedlicher Expansion nach Westen keine Grenzen gesetzt seien. Madison bemühte sich dagegen mehr um eine staatstheoretische Begründung der neuen Regierungsform. Im Widerspruch zu Montesquieu behauptete er, daß kleine Republiken ständig vom Zerfall bedroht seien und nur die Integration der Einzelstaaten in eine föderative Ordnung gleichermaßen innere Stabilität wie äußere Sicherheit verbürge. Der großflächige Bundesstaat, der auf diese Weise entstehe, umfasse so viele verschiedene Interessengruppen (*factions*), daß es keiner von ihnen allein gelingen werde, den gesamten Regierungsapparat unter Kontrolle zu bekommen. Mehrheitstyrannei oder Eliteherrschaft seien auch deshalb unwahrscheinlich, weil sich die drei Zweige der Bundesgewalt entsprechend dem System der *checks and balances* gegenseitig in Schranken halten würden. Weder die Staaten noch der Bund seien souverän: Souverän bleibe das Volk, dem es freistehe, die Regierungsbefugnisse auf die beiden Ebenen aufzuteilen. Madison zufolge fand also die Vielfalt der amerikanischen Gesellschaft ihre notwendige Entsprechung in einem komplexen Regierungssystem, das die Energien, die durch die unvermeidlichen Interessenkonflikte freigesetzt wurden, in nutzbringende Bahnen lenkte. Das war ein wichtiger Erkenntnisschritt auf dem Weg zur liberalen, pluralistischen Demokratie.

Die Debatte um die Ratifizierung der Verfassung sanktionierte auch das Vorgehen des Philadelphia-Konvents und verlieh ihr damit eine unantastbare Legitimität. Fast überall gestanden die *Antifederalists* ein, daß sie auf faire Weise besiegt worden waren. Ihre Führer übten sich in der Rolle der loyalen Opposition, die Mehrheitsentscheidungen akzeptiert und mitträgt. Viele ehemalige Kritiker nahmen bereits an den Veranstaltungen teil, auf denen im Sommer 1788 die Verfassung als Symbol der nationalen Einheit gefeiert wurde. Der größte Teil der verbliebenen Skeptiker schloß seinen Frieden mit der Verfassung, als die *Federalists* das Versprechen einer *Bill of Rights* einlösten. Nach dem Zusammentritt des neuen Kongresses am 4. März 1789 und der Amtseinführung Präsident George Washingtons am 30. April 1789 wurde nicht mehr um die Grundsätze und Prinzipien der Verfassung, sondern lediglich um ihre Interpretation gestritten. Dieser Verfassungspatriotismus trug wesentlich dazu bei, daß die junge Republik das Zeitalter der Französischen Revolution und der europäischen Hegemonialkriege trotz aller äußeren Gefährdungen und inneren Spannungen unbeschadet überstand.

Die Ratifizierungsdebatte wirkte wie ein Katalysator, der die Entwicklung der Parteien und der Presse beschleunigte. Denn vom Kampf um die Verfassung gingen starke Anstöße aus, Aufklärung und Propaganda bundesweit zu betreiben und die gleichgesinnten Kräfte organisatorisch zusammenzufassen. Hier liegen auch die Ursprünge des amerikanischen Zweiparteiensystems, das seit den 1790er Jahren die politische Kultur der Vereinigten Staaten maßgeblich geprägt hat.

3.5   Die Verfassungen der Einzelstaaten nach 1787

Die öffentliche Akzeptanz der Verfassungsprinzipien von Philadelphia war so groß, daß man begann, sie auch auf die Staatenverfassungen anzuwenden. In Georgia empfanden die Bürger ihre 1777 nach dem Vorbild von Pennsylvanias Einkammersystem konstruierte Verfassung als fehlerhaft und altmodisch. Die neue Verfassung, die von drei aufeinander folgenden Konventen bis zum Mai 1789 fertiggestellt wurde, war weitgehend eine Kopie der Bundesverfassung. Im August 1789 verlautete aus South Carolina, ein Konvent sei einberufen worden, um die Verfassung von 1776 an die *federal constitution* anzupassen und dadurch die Revolution zu vollenden. Das alte Regierungssystem sei zu einer Zeit entstanden, als sich die politisch-konstitutionellen Kenntnisse der Amerikaner noch in ihren Anfängen befunden hätten. Der South Carolina-Konvent trat im Mai 1790 zusammen, arbeitete eine neue Verfassung aus und setzte sie im Monat darauf ohne Ratifizierungsverfahren in Kraft.

Am sichtbarsten vollzog sich der Umschwung in Pennsylvania, dessen Verfassung eine Zeitlang als Manifestation des „Geistes von 1776" gegolten hatte, dann aber wegen ihrer angeblich allzu demokratischen Tendenzen in Verruf geraten war. Im November 1789 wurde ein Konvent gewählt, an dessen Beratungen sich ehemalige führende *Antifederalists* loyal beteiligten. Er stellte einen Verfassungsentwurf im Februar 1790 zur öffentlichen Diskussion und setzte das Dokument im September 1790 ohne nennenswerte Änderungen in Kraft. Wie schon zuvor in Georgia und South Carolina war das Hauptmerkmal der Reform die Beseitigung der legislativen Übermacht. Erreicht wurde dies vor allem durch die Teilung des Parlaments in zwei Kammern, die Delegation der ausführenden Gewalt an eine einzelne Person, die Ernennung der Richter auf Lebenszeit und die Einrichtung eines *State Supreme Court*, dem das Recht zur Überprüfung der Verfassungsmäßigkeit von Gesetzen (*judicial review*) zuerkannt wurde. Den „modernen" konstitutionellen Richtlinien folgten auch Delaware, New

Hampshire, Vermont, Kentucky und Tennessee, die sich zwischen 1792 und 1799 neue Verfassungen gaben bzw. ältere revidierten. Ähnliche Änderungen waren zudem in New York, North Carolina und Virginia im Gespräch. Nur der Eindruck, die Bevölkerung sei inzwischen der zahlreichen *changes in government* überdrüssig, hielt die Politiker hier von konkreten Schritten ab.

Die Ziele, die mit diesen Reformen verfolgt wurden, waren jedoch nicht allerorts die gleichen. Die *Federalists* betrieben die strukturelle Anpassung der Staatenverfassungen an die Bundesverfassung hauptsächlich, um die Nation insgesamt einheitlicher und stabiler zu gestalten. In Virginia klang dagegen erstmals 1787 ein Motiv an, das während der 1790er Jahre vor dem Hintergrund des Parteienkampfes zwischen *Federalists* und *Republicans* im Süden immer mehr an Bedeutung gewinnen sollte. Die *Antifederalists* aus Virginia, die beim Kampf um die Ratifizierung der Bundesverfassung nur knapp unterlegen waren, erhofften sich von einer konstitutionellen Stärkung der Einzelstaaten Schutz vor Herrschaftsbestrebungen der Zentralregierung. Als die Südstaaten nach dem 1794 von John Jay ausgehandelten Vertrag mit England eine solide Front gegen die Politik der föderalistischen Präsidenten Washington (1789-1797) und John Adams (1797-1801) bildeten, fielen solche Argumente wieder auf fruchtbaren Boden. Zum Konflikt kam es 1798 durch die Verabschiedung der *Alien and Sedition Acts*, mit denen die Kongreßmehrheit der *Federalists* die Rede- und Pressefreiheit der republikanischen Opposition einzuschränken versuchte. Nun propagierte man im Süden die Doktrin, die Einzelstaaten seien berechtigt, Bundesgesetze für null und nichtig (*null and void*) zu erklären. Eine schwere Verfassungskrise, die zum Zerfall der Union hätte führen können, wurde jedoch durch Jeffersons Wahl zum Präsidenten und einen Wechsel der Kongreßmehrheit vermieden. Der friedliche Übergang der Macht auf die *Republicans* im Jahr 1801 schloß ein Vierteljahrhundert voller Umbrüche und Neuerungen ab und leitete eine längere Periode der Konsolidierung und des allmählichen Ausbaus der verfassungsmäßigen Rechte ein.

3.6 Die Entwicklung des Verfassungssystems im 19. und 20. Jahrhundert

Die institutionelle Ausgestaltung des Verfassungssystems im Jahre 1803 wurde nicht durch ein *amendment*, sondern durch das von John Marshall verfaßte *Supreme Court* Urteil im Präzedenzfall *Marbury v. Madison* vollendet. Der *Supreme Court* machte sich damit selbst zum Verfassungsgericht und so zur dritten Gewalt des US-Regierungssystems, womit eine wesentliche Zwischenetappe des mindestens seit 1776 andauernden *state-building process* erreicht war.

Die Erfahrungen der Kolonialzeit, der Revolution, aus dem Verfassungsgebungsprozeß und unter der *Constitution* zeitigten jedoch Folgen über das politisch-institutionelle System hinaus. In Wechselwirkung hierzu entwickelte sich seit Beginn des 19. Jahrhunderts eine neuartige Gesellschaftsordnung, welche die USA bis heute prägt. Die verfassungsmäßigen Partizipations- und Bürgerrechte institutionalisierten individualistische und liberal-ökonomische

Tendenzen aus der frühesten Kolonialzeit und begründeten ein kapitalistisches, auf Eigentum und Konkurrenz basierendes Wirtschaftssystem. Dieses wiederum trug jenseits politischer Institutionen und Ereignisse entscheidend zur nationalen Kultur und Identität der USA bei und beeinflußt bis heute deren normative und rechtliche Grundlagen (Wood 1992).

Überschaut man die Entwicklung der Bundesverfassung und der Staatenverfassungen von 1800 bis zur Gegenwart, dann werden Gemeinsamkeiten, aber auch signifikante Unterschiede deutlich. In den Grundstrukturen hat sich die 1789/90 begonnene Angleichung der Staatendokumente an die Bundesverfassung insofern fortgesetzt, als heute *checks and balances* und *separation of powers* sowohl auf Bundes- als auch auf einzelstaatlicher Ebene die zentralen Organisationsprinzipien der Verfassung darstellen. Das faktische Übergewicht der Legislative in den meisten Einzelstaaten, das im 19. Jahrhundert durch Demokratisierungsbestrebungen wie etwa die Volkswahl der Richter gefestigt wurde, ist seit den 1920er Jahren ebenso abgebaut worden wie die starke Rolle der Staatenparteien und lokalen „Parteimaschinen". Heute erscheint das Machtverhältnis zwischen Regierung und Parlament sowohl auf Bundes- wie auf Einzelstaatenebene relativ ausgeglichen.

Im Unterschied zum Bund, bei dem die Exekutivgewalt im Amt des Präsidenten konzentriert ist, sind die Kompetenzen der Exekutive in den Einzelstaaten aber auf mehrere Ämter verteilt, deren Inhaber durch Wahlen bestimmt werden (Advisory Commission on Intergovernmental Relations 1989: 11). Kein Staat konnte sich für ein parlamentarisches Regierungssystem erwärmen, obgleich dies verfassungsrechtlich durchaus zulässig gewesen wäre. Mit gewissen Einschränkungen duplizierte also jeder Einzelstaat das Institutionengefüge des Bundes.

Die Entwicklung des bundesstaatlichen und des einzelstaatlichen Verfassungsrechts verlief allerdings in getrennten Bahnen. Dies lag nicht zuletzt darin begründet, daß die *United States Constitution* im Unterschied zu den *State Constitutions* formal nur sehr schwer zu ändern ist. Von den mehr als 10.000 *amendment*-Vorschlägen, die seit Inkrafttreten der *Bill of Rights* 1791 in den Kongreß eingebracht wurden, überwanden nur 23 die Zweidrittelhürden in Senat und Repräsentantenhaus, von denen 17 die notwendige Zustimmung von drei Viertel der Staaten erhielten (May 1987: 162-167). Zwei Zusatzartikel – die Einführung der Prohibition 1919 und die Wiederzulassung des Alkohols 1933 – hoben sich gegenseitig auf. Die wichtigsten *constitutional amendments* betrafen die rechtliche Gleichstellung der Schwarzen nach dem Bürgerkrieg (No. XIII-XV, 1865-1870), die Direktwahl der Senatoren (No. XVII, 1913), das Wahlrecht (No. XIX, 1920: Ausdehnung auf Frauen; No. XXIV, 1964: Verbot der Koppelung von Steuerzahlung und Stimmrecht; No. XXVI, 1971: Herabsetzung des Wahlalters von 21 auf 18 Jahre), sowie die Begrenzung der Präsidentschaft auf zwei Amtsperioden (No. XXII, 1951) und die Diätenerhöhung der Kongreßmitglieder (No. XXVII, 1992).

Aufgrund des aufwendigen Verfahrens ist ein *amendment* für sich genommen eine Verfassungsbesonderheit. Darüber hinaus zeichnet sich der letzte Zusatzartikel, der besagt, daß Diätenerhöhungen erst nach der nächsten Kongreßwahl gelten, durch zwei Eigentümlichkeiten aus. Dessen genauer Wortlaut war schon während der Verfassungsdebatte 1787-91 als Artikel II der *Bill of Rights* diskutiert worden, hatte in beiden Kongreßkammern eine Zweidrittelmehrheit erreicht, war aber nur von sechs Staaten ratifiziert worden. Im Laufe des 19. Jahrhunderts folgten zwei weitere Einzelstaaten, endgültig in Kraft getreten ist er erst 1992 mit der Ratifizierung in New Jersey, so daß er eine Vorlaufzeit von über zwei Jahrhunderten vorweisen kann; der ursprüngliche, nie ratifizierte Artikel I der *Bill of Rights* – eine eher widersprüchliche Ausgestaltung der Anzahl der Repräsentanten nach Einzelstaaten und Bevölkerung – gilt nun als einziger „vergessener Zusatzartikel" der Gründungszeit. In der Verfassungs- und Rechtsprechungsrealität seit 1992 ist der 27. Zusatzartikel von marginaler Bedeutung: Diäten sind mehrfach mittels sogenannter *Cost of Living Adjustments* (*COLA*), die formal keine Gehaltserhöhungen darstellen, angehoben worden, und diverse sich auf den 27. Zusatzartikel berufende Klagen sind auf verschiedenen Gerichtsebenen wegen fehlender Betroffenheit (*standing*) der Kläger als nicht justiziabel abgelehnt worden (Bernstein 1992).

Ohne die Bedeutung der *amendments* herabzumindern, kann man sagen, daß die sozialen, politischen und rechtlichen Herausforderungen, die der Wandel von der Agrar- zur Industrie- und Dienstleistungsgesellschaft mit sich brachte, durch die Regierungspraxis von Präsident und Kongreß, mehr aber noch durch die kontinuierliche Verfassungsinterpretation des *Supreme Court* gemeistert wurden. Den Richtern kam dabei der sich aus den Generalklauseln der Verfassung ergebende Interpretationsspielraum zugute. Unter John Marshall (1801-1835) bemühte sich das Oberste Gericht, die Position des Bundes im föderativen System zu festigen und auszubauen. Als überzeugter *Federalist* tat Marshall dies ganz im Sinne Hamiltons durch eine großzügige Auslegung der *necessary and proper clause* und der *commerce clause* zugunsten des Bundes.

In der Epoche der Industrialisierung und Urbanisierung, die auf den Bürgerkrieg folgte, nutzte das Gericht seinen Einfluß, um die Wirtschaft gegen staatliche Regulierungsversuche zu schützen. So erklärten die Richter z. B. Gesetze für verfassungswidrig, die Höchstarbeitszeiten und Mindestlöhne festsetzten. Diese am Schutz des Eigentums und an den Prinzipien des *laissez faire*-Kapitalismus ausgerichtete sozial konservative Rechtsprechung wandelte sich erst unter dem Druck der Großen Depression in den 1930er Jahren, als der *Supreme Court* nach anfänglichem Widerstand die von Präsident Franklin D. Roosevelt eingeleitete *New Deal*-Gesetzgebung akzeptierte, die *commerce power* der Bundesregierung weit auslegte und sich aus seiner Rolle als „Hüter" ökonomischer Interessen zurückzog. Die unter föderalen Aspekten bedeutsamste Folge war die weitere Verlagerung von einzelstaatlichen Kompetenzen auf die Ebene des Bundes, der nun die Hauptverantwortung für das wirtschaftliche Wohlergehen der Nation und die soziale Sicherheit ihrer Bürger übernahm.

Der Wechsel von einer konservativen zu einer liberalen Richtermehrheit, der sich in der Roosevelt-Ära vollzog, kündigte auch ein neues Grundrechtsverständnis an. Bereits während der 1920er Jahre hatte der *Supreme Court* die Ansicht vertreten, daß die in der *Bill of Rights* garantierte Meinungsfreiheit in die *due process of law*-Klausel des 14. *Amendments* „inkorporiert" sei und somit auch gegen einzelstaatliche Eingriffe geschützt werde. In der Folgezeit kam es dann zu einer allmählichen, wenn auch nicht vollständigen Angleichung des Grundrechtsschutzes auf Bundes- und Gliedstaatenebene (Brugger 1987: 47). Eine wichtige Epoche stellt hierbei die Amtszeit des Obersten Richters Earl Warren (1953-1969) dar, unter dessen Vorsitz der *Supreme Court* die Rassentrennung an staatlichen Schulen für verfassungswidrig erklärte (*Brown v. Topeka Board of Education*, 1954). Das Gericht revidierte damit eine Entscheidung aus dem Jahre 1896 (*Plessy v. Ferguson*), in dem es – gestützt auf die *separate but equal*-Doktrin – die Rassentrennung als verfassungskonform bestätigt hatte.

Und vor dem Hintergrund einer rasch anwachsenden Bürgerrechtsbewegung, die nicht nur gegen die Rassentrennung, sondern auch für die politische und soziale Gleichstellung diskriminierter Minderheiten kämpfte, betonte das Gericht die Pflicht der staatlichen Behörden, die Rassenintegration durch *affirmative action*-Programme zu unterstützen. Zugleich ermächtigte es den Kongreß, zur Verwirklichung des Grundrechtsschutzes „jegliche vernünftige Maßnahme zu ergreifen" (*South Carolina v. Katzenbach*, 1966). Ein weiterer Meilenstein auf dem Weg zu Sicherung und Ausbau der bürgerlichen Freiheiten war die Anerkennung von grundrechtsgleichen Rechten, die zwar in der *Bill of Rights* nicht explizit erwähnt, aber nach Ansicht des Gerichts in den Freiheits- und Gleichheitsklauseln der Verfassung verankert sind (Brugger 1987: 106 ff.). Hierzu gehört auch das Recht auf eine der staatlichen Kontrolle entzogene Privatsphäre (*right of privacy*), mit dem der Gerichtshof unter anderem das – 1989 allerdings wieder eingeschränkte – Recht der Frau zum Schwangerschaftsabbruch begründete.

Das Erstarken eines religiös-fundamentalistischen Konservatismus in den 1980er Jahren und die Erosion der liberalen *Supreme Court*-Mehrheit haben vielen Verfassungsfragen, die bereits gelöst schienen, neue Brisanz verliehen. Aus den Reihen der Anhänger Präsident Reagans wurde der Vorwurf laut, der Oberste Gerichtshof hätte sich seit dem Zweiten Weltkrieg zu sehr in Politik und Gesetzgebung eingemischt und dabei immer mehr von den „ursprünglichen Absichten" (*original intent*) der Verfassungsväter entfernt. Als Symptom dieser Fehlentwicklung galt ihnen der Verlust des föderativen Gleichgewichts infolge des stetigen Kompetenzzuwachses des Bundes auf Kosten einzelstaatlicher Autonomie. Obgleich ihre Forderung einer Dezentralisierung von Kompetenzen und Aufgaben im Rahmen eines „neuen Föderalismus" weitgehend Programm blieb, trug die Diskussion darüber dazu bei, das öffentliche Interesse an den Problemen der Einzelstaaten einschließlich ihrer – auch von der Forschung lange Zeit vernachlässigten – Verfassungen wieder zu beleben (Kincaid 1988).

Im Vergleich zur Bundesverfassung waren die Staatenverfassungen schon immer relativ leicht zu ändern. Dies gilt sowohl für die Einleitung des Änderungsverfahrens als auch für die Ratifikation eines *amendments* oder die Verabschiedung einer gänzlich neuen Verfassung. Dennoch haben 19 Staaten ihr Ursprungsdokument bis heute beibehalten. Dies ist insofern erstaunlich, als bislang insgesamt 232 *state constitutional conventions* stattfanden – die letzte 1986 in Rhode Island. Nur sechs dieser 19 Originalverfassungen stammen aus der Zeit vor 1850. Die übrigen 31 Staaten gaben sich im Durchschnitt vier Verfassungen, wobei Louisiana mit elf und Georgia mit zehn Totalrevisionen an der Spitze stehen. 18 Verfassungen wurden erst nach 1900, zehn weitere sogar erst nach 1960 ausgearbeitet und ratifiziert (vgl. Tabelle 21-1). Die Flut der *amendments* ist nahezu unüberschaubar: Alabama z. B. verzeichnete für seine seit 1901 gültige Verfassung bis 2005 insgesamt 1.063 Vorschläge, von denen 766 in Kraft traten. Zu den derzeit geltenden Staatenverfassungen gab es insgesamt 10.530 Vorschläge (bis 2005), d. h. im Schnitt kommen auf jeden Einzelstaat rund 211. Insgesamt wurden 6.958, durchschnittlich ca. 139 als *amendments* angenommen. Neben Alabama sind Kalifornien mit 860 (seit 1879; in Kraft getreten: 513), South Carolina mit 672 (seit 1896; 485) und Texas mit 605 (seit 1876; 432) Änderungsvorschlägen die Spitzenreiter. Die wenigsten hat Rhode Island mit acht vorgeschlagenen und angenommenen *amendments* – allerdings wurde dort eine neue Verfassung erst 1986 von den Bürgern ratifiziert (May 2005: 10).

Diese Vielzahl der Verfassungsänderungen ist zum einen darauf zurückzuführen, daß auf der einzelstaatlichen Ebene im besonderen Maße rechtliche Absicherungen gegen einen eventuellen Machtmißbrauch der staatlichen Gewalt getroffen werden mußten, weil die Regierungen hier über vergleichsweise weitreichende Kompetenzen verfügten. Schon die Verfassungsväter von 1787 unterschieden zwischen dem nur mit klar umrissenen Befugnissen ausgestatteten Bund und den Staaten, denen der ursprüngliche Verfassungstext sämtliche Kompetenzen überantwortet hatte, soweit sie ihnen nicht explizit entzogen oder dem Bund übertragen worden waren. In der ersten Hälfte des 19. Jahrhunderts, in der Demokratisierungsbestrebungen und Machtmißbrauch Hand in Hand gingen, nahm deshalb der Umfang der einzelnen Staatenverfassungen ständig zu und überstieg den der Bundesverfassung bald um das Doppelte oder mehr. Zum anderen beruhen zahlreiche Verfassungsänderungen darauf, daß die Industrialisierung und die Masseneinwanderung mit all ihren soziokulturellen Begleiterscheinungen den Aufgabenbereich der Staatenregierungen erweitert hatten. Dies schlug sich vor allem nach dem Bürgerkrieg (1861-1865) und zu Beginn des 20. Jahrhunderts dergestalt in den Staatenverfassungen nieder, daß sie durch eine Fülle zusätzlicher Bestimmungen über Banken- und Verkehrswesen, Arbeits- und Kommunalrecht, Erziehung, Gesundheit und Wohlfahrt sowie Wahlen ergänzt wurden. Da sich die politischen und sozioökonomischen Rahmenbedingungen häufig veränderten, mußten viele dieser Klauseln fortlaufend den neuen Umständen angepaßt werden.

Die Entwicklung der Staatenverfassungen spiegelt aber nicht nur den politischen und wirtschaftlichen Wandel, sondern auch das Vertrauen in die Fähigkeit der Bürger zur Selbstregierung wieder. Denn im Konstitutionalismus der Staaten überlebten viele traditionelle Werte wie etwa die Präferenz für die Institution des *local government*, das Mißtrauen gegen bürokratischen Zentralismus oder die Hochschätzung der Grundrechte. Im Unterschied zur Bundesverfassung, die das repräsentative Prinzip betont, enthalten zahlreiche Staatenverfassungen daher auch plebiszitäre Elemente. Zweifellos hat dieser „konstitutionelle Populismus" auch seine Schattenseiten: Die weißen Südstaatler pervertierten das Eigentumsrecht zum Recht auf Sklavenbesitz und mißbrauchten 1860/61 die Institution des Verfassungskonvents als Waffe gegen den Norden und die Einheit der Union. Und nach der Niederlage im Bürgerkrieg verschanzten sie sich noch bis in die 1960er Jahre hinter der Doktrin der *states' rights*, um die Rassentrennung und die politische Entmündigung des schwarzen Bevölkerungsanteils aufrechtzuerhalten.

Trotz solcher negativen historischen Erfahrungen stellt heute kaum jemand die direkte Beteiligung der Bürger am Prozeß der Verfassungsgebung und Verfassungsänderung in Frage. Die Möglichkeiten bürgerschaftlicher Partizipation sind vielmehr durch eine weitere Demokratisierung des Verfassungsänderungsverfahrens auf der einzelstaatlichen Ebene noch verstärkt worden. So räumt etwa ein Drittel der Bundesstaaten den Bürgern das Recht zur Einleitung dieses Verfahrens (*constitutional initiative*) ein. Und in vierzehn Staaten sind die Regierungen verpflichtet, innerhalb bestimmter, von der Verfassung vorgeschriebener Zeitabstände das Votum der Wähler über die Einberufung eines Verfassungskonventes (*constitutional convention*) einzuholen (May 2005: 15). Die Neigung der „Totalrevisionen" durch Verfassungskonvente hat allerdings in der Praxis seit dem Zweiten Weltkrieg nachgelassen, vermutlich weil die Interessenvielfalt in den einzelnen Staaten inzwischen so groß geworden ist, daß alle Gruppen befriedigende Kompromisse nur noch schwer zu erreichen sind.

In der Vergangenheit haben einzelne Staaten bei der Bewältigung neu aufkommender Probleme häufig eine Vorreiterrolle (*states as laboratories of innovation*) gespielt und – etwa im Bereich der Sozialfürsorge – Lösungen gefunden, die später vom Bund und den anderen Staaten übernommen wurden. Neueren Datums ist die Bereitschaft zahlreicher einzelstaatlicher Verfassungsgerichte, den Grundrechtsschutz über das vom *Supreme Court* gesetzte Maß hinaus auszuweiten. Mit dieser Doktrin des *independent state ground* versuchen die liberalen Kräfte einen Schutzwall gegen die bereits erkennbaren und für die Zukunft in noch stärkerem Maße befürchteten konservativen, grundrechtseinschränkenden Tendenzen der *Supreme Court*-Rechtssprechung zu errichten. Die Rechtsprechung des *Supreme Court* und die Evolution der Staatenverfassungen, sowie die repräsentativ-pluralistische und die basisdemokratische Tradition müssen daher im Zusammenhang verstanden werden, damit sich das Wesen des amerikanischen Konstitutionalismus erschließt (Advisory Commission on Intergovernmental Relations 1989: 8).

3.7   Reformdebatten und das Verfassungssystem zu Beginn des 21. Jahrhunderts

An der Schwelle zum dritten Jahrhundert amerikanischer Verfassungskontinuität sind die Stimmen wieder lauter geworden, die die „antiquierte" Form des Regierungssystems der USA für alle möglichen politischen, sozialen und ökonomischen Mißstände verantwortlich machen und eine grundlegende Reform der Bundesverfassung verlangen. Die Debatten hierüber führten 1983 zur Einsetzung eines überparteilichen *Committee on the Constitutional System*, das 1987 der Öffentlichkeit verschiedene Reformvorschläge unterbreitete, ohne sich allerdings auf ein geschlossenes Konzept geeinigt zu haben (Sundquist 1992).

Als Wurzel allen Übels gilt vielen Kritikern das *divided government*, der fast schon zur Gewohnheit gewordene Umstand, daß der Präsident und die Mehrheit der Kongreßmitglieder jeweils einer unterschiedlichen Partei angehören. Zahlreiche Reformvorschläge zielen deshalb vor allem darauf ab, die infolge dieser Konstellation häufig eintretende Blockade des Entscheidungsprozesses zu unterbinden. Einigen radikalen Reformern schwebt sogar eine Ordnung vor, die dem Präsidenten automatisch Mehrheiten in beiden Häusern des Kongresses bescheren würde. Die beste Garantie hierfür böte nach ihrer Ansicht ein Wahlverfahren, das Stimmensplitting durch die Einführung eines *team tickets* ausschließt, mit dem jede Partei gleichzeitig ihren Präsidentschaftskandidaten und ihre Bewerber um ein Kongreßmandat ins Rennen schickt.

Zum Katalog der vorgeschlagenen Verfassungsergänzungen gehören unter anderem auch die Institutionalisierung einer bundesweiten Vorwahl (*national primary*) zur Nominierung der Präsidentschaftskandidaten, die unmittelbare Volkswahl (*direct popular election*) des Präsidenten und die Einführung des Schulgebets bzw. einer Bibellesung (*organized prayer*) in öffentlichen Schulen. Insgesamt betrachtet dürften diese Vorschläge jedoch kaum zu realisieren sein, auch wenn die Mehrzahl der amerikanischen Bürger laut Meinungsumfragen nahezu alle der in den 1970er und 1980er Jahren ins Gespräch gebrachten Verfassungsänderungen befürwortet hat. Denn in der Vergangenheit hat sich immer wieder gezeigt, daß bereits die für die Einleitung eines *amendment*-Verfahrens (Abbildung 3-1) erforderliche Zustimmung von zwei Dritteln der Mitglieder im Repräsentantenhaus und Senat nur sehr schwer zu erhalten ist. So wurde von 1972 bis Mitte der 1980er Jahre nur das *Civil Rights Amendment* vom Kongreß verabschiedet und den Einzelstaaten zur Ratifikation unterbreitet, obwohl im gleichen Zeitraum noch zehn andere *amendments* in den Kongreß eingebracht worden waren, von denen die Mehrheit der Bevölkerung acht unterstützte (Ranney 1986: 285 f.).

Diese Zurückhaltung des Kongresses gegenüber einer Verfassungsrevision könnte eine Erklärung dafür sein, daß seit Mitte der 1970er Jahre eine zunehmende Bereitschaft zur Einberufung eines Verfassungskonvents (*constitutional convention*) zu erkennen ist, der gemäß Art. V der Bundesverfassung ebenso wie der Kongreß über das Recht verfügt, eine Verfassungsergänzung zu beschließen und diese dann den Staaten zur Ratifikation zu unterbreiten. Ein Indiz für diese Bereitschaft ist sicherlich, daß bislang 32 Bundesstaaten eine Resolution verabschiedet haben, mit der der Kongreß zur Einberufung eines Verfassungskonvents aufgefordert wird, der die Verpflichtung des Bundes zu einem ausgeglichenen Haushalt (*balanced budget*) als weiteres *amendment* vorschlagen soll. Wenngleich damit an der für die Einberufung eines Konventes erforderlichen Zweidrittelmehrheit der Staaten nur noch zwei Staaten fehlen, darf nicht übersehen werden, daß der Kongreß bislang noch keine formalen Kriterien zur Feststellung der Verfassungsmäßigkeit der einzelstaatlichen Resolutionen entwickelt hat. Der in dieser Haltung des Kongresses zum Ausdruck kommende Widerstand dürfte, so die Vermutung zahlreicher Experten, auf absehbare Zeit der Einberufung einer *constitutional convention* entgegenstehen. Vorerst spricht daher alles dafür, daß die nötigen Reformen und Anpassungen durch die kontinuierliche Fortbildung der „ungeschriebenen Verfassung" (Falke 1987: 16) erreicht werden. Besondere Aufmerksamkeit gebührt in dieser Hinsicht der künftigen Rechtsprechung des *Supreme Court*, dessen „liberale Ära" mit dem Ausscheiden von Thurgood Marshall im Juni 1991 ihren endgültigen Abschluß gefunden hat.

Die Evolution des US-Verfassungssystems läßt sich kaum in Zeitabschnitten von ungefähr 15 Jahren interpretieren. Außer der Tatsache, daß eine grundlegende Verfassungsreform weiterhin nicht realistisch scheint, können dennoch folgende Entwicklungen seit dem Anfang der 1990er Jahre konstatiert werden.

Während der Großteil der jährlich 100 bis 200 *amendment*-Vorschläge schnell und dauerhaft schon im Kongreß scheitert, sind einige der oben genannten Reformüberlegungen weiterhin in der Diskussion, so etwa das *Balanced Budget Amendment*: Parallel zu der fast kontinuierlich gestiegenen jährlichen Neuverschuldung und der Gesamtschuldenlast wurde seit Beginn der 1980er Jahre die Debatte um einen entsprechenden Zusatzartikel intensiver geführt. Nachdem das Repräsentantenhaus Anfang 1995 einen *amendment*-Text verabschiedet hatte, verpaßte der Vorschlag im Senat in mehreren Abstimmungsrunden knapp die nötige Zweidrittelmehrheit (Müller 1997). Derzeit herrscht die widersprüchlich anmutende Situation, daß erneute Initiativen trotz historischer Rekorddefizite, aber wegen der aktuellen politischen Mehrheiten und Prioritäten nicht realistisch scheinen.

Eine neuere Reformbestrebung betrifft die Beschränkung von Amtszeiten für den Kongreß analog zum 22. *Amendment* für das Präsidentenamt. Zwischen 1990 und 1994 verabschiedeten einige Einzelstaaten solche *legislative term limits* sowohl für ihre Einzelstaatenparlamente als auch für die jeweiligen Kongreßabgeordneten. 1995 scheiterte allerdings ein *proposed amendment* auf Bundesebene, und nachdem der *Supreme Court* im gleichen Jahr die einzelstaatlichen Regelungen für verfassungswidrig und ein *constitutional amendment* als einzig akzeptablen Weg zu *legislative term limits* deklariert hat (*U.S. Term Limits, Inc. v. Thornton*, 1995), wird eine solche Reform wohl vorerst nicht umzusetzen sein.

Demgegenüber deutet eine andere Art von *proposed amendment* eine neuere Entwicklung an, die das Verfassungssystem als ganzes betrifft. Derzeit geht es in vielen der wichtigen vorgeschlagenen Verfassungsergänzungen zunehmend um Wertfragen und weniger um institutionelle Aspekte; so zum Beispiel das angestrebte und wiederholt als *proposed amendment* initiierte Verbot von gleichgeschlechtlichen Ehen (*Federal Marriage Amendment*) und von Abtreibung (*Anti-Abortion Amendment*) oder die mehrfach eingebrachte Forderung, das Schulgebet zuzulassen. Obgleich es für eine politikwissenschaftliche Interpretation im Sinne der eher langfristigen Entwicklungen eines Verfassungssystems zu früh ist, zeichnet sich parallel hierzu in der Gesetzgebung und zum Teil auch in der höchstrichterlichen Rechtsprechung seit dem 11. September 2001 eine Tendenz zur Einschränkung von Bürgerrechten zugunsten der nationalen Sicherheit ab. Beide Entwicklungen lassen erahnen, daß erkennbare, tiefgreifende Wertekonflikte zunehmend im Rahmen und im Namen der Verfassung ausgetragen werden. Diese These wird gestützt durch die andauernde wissenschaftliche Auseinandersetzung um die Prinzipien und Ergebnisse der Verfassungsinterpretation des *Rehnquist Court* (1986-2005; Brugger 2002), durch die Zunahme von Klagen und Urteilen zu Wertfragen sowie durch die Intensität bei Debatten um anstehende *justice appointments* (Epstein/Walker 2004).

Das US-Verfassungssystem verfügt mit der Wandlung der Verfassungspraxis und/oder *Supreme Court*-Urteilen über Instrumente für informelle Verfassungsanpassungen und damit über eine gewisse Flexibilität. Für ein hohes Maß an Beständigkeit sorgt dagegen das komplexe Verfahren der formalen Verfassungsänderungen mit seinen hohen Hürden auf Bundes- wie auf Einzelstaatenebene, das bislang selten zum Erfolg geführt hat. Abschließend muß also vor allem eines festgehalten werden: Die *U.S. Constitution* – und das darauf gründende Verfassungssystem – bildet weiterhin die Konstante des amerikanischen Regierungssystems; ganz so, wie das von den *Founding Fathers* vorgesehen war.

3.8   Literatur

Advisory Commission on Intergovernmental Relations, State Constitutions in the Federal System. Selected Issues and Opportunities for State Initiatives, Washington, D.C. 1989.

Adams, Willi P., Republikanische Verfassung und bürgerliche Freiheit. Die Verfassungen und politischen Ideen der Amerikanischen Revolution, Darmstadt 1973.

Adams, Willi P., The State Constitutions as Analogy and Precedent: The American Experience with Constituent Power before 1787, in: Amerikastudien, 34(1989), S. 7-20.

Adams, Willi P./**Adams**, Angela (Hrsg.), Die Amerikanische Revolution und die Verfassung 1754-1791, München 1987.

Barnett, Randy E., Restoring the lost Constitution. The Presumption of Liberty, Princeton 2004.

Bernstein, Richard B., The Sleeper Wakes: The History and Legacy of the Twenty-Seventh Amendment, in: Fordham Law Review, Vol. 61, (1992), S. 497-557.

Brugger, Winfried, Grundrechte und Verfassungsgerichtsbarkeit in den Vereinigten Staaten von Amerika, Tübingen 1987.

Brugger, Winfried, Der moderne Verfassungsstaat aus Sicht der amerikanischen Verfassung und des deutschen Grundgesetzes, in: Archiv des öffentlichen Rechts, Bd. 126, 3(2001), S. 337-402.

Brugger, Winfried, Demokratie, Freiheit, Gleichheit. Studien zum Verfassungsrecht der USA, Berlin 2002.

Brugger, Winfried, Die US-Verfassung im Vergleich zum Grundgesetz, in: **Krakau**, Knud/**Streng**, Franz (Hrsg.), Konflikt der Rechtskulturen? Die USA und Deutschland im Vergleich. American and German Legal Cultures. Contrast, Conflict, Convergence?, Heidelberg 2003, S. 49-66.

Carey, George W., The Federalist. Design for a Constitutional Republic, Chicago 1989.

DHRC = The Documentary History of the Ratification of the Constitution, hrsg. von Merrill Jensen et al., Madison 1976 ff.

Ely, John H., On Constitutional Ground, Princeton 1996.

Epstein, Lee/**Walker**, Thomas G., Constitutional Law for a changing America: Institutional Powers and Constraints, 5. Aufl., Washington, D.C. 2004.

Falke, Andreas, Sind 200 Jahre genug? Zur Debatte um eine Reform der amerikanischen Verfassung, in: Aus Politik und Zeitgeschichte, B 30-31(1987), S. 16-28.

Fallon, Richard H., Jr., Implementing the Constitution, Cambridge 2001.

Farrand, Max, The Framing of the Constitution of United States, New Haven/London 1990 [EA 1913].

Friendly, Fred W./**Elliott**, Martha J. H., The Constitution – That Delicate Balance. Landmark Cases That Shaped the Constitution, New York 1984.

Hardin, Charles M., Constitutional Reform in America. Essays on the Separation of Powers, Ames 1989.

Heideking, Jürgen, Die Verfassung der Vereinigten Staaten. Entstehung – Inhalt – Wirkungen, in: Aus Politik und Zeitgeschichte, B 30-31(1987), S. 3-15.

Heideking, Jürgen, Die Verfassung vor dem Richterstuhl. Vorgeschichte und Ratifizierung der amerikanischen Verfassung, 1787-1791, Berlin/New York 1988.

Heideking, Jürgen, Die geschichtliche Bedeutung der amerikanischen Verfassungsdebatte von 1787-1791, in: Amerikastudien, 34(1989), S. 33-48.

Heideking, Jürgen/**Mauch**, Christof, Geschichte der USA, 4. Aufl., Stuttgart 2006.

Kammen, Michael, A Machine That Would Go of Itself. The Constitution in American Culture, New York 1987.

Kammen, Michael, Sovereignty and Liberty. Constitutional Discourse in American Culture, Madison 1988.

Kincaid, John, State Constitutions in the Federal System, in: The Annals, 496(1988), S. 12-22.

Kremp, Werner/**Mielke**, Gerd (Hrsg.), Amerikanische Einflüsse auf Verfassungsdenken und Verfassungspraxis in Deutschland, Kaiserslautern 1997.

Lundmark, Thomas, Power and Rights in U.S. Constitutional Law, Dobbs Ferry 2001.

Lutz, Donald S., The Origins of American Constitutionalism, Baton Rouge/London 1988.

Maddex, Robert L., State Constitutions of the United States, 2. Aufl., Washington, D.C. 2005.

May, Janice C., Constitutional Amendment and Revision Revisited, in: Publius, Vol. 17, 1(1987), S. 153-180.

May, Janice C., State Constitutional Developments in 2004, in: **Council of State Governments**, The Book of the States, 2005 Edition, Vol. 37, Lexington 2005, S. 3-18.

Müller, Markus M., Haushaltsausgleich durch Verfassungspolitik? Die Diskussion um ein Balanced-Budget-Amendment in den USA, Berlin 1997.

Padula, Guy, Madison v. Marshall: Popular Sovereignty, Natural Law, and the United States Constitution, Lanham 2001.

Ranney, Austin, What Constitutional Changes Do Americans Want?, in: **American Political Science Association/American Historical Association**, This Constitution. Our Enduring Legacy, Washington, D.C. 1986, S. 277-286.

Sautter, Udo, Geschichte der Vereinigten Staaten von Amerika, 6. Aufl., Stuttgart 1998.

Schultze, Rainer-Olaf/**Sturm**, Roland (Hrsg.), The Politics of Constitutional Reform in North America. Coping with New Challenges, Opladen 2000.

Shapiro, Martin, The Supreme Court From Early Burger to Early Rehnquist, in: **King**, Anthony (Hrsg.), The New American Political System, 2. Aufl., Washington, D.C. 1990, S. 47-85.

Shell, Kurt L., Die Bills of Right – insbesondere die Freiheitsrechte des First Amendment, in: Amerikastudien, 34(1989), S. 83-100.

Stern, Klaus, Grundideen europäisch-amerikanischer Verfassungsstaatlichkeit, Berlin 1984.

Storing, Herbert I. (Hrsg.), The Anti-Federalist. Writings by the Opponents of the Constitution, Chicago/London 1985.

Stourzh, Gerald, The Declaration of Rights, Popular Sovereignty and the Supremacy of the Constitution: Divergencies Between the American and the French Revolutions, in: **Fohlen**, Claude/**Godechot**, Jacques (Hrsg.), La Révolution Américaine et L'Europe, Paris 1979, S. 347-367.

Stourzh, Gerald, Fundamental Laws and Individual Rights in the 18th Century Constitution. Bicentennial Essay No. 5, Claremont 1984.

Stourzh, Gerald, Die Begründung der Menschenrechte im englischen und amerikanischen Verfassungsdenken des 17. und 18.Jahrhunderts, in: **Böckenförde**, Ernst-Wolfgang/ **Spaemann**, Robert (Hrsg.), Menschenrechte und Menschenwürde. Historische Voraussetzungen – säkulare Gewalt – christliches Verständnis, Stuttgart 1987, S. 78-92.

Stourzh, Gerald, Constitution: Changing Meanings of the Term from the Early Seventeenth to the Late Eighteenth Century, in: **Ball**, Terence/**Pocock**, John G. A. (Hrsg.), Conceptual Change and the Constitution, Lawrence 1988, S. 35-54.

Sundquist, James L., Constitutional Reform and Effective Government, Washington, D.C. 1992.

Tarr, G. Alan/**Porter**, Mary C., State Constitutionalism and State Constitutional Law, in: Publius, Vol. 17, 1(1987), S. 1-12.

Vorländer, Hans, Verfassungsverehrung in Amerika: Zum konstitutionellen Symbolismus in den USA, in: Amerikastudien, 34(1989), S. 69-82.

Wood, Gordon S., The Radicalism of the American Revolution, New York 1992.

Wolfgang Welz

4   Die bundesstaatliche Struktur

4.1   Zur begrifflichen Klärung

Politische, historische und rechtliche Begriffe aus dem anglo-amerikanischen Sprachraum können aufgrund der spezifischen historischen und politisch-institutionellen Rahmenbedingungen des amerikanischen Regierungssystems häufig nicht oder nur schwer ins Deutsche übertragen werden. Dies gilt auch für die Begriffe *federalism* und *federal,* deren Bedeutung und Verwendung auf dem europäischen Kontinent und im anglo-amerikanischen Raum verschieden sind. Während in der deutschen Terminologie zwischen Bundesstaat als einem staatlichen Formprinzip und Föderalismus als einem Organisationsprinzip differenziert wird, kann der Begriff *federalism* sowohl die Bedeutung von Bundesstaat als auch von Föderalismus haben (Ehringhaus 1971: 32f.). Ferner ist zu berücksichtigen, daß in Deutschland der Ausdruck Bundesstaat einen eher „unitarischen", d. h. an der Leistung für die gesamtstaatliche Ordnung ausgerichteten Funktionssinn besitzt. Demgegenüber wird in den USA stärker die „bündische", d. h. die auf die Sicherung der Eigenständigkeit der Gliedstaaten ausgerichtete Funktion des Bundesstaates betont. Die aus der unterschiedlichen Terminologie resultierenden Verständigungsprobleme werden noch dadurch verstärkt, daß in den Vereinigten Staaten die Begriffe *federal* und *national* häufig synonym gebraucht werden. *Federal government* bedeutet daher nicht „bundesstaatliche" Regierung, sondern wird ebenso wie *national government* zur Bezeichnung der zentralstaatlichen Ebene des politischen Systems verwendet.

In der amerikanischen politikwissenschaftlichen Literatur wird anstelle von *federalism* der Begriff *intergovernmental relations* verwendet (Wright 1988: 17). Mit dieser Unterscheidung wurde versucht, den Prozeßcharakter des bundesstaatlichen Systems und dem in den USA im Vergleich zu Deutschland eher pragmatischen Bundesstaatsverständnis Rechnung zu tragen, das weniger an verfassungsrechtlichen Kompetenzzuweisungen als vielmehr an der Funktionsfähigkeit des Systems interessiert ist. „Federalism-old-style is dead", so die Formulierung zweier amerikanischer Politikwissenschaftler. „Yet federalism-new-style is alive and well and living in the United States. Its name is intergovernmental relations" (Reagan/Sanzone 1981: 3).

4.2   Historische und verfassungsrechtliche Grundlagen

4.2.1   Entstehung und Legitimation des Föderalismus

Die amerikanische Bundesverfassung nennt in ihrer Präambel als erstes Ziel „to form a more perfect Union". Damit bringt sie das zentrale Anliegen der Verfassungsväter zum Ausdruck, für die aus den Kolonien hervorgegangenen 13 Staaten eine effizientere Form des Zusammenschlusses zu finden. Denn der durch die *Articles of Confederation* von 1781 begründete Staatenbund, dem die Kolonien nach ihrer Trennung vom Mutterland als souveräne Staaten beigetreten waren, hatte sich zur Bewältigung der infolge des Unabhängigkeitskrieges (1775-1783) auftretenden innen- und außenpolitischen Probleme als ungeeignet erwiesen. Dies wurde in erster Linie auf das Fehlen einer mit substantiellen Entscheidungskompetenzen ausgestatteten Zentralgewalt zurückgeführt, die von den 13 Einzelstaaten aus Furcht vor Souveränitätseinbußen abgelehnt worden war. Die Neuordnung des Verbundes sollte daher zum einen die Bildung einer handlungsfähigen Bundesgewalt ermöglichen, zum anderen aber auch den Fortbestand und die politische Autonomie der Einzelstaaten gewährleisten. Die hieran anknüpfenden Reformdiskussionen führten im Mai 1787 zur Einberufung eines Verfassungskonvents in Philadelphia, dem ursprünglich nur die Revision der *Articles of Confederation* aufgegeben war. Nach Ablauf der viermonatigen Beratungen legte der Konvent jedoch den Entwurf einer völlig neuen Verfassung vor, die „streng genommen weder eine nationale noch eine föderale Verfassung, sondern eine Verbindung von beidem" darstellte (Hamilton/Madison/Jay 1994: 232). Diese *compound republic* sollte eine souveräne nationale Regierung bei gleichzeitiger Erhaltung der Souveränität der Gliedstaaten schaffen. Der den Verfassungskonventen der Einzelstaaten zur Ratifizierung vorgelegte Entwurf löste zahlreiche verfassungspolitische Kontroversen aus. Dabei standen den Befürwortern des Verfassungsentwurfs, den *Federalists*, die *Federal Republicans* gegenüber, die aber von den Verfassungsbefürwortern als *Antifederalists* bezeichnet und damit diskreditiert wurden. Während erstere für eine souveräne Bundesgewalt als nationalem Gegengewicht zu den Gliedstaaten plädierten, beharrten letztere auf der uneingeschränkten Souveränität der Einzelstaaten. Nach ihrer Auffassung war Souveränität unteilbar und die Existenz zweier souveräner Regierungsgewalten nichts anderes als ein *perfect solecism* (Storing 1985: 281). Überdies befürchteten sie, daß die Einzelstaaten nur noch einen Bruchteil ihrer Zuständigkeiten behielten, wenn die vom Konvent vorgeschlagene Verfassung in Kraft treten würde (Main 1974: 120). Demgegenüber betonten die *Federalists*, daß das Volk Träger der Souveränität bleibe und daher frei über die Verteilung der Entscheidungsbefugnisse auf die beiden Ebenen des Staates entscheiden könne (Carey 1989: 57). Wenngleich die primäre Funktion des neugeschaffenen Bundesstaates darin bestand, die 13 an der Gründung beteiligten Einzelstaaten zu einem handlungs- und leistungsfähigen Gemeinwesen zusammenzufügen, so standen hinter der verfassungsrechtlichen Verankerung des föderalen Prinzips aber auch demokratie- und staatstheoretische Überlegungen. Für die *Federalists* bildete die bundesstaatliche Struktur des Regierungssystems eine Ergänzung des Systems der horizontalen Gewaltenverschränkung bzw. -hemmung (*checks and balances*), das auf die Begrenzung der staatlichen Machtentfaltung (*limited government*) und auf die Unterbindung eines Gewaltenmonismus abzielte. Sie waren überzeugt, daß durch die Verteilung der Macht auf zwei staatliche Ebenen „die beiden unterschiedlichen Regierungen [sich gegenseitig] kontrollieren" (Hamilton/Madison/Jay 1994: 316). Für die Rechte des Volkes, so James Madison außerdem, ergebe sich daraus eine doppelte Sicherheit. Einen weiteren Vorzug erblickten die *Federalists* in der Größe der neuen Union, da sie durch die Vielzahl und Unterschiedlichkeit der in einem großflächigen Bundesstaat auftretenden Interessen die Rechte Einzelner und von Minderheiten besser geschützt sahen. Im Gegensatz zu den *Antifederalists*, die sich eher am Montesquieuschen Modell kleinstaatlicher und homogener Republiken orientierten, stellten die *Federalists* die Argumentation Montesquieus auf den Kopf, in dem sie auf den Ausgleich und die gegenseitige Kontrolle unterschiedlicher Interessen in einem großflächigen Bundesstaat setzten (Hamilton/Madison/Jay 1994: 44-58).

Die aus den Debatten zwischen *Federalists* und *Antifederalists* hervorgegangenen *Federalist Papers* bilden auch heute noch einen wichtigen, wenn nicht sogar den entscheidenden, theoretischen Bezugspunkt in der amerikanischen Föderalismusdiskussion (Trute 1989: 196). Kennzeichnend hierfür ist der ständige Rekurs auf die Intentionen der Verfassungsväter (Diamond 1963), deren ursprüngliche Bundesstaatskonzeption im Rahmen der Verfassungsinterpretation des *Supreme Court* bis heute ein besonderes Gewicht zukommt (Heun 1992; Wayne/Mackenzie/Cole 2007: 69 f.). Darüber hinaus haben die von den Gründungsvätern formulierten *first principles* die Entwicklung des *federal creed* in der amerikanischen Bevölkerung gefördert, die aber seit jeher von einem tiefen Mißtrauen gegenüber Zentralisierung und Konzentration von politischer Macht geprägt war. Bundesstaatlichkeit gilt als Symbol der Machtbegrenzung und Freiheitssicherung, weil durch die Pluralisierung der politischen Entscheidungszentren die Möglichkeit der Machtkontrolle und die Repräsentation unterschiedlicher Interessen vergrößert werden. Zudem wird das föderale Prinzip von den meisten Bürgern als Schutzschild angesehen, die Individualität und kulturelle Identität der Einzelstaaten verfassungsrechtlich und politisch abzusichern. Der amerikanische Bundesstaat ist deshalb in enormen Maß durch Uneinheitlichkeit und Ungleichheit geprägt. So spielt in den USA der Aspekt der „Einheitlichkeit bzw. Gleichwertigkeit der Lebensverhältnisse" anders als z. B. in der Bundesrepublik Deutschland keine nennenswerte Rolle, zumal eine Unitarisierung des Gemeinwesens nur für einen geringen Teil der Bevölkerung ein politisch erstrebenswertes Ziel darstellt. Das sich durch die amerikanische Geschichte gleichsam wie ein roter Faden hindurchziehende ständige Bemühen um die politische Individualität der Einzelstaaten läßt zugleich deutlich werden, warum die Fragen der föderalen Kompetenz- und Aufgabenverteilung stets ein „Politikum allerersten Ranges" (Ernst Fraenkel) darstellen. Wenn nämlich in einem Bundesstaat wie in den USA die Parteien äußerst dezentralisiert und fragmentiert sind und infolge ihrer geringen politisch-ideologischen Kohärenz gegenüber den Einflußbestrebungen von Interessengruppen besonders offen sind, dann hängen die Definition und Umsetzung entscheidend davon ab, ob ein Politikfeld im Regelungsbereich des Bundes oder der Einzelstaaten liegt. Diese inhaltlich-politische Dimension der Kompetenzverteilung wird häufig noch durch eine ideologische Dimension überlagert, deren Bedeutung von europäischen Beobachtern häufig unterschätzt wird. Während die konservativen Gruppierungen der amerikanischen Gesellschaft, die zumeist der Republikanischen Partei nahestehen, prinzipiell gegen Eingriffe des Bundes opponieren und eine möglichst weitgehende Dezentralisierung von Aufgaben und Entscheidungskompetenzen fordern, vertreten die Anhänger der liberalen Demokraten in aller Regel die Auffassung, daß ein Großteil der wirtschaftlichen und gesellschaftlichen Probleme nur durch zentralstaatliche Intervention gelöst werden könne. Hinter der Frage nach der staatlichen Regelungsebene stehen also auch grundsätzliche (partei)politische und ideologische Kontroversen, worüber allerdings leicht hinwegtäuschen könnte, daß Auseinandersetzungen zwischen divergierenden politischen Positionen häufig im Gewande föderalistischer Streitigkeiten ausgetragen werden. Wie sich nämlich in der Vergangenheit vielfach gezeigt hat, waren Forderungen nach einer Ausweitung der Bundeskompetenzen bzw. die Berufung auf die *states' rights* nichts anderes als eine Verbrämung politisch-ideologischer Positionen oder ökonomischer Interessen (Falke 2004: 263).

4.2.2   Die Bundesstaatskonzeption der US-Verfassung

Die bundesstaatliche Struktur des politischen Systems wird in der amerikanischen Verfassung weder als solche bezeichnet – die Begriffe *federal* bzw. *federalism* sucht man in der US-Verfassung vergebens –, noch wird sie systematisch in all ihren Einzelheiten ausgestaltet, wie dies etwa für das Grundgesetz der Bundesrepublik Deutschland zutrifft. Sie ergibt sich vielmehr aus einer Reihe von Verfassungsnormen, deren Gesamtbestand durch verschiedene Elemente gekennzeichnet ist. Grundprämisse der Verfassungsväter war das Konzept des *dual federalism*, wonach Bund und Gliedstaaten jeweils über souveräne, separate und eindeutig voneinander abgrenzbare Zuständigkeitsbereiche verfügen. Deshalb schufen sie ein föderales System, das auf der klaren Trennung der Kompetenzen zwischen den bundesstaatlichen Ebenen basiert. Dabei werden die Kompetenzen nach bestimmten Politik- bzw. Aufgabenfeldern in ihrer Gesamtheit entweder der Bundesebene oder der Ebene der Einzelstaaten zugeordnet. Beide Ebenen sind in ihrem Zuständigkeitsbereich sowohl für die Verabschiedung als auch für die Durchführung der Gesetze eigenständig verantwortlich. Diese Art der Kompetenzzuweisung nach Sachmaterien und die Tatsache, daß beide Ebenen über das gleiche Maß an Souveränität verfügen, haben die Schaffung eines Trennsystems zur Folge, in dem die Bundesebene ihr Gegengewicht auf gliedstaatlicher Ebene findet. Beide Ebenen sind mit ihren eigenständigen exekutiven, legislativen und judikativen Institutionen ausgestattet, was wenig Kooperation und Koordination zwischen ihnen notwendig macht. In der Bundesrepublik Deutschland hingegen erfolgt die Kompetenzzuordnung nicht nach Politikfeldern sondern nach Staatsfunktionen. Während der Bund in erster Linie über die Gesetzgebungskompetenzen verfügt, werden den Ländern mehrheitlich Ausführungs- bzw. Verwaltungsfunktionen zugewiesen. Aufgrund dieser Form der Kompetenzzuteilung sind die föderalen Ebenen in Deutschland wesentlich enger miteinander verflochten als in den USA.

Im amerikanischen Bundesstaat erfolgt die Kompetenzzuweisung an die nationale Ebene nach dem Prinzip der *enumerated powers*, das die einzelnen Zuständigkeitsbereiche katalogartig auflistet (Art. I, Sec. 8 U.S. Const.), bzw. den Einzelstaaten bestimmte Kompetenzen ausdrücklich vorenthalten werden (Art. I, Sec. 10). Für diejenigen Politikbereiche, die der einzelstaatlichen Ebene nicht verfassungsrechtlich entzogen bzw. explizit der Bundesebene zugewiesen wurden, liegt die Zuständigkeitsvermutung nach dem 10. Zusatzartikel der Verfassung bei den Einzelstaaten (*reserved* bzw. *police powers*) bzw. beim amerikanischen Volk. Einige Kompetenzen werden ausdrücklich beiden Ebenen untersagt (*denied powers*).

In einigen wenigen Gebieten überlappen sich die Kompetenzbereiche beider Ebenen (*concurrent powers*). Dabei gilt der Grundsatz der *supremacy clause* (Art. VI, Sec. 2), wonach Bundesrecht Vorrang vor einzelstaatlichem Recht genießt, sollten nationale und gliedstaatliche Regelungen kollidieren (Tabelle 4-1).

Tabelle 4-1: Verteilung der Kompetenzen im föderalen System der USA

KOMPETENZEN DER BUNDESEBENE	KOMPETENZEN DER EINZELSTAATEN
• Währungsangelegenheiten • Regulierung des Handels mit fremden Nationen und zwischen den Einzelstaaten (*interstate commerce*) • Erhebung von Zöllen auf Importe • Pflege der Auswärtigen Beziehungen und Abschluß von Verträgen • Verabschiedung von „notwendigen und geeigneten (*necessary and proper*) Gesetzen • Kriegserklärung und Kriegsführung • Regulierung des Postwesens	• Organisation von Wahlen • Regulierung des Handels innerhalb des Einzelstaates (*intrastate commerce*) • Schutz der öffentlichen Wohlfahrt, Sicherheit und Sitten • Etablierung einer republikanischen Regierungsform auf staatlicher und lokaler Ebene • alle Kompetenzen, die nicht explizit dem Bund zugewiesen oder den Einzelstaaten vorenthalten sind

KONKURRIERENDE KOMPETENZEN

- Steuererhebung
- Enteignungen zum öffentlichen Nutzen und gegen entsprechende Entschädigung
- Recht zur Kreditaufnahme
- Gründung von Banken und Unternehmen
- Verabschiedung und Durchsetzung von Gesetzen
- Finanzierung der allgemeinen Wohlfahrt
- Einrichtung von Gerichtshöfen

DER BUND DARF NICHT…	DIE EINZELSTAATEN DÜRFEN NICHT…
• einzelstaatliche Exporte besteuern • Gesetze verabschieden, die im Widerspruch zur *Bill of Rights* oder anderen Zusatzartikeln der Verfassung stehen • einzelstaatliche Grenzen verändern	• Im- und Exporte besteuern • ohne Zustimmung des Kongresses internationalen Verträgen oder Bündnissen beitreten • Geld emittieren

Quelle: **Epstein, Lee/Walker, Thomas G., Constitutional Law for a Changing America. A Short Course, 3. Aufl., Washington, D.C. 2005, S. 176.**

Mittels des Senatsprinzips wird die Repräsentation und Mitwirkung der Einzelstaaten auf der Bundesebene geregelt. Obwohl sich die einzelnen Bundesstaaten hinsichtlich ihrer Gebietsgröße, ihrer Bevölkerungszahl (Tabelle 21-1) sowie ihrer Wirtschaftskraft (Abbildung 4-1) deutlich unterscheiden, sind sie verfassungsrechtlich sowohl untereinander als auch gegenüber dem Bund gleichgestellt. Dieser Status der Staatengleichheit gründet sich auf die Verfassungsnorm, daß jeder Einzelstaat von zwei Senatoren auf der Bundesebene vertreten wird, von denen jeder im Senat über eine Stimme verfügt (Art. I, Sec. 3, cl. 1). Darüber hinaus werden die Einzelstaaten an der Änderung der Bundesverfassung beteiligt (Art. V).

Neben bestimmten Rechten enthält die Verfassung auch besondere Verpflichtungen der nationalen Ebene gegenüber den Einzelstaaten. So ist die Bundesebene diesen gegenüber zur Gewährleistung einer republikanischen Staatsform (*republican form of government*) verpflichtet (Art. IV, Sec. 4, cl. 1). Außerdem sind die Gliedstaaten in ihrer Existenz und ihrem Gebietsbestand gegen Eingriffe der Bundesebene besonders geschützt. Nach Art. IV, Sec. 3

ist nämlich die Zusammenlegung von bestehenden Staaten oder die Abtretung von Gebietsteilen eines Bundesstaates an einen anderen sowohl an die Zustimmung der Legislative des betroffenen Einzelstaates als auch an die Zustimmung des Kongresses gebunden. Die einzige Ausnahme dieser Bestimmung erfolgte, als sich die westlichen Gebiete Virginias 1861 nicht der Sezession der elf Südstaaten anschließen wollten. 1863 wurden sie dann von Präsident Abraham Lincoln als West Virginia zum 35. Bundesstaat erklärt.

Nach dem Text der Verfassung bilden Bund und Einzelstaaten die tragenden Pfeiler des föderalen Staatsaufbaus. Die kommunalen Gebietskörperschaften (*local government units*) werden in der Verfassung hingegen nicht erwähnt. Sie sind laut einer Entscheidung des *Supreme Court* „Schöpfung der Einzelstaaten" (*Hunter v. City of Pittsburgh*, 1907) und damit Bestandteil der jeweiligen gliedstaatlichen Verfassungsordnung. Ihr rechtlicher Status wird ebenso wie ihre sachliche und räumliche Zuständigkeit von den einzelstaatlichen Legislativen festgelegt. Auch wenn die kommunalen Gebietskörperschaften keinen eigenen spezifischen Status in der Bundesverfassung haben, so sind sie aufgrund ihrer Befugnis zur Wahl von öffentlichen Bediensteten, dem Recht zur selbständigen Wahrnehmung ihrer Aufgaben und einer gewissen Unabhängigkeit bei der Beschaffung ihrer Einnahmen politisch und rechtlich von der gliedstaatlichen Behördenorganisation abgehoben (Thürer 1986: 109). Sie können insofern als dritte Ebene im föderativen Staatsaufbau bezeichnet werden. Der Rechtsstatus dieser dezentralen Gebietskörperschaften wird ebenso wie ihre sachliche und räumliche Aufgabenzuständigkeit von den Einzelstaaten festgelegt. Damit kommt ihnen im Gegensatz zur deutschen Kommunalverwaltung weder eine Selbstverwaltungsgarantie noch eine Allzuständigkeit zu. Allerdings gilt in zahlreichen Bundesstaaten das Prinzip des *home rule*, das den größeren Städten und Gemeinden ein weitreichendes Maß an Autonomie gewährt. Laut *U.S. Census Bureau* gab es im Jahr 2002 87.525 lokale Verwaltungseinheiten, bei denen man fünf Haupttypen unterscheiden kann: Kreise (*counties*), Städte (*municipalities*), Gemeinden (*townships*), Schulbehörden (*school districts*) sowie Zweck- und Sonderbehörden (*special districts*).

Obgleich die Grundprinzipien in der bundesstaatlichen Ordnung bis in die Gegenwart hinein keine formalen Änderungen erfahren haben, reichen sie heute nicht mehr aus, um die Strukturen des föderalen Systems abbilden und verstehen zu können. Dies liegt vor allem darin begründet, daß das amerikanische Verfassungsrecht (*constitutional law*) weitgehend auf Präzedenzfällen (*cases*) aufgebaut ist. Ein solches Fallrechtsystem (*case law*) kann nur durch die Einbeziehung der richterlichen Entscheidungen verstanden werden, durch welche die Verfassung interpretiert und fortentwickelt worden ist. Dies gilt auch für den die bundesstaatliche Struktur der USA betreffenden Normenbestand, der zwar formal nur geringfügig geändert, aber durch die Rechtsprechung weitgehend modifiziert wurde. In einem solchen, in der Tradition des altenglischen *Common Law* wurzelnden Rechtssystem stellt die Verfassung nur den Rahmen dar, innerhalb dessen sich die Wandlungen des politischen Systems vollziehen. Die Regelung von Streitigkeiten zwischen den Einzelstaaten, zwischen Bund und Einzelstaaten sowie die Interpretation der föderalen Verfassungsbestimmungen obliegt in letzter Instanz dem *Supreme Court* (Art. III, Sec. 2 U.S. Const.), dessen Funktion als *umpire of the federal system* heute allgemein akzeptiert wird (Advisory Commission on Intergovernmental Relations 1989: 9). Zwar hat das Gericht in der Urteilsbegründung zu *Garcia v. San Antonio Metropolitan Transit Authority* (1985) festgestellt, daß bei bestimmten Kompetenzkonflikten zwischen Bund und Einzelstaaten eine verfassungsrechtliche Überprüfung entbehrlich sei. Doch dies bedeutet nicht, daß der Oberste Gerichtshof beabsichtigt, seine föderale Schiedsrichterfunktion aufzugeben. Die Entscheidung dürfte eher dahingehend zu interpretieren sein, daß der *Supreme Court* die Ausgestaltung des bundesstaatlichen Systems wieder stärker dem politischen Prozeß überantworten wollte (Trute 1989: 254). Entgegen einer in der wissenschaftlichen Literatur häufig vertretenen Auffassung darf die zweifellos bedeutsame Rolle des Gerichts bei der Ausformung des Bundesstaats aber nicht überbewertet werden. Dessen Wandlungen beruhen in erster Linie auf Initiativen des Präsidenten und des Kongresses, in denen sich nicht nur die jeweiligen (partei)politischen Kräfteverhältnisse, sondern auch die Entwicklung der USA von einem Agrar- und Handelsstaat zu einer modernen Industrienation widerspiegeln. *Supreme Court*-Entscheidungen des waren daher vielfach nichts anderes als ein Nachvollzug der politischen Entwicklungen des Regierungssystems (Bothe 1982: 144).

4.2.3 Der Wandel der bundesstaatlichen Struktur im 19. und 20. Jahrhundert

Aufgrund der keineswegs eindeutigen Kompetenzzuweisung zwischen Bund und Einzelstaaten, ist die bundesstaatliche Struktur der USA seit ihrer Gründung einem steten Wandel unterworfen. Dieser vollzog sich nicht mittels formaler Änderungen der Verfassung, sondern erstens durch die unterschiedliche Interpretation derselbigen durch den Obersten Gerichtshof sowie zweitens einer veränderten Vorstellung innerhalb der Bevölkerung, was unter Föderalismus zu verstehen ist. Aufgrund dieser beiden Faktoren schwingt das „federal pendulum" in den vergangenen 200 Jahren zwischen nationaler und gliedstaatlicher Ebene, zwischen dualem und kooperativem Föderalismus hin und her. Gliedert man die Entwicklung des amerikanischen Föderalismus in Phasen, so lassen sich folgende Perioden unterscheiden (Wayne/Mackenzie/Cole 2007: 71-80; O'Connor/Sabato 1997: 85-100; Kern 1997):

(1) Die erste Phase zwischen der Ratifizierung der Verfassung 1789 durch die Einzelstaaten und dem amerikanischen Bürgerkrieg (1861-1865) war weiterhin durch die Debatte zwischen Befürwortern einer durchsetzungsfähigen Bundesebene auf der einen und Anhängern starker Einzelstaaten auf der anderen Seite geprägt. Zu Beginn dieser Periode war es der Oberste Gerichtshof unter *Chief Justice* John Marshall (1801-1835), der die Ausweitung der nationalen Kompetenzen durch eine weite Interpretation der Generalklauseln (*implied powers*) begünstigte. So wurde z. B. der nationalen Ebene auf der Grundlage ihrer Zuständigkeit für Steuer- und Währungsangelegenheiten das Recht zugesprochen, eine Nationalbank zu gründen (*McCulloch v. Maryland*, 1819). Allerdings wurde dieser Nationalisierungstrend bereits unter *Chief Justice* Roger B. Taney (1835-1863) gestoppt. In zahlreichen Fallentscheidungen dieser Zeit schützte der Oberste Gerichtshof den einzelstaatlichen Zuständigkeitsbereich. Grundlage dieser Rechtsprechung war die Vorstellung des *dual federalism*, die in einem Urteil des *Supreme Court* kurz nach Ende des Sezessionkriegs folgendermaßen konkretisiert wurde: „The powers which one [government] possesses the other does not" (*United States v. Cruikshank*, 1873).

(2) Bis zur Großen Depression (*great depression*) 1933 behielt dieses Konzept des dualen Föderalismus seine Gültigkeit. Besonders in zwei Politikbereichen wurden die Zuständigkei-

ten zugunsten der Einzelstaaten ausgelegt. Zum einen trifft dies auf die Wirtschaftspolitik zu. Im marktwirtschaftlichen Spiel der Kräfte sollte die Rolle des Staates, sowohl der Bundes- als auch der einzelstaatlichen Ebene, möglichst gering sein. In diesem Sinne eines *laissez-faire* Kapitalismus wurde die Kompetenz des Bundes den zwischenstaatlichen Handel zu regulieren sehr eng interpretiert. So wurden z. B. Bemühungen der nationalen Ebene die Kinderarbeit einzuschränken, Löhne und Arbeitszeiten zu regeln oder monopolistische Strukturen aufzubrechen vom *Supreme Court* mit der Begründung für verfassungswidrig erklärt, daß diese Angelegenheiten in den Kompetenzbereich der Einzelstaaten fallen. Zum anderen stärkte der Oberste Gerichtshof auch in Fragen der Bürgerrechte die Position der Gliedstaaten, in dem er die *separate but equal*-Doktrin einiger Bundesstaaten für verfassungskonform erklärte (*Plessy v. Ferguson*, 1896).

(3) Die dritte Phase reichte von Beginn der 1930er Jahre bis in die späten 1960er Jahre und war von einem fundamentalen Wandel bestimmt. Angesichts der massiven Schwierigkeiten von einzelstaatlicher Seite den Auswirkungen der *great depression* zu begegnen, erfolgte eine Neujustierung der Beziehungen zwischen Bund und Einzelstaaten. Das neue Konzept des *cooperative federalism* betonte die Partnerschaft der beiden Ebenen, Regierungsfunktionen zu teilen und staatliche Programme gemeinsam zu tragen. So wurden in der frühen Phase des *New Deal* von Seiten des Bundes zahlreiche Aufsichtsbehörden gegründet und so ein erster nationaler Regulierungsschub eingeleitet. Kennzeichnend für die Periode zwischen 1933 und 1968 war der drastische Anstieg der Bundeszuweisungen (*federal grants-in-aid*) an die Einzelstaaten. Mittels dieser Programme teilte die nationale Ebene ihre finanziellen Ressourcen mit den Einzelstaaten und z. T. auch mit lokalen Gebietskörperschaften. Die Bundeszuweisungen stiegen von US-$ 120 Mio. in 15 Programmen (1930) auf US-$ 7 Mrd. in 132 Programmen (1960). Allein in den Jahren 1965 und 1966 wurden 130 neue *grant*-Programme aufgelegt, so daß die Zuweisungen von der Bundesebene an die unteren Ebenen im Jahr 1968 etwa US-$ 19 Mrd. betrugen (Wayne/Mackenzie/Cole 2007: 75 f.). Die meisten nationalen Programme dieser Zeit wurden in enger Kooperation mit den Einzelstaaten beschlossen und waren darauf ausgerichtet, diesen in ihren traditionellen Zuständigkeitsbereichen wie z. B. Gesundheit, Wohlfahrt und Infrastruktur Unterstützung zukommen zu lassen. Die Bundeszuweisungen waren mehrheitlich zweckgebunden (*categorical grants*) und waren damit auf einen bestimmten Politikbereich beschränkt.

(4) Seit Mitte der 1960er Jahre zeichnete sich eine Hierarchisierung der Beziehungen zwischen den beiden Ebenen ab. Die Einzelstaaten wurden von gleichberechtigten zu Juniorpartnern im föderalen System degradiert. Charakteristisch für diese Phase war, daß die meisten *grants-in-aid*-Programme nicht mehr auf die Bedürfnisse der verschiedenen Bundesstaaten ausgerichtet waren, sondern in erster Linie der Verfolgung nationaler Ziele dienten („Lenkung mit goldenen Zügeln"). Die Bundesebene griff nun in nahezu alle Politikfelder ein, ohne sich an die ihr verfassungsrechtlich zugewiesenen Kompetenzbereiche zu halten oder mit den Gliedstaaten zu kooperieren. In dieser Zeit entwickelte die Bundesebene ein diversifiziertes Instrumentarium der intergouvernementalen Regulierung. So sollten z. B. durch den *Civil Rights Act* Programme, die von Bundeszuschüssen gefördert wurden, keine rassendiskriminierende Maßnahmen enthalten. Darüber hinaus wurde auf der Grundlage der *supremacy clause* der Vorrang des Bundesrechts gegenüber der einzelstaatlichen Rechtsprechung ausgedehnt. Zwischen 1970 und 1990 wurden 200 *preemptive statutes* erlassen, wel-

che die einzelstaatlichen oder lokalen Gesetze verdrängten bzw. ersetzten. Dies waren mehr als doppelt so viele Bundesstatuten als in der gesamten Geschichte der USA zuvor. Der Oberste Gerichtshof adaptierte dabei eine durchaus nationale Perspektive. So legitimierte er die Suprematie der Bundesebene, da die Verfassung nach dieser Auffassung – bis auf seltene Ausnahmen – die Möglichkeiten der Bundesregierung in die einzelstaatlichen Angelegenheiten einzugreifen nicht limitiert und Richterin Sandra Day O'Connor konstatierte: „The States as States retain no status apart from that which Congress chooses to let them retain" (*Garcia v. San Antonio Metropolitan Transit Authority*, 1985). Aus diesem Grund wird diese Phase der föderalen Beziehungen in der Forschungsliteratur häufig auch als Zwangsföderalismus (*coercive federalism*) bezeichnet.

(5) Einige Anzeichen deuten darauf hin, daß der amerikanische Föderalismus seit Mitte der 1990er Jahre in eine fünfte Periode eingetreten ist. Diese ist vor allem durch zwei neuere Entwicklungen gekennzeichnet. Zum einen wurden zahlreiche der *categorical grants* mit enger Zweckbindung in wenige weitgefaßte Bundeszuweisungen (*block grants*) umgewandelt. Damit wurde den Einzelstaaten wieder ein größerer Handlungsspielraum zugestanden, um so die Finanzmittel vor Ort effizienter nutzen zu können. Zum anderen wurden die Rechte der Gliedstaaten durch den *Supreme Court* wieder stärker geschützt. Die „Federalism Five" – die Richter William H. Rehnquist, Sandra Day O'Connor, Anthony M. Kennedy, Antonin Scalia und Clarence Thomas – schränkten in zahlreichen engen Entscheidungen eine weite Interpretation der nationalen Befugnisse ein und rückten den 10. und 11. Zusatzartikel der Bundesverfassung wieder stärker in den Vordergrund der Verfassungsauslegung. So erklärte der Oberste Gerichtshof z. B. den *Gun Free School Act* von 1990, ein Gesetz, welches das Mitführen von Waffen in bzw. in der Nähe von Schulen untersagte, mit der Begründung für verfassungswidrig, daß es nicht in den nationalen Regulierungsbereich unter der *commerce clause* falle (*United States v. Lopez*, 1995). Beide Faktoren haben zu einem Wiederaufstieg der Einzelstaaten in den intergouvernementalen Beziehungen geführt.

4.3 Die heutige Struktur des Bundesstaates

4.3.1 Das Bundesstaatsgebiet

Die *Northwest Ordinance* als Grundlage der bundesstaatlichen Raumordnung
Die Ausgangsbasis und die Dynamik des amerikanischen Bundesstaatsgebietes wird im Motiv der Bundesflagge zum Ausdruck gebracht: Das Feld mit den sieben roten und sechs weißen Streifen symbolisiert die 13 Gründerstaaten, das blaue Feld mit den weißen Sternen die Gesamtzahl der Einzelstaaten. Heute bestehen die USA aus 50 Bundesstaaten, dem Bundesdistrikt mit der Bundeshauptstadt Washington sowie einigen überseeischen Besitzungen. Die 13 Gründerstaaten der USA verfügten im Westen über ein weitgehend unerschlossenes Hinterland, das sie nach der Abtretung eigener Ansprüche im Jahre 1780 dem Kontinentalkongreß unterstellt hatten. Im Gegenzug verpflichtete sich dieser, die auf diesem Gebiet neu

entstehenden Staaten als gleichberechtigte Mitglieder in die Union zu integrieren (Morris 1987: 227). Die Modalitäten der Ansiedlung und Verwaltung des nördlichen Gebietes zwischen dem Ohio und dem Mississippi, das in einer ersten Siedlungswelle erschlossen werden sollte, wurden in der *Northwest Ordinance* festgelegt. Sie bildete die politische und rechtliche Grundlage für die räumliche Erschließung der USA. Demnach wurde das noch nicht in Einzelstaaten gegliederte Gebiet in Territorien eingeteilt und festgelegt, daß ein solches *territory* als gleichberechtigter *state* in die Union aufgenommen werden sollte, wenn seine Einwohnerzahl die des kleinsten bestehenden Gliedstaates erreicht hat (Dippel 2000: 92 ff.). Mit der Verabschiedung der Bundesverfassung von 1787 ging die Kompetenz der Zulassung neuer Staaten an den Kongreß über, der auch die alleinige Verfügungsgewalt über die westlichen Gebiete erhielt (Art. IV, Sec. 3 U.S. Const.). Damit kam allein dem Bund die Befugnis zu, die künftige territoriale Expansion der USA zu regeln.

Die Gebietsaufteilung zwischen Bund und Einzelstaaten
Während in den meisten Bundesstaaten Bundes- und Landesgebiet kongruent sind, untersteht in den USA ein Teil des Staatsgebietes ausschließlich dem Bund. Den Grundstock dieser als *public domains* bzw. *public lands* bezeichneten bundesunmittelbaren Gebiete bildeten die Ländereien bis zum Mississippi, die bereits 1780 von den 13 Gründerstaaten an die Union abgetreten worden waren. Dieser Besitz vergrößerte sich im Laufe des 19. Jahrhunderts durch die Gebiete, die durch Kauf, politischen Druck oder Annexion (mit Entschädigungen) in das Bundesgebiet integriert wurden. Hierzu gehören z. B. der Erwerb des Louisiana-Territoriums (1803 von Frankreich), Floridas (1819 von Spanien) und Alaskas (1867 von Rußland), die Abtretungen Großbritanniens im pazifischen Nordwesten (Oregon Territorium 1846) sowie die Spaniens im pazifischen Südwesten (*Mexican Acquisition* 1848) oder auch der Anschluß des Texasgebiets (1845 von Mexiko). Die besondere Bedeutung der *public lands* bestand nicht zuletzt darin, daß sie in der ersten Phase des neuen Bundesstaates seine wichtigste Einnahmequelle darstellten.

In der Vergangenheit haben vor allem die 13 Einzelstaaten im Westen der USA immer wieder die Forderung nach einer Übernahme der *public lands* erhoben, welche in diesen Staaten auch heute noch einen beträchtlichen Anteil des Staatsgebietes einnehmen, so z. B. in Nevada 84,5, in Alaska 69,1, in Utah 57,4, in Idaho 50,2 und in Kalifornien immerhin noch 45,3 Prozent (Tabelle 21-1). Ihre Forderungen stießen jedoch nicht nur bei der Bundesregierung, sondern auch bei zahlreichen Interessengruppen auf entschiedenen Widerstand. Während die Farmer und Minenbesitzer eine Veränderung der staatlichen Eigentumsverhältnisse ablehnten, da sie bei einer Verwaltung der Bundesländereien durch einzelstaatliche Behörden ihre tradierten Nutzungsrechte gefährdet sahen, befürchteten Umwelt- und Naturschutzgruppen, daß die einzelstaatlichen Regierungen zur Erhöhung ihrer Einnahmen die bestehenden Beschränkungen bei der Ausbeutung der Bodenschätze aufheben würden. Als sich jedoch herausstellte, daß die Übernahme und Verwaltung der *public lands* für die Mehrzahl der 13 Staaten mit erheblichen finanziellen Kosten verbunden sein würde, brach ihre Interessenkoalition auseinander (Wright 1988: 300).

Einen Sonderstatus innerhalb der *public domains* haben die Reservate der amerikanischen Ureinwohner (*Indian Tribes*), deren Mitglieder von der Entrichtung einzelstaatlicher Steuern befreit sind. Die über 22 Bundesstaaten verteilten Reservationen stehen unter der Aufsicht des *Bureau of Indian Affairs* im *Department of the Interior*, besitzen aber ein weitgehendes Recht der Selbstverwaltung. Dies wurde durch den *Supreme Court* in mehreren Entscheidungen bestätigt, wonach die *Indian Tribes* „einzigartige Zusammenschlüsse, die mit Attributen der Souveränität über ihre Mitglieder und über ihre Territorium ausgestattet sind" darstellen (*United States v. Mazurie*, 1975). Versuche der Einzelstaaten, diese Autonomierechte (*Indian sovereignty*) einzuschränken, wurden vom Obersten Gerichtshof abgewehrt (Schneider-Sliwa 2005: 112 ff.). Trotz der eindeutigen Rechtslage ist die Frage der *Indian sovereignty* immer wieder Gegenstand von Konflikten zwischen den Reservationen und den Regierungen der Einzelstaaten, die von der im Jahre 1978 eingesetzten *Commission on State-Tribal Relations* entschärft, aber nicht beigelegt werden konnten (Wright 1988: 304 f.).

Von diesen *public domains* sind die Gebiete zu unterscheiden, die vom Bund „zwecks Errichtung von Befestigungen, Magazinen, Arsenalen, Werften und anderen notwendigen Bauwerken mit Zustimmung der gesetzgebenden Körperschaft desjenigen Einzelstaates, in dem diese angelegt werden sollen, angekauft werden" (Art. 1, Sec. 8, cl. 17 U.S. Const.). Wie der Oberste Gerichtshof in mehreren Entscheidungen festgestellt hat, ist der Erwerb solcher Bundes-Enklaven (*federal enclaves*) entgegen dem Wortlaut der Verfassung nicht von der Zustimmung des jeweils betroffenen Staates abhängig (Tribe 1988: 328 f.). Analog hierzu sind die Eigentumsrechte der Einzelstaaten gegenüber Bundeseingriffen nicht stärker geschützt als die von Privatpersonen. Der Bund kann nämlich Grundstücke und Gebäude aus dem Eigentum der Staaten ebenso wie Privateigentum im Wege der Enteignung erwerben, wobei für die Bemessung der Entschädigung von öffentlichem und privatem Eigentum die gleichen Kriterien gelten (Nowak/Rotunda/Young 1988: 414). Für die Gliedstaaten dürften diese Einschränkungen ihrer Territorialhoheit um so problematischer sein, als sie die innerhalb ihres Gebietes liegenden Bundesbesitzungen, z. B. Verwaltungsgebäude, Flughäfen oder Krankenhäuser, nur mit ausdrücklicher Genehmigung des Kongresses besteuern können. Denn gemäß der *federal tax immunity* ist Bundeseigentum grundsätzlich steuerfrei, wenn es von Bundesinstitutionen im Rahmen ihrer hoheitlichen und administrativen Aufgaben genutzt wird. Von dieser Regelung ausgenommen sind die wirtschaftliche Nutzung von Bundeseigentum, z. B. die Verpachtung von Gebäuden an Privatpersonen, oder die Einkommen von Bundesbediensteten (Epstein/Walker 2005: 259-267). In erster Linie sind die lokalen und kommunalen Gebietskörperschaften von der *federal tax immunity* betroffen, da diesen in den meisten Staaten die Einnahmen aus der *property tax* zustehen und daher erhebliche Steuereinnahmen verloren gehen.

Die überseeischen Territorien

Die USA besitzen außerhalb ihres kontinentalen Staatsgebietes Territorien (*territories*), die im Zuge ihrer Expansion annektiert bzw. von anderen Kolonialstaaten übernommen wurden. Die einzelnen *territories* besitzen einen je eigenen Rechtsstatus, der von totaler Abhängigkeit bis hin zu weitreichender Autonomie reichen kann. Die Bewohner der amerikanischen Territorien besitzen die amerikanische Staatsbürgerschaft und darüber hinaus den gleichen verfassungsrechtlichen Schutz, den auch die Einwohner der amerikanischen Einzelstaaten genießen. Sie entsenden je einen Delegierten (*delegate* bzw. *resident commissioner*) in das Repräsentantenhaus, der aber lediglich in den Ausschüssen, nicht aber im Plenum stimmberechtigt ist. Die Verwaltungsverantwortung für die Koordinierung der Bundespolitik in Bezug auf die *territories* obliegt dem *Office of Insular Affairs*, das im *Department of the Interior* angesiedelt ist. Hinsichtlich des Rechtsstatus der Territorien lassen sich drei Typen unterscheiden. Der erste Status eines *self-governing commonwealth* gesteht den Territorien eine weitgehende politische und rechtliche Autonomie bei der Regelung der inneren Angelegenheiten zu. Derzeit besitzen die Marianen Islands und Puerto Rico diesen Rechtsstatus. Der zweite Typus, dem die 1898 von Spanien abgetretene Insel Guam sowie die 1917 von Dänemark erworbenen Virgin Islands zuzurechnen sind, wird als *organized, unincorporated territory* bezeichnet. Ein solches Gebiet besitzt aber nur ein eingeschränktes Selbstverwaltungsrecht, das ihm vom Kongreß mittels eines *organic act* vom Kongreß zugestanden wird. Eine dritte Kategorie bildet das *unorganized, unincorporated territory*. Dies trifft gegenwärtig auf American Samoa zu. Für dieses Territorium wurde bislang kein *organic act* im Kongreß verabschiedet, weshalb nicht alle Bestimmungen der US-Verfassung in diesem Gebiet gelten. Zusätzlich zu diesen fünf Territorien bestehen freie Assoziationen (*free associations*) mit Palau, Micronesien und den Marshall Islands. Diese Staaten sind völkerrechtlich unabhängig, kooperieren aber auf der Grundlage zeitlich begrenzter, bilateraler Verträge mit den USA, die im Gegenzug finanzielle Unterstützung sowie militärischen Schutz garantieren.

Die Regionen als politische und wirtschaftliche Großräume

Die Vielfalt der politischen, wirtschaftlichen und sozialen Strukturen der USA wird nur in eingeschränktem Maße durch die einzelstaatlichen Gebietsgrenzen gegliedert, die zumeist „recht willkürlich auf der Landkarte gezogen wurden" (Bothe 1982: 111). Vielmehr vollzog sich die Besiedlung bzw. die historische Entwicklung der Vereinigten Staaten innerhalb bestimmter Regionen, die in der Regel mehrere Bundesstaaten umfassen und sich hinsichtlich ihrer landschaftlichen, demographischen, kulturellen, wirtschaftlichen sowie politischen Merkmale bzw. Merkmalskombinationen voneinander unterscheiden. Das *U.S. Census Bureau* unterscheidet vier Hauptregionen (*North East, South, Midwest, West*), die wiederum in neun Unterregionen aufgeteilt werden. Obgleich diese sektorale Gliederung des Staatsgebietes ein theoretischer Bezugsrahmen für die Erhebung von statistischen Daten ist, entspricht sie jedoch weitgehend den durch die regionalen Unterschiede geprägten Raumstrukturen der Vereinigten Staaten (Abbildung 4-1).

(1) Zahlreiche Finanzzentren der USA liegen im Nordosten, dessen Profil durch Deindustrialisierung, Handel und Verstädterung bzw. Suburbanisierung geprägt ist. Insbesondere im Dienstleistungsbereich verfügen die Staaten des Nordostens über ein großes Wachstumspotential. Für die künftige ökonomische Entwicklung dieser Region dürften die wissensintensiven Branchen des sekundären und tertiären Sektors von großer Bedeutung sein. Die Bevölkerungsstruktur dieser Staaten zeichnet sich allerdings durch eine hohe Abwanderung aus.

(2) Die Entwicklung des Südens war bis in die 1960er Jahre hinein durch Rassenkonflikte und die Folgen des verlorenen Bürgerkrieges bestimmt. In den vergangen Jahrzehnten weist diese Region nun aber hohe Wachstumsraten sowohl im sekundären als auch im tertiären Sektor auf. Hierbei sind vor allem Texas und Florida sowie „Boomzentren" wie Atlanta, Orlando, Nashville oder Miami zu nennen. Bis auf West Virginia können alle Einzelstaaten des Südens einen enormen Bevölkerungszuwachs verzeichnen.

Abbildung 4-1: Die Regionen in den USA

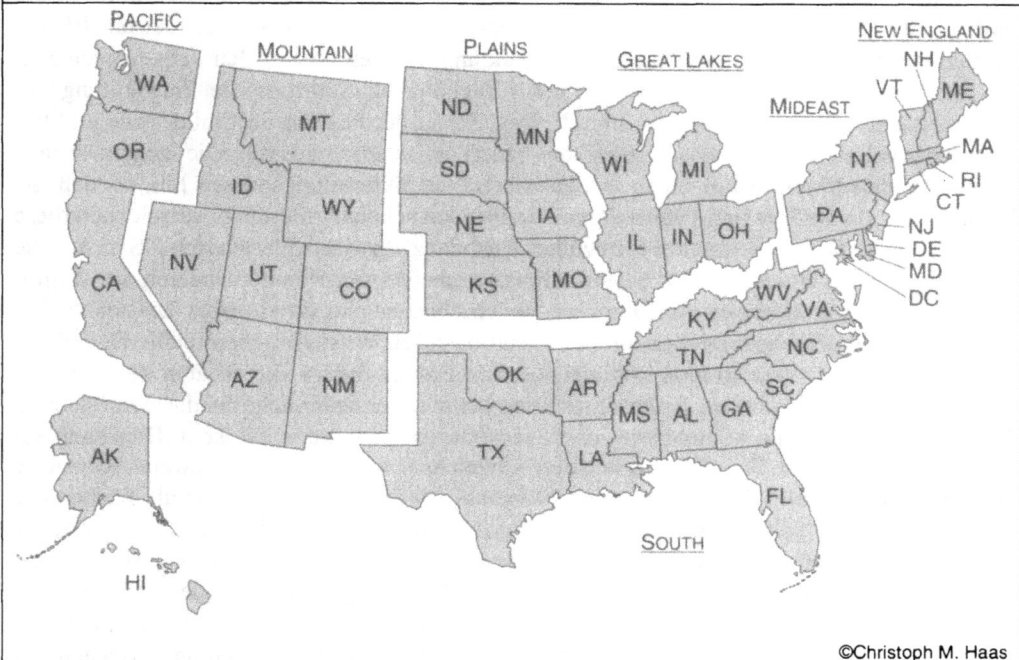

©Christoph M. Haas

* In der wissenschaftlichen Literatur und in Publikationen von Bundesbehörden finden sich zahlreiche unterschiedliche Regionaleinteilungen. Die vorliegende Darstellung ist eine Mischform der vom *U.S. Census Bureau* und vom *Bureau of Economic Analysis* (*BEA*) für ihre jeweiligen statistischen Zwecke angewandten Einteilungen; beide Behörden sind dem *Department of Commerce* zugeordnet. Die vom *Census Bureau* als *divisions* (Unterregionen) bezeichneten *Pacific, Mountain, Plains, Great Lakes* und *New England* sind identisch übernommen. *Mideast* entspricht der Kategorisierung des *BEA*. Anders als *BEA* und *Census Bureau*, die den Süden in zwei bzw. drei Unterregionen teilen, wird er hier als eine Region betrachtet. Aus Sicht der Herausgeber vereint die obige Einteilung die Vorzüge der ökonomischen Gesichtspunkte mit den politischen, historischen und kulturellen Aspekten, die einer politikwissenschaftlichen Regionalanalyse – etwa im Rahmen der Wahlsoziologie und -geographie (vgl. Anhang: Wahlergebnisse in den Regionen) – gleichermaßen zugrunde liegen sollten.

Die Wirtschaftskraft der Regionen 1965, 1985 und 2005 (*Gross Domestic Product* in Mio. US-$)

	1965	in %	1985	in %	2005	in %
New England	40.619	5,76	238.972	5,75	686.546	5,53
Mideast	168.518	23,92	814.581	19,60	2.262.524	18,23
Great Lakes	155.629	22,09	690.709	16,62	1.832.088	14,76
Plains	52.191	7,41	283.627	6,83	795.735	6,41
Mountain	25.898	3,67	690.150	5,12	808.398	6,52
Pacific	101.075	14,35	212.626	16,61	2.127.035	17,14
South	160.616	22,80	1.224.365	29,47	3.897.229	31,41
U.S. gesamt	*704.546*	*100,00*	*4.155.030*	*100,00*	*12.409.557*	*100.00*

Quellen: U.S. Census Bureau, Statistical Abstract of the United States: 2007, Washington, D.C. 2006, S. i; Bureau of Economic Analysis, <http://www.bea.gov/regional> (31.10.2006).

(3) Der mittlere Westen ist die am stärksten heterogene Region, was insbesondere auf die Gegensätze zwischen den Gebieten der landwirtschaftlich orientierten *Plains* und den auf industrielle Expansion ausgerichteten *Great Lakes* zurückzuführen ist. Die meisten *Plains*-Staaten stagnieren in ihrer Bevölkerungsentwicklung, können aber in den vergangenen Jahren auf ein beachtliches Industriewachstum zurückblicken, während die Entwicklung des Dienstleistungssektors dahinter zurückfällt. Das Gebiet der Großen Seen bildet das traditionelle Kerngebiet (*manufacturing belt*) der amerikanischen Industrie. Die gegenwärtigen Wirtschaftsdaten weisen auf einen erfolgreichen Restrukturierungsprozeß hin, so daß die Strukturkrise der 1970er und 1980er Jahre überwunden scheint. Allerdings verzeichnen diese Staaten immer noch eine negative Bevölkerungsbilanz. (4) Der Westen der USA, der die Unterregionen *Mountain* und *Pacific* umfaßt, unterscheidet sich von den anderen drei Regionen vor allem durch seinen Reichtum an Bodenschätzen und durch seine landschaftliche Vielfalt, die vom Hochgebirge bis hin zu vegetationslosen Wüstenstrichen reicht. Drei Kategorien können für diese Region gebildet werden. Erstens bilden die Staaten Arizona und Nevada eine ausgesprochene Wachstumsregion, in der sich zahlreiche Städte wie Phoenix, Tucson oder auch Reno zu Industrie- und Dienstleistungszentren entwickeln. Hier kann ein überdurchschnittlicher Bevölkerungsanstieg verzeichnet werden. In die zweite Kategorie fallen die Einzelstaaten Idaho, Wyoming Montana, Alaska und Hawaii, die als Staaten der Peripherie eher wirtschaftsschwach sind. Zum dritten nimmt Kalifornien eine Sonderstellung ein. Einerseits kann die ökonomische Bedeutung Kaliforniens mit einem Anteil von rund 7 Prozent am Bruttoinlandsprodukt (2003) nicht zu hoch eingeschätzt werden (U.S. Bureau of the Census 2005: 446). Andererseits stagniert sowohl die wirtschaftliche Entwicklung als auch das Wachstum der Bevölkerung auf einem, für die gesamten Vereinigten Staaten betrachtet, unterdurchschnittlichen Niveau (Hahn 2002; Loeffelholz 2004).

Obwohl sich die wirtschaftlichen und sozialen Unterschiede zwischen den Regionen seit dem Ende des Zweiten Weltkrieges verringert haben, konnte man in den vergangenen Jahrzehnten eine zunehmende Verschärfung der regionalen Konkurrenz um Bundeszuweisungen und Bundesaufträge feststellen. Ursächlich für die Entstehung eines „neuen Regionalismus" waren der wirtschaftliche Aufstieg und Bevölkerungswachstum der sich dynamisch entwickelnden Staaten im Süden und Westen (*sunbelt states*) zulasten der Industriestaaten im Mittleren Westen und Nordosten (*snowbelt states*), deren Wirtschaftskraft und Bevölkerungszahlen seit dem Beginn der 1970er Jahre deutlich abgenommen hatten. Auf der einen Seite argumentieren Vertreter der *snowbelt states*, daß ihre sozialen und ökonomischen Probleme, wie z. B. verfallende Städte oder veralternde industrielle Infrastruktur, einen höheren Anteil an Bundeszuweisungen rechtfertigen. Auf der anderen Seite hingegen vertreten die *sunbelt states* die Auffassung, daß ihr enormer Bevölkerungsanstieg mit einzigartigen Problemen verbunden ist, die ebenfalls einen höheren Anteil an den Finanzzuweisungen des Bundes erforderlich machen. Die sich hieraus ergebenden Konflikte zwischen den Regionen sind in den Medien und der wissenschaftlichen Literatur unter der Überschrift *sunbelt-snowbelt-controversy* ausführlich diskutiert worden (Dilger 1982). Zukünftig werden diese Auseinandersetzungen zwischen den Regionen aller Voraussicht nach andauern und in ihrer Intensität zunehmen, da die zu verteilenden Bundesfinanzzuweisungen immer weniger werden (Wayne/Mackenzie/Cole 2007: 89 ff.). Auf der Ebene des Bundes spiegelt sich dieser neue Regionalismus im Kongreß in den regionalen Gruppierungen von Abgeordneten und Senatoren (*regional caucus*) wie etwa dem *Congressional Sunbelt Caucus* oder der *North East-Midwest Congressional Coalition* wieder, die die spezifischen Interessen von einzelnen Regionen vertreten (Davidson/Oleszek 2006: 413). Eine weitere Form regionaler Interessenrepräsentation auf Bundesebene bilden die regionalen Zusammenschlüsse der Gouverneure der Einzelstaaten (z. B. die *Western Governors Association*), die gegenüber Kongreß und Bundesverwaltung als Lobbyisten ihrer Region auftreten.

4.3.2 Die Grundlinien der bundesstaatlichen Aufgaben- und Kompetenzverteilung

Gesetzgebung

Eine detaillierte Regelung der bundesstaatlichen Kompetenzen sucht man in der US-Verfassung vergebens. Vielmehr gilt, daß „the Constitution [...] intentionally leaves unclear many issues regarding the assignment of roles and responsibilities among governments. As a result, over the years, the role of the federal, state, and local governments has evolved in response to changing conditions" (Stotsky/Sunley 1997: 360). Die Basis der föderalen Kompetenzzuweisung bildet das Konzept des *dual federalism*. Die klare Trennung der Aufgabenbereiche zwischen den beiden Ebenen, wie sie sich die Gründerväter vorgestellt hatten, entspricht heute nicht mehr der Verfassungswirklichkeit. Im Bewußtsein, daß eine allzu enge Auslegung des nationalen Aufgabengebiets zu einer mangelnden Anpassungsfähigkeit des politischen Systems führen würde, formulierten die Verfassungsväter die nationalen Kompetenzen relativ offen und unpräzise. Darüber hinaus finden sich in der Verfassung einige Generalklauseln, die Platz für eine weitreichende Interpretation durch den *Supreme Court* bieten. Diese verfassungsrechtlichen Bestimmungen bilden die sogenannten *implied powers*, die aus der Wahrnehmung der zugewiesenen Kompetenzen abgeleitet werden können und aufgrund derer es der Bundesebene in den vergangenen 220 Jahren gelang, unter Ausnutzung des interpretatorischen Spielraums, in originär einzelstaatliche Aufgabengebiete einzudringen.

Als ein besonders bedeutsames Einfallstor für die Erweiterung der Bundeszuständigkeit hat sich die *commerce clause* erwiesen. Ursache hierfür ist die unscharfe Trennlinie zwischen *interstate commerce*, dessen Regulierung der nationalen Ebene unterliegt (Art. I, Sec. 8, cl. 3 U.S. Const.), und *intrastate commerce*, welcher den Einzelstaaten obliegt. Die Interpretation, daß in den Kompetenzbereich des Bundes auch jene Materien fallen, die den *interstate commerce* nur berühren, hat der Bundesebene Zugang zu beinahe jedwedem Rechtsgebiet verschafft, da es kaum Gesetzesmaterien gibt, die den zwischenstaatlichen Handel nicht tangieren. Durch diese Auslegung der Generalklausel ist eine eindeutige Trennung zwischen gliedstaatlicher und nationaler Gesetzgebung nicht möglich. Allerdings hat in den letzten 10 Jahren der Oberste Gerichtshof in seiner Rechtsprechung der *commerce clause* wieder klarere Schranken gesetzt, insofern nur solche nationale Regelungen verfassungskonform sind, die in ihrer Gesamtheit den zwischenstaatlichen Handel substantiell beeinflussen. Ein weiterer Hebel zur Ausdehnung des nationalen Aufgabengebietes war die *general welfare clause* (Art. I, Sec. 8, cl. 1). Hiernach kann der Bund Steuern erheben und Ausgaben tätigen, um auf diese Art und Weise die allgemeine Wohlfahrt der Nation zu fördern. Ein drittes Einfallstor für die Ausweitung der Bundeskompetenzen bietet die *supremacy clause* (Art. VI, Sec. 2). Demnach bricht Bundesrecht einzelstaatliches Recht, wenn nationale und gliedstaatliche Gesetzgebung zueinander in Widerspruch stehen oder wenn der US-Kongreß – explizit oder implizit – eine einzelstaatliche Regelung in einem bestimmten Bereich, der ihrer Zuständigkeit unterliegt, untersagt. Diese drei bereits erwähnten Generalklauseln werden noch durch die *necessary and proper clause* (Art. I, Sec. 8, cl. 18) ergänzt, die auch als *elastic clause* bezeichnet wird. Demnach hat der Kongreß respektive die Bundesebene das Recht „alle zur Ausübung der vorstehenden Befugnisse und aller anderen Rechte, die [...] auf Grund dieser Verfassung übertragen sind, notwendigen und zweckdienlichen Gesetze zu erlassen."

Die Reichweite der genannten Verfassungsklauseln ist keineswegs eindeutig. Einerseits wird argumentiert, daß sie sich lediglich auf die *enumerated powers* beziehen. Andererseits werden die Generalklauseln als separate Kompetenzen betrachtet, welche über die zugewiesenen Zuständigkeitsgebiete hinausragen und nicht von ihnen begrenzt werden. Letztere Sichtweise findet in ihren Grundlinien durch die Interpretation des Obersten Gerichtshofs bis heute ihre Bestätigung (Epstein/Walker 2005). Unter Rückgriff auf die *implied powers* konnte die nationale Ebene immer wieder weit in den Zuständigkeitsbereich der Einzelstaaten eindringen, ihr eigenes Aufgabengebiet auf Kosten der gliedstaatlichen Ebene vergrößern bzw. den Bereich der *concurrent powers* erweitern. Die Einzelstaaten müssen sich heutzutage damit abfinden, daß nahezu alle Rechtsgebiete mindestens der konkurrierenden Zuständigkeit unterliegen und damit dem Bund stets eine Möglichkeit des Eingriffs eröffnet wird. Die Verfassungswirklichkeit zeichnet sich folglich in hohem Maß durch Verflechtung und Kooperation zwischen den Ebenen aus.

Verwaltung
Nach der Systematik der bundesstaatlichen Aufgabenverteilung vollziehen Bund und Einzelstaaten ihre Gesetze durch ihre eigenen Verwaltungsbehörden. Dieser administrative Dualismus wurde konsequent verwirklicht und entsprach weitgehend der Verwaltungspraxis bis zu Beginn des 20. Jahrhunderts. Den Grundstein für die Herausbildung der modernen Verwaltungsorganisation bildeten die wirtschafts- und sozialpolitischen Programme des *New Deal*, deren Vollzug die gegenseitige Abstimmung und Zusammenarbeit der Verwaltungen von Bund und Einzelstaaten erforderlich machte. Die im Rahmen der Finanzhilfegesetzgebung des Bundes erfolgende Vollzugskooperation verstieß nicht gegen die Verfassung, da die Mitwirkung der Einzelstaaten auf freiwilliger Basis erfolgte. Die wohl bedeutsamste Folge dieser administrativen Kooperation von nationaler und gliedstaatlicher Ebene, war die zunehmende Bürokratisierung des binnenföderalen Entscheidungsprozesses, der heute von den vertikal verflochtenen Fachverwaltungen dominiert wird (Hesse/Benz 1990: 46).

Rechtsprechung
Die rechtsprechende Gewalt wird durch die Gerichte des Bundes und der Einzelstaaten ausgeübt, die jeweils über einen eigenen durchgehenden Instanzenzug verfügen. Sofern die einzelstaatlichen Gerichte das Verfassungsrecht des Einzelstaates anwenden, haben sie einen weitreichenden Ermessensspielraum. Dies folgt aus der Rechtsprechung des *U.S. Supreme*

Court, wonach das Verfassungsrecht des Bundes zwar einen *floor of security* zu gewährleisten hat, der aber nicht in allen Bereichen *floor and ceiling* zugleich sein müsse (*Michigan v. Long,* 1983). Diese in der Literatur als *new judicial federalism* bezeichnete Rechtsprechung des Obersten Gerichtshofs deutet darauf hin, daß er bereit ist, den regionalen Besonderheiten der Staaten ein besonderes Gewicht beizumessen (Nathan 1990).

Auswärtige Beziehungen

Die Pflege der auswärtigen Beziehungen gehört zu den exklusiven Bundeszuständigkeiten. Die Einzelstaaten besitzen zwar die Befugnis zum Abschluß von internationalen Abkommen *(agreement making power),* die aber unter dem Vorbehalt späterer Verträge *(treaties)* des Bundes über die gleiche Materie stehen. Gemäß Art. VIII, Sec. 1 U.S. Const. sind internationale Verträge ebenso wie Bundesgesetze *supreme law of the land* und brechen damit einzelstaatliches Recht. Die *treaty making power* des Bundes stellt insofern eine Abweichung vom Enumerationsprinzip dar, als sie sich auf die Materien erstrecken kann, die in den Kompetenzbereich der Einzelstaaten fallen. Sofern ein Vertrag der Umsetzung in innerstaatliches Recht bedarf, besitzt der Bund nach der Rechtsprechung des *Supreme Court* die Befugnis zur gesetzlichen Regelung des Vollzugs *(Missouri v. Holland,* 1920). Die Bemühungen der Einzelstaaten, die Ausweitung der Bundeskompetenzen in Form von internationalen Verträgen zu unterbinden, sind jedoch gescheitert. Der bislang letzte Versuch war das sogenannte *Bricker-Amendment* zu Beginn der 1960er Jahre (Zellweger 1992: 86).

Während der rechtswirksame Abschluß eines internationalen Vertrages eine Zweidrittelmehrheit des Senats erfordert, werden Außenhandelsabkommen *(trade agreements)* in *fast track*-Verfahren behandelt. Die dem Kongreß vorgelegten Abkommen müssen innerhalb einer bestimmten Frist (in der Regel 60 Tage) verabschiedet werden. Im Unterschied zum üblichen Gesetzgebungsverfahren können bei Außenhandelsverträgen keine *riders* bzw. *amendments* angefügt werden (Zellweger 1992: 94).

Seit dem Ende der 1970er Jahre läßt sich ein zunehmendes Engagement der Einzelstaaten im Bereich der Außenpolitik feststellen. Sieht man von symbolischen Aktivitäten wie etwa der Verabschiedung von *nuclear freeze resolutions* ab (Bilder 1989), so handelt es sich bei der *state foreign policy* in erster Linie um Maßnahmen zur Förderung des Außenhandels wie etwa die Veranstaltung von Messen oder die Errichtung von *foreign trade offices.* Derartige Formen der Exportförderung sind jedoch keine verfassungswidrige „Nebenaußenpolitik", zumal sie auch ganz offensichtlich von der Bundesregierung unterstützt werden. Dies zeigt nicht zuletzt die Einsetzung des *Intergovernmental Policy Advisory Committee on International Trade (IGPAC)* beim *Office of the U.S. Trade Representative,* in dem Vertreter der Einzelstaaten und Kommunen Präsident und Kongreß bei der Formulierung der Außenhandelspolitik beraten sollen. Die zunehmenden außenhandelspolitischen Aktivitäten der Einzelstaaten sind in erheblichem Maße ein Resultat des Bundeshaushaltsdefizits, das zu einer Senkung der finanziellen Unterstützung geführt hat. Die Einzelstaaten wurden hierdurch zur Beschaffung neuer Finanzquellen gezwungen, da sie im Gegensatz zum Bund über eine faktisch beschränkte Steuerhoheit verfügen.

4.3.3   Die bundesstaatliche Finanzordnung

Öffentliche Aufgaben und finanzielle Mittel, um diese Aufgaben zu erledigen, müssen in föderalen Systemen auf mindestens zwei souveräne Ebenen verteilt werden. Jede dieser Ebenen benötigt Zugang zu eigenen finanziellen Ressourcen, um ihr Aufgabengebiet effektiv wahrnehmen zu können und sich dabei ein hohes Maß an Entscheidungsautonomie zu sichern. Idealerweise folgt die Finanzverteilung der Aufgaben- und der damit verbundenen Lastenverteilung. Die bundesstaatliche Struktur wird deshalb entscheidend von der Ordnung der Finanzen geprägt. So spiegelte sich die Kompetenztrennung im *dual federalism* in der entsprechenden Autonomie im Finanzbereich. Der Wandel zum *cooperative federalism* hingegen ging ab den 1930er Jahren Hand in Hand mit der Herausbildung des Systems der Bundesfinanzzuweisungen, das Kooperation und wechselseitige Abhängigkeit der Ebenen zur Folge hatte (Heun 1994; Renzsch 2000).

Die Verteilung der Einnahmen und Ausgaben

Die Aufteilung der öffentlichen Finanzen ist ebenso wie die bundesstaatliche Kompetenzzuweisung in der Bundesverfassung nur rudimentär geregelt. Sie bestimmt lediglich, daß der Bund das Recht besitzt, „Steuern, Zölle, Abgaben und Akzisen aufzuerlegen und einzuziehen, um für die Erfüllung der Zahlungsverpflichtungen, für die Landesverteidigung und das allgemeine Wohl der Vereinigten Staaten zu sorgen", um im anschließenden Satz einschränkend hinzuzufügen, daß „alle Zölle, Abgaben und Akzisen aber für das gesamte Gebiet der Vereinigten Staaten einheitlich festzusetzen sind" (Art. I, Sec. 8, cl. 1 U.S. Const.). Diese verfassungsrechtliche Bestimmung regelt sowohl die Einnahmen- als auch die Ausgabenkompetenzen der föderalen Ebenen. Da sowohl der Bund als auch die Gliedstaaten das Recht zur Erhebung von Abgaben besitzen (mit Ausnahme der allein dem Bund zustehenden Zölle und Exportsteuern), stehen den beiden Ebenen dieselben Steuerquellen zur Verfügung. Damit gilt in den USA auf der Einnahmenseite ein freies Konkurrenz- bzw. Trennsystem, das beide Ebenen mit einem hohen Maß an fiskalischer Unabhängigkeit ausstattet (Kramer 1990: 41). Allerdings verteilen sich die Steuereinnahmen nicht gleichmäßig auf die föderalen Ebenen. So finanziert sich die nationale Ebene in erster Linie über die Einkommenssteuer (*federal income tax*), zu derer Erhebung sie seit der Ratifizierung des 16. Verfassungszusatzes im Jahre 1913 berechtigt ist und zu der in den USA auch die Körperschaftssteuer zu zählen ist. Eine weitere Einnahmequelle des Bundes ist die *payroll tax*, eine Art Lohnsummensteuer. Die Einzelstaaten erheben ihre eigene Einkommenssteuer sowie u. a. eine Verkaufs- und Verbrauchssteuer (Haas 2004: 29-32), während sich die lokalen und kommunalen Gebietskörperschaften aus der Vermögenssteuer (*property tax*) finanzieren. Demnach können sich die Steuerbereiche überlappen, so unterliegt z. B. das individuelle Einkommen in den USA mehreren Steuerhoheiten. Den verfassungsrechtlichen Ausgabenkompetenzen des Bundes, die sich aus der *general welfare clause* ergeben, sind in der Bundesverfassung kaum Schranken gesetzt. Da die Finanzierungskompetenzen den Zuständigkeitsfeldern der Ebenen folgen, sind sie demselben interpretatorischen Wandel unterworfen wie die föderalen Aufgabenbereiche. So hat sich im vergangenen Jahrhundert die Bundesebene in den *intergovernmental fiscal relations* eine dominante Stellung verschaffen können. Während zu Beginn des 20. Jahrhunderts die Einzelstaaten und Kommunen ihre Ausgaben noch selbständig finan-

zierten, verlagerten sich seit Mitte der 1930er Jahre die Ausgaben auf die zentralstaatliche
Ebene. Die gewachsene Bedeutung des Bundes läßt sich quantitativ aus den gestiegenen
Anteilen der Bundeszuweisungen am Bundeshaushalt ablesen, der von 5,3 Prozent (1950)
über 12,3 Prozent (1970) auf 17,2 Prozent anstieg (Abbildung 4-2). Im Gegensatz zum Kon-
kurrenzsystem auf der Einnahmenseite, ist für die Ausgabenseite eine weitgehende Verflechtung der Ebenen charakteristisch. Ursache hierfür ist das komplexe System der Bundesfinanzhilfen.

Das System der Bundesfinanzhilfen
In Anbetracht der Steuerhoheit der Einzelstaaten überrascht der relativ hohe Anteil der Bundeszuweisungen an den Gesamtausgaben der dezentralen Gebietskörperschaften (2005:
30,7 Prozent). Die Steuerhoheit der unteren Ebenen darf jedoch nicht darüber hinwegtäuschen, daß sie auf der Einnahmenseite sowohl politischen als auch rechtlichen Restriktionen
unterliegen. In den USA gibt es weder einen horizontalen noch einen vertikalen Finanzaus-
gleich zwischen den Ebenen wie etwa in der Bundesrepublik Deutschland. Ein gewisser
Ausgleich wird allerdings durch die diversen Finanzhilfen (*federal aids*), wie z. B. finanzielle Zuschüsse, Darlehen bzw. Darlehensgarantien (*loans* und *loan guarantees*) oder Steuervergünstigungen (*tax expenditures*) erzielt. Die vom Umfang und Bedeutung her wichtigste
Finanzhilfe bilden die Bundesfinanzzuweisungen (*federal grants-in-aid*). Im Fiskaljahr 2005
betrugen die Bundeszuweisungen an die einzelstaatliche und lokale Ebene US-$ 426 Mrd.
bzw. 17,2 Prozent der Bundesausgaben (Abbildung 4-2, Abbildung 4-3).

Abbildung 4-2: Bundesfinanzzuweisungen 1970-2005 (ausgewählte Jahre)

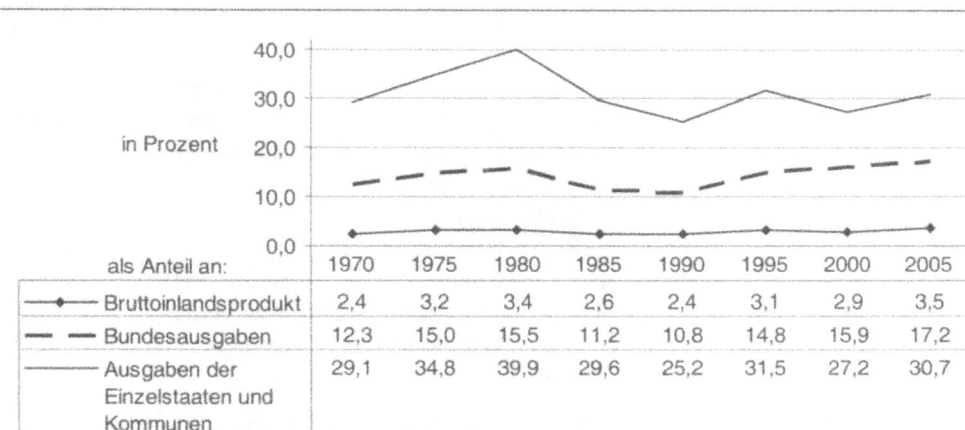

als Anteil an:	1970	1975	1980	1985	1990	1995	2000	2005
Bruttoinlandsprodukt	2,4	3,2	3,4	2,6	2,4	3,1	2,9	3,5
Bundesausgaben	12,3	15,0	15,5	11,2	10,8	14,8	15,9	17,2
Ausgaben der Einzelstaaten und Kommunen	29,1	34,8	39,9	29,6	25,2	31,5	27,2	30,7

Quellen: Office of Management and Budget, Budget of the United States Government, Fiscal
Year 2007, Historical Tables, Washington, D.C. 2006, S. 230 f; U.S. Census Bureau,
Statistical Abstract of the United States: 2001, Washington, D.C. 2000, S. 262 und Statis-
tical Abstract of the United States: 2007, Washington, D.C. 2006, S. 267.

Abbildung 4-3: Bundeszuweisungen an Einzelstaaten und Kommunen 2005 (in Mio. US-$)

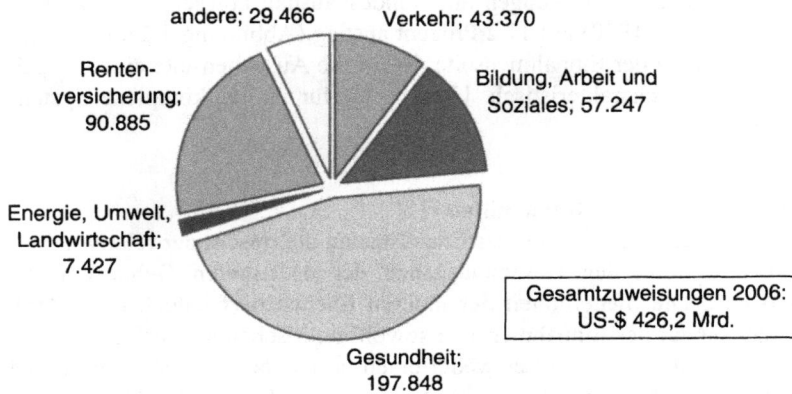

andere; 29.466   Verkehr; 43.370

Renten-
versicherung;
90.885

Bildung, Arbeit und
Soziales; 57.247

Energie, Umwelt,
Landwirtschaft;
7.427

Gesamtzuweisungen 2006:
US-$ 426,2 Mrd.

Gesundheit;
197.848

	1970	1975	1980	1985	1990	1995	2000	2005
Zuweisungen in Mio. US-$:	24.065	49.791	91.385	105.852	135.325	224.991	284.659	426.243

Quelle: Office of Management and Budget, Budget of the United States Government, Fiscal Year 2007, Historical Tables, Washington, D.C. 2006, S. 238.

Bei den *grants-in-aid* können drei Grundmodelle unterschieden werden:

- *Categorical grants* sind Zweckzuweisungen, die auf die Erreichung eines spezifischen Programmziels hin ausgerichtet sind. Dem Verwendungszweck solcher *categorical grants* sind dabei sehr enge Grenzen gesetzt. Im Fiskaljahr 2000 gab es etwa 750 dieser zweckgebundenen Bundeszuweisungen.
- *Block grants* hingegen sind allgemeine Zuweisungen, die breit angelegte Programme unterstützen, wenig genaue Zielvorstellungen aufweisen und somit dem Empfänger einen weiten Ermessens- und Verwendungsspielraum einräumen. Sie werden häufig durch Zusammenlegung verschiedener *categorical grants* gebildet.
- Mit dem *general revenue sharing* existierte zwischen 1972 und 1986 noch ein dritter Typ der Bundesfinanzzuweisungen. Diese Art der Finanzhilfe teilte die Bundesgelder den Empfängern auf der Grundlage eines vom Kongreß zu definierenden Verteilungsschlüssels zu, ohne an bestimmte Programmziele gebunden zu sein. Damit verlagerte sich nahezu der gesamte Ermessensspielraum über die Verwendung dieser Bundeszuweisungen auf die einzelstaatliche und lokale Ebene.

Die Bundeszuweisungen können allerdings noch weitere Charakteristika aufweisen. So können sie über einen festgelegten Zeitraum an ein bestimmtes Projekt gebunden sein (*project grant*) oder sie enthalten einen Verteilungsschlüssel, der vom Kongreß durch ein *federal statute* beschlossen wird und der den auf einen Einzelstaat entfallenden Anteil an den Gesamtmitteln festlegt (*formula grant*). Alle *block grants* werden nach einer *formula* vergeben. Darüber hinaus existieren noch *matching grants*, deren Vergabe an finanzielle oder institutionelle Eigenbeteiligung des Empfängers gekoppelt ist. So kann z. B. ein auf acht Jahre angelegtes Programm in den ersten beiden Jahren 90 Prozent der Kosten abdecken, aber um 5 Prozent jedes darauffolgende Jahr absinken. Auf diese Art soll gewährleistet werden, daß die Zuweisungen den Empfängeranteil ergänzen, aber nicht ersetzen (Canada 2001). Ende der 1970er Jahre waren etwa 75 Prozent aller Zuweisungen *categorical grants* und 25 Prozent *block grants*. In den 1990er Jahren hingegen ist der Anteil der *block grants* an dem Gesamtbestand der Bundeszuweisungen auf 10 Prozent abgesunken. Diese Tatsache ist auf mehrere Gründe zurückzuführen. Erstens läßt sich die Urheberschaft der *categorical grants* leichter als bei *block grants* erkennen. Daher bieten erstere den Kongreßmitgliedern die Möglichkeit sich bei ihrer Wählerschaft zu profilieren. Zweitens wollen diejenigen, die über die Bewilligung der Bundeszuweisungen bestimmen und die Finanzmittel zur Verfügung stellen, auch darüber entscheiden, welchem Zweck die *grants-in-aid* dienen sollen. Der Bund hat folglich nur wenig Anreiz den Einzelstaaten die Ausgestaltung der Programme zu überlassen. Drittens haben *categorical grants* den Vorteil, daß sie aufgrund ihrer Zweckgebundenheit und begrenzten Reichweite zur Durchsetzung der „nationalen Agenda" auf einzelstaatlicher Ebene genutzt werden können („Lenkung mit goldenen Zügeln"). Betrachtet man die Entwicklung der Ausgaben für Finanzzuweisungen, so scheint mit Beginn der 1980er Jahre ein Wendepunkt in den fiskalischen Beziehungen zwischen Bund und Einzelstaaten eingetreten zu sein. Während der Anteil der Bundeszuweisungen an den Gesamtausgaben der einzelstaatlichen und lokalen Ebene zwischen 1957 und 1978 kontinuierlich auf 40 Prozent anstieg, nahm er danach rapide ab und pendelt seit Mitte der 1980er Jahre um die 30 Prozent. Als Anteil am Bruttoinlandsprodukt bzw. den Bundesausgaben blieben die Bundeszuweisungen gleichwohl weitgehend auf konstantem Niveau (Abbildung 4-2).

Differenziert man bei den *federal grants* zwischen Transferzahlungen an Personen (*payments to persons*) und Investitionshilfen an staatliche Gebietskörperschaften (*payments to places*), so wird deutlich, daß es sich hierbei nicht um einen Rückzug des Bundes, sondern eher um eine strukturelle Verschiebung innerhalb des Systems der Bundeszuweisungen handelt: Die Zuweisungen an die Gebietskörperschaften sind zurückgegangen und die Transferzahlungen an Individuen haben zugenommen (Kincaid 2002).

Eine besondere Form der Bundesfinanzhilfe stellen die als *tax expenditures* bezeichneten Steuervergünstigungen dar. Laut gesetzlicher Definition handelt es sich hierbei um „Einnahmeverluste des Bundes, die sich aus bestimmten steuerrechtlichen Vorschriften ergeben, die in speziellen Bereichen die Abzugsfähigkeit oder den Erlaß von Steuern vorsehen". Die *tax expenditures* des Bundes müssen seit der Verabschiedung des *Congressional Budget and Impoundment Control Act* von 1974 im Bundeshaushalt ausgewiesen sein. Allerdings ergeben sich bei ihrer Veranschlagung insofern gewisse Schwierigkeiten, als der Kongreß lediglich die Bedingungen für die Gewährung der Steuersubventionen fixieren kann. Die Höhe der Ansätze wird letztlich durch die Subventionsempfänger definiert. Die für die Einzelstaaten und Kommunen wichtigsten *tax expenditures* bilden die *tax exempt bonds*. Dies sind Anleihen, die von den Einzelstaaten und Kommunen zur Finanzierung ihrer Aufgaben ausgegeben werden, wobei der Bund von einer Besteuerung der Ertragszinsen absieht. Seit der Entscheidung des *Supreme Court*, daß der Bund durchaus die Einzelstaaten besteuern könne (*South Carolina v. Baker*, 1988), hat der Kongreß im Anschluß an den *Tax Reform Act* von 1986 die Steuerbefreiung bei den Ertragszinsen eingeschränkt, wodurch die Summe der emittierten Bonds um etwa 50 Prozent abnahm (Zimmerman 1991).

4.3.4   Die Einwirkungsmöglichkeiten des Bundes auf die Einzelstaaten

Das rechtliche Instrumentarium

Bei den direkten Einwirkungsbefugnissen des Bundes werden im allgemeinen zwei Formen unterschieden: *direct orders* (auch *mandates* genannt) und *constraints*. Während die *mandates* die Einzelstaaten zur Ergreifung von Maßnahmen auffordern, haben die meisten *constraints* den Charakter von Verbotsnormen. Man findet *constraints* daher vor allem im Bereich der konkurrierenden Gesetzgebung. Hierbei kann der Bund aufgrund der *supremacy clause* der Verfassung einzelstaatliche Regelungen ganz oder zum Teil ausschließen (*full* oder *partial preemption*). Entscheidend hierfür ist, daß nach der Auffassung des *Supreme Court* der Bund seine Intention zur Regelung der Materie (*to occupy the field*) in der Regel klar zum Ausdruck gebracht haben muß (*clear statement rule*). In der Vergangenheit wurden die *constraints* von den Einzelstaaten jedoch weniger als die *mandates* als Belastung empfunden, da letztere häufig mit zusätzlichen Kosten für die dezentralen Gebietskörperschaften verbunden sind, die nicht von den nationalen Zuweisungen abgedeckt werden. Eine Reaktion auf diese Kritik stellt die Anordnung des Kongresses zu Beginn der 1980er Jahre dar, bei allen finanzwirksamen Gesetzesvorhaben eine Schätzung der voraussichtlichen Kosten durch das *Congressional Budget Office* vorzunehmen. Sofern die bislang durchgeführten Evaluierungen zutreffen, war dieser Versuch einer Wiederbelebung des kooperativen Föderalismus nicht erfolgreich. Schätzungen gehen davon aus, daß zwischen 1983 und 1990 die kumulierten Kosten solcher *unfunded mandates* für die Einzelstaaten und Kommunen zwischen US-\$ 8,9 und 12,3 Mrd. betrugen (O'Connor/Sabato 1997: 96). Um die Handhabung dieser *unfunded mandates* einzuschränken, wurde 1995 der *Unfunded Mandates Reform Act* erlassen. Allerdings ist seine Wirkung ambivalent zu beurteilen, da er lediglich auf neue *mandates* angewandt wird, bereits bestehende aber unangetastet läßt. So bleibt die Belastung der Einzelstaaten durch *unfunded mandates* weiterhin bestehen.

Finanzzuweisungen und Staatsaufträge als Steuerungsinstrumente des Bundes

Das neben der gesetzlichen Regulierung wichtigste Steuerungsinstrument des Bundes bilden die zweckgebundenen Finanzzuweisungen, die stets mit Verwendungsauflagen (*strings*) versehen sind. Dabei können folgende Steuerungsmechanismen unterschieden werden (Advisory Commission on Intergovernmental Relations 1984: 8 ff.):

- *General* bzw. *crosscutting requirements* sind in nahezu allen *grants-in-aid*-Programmen enthalten. Sie sollen die Verwendung der Bundesgelder nach nationalen Wünschen gewährleisten. Ein Beispiel für ein solches *crosscutting requirement* ist eine Passage innerhalb des *Civil Rights Act* von 1964, die konstatiert, daß „no person in the United States shall, on the ground of race, color, or national origin, be excluded from participation in, be denied the benefits of, or be subjected to discrimination under any program receiving federal financial assistance".

- Bei *crossover sanctions* wird ein Einzelstaat bei Nichterfüllung der Bedingungen eines Bundesprogramms mit Kürzungen oder anderen Strafen in anderen Programmen geahndet. Dabei muß die Auflage nicht zwangsläufig in engerer Beziehung mit dem eigentlichen Ziel des *grants-in-aid* stehen. So ist z. B. die Vergabe von Bundesgeldern für den Straßenbau mit der Auflage versehen, daß die Einzelstaaten den Alkoholausschank an Personen unter 21 Jahren gesetzlich untersagen. Bei Nichtbeachtung dieser Forderung sollten die Bundesgelder im ersten Jahr um 5 Prozent, in jedem weiteren um 10 Prozent verringert werden.

Eine weitere Möglichkeit zur Einwirkung auf die Einzelstaaten bieten die Staatsaufträge des Bundes (*government contracts*), die dieser bereits seit den 1930er Jahren zur Durchsetzung sozial- oder wirtschaftspolitischer Agenden nutzt. Häufig war das *government by contract* die einzige Möglichkeit zur Einwirkung auf die Einzelstaaten, da sich der *Supreme Court* bis zur „Verfassungsrevolution" im Jahre 1937 gegenüber Bundeseingriffen im allgemeinen nicht sehr großzügig zeigte (Pietzcker 1978: 120).

Bundeszwang und Bundesintervention
Wenn sich in den USA ein Einzelstaat sich den Anweisungen des Bundes widersetzt, kann das zuständige Bundesgericht eine Verfügung (*injunction*) erlassen, um den betreffenden Staat zur Erfüllung seiner Pflichten anzuhalten. Adressat des Gerichts ist aber nicht der Einzelstaat, der aufgrund der Doktrin der *state sovereign immunity* nicht gerichtlich verklagt werden kann, sondern der für die Erfüllung des Bundesrechts zuständige Beamte des Einzelstaates (Nowak/Rotunda/Young 1988: 345). Im äußersten Fall kann der Präsident der USA die Durchsetzung des Bundesrechts auf der einzelstaatlichen Ebene mit Hilfe der Bundesstreitkräfte gewaltsam erzwingen. Die rechtliche Grundlage hierfür bildet die *take care clause* (Art. II, Sec. 3 U.S. Const.), die dem Präsidenten die Aufgabe zuweist, die Bundesgesetze „sorgfältig und gewissenhaft" zu vollziehen.

4.3.5 Repräsentation und Mitwirkung der Einzelstaaten im bundespolitischen Willensbildungs- und Entscheidungsprozeß

Nach der ursprünglichen Bundesstaatskonzeption der Verfassung sollte der Einfluß der einzelstaatlichen Regierungen auf die Bundespolitik durch die Mitwirkung der *state legislatures* bei Änderungen der Bundesverfassung gemäß Art. V U.S. Const. und bei der Wahl der US-Senatoren gewährleistet werden. Art. I, Sec. 3 U.S. Const. legt fest, daß der Senat der Vereinigten Staaten aus je zwei Senatoren jedes Einzelstaates besteht, „die von dessen gesetzgebender Körperschaft auf sechs Jahre gewählt werden". Bis zur Mitte des 19. Jahrhunderts verstanden sich die Senatoren als Gesandte ihres Staates, zumal sie im allgemeinen an die Instruktionen des jeweiligen einzelstaatlichen Parlaments gebunden waren. Mit dem zunehmenden Einfluß der Parteien auf die gliedstaatlichen Legislativen in den 1850er Jahren verlor die Senatoreninstruktion jedoch ihre ursprüngliche Bedeutung. Die bedeutsamste Konsequenz dieser in den 1850er Jahren einsetzenden Entwicklung war die Abkopplung der Senatoren von den *state legislatures*. Die Einführung der Direktwahl der Senatoren durch das 17. *Amendment* im Jahre 1913 war insofern nur noch die formelle Auflösung der einst engen Beziehung zwischen den einzelstaatlichen Parlamenten und den US-Senatoren. Dementsprechend verstanden sich die Senatoren in der Folgezeit immer mehr als die Repräsentanten ihrer Wahlklientel, deren funktionale Interessen sich von den institutionellen Interessen der Einzelstaaten durchaus unterschieden. Die Senatoren heute vertreten insofern nicht mehr und nicht weniger als die Abgeordneten des Repräsentantenhauses die institutionellen Interessen ihrer Staaten (Wright 1988: 177 ff.; Haas 2000).

Die föderale Struktur spiegelt sich auch in der Wahl des US-Präsidenten wieder. So wird er nicht direkt vom Volk, sondern indirekt durch ein Wahlmännerkollegium (*electoral college*) gewählt. Dies setzt sich gemäß Verfassung (Art. II, Sec. 1, cl. 2) wie folgt zusammen: „Jeder Einzelstaat bestimmt in der von seiner gesetzgebenden Körperschaft vorgeschriebenen Weise eine Anzahl von Wahlmännern, die der Gesamtzahl der dem Staat im Kongreß zustehenden Senatoren und Abgeordneten gleich ist". Dabei kann festgestellt werden, daß die Regionen im Westen und Süden der USA in den vergangenen drei Jahrzehnten ein stärkeres Gewicht im *electoral college* wie auch im Repräsentantenhaus, entsprechend ihres Bevölkerungsanstiegs, erhielten (vgl. Anhang: Wahlergebnisse in den Regionen).

Insgesamt betrachtet haben die Veränderungen der Senatorenwahl mit zum Aufkommen neuer Formen der einzelstaatlichen Interessenrepräsentation auf Bundesebene beigetragen, die in erster Linie durch die Ausweitung der Bundesprogramme gefördert wurden. Wenngleich seit dem Ende der 1970er Jahre die finanziellen Vorteile einer direkten Interessenrepräsentation in der Bundeshauptstadt nicht mehr unbedingt gegeben sind, so haben doch die Mehrzahl der Bundesstaaten ihre Vertretung beibehalten. Neben der Koordinierung der verschiedenen einzelstaatlichen Akteure besteht die Funktion der *state offices* heute immer mehr darin, Koalitionen gegen die zunehmende Zahl der *direct orders*, *constraints* und *strings* zu bilden (Annaheim 1992: 146 ff.). Als eine weitere effektive Methode der Interessenrepräsentation der dezentralen Gebietskörperschaften hat sich in den vergangenen Jahrzehnten das *intergovernmental lobbying* erwiesen (Cammisa 1995). So haben sich Vertreter der einzelstaatlichen und lokalen Regierungen auf Bundesebene zu Lobbygruppen mit der Absicht zusammengeschlossen, einen größeren Anteil an *federal aid* für ihre Gebietskörperschaft auszuhandeln und dafür zu sorgen, daß die *grant*-Programme auf ihre Bedürfnisse hin zugeschnitten werden. Es gibt mittlerweile Dutzende solcher gliedstaatlicher und lokaler Interessensgruppen. Zu den größten gehören die *National Conference of State Legislatures*, die *National League of Cities* und die *National Governors' Association*. Darüber hinaus gibt es auch politikfeldspezifische Organisationen, wie z. B. die *National Association of Attorneys General*, die *National Association of State Budget Officers* oder die *American Association of State Highway and Transportation Officials*. Zu den großen Erfolgen der *intergovernmental lobby* ist die Verabschiedung des *Unfunded Mandates Reform Act* 1995 zu zählen. Aber auch bei der Reform des Gesundheitswesens 1996 konnte die gebietskörperschaftlichen Interessengruppen, insbesondere die *National Governors' Association*, ihren Einfluß geltend machen (Wayne/Mackenzie/Cole 2007: 94 f.).

4.3.6   Die Kooperation der Einzelstaaten

In den USA gibt es die unterschiedlichsten Formen der *interstate cooperation,* die von der kurzfristigen informellen Zusammenarbeit zweier Einzelstaaten bis hin zu der auf Dauer angelegten, vertraglich fixierten Kooperation mehrerer Staaten reichen. Eine Verpflichtung zur Kooperation besteht nach der Bundesverfassung hinsichtlich der gegenseitigen Anerkennung von Hoheitsakten *(full faith and credit clause),* und bei der gegenseitigen Auslieferung von Strafgefangenen *(rendition clause).* Der Abschluß eines Vertrages zwischen zwei oder mehr Einzelstaaten *(interstate compact)* bedarf nur dann der Zustimmung des Kongresses, wenn durch den Vertrag die „political balance" zwischen Bund und Einzelstaaten gefährdet ist *(Multistate Tax Commission v. United States,* 1978).

Die *interstate cooperation* findet sich in den USA – ähnlich wie in Deutschland – besonders im Bereich der Exekutive. Aufgrund der strukturellen Unterschiede von parlamentarischem und präsidentiellem Regierungssystem hat die *Governors Conference* in den USA jedoch nicht dieselbe Bedeutung wie etwa die Konferenzen der Regierungschefs der deutschen Bundesländer (Bothe 1988: 181). Das politische Gewicht der Gouverneurskonferenzen ist zwar nach dem Zweiten Weltkrieg im Rahmen des allgemeinen Ausbaus der horizontalen Kooperation gestiegen, auch wenn sie im Bund-Staaten-Verhältnis eher als Lobbygruppe der Gouverneure in der Bundeshauptstadt fungiert. Daneben gibt es in den USA auch Formen parlamentarischer Kooperation. Hierzu gehört z. B. die *National Conference on State Legislatures,* die vom *Council of State Governments* betreut wird. Die *Conference* hat in den USA jedoch nicht die Bedeutung erlangen können, wie sie etwa derzeit in der Bundesrepublik die Interparlamentarische Gesellschaft besitzt. Einer der Gründe hierfür ist die Heterogenität der Einzelstaaten, die eine gemeinsame Interessenlage vielfach ausschießt (Bothe 1988).

4.4   Literatur

Advisory Commission on Intergovernmental Relations, Regulatory Federalism: Policy, Process, Impact, and Reform, Washington, D.C. 1984.

Advisory Commission on Intergovernmental Relations, State Constitutions in the Federal System. Selected Issues and Opportunities for State Initiatives, Washington, D.C. 1989.

Advisory Commission on Intergovernmental Relations, Federal Regulation of State and Local Governments: The Mixed Record of the 1980's, Washington, D.C. 1993.

Annaheim, Jörg, Die Gliedstaaten im amerikanischen Bundesstaat. Institutionen und Prozesse gliedstaatlicher Interessenwahrung in den Vereinigten Staaten von Amerika, Berlin 1992.

Beer, Samuel H., To Make a Nation. The Rediscovery of American Federalism, Cambridge/London 1993.

Berger, Raoul, Federalism: The Founders Design, New York 1987.

Bilder, Richard B., The Role of States and Cities in Foreign Relations, in: American Journal of International Law, Vol. 83, 4(1989), S. 821-831.

Bowman, Ann O'M., American Federalism on the Horizon, in: Publius, Vol. 32, 2(2002), S. 3-22.

Bothe, Michael, Die Entwicklung des Föderalismus in den angelsächsischen Staaten, in: Jahrbuch des öffentlichen Rechts der Gegenwart, Neue Folge 31, (1982), S. 109-167.

Bothe, Michael, Zusammenarbeit der Gliedstaaten im Bundesstaat. Rechtsvergleichender Generalbericht, in: **Starck**, Christian (Hrsg.), Zusammenarbeit der Gliedstaaten im Bundesstaat, Baden-Baden 1988, S. 175-224.

Cammisa, Anne Marie, Governments as Interest Groups. Intergovernmental Lobbying and the Federal System, Westport u. a. O. 1995.

Canada, Ben, Federal Grants to State and Local Governments: Concepts for Legislative Design and Oversight, CRS Report for Congress, RL30778, 7. September 2001.

Carey, George W., The Federalists. Design for a Constitutional Republic, Chicago 1989.

Conlan, Timothy, From New Federalism To Devolution.Twenty-Five Years of Intergovernmental Reform, Washington, D.C. 1998.

Cornell, Saul, The Other Founders. Anti-Federalism and the Dissenting Tradition in America, 1788-1828, Chapel Hill/London 1999.

Davidson, Roger H./**Oleszek**, Walter J., Congress and Its Members, 10. Aufl., Washington, D.C. 2006.

Diamond, Martin, What The Framers Meant By Federalism, in: **Goldwin**, Robert A. (Hrsg.), A Nation of States, Essays on the American Federal System, Chicago 1963, S. 24-41.

Dilger, Robert Jay, The Sunbelt/Snowbelt Controversy: The War over Federal Funds, New York/London 1982.

Dinan, John, Congressional Responses to the Rehnquist Court's Federalism Decisions, in: Publius, Vol. 32, 3(2002), S. 1-24.

Dippel, Horst, Die politische Geographie der USA, in: **Wasser**, Hartmut (Hrsg.), USA. Wirtschaft – Gesellschaft – Politik, 4. Aufl., Opladen 2000, S. 89-109.

Dye, Thomas R., American Federalism. Competition Among Governments, Lexington/Toronto 1990.

Ehlers, Eckart, Die Public Domain-Entwicklung und heutige Nutzung, in: **Adams**, Willi Paul u. a. (Hrsg.), Länderbericht USA, Bd. 1, Bonn 1992, S. 33-46.

Ehringhaus, Henner, Der kooperative Föderalismus in den Vereinigten Staaten von Amerika. Zum Verfassungswandel im modernen Bundesstaat, Frankfurt a. M. 1971.

Elkins, Stanley/**McKitrick**, Eric, The Age of Federalism. The Early American Republic 1788-1800, Oxford u. a. O. 1993.

Elazar, Daniel J., Exploring Federalism, Tuscaloosa 1987.

Elazar, Daniel J., International and Comparative Federalism, in: PS: Political Science & Politics, Vol. 26, 2(1993), S. 190-195.

Epstein, Lee/**Walker**, Thomas G., Constitutional Law for a Changing America. A Short Course, 3. Aufl., Washington, D.C. 2005.

Epstein, Leon D., Federalism and American Parties, in: **Scheiber**, Harry N./**Feeley**, Malcom M. (Hrsg.), Power Divided: Essays on the Theory and Practice of Federalism, Berkeley 1989, S. 3-13.

Falke, Andreas, Föderalismus und Kommunalpolitik, in: **Lösche**, Peter/**Loeffelholz**, Hans Dietrich von (Hrsg.), Länderbericht USA. Geschichte-Politik-Wirtschaft-Kultur, Bonn 2004, S. 261-287.

Fisher, Ronald C., Intergovernmental Fiscal Relations, Boston u. a. O. 1997.

Goldwin, Robert A./**Schambra**, William A. (Hrsg.), How Federal Is the Constitution?, Washington, D.C. 1987.

Greß, Franz, Aktuelle Entwicklungen im amerikanischen Föderalismus, in: **Europäisches Zentrum für Föderalismus-Forschung Tübingen** (Hrsg.), Jahrbuch des Föderalismus 2001, Baden-Baden 2001, S. 343-353.

Haas, Christoph M., Zweite Kammer Erster Klasse: der US-Senat, in: **Riescher**, Gisela/**Ruß**, Sabine/**Haas**, Christoph M. (Hrsg.), Zweite Kammern, München/Wien 2000, S. 22-47.

Haas, Christoph M., Haushaltsverfahren in den Einzelstaaten der USA, Baden-Baden 2004.

Hahn, Roland, USA. Neue Raumentwicklungen oder eine neue regionale Geographie, Stuttgart 2002.

Hamilton, Alexander/**Madison**, James/**Jay**, John Die Federalist-Artikel, hrsg. von Angela Adams/Willi Paul Adams, Paderborn u. a. O 1994.

Hardaway, Robert M., The Electoral College and the Constitution: The Case for Preserving Federalism, Westport 1994.

Hendrickson, Kimberly, Conservative Perspectives on American Federalism, Easton 2004.

Hesse, Joachim Jens/**Benz**, Arthur, Die Modernisierung der Staatsorganisation. Institutionenpolitik im internationalen Vergleich: USA, Großbritannien, Frankreich, Bundesrepublik Deutschland, Baden-Baden 1990.

Heun, Werner, Funktionell-rechtliche Schranken der Verfassungsgerichtsbarkeit: Reichweite und Grenzen einer dogmatischen Argumentationsfigur, Baden-Baden 1992.

Heun, Werner, Die bundesstaatliche Finanzverfassung der USA. Die Finanzbeziehungen zwischen Bund und Gliedstaaten in den Vereinigten Staaten von Amerika, in: Staatswissenschaft und Staatspraxis, Bd. 5, 1(1994), S. 97-152.

Hovey, Harold A., Can the States Afford Devolution? The Fiscal Implications of Shifting Federal Responsibilities to State and Local Governments, New York 1999.

Jones, Carolyn C., An Altered Course for Federalism in the United States. Country Report United States, in: **Riedel**, Eibe (Hrsg.), Aufgabenverteilung und Finanzregimes im Verhältnis zwischen dem Zentralstaat und seinen Untereinheiten, Baden-Baden 2001, S. 35-50.

Kenyon, Daphne A./**Kincaid**, John (Hrsg.), Competition among States and Local Governments. Efficiency and Equity in American Federalism, Washington, D.C. 1991.

Kern, Kristine, Die Entwicklung des Föderalismus in den USA: Zentralisierung und Devolution in einem Mehrebenensystem, in: Schweizerische Zeitschrift für Politische Wissenschaft, Jg. 3, 3(1997), S. 171-196.

Key, Jr., V. O., Southern Politics in State and Nation, Knoxville 1984 [EA 1949].

Kincaid, John, From Cooperative To Coercive Federalism, in: The Annals, 509(1990), S. 139-152.

Kincaid, John, Federalism in the United States of America: A Continual Tension between Persons and Places, in: **Benz**, Arthur/**Lehmbruch**, Gerhard (Hrsg.), Föderalismus. Analysen in entwicklungsgeschichtlicher und vergleichender Perspektive, PVS-Sonderheft 32, Wiesbaden 2002, S.134-156

Kincaid, John, Trends in Federalism: Is Fiscal Federalism Fizzling?, in: **Council of State Governments** (Hrsg.), The Book of the States, Volume 35, Lexington 2003, S. 26-31.

Kramer, Jörg-Dietrich, Die Finanzverfassungen der Vereinigten Staaten von Amerika und der Bundesrepublik Deutschland im Vergleich, in: **Kramer**, Jörg-Dietrich (Hrsg.), Grundzüge des US-amerikanischen Steuerrechts, Stuttgart 1990, S. 35-54.

Leibowitz, Arnold, Defining Status: A Comprehensive Analysis of United States – Territorial Relations, Njiholt 1989.

Loeffelholz, Hans Dietrich von, Wirtschaft und Finanzen, in: **Lösche**, Peter/**Loeffelholz**, Hans Dietrich von (Hrsg.), Länderbericht USA, 4. Aufl., Bonn 2004, S. 508-592.

Lösche, Peter, Amerika in Perspektive. Politik und Gesellschaft der Vereinigten Staaten, Darmstadt 1989.

Main, Jackson T., The Antifederalists. Critics of the Constitution, New York/London 1974.

Matson, Cathy D./**Onuf**, Peter S., A Union of Interest. Political and Economic Thought in Revolutionary America, Lawrence 1990.

Michelmann, Hans J./**Soldatos**, Panayotis (Hrsg.), Federalism and International Relations: The Role of Subnational Units, Oxford 1990.

Morris, Richard B., The Forging of the Union 1781-1789, New York 1987.

Nagel, Robert F., The Implosion of American Federalism, Oxford u. a. O. 2001.

Nathan, Richard P., Federalism – The Great Composition, in: **King**, Anthony (Hrsg.), The New American Political System, 2. Aufl., Washington, D.C. 1990, S. 231-261.

Nathan, Richard P., The Role of the States in American Federalism, in: **Van Horn**, Carl E. (Hrsg.), The State of the States, 3. Aufl., Washington, D.C. 1996, S. 13-32.

Nowak, John E./**Rotunda**, Ronald D./**Young**, J. Nelson, Constitutional Law, St. Paul 1988.

O'Connor, Karen/**Sabato**, Larry, American Government. Continuity and Change, Boston u. a. O. 1997.

O'Toole, Jr., Lawrence (Hrsg.), American Intergovernmental Relations. Foundations, Perspectives, and Issues, 4. Aufl., Washington, D.C. 2006.

Peterson, Paul E., The Price of Federalism, Washington, D.C. 1995.

Pietzcker, Jost, Der Staatsauftrag als Instrument des Verwaltungshandels, Tübingen 1978.

Reagan, Michael D./**Sanzone**, John Y., The New Federalism, Oxford 1981.

Renzsch, Föderale Finanzverfassungen: Ein Vergleich Australiens, Deutschlands, Kanadas, der Schweiz und der USA aus institutioneller Perspektive, in: **Europäisches Zentrum für Föderalismus-Forschung Tübingen** (Hrsg.), Jahrbuch des Föderalismus 2000, Baden-Baden 2000, S. 42-54.

Riechmann, Volkhard, Die Vorbereitung bundeseinheitlicher gliedstaatlicher Gesetzgebung in den Vereinigten Staaten von Amerika als Problem des kooperativen Föderalismus, Frankfurt a. M. 1978.

Riker, William H., The Development of American Federalism, Boston 1987.

Rossum, Ralph A., Federalism, the Supreme Court and the Seventeenth Amendment: The Irony of Constitutional Democracy, Lanham 2001.

Schneider-Sliwa, Rita, USA. Geschichte, Wirtschaft, Geographie, Politik. Darmstadt 2005.

Stephens, G. Ross/**Wikstrom**, Nelson, American Intergovernmental Relations: A Fragmented Federal Polity, New York 2006.

Stewart, William H., Concepts of Federalism, Lanham 1974.

Storing, Herbert. J., The Anti-Federalist. Writings by the Opponents of the Constitution, Chicago 1985.

Stotsky, Janet G./**Sunley**, Emil M., United States, in: **Ter-Minassian**, Teresa (Hrsg.), Fiscal Federalism in Theory and Practice, Washington, D.C. 1997, S. 359-383.

Thürer, Daniel, Bund und Gemeinden. Eine rechtsvergleichende Untersuchung zu den unmittelbaren Beziehungen zwischen Bund und Gemeinden in der Bundesrepublik Deutschland, den Vereinigten Staaten von Amerika und der Schweiz, Berlin/Heidelberg 1986.

Tribe, Laurence H., American Constitutional Law, Mineola 1988.

Trute, Hans-Heinrich, Zur Entwicklung des Föderalismus in den Vereinigten Staaten von Amerika, in: Zeitschrift für ausländisches öffentliches Recht und Völkerrecht, Bd. 49, 2(1989), S. 191-256.

U.S. Bureau of the Census, Statistical Abstract of the United States, 2006: The National Data Book, Washington, D.C. 2005.

Walker, David B., The Rebirth of Federalism: Slouching to Washington, 2. Aufl., Chappaqua 2000.

Waltenburg, Eric N./**Swinford**, Bill, Litigating Federalism: The States before the U.S. Supreme Court, Westport 1999.

Wayne, Stephen J./**Mackenzie**, G. Calvin/**Cole**, Richard L., Conflict and Consensus in American Politics, Belmont 2007.

Welz, Wolfgang, Washington, D.C.: From America's Last Colony to the 51st State of the Union, in: **Hönnighausen**, Lothar/**Falke**, Andreas (Hrsg.), Washington, D.C. Interdisciplinary Approaches, Tübingen/Basel 1993, S. 25-33.

Wright, Deil S., Understanding Intergovernmental Relations, Pacific Grove 1988.

Wright, Deil S., Federalism and Intergovernmental Relations. Traumas, Tensions and Trends, in: **Council of State Governments** (Hrsg.), The Book of The States, Vol. 35, Lexington 2003, S. 21-25.

Zellweger, Valentin, Völkerrecht und Bundesstaat. Mittel des Völkerrechts zur Vereinbarung von Staatsvertrags- und Bundesstaatsrecht, Berlin 1992.

Zimmerman, Dennis, The Private Use of Tax-Exempt Bonds, Washington, D.C. 1991.

Zimmerman, Joseph F., Contemporary American Federalism. The Growth of National Power, Leicester/London 1992.

Zimmerman, Joseph F., Interstate Relations: The Neglected Dimension of Federalism, Westport 1996.

Zimmerman, Joseph F., Compacts and Administrative Agreements, Westport 2002.

Zimmerman, Joseph F., Congressional Preemption: Regulatory Federalism, New York 2005.

Zuckert, Michael P., A System Without Precedent: Federalism in the American Constitution, in: **Levy**, Leonard W./**Mahoney**, Dennis J. (Hrsg.), The Framing and Ratification of the Constitution, New York/London 1987, S. 132-150.

*Christoph M. Haas / Winfried Steffani † / Wolfgang Welz**

5   Der Kongreß

Wie der Einleitungssatz der Bundesverfassung feststellt, liegt die legislative Gewalt beim Kongreß, der sich aus Senat und Repräsentantenhaus zusammensetzt. Wenn somit von dem Kongreß gesprochen wird, ist die aus zwei Kammern bestehende Institution gemeint. Ein Mitglied des Repräsentantenhauses wird als *(U.S.) Representative, Congressman* bzw. *Congresswoman* oder auch als *Member of Congress* bezeichnet. In offizieller Anrede wird er oder sie mit *Honorable (Representative)* adressiert, in den Plenardebatten sollen sich die Mitglieder mit *The Gentleman/Gentlewoman from* (Einzelstaat) ansprechen. Die Betitelung als *Member of Congress* führte dazu, daß im Sprachgebrauch mancherorts das Repräsentantenhaus verengend „Congress" genannt wird. Auch die Mitglieder des Senats sind *Members of Congress*, sie werden jedoch fast ausschließlich als *(U.S.) Senator* bezeichnet und mit *Senator* angesprochen.

Der Kongreß ist eine Legislative (*legislature, legislative body*); der Begriff Parlament wird für ihn nicht benutzt, da *parliament* im angelsächsischen Sprachraum das (gesetzgebende) Organ in parlamentarischen Regierungssystemen bezeichnet, aus dem die Regierung hervorgeht und vom dem diese auch wieder abberufen werden kann. Wenn Parlament für sich oder in einer Wortkombination für den Kongreß verwandt wird, so geschieht dies, weil der Begriff in seinem weitesten Sinne für die gesetzgebende Institution bzw. das Repräsentationsorgan in einem Staat oder einer Gebietskörperschaft steht. Einer derartigen Verallgemeinerung des Begriffes entspricht im Repräsentantenhaus die Bezeichnung seines Büros für interparlamentarische Angelegenheiten (*Office of Interparliamentary Affairs*; Abbildung 5-1), das unter anderem Kontakte mit Parlamenten anderer Länder herstellt oder auch die Besuchsprogramme für ausländische Abgeordnete organisiert. Und schließlich gilt für die Begriffsnutzung, daß etwa *legislative decision making* oder *legislative autonomy* mit Parlamentsentscheid oder Parlamentsautonomie prägnanter übersetzt sind. Gleichwohl soll „Parlament" für den Kongreß möglichst vermieden werden.

Wer den Kongreß verstehen will, sollte ihn auf drei verschiedenen, aber insgesamt eine Einheit bildenden Analyseebenen zu erfassen versuchen. Es sind dies erstens die verfassungsrechtliche Ebene, zweitens die der einfachen Gesetzgebung, der Geschäftsordnungen und informellen Regelungen sowie drittens die derjenigen Menschen, die den Kongreß in einer bestimmten historischen Situation darstellen. Während die erste Analyseebene auf die nun

---

* Der Beitrag aktualisiert und erweitert den Artikel von Winfried Steffani der ersten beiden Auflagen umfassend.

bereits 200 Jahre bestehende Grundstruktur verweist, zeigt die dritte die jeweilige Aktualität an: In dieser Hinsicht ist jeder Kongreß einmalig. Zwischen ihnen liegt die zweite Ebene, auf der sich der stete Wandel des Verfassungsorgans Kongreß als politische Institution verfolgen läßt.

5.1 Der Kongreß als Verfassungsorgan

5.1.1 Verfassungsbindung und Parlamentsautonomie

Die rechtlichen Grundlagen der Bildung, Organisation und Zuständigkeiten des Kongresses als Staatsorgan sind im ersten Artikel der Bundesverfassung geregelt, der etwas mehr als die Hälfte des gesamten Verfassungstextes ausmacht. Der Artikel beginnt mit dem aufschlußreichen Satz: „Alle in dieser Verfassung verliehene (*herein granted*) gesetzgebende Gewalt ruht in einem Kongreß der Vereinigten Staaten, der aus einem Senat und einem Repräsentantenhaus besteht." Der Kongreß ist somit nicht – wie etwa das britische Parlament – als souverän, d. h. als eine die Verfassung repräsentierende Entscheidungsinstanz gedacht (in Großbritannien hat jeder Parlamentsbeschluß Verfassungsrang), sondern als ein der Verfassung unterworfenes Staatsorgan. Jede Gesetzgebungsmaßnahme des Kongresses bedarf daher eines Anknüpfungspunktes in der Verfassung, die in der Normenhierachie der USA das höchstrangige Recht darstellt.

Zur Organisation beider Häuser des Kongresses heißt es in der Bundesverfassung lediglich, daß das Repräsentantenhaus seinen *Speaker* wählt und daß der Vizepräsident der Vereinigten Staaten im Senat den Vorsitz führt. Im übrigen dürfen beide Häuser sonstige Funktionsträger (*other officers*) frei bestellen, was im Senat auch für die Wahl eines Interimspräsidenten (*president pro tempore*) gilt, der bei Abwesenheit des Vizepräsidenten als Vorsitzender (*presiding officer*) des Senats amtiert (Abbildung 5-1). Ansonsten steht dem Kongreß als oberstem Staatsorgan das Recht zu, sich selbst zu organisieren und zu verwalten. In dieser Befugnis zeigt sich die sogenannte Parlamentsautonomie, die auch die Geschäftsordnungsautonomie der beiden Häuser des Kongresses einschließt, die ihre Organisation und ihr Verfahren durch eine Geschäftsordnung (*standing order*) jeweils selbständig regeln. Die Auslegung der Geschäftsordnungsbestimmungen kann vom Obersten Gerichtshof (*Supreme Court*) auf ihre Verfassungsmäßigkeit überprüft werden.

Abbildung 5-1: Die Organisationsstruktur des Kongresses

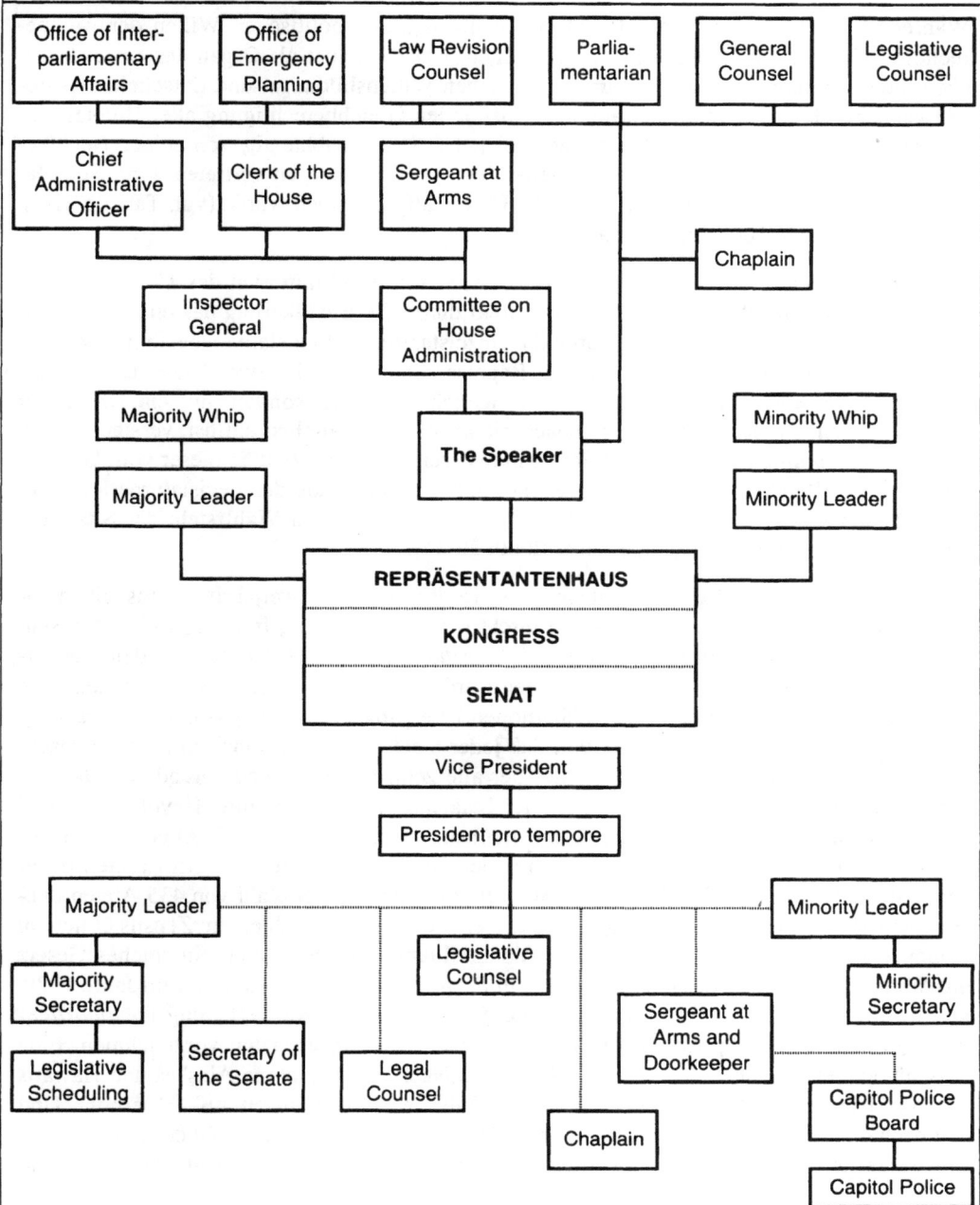

Office of Inter-parliamentary Affairs	Office of Emergency Planning	Law Revision Counsel	Parlia-mentarian	General Counsel	Legislative Counsel

Chief Administrative Officer | Clerk of the House | Sergeant at Arms

Chaplain

Inspector General | Committee on House Administration

Majority Whip | The Speaker | Minority Whip

Majority Leader | | Minority Leader

REPRÄSENTANTENHAUS

KONGRESS

SENAT

Vice President

President pro tempore

Majority Leader | Minority Leader

Majority Secretary | Legislative Counsel | Minority Secretary

Legislative Scheduling | Secretary of the Senate | Legal Counsel | Sergeant at Arms and Doorkeeper | Capitol Police Board

Chaplain

Capitol Police

Quelle: **Office of the Federal Register/National Archives and Records Administration, U.S. Government Manual, 2005-2006, Washington, D.C. 2005, S. 26 f.**

5.1.2   Wahl und Zusammensetzung

Während die Abgeordneten des Repräsentantenhauses den politischen Willen der wahlberechtigten Bürger zum Ausdruck bringen sollten, war der Senat als Organ der einzelstaatlichen Interessenrepräsentation im bundespolitischen Willensbildungs- und Entscheidungsprozeß gedacht. Gemäß dem Grundsatz der prinzipiellen Gleichberechtigung aller Bundesstaaten wurde in der Verfassung festgelegt, daß jeder Staat unabhängig von seiner Bevölkerungszahl und seiner Gebietsgröße im Senat durch zwei Senatoren vertreten wird. Seit Hawaii im Jahre 1959 als 50. Einzelstaat in die Union aufgenommen wurde (vgl. Tabelle 21-1),
gehören dem Senat 100 Mitglieder an.

Die Amtszeit der Senatoren beträgt sechs Jahre. Seit dem Inkrafttreten des 17. *Amendment*
der Verfassung im Jahre 1913 werden sie direkt durch die Bevölkerung des einzelnen Bundesstaats gewählt, zuvor waren sie durch die einzelstaatlichen Legislativen bestimmt worden.
Senatswahlen finden ebenso wie die zum Repräsentantenhaus alle zwei Jahre statt. Anders
als beim Repräsentantenhaus stehen hierbei jedoch nicht alle, sondern nur ein Drittel der
Sitze zur Wahl. Da der Senat sich demnach nie in seiner Gesamtheit auflöst, versteht er sich
selbst als *continuing body*. Wird ein Senatssitz vorzeitig vakant, so kann dieser vom Gouverneur des betreffenden Staates vorübergehend, d. h. bis zum Ende der Legislaturperiode, mit
einer Person seines Vertrauens besetzt werden. Bei der nächsten Wahl steht der Sitz dann
wieder zur Disposition der Wähler (Haas 2000: 22-34).

Die Abgeordneten des Repräsentantenhauses werden für eine zweijährige Amtszeit in Ei-
nerwahlkreisen (*single member districts*) direkt gewählt. Vorzeitig frei werdende Repräsentantenhaussitze werden im Wege von *special elections* wieder besetzt, die von den Gouverneuren der jeweiligen Staaten ausgeschrieben werden. Die Zahl der Repräsentantenhaussitze
ist – abgesehen von einer inzwischen überholten Übergangsbestimmung – in der Verfassung
nicht geregelt. Sie schreibt lediglich vor, daß jeder Staat mindestens einen Sitz im Repräsentantenhaus haben soll und daß nach jeder der alle zehn Jahre durchzuführenden Volkszählung (*census*) die Sitzverteilung zwischen den Staaten nach Maßgabe ihrer Bevölkerungszahl
vorzunehmen sei. Bestand das Repräsentantenhaus ursprünglich aus 65 Abgeordneten, so
vergrößerte sich deren Zahl mit der wachsenden Bevölkerung und dem Hinzutreten neuer
Einzelstaaten (von anfangs 13 auf heute 50). Die bis heute gültige Zahl von 435 Abgeordneten war 1910 erreicht und der Kongreß setzte sie, wie bis dahin nach einem Zensus üblich, in
einem *Apportionment Act* fest. Nach der Volkszählung von 1920 blieb ein solches Gesetz
aus, allerdings beschloß der Kongreß mit dem *Permanent Apportionment Act* im Jahre 1929,
künftig nicht mehr eine Erweiterung, sondern nur noch eine Neuverteilung (*reapportion-
ment*) der Sitze des Repräsentantenhauses zwischen den Einzelstaaten vorzunehmen. Eine
Ausnahme hiervon gab es jedoch von 1959-1962. Nach der Aufnahme Alaskas und Hawaiis
als Einzelstaaten der Union (1959) wurde die Zahl der Abgeordneten auf 437 erhöht. Und
erst nach dem Zensus von 1960 wurde für die Wahlen von 1962 an die Zahl der Mandate pro
Einzelstaat auf der Basis von 435 Sitzen neu verteilt (Congressional Quarterly's Guide to
Congress 2000a: 58 ff.; Huckabee 2001).

Seit einer Entscheidung des *Supreme Court* aus dem Jahre 1964 (*Wesberry v. Sanders*), wonach auch auf Bundesebene je ein Abgeordneter die gleiche Zahl von Einwohnern repräsen-

tieren soll (*one person, one vote principle*), müssen alle Kongreßwahlbezirke eine möglichst gleichgroße Bevölkerungszahl aufweisen. Zuvor war es vorgekommen, daß Wahldistrikte trotz ihrer höchst unterschiedlichen Bevölkerungszahl jeweils nur durch einen Abgeordneten im Repräsentantenhaus vertreten waren: Zum Zeitpunkt der Wahl zum 88. Kongreß (1961/62) hatte ein Distrikt in Michigan nur 177.431, ein anderer ebendort hingegen 802.994 und ein Wahlkreis in Texas sogar 951.527 Einwohner. Bezogen auf die durchschnittliche Wahlkreisgröße von damals 410.480 lag der einwohnerschwächste *congressional district* um 56,8 Prozent unter dem Mittel, während der einwohnerstärkste um 131,8 Prozent darüber lag, also fast zweieinhalb Mal so groß war. Nach *Wesberry v. Sanders* wurden die gröbsten Ungleichheiten zügig beseitigt und in den Folgejahrzehnten auch im Detail bereinigt, so daß sich nach dem Zensus von 1990 die Abweichungen überwiegend im Tausendstel- und allenfalls in Einzelfällen im ebenfalls marginalen Zehntelprozentbereich bewegten (Huckabee 2001: 31 f.). Einen Sonderfall stellen jene Bundesstaaten dar, deren Bevölkerungszahl geringer oder nur unwesentlich höher ist als die eines *average size congressional district* (nach dem Zensus von 2000: 646.952 Einwohner). Bei diesen sieben Staaten (2000: Alaska, Delaware, Montana, North Dakota, South Dakota, Vermont, Wyoming), die jeweils nur über einen Abgeordneten im Repräsentantenhaus verfügen, sind Kongreßwahlbezirk und Staatsgebiet identisch und daher eine Wahlkreiseinteilung obsolet.

Die vom Obersten Gerichtshof ausdrücklich vorgeschriebene Beachtung des *one person, one vote*-Grundsatzes bei der Einteilung der Kongreßwahlkreise macht es erforderlich, die Wahlkreisgrenzen demographischen Veränderungen anzupassen (*redistricting*). Dies geschieht in der Regel im Anschluß an die Neuverteilung der Repräsentantenhaussitze zwischen den Staaten (*apportionment*) im Zuge des alle zehn Jahre stattfindenden Zensus. Beim *redistricting* besteht die Gefahr, daß die in den einzelstaatlichen Parlamenten dominierende Mehrheitspartei die Grenzen der Wahlkreise zu ihren Gunsten „zurechtschneidert". Nach Auffassung des *Supreme Court* ist eine derartige parteipolitische Manipulation der Wahlkreiseinteilung (*political gerrymandering*) jedoch nicht per se verfassungswidrig, sondern nur dann, wenn „the electoral system is arranged in a manner that will consistently degrade a voter's or group of voters' influence on the political process as a whole" (*Davis v. Bandemer*, 1986). In einem jüngeren Urteil (*Vieth v. Jubelier*, 2004) wurde diese Auffassung grundsätzlich bestätigt, jedoch in der Begründung auch darauf hingewiesen, daß in Zukunft ein justizielles Einschreiten gegen derartiges *political gerrymandering* nicht ausgeschlossen wird (CQ 2004 Almanac Plus 2005: 18~21).

Zu den 435 Abgeordneten des Repräsentantenhauses kommen ein *Resident Commissioner* (für Puerto Rico) und vier *Delegates* (für American Samoa, Guam, die Virgin Islands und die Hauptstadt Washington, D.C.). Die *Delegates* sind ebenso wie die Abgeordneten auf zwei Jahre gewählt, der *Resident Commissioner* dagegen für vier Jahre. Die Vertreter der vier amerikanischen Territorien und dem *District of Columbia* haben bis auf eine entscheidende Ausnahme die selben Rechte und Pflichten wie die Abgeordneten aus den Einzelstaaten: Sie können Gesetzesentwürfe einbringen, sind gleichberechtigte Mitglieder mit Stimmrecht in Ausschüssen und haben Rederecht in Plenardebatten; aber sie sind bei den abschließenden Entscheidungen im Plenum nicht abstimmungsberechtigt (Congressional Quarterly's Guide to Congress 2000b: 851; Palmer 2006: 12-17).

5.1.3   Wahlperiode und Sitzungsperioden

Während der Kongreß als Verfassungsorgan ständig besteht, endet der durch die jeweilige
personell-politische Zusammensetzung bestimmte Kongreß mit dem Ablauf einer Legislatur-
bzw. Wahlperiode (*term*). In diesem Sinne spricht man vom 1. bzw. 109. Kongreß und meint
damit den Kongreß der ersten Wahlperiode von 1789-1791 bzw. den der 109. Wahlperiode
von 2005-2007. Für den Kongreß gilt daher ebenso wie für den Deutschen Bundestag das
Prinzip der personellen Diskontinuität. Seit dem Inkrafttreten des 20. *Amendment* der Bundesverfassung (1933) beginnt eine Wahlperiode am 3. Januar eines ungeraden Jahres und
endet am 3. Januar des nächsten ungeraden Jahres. Eine Verkürzung der Wahlperiode ist
nicht möglich, da der Kongreß weder ein Selbstauflösungsrecht besitzt noch vom Präsidenten aufgelöst werden kann. Das *Amendment* schreibt zudem vor, daß der Kongreß in jedem
Jahr am 3. Januar zusammentritt, sofern er nicht per Gesetz ein anderes Datum bestimmt.
Eine Wahlperiode ist daher in zwei Sitzungsperioden (*sessions*) unterteilt. Innerhalb einer
Sitzungsperiode können sich beide Häuser für einen vorab genau bestimmten Zeitraum vertagen (*adjournment to a day certain),* wobei für eine länger als drei Tage geplante Vertagung
eines Hauses die Zustimmung der anderen Kammer erforderlich ist. Gemäß den Bestimmun-
gen des *Legislative Reorganization Act* von 1970 soll eine Sitzungsperiode spätestens am 31.
Juli eines jeden Jahres abgeschlossen werden (*adjournment sine die),* wenn nicht beide
Kammern mittels einer *concurrent resolution* eine Verlängerung der Sitzungsperiode beschließen, was in jüngster Zeit jedoch die Regel ist. Zum Beispiel endete 2004 die zweite
Sitzungsperiode des 108. Kongresses erst am 8. Dezember (H. Con. Res. 531: Congressional
Record, Vol. 150, No. 139, S12083). Dieses Selbstvertagungsrecht des Kongresses ist nur
insofern eingeschränkt, als er vom Präsidenten bei „außerordentlichen Anlässen" auch au-
ßerhalb einer regulären Sitzungsperiode einberufen werden kann (Congressional Quarterly's
Guide to Congress 2000a: 471).

5.1.4   Der Status der Kongreßmitglieder

Die Voraussetzungen der Mitgliedschaft
Die Bedingungen für die Wählbarkeit zum Kongreß sind im ersten Artikel der Bundesverfassung geregelt. Hiernach müssen Senatoren mindestens 30 und Abgeordnete mindestens 25
Jahre alt sein. Weitere *constitutional qualifications* sind die Staatsbürgerschaft, die Senatoren
seit mindestens neun und Abgeordnete seit mindestens sieben Jahren besitzen müssen, sowie
die für die Mitglieder beider Kammern geltende Vorschrift, zum Zeitpunkt ihrer Wahl Einwohner des entsprechenden Staates zu sein. Die Verfassung schreibt ferner vor, daß niemand
dem Kongreß angehören darf, der im Bereich der Exekutive oder Judikative ein Amt innehat
(Inkompatibilitätsgebot). Nach Art. I, Sec. 3 U.S. Const. ist der Vizepräsident zwar *President
of the Senate,* er hat aber nur Stimmrecht im Falle eines Abstimmungspatts im Plenum. Üblicherweise übernimmt der Vizepräsident heute daher den Vorsitz im Senat nur bei wichtigen
Gesetzesvorlagen, bei denen knappe Mehrheiten zu erwarten sind. Beide Häuser des Kongresses haben das Recht, autonom über die Gültigkeit der Wahlen zu entscheiden (Art. I,
Sec. 5, cl. 1 U.S. Const.). Wie der *Supreme Court* urteilte, beinhaltet das Wahlprüfungsrecht

aber nicht die Befugnis, einem ordnungsgemäß gewählten Mandatsbewerber den Sitz im Kongreß zu verweigern, nur weil er nach Ansicht der Mehrheit eines Hauses einer Mitgliedschaft nicht würdig zu sein scheint (*Powell v. McCormack*, 1969).

Die Rechte und Pflichten der Kongreßmitglieder

Alle Kongreßmitglieder müssen sich vor Aufnahme ihrer Parlamentstätigkeit „durch Eid oder Gelöbnis" zur Beachtung der Verfassung verpflichten (Art. VI, Sec. 3 U.S. Const.). Sie erhalten ein Entgelt – 2006 in Höhe von US-$ 165.200 sowohl für Abgeordnete als auch Senatoren (Dwyer 2006: 6) – sowie eine Zuweisung (*allowance*) zum Bestreiten der sich aus ihrer Mandatstätigkeit ergebenden Kosten für Personal, Dienstreisen und Büroausstattung. Außerdem kommt den Kongreßmitgliedern das sogenannte *franking privilege* für den Briefversand zu, d. h. die Portokosten werden bis zu einer bestimmten Summe ebenfalls erstattet (Ornstein/Mann/Malbin 2001: 139 ff.). Im Jahr 2004 betrug die *allowance* für einen Abgeordneten zwischen US-$ 1.152.825 und 1.686.522. Darin enthalten waren US-$ 778.993 für bis zu maximal 18 ständige Mitarbeiter in den Abgeordnetenbüros in der Hauptstadt und im Wahlkreis. Die Differenz in den Zuweisungen begründet sich aus der unterschiedlichen Bemessungsgrundlage für Korrespondenz und Reisen, die auf einem Schlüssel je nach Größe des Wahlkreises und dessen Entfernung von Washington, D.C. basiert. Senatoren hatten zwischen US-$ 2.264.345 und 3.751.995 zur Verfügung, wobei der Verteilungsschlüssel für den Senat zudem die Bevölkerungszahl berücksichtigt und deshalb die zugeteilte Summe für Personal zwischen US-$ 1.685.301 und 2.833.718 sowie die für den Briefverkehr zwischen US-$ 31.746 und 298.850 lag (Dwyer 2004: 2-9).

Alle Abgeordneten und Senatoren besitzen die Immunität und haben im Kongreß das Recht der freien Rede: die angelsächsische Version des freien Mandats (Art. I, Sec. 6 U.S. Const.). Das Indemnitätsrecht ist das Herzstück parlamentarischer Entscheidungsfreiheit und somit das wichtigste *privilege* der Kongreßmitglieder. Obgleich in der Verfassung nur von *speech or debate in either House* die Rede ist, dem Buchstaben nach also lediglich parlamentarische Plenardebatten unter Indemnitätsschutz fallen, stellte der *Supreme Court* fest: „The Constitution itself gives an absolute privilege to members of both Houses of Congress in respect to any speech, debate, vote, report or action done in session" (*Borr v. Matteo*, 1959). Diese weite Auslegung unterstreicht die zentrale Bedeutung, die dem Indemnitätsrecht zukommt. Wird darüber hinaus in Rechnung gestellt, daß dieses *absolute privilege* auch für die Mitarbeiter des Kongresses im Rahmen der Ausübung ihrer Dienstpflichten gilt, so kann die fundamentale Bedeutung des Indemnitätsrechts für den parlamentarischen Willensbildungsprozeß schwerlich überschätzt werden. Hierbei muß allerdings berücksichtigt werden, daß das Indemnitätsrecht dem Schutz der legislativen Tätigkeiten der Kongreßmitglieder und ihrer Mitarbeiter dienen soll. Dies folgt aus der Rechtsprechung des Obersten Gerichtshofes, der bei der Interpretation der *speech and debate clause* zwischen rein politisch-kontroversen (*political in nature*) und politisch-legislativen (*clearly a part of the legislative process*) Aktivitäten unterscheidet und verfassungsrechtlich nur letztere als durch die Indemnität geschützt ansieht (*United States v. Brewster*, 1972).

Die Mitglieder und Mitarbeiter des Kongresses sind zur Einhaltung eines Verhaltenskodex (*ethical codex*) verpflichtet, der in den Geschäftsordnungen beider Häuser, im *Ethics in Go-*

vernment Act (1978) und im *Government Ethics Reform Act* (1989) spezifiziert wird. Zu den wichtigsten Bestimmungen dieses Kodex gehören die Festsetzung von Obergrenzen für zusätzliche Einkünfte und das Verbot, innerhalb einer bestimmten Frist nach Ausscheiden aus dem Kongreß als Lobbyist tätig zu werden. Mittels Änderungen der jeweiligen Geschäftsordnung haben beide Kammern die Regeln seither kontinuierlich verschärft. Darunter fielen etwa das Verbot der Annahme von Geschenken oder Einladungen zum Essen im Wert von über US-$ 50, deren Limitierung auf US-$ 100 an Zuwendungen pro Jahr von einer Person bzw. Institution, des weiteren die Einschränkung der Nutzung von Überschüssen aus der Wahlkampffinanzierung oder auch das Verbot, innerhalb von 90 Tagen vor einer Wahl (*primary* oder *general election*) mittels der *franking privilege* Massenbriefe zu versenden (Congressional Quarterly's Guide to Congress 2000b: 949-952, 978-984).

Die Untersuchung eventueller Verstöße gegen die Bestimmungen des Verhaltenskodex obliegt im Repräsentantenhaus dem *House Committee on Standards of Official Conduct* und im Senat dem *Select Committee on Ethics*. Wenn bei einer solchen Untersuchung ein Verstoß festgestellt wird, ergeht eine Mitteilung des jeweiligen Ausschusses an die zuständige Kammer, die dann über die entsprechende Disziplinarstrafe entscheidet (Kuntz 1991: 1431). Je nach Schwere des Verstoßes kommen hierbei folgende Maßnahmen in Betracht: Mißbilligung (*reprimand*), offizieller Tadel (*censure*) oder der mindestens jeweils die Zweidrittelmehrheit einer Kammer erfordernde Ausschluß (*expulsion*) eines Kongreßmitgliedes. Im Senat gab es insgesamt 30 Ausschlußverfahren, dabei wurden 15 Senatoren der Kammer verwiesen, davon 14 aus den Südstaaten in der Zeit des Bürgerkriegs zwischen 1861 und 1862 wegen Unterstützung einer Rebellion. Seit dem Zweiten Weltkrieg gab es nur zwei Verfahren, wobei beide Senatoren (Harrison A. Williams, 1982 wegen Korruption und Bob Packwood, 1995 wegen sexueller Belästigung) dem wahrscheinlichen Ausschluß durch Rücktritt zuvorkamen. Von den 31 Verfahren im Repräsentantenhaus endeten nur fünf mit einem Ausschluß, der jüngste traf James A. Traficant im Jahr 2002 (u. a. wegen Bestechung, Steuerdelikten und Behinderung der Justiz). Ein vollzogener Tadel oder eine Mißbilligung können ebenfalls das Ende der politischen Karriere bedeuten. Wird ein Ausschußvorsitzender mit einem *censure* belegt, bedeutet das in aller Regel den Verlust dieser Führungsposition. Während eines laufenden Ethikverfahrens gegen ihn wurde Newt Gingrich zwar 1997 nochmals knapp zum *Speaker* gewählt, nach der verhängten *reprimand* war er in dieser Position jedoch erheblich geschwächt und gab nach der Wahl 1998, in der die Republikaner einige Sitze verloren, schließlich sogar sein Mandat ab (Congressional Quarterly's Guide to Congress 2000b: 923-942).

5.1.5   Die Aufgaben und Kompetenzen des Kongresses

Der Kongreß ist kein Parlament, das nach politischem Ermessen seiner Mehrheit der Regierung das Mißtrauen aussprechen kann, sondern eine Legislative, deren höchste politische Sanktionsgewalt in der Gesetzgebung liegt. Zwar kann der Kongreß den Präsidenten sowie diejenigen vom Präsidenten ernannten Mitglieder der Exekutive (und Judikative), die für die Amtsübernahme der Zustimmung des Senats bedurften, im Wege einer Amtsanklage (*impeachment*) aus deren Amt entfernen. Das darf aber nicht – wie in parlamentarischen Systemen selbstverständlich – mit der Behauptung einer nicht gegebenen politischen Vertrauensbeziehung geschehen, sondern allein aufgrund nachgewiesener krimineller Handlungen. Das Recht zur Erhebung der Anklage steht dem Repräsentantenhaus zu, das mit der einfachen Mehrheit seiner Mitglieder die Einleitung eines *impeachment*-Verfahrens beschließen kann. Die Durchführung dieses Verfahrens (die Vernehmung von Zeugen etc.) erfolgt im Senat, dem auch die Urteilsfindung obliegt. Hierbei ist für die Verurteilung, die die sofortige Amtsenthebung des Angeklagten zur Folge hat, die Zweidrittelmehrheit der anwesenden Senatoren erforderlich. Wird der Präsident selbst angeklagt, hat der Senat unter Vorsitz des Präsidenten des Obersten Gerichtshofes der USA zu tagen (Haas 2000: 43).

Bei der Gesetzgebung sind beide Häuser des Kongresses völlig gleichberechtigt. Das gilt auch für die Entscheidung über die Ausgabe und Einnahme von Haushaltsmitteln, die in Gesetzesform erfolgen. Lediglich bei Einnahmegesetzen kommt dem Repräsentantenhaus formalrechtlich ein Vorrang zu, weil ihm bei diesen das Initiativrecht zusteht (Art. I, Sec. 7, cl. 1 U.S. Const.). Haben beide Häuser einen einheitlichen Gesetzesbeschluß gefaßt, so muß er, um Rechtskraft zu erlangen, dem Präsidenten zur Gegenzeichnung vorgelegt werden. Insoweit unterliegt die „einfache Gesetzgebung" des Kongresses stets dem Vorbehalt eines präsidentiellen Vetos. Dieses kann von beiden Kammern nur durch einen von jeweils Zweidritteln der Mitglieder gefaßten Beschluß überstimmt werden. Gleiches gilt für legislative Entschließungen beider Häuser (*joint resolutions*), die vom Präsidenten gemäß Art. I, Sec. 3 U.S. Const. gebilligt werden müssen.

Die Gesetzeskompetenzen des Kongresses sind in Art. I, Sec. 8 U.S. Const. festgelegt, der eine längere, 18 Punkte umfassende Aufzählung (gemäß „Enumerationsprinzip") der Befugnisse enthält. Sie reichen von dem Recht, für das gesamte Gebiet der USA einheitliche Zölle und Abgaben festzusetzen und einzuziehen, den Handel mit dem Ausland und unter den Einzelstaaten zu regulieren, Münzen zu prägen, Postämter und Poststraßen einzurichten, Bundesgerichte zu bilden, Armeen und eine Flotte aufzustellen und zu unterhalten sowie dem Recht zur ausschließlichen und uneingeschränkten Gesetzgebung über das künftige Gebiet des Regierungssitzes bis hin zu jener berühmten Generalklausel (*necessary and proper clause*), über die der *Supreme Court* im Laufe seiner Verfassungsinterpretation dem Bund weitreichende Gesetzgebungskompetenzen zuerkennen konnte:

> „*To make all laws which shall be necessary and proper for carrying into execution the foregoing powers, and all other powers vested by this Constitution in the Government of the United States, or in any department or officer thereof*".

Bundesgesetze, die sich in diesem Verfassungsrahmen bewegen, bilden neben dem Verfassungstext selbst das oberste Recht des Landes (*the supreme law of the land*). Für Verträge (*treaties*) gilt dies nur dann, wenn sie entsprechend Art. II, Sec. 2, cl. 2 U.S. Const. mit Zustimmung (*by and with the advice and consent*) des Senats zustande gekommen sind. Hierzu ist jedoch eine Zweidrittelmehrheit der anwesenden Senatoren erforderlich.

Von ganz außerordentlicher Bedeutung war schließlich jene in Art. I, Sec. 9, cl. 7 U.S. Const. ausdrücklich genannte Kongreßbefugnis, die festlegt: „No money shall be drawn from the Treasury but in consequence of appropriations made by law [...]". Denn damit hat der Kongreß nicht nur die Kompetenz erhalten, generelle Bundesgesetze zu verabschieden, sondern auch genauestens zu bestimmen, wann, zu welchem Zweck und wie viele Gelder der

Staatskasse entnommen werden dürfen. Auf dieser Verfassungsbestimmung beruht die sogenannte *power of the purse*, die zusammen mit der *power of law* die auch heute noch weitreichende Sanktionsgewalt des Kongresses gegenüber der Exekutive begründet. Da keines der
Kongreßhäuser über die Befugnis des politischen Mißtrauensvotums verfügt, bleiben für eine
direkte politische Sanktionsausübung „lediglich" die Instrumente der Gesetzgebung und der
Geldbewilligung. Mit der eigenwilligen Nutzung dieser Instrumente hat sich der Kongreß
immer wieder Gehör verschafft und die Reputation einer machtvollen und kontrollfähigen
Legislative erworben.

Hinzu kommt eine Befugnis, die allerdings nicht in der Verfassung erwähnt wird: das Unter-
suchungsrecht. Mit ihm sind seit dem *Legislative Reorganization Act* von 1946 alle ständigen
Ausschüsse des Kongresses ausgestattet. Sie haben demnach das Recht, Akten und sonstige
Unterlagen einzufordern und jedermann – gegebenenfalls unter Zwangsandrohungen – vor-
zuladen und zu vernehmen. Solange die Regierung und deren Vertreter in den Plena der
Kongreßhäuser nicht auftreten dürfen, müssen sie – abgesehen vom Präsidenten – in den
Ausschüssen des Kongresses Rede und Antwort stehen. Gleichwohl gibt die Regierung unter
Berufung auf das *executive privilege* (Aussageverweigerungsrecht) nicht jedem Verlangen
nach. Da bislang keine abschließende Entscheidung des *Supreme Court* über die Reichweite
der gegenseitigen Rechte vorliegt, werden derartige Konflikte – welche Dokumente vorzulegen sind und wer als Zeuge geladen werden darf – zumeist in Aushandlungsprozessen und
mit Konzessionen auf beiden Seiten beigelegt (Keefe/Ogul 2001: 444 ff.; Oleszek 2004:
294 f.; Davidson/Oleszek 2006: 354 f.). Mit seinem Untersuchungsrecht kann ein Parlament
aber nicht nur Regierung und Verwaltung „vorführen", sondern auch tiefgreifend in die Freiheitsrechte der Bürger eindringen. Es kann daher nicht wundern, daß die seit der Jahrhundertwende ständig zunehmende Untersuchungspraxis des Kongresses zum Gegenstand eines
öffentlich ausgetragenen Streites wurde, der schließlich durch ein Urteil des *Supreme Court*
(*McGrain v. Daugherty*, 1927) beigelegt wurde. Dieser entschied, die vom Kongreß wahrgenommene Untersuchungspraxis sei verfassungskonform, da sie in den übrigen verfassungsrechtlich fundierten Kompetenzen des Kongresses mit eingeschlossen (*implied*) sei. Das
zumeist öffentlich ausgeübte Untersuchungsrecht (als *watchdog*-Funktion von den ständigen
Ausschüssen, aber auch durch speziell dafür eingesetzte Ausschüsse durchgeführt) gehört
insbesondere seit den 1950er Jahren zu den wichtigsten und mit erheblicher Intensität wahrgenommenen Kontrollrechten des Kongresses (Aberbach 1990; Keefe/Ogul 2001: 239-244).

Schließlich sind noch die nicht-gesetzgeberischen Aufgaben und Kompetenzen des Kongresses zu erwähnen, zu denen die Mitwirkung bei Verfassungsänderungen (vgl. Abbildung 3-1)
und bei der Wahl des Präsidenten und Vizepräsidenten gehören. Die politisch sicherlich bedeutsamste *non-legislative power* stellt die Mitwirkung des Senats bei der Ernennung von
Regierungsmitgliedern und Bundesrichtern dar, der mit einfacher Mehrheit die Personalvorschläge des Präsidenten billigen oder zurückweisen kann (Haas 2000: 42; Shell 2004:
224 ff.).

5.2   Der Kongreß als politische Institution

5.2.1   Die Parteien im Kongreß

Obgleich die amerikanische Verfassung eine Regierungsorganisation entwirft, deren Gewal-
tenkonstruktion eine Absage an Parteien begründen sollte, so sind sie schon kurze Zeit nach
dem Inkrafttreten der Verfassung sowohl für die Wahl des Präsidenten als auch für die Organisation des Kongresses zu unverzichtbaren Einrichtungen geworden. Da sich auf Bundesebene wie in den Einzelstaaten das Zweiparteiensystem durchgesetzt hat, gehören die Abgeordneten und die Senatoren – von wenigen Ausnahmen abgesehen – entweder der Demokratischen oder der Republikanischen Partei an. Das Bekenntnis zu einer der beiden Parteien
muß spätestens bei der Wahl des *Speaker* im Haus bzw. des *president pro tempore* im Senat
abgelegt werden. Die Wahlen erfolgen in namentlicher Abstimmung. Wer sich den Demokraten oder Republikanern zurechnet, wählt auch deren jeweiligen Kandidaten. Diese Wahl
verpflichtet nicht zur Einhaltung eines Programms, sondern begründet das Recht, bei der
Sitz- und Postenverteilung im Kongreß von der jeweiligen „Fraktion" bedacht zu werden.
Während die Wahl des *Speaker* im Repräsentantenhaus als politischer Entscheidungsakt
gewertet wird (Peters 1990), womit er zum eigentlichen politischen Führer der Mehrheitspartei aufsteigt, erscheint der *majority leader* eher als sein Mitarbeiter. Anders im Senat. Hier
bilden die Mehrheits- und Minderheitsführer der Parteien zugleich die politischen Führungs-
figuren der Kammer. Neben ihnen treten der Vizepräsident bzw. der an seiner Stelle amtierende *president pro tempore* (zumeist der Senior der Mehrheitspartei) als formale Sitzungs-
leiter eindeutig zurück. Der *majority leader* im Repräsentantenhaus wird ebenso wie der vor
allem mit Koordinierungsaufgaben betraute *majority whip* von der jeweiligen Mehrheitsfrak-
tion (*Democratic Caucus* bzw. *Republican Conference*) in geheimer Abstimmung gewählt.
Der *majority whip* – in der deutschen Literatur häufig als „Chef-Einpeitscher" bezeichnet –
ernennt dann mehrere Abgeordnete zu *deputy whips*, die ihn bei der Erfüllung seiner Aufgaben unterstützen.

Die Führer der *party caucuses* bzw. *party committees* legen die Gesamtzahl der Ausschüsse
fest und handeln dann für jeden Ausschuß die Besetzungsrelation aus, wobei das jeweilige
Mehrheits-Minderheits-Verhältnis von Ausschuß zu Ausschuß variieren kann. Die Benennung von Kandidaten für die so vergebenen Sitze und Posten ist Sache der Parteien. Ihre
Personalvorschläge werden dann üblicherweise im Plenum einstimmig bestätigt (Dee-
ring/Smith 1997: 96-123). Nur wer der jeweiligen Mehrheitspartei seines Hauses angehört,
kann Vorsitzender in einem der Ausschüsse oder Unterausschüsse werden. Denn sämtliche
dieser Posten werden von Mitgliedern der Mehrheitspartei besetzt. Minderheiten haben keinerlei Anspruch auf einen Ausschußvorsitz, es sei denn als Vorsitzender oder Vorstandsmit-
glied der eigenen Parteifraktion.

Zeigen die Parteien in personalpolitischen Fragen bei der Organisation ihrer Häuser eine
hohe Abstimmungsdisziplin bzw. -geschlossenheit, so gilt dies keineswegs für Sachentscheidungen. In dieser Hinsicht verfügen die Abgeordneten, die keine Regierung im Amt halten
müssen, über eine erhebliche Abstimmungsfreiheit. Das ist im Senat mit seiner relativ gerin-

gen Mitgliederzahl noch deutlicher gegeben als im zahlenmäßig weit größeren Repräsentantenhaus. Im Repräsentantenhaus, in dem die Demokraten seit 1933 mit nur zwei kurzen Unterbrechungen (1947/48 und 1953/54) bis 1995 stets die Mehrheit stellten, war bis Mitte der 1980er Jahre die Parteikohäsion (*party unity*) bei Abstimmungen geringer als im Senat (vgl. Abbildung 8-4). Bis Anfang der 1970er Jahre lag das vornehmlich an dem jede innerfraktionelle Willensbildung nahezu ausschließenden Spannungsverhältnis zwischen dem zahlenmäßig stärkeren, mehr progressiv eingestellten Nordflügel und dem macht- und verfahrenspolitisch sehr sachkundigen, programmatisch eher konservativen Südflügel der Demokraten.

5.2.2   Das Ausschußsystem

Bereits während der ersten Kongresse wurde es notwendig, daß jedes Haus zur Vorbereitung seiner Entscheidungen und zur Entlastung der Plenararbeit Ausschüsse bilden mußte. Seither haben sich die Ausschüsse zu einem fest etablierten System entwickelt, deren Grundstruktur und Kompetenzen in den Regelungen der Geschäftsordnungen beider Häuser festgehalten sind (Congressional Quarterly's Guide to Congress 2000a: 539 f.; Davidson/Oleszek 2006: 195 f.). Hiernach kann man zwischen ständigen Ausschüssen (*standing committees*) und Sonderausschüssen (*select* oder *special committees*) unterscheiden, von denen letztere nur zur Erledigung einer bestimmten Aufgabe eingesetzt und danach aufgelöst werden. Daneben gibt es noch aus Mitgliedern beider Kammern zusammengesetzte *joint committees,* die ebenso wie die Sonderausschüsse keine legislatorischen Aufgaben erfüllen, sondern mit der Durchführung von Untersuchungen oder der Ausarbeitung von Studien betraut sind (Deering/Smith 1997: 11-18).

Schon bei der Einrichtung der Ausschüsse ging es sowohl um die Erarbeitung wie die finanziell abgesicherte Verabschiedung von Gesetzen. Solange diese zwei Seiten in einer Gesetzesvorlage zu verhandeln waren, drohten bald derart viele, zeitverzögernde Änderungs- und Ergänzungsanträge, vornehmlich im Senat, daß der Kongreß 1837 eine grundlegende Änderung des Gesetzgebungsprozesses beschloß. Deren Grundprinzip bestimmt bis heute seine Arbeitsweise: Der Beschluß von 1837 schuf die Unterscheidung zwischen Autorisierungs(bzw. Programm-) und Bewilligungsgesetzen. Diese Verfahrensänderung besagte, daß ein Bewilligungsgesetz nur noch dann verabschiedet werden darf, wenn zuvor ein entsprechendes Autorisierungsgesetz bereits in Kraft getreten ist, mit dem ein bestimmtes politisches Programm oder Vorhaben einschließlich der dafür vorgesehenen Ausgabenhöhe abschließend verabschiedet wurde. Die Zuständigkeit für diese Gesetzesvorlagen liegt bei den Fachausschüssen (Oleszek 2004: 48 ff.).

Vom Repräsentantenhaus gehen Bewilligungsgesetze aus, die von dessen Bewilligungsausschuß erarbeitet wurden. Es handelt sich dabei keineswegs um reine Ausführungsgesetze. Zwar sind sie in ihren Ausgabenvolumina an die Zielsetzungen und festgestellten Höchstgrenzen der vorangegangenen Autorisierungsgesetze gebunden. Bewilligungsgesetze können jedoch unter der Höchstgrenze bleiben. Sie können aber auch ganz auf wesentliche Bewilligungen verzichten und damit das bereits in Kraft getretene Autorisierungsgesetz wirkungslos machen. Es steht den Bewilligungsausschüssen demnach frei, in gleicher Weise wie die Fachausschüsse nochmals sowohl Sach- wie politische Zweckmäßigkeitsfragen einer Vorlage zu erörtern und eigene Beschlußempfehlungen ans Plenum weiterzuleiten. Davon wird weidlich Gebrauch gemacht.

Weitgehend entsprechend der Unterscheidung in Autorisierungs- und Bewilligungsgesetze war beispielsweise auch das Ausschußsystem des 109. Kongresses organisiert (Tabelle 5-1). In ihm hatte das Repräsentantenhaus 20 ständige Haupt- und 91 Unterausschüsse. Bei den Hauptausschüssen handelte es sich um 18 Fachausschüsse mit dem Recht der Erarbeitung von Autorisierungsgesetzen, einen Bewilligungsausschuß (*Appropriations Committee*) sowie den Lenkungsausschuß (*Rules Committee*), der in mehr oder weniger enger Zusammenarbeit mit dem *Speaker* traditionsgemäß für die Koordination der Ausschußarbeiten und die geschäftsordnungsmäßige Behandlung von Vorlagen im *Committee of the Whole House* sowie dem Plenum des Hauses zuständig zeichnet (Das *Committee of the Whole House* – d. h. das Plenum ist als Ausschuß konstituiert, wobei die Beschlußfähigkeit bereits bei 100 anwesenden Abgeordneten liegt – bildet im Repräsentantenhaus eine unvergleichlich bedeutsamere Rolle als im Senat, da in ihm abgelehnte Änderungsanträge im Plenum nicht mehr eingereicht werden dürfen).

Der Disziplinarausschuß (*Standards of Official Conduct*) und das *Committee on House Administration* befassen sich fast ausschließlich mit internen Angelegenheiten des Repräsentantenhauses, sind nur selten in die konkrete Gesetzgebung involviert und benötigen daher auch keine ständigen arbeitsteiligen Unterausschüsse. Anders beim *Rules Committee*, das für die formale Regelung der Gesetzgebungsverfahren – etwa der Debattenordnung im Plenum und die Zuweisung der Gesetzesvorschläge an die Fachausschüsse – zuständig ist, und zwei Unterausschüsse hat. Die Fachausschüsse (abgesehen vom *Budget Committee*) dagegen haben zwischen drei und sieben ständige Unterausschüsse. Der Bewilligungsausschuß (*Appropriations*) arbeitet mit zehn *subcommittees*: Sie entsprechen weitgehend den maßgeblichen Fachausschüssen, deren Autorisierungsbeschlüsse in den Unterausschüssen des Bewilligungsausschusses die zu ihrer Realisierung erforderlichen Haushaltsmittel erst noch erlangen müssen. Dem Hauptausschuß fallen dabei die gebotenen Koordinationsaufgaben und Grundsatzentscheidungen zu.

Im Senat des 109. Kongresses gab es unter den ständigen Ausschüssen 17 Haupt- und 72 Unterausschüsse. Da im Senat bei geschäftsordnungsmäßiger Arbeitsweise die gewählten Parteiführer und die Einstimmigkeitsregel (*unanimous consent rule*) vorherrschen, spielt der dortige Lenkungs- bzw. Geschäftsführungsausschuß (*Rules and Administration Committee*) eine untergeordnete Rolle. Der Bewilligungsausschuß des Senats mit seinen zwölf Unterausschüssen bildet dagegen das strukturelle und funktionelle Gegenstück zum entsprechenden Gremium des Repräsentantenhauses.

Der Kongreß kann als eine Ausschuß-Legislative bezeichnet werden, denn seine ausschlaggebende Arbeitsintensität und Entscheidungspotenz liegen in den jeweils zuständigen Ausschüssen. Ob und inwieweit sie dabei der lenkenden Hand der Parteien und deren Führungsgruppen (im Haus dem *Speaker*) unterliegen – sicherlich neben Präsident, Bundesverwaltung, Interessengruppen, Medien etc. – hängt nicht nur von den unterschiedlichen Gesamtlagen der geschichtlichen Entwicklungen ab, sondern kann auch zu einem gegebenen Zeitpunkt je nach Sachgegebenheit und parteipolitisch-streitiger Interessiertheit recht verschiedenartig ausfallen (Rhode 1992). Grundsätzlich sind die Ausschüsse jedenfalls das Herzstück im politischen Willensbildungs- und Entscheidungskreislauf des Kongresses und bilden daher seit langem einen Hauptgegenstand jeder Kongreßreform.

Tabelle 5-1: Ständige Ausschüsse im 109. US-Kongreß (2005-2007)

Ausschuß	Zahl der Mitglieder	Verteilung der Sitze nach Parteien	Zahl der Unterausschüsse
Repräsentantenhaus			
Agriculture	46	25 R / 21 D	5
Appropriations	66	37 R / 29 D	10
Armed Services	62	34 R / 28 D	5
Budget	39	22 R / 17 D	—
Education and the Workforce	49	27 R / 22 D	5
Energy and Commerce	57	31 R / 26 D	6
Financial Services	70	37 R / 32 D / 1 I	5
Government Reform	41	23 R / 17 D / 1 I	7
Homeland Security	34	19 R / 15 D	5
House Administration	9	6 R / 3 D	—
International Relations	50	27 R / 23 D	7
Judiciary	40	23 R / 17 D	5
Resources	49	27 R / 22 D	5
Rules	13	9 R / 4 D	2
Science	44	24 R / 20 D	4
Small Business	33	18 R / 15 D	4
Standards of Official Conduct	10	5 R / 5 D	—
Transportation and Infrastructure	75	41 R / 34 D	6
Veterans' Affairs	28	16 R / 13 D	4
Ways and Means	41	24 R / 17 D	6
Senat			
Agriculture, Nutrition, and Forestry	20	11 R / 9 D	4
Appropriations	28	15 R / 13 D	12
Armed Services	24	13 R / 11 D	6
Banking, Housing, and Urban Affairs	20	11 R / 9 D	5
Budget	22	12 R / 10 D	—
Commerce, Science, and Transportation	22	12 R / 10 D	10
Energy and Natural Resources	22	12 R / 10 D	4
Environment and Public Works	18	10 R / 7 D / 1 I	4
Finance	20	11 R / 8 D / 1 I	5
Foreign Relations	18	10 R / 8 D	7
Health, Education, Labor, and Pensions	20	11 R / 8 D / 1 I	4
Homeland Security and Governmental Affairs	16	9 R / 7 D	3
Indian Affairs	14	8 R / 6 D	—
Judiciary	18	10 R / 8 D	8
Rules and Administration	18	10 R / 8 D	—
Small Business and Entrepreneurship	18	10 R / 8 D	—
Veterans' Affairs	14	8 R / 5 D / 1 I	—

Quellen: Committee-Links siehe <http://www.house.gov>; <http://www.senate.gov> (20.05.2006).

5.2.3   Die informellen Gruppen

Seit den 1970er Jahren schließen sich immer mehr Abgeordnete und Senatoren zu informellen Gruppen (*informal caucuses*) zusammen. Die Aufgaben dieser zuweilen auch als *congressional member organizations* bezeichneten Gruppen liegen vor allem in der Aufbereitung von Hintergrundinformationen zu einzelnen Gesetzesvorhaben, der Repräsentation bestimmter gesellschaftlicher oder ökonomischer Interessen und der Durchsetzung gemeinsamer politischer Zielvorstellungen durch Gesetzesinitiativen und kooperatives Abstimmungsverhalten. Die Zusammensetzung, Mitgliederzahl und Binnenorganisation der *caucuses,* die unabhängig von den Ausschüssen und den Fraktionen (*Democratic Caucus* und *Republican Conference*) des Kongresses agieren, sind zum Teil äußerst unterschiedlich. Bei einigen von ihnen ist die Mitgliedschaft auf Angehörige der gleichen Partei oder auf die Mitglieder einer der beiden Kammern des Kongresses beschränkt. Andere setzen sich dagegen aus Mitgliedern beider Parteien (*bipartisan caucuses*) oder aus Senatoren und aus Abgeordneten des Repräsentantenhauses (*bicameral caucuses*) zusammen. Etwa die Hälfte aller *caucuses* hat inzwischen ihre anfänglich recht lockere Organisation durch den Erlaß einer Geschäftsordnung und die Einrichtung eines Büros mit fest angestelltem Personal weitgehend formalisiert. Die Kosten hierfür werden zum größten Teil aus dem Etat bestritten, aus dem die Kongreßmitglieder ihre Büros und Mitarbeiterstäbe finanzieren. Hinzu kommen Spenden von Unternehmen, Interessengruppen und Einzelpersonen.

Für die Mehrzahl der Abgeordneten und Senatoren stellt die Beschaffung und Aufbereitung von Informationen durch die informellen Gruppen eine bedeutsame Entlastung dar. Denn der Großteil der Arbeitszeit der ständig mit ihrer Wiederwahl beschäftigten Kongreßmitglieder und ihrer Mitarbeiterstäbe wird durch den täglichen Dienst am Wähler beansprucht. Für konzeptionelle Arbeiten und politische Analysen bleibt zumeist kaum noch Zeit übrig. Die Erledigung dieser Aufgaben durch die *caucuses* ist daher sowohl für die innovativen Tätigkeiten der Parlamentarier als auch für die Leistungsfähigkeit des gesamten Kongresses von erheblicher Bedeutung (Congressional Quarterly's Guide to Congress 2000a: 646-651; Davidson/Oleszek 2006: 182 ff.; Webb Hammond 2001).

5.3   Kongreßreformen

Von Mitte der sechziger bis Mitte der siebziger Jahre sind im Kongreß eine Vielzahl von bedeutsamen Reformen durchgesetzt worden, die Beobachter zu provokanten Buchtiteln wie „The New American Political System" (King 1978) oder „The New Congress" (Mann/Ornstein 1981) veranlaßten. Mit den Reformen sollten die Stellung und Arbeitsfähigkeit des Kongresses sowohl gegenüber der Exekutive als auch gegenüber dem gewandelten politisch-gesellschaftlichen Umfeld gestärkt werden. Diesem doppelten Ziel diente beispielsweise die Stärkung des wissenschaftlichen Dienstes. Hatte der *Legislative Reference Service* 1960 nur mehr 183 Mitarbeiter, so war 1980 in den Diensten des *Congressional Research Service* (*CRS*, Umbenennung 1970) mit 868 Angestellten fast das Fünffache an Personal tätig. Ein gänzlich neues Hilfsorgan wurde mit dem *Office of Technology Assessment*

(*OTA*) geschaffen, das 1974 mit zehn Mitarbeitern begann und dem 1980 insgesamt 122 Mitarbeiter angehörten (Ornstein/Mann/Malbin 2002: 134). In diese Reformrichtung zielten auch die Erhöhung der Zahl der persönlichen Mitarbeiter der Kongreßmitglieder sowie die Verbesserung der personellen Ausstattung der Kongreßausschüsse (Abbildung 5-2).

Abbildung 5-2: Mitarbeiter der Kongreßmitglieder und der Ausschüsse (ausgewählte Jahre)

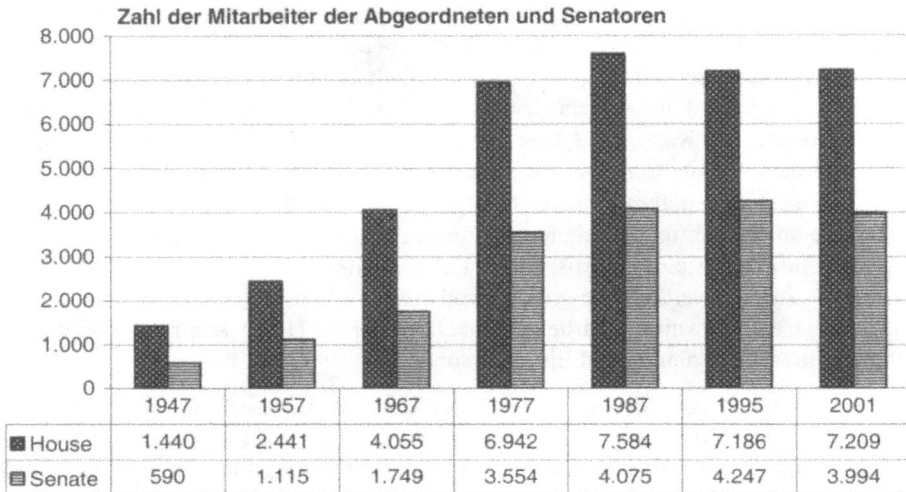

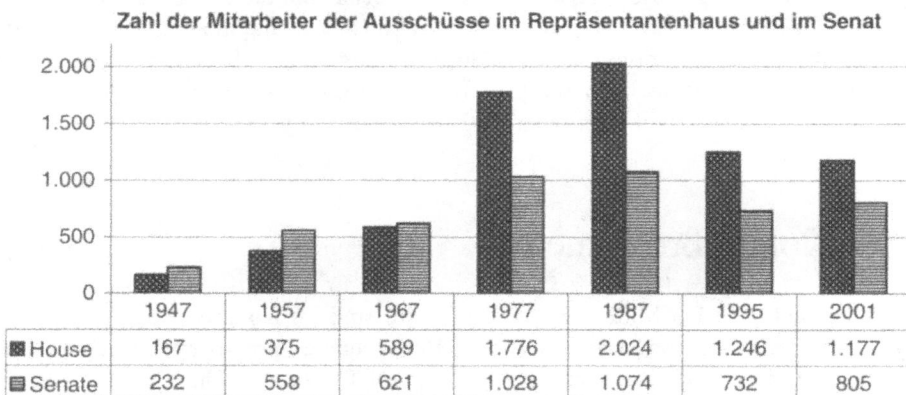

Zahl der Mitarbeiter der Abgeordneten und Senatoren

	1947	1957	1967	1977	1987	1995	2001
House	1.440	2.441	4.055	6.942	7.584	7.186	7.209
Senate	590	1.115	1.749	3.554	4.075	4.247	3.994

Zahl der Mitarbeiter der Ausschüsse im Repräsentantenhaus und im Senat

	1947	1957	1967	1977	1987	1995	2001
House	167	375	589	1.776	2.024	1.246	1.177
Senate	232	558	621	1.028	1.074	732	805

Quellen: Ornstein, Norman J./Mann, Thomas E./Malbin, Michael J., Vital Statistics on Congress 2001-2002, Washington, D.C. 2002, S. 128 und 130; Congressional Quarterly, How Congress Works, 2. Aufl., Washington, D.C. 1991, S. 106 (für 1957 und 1967).

Der Personalbestand der Hilfsorgane wurde jedoch nach dem Wahlsieg der Republikaner im Zuge deren Programms zur Reduzierung der Staatsausgaben und des „Big Government" ab

1995 deutlich zurückgeführt. So wurde die Zahl der Mitarbeiter der Ausschüsse im Repräsentantenhaus um rund 40, im Senat um rund 20 Prozent reduziert. Der *CRS* büßte etwa 10 Prozent der Stellen (von 835 auf 746) ein und hatte 2001 noch 722 Mitarbeiter. Das *OTA*, das seit 1986 insgesamt 143 Mitarbeiter hatte, wurde 1995 komplett abgeschafft. Die Kritik an ihm bestand zum einen darin, daß seine Berichte häufig eine viel zu lange Entstehungszeit benötigen würden und die Gutachten ebenso von anderen staatlichen oder privaten Organisationen erstellt werden könnten. Zum anderen wurde dem Büro vorgeworfen, bei einigen Publikationen nicht die gebotene wissenschaftliche Neutralität und parteipolitische Unabhängigkeit gewahrt zu haben (Congressional Quarterly's Guide to Congress 2000b: 760).

Eine besondere Rolle bei den Kongreßreformen spielte der 1974 verabschiedete *Budget and Impoundment Control Act,* mit dem der gesamte Haushaltsprozeß des Kongresses neugestaltet und vereinheitlicht wurde. Durch dieses Gesetz sollte der Kongreß nicht nur zum verantwortlichen Gestalter eines geordneten Staatshaushalts befähigt werden, sondern zugleich den Präsidenten daran hindern können, vom Kongreß bereits bewilligte Mittel nach eigenem Ermessen zurückzuhalten (*impound*) oder deren ordnungsgemäße Verwendung zu verzögern. Vornehmlich Präsident Nixon hatte dieses Verfahren bei seinen Auseinandersetzungen mit den Demokratischen Mehrheiten des Kongresses als Verweigerungsinstrument angewandt. Zudem wurde mit dem Gesetz in beiden Kongreßhäusern neben dem Steuer- und Bewilligungsausschuß erstmals ein ständiger Haushaltsausschuß (*Budget Committee*) geschaffen. Gleichzeitig wurde mit dem *Congressional Budget Office (CBO)* den Haushaltsausschüssen eine kongreßeigene Fachbehörde zur Seite gestellt, deren Experten (1975: 193, 2001: 228 Mitarbeiter) den Kongreß in die Lage versetzen sollten, seinen neuen Kontroll- und Koordinationsaufgaben wirkungsvoll nachzukommen (Oleszek 2004: 56 ff.; Davidson/Oleszek 2006: 439 f.).

All diese Einrichtungen dienen mit ihrem Personal dem gesamten Kongreß, um ihn effizienter, besser informiert, handlungsverantwortlicher und damit vornehmlich eigenständiger gegenüber einer wachsenden Bundesverwaltung und einer zunehmenden Aufgabenfülle zu machen. Dieser Zielsetzung waren auch viele der weiteren Reformen gewidmet. Deren Intention richtete sich jedoch zugleich gegen die verfestigten Machtstrukturen innerhalb des Ausschußsystems, wo die bisher nahezu unangreifbare Macht der Ausschußvorsitzenden gebrochen, die Gleichberechtigung aller Ausschußmitglieder deutlich erhöht und die öffentliche Überprüfbarkeit der Kongreßarbeiten verstärkt werden sollte. Einen wesentlichen Beitrag hierzu leistete der *Legislative Reorganization Act* von 1970. Mit ihm wurden bisherige Regelungen und vor allem etablierte Praktiken, die dem Gestaltungswillen von Kongreßmehrheiten immer wieder enge Grenzen zogen, geändert. Diese Neuregelungen sind als Demokratisierungs- und *sunshine*-Reformen (zur Stärkung des Öffentlichkeitsprinzips) in die Parlamentsgeschichte eingegangen (Rieselbach 1986; Deering/Smith 1997: 35; Congressional Quarterly's Guide to Congress 2000a: 546 ff.).

Um einige dieser Reformen zu nennen, die zugleich enthüllende Rückschlüsse zulassen: Ausschüsse müssen während der Sitzungszeit mindestens einmal monatlich tagen. Durch Mehrheitsbeschluß seiner Mitglieder kann eine außerordentliche Ausschußsitzung durchgesetzt werden. Sieben Tage nach Zuweisung kann die Mehrheit der Ausschußmitglieder eine Gesetzesvorlage auf die Tagesordnung einer Ausschußsitzung setzen. Sollte ein Vorsitzender

einer anberaumten Sitzung fernbleiben, übernimmt das ranghöchste anwesende Mehrheits-
mitglied den Vorsitz. Das Verfahren des *proxy voting* (Abstimmungserklärung für einen
abwesenden Abgeordneten) wird entscheidend eingeengt. Ein Senator darf nur noch drei
Ausschüssen angehören und in zwei ständigen (einem Haupt- und einem Unterausschuß) den
Vorsitz übernehmen. Die Minderheit eines Ausschusses hat das Recht, Auskunftspersonen
zu laden.

Da der Kongreß, weit mehr als jedes andere Staatsorgan, öffentlicher Kontrolle unterliegen
muß, gilt in ihm in besonderer Weise das Öffentlichkeitsprinzip: für sein Plenum ebenso wie
für die Ausschüsse, in denen „die eigentliche Arbeit" geleistet wird und wesentliche Vorent-
scheidungen getroffen werden. Das Reformgesetz von 1970 bestimmte daher, daß alle Ausschußsitzungen wie die Plenarsitzungen öffentlich sein müssen, es sei denn, eine Ausschuß-
mehrheit stimmt für Nichtöffentlichkeit. Sämtliche Abstimmungen im Ausschuß sind namentlich, es sei denn, es wird in namentlicher Abstimmung eine geheime Abstimmung ausdrücklich beschlossen. Im Plenum des Repräsentantenhauses können bereits 25 Abgeordnete
eine namentliche Abstimmung verlangen. Welche Wirkung das hat, zeigt der Vergleich:
Während im Deutschen Bundestag von der ersten bis einschließlich der 14. Wahlperiode
(1949-2002) insgesamt 1.353 namentliche Abstimmungen stattfanden (Feldkamp 2005: 865),
betrug deren Zahl allein in den zwei Jahren des 108. Kongresses (2003/04) 1.218 im Repräsentantenhaus und 675 im Senat (vgl. Abbildung 8-2). Seit 1971 im Repräsentantenhaus ein
elektronisches Abstimmungssystem installiert wurde, ist es technisch ohne größere Mühe
möglich geworden, auch die Abstimmungen über Änderungsanträge im *Committee of the
Whole House* (*teller votes*) festzuhalten. Insbesondere diese technischen Innovationen, die
seit Einführung von Informations- und Kommunikationstechnologien auch für einzelne Kongreßmitglieder ein kaum vorstellbares Ausmaß angenommen haben, trugen wesentlich zur
Durchsetzung vieler Reformideen bei.

Aber nicht nur die Gesetzes- und Geschäftsordnungsreformen gaben und geben dem modernen Kongreß ein neues Gesicht und Gewicht. Kaum weniger bedeutsam waren fraktionsin-
terne Reformen der permanenten Mehrheitspartei im Repräsentantenhaus, den Demokraten.
Hier konnten Änderungen verwirklicht werden, die zu vielgelobten, aber auch scharf kriti-
sierten Konsequenzen führten. Ging es doch im wesentlichen um den Rang des Seniori-
tätsprinzips, wonach das Mitglied eines Ausschusses, das ihm am längsten ununterbrochen
angehört und Mitglied der Mehrheitspartei ist, automatisch dessen Vorsitzender wird, mit
allen weitreichenden Rechten und ungeachtet der politischen Einstellung. Dieses Senioritätsprinzip wurde von der Demokratischen Partei als technisches Hilfsmittel, insbesondere
seit Beginn der dreißiger Jahre, mit eiserner Disziplin gewahrt, weil man nur so die Einheit
der politisch mit konfliktgeladener Sprengkraft geplagten Partei erhalten zu können meinte.

Die unverbrüchliche Geltungskraft dieses Prinzips wurde in den 1970er Jahren aufgegeben.
Zwar gilt auch heute noch, daß die große Zahl der gewählten Ausschußvorsitzenden auch
nach dem vormaligen Senioritätsprinzip an der Reihe wären. Aber nachdem die Parteiversammlung der Demokraten im Repräsentantenhaus (*Democratic Caucus*) zu Beginn der
siebziger Jahre entschied, daß ein Ausschußvorsitzender – auf Antrag weniger *Caucus*-
Mitglieder – der Zustimmung der Versammlung für die Übernahme oder Fortführung seines
Postens bedarf, mußte er den Vorsitz wesentlich kollegialer ausüben, wollte er auch bei der

nächsten Wahl erfolgreich sein. Zudem darf er nur noch in einem Unterausschuß den Vorsitz übernehmen, nicht mehr in vieren wie bisher. Insbesondere konnte er von nun an nicht mehr nach freiem Ermessen die Unterausschußvorsitzenden benennen, vielmehr steht dieses Recht allein der Mehrheitspartei des Ausschusses, d. h. deren Mitgliedern im Ausschuß zu. Hierdurch und aufgrund der angezeigten neuen Verfahrensregelungen erfuhren die Vorsitzenden generell einen Machtverlust, der durch die sogenannte *Subcommittee Bill of Rights* von 1973 verstärkt wurde, mit der die Vorsitzenden der Unterausschüsse gefestigt und diese außerdem mit eigenen Mitarbeitern und Finanzmittel ausgestattet wurden (Oleszek 1989: 94-97).

Darüber hinaus wurden aber nicht nur die Parteiversammlung und deren Gremien sowie Führungsgruppen gestärkt. Vielmehr erhielt auch der *Speaker* – als politischer Mehrheitsführer des Hauses – eine erweiterte Machtposition, indem sein Einfluß auf die Entscheidungen des strategisch postierten Lenkungsausschusses (*Rules Committee*) erheblich erhöht wurde. Er mußte nicht mehr wie bisher seine Macht mit übermächtigen Ausschußfürsten teilen, sondern konnte über ein zunehmend ausgebautes *whip*-System auf eine einheitliche Haltung in der Mehrheitspartei hinwirken.

Das wurde jedoch insofern kritisch beurteilt, als es der *Speaker* zwar bislang mit einer überschaubaren Anzahl an Ausschußfürsten zu tun hatte, mit denen er rechnen mußte. Allerdings sah er sich nun einer Vielzahl eigenwilliger, selbstbewußter Abgeordneter gegenüber, die seine Führungsaufgaben wenig honorierten und die Dezentralisierungstendenzen, die den Kongreß bis Mitte der 1980er Jahre kennzeichneten, nur noch verstärkten (Rieselbach 1986). Dieser Auffassung wurde entgegengesetzt, daß die Demokratisierung des Repräsentantenhauses mit der Existenz von „Ausschußfürsten" unvereinbar und eine „Abwägung" zwischen beiden somit unzulässig sei. Die mangelnde Führungskraft des *Speaker* in einem demokratisierten Haus wurde vielmehr auf die Konstellation des *divided government* zurückgeführt. Ein Demokratischer *Speaker* konnte nach dieser Interpretation seinen Führungsaufgaben nur dann wirkungsvoll nachkommen, wenn ein Demokratischer Präsident als politischer Führer Leitlinien setzte. Seit den Reformen hatte es die Mehrheit des Repräsentantenhauses jedoch – mit Ausnahme von Jimmy Carter (1977-81) und später Bill Clinton (1993-95) – nur mit Republikanischen Präsidenten zu tun, und Carter habe als Demokrat im Sinne der Reformintentionen versagt (Kernell 1991). Die sich aus den fragmentierten und dezentralisierten Entscheidungsstrukturen ergebenden Probleme führten allerdings seit etwa Mitte der 1980er Jahre zu einer Gegenentwicklung, die – so damals der Befund amerikanischer Politikwissenschaftler – eine wieder zunehmende Straffung kongreßinterner Entscheidungsprozesse (Palazzolo 1992) und die Herausbildung einer *new house oligarchy* (Dodd/Oppenheimer 1989: 443) erkennen ließen.

Die Bestätigung dieser Einschätzung konnte nach der Machtübernahme durch die Republikaner unter der Führung ihres *Speaker* Newt Gingrich (1995-1998) beobachtet werden. Die Straffung der Organisation des Repräsentantenhauses war dabei nicht allein auf die charismatische Persönlichkeit Gingrichs und des zu großen Teilen ihm zugeschriebenen Erfolgs, durch den Wahlsieg zum ersten Mal seit 40 Jahren die Demokraten als Mehrheitspartei verdrängt zu haben, zurückzuführen. Vielmehr war die Zentralisierung der Machtstrukturen im Repräsentantenhaus auch eine Folge der – bis dato letzten – größeren Kongreßreform, die im übrigen neben zahlreichen Gesetzgebungsprojekten im Wahlprogramm der Republikaner vorgesehen war.

Die sicherlich bedeutendste Änderung von 1995 war die Einführung von Amtszeitbegrenzungen (*term limits*) für den *Speaker* auf maximal vier und für Vorsitzende in einem Ausschuß bzw. Unterausschuß auf maximal drei Sitzungsperioden. Abgeordnete durften von nun an nur noch in zwei Ausschüssen und vier Unterausschüssen vertreten sein. Das *proxy voting* wurde abgeschafft und damit im Grunde die Anwesenheit der Mitglieder bei Ausschußsitzungen erzwungen. Mit Ausnahme von drei Ausschüssen durften *standing committees* nicht mehr als fünf Unterausschüsse haben (vier Jahre später wurde die Zahl bei einigen Ausschüssen auf sechs erhöht; Tabelle 5-1). Die Ausschußberichte an das Plenum (*reports*) mußten von nun an eine Klausel enthalten, auf welcher verfassungsmäßigen Grundlage (*constitutional authority*) der Gesetzesentwurf beruhte. Außerdem sollten die *reports* die Ja-/Nein-Stimmen im Ausschuß namentlich festhalten. Ebenfalls konnte die Unterzeichnung einer *discharge petition* nicht mehr anonym erfolgen. Und schließlich wurden im Plenum namentliche Abstimmungen (*roll calls*) über Steuer- und Bewilligungsgesetze verbindlich. Mit den drei letztgenannten Maßnahmen wurde ein widersprüchliches und wechselhaftes Verhalten einzelner Abgeordneter, was vormals etwa aus Opportunitätsgründen möglich war, jedenfalls erklärungsbedürftig.

Der Zweck der Reformen war demnach eine weitere Öffnung des Kongresses nach außen sowie die Entscheidungen und das Abstimmungsverhalten einzelner Abgeordneter klar zuordnen zu können. Öffentlich sichtbar ist dies auch an THOMAS, dem Internetportal der *Library of Congress*, welches alle Kongreßvorgänge und -dokumente (abgesehen von den als geheim klassifizierten) leicht abrufbar macht. Auch Interessengruppen haben seither noch schnelleren und leichteren Zugang und somit wird von außen der Druck auf Abgeordnete größer. Wegen des intensivierten Lobbyings und der durchlässigeren Kommunikationsstrukturen fühlen sich die meisten Abgeordneten zudem gedrängt, noch häufiger als früher im Wahlkreis zu sein. Für die internen Machtstrukturen bedeutete die Reform eine Stärkung der Position des Amtes des *Speaker* (unabhängig von der Person und somit dem *term limit*) und der Parteiführungen, weil die Ernennung der Ausschußvorsitzenden in ihren Händen liegt, und insbesondere die kurzen Amtszeiten der Ausschußvorsitzenden bedeuten, daß eine langfristige Machtakkumulation und somit ein Gegensteuern aus den Ausschüssen heraus unmöglich ist. Die Kontrolle der Parteiführung über die Prozeduren wurde dementsprechend noch stärker, als 2003 das *term limit* für den *Speaker* und 2005 für den Vorsitzenden des *Rules Committees* wieder aufgehoben wurde (Koempel/Schneider 2006).

Aufgrund seiner Größe und Konzeption ist eine straffe Organisation und Führung zur Herausbildung einer Mehrheitsentscheidung im Repräsentantenhaus unabdingbar. Reformen sind bei einem Wechsel der Mehrheitspartei daher leicht denkbar, denn sie kann mittels Änderungen der Geschäftsordnung die ihr geeignet erscheinenden Strukturen schaffen (Schickler 2001: 273). Im auf das Individuum zugeschnittenen Senat sind schnelle Änderungen weniger wahrscheinlich, wenngleich auch dort ein Wandel auf Seiten des Repräsentantenhauses nicht unbemerkt bleiben kann. Dies gilt jedoch mehr für die politische Stimmungs- und Tonlage als für die Organisationsstruktur, denn eine Änderung der Geschäftsordnung ist im Senat mit einfachen Mehrheiten nicht durchzusetzen.

5.4   Der Kongreß als Mitgliederversammlung

5.4.1   Die Sozial- und Berufsstruktur des Kongresses

Der Kongreß besteht heute aus 535 Personen, die in seinen zwei Plena (435 im Repräsentantenhaus und 100 im Senat) ein verbindliches Entscheidungsrecht besitzen, sowie fünf nur in den Ausschüssen abstimmungsberechtigten Mitgliedern, die im Repräsentantenhaus die Territorien und den *District of Columbia* vertreten. Hinzu kommen zahlreiche Hilfskräfte. Ungeachtet der besonderen Einflußmöglichkeiten so mancher Angehöriger des Kongreßpersonals auf die 535 Mitglieder des Kongresses (Congressional Quarterly's Guide to Congress 2000a: 593; Malbin 1980) bilden diese allein die hier interessierende „Mitgliederversammlung". Sie repräsentieren die jeweils gegebene historische Realität des Verfassungsorgans Kongreß als politische Institution. Betrachtet man den Kongreß unter dem Aspekt seiner sozialen und ethnischen Zusammensetzung, so fällt auf, daß bestimmte Bevölkerungsgruppen – insbesondere Schwarze, *Hispanics* und Frauen – traditionell unterrepräsentiert sind. Seit einigen Jahren lassen sich diesbezüglich allerdings Veränderungen erkennen, die sich auch in der Zusammensetzung des 109. Kongresses (2005/06) niederschlugen: 41 Kongreßmitglieder sind schwarzer Hautfarbe, 25 hispanischer Herkunft und 79 sind Frauen – die bislang jeweils höchste Zahl in der Geschichte des Kongresses (Tabelle 5-2). Die Zugewinne der Schwarzen und *Hispanics* sind sowohl auf Entscheidungen des *Supreme Court* zurückzuführen, der unter Hinweis auf die Bestimmungen des *Voting Rights Act* festgestellt hatte, daß die Ziehung der Wahlkreisgrenzen eine maximale Vertretung der *minorities* ermöglichen solle, als auch einer stärkeren Integration in den politischen Prozeß geschuldet. Gemessen an den Anteilen an der Bevölkerung bildet nur noch die Unterrepräsentation der Frauen ein eklatantes Mißverhältnis ab.

Tabelle 5-2: Frauen und Minderheiten im US-Kongreß 1971-2005 (ausgewählte Jahre)						
		1971 (92nd)	1981 (97th)	1991 (102nd)	2001 (107th)	2005 (109th)
Frauen	House	12 (2,8 %)	19 (4,4 %)	29 (6,7 %)	59 (13,6 %)	65 (14,9 %)
	Senate	1	2	2	13	14
Schwarze	House	12 (2,8 %)	16 (3,7 %)	25 (5,7 %)	36 (8,3 %)	40 (9,2 %)
	Senate	1	—	—	—	1
Hispanics	House	5 (1,1 %)	6 (1,4 %)	10 (2,3 %)	19 (4,4 %)	23 (5,3 %)
	Senate	1	—	—	—	2
Quellen: Stanley, Harold W./Niemi, Richard G., Vital Statistics on American Politics 2005-2006, Washington, D.C. 2006, S. 207; CQ 2005 Almanac Plus, 109th Congress, 1st session, Vol. LXI, Washington, D.C. 2006, S. A-6.						

Daß der Kongreß im Hinblick auf seine Zusammensetzung gleichwohl kein „Miniaturportrait" der amerikanischen Bevölkerung darstellt – und dies sicherlich auch weder sein will noch sein muß –, zeigt auch das Berufsprofil der Mitglieder des 109. Kongresses. Die am stärksten vertretene Berufsgruppe ist im Senat die der Juristen (64 Prozent); im Repräsentantenhaus sind 41 Prozent der Mitglieder Juristen, aus der Privatwirtschaft stammen 47 Prozent (je als Anteil der Mitgliederzahl der Kammer). Gleichwohl ist eine präzise anteilige Gewichtung der Berufsgruppen im Kongreß schwierig vorzunehmen, da die meisten Mitglieder bei den Erhebungen häufig mehrere Berufe angeben. Sowohl im Repräsentantenhaus (209) als auch im Senat (45) gibt fast die Hälfte den öffentlichen Dienst bzw. die Politik als vormalige berufliche Tätigkeit an. Dies erklärt sich daraus, daß eine Vielzahl von Kongreßmitgliedern vor ihrer Mandatstätigkeit in der Hauptstadt bereits auf einzelstaatlicher Ebene ein öffentliches Amt bekleidete. Auch hatten 52 Senatoren früher schon einen Sitz im Repräsentantenhaus inne (CQ 2005 Almanac Plus 2006: A-5; Abbildung 5-3).

Der relativ hohe Prozentsatz der im Kongreß vertretenen juristischen und wirtschaftlichen Berufsgruppen dürfte wohl vor allem damit zu erklären sein, daß sich ihre beruflichen Kenntnisse besser als die von anderen Berufsgruppen in den politischen Bereich transferieren lassen und daß sie die dort erworbenen Fähigkeiten und Kontakte auch nach ihrem Ausscheiden aus dem Kongreß gewinnbringend nutzen können.

Abbildung 5-3: Berufstruktur* des 109. US-Kongresses (2005-2007)

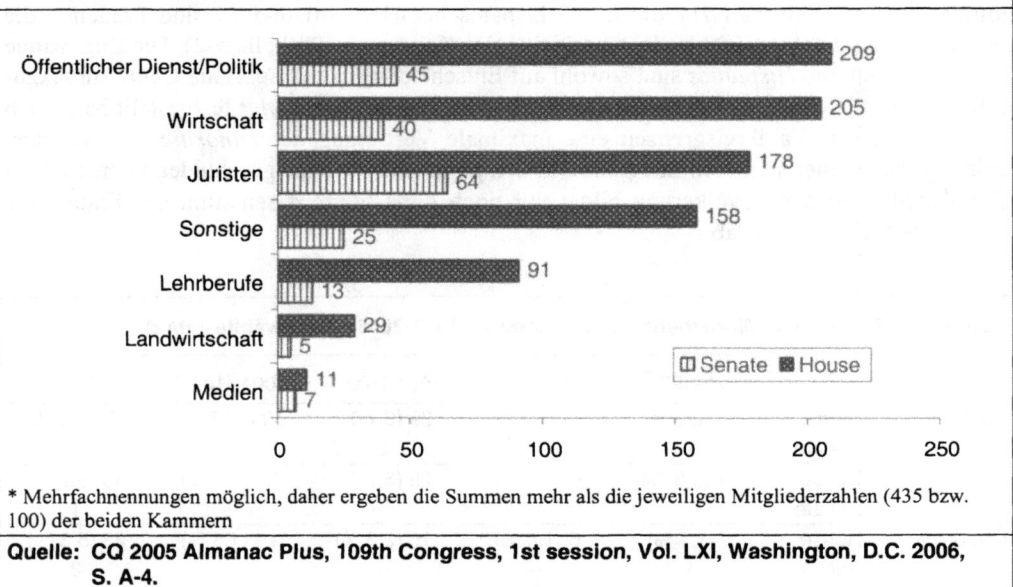

* Mehrfachnennungen möglich, daher ergeben die Summen mehr als die jeweiligen Mitgliederzahlen (435 bzw. 100) der beiden Kammern

Quelle: CQ 2005 Almanac Plus, 109th Congress, 1st session, Vol. LXI, Washington, D.C. 2006, S. A-4.

Darüber hinaus hat sich auch die Altersstruktur des Kongresses verändert, in dem in den letzten Jahren die älteren Jahrgänge wieder stärker vertreten sind (Abbildung 5-4). Zu einem erheblichen Teil dürfte diese, gelegentlich als *graying of Congress* bezeichnete Entwicklung auf die hohe Quote der wiedergewählten Abgeordneten und Senatoren zurückzuführen sein (vgl. Abbildung 12-2).

Abbildung 5-4: Durchschnittsalter der Kongreßmitglieder 1973-2005 (ausgewählte Wahlperioden)*

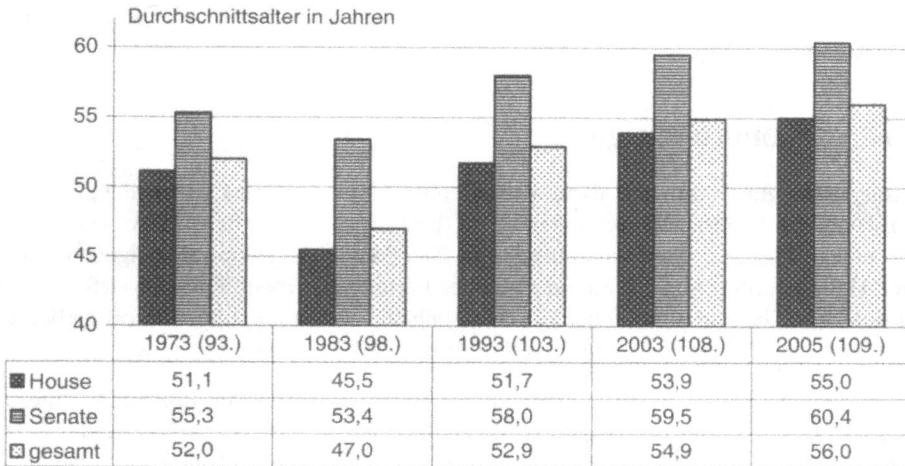

Durchschnittsalter in Jahren

	1973 (93.)	1983 (98.)	1993 (103.)	2003 (108.)	2005 (109.)
House	51,1	45,5	51,7	53,9	55,0
Senate	55,3	53,4	58,0	59,5	60,4
gesamt	52,0	47,0	52,9	54,9	56,0

* Berechnung des Durchschnittalters jeweils zu Beginn der Wahlperiode eines Kongresses

Quellen: Amer, Mildred L., Membership of the 109th Congress: A Profile, CRS Report for Congress vom 18. Januar 2006, S. 2; Amer, Mildred L., Membership of the 108th Congress: A Profile, CRS Report for Congress vom 25. Oktober 2004, S. 2; Cranford, John R., The New Class More Diverse, Less Lawyerly, Younger, in: Congressional Quarterly Weekly Report, Vol. 50, 44(1992), S. 3557.

5.4.2 Das Mitglied im Organisationsgefüge des Kongresses

Sicherlich, im Plenum wie in den Ausschüssen des Kongresses hat jedes seiner Mitglieder nur eine Stimme. Rein rechnerisch zählt sie bei Beschlüssen jeweils in gleicher Weise. Dennoch dürfte es unstreitig sein, daß ein junger, noch unbekannter Abgeordneter, der eben auf der Minderheitsseite in einen weniger bedeutsamen Ausschuß „gewählt" wurde, und ein erfahrener *Speaker* der Mehrheitspartei trotz gleicher Stimmberechtigung im kongreßinternen Willensbildungs- und Entscheidungsprozeß über recht unterschiedliche Macht- und Einflußmöglichkeiten verfügen werden. Die Positions- und Beziehungsvielfalt anderer Mitglieder zwischen diesen beiden „Polen" dürfte sowohl im Senat wie im Repräsentantenhaus erheblich sein. Die Realität der politischen Willensbildung beruht jedoch trotz aller formellen Stimmengleichheit der Mitglieder vornehmlich auf dieser Verschiedenartigkeit ihrer Handlungspositionen.

Ob ein Abgeordneter in seiner Rolle als Vertreter von Interessen, die in der Gesellschaft vorfindbar sind, ob er als Gesetzgeber oder als Kontrolleur der Regierung erfolgreich ist und ob er so Statur zu gewinnen vermag, wird sich auf dieser Handlungsebene erweisen müssen. In dieses Gefüge des Kongresses mit seiner offiziellen Organisation des Ausschußsystems und der anderer offizieller Parlamentspositionen ragt die mehr inoffizielle Organisation der

Parteien hinein. Für die personelle Besetzung der offiziellen Kongreßgremien und Hilfsorgane waren die Parteien und deren gewählte Führungen seit jeher maßgeblich. Daß und inwieweit sie es auch bei der Gesetzesarbeit sind, unterliegt erheblichen Schwankungen und ist oftmals situationsbedingt.

5.4.3 Kongreßmitglied und Partei

Ein Kongreßmitglied kann nur dann Vorsitzender eines Ausschusses werden, wenn es in seinem Haus der Mehrheitspartei angehört. In dieser Hinsicht dürfte die Parteizugehörigkeit für die eigene Karriere ausschlaggebend sein. Der Majoritätsgewinn der eigenen Partei im eigenen Haus erfordert folglich ein persönliches Parteiengagement. Hierauf dürfte der außerordentlich hohe Grad an parteilicher Geschlossenheit bei Abstimmungen in offiziellen Organisations- und insbesondere Personal- bzw. Patronagefragen beruhen.

Das in parlamentarischen Systemen weitaus wichtigste Motiv für die Einhaltung einer möglichst strikten Fraktions- und Koalitionsdisziplin, die Bildung, Erhaltung und Förderung einer Regierungsmehrheit, die das Regierungspersonal im Amt hält, fällt im präsidentiellen System der USA fort. „Niederlagen" der Parteiführung bei der Gesetzgebung bedeuten somit niemals einen Regierungssturz. Insoweit sind alle Mitglieder des Kongresses in ihren Entscheidungen „völlig frei". Hinzu kommt, daß sowohl die Parteiführung im Kongreß als auch die *campaign committees* die Wiederwahl eines Abgeordneten oder Senatoren weder entscheidend zu fördern noch zu verhindern vermögen. Die Kongreßmitglieder werden daher bei ihrer Gesetzesarbeit andere, für ihre Wiederwahl und Tätigkeit ausschlaggebende Gründe zu berücksichtigen haben.

In Anbetracht der seit den 1980er Jahren ständig gestiegenen Kosten der Kongreßwahlkämpfe (Abbildung 5-5) ist einer dieser Faktoren die von den *Political Action Committees* (*PACs*) an die Kongreßmitglieder herangetragenen Forderungen. Denn die *PACs* spielen neben Parteien bei der Finanzierung der Kandidaten für den Kongreß eine entscheidende Rolle. Insbesondere die sich um ihre Wiederwahl bemühenden Kongreßmitglieder haben eine größere Autonomie gegenüber den Parteien erlangt, zumal sie als Amtsinhaber von den *PACs* bei der Vergabe von Wahlkampfspenden bevorzugt werden (vgl. Abbildung 13-3).

Gesetzgebungsmehrheiten entstehen daher in einer Abwägung zwischen vorhandenen Parteiempfehlungen sowie Wahlkreis- und als wichtig empfundenen Gruppeninteressen, gegen die ein sonst hilfreicher Verweis auf das in parlamentarischen Systemen übliche Gebot von „Fraktions"-Disziplin keinen Schutz gewähren kann. Die oftmals kaum berechenbare gesetzgeberische Mehrheitsfindung beruht folgerichtig nicht allein auf der normativen Abstimmungsfreiheit des Abgeordneten, sondern auch auf seiner Preisgegebenheit an Interessengruppen. Stellt man außerdem noch die weitgehend durch Eigenmittel, moderne Kommunikations- und Informationstechniken und einen umfangreichen Mitarbeiterstab (durchschnittlich 18 für Abgeordnete und bis zu 100 für Senatoren) geförderte Eigenständigkeit der Kongreßmitglieder in Rechnung, so erstaunt weniger die im Vergleich zu parlamentarischen Systemen geringe Parteikonformität als vielmehr deren deutlich erkennbare Beachtung.

Abbildung 5-5: Wahlkampfausgaben der Kongreßkandidaten (ausgewählte Jahre)*

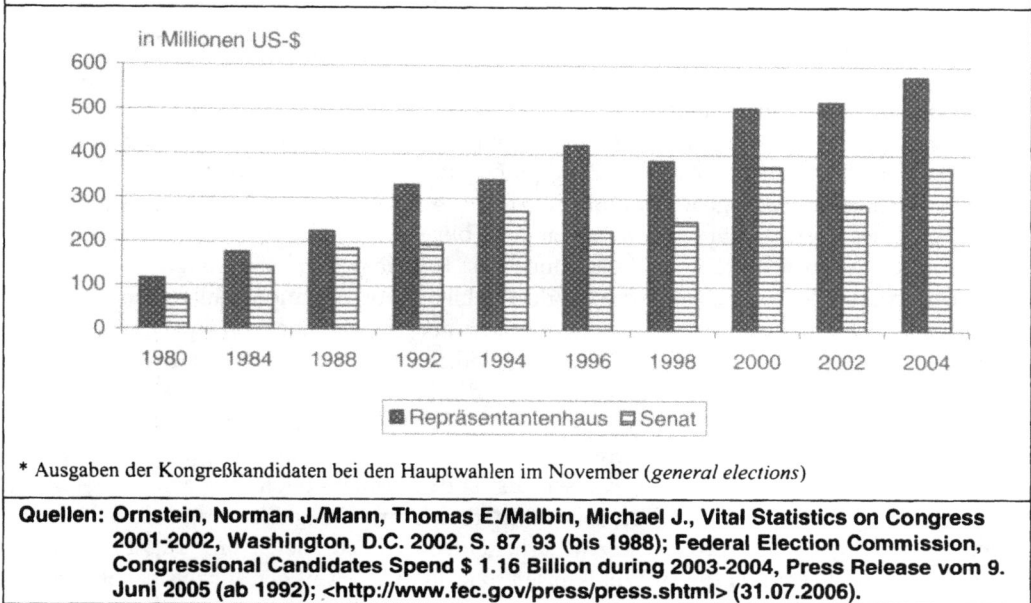

in Millionen US-$

■ Repräsentantenhaus ☐ Senat

* Ausgaben der Kongreßkandidaten bei den Hauptwahlen im November (*general elections*)

Quellen: Ornstein, Norman J./Mann, Thomas E./Malbin, Michael J., Vital Statistics on Congress 2001-2002, Washington, D.C. 2002, S. 87, 93 (bis 1988); Federal Election Commission, Congressional Candidates Spend $ 1.16 Billion during 2003-2004, Press Release vom 9. Juni 2005 (ab 1992); <http://www.fec.gov/press/press.shtml> (31.07.2006).

Das von den Parteien beider Kongreßhäuser in neuerer Zeit ausgebaute und wieder stärker eingesetzte *whip*-System, mit dem vor allem die innerparteiliche Information und Kommunikation im „Zweiwegesinn" von der Parteiführung zu den Abgeordneten und von diesen wieder hin zu den Führungsgremien der eigenen Partei verstärkt werden soll – was sich insgesamt als Management-System beschreiben läßt –, hat dieses parteiorientierte Abstimmungsverhalten offenkundig gefördert. Die für die eigene Rollenwahrnehmung wesentlichen Sonderwünsche des Kongreßmitglieds können zudem durch die eigene Partei und deren Führung im Kongreß etwa unter Hinweis auf die Berücksichtigung bei Ausschußbesetzungen oder auf die Unterstützung bei Gesetzgebungsvorhaben befriedigt werden. Angesichts dieser mehrdimensionalen Entscheidungsmatrix sind insofern wechselnde, parteiübergreifende Gesetzgebungsmehrheiten (*cross voting*) auch nicht ungewöhnlich (Davidson/Oleszek 2006: 163 ff.).

5.4.4 Die Kongreßmitglieder als Repräsentanten ihres Wahlgebiets

Jedes Kongreßmitglied entscheidet in der Legislative verbindlich für die gesamten Vereinigten Staaten. Ein von ihm mit herbeigeführter Beschluß bindet nicht allein seine eigenen Wähler oder seinen Wahlkreis bzw. seinen Einzelstaat, sondern die gesamte Nation. Dennoch wird ein Abgeordneter oder ein Senator Einzel- und Sonderinteressen in den parlamentarischen Willensbildungsprozeß mit einbringen dürfen, ja mitunter ausdrücklich müssen.

Dies gilt insbesondere für die Anliegen seiner Wähler, deren Unterstützung für die Wiederwahl eines Abgeordneten wesentlich ist (Davidson/Oleszek 2006: 478).

Vor dem Hintergrund des Spannungsverhältnisses zwischen individueller und institutioneller Repräsentation wird ein Kongreßmitglied stets die folgenden Aspekte beachten müssen: Ohne die Unterstützung seiner Partei im Wahlkreis wird es schwierig sein, die Vorwahl (*primary*) zu gewinnen, die heute bei allen Kongreßwahlen die übliche Form der Kandidatenaufstellung bildet. Und ohne die Zustimmung der relativen Mehrheit der abgegebenen Wählervoten kann ein Abgeordneter/Senator in der *general election* kein Mandat gewinnen. Erst wenn diese beiden Hürden genommen sind, bietet sich überhaupt die Chance, im Kongreß Einfluß ausüben zu können. Zwar können die Kandidaten für den Kongreß zumeist auf eine Unterstützung der eigenen Partei bei der Wahlkampforganisation zählen, dennoch müssen sie den Großteil ihrer Wahlkampfaktivitäten der Einwerbung von Spenden und dem Ausbau einer eigenen Wahlkampforganisation widmen. Die Mitglieder des modernen Kongresses entsprechen daher weitgehend dem Typ des politischen Entrepreneurs, der – einmal im Amt – sich seiner Partei nicht sonderlich verpflichtet fühlen muß (Loomis 1990). Bei der Nominierung und Wahl ist ein Kongreßmitglied somit eher auf sein Wahlgebiet und die dortigen Wähler als auf die Partei angewiesen. Es ist demgemäß üblich, daß ein Abgeordneter bzw. Senator einen erheblichen Teil seiner Mitarbeiter im Wahlgebiet tätig sein läßt. Während 1972 lediglich 22,5 Prozent der Mitarbeiter von Abgeordneten und 12,5 Prozent der Mitarbeiter von Senatoren in den Wahlkreisen bzw. in dem jeweiligen Einzelstaat arbeiteten, waren es 2001 41,7 bzw. 30,7 Prozent (Ornstein/Mann/Malbin 2002: 129). Die vorrangige Aufgabe dieser Mitarbeit besteht in der „Einzelbetreuung" (*case work*) von Bürgern, denen sie bei der Lösung ihrer Probleme mit der Bundesgesetzgebung und Bundesverwaltung behilflich sind (Davidson/Oleszek 2006: 138 ff.).

Über diesen *constituency service* hinaus stehen auch die Kongreßmitglieder selbst in ständigem Kontakt mit ihren potentiellen Wählern und den für ihre Wiederwahl maßgeblichen Gruppen (Parker 1986). Hierbei kommen den Abgeordneten und Senatoren die zu ihrer Amtsausstattung gehörenden Ressourcen (*perquisites of office*) wie etwa das Privileg der Portofreiheit (*franking privilege*) bei der Versendung von Post in die Wahlkreise zugute. Die Kommunikation zwischen Kongreßmitgliedern und Wählern ist 1979 zudem durch die Gründung des Fernsehsenders *C-SPAN* (*Cable Satellite Public Affairs Network*) erleichtert worden, der unter anderem die Einspeisung von Live-Übertragungen aus dem Kongreß in lokale Fernsehsender ermöglicht (Jäger 1992: 4 f.).

Die starke Rückbindung der Kongreßmitglieder an ihre Wahlgebiete hat dazu beigetragen, daß die Wähler ihre Abgeordneten und Senatoren insbesondere nach deren Leistungen für sie selbst, ihre Gemeinde, ihren Kreis bzw. ihren Einzelstaat beurteilen Die insgesamt positive Einschätzung der Arbeit ihrer „eigenen" Repräsentanten im Kongreß (über 60 Prozent) steht jedoch im starken Kontrast dazu, daß nur 35 Prozent der im Jahr 2005 in einer Gallup-Erhebung Befragten die Arbeit des Kongresses als Institution zustimmend bewerteten (Poole 2005: 18) und nur 20 Prozent angaben, eine hohe oder sehr hohe Meinung vom ethischen Verhalten der Kongreßmitglieder im Allgemeinen zu haben. Genährt wird diese Auffassung durch die in den letzten Jahren aufgedeckten Skandale um Korruption, Bestechlichkeit und sexuelle Belästigung. Tatsache ist aber, daß über die letzten Jahrzehnte derartiges Fehlver-

halten abgenommen hat (Hamilton 2004: 76 ff.), nur viel schneller entdeckt und von den
Medien viel rigoroser verwertet wird. Der Rückgang ist auf zahlreiche rechtliche Maßnahmen und verstärkte öffentliche Kontrolle zurückzuführen, die im Grunde zum gläsernen
Kongreßmitglied geführt haben. Ganz im Gegensatz dazu sind die Strukturen des Kongresses
als politischer Institution und seine Verfahren der Entscheidungsfindung eben nicht nur aufgrund seiner inneren Organisation, sondern auch aufgrund der Pluralität der Interessen seiner
Mitglieder komplex und nicht einfach zu durchschauen. Die Dichotomie zwischen der Institution als Kongreß in seiner Gesamtheit und der Mitgliederversammlung als einem Kongreß
der Kleinteiligkeit ist jedoch ungebrochen sichtbar (Davidson/Oleszek 2006: 478-489).

5.5   Literatur

Aberbach, Joel D., Keeping a Watchful Eye. The Politics of Congressional Oversight,
Washington, D.C. 1990.

Amer, Mildred L., Membership of the 108th Congress: A Profile, CRS Report for Congress,
RS21379, 25. Oktober 2004.

Amer, Mildred L., Membership of the 109th Congress: A Profile, CRS Report for Congress,
RS22007, 18. Januar 2006.

Baker, Ross K., House and Senate, 3. Aufl., New York/London 2001.

Cain, Bruce/**Ferejohn**, John/**Fiorina**, Morris, The Personal Vote: Constituency Service and
Electoral Independence, Cambridge 1987.

Canon, David T., Actors, Athletes and Astronauts: Political Amateurs in the United States
Congress, Chicago 1990.

Cranford, John R., The New Class More Diverse, Less Lawyerly, Younger, in: Congressional Quarterly Weekly Report, Vol. 50, 44(1992), S. 3557.

Congressional Quarterly, How Congress Works, 2. Aufl., Washington, D.C. 1991.

Congressional Quarterly, How Congress Works, 3. Aufl., Washington, D.C. 1998.

Congressional Quarterly's Guide to Congress, Volume I, 5. Aufl., Washington 2000a.

Congressional Quarterly's Guide to Congress, Volume II, 5. Aufl., Washington 2000b.

CQ 2004 Almanac Plus, 108th Congress, 2nd session, Vol. LX, Washington, D.C. 2005.

CQ 2005 Almanac Plus, 109th Congress, 1st session, Vol. LXI, Washington, D.C. 2006.

Davidson, Roger H./**Oleszek**, Walter J., Congress and Its Members, 10. Aufl., Washington,
D.C. 2006.

Deering, Christopher J./**Smith**, Steven S., Committees in Congress, 3. Aufl., Washington,
D.C. 1997.

Dodd, Lawrence C./**Oppenheimer**, Bruce I., The New Congress: Fluidity and Oscillation, in: **Dodd**, Lawrence C./**Oppenheimer**, Bruce I. (Hrsg.), Congress Reconsidered, 4. Aufl., Washington, D.C. 1989, S. 443-449.

Dodd, Lawrence C./**Oppenheimer**, Bruce I., A Decade of Republican Control: The House of Representatives, 1995-2005, in: **Dodd**, Lawrence C./**Oppenheimer**, Bruce I. (Hrsg.), Congress Reconsidered, 8. Aufl., Washington, D.C. 2005, S. 23-54.

Dwyer, Paul E., Congressional Salaries and Allowances, CRS Report for Congress, RL30064, 5. August 2004.

Dwyer, Paul E., Salaries of Members of Congress: A List of Payable Rates and Effective Dates, 1789-2006, CRS Report for Congress, 97-1011 GOV, 18. April 2006.

Feldkamp, Michael F., Datenhandbuch zur Geschichte des Deutschen Bundestages 1994 bis 2003, Berlin 2005.

Fenno, Richard F., Home Style. House Members in their Districts, Boston 1978.

Fiorina, Morris P., Representatives, Roll Calls, and Constituencies, Lexington 1974.

Fiorina, Morris P., Congress: Keystone of the Washington Establishment, New Haven 1977.

Fiorina, Morris P., Divided Government, 2. Aufl., Boston u. a. O. 1996.

Fiorina, Morris P., Keystone Reconsidered, in: **Dodd**, Lawrence C./**Oppenheimer**, Bruce I. (Hrsg.), Congress Reconsidered, 8. Aufl., Washington, D.C. 2005, S. 159-179.

Fisher, Louis, Constitutional Conflicts between Congress and the President, Lawrence 1997.

Fox, Harrison W./**Webb Hammond**, Susan, Congressional Staffs. The Invisible Force in American Lawmaking, New York 1977.

Fraenkel, Ernst, Das amerikanische Regierungssystem, 4. Aufl., Opladen 1981 [EA 1960].

Garay, Ronald, Congressional Television: A Legislative History, Westport 1984.

Hamilton, Lee H., How Congress Works and Why You Should Care, Bloomington 2004.

Huckabee, David C. Congressional Redistricting: Federal Law Controls a State Process, CRS Report for Congress, 93-1060 GOV, 15. Februar 2001.

Haas, Christoph M., Zweite Kammer erster Klasse: der US-Senat, in: **Riescher**, Gisela/**Ruß**, Sabine/ **Haas**, Christoph M. (Hrsg.), Zweite Kammern, München/Wien 2000, S. 22-47.

Hibbing, John R., Congressional Careers. Contours of Life in the U.S. House of Representatives, Chapel Hill/London 1991.

Jacobson, Gary C., The Politics of Congressional Elections, 6. Aufl., New York 2004.

Jäger, Wolfgang, Fernsehen und Demokratie. Scheinplebiszitäre Tendenzen und Repräsentation in den USA, Großbritannien, Frankreich und Deutschland, München 1992.

Keefe, William/**Ogul**, Morris S., The American Legislative Process. Congress and the States, Upper Saddle River 2001.

Kernell, Samuel, Facing an Opposition Congress: The President's Strategic Circumstance, in: **Cox**, Gary W./**Kernell**, Samuel (Hrsg.), The Politics of Divided Government, Boulder u. a. O. 1991, S. 87-112.

King, Anthony (Hrsg.), The New American Political System, 2. Aufl., Washington, D.C. 1990 [EA 1978].

Koempel, Michael L./**Schneider**, Judy, A Retrospective of House Rules Changes Since the 104th Congress, CRS Report for Congress, RL33610, 10. August 2006.

Kuntz, Phil, Panel Won't Accept Complaints Filed Close to an Election, in: Congressional Quarterly Weekly Report, Vol. 49, 22(1991), S. 1431-1432.

Loomis, Burdett, The New American Politician. Ambition, Entrepreneurship, and the Changing Face of Political Life, New York 1990.

Malbin, Michael J., Unelected Representatives: Congressional Staff and the Future of Representative Government, New York 1980.

Mann, Thomas E./**Ornstein**, Norman J. (Hrsg.), The New Congress, Washington, D.C. 1981.

Mayhew, David R., Congress: The Electoral Connection, New Haven 1974.

Mayhew, David R., Divided We Govern. Party Control, Lawmaking, and Investigations, 1946-1990, New Haven 1991.

Mayhew, David R., America's Congress. Actions in the Public Sphere, James Madison Through Newt Gingrich, New Haven 2000.

Office of the Federal Register/National Archives and Records Administration, U.S. Government Manual, 2005-2006, Washington, D.C. 2005.

Oleszek, Walter J., Congressional Procedures and the Policy Process, 3. Aufl., Washington, D.C. 1989.

Oleszek, Walter J., Congressional Procedures and the Policy Process, 6. Aufl., Washington, D.C. 2004.

Ornstein, Norman J./**Mann**, Thomas E./**Malbin**, Michael J., Vital Statistics on Congress 2001-2002, Washington, D.C. 2002.

Palazzolo, Daniel J., From Decentralization to Centralization: Members' Changing Expectations for House Leaders, in: **Davidson**, Roger H. (Hrsg.), The Postreform Congress, New York 1992, S. 112-126.

Palmer, Betsy, Territorial Delegates to the U.S. Congress: Current Issues and Historical Background, CRS Report for Congress, RL32340, 6. Juli 2006.

Parker, Glenn R., Homeward Bound. Explaining Changes in Congressional Behavior, Pittsburgh 1986.

Peters, Ronald M., Jr., The American Speakership: The Office in Historical Perspective, Baltimore 1990.

Poole, Isaiah J., Congress Confronts Skeptical Public, CQ Today, 31. Mai 2005, S. 17-18.

Quirk, Paul J./**Binder**, Sarah A. (Hrsg.), The Legislative Branch, New York u. a. O. 2005.

Rhode, David, Parties and Leaders in the Postreform House, 2. Aufl., Chicago/London 1992.

Rieselbach, Leroy N., Congressional Reform, Washington, D.C. 1986.

Schickler, Eric, Disjointed Pluralism. Institutional Innovation and the Development of the U.S. Congress, Princeton 2001.

Shell, Kurt L., Kongreß und Präsident, in: **Lösche**, Peter/**Loeffelholz**, Hans Dietrich (Hrsg.), Länderbericht USA: Geschichte, Politik, Wirtschaft, Gesellschaft, Kultur, 4. Aufl., Bonn 2004, S. 202-245.

Shepsle, Kenneth A., The Changing Textbook Congress, in: **Chubb**, John E./**Peterson**, Paul E. (Hrsg.), Can the Government Govern?, Washington, D.C. 1989, S. 238-266.

Sinclair, Barbara, The Transformation of the U.S. Senate, Baltimore 1989.

Stanley, Harold W./**Niemi**, Richard G., Vital Statistics on American Politics 2005-2006, Washington, D.C. 2006

Sundquist, James L., The Decline and Resurgence of Congress, Washington, D.C. 1981.

Thaysen, Uwe/**Davidson**, Roger H./**Livingston**, Robert G. (Hrsg.), US-Kongreß und Deutscher Bundestag. Bestandsaufnahmen im Vergleich, Opladen 1988.

Webb Hammond, Susan, Congressional Caucuses in National Policy Making, Baltimore 2001.

Zelizer, Julian E. (Hrsg.), The American Congress. The Building of Democracy, Boston/New York 2004.

5.6   Websites

Repräsentantenhaus   http://www.house.gov

Senat   http://www.senate.gov

The Library of Congress – THOMAS   http://thomas.loc.gov/

Stand: 31.10.2005

*Wolfgang Jäger**

6 Der Präsident

6.1 Historische und rechtliche Grundlagen

Die Verfassung umschreibt die Zuständigkeit des Präsidenten in recht allgemeinen Worten. Die Grenze zwischen den Kompetenzen des Kongresses und des Präsidenten ist ungenau definiert und fließend; sie ergibt sich weitgehend aus dem politischen Kräftefeld und unterliegt damit dem historischen Wandel. Daß im Kongreß alle gesetzgebende Gewalt ruhe (Art. I, Sec. 1 U.S. Const.) und beim Präsidenten die vollziehende Gewalt liege (Art. II, Sec. 1 U.S. Const.), ist nur scheinbar eindeutig; denn andere Verfassungsbestimmungen beteiligen den Präsidenten an der Legislative und den Kongreß an der Exekutive. Die Gewaltenteilung kennzeichnet nur die institutionelle Trennung von Kongreß und Präsidentenamt; deren funktionales Verhältnis wird durch Gewaltenverschränkung (*checks and balances*) bestimmt: *separated institutions sharing powers* (Neustadt 1980: 26).

Die amerikanischen Verfassungsväter orientierten sich bei der Anordnung der Institutionen an der englischen Verfassung, so wie sie diese interpretierten, vor allem aber wie sie Montesquieu in seinem von ihnen zu Rate gezogenen Werk „Vom Geist der Gesetze" (1748) geschildert hatte. Allerdings erzwangen die Prinzipien der Republik Innovationen. Das gewählte Staatsoberhaupt besitzt eine andere Legitimität als der Erbmonarch. Zugleich stellt die Übertragung des Amtes auf Zeit ein Instrument der Kontrolle der Exekutive dar. Der englische König kann rechtlich nicht zur Verantwortung gezogen werden (*The King can do no wrong*). Daraus entwickelten sich in den Verfassungskämpfen des 17. Jahrhunderts zunächst die rechtliche und später die politische Verantwortung eines Ministeriums (*His Majesty's Government*). Eine rechtlich verantwortliche Regierung kann durch ein Anklageverfahren des Parlaments (*impeachment*) abgesetzt, eine politisch verantwortliche Regierung durch einen einfachen Tadelsantrag (*vote of censure*) zum Rücktritt gezwungen werden. „In Amerika hat die Beseitigung eines rechtlich unverantwortlichen Monarchen zur Schaffung eines rechtlich verantwortlichen Präsidenten geführt und maßgeblich dazu beigetragen, daß es zur Begründung eines politisch verantwortlichen Ministeriums niemals gekommen ist" (Fraenkel 1981: 245). Dies war die Voraussetzung für eine wirkliche Gewaltenbalance von Regierung

* Mein Dank gilt Björn Setzer, Markus B. Siewert und Christoph M. Haas für die Mitarbeit an diesem Beitrag.

und Parlament, wie Montesquieu sie aus der englischen Verfassung fälschlich zu einem Zeitpunkt herausgelesen hatte, als diese schon auf dem Wege zum Parlamentarismus war, der –
wie Walter Bagehot dann im 19. Jahrhundert enthüllte – durch die weitgehende Fusion von
Exekutive und Legislative gekennzeichnet ist. Diese Fusion kommt vor allem durch die Par-
lamentsmitgliedschaft der Minister zustande. Im Gegensatz dazu sieht die amerikanische
Verfassung die Inkompatibilität von Regierungsamt und Kongreßsitz vor (Art. I, Sec. 6
U.S. Const.), wobei die Funktion des Vizepräsidenten als Vorsitzender des Senats die einzige
Ausnahme darstellt.

Die dem Präsidenten in Art. II der Verfassung zugeordneten Kompetenzen sind rasch aufgezählt. Über die allgemeine Zuweisung der exekutiven Gewalt hinaus heißt es dort:

> *„Der Präsident ist Oberbefehlshaber der Armee und der Flotte der Vereinigten Staa-*
> *ten und der Miliz der Einzelstaaten, wenn diese zur aktiven Dienstleistung für die*
> *Vereinigten Staaten aufgerufen wird; er kann von den Leitern der einzelnen Abteilun-*
> *gen der Bundesexekutive die schriftliche Stellungnahme zu Angelegenheiten aus dem*
> *Dienstbereich der betreffenden Behörde verlangen, und er hat, außer in Amtsanklage-*
> *fällen, das Recht, Strafaufschub und Begnadigung für Straftaten gegen die Vereinig-*
> *ten Staaten zu gewähren. Er hat das Recht, auf Anraten und mit Zustimmung des Se-*
> *nats Verträge zu schließen, vorausgesetzt, daß zwei Drittel der anwesenden Senatoren*
> *zustimmen. Er nominiert auf Anraten und mit Zustimmung des Senats Botschafter,*
> *Gesandte und Konsuln, die Richter des Obersten Bundesgerichts und alle sonstigen*
> *Beamten der Vereinigten Staaten, deren Bestellung hierin nicht anderweitig geregelt*
> *ist und deren Ämter durch Gesetz geschaffen werden. [...] Er hat von Zeit zu Zeit dem*
> *Kongreß über die Lage der Union Bericht zu erstatten und Maßnahmen zur Beratung*
> *zu empfehlen, die er für notwendig und nützlich erachtet. [...] Er empfängt Botschaf-*
> *ter und Gesandte. Er hat Sorge zu tragen, daß die Gesetze gewissenhaft vollzogen*
> *werden [...].“*

Die mangelnde Präzision der meisten dieser Formulierungen war eine Voraussetzung ihres
zweihundertjährigen Bestehens. Die Verfassung läßt eine flexible Interpretation zu, die auf
neue Herausforderungen und sich wandelnde politische Kräfteverhältnisse zu reagieren vermag. Fast immer geht es dabei um das Verhältnis von Präsident und Kongreß, da beide bei
der Erfüllung ihrer Aufgaben aufeinander angewiesen sind.

Über die Regelungen der Verfassung hinaus sind dem Präsidenten durch die Ausdehnung der
Staatsaktivitäten und durch die Verlagerung von Zuständigkeiten der Einzelstaaten auf die
Bundesebene zusätzliche Aufgaben und Kompetenzen zugewachsen. Obgleich der Kompe-
tenzzuwachs des Präsidenten weitgehend unumstritten ist, kann es in Einzelfällen durchaus
zu verfassungsrechtlichen Streitigkeiten kommen. Besondere staatsrechtliche Probleme entstanden in der Vergangenheit aus Zwängen politischen Handelns in Notstandssituationen.
Eigene Notstandsrechte (*emergency powers*) des Präsidenten kennt die Verfassung nämlich
nicht. Er mußte sich auf die ihm im Laufe der Zeit per Gesetz übertragenen Notstandsbefug-
nisse berufen. Davon gab es Hunderte, die jedoch durch den *National Emergencies Act* von
1976 aufgehoben oder revidiert wurden. Im Rückgriff auf die Verfassung machten die Präsidenten allerdings Rechte geltend, die sie aus ihrer Stellung als Oberkommandierende der
Streitkräfte und als Inhaber der höchsten Exekutivgewalt ableiteten (*inherent powers*). Die

Grenzen solcher Befugnisse wurden – zumeist erst nach ihrer Anwendung – vom Obersten Bundesgericht gezogen. Dessen vielleicht berühmtestes Urteil in Notstandsfragen (*Youngstown Sheet & Tube Co. v. Sawyer*, 1952) betraf die Entscheidung Präsident Harry S. Trumans, ein Stahlwerk zu beschlagnahmen und unter Regierungsaufsicht zu stellen, weil seine durch einen Arbeitskampf drohende Stillegung während des Korea-Krieges die nationale Sicherheit beeinträchtigt hätte. Das Gericht erklärte die Entscheidung des Präsidenten für verfassungswidrig und verwies auf die bestehende Arbeitsgesetzgebung (Bledsoe/Watts/Rozell 2003: 523 f.).

Jede Analyse der Präsidentschaft muß das Tauziehen oder das Zusammenspiel von Präsident und Kongreß in den Mittelpunkt stellen. Da das Verhältnis der beiden Institutionen einer permanenten Dynamik unterliegt und auch vom Obersten Gerichtshof immer nur partiell und situationsgebunden, aber nie umfassend und grundsätzlich definiert wurde, kann ihm nur eine historisch unterfütterte Darstellung gerecht werden.

6.2 Rekrutierung und Wahl

Präsident wie Vizepräsident werden für eine Amtszeit von vier Jahren gewählt. Der 1951 in Kraft getretene 22. Zusatzartikel der Verfassung legt fest, daß niemand mehr als zweimal in das Amt des Präsidenten gewählt werden darf. Wer während einer Amtsperiode infolge des vorzeitigen Ausscheidens eines Präsidenten (Rücktritt, Amtsenthebung, Tod) nachrückt und mehr als zwei Jahre amtiert, darf nur einmal gewählt werden. Die Höchstdauer einer ununterbrochenen Amtsführung (bei zweijähriger Amtszeit durch Nachrücken und zweimaliger Wahl) kann also zehn Jahre nicht überschreiten.

Im Falle der vorzeitigen Vakanz des Präsidentenamtes geht dieses auf den Vizepräsidenten über. So zuletzt im Jahre 1974, als der damalige Vizepräsident Gerald Ford infolge des Rücktritts von Richard Nixon in das Amt des Präsidenten aufrückte. Scheidet der Vizepräsident vorzeitig aus seinem Amt aus, so ernennt der Präsident gemäß dem 1967 in Kraft getretenen 25. Zusatzartikel einen neuen Vizepräsidenten mit der Zustimmung beider Häuser des Kongresses. Dieser Fall trat Ende 1973 ein, als Vizepräsident Spiro T. Agnew zurücktrat und Gerald Ford von Nixon nominiert wurde. Innerhalb eines Jahres war Ford somit von der Position des Republikanischen Minderheitsführers im Repräsentantenhaus über das Amt des Vizepräsidenten als Präsident ins Weiße Haus gezogen. Da Fords Kandidatur 1976 erfolglos blieb, war er der einzige Präsident, der nie gewählt wurde.

In das Amt des Präsidenten kann nur ein gebürtiger Amerikaner gelangen, der das Alter von 35 Jahren erreicht und seit 14 Jahren seinen Wohnsitz im Gebiet der Vereinigten Staaten hat (Art. II, Sec. 1 U.S. Const.). Der in Österreich geborene Arnold Schwarzenegger konnte zwar nach kalifornischem Recht Gouverneur des *Golden State* werden, kann aber ohne eine Änderung der US-Verfassung niemals zum Präsidenten der USA gewählt werden.

Die Verfassungsväter hatten sich für ein indirektes Wahlverfahren entschieden, um weder plebiszitären Umtrieben noch dem entstehenden Parteiwesen Raum bei der Nominierung und

Wahl des Präsidenten zu geben. Sie richteten ein Wahlmännergremium (*electoral college*) ein, dessen Zusammensetzung auch der föderalen Struktur des Regierungssystems Rechnung tragen sollte (Slonim 1989). „Jeder Einzelstaat bestimmt in der von seiner gesetzgebenden Körperschaft vorgeschriebenen Weise eine Anzahl von Wahlmännern, die der Gesamtzahl der dem Staat im Kongreß zustehenden Senatoren und Abgeordneten gleich ist" (Art. II, Sec. 1 U.S. Const.). Hinzu kommen seit 1961 (23. Zusatzartikel) drei Wahlmänner aus dem *District of Columbia* (Bundeshauptstadt Washington). Das Wahlgremium zählt damit 538 Mitglieder (Tabelle 6-1).

Das 1804 im Zusatzartikel 12 sowie später in verschiedenen Bundesgesetzen präzisierte Verfahren schreibt vor, daß die Wahlmänner Anfang Dezember eines jeden Präsidentschaftswahljahres in ihren Staaten zusammentreten und in getrennten Wahlgängen für einen Präsidenten und einen Vizepräsidenten votieren. Die Stimmzettel werden dann in einer gemeinsamen Sitzung der beiden Häuser des Kongresses in Washington ausgezählt. Gewählt ist, wer die absolute Mehrheit der Wahlmännerstimmen (*electoral votes*) erzielt. Kommt eine solche Mehrheit nicht zustande (zuletzt 1824), „so wählt das Repräsentantenhaus sofort aus den drei Personen, die auf der Liste der für die Präsidentschaft abgegebenen Stimmen die höchsten Zahlen aufweisen, durch Stimmzettel den Präsidenten. Der Senat wählt den Vizepräsidenten". Bei dieser *contingent election* wird im Repräsentantenhaus nach Staaten abgestimmt, wobei die Vertretung jedes Staates eine Stimme hat, über deren Vergabe die einzelnen *state delegations* in geheimer Abstimmung beschließen. Die Verfassungsväter konnten davon ausgehen, daß die Stimmenzersplitterung im Wahlmännergremium der Normalfall sein und damit dem Repräsentantenhaus bei der Präsidentenwahl die letzte Entscheidung zufallen werde (Euchner/Maltese/Nelson 2002: 198).

Die Geschichte ging allerdings jenen Weg, den die Verfassungsväter zu verhindern versucht hatten. Die politischen Parteien übernahmen die Auswahl der Präsidentschaftskandidaten. In den ersten Jahrzehnten des 19. Jahrhunderts erfolgte ihre Nominierung durch die Kongreßfraktionen (*King Caucus*). Erst mit der Demokratisierungswelle unter der Präsidentschaft Andrew Jacksons (*Jacksonian Revolution*) in den 1830er Jahren ging man dazu über, das Recht der Nominierung den nationalen Konventen der Parteien (*national conventions*) zu übertragen. Überdies waren im Rahmen der Demokratisierung des Wahlrechts in den Einzelstaaten auch die Regeln für die Wahl der Wahlmänner reformiert worden. Während ihre Bestellung zunächst den einzelstaatlichen Parlamenten oblag, wurden sie seit dem Ende der 1830er von der erwachsenen männlichen Bevölkerung gewählt.

Von Demokratie konnte freilich auch dann noch kaum die Rede sein. Während des ganzen 19. Jahrhunderts wurden die Zusammensetzung der *conventions* und damit die Abstimmungen von den Parteiführern manipuliert. Anfang des 20. Jahrhunderts führte die Unzufriedenheit der amerikanischen Öffentlichkeit mit den Praktiken der Parteibosse und ihrer „Parteimaschinen" zu ersten Reformen. Einzelne Staaten – zuerst Wisconsin 1903 und Florida 1904 – führten Vorwahlen (*primaries*) ein, die die Auswahl der Delegierten für die Nominierungskonvente den Parteianhängern übertrugen. Im Jahre 1916 fanden in 20 Staaten Vorwahlen statt. Sie entschieden über mehr als die Hälfte der Plätze auf den nationalen Parteikonventen. Angesichts des Widerstands der einzelstaatlichen Parteiführungen, der geringen Wahlbeteiligung und der Abneigung vieler Kandidaten gegen Vorwahlen kehrten manche Staaten allerdings wieder von den Vorwahlen zum alten Selektionssystem zurück. So wurden bei der Wahl Franklin D. Roosevelts im Jahre 1932 in der Demokratischen Partei lediglich noch 16 (Republikaner: 14) Vorwahlen abgehalten, die nur 40 Prozent (D) bzw. 37,7 Prozent (R) der Delegierten der *national conventions* bestimmten (Edwards/Wayne 2003: 31).

Tabelle 6-1: Einwohnerzahl und Wahlmännerstimmen der US-Bundesstaaten und von Washington, D.C. (nach dem Zensus 2000)

Staat	Einwohnerzahl*	Wahlmänner-stimmen*		Staat	Einwohnerzahl*	Wahlmänner-stimmen*	
Alabama	4.461.130	9	(–)	Nebraska	1.715.369	5	(–)
Alaska	628.933	3	(–)	Nevada	2.002.032	5	(+1)
Arizona	5.140.683	10	(+2)	New Hampshire	1.238.415	4	(–)
Arkansas	2.679.733	6	(–)	New Jersey	8.424.354	15	(–)
California	33.930.798	55	(+1)	New Mexico	1.823.821	5	(–)
Colorado	4.311.882	9	(+1)	New York	19.004.973	31	(-2)
Connecticut	3.409.535	7	(-1)	North Carolina	8.067.673	15	(+1)
Delaware	785.068	3	(–)	North Dakota	643.756	3	(–)
Florida	16.028.890	27	(+2)	Ohio	11.374.540	20	(-1)
Georgia	8.206.975	15	(+2)	Oklahoma	3.458.819	7	(-1)
Hawaii	1.216.642	4	(–)	Oregon	3.428.543	7	(–)
Idaho	1.297.274	4	(–)	Pennsylvania	12.300.670	21	(-2)
Illinois	12.439.042	21	(-1)	Rhode Island	1.049.662	4	(–)
Indiana	6.090.782	11	(-1)	South Carolina	4.025.061	8	(–)
Iowa	2.931.923	7	(–)	South Dakota	756.874	3	(–)
Kansas	2.693.824	6	(–)	Tennessee	5.700.037	11	(–)
Kentucky	4.049.431	8	(–)	Texas	20.903.994	34	(+2)
Louisiana	4.480.271	9	(–)	Utah	2.236.714	5	(–)
Maine	1.277.731	4	(–)	Vermont	609.890	3	(–)
Maryland	5.307.886	10	(–)	Virginia	7.100.702	13	(–)
Massachusetts	6.355.568	12	(–)	Washington	5.908.684	11	(–)
Michigan	9.955.829	17	(-1)	Washington, D.C.	572.059	3	(–)
Minnesota	4.925.670	10	(–)	West Virginia	1.813.077	5	(–)
Mississippi	2.852.927	6	(-1)	Wisconsin	5.371.210	10	(-1)
Missouri	5.606.260	11	(–)	Wyoming	495.304	3	(–)
Montana	905.316	3	(–)	*gesamt:*		538	

*Beruhend auf dem Zensus 2000; in Klammern die Veränderungen im Vergleich zum Zensus 1990.

Quelle: U.S. Census Bureau, <http://www.census.gov/population/cen2000/tab01.pdf> (28.10.2005).

Der äußere Anlaß für eine tiefgreifende Reform des Verfahrens waren die Turbulenzen auf dem nationalen Parteikonvent der Demokraten 1968 in Chicago wegen der manipulativen Praktiken der Parteiführer. Zu einem umfassenden Paket innerparteilicher Reformen, denen zum Teil gesetzgeberische Maßnahmen der Einzelstaaten zugrunde lagen, gehörte bei beiden großen Parteien die Öffnung der Kandidatenauswahl mit Hilfe des Vorwahlsystems. Wurden

1968 nur 37,5 Prozent der Demokratischen Parteikonventsdelegierten in 17 Staaten durch Vorwahlen bestimmt, so waren es 2000 85,7 Prozent in 40 Staaten. Bei den Republikanern waren es 1968 34,3 Prozent der Parteikonventsdelegierten in 16 Staaten und 2000 93,1 Prozent in 43 Staaten (Edwards/Wayne 2003: 31).

In 13 Staaten gibt es „geschlossene Vorwahlen" (closed primaries), an denen nur registrierte Parteianhänger mitwirken dürfen (Bibby 2003: 161). Im Unterschied dazu braucht der Wähler in neun Staaten bei der „offenen Vorwahl" (open primary) seine Parteizugehörigkeit nicht anzugeben. Viele der anderen Staaten haben ein Mischsystem bei den Vorwahlen (semi-open bzw. semi-closed primaries). Die restlichen – nicht durch Vorwahl bestimmten – Konventsdelegierten werden durch ein ebenfalls seit 1968 wiederholt reformiertes mehrstufiges innerparteiliches Wahlverfahren (caucuses and convention system) und Delegationsverfahren nominiert.

Zusammen mit rechtlichen Änderungen der Wahlkampffinanzierung, die die Unabhängigkeit der Bewerber begünstigen, dämmten diese Reformen den Einfluß der Parteiführer, ja der Parteien überhaupt, auf die Präsidentschaftswahl merklich ein. Die Kandidaten haben sich statt dessen zunehmend eigene, von den Parteien autonome Organisationen aufgebaut und verfolgen eine candidate-centered campaign (Schier 2000: 256; Milkis/Nelson 2003: 395). Dadurch steigt die Chance unbekannter Außenseiter, ohne Unterstützung der Parteiorganisation über erfolgreiche Vorwahlkampagnen öffentliche Gunst oder sogar – wie 1976 Jimmy Carter – die Präsidentschaft zu gewinnen. Eine zentrale Rolle hierbei spielen die elektronischen Medien, die es den Amtsbewerbern ermöglichen, sich ohne Vermittlung der Parteien direkt an die Wähler zu wenden. Durch das außergewöhnliche Interesse, das die Medien, allen voran das Fernsehen, den ersten Vorwahlen entgegenbringen, können in der Öffentlichkeit wenig bekannte Bewerber rasch ihren Publizitätsgrad erhöhen. Dieser bandwagon-Effekt wird dadurch verstärkt, daß seit 1988 im März gleichzeitig Vorwahlen in etwa einem Dutzend Bundesstaaten (1988: 14 primaries; 1992: 12 primaries; 2000: 12 primaries und 4 caucuses; 2004: 9 primaries, 1 caucus) an einem Tag (Super Tuesday) stattfinden, die über etwa ein Drittel der Delegierten der beiden nationalen Parteikonvente entscheiden.

Aus dem gnadenlosen Wettbewerb der Vorauswahl bleiben auf jeder Seite nur ein oder zwei gewichtigere Kandidaten übrig. Die formale Nominierung nimmt dann jeweils der nationale Parteikonvent vor; im Normalfall ratifiziert er die schon in Vorwahlen und Parteiversammlungen getroffene Vorentscheidung. Die Delegierten, die auf dem Konvent nach Staatenblöcken abstimmen, sind in der Regel an die Vorentscheidung gebunden.

Die viertägigen Bundeskonvente – gewaltige Medienspektakel mit Jahrmarktatmosphäre – finden im Juli/August des Präsidentschaftswahljahres statt und erfüllen einige wichtige Funktionen. Über die Nominierung der Präsidentschaftskandidaten (und auf ihren Vorschlag der Vizepräsidentschaftskandidaten) hinaus haben sie die Aufgabe, die Wahlkampfplattform und die Parteisatzung (party platform) zu verabschieden. Ihr Ziel ist außerdem die Mobilisierung und Integration von Parteiaktivisten und Wählern. Darauf verweist auch die große Zahl der Delegierten, die verschiedene Gruppeninteressen innerhalb der Partei repräsentieren. Die Konvente geben zudem das Startsignal für den Hauptwahlkampf (Bibby 2003: 210). Im Jahre 2004 nahmen am Demokratischen Bundeskonvent 4.322 Delegierte und 610 Ersatzdelegierte, am Republikanischen Bundeskonvent 2.509 Delegierte und ebenso viele Ersatzdelegierte teil (vgl. Tabelle 13-1). Die alle vier Jahre tagenden nationalen Konvente sind die obersten nationalen Gremien der amerikanischen Parteien. Nichtsdestotrotz läßt in der Öffentlichkeit das Interesse an den Bundeskonventen nach: Der Prozentsatz der US-Amerikaner, welche die Berichterstattung vom Parteitag der Republikaner im Fernsehen verfolgten, fiel von 31,5 (1976) auf 13,9 (2000) bzw. 15,3 Prozent im Jahr 2004. Das Interesse an der Berichterstattung vom Parteitag der Demokraten ging von 25,2 (1976) auf 15,3 (2000) bzw. 14,3 Prozent zurück (Stanley/Niemi 2006: 195). Immer wichtiger ist dagegen die Übertragung über das Internet geworden (Euchner/Maltese/Nelson 2002: 274). Auf die Nominierung der Präsidentschaftskandidaten folgt der zweimonatige Hauptwahlkampf. Zu seinen Höhepunkten gehören die bundesweit übertragenen Fernsehdebatten zwischen den Spitzenkandidaten. 1960 zum erstenmal im Wahlkampf zwischen John F. Kennedy und Richard Nixon veranstaltet, finden sie seit 1976 regelmäßig vor einem großen Publikum statt. Gleichwohl läßt sich seit 1996 ein Rückgang des Interesses innerhalb der Bevölkerung feststellen. Während die Debatten bis 1992 stets über 60 Millionen Zuschauer fanden, lagen die Zahlen seither mit einer Ausnahme (1. Bush-Kerry Debatte 2004) signifikant unter dieser Marke (Tabelle 6-2).

Tabelle 6-2: Zuschauerzahlen bei Fernsehdebatten der Präsidentschaftskandidaten 1976-2004

Jahr	Kandidaten	Debatten
1976	Jimmy Carter (D) - Gerald Ford (R)	1. Debatte 69,7 Mio. 2. Debatte 63,9 Mio. 3. Debatte 62,7 Mio.
1980	Ronald Reagan (R) - John Andersen (I) Jimmy Carter (D) - Ronald Reagan (R)	1. Debatte n.v. 2. Debatte 80,6 Mio.
1984	Ronald Reagan (R) - Walter Mondale (D)	1. Debatte 65,1 Mio. 2. Debatte 67,3 Mio.
1988	George Bush (R) - Michael Dukakis (D)	1. Debatte 65,1 Mio. 2. Debatte 67,3 Mio.
1992	George Bush (R) - Bill Clinton (D) - Ross Perot (I)	1. Debatte 62,4 Mio. 2. Debatte 69,9 Mio. 3. Debatte 66,9 Mio.
1996	Bill Clinton (D) - Bob Dole (R)	1. Debatte 44,1 Mio. 2. Debatte 36,3 Mio.
2000	Al Gore (D) - George W. Bush (R)	1. Debatte 46,6 Mio. 2. Debatte 37,5 Mio. 3. Debatte 37,7 Mio.
2004	George W. Bush (R) - John F. Kerry (D)	1. Debatte 62,4 Mio. 2. Debatte 46,7 Mio. 3. Debatte 51,1 Mio.

Quelle: Commission on Presidential Debates; <http://www.debates.org> (31.07.2006).

Tabelle 6-3: Fernsehdebatten im Präsidentschaftswahlkampf:
Ronald Reagan's Strategiepapier für die Debatten mit Jimmy Carter (Auszug)

REAGAN & BUSH COMMITTEE

MEMORANDUM

TO: Ronald Reagan   **RE**: Reagan-Carter Debate Strategy

Campaign and Debate Axiom

If the Governor succeeds in making Jimmy Carter's record the major issue of the debate and the campaign, we will succeed in the debate and win the general election.

If however, Carter makes Ronald Reagan the issue of the debate and the campaign we will lose both.

Principal Strategic Objectives

Televised political debates focus on image attributes more than issue positions. ... Essentially, the debate objective is: Present Ronald Reagan ... as a reasonable and compassionate man with a vision of America and the competence to take us from simply providing the hope that vision conveys to its actualization....

Summary of the Debate Strategy

– Be yourself. Don't hesitate, however, to attack Carter strongly on his record or to diffuse with disarming humor his personal charges when they became overblown.
– Focus the thrust of each answer on Carter's incompetence and weak record....
– Millions of Voters are frustrated and disillusioned; they are looking for a competent, compassionate leader capable of giving them hope about the prospects of the future.
– The key to the debate is to motivate Republicans and ticket-splitters to turnout on election day. Only 22 % of the electorate are self-identified Republicans, hence without the support of these ticket-splitters the Governor could not be elected.
– Our advantage lies in the fact that you are the best electronic media candidate in history.
– Regardless of Carter's challenges, it is crucial that you demonstrate constraint, firmness, moderation and compassion.
– Use selected examples of Carter's mismanagement of government, his misstatements, and flip-flops....
– Attack him harder on domestic matters than on international matters. Even anger may be appropriate on economic issues.
– Meet offensive with offensive. Don't feel obligated to defend particulars of your positions....

Quelle: Reagan & Bush Committee, Oktober 1980.

Am Dienstag, der auf den ersten Montag im November folgt, werden dann in allen 50 Staaten und im Columbia-Distrikt die vorab auf jeweils einen der Präsidentschaftskandidaten verpflichteten Wahlmänner von der Bevölkerung gewählt. Das Amt des Wahlmannes hat also seine ursprüngliche Bedeutung verloren, zumal Wahlmänner von ihrer verfassungsgemäßen Entscheidungsfreiheit in aller Regel keinen Gebrauch machen; zwischen 1820 und 2004 gab es nur 18 *faithless electors*, davon je einen bei den Wahlen 2000 und 2004. Mit Ausnahme von Maine und (seit 1992) Nebraska gilt für alle Staaten das *winner-takes-all*-System, d. h. alle Wahlmänner eines Staates fallen dem Sieger zu. Dies hatte etwa 1992 zur Folge, daß Bill Clinton 43 Prozent der Wähler-, aber 68,7 Prozent der Wahlmännerstimmen auf sich vereinigte. Aufgrund des Mehrheitswahlsystems ist es sogar möglich, daß ein Kandidat gewählt wird, der zwar die Mehrheit der *electoral votes*, aber nur eine Minderheit der *popular votes* gewinnt. Ebendies traf bei den Wahlen 2000 auf das Ergebnis von George W. Bush zu (Tabelle 6-4). Im Zuge dieser umstrittenen Präsidentschaftswahl wurden daher auch die Forderungen nach einer *Electoral College*-Reform wieder lauter (Bibby 2003: 272).

Tabelle 6-4: „Minderheitspräsidenten"

Jahr	Kandidaten	Partei[1]	Wählerstimmen	in Prozent	Wahlmännerstimmen
	John Quincy Adams	D-R	113.122	30,5	84
	Gegenkandidaten:				
1824[2]	Andrew Jackson	D-R	151.271	46,1	99
	William Crawford[*]	D-R	40.856	13,2	41
	Henry Clay[*]	D-R	47.531	13,1	37
	Rutherford B. Hayes	R	4.034.311	47,9	185
1876	Gegenkandidat:				
	Samuel Tilden	D	4.288.546	50,9	184
	Benjamin Harrison	R	5.443.892	47,8	233
1888	Gegenkandidat:				
	Grover Cleveland	D	5.534.488	48,6	168
	George W. Bush	R	50.456.062	47,9	271
2000	Gegenkandidat:				
	Al Gore	D	50.996.582	48,4	266

[1] D-R = Demokratisch-Republikanische Partei; D = Demokratische Partei; R = Republikanische Partei
[2] 1824 wurde der Präsident vom Repräsentantenhaus gewählt (*contingent election*)
[*] <http://www.presidentelect.org/e1824.html>

Quelle: U.S. National Archives and Records Administration, Office of the Federal Register
<http://www.archives.gov/federal-register/electoral-college/votes/index.html> (31.07.2006).

Die offizielle Amtseinführung (*inauguration*) schließlich findet seit 1933 (20. Zusatzartikel) am 20. Januar – also etwa zweieinhalb Monate nach den Wahlen – statt.

Seines Amtes enthoben werden kann der Präsident – abgesehen vom Fall krankheitsbedingter Amtsunfähigkeit, der 1967 im 25. Zusatzartikel geregelt wurde – nur im Wege einer Amtsanklage (*impeachment*): Das Repräsentantenhaus beschließt mit einfacher Mehrheit über die Erhebung der Anklage, während der Senat unter dem Vorsitz des *Chief Justice* des Obersten Bundesgerichts als Gericht fungiert. Zu einer Verurteilung bedarf es der Zweidrittelmehrheit. Ein wegen „Verrats, Bestechung oder anderer Verbrechen und Vergehen" für schuldig befundener Präsident wird aus dem Amt entfernt (Art. II, Sec. 4 U.S. Const.). Bislang gab es keinen Fall einer Verurteilung. Als Präsident Nixon 1974 mit einer Anklage wegen krimineller Handlungen im *Watergate*-Skandal rechnen mußte, trat er vorzeitig zurück. Bill Clinton wurde im Repräsentantenhaus wegen vier Verstößen angeklagt (House Calendar No. 281, 105. Congress, H. Res. 611), von denen zwei, Meineid und Behinderung der Justiz, an den Senat überwiesen wurden. An der Notwendigkeit einer Zweidrittelmehrheit im Senat scheiterte dann allerdings das *impeachment*-Verfahren gegen den Präsidenten im Jahr 1999 in beiden Anklagepunkten. 55 Senatoren wiesen den Vorwurf des Meineids zurück, 50 sprachen sich gegen eine Verurteilung wegen Behinderung der Justiz aus. Beim Abstimmungsverhalten spielte die jeweilige Parteizugehörigkeit eine große Rolle. Die Demokraten wollten es bei einem Tadel (*censure*) belassen, während die Republikaner überwiegend auf einem *impeachment* bestanden (Jones 1999: 278).

Die Bilanz der seit den 1970er Jahren wiederholt reformierten Kandidatenauswahl fällt noch nicht eindeutig aus. Einerseits bedeuten die Reformen ein Stück Demokratisierung, auch wenn die Partizipation an den Vorwahlen recht schwach ist – durchschnittlich 20 Prozent. Das System ist aber offener und für Außenseiter chancenreicher geworden, zumal die Wahlkämpfe für die Kandidatennominierung wie auch der eigentliche Präsidentschaftswahlkampf weitgehend mit öffentlichen Geldern finanziert werden. Um die gesetzlich festgelegte Obergrenze für die Wahlkampfausgaben zu vermeiden, bestreiten jedoch manche Kandidaten die Vorwahlen ohne öffentliche Zuschüsse nur aus den eingeworbenen Spendengeldern sowie teilweise sogar aus Privatvermögen. George W. Bush 2000 und 2004 sowie John Kerry 2004 verzichteten für die Vorwahlen auf die staatliche Wahlkampfhilfe. Ross Perot, der Kandidat der Reformpartei 1996, und der Multimillionär Steve Forbes (bei den Republikanischen Vorwahlen 1996 und 2000) finanzierten ihre Wahlkämpfe zu großen Teilen aus eigenen Mitteln. Hier zeichnet sich möglicherweise ein Trend für die nächsten Jahre ab. Insgesamt gilt schon für die Vorwahlen, daß die Sensibilität der Kandidaten für Gruppeninteressen in der Partei und in der Gesamtwählerschaft gestiegen ist. Aus ihnen versuchen die Bewerber unter Mithilfe von Umfrage- und Medienexperten eine *winning coalition* zusammenzufügen. Dem stehen andererseits größere Schwierigkeiten der Mehrheitsbildung im politischen Prozeß gegenüber, da die Schwächung der elektoralen Funktionen der Parteien auch ihren Einfluß in den politischen Entscheidungsgremien gemindert hat. Die Wählermehrheit ist nicht leicht in eine Regierungs- (sprich: Kongreß-) Mehrheit umzusetzen, wodurch das Regieren insgesamt erschwert worden ist. Die heutigen Wahlkämpfe schwächen die Macht des Präsidenten, während sie die Ansprüche an das Amt steigern. All das bringt große Enttäuschung über die Amtsführung des Präsidenten hervor. (Edwards/Wayne 2003: 56).

Mit Sorge wurde in den jüngsten Jahren das Aufkommen eines neuen Politikertyps registriert, dessen TV-Charisma wichtiger ist als seine Sachkompetenz. Ursächlich hierfür ist in erster Linie die Dominanz des Fernsehens als Wahlkampfmedium, die zu einer extremen Oberflächlichkeit des Wahlkampfes geführt hat. Der emotionale Eindruck, den die Zuschauer auf dem Bildschirm von den Kandidaten gewinnen, liefert die Grundlage für die Wahlentscheidung. Show-Kunst geht mehr denn je vor Staatskunst (Smith 1988, dt. Ausg.: 733 ff.; Jäger 1992: 14 ff.; Graber 2006). Es besteht daher eine offensichtliche Diskrepanz zwischen den persönlichen Eigenschaften eines Politikers, die dem Wahlerfolg dienlich sind, und jenen, die das Regieren erfordert (Cohen 2002: 89; Peterson 2000: 369).

6.3   Parteiführer

Seit dem Beginn des amerikanischen Parteiwesens ist der Präsident der Führer seiner Partei. Thomas Jefferson gilt allgemein als Vater der *presidential party leadership* (Bass 2002:

791). Zwar ist der Präsident nicht formell Vorsitzender seiner Partei – das würde dem mit dem Präsidentenamt verbundenen Anspruch, Symbol der Nation und damit überparteilich zu sein, widersprechen –, wohl aber ihr Aushängeschild und Machtzentrum. Doch auch diese Funktion des Präsidenten ist stetem Wandel unterworfen. Am deutlichsten zeigt sich das heute im Verhältnis zwischen dem Präsidenten und den Parteiorganisationen auf den verschiedenen Ebenen. Traditionell lag die Stärke der amerikanischen Parteien im lokalen und regionalen Bereich. Die Kongreßmitglieder wie der Präsident waren bei ihrer Nominierung und Wahl von den ,Parteifürsten' auf kommunaler und einzelstaatlicher Ebene abhängig. Der Präsident konnte und mußte sich die Gefolgschaft der von diesen ,Bossen' bestimmten Parteiorganisation vor allem durch Patronage – die Anstellung von Parteiaktivisten in der Bundesbürokratie und die Vergabe von Aufträgen durch die Bundesverwaltung – sichern. Die so gewährten Vergünstigungen zahlten sich für den Präsidenten bei politischen Konflikten oder bei Wahlen durch entsprechende Gegenleistungen aus. „Parteiführer" war er also insoweit, als er den Parteiaktivisten materielle Vorteile verschaffen und sie darüber hinaus programmatisch motivieren konnte. Das gegenseitige Abhängigkeitsverhältnis hat sich mit der Entwicklung einer Karriere- und Berufsbürokratie und den veränderten Rekrutierungs- und Wahlbedingungen spätestens seit den sechziger Jahren aufgelöst.

Für die Parteiorganisation bedeutete dieser Funktionsverlust zugleich eine Schwächung ihres politischen Einflusses, da sie für den Kandidaten und späteren Präsidenten weniger wichtig wurde. Hinzu kam, daß sich dieser im Wahlkampf zunehmend auf ihn persönlich und weniger der Partei verpflichtete Helfer stützte und sich aus dem engeren Kreis später bei der Besetzung exekutiver Führungspositionen bediente. In seiner Rolle als ,Führer', der auf die Gefolgschaft des Parteiapparates bauen und diesem Vorgaben machen kann, ist der Präsident also sicher schwächer geworden; zugleich wurde er aber freier gegenüber den programmatischen Forderungen und Patronageerwartungen der Parteiaktivisten (Mackenzie 2002: 288 f.). Es ist noch nicht ganz klar, ob und wie weit die jüngste Stärkung der Parteien auf Bundesebene – sowohl organisatorisch wie als Dienstleistungsunternehmen bei Kongreß- und Präsidentenwahlen – hieran etwas ändert (Welz 1986: 31 ff.). Eine Wiederbelebung präsidentieller Führung durch Patronage ist allerdings ausgeschlossen, auch wenn der Präsident etwa 5.000 Positionen in der Bundesverwaltung besetzen kann (Bledsoe/Watts/Rozell 2002: 492). Ob die im Ansatz erkennbare Ausweitung des Wahlkampfservice der Parteien ihren Einfluß zu vergrößern vermag, ist so lange fraglich, wie die Nominierung der Präsidentschaftskandidaten dem Apparat entzogen bleibt. Die Bestellung der sogenannten *super delegates* für die nationalen Parteikonvente, die vor allem auf Initiativen der Parteiorganisationen zurückgeht, deutet allerdings auf die Bemühungen der Parteien hin, zumindest Teile ihres verlorenen Terrains zurückzugewinnen. Fest steht, daß eine gewisse Renaissance der amerikanischen Parteien stattgefunden hat. Die Kandidatenauswahl bleibt dem Parteiapparat aber weiterhin entzogen.

Die Bedeutung, die dem Präsidenten als (Wort-)Führer der Wählerbasis und -koalition seiner Partei (*party in the electorate*) zukommt, ist allerdings unbestritten. Mehr denn je liegt es am Erfolg seiner Politik und an seiner Ausstrahlung, ob seine Partei Stammwähler behaupten, neue ansprechen und vielleicht sogar dauerhaft an sich binden kann. Franklin D. Roosevelt begründete so die lange Vorherrschaft der Demokraten. Der Erfolg eines Präsidenten an der Wählerbasis seiner Partei wirkt sich auf seine Chancen aus, von den Kongreßmitgliedern seiner Partei als Führer akzeptiert zu werden. Gerade diese Seite der ‚Parteiführerschaft‘ eines Präsidenten bleibt aber problematisch, weil hier die strukturellen Hürden – das Selbständigkeitsstreben des Kongresses unabhängig von seiner Parteizusammensetzung und die Schwierigkeiten der Mehrheitsfindung – sehr hoch sind.

Der Präsident kann sich seiner Rolle als Parteiführer nicht entziehen. Ob er daraus aber Nutzen oder Schaden zieht, liegt heute mehr als zuvor an seiner Person, seiner Amtsführung und seiner politischen Fortune und weniger an einem strukturellen Rückhalt in einer Parteiorganisation (Davis 1992).

6.4   Der Apparat: *managerial presidency*?

Die Verfassung setzt den Präsidenten als Chef der Exekutive ein und betraut ihn mit der Aufgabe, die Gesetze des Bundes gewissenhaft zu vollziehen (Art. II, Sec. 3 U.S. Const.). Was sich dort so einfach anhört, stellt in der Praxis ein kontinuierliches Problem dar. Denn selbstverständlich kann der Präsident diesen Exekutivaufgaben nicht persönlich nachkommen; er bedarf dafür eines umfangreichen Verwaltungsapparates, der nicht nur die Gesetze effizient ausführt, sondern ihm auch meldet, wo und wann neuer Regelungsbedarf entsteht und ihn berät, wie Problemlösungen aussehen könnten. Denn als mit einem Mandat versehener Regierungschef will er auch seine eigenen Prioritäten mit Hilfe der Verwaltung verwirklichen. Der Präsident ist hier vor allem als Manager gefordert.

Die Verfassung sagt über ein Hilfsinstrumentarium des Präsidenten nichts aus. Offensichtlich gingen die Verfassungsväter davon aus, daß die Chefs der *departments*, die *secretaries*, als Ratgeber des Präsidenten und als loyale Erfüllungsgehilfen seiner Politik genügten. Schon George Washington beriet sich regelmäßig im Kreis dieser „Minister“. In die politische Sprache ging diese Runde rasch als „Kabinett“ (*cabinet*) ein. Vor allem in der zweiten Hälfte des 19. Jahrhunderts diente das Kabinett durchaus als Beratungsgremium, soweit dies von dem jeweils amtierenden Präsidenten überhaupt gewünscht war. Allerdings verstanden sich die damaligen Präsidenten eher als politische Richtungsgeber und noch nicht als die obersten Manager der Bundesverwaltung, die für den gesamten Exekutivbereich Verantwortung zu tragen meinten. Die Aufgaben des Managements überließen sie weitgehend den *department*-Chefs. Dem Kabinett kam somit in der Exekutive zeitweise einiges Gewicht zu. Abgesehen von Zeiten des präsidialen Krisenmanagements wie in den Jahren des Sezessionskrieges entsprach diese innerexekutive Kräfteverteilung der Machtkonstellation zwischen den Gewalten, nämlich der Dominanz des Kongresses im Verhältnis zur Präsidentschaft. Nicht von ungefähr betitelte Woodrow Wilson, Politikprofessor und späterer Präsident, 1885 sein berühmtes Buch über das amerikanische Regierungssystem *Congressional Government*.

Die Stellung der Präsidenten änderte sich jedoch im 20. Jahrhundert, als diese eine aktivere Rolle, insbesondere in der Außenpolitik, wahrnahmen und das Feld der Politik sich insgesamt ausdehnte. Präsident Theodore Roosevelt (1901-1908) suchte der Expansion präsidentiellen Handelns mit der sogenannten *stewardship theory*, einer Fortentwicklung der *inherent powers*-Doktrin, eine verfassungstheoretische Grundlage zu geben: Der Präsident habe für die Sicherheit und Prosperität der Nation alles zu tun, was konstitutionell nicht ausdrücklich verboten sei. Andere, aber nicht alle Präsidenten folgten diesem Konzept; vor allem Woodrow Wilson außenpolitisch angesichts der Herausforderungen des Ersten Weltkrieges und innenpolitisch mit einer extensiveren Gesetzgebungstätigkeit. Die aktivere Rolle des Präsidenten verlangte nun nach einer effektiveren Regierungstechnik. Vertreter der Verwaltungswissenschaft forderten in den 1920er Jahren eine nach klaren Zielvorgaben handelnde, kontrollierte und verantwortliche Verwaltung mit einem *general manager* an ihrer Spitze. Der Begriff *managerial presidency* erfaßt diesen Tatbestand (Hess 2002: 198 f.).

Das Kabinett, ohnehin ein verfassungsrechtlich nicht verankertes, sondern nur vom Präsidenten konstituiertes Gremium, vermochte den neuen Anforderungen nicht zu genügen. Kollektive Verantwortung war ihm fremd. Zudem orientierte sich die Ernennung der *department*-Chefs häufig eher an partei- und proporzpolitischen als an fachlichen Überlegungen (*spoils system*). Ähnliches gilt auch heute noch. So wurden unter Clinton die Kandidaten nach den Kriterien „*ethnicity*", „*gender*" und „*geography*", dem sogenannten „*egg test*", ausgewählt (Jones 1996: 23). Im Grunde wiederholte sich dies unter George W. Bush, dessen Kabinette den „*egg test*" ebenfalls bestehen würden.

Die von Anfang an infolge der Organisationsgewalt der Legislative gegebene Fragmentierung der Regierungs- und Verwaltungsmaschinerie war im Laufe des Jahrhunderts durch die immer stärkere Ausrichtung der *departments* und *agencies* als Interessen- und Klientelbehörden noch gewachsen. Der vor allem hieraus resultierende Gegensatz von zentrifugaler Behördenorientierung und zentripetaler Orientierung der Präsidentschaft rief nach einem eigenen institutionellen Instrumentarium des Präsidenten.

Im Jahre 1939 schließlich eröffnete der Kongreß dem Präsidenten durch den *Reorganization Act* die Möglichkeit, sich einen eigenen Apparat, das *Executive Office of the President* (*EOP*) zu schaffen – also eine Organisation, die über die vorhandenen Ministerien und 37 engeren Mitarbeiter des *White House* hinausreichte (Hart 1987: 29 ff.). Von Anfang an war das *EOP* kein „monolithischer" bürokratischer Apparat, sondern eine Ansammlung unterschiedlicher Behörden. Dem Präsidenten am nächsten stand das *White House Office*. Das 1921 geschaffene Budgetbüro (seit 1970: *Office of Management and Budget, OMB*) wurde aus dem Schatzministerium in das *EOP* transferiert. Die Unterstellung anderer Bundesbehörden wie des *General Accounting Office*, einer Art Rechnungshof, unter den Präsidenten ließ der Kongreß nicht zu. In den folgenden Jahrzehnten wuchs das *EOP* rasch zu einer gewichtigen Bürokratie heran. 1946 kamen der Wirtschaftliche Sachverständigenrat (*Council of Economic Advisers*), 1947 der Nationale Sicherheitsrat (*National Security Council*) und mit aktuellen Herausforderungen wie der Technologieförderung und dem Umweltschutz weitere Organisationen hinzu. Unter Clinton wurde der *National Economic Council* (*NEC*) geschaffen (Abbildung 6-1). Im Zuge des 11. September 2001 kam es nach den Kongreßwahlen 2002 mit der Schaffung des *Department of Homeland Security* (*DHS*), das zunächst als *Office of Homeland Security: (OHS)* im *EOP* angesiedelt war, zu einer der größten Umstrukturierungen der Ministerien in der US-Geschichte. Mehr als 40 unterschiedliche Behörden (*agencies*), die bereits vorher mit unterschiedlichen Aspekten der Landesverteidigung beschäftigt waren, wurden in das *DHS* integriert (Hult 2003: 13). An seine Spitze wurde Tom Ridge berufen, der seinen Posten als Gouverneur von Pennsylvania bereits für die Führungsposition im vormaligen *OHS* aufgegeben hatte.

Das *EOP* besteht heute aus 11 Büros und zählt 1.858 autorisierte Mitarbeiter. Die tatsächliche Zahl ist noch höher, da Bedienstete aus anderen Exekutivbehörden in das Weiße Haus vorübergehend abgeordnet werden (Patterson 1988: 339 ff.). Das Budget des *EOP* beträgt etwa 331 Mio. Dollar (Edwards/Wayne 2003: 196).

Abbildung 6-1: Das *Executive Office* des Präsidenten*

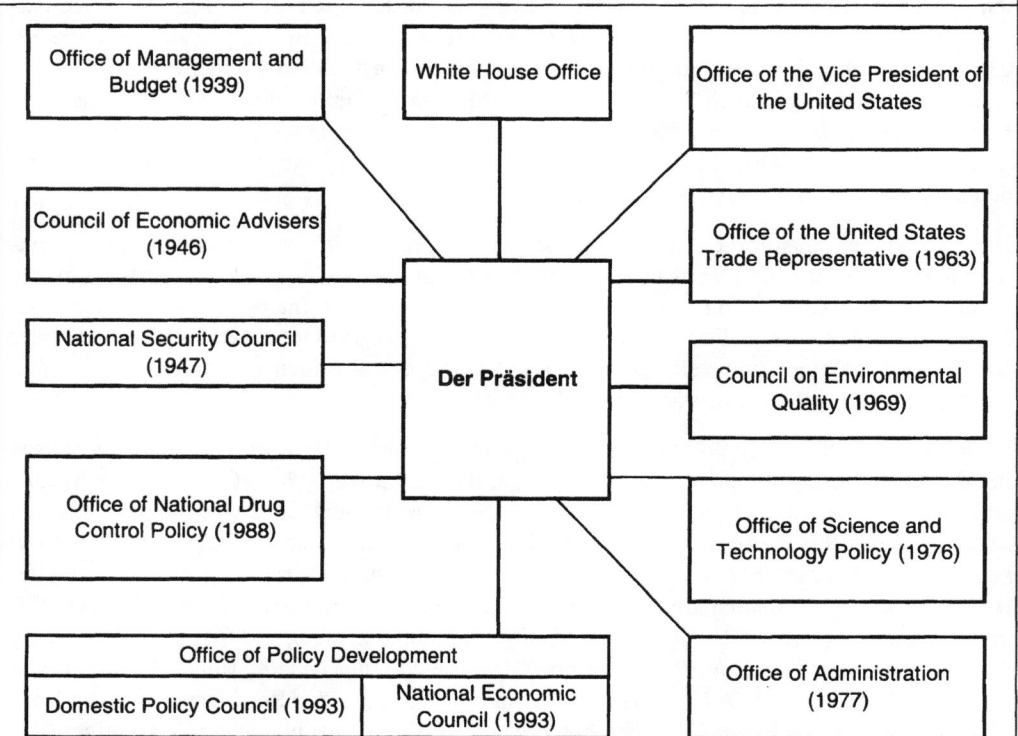

| Office of Management and Budget (1939) | White House Office | Office of the Vice President of the United States |

Der Präsident

Office of Economic Advisers (1946)

National Security Council (1947)

Office of National Drug Control Policy (1988)

Office of the United States Trade Representative (1963)

Council on Environmental Quality (1969)

Office of Science and Technology Policy (1976)

Office of Policy Development
Domestic Policy Council (1993) | National Economic Council (1993)

Office of Administration (1977)

*Die organisatorische Ausgestaltung des *EOP* unterliegt dem jeweiligen Präsidenten, so daß neben die oben genannten „klassischen" Büros weitere hinzukommen können. Unter George W. Bush sind das wie folgt: *Office of Faith-Based and Community Initiatives, Office of Homeland Security, Office of National AIDS Policy, President's Critical Infrastructure Protection Board, President's Foreign Intelligence Advisory Board, USA Freedom Corps, White House Military Office*

Quellen: U.S. Government Manual, 2004-2005, Washington, D.C. 2004, S. 88-101; Executive Office of the President, <http://www.whitehouse.gov/government/eop.html> (31.07.2006).

Die Entwicklung des *EOP* ist ambivalent: Sie stärkte die Regierungsfähigkeit des Präsidenten und schwächte sie zugleich. Sowohl das Mißtrauen des Präsidenten gegenüber den klassischen Behörden wie auch das Bestreben, im Präsidialamt die Vielfalt von gesellschaftlichen Gruppen, Interessen und Problemen organisatorisch zum Ausdruck zu bringen, führte zu einer immer ausgeprägteren funktionalen Differenzierung des *EOP*. Diese spiegelte nun auch auf der Ebene des Präsidenten jene Probleme wider, die seine institutionelle Stärkung notwendig gemacht hatten. Ein Apparat, der die gesamte Exekutive koordinieren helfen sollte, war selbst immer schwerer zu kontrollieren. Und wie die Ministerien verstanden sich auch die funktionalen Teilorganisationen des *EOP* rasch als Vertreter der in ihren Zuständigkeitsbereichen angesiedelten Interessen. Die Präsidenten reagierten darauf mit neuen Koordinationsanstrengungen. Sie bauten innerhalb des *White House Office* ihren persönlichen Stab (*White House Staff*) weiter aus, besetzten mehr führende Positionen mit persönlichen Vertrauten statt Berufsbeamten und politisierten damit die Leitungsebene (*personal presidency* statt *institutional presidency*) (Hess 2002: 2 ff.). Den engsten Mitarbeitern, den Leitern der Stabsstellen, wuchs damit immer größerer Einfluß auf die Politik des Präsidenten zu.

Die ohnehin schon geringe Bedeutung des Kabinetts wurde dadurch weiter verringert, auch wenn alle Präsidenten zu Beginn ihrer Amtszeit seine Aufwertung ankündigten. Ihren Höhepunkt erlebte diese Entwicklung unter Präsident Nixon, der nicht nur wie seine Vorgänger Kennedy und Johnson das Kabinett gering achtete, sondern anders als diese auch die *department*-Chefs als individuelle Ratgeber vom Weißen Haus fernhielt. Henry Kissinger als Nationaler Sicherheitsberater dominierte den außen- und verteidigungspolitischen und John Ehrlichman als *domestic adviser* den innenpolitischen Entscheidungsprozeß (Hart 1987: 119 ff.). Von allen Präsidenten seit Franklin D. Roosevelt nutzte lediglich Dwight D. Eisenhower das Kabinett regelmäßig als Beratungsgremium im Entscheidungsprozeß (Hess 2002: 53 ff.). Clinton kündigte 1992 eine Aufwertung des Kabinetts gar nicht mehr an und verzichtete nach drei Jahren seiner Amtszeit sogar fast vollständig auf Zusammenkünfte des Gesamtkabinetts. George W. Bush richtete als Reaktion auf den 11. September ein Kriegskabinett (*war cabinet*) ein, das er als Beratungsgremium im Kampf gegen den Terrorismus nutzte. „President Bush had molded his cabinet into an effective advisory mechanism for the conduct of the war" (Pfiffner 2003: 5).

Jeder Präsident organisiert das Weiße Haus nach seinen Management-Vorstellungen, jeder praktiziert seinen persönlichen Führungsstil. Franklin D. Roosevelt ermutigte den Wettbewerb unter seinen Mitarbeitern, um seinen eigenen Entscheidungsspielraum zu erweitern (kompetitives Modell); Kennedy und Carter förderten eher die kollegiale Zusammenarbeit und Nixon orientierte den Entscheidungsprozeß an einem hierarchischen Bürokratie-Modell (Edwards/ Wayne 2003: 196/197).

Extreme Unterschiede kennzeichneten den Regierungsstil der Präsidenten Jimmy Carter und Ronald Reagan. Carter, besessen vom Bemühen um Detailwissen, kümmerte sich um alle Entscheidungen selbst; er war sein eigener Assistent und Stabschef – wie es spöttisch hieß. Er verzettelte sich in Einzelheiten, statt sich auf das Angeben der Richtung zu konzentrieren. Mißtrauisch gegenüber seinem Apparat, überforderte der Präsident sich selbst. Neben Inkonsistenz und Unberechenbarkeit war eine bedeutsame Folge dieses „Mikro-Managements" ein Machtzuwachs der Bürokratie zu Lasten des Präsidenten. Dies mag zugleich erklären, warum entgegen Carters Wahlkampfversprechen die Zahl der Bundesbehörden während seiner Amtszeit nicht ab-, sondern sogar zunahm (Seidman/Gilmour 1986: 118).

Reagan hingegen entlastete sich von allen Detailfragen, delegierte großzügig und beschränkte sich auf das Setzen von wenigen Prioritäten, insbesondere in der Außen-, Wirtschafts- und Finanzpolitik. Die Prioritäten ergaben sich aus einer scharf konturierten Ideologie. Reagan trat sein Amt als „der ideologischste Präsident der Geschichte" an (Hess 2002: 144). Institutionell sicherte Reagan sein Entscheidungs- und Delegationssystem zweifach ab: einmal durch die sorgfältige Auswahl von politischen Beamten (*political appointees*), die sich seiner Ideologie verpflichtet fühlten. Im Gegensatz zu seinen Vorgängern ließ er auch die politischen Positionen auf der mittleren Führungsebene nicht durch die Leiter der *departments*, sondern durch das *White House Office* besetzen. Diese Zentralisierung der Personalpolitik zielte vor allem darauf ab, den Einfluß des Präsidenten auf den Gesetzesvollzug zu vergrößern (Nathan 1986: 129). Zudem führte Reagan eine Art von Kabinettssystem ein, dessen Gerüst sieben Kabinettsausschüsse – *cabinet councils* – bildeten, denen jeweils vier bis sechs *department*-Chefs angehörten. Die Kabinettsausschüsse prüften alternative Optionen, koordinierten die politischen Programme der Behörden und gaben dem Weißen Haus Handlungsempfehlungen zur Entscheidung. Obgleich Reagan seine eigene Wertschätzung eines *cabinet government* häufig betonte, waren die Kabinettsausschüsse, die 1985 ohnehin bis auf zwei abgeschafft wurden, weniger Beratungs- und Entscheidungsgremien als vielmehr Instrumente, mit deren Hilfe die im Weißen Haus formulierten Konzepte in bürokratisches Handeln umgesetzt werden sollten (Seidman/Gilmour 1986: 128; Campbell 1986: 67 ff.). Die von Reagan eingeführten *cabinet councils* haben unter den letzten Präsidentschaften wieder an Bedeutung gewonnen (Hult 2003: 15). Als wichtigstes Kontrollinstrument der Verwaltungsarbeit diente Reagan das Management- und Budget-Büro (*OMB*) dessen Direktor David Stockman das *executive budgeting* als das zentrale Instrument zur Koordinierung und Kontrolle der Verwaltung einsetzte. Für einen reibungslosen Ablauf im Weißen Haus sorgte eine arbeitsteilig funktionierende Troika von Präsidentenberatern: James Baker, Ed Meese und Michael Deaver. 1985 setzte der Präsident jedoch an die Stelle der „Troika" eine Einmann-Spitze in der Person von Stabschef Donald Regan (Pfiffner 1996: 25 ff.).

Reagans Führungsorganisation in den ersten Jahren seiner Amtszeit erntete nicht zuletzt in der Politikwissenschaft und Management-Lehre höchstes Lob (Heclo 1983: 47). Reagan schien den goldenen Mittelweg zwischen administrativem Management und politischer Führung gefunden zu haben. Daß er dabei aber von einmaligen personellen Rahmenbedingungen abhängig war, zeigte seine zweite Amtszeit, in der sich politische Mißerfolge und Pannen häuften. Spätestens die Iran-Contra-Affäre offenbarte die Schwächen von Reagans Regierungsstil. Zweitrangige Präsidentenberater im Stab des Nationalen Sicherheitsrates hatten laut dem Bericht eines Untersuchungsausschusses des Kongresses (*Tower Report*) ihre eigene und zudem gesetzwidrige Außenpolitik betrieben, indem sie Waffen an das USA-feindliche Regime in Teheran verkauften und den Erlös an die Contra-Rebellen in Nicaragua weiterleiteten. Immer problematischer wurde, was Donald Regan ironisch als *guesswork presidency* bezeichnete (Regan 1988: 142): Abgesehen von den großen Zielvorgaben des Präsidenten mußten seine Mitarbeiter „erraten", was der Präsident wollte; sie handelten in diesen Bereichen also mehr oder weniger auf eigene Faust. Diese Art der Delegation konnte, wenn überhaupt, nur gut gehen, solange der Präsident sich auf hochqualifizierte und loyale Mitarbeiter stützen konnte.

Präsident George H. W. Bushs Amtsübernahme änderte nur wenig an der Führungsorganisation des Weißen Hauses. Bush hielt am Konzept der Einmann-Spitze fest – bis Ende 1991 in der Person von Stabschef John Sununu, danach Samuel Skinner und ab August 1992 James Baker (zugleich Wahlkampforganisator). Im Unterschied zu seinem Vorgänger wurde Bush jedoch weniger zum Gefangenen der Stärken und Schwächen seines engsten Mitarbeiters. Dies lag zum einen darin begründet, daß er sich ganz im Gegensatz zu Reagan auch in diffizile politische Materien einzuarbeiten vermochte und sich damit bei der Entscheidung inhaltlicher Fragen ein gewisses Maß an politischer Eigenständigkeit gegenüber seinem Apparat bewahrte. Zum anderen wurde mit der Einbeziehung von Außenminister James Baker (bis August 1992) und Budgetdirektor Richard Darman in das *inner cabinet* von Präsident Bush die Konzentration der Entscheidungsmacht im Büro des Stabschefs verhindert.

Präsident Clintons Regierungsorganisation und Führungsstil erinnerten in manchem an Jimmy Carter. Bis zum Ende seiner Amtszeit hatte Clinton insgesamt vier *chiefs of staff*. Dies ist ein Indikator für die Management-Probleme während seiner Regierung. Das Stabssystem wurde in den ersten beiden Amtsjahren mehrmals verändert. Danach wurde die Koordination besser (Milkis/Nelson 2003: 392 f.). Der Aufbau des Regierungsapparates war bei Clinton eher informell als formal-hierarchisch. Viele Mitarbeiter hatten Zugang zum Präsidenten, was dazu führte, daß der Informationsfluß oft wenig kanalisiert war. Zuständigkeiten waren teilweise nicht klar geregelt. Erschwerend für die Regierungsorganisation kam hinzu, daß sich Clinton oft zu sehr mit Details befaßte (Edwards/Wayne 2003: 205 f.). Als stärkste Stützen des Präsidenten galten nicht seine Mitarbeiter im Stab des Weißen Hauses, sondern der Washington-erprobte Vizepräsident Al Gore und die First Lady Hillary Rodham Clinton. Seine Frau setzte Clinton an die Spitze einer interministeriellen Arbeitsgruppe, die ein umfassendes Gesetzgebungsprogramm zur Gesundheitsreform konzipieren sollte. Nach dem Scheitern der Reform nahm ihre Bedeutung wieder ab, während Gore weiterhin eine wichtige Rolle spielte.

Der diszipliniert und effizient arbeitende Stab von George W. Bush ist im Gegensatz zu dem Clintons wieder hierarchischer strukturiert (Edwards/Wayne 2003: 206). Bush sieht ähnlich wie Reagan den Präsidenten analog zum Vorstandsvorsitzenden in einem Unternehmen als *CEO (Chief Executive Officer)*. Dieser soll sich auf eine begrenzte Agenda konzentrieren und Aufgaben delegieren, wo dies möglich ist. Dabei ermutigt Bush Regierungsmitglieder, unterschiedliche Ansichten zu äußern und zu vertreten. Seine Rolle sieht er darin, sich für eine der ihm vorgelegten Optionen zu entscheiden. Die Organisation seiner Regierung wird als eine Stärke Bushs bewertet (Greenstein 2003: 11, 21). Insbesondere wurden strukturelle Versäumnisse der vorangegangenen Administrationen vermieden und ein Team von erfahrenen Politikstrategen zusammengestellt. Der engste Kreis des Mitarbeiterstabs bestand zu Beginn der ersten Bush-Administration aus einer Troika. Gebildet wurde dieser innere Kern von den *senior advisers* Karl Rove und Karen Hughes, die beide bereits im Wahlkampf 2000 strategische Positionen inne hatten. Das „Triumvirat" komplettierte der erfahrene *chief of staff* Andrew Card (bis April 2006), der schon unter Bush sr. *deputy chief of staff* und *secretary of transportation* war. Hughes koordinierte die Presse- und Öffentlichkeitsarbeit und bestimmte somit das Erscheinungsbild von George W. Bush maßgeblich. 2002 verließ sie den offiziellen Beraterkreis, blieb dem Präsidenten aber als Redenschreiberin und informelle Ratgeberin weiterhin erhalten. Card und Rove entwickelten eine funktionsfähige Arbeitsteilung. Ersterer organisierte in erster Linie den Entscheidungsprozeß im Weißen Haus, während letztgenannter die Gesamtkonzeption der Bush-Administration im Blick hatte. Allerdings wirkten beide bei der Entwicklung von Lösungsstrategien für diverse *policy*-Felder mit, soweit diese Schlüsselbereiche der Regierung betrafen (Hult 2003: 7 ff., 28 ff.).

In der neuesten Präsidentengeschichte löste vor allem Reagans Amtsführung eine Grundsatzdebatte über die Reichweite der präsidialen Regierungsfähigkeit und die Verantwortlichkeit seiner engsten Mitarbeiter aus. Ebenso wie bei der Aufklärung und Verarbeitung des *Watergate*-Skandals durch den Kongreß und die Justiz ging es um die Frage, bis zu welchem Ausmaß sich die Ratgeber des Präsidenten quasi als verlängerte Arme ihres Dienstherrn auf dessen partielle Unabhängigkeit von parlamentarischer Kontrolle berufen dürften (*executive privilege*). Sollten die Assistenten des Präsidenten, die sich wie *department*-Chefs oder sogar deren Vorgesetzte gebärdeten, nicht ebenso wie diese für ihre Ernennung der Zustimmung des Senats bedürfen und den Ausschüssen des Kongresses Rechenschaft ablegen müssen? Sowohl der Kongreß wie der Oberste Gerichtshof scheuten sich bislang, darauf eine abschließende Antwort zu geben (Hart 1987: 145 ff.). Im Grundsatz hat der *Supreme Court* allerdings die Ausdehnung des *executive privilege* auf die engsten Mitarbeiter des Präsidenten bestätigt (*United States v. Nixon*, 1974). Patricia Wald, Bundesrichterin am Appellationsgericht des *District of Columbia Circuit*, vertrat 1997 in dem Urteil zum *In re: Sealed Case* die Ansicht, daß sich das *executive privilege* auch auf die Berater des Präsidenten erstreckte. Dagegen galt es nicht für zwei Mitarbeiter des Präsidenten, die in der Lewinsky-Affäre aussagen mußten (Pious 1999/2000: 579 f.). Der Versuch des Präsidenten, das *executive privilege* immer weiter auszudehnen, wurde damit zurückgewiesen (Milkis/Nelson 2003: 397).

Andere Fragen gelten organisatorischen Problemen des *White House Office*, insbesondere des *White House Staff*. Da der Präsident die meisten Positionen mit Wahlkampfspezialisten und nicht mit Regierungsexperten besetzt, der ganze Stab also bei jedem Präsidentenwechsel ausgetauscht wird, fehlt es an „institutioneller Kontinuität und institutionellem Gedächtnis" (Hart 1987: 204) wie an Fachkompetenz. Die Neulinge lernen *on the job*. Ein weiteres Problem ist die zunehmende Dauer, bis alle Stellen im Stab besetzt sind. Bei Clinton erschwerte dies den Beginn seiner Präsidentschaft (Pfiffner 1996: 186). George W. Bush dagegen gelang es trotz der Verzögerungen nach den Wahlen 2000, die Stellen relativ schnell zu besetzen.

Man mag schließlich bezweifeln – wie der Großteil der amerikanischen Verwaltungswissenschaft (Moe 1990: 135) –, ob der Präsident dem Anspruch genügen sollte, oberster Manager der Exekutive zu sein; denn dieser Anspruch schreibt ihm zwar die Verantwortung zu, erweitert aber keinesfalls seine Kompetenzen und Fähigkeiten (Pfiffner 1996: 92). Der Kongreß teilt nämlich mit dem Präsidenten organisatorische und administrative Rechte und denkt nicht daran, darauf zu verzichten. Wer eine gegenüber dem Kongreß autonomere und hierarchisch strukturierte Bürokratie wünscht, müßte das Institutionengefüge der Verfassung ändern (Moe 1989: 328 f.). Außerdem bleibt es dem Zufall überlassen, ob ein Präsident Managerqualitäten aufweist. Im Rekrutierungsprozeß wird auf andere Kriterien der Auswahl größeren Wert gelegt, auch wenn die Präsidentschaftsbewerber in der neueren Vergangenheit die Reform der Bundesverwaltung auf der Liste ihrer politischen Agenden ganz oben ansiedelten. Der Politiker, der politische Ziele aufzeigt, nicht aber der Verwaltungschef wäre demnach gefragt (Hess 2002: 6, 219 ff.; Heclo/Salomon 1981). Die Debatte über die Reichweite präsidialer Verantwortlichkeit wird wohl nie zu einer Lösung führen. Sie bringt aber die Bedeutung des Systems der Gewaltenverschränkung und -hemmung als einem der zentralen Strukturprinzipien der amerikanischen Regierungs- und Verwaltungsorganisation zum Ausdruck.

6.5 Mitwirkung am Gesetzgebungsprozeß: *chief legislator*?

Die dem Präsidenten von den Verfassungsvätern zugeschriebene legislative Rolle ist eher negativer Art. Wenn man von den vage formulierten Befugnissen absieht, dem Kongreß gesetzgeberische Maßnahmen im Bericht zur Lage der Nation (*State of the Union Address*) vorzuschlagen und in Ausnahmefällen den Kongreß einzuberufen oder zu vertagen, so bleibt als „harte" Kompetenz nur das suspensive Vetorecht. Das formelle Recht der Gesetzesinitiative besitzt der Präsident nicht. In der Praxis allerdings hat er sich im 20. Jahrhundert seit Woodrow Wilson, vor allem aber seit Franklin D. Roosevelt, zum zentralen Akteur der Gesetzgebung, zum *chief legislator*, entwickelt. Der „Bericht zur Lage der Nation" wurde zur verfassungsrechtlichen Grundlage der Gesetzgebungstätigkeit des Präsidenten. Die Größe der modernen Präsidenten wird daher vor allem an ihrer Fähigkeit gemessen, „den Kongreß zu führen" (Burns 1956: 186).

Aber die heute auch vom Kongreß geteilte Erwartung eines programmatisch-gesetzgeberisch aktiven Präsidenten sichert noch lange nicht den parlamentarischen Erfolg der präsidentiellen Initiativen. Auf seine Partei kann der Präsident sich immer nur begrenzt verlassen, selbst wenn sie die Mehrheit in den beiden Häusern des Kongresses stellt. Dennoch kommt der Unterstützung durch Mitglieder seiner Partei eine nicht zu unterschätzende Bedeutung zu; diese stellen gleichsam den inneren Kern der Mehrheitsbildung dar. Diese Unterstützung ist aber nicht selbstverständlich. Zwischen Bill Clinton und den Demokraten im Kongreß gab es oft Streitigkeiten. Der Versuch einer Reform des Gesundheitswesens (*health care*) scheiterte trotz einer Mehrheit der Demokraten in beiden Häusern. Viele Demokraten im Kongreß fühlten sich von der Erarbeitung der Gesetzesvorlage ausgeschlossen (Herrnson 1999: 168). Clinton mußte spätestens nach dem überwältigendem Sieg der Republikaner bei den Kongreßwahlen 1994 nach parteiübergreifenden Mehrheiten suchen. Dabei vertrat er politische Positionen, die zwischen denen der meist liberalen Demokraten und denen der konservativen Republikaner im Kongreß lagen. Dieses Vorgehen wird als *triangulation* bezeichnet (Herrnson 1999: 172; Jones 1999: 265). Umgekehrt benötigte auch der Republikanische Präsident George W. Bush mehrmals die Unterstützung der Demokraten im Kongreß. Er mußte in seiner ersten Amtszeit wegen knapper Mehrheiten immer wieder abwägen zwischen dem Aufbau von Mehrheiten mit den Demokraten (*bipartisanship*) und dem Ziel, die eigene Partei zufrieden zu stellen (*partisanship*) und Rücksicht auf konservative Forderungen zu nehmen (Thurber 2002b: 265).

Über die Führer seiner Partei im Kongreß bringt der Präsident zumeist seine Gesetzesvorlagen ein. Er kann sie jedoch auch förmlich den Vorsitzenden beider Häuser zuleiten und um Behandlung im Kongreß bitten. Die größere Unabhängigkeit der Präsidentschaftskandidaten vom Parteiapparat, die stärkere Fragmentierung der Macht im Kongreß und die intensivere Wahlkreisorientierung der Abgeordneten hatten vor allem in den 1970er Jahren die Parteiloyalität als Ferment der parlamentarischen Mehrheitsbildung entwertet.

Ebenso wichtig wie die Parteiloyalität ist die ideologische Klammer (Bond/Fleisher/Northrup 1988). Auf sie konnte Präsident Reagan bei seinen Erfolgen in der Wirtschafts- und Finanzpolitik bauen, die eine Abstimmungskoalition von Republikanern und konservativen Demokraten (*conservative coalition*) unterstützte (Steffani 1988: 99 f.). In den 1980er und 1990er Jahren kam es im Kongreß zu einer zunehmenden Polarisierung zwischen Demokraten und Republikanern und einer größeren Homogenität innerhalb der Parteien. Einige konservative Demokraten aus dem Süden wechselten zu den Republikanern über (Bond/Fleisher 2000b: 189). Damit verbunden war wiederum ein verstärktes Abstimmungsverhalten entlang der Parteilinien (Bond/Fleisher 2000a: 2). Die Parteiloyalität kann auch gestärkt werden, wenn die Popularität des Präsidenten den Mandatsbewerbern seiner Partei bei den Kongreßwahlen in der Mitte der präsidentiellen Amtsperiode (*midterm elections*) als Rückenwind dient. Unter Bill Clinton 1998 und George W. Bush 2002 gab es bei den Kongreßwahlen Zugewinne für ihre jeweiligen Parteien. Dies geschah zum ersten Mal seit 1934 und stellte eine Entwicklung gegen den Trend dar, der bei den *midterm elections* von 2006 jedoch nicht bestätigt wurde.

Überhaupt ist die plebiszitäre Legitimation eine reiche Autoritätsquelle des Präsidenten, der als einziger Gewählter die ganze Nation seinen Wahlkreis nennen darf. Jeder Präsident versucht, die öffentliche Meinung für seine Politik zu mobilisieren (*going public*) und auf diesem Wege den Kongreß unter äußeren Druck zu setzen (Kernell 1997). Einen Höhepunkt erlebte diese Entwicklung unter Clinton. Seine Präsidentschaft war ein *permanent campaigning*, eine untrennbare Verschmelzung von Regierungsarbeit und Wahlkampfführung (Schier 2000: 258; Jones 1999: 247). Der Präsident versucht öffentliche Unterstützung für seine Programme zu erhalten und nutzt den Verweis auf diese Unterstützung dann, um Druck auf den Kongreß auszuüben.

Den ersten plebiszitären Schub für sein Programm gewinnt der Präsident durch seine Wahl. Der neu gewählte Präsident ist gut beraten, den Kongreß sofort mit seinen zentralen gesetzgeberischen Anliegen zu konfrontieren (die sog. *First Hundred Days*). Dem Kongreß fällt es zu diesem Zeitpunkt schwer, das in der Präsidentschaftswahl artikulierte „Mandat" des Volkes zu ignorieren (Pfiffner 1996: 183 f.). Der langjährige Demokratische Vorsitzende des Repräsentantenhauses (*Speaker*) „Tip" O'Neill berichtet in seinen Erinnerungen, daß er zwar ein entschiedener Gegner des von Reagan in seinem ersten Amtsjahr 1981 vorgelegten wirtschafts- und finanzpolitischen Gesetzgebungsprogramms gewesen sei; dennoch habe er zu diesem Zeitpunkt von seiner Möglichkeit, den Gesetzgebungsprozeß mit Geschäftsordnungsmaßnahmen im von der Demokratischen Partei beherrschten Repräsentantenhaus zu behindern, keinen Gebrauch gemacht: „Ich fürchtete, daß die Wähler den Demokraten eins auswischen würden, wenn wir dem Präsidenten nicht eine Chance gäben, sein Programm durchzubringen" (O'Neill 1987: 344). Doch sowohl Clinton als auch George W. Bush verpaßten in ihrer *honeymoon period* der ersten 100 Tage diese Möglichkeit, ihre politische Agenda gegenüber dem Kongreß durchzusetzen. Bei beiden war das Mandat aufgrund des Wahlergebnisses (Clinton) bzw. der Umstände der Wahl (Bush) eher schwach. Clinton setzte sich für unpopuläre Gesetzesmaßnahmen, wie die Annullierung des Ausschlusses von Homosexuellen aus der Armee, ein, anstatt sich auf sein Hauptziel, die Senkung des Haushaltsdefizits zu konzentrieren (Milkis/Nelson 2003: 384 ff.).

Eine sichere Garantie für die Zustimmung des Kongresses ist allerdings auch der Rückhalt des Präsidenten in der Öffentlichkeit nicht. Ein Präsident ist auf Dauer im Kongreß nur erfolgreich, wenn er unter Einsatz seiner Amtsautorität, seiner institutionellen Hilfsinstrumente und seiner gesamten Patronagemacht alle Möglichkeiten der „Überzeugung" (*persuasion*) in einem Prozeß des Aushandelns (*bargaining*) nutzt (Neustadt 1980: 26 ff.). Er verfügt über ein breites Repertoire von Mitteln, um Abgeordnete und Senatoren zu umwerben oder gar unter Druck zu setzen, sie in der Vertretung ihrer Wahlkreisinteressen zu unterstützen oder zu behindern (Edwards/Wayne 2003: 355 ff.).

Eine Schlüsselstellung bei der Vorbereitung von Gesetzesvorlagen der Exekutive kommt dem Management- und Budget-Büro (*OMB*) zu. Dies ergibt sich zum einen aus seiner seit 1921 festgelegten Aufgabe, dem Präsidenten den Entwurf eines Gesamthaushaltsplans zu erarbeiten, der dann dem Kongreß übermittelt wird. Darüber hinaus prüft das *OMB* als eine Art *Clearing*-Stelle fast alle Gesetzesvorlagen aus der Administration auf ihre Übereinstimmung mit den Zielen und dem Programm des Präsidenten (vgl. Abbildung 9-7). Das *OMB* kann dem Präsidenten auch gesetzgeberische Initiativen empfehlen.

In den 1960er Jahren erfuhr dieser Prozeß unter den Präsidenten John F. Kennedy und Lyndon B. Johnson einen tiefgreifenden Wandel. Beide Präsidenten, die eine Politik der inneren Reformen auf ihre Fahnen geschrieben hatten, sahen den bisherigen Prozeß der Programmformulierung von Status quo-orientierten, wenig innovationsfreundlichen Bürokraten beherrscht. Sie verschoben das Gravitationszentrum der Ideenproduktion von den *departments* und *agencies* auf ad hoc geschaffene Arbeitsgruppen von Experten und persönlichen Mitarbeitern und auf neugeschaffene Behörden im *EOP*. Nixon richtete 1970 den *Domestic Council* ein, der während seiner Präsidentschaft den Brennpunkt innenpolitischer Entscheidungen bildete. Dadurch wurden nicht nur die *departments* und *agencies* abgewertet, sondern auch das *OMB*. Diese Entwicklung wurde durch eine großzügige finanzielle Expansionspolitik gefördert, die das Augenmerk auf den quantitativen Zuwachs richtete und die unbequemen Haushaltsexperten verdrängte. Erst die rigorose Deregulierungspolitik Präsident Reagans verlieh dem *OMB* wieder einen höheren Stellenwert (Benda/Levine 1986: 120 ff.). Hierbei konzentrierte sich das *OMB* vor allem auf die Erfüllung finanz- und haushaltspolitisch relevanter Koordinationsaufgaben. Darüber hinausgehendes Organisationsmanagement überließ der Präsident weitgehend dem Kongreß, der für diese Aufgabe jedoch nur begrenzt geeignet ist (Moe 1990: 133 ff.). Auch nach Reagan nahm der Einfluß des *OMB* weiter zu. Clinton gab dem Leiter des *OMB* weitreichende Befugnisse, um Vereinbarungen mit dem Kongreß zu treffen (Edwards/Wayne 2003: 452).

Die wachsende Komplexität des legislativen Prozesses in der Willensbildung sowohl der Exekutive wie des Kongresses bedingte im Weißen Haus immer neue Anstrengungen der Koordination, um alle an der Gesetzgebung beteiligten Kräfte von den unterschiedlichen

Behörden über die Abgeordneten bis zu den Interessengruppen und zur öffentlichen Meinung auf einen gemeinsamen Nenner zu bringen. Seit den 1950er Jahren besteht daher im Weißen Haus ein Kongreßverbindungsstab (*congressional liaison office*), der solche Aufgaben wahrnimmt. Kein Präsident kann mit der vollen Unterstützung seines Gesetzgebungsprogramms durch den Kongreß rechnen. Präsident Carter, der mit dem Kongreß nicht besonders gut umzugehen wußte, obgleich seine Partei dort in beiden Häusern die Mehrheit besaß, hatte nur mit etwa drei Vierteln seiner Gesetzesvorlagen Erfolg. Präsident Johnson, ein Meister des Umgangs mit dem Kongreß, konnte auf dem Höhepunkt seiner Präsidentschaft sogar 90 Prozent seiner Gesetzesvorlagen im Kongreß durchsetzen. Die Unterstützung für Clintons Gesetzesvorlagen fiel von anfänglich 85 Prozent Unterstützung auf 35 Prozent (Tabelle 6-5).

Tabelle 6-5: Abstimmungserfolge der Präsidenten im Kongreß 1953-2005

Durchschnittswerte:

Dwight D. Eisenhower (R):	69,9 %	James E. „Jimmy" Carter (D):	76,6 %
John F. Kennedy (D):	84,6 %	Ronald W. Reagan (R):	62,2 %
Lyndon B. Johnson (D):	82,2 %	George H. W. Bush (R):	51,8 %
Richard M. Nixon (R):	64,3 %	William J. „Bill" Clinton (D):	57,4 %
Gerald R. Ford (R):	58,3 %	George W. Bush (R, bis Ende 2005):	80,8 %

Quellen: Stanley, Harold/Niemi, Richard, Vital Statistics on American Politics, 2005-2006, Washington, D.C. 2006, S. 258 f.; für George W. Bush: CQ 2005 Almanac Plus, 109th Congress, 1st session, Vol. LXI, Washington, D.C. 2006, B 14.

Nach wie vor und seit *Watergate* noch deutlicher versteht sich der Kongreß auch als autonomer Gesetzgeber, der aus seinen eigenen Reihen heraus initiativ wird. Am Präsidenten führt jedoch kein Weg vorbei. Die Verfassung (Art. I, Sec. 7 U.S. Const.) schreibt vor, daß jeder Gesetzestext nach seiner Verabschiedung im Kongreß dem Präsidenten vorzulegen ist. Wenn er ihn unterzeichnet, tritt das Gesetz in Kraft. Billigt er ihn nicht, kann er innerhalb von 10 Tagen (Sonntage nicht eingerechnet) ein suspensives Veto einlegen, das der Kongreß nach erneuter Beratung nur mit Zustimmung von zwei Dritteln beider Häuser zurückweisen kann. Läßt der Präsident die Zehntagesfrist verstreichen, ohne die Vorlage zu unterzeichnen bzw. sie zurückzugeben, tritt sie in Kraft, als ob er sie unterzeichnet hätte; wenn sich der Kongreß jedoch vor Ablauf der Zehntagesfrist vertagt, so kann der Präsident durch einfaches Nichthandeln ein endgültiges Veto einlegen (*pocket veto*).

Der Präsident kann eine Gesetzesvorlage nur als ganze billigen oder zurückweisen; er hat kein *item veto*. Dies wiederum erlaubt es dem Kongreß, ein präsidentielles Veto dadurch zu vermeiden, daß er eine Gesetzesvorlage mit einer einzelnen Bestimmung befrachtet (*rider*), die es dem Präsidenten erschwert, das Gesetz abzulehnen: Sei es, daß es eine Bestimmung ist, die der Präsident im Unterschied zur Gesetzesvorlage begrüßt, sei es, daß er den *rider* zwar ablehnt, aber die Gesetzesvorlage in Kraft zu setzen wünscht. Besonders relevant – auch aus verfahrenstechnischen Gründen – ist diese Problematik bei Haushaltsgesetzen. Denn einmal ist der Druck auf den Präsidenten sehr groß, den meist erst unmittelbar vor Beginn des neuen Haushaltsjahres verabschiedeten Etat nicht scheitern zu lassen. Zum anderen macht es die Geschäftsordnung des Repräsentantenhauses leicht, solche Gesetze auch in letzter Minute – an Ausschüssen vorbei – finanzwirksam abzuändern (Spitzer 1988: 121 ff.).

Die Präsidenten wehrten sich gegen das Verbot des *item veto* hin und wieder mit der Weigerung, bestimmte gesetzlich vorgesehene Ausgaben zu implementieren. Der großzügige Umgang Nixons mit dem Instrument der Rückhaltung gesetzlich bestimmter Ausgaben (*impoundment*) brachte den Kongreß dazu, das von ihm als verfassungswidrig betrachtete *impoundment* gesetzlich einzuschränken (*Budget and Impoundment Control Act*, 1974). Dennoch bleibt dieses „inoffizielle" *item veto* des Präsidenten in einem gewissen Ausmaß relevant; es wird von den Präsidenten in modifizierten Formen – beispielsweise durch eigenwillige Gesetzesinterpretationen oder Verzögerungstaktiken – weiterhin praktiziert (Sundquist 1981: 214 f.; Spitzer 1988: 138 f.). Clinton erhielt durch den *Line Item Veto Act* im April 1996 die Möglichkeit, einzelne Ausgabenposten aus Gesetzesvorlagen zu streichen. Schon 1998 erklärte der *Supreme Court* in *Clinton v. City of New York* das Gesetz für nicht verfassungskonform, weil es gegen Artikel I der Verfassung verstößt (Milkis/Nelson 2003: 398).

Somit verbleibt das formale Vetorecht als wirksamstes Instrument in den Händen des Präsidenten. Allerdings genügt meistens schon die Androhung des Vetos (*veto threat*), um den Kongreß zu zähmen und dem Präsidenten eine bessere Position im Verhandlungsprozeß zu verschaffen. Von den bislang tatsächlich eingelegten Vetos brachte der allergrößte Teil die betroffenen Gesetzesvorlagen zum Scheitern, da es dem Kongreß sehr schwer fällt, die für die Überstimmung eines Vetos erforderliche Supermajorität von Zweidritteln der Kongreßmitglieder gegen den Präsidenten zu mobilisieren. Von den insgesamt etwa 2.500 Vetos in der Geschichte der USA wurden weniger als 4 Prozent im Kongreß überstimmt (*overridden*). Unter den Nachkriegspräsidenten hatten Nixon, Ford und Reagan die meisten Veto-Niederlagen zu verzeichnen (Abbildung 6-2).

Als Meister im Umgang mit dem Veto erwiesen sich dagegen George H. W. Bush und sein Sohn George W. Bush, der seit seinem Amtsantritt erst einmal zu seinem „veto pen" greifen mußte. Um zu erklären, wann ein Präsident von seinem Vetorecht Gebrauch macht und wann nicht, sind nach Ronald J. Spitzer verschiedene Faktoren zu betrachten. Entscheidend wirkt sich hierbei die parteipolitische Zusammensetzung des Kongresses aus. Werden Präsidentenamt und Kongreßmehrheit von unterschiedlichen Parteien gestellt (*divided government*), so werden Vetos öfter eingesetzt. Kontrolliert eine Partei hingegen beide Institutionen (*unified government*), ist die Wahrscheinlichkeit von Vetos wesentlich geringer. Darüber hinaus verringert sich die Anzahl der Vetos, wenn der Präsident über hohe Zustimmungsraten in der Bevölkerung verfügt. Denn der Rückhalt in der Bevölkerung stärkt seine Position im Verhandlungsprozeß mit dem Kongreß, so daß bereits in die Ausarbeitung der Gesetzesinitiativen präsidentielle Standpunkte mit Nachdruck einfließen. Nicht minder wichtig ist es, an welchem Punkt seiner Amtszeit sich der Präsident befindet. Denn in Wahljahren versuchen sich die Kongreßmitglieder unabhängiger zu positionieren, was häufig eine restriktivere Handhabung des Vetorechts zur Folge hat. Grundsätzlich ist das Veto des Präsidenten als Instrument zur Beeinflussung des Gesetzgebungsprozesses und in letzter Konsequenz zur Verhinderung von Gesetzen zu betrachten. In Abwesenheit anderer Machtmittel weist ein häufiger Gebrauch des Vetos auf ein Scheitern des Präsidenten hin, selbst seine legislative Agenda gegenüber dem Kongreß durchzusetzen (Spitzer 2002: 1345).

Abbildung 6-2: Präsidentielle Vetos 1961-2005

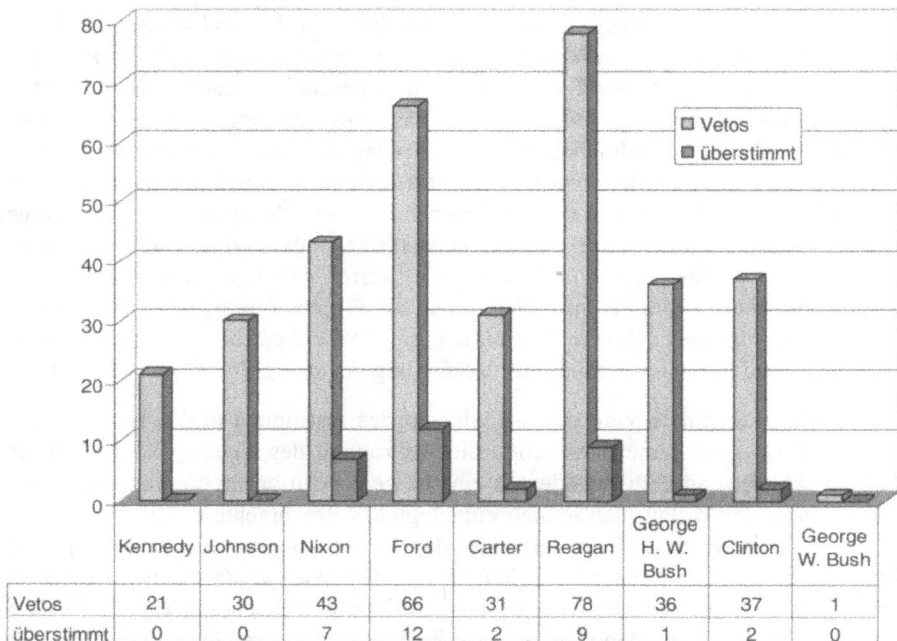

	Kennedy	Johnson	Nixon	Ford	Carter	Reagan	George H. W. Bush	Clinton	George W. Bush
Vetos	21	30	43	66	31	78	36	37	1
überstimmt	0	0	7	12	2	9	1	2	0

Quelle: **Stanley, Harold/Niemi, Richard: Vital Statistics on American Politics, 2005-2006, Washington, D.C. 2006, S. 262.**

Der Kongreß seinerseits behielt sich seit den 1930er Jahren gesetzlich das Recht vor, mit dem sogenannten *legislative veto* die Ausfüllung der zumeist recht vage formulierten Gesetzestexte durch Verwaltungsrichtlinien seiner ausdrücklichen Genehmigung binnen einer Frist (meist 60 Tage) zu unterwerfen und eventuell rückgängig zu machen. In den 1970er Jahren war das legislative Veto ein besonders häufig genutztes Instrument des wiedererstarkenden Kongresses (Sundquist 1981: 344 ff.). Das Oberste Bundesgericht sprach sich 1983 gegen diese jahrzehntelange Praxis aus, da sie nicht mit der Gewaltenteilung zu vereinbaren sei (*Immigration and Naturalization Service v. Chadha*). Ganz scharf sind die verfassungsrechtlichen Grenzen allerdings auch hier noch nicht gezogen, insbesondere nicht bei außen- und verteidigungspolitischen Maßnahmen des Präsidenten, die der Kongreß mit dem *War Powers Act* 1973 zu kontrollieren versuchte. Die Bestrebungen des Kongresses, mit dem *legislative veto* die Exekutive zu kontrollieren, sind vor allem im Zusammenhang mit einer ausufernden Gesetzgebungsdelegation zu sehen, d. h. des gesetzlich auf die Exekutive übertragenen Rechts, Verordnungen mit Gesetzeskraft (*executive orders*) zu erlassen – eine Entwicklung, die sich in allen westlichen Demokratien infolge der hohen Komplexität der Gesetzesmaterie vollzogen und zur Entmachtung der Parlamente beigetragen hat.

Eine zusammenfassende Bewertung des Verhältnisses von Kongreß und Präsident in der Gesetzgebung muß vor Übertreibungen in die eine oder die andere Richtung warnen. Die Entwicklung des Präsidenten zum *chief legislator* hat den Kongreß nicht entmachtet; sie hat das von der Verfassung vorgesehene System der Gegengewichte nicht außer Kraft gesetzt. Das zeitweilige Übergewicht einer Seite war nie von Dauer. Das Verhältnis der beiden Institutionen bleibt von Konflikt, Tauziehen, „oppositioneller Partnerschaft" (Steffani 1988: 81) geprägt.

Zwar erwartet heute auch der Kongreß vom Präsidenten legislative Führung, da er selbst hierzu nicht in der Lage ist; er wünscht aber auch die Berücksichtigung der Interessen der Abgeordneten und Senatoren:

> *„Mit der Zeit hat sich eine Art Spezialisierung herausgebildet: Der Präsident kümmerte sich als Hauptgesetzgeber um das Ganze, der Kongreß um die Teile. Der Präsident drückte das nationale Interesse aus, der Kongreß die Interessen der Einzelstaaten, Kommunen oder Gruppeninteressen. [...] Während der Präsident den Kongreß bearbeitete, sein Programm in Kraft zu setzen, bearbeiteten die einzelnen Kongreßabgeordneten den Präsidenten, ihre besonderen Anliegen in sein Programm mit aufzunehmen – als sicherster Weg, um dessen Annahme im Kongreß zu beschleunigen."* (Sundquist 1981: 153).

Für den Präsidenten ist es dabei wichtig, eine eingängige Agenda mit einer durchgehenden Botschaft zu haben. „The most important lesson of the past forty years may be that presidential agenda setting requires a well-planned and consistent political message" (Cohen 2002: 103).

6.6 Außenpolitiker und Oberkommandierender: *imperial presidency*?

Auch die Außenpolitik schlugen die Verfassungsväter nicht ausschließlich der Exekutive zu. Präsident und Kongreß müssen sich auch hier Kompetenzen teilen und in wichtigen Fragen kooperieren. Diese Einsicht steht seit *Watergate* und seit der Iran-Contra-Affäre mehr denn je im Mittelpunkt politischer und wissenschaftlicher Betrachtungen des außenpolitischen Entscheidungsprozesses in den USA.

Die Verfassung weist die Kriegsgewalt (*war power*) beiden Zweigen des Regierungssystems zu: dem Kongreß das Recht, Krieg zu erklären (Art. I, Sec. 8 U.S. Const.), und dem Präsidenten das Oberkommando über die Streitkräfte (Art. II, Sec. 2 U.S. Const.). Vor allem verfügt der Kongreß über das Recht, Streitkräfte „aufzustellen und zu unterhalten" und „Reglements für Führung und Dienst der Land- und Seestreitkräfte zu erlassen". Darüber hinaus regelt der Kongreß den Außenhandel (Art. I, Sec. 8 U.S. Const.). In anderen Bereichen hebt die Verfassung auf das Zusammenwirken von Exekutive und Legislative ab. Der Präsident darf mit Zustimmung des Senats internationale Verträge (*treaties*) schließen und Botschafter ernennen.

Bei der konstitutionellen Kompetenzverteilung im Bereich der Außenpolitik beließen die Verfassungsväter zahlreiche Fragen der Zuständigkeit von Kongreß und Präsident in einer „Zone des Zwielichts", wie Richter Robert H. Jackson 1954 schrieb (Henkin 1987/88: 285). Von Anfang an ist daher der Streit über die Rechte von Exekutive und Legislative Bestandteil des außenpolitischen Entscheidungsprozesses, der sich damit auch am Prinzip der *checks and balances* orientiert. Schon 1793 entbrannte ein Konflikt über die Frage, ob Präsident Washington sein Land im Krieg zwischen Frankreich und Großbritannien ohne Zustimmung des Kongresses für neutral erklären durfte. Nach Alexander Hamilton schrieb die Verfassung diese Befugnis der Exekutive zu, während James Madison, ermutigt von Thomas Jefferson, sie analog dem Recht der Kriegserklärung beim Kongreß ansiedelte. Selbst Mitglieder des Verfassungskonvents von 1787 waren sich also über die Auslegung des Verfassungstextes nicht einig.

Die Geschichte gab eher Hamilton Recht. In dem Maße, wie das Land in die internationale Staatenwelt hineinwuchs und sich zur Weltmacht entwickelte, war außenpolitische Handlungsfähigkeit gefordert. Sie konnte nur bei der Exekutive liegen, die sich in einer von der Verfassung nicht vorausgesehenen und daher nur wenig geregelten konstitutionellen Situation einrichten mußte. Spätestens um die Jahrhundertwende schlug mit der Expansionspolitik der Präsidenten William McKinley und Theodore Roosevelt die Stunde der Exekutive in der Außenpolitik. Mehr noch gilt dies für die Entwicklung seit dem Zweiten Weltkrieg in einer politisch, ökonomisch und militärstrategisch interdependenten Welt. Wachsende internationale Dependenz hieß allerdings auch dichtere Verflechtung von Außen- und Innenpolitik, eine zunehmende Abhängigkeit außenpolitischen Handelns von innenpolitischen Faktoren. Dies wiederum mußte die innenpolitischen Akteure stärker auf den Plan rufen, dadurch auch Ansprüche der Legislative in der Außenpolitik nähren und neue Konflikte zwischen Präsident und Kongreß schüren. Interessengruppen und *ethnic constituencies* versuchen neben dem Kongreß zunehmend Einfluß auf die Außenpolitik zu nehmen (McCormick 2000: 82).

Die außenpolitische Dominanz des Präsidenten kulminierte in den zwei Jahrzehnten nach dem Zweiten Weltkrieg. Mitte der 1960er Jahre begann sich dann der Gegendruck aus dem Kongreß bemerkbar zu machen, also fast eine Dekade vor der *Watergate*-Affäre. Anlaß war eine im Frühjahr 1965 von Präsident Lyndon B. Johnson angeordnete militärische Intervention in der Dominikanischen Republik mit der Begründung, amerikanische Staatsbürger seien zu schützen. Der Vorsitzende des auswärtigen Ausschusses im Senat, J. William Fulbright, der ein halbes Jahr zuvor noch mit der „Golf von Tonking-Resolution" im Kongreß dem Präsidenten zu freier Hand in Vietnam verholfen hatte, ging nun auf Gegenkurs. Das eigentliche Feld der Auseinandersetzung sollte dann der Vietnam-Krieg bilden.

Der Präsident hatte im Laufe der Geschichte seine Funktionen als Oberkommandierender, Staatsoberhaupt und Regierungschef genutzt, um in Krisensituationen seine Befugnisse in der existentiellsten Entscheidungsfrage eines Staates – Krieg oder Frieden – auszuweiten. Er beanspruchte alle Kompetenzen, die aus der Verfassung direkt oder indirekt abzuleiten waren, um das Land, seine Bürger und seine Streitkräfte zu schützen. In etwa 100 Fällen setzten die Präsidenten die Streitkräfte ohne Kriegserklärung des Kongresses ein. Der dritte Präsident, Thomas Jefferson (1801-1809), schickte die Flotte gegen Piraten, Abraham Lincoln befahl eine militärische Blockade des Südens, Eisenhower sandte 1958 Truppen in den Libanon, Kennedy ordnete 1962 die Blockade Kubas an, Nixon bombardierte 1970 Kambodscha, Reagan intervenierte 1983 in Grenada und Bush 1989 in Panama. Bis zur militärischen Intervention am Golf 1990/91, die vom Kongreß offiziell gebilligt wurde, hatte der Kongreß den Krieg nur fünfmal erklärt: 1812, 1846, 1898, 1917 und 1941 (Edwards/Wayne 2003: 484). Die Kriege in Korea, Vietnam und im Irak 2003 führten die USA ohne förmliche Kriegserklärung. Der Kongreß nahm in den meisten Fällen die Entscheidungen des Präsidenten hin, sei es, daß die Kongreßmitglieder und die öffentliche Meinung sie in der konkreten Situation begrüßten, sei es, daß der Kongreß dem Oberkommandierenden nach gefällter Entscheidung nicht in den Arm fallen mochte, oder weil es eine informelle Absprache des Präsidenten mit führenden Mitgliedern des Kongresses gab. Für den Feldzug im Irak 2003 gab es dagegen bereits im Oktober 2002 mittels einer *Joint Resolution* eine ausdrückliche Autorisierung durch den Kongreß (*H.J. Res. 114, S.J. Res. 45; S.J. Res. 46* bzw. *Public Law 107-243 – To authorize the use of United States Armed Forces against Iraq*).

Seit der Niederlage im Vietnamkrieg und verstärkt seit der *Watergate*-Affäre geriet das Ausmaß präsidentieller Macht immer mehr in das Kreuzfeuer der Kritik. Das Wort von der „imperialen Präsidentschaft" (*imperial presidency*) machte die Runde (Schlesinger 1973). Nicht nur hatten die Präsidenten das Land eigenmächtig in den Krieg geführt; Nixons Machtmißbrauch diente zudem als Beweis dafür, daß die außen- und militärpolitische Suprematie des Präsidenten sich auch auf seine Rolle im Innern (*domestic presidency*) auswirkte und das Institutionengefüge des Verfassungssystems verschoben hatte. Auf die Bedingungen und Zwänge außenpolitischen Handelns pochend (Einheit, Geheimhaltung, überlegenes Fachwissen, bessere Informationsquellen, Eilentscheidungen), hatten der Präsident und seine Mitarbeiter den Kongreß ins politische Abseits gedrängt (Schlesinger 1973: 273 ff.).

Dieser wiederum widersetzte sich nun nicht nur dem konstitutionellen Selbstverständnis des Präsidenten, sondern setzte ihm auch gesetzliche Grenzen im zentralen Bereich außenpolitischer Prärogative: für den Einsatz militärischer Gewalt. Gegen das Veto des Präsidenten verabschiedete der Kongreß 1973 die *War Powers Resolution*: Danach darf der Präsident die Streitkräfte, abgesehen von einer förmlichen Ermächtigung durch den Kongreß, nur einsetzen, wenn ein Angriff auf die USA oder ihre Streitkräfte einen nationalen Notstand schafft. In einem solchen Fall muß der Präsident unverzüglich den Kongreß unterrichten. Wenn dieser nicht innerhalb von 60 Tagen offiziell den Krieg erklärt oder die Frist verlängert, ist der Militäreinsatz zu beenden. Der Kongreß kann jederzeit durch eine gemeinsame Entschließung, die nicht dem Veto des Präsidenten unterworfen ist, der Militäraktion ein Ende setzen (umstrittenes, vom Obersten Gerichtshof 1983 verbotenes *legislative veto*).

Die *War Powers Resolution* war mehr ein symbolischer Akt denn eine wirkungsvolle Eingrenzung präsidentieller Kompetenzen, da es ihr zum einen an Präzision und zum anderen an Praktikabilität mangelt (Henkin 1987/88: 300 f.). Die Präsidenten haben das Gesetz niemals akzeptiert; sie bezweifeln nicht nur seine Wirklichkeitsnähe, sondern auch seine Verfassungsmäßigkeit. In mehreren Fällen handelten sie ohne Rücksicht auf die *War Powers Resolution*: z. B. 1975 Präsident Ford in Kambodscha und 1980 Carter im Iran. Reagans Invasion in Grenada (1983) und der Bombenangriff auf Libyen (1986), die den Beifall des Kongresses fanden, zeigten, daß der Präsident bei raschen Militäraktionen, deren Ende absehbar ist, kaum behindert werden kann, auch wenn sie nicht ganz dem Sinn der *War Powers Resoluti-*

on entsprechen. Viele Verfassungsexperten und Politiker sind sich heute einig, daß über den Inhalt der *War Powers Resolution* das letzte Wort noch nicht gesprochen ist und das Gesetz einer Revision bedarf (Grimmett 2003: 2; Fisher 1995: 192 f.).

Der neben der *war making power* zweite umstrittene Bereich außenpolitischer Kompetenz betrifft die Vertragshoheit (*treaty power*). Die Zustimmung des Senats (mit Zweidrittelmehrheit) zu internationalen Verträgen hat sich in der amerikanischen Außenpolitik als überhohe Hürde erwiesen und wird deshalb vielfach als „Fehlkonstruktion" der Verfassung gewertet (Fraenkel 1981: 290). Einen Ausweg fanden die Präsidenten in der Verfassungsübung des *executive agreement* – internationalen Abkommen, die sie in ihrer Eigenschaft als „Chef der Exekutive" abschlossen. Exekutivabkommen sind in ihrer völkerrechtlichen Geltung den Verträgen gleichwertig. Am 31. Dezember 1992 waren 988 Verträge und 6.874 Exekutivabkommen in Kraft. Unter Clinton kamen 209 Verträge und 2.048 *executive agreements* hinzu, bei Bush jr. in seiner ersten Amtszeit nochmals 72 bzw. 274. Damit fielen bis Ende 2004 über 16 Prozent aller Verträge und über 22 Prozent der Abkommen in die Amtszeit von Bill Clinton (vgl. Tabelle 18-2). Regelungen eines *executive agreement*, die finanzielle Lasten mit sich bringen, bedürfen natürlich der faktischen Zustimmung beider Häuser des Kongresses durch Bewilligungsgesetze, um wirksam zu sein. Entsprechendes gilt, wenn Gesetzesänderungen nötig werden. Das Instrument des *executive agreement* wurde seit dem Ersten Weltkrieg vermehrt eingesetzt, nachdem der Versailler Vertrag und die darin vorgesehene Einrichtung des Völkerbundes im Senat gescheitert war. Seit der Präsidentschaft Truman ist es zu einem explosiven Anstieg von *executive agreements* gekommen. Durch *executive agreement* stimmten die USA etwa 1940 der Lieferung von 50 Zerstörern an Großbritannien, 1945 den Abkommen von Jalta und Potsdam sowie 1973 dem Vietnam-Friedensabkommen zu. Eine verfassungsrechtlich eindeutige Abgrenzung von *treaties* und *executive agreements* ist bislang nicht gelungen. Die Gerichte erklärten zwar *executive agreements* für verfassungsgemäß, unterließen aber eine präzise materielle Definition. Der Versuch, über eine Verfassungsänderung die rechtliche Lage zu klären, wie dies Senator John W. Bricker in den 1950er Jahren anstrebte, ist wohl endgültig gescheitert (Henkin 1987/88: 305). Die Frage, welche Inhalte durch Vertrag oder durch Exekutivabkommen zu regeln seien, bleibt offen und damit weiterhin dem Kräfteverhältnis von Präsident und Kongreß überlassen.

Der Kongreß konzentrierte sich in den vergangenen Jahren stärker auf die Kontrolle der Exekutive, nachdem er 1969/70 feststellen mußte, daß die Präsidenten zahlreiche *executive agreements* abgeschlossen und hierüber nicht einmal den außenpolitischen Ausschuß des Senats informiert hatten. Als Antwort darauf wurde 1972 im *Case Act* der Außenminister verpflichtet, dem Kongreß innerhalb von 60 Tagen nach der Unterzeichnung eines Abkommens den Text zu übermitteln. Falls der Präsident aus Sicherheitsgründen auf Geheimhaltung bestehe, sollten nur die auswärtigen Ausschüsse beider Häuser vertraulich informiert werden. Als aber auch diese Bestimmungen von der Exekutive nicht vollständig eingehalten wurden, verschärfte der Kongreß sie im Jahre 1977: Die Vorlagepflicht wurde allen Exekutivbehörden auferlegt und die Vorlagefrist auf 20 Tage verkürzt (Edwards/Wayne 2003: 480 f.).

Ein wichtiges Instrument außenpolitischen Handelns ist die Anerkennung von Staaten und Regimen. Hier ist der Präsident nicht auf die Zustimmung des Senats angewiesen. Er leitet seine ausschließliche Kompetenz aus der verfassungsrechtlichen Bestimmung ab, Botschafter und Gesandte zu empfangen (Art. II, Sec. 3 U.S. Const.). So erkannte Präsident Washington 1793 die französische Republik an, indem er *Citoyen* Edmond Genet empfing (Bailey 1958: 74 ff.). Allein bei der Ernennung der Botschafter des eigenen Landes wirkt der Senat mit.

Die wachsende Bedeutung der Präsidenten in der Außen- und Sicherheitspolitik stellte natürlich auch die Frage nach einer angemessenen Entscheidungsstruktur im Bereich der Exekutive. Bis weit in das 20. Jahrhundert hinein verließ sich der Präsident in erster Linie auf den Rat und die Zuarbeit des Außenministers (*Secretary of State*), der sich seinerseits auf die Berufsbeamten des Außenministeriums (*State Department*) stützte. Dieses System wurde unter Franklin D. Roosevelt durch die große Zahl von ad hoc-Beratungsgremien und persönlicher Mitarbeiter des Präsidenten immer konfuser und undurchsichtiger. Als Reaktion darauf verabschiedete der Kongreß im Jahre 1947 den *National Security Act*. Er schuf den „Nationalen Sicherheitsrat" (*National Security Council*), zunächst bestehend aus dem Präsidenten, dem Vizepräsidenten, dem Außenminister, dem Verteidigungsminister und einigen zusätzlichen Mitgliedern wie dem *CIA*-Direktor und dem Vorsitzenden Generalstabschef. Der *NSC* sollte den Präsidenten in Sicherheitsfragen mit Rat versorgen, der aus einem koordinierten und integrierten, Effizienz bewirkenden Verfahren der verantwortlichen Stellen hervorgeht. Aus dem Beratungsgremium wurde schnell ein Entscheidungsgremium, bis der *NSC* dann unter Kennedy in beiden Funktionen durch einen besonderen Assistenten des Präsidenten für Nationale Sicherheitsfragen zunehmend entmachtet wurde (Nationaler Sicherheitsberater). In der Zusammenarbeit des Sicherheitsberaters und seines Apparats mit dem Präsidenten bündelte sich nun der außenpolitische Entscheidungsprozeß auf Seiten der Exekutive. Dem Außenminister wurde der Vollzug überlassen. Den Gipfel der außenpolitischen Macht erklommen Henry Kissinger als Sicherheitsberater von Präsident Nixon und Zbigniew Brzezinski als Sicherheitsberater von Präsident Carter. Beide trieben einen entmachteten Außenminister in die Resignation und den Rücktritt.

Die Präsidenten Reagan, Bush sr. und Clinton gestanden dem Außenminister wieder einen höheren Stellenwert zu, ohne allerdings den außenpolitischen Apparat des Weißen Hauses zu reduzieren. Der Sicherheitsberater monopolisierte nicht mehr den Zugang der außenpolitischen Akteure zum Präsidenten; der Außenminister war in die Kommunikations- und Entscheidungsprozesse voll einbezogen. Am besten funktionierte die Zusammenarbeit der außenpolitischen Akteure unter Präsident Bush sr., der selbst ein anerkannter Experte auf dem Gebiet der Außen- und Sicherheitspolitik war.

Sein außenpolitisch unerfahrener Sohn George W. Bush ließ sich von der Politikprofessorin Condoleezza Rice auf das Präsidentenamt vorbereiten und ernannte sie zu seiner Sicherheitsberaterin. Als enge Vertraute des Präsidenten und der *First Lady* genoß sie von allen Sicherheitsberatern die wohl herausgehobenste Stellung. Die Gewißheit und der Wunsch, die außenpolitischen Vorstellungen des Präsidenten zu vertreten und umzusetzen, war eine Voraussetzung für die von ihr wahrgenommene Rolle einer neutralen Vermittlerin (*neutral broker*) zwischen den zentralen außenpolitischen Akteuren der Bush-Administration, die allesamt politische Schwergewichte mit großer Erfahrung sind, sich aber durch unterschiedliche Profile, Temperamente und auch Prioritäten auszeichnen: Vizepräsident Richard „Dick" Cheney, Außenminister Colin Powell (bis Januar 2005) und Verteidigungsminister Donald Rumsfeld (bis November 2006). Das von Rice koordinierte Beratungssystem, das dem Präsidenten das Abwägen von Optionen erleichtert, fand seit dem 11. September nicht zuletzt in den zahlreicher einberufenen Sitzungen des *NSC*, aber auch des neu eingerichteten *war cabinet* statt. Diese Form des Beratungsprozesses ist Präsident Bush auf den Leib geschnitten, da er einen eher personellen als institutionellen Stil der politischen Willensbildung pflegt (Pfiffner 2003: 4-14). Als Außenministerin der zweiten Amtszeit von Bush zeigte Rice gleich von Beginn an, daß sie bei außenpolitischen Fragen weiterhin eine dominierende Rolle spielen wollte und konnte. Insofern wurde das Außenministerium gestärkt, während sich die Rolle des Nachfolgers im Amt des Nationalen Sicherheitsberaters, Stephen Hadley, eher auf administrative Funktionen beschränkte.

Die Entwicklung des außen- und sicherheitspolitischen Stabes im Weißen Haus spiegelt all jene Koordinierungs- und Kontrollprobleme wider, die der generelle Ausbau des präsidentiellen Apparates nach sich zog. Die Kontinuität und die Stringenz der Außen- und Sicherheitspolitik litten unter der Dominanz des Präsidentenstabes, der häufigerem Personalwechsel unterworfen und stärker politisiert ist. Hinter dem Rücken des Präsidenten verwischten sich Verantwortlichkeiten; die eigentlichen Akteure konnten sich oft der Kontrolle entziehen. Die Stärkung des Präsidentenamtes ging auf Kosten einer berechenbar und langfristig angelegten Politik. Der Ausbau des Präsidentenapparates hat sich insofern zumindest teilweise als kontraproduktiv erwiesen.

Der 11. September 2001 hat nicht zu einer Rückkehr der *imperial presidency* geführt. Dennoch hatten die Anschläge starke Auswirkungen auf die Außenpolitik der Regierung Bush. Zu Beginn seiner Amtszeit räumte George W. Bush innenpolitischen Problemen Priorität ein. In außenpolitischen Fragen distanzierte er sich von der Politik der Regierung Clinton und betonte eine stärker unilaterale Ausrichtung. Die Anschläge vom 11. September führten zu einer drastischen Wende: Der Kampf gegen den internationalen Terrorismus wurde zur Leitmaxime der amerikanischen Außen- und Sicherheitspolitik. Die sogenannte Bush-Doktrin sieht die Möglichkeit präventiver Kriegsführung vor. Gefahren für die Sicherheit der USA sollen dort bekämpft werden, wo sie entstehen. Der Präsident zeigte sich entschlossen und führungsstark. Bush profitierte vom *„rally behind the President"*-Effekt. Im Zuge der Reaktion auf die Terroranschläge stiegen die Zustimmungsraten für seine Politik auf bis zu 90 Prozent an. Der Kongreß erteilte der Exekutive ohne die üblichen Ausschußanhörungen weitgehende Vollmachten im Kampf gegen das Taliban-Regime in Afghanistan. Mit einer Mehrheit von 420:1 Stimmen wurde eine Resolution verabschiedet, die Gewaltanwendung autorisiert (*use-of-force resolution*). „The attacks shifted the pendulum of power away from Capitol Hill and toward the White House" (Daalder/Lindsay 2003: 92). Die Demokraten sahen sich in der Defensive. Die rückhaltlose Unterstützung des Präsidenten durch den Kongreß über Parteigrenzen hinaus (*bipartisanship*) war aber nur von begrenzter Dauer und auf Fragen zum Vorgehen gegen den internationalen Terrorismus begrenzt. „In the wake of 9/11 partisanship in Congress did decrease and unity or near unity increased, though the impact seemed to fade with the new year" (Sinclair 2003: 5).

Bei der Irak-Politik des Präsidenten bestand der Kongreß auf seiner Mitwirkung und modifizierte zahlreiche Vorschläge. Dennoch kam er dem Präsidenten weitgehend entgegen. Zu einer totalen präsidentiellen Vorherrschaft (*presidential supremacy*) kam es nicht (Sinclair

2003: 10). Die Bush-Regierung war vor dem Krieg gegen den Irak gespalten zwischen denen, die die Beschränkungen internationaler Verpflichtungen abstreifen wollten und denen, die auf ein multilaterales Vorgehen setzten. Zwischen Außenminister Powell und Verteidigungsminister Rumsfeld kam es zu Auseinandersetzungen darüber, inwieweit die UNO einbezogen werden sollte. Mit seinem Auftritt vor der UNO-Vollversammlung am 12. September 2002 entschloß sich der Präsident zunächst, dem Rat des Außenministers zu folgen. Rumsfeld und Vizepräsident Cheney wollten darüber hinaus schon kurz nach dem 11. September den Krieg gegen den Terror auf die Staaten ausweiten, die den Terror unterstützen (Woodward 2003). Powell lehnte dies zunächst ab. Die Sicherheitsberaterin Condoleezza Rice trat hier mehrmals als Vermittlerin auf. Nach dem Ende des Irak-Feldzuges geht die Auseinandersetzung in der Regierung weiter. Die Koordination des Wiederaufbaus im Irak wurde nach einigen Fehlschlägen vom Pentagon zum *State Department* transferiert.

6.7   Der Vizepräsident

Lange Zeit reichte die Bedeutung des Vizepräsidenten nicht über seine verfassungsrechtlichen Aufgaben hinaus: Danach hat er den Vorsitz im Senat inne und gibt mit seiner Stimme bei einem (seltenen) Abstimmungspatt den Ausschlag, während er sonst kein Stimmrecht besitzt. Im übrigen befindet er sich im Wartestand, um eventuell als Nachfolger des Präsidenten einzuspringen. Diese Reserve-Funktion kam mit dem Tode Franklin D. Roosevelts und John F. Kennedys und mit dem Rücktritt von Richard Nixon vor allem in der Nachkriegszeit eine hohe Bedeutung zu.

Damit veränderten sich aber auch die Kriterien für die Auswahl des Vizepräsidentschaftskandidaten. Früher kam es vorwiegend darauf an, durch einen passenden Kandidaten die ideologische, regionale und soziale Bandbreite des jeweiligen Parteiangebots für die nationalen Führungspositionen zu erhöhen (*balancing the ticket*) und so die Wahlchancen des Präsidentschaftskandidaten zu verbessern. Daneben schoben sich in den letzten Jahrzehnten – befördert von einer kritischen Öffentlichkeit – zunehmend Überlegungen, daß ein Vizepräsidentschaftskandidat im gleichen Maße das persönliche und fachliche Format besitzen solle, das von einem Präsidenten verlangt wird (Nelson 2002: 180 ff.). Zweifel am ‚*presidential potential‘* führten sogar dazu, daß ein Kandidat zurückgezogen wurde (1972 Eagleton) oder sich zumindest im Wahlkampf als eine Belastung darstellte (1984 Ferraro; 1988 Quayle). Ein weiteres Auswahlkriterium zeigte sich bei Nominierungen von Präsidentschaftskandidaten ohne Kongreß- oder Regierungserfahrung in Washington: Diese suchten dieses Defizit mit einem entsprechend ausgewiesenen Vizepräsidentschaftskandidaten wettzumachen (1976: Carter-Mondale; 1980: Reagan-Bush sr.; 1988: Dukakis-Bentsen; 1992: Clinton-Gore, 2000: Bush jr.-Cheney).

Seit dem Zweiten Weltkrieg teilten die Präsidenten ihren Vizepräsidenten zusätzliche Aufgaben von zeremoniellen Auftritten über diplomatische Missionen bis hin zur Teilnahme am politischen Beratungs- und Entscheidungsprozeß zu. Die bislang herausragendste offizielle Machtfunktion nahm Vizepräsident Henry A. Wallace ein, den Franklin D. Roosevelt wenige Tage nach dem Angriff auf Pearl Harbor zum Chef des *Board of Economic Warfare* ernannte. Unter Truman wurde dem Vizepräsidenten als Mitglied des neu geschaffenen Nationalen Sicherheitsrats zum erstenmal vom Gesetzgeber eine Position innerhalb der Exekutive zugestanden. Besonders gut integriert in den Entscheidungsprozeß des Weißen Hauses war Vizepräsident Walter F. Mondale, auf dessen Washington-Erfahrung sich der Außenseiter Jimmy Carter angewiesen sah. Ähnliches traf auf Clintons Vizepräsidenten Al Gore zu, der sich als Senator in Washington den Ruf eines kompetenten Verteidigungs-, Umwelt- und Technologieexperten erworben hatte. Sein Einfluß auf die Personal- und Sachentscheidungen des Präsidenten gilt als weitreichend. Zu den wichtigen Aufgaben Gores im ersten Amtsjahr zählte die Erstellung eines *National Performance Review* über die Frage, wie die Regierung besser und billiger funktionieren könnte (*Creating a Government that works better & costs less*, Bericht vom 7. September 1993). Dick Cheney ist sogar noch einflußreicher als Gore. Unter anderem organisierte er den Übergang der Administration von Clinton zu George W. Bush, leitete eine *task force* zur Energiepolitik sowie eine zur Beantwortung der Attacke vom 11. September. Cheney ist ein wichtiger Politikberater von George W. Bush, der auch die Kontakte zum Kongreß pflegt (Edwards/Wayne 2003: 215). Die Stäbe von Präsident und Vizepräsident arbeiten eng zusammen (Hult 2003: 26).

Der Vizepräsident wird heute allgemein als Mitglied der Administration akzeptiert (*institutional Vice Presidency*); er verfügt über etwa 70 Mitarbeiter. Voraussetzungen seines Einflusses, der nach wie vor im Ermessen des Präsidenten liegt, sind Loyalität und der Verzicht auf jegliches Wetteifern mit dem Präsidenten um die öffentliche Gunst. Unter diesen Bedingungen haben sich die Vizepräsidenten als wertvolle Stützen der Präsidenten erwiesen (Goldstein 1982: 300 ff.). Allerdings dürften heute die Grenzen der *institutional Vice Presidency* erreicht sein. Mehr läßt weder die Verfassung noch die Interessenlage des Präsidenten zu (Schlesinger 1986: 359 ff.).

Nur schwer auszurechnen sind dagegen die Bedingungen, unter denen ein amtierender oder ehemaliger Vizepräsident den Nominierungswettkampf als Präsidentschaftsbewerber und die anschließende Wahl für sich entscheiden kann. Zwar scheinen sich dessen Erfolgschancen, bedingt auch durch die veränderten Auswahlkriterien, generell verbessert zu haben, wie die Kandidaturen Nixons 1960 und 1968, Hubert H. Humphreys 1968, Mondales 1984, Bushs 1988 und Gores 2000 zeigen. Häufig jedoch werden seine politischen Startvorteile (politische Erfahrung, gute Kontakte zur Partei, hoher Bekanntheitsgrad und präsidentielle Reputation) dadurch entwertet, daß ihm die Fehler – seltener die Erfolge – seines Präsidenten angerechnet werden. So verloren Humphrey 1968, Ford 1976 und Mondale 1984 nicht zuletzt deshalb, weil sie mit der Politik bzw. den Schwächen ihrer Präsidenten identifiziert wurden: Humphrey mit Johnsons Vietnamkrieg, Ford mit Nixons *Watergate* sowie Mondale mit Carters Wirtschafts- und Außenpolitik. Bei Bush allerdings glich die Popularität Reagans die negativen Wirkungen der „*Irangate*-Affäre" aus. Immerhin war Bush der erste amtierende Vizepräsident, der zum Präsidenten gewählt wurde, seit dies Martin Van Buren 1836 (davor John Adams 1796, Thomas Jefferson 1800) zum letzten Mal gelungen war. Clintons Vizepräsident Al Gore scheiterte als Präsidentschaftskandidat 2000.

6.8   Bilanz

Das Amt des Präsidenten entzieht sich verfassungsrechtlich wie historisch einer eindeutigen Ortsbestimmung. Der Streit über eine starke Exekutive aus eigenem Recht oder eine hinter den Gittern legislativer Suprematie gefangene Exekutive durchzieht seit dem Disput zwischen Alexander Hamilton und Thomas Jefferson die amerikanische Geschichte und hält auch heute an. Staatstheoretisch geht es hierbei um die grundsätzliche Spannung zwischen Regierungsfähigkeit und Verhinderung von Tyrannis. Die *Federalist Papers* bezeichneten es als „eine der größten Schwierigkeiten" der verfassungsgebenden Versammlung, „die erforderliche Stabilität und Macht der Regierung mit der ehrfürchtigen Rücksicht zu verbinden, die der Freiheit und der republikanischen Staatsform gebührt" (Hamilton/Madison/Jay 1958: 208). Die Verfassungsväter institutionalisierten die widersprüchlichen Ziele in einem System der Kontrollen und Gegengewichte, insbesondere von Kongreß und Präsident.

Angesichts der von der Verfassung nur unscharf gezogenen Grenzen zwischen den Kompetenzen haftet dem Verhältnis von Präsident und Kongreß mitunter etwas Usurpatorisches an: Angetrieben von öffentlichen Stimmungen, der Bewältigung von Pannen und Skandalen, eklatanten Krisensituationen und anderen Herausforderungen dehnt einmal die eine, dann die andere Seite ihren Wirkungskreis und ihre Macht aus. Auf Phasen präsidentieller Dominanz in innen- und außenpolitischen Krisensituationen folgten Phasen, in denen der Kongreß vehement auf seine Rechte pochte. Die Jahrzehnte des 20. Jahrhunderts, in denen der Präsident das Heft in der Hand hielt, gingen mit dem Vietnamkrieg und dem *Watergate*-Skandal zu Ende. Der Kongreß wehrte sich gegen die Gefahr eines übermächtigen Präsidenten mit zahlreichen gesetzlichen Maßnahmen, die den Handlungsraum der Exekutive beschnitten. In den letzten drei Jahrzehnten hat sich so eine Gleichgewichtssituation zwischen den beiden Institutionen eingestellt, die sich entweder durch Kooperation oder durch Konfrontation auszeichnet (Jones 1999: 10 ff.). Welcher Stil die Verhandlungsprozesse zwischen den *separated institutions sharing powers* prägt, ist dabei von zahlreichen Faktoren abhängig. Seit dem Zweiten Weltkrieg ist *divided government* zur Regel geworden. Durch diese Tatsache und durch die stärkere Polarisierung der Kongreßparteien seit dem Ende der 1980er Jahre gestaltet sich das Zusammenspiel zwischen Kongreß und Präsident zunehmend kompetitiver. Allerdings kann auch ein *unified government* ein reibungsloses Verhältnis der beiden Institutionen nicht garantieren. Bestes Beispiel hierfür ist Präsident Clintons *health care reform*, die trotz Demokratischer Mehrheiten im Kongreß scheiterte. Auch Clintons Pläne zur Wiederbelebung der Wirtschaft, zur Einrichtung einer nordamerikanischen Freihandelszone (*NAFTA*) oder zu den *GATT*-Abkommen konnten nur durch die Stimmen der Republikaner verwirklicht werden. Ob und wie sich der Präsident gegenüber dem Kongreß behaupten kann, hängt entscheidend von den politischen Ressourcen ab, über die er während seiner Amtszeit verfügt. Seit dem Erdrutschsieg Reagans 1984 verfügte kein Präsident mehr über ein eindeutiges Mandat aus der Bevölkerung. Clinton wurde zweimal mit weniger als 50 Prozent der *popular votes* gewählt. Bei den Präsidentschaftswahlen 2000 wurde George W. Bush als erster „Minderheitspräsident" (Tabelle 6-4) seit 1888 gewählt und erst durch ein Urteil des *Supreme Courts* in sein Amt eingesetzt. Damit konnten sich weder Clinton noch Bush zu Beginn ihrer Amtszeiten auf einen klaren Wählerauftrag stützen (Thurber 2002a).

Heute befinden wir uns in Zeiten einer im höchsten Maß polarisierten und aggressiv politi-sierten Auseinandersetzung zwischen Kongreß und Präsident (Sinclair 2000). Sowohl Bill Clinton als auch George W. Bush versprachen in ihren Wahlkämpfen, den Ton des politi-schen Spiels in Washington zu besänftigen, was beiden jedoch nicht gelang. Die schärfste Auseinandersetzung zwischen Präsident Clinton und dem Republikanischen Mehrheitsführer im Repräsentantenhaus Newt Gingrich um den Haushalt für das Fiskaljahr 1996, führte zu zwei *shutdowns* der Exekutive. Dennoch lassen sich Befürchtungen einer gegenseitigen Blockade von Präsident und Kongreß, die sich aus der parteipolitisch „geteilten Regierungs-verantwortung" (*divided government*) ergeben könnte, nicht bestätigen. Wichtige Gesetzesin-itiativen werden auch weiterhin verabschiedet. Allerdings ist nicht zu leugnen, daß sich das Verhältnis zwischen Präsident und Kongreß komplexer und das „fishing for majorities" für den Präsidenten zunehmend schwieriger gestaltet (Bond/Fleisher 2000b).

An dieser Konstellation haben auch die Ereignisse des 11. September 2001 nur wenig ändern können. Die parteiübergreifende Zustimmung des Kongresses zu den Handlungen des Präsi-denten zerbröckelte bereits wieder nach kurzer Zeit. Eine Gewichtsverlagerung zugunsten des Präsidenten (Horst 2005: 698 f.) oder gar eine Rückkehr zur *imperial presidency* kann insofern nicht bestätigt werden. Die Verschiebung der Politikinhalte zugunsten der inneren und äußeren Sicherheit führte nicht zu einer stärkeren Rolle des Präsidenten im Verhältnis zum Kongreß (Schreyer 2003: 22 f.). Lediglich auf dem Feld militärischer Entscheidungen hat der Präsident noch weitgehend „monarchische Macht" (Fisher 2002: 250).

Im Widerspruch zum institutionell eingeengten Handlungsspielraum des Präsidenten stehen der Anspruch an den Präsidenten nach plebiszitärer Führung und die Erwartungen an das Amt. Die Schere zwischen Leistungsanforderungen und Leistungskapazität hat sich weit geöffnet (Cronin/Genovese 2000: 7). Auf der einen Seite erwecken ein TV-orientiertes Re-krutierungs- und Wahlsystem und der ständige direkte Appell des Präsidenten an die Öffent-lichkeit (*rhetorical presidency*) den Eindruck, daß das Weiße Haus den politischen Entschei-dungsprozeß dominiere und die Bundesverwaltung kontrolliere (Pious 1979: 422; Tulis 1987: 3 ff.). Auf der anderen Seite steht eine Realität des verbissenen, oft nur Stillstand be-wirkenden Aushandelns (*bargaining*) mit dem Kongreß und ein grundsätzliches Unvermö-gen des Präsidenten, den administrativen Leitungs- und politischen Führungsanforderungen des Amtes zu genügen.

Es liegt in der Logik dieses Widerspruchs von Erwartung und Realität, daß die als unzurei-chend empfundenen Ergebnisse des politischen Entscheidungsprozesses zuallererst dem Präsidenten angelastet werden (Sundquist 1986: 7). Allein ein begnadeter Kommunikator wie Ronald Reagan mit seiner vielgerühmten „Teflon-Qualität" mag zeitweise der Kritik entgehen. Grundsätzlich jedoch wird man von einem *strukturell* bedingten Leistungsdefizit des Präsidenten als Regierungschef sprechen müssen. Abhilfe ist nicht in Sicht. Zahlreiche Debatten und Vorschläge zur Verfassungsreform erkennen zwar das Problem, haben aber angesichts der Interessenlage der betroffenen Politiker und Institutionen kaum Aussicht auf Verwirklichung. Man wird allerdings bezweifeln müssen, daß die Wurzeln des Problems allein verfassungsrechtlicher Natur seien. Vielmehr scheinen alle westlichen Demokratien unabhängig von ihren spezifischen Verfassungen unter ähnlichen Regierbarkeitsdefiziten zu leiden. Die Gründe sind zuvorderst in der politischen Kultur zu suchen, in der gleichzeitigen Überforderung und Personalisierung der Politik.

Über dem Regierungschef darf das Staatsoberhaupt nicht vergessen werden. Als erster Repräsentant eines ethnisch, kulturell und sozioökonomisch überaus heterogenen Gemeinwesens hat der Präsident dessen Einheit und demokratisch-republikanischen Grundkonsens zum Ausdruck zu bringen – „den Stolz auf die Leistungen und Traditionen Amerikas", wie es eine amerikanische Volksenzyklopädie kategorisch formuliert. Da er Regierungschef und Staatsoberhaupt zugleich ist, muß der Präsident den schwierigen und kontinuierlichen Prozeß der Balancierung von konfliktträchtiger politischer Führung und integrierender Konsensbildung in der eigenen Person leisten (Haas 2000).

Aus dieser Perspektive mag der zähe Entscheidungsprozeß des „Aushandelns" und „Durchwurstelns" als ein Verfahren des kleinsten gemeinsamen Nenners im Sinne der Konsenswahrung auch positive Wirkungen zeigen. Umgekehrt vermögen geschicktes symbolisch-zeremonielles Handeln in der Innen- und Außenpolitik Popularität und Autorität zu erzeugen, die wiederum der Durchsetzung unpopulärer Entscheidungen dienen können. Welche gewichtige Rolle dabei der moralischen Integrität des Präsidenten als Quelle des Vertrauens und einer darauf gründenden Autorität zukommt, hat der *Watergate*-Skandal mit seinen Folgen unter Beweis gestellt.

6.9   Literatur

Arnold, Peri, Making the Managerial Presidency, 2. Aufl., Lawrence 1998.

Bailey, Thomas A., A Diplomatic History of the American People, New York 1958.

Barber, James D., The Presidential Character. Predicting Performance in the White House, 4. Aufl., Englewood Cliffs 1992.

Barger, Harold M., The Impossible Presidency. Illusions and Realities of Executive Power, Glenview 1984.

Barilleaux, Ryan J., The Post-Modern Presidency: The Office after Ronald Reagan, New York 1988.

Bass, Harold F., Jr., The President and Political Parties, in: **Nelson**, Michael (Hrsg.), Congressional Quarterly's Guide to the Presidency, 3. Aufl., Bd. 1, Washington, D.C. 2002, S. 789-847.

Benda, Peter M./**Levine**, Charles H., OMB's Management Role: Issues of Structure and Strategy, in: **Congressional Research Service**, Office of Management and Budget: Evolving Roles and Future Issues, Washington, D.C. 1986, S. 120-145.

Bennett, George H., The American Presidency 1945-2000: Illusions of Grandeur, Sutton 2000.

Bibby, John F., Politics, Parties, and Elections in America, 5. Aufl., Belmont u. a. O. 2003.

Bledsoe, W. Craig/**Watts**, James Brian/**Rozell**, Mark J., Chief Executive, in: **Nelson**, Michael (Hrsg.), Congressional Quarterly's Guide to the Presidency, 3. Aufl., Bd. 1, Washington, D.C. 2002, S. 471-555.

Bond, Jon/**Fleisher**, Richard, Congress and the President in a Partisan Era, in: **Bond**, Jon/**Fleisher**, Richard (Hrsg.), Polarized Politics: Congress and the President in a Partisan Era, Washington, D.C. 2000a, S. 1-8.

Bond, Jon/**Fleisher**, Richard, Polarized Politics: Does it Matter?, in: **Bond**, Jon/**Fleisher**, Richard (Hrsg.), Polarized Politics: Congress and the President in a Partisan Era, Washington, D.C. 2000b, S. 186-200.

Bosso, Christopher J., Legislative Leader, in: **Nelson**, Michael (Hrsg.), Congressional Quarterly's Guide to the Presidency, 3. Aufl., Bd. 1, Washington, D.C. 2002, S. 557-596.

Burke, John P., Presidential Transitions. From Politics to Practice, Boulder 2000.

Burns, James MacGregor, Roosevelt: The Lion and the Fox, New York 1956.

Burns, James MacGregor, The Power to Lead: The Crisis of the American Presidency, New York 1984.

Campbell, Colin, Managing the Presidency. Carter, Reagan, and the Search for Executive Harmony, Pittsburgh 1986.

Campbell, Colin, The U.S. Presidency in Crisis. A Comparative Perspective, New York 1998.

Campbell, Colin/**Rockman**, Bert A. (Hrsg.), The Bush Presidency: First Appraisals, Chatham 1991.

Campbell, Colin/**Rockman**, Bert A. (Hrsg.), The Clinton Presidency: First Appraisals, Chatham 1996.

Campbell, Colin/**Rockman**, Bert A. (Hrsg.), The George W. Bush Presidency: Appraisals and Prospects, Washington, D.C. 2004.

Carter, Jimmy, Keeping Faith. Memoirs of a President, London 1982.

Cohen, Richard, The Impact of Campaigns on Presidential-Congressional Relations, in: **Thurber**, James (Hrsg.), Rivals for Power: Presidential-Congressional Relations, 2. Aufl., Lanham 2002, S. 89-103.

Conley, Richard S., The Presidency, Congress, and Divided Government: a Postwar Assessment, College Station 2003.

Corwin, Edward S., The President. Office and Powers, 1787-1984. History and Analysis of Practice and Opinion, 5. Aufl., New York 1984.

CQ 2005 Almanac Plus, 109th Congress, 1st session, Vol. LXI, Washington, D.C. 2006.

Crabb, Cecil V./**Mulcahy**, Kevin V., Presidents and Foreign Policy Making. From FDR to Reagan, Baton Rouge 1986.

Cronin, Thomas/**Genovese**, Michael, The Paradoxes of the American Presidency, New York 2000.

Daalder, Ivo/**Lindsay**, James, America Unbound. The Bush Revolution in Foreign Policy, Washington, D.C. 2003.

Davidson, Roger H., Invitation to Struggle: An Overview of Legislative-Executive Relations, in: The Annals, 499(1988), S. 9-21.

Davis, Eric L., Congressional Liaison: The People and the Institutions, in: **King**, Anthony (Hrsg.), Both Ends of the Avenue. The Presidency, the Executive Branch and Congress in the 1980s, Washington, D.C. 1983, S. 59-95.

Davis, James W., The President as Party Leader, Westport 1992.

Edwards, George, C., III./**Wayne**, Stephen J., Presidential Leadership. Politics and Policy Making, 6. Aufl., Belmont 2003.

Euchner, Charles/**Maltese**, John Anthony/**Nelson**, Michael, The Electoral Process, in: **Nelson**, Michael (Hrsg.), Congressional Quarterly's Guide to the Presidency, 3. Aufl., Bd. 1, Washington, D.C. 2002, S. 197-308.

Fenno, Richard F., The President's Cabinet, Cambridge 1963.

Fisher, Louis, Presidential War Powers, Lawrence 1995.

Fisher, Louis, Clinton's Military Actions: No Rivals in Sight, in: **Thurber**, James (Hrsg.), Rivals for Power: Presidential-Congressional Relations, 2. Aufl., Lanham 2002, S. 255-270.

Fraenkel, Ernst, Das amerikanische Regierungssystem, 4. Aufl., Opladen 1981 [EA 1960].

Gassert, Philipp, Mrs. President: von Martha Washington bis Hillary Clinton, Stuttgart 2000.

Gerste, Ronald, Die First Ladies der USA: von Martha Washington bis Hillary Clinton, Regensburg 2000.

Goldstein, Joel K., The Modern American Vice Presidency. The Transformation of a Political Institution, Princeton 1982.

Gould, Lewis L., The Modern American Presidency, Lawrence 2003.

Graber, Doris A., Mass Media and American Politics, 7. Aufl., Washington, D.C. 2006.

Greenstein, Fred, The Leadership Style of George W. Bush, in: The Bush Presidency: An Early Assessment, Conference at the Woodrow Wilson School, Princeton University, April 25-26, 2003.

Greenstein, Fred, The Presidential Difference, Leadership Style from FDR to George W. Bush, 2. Aufl., New York 2004.

Grimmett, Richard, War Powers Resolution: Presidential Compliance, CRS Issue Brief for Congress, IB81050, 24. März 2003.

Haas, Christoph M., Ein Amt, ein Symbol – die doppelte Verantwortung. Der US-Präsident und seine Regierungslehre(n), in: **Villinger**, Ingeborg/**Riescher**, Gisela/**Rüland**, Jürgen (Hrsg.), Politik und Verantwortung, Festgabe für Wolfgang Jäger zum 60. Geburtstag, Freiburg i.Br. 2000, S. 123-129.

Hamilton, Alexander/**Madison**, James/**Jay**, John, The Federalist Papers, hrsg. von Clinton Rossiter, New York 1961 [deutsch: Der Föderalist, hrsg. von Felix Ermacora, Wien 1958].

Hart, Roderick P., The Sound of Leadership. Presidential Communication in the Modern Age, Chicago/London 1987.

Heclo, Hugh, One Executive Branch or Many?, in: **King**, Anthony (Hrsg.), Both Ends of the Avenue. The Presidency, the Executive Branch and Congress in the 1980s, Washington, D.C. 1983, S. 26-58.

Heclo, Hugh/**Salomon**, Lester M. (Hrsg.), The Illusion of Presidential Government, Boulder 1981.

Heideking, Jürgen/**Mauch**, Christof (Hrsg.), Die amerikanischen Präsidenten. 42 historische Portraits von George Washington bis George W. Bush, 4. Aufl., München 2005.

Henkin, Louis, Foreign Affairs and the Constitution, in: Foreign Affairs, Vol. 66, 2(1987/88), S. 284-310.

Henkin, Louis, Foreign Affairs and the Constitution, 2. Aufl., Oxford 1996.

Herrnson, Paul, The Clinton Presidency: the First Term, 1992-96, London 1999.

Hersman, Rebecca K. C., Friends and Foes: How Congress and the President Really Make Foreign Policy, Washington, D.C. 2000.

Hess, Stephen, Presidents and the Presidency, Washington D.C. 1996.

Hess, Stephen, Organizing the Presidency, 3. Aufl., Washington, D.C. 2002.

Horst, Patrick, Der neue Republikanische US-Kongress: Polarisiert, zentralisiert und nachgiebig gegenüber dem Präsidenten, in: Zeitschrift für Parlamentsfragen, Jg. 36, 3(2005), S. 680-699.

Howell, William G., Power without Persuasion: the Politics of Direct Presidential Action, Princeton 2003.

Hult, Karen, The Bush White House in Comparative Perspective, in: The Bush Presidency: An Early Assessment, Conference at the Woodrow Wilson School, Princeton University, April 25-26, 2003.

Jäger, Wolfgang, Fernsehen und Demokratie. Scheinplebiszitäre Tendenzen und Repräsentation in den USA, Großbritannien, Frankreich und Deutschland, München 1992.

Jamieson, Kathleen Hall/**Birdsell**, David S., Presidential Debates. Their Power, Problems, and Promise. New York/Oxford 1988.

Jones, Charles O., The Presidency in a Separated System, 2. Aufl., Washington D.C. 2005.

Jones, Charles O., Campaigning to Govern: The Clinton Style, in: **Campbell**, Colin/**Rockman**, Bert A. (Hrsg.), The Clinton Presidency: First Appraisals, Chatham 1996, S. 15-50.

Jones, Charles O., Separate But Equal Branches: Congress and the Presidency, 2. Aufl., New York 1999.

Kernell, Samuel, Facing an Opposition Congress: The President's Strategic Circumstance, in: **Cox**, Gary W./**Kernell**, Samuel (Hrsg.), The Politics of Divided Government, Boulder u. a. O. 1991, S. 87-112.

Kernell, Samuel, Going Public. New Strategies of Presidential Leadership, 3. Aufl., Washington, D.C. 1997.

Lammers, William/**Genovese**, Michael, The Presidency and Domestic Policy: Comparing Leadership Styles, FDR to Clinton, Washington, D.C. 2000.

Lowi, Theodore J., The Personal President. Power Invested, Promise Unfulfilled, Ithaca/London 1985.

Mackenzie, G. Calvin, Partisan Presidential Leadership: The President's Appointees, in: **Maisel**, L. Sandy (Hrsg.), The Parties Respond. Changes in the American Party System, 4. Aufl., Boulder 2002, S. 267-289.

Mayer, William G. (Hrsg.), In Pursuit of the White House 2000: How We Choose Our Presidential Nominees, New York 2000.

McCormick, James, Clinton and Foreign Policy: Some Legacies for a New Century, in: **Schier**, Steven (Hrsg.), The Postmodern Presidency: Bill Clinton's Legacy in U.S. Politics, Pittsburgh 2000, S. 60-84.

Milkis, Sidney/**Nelson**, Michael, The American Presidency: Origins and Development, 1776-2002, 4. Aufl., Washington, D.C. 2003.

Moe, Ronald D., Traditional Organizational Principles and the Managerial Presidency: From Phoenix to Ashes, in: Public Administration Review, Vol. 50, 2(1990), S. 129-140.

Moe, Terry M., The Politicized Presidency, in: **Chubb**, John E./**Peterson**, Paul E. (Hrsg.), The New Direction in American Politics, Washington, D.C. 1985, S. 235-271.

Moe, Terry M., The Politics of Bureaucratic Structure, in: **Chubb**, John E./**Peterson**, Paul E. (Hrsg.), Can the Government Govern?, Washington, D.C. 1989, S. 267-329.

Nathan, Richard P., Institutional Change Under Reagan, in: **Palmer**, John L. (Hrsg.), Perspectives on the Reagan Years, Washington, D.C. 1986, S. 121-145.

Nelson, Michael, History of the Vice Presidency, in: **Nelson**, Michael (Hrsg.), Congressional Quarterly's Guide to the Presidency, 3. Aufl., Bd. 1, Washington, D.C. 2002, S. 173-188.

Nelson, Michael (Hrsg.), The Presidency and the Political System, 8. Aufl., Washington, D.C. 2005.

Neustadt, Richard E., Presidential Power, New York 1980 [EA 1960].

O'Neill, Tip, Man of the House. The Life and Political Memoirs of Speaker Tip O'Neill, with William Novak, Boston 1987.

Patterson, Bradley H., Jr., The Ring of Power: The White House Staff and its Expanding Role in Government, New York 1988.

Patterson, Bradley H., Jr., The White House Staff: Inside the West Wing and beyond, Washington, D.C. 2000.

Peterson, Mark, Presidential Power and the Potential for Leadership, in: **Shapiro**, Robert/ **Joynt Kumar**, Martha/**Jacobs**, Lawrence R. (Hrsg.), Presidential Power. Forging the Presidency for the Twenty-First Century, New York 2000, S. 363-379.

Pfiffner, James P., The President and the Postreform Congress, in: **Davidson**, Roger H. (Hrsg.), The Postreform Congress, New York 1992, S. 211-232.

Pfiffner, James, The Strategic Presidency: Hitting the Ground Running, 2. Aufl., Lawrence 1996.

Pfiffner, James, President George W. Bush and His War Cabinet, in: The Presidency, Congress, and the War on Terrorism: Scholarly Perspectives, Conference at the University of Florida, Gainesville, 7. Februar 2003.

Pfiffner, James/**Davidson**, Roger H. (Hrsg.), Understanding the Presidency, 4. Aufl., New York u. a. O. 2006.

Pika, Joseph A./**Maltese**, John A., The Politics of the Presidency, 6. Aufl., Washington, D.C. 2006.

Pious, Richard M., The American Presidency, New York 1979.

Pious, Richard, The Paradox of Clinton Winning and the Presidency Losing, in: Political Science Quarterly, Vol. 114, 4(1999/2000), S. 569-593.

Polsby, Nelson W., Presidential Elections: Strategies and Structures of American Politics, 11. Aufl., Chatham 2003.

Preston, Thomas, The President and His Inner Circle. Leadership Style and the Advisory Process in Foreign Affairs, New York 2001.

Regan, Donald T., For the Record. From Wall Street to Washington, New York 1988.

Relyea, Harold (Hrsg.), The Executive Office of the President. A Historical, Biographical and Bibliographical Guide, Westport 1997.

Relyea, Harold, The Executive Office of the President: A Historical Overview, CRS Report for Congress, 98-606 GOV, 17. Oktober 2001.

Rockman, Bert A., The Leadership Question: The Presidency and the American System, New York 1984.

Rosenberg, Morton, Presidential Claims of Executive Privilege: History, Law, Practice and Recent Developments, CRS Report for Congress, 21. September 1999.

Schlesinger, Arthur M., Jr., The Imperial Presidency, Boston 1973.

Schlesinger, Arthur M., Jr., The Cycles of American History, Boston 1986.

Schlesinger, Arthur M., Jr., War and the American Presidency, New York 2004.

Schreyer, Söhnke, Zurück zur ‚Imperialen Präsidentschaft'? – Parteien, Präsident und Kongreß Post-9/11, ZENAF Arbeits- und Forschungsberichte 03/2003, Frankfurt 2003.

Schroeder, Alan, Presidential Debates: Forty Years of High-Risk TV, New York 2000.

Schier, Steven, American Politics after Clinton, in: **Schier**, Steven (Hrsg.), The Postmodern Presidency: Bill Clinton's Legacy in U.S. Politics, Pittsburgh 2000, S. 255-266.

Seidman, Harold/**Gilmour**, Robert, Politics, Position, and Power. From the Positive to the Regulatory State, New York 1986.

Sinclair, Barbara, Hostile partners: The President, Congress, and lawmaking in the partisan 1990s, in: **Bond**, Jon/**Fleisher**, Richard (Hrsg.), Polarized Politics: Congress and the President in a Partisan Era, Washington, D.C. 2000, S. 134-153.

Sinclair, Barbara, Patriotism, Partisanship and Institutional Protection: The Congressional Response to 9/11, in: The Presidency, Congress and the War on Terrorism: Scholarly Perspectives, Conference at the University of Florida, Gainesville, 7. Februar 2003.

Skowronek, Stephen, The Politics Presidents Make: Leadership from John Adams to Bill Clinton, 4. Aufl., Cambridge 2001.

Slonim, Shlomo, Designing the Electoral College, in: **Cronin**, Thomas E. (Hrsg.), Inventing the American Presidency, Lawrence 1989, S. 33-60.

Smith, Hedrick, The Power Game: How Washington Works, New York 1988 [dt. Der Machtkampf in Amerika. Reagans Erbe: Washingtons neue Elite, Reinbek 1988].

Speakes, Larry, Speaking Out: The Reagan Presidency from Inside the White House, New York 1988.

Spitzer, Robert J., The Presidency and Public Policy. The Four Arenas of Presidential Power, Tuscaloosa 1983.

Spitzer, Robert J., The Presidential Veto. Touchstone of the American Presidency, New York 1988.

Spitzer, Robert J., President and Congress. Executive Hegemony at the Crossroads of American Government, New York u. a. O. 1993.

Spitzer, Robert J., The President and the Congress, in: **Nelson**, Michael (Hrsg.), Congressional Quarterly's Guide to the Presidency, 3. Aufl., Bd. 2, Washington, D.C. 2002, S. 1317-1385.

Stanley, Harold/**Niemi**, Richard, Vital Statistics on American Politics, 2005-2006, Washington, D.C. 2006.

Steffani, Winfried, Opposition und Kooperation. Präsident und Kongreß in der Ära Reagan, in: **Wasser**, Hartmut (Hrsg.), Die Ära Reagan. Eine erste Bilanz, Stuttgart 1988, S. 75-107.

Sundquist, James L., The Decline and Resurgence of Congress, Washington, D.C. 1981.

Sundquist, James L., Constitutional Reform and Effective Government, Washington, D.C. 1986.

Thurber, James A. (Hrsg.), Divided Democracy: Cooperation and Conflict Between the President and Congress, Washington, D.C. 1991.

Thurber, James, An Introduction to Presidential-Congressional Rivalry: **Thurber**, James (Hrsg.), Rivals for Power: Presidential-Congressional Relations, 2. Aufl., Lanham 2002a, S. 1-25.

Thurber, James, Conclusions about Congressional-Presidential Rivalries, in: **Thurber**, James (Hrsg.), Rivals for Power: Presidential-Congressional Relations, 2. Aufl., Lanham 2002b, S. 255-270.

Tulis, Jeffrey K., The Rhetorical Presidency, Princeton 1987.

Wayne, Stephen J., Great Expectations. What People want from Presidents, in: **Cronin**, Thomas E. (Hrsg.), Rethinking the Presidency, Boston 1982, S. 185-199.

Welz, Wolfgang, Das Amerikanische Parteiensystem im Wandel, in: Aus Politik und Zeitgeschichte, B 36-37(1986), S. 31-43.

Wilson, Woodrow, Congressional Government. A Study in American Politics, Baltimore 1981 [EA 1885].

Woodward, Bob, Bush at War. Amerika im Krieg, Stuttgart/München 2003.

6.10   Website

US-Präsident/Weißes Haus und weitere Links zur Exekutive http://www.whitehouse.gov

Stand: 31.07.2006

Kurt L. Shell

7 Der Oberste Gerichtshof

7.1 Der Oberste Gerichtshof als Verfassungsorgan

Der Oberste Gerichtshof (*Supreme Court*) ist das einzige Bundesgericht, das in der Bundesverfassung erwähnt wird. Im Verfassungsdokument wird er jedoch nicht als „Verfassungsgerichtshof" definiert, d. h. das Recht, Akte der staatlichen Gewalten anhand von Verfassungsnormen zu überprüfen, wird ihm nicht ausdrücklich zugestanden. Die Verfassung legt lediglich fest, daß er als oberste Berufungsinstanz für alle Streitfälle, die „unter der Verfassung, den Bundesgesetzen und internationalen Verträgen" (Art. III, Sec. 2, U.S. Const.) ausgefochten werden, fungieren soll. In Fällen, die Botschafter, Konsule oder solche Streitfälle betreffen, in die ein Bundesstaat verwickelt ist, ist der *Supreme Court* auch Gericht erster Instanz. In allen anderen Fällen wird er nur als Appellationsgericht im Rahmen der vom Kongreß zu beschließenden Ausnahmebestimmungen und Verfahrensregelungen tätig.

7.2 Bestellung und Qualifikation der Richter

Die Bundesrichter werden vom Präsidenten mit Zustimmung des Senats ernannt. Solange sie sich gut führen (*during good behavior*), sind sie nicht absetzbar; ihre Gehälter dürfen während ihrer Amtszeit nicht gekürzt werden (Art. III, Sec. 1, U.S. Const.). Die Verfassung räumt damit der Bundesjudikative ein Höchstmaß an Unabhängigkeit vom politischen Prozeß ein. Denn die Richter sind nach ihrer Ernennung nur insoweit der politischen Kontrolle unterworfen, als sie ebenso wie fast alle anderen gewählten oder ernannten Amtsträger nur im Wege der Amtsanklage (*impeachment*) vom Kongreß abgesetzt werden können. Dazu ist das Votum einer Zweidrittelmehrheit der anwesenden Senatsmitglieder erforderlich (Art. III, Sec. 3, U.S. Const.).

Die Zahl der Richter des Obersten Bundesgerichts wird vom Kongreß bestimmt. Seit 1869 liegt sie unverändert bei neun, dem *Chief Justice* und den acht *Associate Justices*. Der *Chief Justice* verfügt zwar über ein etwas höheres Gehalt, besitzt aber im Richtergremium formal kein größeres Gewicht als seine „Brüder" (*brethren*). Seine Aufgaben liegen primär im administrativen Bereich. Nicht selten bleibt er bei Abstimmungen in der Minderheit.

Da die Ernennung der vom Präsidenten vorgeschlagenen Kandidaten der Zustimmung der Senatsmehrheit bedarf, glaubten die Verfassungsväter sicherzustellen, daß nur solche Richter Platz im Obersten Gericht (oder den unteren Bundesgerichten) finden würden, die ausreichend juristisch qualifiziert seien und politisch nicht zu weit von der Mehrheitsmeinung abwichen. Das Erfordernis senatorieller Zustimmung ist daher keineswegs eine reine Formalität (Massaro 1990). In Perioden geringer ideologischer Spannungen herrschte zwar die Tendenz vor, dem Präsidenten die Auswahl der Richter – außer in Fällen von bewiesener Inkompetenz oder Korruption – weitgehend zu überlassen. Doch in Zeiten starker ideologischer Polarisierung oder bei einer parteipolitischen Konfrontation zwischen Präsident und Senat war es keineswegs unüblich, dem Präsidenten die Ernennung des von ihm vorgeschlagenen Kandidaten zu verweigern. Im 19. Jahrhundert wurde rund ein Viertel der Nominierten vom Senat abgelehnt. Im 20. Jahrhundert war die Zahl der Ablehnungen weitaus geringer, obgleich auch hier die Ernennungen nicht unumstritten waren. So im Falle des liberalen jüdischen Richters Louis Brandeis und des dramatischen Konflikts zwischen Präsident Franklin D. Roosevelt und der Mehrheit des *Supreme Court*. Nachdem Präsident Richard Nixon die Zusammensetzung des Obersten Gerichts zu einem Wahlkampfthema machte, indem er versprach, ausscheidende liberale Richter durch konservative zu ersetzen, lebte die *consent*-Funktion des Senats wieder auf. Zwei der von Präsident Nixon nominierten Kandidaten – beide Südstaatler und beide nicht frei von den rassistischen Traditionen des Südens – wurden von einer Demokratischen Senatsmehrheit abgelehnt. Bei einem von ihnen (G. Harrold Carswell) spielte zudem die mangelnde juristische Qualifikation eine Rolle.

In jüngerer Vergangenheit fand der geradezu präzedenzlose Kampf um die Ernennung von Richter Robert Bork statt, der 1987 von Präsident Ronald Reagan als Nachfolger des gemäßigt konservativen Südstaatlers Lewis Powell nominiert wurde. Bork, dem fehlende Qualifikation für das Amt nicht vorgeworfen werden konnte – er war Professor für Öffentliches Recht an der renommierten Yale University, nachdem er zuvor eine Reihe hoher juristischer Ämter (*Solicitor General*, Richter am *Circuit Court* von Washington, D.C.) bekleidet hatte – war ein prominenter Vertreter ultra-konservativer verfassungsrechtlicher und politischer Positionen und von ultra-rechten Gruppen als ihr Kandidat für den *Supreme Court* favorisiert worden. Nach einer mit allen Mitteln der politischen Werbetechnik geführten Kampagne und nach mehreren Tagen intensiver Befragungen durch den zuständigen Senatsausschuß wurde seine Nominierung abgelehnt (Bronner 1989). Eine ähnliche Konfrontation – allerdings mit einem für Präsident George Bush sr. positiven Resultat – fand 1991 um die Nominierung des schwarzen Richters Clarence Thomas statt. Richter Thomas wurde sowohl wegen fehlender Kompetenz wie auch durch die Beschuldigung, die von ihm beruflich Abhängige Anita Hill sexuell belästigt zu haben, heftig kritisiert. Doch durch die Benennung eines (ultra-konservativen) schwarzen Kandidaten spaltete der Präsident die liberale Ablehnungsfront und Thomas wurde vom Senat mehrheitlich – jedoch mit 52 zu 48 Stimmen nur knapp – bestätigt. Auch die Nominierungen von Bill Clinton (Ruth Bader Ginsburg 1993, Stephen G. Breyer 1994) und George W. Bush (John G. Roberts 2005, Samuel A. Alito 2006) wurden von zum Teil heftigen Auseinandersetzungen ideologischer Art begleitet. Gleichwohl wurden diese Richter unter vergleichsweise deutlich geringerem parteipolitischen Beschuß und insbesondere ohne boulevardeske Medienbegleitung, wie sie noch Thomas zu durchstehen hatte, vom Senat bestätigt. Mit 58 zu 42 Stimmen war einzig bei Alitos Berufung das Votum mit wenig Zuspruch aus dem gegnerischen parteipolitischen Lager (nur vier Stimmen von Demokratischen Senatoren) ausgegangen. Ginsburg mit 96:3, Breyer mit 87:9 und Roberts mit 78:22 Stimmen erhielten dagegen breite Mehrheiten über die Parteigrenzen hinweg. Die Erklärung für die heftigen – und andauernden – Kontroversen über die Benennung von Bundesrichtern liegt in den oben erwähnten Faktoren: Einer durch die republikanischen Präsidenten Nixon, Reagan, und Bush sr. stimulierten Periode ideologischer Polarisierung, des seit den 1970ern stark angewachsenen Einflusses ultra-konservativer Kräfte in der republikanischen Partei und einer verschärften parteipolitischen Frontenbildung im Kongreß. Nur Kandidaten, die ideologisch nicht festgelegt erscheinen und nicht von einem der radikalen Parteiflügel favorisiert werden, haben die Chance, ohne lang hingezogene und heftige Kämpfe im Senat für das Richteramt betätigt zu werden.

Wenn auch für die Ernennung zum *Supreme Court Justice* keine juristische Qualifikation vorgeschrieben ist – es also theoretisch sogar möglich wäre, einen Nicht-Juristen zu berufen – so spielt sie im Nominierungsprozeß dennoch eine zentrale Rolle. Denn die Hauptaufgabe der Richter besteht in der Interpretation von Rechtsnormen, die weitreichende gesellschaftspolitische Implikationen haben. Das Amt verlangt daher ebenso Weisheit und politische Klugheit, damit der *Supreme Court* seine Aufgabe als (formal) überpolitischer Integrationsmechanismus erfolgreich erfüllen kann. Zu den bedeutenden Richtern des *Supreme Court*, die in erster Linie Politiker und nicht erfahrene Juristen waren, werden z. B. die großen *Chief Justices* John Marshall (1801-1835) und Earl Warren (1953-69) gezählt (Tabelle 7-1).

Tabelle 7-1: Die *Chief Justices* des *U.S. Supreme Court* seit 1789

Name	aus Einzelstaat	Chief Justice von - bis	Amtsdauer in Jahren
John Jay	New York	19.10.1789-29.06.1795	5
John Rutledge	South Carolina	12.08.1795-15.12.1795	0
Oliver Ellsworth	Connecticut	08.03.1796-15.12.1800	4
John Marshall	Virginia	04.02.1801-06.07.1835	34
Roger B. Taney	Maryland	28.03.1836-12.10.1864	28
Salmon P. Chase	Ohio	15.12.1864-07.05.1873	8
Morrison R. Waite	Ohio	04.03.1874-23.03.1888	14
Melville W. Fuller	Illinois	08.10.1888-04.07.1910	21
Edward D. White	Louisiana	19.12.1910-19.05.1921	10
William H. Taft	Connecticut	11.07.1921-03.02.1930	8
Charles E. Hughes	New York	24.02.1930-30.06.1941	11
Harlan F. Stone	New York	03.07.1941-22.04.1946	4
Fred M. Vinson	Kentucky	24.06.1946-08.09.1953	7
Earl Warren	California	05.10.1953-23.06.1969	15
Warren E. Burger	Virginia	23.06.1969-26.09.1986	17
William H. Rehnquist	Virginia	26.09.1986-03.09.2005	18
John G. Roberts	Maryland	29.09.2005-	
durchschnittliche Amtsdauer:			12,75

Quelle: U.S. Supreme Court <www.supremecourtus.gov/about/members.pdf> (31.10.2005)

Die juristische Qualifikation wird vom Justizministerium vor der Nominierung überprüft, wobei es üblich war, von der *American Bar Association* ein Gutachten anzufordern. Deren *Standing Committee on the Federal Judiciary* benotet die Kandidaten mit „außerordentlich qualifiziert", „gut qualifiziert", „qualifiziert" oder „nicht qualifiziert".) Dieses Verfahren wurde von der Republikanischen Administration auf Grund der Schwierigkeiten, die Präsident Bush sr. mit der Benennung von Richter Thomas hatte, abgeschafft.

7.3   Zugang zum Gericht

Da der *Supreme Court* formal gesehen kein Verfassungsgericht, sondern ein „normales" Gericht ist, entscheidet es nur konkrete Fälle (*cases*) und Streitigkeiten (*controversies*). Es äußert sich nicht zu hypothetischen Fragen der Verfassungsmäßigkeit von Gesetzen (abstrakte Normenkontrolle), und nimmt dazu auch nicht gutachterlich Stellung. Auch weigert es sich, Fälle zu entscheiden, die „erledigt" (*moot*) sind, wenn z. B. eine der Streitparteien verstorben ist. Um *standing* in Anspruch nehmen, d. h. eine Klage einreichen zu können, muß eine Person den Nachweis der persönlichen Betroffenheit erbringen. Dieser Begriff ist in den letzten Jahren vom *Supreme Court* relativ großzügig ausgelegt worden, so daß in einzelnen Fällen auch solchen Bürgern eine Klagebefugnis zuerkannt wird, die indirekt betroffen sind. Sogenannte *class actions*, in denen eines oder mehrere Mitglieder einer „Klasse" von analog Betroffenen für alle Mitglieder der Klasse eine Klage einreichen dürfen, sind unter bestimmten restriktiven Bedingungen zulässig (Nowak/Rotunda/Young 2000: 83 ff.).

Fälle erreichen das Oberste Gericht zur Entscheidung auf zwei unterschiedlichen Wegen. Erstens ist das Gericht dann verpflichtet, eine Berufung anzunehmen, wenn in einem Konflikt zwischen dem Gesetz eines Einzelstaates und der Bundesverfassung das untere Gericht – sei es ein Bundesgericht oder Einzelstaatsgericht – für seine jeweilige politische Einheit entschieden hat; d. h. ein Einzelstaatsgericht gegen oder ein Bundesgericht für die Bundesverfassung (oder Bundesgesetze, Verträge usw.). Zusätzlich hat der Kongreß Berufungen von unteren Bundesgerichten an den *Supreme Court* auf direktem Wege unter bestimmten Bedingungen vorgesehen. Der zweite – weit häufiger benutzte – Weg räumt dem Obersten Gerichtshof einen breiten Ermessensspielraum ein: Die Streitparteien appellieren an den *Supreme Court*; wenn dieser den Fall für bedeutsam hält, oder wenn die Rechtsprechung der Klärung oder Vereinheitlichung bedarf, weist er das untere Gericht mit einem *writ of certiorari* an, die Akten des Rechtstreites an das Oberste Gericht weiterzuleiten. Der *Supreme Court* entscheidet damit, welche Fälle er zur Entscheidung annehmen will, wobei die Tendenz ist, den Ermessensspielraum restriktiv zu handhaben. Alle Richter nehmen an der Entscheidung, ob ein Fall vom *Supreme Court* behandelt werden soll, teil. Nach konventioneller Übereinkunft beschäftigt sich das Gericht mit einer Klage, wenn vier seiner Mitglieder dafür plädieren (Nowak/ Rotunda/Young 2000: 30).

Entscheidungen werden nach der Mehrheitsregel getroffen. Der Kongreß hat als Quorum für das Gremium sechs – in Entscheidungen über die Verfassungsmäßigkeit sieben – festgelegt. Überstimmte Richter können *dissenting opinions* (abweichende Meinungen) schreiben, die zwar keine Bindewirkung haben, aber Bezugspunkte für zukünftige Argumente darstellen –

und im Laufe der Geschichte die Grundlage für eine neue Mehrheitsbildung werden können. Ferner gibt es *concurring opinions* (zustimmende Meinungen), in denen Richter zwar die Entscheidung (*majority opinion*) gutheißen, aber zusätzliche Gesichtspunkte oder divergierende Argumente einzubringen wünschen.

7.4 Die Funktion der Normenkontrolle

7.4.1 Die verfassungsrechtliche Rechtfertigung

Wenn auch das Recht auf konkrete Normenkontrolle (*judicial review*) dem Obersten Gerichtshof in der Bundesverfassung nicht explizit gewährt wird, so hat es doch von Anbeginn der Republik starke Argumente gegeben, daß diese Kompetenz aus dem Text ableitbar sei und der Intention einer geschriebenen Verfassung logisch entspräche. Klassischen Ausdruck fand diese Argumentationslinie im *Federalist Paper No. 78* bei Alexander Hamilton, wobei sich seine Befürwortung der *judicial review* auf die *Supreme Law of the Land*-Klausel der Verfassung stützte (Art. VI U.S. Const.):

> *„Diese Verfassung, die in ihrem Verfolg zu erlassenden Gesetze der Vereinigten Staaten sowie alle im Namen der Vereinigten Staaten abgeschlossenen oder künftig abzuschließenden Verträge sind das oberste Gesetz des Landes; und die Richter in jedem Einzelstaat sind ungeachtet entgegenstehender Bestimmungen in der Verfassung oder den Gesetzen eines Einzelstaates daran gebunden."*

Hamilton argumentierte nun, daß die Richter des *Supreme Court* aufgrund des Vorranges der Verfassung die Pflicht hätten, in einem Streitfall, in dem ein Gesetz eines Einzelstaates nach Meinung einer der Parteien gegen die Verfassung verstieß, dieses Gesetz für nichtig zu erklären, wenn sie es für inkompatibel mit der Bundesverfassung hielten. Ähnliches gelte analog, so Hamilton, für die Gesetze, die vom Kongreß der Vereinigten Staaten verabschiedet worden seien. Auch hier hätten die Richter das Prinzip zu beachten, daß ein „höheres Gesetz" – die Verfassung – dem untergeordneten Gesetz vorgehe. Die logische Notwendigkeit solcher höchstrichterlichen Kompetenz deduzierte Hamilton aus dem Charakter eines geschriebenen Verfassungsdokuments, das die Kompetenzen der Bundesorgane, vor allem die des Kongresses, explizit aufzählt und von den Kompetenzen der Einzelstaaten abgrenzt. Um diese Abgrenzungen zu kontrollieren und durchzusetzen, bedürfe es eines vom politischen Prozeß und den anderen Bundesorganen sowie den Einzelstaaten unabhängigen Organs, das qualifiziert sei, die Gesetze auf ihre Verfassungsmäßigkeit hin zu überprüfen. Dem Einwand, daß er damit den *Supreme Court* zum mächtigsten Organ der Vereinigten Staaten mache, entgegnete Hamilton, daß der Gerichtshof weder über *purse* noch *sword* verfüge. Zur Durchsetzung seiner Entscheidungen habe er weder das dem Kongreß zur Verfügung stehende Machtmittel der Geldzuweisung noch verfüge er wie die Exekutive über die Möglichkeit der physischen Gewaltanwendung. Die Judikative sei vielmehr der am wenigsten gefährliche Teil (*least dangerous branch*) des Systems, da sie allein auf ihre Autorität zur Durchsetzung ihrer Entscheidungen angewiesen sei (Hamilton/Madison/Jay 1961: 464 f.).

Die Befugnis der Normenkontrolle, wie sie von Hamilton propagiert wurde, war zur Zeit des Verfassungskonvents nicht unbekannt. Zwar hatte sich in England der im 17. Jahrhundert erhobene Anspruch, daß das *Common Law* die Gesetzeskompetenz des Parlaments begrenze, nicht durchsetzen können, so daß die „Souveränität des Parlaments" zum zentralen Pfeiler der englischen Verfassungskonzeption wurde (und bis in die Gegenwart geblieben ist). Doch die Situation in den Kolonien war anders: Sie operierten unter königlichen *Charters*, die den Verfassungsrahmen bildeten, innerhalb dessen die gewählten Vertretungskörperschaften ihre Entscheidungen zu treffen hatten. Der *Privy Council* in London hatte das Recht, die Gesetze der Koloniallegislative zu überprüfen und für nichtig zu erklären. In Anknüpfung an diese Tradition hatten zwischen 1776 und 1787 die obersten Gerichte der Einzelstaaten in mehreren Fällen die von ihren Legislativen verabschiedeten Gesetze für verfassungswidrig erklärt, ohne jedoch damit einen prinzipiellen Anspruch auf die Befugnis zur Normenkontrolle anzumelden (Kelly/Harbison 1970: 98 ff.). Der Verfassungskonvent verwarf dennoch den Vorschlag von James Madison, einem „Verfassungsrat", bestehend aus Mitgliedern der Exekutive und Judikative, ein Vetorecht bei der Gesetzgebung zu geben. Es bleibt umstritten, ob die Verfassungsväter das Recht der Normenkontrolle als in der Verfassung impliziert verstanden. Hamiltons Argumentation gab nämlich eher einer parteilichen Interpretation Ausdruck, die allerdings im Laufe der Geschichte das amerikanische Verfassungsverständnis nachhaltig beeinflussen sollte.

Die Gegenposition zu Hamilton, die unter anderem von prominenten Persönlichkeiten wie etwa Thomas Jefferson vertreten wurde, räumte zwar ein, daß verfassungswidrige Gesetze keine Gültigkeit besäßen. Doch für Jefferson stand fest, „daß jedes Organ wahrhaft unabhängig von den anderen ist und ein gleiches Recht hat, für sich selbst zu entscheiden, was die Verfassung bedeutet [...] besonders, wo es als letzte Instanz und ohne Berufung fungiert" (zit. nach Chase/Ducat 1988: 4).

Am gravierendsten für die heutige Diskussion über das Recht der Normenkontrolle ist das demokratietheoretische Argument. In dem Maße, in dem sich die USA zu einem „integrierten" Bundesstaat entwickelten und das Selbstverständnis der USA als Demokratie die ursprünglich die Volkssouveränität limitierende Konzeption der Verfassung penetrierte, wurde die Legitimität eines vom demokratischen Wahlprozeß weitgehend unabhängigen und „dem Volk" für seine Entscheidungen nicht verantwortlichen Richtergremiums aus demokratietheoretischer Sicht in Frage gestellt. Allerdings nur selten im radikalen Sinne einer totalen Leugnung des richterlichen Normenkontrollrechts. *Chief Justice* Marshall hatte in der bahnbrechenden Entscheidung *Marbury v. Madison* (1803) unter Nutzung der Hamiltonschen Argumentation die Normenkontrollfunktion des Gerichts verfassungsrechtlich verankert. Die politische Kultur der Vereinigten Staaten hat diesen Anspruch „ratifiziert", so wie sie die Verfassung insgesamt – trotz ihres ursprünglich durchaus umstrittenen Charakters – „fetischisiert" hat. Kontrovers bleibt jedoch die Frage nach den Grenzen der höchstrichterlichen Normenkontrollkompetenz. Denn die von Hamilton propagierte Aufgabe des *Supreme Court*, Gesetze nicht nur im Falle ihrer Verfassungswidrigkeit für nichtig zu erklären, sondern auch, wenn sie nach Meinung der Richter parteilich und ungerecht sind, ließe den Obersten Gerichtshof zum „Ersatzgesetzgeber" werden, der die Funktion der frei gewählten Volksvertretung usurpieren würde.

7.4.2   Die demokratietheoretische Kontroverse

Etwas vereinfacht heißt das demokratietheoretische Problem: Welche Individualrechte darf
der Bürger für sich in Anspruch nehmen, auch wenn die Mehrheit des Volkes (die Wähler
oder ihre Vertreter) deren Ausübung mißbilligt oder für das Gemeinwohl schädlich hält?
Und wer, wenn nicht „das souveräne Volk", ist legitimiert, die Abwägung vorzunehmen und
damit zu entscheiden, wie das Allgemeinwohl zu realisieren ist? Darf dies – hier liegt der
Kernpunkt der demokratietheoretischen Auseinandersetzungen um die Normenkontrollfunktion des *Supreme Court* (und anderer Verfassungsgerichte) – einem Gremium von Richtern
überlassen werden, die nicht gewählt und nicht demokratisch verantwortlich sind, und die für
die politischen und sozialen Konsequenzen ihrer Entscheidungen nicht zur Verantwortung
gezogen werden können? Stellen sie nicht eine Gruppe von „platonischen Wächtern" dar, die
sich als von gesellschaftlichen Konflikten abgehobene Hüter und Förderer des Allgemein-
wohls verstehen? Genau dieser Vorwurf ist immer wieder dem *Supreme Court* gemacht worden – einmal von links-liberaler, ein andermal von konservativer Seite (Berger 1997).

Auch wenn diese Kritik nicht ganz unberechtigt sein mag, so darf nicht verkannt werden, daß
Individuen und Minderheiten in einer Demokratie des Schutzes gegen Mehrheitsentscheidungen bedürfen. Denn eine Mehrheit ist stets in Versuchung, nicht nur die Spielregeln des
demokratischen Prozesses zu ihren Gunsten zu manipulieren, sondern auch oppositionelle
Meinungen und Ausprägungen alternativer kultureller Lebensweisen zu unterdrücken (Choper 1980). Gleichwohl bleibt die Frage bestehen, ob ein Gericht entscheiden darf, welches
Maß an Pluralität oder Homogenität eine demokratische Gesellschaft anstreben soll, und an
welchem Punkt die Mehrheit das Recht verliert, gemeinschaftsbildende Symbole oder Mechanismen (z. B. durch das Bildungswesen) verpflichtend zu vermitteln.

Angesichts der Schwierigkeit, die Verfassung der Vereinigten Staaten über die im Text vorgeschriebenen Wege zu verändern (vgl. Abbildung 3-1) – seit 1791 ist dies nur 17 Mal erfolgreich geschehen – ist der *Supreme Court* zu einem „permanenten Verfassungskonvent"
geworden. Denn nur die wenigsten der bedeutsameren Verfassungsänderungen sind durch
formale Zusatzartikel erfolgt, während die fundamentalsten auf den Interpretationen des
Textes durch den *Supreme Court* beruhen. Kritiker sehen hierin jedoch einen Verstoß gegen
das Prinzip der Volkssouveränität.

7.4.3   Prinzipien der Verfassungsinterpretation

Die Kontroverse über die „usurpierende" Rolle des Obersten Gerichtshofs wäre weit weniger
brisant, wenn dieser in seinen Entscheidungen tatsächlich nur „der Mund des Gesetzes" (hier
der Verfassung) sein könnte. Obwohl gelegentlich Richter ihre Funktion in dieser Weise zu
legitimieren suchen – „Wir legen den Gesetzestext neben den Text der Verfassung und sehen, ob sie kompatibel sind oder nicht", so Richter Owen Roberts in *U.S. v. Butler* (1936) –
kann dieses Verständnis ihrer Funktion nicht überzeugen. Denn der nur wenig präzise Verfassungstext bedarf der Interpretation und Anpassung an veränderte Bedingungen und gesellschaftliche Bedürfnisse. Zwar gibt es Teile der Verfassung, die der Auslegung nicht bedürfen; doch werden diese auch nicht Gegenstand von Verfassungsstreitfällen. Es sind vielmehr

jene, zumeist sehr allgemein formulierten Klauseln, die grundlegende Wertvorstellungen der Gesellschaft artikulieren und daher zum Gegenstand politischer Konflikte und kontroverser Entscheidungen des *Supreme Court* werden. Schon John Marshall hatte zu Beginn des 19. Jahrhunderts erklärt, daß eine Verfassung für die Dauer geschaffen sei und daher in ihrer Interpretation veränderten Erfordernissen gerecht werden müsse. Trotzdem sind die Richter ständig mit der Frage konfrontiert, welche Methode in der Auslegung und Weiterentwicklung der Verfassung anzuwenden sei und wie „frei" sie in ihrer Interpretation sein dürfe. Differenziert man zwischen den Methoden, mit denen die Richter des *Supreme Court* sich dieser komplexen und brisanten Aufgabe genähert haben, so lassen sich (vereinfacht) drei „Schulen" unterscheiden:

Zur ersten Schule gehören die Vertreter der „absolutistischen" Methode, der die Annahme zugrunde liegt, daß die Richter nicht Recht „schöpfen", sondern nur objektive Regeln aus dem Text logisch ableiten. Um den Text „richtig" interpretieren zu können, versuchen die Anhänger dieser Methode entweder den *original intent* der Verfassungsväter heranzuziehen, oder den Verfassungstext mittels hermeneutischer Methoden zu interpretieren. Hierbei können sie sich auf John Marshall berufen, der 1819 in der wegweisenden Entscheidung *McCulloch v. Maryland* festgestellt hatte: „Es ist das Charakteristische an der menschlichen Sprache, daß kein Wort in allen Situationen für das Verständnis eine einzige definitive Idee vermittelt [...] In seiner Auslegung müssen Gegenstand, Kontext und die Intention der Person, die es gebraucht, alle in Betracht gezogen werden". Daraus werden allgemeine Regeln entwickelt, die für die Zukunft gelten und Rechtssicherheit schaffen sollen. Grundannahme ist, daß die Verfassung keine Widersprüchlichkeiten enthält, die die Richter zwingen würden, zwischen inkompatiblen Forderungen abzuwägen und damit „politische" Entscheidungen zu treffen. Die Einwände gegen den *original intent*-Ansatz liegen auf der Hand, auch wenn er besonders von konservativer Seite gegen den demokratisch-egalitär angeleiteten *judical activism* des *Warren Court* befürwortet wurde. Der hauptsächliche Einwand liegt in der Unmöglichkeit, die ursprünglichen Motive und Intentionen der Verfassungsväter eindeutig zu rekonstruieren. Zwar soll nicht behauptet werden, daß historische Evidenz keine Aufschlüsse darüber geben kann, was mit gewissen Klauseln der Zusatzartikel nicht gemeint sein konnte (Berger 1997). Daß diese Methode aber die notwendige Weiterentwicklung der Verfassung verhindert, wird man kaum in Zweifel ziehen können.

Die enge Anlehnung an den geschriebenen Text und die Beschränkung auf eine textimmanente Auslegung in Form von fixierten Begriffen und Regeln tendiert ebenfalls dazu, der Verfassung ein hohes Maß an Rigidität zu verleihen (obwohl dies für Marshall nicht zutrifft, sondern eher für die Richter, die nach dem Bürgerkrieg bis ins erste Drittel des 20. Jahrhunderts den *Supreme Court* dominierten). Die zukunftsorientierte Rechtssicherheit durch das Einordnen späterer Fälle in die Schubladen einmal getroffener Definitionen und daraus resultierender Regeln wird letztlich durch mangelnde Flexibilität erkauft.

Diesen „interpretiven" Methoden (Perry 1982) stehen solche entgegen, mit denen Richter die Verfassung nicht nur technischen Veränderungen anpassen, sondern im Sinne gewandelter Begrifflichkeit und eines neuen demokratischen Verständnisses (um)interpretieren: Die sogenannte „*non-interpretive*"-Rechtsprechung. Hier greifen die Richter auf naturrechtlich fundierte oder demokratietheoretische Wertvorstellungen zurück und interpretieren sie in die

Verfassung hinein, auch wenn sie im Text nicht enthalten sind oder dem *original intent* widersprechen. Das Risiko solcher richterlicher Verfassungsinterpretation ist die Schwächung der eigenen Legitimationsbasis durch die Vernachlässigung des Verfassungstextes und die unvermeidliche politische Kontroverse, die sich um solche Entscheidungen entwickelt. Die beste Rechtfertigung für diese aktivistische und „prophetische" Handlungsweise des *Supreme Court* ist der Hinweis, daß durch das amerikanische System geteilter und fragmentierter Gewalten das Gericht das einzige Bundesorgan ist, das sich gegenseitig blockierenden Interessen durchbrechen und den Weg zu einer verfassungsrechtlich abgesicherten Weiterentwicklung freimachen kann.

Das Gericht ist das einzige Organ, das die politische Diskussion auf die Ebene moralischer, in die Zukunft weisender Probleme zu heben vermag. Doch ist dies eine Rolle, die dem Obersten Gericht sicher nicht von der Verfassung gegeben ist und die nur der Gefahr politischer Polarisierung entgeht, wenn die von den Richtern artikulierte Position dem „Zeitgeist" entspricht, auch wenn dieser noch nicht seinen Niederschlag in Gesetzgebung oder Verfassungsänderung gefunden hat.

7.4.4   Beschränkung des richterlichen Ermessensspielraums

Die verfassungsrechtlich abgesicherte politische Unabhängigkeit des Obersten Gerichts könnte zur Annahme verleiten, daß seine Mitglieder in ihren Entscheidungen völlig frei sind und damit willkürlich handeln können. *Chief Justice* Charles Hughes hat diese Vermutung bestärkt, als er sagte: „Die Richter sind unter der Verfassung, aber sie sagen, was die Verfassung ist" (zit. n. Brugger 2001: 7). Diese Aussage bedarf jedoch insofern der Korrektur, als das *impeachment*-Verfahren die Möglichkeit eröffnet, die Richter zu kontrollieren und gegebenenfalls aus dem Amt zu entfernen. Allerdings wurde dieses Verfahren bisher noch nie erfolgreich gegen ein Mitglied des *Supreme Court* angewandt (Witt 1990: 654 ff.). Es gibt ferner die dem Kongreß zustehende Befugnis, den Appellationszug an das Oberste Gericht zu modifizieren oder für bestimmte Kategorien von Fällen ganz zu beschneiden. Von dieser Möglichkeit hat der Kongreß, obwohl es von Gegnern des *Supreme Court* gelegentlich angedroht wurde, äußerst spärlich Gebrauch gemacht – wohl aus der in der amerikanischen politischen Kultur verankerten Achtung vor der Unabhängigkeit der Judikative. Als potentielle Drohung wirkt sie sich jedoch einschränkend auf die Entscheidungsfreiheit der Richter aus.

Neben diese formalen Mechanismen treten einige weniger klar faßbare oder in ihrem Gewicht abwägbare (Woodward/Armstrong 2005). Jede Entscheidung beruht auf der Bildung einer Mehrheit im Richtergremium. Die Mitglieder des *Supreme Court* werden in verschiedenen Zeiten und unter unterschiedlichen politischen Konstellationen ernannt. Sie sind völlig unabhängig voneinander, oft eigenwillige Persönlichkeiten, gelegentlich miteinander verfeindet. Es ist unwahrscheinlich, daß eine extreme, aus dem Rahmen tradierter Verfassungsinterpretation fallende Position die Unterstützung einer Mehrheit des Gremiums finden würde. Brüche in der Linie von Entscheidungen haben zwar stattgefunden, doch kündigen sich diese häufig durch lange vorhergehende Diskussionen, Minderheitsvoten und knappe Mehrheiten an und sind somit Teil des notwendigen Anpassungsprozesses an gesellschaftliche Entwicklungen, nicht aber Ausdruck richterlicher Willkür. Es ist auch anzunehmen, daß

Richter des *Supreme Court* auf die Achtung ihrer Fachkollegen Wert legen. Sie befinden sich in einer exponierten Position. Ihre Entscheidungen und Argumente werden in den juristischen *Quarterlies* (der rechtswissenschaftlichen Fakultäten) wie in anderen einschlägigen Publikationen ständig analysiert und kritisiert. Zudem verlassen die Richter sich auf die Hilfsdienste ihrer *law clerks*, die sie jährlich aus der Gruppe der bestqualifizierten Absolventen der prominenten juristischen Fakultäten auswählen. Sie operieren also insgesamt im Kontext einer Reihe von *reference groups*, deren Zustimmung für die Durchsetzung ihrer Positionen notwendig oder zumindest wünschenswert ist.

Weil die Richter des *Supreme Court* sich bewußt sind, daß sie sich in einer aus der Perspektive demokratischer Legitimation prekären Lage befinden, haben sie sich einen Kodex der Selbstbeschränkungen auferlegt (von dem man allerdings sagen muß, daß er nur allzu häufig in der Praxis mißachtet wurde). Diese sind als die *Ashwander Rules* bekanntgeworden (Brandeis in *Ashwander v. Tennessee Valley Authority*, 1936), deren wichtigste folgendermaßen zusammengefaßt werden können:

- Eine Entscheidung, in der ein Gesetz des Kongresses oder einer Einzelstaatslegislative für verfassungswidrig erklärt wird, bedarf der Zustimmung der Mehrheit der *Supreme Court*-Mitglieder, nicht bloß eines Quorums, was für andere Entscheidungen genügt.
- Das Gericht wird die Frage der Verfassungsmäßigkeit, die in einer Klage angesprochen wird, nur dann behandeln, wenn es für die Entscheidung des Streitfalls absolut nötig ist.
- Kein Gesetz darf für verfassungswidrig erklärt werden, weil es „natürlicher Gerechtigkeit", „dem Gesellschaftsvertrag" oder „fundamentalen Prinzipien" widerspricht, sondern nur aufgrund streng verfassungsrechtlicher Überlegungen.
- Die Vermutung (*presumption*) spricht für die Verfassungsmäßigkeit eines Gesetzes; sofern begründete Zweifel (*reasonable doubts*) bestehen, wird für das Gesetz entschieden. Sollte ein Gesetz unterschiedliche Auslegungsmöglichkeiten zulassen, so wird jene vorgezogen, die als vermutliche Intention des Gesetzgebers diese verfassungskonform macht.
- Obwohl das Oberste Gericht sich nicht durch das für untere Gerichte obligatorische Prinzip des *stare decisis* (neue Fälle auf der Basis früherer Entscheidungen zu behandeln) verpflichtet fühlt, weist es Präzedenzfällen großes Gewicht zu und wird von ihnen nur mit besonderer Begründung abweichen oder sie umstoßen.

Die Beachtung dieser Regeln der Selbstbeschränkung – besonders jener, die im Zweifelsfall für die Verfassungsmäßigkeit eines Gesetzes entscheiden läßt – ist identisch mit dem Verhalten, das als richterliche Zurückhaltung (*judicial restraint*) bezeichnet wird. Wäre sie immer befolgt worden, hätte dies die Diskussion um die demokratische Legitimation des Obersten Gerichts entschärft und den Vorwurf, das Gericht übernehme die Funktion des „Ersatzgesetzgebers", entkräftet (Brugger 2001: 24 f.).

Ferner hat der Oberste Gerichtshof eine Doktrin entwickelt, die es ihm ermöglicht, Entscheidungen auszuweichen, die er für politisch zu brisant hält oder bei denen er annehmen muß, daß sein Urteil wirkungslos bleiben müßte. Er bezeichnet solche als eine politische – nicht rechtliche – Frage (*political question*), die zu entscheiden er nicht berufen ist (Scharpf 1965). Obwohl der Begriff vage ist und vom Gericht auch sehr unterschiedlich interpretiert wurde, lassen sich einige relevante Kriterien, die ihm Gestalt geben, festmachen. Das Problem darf nicht „justitiabel" sein, d. h. es dürfen keine juristischen Kategorien existieren, die auf den Fall Anwendung finden können; die Entscheidungskompetenz muß, gemäß der Verfassung, in der Meinung der Richter bei anderen Bundesorganen als der Judikative liegen; und der Fall darf sich nicht auf Verletzung von Rechten beziehen, die von der Verfassung einer konkreten Rechtsperson zugeschrieben sind, die *standing* vor Gericht besitzt. Der „locus classicus" der *political question*-Doktrin ist die Entscheidung *Luther v. Borden* (1849). Dort befand das Gericht, daß die Klausel der Verfassung, wonach „die Vereinigten Staaten jedem Mitgliedstaat der Union eine republikanische Regierungsform garantieren muß", judiziell nicht entscheidbar wäre. Die Doktrin findet daher meist im Bereich der auswärtigen Politik oder in Fällen militärischer Intervention Anwendung (Nowak/Rotunda/Young 2000: 121 ff.).

7.5 Verfassungsinterpretation und Politik

In den 1930er Jahren, als der *Supreme Court* die *New Deal*-Gesetzgebung für verfassungswidrig erklärte, war es die „fortschrittliche Linke", die darin eine Usurpation der Gesetzgebungsfunktion sah und das Gericht auf die Linie „richterlicher Zurückhaltung" festlegen wollte. Doch als nicht mehr der Komplex der Wirtschaftsordnung im Mittelpunkt verfassungsrechtlicher und politischer Auseinandersetzungen stand, sondern die Probleme individueller Freiheitsrechte, der Herstellung von Gleichheit zwischen Rassen und Geschlechtern oder die Rolle der Religion im amerikanischen Leben in den Vordergrund rückten, verkehrten sich die Fronten. Das Oberste Gericht wurde zum Vertreter der „fortschrittlichen" Kräfte, die jedoch die Mehrheit der eher wertkonservativen Gesellschaft gegen sich hatten. Die Forderung nach Gleichheit – vor allem nach Chancengleichheit – wurde konfrontiert mit dem Prinzip individueller Freiheit (auch zu diskriminieren) und dem tief in der politischen Kultur Amerikas verankerten Leistungsprinzip. Seit den 1960er Jahren sind es die konservativen Kreise – und Republikanischen Präsidenten –, die den *Supreme Court* auf eine enge, dem *original intent* verpflichtete Verfassungsinterpretation festlegen und durch Ernennung konservativer Richter auf Jahrzehnte fixieren wollen. In den Worten von Richter Bork: Es müsse der Mehrheit der Gesellschaft erlaubt sein, ihre Vorstellungen von einer moralischen Ordnung mit Hilfe von Gesetzen zu realisieren. Die Ablehnung seiner Ernennung durch eine Mehrheit des Senats nach langandauernden Befragungen, massiver Mobilisierung der Bevölkerung durch liberale und konservative Lager, weist jedoch die Identifikation amerikanischer Demokratie mit dem reinen Mehrheitsprinzip als simplizistisch aus. Borks Insistieren auf einer engen Interpretation (*strict construction*) auch des *First Amendment* und der *Bill of Rights* waren schwer zu vereinbaren mit seiner Affirmation einer Verfassung, die gemäß den Intentionen ihrer „Väter" gerade den Schutz unpopulärer Minderheiten und Individuen zum Ziel hatte und keine „Mehrheitsdemokratie" intendierte. Was Richter Bork nicht verstand, war, daß z. B. das Recht auf „Privatheit" seit seiner Artikulation durch den *Supreme Court* von einer großen Mehrheit der Amerikaner als Grundrecht angesehen wird, weil es mit der politischen Kultur Amerikas und dem geistigen Klima übereinstimmt – unabhängig davon, ob die Verfassung es explizit nennt.

Das gleiche gilt für die Wahlrechtsentscheidung des Obersten Gerichts, die ebenfalls verfassungsrechtlich auf schwachen Füßen stand; doch war diese Verfassung des ausgehenden 18. Jahrhunderts zu einer demokratischen geworden, die egalitären Vorstellungen des 20. Jahrhunderts entsprechen mußte. Dem Prinzip „one man, one vote" – daß Stimmen gleiches Gewicht haben müßten, unabhängig von Einkommen, Steuerzahlungen usw. – konnten keine aus der Geschichte gezogenen Argumente standhalten. Der Sturm der Kritik legte sich schnell, das Prinzip wurde Teil des Verfassungsrechts; der *Supreme Court* hatte die Rolle des Verfassungskonvents „usurpiert" – mit Erfolg und ohne seine Legitimität einzubüßen.

Anders steht es allerdings um die Entscheidung von 1973 (*Roe v. Wade*), in der der *Supreme Court* den Schwangerschaftsabbruch zum Grundrecht der Frau erklärte. Religiöse und konservative Kreise haben nicht aufgehört das Urteil zu attackieren. Bei ihnen hat die Hoffnung, Roe v. Wade rückgängig zu machen, durch die Berufungen der konservativen Richter Roberts und Alito neue Nahrung erhalten. Fast ebenso heftig tobt nach wie vor der Kampf um die Politik der *affirmative action* – der bevorzugten Behandlung von Mitgliedern rassischer Minderheiten (oder von Frauen) –, die von einer Mehrheit des Gerichts (mit gewissen Einschränkungen) für verfassungsgemäß erklärt wurde; allerdings mit der knappsten möglichen Mehrheit von 5:4 Stimmen. Dies erklärt die Verbissenheit, mit der wohl noch für längere Zeit um jede Neubesetzung einer Richterstelle am *Supreme Court* gekämpft wird.

Der *Supreme Court* ist demnach zweifellos eine politische Institution, seine Entscheidungen Teil des politischen Prozesses. Obwohl formal abgekoppelt vom Prinzip demokratischer Verantwortung, ist er nicht unbeeinflußt vom politischen Prozeß. Längerfristig, wenn auch gelegentlich nach heftigen Konflikten, paßt er meist seine Interpretation der Verfassung den breiten Strömungen populärer Meinungen und Werte an, die er allerdings wieder zu beeinflussen imstande war. Doch wenn er politische Entscheidungen fällt, so müssen diese – und darin unterscheiden sie sich von denen des Kongresses – begründet sein und Prinzipien artikulieren, die auch für die Zukunft gelten sollen, weil sie nur schwer umkehrbar sind.

7.6   Literatur

Abraham, Henry J., The Judiciary: The Supreme Court in the Governmental Process, 10. Aufl. New York 1996.

Abraham, Henry J., The Judicial Process. An Introductory Analysis of the Courts of the United States, England, and France, 7. Aufl., New York 1998.

Abraham, Henry J., Justices, Presidents, and Senators, Revised: A History of the U.S. Supreme Court Appointments from Washington to Clinton, 3. Aufl., New York 1999.

Baum, Lawrence, The Supreme Court, 8. Aufl., Washington, D.C. 2003.

Berger, Raoul, Government by Judiciary. The Transformation of the Fourteenth Amendment, 2. Aufl., Indianapolis 1997.

Berger, Raoul, Congress v. the Supreme Court, Cambridge 2001 [EA 1969].

Biskupic, Joan/**Witt**, Elder, The Supreme Court at Work, 2. Aufl., Washington, D.C. 1996.

Biskupic, Joan/**Witt**, Elder, The Supreme Court and Individual Rights, 3. Aufl., Washington, D.C. 1997.

Bork, Robert H., The Tempting of America. The Political Seduction of the Law, New York/London 1990.

Bronner, Ethan, Battle for Justice. How the Bork Nomination Shook America, New York/London 1989.

Brugger, Winfried, Grundrechte und Verfassungsgerichtsbarkeit in den Vereinigten Staaten von Amerika, Tübingen 1987.

Brugger, Winfried, Einführung in das öffentliche Recht der USA, 2. Aufl., München 2001.

Carp, Robert A./**Stidham**, Ronald/**Manning**, Kenneth L., Judicial Process in America, 6. Aufl., Washington, D.C. 2004.

Choper, Jesse H., Judicial Review and the National Political Process, Chicago 1980.

Choper, Jesse H., The Supreme Court and Its Justices, 2. Aufl., Chicago 2001.

Cornell, Clayton W./**Gillman**, Howard (Hrsg.), Supreme Court Decision-Making. New Institutionalist Approaches, Chicago 1999.

Ducat, Craig R., Constitutional Interpretation, 8. Aufl., Belmont 2004.

Epstein, Lee/**Walker**, Thomas G., Constitutional Law for a Changing America: Institutional Powers and Constraints, 5. Aufl., Washington, D.C. 2004.

Epstein, Lee/**Segal**, Jeffrey A., Advice and Consent. The Politics of Judicial Appointments, Oxford 2005.

Fisher, Louis, Constitutional Dialogues. Interpretation as Political Process, Princeton 1988.

Fisher, Louis, American Constitutional Law, 6. Aufl., Durham 2005.

Hall, Kermit L./**McGuire**, Kevin T. (Hrsg.), The Judicial Branch, New York 2005.

Hamilton, Alexander/**Madison**, James/**Jay**, John, The Federalist Papers, hrsg. von Clinton Rossiter, New York 1961.

Kelly, Alfred H./**Harbison**, Winfried A., The American Constitution. Its Origins and Development, New York 1970.

Massaro, John, Supremely Political: The Role of Ideology and Presidential Management in Unsuccessful Supreme Court Nominations, Albany 1990.

McCloskey, Robert G./**Levinson**, Sanford, The American Supreme Court, 4. Aufl., Chicago 2005.

Nowak, John E./**Rotunda**, Ronald D./**Young**, I. Nelson, Constitutional Law, 6. Aufl., St. Paul 2000.

O'Brien, David M., Judges on Judging. Views from the Bench, 2. Aufl., Washington, D.C. 2004.

O'Brien, David M., Storm Center. The Supreme Court in American Politics, 7. Aufl., New York 2005.

Perry, Barbara A., The Priestly Tribe: The Supreme Court's Image in the American Mind, Westport 1999.

Perry, Michael J., The Constitution, the Courts, and Human Rights, New Haven 1982.

Rehnquist, William H., The Supreme Court, New York 2001.

Savage, David, Congressional Quarterly's Guide to the Supreme Court, 4. Aufl., Washington, D.C. 2004.

Scharpf, Fritz W., Grenzen der richterlichen Verantwortung. Die political question-Doktrin in der Rechtsprechung des amerikanischen Supreme Court, Karlsruhe 1965.

Segal, Jeffrey A./**Spaeth**, Harold J./**Benesh**, Sara C., The Supreme Court in the American Legal System, Cambridge 2005.

Shell, Kurt L., The Bill of Rights – insbesondere die Freiheitsrechte des First Amendment, in: Amerikastudien, 34(1989), S. 83-100.

Stern, Robert L./**Gressman**, Eugene/**Shapiro**, Stephen, Supreme Court Practice: For Practice in the Supreme Court of the United States, 8. Aufl., Washington, D.C. 2002.

Stumpf, Harry P., American Judicial Politics, 2. Aufl., Upper Saddle River 1998.

Tribe, Laurence H., American Constitutional Law, 3. Aufl., New York 2000.

Witt, Elder (Hrsg.), Congressional Quarterly's Guide to the Supreme Court, Washington, D.C. 1990.

Woodward, Bob/**Armstrong**, Scott, The Brethren: Inside the Supreme Court, New York 2005 [EA 1979].

7.7   Websites

Supreme Court of the United States	http://www.supremecourtus.gov/index.html
Administrative Office of the U.S. Courts	http://www.uscourts.gov/

Stand: 30.09.2005

Christoph M. Haas / Winfried Steffani † / Wolfgang Welz*

8   Der Gesetzgebungsprozeß

8.1   Parlament und Gesetzgebung im präsidentiellen Regierungssystem: der Kongreß als Legislative

Der US-Kongreß ist eine Legislative im strengen Sinne des Wortes. Während das Parlament in einem parlamentarischen Regierungssystem über die Gesetzgebungsfunktion hinaus die Regierung aus politischen Gründen abberufen kann, ruht die Macht des Kongresses als der Legislative eines präsidentiellen Systems in seiner Gesetzgebungskompetenz. In parlamentarischen Systemen nimmt die Regierung als Führerin der Parlamentsmehrheit nicht nur in wesentlichem Ausmaß die Gesetzesinitiative wahr. Es kommt ihr auch die Lenkung des Gesetzgebungsprozesses im Parlament zu. Die Parlamentsmehrheit wird sich dabei – abgesehen von zumeist zweitrangigen Detailaspekten – weitgehend auf die Prüfung der politischen Angemessenheit und Zumutbarkeit beschränken (das Parlament als „Resonanzboden des politisch Zumutbaren").

Anders in einem präsidentiellen Regierungssystem. Obwohl auch hier die legislative Initiative heute weitgehend von der Regierung – dem Präsidenten – erwartet wird, bleibt die Lenkungsfunktion des parlamentarischen Gesetzgebungsprozesses doch primär in der Hand der Kongreßführung. Verfahrensgemäß wird der politische Prozeß im amerikanischen Regierungssystem vom Spannungsverhältnis zwischen Präsident (Zentralisation) und Kongreß (Dezentralisation) geprägt. Ähnliches gilt für den Willensbildungs- und Entscheidungsprozeß im Kongreß. Auch hier besteht ein Spannungsverhältnis zwischen den Führungsinstanzen beider Häuser und den entscheidungsberechtigten Abgeordneten und Senatoren. Die dezentrale Struktur des Kongresses zeigt sich in Führungsämtern (z. B. dem des *Speaker* im Repräsentantenhaus und dem des Mehrheitsführers im Senat) und Führungsgremien oder -gruppen (innerfraktionell und in den Ausschußsystemen), die gleichsam kleine Machtzentren bilden. All diese Beziehungen – zwischen Präsident und beiden Kongreßhäusern, zwischen parteiorientierten oder zwischen institutionell-organisatorischen Führungspositionen und den einzelnen Kongreßmitgliedern – unterliegen nicht nur strukturell ständigen Veränderungen, sondern auch generellen Wandlungen des gesellschaftlichen Regelungsbedarfs. Werden noch

---

* Der Beitrag aktualisiert und erweitert den Artikel von Winfried Steffani der ersten beiden Auflagen umfassend.

weitere Akteure wie Bundesbehörden, Interessengruppen oder Medien hinzugezogen, so wird die Komplexität des Gesetzgebungsprozesses offenkundig.

8.2   Die Formen legislativer Entscheidungen

Im amerikanischen Kongreß kann man zwischen den folgenden Formen legislativer Entscheidungen differenzieren:

- *Acts* bzw. *laws* sind die von beiden Häusern verabschiedeten und vom Präsidenten unterzeichneten Bundesgesetze (in den offiziellen Gesetzessammlungen gelegentlich auch als *federal statutes* bezeichnet). Die Gesetzesentwürfe werden *bills* genannt und können nach den sich auf eine unbestimmte Zahl von Personen betreffenden *public bills* und den sich auf eine bestimmte Personengruppe bzw. Sachverhalte beziehenden *private bills* unterschieden werden. Ebenfalls zu differenzieren ist zwischen *engrossed bill* und *enrolled bill*. In der parlamentarischen Terminologie synonym auch *act* genannt, bezeichnet *engrossed bill* den bereits von einer Kammer verabschiedeten Entwurf. *Enrolled bill* meint die von beiden Kammern verabschiedete identische Version, die nach der Unterzeichnung durch den *Speaker* und den *Senate president pro tempore* an den Präsidenten übersandt wird. Unterzeichnet dieser, liegt endgültig ein *public* bzw. *private law* vor; ebenso dann, wenn ein eventuelles präsidentielles Veto mit jeweils Zweidrittelmehrheiten in beiden Kammern überstimmt wurde bzw. sich der Kongreß bei Nichthandeln des Präsidenten noch mindestens zehn Tage in der Sitzungsperiode befindet.
- *Joint resolutions* sind gemeinsame Beschlüsse beider Häuser. Sie besitzen Gesetzeskraft und bedürfen deshalb der präsidentiellen Gegenzeichnung. *Joint resolutions* werden zumeist nur bei einfachen Gegenständen mit begrenzter Reichweite benutzt, etwa für eine einzelne Mittelbewilligung (*single appropriation*). Einen Sonderfall stellen die vom Kongreß stets in Form von *joint resolutions* verabschiedeten Vorschläge zu Verfassungsergänzungen (*constitutional amendments*) dar. Diese müssen von mindestens einer Zweidrittelmehrheit in beiden Häusern angenommen werden und bedürfen nicht der präsidentiellen Gegenzeichnung. Zu Verfassungsrecht wird ein *constitutional amendment* gleichwohl erst nach einer Ratifizierung durch Dreiviertel der einzelstaatlichen Parlamente (vgl. Abbildung 3-1).
- *Concurrent resolutions* sind von beiden Häusern verabschiedete Absichtserklärungen (z. B. zur terminlichen Festlegung der Sitzungsperiode oder im Haushaltsverfahren die *concurrent budget resolution*) ohne Gesetzeskraft. Sie bedürfen daher keiner Gegenzeichnung durch den Präsidenten.
- *Simple resolutions* sind Beschlüsse eines Hauses in dessen Zuständigkeitsbereich. Sie dienen z. B. zur Änderung der Geschäftsordnung oder zur Festlegung des Finanzrahmens von Ausschüssen (etwa für deren personelle Ausstattung).

8.3 Die Grundzüge des Gesetzgebungsprozesses

Gesetzgebung bedeutet in der Gegenwart zumeist die Novellierung bestehenden Rechts und nur selten die erstmalige rechtliche Regelung einer Materie. Gesetzesinitiativen sind demnach keineswegs als ein schlichter Erstbeginn von Rechtsetzung zu begreifen, sondern eher als ein bestimmter Abschnitt im Gesetzgebungsprozeß, der sich in drei Phasen unterteilen läßt (Abbildung 8-1):

- Die Vorbereitungsphase, die in die Erstellung und Einbringung einer Gesetzesvorlage einmündet.
- Die Beratungs- und Beschlußphase, in der die Gesetzesvorlage verhandelt und gegebenenfalls ergänzt bzw. geändert wird. Sofern eine Vorlage verabschiedet wird, beginnt
- die Abschlußphase, in der das Gesetz dem Präsidenten zur Unterzeichnung vorgelegt wird.

8.3.1 Die Vorbereitungsphase

Obgleich Gesetzesvorlagen formal nur von Mitgliedern des Kongresses eingebracht werden dürfen, wäre es verfehlt, den Gesetzgebungsprozeß ausschließlich unter dem Aspekt des parlamentarischen Willensbildungs- und Entscheidungsverfahrens zu betrachten. Denn zum einen bestimmt Art. II, Sec. 3 U.S. Const.: „Er [der Präsident] hat von Zeit zu Zeit dem Kongreß über die Lage der Union Bericht zu erstatten und Maßnahmen zur Beratung zu empfehlen, die er für notwendig und nützlich erachtet." Hiermit wurde begründet, daß der Präsident dem Kongreß im Rahmen seiner allgemeinen oder besonderen *messages* Gesetzesanregungen zuleiten kann. Derartige „Anregungen" mit mehr oder weniger ausformulierten Gesetzesentwürfen zu verbinden, galt bis weit ins 20. Jahrhundert hinein als der Versuch einer verfassungsverletzenden Machtusurpation des Präsidenten. Heute hat sich die Erwartungshaltung (die politische Kultur also) aber derart verändert, daß der Verzicht auf die Vorlage eines programmatischen Entwurfs als präsidentielles Versagen oder gar als Verweigerung gewertet wird.

Zum anderen ist es nicht unüblich, daß auch Interessengruppen bereits im Vorfeld des formellen Verfahrens den Mitgliedern des Kongresses einen ausgearbeiteten Gesetzesentwurf vorlegen. Während private Interessengruppen die Vorarbeiten für einen solchen Entwurf in beliebiger Weise gestalten können, unterliegen die präparatorischen Gesetzgebungsarbeiten der Exekutivbehörden verwaltungsinternen Regelungen. Diese zielen wie etwa das Verfahren des *legislative clearance* darauf ab, die Gesetzgebungsvorschläge aus dem Exekutivbereich im Hinblick auf das politische Programm des Präsidenten zu koordinieren. Daneben dienen diese Regelungen dazu, die bei der Abfassung exekutiver Gesetzesvorlagen übliche Kooperation von Bundesverwaltung und privaten Interessengruppen oder den Institutionen der dezentralen staatlichen Gebietskörperschaften zu formalisieren. Ein Beispiel hierfür ist die von Präsident Clinton erlassene *Executive Order 13132*, die allen Bundesbehörden vorschreibt, daß bei den die Bundesstaaten betreffenden Gesetzesvorhaben deren Repräsentanten konsultiert werden müssen (Federal Register 1999: 43255-43259).

Abbildung 8-1: Der Gesetzgebungsprozeß

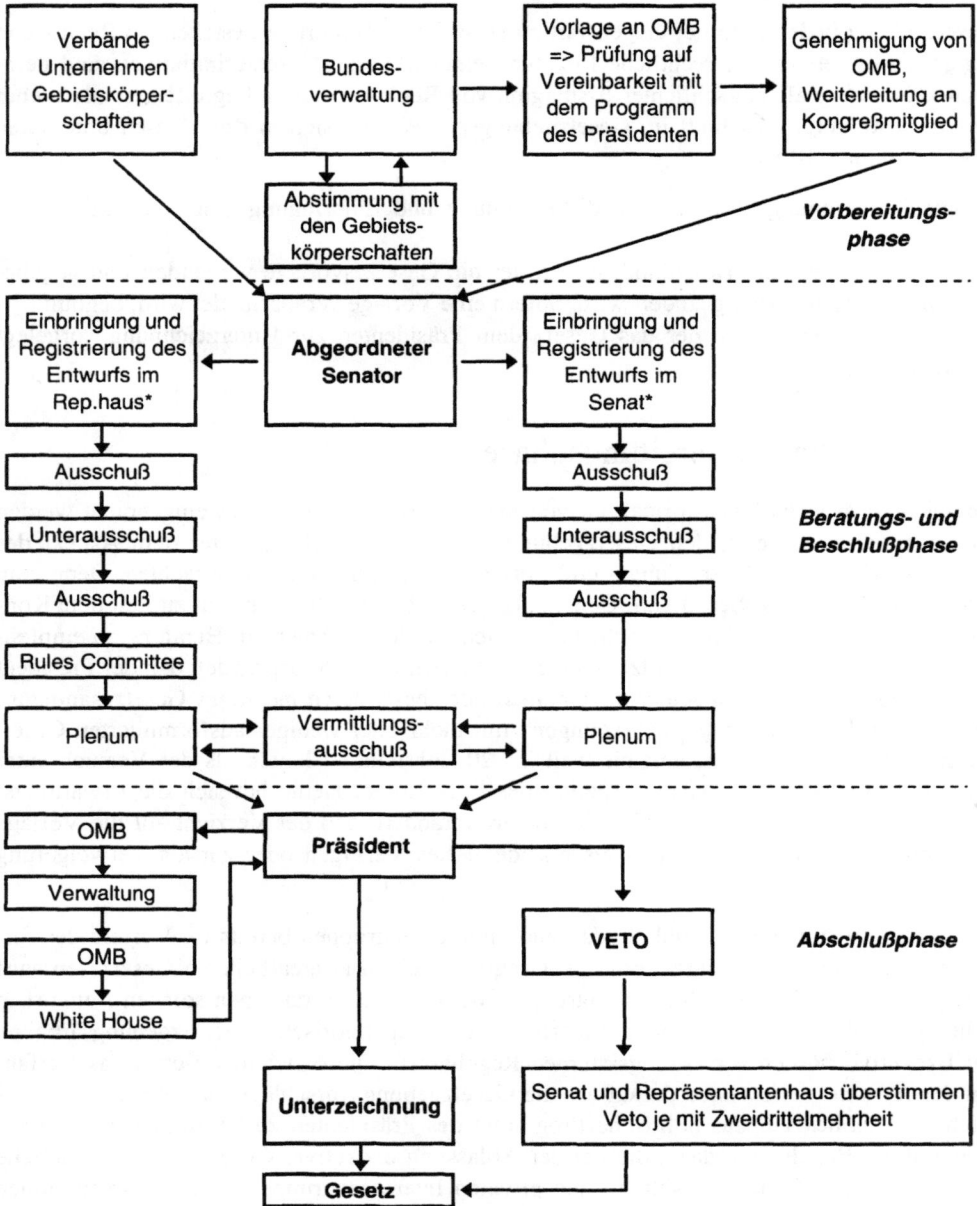

| Verbände Unternehmen Gebietskörperschaften | Bundes-verwaltung | Vorlage an OMB => Prüfung auf Vereinbarkeit mit dem Programm des Präsidenten | Genehmigung von OMB, Weiterleitung an Kongreßmitglied |

Abstimmung mit den Gebietskörperschaften

Vorbereitungsphase

Einbringung und Registrierung des Entwurfs im Rep.haus*

Abgeordneter Senator

Einbringung und Registrierung des Entwurfs im Senat*

Ausschuß → Unterausschuß → Ausschuß → Rules Committee → Plenum

Ausschuß → Unterausschuß → Ausschuß → Plenum

Vermittlungsausschuß

Beratungs- und Beschlußphase

OMB → Verwaltung → OMB → White House

Präsident

VETO

Abschlußphase

Unterzeichnung

Senat und Repräsentantenhaus überstimmen Veto je mit Zweidrittelmehrheit

Gesetz

* Gesetzesentwürfe werden entweder in beiden Kammern gleichzeitig eingebracht oder nach Verabschiedung im Plenum der einen Kammer in die andere verwiesen

Christoph M. Haas/Wolfgang Welz

8.3.2   Die Beratungs- und Beschlußphase

Das Initiativverfahren

Im Kongreß kann ein Gesetzesentwurf (*bill*) nur von einem seiner Mitglieder als Vorlage eingebracht werden. Dazu ist jedes Mitglied der betreffenden Kongreßkammer befugt. Will der Präsident einen Entwurf einbringen, muß er sich dazu eines ihm nahestehenden Abgeordneten oder Senators bedienen. Üblicherweise werden die Vorlagen des Präsidenten von den Vorsitzenden der Ausschüsse oder der Unterausschüsse eingebracht, in deren Zuständigkeitsbereich der Gegenstand des Entwurfs fällt. Gehören die Ausschußvorsitzenden nicht der Partei des Präsidenten an, üben zumeist die ranghöchsten Ausschußmitglieder der Minderheitspartei diese Funktion aus (Congressional Quarterly's Guide to Congress 2000: 476).

Grundsätzlich können Gesetzesvorlagen von mehreren Abgeordneten bzw. Senatoren unterschrieben sein. Im Repräsentantenhaus war dies bis 1967 nicht erlaubt: Wollten hier einhundert Abgeordnete einen Gesetzentwurf gemeinsam einbringen, so mußten sie einhundert gleichlautende Vorlagen einreichen. Verständlich, daß der zuständige Ausschuß dann nur eine von ihnen behandelte. Das negative Verhältnis zwischen überwiesenen Vorlagen und endgültig beschlossenen Gesetzen war entsprechend vorprogrammiert. Erst mit der 1967 in Kraft getretenen Geschäftsordnungsreform wurde im Repräsentantenhaus deren Art. XXII dahingehend geändert, daß fortan bis zu 25 Abgeordnete durch ihre Unterschrift unter eine Vorlage, eine Resolution oder ein Memorandum deren Unterstützung demonstrieren konnten. Schließlich wurde im Jahre 1978 auch im Repräsentantenhaus jegliche Unterschriftenbegrenzung aufgehoben, was bald eine deutliche Senkung der Zahl eingebrachter Gesetzesvorlagen zur Folge hatte (Davidson 1988: 256 f.; Tabelle 8-1).

Die Behandlung der Gesetzesvorlagen in den Ausschüssen

Nach der formalen Einbringung wird jedem Gesetzentwurf zunächst eine Nummer zugeteilt (im Repräsentantenhaus eine *H.R.-No.*, im Senat eine *S.-No.*). Danach wird der Entwurf von der Leitung der jeweiligen Kammer ohne Aussprache an den zuständigen Ausschuß überwiesen. Im Senat, der als die zahlenmäßig erheblich kleinere Kammer generell unter weniger strengen Bestimmungen einer geschriebenen Geschäftsordnung operiert, sind Überweisungen an verschiedene ständige Ausschüsse (*multiple referral*) seit je her eine übliche Praxis (Sinclair 2000: 91). Im Repräsentantenhaus waren Mehrfachüberweisungen bis zur Geschäftsordnungsänderung von 1975 weder vorgesehen noch in der Praxis bekannt. Wurde bis dahin eine Vorlage einem ständigen Ausschuß übersandt, so war er allein für sie zuständig. Mit der Verfahrensänderung von 1975 erlaubte die Geschäftsordnung des Repräsentantenhauses erstmals, daß eine Vorlage an mehr als einen Ausschuß überwiesen werden konnte. Seither liegt es heute weitgehend in der Macht des *Speaker*, welchen Ausschüssen er eine Vorlage zuweist und ihnen auch Fristen zur Berichterstattung zu setzen. Er kann dabei zudem die Form wählen. Bis 1995 war die parallele Zuweisung an zwei oder mehr Ausschüsse (*joint referral*), die Überweisung an mehrere Ausschüsse nacheinander (*sequential referral*) oder die Aufteilung des Entwurfs in mehrere Einzelvorlagen, die an verschiedene Ausschüsse überwiesen werden (*split referral*), möglich. Nach der Mehrheitsübernahme durch die Republikaner wurden die Regeln zur Überweisung an die Ausschüsse modifiziert. Zugrunde lag der Reform die nach wie vor geäußerte Kritik, daß das Zuweisungsverfahren immer noch zu kompliziert und die Zuständigkeitsbereiche nicht ausreichend geklärt wären. Die Variante des *joint referral* wurde abgeschafft und der *Speaker* dazu verpflichtet, einen Primärausschuß zu benennen, der den Gesetzentwurf federführend bearbeitet. Der Einfluß anderer Ausschüsse sollte durch eine oder mehrere zeitgleich erfolgende *additional initial referrals* bzw. durch eine oder mehrere spätere *sequential referrals* sichergestellt werden. Beides je nach Verfügung durch den *Speaker*, der zudem die Bearbeitungsfristen vorgibt. Ob und wie die Vorlagen behandelt werden, bleibt unverändert in der Befugnis des jeweiligen Ausschusses (Congressional Quarterly's Guide to Congress 2000: 480; Deering/Smith 1997: 188 ff.).

Zu Beginn des 93. Kongresses (1973) wurde allerdings die Position der Unterausschüsse durch die *Subcommittee Bill of Rights* gestärkt, da nun alle Vorlagen, die einem Ausschuß überwiesen werden, spätestens nach zwei Wochen an den zuständigen Unterausschuß weitergeleitet werden müssen. Zuvor konnte ein Ausschußvorsitzender ihm mißliebige Vorlagen schlicht unterschlagen und so das Verfahren beenden, bevor überhaupt eine Anhörung oder Abstimmung stattgefunden hatte (Congressional Quarterly's Guide to Congress 2000: 550). Zudem wurde den Unterausschüssen ein eigener Haushaltsposten eingeräumt, verbunden mit der Befugnis, eigenständig öffentliche Anhörungen anzusetzen. Im 105. Kongreß (1995) wurden die Rechte der Unterausschüsse insofern wieder beschnitten, als nun der Vorsitzende des Hauptausschusses lediglich verpflichtet ist, den Unterausschuß mit ausreichend Mitteln auszustatten, dieser jedoch nicht mehr unabhängig über die Beschäftigung eines eigenen Mitarbeiterstabs entscheiden kann.

Ob seine Unterausschüsse in die Bearbeitung eines Gesetzesentwurfs miteinbezogen werden, obliegt der Entscheidung des Ausschusses. Aus Gründen der Arbeitsteilung und Entlastung ist eine Überweisung der Vorlage durch den Ausschußvorsitzenden an einen Unterausschuß die Regel, eine ausschließliche Behandlung auf der Ausschußebene dagegen die Ausnahme. Üblicherweise beginnt die Arbeit der Unterausschüsse zu jeder Vorlage mit einer öffentlichen Anhörung (*public hearing*) von Sachverständigen, Vertretern von Interessengruppen, öffentlichen Bediensteten oder Regierungsmitgliedern. Bei solchen Anhörungen, die heute einen besonders wichtigen Teil der Arbeit und Öffentlichkeitsfunktion des Kongresses darstellen, kann es vorkommen, daß von den Ausschußmitgliedern lediglich der Vorsitzende anwesend ist, während die Befragung von Sachverständigen durch Mitglieder des Ausschußstabes wahrgenommen wird. In diesen zumeist eingehend praktizierten Anhörungen wird Wert darauf gelegt, möglichst unterschiedliche Auffassungen zu Wort kommen zu lassen. Die Protokolle der Anhörungen werden ebenso wie die späteren Debatten im Plenum im *Congressional Record* veröffentlicht. Entscheidet der Unterausschuß nach den Anhörungen, die Vorlage nicht weiterzuverfolgen, ist der Gesetzentwurf gescheitert. Andernfalls wird der Entwurf ergänzt, umformuliert oder sogar ganz umgeschrieben – die Änderungen an dem ursprünglichen Entwurf werden als *markup* bezeichnet – und schließlich an den Hauptausschuß mit entsprechender Kommentierung zurückgeleitet. Dasselbe Prozedere ist nun im Hauptausschuß möglich, was zusätzliche Anhörungen bedeuten und weitere Beratungen nach sich ziehen kann sowie mit einer abschließenden *markup*-Sitzung endet. Seit den Kongreßreformen der 1970er Jahre sind im übrigen die *hearings* und *markups* in der Regel öffentlich (Oleszek 2004: 91-102). Der überarbeitete Entwurf wird dann – zumeist unter Beifügung eines ausführlichen Berichts – an das Plenum weitergeleitet (*reported*). Wenn ein

Ausschuß nach Beendigung der *hearings* den Gesetzentwurf nicht mehr behandelt, so ist dieser im allgemeinen gescheitert (*killed in committee*). Allerdings besteht die Möglichkeit, die Behandlung des Entwurfs bzw. seine Weiterleitung an das Plenum zu erzwingen. Im Repräsentantenhaus bedarf es hierzu einer von 218 Abgeordneten unterzeichneten *discharge petition*. Im Senat kann der Entwurf als Ergänzung an eine bereits an das Plenum weitergeleitete *bill* angefügt werden (Davidson/Oleszek 2006: 253 f.; Congressional Quarterly's Guide to Congress 2000: 488 f.). Insgesamt betrachtet stellt die Behandlung einer Vorlage in den Ausschüssen insofern die entscheidende Phase im Gesetzgebungsverfahren dar, als hier die Mehrzahl der Vorlagen „hängenbleibt" (Tabelle 8-1).

Die Beratung und Abstimmung im Plenum
Nach der Zuweisung an das Plenum wird die *reported bill* im Repräsentantenhaus auf einem von vier *calendars* plaziert. Die *calendars* dienen der Strukturierung der legislativen Arbeit im Plenum und sortieren gleichsam die Gesetzesentwürfe nach inhaltlichen oder formal-prozeduralen Gesichtspunkten. In den *Union Calendar* werden alle die Einnahmen oder Ausgaben betreffenden Vorschläge, in den *House Calendar* alle sonstigen *public bills* aufgenommen. Daneben gibt es noch den *Private Calendar* für die *private bills*. Gesetzesentwürfe, die von den Ausschüssen nicht an das Plenum weitergeleitet werden, sich für sie aber im Rahmen einer *discharge petition* die erforderliche Zahl von 218 Unterzeichnern gefunden hat, werden dem *Discharge Calendar* zugewiesen. Mit Änderung der Geschäftsordnung zum 109. Kongreß (2005-2007) wurde der fünfte, bis dahin bestehende *Corrections Calendar* abgeschafft ((H. Con. Res. 5: Congressional Record, Vol. 151, No. 1, H8). Er war erst 1995 von der neuen Republikanischen Mehrheit eingeführt worden und ersetzte den seit 1909 bestehenden *Consent Calendar*. Dieser war für Entwürfe vorgesehen, die entweder nicht sehr bedeutsam oder unstrittig waren, allerdings sehr selten genutzt wurde – im 102. und 103. Kongreß (1991-1995) sogar überhaupt nicht. Der *Corrections Calendar* sollte dazu dienen, den Gesetzgebungsprozeß zu beschleunigen und für Entwürfe benutzt werden, die darauf abzielten, bestehende oder unklare Regulierungen zu beseitigen, die im Zuge früherer Gesetze erlassen wurden. Es stand in der Verfügungsgewalt des *Speaker*, Entwürfe aus dem *Union* bzw. *House Calendar* in den *Corrections Calendar* zu verschieben. Diese Vorlagen benötigten im Plenum dann aber eine Dreifünftelmehrheit zur Verabschiedung. Solange Newt Gingrich als *Speaker* amtierte, wurde von dem neuen Instrument vergleichsweise reger Gebrauch gemacht und etwa im 104. Kongreß (1995-1997) immerhin 22 *bills* im Rahmen des *corrections*-Verfahrens verhandelt. Im 107. Kongreß (2001-2003) war es nur noch ein Entwurf, so daß 2005 die Abschaffung des *Corrections Calendars* wie zehn Jahre zuvor des *Consent Calendars* nur konsequent war (Oleszek 2004: 111 ff.).

Im Senat kann man zwischen dem *Calendar of Business* (*Legislative Calendar*) und dem *Executive Calendar* unterscheiden. Während in den letzteren nur die das *executive business* (z. B. Zustimmung zu Ernennung oder internationalen Verträgen) betreffenden Vorlagen aufgenommen werden, kommen die übrigen Vorlagen auf den *Legislative Calendar*. In beiden Häusern garantiert die Plazierung einer Vorlage auf einen *Calendar* jedoch nicht, daß sie im Plenum behandelt wird, sondern stellt nur die formale Voraussetzung dafür dar, daß sie im Plenum aufgerufen und debattiert werden kann.

Tabelle 8-1: Eingebrachte und verabschiedete Gesetze 1947-2005 (ausgewählte Jahre)

Jahre bzw. Legislatur-periode	Gesetzesentwürfe (*bills* und *joint resolutions*)					Gesetze (*laws*)		
	eingebracht			von den im House bzw. Senate eingebrachten Gesetzentwürfen wurden verabschiedet		in Kraft getreten (Prozent der insgesamt eingebrachten Gesetzesentwürfe)		
	gesamt	... davon im						
		House	*Senate*	*House*	*Senate*	*Public*	*Private*	gesamt
1947/48 80th	10.797	7.611	3.186	1.259 (16,5%)	711 (22,3%)	906	, 458	1.364 (12,6%)
1957/58 85th	19.112	14.580	4.532	1.373 (9,4%)	1.099 (24,2%)	936	784	1.720 (9,0%)
1967/68 90th	26.460	22.060	4.400	835 (3,8%)	779 (17,7%)	640	362	1.002 (3,8%)
1977/78 95th	19.387	15.587	3.800	736 (4,7%)	497 (13,0%)	634	170	804 (4,3%)
1987/88 100th	9.588	6.263	3.325	738 (11,8%)	495 (14,9%)	713	48	761 (7,9%)
1989/90 101st	10.352	6.683	3.669	671 (10,0%)	537 (14,6%)	650	16	666 (6,4%)
1991/92 102nd	10.513	6.775	3.738	706 (10,4%)	483 (12,9%)	590	20	610 (5,8%)
1993/94 103rd	8.544	5.739	2.805	569 (9,9%)	362 (12,9%)	465	8	473 (5,5%)
1995/96 104th	6.808	4.542	2.266	523 (11,5%)	236 (10,4%)	333	4	337 (5,0%)
1997/98 105th	7.732	5.014	2.718	561 (11,2%)	301 (11,1%)	394	10	404 (5,2%)
1999/00 106th	9.158	5.815	3.343	755 (13,0%)	375 (11,2%)	580	24	604 (6,6%)
2001/02 107th	9.134	5.892	3.242	597 (10,1%)	223 (6,9%)	377	6	383 (4,2%)
2003/04 108th	8.625	5.547	3.078	650 (11,7%)	386 (12,5%)	498	6	504 (5,8%)
2005/06 109th (1st session)	6.924	4.728	2.196	302 (6,3%)	196 (8,9%)	169	—	169 (2,4%)
Daten aus:	**Manning, Jennifer E., Congressional Statistics: Bills Introduced and Laws Enacted, 1947-2003, CRS Report for Congress, 3. März 2004; Congressional Record – Daily Digest, Résumé of Congressional Activity (ausgewählte Jahre): <http://www.senate.gov/pagelayout/reference/two_column_table/Resumes.htm> (05.03.2006); eigene Berechnungen Christoph M. Haas**							

Im Repräsentantenhaus muß eine Vorlage von dessen Lenkungsausschuß (*Rules Committee*) mit einer *special rule* versehen werden, die festlegt, wie lange eine Vorlage im Plenum diskutiert wird, ob Änderungen der Gesamtvorlage (*open rule*) oder nur von einzelnen Abschnitten (*modified rule*) möglich sind, oder ob keinerlei Änderungen erfolgen dürfen (*closed rule*). Hierauf beruht die Macht des Lenkungsausschusses, in dessen Anhörungen Mitglieder anderer Fachausschüsse zu Wort kommen. Bis zu den dramatischen Ereignissen um die Erweiterung der Mitgliedschaft des *Rules Committee* im Jahre 1961 war der Ausschuß eine Widerstandsbastion konservativer Abgeordneter gegen Vorlagen, die im Plenum als mehrheitsfähig galten (Steffani 1967). Heute wird der Ausschuß weitgehend von den Regelungsempfehlungen des *Speaker* bestimmt (Oleszek 2004: 120-141; Davidson/Oleszek 2006: 247-253; Aldrich/Rohde 2005: 253 ff.).

Das Repräsentantenhaus behandelt Gesetzesvorschläge in der Regel als *Committee of the Whole*, das aus der Gesamtheit der anwesenden Abgeordneten besteht. Das für Abstimmungen erforderliche Quorum beträgt hier 100 Mitglieder. Anders als im Senat sind im Repräsentantenhaus Änderungsvorschläge, die nicht die Materie einer Vorlage betreffen (*nongermane amendments*), nur schwer auf die Tagesordnung zu setzen. Denn in der Regel dürfen sich die Debatten im Repräsentantenhaus nur auf solche Gegenstände beziehen, die mit der Vorlage in einem unmittelbaren Zusammenhang stehen (*germaneness of debate*). Im Senat ist dies lediglich für die ersten drei Stunden eines jeden Sitzungstages vorgeschrieben.

Es gehört zu den Aufgaben des Mehrheitsführers im Senat, für ein möglichst einvernehmliches Debatten- und Abstimmungsverfahren im Plenum Sorge zu tragen. Hierfür werden *unanimous consent agreements* angestrebt, was bedeutet, daß alle Senatoren zustimmen, für die Behandlung eines bestimmten Gesetzes die Geschäftsordnung zu umgehen und ein auf die Vorlage zugeschnittenes Beratungs- und Beschlußverfahren anzuwenden. Zumeist wird dabei ein globaler Debattenzeitraum festgelegt sowie die Möglichkeiten zur Einbringung von Gesetzesergänzungen oder -änderungen beschränkt. Kommt es jedoch zu keinem solchen *agreement*, hat jeder Senator gemäß der Geschäftsordnung das Recht, so lange zu sprechen, wie er dies für angemessen hält. Hierauf beruht die sogenannte *filibuster*-Strategie, in Kooperation mit Gesinnungsgenossen „endlos" zu reden, um so Mehrheitsentscheidungen zu verhindern, falls eine strittige Vorlage nicht zurückgezogen oder wenigstens verändert wird. Allein das nach der Geschäftsordnung mögliche *cloture*-Verfahren kann ein *filibuster* unterbinden, wofür allerdings eine Dreifünftelmehrheit der anwesenden Senatoren stimmen muß. Unter *cloture* gelten Redezeitbegrenzungen und eine abschließende Abstimmung muß nach spätestens 30 Debattenstunden erfolgen (Haas 2000: 34 ff.; Evans/Lipinski 2005)

Wenn eine Gesetzesvorlage das Ausschußstadium „überlebt" hat und im Plenum endgültig beschlossen worden ist, geht sie an die andere Kammer des Kongresses, wo der gleiche Bearbeitungsprozeß durchlaufen werden muß. Führt dieser Prozeß, was durchaus üblich ist, zu einem nicht gleichlautenden Beschluß, muß der Versuch unternommen werden, zwischen beiden Kammern eine Verständigung zu erreichen. Dazu treten üblicherweise die bei der Erstellung der Beschlußvorlagen maßgeblichen Ausschußmitglieder beider Häuser zu einer Konferenz zusammen (*Conference Committee*), um sich auf eine übereinstimmende Textversion zu einigen. Diese muß anschließend in beiden Häusern mehrheitlich akzeptiert werden

(Longley/Oleszek 1989; Oleszek 2004: 255-282). Bei den Plenarabstimmungen im Kongreß kann man drei Formen unterscheiden:

- Das in der Regel bei nichtkontroversen Entscheidungen angewandte Verfahren der *voice vote*, bei dem auf Zuruf abgestimmt wird, ohne daß die Stimmen namentlich registriert werden.
- Die *division* bzw. *standing vote*, bei der die Befürworter und Gegner eines Entwurfs nacheinander aufstehen und ebenfalls ohne namentliche Registrierung gezählt werden.
- Das im Repräsentantenhaus auf Antrag von mindestens 44 Abgeordneten, im Senat von 11 Senatoren durchgeführte Verfahren der *roll call* bzw. *recorded vote*, bei dem namentlich abgestimmt und die „yeas" bzw. „nays" der einzelnen Kongreßmitglieder festgehalten werden. *Roll calls* finden im Rahmen einer Plenarsitzung sehr häufig auch in Abstimmungen zu Anträgen zu Änderungen bzw. Ergänzungen eines Gesetzesentwurfs und nicht nur bei der Schlußabstimmung zu einem Gesetz statt.

8.3.3   Die Abschlußphase

Erst nachdem beide Häuser einer Vorlage zugestimmt haben, kann diese dem Präsidenten zur Stellungnahme – Unterschrift, Veto oder stillschweigende Hinnahme – zugeleitet werden. Mit der Unterschrift bekundet der Präsident seine Unterstützung, mit dem Veto, welches er begründen muß, seine Ablehnung eines ihm zugeleiteten Gesetzes. Da ein Veto nur gegen den gesamten Text, nicht jedoch gegen Einzelbestimmungen eingelegt werden kann, müssen Präsidenten auch ihnen unangenehme Gesetzespartien hinnehmen, wenn nicht die Gesamtvorlage scheitern soll. Deshalb griffen Ronald Reagan, George Bush sr. gelegentlich und in jüngster Zeit häufiger George W. Bush bei der Unterzeichnung eines Gesetzes zum Instrument des *signing statement*. Dabei handelt es sich im Grunde um ein „Ja, aber...", indem bestimmte Passagen eines Gesetzes als nicht verfassungsgemäß und deshalb als zu ignorieren bezeichnet oder im exekutiven Sinne interpretiert werden. Bislang gibt es jedoch keine Anzeichen, daß derartigen Kommentierungen bei eventuellen juristischen Auseinandersetzungen von den Gerichten Bedeutung zugemessen werden wird (Congressional Quarterly's Guide to Congress 2000: 529; Cross 1988).

Legt der Präsident sein Veto ein, das nur mit Zweidrittelmehrheiten der Mitglieder beider Häuser zurückgewiesen werden kann, ist die Vorlage in der vom Kongreß verabschiedeten Form zumeist gescheitert. Sieht sich ein Präsident genötigt, einen Gesetzesbeschluß in der Version des Kongresses hinzunehmen, wird er die ihm verfassungsgemäß zustehende Zehntagefrist tatenlos verstreichen lassen, womit das Gesetz auch ohne seine Unterschrift Gesetzeskraft erlangt. Mit der Einführung des *legislative clearance* wurde auch das Veto-Verfahren innerhalb der Exekutive formalisiert. Hierbei kommt dem *Office of Management and Budget (OMB)* die Aufgabe zu, die vom Kongreß übersandten Gesetze innerhalb der vorgeschriebenen zehntägigen Frist an die zuständigen Behörden weiterzuleiten und deren Kommentare zusammen mit einer eigenen Bewertung dem Präsidenten vorzulegen (*enrolled bill procedure*). Die vom Kongreß verabschiedeten und vom Präsidenten unterzeichneten Gesetze werden zunächst als *slip law* veröffentlicht. Die innerhalb einer Sitzungsperiode des Kongresses verabschiedeten Gesetze werden dann am Ende der Sitzungsperiode in den *United States Statutes at Large* publiziert. Diese Gesetzessammlung ist chronologisch aufgebaut.

Jedes Gesetz erhält eine festgelegte Nummer; so bedeutet z. B. *PL 108-32* das zweiunddrei-
ßigste Gesetz des 108. Kongresses. Sofern nichts anderes festgelegt ist, treten alle Gesetze
unmittelbar in Kraft (Oleszek 2004: 285; Jann 1988: 230).

8.3.4 *Access Points* als Vetopositionen

Das Kennzeichen des amerikanischen Gesetzgebungsprozesses ist die Vielzahl von Ent-
scheidungsgruppen, und -gremien, über die an den Ergebnissen der Gesetzgebungsprozesse
Interessierte einflußnehmenden Zugang (*access*) finden können. Es gibt zahlreiche *access
points*, die gerade im Kongreß den Interessengruppen und deren Vertretern zur Verfügung
stehen (Keefe/Ogul 2001: 350 ff.). Je „einfacher" ein Entscheidungsprozeß strukturiert ist,
desto zügiger und „einfacher" werden auch zukunftsgestaltende Ergebnisse erzielbar sein:
allerdings sowohl im positiven wie im negativen Sinne. Um derartige autoritär-diktatorische
Eilfertigkeiten zu verhindern, gelten seit jeher Dezentralisation und pluralistische Vielfalt als
Schutzmaßnahme. Damit ist jedoch das Problem verbunden, daß die gesetzgeberische Änderung eines Status quo zumeist einen erheblichen Aufwand an Einsatz und Energie erforderlich macht, während sich deren Gegnern vielfältige Chancen der Be- oder gar Verhinderung
anbieten. Interessengruppen, die zu zahlreichen, wenn nicht sogar allen Entscheidungsin-
stanzen innerhalb des komplizierten Gesetzgebungsprozesses Zugang finden und hier ihren
Einfluß zur Geltung bringen können, sind üblicherweise solchen Interessen deutlich überle-
gen, die nur über wenige Zugangsmöglichkeiten verfügen. Sie können so im vielmaschigen
Netz der Beschlußpositionen mitentscheiden, ob und wie eine Vorlage schließlich den Kongreß verläßt und gegebenenfalls als Gesetz in Kraft tritt. Sobald entsprechend ausgerichtete
Gruppen ihre Sonderinteressen zu schützen suchen, indem sie ihnen abträgliche Neuregelungen zu verhindern trachten, werden sie nach hierfür geeigneten Vetopositionen Ausschau
halten. Gerade solche Gruppen werden wegen der Kompliziertheit der Gesetzgebungsprozesse im Kongreß dort ein erfolgverheißendes „Tummelfeld" finden. Legislative Entscheidungen können insofern zu Überraschungsereignissen geraten – für einen modernen Industrie-
staat ein schwer erträglicher Sachverhalt (Wright 2003: 75-113).

8.4 Abstimmungsverhalten

Es gehört zu den generellen Problemen des Kongresses, daß seine Parteien wohl in Fragen
der Organisation, weit weniger jedoch bei der Verabschiedung von Gesetzen einheitlich abstimmen. Mitunter wird dies als beispielhaft für die Entscheidungsfreiheit und Gewissensori-
entierung der einzelnen Abgeordneten hervorgehoben und belobigt. Andererseits ist jedoch
empirisch belegt, daß die Kongreßmitglieder nicht vor der Alternative Parteiorientierung
oder Entscheidungsfreiheit stehen, sondern es weit eher mit der Alternative Partei oder Interessengruppe zu tun haben. Da die Wiederwahl der Kongreßmitglieder von „lokalen" bzw.
einzelstaatlichen Besonderheiten abhängt, werden sie dies in der Regel bei ihren Entscheidungen im Kongreß berücksichtigen und den von ihnen wahrgenommenen Interessen und
Forderungen in ihrem Entscheidungsverhalten auch Ausdruck verleihen. Solange die Partei-

en im Kongreß an der Wiederwahl ihrer Mitglieder interessiert sind, werden sie es ihnen weitgehend freistellen, insbesondere bei namentlichen Abstimmungen so zu votieren, daß es ihrer Wiederwahl nicht abträglich ist. Seitdem die Nichtanwesenheit von Kongreßmitgliedern bei Abstimmungen von ihren Herausforderern immer häufiger zum Wahlkampfthema gemacht wird, hat die Zahl der bei namentlichen Abstimmungen (*roll call votes*) anwesenden Abgeordneten und Senatoren deutlich zugenommen. Im Jahre 2005 lag sie im Repräsentantenhaus bei 95,9 und im Senat bei 97,4 Prozent (Abbildung 8-2).

Abbildung 8-2: Namentliche Abstimmungen und Anwesenheit der Kongreßmitglieder (1963-2005)

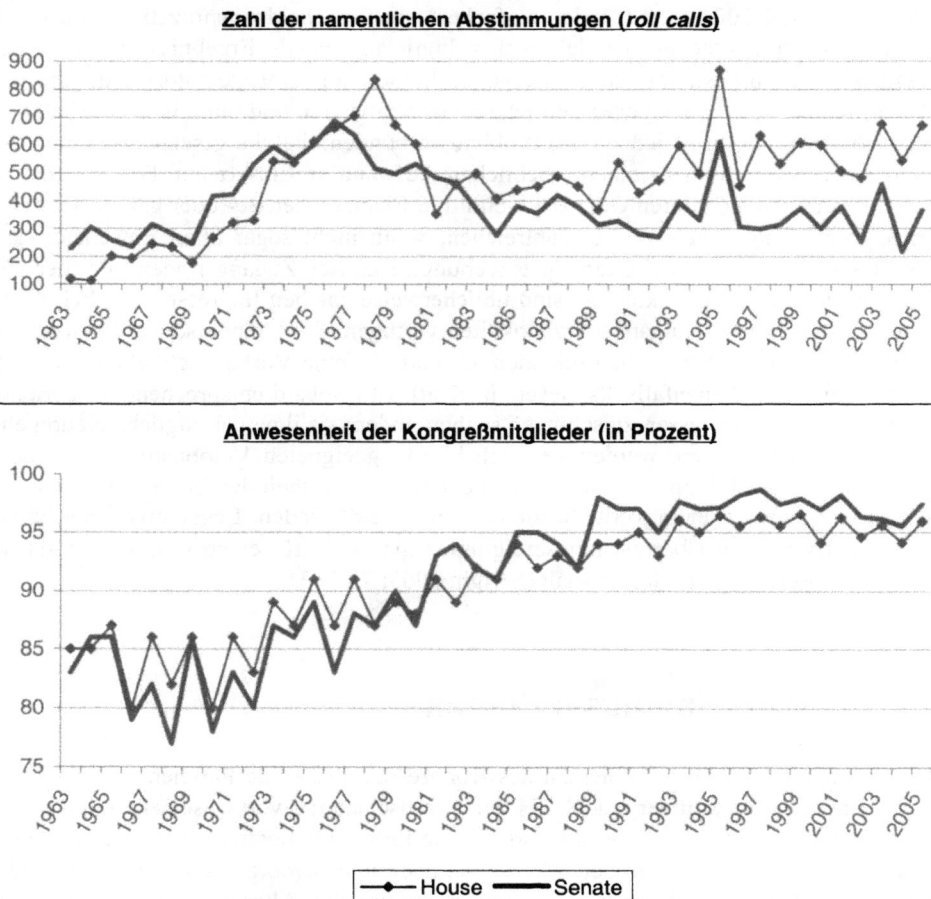

Quelle: CQ 2005 Almanac Plus, 109th Congress, 1st session, Vol. LXI, Washington, D.C. 2006, S. B-13.

Entsprechend der lokalen Bindungen der Abgeordneten ist es nicht ungewöhnlich, daß das Abstimmungsverhalten von Abgeordneten ähnlich strukturierter Wahlbezirke oftmals recht ähnlich ist, auch wenn sie nicht der gleichen Partei angehören. Parteiübergreifende Abstimmungskoalitionen prägen folglich die Praxis. Dem entsprach auch das gelegentliche Auftreten der sogenannten „konservativen Koalition". Bestehend aus Republikanern und konservativen Demokraten insbesondere aus dem Süden konnte diese Koalition beachtliche Abstimmungserfolge erzielen. Während sie bis weit in die 1970er Jahre hinein mit einer Häufigkeit von bis zu 30 Prozent der Abstimmungen auftrat, war sie ab den späten 1980er Jahren bis Mitte der 1990er Jahre nur noch bei rund 10 Prozent der *roll calls* zu beobachten. Ab 1997 sank der Anteil weit unter die 10 Prozentmarke. Da die konservative Koalition somit als signifikanter Faktor für die Abstimmungsergebnisse ausschied, werden die Daten seit 2000 auch nicht mehr berechnet (Abbildung 8-3).

Abbildung 8-3: Auftreten und Abstimmungserfolge der „Konservativen Koalition" (1957-2000)

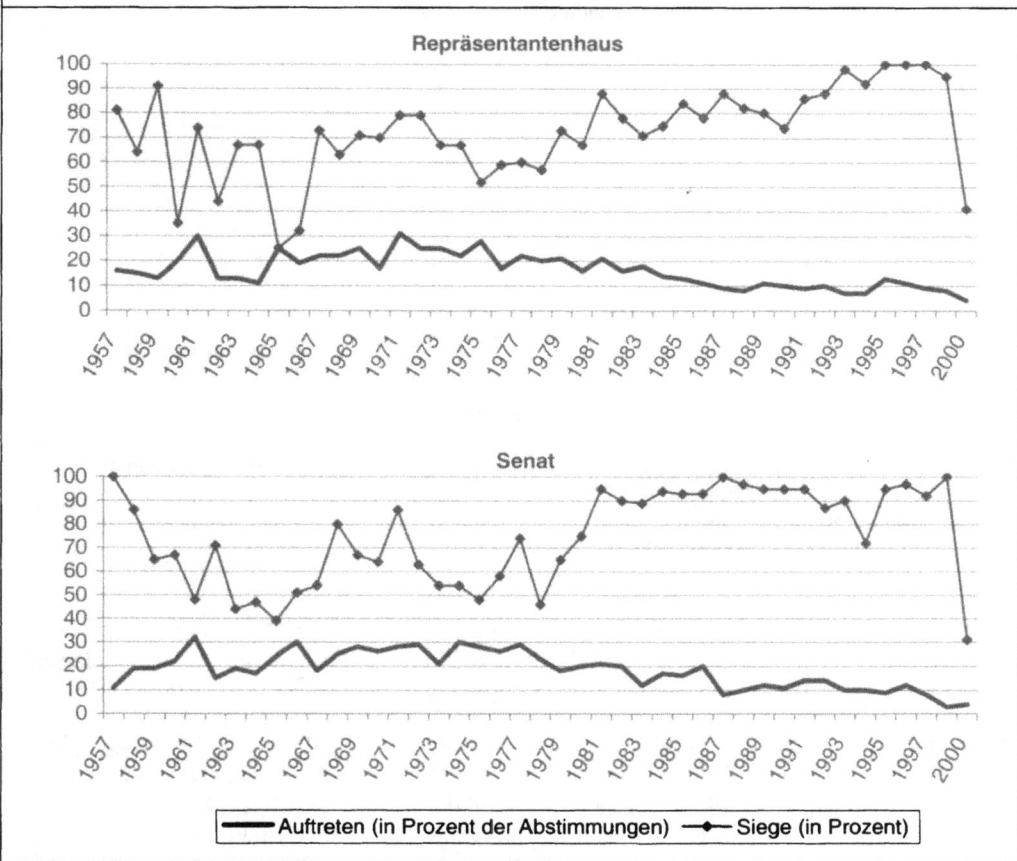

Quelle: Ornstein, Norman J./Mann, Thomas E./Malbin, Michael J., Vital Statistics on Congress 2001-2002, Washington, D.C. 2002, S. 174.

Ein Grund für das Verschwinden der *conservative coalition* ist darin zu finden, daß die Zahl traditionell-konservativer Demokraten in beiden Häusern im Zuge der Wahlerfolge der Republikaner insbesondere im Süden zurückging. Da demnach eine wesentliche Variante des parteiübergreifenden Abstimmungsverhaltens immer unbedeutender wurde, ist es nicht verwunderlich, daß ein gegenläufiger und langfristiger Trend hinsichtlich der Abstimmungen entlang der Parteilinie erkennbar ist. Während derartige *party unity votes* – Abstimmungen, in denen eine Mehrheit der Demokraten einer Mehrheit der Republikaner gegenübersteht – bis in die 1980er Jahre hinein teilweise in weit weniger als 50 Prozent der Abstimmungen zu beobachten war, lag deren Anteil seither durchschnittlich darüber (Abbildung 8-4).

Abbildung 8-4: Abstimmungen entlang der Parteilinie (1963-2005)

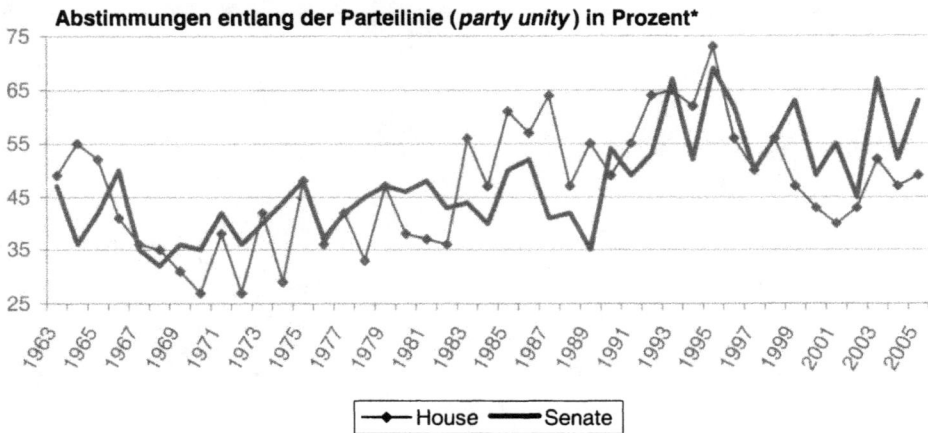

Abstimmungen entlang der Parteilinie (*party unity*) in Prozent*

House   Senate

* Anteil der namentlichen Abstimmungen (*roll calls*), bei denen eine Mehrheit der Demokraten einer Mehrheit der Republikaner gegenübersteht

Quelle: **Stanley, Harold W./Niemi, Richard G., Vital Statistics on American Politics 2005-2006, Washington D.C. 2006, S. 217.**

Noch deutlicher wird die Parteikohäsion, wenn ausschließlich das Stimmverhalten bei den *party unity votes* herangezogen wird. Abbildung 8-5 zeigt, daß seit Mitte der 1990er Jahre in beiden Kammern über 85 Prozent der Abgeordneten und Senatoren mit ihrer Partei stimmen.

Insgesamt kann konstatiert werden, daß die Parteien auch in Gesetzgebungsfragen heute wieder eine zunehmende Rolle spielen. Hierfür sind vier Gründe auszumachen: (1) Im Zuge der Wahlen seit Mitte der 1990er Jahre ist die Zahl der moderaten Abgeordneten und Senatoren sowohl auf Demokratischer als auch Republikanischer Seite zurückgegangen. Die Ursache hierfür liegt unter anderem darin, daß die moderaten Kandidaten bei den Vorwahlen häufig den parteipolitisch ideologischeren Kandidaten unterliegen und auch darin, daß die neue Generation von Kandidaten in Teilen viel stärker parteipolitisch polarisiert. (2) Die über vierzigjährige Zeit in der Minderheit im Repräsentantenhaus, die von vielen Republikanern als Demütigung – insbesondere im Hinblick auf die unverhältnismäßige Benachteiligung bei

der Ausschußbesetzung und insgesamt der Möglichkeit der Einflußnahme auf den Gesetzgebungsprozeß im Rahmen der Ausschußarbeit – empfunden wurde, hat nach der Mehrheitsübernahme 1995 dazu geführt, daß nun ihrerseits die Republikaner die Demokraten deren
Machtlosigkeit spüren ließen. Nicht nur, daß dadurch Animositäten geschürt werden, vielmehr trägt es zusätzlich zur parteipolitischen Polarisierung bei. (3) Auch der Dauerwahl-
kampf – wenn nicht für sich selbst, dann als Helfer für Kollegen aus der eigenen Partei – und
die häufigeren Aufenthalte in den Wahlkreisen sowie der Umstand, daß immer weniger Familien der Abgeordneten und Senatoren nach Washington ziehen, erschweren ein gegenseitiges Kennenlernen über die Kongreßarbeit hinaus. Daher klagen immer mehr Kongreßmitglieder, daß es im Gegensatz zu früher deutlich weniger freundschaftliche Beziehungen über
Parteigrenzen hinweg gebe. Dies, so meinen viele, schlage sich auch im Verhalten bei der
Gesetzesarbeit nieder. (4) Und nicht zuletzt zwingen die vergleichsweise knappen Mehrheiten die Parteiführungen zu strafferer Organisation und Überzeugungsarbeit in den eigenen
Reihen, um die erforderlichen Abstimmungsmehrheiten zu erzielen. Hatten die Demokraten
in den 20 Jahren vor 1995 im Repräsentantenhaus einen Vorsprung von durchschnittlich über
100 Sitzen und konnten daher stets eine gute Zahl an Stimmabweichlern dulden, lag die Republikanische Mehrheit zwischen minimal elf (im 106. Kongreß 1999-2001) sowie maximal
29 Sitzen (109. Kongreß 2005-07) und machte daher eine nahezu einheitliche Abstimmungs-
linie erforderlich (Cochran 2004; Smith/Gamm 2005: 199). Wenngleich der Senat seit jeher
knappe Mehrheiten bezüglich der Sitzverteilung zwischen den Parteien aufweist, so sind die
Entwicklungen auf der Seite des Repräsentantenhauses auch in den Abstimmungsergebnis-
sen des Senats zu beobachten. Während früher die Stimmehrheiten viel häufiger parteiüber-
greifend zustande kamen, ist auch für den Senat eine steigende Tendenz bei den *party unity
votes* und bei den *party unity scores* erkennbar (Sinclair 2002: 129).

Trotz allem sind diese Ergebnisse weit davon entfernt, wie in parlamentarischen Regierungssystemen eine nahezu 100prozentige Abstimmungsdisziplin abzubilden. Nach dem historischen Hoch der *party unity scores* im Jahr 2003 sanken die Quoten in den Folgejahren wieder. Die Zeit vor den Wahlen 2006 machte deutlich, daß den (in diesem Fall insbesondere
Republikanischen) Kongreßmitgliedern im Zweifel der eigene Wahlerfolg wichtiger ist als
die Parteiräson. Bei den Republikanern ist es nach wie vor die Gruppierung der – zwar zahlenmäßig schwächer als früher – wirtschaftsliberalen und an Haushaltsdisziplin orientierten
Abgeordneten und Senatoren, die sich von der konservativen Parteiführung nicht leicht ver-
einnahmen läßt. Ebenso gibt es bei den Demokraten mit den *Blue Dogs* und den *New Democrats* zwei moderate, zentristische Minderheitsgruppierungen im Repräsentantenhaus, die
etwa in Fragen von Steuererhöhungen und wirtschaftsfeindlichen Programmen von der eher
staatsinterventionistisch ausgerichteten Parteiführung nicht einfach zu gewinnen sind (CQ
Weekly 2006: 2981; Schickler/Pearson 2005: 213). Zwar existiert die alte konservative Koalition nicht mehr, nichtsdestotrotz deutet die Fragmentierung sowohl der Demokraten als
auch der Republikaner zumindest die Möglichkeit neuer parteiübergreifender Koalitionen an.
Zudem gilt unverändert, daß das Weiße Haus – insbesondere bei einem *divided government*,
d. h. bei unterschiedlicher Parteizugehörigkeit der Mehrheit in wenigstens einem der beiden
Häuser des Kongresses und des Präsidenten – weiterhin erhebliche Schwierigkeiten bei der
Durchsetzung seiner Gesetzgebungsvorhaben hat. Der Präsident als *chief legislator* muß
immer wieder von neuem mit seinen zahlreichen Mitarbeitern und in Kooperation mit den

Parteiführungen im Kongreß Abstimmungsmehrheiten zu gewinnen versuchen. Er kann sich dabei nicht nur auf Abgeordnete beziehen, deren Wahlkreise bei einer Sachentscheidung keine bestimmten Forderungen erheben und daher eine Folgebereitschaft gegenüber ihrer Parteiführung im Kongreß ermöglichen. Er muß sich vielmehr stets um jene gesetzgeberische Integration bemühen, die den Präsidenten als „Vertreter von Gesamtinteressen", die Senatoren als „Vertreter von Einzelstaatsinteressen" und die Repräsentantenhausmitglieder als „Vertreter von Wahlkreisinteressen" – jeweils eine legitime Position in sich – zu einer möglichst mehrheitsfähigen Entscheidung veranlaßt.

Abbildung 8-5: Abstimmungen nach Parteizugehörigkeit bei *party unity votes* (1963-2005)

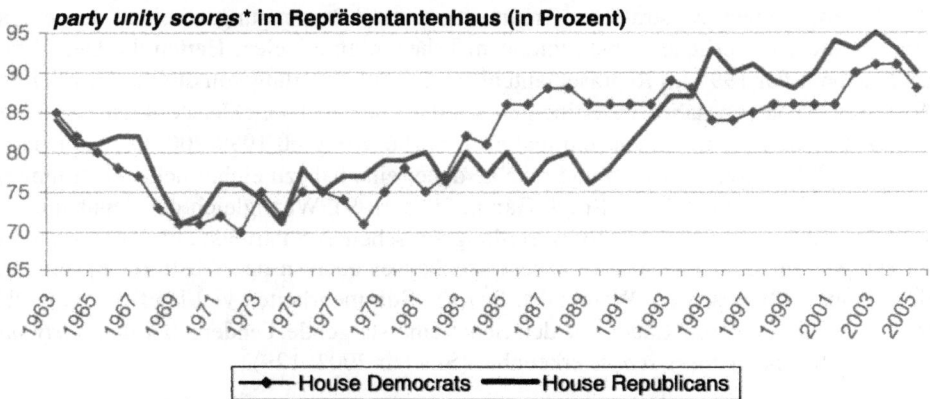

party unity scores * im Repräsentantenhaus (in Prozent)

House Democrats   House Republicans

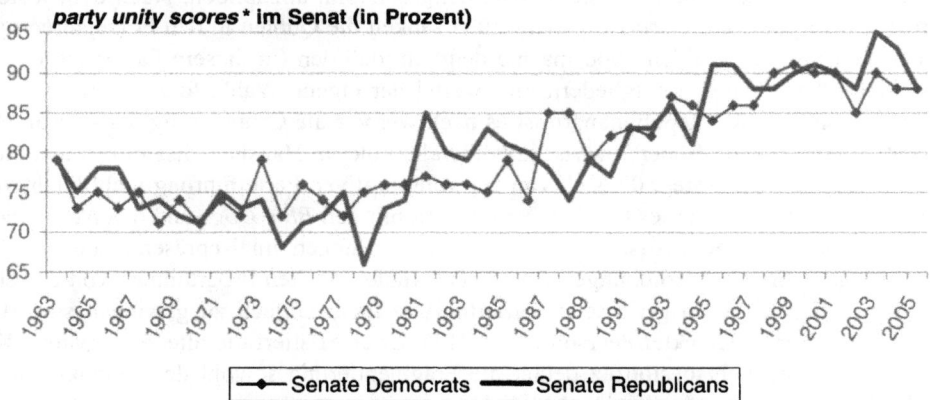

party unity scores * im Senat (in Prozent)

Senate Democrats   Senate Republicans

* Anteil der Demokraten bzw. Republikaner, die bei den Abstimmungen, in denen eine Mehrheit der Republikaner einer Mehrheit der Demokraten gegenüberstand, mit der eigenen Partei stimmte.

Quelle: Stanley, Harold W./Niemi, Richard G., Vital Statistics on American Politics 2005-2006, Washington D.C. 2006, S. 218 f.

8.5 Gesetzgebung heute

Je komplexer die Erwartungshaltungen und Regelungsbedürfnisse in einer modernen Dienst-leistungsgesellschaft wie den USA sind, desto größer wird der zu bewältigende Arbeitsum-fang sein. Dem haben sich die Mitglieder beider Kammern des Kongresses mit vielfältigen Anpassungsstrategien gestellt, die sich während der Reformära von 1965 bis 1975 besonders summierten, aber auch in den Folgejahrzehnten erforderlich waren und gefunden wurden.

Während Aussagen zur Art des Arbeitsumfanges rein quantitativen statistischen Daten nur vage zu entnehmen sind, lassen sich solchen Daten Hinweise entnehmen, die ein sinnvolleres „Hinterfragen" anregen und ermöglichen. Rein statistisch hatte der Umfang an Gesetzesvor-lagen im Kongreß von 26.460 Vorlagen seit Mitte der 1960er Jahre im 90. Kongreß (davon: Senat 4.400, Haus 22.060) zwei Jahrzehnte später im 100. Kongreß 1987/88 auf insgesamt 9.588 Vorlagen (Senat 3.325, Haus 6.263) und im 108. Kongreß 2003/04 auf 8.625 (Senat 3.078, Haus 5.547) deutlich abgenommen – auf etwa ein Drittel der Anzahl 40 Jahre zuvor. Die Anzahl der tatsächlich verabschiedeten und in Kraft getretenen Gesetze (*public* und *private laws*) ging im selben Zeitraum (90. Kongreß 1967/68 mit 1.002 verabschiedeten Geset-zen, 100. Kongreß 1987/88 mit 761 Gesetzen, 108. Kongreß 2003/04 mit 504 Gesetzen) auf die Hälfte zurück. Gemessen als Anteile der verabschiedeten Gesetze an den Vorlagen ist dagegen sogar ein Anstieg von 3,8 (1967/68) auf 5,8 Prozent (2003/04) zu verzeichnen (Tabelle 8-1).

Das erscheint zunächst als ein erstaunlicher Sachverhalt, für den sich jedoch plausible Grün-de benennen lassen, die zum Teil Ausdruck der erwähnten Anpassungszwänge sind: Erstens ist die Reduktion der Zahl der Vorlagen (auf heute etwa 9.000 pro Kongreß) vor allem darauf zurückzuführen, daß seit dem Ende der 1970er Jahre auch im Repräsentantenhaus unbe-grenzt viele Abgeordnete eine Vorlage mitunterzeichnen dürfen. Zweitens ging die Zahl der *private bills* und *laws* zurück, weil der Kongreß einige Gesetze erlassen hatte, die es den Behörden erleichterten, die persönlichen Härtefälle zu lösen, ohne daß nunmehr die betroffe-nen Personen bei einem Kongreßmitglied ihre letzte Rettung suchen mußten (Congressional Quarterly's Guide to Congress 2000: 526 f.). Zu Beginn des 104. Kongresses 1995 wurde schließlich die Möglichkeit abgeschafft, Entwürfe für sogenannte Gedenktagsgesetze (*com-memorative laws*) einzubringen, die noch Mitte der 1980er nicht nur einen Großteil der Vor-lagen, sondern auch der verabschiedeten Gesetze ausmachten (Davidson 1988: 283 ff.). Dennoch fanden die Kongreßmitglieder schnell eine Äquivalenz für die *commemorative laws*, nämlich Postgebäude per Gesetz zu benennen. Wurden zwischen dem 102. und 105. Kongreß (1991-1999) pro Legislaturperiode durchschnittlich zwölf solcher Gesetze verabschiedet, waren es im 106. und 107. Kongreß schon 50 bzw. 46 und im 108. Kongreß gar 89. Von den 498 *public laws* zwischen 2003 und 2005 waren somit 17,9 Prozent *post office naming acts*. Üblicherweise werden lokale Persönlichkeiten geehrt, aber es finden sich in den USA nun auch Postfilialen unter prominenten Namen wie Bob Hope, Nat King Cole, Frank Sinatra oder Walt Disney. Viel Arbeit und große Kosten verursachen diese Gesetze gleichwohl nicht (Kosar 2006).

Eine Entlastung konnte der Kongreß sich verschaffen, indem er legislative Befugnisse auf *Independent Regulatory Agencies* – so etwa in den Bereichen Telekommunikation oder

Atomenergie – sowie mittels anderer Formen von *delegated legislation* übertragen hat und sicher auch in Zukunft wird. Dies impliziert gleichwohl einen gewissen Kontrollaufwand (*legislative oversight*), zumal überprüft werden muß, ob die legislative Intention erfüllt wird.

Zur Bewältigung des Arbeitsumfangs bedeutete im Repräsentantenhaus die Einführung der Mehrfachüberweisung einer Gesetzesvorlage an mehrere Ausschüsse eine wichtige Novellierung. Überdies besteht aufgrund der Mehrfachüberweisungen sowie deren kooperativen Begleiterscheinungen im Kongreß zunehmend die Bereitschaft, Gesetzestexte mit weitreichenden, umfassenden Regelungen zu verabschieden. Mit den als *omnibus*-Gesetzen bezeichneten Vorlagen geht zudem eine doppelte Konsequenz einher: Auf der einen Seite hat die Arbeitsbelastung der Ausschüsse durch die mehrfach überwiesenen Entwürfe zugenommen. Andererseits hat sich ebenso der durchschnittliche Umfang der Gesetzestexte erheblich verändert. So können die *omnibus*-Gesetze einen Umfang von mehreren hundert bis zu über tausend Seiten haben – nicht ohne Grund werden sie zuweilen als *megabills* bezeichnet. Das resultierende Problem besteht darin, daß – bis auf wenige Parteiführer und deren Mitarbeiter – die Kongreßmitglieder diese Gesetze vor der Abstimmung in ihrer Gänze nie gelesen haben, zumal sie häufig zum Ende der Sitzungsperiode in terminlicher Enge zusammengefügt werden. Durch die *megabills* ergeben sich dennoch aus Sicht der Akteure im Kongreß zahlreiche Vorteile. Einzelne Abgeordnete und Senatoren mögen den einen oder anderen Entwurf darin unterbringen (*rider*), der eigenständig keine Mehrheit gefunden hätte. Für das Führungspersonal der Mehrheitspartei stellen die *megabills* die Möglichkeit dar, einzelne Mitglieder auf die Parteilinie zu verpflichten, indem deren Gesetzgebungswünsche in diese Gesamtpakete integriert werden. Zudem erlauben die *omnibus*-Gesetze in manchen Fällen auch die Einbindung der Minderheit. Des weiteren kann mit ihnen eine Einigung zwischen den beiden Kammern leichter erzielt werden, da durch sie gegenseitige Konzessionen gemacht werden können. Und nicht zuletzt stellen sie eine Absicherung gegen ein präsidentielles Veto dar (Davidson/Oleszek 2006: 189 f.). Legte er sein Veto ein, bedeutete dies, daß er für den zumeist größten Teil der von ihm gewünschten Inhalte der *omnibus*-Vorlagen in von vorne beginnenden Gesetzesverfahren neue Mehrheiten finden müßte.

Omnibus-Gesetze werden häufig dazu benutzt, um Haushaltsbewilligungen für mehrere *departments* bzw. Programme in einem großen Paket zu verabschieden, womit ein weiterer Grund für ihre Verwendung genannt ist: Mit dem anwachsenden und immer komplexer werdenden gesetzlichen Regelungsbedarf der modernen Gesellschaft waren und sind angesichts hoher Haushaltsdefizite und Verschuldungsdrohungen zugleich Kostenfragen verbunden, die sich für das einzelne Kongreßmitglied insofern als Problem erweisen, als es Kürzungen (u. a. im Wahlkreis und gegenüber Interessengruppen) begründen muß. Ausgaben können dagegen in umfangreicheren Gesetzesvorlagen gleichsam als Gesamtpaket leichter untergebracht, wenn nicht „versteckt" werden. Die Nutzung von *omnibus*-Paketen verdeutlicht damit einen wichtigen, wenn nicht den entscheidenden Aspekt des Gesetzgebungsprozesses, wie er auch bei der Frage der Überweisung von Vorlagen an Ausschüsse, bei der Festlegung von *rules* im Plenum des Repräsentantenhauses oder beim möglichen *filibuster* im Senat aufscheint: „Substance, in short, can be shaped through procedure" (Oleszek 2004: 316).

8.6   Literatur

Aldrich, John H./**Rohde**, David W., Congressional Committees in a Partisan Era, in: **Dodd**, Lawrence C./**Oppenheimer**, Bruce I. (Hrsg.), Congress Reconsidered, 8. Aufl., Washington, D.C. 2005, S. 249-270.

Cochran, John, Disorder in the House – And No End in Sight, in: Congressional Quarterly Weekly Report, Vol. 62, 14(2004), S. 790-797.

Congressional Quarterly's Guide to Congress, Volume I, 5. Aufl., Washington 2000.

CQ 2005 Almanac Plus, 109th Congress, 1st session, Vol. LXI, Washington, D.C. 2006.

Cross, Frank B., The Constitutional Legitimacy and Significance of Presidential 'Signing Statements', in: Administrative Law Revies, Vol. 40, 1988, S. 209-238.

Davidson, Roger H., Der US-Kongreß ‚bei der Arbeit'. Zum Wandel von Gesetzesvolumen und Geschäftsordnung, in: Zeitschrift für Parlamentsfragen, Jg. 19, 2(1988), S. 249-287.

Davidson, Roger H./**Oleszek**, Walter J., Congress and Its Members, 10. Aufl., Washington, D.C. 2006.

Deering, Christopher J./**Smith**, Steven S., Committees in Congress, 3. Aufl., Washington, D.C. 1997.

Evans, C. Lawrence/**Lipinski**, Daniel, Obstruction and Leadership in the U.S. Senate, in: **Dodd**, Lawrence C./**Oppenheimer**, Bruce I. (Hrsg.), Congress Reconsidered, 8. Aufl., Washington, D.C. 2005, S. 227-248.

Federal Register, Presidential Documents, Vol. 64, No. 153, 10. August 1999.

Haas, Christoph M., Zweite Kammer erster Klasse: der US-Senat, in: **Riescher**, Gisela/**Ruß**, Sabine/**Haas**, Christoph M. (Hrsg.), Zweite Kammern, München/Wien 2000, S. 22-47.

Jann, Werner, Gesetzgebung in den Vereinigten Staaten, in: Zeitschrift für Gesetzgebung, Jg. 3, 3(1988), S. 224-248.

Keefe, William/**Ogul**, Morris S., The American Legislative Process. Congress and the States, Upper Saddle River 2001.

Kosar, Kevin R., Naming Post Offices Through Legislation, CRS Report for Congress, RS21562, 21. September 2006.

Longley, Lawrence D./**Oleszek**, Walter J., Bicameral Politics. Conference Committees in Congress, New Haven/London 1989.

Manning, Jennifer E., Congressional Statistics: Bills Introduced and Laws Enacted, 1947-2003, CRS Report for Congress, 96-727 C, 3. März 2004.

Oleszek, Walter J., Congressional Procedures and the Policy Process, 6. Aufl., Washington, D.C. 2004.

Ornstein, Norman J./**Mann**, Thomas E./**Malbin**, Michael J., Vital Statistics on Congress 2001-2002, Washington, D.C. 2002.

Redman, Eric, The Dance of Legislation, New York 1973.

Schickler, Eric/**Pearson**, Kathryn, The House Leadership in an Era of Partisan Warfare, in: **Dodd**, Lawrence C./**Oppenheimer**, Bruce I. (Hrsg.), Congress Reconsidered, 8. Aufl., Washington, D.C. 2005, S. 207-225.

Sinclair, Barbara, Unorthodox Lawmaking. New Legislative Processes in the U.S. Congress, 2. Aufl., Washington, D.C. 2000.

Sinclair, Barbara, The Dream Fulfilled? Party Development in Congress, 1950-2000, in: **Green**, John C./**Herrnson**, Paul S. (Hrsg.), Responsible Partisanship? The Evolution of Political Parties Since 1950, Lawrence 2002, S. 121- 140.

Smith, Steven S./**Gamm**, Gerald, The Dynamics of Party Government in Congress, in: **Dodd**, Lawrence C./**Oppenheimer**, Bruce I. (Hrsg.), Congress Reconsidered, 8. Aufl., Washington, D.C. 2005, S. 181-205.

Stanley, Harold W./**Niemi**, Richard G., Vital Statistics on American Politics 2005-2006, Washington D.C. 2006.

Steffani, Winfried, Das ‚Rules Committee' des amerikanischen Repräsentantenhauses: Eine Machtbastion, in: Politische Vierteljahresschrift, Jg. 8, 4(1967), S. 585-607.

U.S. House of Representatives, How Our Laws Are Made, revised and updated by Charles W. Johnson, Parliamentarian, U.S. House of Representatives, Washington, D.C. 2003.

Wright, John R., Interest Groups and Congress. Lobbying, Contributions, and Influence, New York u.a.O. 2003.

8.7   Websites

Congressional Record	http://www.gpoaccess.gov/crecord/index.html
Office of the Clerk (Repräsentantenhaus)	http://clerk.house.gov/index.html
Résumé of Congressional Activity	http://www.senate.gov/pagelayout/reference/two_column_table/Resumes.htm
Rules Committee (Repräsentantenhaus)	http://www.rules.house.gov/
Rules Committee (Senat)	http://rules.senate.gov/

Stand: 31.07.2006

Christoph M. Haas

9 Budget und Haushaltsverfahren

9.1 Begriffsklärung

Die Struktur des Budgets und das Verfahren, das den Haushalt in seine gesetzliche Form bringt, sind ohne die Definition und Erläuterung zentraler Begriffe und deren Inhalte nicht zu verstehen. Analytisch können die Begrifflichkeiten in drei Teile geschieden werden, die wiederum einen Aspekt des Haushalts bzw. des zu seiner Erstellung führenden Verfahrens betreffen: Das sind erstens die verfassungsrechtlichen und gesetzlichen Grundlagen des heute existierenden Haushaltssystems, zweitens Begriffe, die konkret die Struktur des Budgets beschreiben, sowie drittens die verfahrenstechnischen Regelungen, die fast ausschließlich den Budgetprozeß im Kongreß betreffen.

9.1.1 Verfassungsrechtliche und gesetzliche Grundlagen

Die Verfassung gibt über das Budget und das Haushaltsverfahren nur wenig Auskunft. Die Einnahmenseite des Haushalts betreffend wird in Art. I, Sec. 7 festgehalten, daß alle Gesetze zur Aufbringung von Haushaltmitteln vom Repräsentantenhaus ausgehen, der Senat jedoch wie bei allen anderen Gesetzesvorlagen Änderungs- und Ergänzungsvorschläge machen kann. Mit dem Folgeabschnitt (Art. I, Sec. 8) erhält der Kongreß das Recht, Steuern, Zölle, Abgaben und Akzisen (indirekte Steuern) zu erheben und einzuziehen sowie Kredite aufzunehmen. Das 16. *Amendment* von 1913 weitet das Recht der Einnahmenerhebung ausdrücklich auf Einkommensteuern (*income taxes*) aus. In Art. I, Sec. 9 wird dem Kongreß die *power of the purse* zugesprochen, wonach Geld der Staatskasse nur auf der Grundlage gesetzlicher Bewilligungen (*appropriations*) entnommen werden darf. Aus Art. I, Sec. 7 wurde von Beginn an abgeleitet, daß auch Ausgabengesetze ihren Anfang im Repräsentantenhaus nehmen sollen, was sich in der Praxis – wenngleich nicht unumstritten und nicht ohne Ausnahmen – als Konvention bis heute gehalten hat. Abgesehen von wenigen Details (z. B. Übernahme der Staatsschuld der Konföderation durch die Union gemäß Art. VI) sind die genannten Absätze alles, was die Verfassung an konkreten Vorgaben für das Budget bzw. das Haushaltssystem macht. Der Präsident spielt im Budgetprozeß insofern eine Rolle, als er – wie bei anderen Gesetzen auch – sein Veto gegen vom Kongreß verabschiedete Steuer- und

Haushaltsgesetze einlegen (Art. I, Sec. 7) und somit dessen Drohpotential bereits im Vorfeld zur Einflußnahme nutzen kann.

Tabelle 9-1: Meilensteine im Bundeshaushaltsprozeß

1837/ 1850	*Rule XXI* der Geschäftsordnung (GO) des Repräsentantenhauses (1837) bzw. *Rule XVI* der GO des Senats (1850) verbieten Bewilligungen ohne vorherige Autorisierung.
1865/7	*House Appropriation Committee* (1865) / *Senate Appropriation Committee* (1867) eingerichtet.
1870	*Antideficiency Act* (1905/6 ergänzt): Schreibt die – üblicherweise vierteljährliche – Zuteilung bewilligter Gelder vor, um die Ausgabe aller Mittel zu Beginn des Haushaltsjahrs zu verhindern.
1921	*Budget and Accounting Act*: Einführung des Exekutivhaushalts, Einrichtung des *Bureau of the Budget* (*BoB*) und des *General Accounting Office* (*GAO*).
1939	*Reorganization Plan No. 1* (*Executive Order 8248*): Das *Bureau of the Budget* wird vom Schatzministerium (*Treasury Department*) in das *Executive Office of the President* eingegliedert.
1946	*Employment Act*: *Council of Economic Advisers* wird eingerichtet; Präsident muß von nun an dem Kongreß einen jährlichen Bericht zur wirtschaftlichen Entwicklung der USA vorlegen.
1950	*Budget and Accounting Procedures Act*: Verpflichtet Bundesbehörden zur Einrichtung eines internen Rechnungs- und Kontrollsystems, gemäß Vorgaben des *Comptroller General/GAO*.
1970	*Legislative Reorganization Act*: Fünfjahrespläne zur mittelfristigen Finanzplanung sind aufzustellen; die Rolle des *GAO* bei der Programmevaluation wird ausgeweitet. *Reorganization Plan No. 2* (*Executive Order 11541*): BoB wird in *Office of Management and Budget* (*OMB*) umbenannt.
1974	*Congressional Budget and Impoundment Control Act*: Einführung eines strukturierten Haushaltsverfahrens im Kongreß; *House Budget Committee* und *Senate Budget Committee* als Koordinationsausschüsse eingerichtet; Schaffung eines Verfahrens zur Überprüfung der vom Präsidenten im Haushaltsvollzug gegebenenfalls verfügten *rescissions* und *deferrals* durch den Kongreß.
1982	*Federal Managers' Financial Integrity Act*: Schreibt die Evaluation und Berichterstattung zu internen Kontrollen der Behörden vor, um dadurch die Bewirtschaftung von Haushaltsmitteln gemäß Gesetz sicherstellen und überprüfen zu können.
1985/ 1987	*Balanced Budget and Emergency Deficit Control Act* (*Gramm-Rudman-Hollings I, GRH I*): Festlegung von Zielen zur Reduzierung des Defizits / *Balanced Budget and Emergency Deficit Control Reaffirmation Act* (*Gramm-Rudman-Hollings II*): Novellierung von *GRH I*.
1990	*Budget and Enforcement Act* (*BEA*): Kürzungsmechanismen aus *GRH I & II* werden modifiziert; Einführung von Obergrenzen für *discretionary spending*; Änderungen in der Steuergesetzgebung oder beim *direct spending* müssen durch Einsparungen an anderer Stelle kompensiert werden (*pay-as-you-go requirement*). *Chief Financial Officers Act*: In 23 Behörden wird das Amt des *Chief Financial Officer* (*CFO*) eingerichtet. Aufgabe des *CFO* ist unter aanderem die Überwachung des Haushaltsvollzugs.
1993/ 1994	*Government Performance and Results Act*: Bundesbehörden müssen Budgetanfragen mit Programmzielsetzungen verbinden (1993); im *Government Management Reform Act* 1994 erweitert durch Empfehlungen zur Verbesserung des Managements und Haushaltswesens des Bundes.
1995	*Unfunded Mandates Reform Act*: Verstärkung der Kontrolle von finanziellen Auswirkungen der Gesetzgebung des Kongresses auf Einzelstaaten und Kommunen. *Balanced Budget Amendment* zur Verfassung scheitert im Kongreß.
1996	*Line Item Veto Act*: Erweiterung der Kürzungsrechte des Präsidenten; vom *Supreme Court* im Urteil *Clinton v. City of New York*, 524 U.S. 417 (1998) als verfassungswidrig erklärt.
1997	*Budget Enforcement Act*: Verlängerung der Bestimmungen des *BEA* (1990) um fünf Jahre.
2002	*BEA* wird nicht verlängert.

Quellen: Keith, Robert/Schick, Allen, Manual on the Federal Budget Process, CRS Report for Congress, 98-720 GOV, 28. August 1998, S. 167-170; eigene Ergänzungen [C.M.H.].

Die Aufgabe, einen Haushalt zu erstellen und als Beratungsvorlage im Kongreß einzureichen, kommt dem Präsidenten erst seit der Verabschiedung des *Budget and Accounting Act* von 1921 zu. Während zuvor die einzelnen Ministerien und Behörden ihre Haushaltsvoranschläge direkt beim Kongreß einreichten und dies häufig zu Überschneidungen und unstrukturierten Budgetverabschiedungen führte, war von nun an der Präsident für die Einreichung eines umfassenden Haushaltsplans zuständig und damit zugleich das System des Exekutivbudgets (*executive budgeting*) eingeführt. Das war auch insofern erforderlich, als die Aufgaben des Bundesstaates eine Dimension angenommen hatten, die schon allein aus Gründen der Übersichtlichkeit einer Koordinierung bedurften. Als Hilfsorgan wurde dem Präsident mit dem *Bureau of the Budget* (*BoB*) eine neue Exekutivbehörde beigestellt (bis 1939 dem Schatzministerium zugeordnet), die 1970 in *Office of Management and Budget* (*OMB*) umbenannt wurde. Ebenfalls neu geschaffen wurde 1921 als unabhängige Behörde das *General Accounting Office* (seit 2004 *General Accountability Office*, *GAO*) mit der Aufgabe der Rechnungsprüfung und Programmevaluation.

Das neue System des Exekutivbudgets bedeutete einen starken Machtzuwachs für den Präsidenten und ließ von Seiten mancher Kongreßmitglieder in den 1940er Jahren erste Kritik an der mangelnden Haushaltskontrolle durch den Kongreß aufkommen. Beanstandet wurde insbesondere, daß dem Kongreß ein eigenes strukturiertes Haushaltsverfahren fehle. Es dauerte allerdings bis 1974, als mit dem *Congressional Budget and Impoundment Control Act* ein solches System geschaffen wurde. Neben der Einrichtung von *Budget Committees* in beiden Kammern als Koordinationsausschüsse für den Haushalt war die wichtigste Neuerung die Einführung eines festen Regelwerks zur Behandlung der verschiedenen haushaltsrelevanten Gesetze. Zudem wurde mit dem *Congressional Budget Office* (*CBO*) ein legislatives, parteipolitisch unabhängiges Hilfsorgan errichtet, das dem Kongreß eigene Einnahmeschätzungen, Budgetinformationen und -analysen bereitstellen sollte. Funktional hat demnach das *CBO* eine ähnliche Rolle wie das *OMB* auf Seiten der Exekutive. Im Laufe der 1980er und 1990er Jahre wurden angesichts der hohen Defizite zudem einige Gesetze zur Haushaltskonsolidierung verabschiedet (Tabelle 9-1), die allerdings an der mit den Gesetzen von 1921 und 1974 etablierten Grundstruktur des Haushaltssystems keine umwälzenden Änderungen mehr vornahmen.

9.1.2   Begriffe zur Struktur des Budgets

Bezüglich der Einnahmeseite des US-Haushalts ist im wesentlichen zwischen zwei Kategorien zu unterscheiden: den *Federal Funds* und den *Trust Funds*. Unter *Federal Funds* sind all diejenigen Einnahmen zu verstehen, die als Steuern, Abgaben, Zölle oder als Kredite und Anleihen in die Staatskasse fließen. Die *Trust Funds* dagegen speisen sich etwa aus Einnahmen der Sozialversicherung (*social security tax*), die von Arbeitnehmern und Arbeitgebern gemeinsam finanziert und direkt vom Lohn abgezogen wird (*payroll tax*). Im Grunde entlang dieser beiden Einnahmearten können wesensähnlich zwei Typen von Ausgaben unterschieden werden: *direct spending*, das auch als *mandatory* oder *entitlement spending* bezeichnet wird, und *discretionary spending*. *Direct spending* sind Ausgaben, die durch bestehende Gesetze verpflichtend getätigt werden müssen, also etwa im Rahmen der Sozialversicherung (*social security*), der Krankenversicherung für Rentner (*Medicare*), der Erfüllung von Pensionsansprüchen von Beschäftigten des Bundes (*federal employees' retirement*) oder der Schuldentilgung und Zinszahlungen. Diese Ausgaben sind als permanente Bewilligungen (*permanent appropriations*) zu verstehen. Anteilig macht *direct spending* über 60 Prozent des Gesamtetats aus. *Discretionary spending* umfaßt dagegen jenen Teil des Budgets, dessen Allokation jährlich weitgehend frei verfüg- und kontrollierbar im Rahmen des Haushaltsverfahrens neu beschlossen werden kann (Abbildung 9-1). Dem steht einschränkend entgegen, daß auch in diesem Budgetbereich über mehrere Jahre laufende Programme entstehen und somit – wenigstens für einen gewissen Zeitraum zwingende – Weiterbewilligungen nach sich ziehen können.

Abbildung 9-1: Anteil des *discretionary spending* am Bundeshaushalt 1965-2005

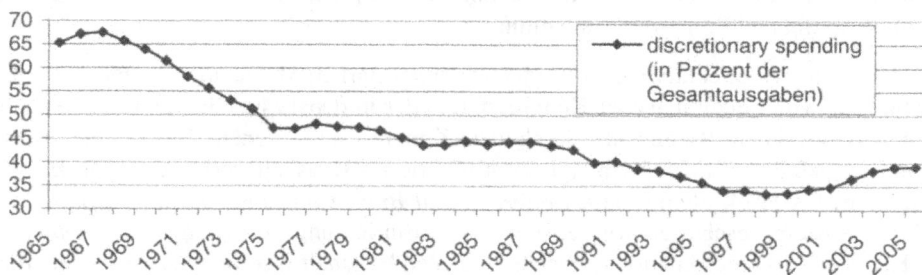

Quelle: **Office of Management and Budget, Historical Tables. Budget of the United States Government, Fiscal Year 2007, Washington, D.C. 2006, S. 22, 149-154; eigene Berechnungen.**

Schließlich ist für das Verständnis des Budgets das Begriffspaar *budget authority* und *outlays* von Bedeutung. Wenn der Kongreß Gelder bewilligt, dann überträgt er hierdurch z. B. einer Behörde das Recht, Verpflichtungen in entsprechender Höhe einzugehen. Er hat damit *budget authority* verliehen und die Behörde kann Verträge (z. B. mit Dienstleistern, Architekten oder Straßenbaufirmen) schließen, Personal einstellen oder Büroausstattung bestellen. Geschieht dies im Rahmen von *discretionary spending* zum ersten Mal, wird das als *new budget authority* für ein neues Projekt oder Programm bezeichnet. *New budget authority* entsteht jedoch auch bei Programmen mit permanenten Bewilligungen (*direct spending*) – dann allerdings ohne neuerliches Handeln des Kongresses –, da etwa Sozialversicherungsausgaben infolge der Zunahme der Zahl von Empfangsberechtigten steigen können und die daraus erwachsenden Zahlungsverpflichtungen automatisch eingehalten werden müssen. Während demnach *budget authority* für *direct spending* dauerhaft übertragen ist, gilt dies nicht für *discretionary spending*. Gleichwohl kann auch hier *budget authority* für einen längeren, jedoch begrenzten Zeitraum übertragen werden – z. B. über US-$ 6 Mrd. für fünf Jahre. Allerdings kann festgelegt sein, daß davon gemäß Beispiel im ersten Jahr höchstens zwei Milliarden und in den Folgejahren jeweils eine Milliarde ausgegeben werden dürfen. In einem Jahr tatsächlich ausgegebene Beträge sind *outlays*. Die mit *budget authority* eingegangenen Verpflichtungen werden nun – etwa mit der Ausgabe eines Schecks an den Vertragspartner – liquidiert, also zu *outlays*. Nicht liquidierte *budget authority* kann in ein Folgejahr übertragen werden. Wurden also nach obigem Beispiel von den zwei Milliarden im ersten Jahr nur 1,8 Milliarden tatsächlich ausgegeben, werden US-$ 200 Millionen als *unspent authority* in die Folgejahre mitgenommen (Keith/Schick 1998: 16).

9.1.3 Begriffliche Grundlagen des Haushaltsverfahrens im Kongreß

Ob die Ministerien und Behörden die *budget authority*, die sie mittels des vom Präsidenten eingereichten Haushaltsplans im Rahmen des *discretionary spending* nachfragen, in Höhe der beantragten Summe erhalten, hängt insbesondere von den Empfehlungen der *authorizing* und *appropriation committees* in beiden Häusern des Kongresses ab. Die *authorizing committees* sind dabei nichts anderes als alle Fachausschüsse in beiden Kammern des Kongresses (*Agriculture, Energy, Transportation* etc.). Sie entscheiden, welche Programme aufgelegt und in welcher Höhe dafür Mittel bereitgestellt werden sollen. Die tatsächliche Bereitstellung erfolgt erst im Bewilligungsverfahren unter Federführung der beiden Bewilligungsausschüsse. Auch wenn die Begrifflichkeiten zu der Annahme verleiten: Es sind nicht die *authorizations*, sondern die *appropriations*, die einer Behörde die *budget authority* zuweisen. Erstere legen den Rahmen fest, innerhalb dessen eine Bewilligung erfolgen kann. Und erst die Verabschiedung eines Bewilligungsgesetzes erlaubt es einer Behörde, Verpflichtungen einzugehen und über die Finanzmittel tatsächlich zu verfügen.

Die sachliche Teilung des Haushaltsverfahrens in einen Prozeß der *authorization* (Autorisierung) und der *appropriation* (Bewilligung) wurde seit dem 1. Kongreß (1789-1791) - aufbauend auf den Erfahrungen der Kolonialparlamente - praktiziert. Allerdings ergab sich schon bald das Problem, daß bei der Behandlung der *appropriations* über die bloße Allokation von Mitteln hinaus inhaltliche Regelungen in den Bewilligungsgesetzen (damals: *supply bills*) untergebracht wurden. Um dies zu unterbinden, änderte das Repräsentantenhaus 1837 seine Geschäftsordnung dahingehend, daß eine Bewilligung nur mit einer vorausgehenden Autorisierung - also getrennt von ihr - verabschiedet werden konnte. Der Senat folgte 1850. Zudem wurden 1865 im Repräsentantenhaus und 1867 im Senat jeweils ein eigenständiges *appropriation committee* eingerichtet.

Wie bereits erwähnt schuf der *Congressional Budget and Impoundment Control Act* von 1974 ein strukturiertes Haushaltsverfahren. Kernstück und Leitfaden für den kongreßinternen Entscheidungsprozeß ist die (*concurrent*) *budget resolution*. Es handelt sich dabei um eine jährlich neu verabschiedete gemeinsame Entschließung beider Kammern ohne Gesetzeskraft, die einen Zeitplan für das Haushaltsverfahren im Kongreß vorgibt. Sie weist darüber hinaus den Fachausschüssen die Teile der Haushaltsvorlage des Präsidenten zu, die in deren Jurisdiktion fallen. Außerdem enthält sie gegebenenfalls einen Alternativvorschlag, der etwa auf den unterschiedlichen Einnahmeschätzungen des *CBO* beruhen kann. Und schließlich kann die *budget resolution* eine Empfehlung für eine *reconciliation* enthalten. Mit *reconciliation* ist die Überprüfung der permanenten Einnahme- und Ausgabegesetze gemeint. Es geht hierbei demnach um Anpassungen in jenen Bereichen, die das *direct spending* betreffen. Die Änderung von *entitlement*-Programmen kann Kürzungen oder Erhöhungen - je nach politischen Intentionen oder sozioökonomischen Sachzwängen - beinhalten und erfordert zumeist auch eine Korrektur auf der Einnahmeseite. Umgekehrt kann die Absicht, Steuern zu senken, auch Kürzungen bei den *entitlements* nach sich ziehen, sofern sie nicht durch Ausgabenreduktion im Bereich des *discretionary spending* kompensiert werden. Der in der *budget resolution* erteilte Auftrag zur *reconciliation* geht an einen oder mehrere Fachausschüsse (*authorizing committees*), in dessen oder deren Jurisdiktion die geplanten Korrekturen fallen. Die Instruktion enthält den anvisierten Betrag der Änderungen und legt einen Termin zur Überweisung der Ausschußempfehlungen an das Plenum fest. Da die *reconciliation* ausschließlich die permanenten Einnahmen und Ausgaben betrifft, sind die *appropriation committees* in der Regel nicht mit ihr befaßt.

Abschließend kann somit festgehalten werden, daß es ein zweigeteiltes Haushaltsverfahren im Kongreß gibt: den jährlich wiederkehrenden *authorization-appropriation*-Prozeß für den gesamten Bereich des *discretionary spending* (sowie einen Teil des *mandatory spending*) und je nach politischen Erwägungen und/oder sozioökonomischen Erfordernissen gegebenenfalls den *reconciliation*-Prozeß für den Bereich des *direct spending* (Oleszek 2004: 44).

9.2   Die Einnahmen und Ausgaben des Bundes

9.2.1   Die Einnahmenstruktur des Bundeshaushalts

Vom Beginn der Republik bis zum Bürgerkrieg machten Zölle etwa 90 Prozent der Einnahmen des Bundes aus, danach nahm deren Anteil zu Lasten von Verbrauchssteuern etwas ab. Während des Bürgerkriegs gab es zudem eine Einkommenssteuer. Im 19. Jahrhundert konnten zuweilen auch größere Summen aus dem Verkauf von Bundesländereien erzielt werden. Mit der endgültigen Einführung der Bundeseinkommenssteuern (*individual* und *corporation income tax*) änderte sich dieses Bild ab 1913. Bereits 1930 waren die *income taxes* mit einem Anteil von rund 60 Prozent die Haupteinnahmequelle. Die Erhöhung der Steuersätze während des Zweiten Weltkrieges ließ deren Anteil auf nahezu 80 Prozent ansteigen, um jedoch bis Mitte der 1960er Jahre wieder auf den Stand vor dem Krieg zu fallen (Office of Management and Budget 2006: 6). Zum drittgrößten Einnahmeposten hatten sich bis dahin die Beiträge der 1935 eingeführten Sozial- und Rentenversicherung (*social insurance and retirement receipts*) mit einem Anteil von 19 Prozent entwickelt. Auf dem Niveau von 1965 lag auch 2005 noch der Anteil der *individual income tax*, während der Anteil der Körperschaftssteuer von 22 auf 13 Prozent zurückging und die Einnahmen der Sozialversicherung dagegen anteilig fast 40 Prozent der Gesamteinkünfte ausmachten. Verbrauchssteuern und Zölle spielen heute in der Relation zu den Gesamteinnahmen nur noch eine marginale Rolle (Abbildung 9-2).

Abbildung 9-2: Die Einnahmenstruktur des Bundeshaushalts 1965 und 2005

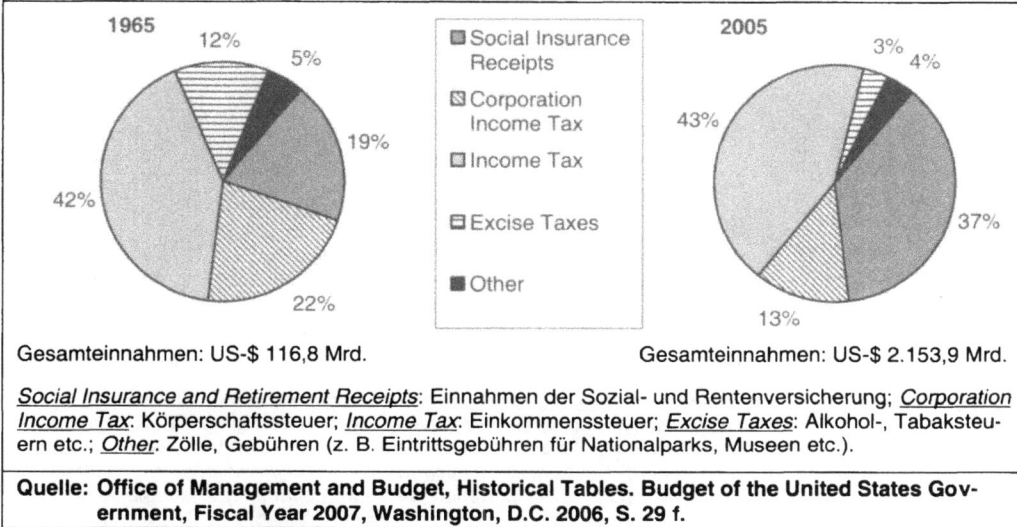

1965 — 12%, 5%, 19%, 22%, 42%

Legende:
- Social Insurance Receipts
- Corporation Income Tax
- Income Tax
- Excise Taxes
- Other

2005 — 3%, 4%, 43%, 37%, 13%

Gesamteinnahmen: US-$ 116,8 Mrd.

Gesamteinnahmen: US-$ 2.153,9 Mrd.

Social Insurance and Retirement Receipts: Einnahmen der Sozial- und Rentenversicherung; *Corporation Income Tax*: Körperschaftssteuer; *Income Tax*: Einkommenssteuer; *Excise Taxes*: Alkohol-, Tabaksteuern etc.; *Other*: Zölle, Gebühren (z. B. Eintrittsgebühren für Nationalparks, Museen etc.).

Quelle: Office of Management and Budget, Historical Tables. Budget of the United States Government, Fiscal Year 2007, Washington, D.C. 2006, S. 29 f.

9.2.2 Die Ausgabenstruktur des Bundeshaushalts

Bis 1930 bestanden die Hauptausgaben des Bundes in der Finanzierung der nationalen Verteidigung und der Versorgung der Armeeveteranen sowie aus den Verpflichtungen im Rahmen der Bundesschuld. Diese drei Posten zusammengenommen machten z. B. 1929 71 Prozent der Gesamtausgaben aus. Mit der Einführung der *Social Security* wuchsen naturgemäß auch die Ausgaben in diesem Bereich. 1965 lag ihr Anteil bei 29 Prozent, wobei die Verteidigungsausgaben wegen des Vietnamkrieges mit 41 Prozent nach wie vor den größten Ausgabeposten darstellten (Office of Management and Budget 2006: 6 ff.). Die Schaffung der Krankenversicherung für Rentner (*Medicare*) und für Sozialhilfeempfänger (*Medicaid*) im Rahmen der *Great Society*-Reformen während der Präsidentschaft Lyndon B. Johnsons bedeutete einen weiteren Anstieg derjenigen Ausgaben, die heute im Budget unter dem Begriff der *Human Resources* zusammengefaßt werden und 2005 einen Anteil von 62 Prozent hatten. Anteilig machten die Verteidigungsausgaben 2005 noch 20 Prozent aus, während die Zahlungen für den Schulden- und Zinsdienst sich mit 7 Prozent auf dem gleichen Stand wie 1965 befanden (Abbildung 9-3). Im wesentlichen stellen die Ausgaben für den Bereich der *Human Resources* sowie der Schuldendienst das *direct* bzw. *mandatory spending* dar. Die Verteidigungsausgaben machten 2005 mit US-$ 493,6 Mrd. etwa die Hälfte des jährlich kontrollierbaren *discretionary spending* aus; die nächst größeren Ausgabenposten waren die Bereiche Erziehung und Verkehr mit einem Umfang von US-$ 79,1 bzw. 66,1 Mrd. (Office of Management and Budget 2006: 154).

Abbildung 9-3: Die Ausgabenstruktur des Bundeshaushalts 1965 und 2005

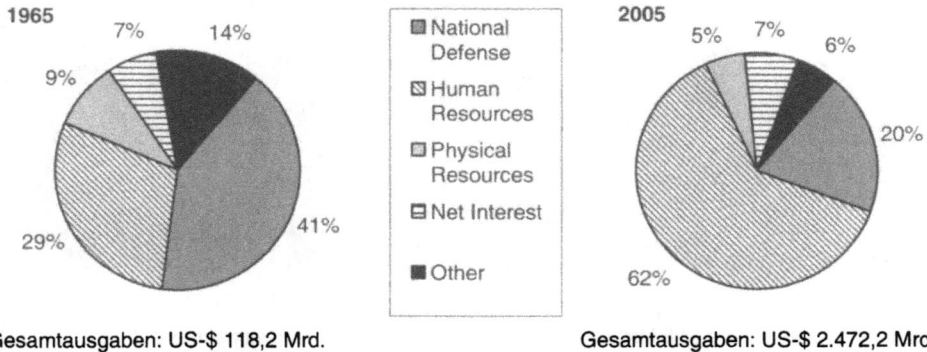

1965

7%   14%

9%

29%   41%

☒ National Defense

☒ Human Resources

☐ Physical Resources

☐ Net Interest

■ Other

2005

5%   7%

6%

20%

62%

Gesamtausgaben: US-$ 118,2 Mrd.   Gesamtausgaben: US-$ 2.472,2 Mrd.

National Defense: Verteidigungsausgaben; *Human Resources*: *Education* (Ausgaben für Schulen/Hochschulen), *Health* (u. a. *Medicaid, Medicare*), *Income Security* (u. a. Renten der Beschäftigten des Bundes), *Social Security* (u. a. Renten, Alters- und Behindertenfürsorge), *Veterans* (Renten und Versehrtenfürsorge für Kriegsveteranen); *Physical Resources*: *Energy* (Energieversorgung), *Natural Resources and Environment* (Umweltschutz), *Transportation* (Verkehr), *community and regional development* (kommunale/regionale Entwicklung); *Net Interest*: Schulden- und Zinsdienst; *Other*: *International Affairs* (u. a. diplomatischer Dienst), *General Science, Space, Technology* (u. a. Wissenschaft und Forschung, Weltraum- und Technologieprogramme), *Administration of Justice* (Gerichtswesen), *General Government* (u. a. Kongreß).

Quelle: Office of Management and Budget, Historical Tables. Budget of the United States Government, Fiscal Year 2007, Washington, D.C. 2006, S. 49-54.

9.2.3   Haushaltsüberschüsse und -defizite

Betrachtet man die Entwicklung der Einnahmen und Ausgaben des Bundes als Anteil am Bruttoinlandsprodukt (*Gross Domestic Product, GDP*), so machte der Bundeshaushalt 1930 daran nur knapp über 3 Prozent aus. Aufgrund der zunehmenden Aufgaben des Bundes (u. a. *Social Security*) liegt sein Anteil seit den 1950er Jahren beständig über 16 Prozent (Abbildung 9-4). Besonders auffällig ist das Auseinanderklaffen der Einnahmen und Ausgaben ab Ende der 1970er Jahre und damit das Auftreten großer Defizite, zumal diese nicht mehr auf besondere Kriegsbelastungen zurückzuführen waren. 1983 machte das Haushaltsdefizit gar Anteile von 6 Prozent des *GDP* – dem höchsten Stand seit 1946 (7,2 Prozent) – und von über 20 Prozent am Bundeshaushalt aus. Ähnlich hoch lag das Budgetdefizit 2004 mit 18 Prozent, wobei es als Anteil am *GDP* „nur" 3,6 Prozent betrug (Office of Management and Budget 2006: 22 ff.). Daß die Defizitanteile am *GDP* im Gegensatz zu denen Mitte der 1980er Jahre niedriger und damit gesamtwirtschaftlich tragbarer seien, ist eines der Argumente, das vorgetragen wird, um die heutige Defizitproblematik als weniger brisant zu bezeichnen. Zudem werden die jüngsten Defizite gerne ursächlich dem Krieg gegen den Terrorismus, sprich den hohen Kosten der *homeland security* sowie der Einsätze in Afghanistan und im Irak, zugeschrieben.

Abbildung 9-4: Einnahmen und Ausgaben des Bundes als Anteil am Bruttoinlandsprodukt (*GDP*) 1965-2005

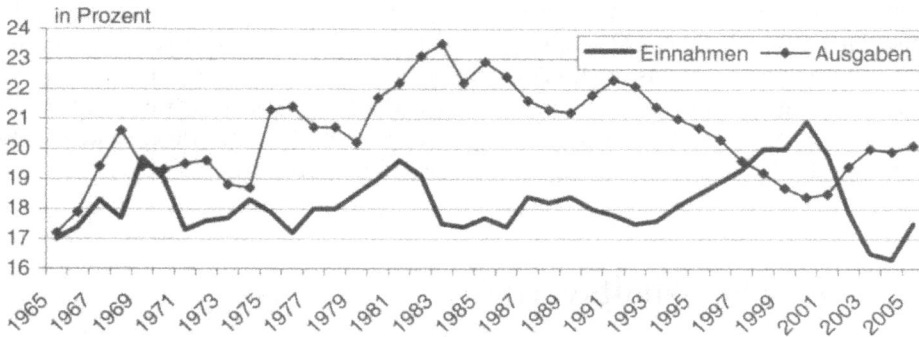

Quelle: Office of Management and Budget, Historical Tables. Budget of the United States Government, Fiscal Year 2007, Washington, D.C. 2006, S. 23 f.

Tatsächlich ist ein Bündel von Faktoren zu nennen, weshalb nach den von 1998 bis 2001 erzielten Überschüssen erneut jährliche Defizite zu verzeichnen sind (Abbildung 9-5). Laut *CBO* ist weit mehr als die Hälfte der Differenz zwischen den vormaligen Überschüssen und den Defiziten ab 2002 auf die 2001 beschlossenen Steuersenkungen und die stagnierende Wirtschaft zu Beginn des 21. Jahrhunderts zurückzuführen. Den Anteil, den die Erhöhung der Ausgaben für den *war on terrorism* als Grund für den Umschwung von Überschüssen auf Defizite ausmachte, bezifferte das *CBO* dagegen mit etwa 14 Prozent (Joyce 2005: 17 ff.).

Abbildung 9-5: Überschüsse und Defizite des Bundeshaushalts 1965-2005 (ausgewählte Jahre)

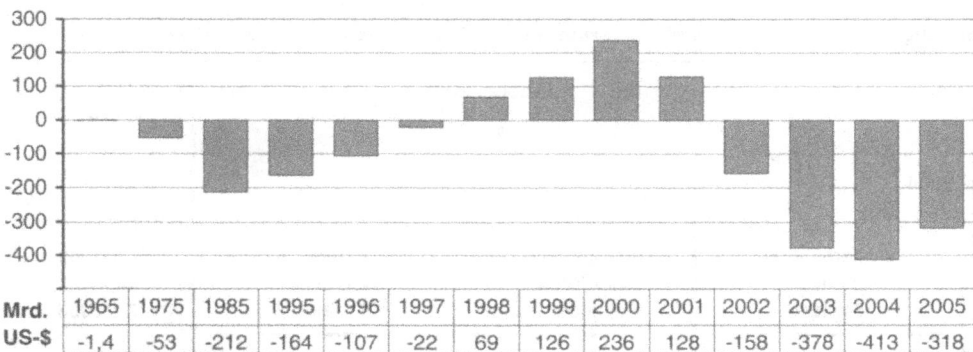

Mrd. US-$	1965	1975	1985	1995	1996	1997	1998	1999	2000	2001	2002	2003	2004	2005
	-1,4	-53	-212	-164	-107	-22	69	126	236	128	-158	-378	-413	-318

Quelle: Office of Management and Budget, Historical Tables. Budget of the United States Government, Fiscal Year 2007, Washington, D.C. 2006, S. 22.

Während in den letzten Jahren zunächst die Erfahrung aus der Zeit der Überschüsse die Sensibilität für Defizite schwinden ließ und sowohl auf Seiten des Präsidenten als auch des Kongresses die Frage der Verwendung der überschüssigen Mittel (z. B. für Schuldenabbau, Steuersenkungen und/oder Ausgabenerhöhungen etc.) ins Zentrum rückte, bedeutete das Erlebnis der Anschläge vom 11. September 2001 auch, daß die Einhaltung von Haushaltsdisziplin angesichts dieser neuen Herausforderung nicht mehr die vorrangigste Problemstellung war. Die Frage, die angesichts der Defizite in den späten 1970er, 1980er und frühen 1990er Jahren noch lautete, mit welchen Maßnahmen das Haushaltsverfahren reformiert und das Budget saniert werden kann, ist auf der Agenda weit nach unten gerutscht.

9.3   Das Haushaltsverfahren

Grundsätzlich kann festgehalten werden, daß das Haushaltsverfahren in seiner Struktur dem regulären Gesetzgebungsprozeß gleicht. Es kann demnach unterteilt werden in eine Vorbereitungs- und Entwurfsphase, in die Beratungs- und Beschlußphase sowie in eine Vollzugsphase. In einen zeitlichen Bezug gesetzt haben diese drei Phasen eine Spanne von fast drei Jahren. Schließt man die nach Ende des Haushaltsjahrs (*Fiscal Year*, *FY*) folgende Budget- und Rechnungsprüfung – welche mancherorts als vierte Phase des Haushaltsverfahrens bezeichnet wird (McCaffery 1999: 3) – mit ein, ergibt sich je nach Dauer der Evaluation gar ein Zeitraum von vier bis zu fünf Jahren. Ein Haushaltsjahr entspricht in den USA nicht dem Kalenderjahr: So begann das *FY 2006* am 1. Oktober 2005 und endete am 30. September 2006. Diese Zeitspanne entspricht demnach der Vollzugsphase, während die Beratungs- und Beschlußphase sich über das knapp Dreivierteljahr zuvor erstreckte (erste Februarwoche bis 30. September 2005) und die Vorbereitungsphase nochmals rund zwölf Monate davor (März 2004) einsetzte (Abbildung 9-6).

Abbildung 9-6: Phasen des Haushaltsverfahrens am Beispiel des *Fiscal Year 2006*

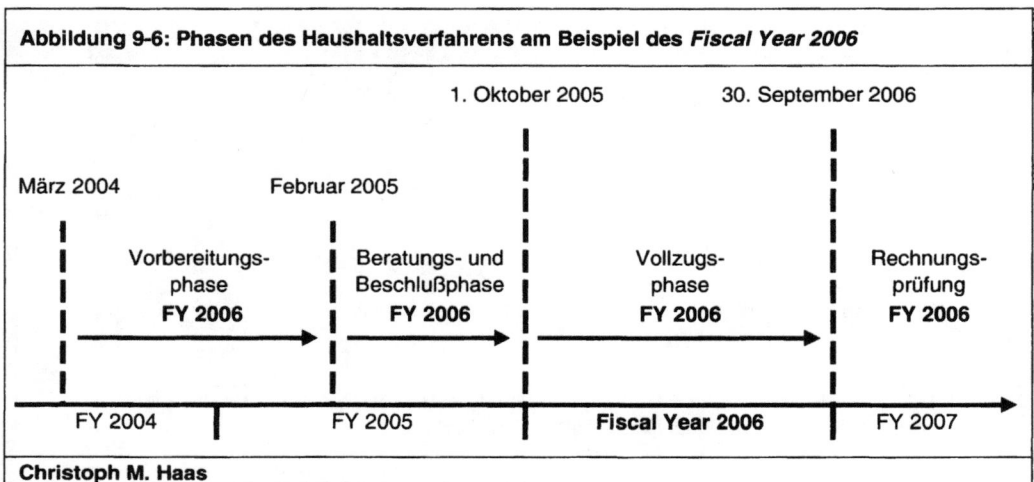

9.3.1 Der Budgetentwurf des Präsidenten

Der Präsident ist gesetzlich verpflichtet, dem Kongreß nicht später als am ersten Montag im Februar den Budgetentwurf für das kommende Haushaltsjahr vorzulegen. Die Arbeit an der Haushaltsvorlage beginnt in den Behörden üblicherweise im März, spätestens April, also etwa 18 Monate bevor das Budget in Kraft treten soll. Das bedeutet, daß der Ausarbeitung des Haushaltsplans Annahmen und Schätzungen zugrunde liegen, die mit Unwägbarkeiten wie etwa der gesamtwirtschaftlichen Entwicklung verbunden sind. Die Grundlage für die Budgetplanung der Behörden bilden die Richtlinien des *OMB*, die neben den Einnahmeschätzungen einen Finanzrahmen für die Behörden und deren Programme sowie die politischen Vorgaben des Präsidenten enthalten. Im September sollen die Behörden ihre Haushaltsanfragen dem *OMB* vorlegen. Das *OMB* fügt diese zusammen und nimmt gegebenenfalls Änderungen vor. Es ermöglicht den Behörden aber in einem rund einmonatigen Austauschprozeß, durch weitere Präzisierungen oder ausführlichere Begründungen die Korrekturen des *OMB* zu modifizieren (*passback*). Scheitern die Behörden mit ihren Nachforderungen beim *OMB*, bleibt ihnen die Möglichkeit, die Voranschläge anzufechten (*appeals*). Kann mit dem *OMB* daraufhin erneut keine Einigung erzielt werden, trifft der Präsident die Entscheidung. Dies gilt auch für den vom *OMB* abschließend erstellten Gesamthaushaltsentwurf. Die Beschlüsse des Präsidenten müssen von den Behörden umgehend in ihre Anfragen eingearbeitet werden, so daß der Entwurf des Präsidenten – das *Budget of the United States Government* – termingerecht bis Ende Januar gedruckt, der Öffentlichkeit zugänglich und dem Kongreß vorgelegt werden kann (Keith/Schick 1998: 47-53; Panetta 2006: 187 ff.).

Der Budgetentwurf des Präsidenten ist wohlgemerkt nur eine Anfrage an den Kongreß. Aber er dient als Beratungsgrundlage, ist ein wirksames Instrument des Präsidenten zur Richtungsweisung in allen Politikfeldern und beeinflußt die Entscheidungen des Kongresses sowohl bezüglich der Einnahme- als auch der Ausgabeseite des Budgets maßgeblich. Zudem verfolgt das *OMB* die Beratungen im Kongreß und macht etwa bei den Ausschußanhörungen oder auch über informelle Kontakte die Präferenzen des Präsidenten deutlich. Dem Präsidenten ist es auch bis in die späten Sommer hinein möglich, Ergänzungen zum Budgetentwurf beim Kongreß nachzureichen und hierdurch Korrekturen vorzunehmen. Während diese Nachreichungen optional sind, ist der Präsident dagegen verpflichtet, bis zum 15. Juli eine *Mid-Session Review* des Budgets vorzulegen. Sie enthält neben den durch gesamtwirtschaftliche Entwicklungen bedingten Anpassungen eine Stellungnahme bzw. Reaktion auf die bis dahin erfolgten Beschlüsse des Kongresses (McCaffery 1999: 12 f.; Keith/Schick 2004: 11).

9.3.2 Das Haushaltsverfahren im Kongreß

Der Budgetprozeß im Kongreß läßt sich systematisch nach drei zu treffenden Beschlüssen strukturieren: (1) Die Verabschiedung der gemeinsamen Haushaltsresolution der beiden Häuser (*concurrent budget resolution*), die den Rahmen für das Verfahren setzt und inhaltliche Vorgaben macht; (2) die Verabschiedung von Bewilligungsgesetzen (*discretionary spending*) und (3) die Verabschiedung von *reconciliation bills* (*direct spending*).

Gemäß dem *Congressional Budget Act* von 1974 müssen die Fachausschüsse des Repräsentantenhauses und des Senats sechs Wochen nach Einreichung des Budgetentwurfs des Präsidenten einen *views and estimates report* bezüglich der in ihre Jurisdiktion fallenden Etatbereiche erstellen. Die *budget committees* beider Häuser nutzen diese Berichte zusammen mit den Analysen des *CBO* zur Erstellung der *budget resolution*, die bis zum 15. April fertiggestellt werden soll. Da der Kongreß nicht an die Vorgaben des Präsidenten gebunden ist und mittels des *CBO* die Ansätze der Exekutive nach oben oder unten korrigieren kann, stellt die *budget resolution* nicht nur einen erweiterten, sondern durchaus einen legislativen Gegenentwurf zum Exekutivbudget dar. Die *budget committees* führen Anhörungen sowohl mit den Offiziellen der Exekutive als auch mit Interessengruppen durch, um den Finanzbedarf besser einschätzen zu können. Gleichzeitig sind die Anhörungen mit den Behörden ein Kontrollinstrument des Kongresses gegenüber der Exekutive. Sie erlauben es den Exekutivbehörden aber auch, ihre Anliegen, die sie gegenüber dem *OMB* nicht durchzusetzen vermochten, erneut vorzubringen.

Als Schwierigkeit bei der Erstellung der *budget resolution* haben sich die engen terminlichen Vorgaben erwiesen. In den 30 Jahren zwischen dem *Congressional Budget Act* und dem Haushaltsjahr 2004 wurden nur sechs *concurrent budget resolutions* (*FYs 1976, 1977, 1994, 2000, 2001, 2004*) fristgerecht fertiggestellt (Heniff 2004: 13 f.). Zwar gelang es in diesem Zeitraum den beiden Kammern 20mal (Repräsentantenhaus) bzw. 18mal (Senat) ihre jeweiligen *budget resolutions* rechtzeitig zu verabschieden, allerdings konnte dann häufig im Vermittlungsausschuß keine Einigung zwischen den beiden Häusern zu einer einheitlichen *concurrent budget resolution* innerhalb der Frist erzielt werden (Heniff 2004: 43-48). In solchen Fällen operiert die jeweilige Kammer für die weitere Arbeit am Budget bis zur Verabschiedung der *concurrent resolution* auf der Grundlage ihrer eigenen *budget resolution*.

Die gemeinsame Haushaltsresolution nennt u. a. die geschätzten Gesamteinnahmen und anteilig daran die Summe der Einnahmen, die durch neue Gesetzgebung z. B. mittels Steuererhöhungen oder -senkungen erhöht oder reduziert werden soll. Daneben wird die Höhe der Gesamtausgaben festgelegt und wiederum anteilig die Summe der neu zu vergebenden *budget authority*. Außerdem beinhaltet die Resolution das antizipierte Defizit bzw. den gegebenenfalls zu erwartenden Überschuß im kommenden Haushaltsjahr sowie die Festlegung der Gesamtverschuldungsgrenze des Bundes. Des weiteren enthält die Resolution eine mittlere Finanzplanung über die insgesamt nächsten fünf Haushaltsjahre. Maßnahmen, die eine Änderung der permanenten Ausgabenseite (*direct spending*) betreffen, werden mittels der Resolution den jeweils zuständigen *authorizing committees* zur Bearbeitung überwiesen. Dieser als *reconciliation* bezeichnete Prozeß ist optional, findet also nicht notwendigerweise in jedem Jahr statt. Seit seiner Einführung durch den *Congressional Budget Act* von 1974 wurde das *reconciliation*-Verfahren für das *FY 1981* zum ersten Mal genutzt und bis zum *FY 2005* nur siebenmal nicht eingeleitet. Im Gegensatz hierzu unterliegen sämtliche Ausgaben des *discretionary spending* einer jährlichen Bewilligungspflicht im Rahmen des *appropriation process'*. Auch ein Teil des *mandatory spending* (z. B. ein mehrjähriges soziales Förderprogramm mit einer klaren Definition der Empfangsberechtigten) durchläuft den jährlichen Bewilligungsprozeß, weshalb die über dieses Verfahren zugeteilten Mittel auch *appropriated entitlements* genannt werden (Streeter 2006: 18).

Abbildung 9-7: Das Haushaltsverfahren im Überblick

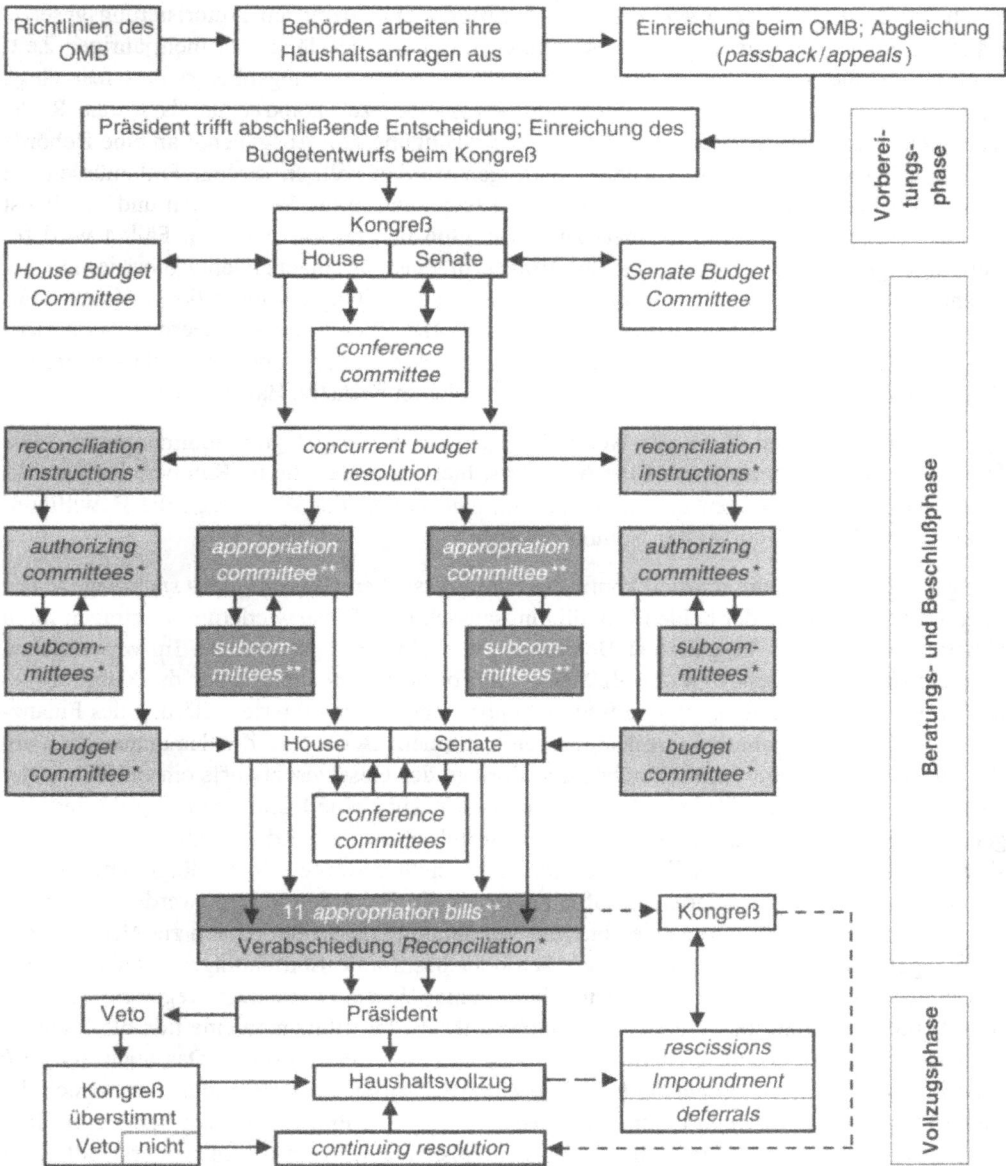

| Richtlinien des OMB | → | Behörden arbeiten ihre Haushaltsanfragen aus | → | Einreichung beim OMB; Abgleichung (*passback/appeals*) |

Präsident trifft abschließende Entscheidung; Einreichung des Budgetentwurfs beim Kongreß

Vorbereitungsphase

Kongreß
House | Senate

House Budget Committee

Senate Budget Committee

conference committee

reconciliation instructions*

concurrent budget resolution

reconciliation instructions*

authorizing committees*

appropriation committee**

appropriation committee**

authorizing committees*

subcommittees*

subcommittees**

subcommittees**

subcommittees*

budget committee*

House | Senate

budget committee*

conference committees

11 appropriation bills**
Verabschiedung Reconciliation*

Kongreß

Beratungs- und Beschlußphase

Veto

Präsident

rescissions
Impoundment
deferrals

Kongreß überstimmt Veto | nicht

Haushaltsvollzug

continuing resolution

Vollzugsphase

* Beratung & Beschlußfassung im Bereich des *direct spending*

** Beratung & Beschlußfassung von Ausgaben im Rahmen des *discretionary spending*

Christoph M. Haas

Der *Authorization-Appropriation Process*

Eine Bewilligung (*appropriation*) kann nur erfolgen, wenn hierfür zuvor eine Autorisierung erteilt wurde. Grundlage des *appropriation process* sind demnach Autorisierungsgesetze. Häufig werden Autorisierungen für Bewilligungen über einen längeren, mehrjährigen Zeitraum erteilt, hierbei jedoch jährliche Ausgaben- bzw. Bewilligungsobergrenzen festgelegt. Autorisierungsgesetze spielen im jährlichen Haushaltsprozeß konkret nur dann eine Rolle, wenn neue *budget authority* – also das Recht zur Tätigung von Ausgaben – an eine Behörde bereits im kommenden Haushaltsjahr übertragen werden soll. In diesem Fall müssen die entsprechenden Fachausschüsse hierfür die Gesetzgebung in die Wege leiten und möglichst vor der Verabschiedung des Budgets zum Abschluß bringen (in manchen Fällen wird für Bewilligungen eine Ausnahme von der Vorschrift einer vorangehenden Autorisierung gemacht). Grundsätzlich werden Autorisierungsgesetze unabhängig vom in der *budget resolution* festgelegten Zeitgefüge verabschiedet. Im Kern ist jedes „normale" Gesetz, das Ausgaben nach sich zieht, ein Autorisierungsgesetz bzw. kann in der Folge ein solches erfordern. Ihre Umsetzung erfahren diese Gesetze in der Regel zum nächsten Haushaltsentwurf.

Appropriations können die in den Autorisierungsgesetzen festgelegten Summen unter-, dürfen sie aber nicht überschreiten. Eine Ausnahme hiervon stellen die im Rahmen des Bewilligungsprozesses behandelten *appropriated entitlements* dar. Für sie müssen die Bewilligungen in der Höhe der autorisierten Summe erfolgen.

Der gesamte Bereich der jährlich kontrollierbaren Ausgaben (*discretionary spending*) unterliegt der Federführung der beiden Bewilligungsausschüsse. Diese wiederum übertragen ihren Unterausschüssen die Aufgabe der Bearbeitung einzelner Budgetbereiche. Im wesentlichen spiegeln die zehn *House* bzw. zwölf *Senate appropriation subcommittees* die Kabinettsbehörden wider. Die Unterausschüsse führen Anhörungen zur detaillierten Klärung des Finanzbedarfs durch und schließen ihre Beratungen mit einem Bericht an den Hauptausschuß ab. Der *subcommittee report* enthält neben der Vorlage des Gesetzesentwurfs einschließlich der zu bewilligenden Mittel für ihre „Spiegelbehörde(n)" auch eine Kommentierung der jeweiligen Verwendungszwecke. Einen besonderen Einfluß üben hierbei die 22 Unterausschußvorsitzenden aus, die auch als *college of cardinals* bezeichnet werden. In der Regel entscheiden sie darüber, welche detaillierten Empfehlungen an die Behörden beigefügt werden. Derartige *earmarks* legen der Exekutive eine konkrete Verwendung der Mittel bis hin zur Nennung der Empfänger – seien es Gebietskörperschaften oder bestimmte Einrichtungen – nahe. Behörden verweigern sich diesen Wünschen selten, zumal sie eine verstärkte Regelung oder gar Nichtberücksichtigung in anderen Etatbereichen, für die sie momentan eine flexible Handhabe besitzen, in kommenden Haushaltsjahren nicht provozieren wollen. Das auch als *pork barreling* oder *bringing home the bacon* bezeichnete Vorgehen verdeutlicht, warum sich die Bewilligungsausschüsse und deren Unterausschüsse in den Prioritätenlisten der Abgeordneten und Senatoren bei der Zuweisung der Ausschußsitze ganz oben befinden. Verständlich ist auch, daß sich am *earmarking* von verschiedenen Seiten Kritik entzündet: vom Präsidenten und den Behörden, weil ihnen einiges an Flexibilität bei der Mittelverwendung genommen wird, von Kollegen aus anderen Ausschüssen, weil sie das *earmarking* gerne selbst steuern würden und von der Öffentlichkeit, weil sie darin Korruption und Verschwendung sieht – zumindest jedenfalls, solange es sich nicht um die Bevorteilung des eigenen Wahlkreises handelt (Oleszek 2004: 47 f.; Schick 1995: 139 ff.). Rechtlich betrachtet bedeuten die *ear-*

marks sowohl eine Umgehung des in *INS v. Chadha* vom *Supreme Court* 1983 als verfassungswidrig erklärten legislativen Vetos als auch unterlaufen sie die Geschäftsordnungen der beiden Kammern, denn anders als die Autorisierungsgesetze sollen die Bewilligungsgesetze nur die Summe, aber nicht den Zweck der Ausgaben festlegen. Einen Riegel gegen *earmarks* scheint es freilich bloß durch Selbstkontrolle – sei es durch Revision durch die Ausschüsse oder das Plenum – zu geben, denn zumeist sind sie nicht Teil des Gesetzes, sondern „nur" ein das Gesetz begleitender Kommentar.

In der Verantwortung des Hauptausschusses liegt es, die einzelnen Empfehlungen der Unterausschüsse in Einklang mit der in der *budget resolution* veranschlagten Gesamtsumme zu bringen und dementsprechend Veränderungen vorzunehmen. Der abschließende Bericht des *appropriation committees* an das jeweilige Plenum umfaßt die Vorlagen für die elf zu verabschiedenden *appropriation bills* mit entsprechenden Anmerkungen und Begründungen.

In den Plena der beiden Kammern können gemäß den in der jeweiligen Geschäftsordnung (und gegebenenfalls in *special rules*) festgelegten Regeln Änderungsanträge (*amendments*) eingebracht werden. Gegen jeden Änderungsantrag, der eine dieser Regeln oder die in der *budget resolution* gefaßten Beschlüsse (etwa die festgelegten Ausgabenobergrenzen) verletzt, kann von einem Abgeordneten bzw. Senator mittels eines *point of order* Widerspruch eingelegt und damit der Antrag auf die Ergänzung oder Änderung des Bewilligungsgesetzes zu Fall gebracht werden. *Points of order* können jedoch im Repräsentantenhaus durch eine *special rule* des Lenkungsausschusses (*Rules Committee*), die mit einer einfachen Mehrheit des Hauses als *simple resolution* verabschiedet wird, oder im Senat mit einer Dreifünftelmehrheit (60 Senatoren, sofern kein Sitz vakant ist) außer Kraft gesetzt werden. Mit diesen Bestimmungen ist zum einen eine gewisse Integrität und Konstanz des Budgetprozesses gewährleistet, zum anderen erlauben Sonderbeschlüsse für einzelne *appropriation bills* auch eine – je nach Betrachtungsweise positiv oder negativ auszulegende – flexible Handhabung. Die zahlreichen Varianten und Sonderregelungen des hier verkürzt dargestellten parlamentarischen Prozedere zu den Bewilligungsgesetzen in den Plena sind jedenfalls von einer Komplexität, die es den mit den Feinheiten der Geschäftsordnung bestens vertrauten Abgeordneten und Senatoren ermöglichen, das Budget nach ihren Vorstellungen zu gestalten.

Abgeleitet aus der verfassungsrechtlichen Vorschrift, daß alle Einnahmegesetze vom Repräsentantenhaus ausgehen, wurde es zur Konvention, dies auch auf Ausgabegesetze anzuwenden. Sobald demnach das Repräsentantenhaus eine *appropriation bill* verabschiedet hat, wird diese an den Senat weitergeleitet. In den seltensten Fällen wird der Senat die Version des Repräsentantenhauses übernehmen. Vielmehr werden gemäß der eigenen Ausschußvorschläge Änderungen eingearbeitet und eine eigene Version verabschiedet. Um die beiden Versionen in Einklang zu bringen, bedarf es der Einberufung eines Vermittlungsausschusses (*conference committee*), in dem eine identische Fassung ausgearbeitet und an die Plena zur Verabschiedung zurückgesandt wird. Erst wenn das Bewilligungsgesetz in beiden Kammern in übereinstimmender Form beschlossen wurde, kann es an den Präsidenten zur Unterzeichnung überwiesen werden. Obgleich die elf Bewilligungsgesetze bis zum 30. September beim Präsidenten eingehen sollen, wurde dieses Ziel in den vergangenen 30 Haushaltsjahren (*FY 1977* bis *FY 2006*) nur viermal (*FYs 1977, 1989, 1995, 1997*) erreicht. Für das *FY 2006* z. B. traten nur zwei Bewilligungsgesetze nach der Unterzeichnung des Präsidenten zum 1. Oktober in

Kraft. Gelingt die rechtzeitige Fertigstellung der Bewilligungsgesetze nicht, werden vom Kongreß *continuing resolutions* auf der Basis der *appropriations* des Vorjahreshaushalts verabschiedet, um den Behörden mit einem Übergangshaushalt eine rechtliche Grundlage für einen kontinuierlichen Vollzug ihrer Aufgaben zu ermöglichen. *Continuing resolutions* können auch im Falle eines präsidentiellen Vetos gegen ein Bewilligungsgesetz erlassen werden. Sie unterliegen jedoch selbst der Unterzeichnungspflicht und somit auch dem Vetorecht des Präsidenten. Werden weder die Bewilligungsgesetze noch die *continuing resolutions* in Kraft gesetzt, kommt es – jedenfalls in den Bereichen, die von den jährlichen Bewilligungen finanziert werden – zum *government shutdown*, zur Schließung der betroffenen Bundesbehörden bis eine Einigung zwischen Präsident und Kongreß erzielt wird. Ein Beispiel für ein *government shutdown* – zugleich das am längsten dauernde in der Geschichte der USA – gab es Ende 1995, als sich Präsident Bill Clinton und die neue Republikanische Mehrheit im Kongreß über einige Bewilligungsgesetze für das *FY 1996* erst Monate später einigten.

Neben den angesichts des enormen zu verhandelnden Budgetvolumens engen terminlichen Vorgaben ist ein häufiger Grund des Scheiterns der rechtzeitigen Verabschiedung eines Bewilligungsgesetzes die fehlende Einigung zwischen Repräsentantenhaus und Senat auf eine einheitliche Fassung. Um einen Kompromiß zu ermöglichen, werden mehrere Bewilligungsgesetze häufig in *omnibus* oder *minibus appropriation bills* zusammengefaßt. Mit der größeren Manövriermasse lassen sich gegenseitige Zugeständnisse leichter finden und damit eine insgesamt zügigere Verabschiedung erreichen. Für die Budgets von 1980 bis 1988 gab es kein einziges Jahr, in dem von diesem Instrument des *packaging* nicht Gebrauch gemacht wurde. Auch in der Amtszeit von George W. Bush wurden bis 2006 in den drei *FYs 2003* bis *2005* elf, sieben bzw. neun der regulären Bewilligungsgesetze in *omnibus* oder *minibus appropriation bills* „gepackt". Ein weiterer Grund für das *packaging* durch den Kongreß kann darin gefunden werden, daß mit dieser Praxis ein Veto des Präsidenten leichter umgangen werden kann, zumal dieser mit einer Ablehnung nicht nur den Bewilligungen für einen Etatbereich, sondern gleich für mehrere Behörden und somit womöglich auch von ihm gewünschten Finanzierungen widersprechen würde (Schick 1995: 129-164; Streeter 2006).

Reconciliation

In der *budget resolution* wird der Umfang des Budgets für das kommende Haushaltsjahr festgesetzt sowie die zu erwartenden Defizite bzw. Überschüsse geschätzt. Ziel einer *reconciliation* ist es, die permanenten Einnahmengesetze (*revenue laws*) und Ausgabengesetze (*direct spending laws*) in Einklang mit dem in der *budget resolution* festgelegten Haushaltsvolumen zu bringen. Der *reconciliation*-Prozeß wird in der Regel eingeleitet, wenn der Präsident in seinem Haushaltsentwurf Steuersenkungen oder -erhöhungen bzw. Erweiterungen oder Kürzungen bei permanenten *entitlement*-Programmen vorschlägt. Bis in die Mitte der 1990er Jahre wurde *reconciliation*-Gesetzgebung vom Kongreß insbesondere mit dem Ziel der Reduzierung des Defizits initiiert. Sofern laufende, von der *budget resolution* unabhängige Gesetzgebungsverfahren Änderungen an der Einnahmen- bzw. Ausgabenstruktur vorsehen, werden sie durch die Direktiven der *reconciliation* korrigiert und eingehegt.

Reconciliation ist ein zweistufiger Prozeß. Die erste Stufe umfaßt die Ausarbeitung von *reconciliation instructions* durch die *budget committees* an die entsprechenden Fachausschüsse. Die Instruktionen bestehen im wesentlichen aus drei Komponenten: (1) Nennung der Ausschüsse, von denen eine Ausarbeitung eines Gesetzes verlangt wird; (2) Festlegung der Summe der Einnahmen bzw. Ausgaben, die durch die Gesetzgebung erhöht bzw. reduziert werden sollen, wobei jedoch Änderungen der Sozialversicherungsprogramme (*social security*) durch *reconciliation* nicht zulässig sind; und (3) Terminsetzung, bis wann die Vorlage des Gesetzesentwurfs erfolgen soll. Als die beiden für die Steuergesetzgebung zuständigen Ausschüsse sind das *Ways and Means Committee* im Repräsentantenhaus sowie das *Finance Committee* im Senat im *reconciliation*-Prozeß stets involviert, andere Fachausschüsse nur dann, wenn die geplante Änderung eines *direct* bzw. *mandatory spending*-Programms unter ihre Jurisdiktion fällt. Sind mehrere Fachausschüsse von den Direktiven in der Haushaltsresolution betroffen, müssen sie ihre Gesetzesvorlagen an das jeweilige *budget committee* leiten, ansonsten – was nur selten der Fall ist – geht die Vorlage direkt in das Plenum des Repräsentantenhauses bzw. des Senats. Die zweite Stufe des *reconciliation*-Prozesses besteht in der Ausarbeitung und Verabschiedung der *reconciliation bill*. Da in der Regel mehrere Einzelvorlagen aus den Fachausschüssen an das jeweilige *budget committee* überwiesen werden, besteht dessen Aufgabe darin, die Entwürfe in einer *omnibus reconciliation bill* zusammenzufassen und an das Plenum weiterzuleiten. Ähnlich wie bei den Bewilligungsgesetzen unterliegt auch die *reconciliation bill* strengen Änderungsvorgaben in den Plena, so müssen z. B. Ergänzungen im Einklang mit den Instruktionen in der *budget resolution* stehen. Nach der Verabschiedung im Repräsentantenhaus und im Senat ist wie bei allen Gesetzen im Vermittlungsausschuß eine Einigung auf eine identische Version erforderlich. Droht der Präsident im Laufe des *reconciliation*-Verfahrens mit einem Veto, kann der Kongreß nur insoweit Anpassungen vornehmen, als sie nicht den bindenden Vorgaben der *budget resolution* widersprechen. Finden sich im Falle eines Vetos des Präsidenten keine es überstimmenden Zweidrittelmehrheiten in beiden Kammern, kann ein neuer *reconciliation*-Prozeß somit erst wieder mit der Verabschiedung der nächsten gemeinsamen Haushaltsresolution im Folgejahr eingeleitet werden (Keith/Heniff 2005; Schick 1995: 82-86).

9.3.3   Haushaltsvollzug

Der Haushaltsvollzug liegt in der Verantwortung der Exekutivorgane. Dennoch können die einzelnen Behörden nicht unbeschränkt auf die bewilligten Mittel zugreifen. Gemäß dem *Antideficiency Act* werden die bewilligten Gelder vom *OMB* in Tranchen aufgeteilt. Die in der Regel vierteljährliche Zuteilung soll eine vorzeitige Ausgabe aller Mittel verhindern. Reichen die im Budget veranschlagten Zuweisungen dennoch nicht aus, sind zur Schließung der entstandenen Defizite dementsprechend Nachtragshaushalte (*supplemental appropriations*) erforderlich. Gleichwohl gibt es einige Instrumente, die der Exekutive eine flexible Handhabung und einen Ausgleich innerhalb des Etats ermöglichen. Etwa können nicht benötigte Mittel von einem auf einen anderen Haushaltsposten übertragen werden, sofern sie dort demselben Verwendungszweck unterliegen – beispielsweise, wenn Zuständigkeiten von einer Abteilung in andere verlegt werden. Solche *transfers* werden den Behörden zumeist bereits im Haushaltsgesetz bis zu einem bestimmten Prozentsatz ermöglicht und bedürfen in diesem Fall nur der einfachen Benachrichtigung der Bewilligungs- bzw. der zuständigen Fachausschüsse. Ansonsten ist für einen *transfer* eine gesonderte gesetzliche Ermächtigung erforderlich. Will eine Behörde die Gelder anders als in der Bewilligung vorgesehen für andere Zwecke innerhalb eines Haushaltspostens – z. B. im Rahmen der Mittelzuweisung an eine Behördenabteilung nicht für Ausstattung, sondern für Personal – verwenden, muß dies in der Regel vom entsprechenden *appropriation subcommittee* genehmigt werden. Nach welchen Regularien ein derartiges *reprogramming* vonstatten gehen muß, kann etwa auch im begleitenden *budget report* des Unterausschusses festgehalten sein.

Dem Präsidenten kommt während des Haushaltsvollzugs das Recht zum *impoundment* zu. Unter einem *impoundment* ist entweder die Verzögerung von Ausgaben (*deferral*) oder die Kürzung bzw. Streichung (*rescission*) von bewilligten Geldern zu verstehen. Die Nutzung der *impoundment*-Rechte kann dabei die Disziplinierung der Behörden, die auf Grund wirtschaftlicher Entwicklungen erforderliche oder die politisch von ihm erwünschte Änderung des Budgets zum Ziel haben. Zur Verzögerung von Ausgaben genügt eine Benachrichtigung des Präsidenten an den Kongreß, worin die Gründe für die Maßnahme, die Summe und die Dauer sowie die zu erwartenden Auswirkungen der Ausgabenverschiebung genannt werden müssen. Der Präsident darf eine Ausgabenverschiebung nicht über das Haushaltsjahr hinaus vornehmen und sie auch nicht so terminieren, daß die Behörde die Mittel nicht mehr bedarfsgerecht einsetzen kann. *Deferrals* dürfen nicht zur Änderung der mit der Haushaltsgesetzgebung verfolgten politischen Zielsetzung führen, sondern dienen im wesentlichen der Erfüllung der Regelungen des *Antideficiency Act*, nämlich die vorzeitige Gesamtausgabe aller Mittel zu vermeiden. Insofern sind *deferrals* auch ein Mittel des Präsidenten zur Kontrolle der Behörden. Auch eine *rescission* kann diesem Zweck dienen. Sie kann jedoch auch die Reduzierung eines Haushaltsdefizits oder die Änderung der mit einer Bewilligung verbundenen politischen Intention zum Ziel haben. Für die Kürzung oder Streichung von Haushaltsmitteln muß der Präsident dem Kongreß wie bei den *deferrals* die Gründe der *rescission*, deren Umfang und die zu erwartenden Auswirkungen auf andere budgetierte Programme darlegen. Stimmt der Kongreß innerhalb der folgenden 45 Tage der Kürzung bzw. Streichung nicht zu, müssen die Gelder wie im Haushalt vorgesehen verwendet werden.

Für den Präsidenten kann eine *rescission* ungewollte Entwicklungen nach sich ziehen. So hatte etwa Bill Clinton seinem Budgetentwurf für das *FY 1996* eine *rescission* bezüglich des laufenden Haushalts (*FY 1995*) beigefügt, die Etatkürzungen in Höhe von insgesamt US-$ 8 Mrd. vorsah. Die neue Republikanische Mehrheit im Kongreß sah die Gelegenheit, Änderungen an dem noch von den Demokraten verabschiedeten Budget vorzunehmen, und beschloß, auf der Basis der Vorschläge des Präsidenten eine eigene *rescission bill* zu formen, die mehr als das Doppelte der von Clinton gewünschten Summe zur Kürzung vorsah. Clinton legte nach deren Verabschiedung zunächst sein Veto ein, unterzeichnete jedoch nach Kompromißverhandlungen einige Wochen später, so daß die überarbeitete *rescission* schließlich fünf Monate nach ihrer Einreichung im Juli in Kraft trat (Caiden/Wildavsky 1997: 303 ff.). Der Vorgang zeigt in aller Deutlichkeit die Möglichkeit der institutionellen Blockade (*deadlock*), die selbst noch während des Haushaltsvollzugs auftreten kann: Die Kongreßmehrheit nutzt eine Vorlage des Präsidenten, um mit Ergänzungen ein nach den eigenen Vorstellungen gestaltetes Gesetz zu verabschieden, welches der Präsident – obgleich von ihm initiiert – mit dem Veto verhindert. Wollen Kongreß(mehrheit) und Präsident ihre Ziele – zumindest in Teilen – erreichen, ist ein Kompromiß unabdingbar.

9.3.4 Haushaltskontrolle

Die mit dem Haushalt befaßten Ausschüsse führen bei der Ausarbeitung des Budgets des kommenden Jahres mit den Behörden stets Anhörungen unter Bezugnahme auf den laufenden Haushaltsvollzug durch. Insofern findet immer eine mitlaufende Kontrolle der Exekutive durch den Kongreß statt, die zumeist jedoch eher auf die inhaltliche Überprüfung der Programme denn auf die formale Richtigkeit abzielt. Die abschließende Rechnungslegung unterliegt gemäß den Bestimmungen des Haushaltsrechts der Kontrolle der *appropriation committees* des Kongresses sowie des Direktors des *GAO (Comptroller General)*. Nach den Vorschriften des *Budgeting and Accounting Procedures Act* von 1950 sind alle Bundesbehörden zur Einrichtung eines behördeninternen Rechnungs- und Kontrollsystems verpflichtet, das dem Standard der vom *Comptroller General* erlassenen Rechnungslegungsvorschriften entspricht. Die rechtliche Grundlage zur Prüfung der Rechtmäßigkeit der Mittelverwendung und der ordnungsgemäßen Rechnungslegung bildet der *Federal Managers' Financial Integrity Act* von 1982. Mit ihm schuf sich der Kongreß die Möglichkeit, den Behörden Berichtspflichten über deren interne Kontrolle und Evaluation aufzuerlegen, um so die vorgeschriebene Verwendung der Gelder und die ordnungsgemäße Bewirtschaftung von Haushaltsmitteln zu gewährleisten. In die gleiche Richtung zielte der 1990 verabschiedete *Chief Financial Officers Act*, durch den in den 23 größten Bundesbehörden die Stelle eines *Chief Financial Officer (CFO)* eingerichtet wurde. Die Aufgabe des *CFO* besteht u. a. in der Überwachung des Haushaltsvollzugs. Die Schaffung der verwaltungsinternen Finanzkontrollen hat zur Entlastung des *GAO* beigetragen, das sich heute weniger mit der Prüfung des Budgetvollzuges und der Rechnungslegung als mit Fragen der Effizienz der Programme und den Möglichkeiten zur Kostendämmung beschäftigt (Welz 1998: 208; Oleszek 2004: 300).

9.4 Reformen des Haushaltssystems

Die zwei wichtigsten und langfristig erfolgreichen Reformen des Haushaltssystems waren der *Budget and Accounting Act* von 1921 und der *Congressional Budget and Impoundment Control Act* von 1974, die zusammengenommen die Grundstruktur des heutigen Haushaltssystems bilden. Während ersterer das *executive budgeting* einführte und für eine gewisse Zeit eine Dominanz der Exekutive im Haushaltsprozeß bewirkte, sorgte letzterer für die Wiederherstellung eines institutionellen Machtgleichgewichts zwischen Präsident und Kongreß. In Folge der großen Haushaltsdefizite gab es seit Mitte der 1980er Jahre zahlreiche Reformbestrebungen, die darauf abzielten, über Änderungen des Haushaltsystems für ein materiell ausgeglichenes Budget zu sorgen. Während die beiden *Balanced Budget and Emergency Control Acts* (*Gramm-Rudman-Hollings*-Gesetze, *GRH I & II*) von 1985 und 1987 mit dem Versuch der Einrichtung eines automatischen Kürzungsmechanismus in allen Haushaltsbereichen scheiterten (Kleist 1991), konnten mit dem – zwar etwas weniger ambitionierten, aber wohl deswegen leichter umsetzbaren – *Budget and Enforcement Act* (*BEA*) von 1990 einige Erfolge bei der Defizitreduzierung erzielt werden. Die ab Ende der 1990er Jahre auftretenden Haushaltsüberschüsse können als Resultat zumindest anteilig auf die Vorkehrungen des *BEA* zurückgeführt werden. Gleichwohl waren die Überschüsse mit ein Grund, warum man 2002 glaubte, die Bestimmungen des *BEA* nicht mehr verlängern zu müssen (vgl. Tabelle 9-1). Neben *GRH I & II* sowie dem *BEA* gab und gibt es noch eine Reihe anderer Reformbestrebungen, von denen viele in nahezu jeder Legislaturperiode in immer neuen Varianten als Gesetzesentwürfe im Kongreß eingebracht werden (Rubin 2002), aber zumeist bereits in den Ausschüssen scheitern. Die beliebtesten Reformprojekte sind die Einführung eines *line-item veto* für den Präsidenten, die Ergänzung der Verfassung um eine *balanced budget*-Vorschrift, die Installierung eines *capital budget* und die Schaffung eines zweijährigen Haushalts (*biennial budgeting*). Diese Reformvorschläge orientieren sich allesamt an Regelungen, die in den Einzelstaaten in verschiedensten Formen praktiziert werden.

Immerhin zwei Jahre Bestand hatte der 1996 von der Republikanischen Mehrheit im Kongreß verabschiedete *Line Item Veto Act* (*LIVA*). Auch wenn der Name es suggeriert, handelte es sich dabei nicht um ein „echtes" *line-item veto*, wie es den meisten Gouverneuren in den Einzelstaaten zukommt, sondern um eine Erweiterung der *impoundment*-Rechte des Präsidenten. Gemäß *LIVA* konnte der Präsident innerhalb von fünf Tagen nach der Unterzeichnung der Budgetgesetze nun wie bei einer *rescission* Streichungen am Budget vornehmen. Anders als bei einer *rescission* mußte der Kongreß, wenn er die Streichung ablehnen wollte, innerhalb der nächsten 30 Sitzungstage eine gesonderte *disapproval bill* verabschieden. Gegen sie konnte der Präsident sein Veto einlegen, dieses wiederum durch den Kongreß mit Zweidrittelmehrheiten überstimmt werden. Ein echtes *line-item veto* – wofür allerdings eine Verfassungsänderung erforderlich wäre (Lee/Johnson 1998: 250) – hätte dagegen dem Präsidenten die Möglichkeit gegeben, gegen einzelne Abschnitte der Haushaltsgesetze sofort sein Veto einzulegen und den Rest durch seine Unterschrift in Kraft zu setzen. Die derart vorgenommenen *line-item* Streichungen hätten dann durch qualifizierte Zweidrittelmehrheiten in beiden Kammern überstimmt werden können (Joyce 1998: 4 f.). Bill Clinton machte vom neuen Recht nur wenig Gebrauch und da der *Supreme Court* die Bestimmungen des *LIVA* 1998 (mit der Begründung, der Präsident könne einseitig ein bereits unterzeichnetes Gesetz ändern) für verfassungswidrig erklärte, bleibt unklar, welche Wirkungen das Gesetz in der Folge – insbesondere in Zeiten hoher Defizite – noch entfaltet hätte (Oleszek 2004: 68 f.).

1995 scheiterte die Verabschiedung einer *joint resolution*, die Verfassung um ein *balanced budget amendment* zu erweitern, an der erforderlichen Zweidrittelmehrheit im Senat. Selbst wenn jedoch der Beschluß im Senat ebenso wie im Repräsentantenhaus erfolgreich gewesen wäre, ist fraglich, ob sich Dreiviertel der Einzelstaaten zur Ratifizierung des Zusatzartikels bereit gefunden hätten, denn die Pflicht, den Bundeshaushalt materiell auszugleichen, wäre kaum ohne Kürzungen bei den Zuweisungen an die Einzelstaaten zu bewerkstelligen gewesen. Mit der Verabschiedung des *Unfunded Mandates Reform Act* (1995), der die Regulierungen des Bundes zu finanziellen Lasten der Einzelstaaten einschränken sollte, glaubte die Republikanische Mehrheit jedenfalls die einzelstaatliche Opposition ausreichend beruhigt zu haben, obwohl das Gesetz die Einzelstaaten keineswegs vor Streichungen der Bundeszuweisungen schützt. Unabhängig davon stellte sich bei der Einführung eines *balanced budget amendment* die Frage, wie sich eine verfassungsrechtliche Vorschrift in der Haushaltspraxis realisieren ließe – z. B. wie die Machtverteilung zwischen Präsident und Kongreß zur Umsetzung des Haushaltsausgleichs vorgenommen werden müßte oder inwiefern für die Bereiche des *mandatory* und des *discretionary spending* unterschiedliche Regelungen zu treffen wären. Zu erwarten stünde, daß ein Großteil dieser Fragen letztlich vom *Supreme Court* geklärt werden müßte (Rubin 2006: 203-206). In eine ähnliche Richtung wie der verfassungs-rechtliche Haushaltsausgleich zielt der Vorschlag der Einführung einer Teilung des Budgets in einen Verwaltungs- (*operating budget*) und einen Kapital-, Vermögens- bzw. Investitions-haushalt (*capital budget*). Hier reichen die Vorstellungen von der schlichten Herstellung einer größeren Transparenz des Haushalts durch die rechnerische Teilung bis dahin, den Verwaltungshaushalt einem materiellen Ausgleich zu unterwerfen und für den Investitions-haushalt eine Verschuldung in Höhe eines bestimmten Prozentsatzes zu erlauben. Ein Grundproblem hierbei ist immer, welche Ausgaben als Investitionen definiert werden und ob angesichts des enormen Umfangs des US-Budgets eine bessere Transparenz durch die Ein-führung eines *capital budget* tatsächlich zu bewerkstelligen wäre.

Der Vorschlag schließlich, einen Zweijahreshaushalt (*biennial budget*) einzuführen, hat ins-besondere zur Absicht, die Arbeitsbelastung sowohl der Exekutive als auch der Legislative zu reduzieren, indem nur jedes zweite Jahr ein Budget erstellt und verabschiedet werden müßte. Zweifel sind auch hier angebracht. Allein die Tatsache, daß die Einnahmen- und Ausgabenschätzungen – obschon mit 18monatigem Vorlauf schwierig vorzunehmen – dann zu einem Zeitpunkt zu treffen wären, der rund 30 Monate vor dem Ende eines Zweijahres-haushalts liegen würde, macht deutlich, welche Korrekturen innerhalb dieses Zeitraumes zu erwarten wären. Dies würde etwa zahlreiche Nachtragshaushalte bedeuten und damit die einerseits gewonnene Entlastung durch Arbeitsbelastung an anderer Stelle aufwiegen.

Ein überlegenswerter und realistischerer Ansatz zur Reform des Haushaltsprozesses ist ein-facherer Natur und liegt darin, aus der *concurrent budget resolution* eine *joint budget resolu-tion* zu machen, für die eine Unterzeichnung des Präsidenten erforderlich wäre. Damit wür-den die Diskussionen und Aushandlungsprozesse zwischen Präsident und Kongreß zeitlich deutlich vorgezogen und vielleicht weniger intransparente, mit zahlreichen *pork barrels* ver-sehene und in der terminlichen Enge des Jahresendes zusammengepackte *omnibus budget bills* verabschiedet werden. Zudem, so ergänzen Roy T. Meyers und Philip G. Joyce, sind moralisch integre und sich der politischen Verantwortung stellende Akteure von allergröß-tem Nutzen für den Haushaltsprozeß (Meyers/Joyce 2005: 81 f.). Es bleibt offen, ob sich die Bürgerinnen und Bürger auch ohne Wohltaten für den Wahlkreis zur entsprechenden Stimm-abgabe bewegen lassen. Die *power of the purse* ist jedenfalls in vielerlei Hinsicht keine ein-fache und erst recht keine billige Angelegenheit.

9.5   Literatur

Heniff, Jr., Bill, Congressional Budget Resolutions: Selected Statistics and Information Guide, CRS Report for Congress, RL30297, 19. August 2004.

Heun, Werner, Das Budgetrecht im Regierungssystem der USA, Baden-Baden 1989.

Joyce, Philip G., The Federal Line Item Veto Experiment: After the Supreme Court Ruling, What's Next?, Public Budgeting and Finance, Vol. 18, 4(1998), S. 3-21.

Joyce, Philip G., Federal Budgeting After September 11th: A Whole New Ballgame, or Is It Déjà Vu All Over Again?, in: Public Budgeting and Finance, Vol. 25, 1(2005), S. 15-31.

Keith, Robert/**Schick**, Allen, Manual on the Federal Budget Process, CRS Report for Congress, 98-720 GOV, 28. August 1998.

Keith, Robert/**Schick**, Allen, Introduction to the Federal Budget Process, CRS Report for Congress, 98-721 GOV, 28. Dezember 2004.

Keith, Robert/**Heniff**, Jr., Bill, The Budget Reconciliation Process: House and Senate Procedures, CRS Report for Congress, RL33030, 10. August 2005.

Kleist, Rüdiger von, Das Gramm-Rudman-Hollings-Gesetz. Ein gescheiterter Versuch der Haushaltskonsolidierung, Frankfurt a. M. 1991.

Lee, Robert D./**Johnson**, Ronald W., Public Budgeting Systems, 6. Aufl., Gaithersburg 1998.

McCaffery, Jerry, Features of the Budgetary Process, in: **Meyers**, Roy T. (Hrsg.), Handbook of Government Budgeting, San Francisco 1999, S. 3-29.

McMurty, Virginia A., The Impoundment Control Act of 1974: Restraining or Reviving Presidential Power, in: Public Budgeting and Finance, Vol. 17, 3(1997), S. 39-61.

Meyers, Roy T./**Joyce**, Philip G., Congressional Budgeting at Age 30: Is It Worth Saving?, in: Public Budgeting and Finance, Silver Anniversary Issue 2005, S. 68-82.

Office of Management and Budget, Historical Tables. Budget of the United States Government, Fiscal Year 2007, Washington, D.C. 2006.

Oleszek, Walter J., Congressional Procedures and the Policy Process, 6. Aufl., Washington, D.C. 2004.

Panetta, Leon E., Politics of the Federal Budget Process, in: **Thurber**, James A. (Hrsg.), Rivals for Power. Presidential-Congressional Relations, 3. Aufl., Lanham 2006, S. 185-206.

Rubin, Irene S., Perennial Budget Reform Proposals: Budget Staff versus Elected Officials, Public Budgeting and Finance, Vol. 22, 4(2002), S. 1-16.

Rubin, Irene S., The Politics of Public Budgeting. Getting and Spending, Borrowing and Balancing, 5. Aufl., Washington, D.C. 2006.

Rudder, Catherine E., The Politics of Taxing and Spending in Congress: Ideas, Strategy, and Policy, in: **Dodd**, Lawrence C./**Oppenheimer**, Bruce I. (Hrsg.), Congress Reconsidered, 8. Aufl., Washington, D.C. 2005, S. 319-342.

Schick, Allen, Congress and Money. Budgeting, Spending and Taxing, Washington, D.C. 1980.

Schick, Allen, The Capacity to Budget, Washington, D.C. 1990.

Schick, Allen, The Federal Budget: Politics, Policy, Process, Washington, D.C. 1995.

Schick, Allen, The Federal Budget: Politics, Policy, Process, überarb. Aufl., Washington, D.C. 2000.

Shuman, Howard E., Politics and the Budget. The Struggle Between the President and the Congress, 3. Aufl., Englewood Cliffs 1992.

Streeter, Sandy, The Congressional Appropriations Process: An Introduction, CRS Report for Congress, 97-684 GOV, 8. September 2006.

Sturm, Roland, Haushaltspolitik in westlichen Demokratien. Ein Vergleich des haushaltspolitischen Entscheidungsprozesses in der Bundesrepublik Deutschland, Frankreich, Großbritannien, Kanada und den USA, Baden-Baden 1989.

Welz, Wolfgang, Budget und Haushaltsverfahren, in: **Jäger**, Wolfgang/**Welz**, Wolfgang (Hrsg.), Regierungssystem der USA: Lehr- und Handbuch, 2. Aufl., München/Wien 1998, S. 198-211.

White, Joseph/**Wildavsky**, Aaron, The Deficit and the Public Interest. The Search for Responsible Budgeting in the 1980s, Berkeley u. a. O. 1989.

Wildavsky, Aaron/**Caiden**, Naomi, The New Politics of the Budgetary Process, 3. Aufl., New York u. a. O. 1997.

Zschiegner, Hans, Überblick über das amerikanische Steuerrecht, in: **Kramer**, Jörg-Dietrich (Hrsg.), Grundzüge des U.S.-amerikanischen Steuerrechts, Stuttgart 1990, S. 57-91.

9.6   Websites

Congressional Budget Office (CBO) — http://www.cbo.gov

General Accountability Office (GAO) — http://www.gao.gov

Haushaltsausschüsse im Kongreß:

  Budget Committee (Repräsentantenhaus) — http://www.budget.house.gov

  Budget Committee (Senat) — http://www.budget.senate.gov

  Bewilligungsausschuß (Repräsentantenhaus) — http://appropriations.house.gov

  Bewilligungsausschuß (Senat) — http://appropriations.senate.gov

  Finanzausschuß (Repräsentantenhaus) — http://waysandmeans.house.gov

  Finanzausschuß (Senat) — http://finance.senate.gov

Office of Management and Budget (OMB) — http://www.whitehouse.gov/omb

Stand: 30.09.2006

Werner Heun

10 Rechtssystem und Gerichtsbarkeit

10.1 Das Rechtssystem

10.1.1 Common Law und equity

Das amerikanische Rechtssystem wurzelt tief in der englischen Rechtstradition, weist aber seit der Mitte des 19. Jahrhunderts zunehmend eigenständige Züge auf. Übereinstimmungen ergeben sich vor allem im Bereich des *Common Law* und seiner Ergänzung durch das *equity*-Recht sowie in der beherrschenden Rolle des Fallrechts.

Das *Common Law* ist ursprünglich das gemeine Recht, das von den reisenden Richtern des Königlichen Gerichts gesprochen wurde und Vorrang vor lokalem Recht beanspruchte. Charakteristisch für das *Common Law* ist, daß die Durchsetzung eines materiellen Anspruchs die Existenz einer entsprechenden prozessualen Klageform, eines *writ*, voraussetzt. Das System weist große Ähnlichkeiten mit dem Aktionenrecht des klassischen römischen Rechts auf. Dieses System erstarrte durch das Verbot neuer *writs* 1258, was nur in begrenztem Umfang durch Zulassung bestimmter *writs* modifiziert wurde. Dieser Formalismus und seine Unzulänglichkeiten führten zur Entstehung des *equity*-Rechts, das aus der königlichen Prärogative heraus entstand. Aus den Billigkeitsaussprüchen des Königs *ex aequo et bono* in Härtefällen, die in die Kompetenz des *Lord Chancellor* als *keeper of the King's Conscience* übergingen, entwickelte sich eine eigene Rechtsordnung mit eigener Gerichtsbarkeit (*Court of Chancery*), die mit den *Common Law*-Gerichten rivalisierte. Das *equity*-Recht kennt vor allem mit dem Rechtsbehelf der *specific performance* die Durchsetzung eines Erfüllungsanspruchs, während im *Common Law* nur Schadensersatz gewährt wird. Hinzu tritt im *equity*-Recht die Möglichkeit einer *injunction*, die eine einstweilige oder endgültige Verfügung zum Vollzug oder Unterlassen einer Handlung darstellt. Daneben treten eine Reihe weiterer Rechtsgrundsätze. Durchgängig gewährt *equity* aber lediglich ergänzenden, subsidiären Rechtsschutz im Verhältnis zum *Common Law*.

Sowohl das *Common Law* als auch das *equity*-Recht wurden in den USA durch Rechtsprechung und Gesetzgebung rezipiert, sind heute jedoch meist soweit verschmolzen, daß es nur eine einheitliche Zivilklage gibt. Andererseits schlägt die alte Differenzierung zwischen beiden Rechtssystemen vielfach durch. So besteht etwa ein Anspruch auf eine Jury lediglich bei einer *Common Law*-Klage, während sonst nur der erkennende Richter entscheidet. Auch die Unterscheidung zwischen Schadensersatz einerseits und Erfüllungsanspruch bzw. *injunction* andererseits beruht auf der überkommenen Aufteilung der beiden Rechtsordnungen.

10.1.2   Richterrecht und Gesetzgebung

Common Law und *equity*-Recht sind vornehmlich *case law*, d. h. Richterrecht. Gelegentlich werden allerdings *Common Law* und *case law* synonym verwendet, was freilich etwas verwirrend ist. Entscheidendes Charakteristikum des Fallrechts ist die Regel der *stare decisis* (*stare decisis et non quieta movere*). Danach sind die Untergerichte an die Entscheidungen (Präjudizien, *precedents*) der Obergerichte strikt gebunden (vertikale *stare decisis*). Dies bedeutet, daß in den Einzelstaaten die unteren Gerichte an die Entscheidungen der *Appellate Courts* und diese an diejenigen des betreffenden *Supreme Court* gebunden sind und davon nicht abweichen dürfen. Dasselbe gilt im Bereich der Bundesgerichtsbarkeit. Die jeweiligen Gerichtsentscheidungen entfalten daneben eine horizontale Wirkung, indem ein Gericht grundsätzlich an seine früheren Entscheidungen gebunden ist. Dieser Effekt ist aber schwächer, da insbesondere der jeweilige *Supreme Court* von einem aufgestellten Präjudiz abweichen, es aufheben (*overrule*) und dadurch neues Recht schöpfen kann. Dies bedarf dann allerdings einer besonderen Begründung. Diese Präjudizwirkung unterscheidet sich kaum von den Wirkungen deutschen Richterrechts. Wegen des Vorrangs der Verfassung und der damit verbundenen herausragenden Bedeutung der verfassungsrechtlichen Entscheidungen des *Supreme Court* kommt es im Verfassungsrecht häufiger zu einem *overruling* als in anderen Rechtsgebieten, so daß bisher eine Versteinerung des kaum änderbaren Verfassungsrechts vermieden werden konnte.

Wegen der Bedeutung der präjudiziellen Entscheidungen stellt sich häufig die Frage, was exakt das bindende Präjudiz ist. Grundsätzlich wird hier zwischen der *ratio decidendi* (*holding*) einer Entscheidung und ihren bloßen *obiter dicta* differenziert. Bindendes Präjudiz sind nur die für die Entscheidung des Falls notwendigen Begründungselemente, nicht die abstrakt erörterten Rechtsgrundsätze oder sonstige Rechtsauffassungen. Daraus resultiert die besondere Sachverhaltsbezogenzeit der juristischen Argumentation mit der Methode des Sachverhaltsvergleichs, um den eigenen Fall als von dem Präjudiz abweichend zu erweisen (*to distinguish*). Dies kann bis zu einer Aushöhlung ursprünglicher *precedents* führen und eröffnet auch den Untergerichten Auswege aus der strikten *stare decisis*-Bindung.

Trotz dieser traditionell herausragenden Rolle des Richterrechts als Rechtsquelle ist die Hierarchie der Rechtsquellen in den USA keine andere als in den kontinental-europäischen Staaten mit kodifiziertem Recht. Die Verfassung hat danach Vorrang vor den Gesetzen, das Gesetz Vorrang vor dem Richterrecht, und im Verhältnis zwischen Bundesrecht und einzelstaatlichem Recht ordnet die *supremacy clause* (Art. VI, U.S. Const.) an, daß ersteres vorgeht. Auch dem tatsächlichen Umfang nach hat die Gesetzgebung seit dem Ende des 19.

Jahrhunderts (einsetzend mit dem *Sherman Antitrust Act* von 1890) so zugenommen, daß das fallrechtliche *Common Law* stark zurückgedrängt worden ist. Das Rechtssystem der USA läßt sich daher durchaus als ein gemischtes bezeichnen, obwohl größere Kodifikationen weitgehend auf die noch von der französischen Rechtstradition beeinflußten Gebiete beschränkt sind (*Civil Code of Louisiana* von 1812). Die an dem Modellgesetz des *Uniform Commercial Code* ausgerichteten einzelstaatlichen Handelsgesetzbücher stellen hier eine gewisse Ausnahme dar. Große Bedeutung entfaltet ferner inzwischen die Rechtsetzungstätigkeit der Regulierungsbehörden (*Independent Regulatory Commissions*) wie etwa der *Federal Trade Commission*.

Die fallrechtliche Orientierung des amerikanischen Rechtsdenkens beeinflußt aber auch Struktur und Verständnis der Gesetzgebung. Während in den Kodifikationsländern die Normtexte jedenfalls in den großen Gesetzbüchern allgemein und abstrakt gehalten sind, sind die Gesetze in den USA in der Regel länger, detaillierter und in den Einzelheiten komplexer. Die Gerichte sehen die gesetzlichen Regeln gegenüber dem fallrechtlichen *Common Law* grundsätzlich als spezielle Ausnahmeregeln, die das *Case Law* lediglich ergänzen. Deshalb werden aus den Gesetzen gewöhnlich keine allgemeinen Rechtsgrundsätze abgeleitet, und eine Gesetzesanalogie ist praktisch ausgeschlossen. Auf der Bundesebene gilt dies allerdings nur eingeschränkt, da es, von Ausnahmebereichen abgesehen, kein *Federal Common Law* (*Erie Railroad Co. v. Tompkins*, 304 U.S. 64 (1938)) gibt. Infolgedessen übernimmt dort die Verfassung wesentliche Funktionen des *Common Law*.

10.1.3 Rechtsgebiete

Die verschiedenen Rechtsgebiete des amerikanischen Rechts sind aus deutscher Perspektive ungewohnt gegliedert, schon deswegen, weil dem prozessualen Ansatz des *Common Law* an sich eine Einteilung des Rechts nach materiellen Gesichtspunkten fremd ist. Das beginnt damit, daß die scharfe Unterscheidung zwischen öffentlichem Recht und Privatrecht in den USA aufgrund der *Common Law*-Tradition nicht existiert, auch wenn sich die Differenzierung zwischen *Public Law* und *Private Law* in einem deskriptiven Sinn inzwischen in erheblichem Maß durchgesetzt hat. Im übrigen ist immer die bundesstaatliche Kompetenzverteilung zu beachten.

Die größte Übereinstimmung besteht im Hinblick auf das Verfassungsrecht, das wie in Deutschland im Bund wie in den Einzelstaaten in formellen Verfassungsurkunden kodifiziert ist. Die Verfassungsrechtsprechung spielt in den USA, durch die *case law*-Tradition verstärkt, eine beherrschende Rolle.

Das Strafrecht, das wegen des *nulla poena sine lege*-Grundsatzes gesetzlich geprägt ist, wird durch zahlreiche Einzelgesetze ausgeformt, die ihrerseits durch allgemeine Prinzipien des *Common Law* zusammengehalten werden.

Wegen des fallrechtlichen Charakters wird das Zivilrecht nicht durch einen spezifischen allgemeinen Teil, wie etwa den Allgemeinen Teil des deutschen Bürgerlichen Gesetzbuches, umspannt. Einige wesentliche Materien, die teilweise quer zur deutschen Systematik liegen, sind etwa das *Law of Contracts*, das *Law of Torts*, das *Family Law*, das *Law of Property* und das Erb- und Ehegüterrecht. Einen stärker eigenständigen Charakter hat das Handels- und Wirschaftsrecht, das insbesondere im Wettbewerbsrecht stark vom Gesetzgeber geprägt ist.

Das Prozeßrecht ist eine selbständige Materie, wobei das Strafprozeßrecht in besonderem Maße von verfassungsrechtlichen Prinzipien beherrscht und durchformt wird.

Obwohl das *Common Law* im Ansatz kein besonders ausgestaltetes Verwaltungsrecht kennt, hat sich hier durch die intensive, auch untergesetzliche Rechtsetzungstätigkeit der Exekutive und einige größere Gesetzgebungsakte inzwischen ein eigenständiges Rechtsgebiet ausdifferenziert, das sich aber gleichwohl nicht völlig von seinen *Common Law*-Wurzeln gelöst hat.

Die Rechtslage in den USA wird weiter dadurch gekennzeichnet, daß Bundes- und Landesrecht konkurrieren und sich überlagern. Das *Common Law* und damit insbesondere das Zivilrecht ist weitgehend eine Angelegenheit der Einzelstaaten, so daß es im Grunde 50 verschiedene *Common Law*-Systeme gibt, die freilich durch eine gemeinsame Rechtstradition, das Kollisionsrecht sowie eine einheitliche Ausbildung der Juristen zusammengehalten werden. Aufgrund der *commerce clause* (Art. I, Sec. 8, cl. 3 U.S. Const.) wird das Wirtschaftsrecht im engeren Sinn vom Bund dominiert. Im Strafrecht existieren bundes- und einzelstaatliches Recht nebeneinander, im Verwaltungsrecht ist in der Sache eine Vorherrschaft des Bundes zu beobachten. Die Trennung und Überlagerung von Bundes- und Landesrecht wird dabei entscheidend durch das System und die Aufteilung der Gerichtsbarkeit bestimmt.

10.2   Die Gerichtsbarkeit

10.2.1   Grundlagen

Das Gerichtssystem der USA ist im Gegensatz zum deutschen dual strukturiert. Dies entspricht der bundesstaatlichen Kompetenzaufteilung in den USA, die alle Funktionen, also Gesetzgebung, Verwaltung und Rechtsprechung einheitlich entweder der Bundes- oder der einzelstaatlichen Ebene zuweist und nicht etwa, wie das Grundgesetz, für bestimmte Sachmaterien die Gesetzgebung dem Bund, die Verwaltung den Ländern zuordnet und für die Rechtsprechung einen einheitlichen Instanzenzug vorsieht, der auf Länder und Bund aufgeteilt ist. Das bedeutet, daß Rechtsfragen des einzelstaatlichen Rechts letztverbindlich durch die einzelstaatlichen Gerichte entschieden werden, Rechtsfragen des Bundesrechts in erster Linie durch Bundesgerichte. Aufgrund der Zuständigkeitsregeln und des Vorrangs des Bundesrechts werden bundesrechtliche Fragen in beiden Gerichtszweigen, letztverbindlich aber durch die Bundesgerichte entschieden.

Einige Differenzierungen und Strukturelemente sind aber beiden Gerichtssystemen gemeinsam. Anders als in Deutschland ist in den USA ausschließlich die erste Instanz gleichzeitig Tatsachen- und Rechtsinstanz (*Trial Courts*, Prozeßgerichte), die sowohl den Sachverhalt gegebenenfalls durch Beweisaufnahme ermittelt und das geltende Recht auf den Sachverhalt anwendet. Die Sachverhaltswürdigung ist hier ganz entscheidend, da vor den nachfolgenden

Instanzen dieser erstinstanzlich ermittelte Sachverhalt prinzipiell zugrundegelegt wird. *Trial Courts* sind jeweils durch Einzelrichter besetzt, deren Haupttätigkeit vor der Hauptverhandlung liegt (Anträge im Vorverfahren, Vergleichsverhandlungen, vorläufige Anhörungen v.a. im Strafverfahren etc.). Insoweit handeln die Einzelrichter in jedem Fall ohne eine Jury. In diesem Vorverfahren gilt das Öffentlichkeitsprinzip nur eingeschränkt.

Im Strafprozeß obliegt die Schuldfeststellung und die ihr zugrunde liegende Beweiswürdigung in der Tatsacheninstanz einer Jury. Das wird durch Art. III, Sec. 2 cl. 3 U.S. Const. verbürgt, wobei nach Auffassung des *U.S. Supreme Court* diese Regel erst greift, wenn ein Strafmaß von 6 Monaten und darüber möglich ist. Ein Anspruch auf einen *jury trial* wird aber auch in allen zivilrechtlichen *Common Law*-Streitigkeiten bei einem Streitwert über US-$ 20 durch den siebten Zusatzartikel der US-Verfassung im Bereich der Bundesgerichtsbarkeit gewährt. Für die Einzelstaaten gilt letzteres Grundrecht nicht, so daß die Einführung zur Disposition des Gesetzgebers steht. Die Jury entstammt der englischen Rechtstradition, gewann in Amerika in der Kolonialzeit jedoch die besondere Bedeutung eines Gegengewichts zum englischen Richter und hat sich als demokratische Errungenschaft bis heute gehalten. In Zivilsachen, wo die Parteien darauf auch verzichten können, ist die Einschaltung einer Jury vor allem bei schwierigen Sachproblemen etwa im Kartell- und Wirtschaftsrecht, aber auch bei Schadensersatzverfahren, noch problematischer als im Strafprozeß, wo die Emotionalisierungstrategien durch Anklage und Verteidigung nicht selten zu fragwürdigen Entscheidungen führen. Es kommt hinzu, daß ein Urteil der Jury grundsätzlich nicht begründet werden muß. Fast überall (in 45 Staaten) müssen die Schuldsprüche einstimmig ergehen, sonst folgt im Fall einer *hung jury* ein Freispruch oder eventuell ein erneuter Prozeß. Von der *trial jury* zu unterscheiden ist die durch den fünften Zusatzartikel der US-Verfassung garantierte *grand jury*, die bei Verbrechen in einem nicht öffentlichen Vorverfahren über die Anklageerhebung entscheidet. Auch diese Regelung verpflichtet nur den Bund, während die Einzelstaaten insoweit frei sind und sich lediglich zur Hälfte für dieses Verfahren entschieden haben. Die durch die *grand jury* beabsichtigte Filterfunktion wird aus rechtlichen und tatsächlichen Gründen heute allerdings kaum noch erfüllt.

Die Rechtsmittelgerichte werden durch die *(Intermediate) Appellate Courts* und die Obersten Gerichte, die *Supreme Courts*, gebildet. In deutscher Terminologie sind diese beiden weiteren Instanzen allein Revisionsgerichte und keine Berufungsgerichte, da auch die *(Intermediate) Appellate Courts* keinerlei Tatsacheninstanz sind. Die Richter der *Supreme Courts* werden *justice* genannt, die Richter der Prozeß- und übrigen Appellationsgerichte werden als *judge* bezeichnet. In den Kammern der *(Intermediate) Appellate Courts* entscheiden regelmäßig drei Richter, während die *Supreme Courts* gewöhnlich mit fünf, sieben oder neun Richtern besetzt sind. Bei Konflikten zwischen verschiedenen Kammern desselben Appellationsgerichts entscheidet meist das Plenum aller Richter, es gibt aber auch andere Mechanismen der Konfliktlösung.

In Rechtsfragen ist der Prüfungsumfang der Appellationsgerichte einschließlich der *Supreme Courts* unbeschränkt. Dagegen ist eine Überprüfung der Sachverhaltsermittlung nur eingeschränkt zulässig und führt ausnahmsweise dann zur Zurückverweisung an das Prozeßgericht, wenn „*the findings are clearly erroneous*" (*Federal Rules Civil Procedure Rule 52* (a), 28 U.S. C.A.; *Anderson v. Bessemer City*, 470 U.S. 564 (1985)). Eine eigenständige Sachverhaltsermittlung ist anders als in Deutschland gänzlich ausgeschlossen. Die Überprüfung von Jury-Urteilen ist sogar noch mehr beschränkt. Der Prüfungsmaßstab ist insofern derselbe wie derjenige des Prozeßrichters im Jury-Prozeß: Das Jury-Urteil darf nur dann aufgehoben werden, wenn ein substantieller glaubwürdiger Anhaltspunkt zur Unterstützung des Urteils völlig fehlt. Andernfalls wäre das Grundrecht auf einen Jury-Prozeß verletzt. Eine Differenz besteht insoweit zwischen Zivil- und Strafprozessen. In Strafprozessen erfolgt die Aufhebung, wenn die Beweislage nicht „*beyond a reasonable doubt*" ist. Im Zivilprozeß reicht es für den Bestand des Urteils aus, wenn das Tatsachenergebnis *by a preponderance of the evidence* gestützt wird. Appellationsfähig sind in der Regel nur Endurteile (*final judgements*). Zwischenentscheidungen können zwar prinzipiell auch angegriffen werden, eine Appellation ist jedoch von einer übereinstimmenden Ermessensentscheidung des Prozeß- und des Appellationsgerichts abhängig (*interlocutory appeals*). Eine eng begrenzte Ausnahme stellen insoweit die *writs of mandamus* (Anordnung bestimmter Maßnahmen der Prozeßgerichte) oder *writs of prohibition* (Anordnung auf Unterlassung bestimmter Prozeßmaßnahmen) dar, die aber weniger als Appellation denn als ursprüngliche Maßnahme gegen den Prozeßrichter gelten. Diese *writs* sind zudem auf eindeutig rechtswidrige Maßnahmen der Prozeßgerichte begrenzt.

Die Gerichtssysteme des Bundes und der Einzelstaaten sind prinzipiell als Einheitsgerichtsbarkeit konzipiert. Zwar gibt es auch einige wenige spezialisierte Gerichte, aber ansonsten verfügen die Gerichte jeweils über eine umfassende Zuständigkeit und sind nicht etwa wie in Deutschland nach Materien in verschiedene Gerichtszweige mit jeweils eigenem Instanzenzug aufgeteilt. Anders als nach dem sogenannten österreichischen Modell kennen die USA daher keine spezialisierten Verfassungsgerichte. Verfassungsgerichtsbarkeit wird vielmehr von den allgemeinen Gerichten ausgeübt. Daraus ergibt sich fast zwangsläufig, daß eine verfassungsrechtliche Normenkontrolle nur im Rahmen eines konkreten Streitverfahrens in Betracht kommt und darüber hinaus die Normenkontrolle nicht bei einem Gericht konzentriert, sondern diffus organisiert ist. Das bedeutet, daß jedes Gericht selbständig und inzident über die Verfassungsmäßigkeit der Normen entscheidet, die im konkreten Rechtsstreit entscheidungserheblich sind. Die jeweiligen *Supreme Courts* treffen letztlich vor allem infolge der *stare decisis*-Regel die letztverbindliche Entscheidung. Diese Befugnis zum *judicial review* ergibt sich zwar nicht explizit aus der Bundesverfassung oder aus den einzelstaatlichen Verfassungen, ist aber von Anfang an weitgehend anerkannt worden und im Grunde seit der Entscheidung *Marbury v. Madison* im Jahr 1803 außer Streit (*Marbury v. Madison*, 5 U.S. (1 Cranch) 137 (1803)), so sehr im Einzelfall auch über die Grenzen des *judicial review* gestritten wird.

10.2.2   Die Bundesgerichtsbarkeit

Zuständigkeiten
Die Zuständigkeit (*jurisdiction*) der Bundesgerichte wird im Grundsatz durch Art. III, Sec. 2, cl. 1 US Const. geregelt und mittels der darin enthaltenen Ermächtigung durch den Bundesgesetzgeber näher konkretisiert. Der Gesetzgeber ist nicht gezwungen, die Zuständigkeiten auszuschöpfen, hat aber weitreichend davon Gebrauch gemacht. Drei Fallgruppen sind von

Bedeutung. Die bundesgerichtliche Zuständigkeit ist gegeben bei Streitigkeiten, in denen der Bund, ausländische Staaten oder Einzelstaaten über deren Grenzen hinaus Partei sind. Hier hat der *Supreme Court* die *original jurisdiction* (28 USC § 1251). Dies fällt quantitativ aber nicht sonderlich ins Gewicht. Entscheidend sind dagegen die Zuständigkeiten in „*federal question cases*" und in Fällen der „*diversity of citizenship*". Die erste Zuständigkeit ist gegeben, wenn die Rechtsfragen ihre Grundlage in der Bundesverfassung, Bundesgesetzen sowie Staatsverträgen des Bundes haben oder nach Bundesrecht Bundesgerichte ausschließlich zuständig sind, wie z. B. im Konkurs (28 USC § 1334). Die zweite Zuständigkeit der Bundesgerichte liegt in allen Fällen vor, in denen die Parteien unterschiedliche einzelstaatliche (oder ausländische) Staatsbürgerschaften besitzen und der Streitwert US-$ 50.000 übersteigt (28 USC § 1332).

Der Zuständigkeitsgrund bestimmt auch das anwendbare Recht. In *federal question*-Fällen ist das Bundesrecht der Prüfungsmaßstab. In *diversity of citizenship*-Fällen ist grundsätzlich das Recht des Staates anwendbar, in dem der Gerichtsbezirk des entscheidenden Bundesgerichts liegt, soweit sich nicht aus (zwischenstaatlichem) Kollisionsrecht oder dem aufgrund der *Commerce Clause* ergangenen Bundesrecht etwas anderes ergibt.

Die Anhängigkeit eines Streites bei einem Bundesgericht wird in der Regel durch unmittelbare Anrufung des Gerichts begründet, sie erfolgt aber häufig auch durch Verweisung von einem anderen Bundesgericht (*federal transfer*) (28 USC § 1404 (a)) oder auf Antrag der Prozeßparteien durch Verweisung von einem einzelstaatlichen Gericht (*removal*) in Fällen, in denen die (alternative) Zuständigkeit des einzelstaatlichen und des Bundesgerichts gegeben ist (*diversity jurisdiction*).

Begrenzt wird die Zuständigkeit der Bundesgerichte durch die Zulässigkeitsvoraussetzungen der Klagen, die sich teilweise unmittelbar aus der Verfassung ergeben. Zunächst muß es sich bei den Streitigkeiten um *cases* or *controversies* handeln. Dies bedeutet, daß die Streitfrage „definite and concrete" sein muß, „touching the legal relations of parties having adverse legal interests [...]. It must be a real and substantial controversy admitting of specific relief through a decree of conclusive character" (*Aetna Life Insurance Co. v. Haworth*, 300 U.S. 227, 240 f. (1937)). Dies wird durch die spezifischen Anforderungen der Klagebefugnis (*standing*), der Entscheidungsreife (*ripeness*), dem Ausschluß von *collusive cases* und Fällen der Erledigung (*mootness*) konkretisiert. Daneben lehnen es die Bundesgerichte im Gefolge des *Supreme Court* ab, sog. *political questions* zu entscheiden. Diesem Grundsatz liegen in der verfassungsrechtlichen Gewaltenteilung begründete funktionelle und pragmatische Gesichtspunkte zugrunde. Seit der Entscheidung *Baker v. Carr* (369 U.S. 186 (1962)) über die Verfassungsmäßigkeit der Wahlkreiseinteilung hat diese Doktrin aber nur noch geringe praktische Bedeutung.

Der Aufbau der Bundesgerichtsbarkeit

Die Verfassung zeichnet den Aufbau der Bundesgerichtsbarkeit in Art. III, Sec. 1 U.S. Const. nur rudimentär vor: „The judicial Power of the United States, shall be vested in one supreme Court, and in such inferior Courts as the Congress may from time to time ordain and establish". Lediglich der *Supreme Court* ist damit verfassungsrechtlich garantiert, im übrigen ist der Gesetzgeber weitgehend in der Ausgestaltung frei und hat seit dem ersten *Judiciary Act* von 1789 ein inzwischen mehrfach geändertes, zuletzt 1988 grundlegend reformiertes Gerichtssystem mit drei Instanzen errichtet (Abbildung 10-1).

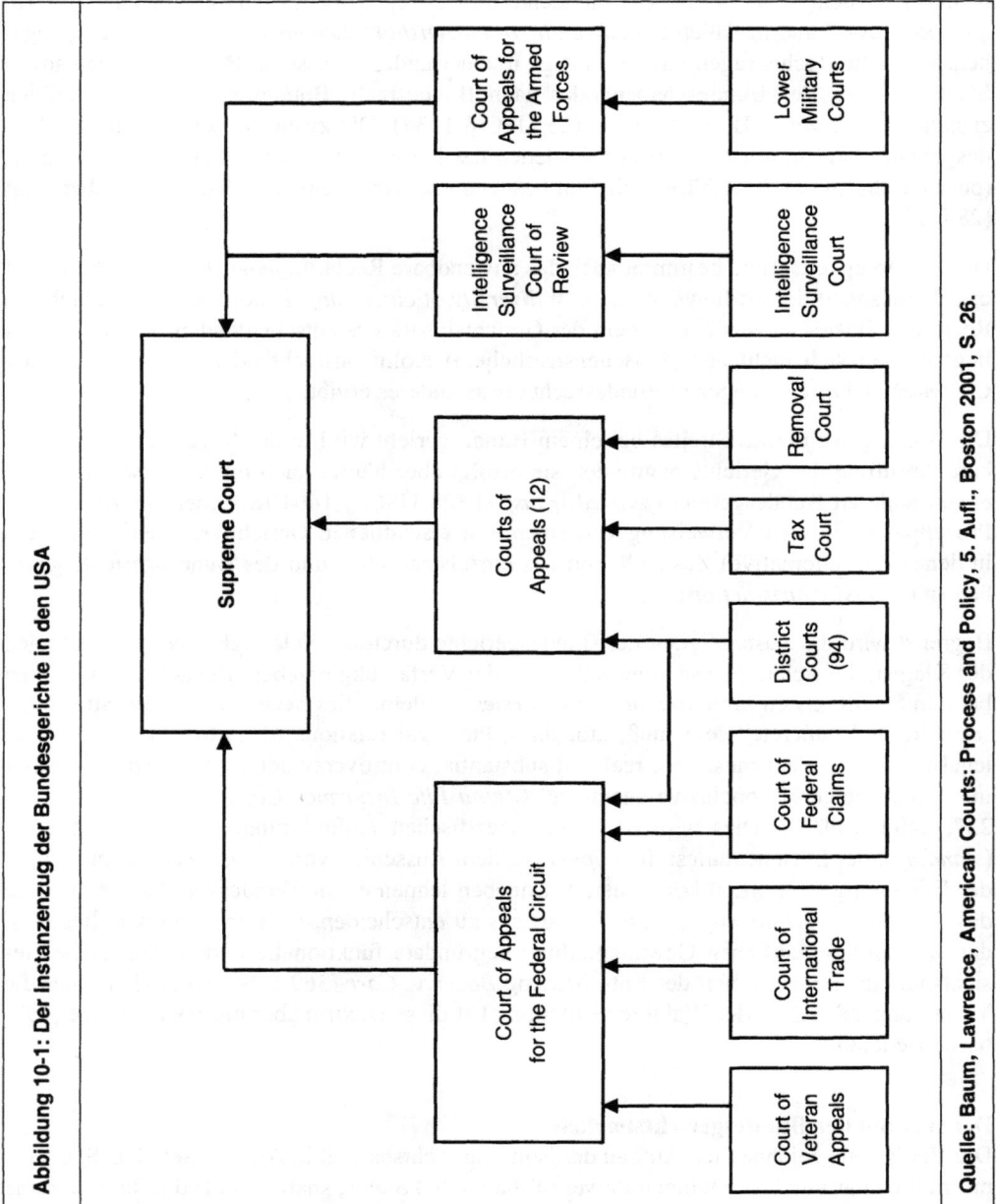

Abbildung 10-1: Der Instanzenzug der Bundesgerichte in den USA

Quelle: Baum, Lawrence, American Courts: Process and Policy, 5. Aufl., Boston 2001, S. 26.

Die erstinstanzlichen Prozeßgerichte sind die 93 *District Courts* einschließlich derjenigen für den *District of Columbia* (also die Hauptstadt Washington) und den für Puerto Rico. Daneben treten noch die *District Courts* für die Territorien (Panama Canal, Guam, Virgin Islands). Einige Distrikte sind mit einem Einzelstaat identisch, andere Einzelstaaten wie New York haben bis zu vier *District Courts*. Diese verfügen jeweils über mindestens zwei und höchstens 28 Richter, im Jahr 2004 waren es insgesamt 679 (Federal Court Management Statistics 2004). Sie hatten 2003/2004 insgesamt 255.851 Eingänge in Zivilsachen und 70.746 in Strafsachen zu verzeichnen (Administrative Office of the United States Courts 2004: 6). Die Richter werden von *federal magistrates* unterstützt, die für eine Amtszeit von acht Jahren bestellt werden und einige richterliche Funktionen ausüben; sie treffen z. B. Maßnahmen im Vorfeld einer Hauptverhandlung und können sogar den Vorsitz in Zivilprozessen im Einverständnis beider Parteien oder in Bagatellstrafsachen führen. Eine Besonderheit stellen die *Bankruptcy Courts* dar, die den *District Courts* zugeordnet sind. Die Konkursrichter werden für 14 Jahre von den zuständigen nächstinstanzlichen *Courts of Appeals* ernannt, in bestimmten Fällen bleiben aber die Lebenszeit-Richter des betreffenden *District Courts* zuständig.

Die nächste Instanz auf der Bundesebene sind die insgesamt 12 *Circuit Courts of Appeals* mit insgesamt 167 Richtern (2004), von denen ein Gericht für den *District of Columbia* zuständig ist. Es besteht ein Rechtsanspruch auf Appellation für alle Endurteile der *District Courts*. Zudem sind die *Courts of Appeals* zuständig für Appellationen gegenüber Entscheidungen bestimmter Verwaltungsbehörden, denen richterliche Funktionen zukommen (z. B. *Securities and Exchange Commission, National Labor Relations Board*). 2003/2004 sind insgesamt 60.505 Klagen eingereicht worden (Administrative Office of the United States Courts 2004: 6). Fast alle Bezirke (*circuit*) erstrecken sich dabei über mehrere Staaten. Der *Court of Appeals for the Federal Circuit* ist dagegen nicht nach geographischen Gesichtspunkten zugeschnitten, sondern ist für alle Appellationen von allen *District Courts* in Patentsachen, in bestimmten Schadensersatzverfahren gegen den Bund sowie für Rechtsmittel gegen Entscheidungen des *Claims Court* und des *Court of International Trade* zuständig.

Das oberste Appellationsgericht ist der *U.S. Supreme Court*, der seit 1868 mit neun Richtern, dem *Chief Justice* und acht *Associate Justices*, besetzt ist, die einen einzigen Spruchkörper bilden. Obwohl die Institution des *Supreme Court* durch die Verfassung garantiert wird, werden seine Zusammensetzung und Zuständigkeit vom Kongreß gesetzlich festgelegt.

Der *Supreme Court* ist regelmäßig Appellationsinstanz, hat aber auch erstinstanzliche Zuständigkeiten. Appellationen zum *Supreme Court* sind in zwei Formen möglich: aufgrund eines verfassungsrechtlichen Anspruchs auf Zulassung (Art. III, Sec. 2, cl. 2 U.S. Const.) sowie aufgrund eines *writ of certiorari*. Nachdem 1988 der Rechtsanspruch auf Zulassung in allen Fällen der Entscheidung über die Verfassungswidrigkeit eines Gesetzes (28 USC § 1252 (1983)) abgeschafft worden ist, fallen nur noch ganz wenige Fälle in die erste Kategorie (28 USC § 1253, 2284), so daß heute der *Supreme Court* praktisch nur nach seinem freien Ermessen eine Appellation aufgrund eines *writ of certiorari* zuläßt. Verfahrenstechnisch ist zur Annahme eines Falles die Zustimmung durch vier der neun Richter erforderlich (*rule of four*). Sachlich sind nach *Supreme Court Rule 10* vor allem Gesichtspunkte der Rechtsvereinheitlichung und Rechtssicherheit leitend, wobei die Verletzung von Grundrechten berücksichtigt werden kann. Von den jährlich bis zu 8.000 *certiorari*-Anträgen werden etwa 150 angenommen (Stumpf 1998: 112 ff.).

Die wenigen erstinstanzlichen Zuständigkeiten (*original jurisdiction*) betreffen vor allem Streitigkeiten zwischen Einzelstaaten. Auch hier ist im übrigen ein *writ of certioriari* notwendig (28 USC § 1251), soweit der *Supreme Court* nicht ausschließlich zuständig ist. Wenn er erstinstanzlich tätig wird, bedient er sich allerdings weitgehend eines *special master*, meist eines pensionierten Bundesrichters, der die Sachverhaltsermittlung übernimmt.

Neben diesen allgemein zuständigen Gerichten, die wegen ihrer Erwähnung in der Verfassung *Constitutional Courts* genannt werden, gibt es eine Reihe von Gerichten mit speziellen Zuständigkeiten, die wegen ihrer gesetzlichen Begründung als *Legislative Courts* bezeichnet werden. Dazu zählen seit 1855 der *U.S. Court of Federal Claims* (Bezeichnung bis 1982: *U.S. Claims Court*), dessen 16 Richter über Ansprüche gegen den Bund entscheiden; der seit 1924 bestehende *Tax Court*, der mit 19 Richtern für alle Streitigkeiten über Bundessteuern zuständig ist, der *Court of International Trade* (bis 1980: *U.S. Customs Court*), der Zollstreitigkeiten entscheidet, der *U.S. Court of Appeals for the Armed Forces* (bis 1994: *Court of Military Appeals*) verhandelt seit 1951 Appellationen gegen Kriegsgerichte und der *Court of Veterans Appeals* für Appellationen von Rentenentscheidungen des *Board of Veterans Appeals*. Der *Foreign Intelligence Surveillance Court* (seit 1978) ist für die Genehmigung von Abhörentscheidungen bei Untersuchungen zur Gewährleistung der nationalen Sicherheit zuständig. Der *D.C. Superior Court* und der *D.C. Court of Appeals* handeln als einzelstaatliche Gerichte für Washington, D.C., wo es kein besonderes einzelstaatliches Recht gibt, sondern Bundesrecht gilt.

10.2.3   Die Gerichtsbarkeit der Einzelstaaten

Jeder Einzelstaat verfügt über ein eigenständiges Rechts- und Gerichtssystem, das in sich geschlossen ist. Die Systeme der 50 Staaten weisen aufgrund gemeinsamer Traditionen und der unitarisierenden Wirkung der Rechtsprechung des *U.S. Supreme Court* große Ähnlichkeiten auf, Verschiedenheiten beruhen demgegenüber auf unterschiedlichen historischen Entwicklungen, dem unterschiedlichen Zeitpunkt des Beitritts zur Union und der jeweiligen politischen Kultur. Grundlage der Eigenständigkeit ist die verfassungsrechtliche Autonomie als Kernelement der Bundesstaatlichkeit. Die Vorschriften dürfen allerdings nicht in Widerspruch zur US-Verfassung oder anderem Bundesrecht stehen. Auch Zuständigkeit und Aufbau der Gerichtsbarkeit sind meistens in den einzelstaatlichen Verfassungen geregelt. Der Großteil der Verfahren findet in den Einzelstaaten statt: Im Jahr 2002 wurden von den Obersten Gerichten insgesamt 26.437, von den *Intermediate Appellate Courts* 127.022 und von den Untergerichten insgesamt fast 10,9 Mio. Zivil- und rund 7,2 Mio. Strafverfahren abgewickelt (National Center for State Courts/Court Statistics Project 2004: 105, 137 f.).

Zuständigkeit
Die Gerichte der Einzelstaaten (sowie der Territorien) sind allgemein zuständig, soweit keine ausschließliche Bundeszuständigkeit besteht. Die Zuständigkeit erstreckt sich auf alle Sachgebiete und auf alle Personen unabhängig von deren Staatsangehörigkeit. Die Zuständigkeit

ist gerade nicht auf das einzelstaatliche Recht beschränkt, sondern erfaßt auch das gesamte Bundesrecht einschließlich der Verfassung, so daß bundesrechtliche Streitfragen prinzipiell ebenfalls einer Entscheidung durch die einzelstaatlichen Gerichte zugänglich sind. Eine Doppelzuständigkeit von einzelstaatlicher und Bundesgerichtsbarkeit ist in diesen Fällen ebenso gegeben wie in *diversity of citizenship*-Fällen und durch die Möglichkeiten der Verweisung (*removal*). Die letztverbindliche Entscheidung über einzelstaatliche Rechtsfragen verbleibt aber dem *Supreme Court* des jeweiligen Einzelstaats, die letztverbindliche Entscheidung über Fragen des Bundesrechts dagegen dem *U.S. Supreme Court*. Insoweit ist die angerufene Gerichtsbarkeit an die verbindlichen Auslegungen der jeweils zuständigen Gerichtsbarkeit gebunden.

Aufbau

Alle Einzelstaaten haben einen vollständigen Gerichtszug, der meist aus drei, gelegentlich aus zwei Instanzen besteht. Die Basis besteht aus den Prozeßgerichten mit allgemeiner Zuständigkeit. Nur wenige Staaten, wie New York, haben besondere Gerichte oder Zweige innerhalb der erstinstanzlichen Gerichte mit speziellen Zuständigkeiten wie den *Family and Domestic Relations Court* oder den *Probate Court*. Im übrigen ist die Terminologie teilweise verwirrend. Gewöhnlich heißen die erstinstanzlichen Gerichte *District Court, Circuit Court, Superior Court*, aber in Pennsylvania *Court of Common Pleas* und in New York *Supreme Court*. Hier findet sich die große Masse der Richter, insgesamt 11.229 (National Center for State Courts/Court Statistics Project 2004: 96 f.).

In den meisten Einzelstaaten gibt es darüber hinaus unterhalb der erstinstanzlichen Gerichte *inferior* bzw. *minor courts*, die eine begrenzte Zuständigkeit haben. Diese Zuständigkeit ist entweder auf bestimmte Sachgebiete begrenzt (*Probate or Surrogate Courts, Traffic Courts, Police Courts*) oder auf Streitfälle geringerer Bedeutung bzw. Bagatellsachen beschränkt (*Small Claims Courts, Municipal Courts, Justice Courts*). Hier werden Zivilsachen mit geringeren Streitwerten (in Kalifornien aber immerhin bis zu US-$ 25.000) und in Strafsachen nur *misdemeanors* (Vergehen) verhandelt, während die höheren Streitwerte und Verbrechen (*felonies*) den (ordentlichen) erstinstanzlichen Gerichten vorbehalten bleiben. Appellationen gegen Entscheidungen dieser *minor courts* gehen an die ordentlichen erstinstanzlichen Gerichte, die insoweit vor allem bei *Small Claims Courts* nicht als bloße Revisionsinstanz tätig werden, sondern völlig neu verhandeln (*trial de novo*), weil das Verfahren vor den Gerichten für Bagatellsachen einen informellen Charakter trägt. Die Friedensrichter, die eine eigenständige Schlichtungsinstanz darstellen, wird man dagegen nicht als Teil der echten Gerichtsbarkeit ansehen können.

Meist gibt es einen Instanzenzug mit zwei Appellationsinstanzen. Die mittlere Instanz heißt gewöhnlich *Court of Appeal*, in New York ist es die *Appellate Division* des (erstinstanzlichen) *Supreme Court*. Hier sind insgesamt 987 Richter tätig (National Center for State Courts/Court Statistics Project 2004: 96 f.). Oberste Instanz (*Court of Last Resort*) ist, unabhängig von der Existenz einer Mittelinstanz, der jeweilige *Supreme Court* eines Einzelstaats, der in Connecticut *Court of Errors*, in Massachusetts *Supreme Judicial Court* und in New York *Court of Appeal* heißt. In Oklahoma und Texas gibt es außerdem für Zivil- und für Strafsachen zwei gesonderte Oberste Gerichtshöfe. An diesen Obersten Gerichten sind 356

Richter tätig (National Center for State Courts/Court Statistics Project 2004: 96 f.). Im Gegensatz zum *U.S. Supreme Court* ist eine Reihe von *Supreme Courts* auch verpflichtet, nicht nur konkrete Rechtsstreitigkeiten zu entscheiden, sondern auch Gutachten insbesondere über die Verfassungsmäßigkeit von Gesetzesvorschlägen zu erstellen. Zudem kommen ihnen gelegentlich Aufsichtsbefugnisse über die unteren Gerichte oder die Befugnis zur Ernennung des Generalstaatsanwalts zu. Letzte Entscheidungsinstanz sind die einzelstaatlichen *Supreme Courts* allerdings nur in Fragen des *state law*. Soweit bundesrechtliche Fragen betroffen sind, ist die Appellation zum *U.S. Supreme Court* zulässig (28 USC § 1254, 1257), der aber auch hier im *certiorari*-Verfahren frei über die Annahme entscheidet.

10.2.4   Richterbestellung und Amtsstellung

Richter in den USA nehmen eine andere Laufbahn als in den Kodifikationsländern oder in England. Die Ernennung zum Richter erfolgt regelmäßig erst nach einer längeren juristischen Tätigkeit in der Praxis, sei es als Rechtsanwalt, Staatsanwalt, *public defender* oder Hochschullehrer. Außerdem gibt es meist keine Laufbahn innerhalb der Gerichtsbarkeit, vielmehr werden die Richter für ein bestimmtes Gericht ernannt, wo sie dann auch verbleiben. Es gibt dementsprechend keine Überprüfung der richterlichen Amtsausübung und keine Dienstbeurteilungen als Voraussetzung einer Beförderung. Auch zum Richter an einen *Supreme Court* wird man meist ohne Vorliegen richterlicher Erfahrung bestellt. Amtsstellung und Bestellung der Richter in den Einzelstaaten und auf Bundesebene unterscheiden sich erheblich. Richter an allen Bundesgerichten werden auf Lebenszeit und zwar vom Präsident „*with the advice and consent of the Senate*" (Art. II, Sec. 2, cl. 2 U.S. Const.) ernannt (Tabelle 10-1). Dies hat insgesamt eine starke Politisierung zur Folge, da die jeweiligen Präsidenten ihre Gefolgsleute bzw. Parteianhänger bevorzugen. Seit Ronald Reagan ist dies noch durch eine planvolle Besetzungspolitik mit einer Neigung zur Polarisierung gesteigert worden. Unterhalb des *Supreme Court* hat sich im übrigen eine informelle Praxis der Abstimmung der Ernennung mit den Senatoren der betreffenden Bundesstaaten entwickelt, gegen deren Votum in der Regel ein Kandidat nicht ernannt wird. Beim *U.S. Supreme Court* spielen dagegen die politischen Gesichtspunkte seit Anbeginn eine überragende Rolle, insbesondere auch deswegen, weil der *U.S. Supreme Court* die letztverbindliche Entscheidung – abgesehen von einer schwer erreichbaren Verfassungsänderung – über Verfassungsfragen trifft. Die spektakulären Verfahren des abgelehnten Robert Bork (1987) und des letztlich bestätigten Clarence Thomas (1991) sind dafür markante Beispiele aus jüngerer Zeit. Im allgemeinen ändert dies aber nichts an der hohen Qualifikation der Richter, die zuvor von der *American Bar Association* einer informellen Prüfung und Bewertung unterzogen werden.

In den Einzelstaaten sind die Amtszeiten der Richter unterschiedlich geregelt. Mit der Ausnahme von Rhode Island werden die Richter in allen Instanzen jedoch nicht auf Lebenszeit, sondern nur für eine begrenzte Amtszeit ernannt, die zwischen vier und fünfzehn Jahren schwankt, im Einzelfall (Pennsylvania) auch zwanzig Jahre betragen kann. Auch die Modalitäten der Auswahl und Bestellung der Richter sind von Staat zu Staat unterschiedlich. In 23 Staaten werden die Richter unmittelbar vom Volk gewählt, in elf Staaten werden sie vom Parlament gewählt oder vom Gouverneur ernannt. In den restlichen 17 Einzelstaaten erfolgt die Bestellung nach dem *Missouri Plan* (1940 dort erstmals praktiziert), der Wahl- und Ernennungsverfahren kombiniert. Hier nominieren aus Rechtsanwälten, Richtern und Laien zusammengesetzte *Committees* jeweils drei Kandidaten für jeden vakanten Richterposten, von denen der Gouverneur einen ernennt. Nach einer gewissen Zeit müssen die Richter dann durch das Volk für eine meist 12-jährige Amtsperiode bestätigt werden, was fast ausnahmslos geschieht. Die große Bedeutung unmittelbarer Volkswahlen bei der Richterbestellung, die der ursprünglichen Zuordnung der Judikative zur Demokratie bei Montesquieu entspricht, ist meist auf die Zeit der Demokratisierung der *Jacksonian Revolution* Anfang des 19. Jahrhunderts zurückzuführen, erscheint heute nicht unproblematisch und ist auch in den USA gerade im Hinblick auf die Unabhängigkeit der Richter umstritten. Verfassungsrechtlich ist die Unabhängigkeit der Richter in der Bundesverfassung auch lediglich für die Bundesrichter gewährleistet, die nur durch ein vom Kongreß durchgeführtes *impeachment*-Verfahren abgesetzt werden können. Einzelstaatliche Richter können aber während ihrer Amtszeit ebenfalls nur durch *impeachment* oder sonstige förmliche Amtsenthebungsverfahren abgesetzt werden. Eine Wiederwahl kann aber naturgemäß immer verweigert werden, wenngleich in der Praxis, von meist eher spektakulären Ausnahmen abgesehen, die Richter in ihr Amt (wieder-)gewählt werden.

Tabelle 10-1: Präsidentielle Richterernennungen 1933-2004

Präsident	Supreme Court	Customs & Patent Appeals	Court of Claims	Court of International Trade*	USCAFC**	Court of Appeals	District Courts	Gesamt
Roosevelt (1933-45)	9	3	4	7	–	52	136	211
Truman (1945-52)	4	3	2	4	–	27	102	142
Eisenhower (1953-60)	5	5	2	3	–	45	127	187
Kennedy (1961-63)	2	1	1	0	–	20	102	126
Johnson (1963-68)	2	1	4	8	–	41	125	181
Nixon (1969-74)	4	3	3	1	–	45	182	238
Ford (1974-76)	1	0	0	0	–	12	52	65
Carter (1977-80)	0	1	2	0	–	56	206	265
Reagan (1981-88)	3	–	–	6	5	78	292	384
Bush sr. (1989-92)	2	–	–	1	5	37	150	195
Clinton (1993-2000)	2	–	–	5	4	61	306	378
Bush jr. jr. (2001-04)	–	–	7	1	1	34	168	211

* Der *U.S. Customs Court* wurde 1980 in *U.S. Court of International Trade* umbenannt.

** Der *Court of Customs and Patents Appeals* und der *U.S. Claims Court* wurden im Oktober 1982 zum *U.S. Court of Appeals for the Federal Circuit* (*USCAFC*) zusammengefaßt.

Quelle: Administration Office of the United States Courts, Judgeship Appointments by President, <http://www.uscourts.gov/history/appointments_by_president.pdf> (31.07.2006).

10.2.5   Aktuelle Probleme

Die Ausrichtung des *Common Law* auf Schadensersatz, der neben materiellen auch immaterielle Schäden erfaßt, das Fehlen eines umfassenden (Sozial-)Versicherungsschutzes sowie die Möglichkeit der Beteiligung einer Jury in diesen Verfahren haben dazu geführt, daß teilweise extrem hohe Entschädigungen zugesprochen werden, was durch die Möglichkeit eines Strafschadensersatzes (*punitive damages*) noch verstärkt wird. Auch wenn die Summen in den Rechtsmittelinstanzen häufig stark reduziert werden, sind die Auswirkungen in einzelnen Wirtschafts- (z. B. Tabakindustrie, Arzneimittelherstellung) und Berufszweigen (Ärzte) so gravierend, daß immer wieder Reformen initiiert werden – bisher aber ohne durchschlagenden Erfolg. Jüngst hat der *Supreme Court* (*State Farm Mut. Automobile Ins. Co. v. Campbell*, 538 U.S. 408 (2003)) allerdings exzessive *punitive damages* als Verstoß gegen die *due process clause* qualifiziert und damit dieser Rechtsfigur Grenzen gezogen.

Im Bereich der Strafverfahren hat sich in einem schon problematisch hohen Maß eine vorzeitige Erledigung durch Vereinbarungen (*plea bargaining*) durchgesetzt, in denen ein bestimmtes Strafmaß im Gegenzug zu einem Schuldeingeständnis festgelegt wird. Etwa 90 Prozent der Strafverfahren finden so ein vorzeitiges Ende.

Weltweit auf Kritik stößt die Praxis der Todesstrafe in den USA, die dort jedoch große Zustimmung findet. Gerade die Häufigkeit von Fehlurteilen und der Aufhebung von Todesurteilen in höheren Instanzen wie auch die aufsehenerregende Umwandlung in lebenslange Freiheitsstrafen durch den scheidenden Gouverneur von Illinois haben allerdings in den USA das Problembewußtsein wieder verstärkt und sind partiell auch beim *Supreme Court* auf Resonanz gestoßen, der die Kontrollmöglichkeiten durch die Appellationsinstanz wieder erweitert hat.

Spektakuläre Strafverfahren finden in den USA und sogar weltweit auch die besondere Aufmerksamkeit der Medien und der Öffentlichkeit, weil das Strafprozeßrecht anders als in Deutschland eine unmittelbare Aufzeichnung und Ausstrahlung durch das Fernsehen erlaubt. Einerseits wird dadurch dem Öffentlichkeitsprinzip entsprochen, andererseits aber das Schutzinteresse des Angeklagten völlig vernachlässigt und zudem das Verfahren selbst in problematischer Weise beeinflußt.

10.3   Literatur

Abadinsky, Howard, Law and Justice. An Introduction to the American Legal System, 5. Aufl. Chicago 2002.

Abraham, Henry J., Justices, Presidents, and Senators: A History of the U.S. Supreme Court Appointments from Washington to Clinton, 4. Aufl., Lanham 1999.

Abraham, Henry J., The Judicial Process, 7. Aufl., New York 1998.

Administrative Office of the United States Courts, Federal Judicial Caseload Statistics, March 31, 2004, Washington, D.C. 2004.

Atiyah, Patrick S./**Summers**, Robert S., Form and Substance in Anglo-American Law, Oxford 1987.

Ball, Howard, Courts and Politics. The Federal Judicial System, Englewood Cliffs 1980.

Baum, Lawrence, State Supreme Courts: Activism and Accountability, in: **Van Horn**, Carl E. (Hrsg.), The State of the States, Washington, D.C. 1989, S. 103–130.

Baum, Lawrence, American Courts: Process and Policy, 5. Aufl., Boston 2001

Bloch, Susan Low/**Krattenmaker**, Thomas G., Supreme Court Politics, St. Paul 1994.

Blumenwitz, Dieter, Einführung in das anglo-amerikanische Recht, 7. Aufl., München 2003.

Brugger, Winfried, Einführung in das öffentliche Recht der USA, 2. Aufl., München 2001.

Brugger, Winfried, Grundrechte und Verfassungsgerichtsbarkeit in den Vereinigten Staaten von Amerika, Tübingen 1987.

Burnham, William, Introduction to the Law and Legal System of the United States, St. Paul 1995.

Caplan, Lincoln, The Tenth Justice. The Solicitor General and the Rule of Law, New York 1987.

Cardozo, Benjamin, The Nature of the Judicial Process, New Haven 1921.

Carp, Robert A./**Rowland**, C. K., Policymaking and Politics in the Federal District Courts, Knoxville 1983.

Carp, Robert A./**Stidham**, Ronald, The Federal Courts, 4. Aufl., Washington, D.C. 2001.

Carp, Robert A./**Stidham**, Ronald/**Manning**, Kenneth L., Judicial Process in America, 6. Aufl., Washington, D.C. 2004.

David, René/**Grasmann**, Günther, Einführung in die großen Rechtssysteme der Gegenwart, 2. Aufl., München 1988.

Eisenberg, Melvin Aron, The Nature of the Common Law, Cambridge 1988.

Farnsworth, E. Allan, An Introduction to the Legal System of the United States, 3. Aufl., New York 1996.

Federal Court Management Statistics, <http://www.uscourts.gov/fcmstat/index.html> (31.03.2005).

Fikentscher, Wolfgang, Methoden des Rechts in vergleichender Darstellung, Bd. II: Anglo-amerikanischer Rechtskreis, Tübingen 1975.

Friedman, Lawrence M., A History of American Law, 3. Aufl., New York 2005.

Gates, John B./**Johnson**, Charles A., The American Courts. A Critical Assessment, Washington, D.C. 1991.

Goldman, Sheldon/**Jahinge**, Thomas P., The Federal Courts as a Political System, 3. Aufl., New York u. a. O. 1985.

Guinther, John, The Jury in America, New York u. a. O. 1988.

Hay, Peter, U.S.-Amerikanisches Recht, 2. Aufl., München 2002 [veränderte Fortführung seiner Einführung in das Amerikanische Recht, 4. Aufl., Darmstadt 1995].

Heun, Werner, Die Geburt der Verfassungsgerichtsbarkeit – 200 Jahre Marbury v. Madison, in: Der Staat, Jg. 42, 2(2003), S. 267–283.

Holmes, Oliver Wendell. The Common Law, Boston 1881.

Horwitz, Morton J., The Transformation of American Law 1780-1860, Cambridge 1977.

Horwitz, Morton J., The Transformation of American Law 1870-1960, New York u. a. O. 1992.

Howard, J. Woodford, Jr., Courts of Appeals in the Federal Judicial System. A Study of the Second, Fifth, and District of Columbia Circuits, Princeton 1981.

Jacob, Herbert, Justice in America. Courts, Lawyers, and the Judicial Process, 4. Aufl., Boston u. a. O. 1984.

Kommers, Donald P., Die Verfassungsgerichtsbarkeit in den Gliedstaaten der Vereinigten Staaten von Amerika, in: **Starck**, Christian/**Stern**, Klaus (Hrsg.), Landesverfassungsgerichtsbarkeit, Bd. I, Baden-Baden 1983, S. 461–495.

Lepsius, Oliver, Verwaltungsrecht unter dem Common Law, Tübingen 1997.

Linneweber, Axel, Einführung in das US-amerikanische Verwaltungsrecht, Frankfurt/M. u. a. O. 1994.

Llewellyn, Karl N., Präjudizienrecht und Rechtsprechung in Amerika, Leipzig 1933 [engl. The Case Law System in America, Chicago 1989].

Loewenstein, Karl, Verfassungsrecht und Verfassungspraxis der Vereinigten Staaten, Berlin u. a. O. 1959.

Louthan, William C., The United States Supreme Court. Lawmaking in the Third Branch of Government, Englewood Cliffs 1991.

Massaro, John, Supremely Political. The Role of Ideology and Presidential Management in Unsuccessful Supreme Court Nominations, Albany 1990.

Meador, Daniel J., American Courts, St. Paul 1991.

National Center for State Courts/Court Statistics Project, State Caseload Statistics, 2003, Williamsburg 2004.

Peter, Hans, Actio und Writ. Eine vergleichende Darstellung römischer und englischer Rechtsbehelfe, Tübingen 1957.

Posner, Richard A., The Federal Courts: Crisis and Reform, Cambridge 1985.

Pound, Roscoe, The Development of American Law and its Deviation from English Law, in: The Law Quarterly Review, Vol. 67, (1951), S. 49–66.

Pound, Roscoe, Common Law and Legislation, in: Harvard Law Review, Vol. 21, (1908), S. 383-407.

Pound, Roscoe, The Spirit of the Common Law, Boston 1921.

Savage, David, Congressional Quarterly's Guide to the Supreme Court, 4. Aufl., Washington, D.C. 2004.

Schack, Haimo, Einführung in das US-amerikanische Zivilprozeßrecht, 3. Aufl., München 2002.

Schmalleger, Frank, Criminal Justice Today, 2. Aufl., Englewood Cliffs 1993.

Schmid, Niklaus, Strafverfahren und Strafrecht in den Vereinigten Staaten, 2. Aufl., Heidelberg 1993.

Smith, Christopher E., United States Magistrates in the Federal Courts, New York u. a. O. 1990.

Stone, Harlan F., The Common Law in the United States, in: Harvard Law Review, Vol. 50, 4(1936), S. 4–26.

Stumpf, Harry P., American Judicial Politics, 2. Aufl., San Diego 1998.

Tarr, G. Alan/**Porter**, Mary Cornelia Aldis, State Supreme Courts in State and Nation, New Haven u. a. O. 1988.

Thaman, Stephen C., Das amerikanische Rechtssystem, in: **Adams**, Willi Paul et al. (Hrsg.), Länderbericht USA, Bd. I, 2. Aufl., Bonn 1992, S. 515–545.

Weber-Fas, Rudolf, Institutionen der Finanzgerichtsbarkeit im deutschen und amerikanischen Recht, Heidelberg 1979.

Wright, Charles Alan, The Law of Federal Courts, 6. Aufl., St. Paul 2002.

10.4   Websites

Bundesgerichte	http://www.uscourts.gov/
National Center of State Courts	http://www.ncsconline.org/

Stand: 31.07.2006

Majid Sattar / Wolfgang Welz

11 Verwaltung und Vollzug

11.1 Begriffliche Vorbemerkungen

Um die Eigenheiten der amerikanischen Verwaltung erfassen zu können, ist stets zu beachten, daß sich ihre Organisation und Struktur trotz zahlreicher Parallelen erheblich von der deutschen Verwaltung unterscheidet. So wird die amerikanische Bundeserwaltung nicht durch eine Ministerialorganisation geprägt, in der fast alle Behörden einem Ressort zugeordnet und weisungsgemäß eingegliedert sind. Sie besteht vielmehr aus einer Vielzahl mehr oder weniger selbständiger Behörden (*federal agencies*), die sich aufgrund ihrer Funktionen und ihrer besonderen Stellung im amerikanischem System der Gewaltenteilung (*separation of powers*) und Gewaltenverschränkung (*checks and balances*) nur mit einigem Vorbehalt als Gegenpart der deutschen Bundesverwaltungsbehörden bezeichnet werden können. Insbesondere gilt dies für die sogenannten *independent regulatory agencies*, die nicht nur Vollzugsaufgaben, sondern auch quasi-legislative und quasi-judizielle Funktionen erfüllen (Linneweber 1994: 51 ff.). Anglo-amerikanische Rechtsbegriffe lassen sich daher nicht oder nur sehr schwer mit deutsche Begriffen übersetzen. Selbst wenn sich ein verwandter deutscher Rechtsbegriff finden läßt, hat der amerikanische Begriff häufig eine andere Bedeutung. Dies trifft auch für den Begriff des *administrative law* zu, das nicht mit dem deutschen Begriff des allgemeinen Verwaltungsrecht übersetzt werden kann, da es in erster Linie um das Recht des Verwaltungsverfahrens auf der Grundlage des *Administrative Procedure Act*, den hiervon abweichenden gesetzlichen Vorschriften und der hierzu ergangenen Rechtsprechung handelt (Rosenbloom/Kravchuk 2005: 50 ff.).

11.2 Die Organisation der Bundesverwaltung

11.2.1 Verfassungsrechtliche Grundlagen

Die Organisation der amerikanischen Bundesverwaltung ist in der Verfassung nur ansatzweise geregelt. Art. III., Sec. 1 U.S. Const. bestimmt, daß die vollziehende Gewalt beim Präsidenten der Vereinigten Staaten liegt. Dieser hat nach Art. III, Sec. 1 dafür zu sorgen, daß die

Gesetze gewissenhaft (*faithfully*) vollzogen werden. Darüber hinaus ist lediglich festgelegt, daß der Präsident mit Zustimmung des Senats die Leiter der *executive departments* und andere *inferior officers* ernennen sowie von den Leitern der *executive departments* schriftliche Auskunft über ihren Geschäftsbereich verlangen kann (Art. II, Sec. 2). Die Organisationsgewalt zur Errichtung der Bundesbehörden steht allerdings dem Kongreß zu, der gemäß Art. I, Sec. 8 Gesetze erlassen kann, die geeignet sind, die Ausübung aller Befugnisse zu ermöglichen, welche die Verfassung der Regierung zuweist. Sofern nicht in einzelnen Fällen eine legislative Delegation dieser Organisationsgewalt auf den Präsidenten erfolgt ist, werden Aufgaben sowie die Struktur der Aufbau- und Ablauforganisation vom Kongreß gesetzlich festgelegt.

Nach dem verfassungsrechtlich vorgesehenen Trennsystem der bundesstaatlichen Aufgaben- und Kompetenzverteilung vollziehen Bund und Einzelstaaten ihre Aufgaben durch ihre eigenen Verwaltungsbehörden. Insofern entspricht die amerikanische Bundesverwaltung dem Typus der bundeseigenen Verwaltung mit eigenem Verwaltungsunterbau. Inhaltlich erstrekken sich die Verwaltungskompetenzen des Bundes auf alle Bereiche, in denen der Bund über die Gesetzgebungskompetenz verfügt. Allerdings hat die ursprünglich enumerativ begrenzte Gesetzgebungskompetenz durch die bundesfreundliche Verfassungsinterpretation des Obersten Gerichtshofs eine erhebliche Ausweitung erfahren, so daß der Bundesverwaltung heute ein weitaus größere Bedeutung zukommt als im Amerika des 18. Jahrhunderts.

Während sich die Behörden der deutschen Bundesverwaltung nach ihrer hierarchischen Position innerhalb der Ministerialorganisation klassifizieren lassen, ist die Bestimmung der *federal agencies* nur anhand ihrer Organisationsform und Funktionsweise möglich. Hiernach kann man zwischen folgenden Organisationstypen unterscheiden:

- *Executive Office of the President* (*EOP*),
- *executive departments*,
- *executive agencies*,
- *independent regulatory agencies*.

11.2.2   Die institutionelle Verwaltungs- und Behördenorganisation des Bundes

Executive Office of the President (EOP)

Das 1939 von Franklin D. Roosevelt ursprünglich als zentrale Koordinationsbehörde errichtete *Executive Office* (vgl. Abbildung 6-1) hat sich im Laufe der vergangenen 60 Jahre zu einer Art „Behörden-Holding" entwickelt, deren Organisationseinheiten in zunehmendem Maße auch konzeptionelle Aufgaben zu erfüllen haben. Die Grenze zwischen ihrer Funktion als politisch-programmatische Assistenzeinheit und administrative Vollzugseinheit ist nicht eindeutig festgelegt und wurde in der Vergangenheit von den jeweiligen Präsidenten unterschiedlich bestimmt. Zum *EOP* gehören heute die folgenden Organisationseinheiten: Das *White House Office* (persönlicher Stab des Präsidenten), das *Office of Management and Budget* (Aufstellung und Kontrolle des Bundeshaushaltes), der *Council of Economic Advisers* (wirtschaftspolitische Beratung), *der National Security Council* (Beratung in der Außen- und Sicherheitspolitik), das *Office of Policy Development* (Beratung bei der Konzeption innenpolitischer Programme), das *Congressional Liaison Office* (Verbindung zum Parlament) und das *Office of the U.S. Trade Representative* (Konzeption und Umsetzung der Handelspolitik). Die Leiter dieser Einheiten, die sowohl mit politischen Beamten als auch mit Karrierebeamten besetzt sind, werden vom Präsidenten mit Zustimmung des Senats ernannt.

Executive Departments

Die Bundesverfassung sieht keine bestimmten Ressorts vor. Ebenfalls gibt es keine verfassungsrechtlichen Kriterien dafür, welche Aufgaben von einem *department* und welche von einer *agency* wahrgenommen werden. In der Regel sind für die Wahl der Organisationsform politische Kriterien ausschlaggebend. Dies erklärt, warum in der Vergangenheit einzelne Aufgaben sowohl von einem *department* als auch von einer *agency* wahrgenommen worden sind. Ein Beispiel hierfür ist die *Veterans Administration*, der erst im Jahre 1989 den Status eines *executive departments* zuerkannt wurde, obgleich sich der Aufgabenbereich dieser Behörde nicht verändert hatte. Es gibt heute 15 *departments*, von den drei (*Department of State, Department of War, Department of the Treasury*) bereits unter George Washington errichtet wurden. Es folgten das *Department of the Navy* (1949 mit dem *Department* des Heeres zum *National Defense Department* zusammengeschlossen), das *Department of the Interior* (1849), *Department of Agriculture* (1862), *Department of Justice* (1870), *Department of Commerce* (1903), *Department of Labor* (1913), *Department of Health, Education and Welfare* (1950; 1979 umbenannt in *Department of Health and Human Services*), *Department of Housing and Urban Development* (1965), *Department of Transportation* (1966), *Department of Energy* (1977), *Department of Education* (1979) *Department of Veteran Affairs* (1989) und das *Department for Homeland Security* (2002).

Alle *departments* werden von einem *Secretary* (der Leiter des *Department of Justice* ist zugleich *Attorney General*, also Generalstaatsanwalt) geführt, der vom Präsidenten mit Zustimmung des Senats ernannt wird. Die *Secretaries* bilden zusammen mit dem Präsidenten, dem Vizepräsidenten sowie einigen, vom Präsidenten bestimmten politischen Beamten (*President's Chief of Staff, Director of the Environmental Protection Agency, Director of the Office of Management and Budget, U.S. Trade Representative* und dem *Director of National Drug Control Policy*) das *Cabinet*, das aber – anders als etwa das deutsche Bundeskabinett – kein kollektives Entscheidungsorgan darstellt, sondern dem allenfalls eine beratende Funktion zukommt. Eine weitere Einschränkung der ministeriellen Entscheidungsgewalt ergibt sich aus der Praxis des Kongresses, für die Erledigung spezieller Aufgaben Verwaltungseinheiten innerhalb eines *department* zu errichten und die Leiter dieser Einheiten der direkten Aufsicht des Präsidenten zu unterstellen. Ein Beispiel hierfür ist der im *Department of Agriculture* eingerichtet *Federal Grain Inspection Service*, dessen Leiter vom Präsidenten mit Zustimmung des Senats ernannt wird.

Entsprechend dem Grundsatz, daß Bund und Einzelstaaten ihre Verwaltungsaufgaben in der Regel getrennt wahrnehmen, verfügen alle *departments* (ebenso wie auch alle *independent executive agencies*) über einen räumlich dekonzentrierten Verwaltungsunterbau (*field offices*), der bis auf die Gemeindeebene hinabreicht. Aufgrund der unterschiedlichen Aufgabenstellung der Ressorts variieren Zahl und Größe des räumlichen Zuständigkeitsbereichs der von ihnen errichteten *field offices* zum Teil erheblich. So haben einzelne Ressorts bis zu 28, andere wiederum nur sechs Verwaltungsbezirke eingerichtet. Insgesamt gibt es etwa 22.000 *field offices*, in denen ca. 85 Prozent der zivilen Bundesbediensteten (*federal civilian employees*) tätig sind (Fesler/Kettl 1991: 69 f.).

Independent Agencies

Der Begriff *independent agencies* umfaßt eine Fülle höchst unterschiedlich strukturierter Verwaltungseinheiten. Gemeinsam ist ihnen, daß ihr Leiter in der Regel keinen Kabinettsrang besitzt und sie keinem Department nachgeordnet sind. Innerhalb der Gruppe der *indepedent agencies* lassen sich zwei Organisationstypen unterscheiden:

- *Independent executive agencies*, die keinem *department* zugeordnet sind, sondern dem Präsidenten verantwortlich sind. Ein Beispiel hierfür ist die 1970 errichtete *Environmental Protection Agency* (*EPA*), die im Bereich des Umweltschutzes tätig ist. Sie wird von einem *Administrator* geleitet, der ebenso wie sein Stellvertreter und seine neun *Assistant Administrators* vom Präsidenten mit Zustimmung des Senats ernannt wird.
- *Independent regulatory agencies* (häufig auch als *independent regulatory commissions* bezeichnet), die rechtlich allein dem Kongreß verantwortlich sind, der ihnen für die Ausübung ihrer Befugnisse allgemeine Richtlinien (*standards*) vorschreibt. Diese Behörden werden kollegial von einem Gremium (*commission*) geleitet, dessen Mitglieder (*commissioners*) vom Präsidenten mit Zustimmung des Senats für einen gesetzlichen festgelegten Zeitraum (je nach Behörde zwischen fünf und elf Jahren) ernannt werden. Die *commissioners* können vor dem Ende ihrer Amtsperiode weder vom Präsidenten noch vom Kongreß entlassen werden. In der Regel handelt es sich bei den unabhängigen Regulierungskommissionen um Wirtschaftsverwaltungsbehörden, die bestimmte Wirtschaftssektoren (Energie, Verkehr, Kommunikation, Börse) überwachen. Die erste dieser Behörden war die 1887 zur Kontrolle des Handels zwischen den Bundesstaaten gegründete *Interstate Commerce Commission* (*ICC*). Es gibt heute 15 *Inpedendent Regulatory Commissions*, die seit 1991 im *United States Code* einzeln aufgelistet werden (44. U.S.C. § 3502 (10)).

11.3   Der Öffentliche Dienst (*Civil Service*)

11.3.1   Die Grundzüge der historischen Entwicklung

Der Öffentliche Dienst in den USA stellte bis Mitte des 19. Jahrhunderts ein Patronagesystem dar, das bei Einstellung des Personals auf die Bevorzugung politischer Gefolgsleute des jeweiligen Präsidenten abstellte. Dieser konnte seine Mitarbeiter vollständig auswechseln und die Stellen mit seinen „Getreuen" besetzen (*spoils system*). Diese Form der Personalrekrutierung endete nach dem Ende des Bürgerkriegs, als im Rahmen der ersten Reform des Öffentlichen Dienstes das Leistungsprinzip (*merit system*) gesetzlich eingeführt wurde. Zum

Schutz des Leistungsprinzips wurde eine eigene Behörde eingerichtet: die *Civil Service Commission*, der in der Folgezeit auch Funktionen der Personalverwaltung übertragen wurden. 1978 wurde die *Civil Service Commission* abgeschafft (*Civil Service Reform Act*) und durch drei Behörden ersetzt (*Office of Personal Management, Merit System Protection Board, Federal Labor Relations Authority*). In dieser Reform wurde die leistungsbezogene Bezahlung ausgebaut und Entlassungsmöglichkeiten wegen mangelnder Leistung verstärkt. Gleichzeitig wurde eine neue Laufbahngruppe eingeführt: der *Senior Executive Service*. Diese Laufbahn umfaßt die drei höchsten Besoldungsämter und die niedrigeren *appointive positions*. Die Ämter dieser Laufbahn sind intensiven Versetzungsmöglichkeiten ausgesetzt und unterliegen auch scharfen Entlassungsmöglichkeiten. Allerdings ist auch die Bezahlung positiv flexibel: höhere Bezahlung bei höherer Leistung. Weitere Reformschritte bestanden in der Einführung des gleichen Zugangs zum Öffentlichen Dienst, also dem Verbot der Diskriminierung durch den 1972 verabschiedeten *Equal Employment Opportunity Act*, der auch eine eigene Behörde hierzu schuf. Die *Equal Opportunity Commission* überwacht ungesetzliche Diskriminierungen durch die Anstellungsbehörden.

11.3.2 Rang- und Besoldungsordnung

Eine Besonderheit ist das erst seit etwa 1960 bedeutsam gewordene *collective bargaining*, das in etwa Tarifverhandlungen zwischen den öffentlichen Arbeitgebern und den Gewerkschaften in Deutschland entspricht. Bis zu diesem Zeitpunkt war die Vereinbarkeit von Gewerkschaftsmitgliedschaft und Mitarbeit in der öffentlichen Verwaltung in Frage gestellt gewesen, weil die Inanspruchnahme eines Streikrechts des Öffentlichen Dienstes mit den Grundprinzipien des *civil service* nicht vereinbar zu sein schienen. Erst unter den Präsidentschaften von Kennedy und Nixon wurde das Recht des Aushandelns von Arbeitsbedingungen offiziell anerkannt. Das Streikrecht ist im amerikanischen Dienstrecht grundsätzlich ausgeschlossen. Eine Entlassung kann nur aus ganz bestimmten Gründen erfolgen, die aber nicht einheitlich und generell festgelegt sind. Inhaltlich entsprechen sie dem deutschen System (nach sachlichen und persönlichen, schweren Dienstfehlern durch die Dienstaufsicht durch disziplinäre Aktion, wogegen ein Beschwerderecht, unter Umständen auch gerichtlicher Rechtsschutz besteht). In den USA ist das Recht des einzelnen Verwaltungsbeschäftigten, sich politisch zu betätigen, beschränkt. Einen besonderen Kündigungsgrund stellt jene wegen Mittelknappheit (*reduction-in-force*) dar, die ohne irgendwelche Verfehlungen des Beschäftigten ausgesprochen werden kann.

An der Spitze der Rang- und Besoldungsordnung des Bundes stehen die rund 700 politischen Spitzenbeamten (Kabinettsmitglieder etc.) des *Executive Schedule*, die vom Präsidenten mit Zustimmung des Senats ernannt werden. Diesen nachgeordnet sind die ca. 7.000 meist mit Leitungsfunktionen betrauten Bediensteten des *General Schedule* (*GS 16-18*). In dieser Besoldungsgruppe überwiegen die Berufsbeamten (etwa 75 Prozent), deren Einstellung nicht an die Zustimmung des Senats gebunden ist und deren Dienstverhältnis grundsätzlich nur aus sachlichen Gründen aufgelöst werden kann. Im mittleren (*GS 12-15*) und unteren Bereich (*GS 1-11*) der Besoldungsordnung werden die Stellen fast ausschließlich mit Berufsbeamten besetzt.

Abbildung 11-1: Zahl der Beschäftigten im öffentlichen Dienst von Bund, Einzelstaaten und Kommunen 1942-2002

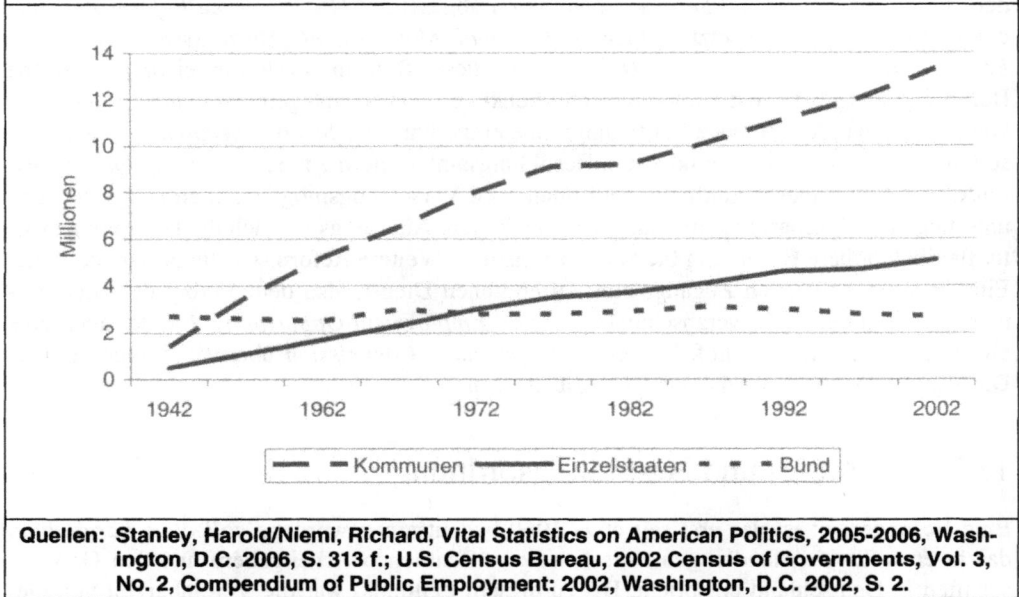

Quellen: **Stanley, Harold/Niemi, Richard, Vital Statistics on American Politics, 2005-2006, Washington, D.C. 2006, S. 313 f.; U.S. Census Bureau, 2002 Census of Governments, Vol. 3, No. 2, Compendium of Public Employment: 2002, Washington, D.C. 2002, S. 2.**

11.4   Rechtsformen des Verwaltungshandelns

So wie der Präsident entgegen der Verfassungslage in der politischen Wirklichkeit als *chief legislator* fungiert, so kommt auch der Bundesverwaltung eine größere Rolle zu, als sich aus den Buchstaben der Verfassung erkennen läßt. Grund dafür ist die erhebliche Delegation legislativer Kompetenzen des Kongresses an die Verwaltung, die in den USA in den 1930er Jahren mit der Ausweitung der Staatstätigkeit während des *New Deal* einherging. Die Bundesgesetze, die normativen Grundlagen für das exekutive Handeln, sind seither nicht mehr konditionale Handlungsprogramme, sondern zunehmend vage formulierte Mandate für die Verwaltung, die eher Zweckprogrammierungen darstellen – die also ein Ziel definieren, den Weg dorthin aber offen lassen. Der Exekutive kommt beim Vollzug durch den ihr zugewiesenen Ermessens- und Beurteilungsspielraumes also weit mehr zu als der bloße Vollzug des Gesetzes. Während der Ermessensspielraum sich daraus ergibt, daß der Gesetzgeber die Tatbestandsseite der Norm definiert, die Rechtsfolgen aber offen läßt, resultiert der Beurteilungsspielraum aus der Verwendung unbestimmter Rechtsbegriffe. Die amerikanische Rechtswissenschaft kennt diese deutsche Unterscheidung nicht und spricht nur von *administrative discretion*, von Entscheidungsspielraum im Verwaltungshandeln (Brugger 2001: 260 f.). Das exekutive Handeln stellt sich im wesentlichen in vier Formen dar: Erlässe (*orders*), Regulierungen (*rules and regulations*), Verwaltungsakte (*adjudication*) und Verwaltungsrichtlinien.

11.4.1 Präsidentielle Verordnungen (*Executive Orders*)

Delegation von Kompetenzen findet nicht nur zwischen Legislative und Exekutive statt, sondern auch innerhalb der Exekutive. Die komplexe Staatstätigkeit übersetzt sich in ein ausdifferenziertes Verwaltungssystem. Der Präsident und sein *Executive Office* steuern die Behörden mit *orders*, indem mittels dieser der Entscheidungsspielraum der Verwaltung beim Vollzug der Gesetze eingeschränkt oder Verfahrensfragen des *rule making* neu definiert werden. Insbesondere der als entschiedener Deregulierer angetretene Präsident Ronald Reagan versuchte die administrative Verordnungsgebung zu zentralisieren, indem er das *Office of Management and Budget* (*OMB*) zur zentralen Clearingstelle aller maßgeblichen Regulierungen erhob. In diesem Zusammenhang haben die präsidentiellen Erlässe die Wirkung von Verwaltungsvorschriften, die ausschließlich nach innen wirken.

Der Erlaß von *orders* wird vom Präsidenten aber auch als Alternative zum Gesetzgebungsprozeß eingesetzt. In solchen Fällen haben sie durchaus die Funktion materieller Gesetze und wirken nach außen. Ein Beispiel hierfür ist die 1962 von Präsident John F. Kennedy erlassene *executive order*, die öffentlichen Bediensteten die gewerkschaftliche Vereinigungsfreiheit gewährte (Johnson/Sherman 1986: 678). Der Präsident leitet diese Kompetenz aus der *implied power doctrine* ab. Dennoch ist diese zweite Funktion der präsidentiellen Verordnungsgebung in der amerikanischen Rechtswissenschaft insbesondere hinsichtlich der Reichweite der Erlässe sehr umstritten (Cooper 1986: 213).

Der Erlaß präsidentieller Verordnungen, der dem Präsidenten von allen Teilen seiner Administration her empfohlen werden kann, ist durch das *Administrative Procedure Act* von 1948 geregelt. Danach prüft das *OMB* eingegangene Verordnungsentwürfe auf die Übereinstimmung mit der politischen Programmatik des Präsidenten. In einem zweiten Schritt prüft das Justizministerium den Erlaß auf rechtliche Bedenken. Unterzeichnet der Präsident den Erlaß, geht die *executive order* an das *Office of the Federal Register*, das diesen sodann im *Federal Register* veröffentlicht. Ausgenommen hiervon sind lediglich die aus Gründen der auswärtigen Sicherheit geheimhaltungsbedürftigen *executive orders* (Bledsoe/Watts/Rozell 2002: 519 f.). Seit Gründung der Vereinigten Staaten wurden über 13.000 *orders* erlassen – eine Anzahl, die schon anzeigt, daß der Präsident vor dem Hintergrund seiner zahlreichen Funktionen nicht überprüfen kann, ob und mit welchem zeitlichen Abstand die Administration seine Erlässe in seinem Sinne umsetzt (Abbildung 11-2).

11.4.2 *Rules* und *Regulations*

Regulierungen sind seit etwa 25 Jahren zum Inbegriff des *big government* geworden. Seit der Präsidentschaft Reagans führt das Weiße Haus zumindest rhetorische Feldzüge zugunsten eines *regulatory overhaul*. Reagan selbst erließ 1981 eine *order* (*E.O. 12291*), in der er seine Verwaltungsbehörden anwies, die Regulierungsdichte zu verringern.

Abbildung 11-2: *Executive Orders* 1933-2004

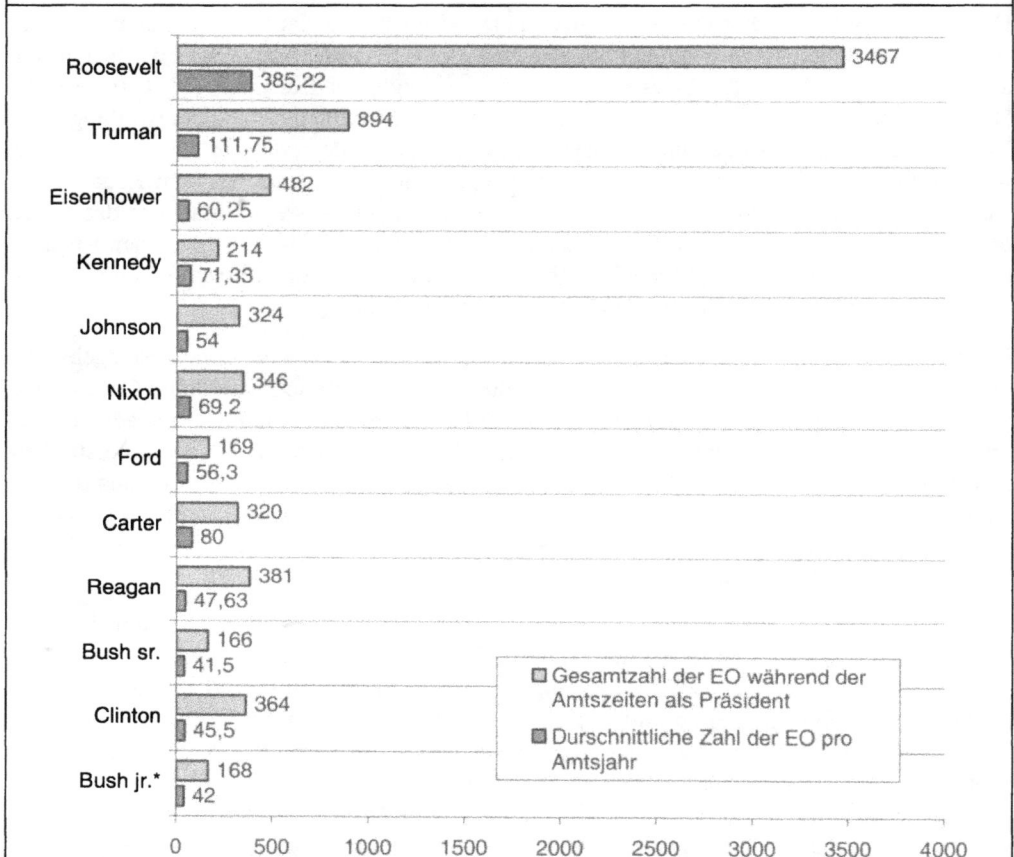

President	Gesamtzahl der EO während der Amtszeiten als Präsident	Durchschnittliche Zahl der EO pro Amtsjahr
Roosevelt	3467	385,22
Truman	894	111,75
Eisenhower	482	60,25
Kennedy	214	71,33
Johnson	324	54
Nixon	346	69,2
Ford	169	56,3
Carter	320	80
Reagan	381	47,63
Bush sr.	166	41,5
Clinton	364	45,5
Bush jr.*	168	42

□ Gesamtzahl der EO während der Amtszeiten als Präsident

■ Durchschnittliche Zahl der EO pro Amtsjahr

* Angaben für die erste Amtszeit

Quellen: Bledsoe, W. Craig/Watts, James Brian/Rozell, Mark J., Chief Executive, in: Nelson, Michael (Hrsg.), CQ Guide to the Presidency, Vol. I, 3. Aufl., Washington, D.C. 2002, S. 512; The White House, Executive Orders Issued by President Bush, <http://www.whitehouse.gov/news/orders/> (31.07.2006).

Regulierungen (*rules* und *regulations*) sind die Antwort der Administration auf die Delegation legislativer Kompetenzen des Kongresses. Was ein Gesetz offen läßt, wird per Verordnung nicht nur konkretisiert, sondern zumeist erst inhaltlich gefüllt. Laut *APA* wird das Verfahren der Verordnungsgebung definiert als „agency process for formulating, amending, or repealing a rule". Die Verordnung selbst wird bestimmt als ein „agency statement of general or particular applicability and future effect designed to implement, interpret, or prescribe law or policy". Nach deutscher Terminologie umfassen *rules und regulations* sowohl Rechtsverordnungen (*substantive rules*) als auch Verwaltungsvorschriften.

Der Prozeß der Verordnungsgebung sieht entweder ein informales oder ein formales Verfahren vor. Bei letzterem muß die Verwaltungsbehörde 30 Tage vor dem Inkrafttreten der geplanten Regulierung den Verordnungsentwurf im *Federal Register* bekanntgeben, um eventuellen Einsprüchen Rechnung zu tragen. Erst dann wird die Verordnung in den *Code of Federal Register* aufgenommen (Brugger 2001: 51 f.). Beim formalen Verfahren stehen den Betroffenen über ein Verfahren, das einem Gerichtsprozeß gleicht, Mitwirkungsrechte zu. Ein solches Verfahren, das über die Ermächtigungsnorm eingefordert wird, kann zum Teil Jahre dauern. Oftmals sieht die Regulierung nach einem solchen Verfahren in wesentlichen Punkten anders aus als der ursprüngliche Entwurf. Das Verfahren der Verordnungsgebung ist, wie auch dem Schaubild (Abbildung 11-3) zu entnehmen ist, ein äußerst langwieriger Vorgang.

11.4.3 *Administrative Adjudication*

Während das *rule making*-Verfahren eine quasi-legislative Tätigkeit der Verwaltung ist, kommt der Administration auch eine quasi-judikative Funktion zu. *Administrative adjudication* ist ein Verfahren, bei dem einzelne Behörden die Verletzung von Verordnungen durch Dritte (Privatpersonen, Unternehmen, gesellschaftliche Gruppen) durch quasi-richterliche Einzelfallentscheidungen (Verwaltungsakte) löst. Wenn Behörden zu der Meinung gelangen, daß Dritte gegen ein Gesetz oder dessen Ausführungsverordnungen verstoßen, kann die Verwaltung alternativ zu einem verwaltungsrechtlichen Gerichtsverfahren ein eigenes Verfahren eröffnen. Wie vor Gericht wird die Privatperson, der Vertreter des Unternehmens oder die gesellschaftliche Gruppe vor ein behördliches Gremium geladen, dem selbst ein Verwaltungsrichter vorsteht, der das Verfahren im Auftrag der Behörde durchführt, aber dieser nicht unterstellt ist und nur bei grobem Fehlverhalten abgesetzt werden kann. Das Verfahren ist informeller und zügiger als ein Gerichtsverfahren. Das Ergebnis selbst kann aber wiederum einer verwaltungsrechtlichen Prüfung unterzogen werden.

11.4.4 Verwaltungsinterne Richtlinien

Diese Form des Verwaltungshandelns wirkt primär nur nach innen und dient der behördlichen Steuerung. Mittelbar wirken verwaltungsinterne Richtlinien aber auch nach außen. *Circulars*, *administrative guidelines*, *memoranda*, *policy statements*, *bulletins* und *manuals* sind unterschiedliche Formen, über die der oberste Dienstherr einer Behörde seine Verwaltung anweisen kann, den Vollzug der Gesetze über den Inhalt der Verordnungen hinaus auf bestimmte Weise zu regeln. Dabei geht es meist um Verfahrensfragen der Ausführung. Diese Richtlinien besitzen anders als die Verordnungen keine rechtsverbindliche Kraft, doch spielen sie in der politischen Praxis und vor allem im Bereich der informalen Politik eine bedeutende Rolle (Sattar 2000: 149 ff.).

Abbildung 11-3: Das Verfahren der Verordnungsgebung

| Gerichtsent-scheidung | Neues Gesetz | Entscheidung der Exekutive | Petition von Interessengruppen oder Einzelpersonen | Druck durch die Medien |

↓

Entwurf mit einleitenden Überlegungen zu neuen Regelungen

↓

| Das *Office of Management* überprüft Ziele und errechnet die Kosten | → | Bei Mißbilligung Stopp des Verfahrens |

Zustimmung
↓

Vorausnotiz der vorgeschlagenen Regeländerung

↓

Verschicken des Entwurfs an betroffene Gruppen; falls notwendig werden Anhörungen (*hearings*) abgehalten

Zustimmung
↓

Vorgeschlagene Regulierungen werden im *Federal Register* veröffentlicht; Frist für Kommentare: 30-60 Tagen

↓

Bewertung der Kommentare; endgültiger Entwurf

↓

| Das *Office of Management and Budget* überprüft den endgültigen Entwurf | → | Bei Mißbilligung Stopp des Verfahrens |

Zustimmmung mit oder ohne Modifikationen
↓

Regulierung wird im *Federal Register* veröffentlicht

Quelle: O'Connor, Karen/Sabato, Larry, American Government, Boston u. a. O. 1997, S. 347.

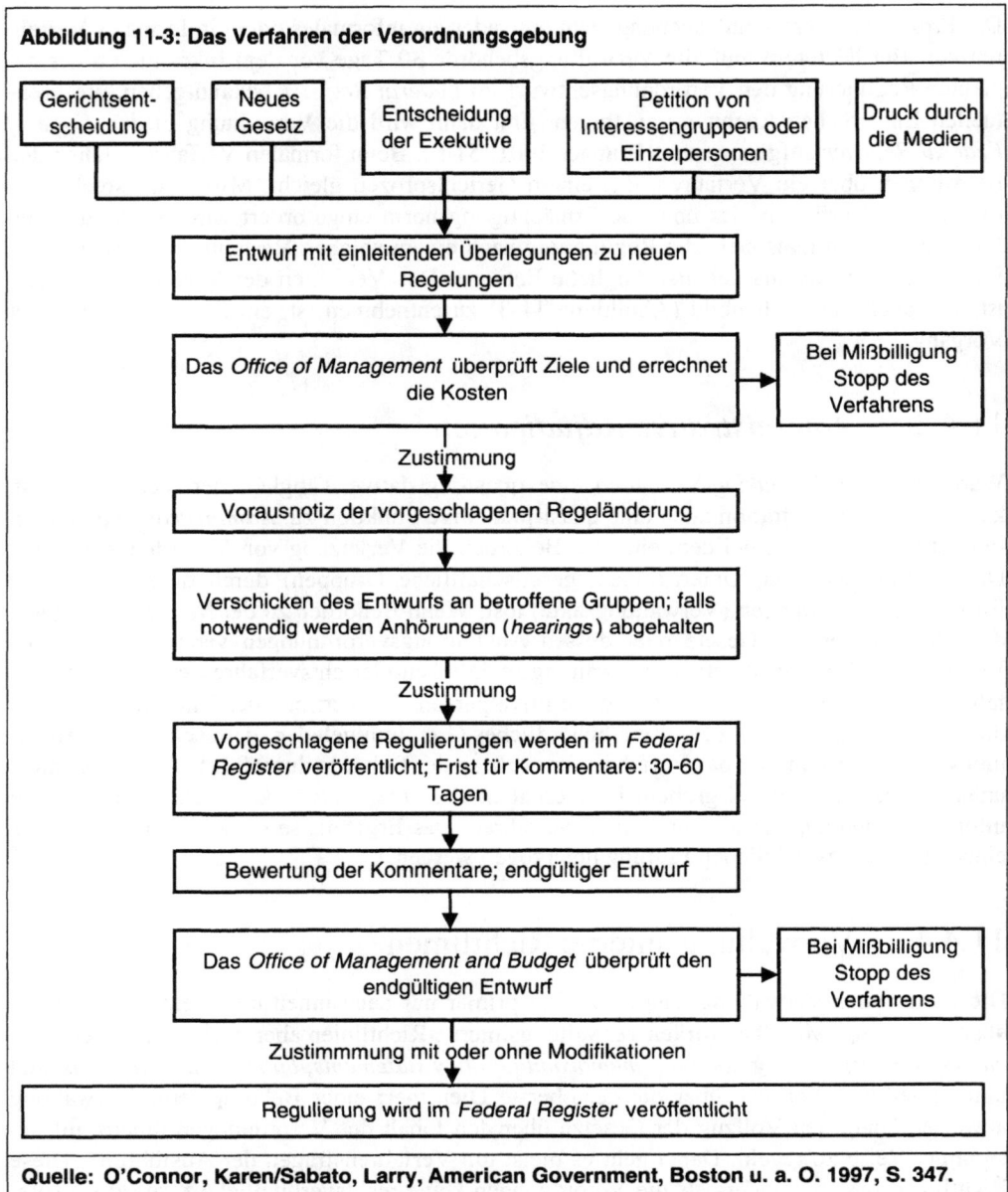

Die Bedeutung dieser Form des Verwaltungshandelns folgt aus dem spezifisch amerikanischen Gewaltenteilungssystem des *„separated institutions sharing power"*. Verwaltungsträger, insbesondere diejenigen unterhalb der Kabinettsebene, befinden sich in einem Loyalitätsdilemma. Als Teil der Exekutive sind sie dem Präsidenten unterstellt, der zwar nicht die alleinige Personalhoheit, aber die Nominierungshoheit innehat. Finanziell sind die Verwaltungsträger aber von den Bewilligungsgesetzen der Kongreßkammern abhängig. Sanktionen in Form von Mittelkürzungen kommen sie oftmals durch die Befolgung legislativer Wünsche zuvor. Der Kongreß sieht dies als ein *quid pro quo*. Im Tausch gegen die Delegation legislativer Kompetenzen behält sich der Kongreß vor, die Ausführungsbestimmungen der Gesetze zu prüfen und notfalls Änderungen zu verlangen. Dieses Tauschgeschäft war bis zum sogenannten *Chadha*-Fall des Obersten Gerichtshofs durch das legislative Veto formalisiert (*INS v. Chadha*, 462 U.S. 919 (1983); Fisher 1993). Der Kongreß beziehungsweise der federführende Ausschuß konnte bis dahin ein regelrechtes Veto gegen eine Verordnung oder Teile einer Regulierung einlegen. Nachdem die Obersten Richter befunden hatten, diese parlamentarische Kontrollform gegenüber der Verwaltung verstoße gegen das Gewaltenteilungsprinzip, hat sich das Tauschgeschäft zwischen Parlament und Verwaltung teilweise informalisiert. Verwaltungsträger sichern nunmehr den federführenden Kongreßausschüssen zu, bei der Verordnungsgebung auf die Wünsche vom Kapitolshügel zu hören und die Verordnung gegebenenfalls im Sinne des Kongresses zu modifizieren. Die Behördenleiter nutzen also die an sich nur nach innen gerichteten *circulars, manuals, bulletins* etc., um den Verordnungsgebungsprozeß zu steuern.

11.5 Kontrolle der öffentlichen Verwaltung

11.5.1 Konzept und Inhalt der Verwaltungskontrolle

Die indirekte Beeinflussung eigentlich verwaltungsinterner Richtlinien durch den Kongreß führt bereits in den Bereich der Verwaltungskontrolle. Wer ist zuständig für die Kontrolle der Verwaltung? Der Präsident, der als Kopf der Exekutive die Gesamtverantwortung für das Handeln von Regierung und Bürokratie trägt? Der Kongreß, dem die von den Gründervätern zugedachte Pflicht zukommt, über die Verwaltung buchstäblich buchzuführen (*accountability*)? Oder die Judikative, die normabweichendes Verhalten (Verfassungs- und Gesetzmäßigkeit) sanktionieren soll? Demokratische Kontrolle, das institutionalisierte Mißtrauen gegenüber den Regierenden beziehungsweise hier gegenüber der Administration, ist ein komplexes Feld, in dem das amerikanische Gewaltenteilungssystem seinen klarsten Ausdruck findet: Alle drei Gewalten haben die Funktion, die Bürokratie zu kontrollieren. Jedoch tun dies Präsident, Kongreß und der Oberste Gerichtshof aus unterschiedlichen Motiven und mit unterschiedlichen Mitteln. Meßlatte für die Verwaltungskontrolle sind folgende Kriterien:

- Verfassungsmäßigkeit (Präsident/Kongreß/Oberster Gerichtshof)
- Legislative Absicht (Kongreß/Oberster Gerichtshof)
- Wirtschaftlichkeit (Präsident/Kongreß)
- Wirksamkeit (Präsident/Kongreß)

11.5.2   Interne Verwaltungskontrolle

Der Präsident hat vor allem zwei Gründe, die Verwaltung zu kontrollieren: Zum einen ist ihm daran gelegen, daß er seine politische Agenda, für die er kraft seiner Wahl ein Mandat beansprucht, möglichst kohärent umsetzt, ohne daß diese durch die bürokratischen Mühlen zerfasert wird. Zum anderen ist er bemüht, jegliches Fehlverhalten innerhalb seiner Administration zu vermeiden beziehungsweise selbst aufzudecken und zu bestrafen, da politische Skandale ansonsten am Ende an ihm als Kopf der Exekutive hängenbleiben. Die Möglichkeiten des Präsidenten, die Verwaltung zu kontrollieren, sind vielfältig: (1) Er bestimmt das Führungspersonal beziehungsweise nominiert es, (2) er strukturiert mit Zustimmung des Kongresses die Verwaltung um, (3) er kann auch die Mittelverteilung zwischen den Behörden steuern, (4) schließlich kann er jegliches regulative Verwaltungshandeln vorher prüfen. Bei der Größe der Bundesverwaltung bedarf dies einer eigenen Institution.

Der Präsident beziehungsweise das *EOP* haben daher als zentrale Clearingsstelle für die regulative *policy arena* das *Office of Management and Budget* beziehungsweise das ihm untergeordnete *Office of Information and Regulatory Affairs* (*OIRA*) bestimmt. Präsident Ronald Reagan erließ 1981 *E.O. 12291*, die von Regulierungskommissionen für jede Verordnung eine *Regulatory Impact Analysis* (*RIA*) verlangte, die vom *OIRA* überprüft wurde. Stimmte die Verordnung nach Ansicht von *OIRA* nicht mit der Politik des Präsidenten überein, wurden Modifikationen verlangt. Mit *E.O. 12498* weitete der Republikaner 1985 den ursprünglichen Erlaß aus: Seither sollte jeder Schritt des Regulierungsverfahren mit dem *OIRA* abgestimmt werden. Reagans Nachfolger George Bush sr. richtete zusätzlich ein *Council on Competitiveness* ein, dem der Vizepräsident vorsaß. Es sollte die regulativen Auswirkungen auf die Industrie abschätzen. Diese Innovationen halfen dem *EOP* dabei, seine Agenda der Deregulierung gegenüber dem Netzwerk aus Verwaltung und Kongreßausschüssen durchzusetzen. Bei den Demokraten galt *OIRA* bald als Verordnungsverhinderungsstelle. Präsident Bill Clinton erließ denn auch *E.O. 12866*, die das Ziel hatte, das *regulatory review*-Verfahren von *OIRA* transparenter zu machen: *OIRA* mußte nunmehr seine Kontakte zu Interessengruppen offenlegen. Ob die interne Verwaltungskontrolle unter Clintons Nachfolger George W. Bush nun wiederum stärker zu einem Instrument der Deregulierung wird, läßt sich noch nicht abschließend abschätzen.

Innerhalb der einzelnen Behörden gibt es zweierlei Institutionen, die der verwaltungsinternen Kontrolle dienen: den sogenannten *whistle blower* und den *Inspector General*. Das Instrument des *whistle blower* dient der innerbehördlichen Kontrolle und sorgt dafür, daß ein Kritiker bestimmter Zustände in einer Abteilung nicht durch seine Vorgesetzten für seine Kritik bestraft wird. Das Trällern einer Pfeife ist ein Verfahren, mit dem ein Beamter auf Mißstände aufmerksam machen kann und trotzdem den Schutz der Anonymität genießt. Nach dem *Whistle-Blowers' Protection Act* meldet die Person beim *Office of Special Counsel* den Vorfall, das dann eine Untersuchung einleitet. Mit der Position des *Inspector General*, die der Kongreß 1978 per Gesetz schuf und die heute in 62 Bundesbehörden eingesetzt wird, hat die Dienstaufsicht eine eigene Institution. Diese ist zwar der jeweiligen Behörde zugeordnet, genießt aber weitreichende Unabhängigkeit und berichtet auch dem Kongreß. Wie in Deutschland kann die Dienstaufsicht vom Bürger, der sich durch die Verwaltung ungerecht behandelt fühlt, angerufen werden.

11.5.3 Externe Verwaltungskontrolle

Parlamentarische Kontrolle (*congressional oversight*)
Mit dem legislativen Veto beziehungsweise seinen diversen informalen Substituten wurde schon ein wesentliches Kontrollinstrument des Kongresses über den Vollzug der Gesetze durch die Verwaltung angeführt. Daneben verfügt die Legislative über eine Vielzahl von Kontrollformen:

(1) Anhörungen und Untersuchungen: Im *Legislative Reorganization Act* aus dem Jahre 1946 wurden die Ausschüsse der Kongreßkammern aufgefordert, die Gesetzesausführung der Exekutive kontinuierlich zu überwachen. Kontrolle in diesem Kontext ist vor allem Informationsbeschaffung. Um die *watchdog*-Funktion zu erfüllen, müssen die Ausschüsse in Anhörungen Zeugenbefragungen von Regierungspersonal, Interessengruppen oder Experten vornehmen. Letztere stammen nicht selten aus den eigenen Reihen, also den sogenannten Parlamentsbehörden, wie etwa dem Wissenschaftlichen Dienst (*Congressional Research Service*) oder dem Rechnungshof (*General Accounting Office*). Auf dieser Grundlage werden dann zeitlich befristete Gesetze verlängert (reautorisiert) oder die Gelder für bestimmte Bundesprogramme bewilligt oder zurückgehalten. Wegen der Arbeitsüberlastung der Ständigen Ausschüsse wurden in den 1970er Jahren im Repräsentantenhaus und im Senat eigene Kontrollunterausschüsse bzw. gesonderte Kontrollausschüsse gebildet. Neben diesen werden ad-hoc-Untersuchungsausschüsse für konkrete Einzelfälle gebildet.

(2) Berichte und Ankündigungen: Neben der Zeugenbefragung dienen auch Berichts- und Ankündigungspflichten (*report and notification requirements*) der Verwaltung gegenüber dem Kongreß der routinemäßigen Informationsbeschaffung. Damit will der Kongreß eine früher gängige Verwaltungspraxis unterbinden, nach der das Parlament erst dann über den Stand des Gesetzesvollzugs informiert wird, wenn bereits unumkehrbare administrative Fakten geschaffen wurden. Kontrolle sollte nicht länger lediglich das nachträgliche Kurieren am Übel sein.

(3) Vorladungen und Verurteilung: Notfalls können Kongreßausschüsse Regierungsmitglieder auch zur Aussage zwingen. Dazu dient ihnen das Vorladungsrecht (*subpoena power*) und das Verurteilungsrecht bei Aussageverweigerung wegen Mißachtung des Parlaments (*contempt power*), das der Kongreß aus der *implied powers*-Doktrin ableitet. Diese Deutung wurde vom Obersten Gerichtshof sanktioniert. Hierbei kommt dem Parlament durchaus eine judizielle Funktion zu: Das „parlamentarische Urteil" kann eine Haftstrafe für die Dauer der Sitzungszeit des Kongresses zur Folge haben. Nur darüber hinausgehende Strafen bedürfen einer Verurteilung durch die ordentliche Gerichtsbarkeit.

(4) Personalbestätigung: Nur indirekt kann das Personalbestätigungsrecht des Senats als parlamentarische Kontrollmöglichkeit über den Gesetzesvollzug gewertet werden. Die Gründerväter bestimmten lediglich, daß der Präsident bei der Personalrekrutierung den *advice* and *consent* der zweiten Kammer einholt. In der Regierungspraxis kann dies durchaus heißen, daß ein Ausschuß bei der Anhörung des Kandidaten seiner Hoffnung Ausdruck verleiht, daß ein Gesetz fortan in diesem oder jenem Sinne ausgeführt wird. Rechtlich ist der Kandidat

nicht an die protokollierte Bemerkung gebunden, praktisch aber sehr wohl, will er die Bewilligung seiner Gelder nicht gefährden.

(5) Finanzkontrolle: Die Ausgabenbewilligung ist im amerikanischen Regierungssystem die wichtigste und effektivste Kontrollform. Über das Haushaltsrecht (*power of the purse*) bestimmt der Kongreß nicht nur die Ausgabenpolitik, sondern nimmt über Mitwirkungsvorbehalte auch Einfluß auf die inhaltliche Politikimplementierung. Insofern kontrollieren sowohl die Autorisierungs- als auch die Bewilligungsausschüsse der Kongreßkammern die Verwaltung und den Vollzug der Gesetze.

(6) Fallarbeit: Nicht immer greift der Kongreß bei der Kontrolle des Gesetzesvollzugs der Verwaltung auf eigens gewonnene Informationen zurück. Oftmals stammen diese auch aus externen Quellen, sei es durch die Medien aufgedeckte Skandale oder durch Bürger aus den Wahlkreisen an die Kongreßmitglieder und ihre Mitarbeiter herangetragene Einzelfälle. Letztere werden als *casework* oder eben Fallarbeit bezeichnet.

(7) Informale Kontrollen: Ein wesentlicher Teil der parlamentarischen Kontrolle ist nicht gesetzlich geregelt, zum Teil auch nicht institutionalisiert und findet nicht selten jenseits der Öffentlichkeit statt, ist also dem Bereich der informalen Politik zuzurechnen. Formen der informalen Kontrolle sind vielfältig und reichen von „Empfehlungen" in Ausschußberichten, was bei der Ausführung eines Gesetzes zu beachten ist, bis hin zu Vier-Augen-Absprachen etwa zwischen einem Behördenchef und einem Ausschußvorsitzenden, in dem letzterer zum Ausdruck bringt, in welchem Sinne die legislative Absicht der Ermächtigungsnorm bei der Formulierung einer Verordnung zu deuten ist, um die Weiterbewilligung künftiger Gelder nicht zu gefährden. Informale Kontrollen werden meist dann eingesetzt, wenn Kongreß und Verwaltung auf Gebieten unkompliziert und flexibel kooperieren wollen, dies ihnen aber entweder durch das Weiße Haus oder die Rechtsprechung des Obersten Gerichtshofes auf formalem Wege nicht gestattet ist.

Judizielle Kontrolle

Die Gerichtsbarkeit schützt die Bürger vor ungebührlichen Eingriffen der Verwaltung in ihre Privatsphäre. Zwar gibt es anders als in Deutschland keine eigene Verwaltungsgerichtsbarkeit, doch übernimmt die ordentliche Gerichtsbarkeit diese Funktion in den Vereinigten Staaten. Zudem hält die Judikative mittels der Verfassungsgerichtsbarkeit etwa in Gewaltenteilungsurteilen die Verwaltung in ihren Schranken. Auf Anrufung hin überprüft sie Verwaltungshandeln auf seine Verfassungsmäßigkeit und auf die Übereinstimmung einer Verordnung mit ihrer Ermächtigungsnorm bzw. der gesetzlichen Absicht. In seinem jüngsten großen Gewaltenteilungsurteil erklärte der Oberste Gerichtshof etwa das 1997 in Kraft getretene *Line-Item-Veto*-Gesetz für verfassungswidrig, das es einem Präsidenten ermöglichte, einen vom Kongreß beschlossenen Gesetzentwurf nicht mehr in Gänze durch sein Veto ablehnen zu müssen, sondern auch einzelne Teile aus dem Gesetzestext herauszustreichen (*Clinton v. City of New York*, 118 S. Ct. 2091 (1998)). Ein selektives Veto sieht die Verfassung nicht vor, argumentierten die Richter – auch wenn diese Praxis im Einvernehmen zwischen Weißem Haus und Kapitolshügel zustandekam (Fisher 2000).

Hüter der Verfassung zu sein heißt für den Obersten Gerichtshof in den Vereinigten Staaten nicht zuletzt sich als Verteidiger der Gewaltenteilung zu sehen. Einen problematischen Effekt bewirkte der *Supreme Court* indes im bereits erwähnten *Chadha*-Fall, in dem das formalisierte legislative Veto zwar verboten wurde, in der Folge der Kongreß die Übereinstimmung einer Verordnung mit der Absicht des Gesetzgebers über informale Wege prüft (Sattar 2000). So gesehen hat die judizielle Kontrolle der Verwaltung (und des Kongresses) dazu geführt, daß die parlamentarische Kontrolle der Verwaltung sich wandelte und zunehmend an nicht-öffentlichen Orten stattfindet – was die Richter mit ihrer puristischen Gewaltenteilungsauslegung sicher nicht im Sinn hatten.

11.6 Literatur

Aberbach, Joel D., Keeping a Watchful Eye. The Politics of Congressional Oversight, Washington, D.C. 1990.

Becker, Bernd, Öffentliche Verwaltung. Lehrbuch für Wissenschaft und Praxis, Starnberg/Percha 1989.

Bernstein, Marver H., Regulating Business by Independent Commission, Westport 1977.

Bledsoe, W. Graig/**Rigby**, Leslie/**Bettelheim**, Adriel, Government Agencies and Corporations, in: **Nelson**, Michael (Hrsg.), CQ Guide to the Presidency, Vol. II, 3. Aufl., Washington, D.C. 2002, S. 1243-1283.

Bledsoe, W. Craig/**Watts**, James Brian/**Rozell**, Mark J., Chief Executive, in: **Nelson**, Michael (Hrsg.), CQ Guide to the Presidency, Vol. I, 3. Aufl., Washington, D.C. 2002, S. 471-555.

Brugger, Winfried, Einführung in das öffentliche Recht der USA, 2. Aufl., München 2001.

Bryner, Gary C., Bureaucratic Discretion. Law and Policy in Federal Regulatory Agencies, New York 1987.

Byrnes, Mark E., The President and the Bureaucracy, in: **Nelson**, Michael (Hrsg.), CQ Guide to the Presidency, Vol. II, 3. Aufl., Washington, D.C. 2002, S. 1445-1494.

Caldwell, Lynton K., The Administrative Theories of Hamilton and Jefferson. Their Contribution to Thought on Public Administration, New York/London 1988.

Campbell, Colin, The Complex Organization of the Executive Branch: The Legacies of Competing Approaches to Administration, in: **Aberbach**, Joel D./**Peterson**, Mark A., The Executive Branch, New York 2005, S. 243-282.

Cann, Steven, Administrative Law, 2. Aufl., Thousand Oaks 1998.

Cooper, Phillip J., By Order of the President: Administration by Executive Order and Proclamation, in: Administration and Society, Vol. 18, 2(1986), S. 233-262.

Fesler, James W./**Kettl**, Donald F., The Politics of the Administrative Process, Chatham 1991.

Fisher, Louis, The Legislative Veto: Invalidated. It Survives; in: Law and Contemporary Problems, Vol. 56, 4(1993), S. 273-292.

Fisher, Louis, Congressional Abdication on War and Spending, Austin 2000.

Hartung, Sven, Die gerichtliche Kontrolle von Verwaltungsentscheidungen in den Vereinigten Staaten, in: Die Öffentliche Verwaltung, Jg. 46, 8(1993), S. 323-332.

Heclo, Hugh, A Government of Strangers: Executive Politics in Washington, Washington, D.C. 1977.

Ingraham, Patricia W., The Federal Public Service: The People and the Challenge, in: **Aberbach**, Joel D./**Peterson**, Mark A., The Executive Branch, New York 2005, S. 283-311.

Jarass, Hans D., Besonderheiten des amerikanischen Verwaltungsrechts im Vergleich, in: Die Öffentliche Verwaltung, Jg. 38, 10(1985), S. 377-387.

Johnson, Charles R./**Sherman**, Charles I. (Hrsg.), Draft, Registration and the Law: A Guide book, Occidental 1986.

Kaiser, Frederick M., Statutory Offices of Inspector General. Establishment and Evolution, CRS Report for Congress, 98-379 GOV, 1. Juli 2003.

Kettl, Donald F., Reforming the Executive Branch of the U.S. Government, in: **Aberbach**, Joel D./**Peterson**, Mark A., The Executive Branch, New York 2005, S. 344-375.

Lepsius, Oliver, Verwaltungsrecht unter dem Common Law. Amerikanische Entwicklungen bis zum New Deal, Tübingen 1997.

Linneweber, Axel, Einführung in das US-amerikanische Verwaltungsrecht. Kompetenzen, Funktionen und Strukturen der Agencies im US-amerikanischen Verwaltungsrecht, Frankfurt a. M. 1994.

Mackenzie, G. Calvin, Partisan Presidential Leadership: The President's Appointees, in: **Maisel**, L. Sandy (Hrsg.), The Parties Respond. Changes in the American Parties and Campaigns, 3. Aufl., Boulder/Oxford 1998, S. 316-337.

Meier, Kenneth J., Politics and the Bureaucracy. Policymaking in the Fourth Branch of Government, 4. Aufl., Fort Worth 2000.

Morrison, Alan B., OMB Interference with Agency Rulemaking: The Wrong Way to Write a Regulation, in: Harvard Law Review, Vol. 99, (1986), S. 1059-1074.

O'Connor, Karen/**Sabato**, Larry, American Government, Boston u. a. O. 1997.

Ostrom, Vincent, The Intellectual Crisis in American Public Administration, 2. Aufl., Tuscaloosa 1989.

Peters, B. Guy/**Pierre**, Jon (Hrsg.), Handbook of Public Administration, London 2003.

Pietzcker, Jost, Reform des öffentlichen Dienstrechts in den USA – Der Civil Service Reform Act von 1978, in: Die Verwaltung, Jg. 2, (1980), S. 157-172.

Riley, Dennis D., Controlling the Federal Bureaucracy, Philadelphia 1987.

Ripley, Randall B./**Franklin**, Grace A., Policy Implementation and Bureaucracy, Pacific Grove 1986.

Ripley, Randall B./**Franklin**, Grace A., Congress, the Bureaucracy, and Public Policy, Pacific Grove 1987.

Robertson, Stephen L., Executive Office of the President: White House Office, in: **Nelson**, Michael (Hrsg.), CQ Guide to the Presidency, Vol. II, 3. Aufl., Washington, D.C. 2002, S. 1099-1125.

Rohr, John A., To Run a Constitution. The Legitimacy of the Administrative State, Lawrence 1986.

Rosenbloom, David H./**Kravchuk**, Robert S., Public Administration: Understanding Management, Politics, and Law in the Public Sector, 6. Aufl., New York 2005.

Rourke, Francis E., Bureaucracy in the American Constitutional Order, in: Political Science Quarterly, Vol. 102, 1(1987), S.217-232.

Sattar, Majid, Formale und informale Politik. Wandlungen des Legislativ-Exekutiv-Verhältnisses am Beispiel der parlamentarischen Kontrollfunktion im amerikanischen Regierungssystem, Berlin 2000.

Stanley, Harold/**Niemi**, Richard, Vital Statistics on American Politics, 2005-2006, Washington, D.C. 2006.

Stillman, Richard J., The American Bureaucracy, Chicago 1996.

U.S. Census Bureau, 2002 Census of Governments, Vol. 3, No. 2, Compendium of Public Employment: 2002, Washington, D.C. 2002.

U.S. General Accounting Office, Civil Service Reform. Development of 1978 Civil Service Reform Proposals, Washington, D.C. 1989.

U.S. General Accounting Office, Regulatory Review. Information on OMB's Review Process, Washington, D.C. 1989.

Weingast, Barry R., Caught in the Middle: The President, Congress, and the Political-Bureaucratic System, in: **Aberbach**, Joel D./**Peterson**, Mark A., The Executive Branch, New York 2005, S. 312-343.

Wilson, James Q., Bureaucracy. What Government Agencies Do and Why They Do It, New York 1989.

Söhnke Schreyer

12 Wahlsystem und Wählerverhalten

12.1 Strukturmerkmale des amerikanischen Wahlsystems

Keine Nation wählt so häufig oder besetzt eine vergleichbare Vielzahl von Ämtern durch Wahlen wie die Vereinigten Staaten von Amerika. In lokalen, einzelstaatlichen und nationalen Wahlen entscheiden die amerikanischen Bürger regelmäßig über die Besetzung von ca. 500.000 öffentlichen Positionen, deren Spektrum von Schulbeiräten und Stadtverordneten über Sheriffs und Staatsanwälte bis hin zu Gouverneuren und Kongreßmitgliedern reicht (Ladd 1989: 426). Die faktische Bedeutung und der hohe normative Stellenwert der Wahlen im amerikanischen Willensbildungsprozeß begründen sich in einer historisch weit zurückreichenden und ungebrochenen republikanischen Tradition, die von politischen Reformbewegungen immer wieder bestärkt und schrittweise demokratisiert worden ist.

Im Unterschied zu der in der Bundesrepublik Deutschland in verschiedenen Varianten institutionalisierten Verhältniswahl hat sich in den USA weitgehend das Mehrheitswahlsystem durchgesetzt. Dieser Anschluß an die britische Tradition vollzog sich ohne eine ernsthafte Diskussion von Alternativen, denn das Proportionalwahlverfahren wurde erst im 19. Jahrhundert als demokratisch akzeptable Alternative theoretisch entwickelt. Das Mehrheitswahlverfahren ist dadurch gekennzeichnet, daß von den Bewerbern um ein öffentliches Amt derjenige gewählt ist, der die absolute oder relative Mehrheit der Wählerstimmen auf sich vereinigt. Die Stimmen, die für den (oder die) anderen Bewerber abgegeben werden, bleiben bei dieser Art des Wahlverfahrens unberücksichtigt. Bei den meisten amerikanischen Wahlen wird die relative Mehrheit der abgegebenen Stimmen (*plurality of popular votes*) verlangt. Nur in wenigen Staaten wie etwa in Vermont oder in Georgia ist für die Wahl der *statewide elected officials* (z. B. Gouverneur) die absolute Mehrheit der Stimmen (*majority of popular votes*) erforderlich.

Bei den Wahlen des Repräsentantenhauses und der meisten einzelstaatlichen Parlamente ist die Einteilung des Wahlgebiets in Ein-Personen-Wahlkreise (*single member districts*) gesetzlich vorgeschrieben. Diese Kombination von Mehrheitswahlprinzip und Einer-Wahlkreisen

hat mit zur Herausbildung des amerikanischen Zweiparteiensystems beigetragen, in dem die
Demokratische und Republikanische Partei seit mehr als 100 Jahren die dominante Rolle
spielen. Abgesehen von zeitweiligen Erfolgen auf regionaler und lokaler Ebene haben es
sogenannte „Dritte Parteien" (*third parties*) in diesem Jahrhundert nicht vermocht, die Vorherrschaft der beiden großen Parteien in Frage zu stellen. Nicht minder deutlich dominieren
Republikaner und Demokraten die Wahlen auf der einzelstaatlichen Ebene. Seit Mitte der
1970er Jahre konnten parteipolitisch ungebundene (*independents*) oder von dritten Parteien
nominierte Wahlbewerber nur in wenigen Fällen eine Gouverneurswahl (Abbildung 21-3)
oder ein Mandat für ein einzelstaatliches Parlament gewinnen. Die Ausnahme bilden die
Wahlen für die Einkammerlegislative in Nebraska, die ebenso wie die Kommunalwahlen in
etwa 70 Prozent der amerikanischen Städte mit mehr als 5.000 Einwohnern als partei-
ungebundene Wahlen (*non-partisan elections*) durchgeführt werden (Crotty 1985: 105). Die
Mehrzahl der amerikanischen Wahlen sind daher *partisan elections*, die jeweils von einer der
beiden großen Parteien majorisiert werden.

Dies darf allerdings nicht darüber hinwegtäuschen, daß sowohl Republikaner als auch Demokraten heute kaum noch Einfluß darauf haben, welche Wahlbewerber unter ihren Partei-
etiketten antreten. Einer der Gründe für die Erosion ihrer Nominierungsfunktion ist die Öffnung des parteiinternen Nominierungsverfahrens durch die Einführung von Vorwahlen (*primaries*), bei denen die Kandidaten für öffentliche Ämter nicht von den Parteifunktionären,
sondern durch direkte Wahl bestimmt werden. In der Literatur werden die Vorwahlen daher
auch gelegentlich als *nominating elections* bezeichnet (Patterson/Davidson/Ripley 1989:
253). Der Gewinner einer *primary* wird von seiner Partei offiziell als Kandidat für die
Hauptwahl (*general election*) nominiert, in der er dann auf den Vorwahlsieger der Gegenpartei trifft. Von den bei der Nominierung von Kongreßkandidaten üblichen direkten *primaries*
sind die indirekten *presidential primaries* zu unterscheiden. Bei diesen werden zunächst die
Delegierten für die nationalen Parteikonvente gewählt, auf denen dann die offizielle Nominierung der Präsidentschaftskandidaten erfolgt. Die Vorwahlen sind Bestandteil des öffentlichen Wahlverfahrens. Sie finden unter staatlicher Aufsicht auf öffentliche Kosten und unter
gerichtlicher Kontrolle statt.

12.2   Wahlrecht und Wahlbeteiligung

12.2.1   Die Demokratisierung des Wahlrechts als historischer Entwicklungstrend

Die historische Entwicklung des amerikanischen Wahlsystems lässt sich in die generelle
Perspektive einer schrittweisen Demokratisierung bringen (Rusk 2001). Insbesondere in der
Frühphase ist diese Entwicklung eng mit der Herausbildung der politischen Parteien ver-
zahnt, die sich entgegen aller Rhetorik unter der tatkräftigen Führung der „Verfassungsväter"
vollzog. Bereits die erste substantielle Änderung des Wahlrechts durch das 12. *Amendment*
der Bundesverfassung (1804), mit dem die Wahl von Präsident und Vizepräsident in zwei

separate Wahlgänge aufgespalten wurde, stellte ein Zugeständnis an die Parteien dar. Neben dem in diesem Fall beschrittenen Weg der formellen Verfassungsänderung sind die Entwicklung und die Veränderung des Wahlrechts durch folgende Faktoren geprägt worden:

- Durch die Gesetzgebung der Einzelstaaten, denen die Bundesverfassung die Ausgestaltung des Wahlverfahrens in weiten Teilen überlassen hatte;
- durch Gesetzgebung des Kongresses, der nach Art. I, Sec. 4 der Verfassung „[...] may at any time by law make or alter such regulations" [des Wahlverfahrens zum US-Kongreß];
- durch die Rechtsprechung des *U.S. Supreme Court.*

In der Praxis erwies sich zunächst der Weg über die Einzelstaaten als entscheidend. Die Ausweitung des Wahlrechts für den männlichen Teil der weißen Bevölkerung, die schon durch die Revolution an Dynamik gewonnen hatte, wurde auf dieser Ebene vorangetrieben. So kannten die stark von egalitären Prinzipien geprägten Verfassungen der mit der Ausdehnung nach Westen neu in die Union aufgenommenen Staaten zumeist keine Besitz- oder Einkommensqualifikationen. Die „alten" Staaten lockerten sukzessive bestehende Restriktionen.

Die Demokratisierung des Wahlrechts in den Einzelstaaten betraf nicht nur die Repräsentantenhauswahlen, sondern mit dem Trend zur direkten Wahl der Mitglieder des *electoral college* nach Parteilisten auch die Präsidentschaftswahlen (Congressional Quarterly 1985). Bis 1832 hatten alle Staaten mit Ausnahme von South Carolina die indirekte Wahl der Wahlmänner (*electors*) durch die Staatenlegislative abgeschafft. Gleichzeitig wurden mit der zunehmenden Organisation der Parteien auf lokaler und einzelstaatlicher Ebene die Elektoren de facto zu bloßen Parteiagenten. Die Wahl Andrew Jacksons im Jahre 1828 markiert symbolisch den Beginn der Entmediatisierung der Präsidentschaftswahlen durch das Zusammenspiel von Direktwahl und Parteien. Ohne allgemein verbindliche Regelung setzte sich dabei die Wahl der Elektoren in einer einzigen, staatenweiten Abstimmung (*at-large*) nach der *winner take all rule* durch. Die Ausnahme bilden gegenwärtig die Staaten Maine (seit 1969) und Nebraska (seit 1992), in denen zwei Wahlmänner auf Gesamtstaatebene (*at-large*) und zwei in den beiden Kongreßdistrikten (*by district*) gewählt werden.

Keine vergleichbare Bedeutung erlangte im 19. Jahrhundert die Gesetzgebung durch den Kongreß. Bis 1842 ließ der Kongreß seine Kompetenz völlig ungenutzt, um dann die ohnehin eher unübliche Praxis zu unterbinden, mehrere Abgeordnete in einem Wahlkreis (*multi-member district*) zu wählen. Darüber hinaus bestimmte der Kongreß im Jahre 1872, daß alle Bundeswahlen geheim sein und alle Repräsentantenhauswahlen am gleichen Tag stattfinden müssen. Hierfür wurde der Dienstag festgesetzt, der dem ersten Montag des Monats folgt. Seit 1913 gilt diese Vorschrift auch für Senatswahlen (die Senatoren werden erst seit dem Inkrafttreten des 17. *Amendment* direkt von der Bevölkerung gewählt) und seit 1960 auch für Präsidentschaftswahlen.

Tiefgreifende Veränderungen des Wahlrechts ergaben sich im Weiteren durch eine Reihe von Verfassungszusätzen. Hierzu gehören die Ausweitungen des Wahlrechts durch das 14. (1868) und 15. *Amendment* (1870), die Einführung des Frauenwahlrechts durch das 19. *Amendment* (1920) sowie die Herabsetzung des Mindestwahlalters auf 18 Jahre durch das 26. *Amendment* (1971). Daneben wurde dem *District of Columbia* durch das 23. *Amendment*

(1961) das Recht auf die Wahl von drei Elektoren für die Präsidentschaftswahlen eingeräumt.

Die Absicherung des universalen Wahlrechts stieß allerdings in Hinblick auf die schwarze
Bevölkerung insbesondere in den Südstaaten der USA auf erhebliche Durchsetzungsschwie-
rigkeiten. Wirkliche Erfolge wurden erst mit dem 24. *Amendment* (1964) sowie einer Serie
von Bürgerrechtsgesetzen, vor allem dem *Voting Rights Act* von 1965 erzielt, die die restriktiven, vor allem gegen die schwarze Bevölkerung gerichteten Wahlrechtsvorschriften im
Süden wie *poll taxes* (Wahlsteuer) und *literacy tests* (Lesefähigkeitstest) beseitigten. Um
derartige Diskriminierungspraktiken wirksam zu unterbinden, wurden die Wahlen in mehreren Staaten unter Bundesaufsicht gestellt, in denen ein begründeter Verdacht auf Diskriminierung bestand. Diese Staaten wurden unter anderem dazu verpflichtet, künftig jede Änderung des Wahlrechts bzw. Wahlverfahrens der Bundesregierung vorab zur Genehmigung
vorzulegen.

Die vier in den 1960er Jahren erfolgten Reformen zur Gewährleistung des Wahlrechts wurden durch die Rechtsprechung des *Supreme Court* gestützt, der 1964 in einer wegweisenden
Entscheidung die Fundamentalität des Wahlrechts bestätigte (*Reynolds v. Sims*) und der in
der Folgezeit eine aktive Rolle bei der Formulierung und Sicherung dieses Rechtes spielte.

12.2.2   Wahlrecht und Wahlvorschlagsrecht

In den USA bestehen ebenso wie etwa in Deutschland bestimmte Voraussetzungen, die an
die Wählerqualifikation geknüpft werden. Dies sind die amerikanische Staatsbürgerschaft,
das Wahlalter (bundeseinheitlich 18 Jahre), Wohnsitzpflicht je nach Bundesstaat zwischen
einem Tag und einem Monat) und die Eintragung in die Wählerliste. In fast allen Staaten
erfolgt die Streichung aus der Wählerliste, wenn ein Wähler nicht innerhalb eines bestimmten Zeitraumes (zumeist vier Jahre) an einer Wahl teilgenommen hat.

Wahlvorschläge können sowohl von den Parteien als auch von jedem Wahlberechtigten eingereicht werden. Allerdings werden nur die von den beiden großen Parteien vorgeschlagenen
Wahlbewerber automatisch in die Wahlliste eingetragen. Bei kleineren Parteien (*minor parties*) bedarf es hierzu zunächst der Feststellung der Parteieigenschaft. In den meisten Staaten
muß eine Partei hierfür einen bestimmten Prozentsatz der bei den letzten Gouverneurswahlen
abgegebenen Stimmen gewonnen haben. Um als *Independent* zu einer Wahl zugelassen zu
werden, ist in allen Einzelstaaten der Nachweis einer gewissen Anhängerschaft bei den Wählern erforderlich. In der Regel erfolgt dies durch die Einreichung einer Petition, die von einer
bestimmten Zahl wahlberechtigter Bürger unterzeichnet sein muß. Das hierfür verlangte
Unterschriftenquorum reicht von einem bis fünf Prozent. In mehreren amerikanischen Bundesstaaten ist es zulässig, statt für einen der auf dem Wahlschein aufgeführten Bewerber zu
votieren, den Namen einer ihm geeignet erscheinenden Person auf den Wahlzettel einzutra-
gen. Allerdings ist ein solches *write-in* heute insofern nur noch eingeschränkt möglich, als in
den meisten *counties* inzwischen Abstimmungsmaschinen (*voting machines*) verwendet werden (Tabelle 12-1).

Tabelle 12-1: Wahlmethoden in den USA im Jahr 2004

Wahlmethode	Häufigkeit der Verwendung (Zahl der Kreise)	Kreise (counties) (in Prozent)	Bevölkerung (in Prozent)
Punch card (1)	327	10,5	11,5
Lever machine (2)	264	8,5	13,0
Paper ballots (3)	298	9,6	0,7
Optical scan (4)	1.429	45,9	35,2
Electronic (5)	623	20,0	29,5
Mixed (6)	149	4,8	8,9

(1) Bei dieser Methode sind die entsprechenden Felder für die zur Wahl anstehenden Ämter auf einer Karte vorgestanzt: der Wähler markiert die Kandidaten seiner Wahl mit Hilfe eines Lochers;

(2) Hierbei handelt es sich um eine Maschine, bei der die Wahl der Kandidaten durch die Betätigung eines Schalters erfolgt; das Ziehen eines Hebels bestätigt die getroffene Wahlentscheidung;

(3) Wahlzettel;

(4) Wahl eines Kandidaten erfolgt durch Markierung mit einem optischen Lesestift;

(5) Stimmabgabe per Knopfdruck;

(6) Wahlkreise, in denen verschiedene Methoden angeboten werden.

Quelle: Election Data Services, Voting Equipment Summary by type as of: 11/02/2004, <http://electiondataservices.com/VotingSummary2004_20040805.pdf> (31.03.2005).

12.2.3 Wahlbeteiligung

Die Wahlbeteiligung der amerikanischen Bürger erscheint nicht nur auf den ersten Blick erstaunlich gering. Im internationalen Vergleich rangieren die USA (je nach Berechnungsmodus) auf dem letzten bzw. vorletzten Platz. So beteiligten sich 2000 an den Präsidentschaftswahlen nur knapp über die Hälfte der Wahlberechtigten, an den Kongreßwahlen von 2002 sogar kaum mehr als ein Drittel. Insgesamt zeigt die Entwicklung seit den 1960er Jahren einen drastischen Rückgang der Wahlbeteiligung um ca. 10-12 Prozent. Entgegen dem Trend lag die Beteiligung bei den Präsidentschaftswahlen 2004 wieder bei knapp 60 Prozent (Tabelle 12-2). Zur Erklärung des niedrigen Niveaus der Beteiligung ist zunächst zu bemerken, daß Wahlen in den USA ein aufwendiges Verfahren darstellen, das den Wählern hohe Zeit- und Informationskosten aufbürdet (Patterson 2003). Zum einen finden die Bundeswahlen grundsätzlich an Arbeitstagen statt. Zum anderen müssen sich die Bürger unter teilweise umständlichen Prozeduren und restriktiven Bedingungen wie Mindestaufenthaltszeiten im jeweiligen Staat (*residence requirement*) oder Fristen, vor den Wahlen selbständig registrieren lassen. In einzelnen Staaten werden Nichtwähler außerdem in bestimmten Zeiträumen wieder aus den Wählerlisten gestrichen.

Ein Indikator für die Bedeutung der Registrierungspflicht sind die stark unterschiedlichen Beteiligungsquoten in den einzelnen Staaten, wobei generell ein Nord-Süd-Gefälle auszumachen ist: Während beispielsweise Maine, Minnesota, North Dakota und Wisconsin mit relativ liberalen Regelungen mit knapp 70 Prozent weit über dem Durchschnitt liegen, bilden Staaten wie Georgia und Texas mit ihren traditionell restriktiven Bestimmungen, aber auch Kalifornien und Nevada mit unter 50 Prozent die Schlußlichter (Bibby 2003: 310 f.; U.S. Census Bureau 2004: 258). Nach inoffiziellen Schätzungen würde eine generelle Liberalisierung im Bundesdurchschnitt zu einem Anstieg um bis zu 9 Prozent führen. Doch das 1993 von den Demokraten durchgesetzte nationale *motor voter*-Programm (Registrierung durch Führerscheinbehörde und andere Stellen) läßt mit dem Ausbleiben eines signifikanten Anstiegs fraglich erscheinen, daß entsprechende Reformen nachhaltig die Situation ändern könnten. Allerdings haben die Abschaffung der *poll tax* und *literacy tests* und die Kontrolle oder Aufsicht durch den Bund im Süden der USA seit den 1960er Jahren regional zu merklichen und dauerhaften Steigerungen der Wahlbeteiligung geführt. Der Abwärtstrend auf Bundesebene konnte damit aber bestenfalls gebremst werden.

Tabelle 12-2: Wahlbeteiligung bei Präsidentschafts- und Repräsentantenhauswahlen 1932-2004*

Jahr	Präsidentschafts-wahl	Repräsentanten-hauswahl	Jahr	Präsidentschafts-wahl	Repräsentanten-hauswahl
1932	52,6	49,7	1970	—	43,6
1934	—	41,4	1972	55,1	50,6
1936	56,9	53,5	1974	—	35,7
1938	—	44,0	1976	53,6	48,8
1940	58,8	55,4	1978	—	34,5
1942	—	32,5	1980	52,8	47,5
1944	56,1	52,7	1982	—	37,7
1946	—	37,1	1984	53,3	47,4
1948	51,1	48,4	1986	—	33,6
1950	—	41,2	1988	50,3	44,9
1952	61,6	57,6	1990	—	33,6
1954	—	41,7	1992	55,2	51,3
1956	59,3	56,3	1994	—	36,5
1958	—	43,0	1996	49,0	45,9
1960	62,8	58,5	1998	—	33,1
1962	—	45,4	2000	50,3	47,1
1964	61,4	57,7	2002	—	34,7
1966	—	45,4	2004	55,5	51,4
1968	60,7	55,0	2006	—	

* In Prozent der Personen im Wahlalter; seit 1972 bundeseinheitlich auf 18 Jahre festgesetzt.

Quellen: U.S. Bureau of Census, Statistical Abstract of the United States 2004-2005, Washington, D.C. 2004, S. 257 (für die Repräsentantenhauswahlen 1932-1940); U.S. Bureau of Census, Statistical Abstract of the United States, 2007: The Nation Data Book, Washington, D.C. 2006, S. 257.

Ein Vergleich des Sozialprofils der Wähler und Nichtwähler zeigt, daß die Beteiligung und ihr Rückgang seit den 1960er Jahren nur durch ein Bündel von Faktoren zu erklären ist. Auffällig sind zunächst die starken Unterschiede zwischen den verschiedenen Alters- und Bildungsschichten. Erstwähler (18-20) beteiligten sich mit ca. 33 Prozent an den Präsident-schaftswahlen, die Gruppe der über 45-jährigen dagegen mit 65-70 Prozent (Stanley/Niemi 2003: 16 f.). Ein Teil des Rückgangs der Beteiligung kann demgemäß auf die Verjüngung der Wählerschaft durch die Herabsetzung des Wahlalters auf 18 Jahre (1971) und durch die *baby-boom*-Generation zurückgeführt werden. Dieser Trend kehrt sich jedoch seit den 1980er Jahren um. Ähnliche Unterschiede zeigt die Ausdifferenzierung nach dem Bildungs-grad, wohingegen die einkommens-, geschlechts- und religionsgruppenspezifischen Varia-tionen kaum ins Gewicht fallen. Sondergruppen bilden vor allem die Bürgerinnen und Bür-ger mit hohem Bildungsgrad (College Abschluß) mit einer Wahlbeteiligung zwischen 70 und 80 Prozent sowie die *Hispanics* mit einer stark unterdurchschnittlichen Beteiligung um 45 Prozent. Der hohe Einfluß des Bildungsgrads auf die Wahlbeteiligung resultiert – so die Vermutung – aus individuellen Kompetenz- und Motivationsdifferenzen (Information, Pflichtgefühl) der Wähler. Doch während das steigende Bildungsniveau in den USA zu einer Zunahme der Wahlbeteiligung hätte führen müssen, ist in allen Schichten mit Ausnahme der „Bildungselite" (*college* oder *advanced degree*) ein Abwärtstrend zu beobachten (Abram-son/Aldrich 1990: 102 f.).

Wichtiger als die sozialdemographischen Entwicklungen scheinen der Rückgang der Partei-bindungen und der Anteilnahme am politischen Geschehen sowie ein negativer Trend in den Einstellungen zur Bedeutung von Partizipation (*political efficacy*) zu sein. Eine Studie weist aus, daß die abnehmenden Wahlbeteiligung zu ca. Zweidrittel auf diesen Einstellungswandel zurückzuführen sind (Teixeira 1987: 78). Für die Erklärung der skizzierten Entwicklung der Wahlbeteiligung gibt es, vereinfacht dargestellt, zwei konkurrierende Ansätze, die gemäß ihrem Ansatzpunkt als nachfrage- (Verhalten der Wähler) bzw. angebotsorientiert (Verhalten der Eliten) bezeichnet werden. Nachfrageorientierte Ansätze verstehen Partizipation grund-sätzlich als Konsequenz individueller Prädispositionen: (Nicht-)Wählen wird als Ausdruck bestimmter Einstellungen und Fähigkeiten der Bürger aufgefaßt, beispielsweise als Funktion ihres Bildungsgrads. Angebotsorientierte Analysen beziehen dagegen das Verhalten der poli-tischen Eliten als entscheidende Variable mit ein. Das Verhalten der (Nicht-)Wähler wird als (rationale) Reaktion auf die Politikangebote und Mobilisierungsbemühungen der Parteien und Politiker gesehen. Insbesondere gegen das auf Bildungsunterschiede abhebende Theo-rem wird eingewandt, daß in den USA wie im internationalen Vergleich solche Differenzen keine relevante Rolle spielen. Zudem wird auf Erfahrungen wie die Mobilisierung der Schwarzen durch die Bürgerrechtsbewegung in den 1960er Jahren verwiesen (Avey 1989; Piven/Cloward 1989).

In dieses Erklärungsschema können auch die feststellbaren Mobilisierungseffekte kompetiti-ver Wahlkämpfe (unsicherer Ausgang, hohes Informationsangebot), die sich etwa an den Beteiligungsunterschieden in den Präsidentschafts- und Kongreßwahlen demonstrieren las-sen, eingefügt werden. Doch die hieraus abgeleitete praktische Forderung, Gruppen mit nied-riger Beteiligung durch gezielte Politikangebote und Mobilisierungsmaßnahmen in die Ak-tivwählerschaft zu reintegrieren, ist problematisch. Einzuwenden ist nicht nur, daß mögliche Gegenreaktionen anderer Gruppen ebenso außer Acht gelassen werden wie das Problem des Trägers solcher Aktivitäten, das angesichts der Schwäche der Parteien mittelfristig kaum lösbar scheint. Fraglich ist ferner, ob eine höhere Mobilisierung der unteren Einkommens-gruppen und Minderheiten die Wahlergebnisse beeinflussen und die Demokraten generell von einer solchen Entwicklung profitieren würden. Bei den Kongreßwahlen (*midterm electi-ons*) etwa unterscheidet sich ungeachtet der hohen Differenzen in der Beteiligung das Sozialprofil der Wähler nicht signifikant von dem der an den Präsidentschaftswahlen teilnehmenden Bürger (Jacobson 2001: 103 f.). Obwohl die geringe Wahlbeteiligung ein ernstzunehmendes Problem darstellt, insoweit in ihr Bindungsverluste und politische Unzufriedenheit zum Ausdruck kommen, ist es wenig plausibel anzunehmen, daß eine Umkehrung des Trends durch einfache Maßnahmen zu bewerkstelligen oder für die Ergebnisse des Willensbildungsprozesses von entscheidender Bedeutung wäre. Klare Hinweise auf eine hohe Bedeutung der Wahlbeteiligung für den Wahlausgang wie 2000 sind bisher die Ausnahme von der Regel (Pomper 2001: 143 f.).

12.3   Wahlverhalten und Wählerkoalitionen

12.3.1   Parteien in der Wählerschaft: Der Zyklus der Mehrheitskoalitionen

Die amerikanische Forschung zeichnete traditionell ein vergleichsweise einfaches Schema des Wahlgeschehens, in dem den Parteien eine zentrale Rolle zukam. In seinen Grundzügen läßt sich die in verschiedenen Varianten ausformulierte Theorie folgendermaßen zusammenfassen: Die Parteien werden konzeptionell als soziale Gebilde aufgefaßt, die sich durch feste Bindungen der Wähler (*party in the electorate*) konstituieren (Bibby 2003; Beck 2004). Verankert in langfristig stabilen Koalitionen der verschiedenen sozialen Segmente der Gesellschaft (*party coalitions*) und dauerhaften Parteiloyalitäten der Einzelwähler (*party identification*), steuern die Parteien auf der Ebene von Wählergruppen ebenso wie der individueller Wahlentscheidungen relativ zuverlässig das Wählerverhalten (Petrocik 1981; Abramson 1983). Die starre Strukturierung der Wählerschaft sichert jeweils einer der Parteien den Status der *majority party*, die regelmäßig Mehrheiten auf allen Ebenen mobilisieren kann (*maintaining elections*). Die auftretenden Abweichungen (*deviating elections*) von der durch die Parteiloyalitäten bestimmten normalen Stimmenerteilung (*normal vote*), bedingt vor allem durch die wirtschaftliche oder außenpolitische Situation, stellen Ausnahmen ohne bleibende Konsequenzen dar.

Wenngleich heute gegen zentrale theoretische Annahmen des *party-alignment*-Modells grundlegende Einwände erhoben werden (Mayhew 2002), bleibt es für deskriptive Zwecke und als Referenzrahmen der Diskussion von Bedeutung. Anhand der nur langfristig wechselnden Konstellationen von Mehrheits- und Minderheitsparteien läßt sich die amerikanische Parteiengeschichte als Schema aufeinanderfolgender Parteiensysteme (*party alignments*) darstellen. Das dynamische Element in diesem Modell bilden die mit scheinbar gesetzmäßiger Regelhaftigkeit etwa alle 30 bis 40 Jahre auftretenden Restrukturierungen der Parteikoalitionen (*party realignments*). Neben dem Wechsel von Wählergruppen zwischen den beiden *major parties* können sich *realignments* in der Form des Aufkommens neuer Parteien – wie im Fall der Republikaner in den 1850er Jahren – oder der Absorption dritter Parteien –

wie im Fall des *Populist Movement* durch die Demokraten in den 1890er Jahren – vollziehen (Burnham 1970; Sundquist 1983). Selbst wenn *realignments* wie Ende des 19. Jahrhunderts keinen Wechsel der Mehrheitspartei bewirken, sind für sie die Reorganisation der politischen Konfliktlinien zwischen den Parteien und die Aufnahme neuer Sachthemen in die politische Debatte kennzeichnend. Die Bruchstellen zwischen den verschiedenen Stufen der Entwicklung markieren *critical elections*, einzelne oder eine kurze Serie von Wahlen, mit denen zumeist unter dem Eindruck politischer oder sozialer Krisen die neuen Wählerkoalitionen zum Durchbruch kommen.

12.3.2 Die Auflösung der *New Deal*-Koalition

Wichtigster Modellfall eines *party realignment* und in seinen Nachwirkungen bis heute von hoher Bedeutung ist das *New Deal alignment*. Unter dem Eindruck der 1929 einsetzenden Wirtschaftskrise gelang den Demokraten unter Führung Franklin D. Roosevelts (1932-1945) die Formierung einer neuen Wählerkoalition, die ihnen den Aufstieg zur bis Ende der 1960er Jahre unangefochtenen Mehrheitspartei ermöglichte. Tragende Elemente der *New Deal*-Koalition waren neben der traditionellen regionalen Basis der Demokraten, den Südstaaten, vor allem die Wählergruppe der Katholiken und die Arbeiterschaft des industrialisierten Nordostens (Sundquist 1983: 214 f.). Später integriert wurden die ethnischen Minoritäten, insbesondere die Gruppe der Schwarzen wie der Juden, die bis heute zu den loyalsten Anhängern gehören.

Unter den Bedingungen des *New Deal alignment* hatte sich die elektorale Basis der Republikaner, die weitgehend aus den *White Anglo-Saxon Protestants* (*WASP*s) der Mittel- und Oberschichten des Mittelwestens und Nordostens der USA bestand, als zu schmal erwiesen, um den Mehrheitsstatus der Demokraten ernsthaft zu gefährden. Selbst die Wahl Dwight D. Eisenhowers (1953-1961) und die kurzfristige Kontrolle der Republikaner über den Kongreß zu Beginn der 1950er Jahre, vermochten hieran nur wenig zu ändern. Paradoxerweise begann der Wiederaufstieg der Republikaner auf der Ebene der Präsidentschaftswahlen mit einer vernichtenden Niederlage. Barry Goldwater, Senator aus Arizona und Kandidat vom rechten Rand der Partei, unterlag 1964 mit 38,5 Prozent Lyndon B. Johnson, dem seit der Ermordung John F. Kennedys amtierenden Präsidenten. Neben Arizona konnte Goldwater nur fünf weitere Staaten gewinnen, die aber alle im *Deep South* der USA lagen und von denen vier seit der Wiedereingliederung nach dem Bürgerkrieg (1861-1865) durchgängig demokratische Mehrheiten verzeichnet hatten. Goldwaters konservative Position zugunsten einer unabhängigeren Stellung der Einzelstaaten erzielte eine hohe Resonanz unter weißen Wählern im Süden, die in den *states' rights* einen Hebel zur Blockade der von der Bundesregierung verordneten Rassenintegration sahen (Sundquist 1983: 357 f.). Langfristig gesehen markieren die Wahlen von 1964 den Beginn des dauerhaften Ausbruchs des (weißen) Südens aus der Demokratischen Koalition, die mit den Erfolgen Richard Nixons und Ronald Reagans zunächst auf präsidentieller Ebene manifest wurden, seit den 1990er Jahren jedoch auch in den Kongreßwahlen verstärkt zum Tragen kamen. Ursächlich für diese Entwicklung waren jedoch nicht nur das Problem der Rassenintegration, sondern auch die durch den wirtschaftlichen Aufstieg der *sun-belt states* ausgelösten Migrationsbewegungen innerhalb der Bevölkerung. Während Schwarze aus den Südstaaten in die Industriezentren des Nordostens abwanderten, ließen sich immer mehr Weiße aus dem Norden im so genannten *black-belt* nieder. In den späten 1970er und frühen 1980er Jahren griffen die Verluste der Demokraten auch auf die anderen tragenden Elemente ihrer Wählerkoalition über. Katalysierende Effekte auf den progressiven Zerfall des *New Deal*-Parteiensystems hatte eine Serie von Entwicklungen und Ereignissen wie das Aufkommen der Bürgerrechtsbewegung in den 1950er Jahren, die Rassen- und Studentenunruhen in den 1960er Jahren, der Vietnamkrieg wie der *Watergate*-Skandal und die sich verschärfenden sozial- und wirtschaftspolitischen Probleme der 1970er Jahre (Sundquist 1983; Petrocik 1981).

In der Konsequenz der harten parteipolitischen Auseinandersetzungen um die Wirtschafts-, Sozial- und Außenpolitik sind die Auflösungserschienungen der *New Deal*-Koalition insbesondere an den Neuorientierungen innerhalb der traditionellen Demokratischen Wählergruppen wie etwa den Katholiken und Arbeitern ablesbar (Pomper 2001: 135 f.). Die nach sozialen Gruppen ausdifferenzierte Übersicht über die Stimmenverteilung in den Präsidentschaftswahlen von 2000 und 2004 macht die starken Bewegungen in der Wählerschaft deutlich (Tabelle 12-3). Die Republikaner sind nach wie vor die Partei der „*better elements of society*", aber zumindest in Präsidentschaftswahlen reicht ihr Appeal, um beispielsweise auch in den unteren Einkommensgruppen erhebliche Stimmanteile und, zumindest unter weißen Wählern, auch Mehrheiten zu gewinnen. Umgekehrt können jedoch auch die Demokraten auf einen beachtlichen Stimmanteil in den oberen Gesellschaftsschichten zählen. Kaum weniger markant ist der mittlerweile erreichte Nahezu-Gleichstand der Parteien unter katholischen Wählern. Entscheidend für die gegenwärtig kompetitive Konstellation zwischen den Parteien ist jedoch das Ausbleiben der Dominanz einer der beiden Seiten in den mittleren Einkommensgruppen. Mit leichten Variationen charakterisiert diese Pattsituation auch die Stimmverteilung in den verschiedenen Alters- und Bildungsgruppen wie zwischen den Großregionen (*East*, *Midwest*, *South*, *West*).

Sieht man von den Südstaaten ab, so sind die Konturen des *New Deal alignment* noch schemenhaft zu erkennen. Doch mit Ausnahme der gewachsenen ethnischen Polarisierung ist die Entwicklung seit den 1960er Jahren allgemein durch eine Einebnung der sozialen Konturen gekennzeichnet (Abramson/Aldrich 1990: 144 f.; Abramson/Aldrich/Rohde 2003: 119 f.). Wenige und nur relativ kleine Wählersegmente sind so stark auf eine Partei fixiert wie die Schwarzen auf die Demokraten oder die Angehörigen evangelisch-protestantischer Sekten auf die Republikaner. Generell manifestiert sich der Trend der Dekomposition des *New Deal*-Parteiensystems in der Angleichung des Stimmverhaltens zwischen und der relativ geringen Kohäsion innerhalb der meisten Wählergruppen (Keefe 1988: 182). Diese Entwicklung hilft den schnellen Wechsel der Parteimehrheiten von George H. W. Bush (1988) über Bill Clinton (1992, 1996) bis hin zu George W. Bush (2000) bei teilweise äußerst knappen Mehrheiten zu erklären. Doch auch im Kongreß wie in der Machtverteilung in den 50 Einzelstaaten ist die Tendenz eines Kräftegleichgewichts mit wechselnden Vorteilen für eine der beiden Seiten kaum zu übersehen.

Tabelle 12-3: Stimmenanteil ausgewählter Bevölkerungsgruppen bei den Präsidentschaftswahlen 2000 und 2004 (in Prozent)

Wählergruppe	Anteil an der Wählerschaft		George W. Bush		John Kerry 2004 Al Gore 2000	
	2004	2000	2004	2000	2004	2000
Race/Ethnicity						
White	77	81	58	54	41	42
Black	11	10	11	9	88	90
Hispanic	8	7	44	35	53	62
Region						
East	22	23	43	39	56	56
Midwest	26	26	51	49	48	48
South	32	31	58	55	42	43
West	20	21	49	46	50	48
Religion						
Protestant	54	54	59	56	40	42
Catholic	27	26	52	47	47	50
Jewish	3	4	25	19	74	79
Age						
18-29	17	17	45	46	54	48
30-44	29	33	53	49	46	48
45-59	30	28	51	49	48	48
60 and older	24	22	54	47	46	51
Education						
Not high school grad.	4	5	49	39	50	59
High school graduate	22	21	52	49	47	48
College incomplete	32	32	54	51	46	45
College graduate	26	24	52	51	46	45
Union household	26	26	38	37	61	
Vote by Income (in US-$)						
under 15.000	8	7	36	37	63	57
15.000-29.999	15	16	42	41	57	54
30.000-49.999	22	24	49	48	50	49
50.000-74.999	23	25	56	51	43	46
75.000-100.000	14	13	55	52	45	45
100.000-150.000	11	15	57	54	42	43
150.000-200.000	4	–*	58	–*	42	–*
200.000 and more	3	–*	63	–*	35	–*

* für 2000 keine Ausdifferenzierung bei Einkommen über US-$ 100.000.

Quellen: CNN.com, America Votes 2004. Election results, <http://www.cnn.com/ELECTION/2004/pages/results/states/US/P/00/epolls.0.html>; für 2000: <http://www.cnn.com/ELECTION/2000/results/index.president.html> (02.07.2005).

12.4   Individuelles Wählerverhalten im Umbruch

12.4.1   Die Auflösung der traditionellen Parteiloyalitäten

Als charakteristisch für den klassischen Typus des *American Voter* galt, daß die Parteiloyalitäten relativ früh erworben wurden und sich mit zunehmendem Alter verfestigten. Dabei stellte die individuelle Parteiidentifikation mehr ein habitualisiertes Einstellungsmuster der Wähler dar, deren politische Sozialisation eher durch Faktoren wie Familie und Sozialmilieu oder gegebenenfalls den Eindruck politischer oder wirtschaftlicher Krisen geprägt wurde als durch die rationale Wahl zwischen parteipolitischen Alternativen (Pomper 1988: 116 f.). Der Anteil der Wähler, die ihre Stimmabgabe in Reaktion auf Kandidaten, Sachthemen oder Parteiprogramme variierten, wurde mit Blick auf den niedrigen Informationsgrad und die Abwesenheit ideologischer Einstellungen in der Wählerschaft als relativ gering angesehen. Die Norm bildete die Stimmabgabe gemäß der Parteiidentifikation, ungeachtet der jeweiligen politischen Umstände und Kandidaten. Die Erhebung der *party identifications* basiert auf Umfragen, in denen die Befragten zunächst um eine Selbstklassifizierung als Demokraten, Republikaner oder Parteiunabhängige (*independents*) gebeten werden. Durch Nachfragen wird weiter zwischen starken und schwachen Bindungen (*strong/weak partisans*) der Parteianhänger sowie Neigungen zu einer der beiden Parteien (*leaning Democrat/Republican*) und völliger Ungebundenheit (*pure independent*) unterschieden (Tabelle 12-4).

Tabelle 12-4: Parteiidentifikation 1952-2004 (in Prozent)

	1952	1960	1968	1972	1976	1980	1984	1988	1992	1996	2000	2002	2004
Democrat													
strong	22	20	20	15	15	18	17	17	18	18	19	17	17
weak	25	25	25	26	25	23	20	18	18	19	15	17	16
Independent													
leaning Democrat	10	6	10	11	12	11	11	12	14	14	15	15	17
pure Independent	6	10	11	13	15	13	11	11	12	9	12	8	10
leaning Republican	7	7	9	10	10	10	12	13	12	12	13	13	12
Republican													
weak	14	14	15	13	14	14	15	14	14	15	12	16	12
strong	14	16	10	10	9	9	12	14	11	12	12	14	16

**Quelle: The National Election Studies (NES) Guide to Public Opinion and Electoral Behavior,
<http://www.electionstudies.org/nesguide/toptable/tab2a_1.htm> (31.03.2005)**

In der Übersicht über die Verteilung der Parteiidentifikationen zwischen 1952 und 2004 wird zunächst das kontinuierliche Absinken des Anteils Demokratischer Parteianhänger von 47 auf 33 Prozent – bezieht man die *independents leaning Democrat* mit ein – von 57 auf

50 Prozent deutlich. Nicht in den oben aufgezeigten Trend republikanischer Erfolge bei Präsidentschaftswahlen paßt demgegenüber, daß die Anhängerschaft der Republikaner 2004 bei nur mehr ca. 30 Prozent liegt, wenngleich sich bei ihnen seit Anfang der 1980er Jahre ein leichter Aufwärtstrend abzeichnete. Die Differenz zwischen den Parteianteilen findet sich in dem von ca. 23 Prozent (1952) auf 39 Prozent (2004) zunehmenden Anteil der *independents* wieder, die 1988 zum ersten Mal die stärkste Gruppe stellten. Die weitere Aufschlüsselung der Daten läßt erkennen, daß sich der noch bestehende Vorsprung der Demokraten zum einen in fortbestehenden Parteiloyalitäten der älteren Wählergenerationen begründet. Unter den Wählern unter 30 Jahren zeigen Umfragen wechselnde leichte Vorsprünge der beiden Parteien, die um den Gleichstand oszilieren (Abramson/Aldrich 1990: 291; Stanley/Niemi 2003: 119). Allerdings gelten die Bindungen jüngerer Wähler noch als relativ instabil, so daß sich die Zahlen nicht ohne weiteres in die Zukunft fortschreiben lassen. Zum anderen wurden die Verluste der Demokraten durch die noch gewachsene Loyalität der Bevölkerungsgruppe der Schwarzen abgefedert; unter den weißen Wählern führten die Republikaner mit 37 gegenüber 28 Prozent (Stanley/Niemi 2003: 119). Aber auch in diesem Wählersegment stellten im Trend die *independents* die stärkste Gruppe (Abramson/Aldrich/Rohde 2003: 174 f.). Doch zumindest in den Präsidentschaftswahlen scheinen Parteibindungen und Stimmabgabe nach wie vor eng zusammenzuhängen. So unterstützten bei den Wahlen 2000 98 Prozent der *strong Republicans* und 97 Prozent der *strong Democrats* sowie 84 Prozent der *weak Republicans* und 85 Prozent der *weak Democrats* ihren jeweiligen Parteikandidaten (Stanley/Niemi 2003: 134). Allerdings zeigt sich im langfristigen Vergleich, daß – mit Ausnahme der Clinton-Ära – *weak Democrats* mit bis zu 35 Prozent und *leaning Democrats* mit bis zu 40 Prozent (1980) in wesentlich höheren Raten für republikanische Kandidaten stimmten als die entsprechenden republikanischen Gruppen, von denen in der Regel weniger als 20 Prozent für einen Kandidaten der Demokraten votierten. Doch gerade unter den republikanischen Parteianhängern kann die hohe Unterstützungsbereitschaft für unabhängige Kandidaten wie Ross Perot (1992, 1996) als Indikator gelten, daß – ein geeignetes Politikangebot vorausgesetzt – auch längerfristige Loyalitäten keine hohen Barrieren gegen die Abwanderung in andere politische Lager bilden (Tabelle 12-5).

Tabelle 12-5: Stimmabgabe bei Präsidentschafts- und Kongreßwahlen abweichend von der Parteiidentifikation oder Parteineigung 1952-2004 (in Prozent)

Wahljahr	1952	1956	1960	1964	1968	1972	1976	1980
Präsident	18	15	13	15	24	25	16	24
Repräsentantenhaus	15	9	11	15	19	17	19	23
Senat	16	12	12	16	20	22	19	21

Wahljahr	1984	1988	1992	1996	1998	2000	2002	2004
Präsident	13	12	24	16	–	12	–	10
Repräsentantenhaus	23	19	21	17	22	17	20	15
Senat	20	20	20	16	16	13	15	14

Quelle: Stanley, Harold W./Niemi, Richard G., Vital Statistics on American Politics, 2005-2006, Washington, D.C. 2006, S. 138.

Angesichts des Bedeutungsverlusts der Parteibindungen wird in der gegenwärtigen For-
schungsdiskussion Faktoren wie Kandidaten (*candidate evaluations*), Sachthemen (*issues*)
und politischen Grundeinstellungen (*ideology*) ein höherer Stellenwert für die individuellen
Wahlentscheidungen zugeschrieben. Aufgrund der zunehmenden Personalisierung der Wahlkämpfe hat vor allem die Frage nach dem Einfluß der Kandidaten ein stärkeres Interesse
gefunden. Analysen dieses Aspekts können empirisch auf einen deutlichen Zusammenhang
zwischen *candidate evaluations*, die in der Regel über positive wie negative Äußerungen zu
den jeweiligen Kandidatenpaaren gemessen werden, und der Stimmabgabe verweisen (Keefe
1988). Allerdings lassen sich die *candidate evaluations* nicht rein personal interpretieren. Die
Images der Kandidaten sind ihrerseits stark von den politischen Voreinstellungen der Wähler
abhängig; sowohl Parteiloyalitäten wie Positionen zu Sachthemen präformieren in hohem
Grad die Einschätzung der Kandidaten (Pomper 1988: 52 f.; Pomper 2001: 135 f.).

Eine stark gestiegene Bedeutung weisen nach einigen Studien der Einfluß der Sachthemen
(*issues*) und der politischen Grundpositionen der Wähler (*ideology*) auf das individuelle
Wahlverhalten aus (Nie/Verba/Petrocik 1976; Pomper 1988). Zu beachten ist dabei, daß die
Konzeption des *issue voting* keine politischen Detailkenntnisse voraussetzt. Verlangt wird
lediglich, daß Befragte beispielsweise in offen strukturierten Interviews auf *issues* verweisen
oder, bei einem Format mit vorgegebenen Antwortkategorien, zu allgemeinen Fragen wie
etwa der Verminderung oder Vermehrung von Rüstungsausgaben eine Position beziehen und
diese in Relation zu denen der Kandidaten setzen können. In der Forschung scheint der höhere Informationsgrad der Wähler über Sachthemen und die Verbreitung konsistenter politischer Einstellungen seit den 1960er Jahren, bedingt durch Faktoren wie die zunehmende
Polarisierung der politischen Auseinandersetzungen oder den steigenden Bildungsgrad, relativ unumstritten (Abramson 1983; Smith 1989). Dagegen ist fraglich, ob der heute diagnosti-
zierte Anstieg der Bedeutung dieser Faktoren nicht aus ihrer früheren Unterschätzung resultiert (Kessel 1988: 291 f.).

Ungeachtet solcher Fragen historisch-vergleichender Einschätzungen läßt sich in den Präsi-
dentschafts- und Kongreßwahlen von 2000 ein deutlicher Zusammenhang zwischen Stimmabgabe und *issue*-Positionen feststellen, der mit dem Informationsgrad der Wähler noch zu-
nimmt (Abramson/Aldrich/Rohde 2003: 139 f.). So stimmten wie in den vorhergehenden
Jahren die Wähler mit hohen Quoten von zumeist ca. 70 bis zu 80 Prozent für den Kandidaten, dem sie sich zumal in der Wirtschafts- und Sozialpolitik wie in der Verteidigungspolitik
näher sahen. Ähnliche Verteilungen weisen Umfragen zu einzelnen „heißen Wahlkampfthe-
men" (*wedge issues*) auf, zu denen Streitfragen wie das Abtreibungsrecht, Regulierung des
Schußwaffenbesitzes, die Rolle von Religionen in öffentlichen Schulen oder aktuell die
rechtliche Gleichstellung von homosexuellen Lebensgemeinschaften gegenüber konventionellen Ehepaaren gehören. Gerade das Aufgreifen solcher Themen ist für Kandidaten häufig
nicht ein Mittel zur Werbung von Wählern der politischen Mitte, sondern zur Mobilisierung
der parteipolitischen oder ideologischen Kernanhängerschaft.

Während 2000 der demokratische Präsidentschaftskandidat Al Gore mit den meisten seiner
Positionen in der Wirtschafts- und Sozialpolitik näher an den Einstellungen der Wählerschaft
lag, konnte George W. Bush insbesondere von seinen steuerpolitischen Reformvorschlägen
und seinen außenpolitischen Vorstellungen profitieren. Bush kam zudem seine persönliche

Wahrnehmung durch die Wähler als vertrauenswürdiger und aufrichtiger Politiker zugute, während Gore durch die Skandale der Clinton-Ära belastet erschien. Demgegenüber wirkte die positive Wahrnehmung zumal der wirtschaftspolitischen Leistungen der Clinton-Administration unter erheblichen Teilen der Wählerschaft zugunsten von Gore (*retrospective voting*) (Pomper 2001: 140 f.). Doch Gore selbst war zu sehr bemüht, sich von seinem Amts-vorgänger zu distanzieren, um sich im Rückgriff auf die gute wirtschafts- und sozialpoliti-sche Leistungsbilanz der Clinton-Jahre den Wahlsieg sichern zu können. Zudem konterte Bush geschickt mit der Ankündigung von neuen Programmen, die eine Fortschreibung der Prosperität und der erfolgreichen Politik unter seiner Ägide weiten Teilen der Wählerschaft glaubhaft machten.

Faßt man die vielschichtigen Forschungsergebnisse zum individuellen Wählerverhalten zu-sammen, so ist zunächst die Notwendigkeit der Revision der klassischen Vorstellung vom typischen amerikanischen Wähler festzuhalten. Die Parteibindungen bleiben zwar als habitu-elle Prädispositionen und als Orientierungsrahmen für die Wahrnehmung der in den Wahl-kämpfen vermittelten Informationen zentral. Aber politischen Sachthemen und ideologischen Grundeinstellungen kommt im Zusammenspiel mit Bewertungen der Kandidaten und der Leistungen der jeweiligen Regierung eine wahlentscheidende Bedeutung zu.

12.4.2 Die Zunahme des Stimmen-Splitting: Zur Entkoppelung von Kongreß- und Präsidentschaftswahlen

Mit dem Sieg auf präsidentieller Ebene konnte die jeweils erfolgreiche Partei gemäß den herkömmlichen Modellvorstellungen auch auf automatische Gewinne bei den Kongreßwah-len bauen. Insofern die Wähler ihre Stimmabgabe an der Präsidentschaft orientieren, konnte davon gesprochen werden, daß die Kongreßkandidaten „auf den Rockschößen der Präsident-schaftsbewerber ins Amt reiten" (*presidential coattails*). Als gleichermaßen „ehernes Ge-setz" galten Verluste der Partei des amtierenden Präsidenten (*in-party*) bei den Zwischen-wahlen. Der gängigen Vorstellung nach bildeten die *midterm elections* eine Art nationales Referendum über die Politik des amtierenden Präsidenten, dessen Erfolge und Popularität die Höhe der Verluste steuerten. Die Übersicht über die Gewinne der jeweils siegreichen Partei bei Kongreßwahlen in Präsidentschaftswahljahren und die Verluste in den folgenden Zwi-schenwahlen dokumentieren die frühere Effektivität von *presidential coattails* und *presiden-tial penalty* ebenso wie deren drastisch sinkende Bedeutung (Tabelle 12-6). Teilt man den abgedeckten Zeitraum grob in drei Phasen – die *New Deal*-Ära (1928-1946), die unmittelba-re Nachkriegszeit (1948-1966) und die Phase des *Divided Government* (seit 1968) – ergibt sich zunächst mit Blick auf die Verluste der jeweiligen *in party* in den *midterm elections* ein Absinken der Durchschnitte im Repräsentantenhaus (Senat) von ca. 44 (5) über 29 (4) auf zuletzt 18 (2,9) Sitze. Die Demokraten konnten 1998 im Repräsentantenhaus sogar noch fünf Sitze hinzugewinnen, die Republikaner 2002 sechs Sitze. Die entsprechenden Mittelwerte für die Gewinne in *presidential election years* fallen mit ca. 33 (5,4), 23 (2,2) und 8 (1) Sitzen nicht weniger deutlich aus. 1988 wie 2000 verloren die Republikaner ebenso wie die Demo-kraten 1996 sogar Sitze, obgleich sie die Präsidentschaftswahl für sich entscheiden konnten. Im Fall des Senats ist generell zu berücksichtigen, daß durch die Aufspaltung der Wahl auf drei Zeitpunkte sich jeweils nur eine kleine Anzahl von Senatoren, deren Zusammensetzung in der Regel nicht dem Parteiproporz der Kammer entspricht, der Wählerschaft stellen muß, und sich deswegen die Trends in konsistenter Form nur in den Durchschnittswerten zeigen.

Tabelle 12-6: Mandatsgewinne und -verluste der Präsidentenpartei bei Kongreßwahlen 1928-2004

	Mandatsgewinne der Partei des siegreichen Präsidentschaftskandidaten im Kongreß			Mandatsgewinn/-verlust der *in party* bei den Zwischenwahlen		
Jahr	Partei	Rep.haus	Senat	Jahr	Rep.haus	Senat
1928	R	30	8	1930	-49	-8
1932	D	97	12	1934	9	10
1936	D	11	6	1938	-71	-6
1940	D	5	-3	1942	-55	-9
1944	D	21	0	1946	-55	-5
1948	D	75	9	1950	-29	-6
1952	R	22	1	1954	-18	-1
1956	R	2	1	1958	-48	-13
1960	D	-20	-2	1962	-4	3
1964	D	38	2	1966	-47	-4
1968	R	4	5	1970	-12	2
1972	R	12	2	1974	-48	-5
1976	D	1	0	1978	-15	-3
1980	R	33	12	1982	-26	1
1984	R	14	2	1986	-5	-8
1988	R	-3	-1	1990	-8	-1
1992	D	-10	0	1994	-53	-7
1996	D	9	-2	1998	5	0
2000	R	-1	-4	2002	6	2
2004	R	3	4	2006	-30	-6

Quellen: Stanley, Harold W./Niemi, Richard G., Vital Statistics on American Politics, 2003-2004, Washington, D.C. 2003, S. 38; Statistics of the Presidential and Congressional Election of November 2, 2004, compiled by Jeff Trandahl, Clerk of the House of Representatives, Washington, D.C. 2005.

Fragt man nach den Hintergründen dieser Entwicklung, so ist zunächst auf die zunehmende Anzahl der Wähler zu verweisen, die abweichend von der Norm des *straight party ticket* für Kandidaten unterschiedlicher Parteien stimmen (*split ticket voting*) (Tarrance/De Vries 1998). Der Anteil der *split ticket voter* in Repräsentantenhaus- und Präsidentschaftswahlen stieg von durchschnittlich 14 Prozent zwischen 1952 und 1964 auf über 23 Prozent zwischen 1968 und 2000 an. Mit Werten von 30 bzw. 28 Prozent weisen die Wahljahre 1972 und 1980 die erreichten Höchstmarken aus. Demgegenüber zeigte sich 1996 und 2000 mit Werten von 18 bzw. 19 Prozent ein Abflachen des Trends. Allerdings bleibt nicht nur bei Wahljahren wie 1996 zu berücksichtigen, daß Wähler, die für Präsidentschaftskandidaten dritter Parteien wie

Ross Perot stimmen, aus den Berechnungsgrundlage ausgeschlossen werden. In Übereinstimmung mit dem Trend des *split ticket voting* wuchs seit 1968 der Prozentsatz der Wahlkreise, die Mehrheiten für den Präsidentschaftskandidaten einer Partei und einen Kongreßkandidaten der Gegenpartei aufweisen (*split districts*), von durchschnittlich 27 Prozent zwischen 1952 und 1966 auf ca. 31,5 Prozent zwischen 1968 und 2000. Bei der Wahl 2004 allerdings gab es nur 59 (14 Prozent) solcher *split districts* (Balz 2005). Für den Senat sind
keine vergleichbaren Daten verfügbar. Aber über den Wähleranteil, der abweichend von der
eigenen Parteiidentifikation stimmt, kann indirekt auf ähnlich hohe Werte geschlossen werden. Die Daten über das *split ticket voting* zwischen Repräsentantenhaus und Senat begründen zudem die Annahme, daß die Quote der *split ticket voter* in den Bundeswahlen insgesamt
noch erheblich über der für Präsident und Repräsentantenhaus liegt (Abbildung 12-1).

Abbildung 12-1: „Stimmen-Splitting" bei Präsidentschafts- und Kongreßwahlen 1952-2004

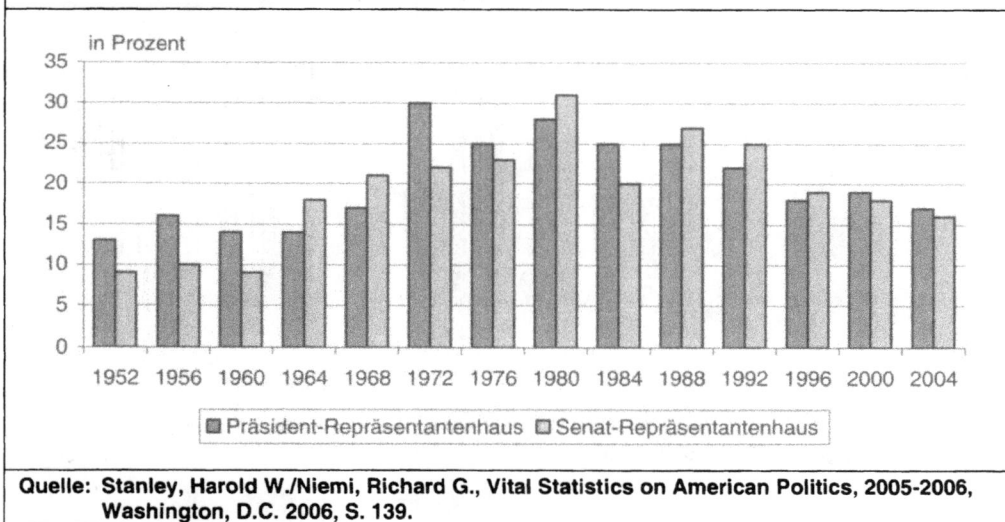

**Quelle: Stanley, Harold W./Niemi, Richard G., Vital Statistics on American Politics, 2005-2006,
Washington, D.C. 2006, S. 139.**

Angesichts der wachsenden Zahl von Kongreßmitgliedern, die in ihren Wahlkreisen oder
Staaten bessere Ergebnisse als die Präsidentschaftskandidaten ihrer Partei erzielen, scheint
die Vermutung nahezuliegen, daß anstelle von *presidential* von *congressional coattails* aus-
zugehen ist. So gewann George W. Bush 2000 in 185 Kongreßdistrikten weniger und nur in
26 Distrikten mehr Stimmen als die republikanischen Abgeordneten (Ornstein/Mann/Malbin
2002: 79). Dennoch zeigen neuere Wahlanalysen, daß die Wähler eines Präsidentschaftskandidaten mit deutlich höherer Wahrscheinlichkeit auch für Kongreßkandidaten der gleichen
Partei votierten (Abramson/Aldrich 1990: 274; Abramson/Aldrich/Rohde 2003: 248 f.). Entscheidend ist allerdings, daß der *coattail*-Effekt seit dem Ende der 1960er Jahre nicht mehr
stark genug ist, um bei Kongreß- und Präsidentschaftswahlen die Parteimehrheiten automatisch zu synchronisieren.

12.4.3   Der „Amtsbonus" als wahlentscheidender Faktor?

Was immer auf den einzelnen Ebenen des politischen Systems vor sich gehen mag, im amerikanischen Kongreß gewinnen in der Regel die Amtsinhaber (*incumbents*) ihre Wahlen mit zumeist komfortablen Mehrheiten. Die extrem hohen Wiederwahlquoten bei Abgeordneten, die erneut kandidieren, begründet die Vermutung eines wahlentscheidenden Amtsbonus (*incumbency advantage*) (Abbildung 12-2).

Abbildung 12-2: Wiederwahlquote von Amtsinhabern in Senat und Repräsentantenhaus 1960-2004 (in Prozent)

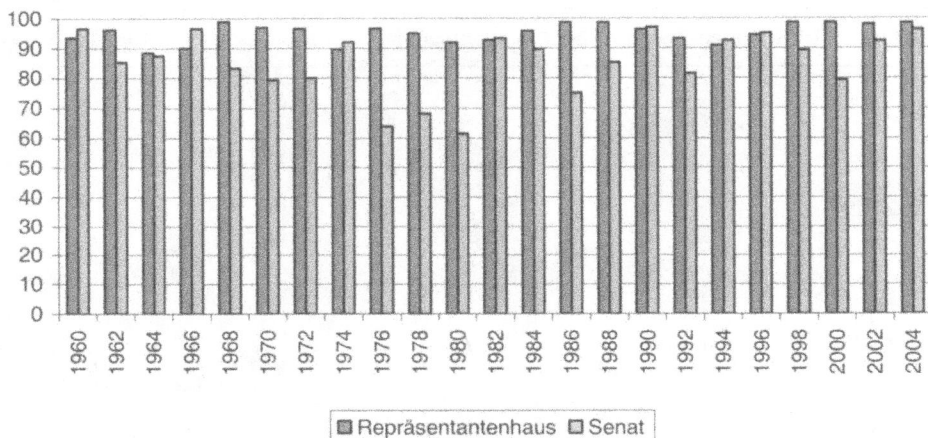

Repräsentantenhaus   Senat

Quelle: Stanley, Harold W./Niemi, Richard G., Vital Statistics on American Politics, 2005-2006, Washington, D.C. 2006, S. 53 ff.

Gegenüber der Rekordmarke von 98,5 Prozent bei den Repräsentantenhauswahlen von 1988 nimmt sich die Wiederwahlquote bei Senatswahlen von 85 Prozent noch relativ gering aus. Das gegenwärtig am meisten diskutierte Erklärungsmuster des *incumbency advantage* setzt den wachsenden elektoralen Erfolg der Amtsinhaber in Zusammenhang mit der starken Zunahme der Ressourcen, die ihnen für die Pflege der Beziehungen zu ihren Wählern (*constituency*) zur Verfügung stehen. Formell strikt getrennt von den persönlichen Wahlkampforganisationen eröffnen die seit den 1960er Jahren drastisch vermehrten Mittel des Mandats (*perquisites of office*) durch die Kombination großer Mitarbeiterstäbe, moderner Bürotechnologien und umfangreicher Sachmittel eine Vielzahl von Handlungsoptionen für die Wiederwahl. Das Spektrum der Möglichkeiten reicht dabei von der portofreien Versendung (*franking privilege*) tausender Einzelbriefe und Wahlkreisrundschreiben über kostenlose Reisen in den Distrikt, ständige Vorort-Repräsentation durch *field offices* und individuelle Hilfestellung für Wähler bei Problemen mit staatlichen oder privaten Stellen (*casework*) bis hin zur Beschaffung von Geldern und Projekten für ihre Wahlbezirke (*pork barrel politics*). Überdies haben fast alle Abgeordneten und Senatoren eigene Presseassistenten, die Berichte über populäre politische Initiativen in Washington in die lokalen Medien lancieren (Davidson/Oleszek 2003). Gegen einen solchen quasi-permanenten Wahlkampf, so die Folgerung, seien die Herausforderer von *sitting incumbents* nahezu chancenlos.

Ungeachtet der Plausibilität dieser These ist zunächst grundsätzlich einzuwenden, daß zumindest langfristige Veränderungen nicht mit diesem Argumentationsmuster begründet werden können. Denn über mehrere Wahlperioden addiert sich die Anzahl der Wahlkreise auf, in denen kein Amtsinhaber antritt (*open seat*) und deswegen der Wahlausgang nicht mit dem *incumbency effect* erklärt werden kann. Den besten Beleg dafür, daß die Stärke der *incumbents* nicht den parteipolitischen Status quo zementieren kann, bietet die Republikanische Partei, von deren Seite in den 1980er und frühen 1990er Jahre die heftigste Kritik gegen die scheinbar „*permanent majority*" der demokratischen Amtsinhaber kam (Jacobson 1989). Nach anfänglichen Erfolgen unter den Vorzeichen der Reagan-Revolution verloren die Republikaner in den 1980er Jahren zunächst kontinuierlich an Sitzen. Dies verhalf nach der Wahl Bill Clintons (1992) den Demokraten zur Wiedergewinnung der Kontrolle über Präsidentschaft, Senat und Repräsentantenhaus (*unified govenment*). Unter den veränderten Bedingungen konnten die Republikaner 1994 jedoch von dem sich nun auf die Demokratische Partei konzentrierenden Wählerunmut profitieren und in einem geschickt inszenierten Wahlkampf Mehrheiten in beiden Kammern des Kongresses für sich gewinnen.

Darüber hinaus fällt der Nachweis der Wirksamkeit des Amtsbonus auf der Ebene individueller Wahlentscheidungen schwer. Denn empirisch ist kein signifikanter Zusammenhang zwischen der Intensität der Aktivitäten der Abgeordneten, zum Beispiel der Anzahl der Wahlkreisreisen oder den von den Stäben bearbeiteten *cases*, und den jeweiligen Wahlergebnissen nachweisbar (McAdams/Johannes 1988). Nicht zur Diskussion steht dabei, daß ein Mindestmaß an *constituency service*, den buchstäblich alle Abgeordneten (und Senatoren) bieten, die unabdingbare Voraussetzung für die Wiederwahl bildet. Die amerikanischen Wähler betrachten offensichtlich die Service-Leistung als Selbstverständlichkeit, die sie von amtierenden wie prospektiven Abgeordneten gleichermaßen erwarten. Doch wie hoch auch immer die Wähler diese Aktivitäten schätzen mögen, sie sichern nicht die Wiederwahl.

Eine andere Perspektive auf das Phänomen der Dominanz der Amtsinhaber eröffnet der Vergleich zwischen Senats- und Repräsentantenhauswahlkämpfen. Drei Charakteristika markieren die wichtigsten Unterschiede: Wahlkämpfe für den Senat sind in der Regel gekennzeichnet durch eine größere und heterogenere Wählerschaft, eine intensivere Berichterstattung der Medien und die höhere „Qualität" der Kandidaten (Hinckley 1980). Insbesondere der letzte Punkt scheint auch geeignet zu sein, sowohl die geringere Kompetitivität bei Repräsentantenhauswahlen wie auch den Unterschied zwischen mehr oder minder erfolgreichen *incumbents* zu erklären. Grobe Maßstäbe für die „Qualität" der Kandidaten sind Wahlkampferfahrung und verfügbare Finanzmittel. Beides sind entscheidende Voraussetzungen, weil die Bewerber um ein Kongreßmandat bei ihren Kampagnen weitgehend auf sich selbst gestellt sind. Kongreßwahlkämpfe sind heute eine „*do it yourself affair*", in der lokale oder nationale Parteiorgane nur in ausgewählten Einzelfällen Hilfe bieten können. Generell weisen Kandidaten, die ihrerseits bereits über politische Erfahrungen in anderen Ämtern verfügen, deutlich höhere Erfolgschancen als Politnovizen auf, wenn sie gegen amtierende Abgeordnete antreten (Jacobson 2001: 39). Allerdings verfügen normalerweise kaum ein Fünftel der Kandidaten über solche Qualifikationen (Jacobson 1989: 130). 2000 lag der Anteil erfahrener Herausforderer bei ca. 22 Prozent; nur knapp 10 Prozent konnten sich gegen einen Amtsinhaber durchsetzen, aber die Erfolgsquote unerfahrener Kandidaten lag bei 0 Prozent (Abramson/Aldrich/ Rohde 2003: 211). Bewerber um einen Sitz im Senat haben demgegenüber meistens schon ein Abgeordnetenmandat oder ein anderes höheres Wahlamt aufzuweisen; 2000 lag der Anteil der erfahrenen Kandidaten (ohne *incumbents*) im Senat bei ca. 58 Prozent.

Noch deutlicher fallen Vergleiche hinsichtlich der verfügbaren Finanzmittel aus. Ein Repräsentantenhauswahlkampf kostete 2000 im Durchschnitt über US-$ 680.000 (Ornstein/Mann/ Malbin 2002: 86 ff.), zur Wiederwahl antretende Abgeordnete verausgabten im Mittel sogar ca. US-$ 814.000. Herausforderer mit kleinen Wahlkampfbudgets haben in der Regel gegen die gut finanzierten *incumbents* nur Außenseiterchancen. Herausforderer mit einem Stimmanteil von unter 40 Prozent (2000) verfügten durchschnittlich über nur ca. US-$ 148.000, solche mit einem Stimmanteil von 40 bis 50 Prozent immerhin ca. US-$ 855.000. Erfolgreiche *challenger* brachten jedoch für ihre Siege im Mittel ca. US-$ 2 Mio. auf. Interessanterweise zeigt sich bei den Wahlkampfausgaben der *incumbents* ein genau umgekehrtes Muster. Die höchsten Ausgaben hatten mit ca. US-$ 2,5 Mio. diejenigen Amtsinhaber, die in den Wahlen unterlagen. Abgeordnete mit mehr als 60 Prozent der Stimmen verausgabten dagegen im Durchschnitt etwa US-$ 641.000. Hohe Ausgaben der Amtsinhaber deuten eher darauf hin, daß sie in elektorale Bedrängnis geraten sind. In solchen Fällen ist allerdings ihr häufig enormes Finanzpotential nur bedingt von Nutzen. Ausreichende Geldmittel sind auch für „erfahrene" Kandidaten eine unabdingbare Voraussetzung. Aber in einem kompetitiven Wahlkampf, in dem beide Seiten über eine angemessene *war chests* verfügen, genügt es nicht, mehr Mittel als der Gegner einzusetzen. Der *incumbency*-Status ist daher im Wesentlichen nur ein relativer Vorteil, dessen Bedeutung von der Qualität des Gegenkandidaten abhängt. Allerdings macht es der Nimbus der Unbesiegbarkeit von Amtsinhabern selbst qualifizierten Bewerbern schwer, Wahlkampfspenden einzuwerben. Die Amtsinhaber werden daher weitaus mehr von Interessengruppen unterstützt als ihre Herausforderer. So erhielten die *incumbents* in den Jahren 2003/04 79,5 Prozent der von den Interessengruppen verteilten Wahlkampfgelder, die *challengers* hingegen nur 7,1 Prozent (vgl. Abbildung 13-3). Dennoch darf nicht übersehen werden, daß unter den Mitgliedern des 107. Kongresses (2001-2003) ca. 23 Prozent der Abgeordneten und ca. 33 Prozent der Senatoren ihre Karriere mit einem Sieg über einen *incumbent* begannen (Ornstein/Mann/Malbin 2002: 77). Überdies bieten auch imposante Gewinnmargen keine Garantie für die Wiederwahl. Denn selbst Stimmanteile von 70 Prozent oder mehr können eine Niederlage in der folgenden Wahl nicht ausschließen (Jacobson 2001: 36 ff.). Kompetitive Gegenkandidaten vorausgesetzt, sind Senats- und Repräsentantenhauswahlen mehr als nur Akklamationsveranstaltungen, bei denen die jeweiligen Amtsinhaber bestätigt werden.

12.5   Die Politik des elektoralen Patts

Das aus der Sicht der traditionellen Wahlforschung unerwartete Ausbleiben einer Neufor-
mierung der Wählerkoalitionen mit republikanischen Mehrheiten auf allen Ebenen des politischen Systems hat häufig die Prognose eines *dealignment* oder *non-alignment*, eines weiter
fortschreitenden Zerfalls der Strukturen des Parteiensystems provoziert. Wenngleich einige
Trends in diese Richtung zu deuten scheinen, so fügt sich die offensichtliche Stabilität der
Parteiorganisationen wie der Parteianhängerschaften nicht in das das Szenario einer weitgehend strukturlosen Wählerlandschaft ein. In den 1980er und 1990er Jahren versuchten amerikanische Politikwissenschaftler die anhaltende Dominanz der Republikaner auf der Ebene
der Präsidentschaft und der Demokraten im Kongreß mit dem Begriff des *split level-
realignment* zu fassen (Nelson 1989: 195). Danach konstituierte der massive und dauerhafte
Wechsel der Wähler von der Demokratischen zur Republikanischen Partei in den Präsidentschaftswahlen eine Art Teil-*realignment*, das aus den unterschiedlichen Wählererwartungen
an Präsident (nationale Einheit, außenpolitische Führung) und Kongreß (Vertretung von
Wahlkreisinteressen, soziale und wirtschaftliche Hilfsprogramme) resultierte (Jacobson
1989: 144) und zu einer dauerhaften Teilung der Macht auf Bundesebene (*divided government*) führte. Obwohl in dieser Phase deskriptiv akkurat, bleibt ein *split alignment* im Sinne
der ursprünglichen Konzeption widersprüchlich und nimmt der Theorie der *party alignments*
ihre Erklärungskraft. Darüber hinaus hat die Wahl Clintons 1992 und der Sieg der Republikaner in den Kongreßwahlen 1994 gezeigt, daß *divided government* auch unter parteipolitisch umgekehrten Vorzeichen möglich ist.

Angemessener scheint vor diesem Hintergrund, von einem *semi-* oder *partial realignment* zu
sprechen, einer nur partiellen Neustrukturierung der Parteikoalitionen, die das teilweise *dealignment* der Wählerschaft *(independent voters)* als strukturelle Größe akzeptiert. Bemerkenswert ist, daß selbst das politische Erdbeben der Terroranschläge vom 11. September
2001 augenscheinlich nicht zu einer Stärkung der regierenden Partei, der Republikaner, geführt hat, die einer Rückkehr zu klassischen Mustern den Weg geöffnet hätte. In der Konsequenz ergibt sich das Bild einer hoch kompetitiven Konstellation, in der sich keine der beiden Parteien dauerhafter Mehrheiten auf allen Ebenen des politischen Systems sicher sein
kann. Paradigmatisch hierfür ist allerdings nicht nur die 2000er Wahl, die von Beobachtern
angesichts der knappen Ergebnisse als „*perfect tie*", als absoluter Gleichstand der politischen
Kräfte beschrieben worden ist (Busch/Ceaser 2001). Richtungsweisend sind vielmehr die
Erfahrungen der 1990er Jahre mit dem mitunter schnellen Wechsel der Mehrheiten, auf Prä-
sidentschafts- wie Kongreßebene, die über mehrere Wahlperioden zu verschiedenen Kombi-
nationen der Machtverteilung zwischen Parteien geführt hat, *unified government* unter demokratischer wie republikanischer Kontrolle mit eingeschlossen. Es liegt nahe zu vermuten,
daß unter diesen kompetitiven Bedingungen zentristische, wechselbereite Wähler das Wahl-
kampfgeschehen und damit auch die Grundlinien der Politik bestimmen. Doch die Notwendigkeit der Mobilisierung der jeweiligen Parteianhängerschaften, die aus der Sicht der Kandidaten die große Mehrheit ihrer Stimmen sichern, bildet nach wie vor ein starkes Gegengewicht zu dem Gravitationszentrum der politischen Mitte.

12.6   Literatur

Abramson, Paul R., Political Attitudes in America, San Francisco 1983.

Abramson, Paul R./**Aldrich**, John H., Change and Continuity in the 1988 Elections, Washington, D.C. 1990.

Abramson, Paul R./**Aldrich**, John H./**Rohde**, David W., Change and Continuity in the 2000 and 2002 Elections, Washington, D.C. 2003.

Avey, Michael J., The Demobilization of American Voters. A Comprehensive Theory of Voter Turnout, New York 1989.

Balz, Dan, Partisan Polarization Intensified in 2004 Election, in: Washington Post, Jg. 35, 29.3.2005, S. A04.

Beck, Paul A., Party Politics in America, 11. Aufl., New York u. a. O. 2004.

Bibby, John F., Politics, Parties, and Elections in America, 5. Aufl., Chicago 2003.

Bott, Alexander, Handbook of United States Election Law and Practices: Political Rights, New York 1990.

Burnham, Walter D., Critical Elections and the Mainsprings of American Politics, New York 1970.

Busch, Andrew/**Ceaser**, James W. (Hrsg.), The Perfect Tie, New York u. a. O. 2001.

Campbell, Angus et al., The American Voter, London/New York 1960.

Campbell, James E., The Presidential Pulse of Congressional Elections, 2. Aufl., Lexington 1997.

Ceaser, James W./**Busch**, Andrew E., Red Over Blue. The 2004 Elections and American Politics, Lanham/Oxford 2005.

Congressional Quarterly (Hrsg.), Guide to U.S. Elections, Washington, D.C. 1985.

Crotty, William J., The Party Game, New York 1985.

Davidson, Roger H./**Oleszek**, Walter J., Congress and Its Members, 6. Aufl., Washington, D.C. 2003.

Flanigan, William H./**Zigale**, Nancy H., Political Behavior of the American Electorate, 9. Aufl., Washington, D.C. 1998.

Hadley, Charles D./**Ladd**, Everett C., Transformations of the American Party System. Political Coalitions from the New Deal to the 1970s, New York 1975.

Herrnson, Paul S., Congressional Elections: Campaigning at Home and in Washington, 4. Aufl., Washington, D.C. 2003.

Hinckley, Barbara, House Reelections and Senate Defeats: The Role of the Challenger, in: British Journal of Political Science, Vol. 10, 3(1980), S. 441-460.

Jacobson, Gary C., Congress: A Singular Continuity, in: **Nelson,** Michael (Hrsg.), The Election of 1988, Washington, D.C. 1989, S. 127-152.

Jacobson, Gary C., The Electoral Origins of Divided Government. Competition in U.S. House Elections 1946-1988, Boulder 1990.

Jacobson, Gary C., The Politics of Congressional Elections, 5. Aufl., New York 2001.

Keefe, William J., Parties, Politics, and Public Policy in America, Washington, D.C. 1988.

Kessel, John H., Presidential Campaign Politics. Coalition Strategies and Citizen Response, Chicago 1988.

Ladd, Everett C., The American Polity. The People and Their Government, New York/ London 1989.

Lamis, Alexander P., The Two-Party South, Oxford/New York 1984.

Mayhew, David, Electoral Realignments. A Critique of an American Genre, New Haven/London 2002.

McAdams, John C./**Johannes,** John R., Congressmen, Perquisites, and Elections, in: Journal of Politics, Vol. 50, 2(1988), S. 412-439.

Nelson, Michael, Constitutional Aspects of the Elections, in: **Nelson,** Michael (Hrsg.), The Election of 1988, Washington, D.C. 1989, S. 181-209.

Nelson, Michael (Hrsg.), The Elections of 2004, Washington, D.C. 2005.

Nie, Norman H./**Verba,** Sidney/**Petrocik,** John R., The Changing American Voter, Cambridge 1976.

Ornstein, Norman J./**Mann,** Thomas E./**Malbin,** Michael J., Vital Statistics on Congress, 2001-2002, Washington, D.C. 2002.

Patterson, Samuel C., The Vanishing Voter: Public Involvement in an Age of Uncertainty, New York 2003.

Patterson, Samuel C./**Davidson,** Roger H./**Ripley,** Randall B., A More Perfect Union. Introduction to American Government, 4. Aufl., Pacific Grove 1989.

Petrocik, John R., Party Coalitions. Realignments and the Decline of the New Deal Party System, Chicago 1981.

Piven, Frances F./**Cloward,** Richard A., Why Americans Don't Vote, New York 1989.

Pomper, Gerald M., Voters, Elections, and Parties. The Practice of Democratic Theory, New Brunswick/London 1988.

Pomper, Gerald M., The Presidential Election, in: **Pomper**, Gerald M. (Hrsg.), The Election of 2000. Reports and Interpretations, New York 2001, S. 125-154.

Reichley, James A. (Hrsg.), Elections American Style, Washington, D.C. 1987.

Rusk, Jerrold G., A Statistical History of the American Electorate, Washington, D.C. 2001.

Sabato, Larry J. (Hrsg.), Divided States of America: The Slash and Burn Politics of the 2004 Presidential Election, New York 2006.

Sabato, Larry J., Midterm Madness. The Elections of 2002, New York u. a. O. 2003.

Schreyer, Söhnke, Religionen, Wählerkoalitionen und politische Parteien, in: **Brocker**, Manfred (Hrsg.), God Bless America. Politik und Religion in den USA, Darmstadt 2005, S. 151-166.

Smith, Eric R., The Unchanging American Voter, San Francisco 1989.

Stanley, Harold W./**Niemi**, Richard G., Vital Statistics on American Politics, 2003-2004, Washington, D.C. 2003.

Stanley, Harold W./**Niemi**, Richard G., Vital Statistics on American Politics, 2005-2006, Washington, D.C. 2006.

Sundquist, James L., Dynamics of the Party System. Alignment and Realignment of Political Parties in the U.S., Washington, D.C. 1983.

Tarrance, Jr., V. Lance./**De Vries**, Walter, Checked & Balanced. How Ticket-Splitters Are Shaping the New Balance of Power in American Politics, Grand Rapids 1998.

Teixeira, Ruy A., Why Americans Don't Vote: Turnout Decline in the United States, 1960-1984, New York 1987.

U.S. Bureau of Census, Statistical Abstract of the United States 2004-2005, Washington, D.C. 2004.

U.S. Bureau of Census, Statistical Abstract of the United States, 2007: The Nation Data Book, Washington, D.C. 2006.

Wattenberg, Martin P., The Decline of American Political Parties, 1952-1996, Cambridge 1998.

12.7   Websites

Federal Election Commission	http://www.fec.gov
U.S. Election Assistance Commission	http://www.eac.gov

Stand: 31.07.2006

Peter Lösche

13   Die politischen Parteien

13.1   Zur begrifflichen Klärung

Amerikanische Parteien unterscheiden sich hinsichtlich ihrer Struktur, Programmatik und Funktion wesentlich von jenen politischen Organisationen in Westeuropa, die ebenfalls als Parteien bezeichnet werden und aus diesem Grund große Ähnlichkeiten vermutet werden könnten. Im Vergleich zum parlamentarischen Regierungssystem der Bundesrepublik sind die Parteien im präsidentiellen Regierungssystem der USA aber dezentralisiert und fragmentiert und somit zugleich Ausdruck einer äußerst heterogenen, nach Einkommen und sozialem Status sowie rassisch, ethnisch, kulturell, religiös und räumlich segmentierten Gesellschaft.

Die primäre Funktion der amerikanischen Parteien spiegelt sich in der klassischen Definition von *party*, wie sie sich in einschlägigen Handbüchern zur amerikanischen Politik findet: *A party is to elect* – eine Partei ist dazu da, daß Kandidaten für öffentliche Ämter nominiert und gewählt werden können. Im amerikanischen Selbstverständnis ist eine Partei zunächst nicht viel mehr als eine Gruppe von Bürgern, wie locker ihr organisatorischer und programmatischer Zusammenhalt auch sein mag, die die Wahl von Bewerbern für ein öffentliches Amt unter einem bestimmten Parteietikett durchzusetzen versucht. Hinter dieser Nominierungs-, Wahl- und damit Elitenauswahlfunktion der amerikanischen Parteien treten solche Funktionen deutlich zurück, die im Parteienstaat der Bundesrepublik Deutschland trotz der vielbeschworenen Legitimationskrise unseres Parteiensystems auch heute noch gleichgewichtig mit im Vordergrund stehen: Aufnahme und Aggregation divergierender gesellschaftlicher und politischer Interessen sowie deren Vermittlung in das politisch-administrative System; Artikulation von programmatischen Konzeptionen in verschiedenen Politikbereichen sowie Formulierung politischer Alternativen und die politische Bildung der Bürger.

Die Parteien in der Bundesrepublik tragen damit zur Legitimation des politischen Systems und indirekt auch zur grundsätzlichen Akzeptanz bestehender Rechts-, Sozial- und Wirtschaftsverhältnisse bei. Amerikanische Parteien hingegen bieten häufig nicht viel mehr als eine Organisation und ein Verfahren, mit deren Hilfe Kandidaten für öffentliche Ämter nominiert und gewählt werden. Sie rekrutieren aber zuweilen ihre Kandidaten nicht einmal selbst, sondern unterstützen hin und wieder auch solche Wahlbewerber, die von politischen Cliquen und Netzwerken oder von Interessengruppen zur Kandidatur vorgeschlagen werden. Auch finanzieren und organisieren amerikanische Parteien nicht oder nur zu einem Teil den

Wahlkampf derjenigen, die unter ihrem Etikett antreten. Dies ist vielmehr in der Regel die Aufgabe der Kandidaten selbst.

Die hier hervorgehobene Funktionsschwäche amerikanischer Parteien ergibt sich aus einer international-vergleichenden Perspektive. Im inneramerikanisch-historischen Vergleich hingegen haben die Parteien die ihnen traditionell zugeschriebenen Funktionen mit je unterschiedlicher Intensität wahrgenommen. Hatte es noch bis Anfang der 1990er Jahre in der politikwissenschaftlichen Literatur heftige Diskussionen um Niedergang oder Wiederaufstieg amerikanischer Parteien gegeben (McSweeney 1991), so ist heute zu konstatieren, daß amerikanische Parteien in den letzten 15 Jahren an Organisations- und Finanzkraft gewonnen haben und daß sich – insbesondere nach Restrukturierungen im Süden – ein nationweites Zweiparteiensystem entfaltet hat, in dem sich Demokraten und Republikaner ideologisch-programmatisch deutlich voneinander unterschieden gegenüberstehen. Dies gilt auch für die sozialstrukturelle Zusammensetzung der Wähler beider Parteien. Kurz: Eine Art Renaissance amerikanischer Parteien hat stattgefunden (Stonecash/Brewer/Mariani 2003).

Ferner ist zu beachten, daß *party* selbst im amerikanischen Kontext ein schillernder Begriff ist und analytisch drei Bedeutungen zu unterscheiden sind:

* *Party organization* beschreibt die Parteiorganisation, die von der Nachbarschaft bis zur Bundesebene eine lockere Föderation bildet, die aber nicht mit den durchstrukturierten bürokratischen Apparaten deutscher Parteien verwechselt werden darf.
* *Party in Congress* bzw. *party in public office* oder *party in government* bezeichnet jene Gruppe von Kongreßmitgliedern bzw. von Amtsinhabern, die zwar unter dem Abzeichen der gleichen Partei gewählt worden ist, aber nicht wie im parlamentarischen Regierungssystem durch Fraktions- und Parteidisziplin zusammengehalten wird.
* *Party in the electorate* meint schließlich eine in Meinungsumfragen und bei Wahlen erkennbare Wählerkoalition, die sich aus unterschiedlichsten sozialen, ethnischen, rassischen und religiösen Bevölkerungsgruppen verschiedener regionaler Herkunft zusammensetzt und sich mittel- oder langfristig gebildet hat (Bibby 2003; Eldersveld/Walton 2000).

In der politischen Realität sind die hier angeführten Parteibegriffe miteinander verbunden. Sie lassen sich daher nicht immer voneinander trennen. Dennoch sollten sie in ihrer je unterschiedlichen Akzentuierung beachtet werden, wenn im folgenden von Geschichte und Gegenwart der amerikanischen Parteien die Rede ist.

13.2   Die Grundzüge der historischen Entwicklung

Obwohl die amerikanischen Verfassungsväter aus Furcht vor der Spaltung des neu gegründeten Gemeinwesens gegenüber Parteien, Parteiungen und Fraktionierungen prinzipiell kritisch eingestellt waren, kam es bereits in der Frühphase der Republik zur Herausbildung eines Zweiparteiensystems, in dem die Demokratische und die Republikanische Partei seit mehr als 100 Jahren die dominante Rolle spielen.

Die Periodisierung der amerikanischen Parteiengeschichte erfolgt zumeist nach den sich verändernden Wählerkoalitionen, die diese beiden großen Parteien jeweils zu bilden vermochten. In einer historischen Periode beherrschte jeweils die sogenannte Mehrheitspartei die Politik dadurch, daß sie die wichtigsten und mehrheitsfähigen sozialökonomischen Interessen miteinander zu verknüpfen vermochte und dadurch überwiegend den Präsidenten, die Mehrzahl der Gouverneure in den Einzelstaaten sowie häufig auch die Mehrheiten im Kongreß und in den einzelstaatlichen Parlamenten stellte. Die einzelnen Perioden lassen sich durch sogenannte *critical elections* voneinander abgrenzen, in denen bestimmte Wählerschichten die Seite wechselten bzw. erstmals als Aktivwähler in Erscheinung traten und dann für die neue Mehrheitspartei mobilisiert werden konnten. Derartige Umschichtungen von Wählerkoalitionen (*realignments*) vollzogen sich in Zeiten nationaler Krisen, so im Zusammenhang mit der Sklavenfrage und dem Bürgerkrieg oder unter den Bedingungen der Weltwirtschaftskrise zu Anfang der dreißiger Jahre (Burnham 1970; Burnham/Chambers 1975). Fünf bzw. sechs verschiedene Phasen amerikanischer Parteiengeschichte werden unterschieden:

(1) Ähnlich wie in parlamentarischen Regierungssystemen gingen auch in Amerika die einzelnen Parteien und das Parteiensystem insgesamt aus Gruppierungen im Parlament, also im Kongreß, hervor. Im ersten Jahrzehnt der Republik standen sich die *Federalists* um Alexander Hamilton, gestützt von George Washington und John Adams, und die *Jeffersonian-Republicans* um Thomas Jefferson gegenüber, die häufig auch als *Democratic-Republicans* bezeichnet wurden und als Vorläufer der heutigen Demokraten angesehen werden. Während die *Federalists* Handels- und Landbesitzerinteressen des Nordens repräsentierten und für eine Stärkung der Bundesgewalt sowie außenpolitisch für die Aufrechterhaltung besonderer Verbindungen zu Großbritannien eintraten, vertraten die *Jeffersonian-Republicans* eher die Bauern und Plantagenbesitzer im Süden. Sie betonten die Rechte der Einzelstaaten und plädierten außenpolitisch eher für eine Anlehnung an Frankreich. Organisatorisch stellten diese frühen Parteien nicht viel mehr als eine lockere Föderation lokaler Honoratiorenvereine dar.

(2) Relativ gut organisierte, breitere Wählerschichten integrierende Parteien entwickelten sich nach der Wende vom 18. zum 19. Jahrhundert, als zunächst unter Führung von James Madison, dann von Andrew Jackson und Martin Van Buren die Jefferson-Republikaner, die sich bald als Demokraten bezeichneten, zur Mehrheitspartei wurden. Sie betonten politische Gleichheit und wandten sich – ihre Opponenten, die *Federalists* bzw. *Whigs* damit angreifend – gegen „aristokratische" Privilegien. Sie appellierten an den „kleinen Mann" im Volk und setzten wichtige Reformen des politischen Willensbildungsprozesses wie die Demokratisierung der Verfahren zur Nominierung und Wahl des Präsidenten durch. In den Einzelstaaten etablierten sich immer mehr auf Dauer eingerichtete Parteiorganisationen, deren Einfluß auf die Besetzung von öffentlichen Wahlämtern kontinuierlich zunahm.

(3) Mit dem Konflikt um die Sklaverei und dem Bürgerkrieg zwischen Nord- und Südstaaten (1861-1865) strukturierte sich das amerikanische Parteiensystem erneut um. Die Demokraten wurden zur Minderheits-, die 1854 gegründeten Republikaner unter Abraham Lincoln zur Mehrheitspartei. Mit der sich nach dem Bürgerkrieg durchsetzenden Industrialisierung entwickelten sich die Republikaner zur Partei der Unternehmer und Bankiers, der Industriearbeiter und der Großstädter, aber auch der Farmer im Norden und Westen. Demgegenüber

repräsentierte die Demokratische Partei im wesentlichen die Interessen der armen Weißen und der Großgrundbesitzer im Süden. Die Schwarzen unterstützten zumeist die Republikaner, die in den 1860er Jahren im Kongreß die Abschaffung der Sklaverei und das Verbot einer Beeinträchtigung von Wahlrechten aufgrund von Rasse, Hautfarbe oder früherer Zwangsdienstbarkeit durchgesetzt hatten. Dieses verfassungsrechtlich verankerte Diskriminierungsverbot wurde jedoch in mehreren Bundesstaaten durch die Festsetzung von bestimmten Wahlrechtsvoraussetzungen (z. B. Nachweis der Lese- und Schreibfähigkeit) umgangen, die von den Schwarzen zumeist nicht erfüllt werden konnten, so daß sie ihr Wahlrecht real nicht wahrzunehmen vermochten.

(4) Die Demokratische Wählerkoalition blieb aber nicht auf die Südstaaten beschränkt, sondern umfaßte auch einige Großstädte im Nordosten, Radikaldemokraten im Westen, und von Industrialisierung und Finanzkapital sich bedroht fühlende Farmer im Mittleren Westen, sogenannte Populisten, die 1896 mit William Jennings Bryan sogar einen Präsidentschaftskandidaten stellten. Die Republikaner beherrschten jedoch zwischen 1861 und 1931 nicht nur die Parlamente der Einzelstaaten und den Kongreß, sondern stellten auch 14 von 18 Präsidenten. Der Erfolg Demokratischer Präsidentschaftskandidaten wurde 1884, 1892, 1912 und 1916 nur dadurch möglich, daß die Republikaner zerstritten waren. Dies war zugleich jene Phase der amerikanischen Parteiengeschichte, in der sich in vielen Großstädten sogenannte Parteimaschinen (*party machines*) herausbildeten, welche die für eine erfolgreiche Bewerbung um ein öffentliches Amt erforderliche Stimmenmehrheit mit zum Teil korrupten Praktiken zu beschaffen vermochten, und die häufig auch entscheidenden Einfluß auf die Nominierung von Präsidentschaftskandidaten hatten. Obgleich eine von den Mittelschichten getragene Reformbewegung, das *progressive movement*, sich nach der Jahrhundertwende gegen die korrupten Praktiken dieses klassischen Typs lokaler Parteiorganisationen wandte, blieben Parteimaschinen in manchen amerikanischen Großstädten bis nach dem Zweiten Weltkrieg bestehen. Die bürgerlichen Reformer hatten aber einige Neuerungen durchzusetzen vermocht (z. B. die Einführung von Vorwahlen), die dazu beitrugen, daß die Verbindung zwischen Partei und Wählern geschwächt wurde. Der vielbeschworene Niedergang amerikanischer Parteien hat damit in der *progressive era* seinen Ausgang genommen.

(5) Unter den Bedingungen der Weltwirtschaftskrise, die mit dem New Yorker Börsenkrach 1929 begann, ist es dann zur bisher letzten markanten Umstrukturierung des amerikanischen Parteiensystems gekommen. Die Demokraten wurden 1932 zur Mehrheitspartei. Die 1936 endgültig etablierte *New Deal*-Koalition umfaßte sowohl die auf den Eingriff des Zentralstaates zur Verbesserung ihrer sozialen und wirtschaftlichen Situation angewiesenen Wählergruppen, nämlich die Industriearbeiter des Nordostens und mittleren Westens, häufig katholische Einwanderer aus Süd- und Osteuropa, die in jenen Jahren in die Industriegewerkschaften strömten, Schwarze und Juden, als auch jene traditionell Demokratisch wählenden Schichten in den Südstaaten. Was diese Wählerkoalition zusammenhielt, waren also Tradition und die Sozialprogramme des *New Deal*, die mit dem Namen des Präsidenten Franklin D. Roosevelt identifiziert wurden. Demgegenüber waren unter dem Dach der Minderheitspartei, der Republikaner, die Interessen von größeren und mittleren Unternehmen und Banken, von Angestellten aus den Vorstädten und Bewohnern der landwirtschaftlichen Gebiete versammelt. Die *New Deal*-Koalition ist heute bei Präsidentenwahlen nicht mehr mehrheitsfähig. Viele städtische Industriearbeiter und mit ihnen einige Einwanderergruppen wie Italiener und

Polen sowie Teile der Katholiken und Juden sind in den 1950er und 1960er Jahren sozial und wirtschaftlich aufgestiegen und von daher auf die Hilfe des Sozialstaates nicht mehr unmittelbar angewiesen. Sie gehören heute zu den Wechselwählern bzw. zu den Anhängern der Republikaner. Bei Präsidentenwahlen ist aus der *New Deal*-Koalition zunächst der Süden ausgebrochen. Bereits 1948 trat Strom Thurmond als Kandidat der Südstaaten gegen Harry S. Truman an, was sich 1968 nach der Nominierung des im Süden als viel zu liberal angesehenen George McGovern mit der Kandidatur von George Wallace wiederholte. Mithin dürfte Lyndon B. Johnson 1964 der letzte Präsident der Demokraten gewesen sein, der auf die *New Deal*-Koalition gestützt ins Weiße Haus gewählt worden ist.

(6) Mit einigem Recht kann heute von einer neuen, sechsten Phase der amerikanischen Parteiengeschichte gesprochen werden, die einigen Jahrzehnten der Umstrukturierung und des *dealignment* folgt. Bundesweit ist ein Zweiparteiensystem entstanden, das alle Regionen umfaßt, auch den Süden, der bis in die 1970er und 1980er Jahre wenigstens bei Regional- und Kommunalwahlen einseitig Demokratisch beherrscht wurde. Heute gilt für alle Wahlen auf allen Ebenen, von der Gemeinde- bis zur Präsidentenwahl, daß die Demokratische Partei sich als liberale, die Republikanische sich als konservative Option profiliert hat. Die Demokraten haben ihren konservativen Flügel (u. a. im Süden, wie schon 1964 der Parteiwechsel von Strom Thurmond zeigte) an die Republikaner verloren, die Republikaner ihren liberalen Flügel an die Demokraten. Die ideologische Polarisierung zwischen den beiden großen Parteien geht so weit, daß die Spezies der konservativen Demokraten und der liberalen Republikaner, einst bei Wahlen und bei parlamentarischen Abstimmungen die umkämpfte Mitte, ausgestorben scheint. Dieser Polarisierung liegen sozialstrukturelle Veränderungen zugrunde, von denen vor allem drei hervorzuheben sind: (1) Die Einkommensungleichheit in den USA hat zugenommen und damit auch ein Wahlverhalten, das sich an der Schichtzugehörigkeit orientiert. Die unteren Einkommensgruppen wählen eher Demokratisch, die oberen eher Republikanisch, die mittleren sind die im Wahlkampf heiß umkämpften. (2) Ethnische Zugehörigkeit spielt nach wie vor eine zentrale Rolle. Je höher der Anteil von Nicht-Weißen, insbesondere von Schwarzen und *Hispanics*, an den Wählern eines Wahlkreises und je höher der Urbanisierungsgrad ist, desto größer die Wahrscheinlichkeit, daß Demokratisch gewählt wird. Der soziale und politische Aufstieg der Schwarzen und die Zuwanderung der *Hispanics* sind also primär den Demokraten zugute gekommen. Umgekehrt gilt: Je höher der Anteil der Weißen an den Wählern, je ländlicher ein Wahlkreis um so eher dürfte er von Republikanern gewonnen werden. Umstritten zwischen beiden Parteien sind damit bestimmte Wahlgebiete in den Vororten (*suburbia*). (3) Nicht nur der Süden ist zunehmend Republikanisch geworden, sondern auch die *Rocky Mountains*-Staaten (wie Arizona oder Colorado), während gleichzeitig die alten Industriezentren des Nordostens und Mittleren Westens und die High-Tech-Zentren am Pazifik sich Demokratisch eingefärbt haben. Diese Entwicklung wurde durch inneramerikanische Migration (etwa Zuwanderung in die Staaten des *sunbelts*) und Urbanisierung noch beschleunigt. Dieser Regionalismus neuer Art ist also für die Formierung des amerikanischen Parteiensystems durchaus relevant (Stonecash/Brewer/Mariani 2003; Paulson 2000; Black/Black 2002). Die ideologische Polarisierung, sozialstrukturelle Differenzierung und regionale Aufteilung der amerikanischen Parteien wurde im Ergebnis der Präsidentenwahlen 2000 dramatisch illustriert: ein Patt zwischen beiden Kandidaten und Parteien, sozial und regional eine zweigeteilte Nation.

13.3   Organisationsstruktur und programmatisches Profil

13.3.1   Die Organisationsebenen

In den Einzelstaaten ist die Organisation der Parteien seit den 1870er Jahren der räumlichen Einteilung des Wahlgebietes in Wahlbezirke (*voting districts*) angepaßt. Für jeden Wahlbezirk gibt es ein entsprechendes *party committee*, wobei sich die Aktivitäten der Parteikomitees auf den unteren Organisationsebenen weitgehend auf die Durchführung der jeweils in ihrem Bezirk stattfindenden Wahlen und Wahlkämpfe beschränken (Abbildung 13-1).

Abbildung 13-1: Die Organisationsstruktur der einzelstaatlichen Parteien

			Ebene
Chair	Committee	Convention	State
Chair	Committee	Convention	District
Chair	Committee	Convention	County
Chair	Committee	Convention	City
Chair	Committee	Convention	Ward/Township
Chair	Committee	Convention	Precinct (block, club, etc.)

Quelle: Eldersveld, Samuel J./Walton, Hanes, Political Parties in American Society, 2. Aufl., Boston 2000, S. 126.

Die Basis und die kleinste Organisationseinheit der Parteien bilden die *precinct committees*, an deren Spitze ein *precinct captain* bzw. *committee man* steht, der in einer Vorwahl gewählt oder von der nächst höheren Parteiebene ernannt wird. Die Hauptaufgabe dieses Parteifunktionärs ist es, potentielle Wähler seiner Partei zu registrieren und am Wahltag an die Wahlurne zu bringen. In urbanen Zentren sind diese lokalen Parteirepräsentanten häufig in Stadtteilausschüssen der Partei (*ward* bzw. *township committees*), zusammengefaßt. Die nächst höhere Organisationsebene stellen die *county committees* dar, deren Mitglieder entweder in Vorwahlen oder von Funktionären der unteren Parteiorganisationen gewählt werden. Die von einem *county chairman* geleiteten *county*-Organisationen gelten im allgemeinen als besonders einflußreich, weil es auf *county*-Ebene zahlreiche öffentliche Wahlämter (z. B. Richter oder hohe Polizeibeamte) gibt, deren Besetzung für die Partei häufig mit Patronagemöglichkeiten verbunden ist. Die höchste Organisationsstufe der Parteien innerhalb eines Einzelstaates ist das *state committee*, das sich in der Regel aus Delegierten der unteren Parteiebenen zusammensetzt und von einem *state chairman* nach außen repräsentiert wird, der auch für Parteiorganisation zuständig ist. Auf *county*- und *state*-Ebene gibt es neben den *committees* noch *conventions*, die mit den Delegiertenkonferenzen bzw. Parteitagen deutscher Parteien entfernt vergleichbar sind. Delegierte zu den *county conventions* werden von den Wählern in den Stimmbezirken, Delegierte zu den *state conventions* zumeist von den *county conventions* gewählt. Zusätzlich zu diesen Parteiinstitutionen finden sich in vielen Staaten auf den Zwischenebenen, in Städten (*cities*), Wahlkreisen der einzelstaatlichen Legislativen (*state legislative districts*), und Wahlkreisen für das Repräsentantenhaus (*congressional districts*) und ebenfalls Parteiausschüsse bzw. Delegiertenkonferenzen.

Auf der Bundesebene werden von beiden großen Parteien in regelmäßigem Abstand von vier Jahren Bundeskonvente (*national conventions*) veranstaltet, die formal die obersten Parteiorgane darstellen. Ihre wichtigsten Funktionen sind die Nominierung der Kandidaten für die Ämter des Präsidenten und Vizepräsidenten sowie die Verabschiedung des Parteiprogramms (*party platform*) und der Parteistatuten – bei den Demokraten die *charters*, bei den Republikanern die *party rules*. Die Konvente setzen sich überwiegend aus Delegierten zusammen, die in den einzelnen Bundesstaaten zur Nominierung der Präsidentschaftskandidaten gewählt worden sind. Traditionell treten die Delegierten der einzelnen Staaten bei den Konventen als *state delegation* auf, auch wenn sie heute nicht mehr geschlossen abstimmen.

Die Größe der einzelstaatlichen Delegationen wird durch ein in beiden Parteien unterschiedliches Berechnungsverfahren ermittelt. In der Demokratischen Partei wird die Mehrzahl der Delegierten (*base delegates*) eines jeden Staates durch einen Verteilungsschlüssel bestimmt, der sowohl die Anzahl der bei den letzten drei Präsidentschaftswahlen für die Kandidaten der Demokratischen Partei abgegebenen Stimmen (*popular votes*) als auch die Zahl der Wahlmännerstimmen (*electoral votes*) des jeweiligen Staates berücksichtigt. Daneben wird jedem Staat noch eine bestimmte Anzahl von *party and elected official delegates* (Demokratische Gouverneure und Kongreßabgeordnete, Parteiführer etc.) zugeteilt. Nach dem Republikanischen Delegiertenschlüssel kommen jedem Bundesstaat sechs Delegierte und jedem Kongreßdistrikt nochmals drei Delegierte zu. Darüber hinaus erhalten all die Staaten noch einen „Delegierten-Bonus", in denen die Republikaner den Gouverneur und die US-Senatoren stellen und/oder in denen die Republikanischen Kandidaten bei Präsidentschafts- und Kongreßwahlen bzw. Wahlen der einzelstaatlichen Legislativen einen bestimmten Prozentsatz der Wähler- bzw. Wahlmännerstimmen gewonnen haben. Im Jahre 2004 setzte sich der Republikanische Bundeskonvent aus 2.509 Delegierten zusammen, der Konvent der Demokraten aus 4.353 Delegierten (Tabelle 13-1). Allein die Zahl der Delegierten (hinzu kommen noch mehrere Tausend Ersatzdelegierte, die *alternates*) weist schon darauf hin, daß die Konvente keine diskutierenden, intensiv beratenden Gremien sind.

Tabelle 13-1: Ort und Delegiertenzahl der nationalen Parteikonvente 1960-2004				
	Demokraten		Republikaner	
Jahr	Ort	Zahl der Delegierten	Ort	Zahl der Delegierten
1960	Los Angeles	1.521	Chicago	1.331
1964	Atlantic City	2.316	San Francisco	1.308
1968	Chicago	2.622	Miami Beach	1.333
1972	Miami Beach	3.016	Miami Beach	1.348
1976	New York	3.008	Kansas City	2.259
1980	New York	3.331	Detroit	1.994
1984	San Francisco	3.933	Dallas	2.235
1988	Atlanta	4.161	New Orleans	2.277
1992	New York	4.288	Houston	2.210
1996	Chicago	4.289	San Diego	1.990
2000	Los Angeles	4.339	Philadelphia	2.066
2004	Boston	4.332	New York	2.509
Quelle: Stanley, Harold W./Niemi, Richard G., Vital Statistics on American Politics, 2005-2006, Washington, D.C. 2006, S. 74.				

Die Konvente haben die Aufgabe, die Wahl der Mitglieder der *national committees* zu ratifizieren, in denen die Einzelstaaten und Territorien sowie verschiedene inner- und außerparteiliche Interessengruppen (z. B. Erstwähler, ethnische und rassische Minoritäten, Gewerkschaften), vor allem aber die einzelstaatlichen Parteiorganisationen vertreten sind. Das Nationalkomitee der Demokraten hat ca. 400, das der Republikaner 162 Mitglieder. Zu den Aufgaben der Nationalkomitees gehören vor allem die Vorbereitung der vierjährlichen Parteikonvente, die organisatorische und finanzielle Unterstützung der einzelstaatlichen Parteien sowie die Planung von Wahlkämpfen. Da die Nationalkomitees nur zweimal pro Jahr zusammentreten, haben die beiden Parteien *executive committees* eingesetzt, die mit der Erledigung der laufenden Geschäfte betraut sind. Der Bundesvorsitzende (*national chairman*) wird in der Regel auf Vorschlag des jeweiligen Präsidentschaftskandidaten der Partei vom Nationalausschuß bestätigt (v. Reden 1988: 104 ff.).

Trotz gewisser formaler Ähnlichkeiten dürfen Vorstellungen, wie sie aus der Organisationspraxis deutscher Parteien gewonnen worden sind, nicht auf amerikanische Parteien übertragen werden. Denn bei diesen stehen Bundesvorsitzende, Nationalausschüsse und Nationalkonvente nicht an der Spitze einer Hierarchie. Nationale, einzelstaatliche und – in der Regel – auch lokale Parteien sind formell voneinander unabhängig. Faktisch existieren 50 verschiedene Parteien bzw. Parteiensysteme nebeneinander, die in jedem Einzelstaat unterschiedlich strukturiert sind. Samuel Eldersveld und Hanes Walton sprechen in diesem Zusammenhang davon, daß amerikanische Parteien „Stratarchien" darstellten, weil auf jeder einzelnen Ebene die Gebietsverbände weitgehend autonom und weder an Weisungen noch Beschlüsse der unteren oder oberen Parteiinstitutionen gebunden seien (Eldersveld/Walton 2000: 125 f.). Allerdings haben in den letzten 15 Jahren die nationalen Parteiausschüsse sich beträchtliche finanzielle und organisatorische Ressourcen zuzulegen vermocht, die z. T. an die *state parties* aufgeteilt wurden, so daß sich doch Einflußmöglichkeiten von oben nach unten ergaben. Neben den offiziellen Parteiorganisationen gibt es in den meisten Bundesstaaten noch politische Clubs, die sich unter dem Etikett „Republikaner" oder „Demokraten" periodisch zu Diskussionen treffen und – regelmäßigen Beitragszahlungen nicht unähnlich – kontinuierlich Kleinspenden an die Gebietsverbände geben.

13.3.2 „Alte" und „neue" Parteiorganisationen

In letzter Zeit hat sich in der politikwissenschaftlichen Literatur eingebürgert, bezogen auf die Organisationsstruktur zwischen „alten" Parteien, die ihr Schwergewicht auf der lokalen oder einzelstaatlichen Ebene hatten, und „neuen" Parteien zu unterscheiden, in denen seit Mitte der 1970er Jahre die nationalen Parteiorganisationen zunehmend an Bedeutung gewonnen haben (Lunch 1987: 224 ff.).

Die Basis des klassischen Typs der „alten" Parteien bildeten die sogenannten Parteimaschinen, an deren Spitze ein *boss* stand, und die zumeist in einer Stadt oder einem Kreis operierten. Diese Parteimaschinen liefen auf dem Öl der Patronage und dem der Gewährung von Dienstleistungen wie Müllabfuhr, Beratung und Unterstützung von Einwanderern oder der Hilfe für Alte und Kranke. Für jeden Arbeitsplatz, der in Stadt oder Kreis, im Einzelstaat oder bei einer Bundesbehörde (insbesondere im Postdienst) vergeben wurde, und für jeden staatlichen Auftrag oder jede öffentliche Dienstleistung war eine Gebühr an die Partei zu entrichten. Bei Wahlen erhielten die Bosse bzw. die von ihnen nominierten Parteikandidaten dann die Stimmen der Begünstigten. Patronage, Bestechung, Korruption und Wahlbetrug waren die durchaus gängigen Methoden. Die bekanntesten Maschinen dieser Art waren die der Bürgermeister Richard Daley (1955-76) in Chicago, Edward J. Flynn (1922-53) in New Yorks Bronx und Frank Hague (1917-1947) in Jersey City. Der Niedergang der Parteimaschinen setzte bereits kurz nach der Wende vom 19. zum 20. Jahrhundert mit den Reformen der *progressive era* ein, die Parteipolitik und öffentliche Verwaltungen zu trennen suchten. Mit der Einführung von Eignungsprüfungen für den öffentlichen Dienst (*merit system*) wurden die Patronagemöglichkeiten für die Bosse beschnitten. Ferner übernahmen Bund und Einzelstaaten mit den sozialstaatlichen Maßnahmen des *New Deal* (z. B. Einführung der Arbeitslosen- und Rentenversicherung) seit den 1930er Jahren solche Aufgaben, die bis dahin häufig die Parteimaschinen wahrgenommen hatten.

Schließlich trugen die zunehmende Verbreitung der Vorwahlen (*primaries*) zur Nominierung von Kandidaten für öffentliche Ämter und die in verschiedenen Bundesstaaten auf lokaler Ebene eingeführten „partei-ungebundenen" Wahlen (*nonpartisan elections*) wesentlich zum Ende der „alten" Parteien bei (Epstein 1986: 135). Für die Herausbildung des Typus der „neuen" Partei waren zudem zwei Faktoren ausschlaggebend: Zum einen hatten sich die Qualität und der Grad der politischen Partizipation an der Basis der Parteien verändert. Diese Entwicklung setzte Ende der 1950er Jahre ein und erreichte ihren Höhepunkt mit der Bürgerrechts-, Studenten- und Anti-Vietnambewegung. Zum anderen wurden nach der *Watergate*-Affäre die nationale Zentrale der Republikaner und später auch die der Demokraten zu wichtigen Dienstleistungseinrichtungen für die Wahlkämpfe ihrer Kandidaten. Damit wuchs die Bedeutung der nationalen Parteien, während sich zugleich das Machtverhältnis innerhalb der

Parteien veränderte. Die Funktionäre und Anhänger der Parteimaschinen wurden durch junge, nicht an Patronage interessierte, sondern politisch oder ideologisch motivierte Politikaktivisten ersetzt. An die Stelle eines politischen Pragmatismus, der allzu oft auf Geld, Bestechung und Begünstigungen gegründet war, trat jetzt häufig eine vergleichsweise rigoristische Gesinnungsethik, die aus den Quellen populistischer Bewegungen gespeist war. Der Einfluß dieser populistischen Aktivisten spiegelt sich auch in der Zusammensetzung der *national conventions* der Parteien wieder. Insbesondere gilt dies für die Demokraten, die das Auswahlverfahren für die Delegierten seit 1968 ständig reformiert haben, um den nationalen Parteikonvent für „Minoritäten", für rassische und ethnische Minderheiten und für Frauen zu öffnen. Die Vorschläge der von der Demokratischen Bundespartei eingesetzten Reformkommission wurden von den regionalen und lokalen Parteiorganisationen und von den einzelstaatlichen Parlamenten, in denen die Demokraten die Mehrheit stellen, weitgehend umgesetzt. Ein Teil der Reformvorschläge wurde daher auch von den Republikanern übernommen, bei denen der Anteil der Minderheiten auf den Nationalkonventen im Vergleich zu den Demokraten jedoch nur geringfügig zugenommen hat (Tabelle 13-2).

Tabelle 13-2: Profil der Delegierten auf den Nationalkonventen der Demokratischen und Republikanischen Partei 1968-2004*

	1968		1976		1984		1992		1996		2000		2004	
	D	R	D	R	D	R	D	R	D	R	D	R	D	R
weiblich	13	16	33	31	49	44	50	43	53	36	48	35	50	43
schwarz	5	2	11	3	18	4	18	5	17	3	19	4	18	6
unter 30	3	4	15	7	8	4	5	n.v.	6	2	4	3	7	4
Gewerkschafts-mitglied	n.v.	n.v.	21	3	25	4	28	n.v.	24	4	31	4	25	3
Erstteilnehmer	67	66	80	78	78	69	62	n.v.	61	56	51	54	57	55
konservativ	n.v.	n.v.	8	48	4	60	5	63	5	70	5	63	3	63
moderat	n.v.	n.v.	47	45	42	35	44	32	48	27	56	34	52	33
liberal	n.v.	n.v.	40	3	48	1	47	1	43	0	36	1	41	1

* ausgewählte Jahre; Anteil an der Gesamtzahl der Delegierten in Prozent
D = Demokraten; R = Republikaner; n.v.= nicht verfügbar

Quelle: Stanley, Harold W./Niemi, Richard G., Vital Statistics on American Politics, 2005-2006, Washington, D.C. 2006, S. 75.

Die demographische Zusammensetzung der Bundeskonvente spielt allerdings bei der Nominierung der Präsidentschaftskandidaten kaum noch eine Rolle, da heute die Mehrzahl der Delegierten auf einen Präsidentschaftsbewerber festgelegt (*pledged*) ist. Dagegen kommt der *demography of the delegates* bei der Formulierung der Wahlkampfplattform einige Bedeutung zu. Denn die Präsidentschaftskandidaten versuchen hierbei, die programmatischen Forderungen der heterogenen Delegiertengruppen soweit wie möglich zu berücksichtigen, um in dem sich an die Bundeskonvente anschließenden Hauptwahlkampf eine geschlossene Partei hinter sich zu haben.

Ein weiteres Ergebnis der innerparteilichen Reformen war die Demokratisierung des Verfahrens der Delegiertenauswahl, das lokale und regionale Parteiführer mit zum Teil kriminellen Praktiken einst manipuliert hatten. Durch die Änderung der Verfahrensregeln wurde die Macht dieser *party influentials* drastisch reduziert. Die Wirksamkeit dieser Reformmaßnahmen wurde noch dadurch verstärkt, daß die Konventsdelegierten seit 1968 in immer mehr Bundesstaaten in „präsidentiellen" Vorwahlen (*presidental primaries*) anstatt in parteiinternen Versammlungen (*caucuses* bzw. *conventions*) gewählt wurden. Damit begann die Nominierung des Präsidentschaftskandidaten für die Parteiführer immer mehr zu einer Art Vabanque-Spiel zu werden. So war Jimmy Carter, der als erster Präsident seine Nominierung ausschließlich seinen Siegen bei den Vorwahlen verdankte, 1976 gegen den expliziten Willen des Parteiestablishments aufgestellt worden.

Um den Einfluß der Partei im Nominierungsprozeß wieder zu stärken, beschlossen die Demokraten 1982 die Vergabe von Delegiertenplätzen an Ex-Officio-Mitglieder (*super delegates*), die das Parteiestablishment auf dem nationalen Parteikonvent repräsentieren sollten. Zur Gruppe dieser rund 800 „Super-Delegierten" – das sind etwa 18 Prozent der Gesamtdelegierten – gehören Kongreßabgeordnete und Senatoren, Gouverneure, alle Mitglieder des Nationalen Parteikomitees und einige einzelstaatliche Parteiführer. Im Gegensatz zu den meisten anderen Delegierten sind die „Superdelegierten" bei der Abstimmung auf dem Bundeskonvent nicht auf einen bestimmten Präsidentschaftsbewerber festgelegt (Keefe 1994: 101 f.). Die „Revitalisierung" der Ex-Officio-Delegierten hat dazu beigetragen, daß die „alte" Parteioligarchie auf den Bundeskonventen einen Teil ihres früheren Terrains zurückgewinnen konnte. Allerdings sind ihre Vertreter nicht mehr in der Lage, allein über die Nominierung der Präsidentschaftskandidaten zu entscheiden. Denn etwa drei Viertel der Delegierten wird heute in beiden Parteien durch Vorwahlen bestellt. In der Regel fällt bereits dann die Entscheidung, wer jeweils Präsidentschaftskandidat der beiden großen Parteien wird.

In Anbetracht dieser Entwicklung dürfte die bedeutsamste Folge der innerparteilichen Reformen die Verschiebung der innerparteilichen Machtverhältnisse zugunsten der Bundesparteien sein, die zumindest formal mehr Einfluß auf das Verfahren der Delegiertenauswahl gewonnen haben, das früher fast ausschließlich von den Parteien bzw. Parlamenten der Einzelstaaten bestimmt wurde. Der Machtzuwachs der Bundesparteien ist inzwischen durch die Rechtsprechung des *Supreme Court* bestätigt worden. Dieser hatte seit Beginn der 1970er Jahre in mehreren Entscheidungen festgestellt, daß die Einzelstaaten keinen rechtlichen Anspruch auf die Zulassung ihrer Delegierten zu den Bundeskonventen haben, wenn ihre Wahlgesetze gegen die von der Bundespartei festgelegten Wahlbestimmungen verstoßen. Denn die Bundesstaaten hätten keine Zuständigkeit, die Modalitäten des innerparteilichen Auswahl- und Nominierungsverfahrens zu reglementieren. Hinsichtlich dieses Verfahrens gebe es keinen Vorrang der einzelstaatlichen Gesetze gegenüber den Statuten der nationalen Partei (Price 1984: 135 f.).

Insgesamt betrachtet beruht der Machtzuwachs der beiden nationalen Parteien (nämlich der beiden *National Committees* sowie der Wahlkampforganisationen, die die Republikanische wie die Demokratische Partei im Senat und Repräsentantenhaus unterhalten) jedoch weniger auf prozeduralen Reformen als vielmehr darauf, daß sie seit Mitte der 1970er Jahre zu professionellen Wahlkampforganisationen ausgebaut wurden, deren Wahlkampfhilfe für den

Erfolg der einzelnen Kandidaten entscheidend sein kann. Bedeutsam für den Zuwachs an finanziellen und organisatorischen Ressourcen bei den nationalen Parteien war das Einwerben von *soft money*. Dies unterscheidet sich von *hard money* (Tabelle 13-3), das scharfen Regulierungen durch den *Federal Election Campaign Act* (*FECA*) unterliegt und am ehesten mit (in der Höhe eng begrenzten) Spenden an Kandidaten vergleichbar ist, dadurch, daß es von den Parteien flexibel eingesetzt werden kann. Einzige Ausnahme: *Soft money* darf nicht an Einzelkandidaten gehen. Wohl aber können die Nationalen Parteien diese Mittel nach unten an die einzelstaatlichen Parteien geben. Und sie können vor allem allgemein für die Partei oder bestimmte politische Inhalte werben (*issue advocacy*), auch die Infrastruktur für Wahlkämpfe (einschließlich Personal) davon bezahlen (Franz/Goldstein 2002; La Raja 2002; Farrar-Myers/Dwyre 2001). Durch diese, von der nationalen Partei zur Verfügung gestellten „Hand- und Spanndienste" bzw. „geldwerte Leistungen" werden die Kandidaten in den Wahlkreisen enger an die Partei gebunden. Kennzeichnend für die Professionalisierung und den Aufstieg der nationalen Parteien ist die beträchtliche Zunahme der mit Hilfe moderner Technologien (*direct mail* und *telephone banks*) akquirierter Spenden.

Tabelle 13-3: Einnahmen und Ausgaben der Parteien (*hard money*) 1989-2004 (in Mio. US-$)

	1989/90	1991/92	1993/94	1995/96	1997/98	1999/00	2001/02	2003/04**
Demokraten								
Einnahmen*	78,5	163,3	132,8	221,6	160,0	275,2	217,2	678,8
Ausgaben*	83,7	157,5	131,3	214,3	155,3	265,8	208,7	655,6
davon DNC	14,5	65,8	41,8	108,4	64,8	124,0	67,5	394,4
Republikaner								
Einnahmen*	202,0	264,9	244,1	416,5	285,0	465,8	424,1	897,7
Ausgaben*	209,2	251,7	232,1	408,5	275,9	427,0	427,0	752,6
davon RNC	68,7	85,4	87,4	193,0	104,0	212,8	170,1	392,4

DNC = Democratic National Committee; RNC = Republican National Committee
* Die Summen ergeben sich aus der Addition der finanziellen Aktivitäten der Bundesparteien (DNC; RNC), der „Parteiausschüsse" im Kongreß (*Democratic Senatorial Campaign Committee*; *Democratic Congressional Campaign Committee*; *National Republican Senatorial Committee*; *National Republican Congressional Committee*) sowie der einzelstaatlichen und lokalen Parteiorganisationen. Sie enthalten nicht die Gelder, die zwischen den verschiedenen Parteigliederungen transferiert wurden. Sie betreffen ausschließlich *federal activity*, d. h. sind nur Finanzmittel für die Bundesebene und beinhalten kein *soft money*.
** 2003/04: Der exorbitante Anstieg der Summen erklärt sich aus der Tatsache, daß seit diesem Wahlzyklus kein *soft money* (*nonfederal receipts*) mehr zugelassen ist bzw. diese Gelder nun als *hard money* verrechnet werden müssen. 2001/02 betrugen die *soft money* Zuwendungen an die Demokraten noch US-$ 246,1 Mio., an die Republikaner US-$ 250,0 Mio. (FEC vom 20. März 2003).

Quelle: **Federal Election Commission, Campaign Finance Summary Releases: "Party Financial Activity Summarized for the 2004 Election Cycle", March 2, 2005, corrected March 14, 2005 und "Party Committees Raise more than $1 Billion in 2001-2002", March 20, 2003, <http://www.fec.gov/press/press2004/summaries2004.shtml> (31.07.2006).**

Von diesen Mitteln werden nicht nur die Gehälter von jeweils mehreren Hundert Angestellten im Republikanischen bzw. Demokratischen Hauptquartier sowie in den Wahlkampforganisationen der beiden Kongreßfraktionen bezahlt, sondern auch Meinungsforscher, Medienspezialisten, Finanzierungsexperten und Rechtsanwälte, die die Kandidaten der Partei im Wahlkampf unterstützen, Wahlkampfstrategien entwickeln, Werbespots und Postwurfsendungen konzipieren und Wahlhelfer ausbilden. Beide Parteien sind jetzt organisatorisch und finanziell in der Lage, eigenständig Kandidaten zu rekrutieren und entsprechend zu schulen. Die neugewonnene Stärke der nationalen Parteihauptquartiere zeigt sich auch darin, daß sie in den Einzelstaaten und Kommunen Parteiorganisationen aufbauen oder dort für ihre Kandidaten Wahlkampf führen. Diese Entwicklung ist um so bemerkenswerter, als die beiden Bundesparteien bis zum Ende der 1970er Jahre fast ausschließlich auf die finanzielle Unterstützung der einzelstaatlichen Parteien angewiesen waren (Welz 1986: 36 ff.). Ohne Zweifel haben die nationalen Parteiorganisationen sich zu hoch qualifizierten und professionalisierten Dienstleistungsorganisationen für Wahlkämpfe, für das Einwerben von Spenden und für die Rekrutierung von Kandidaten entwickelt. Jedenfalls in dieser Hinsicht kann nicht vom „Niedergang" amerikanischer Parteien gesprochen werden (Monroe 2001: 5). Auch die einzelstaatlichen Parteien haben an Organisationspotential in letzter Zeit kräftig zugelegt: Fast alle verfügen heute über ein mit mehreren Mitarbeitern besetztes Hauptquartier – in den 1960er Jahren gab es nur wenige dieser Büros. Und die meisten einzelstaatlichen Parteien vermögen Kandidaten und Wahlhelfer zu schulen und selbst Meinungsumfragen durchzuführen (La Raja 2002: 181 f.; Bibby 2002: 53 f.).

Betrachtet man generell die organisatorische Entwicklung, die sich hinter dem Typus der „neuen" Partei verbirgt, so hat sich im Vergleich zur „alten" Partei das innerparteiliche Machtverhältnis so verschoben, daß von Zentralisierung und Nationalisierung bei gleichzeitiger Verflechtung der verschiedenen Parteiebenen gesprochen werden kann. Die früher prinzipiell autonomen lokalen, regionalen, einzelstaatlichen und nationalen Parteien sind heute durch gemeinsame Wahlkampfanstrengungen miteinander verbunden. Zutreffend hat Leon Epstein die „alten" Parteien als Konföderationen, die „neuen" als Föderationen bezeichnet. Trotz dieser Veränderungen dürfen die nationalen Organisationen der Demokraten und Republikaner nicht mit westeuropäischen oder bundesrepublikanischen Mitglieder- und Massenparteien gleichgesetzt werden, da sie (noch) nicht zu interessenmediatisierenden und politikformulierenden Institutionen geworden sind.

13.3.3 Programmprofile und innerparteiliche Strömungen

Die typisch deutsche Frage, welche gesellschaftliche Konzeption und politische Theorie der Programmatik einer Partei zugrunde liegt, läuft bei den Parteien der USA ins Leere. Die beiden großen Parteien befürworteten einen grundsätzlich durch den Markt sich regelnden, den staatlichen Eingriff aber zulassenden Kapitalismus. Dennoch unterscheiden Republikaner und Demokraten sich deutlich in ihrem programmatisch-ideologischen Profil und in ihren politischen Positionen, was mit ihrer jeweils besonderen Geschichte, mit den sie tragenden Wählergruppen sowie mit den auf sie einwirkenden Interessengruppen zusammenhängt. So treten die Demokraten, die Partei Franklin D. Roosevelts und des *New Deal*, stärker für den Eingriff des Bundes in Wirtschaft und Gesellschaft und für die Unterstützung der Unterschichten ein. Sie gelten – in der amerikanischen Begrifflichkeit – als liberal, nämlich als eher staatsinterventionistisch. Entsprechend ihren Interessenlagen kooperieren die Gewerkschaften und bestimmte Organisationen ethnischer Minoritäten mit den Demokraten. Die Republikaner hingegen, den Unternehmerverbänden nicht fernstehend und unterstützt von der *Christian Coalition* sowie der *National Rifle Association*, betonen die Kräfte des Marktes, opponieren gegen höhere Besteuerung sowie neue nationale Sozialprogramme und setzen sich für Steuersenkungen wie in der Präsidentschaft George W. Bush ein. Sie treten für die Deregulierung der Ökonomie ein und gelten als konservativ, nämlich als eher staatsabstinent.

In den 1980er und 1990er Jahren sind die programmatischen Unterschiede zwischen Republikanern und Demokraten größer geworden, so daß für einige Autoren heute eine deutliche ideologische Polarisierung zwischen den Parteien erkennbar ist. Beide Parteien bilden zwar nach wie vor breite Schirme, die die verschiedensten Interessen und politischen Vorstellungen überspannen, aber sie überlappen nicht mehr wie früher. Und auch innerhalb der Parteien hat die einstige Vielfalt abgenommen, ist größerer politischer Kohärenz gewichen. Generell unterscheiden sich Republikaner und Demokraten in der Wirtschafts-, Sozial-, Bildungs- und Umweltpolitik. Speziell sind die Gegensätze am schärfsten in folgenden Fragen: Abtreibung, Erhöhung oder Kürzung von Verteidigungsausgaben (auch nach dem 11. September 2001 weiter umstritten), Erhöhung oder Senkung von Steuern, finanzielle Hilfe für Minderheiten und Auflegen von Arbeitsbeschaffungsprogrammen. Die scharfen parteilichen Gegensätze werden auch von den Wählern wahrgenommen. Der vorläufige Gipfel ideologischer Gegensätze wurde 1994 im Streit um den „*Contract with America*" erreicht, einem konservativen Aktionsprogramm, das von Newt Gingrich, damaliger Republikanischer Führer im Repräsentantenhaus (*Speaker*), entworfen worden war und dem sich der Demokratische Präsident Bill Clinton scharf widersetzte.

Traditionelle sozialökonomische und neue sozialmoralische Konfliktlinien bestimmen die verschiedenen innerparteilichen Strömungen bei Republikanern und Demokraten. In der Demokratischen Partei dominieren die – offiziell nicht mehr anerkannten – Fraktionierungen der Minoritäten. Ende der 1980er Jahre war der linke, d. h. – in amerikanischen Kategorien – liberale Flügel unter Jesse Jackson, der sich 1984 und 1988 um die Nominierung als Präsidentschaftskandidat bemüht hatte, besonders konturiert. Ihm stand die sich als reformerisch-neoliberal begreifende Gruppierung des *Democratic Leadership Council* gegenüber, von dessen Spitze aus Bill Clinton es zum Präsidentenamt gebracht hat. Bei den Republikanern sind seit den 1970er Jahren neben den beiden traditionellen Gruppierungen der *country club*-Konservativen aus dem Nordosten und den *mainstream*-Konservativen des Mittleren Westens zwei neue Strömungen getreten: Die neokonservativen Intellektuellen und Akademiker, die in einer modifizierten Überlieferung des *New Deal*-Liberalismus Politik formulieren sowie die aggressiv-missionarisch auftretenden protestantischen Fundamentalisten, die bei prinzipieller Befürwortung des Sozialstaates die *social issues* thematisieren. Zudem haben die Südstaatler in der Republikanischen Partei zunehmend an Einfluß gewonnen. Interessant ist in diesem Zusammenhang, daß im Süden die Republikaner ideologisch-programmatisch weitgehend geschlossen konservativ auftreten, während die dortigen Demokraten politisch fragmentiert bleiben, jeweils zu einem Drittel liberal, moderat und konservativ (Bowman/Clark/Steed 1998: 219 ff.).

13.4   Parteien und Wahlen

13.4.1   Die Nominierung der Kandidaten

In den Parteien des „alten" Typs sind Kandidaten für Wahlämter von Parteiführern in nicht-öffentlichen Beratungen (*caucuses*) bestimmt worden. Dies galt (und gilt in wenigen Fällen noch heute) nicht nur für die lokale, sondern auch für die einzelstaatliche und nationale Ebene. So wurden Kandidaten für Gouverneursämter und für das Präsidentenamt in den ersten Jahrzehnten der Republik von den Parteigängern in den jeweiligen Parlamenten aufgestellt. Da diese Form der Kandidatennominierung häufig von Cliquen beherrscht wurde, ging man in den 1830er Jahren zum System der Nominierungskonvente (*nominating conventions*) über. Dabei handelt es sich um Versammlungen von Delegierten, die entweder durch Delegiertenversammlungen unterer Parteiebenen oder direkt von den Wählern gewählt wurden, um Kandidaten für öffentliche Ämter zu benennen, um über Wahlkampfplattformen zu beraten und um Personen in Parteifunktionen zu wählen. Aber auch die Parteikonvente kamen – nicht unbegründet – in den Verdacht, daß sie von kleinen Cliquen manipuliert wurden, die (für Bestechung und andere Formen illegitimer Einflüsse nicht unempfindlich) „in rauchgeschwängerten Hinterzimmern" ihre Entscheidungen trafen. Dies galt besonders für jene Wahlkreise, in denen – wie in den Südstaaten früher die Demokraten – eine Partei eine Monopolstellung hatte, und in denen mit der Nominierung auch die Wahl faktisch entschieden war. Unter dem Reformdruck des *progressive movement* erfolgte dann die Öffnung des parteiinternen Nominierungsverfahrens durch die Einführung von Vorwahlen (*primaries*), bei denen die Kandidaten für öffentliche Ämter direkt gewählt wurden. Die Aufstellung der Kandidaten blieb damit nicht mehr den Parteien als deren „Privatangelegenheit" überlassen, sondern die Durchführung der Vorwahlen wurde gesetzlich von den Einzelstaaten geregelt. Heute gibt es in allen Bundesstaaten der USA in irgendeiner Form und für wenigstens eine Kategorie von Wahlämtern Vorwahlen, bei denen man folgende Typen unterscheiden kann:

An einer *closed primary* darf nur teilnehmen, wer sich bei Eintragung in die Wählerliste als ein Angehöriger einer Partei, in deren Vorwahl er dann auch wählt, hat registrieren lassen. Die *closed primary* wird in 15 Staaten und im *District of Columbia* praktiziert. In zehn Bundesstaaten gibt es die *open primary*, an der jeder ungeachtet seiner Parteibindung teilnehmen kann, solange er sein Nominierungsrecht in nur einer Partei wahrnimmt. Die „Parteizugehörigkeit" muß also nicht offengelegt werden. Dies verleitet häufig dazu, bei der Vorwahl der gegnerischen Partei abzustimmen (*cross-over-voting*) und dort für einen möglichst schwachen Kandidaten zu votieren, um so die Gewinnchancen des Kandidaten der eigenen Partei in der Hauptwahl zu erhöhen. Varianten der *open* bzw. *closed primary* werden in 24 Staaten praktiziert (Tabelle 13-4). Die ausschließlich in Alaska (bis 2000), California (1998-2000) und im Staat Washington (bis 2002) praktizierte *blanket primary* stellte eine Sonderform eines Vorwahlsystems dar: Der Wähler konnte sich in beiden Parteien an der Kandidatenauswahl beteiligen, war aber bei der Nominierung für ein Wahlamt auf eine Partei beschränkt. Er konnte sich also z. B. an der Nominierung des Gouverneurskandidaten der Republikaner und an der des Senatskandidaten der Demokraten beteiligen.

Tabelle 13-4: Verfahren und Formen der Wählerregistrierung bei Vor- und Hauptwahlen

| Staat | Vorwahlen (*primaries*) | | | | | Hauptwahl (*general elections*) | | |
| | Art der Vorwahl | | | Frist für die Erklärung der Parteizugehörigkeit | | Registrierungsfrist[1] | erforderliche Erklärungen* | |
	open[2]	*mixed*[3]	*closed*[4]	vor der Wahl	am Wahltag	Tage vor der Wahl	*criminal status*	*mental competency*
Alabama	—	✓[5]	—	—	✓	10	✓	✓
Alaska	—	✓[6]	—	—	✓	30	✓	✓
Arizona	—	✓[6]		—	✓	29	✓	✓
Arkansas	—	✓[5]	—	—	✓	30	✓	—
California	—	✓[7]	—	—	✓	15	✓	✓
Colorado	—	✓[6]	—	—	✓	29	✓	—
Connecticut	—	—	✓	1 Tag	—	14	✓	—
Delaware	—	—	✓	20 Tage	—	20	✓	✓
D.C.	—	—	✓	30 Tage	—	30	✓	✓
Florida	—	—	✓	29 Tage	—	29	✓	✓
Georgia	—	✓[5]	—	5. Montag	—	5. Montag	✓	✓
Hawaii	✓	—	—	—	—	30	✓	✓
Idaho	✓	—	—	—	—	25	✓	—
Illinois	—	✓[5]	—	—	✓	28	✓	✓
Indiana	—	✓[5]	—	—	✓	29	✓	—
Iowa	—	✓[6]	—	—	✓	10	✓	✓
Kansas	—	—	✓	15 Tage	—	15	✓	✓
Kentucky	—	—	✓	31. Dezember	—	29	✓	✓
Louisiana[8]	—	—	—	—	—	30	✓	✓
Maine	—	✓[7]	—	—	✓	10**	—	—
Maryland	—	—	✓	12 Wochen	—	21	✓	✓
Massachusetts	—	✓[6]	—	—	✓	20	✓	✓
Michigan	✓	—	—	—	—	30	✓	—
Minnesota	✓	—	—	—	—	21**	✓	✓
Mississippi	—	✓[5]	—	—	✓	30	✓	✓
Missouri	✓	—	—	—	—	28	✓	✓
Montana	✓	—	—	—	—	30	✓	✓
Nebraska	—	—	✓	2. Freitag	—	2. Freitag	✓	✓
Nevada	—	—	✓	5. Samstag	—	5. Samstag	✓	✓
New Hampshire	—	✓[6]	—	10 Tage**	✓	10**	✓	—
New Jersey	—	—	✓	50 Tage	✓	29	✓	—
New Mexico	—	—	✓	28	✓	28	✓	✓
New York	—	—	✓	25	—	25	✓	✓
North Carolina	—	✓[7]	—	—	✓	25	✓	—
North Dakota	✓	—	—	—	—	—**	—	—
Ohio	—	✓[5]	—	—	✓	30	✓	✓
Oklahoma	—	—	✓	31. Mai	—	25	✓	✓
Oregon	—	—	✓	21	—	21	✓	—
Pennsylvania	—	—	✓	30	—	30	✓	—

Rhode Island	—	✓[6]	—	—	✓	30	✓	✓
South Carolina	—	✓[5]	—	—	✓	30	✓	✓
South Dakota	—	—	✓	15	—	15	✓	✓
Tennessee	—	✓[5]	—	—	✓	30	✓	✓
Texas	—	✓[5]	—	—	✓	30	✓	✓
Utah	—	✓[7]	—	—	✓	20	✓	✓
Vermont	✓	—	—	—	—	2. Samstag	—	—
Virginia	—	✓[5]	—	—	✓	29	✓	✓
Washington	✓	—	—	—	—	15	✓	✓
West Virginia	—	✓[7]	—	21	—	21	✓	✓
Wisconsin	✓	—	—	—	✓	20**	✓	✓
Wyoming	—	✓[6]	—	—	✓	30**	✓	✓

[1] Die Registrierungsmodalitäten können für Erstwähler sowie für bei vergangenen Wahlen schon registrierte Wähler unterschiedlich sein. In den meisten Staaten kann die Registrierung und gegebenenfalls ein Antrag auf Briefwahl per Post vorgenommen werden. Die Wählerregistrierung kann persönlich in der Regel bei Behörden durchgeführt werden, die für den Publikumsverkehr geöffnet sind, in einigen Staaten auch bei der Kfz-Zulassungsstelle.

[2] Bei *open primaries* entscheiden die Wähler geheim in der Wahlkabine, an welcher Parteivorwahl sie teilnehmen wollen. Eine Registrierung für die Vorwahl ist nicht erforderlich; unabhängig davon kann gleichwohl eine Registrierung bei einer Partei existieren.

[3] Mischformen werden je nach Grad der Entscheidungsmöglichkeit für die Wähler auch als *semi-open* oder *semi-closed primaries* bezeichnet (Spaltenausrichtung links/rechts; siehe Anmerkungen 5, 6, 7).

[4] An *closed primaries* darf nur teilnehmen, wer bei einer Partei registriert ist; unabhängige Wähler sind demnach von Vorwahlen ausgeschlossen. Ein Wechsel der Parteiregistrierung ist innerhalb festgesetzter Fristen zwischen Wahlen möglich (Spalte 4 „vor der Wahl").

[5] Auch nicht bei einer Partei registrierte Wahlberechtigte können in diesen Staaten an Vorwahlen teilnehmen, müssen jedoch am Wahltag offen erklären, von welcher Partei sie die Stimmzettel wünschen.

[6] In diesen Staaten dürfen auch parteilich nicht gebundene Wähler an den Vorwahlen teilnehmen; je nach Einzelstaat ist eine Registrierung bei einer Partei im Wahllokal erforderlich oder erfolgt automatisch nach der Wahl; registrierte Wähler können in manchen Staaten ihre Parteizugehörigkeit ändern.

[7] wie Anm. 6, allerdings ist die Teilnahme nur möglich, wenn die entsprechende Partei dies zuläßt (z. B. durch urkundliche Notiz beim *Secretary of State*).

[8] In Louisiana gilt der Sonderfall einer *nonpartisan primary*. Die zwei Kandidaten mit den meisten Stimmen werden unabhängig von ihrer Parteizugehörigkeit zur Hauptwahl zugelassen.

* Registrierung und damit Wahlzulassung ist in den meisten Staaten nur möglich, wenn keine strafrechtliche Verurteilung (insbesondere Kapitalverbrechen) oder eine schwere geistige Behinderung vorliegt.

** Persönliche Registrierung am Wahltag möglich; in North Dakota gibt es keine Wählerregistrierung.

Quellen: Zu den Vorwahlen kompiliert aus: Bibby, John F., Politics, Parties, and Elections in America, 5. Aufl., Belmont u. a. O. 2003, S. 161; Election Assistance Commission, National Mail Voter Registration Form, State Instructions, S. 3-20, abrufbar unter: <http://www.eac.gov/register_vote.asp?format=none> (31.07.2006); diverse Internetseiten der Einzelstaaten (Secretaries of State); zu den Hauptwahlen: Council of State Governments, The Book of the States 2005, Vol. 37, Lexington 2005, S. 361 f.

Zusammenstellung und Erläuterungen: Christoph M. Haas

Eine weitere Sonderform stellt die 1975 in Louisiana eingeführte *nonpartisan primary* dar, in der alle Bewerber ungeachtet ihrer Parteizugehörigkeit in einer einzigen Vorwahl gegeneinander antreten. Erhält einer der Amtsbewerber mehr als fünfzig Prozent der abgegebenen Stimmen, entfällt die Hauptwahl (*general election*). Der Gewinner der Vorwahl ist damit automatisch gewählt. Wenn kein Bewerber die absolute Stimmenmehrheit erringen konnte, wird in der Hauptwahl zwischen den beiden Kandidaten mit den meisten Stimmen entschieden.

In einigen Bundesstaaten sind den Vorwahlen Parteikonvente vorgeschaltet (*preprimary conventions*). So etwa in New York oder Connecticut, wo die Kandidaten zunächst auf einem Parteikonvent gewählt werden. Die bei den Konventswahlen unterlegenen Bewerber können dann gegen den Gewinner in einer öffentlichen Vorwahl (*challenge primary*) antreten, sofern sie auf dem Parteikonvent einen bestimmten Prozentsatz der abgegebenen Stimmen (je nach Staat zwischen 20 Prozent und 35 Prozent) gewonnen haben.

In den meisten Bundesstaaten bedarf es zum Gewinnen einer Vorwahl der relativen Stimmenmehrheit (*plurality of popular votes*). Nur in zehn Staaten ist eine Stichwahl (*run-off primary*) erforderlich, wenn kein Kandidat im ersten Wahlgang die absolute Mehrheit der Stimmen (*majority of popular votes*) erzielen konnte.

Bei der Nominierung der Präsidentschaftskandidaten von Demokraten und Republikanern werden die *Caucus*-, *Convention*- und *Primary*-Methode miteinander kombiniert. Der Präsidentschaftskandidat wird auf dem Bundeskonvent der jeweiligen Partei nominiert, dessen Delegierte in Vorwahlen oder in einer Nominierungsversammlung der Parteianhänger an der Basis gewählt oder von regionalen bzw. einzelstaatlichen Parteikonventen entsandt werden.

In den USA bestehen heute also *caucuses*, Parteikonvente und Vorwahlen als Nominierungsmethoden nebeneinander. Das Nominierungsverfahren ist aber nicht bundeseinheitlich geregelt, sondern wird in vier Bundesstaaten von den Parteien selbst und in den übrigen Staaten durch die Legislative festgelegt. Generell gilt, daß es in den Vereinigten Staaten auch für Wahlen zum Kongreß und zum Präsidentenamt kein einheitliches Wahl- und Nominierungsrecht gibt, ein Bundeswahlgesetz wie in der Bundesrepublik also nicht existiert. Vielmehr werden diese Wahlen sowohl in der Verfassung (in den Zusatzartikeln 14 und 15 das allgemeine Wahlrecht, in Zusatzartikel 19 das Frauenwahlrecht, in Zusatzartikel 19 das Wahlrecht schon ab 18 Jahren) geregelt, wie in Bundesgesetzen (etwa der *Voting Rights Act* von 1965), wie in einzelstaatlichen Gesetzen, selbst in Regelungen kommunaler Behörden, aber auch in den Satzungen bzw. Statuten der Parteien. Welch Chaos dabei entstehen kann, hat die Auszählung der Stimmen bei den Präsidentenwahlen 2000 in den verschiedenen Kreisen des Staates Florida gezeigt.

13.4.2   Die Organisation und Finanzierung der Wahlkämpfe

In den modernen amerikanischen Wahlkämpfen haben die traditionellen Formen der Wählerwerbung und politischen Kommunikation an Bedeutung verloren. An die Stelle der lokalen Parteiorganisation, die in der Vergangenheit Wähler und Wahlbewerber zusammengebracht hat, sind professionelle Politikmanager (*political consultants*) getreten. Während früher Parteifunktionäre und freiwillige Wahlhelfer über die Stimmung an der Basis berichteten, werden heute regelmäßig Meinungsumfragen durchgeführt, die die Grundlage für die Wahlkampfstrategie liefern. Meinungsforscher und *public relations*-Berater sind daher in den Mittelpunkt der Wahlkampforganisation gerückt, die mittels computergesteuerter Telefon-

und Briefkampagnen (*telephone banks*, *direct mail*) Wähler mobilisieren und zugleich Spenden akquirieren. Auch nach erfolgreicher Wahl gehören sie zu den engsten Beratern ihrer politischen Auftraggeber, um deren politisches Programm werbewirksam in der Öffentlichkeit zu präsentieren. Trotz der unverkennbaren Professionalisierung der Wahlkämpfe hat die Revitalisierung der Parteiorganisation seit dem Anfang der 1990er Jahre das Amateurelement wieder belebt. Ergänzend zum professionellen Wahlkampf gehen die Parteiaktivisten heute wieder werbend von Tür zu Tür (*canvassing*), Nachbarschaftsversammlungen mit Ansprachen der Kandidaten finden statt und den Parteien befreundete Organisationen mobilisieren ihre Mitglieder, so bei den Republikanern die *Christian Coalition* und die *National Rifle Association*, bei den Demokraten die Gewerkschaften.

Die elektronischen Medien, insbesondere das Fernsehen, spielen dennoch im Wahlkampf heute die zentrale Rolle. Von Präsidentschafts- und Kongreßkandidaten wird deshalb mehr als die Hälfte ihres Wahlkampfbudgets für Fernsehwerbung ausgegeben. Werbespots (*paid political advertising*), Fernsehnachrichten und -kommentare (*news coverage*) sowie Fernsehdebatten zwischen Kandidaten (*candidate debates*) fungieren als Mittler zwischen Kandidat und Wähler. Die modernen Technologien ersetzen zum Teil den einstmals nur über die Partei vermittelten persönlichen Kontakt. Der einzelne Kandidat kann nun mit Hilfe der Medien und neuen Kommunikations- und Organisationstechniken Millionen Wähler direkt ansprechen. Wahlkämpfe sind entsprechend personalisiert worden. Dennoch gilt nach wie vor, daß politische Inhalte wichtig sind und wahlenentscheidend sein können. Die Wähler wissen sehr genau zwischen den inhaltlichen Positionen, die Kandidaten und Parteien vertreten, zu unterscheiden. Dies gilt nicht nur für eindeutige Alternativen wie der bei den Präsidentenwahlen 1984 zwischen Ronald Reagan und Walter F. Mondale, der eine ein Staatsminimalist, der Sozialprogramme an die Einzelstaaten zurück geben wollte, der andere der wohl letzte prominente *New Deal*-Staatsinterventionist. Auch bei den Präsidentenwahlen 2000 standen sich George W. Bush und Al Gore als Repräsentanten von „*small government*" und „*active government*" gegenüber. Werden Wahlkämpfe zu inhaltsleer, dann blenden die Medien sich aus. So geschehen bei den Nationalen Parteikonventen 2000, die so fernsehgerecht inszeniert waren, daß die nationalen Fernsehstationen sich manipuliert fühlten und statt Direktübertragungen nur knappe Zusammenfassungen sendeten.

Die *Political Action Committees*

Die fortschreitende Technologisierung der Wahlkämpfe hat die Wahlkampfkosten geradezu „explodieren" lassen. So sind die finanziellen Aufwendungen für die erfolgreiche Bewerbung um einen Sitz im Repräsentantenhaus von durchschnittlich US-$ 560.862 im Jahr 1986 auf US-$ 848.296 im Jahr 2000 gestiegen (inflationsberücksichtigt auf der Basis des Geldwerts 2000), um einen Senatssitz von US-$ 4.784.725 1986 auf US-$ 7.389.176 im Jahr 2000 (Ornstein/Mann/Malbin 2002: 86). Die Wahlbewerber bedürfen daher heute erheblicher finanzieller Mittel, um einen erfolgreichen Wahlkampf zu führen. Hierbei können sie sich seit Mitte der 1970er Jahre auch auf *Political Action Committees* (*PACs*) stützen. Dies sind Wahlkampfkomitees von wirtschaftlichen Interessengruppen oder Einzelinteressenten (Gewerkschaften, Unternehmensverbände, Unternehmen, Standes- oder Berufsorganisationen) oder von Organisationen, die andere als unmittelbar wirtschaftliche Interessen vertreten (z. B. *National Rifle Association*) oder von sogenannten ideologischen Gruppen (z. B. *Ame-*

ricans for Democratic Action) zur finanziellen und organisatorischen Unterstützung oder Bekämpfung von Bewerbern für ein öffentliches Amt. Die Tätigkeit der *PACs* geht zumeist den Lobbybemühungen der Interessengruppen voraus, ebnet diesen den Weg und öffnet Türen. *PACs* sind erstmals Mitte der 1930er Jahre von Gewerkschaften als deren politischer Arm und als Reaktion auf die Herausbildung des amerikanischen Sozialstaates im New Deal gegründet worden. In den 1950er und 1960er Jahren ist die Zahl der gewerkschaftlichen *PACs* kontinuierlich gestiegen. In dieser Zeit begannen auch Unternehmensverbände *PACs* zu bilden. Doch erst als mit dem *FECA* von 1971 und seinen Novellierungen von 1974, 1976 und 1979 auch einzelnen Unternehmen die Gründung von *PACs* gestattet wurde, „explodierte" ihre Zahl regelrecht (Tabelle 13-5).

Tabelle 13-5: Zahl der *Political Action Committees* (*PACs*) 1974-2004

Jahr*	Komitee-Typ						
	Unter-nehmen	Gewerk-schaften	Unternehmens- und Berufsver-bände	Genossen-schaften	Unternehmen ohne Aktien-kapital	nicht-assoziierte Komitees	gesamt
1974	89	201	318	—	—	—	608
1978	785	217	453	12	24	162	1.653
1982	1.469	380	649	47	103	723	3.371
1986	1.744	384	745	56	151	1.077	4.157
1990	1.795	346	774	59	136	1.062	4.172
1994	1.660	333	792	53	136	980	3.954
1998	1.567	321	821	39	115	935	3,798
2000	1.545	317	860	41	118	1.026	3.907
2001	1.508	316	891	41	116	1.019	3.891
2002	1.528	320	975	39	110	1.055	4.027
2003	1.538	310	884	35	102	999	3.868
2004	1.555	303	877	34	97	1.174	4.040

* Die Angaben für 2000-2003 sind jeweils die Zahlen der FEC vom 1. Januar des Folgejahres, die Zahlen für 2004 sind auf dem Stand vom 1. Juli 2004.

Quelle: U.S. Federal Election Commission, Press Release vom 1. September 2004, <http://www.fec.gov/press/20030114pac_count.html> (31.03.2005).

Eine Analyse der mit Unternehmen und Unternehmensverbänden verbundenen *PACs* zeigt, daß ihre zwischen 1975 und 1985 rapide gestiegene Zahl als Reaktion auf den zunehmenden Eingriff des Bundesstaates in die Wirtschaft – sei es durch gesetzliche Regulierung bestimmter Wirtschaftsbereiche oder durch die Vergabe staatlicher Aufträge (wie im Rüstungsbereich) – zu interpretieren ist. Seit Mitte der 1980er Jahre stagniert die Zahl der *PACs* bei ca. 4.000. Auch die Höhe der von den *PACs* eingeworbenen und in Wahlkämpfe investierten Gelder stagniert bzw. wächst langsamer als die Inflationsrate (Abbildung 13-2).

Abbildung 13-2: Einnahmen, Ausgaben und Wahlkampfspenden von *Political Action Committees* 1975-2004

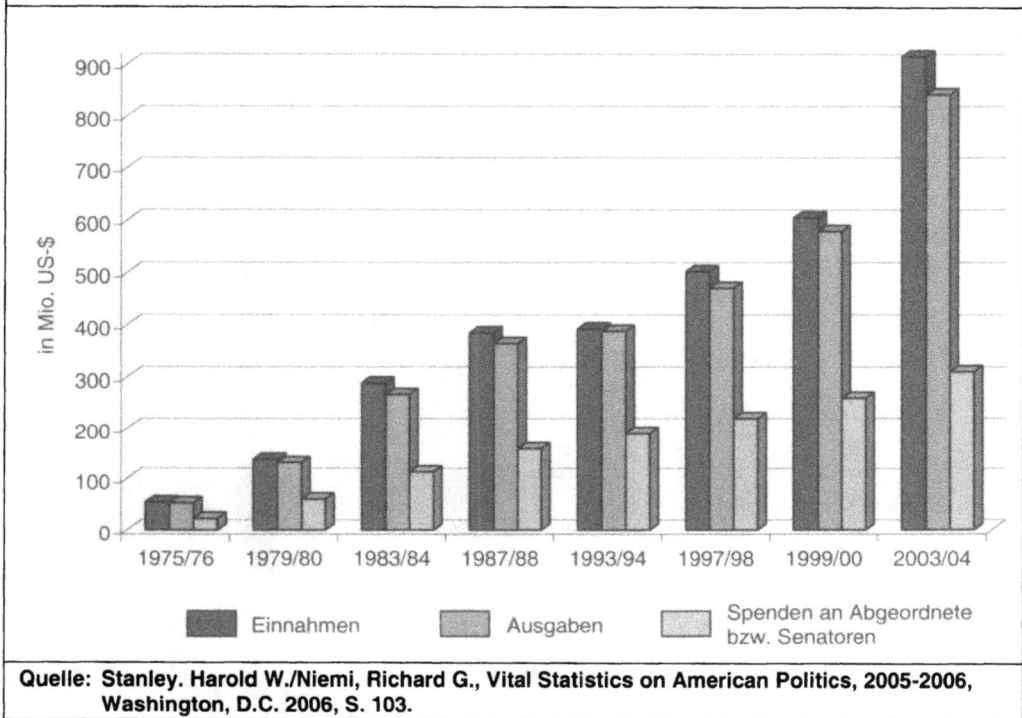

Quelle: Stanley. Harold W./Niemi, Richard G., Vital Statistics on American Politics, 2005-2006, Washington, D.C. 2006, S. 103.

Betrachtet man die *PACs* in ihrer Gesamtheit, so übernehmen sie Aufgaben, die in westeuropäisch-parlamentarischen Regierungssystemen von Parteien wahrgenommen werden. Sie sammeln und verteilen Wahlspenden, bilden Wahlkampfmanager und Wahlhelfer aus, führen Meinungsumfragen durch, konzipieren Wahlkampfstrategien und beteiligen sich an der Rekrutierung von Kandidaten. Mit dieser Übernahme von Parteifunktionen wurde dazu beigetragen, daß die Rolle amerikanischer Parteien im Wahlkampf zeitweise geschwächt worden ist (Lösche 1989: 232 f.). Hinzu kommt, daß durch die Tätigkeit der *PACs* die Bindung der einzelnen Abgeordneten des Kongresses an ihre Wahlkreise und damit an die lokalen, regionalen oder einzelstaatlichen Parteien gelockert worden ist. Anstatt wie in der Vergangenheit Wahlkampfspenden ausschließlich in ihren Wahlkreisen zu akquirieren, wenden Kandidaten sich heute erfolgreich auch an Interessengruppen und ihre *PACs*, die nicht im Wahlkreis verwurzelt sind. Durch diese Art der Wahlkampffinanzierung haben die Interessengruppen mit ihren *PACs* aber auch zeitweise zur Schwächung der Parteien im Kongreß und zur „Balkanisierung" der Legislative beigetragen. Der einzelne Abgeordnete fühlt sich zwar auch seiner Partei verpflichtet, er unterliegt aber konfligierenden Einflüssen und taktiert vorsichtig, um niemanden zu verprellen. Kompromisse werden erschwert. Dabei geht es *PACs* primär darum, Zugang zu solchen Abgeordneten zu erhalten, die jenen Parlamentsausschüssen angehören, die den Politikbereich regeln, in dem sie selbst wirtschaftlich tätig sind. Spenden gehen folglich überproportional an Amtsinhaber (Abbildung 13-3).

Abbildung 13-3: Wahlkampfspenden von *Political Action Committees* an Amtsinhaber in Repräsentantenhaus und Senat sowie an deren Herausforderer 1985-2004

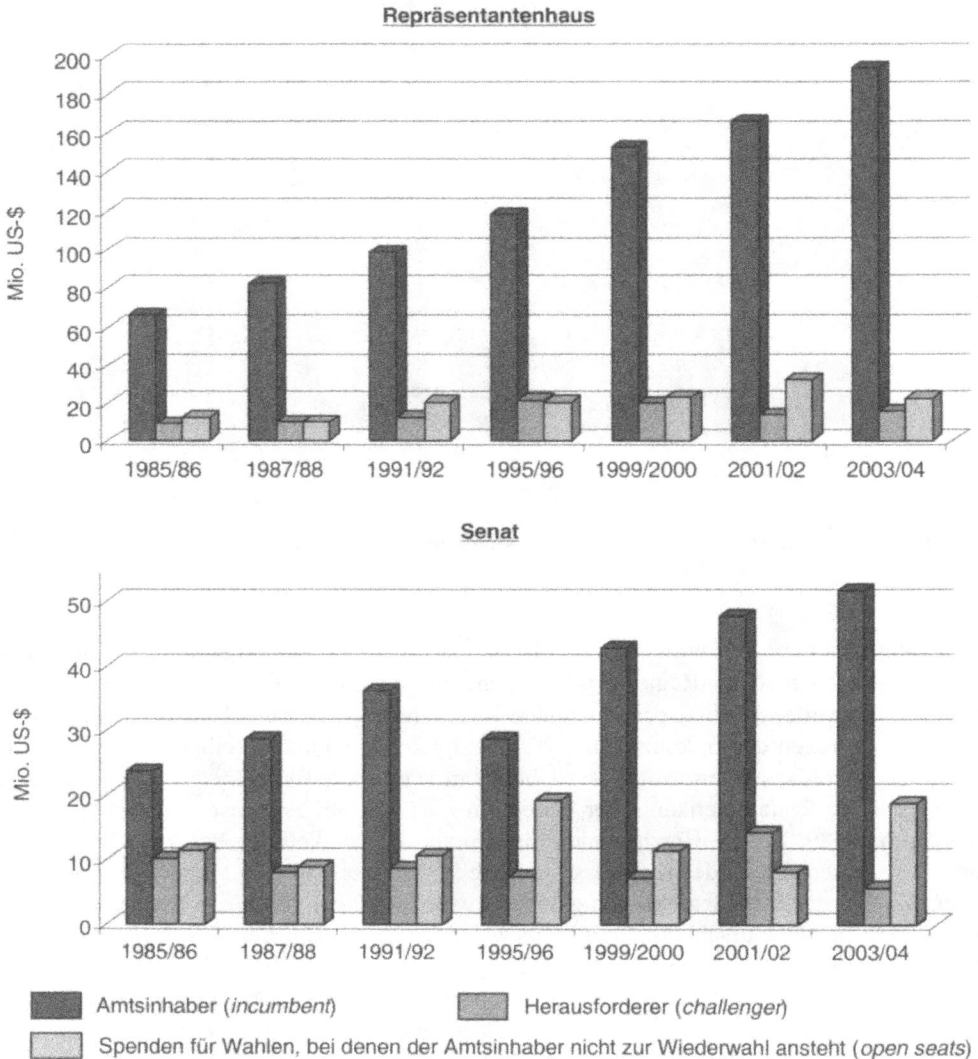

Repräsentantenhaus

Senat

Quelle: Stanley, Harold W./Niemi, Richard G., Vital Statistics on American Politics, 2005-2006, Washington, D.C. 2006, S. 109 ff.

Auf deren Parteizugehörigkeit wird dabei wenig geachtet. Das erklärt, warum Unternehmen und Unternehmerverbände auch großzügig die Wahlkämpfe von Demokraten mitfinanzieren, die ihnen programmatisch ferner stehen als Republikaner. Die Bedeutung der *PACs* und ihr z. T. destruktiver Einfluß auf die Parteien, die Fraktionen im Kongreß und die einzelnen Abgeordneten und Senatoren ist im letzten Jahrzehnt dadurch zurückgegangen, daß *soft money* bei der Wahlkampffinanzierung an Relevanz gewann. Dabei handelt es sich um Spenden an die Parteien, die von Interessengruppen, *PACs* und Einzelpersonen kommen und die von den Parteien für Mitarbeiter, Gebäude und Inventar sowie politikinhaltliche, auch parteigebundene Werbung ausgegeben werden. Diese Mittel können auch von den nationalen Parteiorganisationen an die einzelstaatlichen unter Umgehung bundesstaatlicher Regelungen weitergegeben werden. Bei einigen heiß umstrittenen Senatswahlkämpfen sind im Jahre 2002 mehrere Millionen Dollar an *soft money* eingesetzt worden. Die Summen, die die Parteien an *soft money* eingeworben haben, sind von 1992 bis 2000 enorm gestiegen, bei den Republikanern von US-$ 49 auf US-$ 250 Millionen, bei den Demokraten von US-$ 36 auf US-$ 246 Millionen (Tabelle 13-6).

Tabelle 13-6: Einnahmen der Bundesparteien an *soft money* in Millionen US-$ 1991-2002

	1991/92	1993/94	1995/6	1999/2000	2001/2002
Demokraten	36,1	49,1	123,9	245,2	246,1
Republikaner	49,8	52,5	138,2	249,9	250,0

Quelle: **Stanley, Harold W./Niemi, Richard G., Vital Statistics on American Politics, 2005-2006, Washington, D.C. 2006, S. 100.**

Die rechtliche Regelung der Wahlkampffinanzierung
Ein Bewerber für die Präsidentschaft kann sich für die öffentliche (Teil-)Finanzierung seines Wahlkampfes entscheiden. Im Vorwahlkampf erhält er dann zu privat eingesammelten Spenden aus dem Bundeshaushalt die gleiche Summe an *matching funds* (er akzeptiert damit aber automatisch eine Begrenzung der Wahlkampfkosten). Um sich für öffentliche Mittel zu qualifizieren, muß ein Aspirant in den Vorwahlen in 20 Einzelstaaten je US-$ 5.000 an Spenden einwerben, die im einzelnen US-$ 250 nicht übersteigen dürfen. Der Hauptwahlkampf wird mit US-$ 20 Millionen (zugleich die Ausgabengrenze) dann gänzlich vom Bund finanziert.

Eine Besonderheit amerikanischer Wahlkämpfe besteht darin, daß einzelne Personen bzw. Organisationen aufgrund einer höchstrichterlichen Interpretation des ersten Zusatzartikels der Bundesverfassung, der das Recht auf freie Meinungsäußerung garantiert, einen vom Kandidaten unabhängigen, mit dessen Wahlkampforganisation nicht abgestimmten Wahlkampf zu seinen Gunsten (aber auch gegen ihn) führen dürfen (*Buckley v. Valeo*, 1976). Hierfür kann auch *soft money* eingesetzt werden. Nicht zuletzt durch diese Möglichkeit einer *independent campaign* haben sich in den 1980er und bis Mitte der 1990er Jahre Wahlkampfstrategien eingebürgert, bei denen die Kandidaten nicht nur politisch angegriffen, sondern ihnen auch persönlich Drogenmißbrauch, sexuelles Fehlverhalten oder Strafdelikte unterstellt wurden, um sie bei den Wählern zu diskreditieren (*negative campaigning*). Diese Art des negativen Wahlkampfes hat sich aber als kontraproduktiv herausgestellt, da Bürger sich entweder angewidert ganz von der Politik abgewandt oder – in einer Art Mitleidsaffekt – dem unfair attackierten Kandidaten zugewandt haben.

Insgesamt ist die Bedeutung der Parteien bei der Wahlkampffinanzierung durch die Möglichkeit, *soft money* einzuwerben und Mittel faktisch auch an Kandidaten weiterzugeben, deutlich gestärkt worden. Etwa 20 Prozent der Kosten, die ein Kandidat für das Repräsentantenhaus heute für den Wahlkampf benötigt, kommen von den Parteien selbst. *Soft money* stellt eine Lücke in den ansonsten zum Teil sehr dichten Regelungen des *Federal Election Campaign Acts* dar. Danach war es den Parteien erlaubt, für *party building*, also eigentlich nur für organisatorische Zwecke, Spenden einzusammeln und etwa für Wählerregistrierungskampagnen oder für *get-out-the-vote-drives* zu verwenden. So hatten die Republikaner schon 1980, als Ronald Reagan als Präsidentschaftskandidat den Amtsinhaber Jimmy Carter herausforderte, ihre Kampagne „Vote Republican for a Change" mit *soft money* finanziert. Aufgrund mehrerer Entscheidungen der *Federal Election Commission* und von Bundesgerichten, bei denen es um das Recht auf freie Meinungsäußerung ging, ist die Nutzung von *soft money* ausgeweitet worden. So durften Parteiorganisationen nicht nur Werbespots im Fernsehen plazieren, bei denen es um politische Inhalte ging, sondern es war ihnen möglich, auch dann für Kandidaten zu werben, wenn mit diesen die Wahlkampfstrategie nicht abgestimmt war (*independent campaigns*). Damit wurde *soft money* zum großen Einfallstor für Spenden (für das Wahljahr 2000 fast eine halbe Milliarde Dollar für beide Parteien) und damit verbundenen bzw. vermuteten politischen Einflußversuchen. Entsprechend wuchs aber auch die Kritik an derartiger, fast unkontrollierter und unregulierter Partei- und Wahlkampffinanzierung. Senator John McCain hat seine Vorschläge zur entsprechenden Novellierung des *FECA* zur Grundlage seines Wahlkampfes um die Nominierung als Republikanischer Präsidentschaftskandidat 2000 gemacht. Danach sollte *soft money* ganz verboten bzw. stark eingeschränkt werden. Die Reformvorschläge fanden derart große Zustimmung in der Öffentlichkeit, daß beide Häuser des Kongresses sie passieren ließen und Präsident George W. Bush – wenn auch widerwillig – sie im März 2002 unterzeichnete, so daß sie in Kraft treten konnten (*Bipartisan Campaign Reform Act, BCRA* – bekannter unter dem Namen *McCain-Feingold Bill*). Im Mai 2003 erklärte jedoch ein Bundesgericht in Washington, D.C. das Gesetz für verfassungswidrig, weil die Beschränkung der Höhe von Parteispenden von Unternehmen, Gewerkschaften und anderen Organisationen sowie von Einzelpersonen auf US-$ 10.000 gegen das Recht auf freie Meinungsäußerung verstoße. Die alte Rechtslage war damit zunächst wieder hergestellt. Der *Supreme Court* entschied jedoch in *McConnell v. FEC* im Dezember 2003 zugunsten des Gesetzes, so daß in den Wahlen von 2004 die neuen Regelungen zum ersten Mal zur Anwendung kamen. Mit dem *BCRA* sollten die *soft money*-Zahlungen eigentlich unterbunden werden, allerdings fand sich in den *527 committees* (so benannt nach einem Abschnitt im Steuergesetz) ein neues Schlupfloch. Die finanziellen Transaktionen dieser offiziell nicht parteigebundenen Organisationen stellten bei den Wahlen 2004 im Grunde den funktionalen Ersatz für das *soft money* dar.

Andere Reformvorschläge sind insbesondere von Politikwissenschaftlern entwickelt worden. Sie laufen darauf hinaus, die Rolle der Parteien im Wahlkampf noch weiter zu stärken. Ein Problem wird darin gesehen, daß die *PACs* und damit die Interessengruppen immer noch einen Anteil an der Wahlkampffinanzierung haben, Abgeordnete somit in die Gefahr geraten könnten, von diesen abhängig zu werden oder wenigstens deren Einflüssen leichter zu erliegen. Als Gegenmaßnahme wird daher erwogen, den Kongreßkandidaten bzw. den Parteien unentgeltlich Fernsehwerbung zur Verfügung zu stellen, um so die finanzielle Hauptlast im Wahlkampf zu erleichtern. Ein weiterer Vorschlag läuft darauf hinaus, nicht nur die Präsidentschafts-, sondern auch die Kongreßwahlen öffentlich teilzufinanzieren.

13.5 Die Parteien in der Wählerschaft

Im Vergleich zu den Parteien in der Bundesrepublik Deutschland ist der organisatorische und programmatische Zusammenhalt der amerikanischen Parteien geringer. Denn bei diesen gibt es weder eine durch Parteibuch und regelmäßige Beitragszahlung begründete formelle Parteimitgliedschaft noch die bindende Festlegung auf ein bestimmtes Parteiprogramm und damit auch kein Parteiausschlußverfahren wegen einer Verletzung von Parteigrundsätzen. Vielmehr gilt als Parteimitglied, wer bei seiner Eintragung in das amtliche Wählerverzeichnis seine Absicht zu Protokoll gibt, an den Vorwahlen einer bestimmten Partei teilzunehmen. Die amerikanischen Parteien sind also keine Mitglieder-, sondern Wählerparteien.

Wie locker letztendlich die Verbindung zwischen Parteianhängern und Partei ist, zeigt das Konzept der Parteiidentifikation (*party identification*) mit dessen Hilfe amerikanische Politikwissenschaftler die Parteibindung der Wähler zu ermitteln suchen. In repräsentativen Erhebungen fragen seit 1937 Meinungsforscher auf einer Siebener-Skala danach, mit welcher der beiden großen Parteien sich ein Wähler identifiziert, ob seine Parteiidentifikation stark, schwach oder ganz schwach ausgeprägt ist (*strong/leaning partisan/weak identification*) oder ob er sich als parteiunabhängig (*independent*) betrachtet. Im zeitlichen Vergleich ist dabei zu beobachten, daß die (Selbst)Identifikation mit einer der beiden großen Parteien seit 1952 bis in die 1980er Jahre abgenommen hat. Dagegen ist der Anteil derer, die sich als parteiunabhängig bezeichnen oder die sich nur schwach mit einer Partei identifizieren, im gleichen Zeitraum gestiegen (vgl. Tabelle 12-4). Seit Mitte der 1980er Jahre ist – einhergehend mit der ideologischen Polarisierung zwischen Demokraten und Republikanern – die Parteiidentifikation gestiegen. Zudem liegt der Anteil der echten Unabhängigen (*pure independents*) bei nur ca. 10 Prozent (2004). Auch diejenigen, die sich nach ihren Angaben mit einer Partei nur schwach identifizieren, wählen am Wahltag ganz überwiegend Kandidaten eben dieser Partei. Ein weiteres Indiz dafür, daß die Parteibindung stärker geworden ist, findet sich auch in der Tatsache, daß ebenfalls seit Mitte der 1980er Jahre das *split-ticket voting* zurückgegangen ist, daß Wähler also zunehmend Kandidaten nur einer Partei ihre Stimme geben und bei verschiedenen Wahlämtern – etwa Präsident und Repräsentant – nicht mehr Kandidaten von verschiedenen Parteien wählen.

Dennoch bleibt die Frage, ob sich innerhalb der Wählerschaft eine Umstrukturierung des Parteiensystems (Partei hier gemeint als Wählerkoalition) in der Weise vollzogen hat, daß die alte Mehrheitskoalition der Demokraten (*New Deal*-Koalition), zu deren tragenden Säulen die Industriearbeiter, Schwarze, ethnische Bevölkerungsgruppen, Katholiken und Juden sowie Wähler aus den Südstaaten gehören, durch eine neue Mehrheitskoalition unter Republikanischem Etikett abgelöst wird. Folgt man den Kriterien, die Walter Burnham und Williaam Chambers entwickelt haben, dann zeichnet sich ein derartiges *realignment* aus durch

- verändertes Wahlverhalten einzelner Wählergruppen (z. B. ethnischer oder rassischer Minoritäten);
- den Zugang von Bürgern in die aktive Wählerschaft, die bis zu diesem Zeitpunkt nicht gewählt haben;
- die Aktualisierung bestimmter politischer Konflikte zugunsten einer sich neu herausbildenden Mehrheitskoalition in einer *critical election*;
- ein insgesamt verändertes Wahlverhalten der Wechselwähler und der neu aktivierten Wähler, das sich nicht nur bei einer Wahl zeigt, sondern über einen längeren Zeitraum anhält (Burnham/Chambers 1975).

Analysiert man das Wahlverhalten auf der Ebene der Wählergruppen, so lassen sich Veränderungen erkennen, die auf ein *realignment* hinweisen. Wichtigstes Indiz für ein *realignment* ist das veränderte Wahlverhalten im Süden. Dies wiederum hatte Auswirkungen auf das bundesweite Parteiensystem in der Wählerschaft. So haben insbesondere Weiße in dieser Region ihr Wahlverhalten nach dem Zweiten Weltkrieg fundamental geändert; bei Präsidentschaftswahlen sind sie aus dem Demokratischen in das Republikanische Lager gewechselt, während sie bei kommunalen und einzelstaatlichen Wahlen zwischen beiden Parteien wechselten. Diesem Wählerumschwung entsprechen die veränderten Parteiloyalitäten innerhalb dieser Wählergruppen. Der einst solide Demokratische Süden hat sich jetzt endgültig zu einem Zweiparteiensystem entwickelt. Hatten sich 1952 noch etwa 75 Prozent der Südstaatler mit den Demokraten identifiziert, so waren es im Jahr 2000 nur knapp die Hälfte. Entsprechend stieg die Identifikation mit den Republikanern von 14 auf fast 40 Prozent. Zwar existiert in Umfragen noch eine knappe Demokratische Mehrheit in den Staaten der ehemaligen Konföderation, unter weißen Wählern aber gibt es ein Patt. Es sind die konservativen christlich-fundamentalistischen Weißen, die das Fundament der Republikanischen Partei ausmachen, so wie die Schwarzen die Basis der Demokraten bilden. Neun von zehn Schwarzen wählen Demokratisch. Um eine Republikanische Mehrheit zu erreichen, mußten 60 Prozent der Weißen die Partei wählen. Das gelang – abgesehen von Präsidentenwahlen – erstmals bei den Wahlen zum Repräsentantenhaus 1994, denen eine scharfe ideologische und polarisierende Auseinandersetzung vorausgegangen war (Haas/Welz 1995: 415 ff.). Es war dann auch kein Zufall, daß 2000 bei den Präsidentenwahlen George W. Bush den Süden für sich gewann, ihn unterstützten in der Region 88 Prozent der Konservativen, 64 Prozent der Moderaten und selbst 29 Prozent der Liberalen (Black/Black 2002; Dwyre/Kolodny 2002: 167 ff.). Eine ähnliche Wählerumschichtung zugunsten der Republikaner hat sich in den *Rocky Mountains*-Staaten vollzogen, die einst neben dem Süden eine Hochburg der Demokratischen Partei bildeten. Weitere Einbrüche gelangen den Republikanern bei der Gruppe der jüngeren Wähler sowie bei den weißen ethnischen Wählergruppen. Schließlich sind in den 1980er Jahren auch weiße protestantische Fundamentalisten in den Staaten des Südens und des Mittleren Westens als Aktivwähler mobilisiert worden, die seitdem mit großer Mehrheit Republikanisch wählen.

Drei politische Dauerkonflikte, die die Politik seit den 1980er Jahren wesentlich mitbestimmten, haben wie Katalysatoren auf diese Veränderungen zugunsten der Republikaner

eingewirkt: die Kritik an der Ausdehnung des amerikanischen Sozialstaates und den damit
verbundenen angeblich zu großen finanziellen Belastungen der Mittelschichten, die Auseinandersetzungen über *social issues* (Abtreibung, Familie etc.) und die außenpolitischen De-
mütigungen der Amerikaner in Vietnam und Teheran, die den Ruf nach neuer militärischer
Stärke hervorbrachten.

Die *New Deal*-Wählerkoalition hat sich allmählich aufgelöst, wenn auch einzelne gesellschaftliche Gruppen, nämlich Schwarze, Latinos, Juden und Katholiken, Gewerkschafter und
Großstadtbewohner im Nordosten, auch heute noch überwiegend Demokraten wählen. Zugleich haben national die Demokraten unter Weißen verloren, die Republikaner gewonnen,
die Schwarzen wurden Demokratischer, die Katholiken Republikanischer, die weißen fundamentalistischen Protestanten Republikanischer. Hauptproblem der Demokratischen Partei
ist jedoch ihr Einbruch bei den Mittelschichtwählern. Die Sozialaufsteiger wählen konserva-
tiv-republikanisch, während Angehörige der oberen Mittelschicht sich häufig alternativ-
radikaldemokratisch gerieren und dadurch traditionelle *New Deal*-Wähler abstoßen. Auf der
anderen Seite hat sich eine relativ festgefügte neue Wählerkoalition unter dem Dach der
Republikaner herausgebildet. Die jetzige Situation der Parteien in der Wählerschaft kann
durchaus als *realignment* bezeichnet werden; sie geht über ein bloßes *dealignment* hinaus.
Charakteristisch für das *Post-New Deal*-Parteiensystem ist dabei, daß sich im Prinzip in allen
Regionen der USA ein kompetitives Zweiparteiensystem herausgebildet hat, in dem der Anteil der Wechselwähler im historischen Vergleich zu den 1940er und 1950er Jahren groß ist
und in dem zwischen den verschiedenen Wahlebenen (Kommune, Einzelstaat und Bund) zu
unterscheiden ist, auf denen die Wähler sich in ihrer Parteiaffiliation je unterschiedlich verhalten.

13.6   Parteien im Kongreß

Parteien spielen in den Legislativen der USA – sei es im Kongreß oder in denen der Einzelstaaten, aber auch in den Stadträten einiger Großstädte – eine gewichtige Rolle, auch wenn
sie nicht die Bedeutung von Fraktionen in Parlamenten parlamentarischer Regierungssysteme haben. So gibt es im präsidentiellen Regierungssystem der USA weder Partei- noch Fraktionsdisziplin. Während im parlamentarischen Regierungssystem die Parlamentsmehrheit
und das Kabinett durch Zugehörigkeit zur gleichen Partei(enkoalition) eine politische Akti-
onseinheit bilden, schlägt in den Vereinigten Staaten das Prinzip der Gewaltenteilung durch
und wird nicht – wie in der Bundesrepublik – durch Zugehörigkeit zur gleichen Partei politisch weitgehend aufgehoben. Selbst wenn in den USA der Chef der Exekutive, der Präsident
oder der Gouverneur, und die Mehrheit der Mitglieder in beiden Kammern der Legislative
sich zur gleichen Partei rechnen, wird politischer Konsens nur ad hoc und punktuell bei konkret anstehenden Entscheidungen durch gegenseitiges Überzeugen und oft mühseliges Verhandeln hergestellt. Die Zugehörigkeit zur gleichen Partei mildert bestenfalls den Gegensatz
zwischen Exekutive und Legislative ab; nur ständiges Bemühen um Koalitionsbildung er-
bringt Mehrheiten und nicht (wie in parlamentarischen Systemen) Fraktionsdisziplin. Allein
in Fragen der geschäftsordnungsmäßigen Konstituierung des Parlaments – Wahl des Parla-

mentspräsidenten und seiner Vertreter, der Ausschußvorsitzenden, Zuweisung der Ausschüsse an die einzelnen Abgeordneten – wird Fraktionsdisziplin praktiziert, nicht aber in inhaltlichen politischen Fragen.

In Senat und Repräsentantenhaus gibt es bei beiden Parteien Institutionen, die – oberflächlich betrachtet – den Fraktionen des Bundestags ähneln. Dies sind der *Democratic Caucus* und die *Republican Conference* im Repräsentantenhaus und die *Democratic Conference* und die *Republican Conference* im Senat. Ihnen gehören diejenigen an, die unter dem Etikett der Demokraten bzw. der Republikaner in die jeweilige Kammer gewählt worden sind. Deren politische Bedeutung und Organisation variiert jeweils zwischen den Parteien und Kammern. Zu ihren Aufgaben gehört es, die Parteiführung im Parlament zu wählen sowie über die Zuweisung von Ausschußsitzen an die einzelnen Mitglieder, über den Vorsitz in den Ausschüssen bzw. im Fall der Minderheitspartei darüber zu entscheiden, wer der Sprecher im Ausschuß (*ranking minority member*) ist. Dabei kann das Recht, Ausschußmitglieder zu ernennen oder vorzuschlagen, auch an ein Komitee des *Caucus* bzw. der *Conference* delegiert werden, in dem die Parteiführung den größten Einfluß hat (*Committee on Committees*). Bei der Ernennung von Ausschußvorsitzenden gilt grundsätzlich das Prinzip der Seniorität. Hiernach übernimmt das dem Ausschuß am längsten angehörende Mitglied der Mehrheitspartei den Vorsitz. Lediglich im *Democratic Caucus* ist dieses Verfahren nach einem Aufstand jüngerer Abgeordneter gegen konservative Kollegen aus dem Süden in den 1970er Jahren in mehreren Fällen nicht eingehalten worden. Das hatte zur Folge, daß die Ausschußvorsitzenden in beiden Häusern (und gleiches gilt für die Sprecher der Minderheitspartei, die Ausschußvorsitzenden im „Wartestand") ihre Kollegen umwerben und versuchen, sie politisch wenigstens nicht zu verprellen.

Am ehesten einer Fraktion ähnelt der *Democratic Caucus*. Er tagt recht häufig, in der Regel sogar wöchentlich; er muß einberufen werden, wenn 50 seiner Mitglieder dies schriftlich verlangen. Im *Caucus* können auch Gesetzesvorlagen oder allgemeine politische Probleme diskutiert werden, um zu versuchen, einen Parteikonsens herzustellen. Viele der Reformen des Kongresses, die in den 1970er Jahren verwirklicht wurden, und die zur Fragmentierung der Ausschüsse und zur Dezentralisierung des parlamentarischen Entscheidungsprozesses geführt haben, sind vom *Democratic Caucus* ausgegangen. Im Unterschied dazu wird die *Democratic Conference* im Senat nicht dazu benutzt, anstehende politische Fragen zu diskutieren und eine Parteiposition festzulegen. Während die *Republican Conference* bis in die 1980er Jahre nur 6–8 Mal im Jahr zusammen kam, tagt sie heute wöchentlich – ein deutliches Zeichen für die gewachsene Bedeutung der Parteien im Kongreß. Der *Caucus* bzw. die *Conference* setzen auch *Policy Committees* ein, die dann die Position der Partei in bestimmten Politikbereichen diskutieren und entsprechende Empfehlungen für die parlamentarischen Abstimmungen herausgeben. An Bedeutung haben in den letzten Jahren die *Campaign Committees* beider Parteien in beiden Kammern dadurch gewonnen, daß sie Wahlkampfspenden in Millionenhöhe, und zwar *hard money* wie vor allem *soft money* eingeworben und an Kandidaten ihrer Partei bzw. für allgemeine Wahlkampfzwecke weitergeleitet haben.

Innerhalb der beiden Parteien in den Häusern des Kongresses gibt es mehr oder minder informelle Fraktionierungen. Am bekanntesten ist die 1959 gegen konservative Südstaatler gegründete *Democratic Study Group* (*DSG*), die als „Partei in der Partei" bezeichnet wird, da

sie ein Vertrauensleutesystem aufgebaut und wissenschaftliche Mitarbeiter eingestellt hat.
Die *DSG* hat die Sozial- und Bürgerrechtsgesetzgebung unter John F. Kennedy und Lyndon B. Johnson wesentlich mitbestimmt. Als Gegenstück ist in den 1970er Jahren im Rahmen der *Republican Conference* im Repräsentantenhaus der *Republican Wednesday Club*, ein Zusammenschluß moderater und liberaler Republikaner, gegründet worden, der sich in Tagungswochen jeweils mittwochs trifft.

Jede Partei verfügt in beiden Häusern über eine hierarchisch aufgebaute Führung, an deren Spitze im Senat der Führer der Mehrheit bzw. der Minderheit steht (*majority* bzw. *minority leader*), im Repräsentantenhaus der Minderheitsführer und der Sprecher, der die Funktion des Mehrheitsführers mit der des Vorsitzenden der Kammer verbindet (und der von einem *majority leader* bei seinen Parteiaufgaben unterstützt wird). Diesen parlamentarischen Parteiführern helfen sogenannte *whips*, die die verschiedenen Regionen des Landes und unter Umständen auch verschiedene Politikbereiche vertreten. Ihre wichtigste Aufgabe ist, den Mitgliedern „ihrer Fraktion" die Position der Partei vor bestimmten Abstimmungen zu erläutern und sie dafür zu gewinnen, sich bei ihrer Stimmabgabe entsprechend zu verhalten. Im *Democratic Caucus* gibt es ein differenziert ausgebautes *whip*-System, dem ein Viertel der Abgeordneten angehört. Außer *persuasion*, also einen Kollegen zu überzeugen versuchen, stehen der Parteiführung so gut wie keine Sanktionen zur Verfügung. Auf die (Wieder)Nominierung eines Kongreßmitglieds hat sie keinen Einfluß; auch bei der Organisierung und Finanzierung ihres Wahlkampfes sind die Kandidaten im wesentlichen auf sich selbst gestellt, auch wenn die Parteien seit Anfang der 1990er Jahre ihre Kandidaten finanziell und durch Hand- und Spanndienste unterstützen und so Einfluß auf diese gewinnen. Bei der Zuteilung von Ausschußsitzen und Abgeordnetenbüros vermag die Parteiführung einen gewissen Einfluß auszuüben, der aber nicht ausreicht, die Abgeordneten bzw. Senatoren unter das Joch der Fraktionsdisziplin zu zwingen. Angesichts der zunehmenden ideologischen Polarisierung zwischen den Parteien hat sich das Abstimmungsverhalten im Repräsentantenhaus und im Senat entsprechend verändert, der *Caucus* bzw. die *Conference*, also Parteizugehörigkeit spielen eine immer größere Rolle. *Caucus* und *Conference* sind – im Vergleich zu den 1970er und 1980er Jahren – differenzierter und effizienter organisiert, die Parteiführung hat an Einfluß gewonnen, die Ausschußvorsitzenden stimmen sich mit ihren Parteikollegen intensiver ab, in parteiinternen Diskussionen einigt man sich auf gemeinsame Politiken und Abstimmungen erfolgen parteilich geschlossen. Demokraten nehmen die eindeutig liberalen, die Republikanern die erkennbar konservativen Positionen ein. Zu keiner Zeit nach der Rekonstruktionsperiode ist so kohärent nach Parteizugehörigkeit im Kongreß votiert worden wie in den 1990er Jahren und um die Jahrtausendwende. Dies gilt auch für die Abstimmungen in den Ausschüssen. Die parteiliche Geschlossenheit im Kongreß liegt seit 1995 bei 90 Prozent, d. h. ein solcher Anteil der Kongreßmitglieder stimmt für die Parteilinie (vgl. Abbildung 8-5). Im *impeachment*-Verfahren gegen Clinton folgten gar 92 Prozent der Abgeordneten ihrer Partei – fast eine Geschlossenheit wie im parlamentarischen Regierungssystem, wie einige Kommentatoren anmerkten. Die Kongreßparteien ringen um ein eigenständiges, unverwechselbares politisches Profil. Der Höhepunkt in diesem Bemühen war der von Newt Gingrich 1994 formulierte *Contract with America*. Schließlich verfügen die Parteien im Kongreß über eigene Ton- und Fernsehstudios, über Medienprofis und PR-Experten, um die jeweilige politische Botschaft national oder in bestimmte Wahlkreise zu verbreiten (Herrnson 1998: 60 ff.; Herrnson 1988; Stonecash/Brewer/Mariani 2003).

Parteizugehörigkeit ist heute der wichtigste Faktor bei der Entscheidung des einzelnen Abgeordneten, wie er bei einer Gesetzesvorlage, Personal- oder Haushaltsfrage abstimmt. Weitere Faktoren sind: die Verankerung des einzelnen Kongreßmitglieds in seinem Wahlkreis (es wird nicht gegen dessen Interessen stimmen); die ideologische Position, die ein Senator oder Repräsentant vertritt (liberale und konservative Abstimmungskoalitionen sind in beiden Häusern noch erkennbar); der Einfluß von Interessengruppen auf Abgeordnete, besonders dann, wenn sie im Wahlkreis oder bei der Wahlkampffinanzierung eine Rolle spielen; die Sympathie oder Antipathie eines Abgeordneten gegenüber dem Präsidenten, wenn dieser seine Position zu einer bestimmten Abstimmung zu erkennen gegeben hat.

13.7   Dritte Parteien

Das Zweiparteiensystem ist in den USA traditionell und institutionell (durch die Kombination von Einer-Wahlkreisen und Mehrheitswahlrecht) fest verankert. Mit Ausnahme der Ablösung der konservativen *Whigs* durch die Republikaner im Jahre 1856 sind dritte Parteien bisher nicht erfolgreich gewesen. Als Dritte Partei (*third party*) kann eine Partei bezeichnet werden, die aus einer in der Gesellschaft verankerten Protestbewegung hervorgeht, die als Organisation und als Wählerkoalition Anhänger der beiden großen Parteien sowie bislang Parteiunabhängige anzieht und bei einer bundes- oder landesweiten Wahl so viele Wähler zu gewinnen vermag, daß dadurch der Wahlausgang beeinflußt wird. Einige Autoren grenzen von Dritten Parteien noch Splitterparteien (*minor parties*) ab, nämlich solche, die doktrinär eine bestimmte Ideologie oder ein Programm oder ein eng begrenztes Ziel verfolgen und deren Teilnahme an einer Wahl für deren Ergebnis faktisch folgenlos ist. Diese Unterscheidung zwischen Dritten Parteien und Splitterparteien ist in der politischen Wirklichkeit nicht immer zu machen.

Die bekanntesten Dritten Parteien im 20. Jahrhundert entstanden mit der Präsidentschaftskandidatur prominenter Politiker, die bestimmte partikulare, häufig auch regionale Interessen repräsentierten. So z. B. die Kandidatur von Theodore Roosevelt im Jahre 1912, die die Republikaner spaltete, so daß der Demokrat Woodrow Wilson gewählt wurde; von Robert LaFollette 1924; von Henry Wallace und Strom Thurmond 1948; von George Wallace 1968, von Ross Perot 1992 und 1996 (Tabelle 13-7).

Die Präsidentschaftskandidatur von John Anderson 1980, der bewußt auf den Aufbau einer Parteiorganisation verzichtet hatte und als Einzelperson kandidierte, wird von einigen Autoren auch unter dem Phänomen „Dritte Partei" verbucht. Die Kandidatur des texanischen Millionärs Ross Perot 1992 und 1996 um das Präsidentenamt war als Protest gegen die beiden etablierten Parteien und ihre Kandidaten zu interpretieren, war wohl auch von jener Politiker- und Politikverdrossenheit getrieben, die in neopopulistisches Protestwahlverhalten mündet. Das Hauptthema beider Wahlkämpfe war die Kritik am zu hohen Haushaltsdefizit des Bundes, eine Thematik, die Republikaner wie Demokraten in ihre Wahlkampfplattform aufnahmen. 1992 erreichte Perot immerhin 18,9 Prozent der Stimmen, 1996 nur 8,4 Prozent. Nach dem großen Achtungserfolg 1992 wurde innerhalb weniger Monate eine Partei, *United We Stand America* (*UWSA*), mit fast 1,5 Millionen Beiträge zahlender Mitglieder aufgebaut. Diese trat 1996 unter dem Namen Reformpartei an, zerbrach aber sehr bald an internen Konflikten. Immerhin ist aus ihr aber ein 1998 in Minnesota gewählter Gouverneur hervorgegangen, Jesse Ventura. Die Kandidatur des national bekannten Konsumenten-Anwalts Ralph Nader für die Grünen hat im Jahr 2000 wohl Al Gore das Präsidentenamt gekostet. Mehrere Wochen vor dem Wahltag lagen die Grünen in Umfragen bei 5 bis 6 Prozent. Der Zuspruch zu ihnen schmolz aber dahin, je klarer wurde, daß das Duell zwischen George W. Bush und Gore sehr eng ausgehen würde. Nader und die Grünen erhielten dann national nur 2 Prozent. Aber in Florida hatten sie 92.000 Stimmen erhalten (von über 6 Millionen) – und Gore fehlten nur 537 Stimmen, um die Wahlmänner dieses Staates auf seine Seite zu bringen.

Tabelle 13-7: Präsidentschaftskandidaten Dritter Parteien im 20. Jahrhundert*

Jahr	Kandidat	Partei	Wählerstimmen**	Stimmen im *Electoral College*
1912	Theodore Roosevelt	Progressive	4.119.207 (27,4)	88
1924	Robert M. LaFollette	Progressive	4.822.856 (16,5)	13
1948	J. Strom Thurmond	States' Rights	1.169.021 (2,4)	39
	Henry A. Wallace	Progressive	1.157.172 (2,4)	–
1968	George C. Wallace	American Independent	9.906.473 (12,9)	46
1980	John B. Anderson	Independent National Unity	5.720.437 (6,6)	–
1992	H. Ross Perot	Independent	19.741.065 (18,9)	–
1996	H. Ross Perot	Reform	8.085.402 (8,4)	–

* Aufgelistet sind nur Kandidaten, die mehr als 5 Prozent der Wählerstimmen erhalten haben.
** In Klammern: Anteil an der Gesamtzahl der Wählerstimmen in Prozent.

Quelle: Bibby, John F., Politics, Parties and Elections in America, 5. Aufl., Belmont u. a. O. 2003, S. 57.

Zu den regional erfolgreichsten Dritten Parteien, die in den 1930er Jahren sogar Mehrheiten in den einzelstaatlichen Parlamenten und Gouverneursämter gewannen, gehörten in Minnesota die *Farmer-Labor Party*, in Wisconsin die *Progressive Party* und – weniger erfolgreich – in New York die *American Labor Party* in den 1930er und 1940er Jahren sowie die Liberale Partei und die Konservative Partei, die bis heute bestehen. Generell gilt jedoch, daß die national und regional erfolgreichen Dritten Parteien von einer der beiden großen Parteien absorbiert werden. So heißt die Demokratische Partei in Minnesota seit 1944 *Democratic-Farmer-Labor-Party*.

Zu den Splitterparteien zählen solche Gruppen, die letztlich politisch immer Sekten bleiben, aber lokal, regional oder bei Präsidentschaftswahlen Kandidaten aufstellen. Dazu gehören verschiedene kommunistische, sozialistische und faschistische Organisationen. 1988 haben z. B. insgesamt 17 Parteien in wenigstens einem Staat Präsidentschaftskandidaten aufgestellt.

Im Zwischenbereich von Dritten Parteien und Splitterparteien liegen die Sozialistische Partei, die 1912 und 1932 relativ erfolgreich war, und die *Prohibition Party*.

Dritte Parteien fungieren für die beiden großen Parteien als eine Art Frühwarnsystem: Soziale, ökonomische, politische oder moralische Probleme, die sich aufgrund rapider historischer Entwicklung zuspitzen können, führen zur Bildung von oppositionellen Gruppen und von Dritten Parteien, die als entsprechendes Signal von den etablierten Parteien interpretiert werden können. Wenn Dritte Parteien eine gewisse Durchschlagskraft gewinnen, dann saugen die Demokratische oder die Republikanische Partei deren Themen und Programme auf und integrieren selbst deren Personal. Dabei ist es aufgrund des Systems der Vorwahlen auch für politisch oppositionelle Gruppen relativ einfach, in eine der großen Parteien einzutreten. So paradox es klingen mag: Das Zweiparteiensystem ist in den Vereinigten Staaten gerade deswegen so stabil, weil die beiden großen Parteien flexibel, organisatorisch dezentralisiert und programmatisch „schwammig-aufsaugfähig" sind.

13.8   Wiederaufstieg der amerikanischen Parteien?

Seit die *American Political Science Association* im Jahr 1950 in ihrer Denkschrift „Toward a More Responsible Two-Party System" dazu aufgerufen hat, Funktionen und Bedeutung der amerikanischen Parteien zu stärken, reißt die Debatte nicht ab, ob die amerikanischen Parteien zerfielen oder sich konsolidierten. David Broder veröffentlichte 1971 sein Buch mit dem Titel „The Party's Over", Larry Sabato hielt 1988 dagegen: „The Party's Just Begun". Verwirrend an derartigen Diskussionen war und ist jedoch häufig, daß der Parteibegriff ungeklärt bleibt, daß also offengelassen wird, ob von *party organization*, von *party in government* oder von *party in the electorate* die Rede ist.

Im Anschluß an die fünfzigjährige Wiederkehr der Veröffentlichung der Denkschrift der *American Political Science Association* sind mehrere politikwissenschaftliche Sammelbände und Monographien erschienen (Cohen/Fleisher/Kantor 2001; Herrnson/Green 2002; Paulson 2000), die nach dem aktuellen Zustand der Parteien fragen, danach, ob ein „more responsible two-party system" inzwischen entstanden ist. Die Antwort ist überwiegend positiv. Folgende Entwicklungen werden genannt: Die entscheidende Umwandlung hat sich im Süden vollzogen, der keine Einparteienregion mehr ist, sich auch nicht mehr im Zustand des *dealignment* befindet, sondern ein echtes Zweiparteiensystem darstellt. Damit ist aber auch ein bundesweites, nationales Zweiparteiensystem entstanden, in dem in jeder Region die beiden großen Parteien gegeneinander konkurrieren. Zwei in ihren politischen Profilen klar unterscheidbare Parteien stehen sich bei Wahlen (*party in the electorate*), aber auch in den Legislativen (*party in government*) gegenüber, die Republikaner als konservative Partei mit Distanz zum (amerikanischen) Sozialstaat, die Demokraten als liberale Partei des aktiven, in Wirtschaft und Gesellschaft intervenierenden Bundesstaates. Die Polarisierung zwischen Republikanern und Demokraten, die Festigung des Zweiparteiensystems basiert aber wiederum auf gesellschaftlichen Umschichtungen und Veränderungen, die es insbesondere im Süden, aber insgesamt in allen Regionen der Vereinigten Staaten gegeben hat. Man könnte argumentieren, die amerikanischen Parteien seien europäischer geworden – während ironischerweise in Europa das (Klage)Lied von der Amerikanisierung der Parteien und Wahlkämpfe angestimmt wird. In der Tat erfüllen amerikanische Parteien nicht mehr nur die Funktion der Elitenauswahl (*a party is to elect*), sondern sie sind – neben Verbänden, Bürgerinitiativen, Medien und den Parlamenten – zu interessenvermittelnden, intermediären Institutionen geworden.

Allerdings: Die neu gewonnene Vitalität und Relevanz amerikanischer Parteien darf nicht überbewertet werden. Die USA sind noch lange kein Parteienstaat wie die Bundesrepublik Deutschland. Vielmehr haben wir es nach wie vor mit einem kandidatenzentrierten Wahlsystem mit Mehrheitswahl in Einzelwahlkreisen und mit einem personalisierten präsidentiellen Regierungssystem zu tun, in dem Verbände, Medien und die Verfassungsorgane als Vermittler zwischen Gesellschaft und Staat mit den Parteien mindestens gleichrangig agieren. Indes: Vom Niedergang amerikanischer Parteien kann keine Rede mehr sein. Der treffende Begriff für den Zustand amerikanischer Parteien nach der Jahrtausendwende lautet vielmehr: Wiederaufstieg.

13.9   Literatur

Aldrich, John, Why Parties? The Origin and Transformation of Political Parties in America, Chicago 1995.

Alexander, Herbert E., Financing Politics: Money, Elections, and Political Reform, 4. Aufl., Washington, D.C. 1992.

American Political Science Association, Committee on Political Parties, Toward a More Responsible Two-Party System, in: American Political Science Review, Vol. 44, Supplement (1950), S. 1-99.

Andersen, Kristi, The Creation of a Democratic Majority, 1928-1936, Chicago 1979.

Bibby, John F., In Defense of the Two-Party System, in: **Herrnson**, Paul S./**Green**, John C. (Hrsg.), Multiparty Politics in America: Prospects and Performance, Lanham 2002, S. 45-58.

Bibby, John F., Politics, Parties, and Elections in America, 5. Aufl., Belmont u. a. O. 2003.

Black, Earl/**Black**, Merle, The Rise of the Southern Republicans, Cambridge 2002.

Bowman, Lewis/**Clark**, John A./**Steed**, Robert P., Summing Up: Organization and Activism at the Grassroots Level in the 1990s, in: **Steed**, Robert P./**Clark**, John A./**Bowman**, Lewis/**Hadley**, Charles D. (Hrsg.), Party Organization and Activism in the American South, Tuscaloosa 1998, S. 218-227.

Broder, David S., The Party's Over: The Failure of Politics in America, New York 1971.

Burnham, Walter D., Critical Elections and the Mainsprings of American Politics, New York 1970.

Burnham, Walter D./**Chambers**, William N., The American Party Systems. Stages of Political Development, New York 1975.

Cavanagh, Thomas E./**Sundquist**, James L., The New Two-Party System, in: **Chubb**, John E./**Peterson**, Paul E. (Hrsg.), The New Direction in American Politics, Washington, D.C. 1985, S. 112-127.

Cohen, Jeffrey A./**Fleisher**, Richard/**Kantor**, Paul (Hrsg.), American Political Parties: Decline or Resurgence?, Washington, D.C. 2001.

Council of State Governments, The Book of the States 2005, Vol. 37, Lexington 2005.

Crotty, William J. (Hrsg.), The Party Symbol, San Francisco 1980.

Crotty, William J., The Party Game, New York 1985.

Crotty, William J./**Jacobson**, Gary, American Parties in Decline, Boston 1980.

Crotty, William J./**Jackson**, John S., Presidential Primaries and Nominations, Washington, D.C. 1985.

Davis, James W., National Conventions in an Age of Party Reform, Westport/London 1983.

Dwyre, Diana/**Kolodny**, Robin, Barriers to Minor-Party Success and Prospects for Change, in: **Herrnson**, Paul S./**Green**, John C. (Hrsg.), Multiparty Politics in America: Prospects and Performance, Lanham 2002, S. 161-173.

Eldersveld, Samuel J./**Walton**, Hanes, Political Parties in American Society, 2. Aufl., Boston 2000.

Epstein, Leon, Political Parties in the American Mold, Madison 1986.

Farrar-Myers, Victoria A./**Dwyre**, Diana, Parties and Campaign Finance, in: **Cohen**, Jeffrey A./**Fleisher**, Richard/**Kantor**, Paul (Hrsg.), American Political Parties: Decline or Resurgence?, Washington, D.C. 2001, S. 138-161.

Franz, Michael/**Goldstein**, Kenneth, Following the (Soft) Money: Party Advertisements in American Elections, in: **Maisel**, L. Sandy (Hrsg.), The Parties Respond: Changes in the American Parties and Campaigns, 4. Aufl., Boulder 2002, S. 139-162.

Gienapp, William, The Origins of the Republican Party, 1852-1856, New York 1987.

Goldman, Ralph M., Dilemma and Destiny. The Democratic Party in America, Lanham 1986.

Goldman, Ralph M., The National Party Chairmen and Committees: Factionalism at the Top, Armonk 1990.

Haas, Christoph/**Welz**, Wolfgang, Konservative Wende oder Protestwahl? Zum Ausgang der Kongreßwahlen 1994, in: Zeitschrift für Politik, Jg. 42, 4(1995), S. 408-429.

Herrnson, Paul S., Party Campaigning in the 1980s, Cambridge 1988.

Herrnson, Paul S., National Party Organizations at the Century's End, in: **Maisel**, L. Sandy (Hrsg.), The Parties Respond: Changes in the American Parties and Campaigns, 3. Aufl., Boulder 1998, S. 50-82.

Herrnson, Paul S./**Green**, John C. (Hrsg.), Multiparty Politics in America: prospects and performance, Lanham 2002.

Hetherington, Marc J./**Keefe**, William J., Parties, Politics, and Public Policy, 10. Aufl, Washington, D.C. 2006.

Kayden, Xandra/**Mahe**, Jr., Eddie, The Party Goes On. The Persistence of the Two-Party-System in the United States, New York 1985.

Keefe, William J., Parties, Politics, and Public Policy in America, 7. Aufl., Washington 1994.

Kessel, John H., Presidential Parties, Hornewood 1984.

Klumpjan, Helmut, Die amerikanischen Parteien. Von ihren Anfängen bis zur Gegenwart, Opladen 1998.

Kruschke, Earl R., Encyclopedia of Third Parties in the United States, Santa Barbara 1991.

Ladd, Everett C./**Hadley**, Charles D., Transformation of the American Party System. Political Coalitions from the New Deal to the 1970s, New York 1978.

Ladd, Everett C., Where Have All the Voters Gone? The Fracturing of America's Political Parties, New York 1978.

La Raja, Ray, Political Parties in the Era of Soft Money, in: **Maisel**, L. Sandy (Hrsg.), The Parties Respond: Changes in the American Parties and Campaigns, 4. Aufl., Boulder 2002, S. 163-188.

LeBlanc, Hugh L., American Political Parties, New York 1982.

Lösche, Peter, Zerfall und Wiederaufbau. Die amerikanischen Parteien in den achtziger Jahren, in: **Wasser**, Hartmut (Hrsg.), Die Ära Reagan. Eine erste Bilanz, Stuttgart 1988, S. 185-205.

Lösche, Peter, Amerika in Perspektive. Politik und Gesellschaft der Vereinigten Staaten, Darmstadt 1989.

Lösche, Peter, Probleme der Partei- und Wahlkampffinanzierung in Deutschland und den Vereinigten Staaten, in: Jahrbuch für Politik, Jg. 2, (1992), S. 65-87.

Lunch, William M., The Nationalization of American Politics, Berkeley/Los Angeles 1987.

Maisel, L. Sandy (Hrsg.), The Parties Respond: Changes in the American Parties and Campaigns, 4. Aufl., Boulder 2002.

McSweeney, Dean, Is the Party over? Decline and Revival in the American Party System, in: **Williams**, Robert (Hrsg.), Explaining American Politics. Issues and Interpretations, London/New York 1991, S. 144-166.

Mayhew, David R., Placing Parties in American Politics. Organization, Electoral Settings, and Government Activity in the Twentieth Century, Princeton 1986.

Miller, Warren E./**Jennings**, M. Kent, Parties in Transition. A Longitudinal Study of Party Elites and Party Supporters, New York 1986.

Monroe, J. P., The Political Party Matrix: the Persistence of Organization, Albany 2001.

Ornstein, Norman/**Mann**, Thomas/**Malbin**, Michael, Vital Statistics on Congress, 2001-2002, Washington, D.C. 2002.

Paulson, Arthur, Realignment and Party Revival: Understanding American Electoral Politics at the Turn of the Twenty-First Century, Westport 2000.

Petrocik, John R., Party Coalition. Realignment and the Decline of the New Deal Party System, Chicago/London 1981.

Polsby, Nelson W., Consequences of Party Reform, New York 1983.

Pomper, Gerald M. (Hrsg.), Party Renewal in America. Theory and Practice, New York 1980.

Price, David E., Bringing Back the Parties, Washington, D.C. 1984.

Reden, Armgard v., Funktionen und Organisation der amerikanischen Parteien in den 80er Jahren. Eine empirische Untersuchung zur Rekrutierung, Nominierung und zum Wahlkampf von Kongreßkandidaten, Frankfurt/New York 1988.

Rosenstone, Steven J./**Behr**, Roy L./**Lazarus**, Edward H., Third Parties in America. Citizen Response to Major Party Failure, 2. Aufl., Princeton 1996.

Sabato, Larry J., The Party's Just Begun. Political Parties for America's Future, Glenview 1988.

Salmore, Barbara G./**Salmore**, Stephen A., Candidates, Parties, and Campaigns, Washington, D.C. 1990.

Shafer, Byron E., Bifurcated Politics: Evolution and Reform in the National Party Convention, Cambridge 1988.

Smith, Steven S./**Gamm**, Gerald, The Dynamics of Party Government in Congress, in: **Dodd**, Lawrence C./**Oppenheimer**, Bruce I. (Hrsg.), Congress Reconsidered, 7. Aufl., Washington, D.C. 2001, S. 245-268.

Stanley, Harold W./**Niemi**, Richard G., Vital Statistics on American Politics, 2005-2006, Washington, D.C. 2006.

Steed, Robert P./**Hadley,** Charles D./**Clark,** John A./**Bowman,** Lewis (Hrsg.), Party Organization and Activism in the American South, Tuscaloosa 1998.

Stonecash, Jeffrey M./**Brewer,** Mark D./**Mariani,** Mack D., Diverging Parties: Social Change, Realignment, and Party Polarization, Boulder 2003.

Sundquist, James L., Dynamics of the Party System: Alignment and Realignment of Political Parties in the U.S., Washington, D.C. 1983.

Sundquist, James L., Strengthening the National Parties, in: **Reichley,** James A. (Hrsg.), Elections American Style, Washington, D.C. 1987, S. 195-221.

Wattenberg, Martin P., The Decline of American Political Parties 1952-1996, Cambridge 1998.

Welz, Wolfgang, Das amerikanische Parteiensystem im Wandel, in: Aus Politik und Zeitgeschichte, B 36-37(1986), S. 1-43.

13.10   Websites

Bundesebene

Demokratische Partei   http://www.democrats.org

Republikanische Partei   http://www.rnc.org

Parteien im Kongreß

Democratic Caucus (Repräsentantenhaus)   http://dems.house.gov

Republican Conference (Repräsentantenhaus)   http://www.gop.gov/defaulthb.asp

Democratic Conference (Senat)   http://democrats.senate.gov

Republican Conference (Senat)   http://src.senate.gov/public

Policy-Committees   http://democrats.house.gov

http://policy.house.gov

http://democrats.senate.gov

http://rpc.senate.gov

Stand: 31.07.2006

Hartmut Wasser

14 Die Interessengruppen

14.1 Die Akzeptanz des Pluralismus

„Amerika ist das Land, in dem man aus dem Verein (*association*) am meisten Nutzen gezogen hat, und wo man dieses wirksame Mittel des Handelns auf viel mehr Gegenstände anwendet als anderswo", vermerkte Alexis de Tocqueville vor mehr als 150 Jahren in seiner berühmten Analyse der amerikanischen Demokratie (Tocqueville 1984: 216). Allein schon die Vielfalt der amerikanischen Verbändelandschaft, die heute etwa, je nach Definition von „Verbands"-Kriterien, (geschätzte) 25.000 bis 27.000 Organisationen umfaßt, bestätigt das Diktum des Franzosen, nach dessen Ansicht der pluralistische Charakter des öffentlichen Lebens ein spezifisches Merkmal des amerikanischen Gemeinwesens bildete.

In der Tat haben spezifische politisch-kulturelle Einstellungsmuster in der transatlantischen Sozietät die Entstehung eines organisierten Pluralismus gefördert, wenngleich sich seit den Tagen der Gründerväter auch antipluralistische Traditionen wie ein roter Faden durch die amerikanische Geschichte ziehen. Aber in den USA wurden – anders als etwa in der politischen Philosophie des deutschen Idealismus – Staat und Gesellschaft nicht als wesensmäßig getrennte Sphären angesehen und *government* nicht als übergesellschaftliche Größe eigenen Rechts definiert. Vielmehr dominierte hier der instrumentelle Charakter der Staatsgewalt zusammen mit jenem „natürlichen Liberalismus", der die Gefahr gouvernementalen Machtmißbrauchs auch durch Einbeziehung der Bürger in die Verantwortung für die Gestaltung des öffentlichen Lebens bannen will.

In den Vereinigten Staaten ist daher die freiheitssichernde Funktion der Interessengruppen immer besonders betont worden. Sozialer Pluralismus konnte nach Meinung der Verfassungsväter sogar eine positive Rolle bei der Begründung von, gewollt oder ungewollt gemeinwohlorientierter, Freiheitlichkeit in einem Großflächenstaat spielen. Denn je größer die Vielzahl der Parteien und Interessengruppen, desto geringer war für sie die Gefahr, „daß sich innerhalb der Gesamtheit eine Majorität durch ein gemeinsames Motiv angetrieben fühlen wird, die Rechte der übrigen Bürger zu verletzen" (Hamilton/Madison/Jay 1958: 78). Was James Madison im 10. Artikel der *Federalist Papers*, „dem Hohen Lied der Trias von Föderalismus, Pluralismus und Polykratie" (Fraenkel 1991b: 169 f.) propagierte, hat die ideologische Akzeptanz des Pluralismus in den USA begründet. Daß Gruppenbildung zur Artikulation partikularer Ziele und die Inanspruchnahme der konstitutionell verankerten Rede- und

Meinungsfreiheit als legitime Formen der gesellschaftlichen Einflußnahme auf staatliche Entscheidungen zu gelten hätten, gehörte somit von Anfang an zum Dogmenbestand des „Amerikanismus".

In den amerikanischen Sozialwissenschaften spannt sich das Band der wissenschaftlichen Analyse des organisierten Gruppeneinflusses von Arthur Bentleys *The Process of Government* (1908) über David Trumans einflußreiches Werk *The Governmental Process* (1951) bis hin zu den Publikationen von Mancur Olson *The Logic of Collective Action: Public Goods and the Theory of Groups* (1965), William A. Kelso *American Democratic Theory: Pluralism and its Critics* (1978) und Gerald Marwell/Pamela Oliver *The Critical Mass in Collective Action: A Micro-Social Theory* (1993). Diese Autoren haben nicht nur die Nomenklatur der Verbandsforschung geprägt, sondern auch wichtige Impulse für die demokratietheoretischen Diskussionen in der Bundesrepublik Deutschland vermittelt. Daß eine demokratisch-pluralistische Gesellschaft allen Gruppen Chancengleichheit beim Versuch der Einflußnahme auf die Herrschaftsinstitutionen gewährleiste, und daß sich im Mit- und Gegeneinander rivalisierender Partikularismen gar ein Gleichgewicht der Interessen herauskristallisiere, wenn die politische Arena „offen" und die Freiheit der Organisation gesichert sei, hat nämlich als (empirisch aber kaum überprüftes) Axiom auch in westdeutsche Demokratievorstellungen der frühen Nachkriegszeit Eingang gefunden. Und die hierzulande seit Ende der 1960er Jahre über einen längeren Zeitraum hinweg geführte Auseinandersetzung um „formale" bzw. „materielle" Demokratiebegriffe ist auch durch Olsons Theorie der unentrinnbaren Asymmetrie des Pluralismus entfacht worden, der zufolge sich nicht alle Gruppen in gleicher Weise organisieren können – eine Annahme übrigens, die inzwischen von neueren Forschungsergebnissen zumindest stark relativiert worden ist. So haben etwa die Entstehung und Erfolge sogenannter *public interest groups* oder bürgerinitiativartiger Gruppierungen seit den 1970er und 1980er Jahren die Vermutung gestützt, daß die Motivationen für Bildung und Tätigkeit einer „Assoziation" in einem breiteren Spektrum als der ökonomischen „Logik des kollektiven Handelns" (Olson) angesiedelt sind, und daß unter gewissen Voraussetzungen auch diffuse Gruppen (oder die „schweigenden Leider" Olsonscher Prägung) zur Organisation ihrer Interessenvertretung fähig sind. Im übrigen ist auch der in den USA lange Zeit dominierende Pluralismusbegriff, der sich auf die Annahme des Gleichgewichts und der Selbstregulierungsfähigkeiten der organisierten Interessen gründete, in der wissenschaftlichen Theorie korrigiert worden: So wie in der Bundesrepublik der „Neopluralist" Ernst Fraenkel dem Staat regulierende Funktionen zugeschrieben hat, damit aus dem (ungleichgewichtigen) Einflußgerangel kompetitiver Interessen ein „Parallelogramm der Kräfte" entstehen kann (Fraenkel 1991a: 34), ist der amerikanische Politikwissenschaftler William A. Kelso von der in den USA gängigen Vorstellung des Staates als einem neutralen Schiedsrichter abgewichen. Nach seiner Auffassung kommt der Exekutive die Aufgabe zu, durch die Artikulation latenter Interessen und – gegebenenfalls durch ihre Organisation als *countervailing power* – einen *public pluralism* zu gewährleisten, der möglichst vielen Gruppen der Gesellschaft die gleichen Chancen pluraler Interessenvertretung garantiere (Kelso 1978: 25). Daß seit Franklin D. Roosevelts Präsidentschaft fast alle Administrationen eine solche „Ausgleichsfunktion" mehr oder minder intensiv wahrgenommen haben, mag schon die rapide Vermehrung der „Assoziationen" in den vergangenen Jahrzehnten belegen (Salisbury 1990: 204 f.).

14.2   Die Grundzüge der historischen Entwicklung

Interessenorganisationen sind in den USA unter anderen historischen und herrschaftsstruktu-rellen Voraussetzungen als in den europäischen Staaten entstanden. Während sich in (Konti-nental-)Europa schon im frühen 19. Jahrhundert aus staatlich regulierten Gilden und Zünften und seit den Tagen des Merkantilismus auch aus den mit Wirtschaftsregulierung befaßten Bürokratien nationale, häufig hierarchisch gegliederte Interessenverbände formierten, war die Herausbildung der amerikanischen Interessengruppen bis in die Anfänge des 20. Jahr-hunderts hinein durch dezentrale Strukturen, ethnische und/oder regionale Fragmentierungen gekennzeichnet – ist die pluralistische Grundstruktur und der heterogene Charakter des transatlantischen Verbändesystems *cum grano salis* bis in die unmittelbare Gegenwart hinein erhalten geblieben. Zwar verzerrt das oft verwendete Bild vom bloßen „Nachtwächterstaat" die politisch-sozialen Realitäten in der Frühphase der USA (Wasser 1982: 300 ff.). Aber die schwachen und infolge des Patronagesystems instabilen Bürokratien verhinderten die umfas-sende Anwendung durchaus vorhandener staatlicher Regulierungs- und Kontrollrechte oder die direkte staatliche Mitwirkung bei der Gestaltung des Industrialisierungsprozesses. Es gab somit keine Anreize für die Bildung auf Dauer gestellter, durchorganisierter wirtschaftlicher „Assoziationen". Im Zeichen weitgehender Gewerbefreiheit, kapitalistischer Wettbewerbs-gesinnung und eines schwächlich agierenden Interventionsstaates genügten Ad-hoc-Vereinigungen, flüchtige Koalitionen benachbarter Interessen oder individuelle Intervention zur Durchsetzung spezifischer Anliegen, zumal die Parteien des 19. Jahrhunderts mit gerade-zu seismographischer Empfindlichkeit auf die in ihrer Wählerschaft vorherrschenden Interes-senlagen reagierten. Die Unternehmensverbände entstanden daher erst im Kontext eines aktiveren Interventions- und Sozialstaats, wie er sich im Ersten Weltkrieg im Rahmen der Kriegsverwaltungswirtschaft und später im Gefolge des Rooseveltschen *New Deal* und der Johnsonschen *Great Society*-Programme durchgesetzt hat.

Ebenso wie die Korporationen haben sich auch die Gewerkschaften mit Ausnahme der 1886 gegründeten *American Federation of Labor* (*AFL*) relativ spät, eigentlich erst in der Roose-velt-Ära organisatorisch konsolidiert. Im Unterschied zu den Gewerkschaften in Europa haben sie auch liberalistische Positionen vertreten (etwa gegen Ansätze staatlicher Sozialge-setzgebung opponiert) und bis zum heutigen Tage ihre dezentrale Organisationsstruktur be-wahrt (Lösche 2004: 379-389).

Der enge Zusammenhang zwischen der wachsenden Bedeutung zentralstaatlicher Interventi-onspolitik und der zunehmenden Zahl der Lobbyisten und Assoziationen in Washington läßt sich schon rein quantitativ belegen. So sind derzeit offiziell 15.000 Lobbyisten (nach inoffi-ziellen Schätzungen sollen ca. 91.000 Personen einer Lobbytätigkeit nachgehen) (Thurber 2002) und mehr als 20.000 Assoziationen registriert. Zu den traditionellen Interessengruppen sind im Gefolge der Bürgerrechts- und Antivietnambewegung Umwelt- und Verbraucher-schutzbewegungen (*public interest groups*) getreten; die Entwicklung zur Wissensgesell-schaft schlägt sich in der Explosion von Kultur- und Wissenschaftsverbänden, die der orga-nisierten Freizeitgesellschaft in der inflationären Entwicklung von Sport- und Freizeitverei-nigungen nieder. Die einzelnen Verbände unterscheiden sich im Hinblick auf ihre Mitglie-

derzahl, Organisationsstruktur und Finanzkraft, wobei ihre Einflußchancen je nach Affinität
zu den Strukturbedingungen einer kapitalistischen Gesellschaft differieren (Berry 1997).

14.3   Zur Typologie der amerikanischen Verbände

Um in der Vielfalt der pluralistischen Erscheinungsformen einen Überblick zu behalten,
empfiehlt sich die Unterscheidung spezifischer Verbandstypen. Zu den traditionellen Gruppen mit primär ökonomischer Orientierung gehören (1) die Wirtschafts- bzw. Unternehmensverbände, (2) die Gewerkschaften, (3) die Agrarorganisationen und (4) die Standes- und
Berufsverbände. Hinzu kommen Organisationen zumeist jüngeren Ursprungs, die laut ihrem
eigenen Anspruch kein ökonomisches Eigeninteresse, sondern allgemeine öffentliche Interessen vertreten. Bei diesen Gruppen kann man zwischen (5) *public interest groups*, (6) *single
interest groups*, (7) ideellen Gruppen und (8) den Interessenvertretungen der öffentlichen
Gebietskörperschaften unterscheiden.

(1) Während in der Bundesrepublik die Interessen der Wirtschaft vor allem durch die auf
nationaler Ebene agierenden Großverbände wie etwa den Bundesverband der Deutschen
Industrie (BDI) oder den Bundesverband der Arbeitgeber (BDA) vertreten werden, verfolgen
in den USA die *business groups* ihre spezifischen Anliegen in vergleichsweise differenzierter
Form. Zum einen suchen die Unternehmen ihre Interessen über Spitzenverbände im bundespolitischen Prozeß durchzusetzen. So etwa durch die 1885 gegründete *National Association
of Manufacturers*, die heute etwa 14.000 kleinere und mittlere Unternehmen des produzierenden Gewerbes umfaßt (Lösche 2004: 357), oder durch die *U.S. Chamber of Commerce*,
die als Dachorganisation 2.800 lokale und regionale *Chambers of Commerce*, 830 Unternehmensverbände und derzeit ca. 3.000.000 Einzelunternehmen (U.S. Chamber of Commerce 2005; Lösche 2004: 357) der verschiedensten Größenordnung in der Bundeshauptstadt
repräsentiert und für ihre Mitglieder als Beratungs- und Dienstleistungsorgan in betriebswirt-
schaftlichen, exportpolitischen und lobbyistischen Fragen tätig wird. Ebenfalls zu den Spit-
zenverbänden der Wirtschaft gehören die *National Federation of Independent Business* und
die *National Small Business Association*, die beide die Interessen mittlerer und kleinerer
Gewerbebetriebe auf Bundesebene repräsentieren. Zum anderen sind vor allem die Großunternehmen in Washington durch eigene Büros oder Anwaltskanzleien vertreten. Dies schließt
nicht aus, daß sie sich auch den Unternehmerverbänden anschließen oder in Wirtschaftsclubs
wie dem *Business Roundtable*, der *Carlton Group* oder dem *Business Public Affairs Council*
zusammenfinden, um Informationen auszutauschen oder um ihre Lobbyaktivitäten zu koordinieren. Diese gemeinsamen Aktivitäten dürfen allerdings nicht darüber hinwegtäuschen,
daß die amerikanische Wirtschaft kein monolithischer Block ist, der die Wirtschaftspolitik
des Landes mit eindeutigen Zielvorgaben bestimmt. Am ehesten dürften die mehr als 7.000
Branchenzusammenschlüsse (Lösche 2004: 356) von Unternehmen (*trade associations*) in
der Lage sein, ihre Interessen gemeinsam nach außen zu vertreten, auch wenn sie wie etwa
die *American Bankers Association* relativ spezialisiert sind und auf regionaler und lokaler
Ebene als rechtlich selbständige Verbände agieren (Galambos/Pratt 1988).

(2) Ebenso wie die Arbeitgeberverbände weisen auch die Gewerkschaften dezentral-fragmentierte Strukturen auf. Die betrieblichen Gewerkschaftsorganisationen (*locals*) gelten manchen Autoren als das eigentliche *heart of American unionism*; ca. 65.000 *locals* schließen im Auftrag ihrer Mitglieder entweder eigenständige Tarifverträge mit einzelnen Unternehmen ab (derzeit gelten in den USA über 100.000 Tarifverträge bei insgesamt ca. 19 Millionen gewerkschaftlich organisierten Arbeitnehmern!), setzen regionale bzw. überregionale Tarifverträge auf die jeweiligen betrieblichen Verhältnisse um und nehmen überdies jene Funktionen im innerbetrieblichen Konfliktmanagement wahr, die in der Bundesrepublik von Betriebsräten ausgeübt werden. Einige amerikanische Gewerkschaften existieren sogar ausschließlich als betriebliche Organisationen und sind als *Independent Unions* keinem Dachverband angeschlossen. Anders als in Deutschland hat nicht der Konflikt um ideologische Richtungsfragen (den es in den USA in abgeschwächter Form durchaus gegeben hat) Spaltungen in der organisierten Arbeitnehmerschaft hervorgerufen. Vielmehr fragmentierte der Streit um die Organisationsform die Gewerkschaftsfront, die bis zum heutigen Tage in Industriegewerkschaften (z. B. die *United Auto Workers*), Facharbeitergewerkschaften (etwa die *United Brotherhood of Carpenters and Joiners*) und Allgemeine Gewerkschaften, unabhängig von Industriezweig und Beruf (z. B. *International Brotherhood of Teamsters*), aufgesplittert ist. Dem nationalen Dachverband *American Federation of Labor and Congress of Industrial Organizations (AFL-CIO)*, der 2005 53 Einzelgewerkschaften und etwa neun Millionen Gewerkschaftsmitglieder (<www.aflcio.org/aboutus/thisistheaflcio/> 31.07.2006) zum größten Gewerkschaftsbund der USA zusammenschließt, kommt aufgrund seiner extrem dezentralen Struktur und des anhaltenden Mißtrauens der amerikanischen Öffentlichkeit gegenüber *big labor* kein seiner Größe entsprechendes politisches Gewicht (mehr) zu (Goldfield 1987). Für die seit drei Jahrzehnten andauernde Krise des amerikanischen Gewerkschaftswesens, die sich nicht zuletzt im ständig abnehmenden gewerkschaftlichen Organisationsgrad der Arbeitnehmer (Abbildung 14-1) in der privaten Wirtschaft manifestiert, lassen sich unterschiedliche Gründe anführen: Zum einen haben sich die Gewerkschaften ganz offensichtlich nicht rechtzeitig auf den verschärften Wettbewerb in der amerikanischen Wirtschaft eingestellt und sich durch die hohen Lohnunterschiede zwischen organisierten und nicht-organisierten Arbeitnehmern selbst Konkurrenz in der Arbeiterschaft geschaffen. Zum anderen haben die Wahlergebnisse in der konservativen Ära von Ronald Reagan die Vermutungen bestätigt, daß die politischen Präferenzen der amerikanischen Arbeiter – anders als noch in den Tagen des *New Deal* – inzwischen zu heterogen sind, als daß sie eine gemeinsame Interessenvertretung zulassen würden. Ein Indiz hierfür ist die zunehmende Zahl der Firmen, in denen die Gewerkschaften überhaupt nicht vertreten sind oder in denen sie im Rahmen des *concession bargaining* tarifvertragliche Vereinbarungen zu ihren Ungunsten akzeptieren mußten. Hinzu kommt, daß sie in den wirtschaftlich expandierenden Regionen der USA, dem Süden und Südwesten, angesichts der dort besonders ausgeprägten Dominanz einer gewerkschaftsfeindlichen Ideologie nur sporadisch Fuß fassen konnten (Erd 2000). Auch wirkt sich der steigende Anteil von Frauen und Teilzeitbeschäftigten an der Zahl der Beschäftigten negativ auf den gewerkschaftlichen Organisationsgrad aus.

Abbildung 14-1: Entwicklung des gewerkschaftlichen Organisationsgrades der Arbeiterschaft im privaten und öffentlichen Sektor 1974-2004 (ausgewählte Jahre)

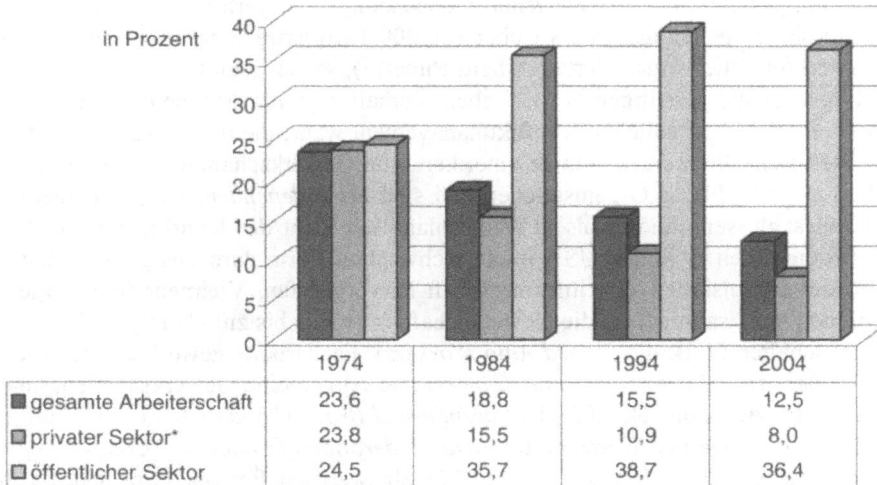

in Prozent

	1974	1984	1994	2004
■ gesamte Arbeiterschaft	23,6	18,8	15,5	12,5
▣ privater Sektor*	23,8	15,5	10,9	8,0
▢ öffentlicher Sektor	24,5	35,7	38,7	36,4

*ohne Landwirtschaft

Quelle: Hirsch, Barry T. /Macpherson, David A., Union Membership and Coverage Database from the Current Population Survey. U.S. Historical Tables, <http://www.unionstats.com> (31.07.2006).

(3) Die Verbände der Landwirtschaft gehörten in der Vergangenheit zu den einflußreichsten Interessengruppen. Organisierte Vorläufer der „Grünen Front" wurzeln im 19. Jahrhundert, als sich der Protest der Landwirtschaft gegen die fortschreitende Industrialisierung und Urbanisierung sowie eine den Goldstandard anpeilende Währungspolitik formierte. Allerdings hat der politische Einfluß dieser Gruppen aufgrund des stetigen Rückgangs der in der Landwirtschaft Beschäftigten von ursprünglich 85 Prozent auf heute weniger als fünf Prozent der erwerbstätigen Bevölkerung deutlich nachgelassen. Neben einer Vielzahl von kleineren Verbänden, die ausschließlich die Belange spezialisierter agrarischer Produktionszweige repräsentieren, vertreten drei große Organisationen die landwirtschaftlichen Interessen in der Bundeshauptstadt. Die zahlenmäßig stärkste ist die *American Farm Bureau Federation* (*AFBF*) mit knapp über einer Million Mitgliedern. Politisch konservativ orientiert, was das Bekenntnis zu marktwirtschaftlichem Wettbewerb einschließt, setzt sich die *AFBF* für die Interessen von Großagrariern, Baumwollproduzenten des Südens und Maisfarmern des Mittleren Westens ein. Mit knapp 300.000 Mitgliedern folgt die *National Grange*, die ihre Anhänger in den Neuengland- und Atlantikstaaten hat und die ebenso wie die größere *AFBF* im Regelfall die Republikaner unterstützt. Dagegen steht die *National Farmers Union* (*NFU*), deren 300.000 Mitglieder im Getreideanbau des Westens ihr Auskommen suchen, den Demokraten näher. Agrarreformerischen und sozialpolitischen Ideen aufgeschlossen setzt sich

die *NFU* primär für den Fortbestand staatlicher Subventionen zugunsten ihrer Mitglieder ein (Browne 1988).

(4) Als politisch ebenso einfluß- wie erfolgreich haben sich seit Jahrzehnten die Standes- und Berufsverbände erwiesen, die die Interessen spezifischer Berufsgruppen (Ärzte, Anwälte, Lehrer, Makler etc.) vertreten. Zu diesen *professional associations* gehören etwa die *American Bar Association* (*ABA*) oder die *American Medical Association* (*AMA*), denen neben der Repräsentation ihrer standespolitischen Interessen auch die Organisation der Ausbildung und Berufszulassung in ihrem jeweiligen Berufsfeld obliegt. Beide Interessengruppen nutzen das hohe Sozialprestige ihrer Mitglieder und ihre bundesweite Organisationsstruktur (über die zumeist auch die anderen berufsspezifischen Verbände wie z. B. die *National Association of Realtors* verfügen), um massiven Einfluß auf staatliche Ämterbesetzungen und gesetzgeberische Initiativen zu nehmen. So lassen sich z. B. gesundheitspolitische Reformprojekte in der Regel nicht ohne die Zustimmung der *AMA* realisieren. An ihrem Widerstand ist bislang jeder Anlauf gescheitert, eine allgemeine staatliche Krankenversicherung zu etablieren (Lösche 2004: 362).

(5) Neben die traditionellen Verbände mit ihren primär wirtschafts- oder berufspolitisch bestimmten Interessen sind seit den 1960er Jahren verstärkt *public interest groups* getreten, „die sonst als latent bezeichnete Interessen vertreten und sich dadurch von der Vertretung partikularer, in der Regel ökonomischer Interessen unterscheiden" (Brinkmann 1984b: 37). Von ihren Vorläufern, etwa der *Anti-Slavery Society* (gegründet 1833), der *American Civil Liberties Union* (gegründet 1920) oder dem *Sierra Club* (1892 als Naturschutzbund gegründet, inzwischen aber zum allgemeinen Umweltschutzverband transformiert), unterscheiden sich die modernen „Gemeinwohlgruppen" durch ihre erheblich größeren Einflußchancen im politischen Entscheidungsprozeß, die aus einer vergrößerten (und durch Partizipation in der Bürgerrechts- und Antivietnambewegung politisch geschulten) Mitgliederschaft, umfangreichen Finanzmitteln und stark verbesserten Techniken der politischen Druckausübung resultieren. So hat etwa *Common Cause* (1970 gegründet) mit ihren knapp 300.000 Mitgliedern (2005) auf bundes- und einzelstaatlicher Ebene Reformen im Bereich der Wahlkampffinanzierung und der öffentlichen Verwaltung durchsetzen können (McFarland 1984). Und Umweltschutzorganisationen wie der *Sierra Club* oder die *Environmental Action* haben seit den 1970er Jahren von der Verabschiedung des *Clean Air Act* (1970) bis hin zum Erlaß von verschärften Sicherheitsbestimmungen beim Betrieb von AKWs bemerkenswerte Erfolge errungen. Nicht minder erfolgreich waren Ralph Naders *Public Citizen*-Organisationen, die gemeinsam mit anderen Gruppen wie der *Consumer Federation of America* gegen den Widerstand traditioneller Wirtschaftsverbände den Verbraucherschutzinteressen Geltung zu verschaffen vermochten. Alle diese Gruppen lassen ebenso wie Tausende von Nachbarschaftsorganisationen und Bürgerinitiativen erkennen, daß im politischen System der USA auch Gemeinwohlbelange und Interessen unterprivilegierter Schichten mit Aussicht auf Erfolg organisiert und durchgesetzt werden können.

(6) Im Unterschied zu den „Gemeinwohlgruppen" vertreten die zahlreichen *single interest groups* ein spezifisches politisches Anliegen (*issue*) oder die Interessen einer einzelnen gesellschaftlichen Gruppe, wobei diesen *single interests* durchaus gesamtgesellschaftliche Bedeutung zukommen kann (Schlozman/Tierney 1986: 45). Zu den *issue*-Organisationen gehö-

ren Gruppen wie die für die Abschaffung der Todesstrafe eintretende *American League to Abolish Capital Punishment*, die *Anti-Saloon League* mit ihrer langen Tradition im Kampf gegen den Alkoholismus, oder die *National Rifle Association*, die ausschließlich für das verfassungsmäßige Recht jedes US-Bürgers eintritt, Waffen tragen zu dürfen. Interessengruppen wie die *National Association for the Advancement ot Coloured People* (*NAACP*) oder die *National Organization of Women* (*NOW*) konzentrieren sich dagegen weniger auf die Durchsetzung einzelner *issues* als vielmehr darauf, die politischen und sozialen Rechte ihrer Mitglieder oder – so z. B. die *National Association of Arab Americans* – die außenpolitischen Interessen einzelner ethnischer Gruppen zu vertreten (Falke 1993: 65).

(7) In zunehmendem Maße haben sich seit den 1960er Jahren auch ideelle Gruppen etabliert, die mit den Mitteln des Lobbying spezifische politisch-ideologische Positionen oder religiöse Strömungen unterstützen bzw. bekämpfen. Einige dieser Gruppen verstehen sich als konservativer Widerpart zu den insgesamt eher liberal orientierten *public interest groups*. Das Aufkommen dieser Gruppen ist daher zum Teil eine Reaktion auf den „unamerikanischen Wertewandel" der 1960er und 1970er Jahre. Dies gilt vor allem für Organisationen wie *Moral Majority*, *Christian Voice*, oder das *Committee for the Survival of a Free Congress*, die durch aufwendige *direct mail*-Kampagnen und die geschickte Nutzung elektronischer Medien Wählermassen zugunsten der „Neuen Rechten" zu mobilisieren vermochten und die – insbesondere in der Reagan-Ära – die öffentliche Diskussion über die *social issues* stark beeinflußten (Hertzke 1988).

(8) Seit den 1960er Jahren werden auch die staatlichen Gebietskörperschaften (bzw. ihre Organe) durch eigene Organisationen in Washington vertreten. Zu dieser sogenannten *intergovernmental lobby* gehören etwa die *National Conference of State Legislatures*, die *National Governors Association*, die *National League of Cities* oder die *U.S. Conference of Mayors*. Die Lobbyaktivitäten dieser Gruppen zielen darauf ab, Subventionen und öffentliche Aufträge einzuwerben und zugleich Einfluß auf die sie tangierende Gesetzgebung des Bundes zu nehmen.

14.4   Strategien und Adressaten der Verbände

Korruptionsfälle auf beiden Seiten des Atlantik scheinen den weitverbreiteten Verdacht stets von neuem zu bestätigen, die organisierten Interessen „kauften" die Unterstützung der Entscheidungsträger in Parlament und Verwaltung. Den politischen Alltag erfassen solche Annahmen jedoch nur als Zerrbild. Verbände erstreben nämlich zunächst nur den Zugang (*access*) zu den politischen Entscheidungsträgern, um Informationen über geplante Gesetzesvorhaben zu gewinnen und um gegebenenfalls ihre eigenen Interessenperspektiven darlegen zu können. Dieser „Zugang" wird in aller Regel bereits in den Wahlkämpfen „angepeilt": Durch *Political Action Committees* (*PACs*) unterstützen oder bekämpfen Interessengruppen Kandidaten für öffentliche Ämter, um damit Türen aufzustoßen, durch die sie nach der erfolgreichen Wahl „ihres" Kandidaten eintreten können. *Access* kann aber auch auf offiziellem Weg, etwa in Form der Teilnahme an Parlamentsanhörungen (*hearings*), gesucht werden. Hierbei stellt das Verhältnis von Lobbyisten und Parlamentariern keinesfalls eine Einbahnstraße dar. Denn die Kongreßmitglieder suchen häufig von sich aus die Konsultation mit Verbandsvertretern, weil sie aufgrund der Komplexität der zu regelnden Materien auf deren Informationskapazität angewiesen sind.

Die Bemühungen der Verbände um Zugang können aber auch darauf abzielen, die dem eigenen Interesse zuwiderlaufenden Entscheidungen nach Möglichkeit zu verhindern. Die vielfältig fragmentierten Entscheidungsstrukturen des amerikanischen Regierungssystems eröffnen zahlreiche Vetopositionen, so daß es zumeist leichter ist, Initiativen von Kontrahenten abzublocken als die eigenen Interessen durchzusetzen. Die Erfolge der *National Rifle Association* bei ihrem jahrzehntelangen Kampf gegen eine Beschränkung und Kontrolle des Erwerbs von Schußwaffen vermögen diesen Sachverhalt anschaulich zu verdeutlichen. Daher muß die weitverbreitete Annahme mit einiger Skepsis aufgenommen werden, es sei das vorrangige Ziel von Interessengruppen, Gesetze und Verordnungen zur Durchsetzung ihrer spezifischen Anliegen zu erzwingen.

14.4.1 Die Legislative

Im Unterschied zum politischen System der Bundesrepublik Deutschland nehmen die *pressure groups* der USA von außen Einfluß auf politische Willensbildungs- und Entscheidungsprozesse, sind also nicht mit Mandaten im Parlament vertreten – Kongreßmitglieder sind Vertreter des Wahlkreises und üblicherweise keine Agenten von *special interests* – und sie konzentrieren ihre Arbeit in stärkerem Maße auf die Legislative, als dies in Ländern mit parlamentarischer Regierungsform der Fall ist. Dies leuchtet ohne weiteres ein, wenn man bedenkt, daß der amerikanische Kongreß noch immer, jedenfalls im Vergleich mit seinen europäischen Äquivalenten, das eigentliche Entscheidungszentrum im komplexen Gesetzgebungsprozeß bildet. Die Abgeordneten und Senatoren sind daher die bevorzugten Adressaten der Interessengruppen, zumal auch deren Möglichkeiten zur Einflußnahme auf den parlamentarischen Willensbildungs- und Entscheidungsprozeß seit den Kongreßreformen der 1970er Jahre zugenommen haben. Denn durch die damit einhergehende Dezentralisierung der parlamentarischen Entscheidungsstrukturen wurden den organisierten Interessen zusätzliche Einfallstore in das Gesetzgebungsverfahren eröffnet (Ornstein 1988: 283).

Kennzeichnend für diese Veränderungen ist die Zunahme der informellen Gruppen im Kongreß. Dies sind – wie etwa der *Steel Caucus* oder der *Black Caucus* – Zusammenschlüsse von Abgeordneten und Senatoren, die spezifische soziale oder ökonomische Interessen im parlamentarischen Prozeß vertreten (Caldwell 1989). Wie verschiedene Untersuchungen gezeigt haben, unterliegt die Kommunikation zwischen Kongreßmitgliedern und Interessengruppen ungeschriebenen Regeln, die die Lobbyisten nicht unbeschadet verletzen dürfen. So kommt z. B. der Verläßlichkeit und Glaubwürdigkeit beim Informationsaustausch ein hoher Stellenwert zu, während rüde Druckversuche eher kontraproduktiv wirken (Wolpe 1990: 9 ff.). Akzeptiert werden hingegen subtilere Formen der Druckausübung wie etwa die Erstellung eines parlamentarischen *voting record*, oder Zuwendungen an die Wahlkampfkasse eines Politikers über die *PACs*.

Obgleich das klassische Muster der direkten Kontaktaufnahme zu den Entscheidungsträgern (*direct lobbying*) immer noch eine wichtige Rolle spielt, wird es heute immer mehr durch differenziertere Methoden der Einflußnahme verdrängt. Hierzu gehört das seit den 1970er Jahren betriebene *grassroots lobbying*, das der starken Wahlkreisbindung der Kongreßmitglieder Rechnung trägt (Frühbrodt 1991: 84 f.). Die Interessengruppen versuchen hierbei, durch Werbefeldzüge, Brief- und Emailkampagnen potentielle Wähler zu mobilisieren, um damit die Abgeordneten bzw. Senatoren zu beeinflussen. Diese werden sich im Normalfall Verbandswünschen gegenüber offen erweisen (vor allem dann, wenn dahinter ressourcen- oder mitgliederstarke Organisationen stehen), da sie sonst davon ausgehen müssen, daß ein Gegenkandidat die verbandliche Unterstützung findet.

In dieselbe Richtung weist die Öffentlichkeitsarbeit der Interessengruppen, die von begrenzten Bürgerkontakten bis hin zu aufwendigen Medienkampagnen reichen kann; sie soll, direkt oder indirekt, die politischen Entscheidungsträger im Sinne der öffentlich artikulierten Verbandsinteressen beeinflussen. In diesen Kontext gehört auch die im Anti-Vietnam- und Anti-Rassismus-Protest der 1960er Jahre erprobte Taktik der Massendemonstration, die inzwischen auch in den USA relativ weit verbreitet ist. Wer in der Öffentlichkeit für oder gegen spezifische Vorhaben eintritt, muß allerdings mit Gegenoffensiven konkurrierender Interessen rechnen. Unter Umständen kann verbandliche Öffentlichkeitsarbeit sogar Initiativen von bislang bloß „latenten" Gruppen stimulieren. So rief, um nur ein Beispiel zu nennen, die Publizität der Bürgerrechtsgruppen in den 1960er Jahren jenen *white backlash* hervor, dem Richard Nixon seinen knappen Wahlsieg von 1968 zu verdanken hatte.

14.4.2   Die Exekutive

Mit der Expansion des amerikanischen Interventionsstaates ist die Exekutive für die Interessengruppen zur wichtigsten Anlaufstelle neben dem Kongreß geworden. Dies liegt zum einen darin begründet, daß heute ein großer Teil der Gesetzentwürfe von der Verwaltung ausgearbeitet wird, die den Präsidenten bei der Erfüllung seiner legislativen Aufgaben unterstützt. Da in dieser ersten Phase des Gesetzgebungsprozesses häufig weichenstellende Entscheidungen getroffen werden, sind die Verbände im allgemeinen schon frühzeitig bemüht, sich über die Einzelheiten der geplanten gesetzlichen Maßnahmen zu informieren und gegebenenfalls ihre Interessen gegenüber der Verwaltung zu erläutern. Zum anderen gehört die Verwaltung in den USA zu den Hauptadressaten des Verbandseinflusses, weil sie beim Gesetzesvollzug über weitreichende Beurteilungs- und Ermessensspielräume verfügt. Umgekehrt ist aber auch die Verwaltung auf die Interessengruppen angewiesen, weil diese über sachspezifische Informationen verfügen, ohne die gesetzliche Maßnahmen leicht fehlschlagen können. Dabei ist die Abhängigkeit der Verwaltung von den Verbänden um so höher, je größer der beim Abfassen eines Gesetzentwurfes benötigte Sachverstand ist. Insofern ist es nicht weiter erstaunlich, daß in den USA die Notwendigkeit der Kooperation von Verwaltung und Interessengruppen zum ersten Mal während den 1930er Jahren erkannt wurde, als sich der staatliche Aufgabenbereich infolge der von Präsident Roosevelt initiierten *New Deal*-Gesetze drastisch vergrößerte.

Da nur einige wenige Interessengruppen über den direkten Zugang zum Präsidenten verfügen (Petracca 1992), sind die Lobbyaktivitäten zumeist auf die *departments* konzentriert. Hierbei operieren die Verbände – anders als im Kongreß – auch durch „eingebaute" Lobbyisten, d. h.

durch Spitzenbeamte und Behördenleiter, die aus ihren eigenen Reihen stammen, und die sich in der Regel mit ihren spezifischen Anliegen identifizieren. Einige *departments* – so z. B. das *Department of Agriculture* – sind in der Vergangenheit unter dem Druck interessierter Verbände eingerichtet worden. Ihre Führungspositionen werden in der Regel durch Absprache zwischen dem Weißen Haus und „anspruchsberechtigten" Patronagegruppen unter duldender Zustimmung des Senats besetzt. Neben den *departments* gehören auch die *Independent Regulatory Commissions* zu den Adressaten der Verbände. Sie nehmen in relativ großer Unabhängigkeit Ordnungsaufgaben des Staates in sozioökonomischen Politikfeldern wahr, haben sich aber häufig den von ihnen zu kontrollierenden Wirtschaftsinteressen angepaßt und sind zum Teil mit ihnen symbiotisch verschmolzen. Dies nicht ohne Zutun von Weißem Haus und Kapitol, die häufig bewußt Interessenvertreter zu Mitgliedern dieser Kommissionen bestellt haben.

Der gewichtige Einfluß der Verbände auf Regierungs- und Verwaltungsinstitutionen ist nicht zuletzt durch die spezifischen Karrieremuster des öffentlichen Dienstes gefördert worden. Ständischer Kastengeist und Berufsbeamtengesinnung sind nämlich in den USA schwächer ausgeprägt als in Deutschland. Zwischen Wirtschaft, Wissenschaft, Kultur und Bürokratie findet ein reger Elitenaustausch statt, was die Empfänglichkeit des Verwaltungsapparates für Außeneinflüsse und seine Aufgeschlossenheit gegenüber unkonventionellen Umgangsformen mit Interessengruppen verstärkt hat.

14.4.3 Die Parteien

Beziehungsmuster zwischen Parteien und Interessengruppen können beträchtlich variieren und von „monogamer" Kooperation bis zu gleichen Verbindungen mit allen wichtigen Parteien reichen. Im Unterschied zur europäisch-deutschen Situation dominiert in den USA das „überparteiliche" Muster. Denn es fehlen hier scharf konturierte ideologische Differenzen, was sich in der pragmatischen Haltung der Parteien (die Reagan-Ära – und partiell zumindest die Regierungszeit von George Bush jr. – erscheinen insofern eher atypisch) und im relativ undogmatischen Habitus des amerikanischen Gewerkschafts- und Unternehmensmanagements niederschlägt. Zudem läßt es der ausgeprägte Föderalismus in den USA mit seiner parteipolitischen Machtstreuung in Bund und Einzelstaaten den Verbänden geraten erscheinen, sowohl mit Demokraten als auch mit Republikanern Kontakte zu unterhalten und gegebenenfalls den Kandidaten beider Parteien Wahlkampfunterstützung zukommen zu lassen, was freilich spezifische Affinitäten keinesfalls ausschließt. Darüber hinaus unterscheiden sich die Beziehungsmuster zwischen Parteien und Verbänden diesseits und jenseits des Atlantik noch durch einen gewichtigen Punkt: Im parlamentarischen Regierungssystem der Bundesrepublik Deutschland gelten Parteien im allgemeinen als „Träger und Mittler des politischen Prozesses" (Hesse 1995: 76), denen entscheidende Bedeutung bei der Artikulation und Aggregation gesellschaftlicher Interessen zukommt. Parteien sind hierzulande wichtige Anlaufstationen für die organisierten Interessen, vermitteln zwischen sozialen Positionen und speisen sie in den Gesetzgebungsprozeß ein. In den USA betreiben die Verbände dagegen ihre lobbyistischen Aktivitäten an den vergleichsweise schwachen Parteien vorbei, zumal hier auch die gesetzgeberischen Aktivitäten der Legislative nicht primär von den Parteien gesteuert werden.

14.4.4   Die Judikative

Daß auch die Dritte Gewalt zum Adressatenkreis des Verbändewirkens gehört, wird häufig übersehen. Dies nicht zuletzt deshalb, weil sich allerorten die Fiktion am Leben erhält, Rechtsfindung und politische Machtausübung gehörten ganz unterschiedlichen Bereichen an. Dabei macht gerade in den USA das richterliche Prüfungsrecht die Judikative zum Mitgestalter des politischen Prozesses (Carp/Stidham 1990: 354 ff.). Soweit der Gesetzesvollzug durch Richtermacht blockiert werden kann, erschließen sich auch solchen Interessengruppen, die bei Legislative und Exekutive kein Gehör gefunden haben, gegebenenfalls bei der Dritten Gewalt neue Chancen, ihre Ziele weiterzuverfolgen.

Es ist offenkundig, daß sich in denjenigen Einzelstaaten, welche die Judikative per Volkswahl besetzen, ein weites Betätigungsfeld für den organisierten Pluralismus auftut. Daß generell verbandspolitische Einflußnahmen auf die richterlichen Ernennungs- und Bestätigungskompetenzen der anderen Staatsgewalten stattfinden, ist nicht zuletzt in der Reagan-Ära deutlich geworden und wird auch derzeit im Gerangel um Richterpositionen zwischen der Administration von George Bush jr. und deren Opponenten sichtbar. Dabei hat sich eine Gruppe ein gleichsam institutionalisiertes Mitwirkungsrecht bei der Bestellung amerikanischer Bundesrichter erkämpft, die *American Bar Association* (*ABA*). Zwar weist die *ABA* immer wieder darauf hin, es gehe ihr bei Wahrnehmung dieses „Rechts" nicht um die Durchsetzung partikularer Interessen; es sei vielmehr ihre Absicht, durch die Einbringung ihres Sachverstandes politische Aspekte der Ämterpatronage zu eliminieren; doch läßt die einseitig konservative Optik dieser Vereinigung Zweifel an ihrem Gemeinwohlanspruch zu.

Die spezifisch amerikanische Rechtsfigur des *amicus curiae*, die unter bestimmten Voraussetzungen auch am konkreten Rechtsstreit nicht direkt beteiligten Individuen und Gruppen die Chance eröffnet, Gerichten kurze Stellungnahmen zu anstehenden Streitfällen zu übermitteln, ermöglicht Interessenverbänden die legale Einflußnahme auf die richterliche Urteilsfindung. Zur *amicus curiae*-Strategie gesellten sich in den vergangenen Jahrzehnten zunehmend Versuche von *public interest*- und *single interest*-Gruppen, durch Finanzierung und Organisation von Musterprozessen gemeinwohlorientierten Interessen zum Durchbruch zu verhelfen. So hat etwa die Bürgerrechtsbewegung *NAACP* in solchen *test cases* manche Erfolge in ihrem Kampf gegen Rassendiskriminierung und rechtliche Unterprivilegierung erzielen können (Carp/Stidham 1990: 101).

14.5   Zur rechtlichen Einbindung der Verbände

Um dem Dilemma zu entrinnen, einerseits die im ersten *Amendment* der Bundesverfassung garantierten Freiheiten der Interessengruppen nicht einschränken zu dürfen, andererseits das politische System vor unkontrollierten Einflüssen partikularer Gruppen schützen zu sollen, hat man sich in den USA dazu entschlossen, durch die Institutionalisierung und die gesetzlich geregelte Offenlegung des Verbändewirkens verfassungsrechtlich vertretbare Kontrollmechanismen zu installieren.

Der Institutionalisierung der Interessenorganisationen im parlamentarischen Willensbildungs- und Entscheidungsprozeß sollen die (in den letzten zwanzig Jahren stark vermehrten) Anhörungen (*hearings*) vor Kongreß(unter)ausschüssen dienen, die seit 1911 nach strikten Verfahrensregeln, niedergelegt in den Geschäftsordnungen der beiden Häuser des Kongresses, durchgeführt werden. Obzwar den Gruppen kein Rechtsanspruch auf Anhörung zusteht, so hat sich doch die Praxis eingebürgert, daß bei den meisten gesetzgeberischen Vorhaben Anhörungen stattfinden, bei denen die jeweils von der zu regelnden Materie betroffenen Organisationen um Stellungnahmen gebeten werden. Damit soll nicht nur die Kanalisierung des Verbändeeinflusses erleichtert, sondern auch die Leistungsfähigkeit des Kongresses verbessert werden. Neuere Untersuchungen haben allerdings die Bedeutung solcher *hearings* stark heruntergespielt. Weder scheinen sie die Intensität des informellen Lobbyismus und die Dichte der persönlichen Kontakte zwischen Interessenvertretern und Politikern zu verringern, noch die Meinungsbildung im Kongreß entscheidend zu prägen.

Im Rahmen der Bestrebungen, die Verbandsaktivitäten der öffentlichen Kontrolle zu unterwerfen, wurde vom Kongreß 1946 der *Federal Regulation of Lobbying Act* verabschiedet, inzwischen, 1995, zum *Lobbying Disclosure Act* fortgeschrieben. Dieses Gesetz schreibt vor, daß sich die Lobbyisten im Umkreis des Kongresses beim *Clerk of the House* bzw. beim *Secretary of the Senate*, registrieren lassen und über ihre Mittel Buch führen müssen. Sie sind zudem verpflichtet, der Legislative in regelmäßigen Abständen einen Bericht über ihre Aktivitäten vorzulegen, der anschließend auch der Öffentlichkeit zugänglich gemacht wird (Maskell 2001: 2 ff.). Die vagen Bestimmungen hinsichtlich der Registrierpflicht, die durch den *Supreme Court* verengte Definition des Lobbyismus (laut Gericht muß das hauptsächliche Bemühen eines Verbandes auf die Beeinflussung der Legislative durch direkte Kontakte mit Abgeordneten gerichtet sein) und die Tatsache, daß das Gesetz in seiner mehr als vierzigjährigen Geschichte zwar mehrfach novelliert, aber nie konsequent angewandt worden ist, wecken berechtigte Zweifel an seiner Wirksamkeit. Dies um so mehr, als sich selbst politisch einflußreiche Organisationen wie etwa die *National Association of Manufacturers* oder die *Chamber of Commerce* der Registrier- und Auskunftspflicht entziehen können. Überdies stellt die amerikanische Steuergesetzgebung geradezu einen Anreiz für die Interessengruppen dar, sich einer Registrierung zu entziehen. Denn gemäß den Bestimmungen des *Internal Revenue Code* besteht nur für die Interessenorganisationen Steuerfreiheit, die sich weder an Wahlkämpfen beteiligen noch auf den Gesetzgebungsprozeß Einfluß zu nehmen suchen (Frühbrodt 1991: 80).

Gemäß dem 1938 verabschiedeten und inzwischen mehrfach novellierten *Foreign Agents Registration Act* müssen Vertreter ausländischer Interessen bei der Administration registriert sein. Aber auch für sie gilt im wesentlichen dasselbe wie für amerikanische Organisationen: sie sind zwar rechtlich verpflichtet, sich registrieren zu lassen, ihre Tätigkeit wird jedoch faktisch nicht reglementiert (Falke 1993: 71).

Andere Versuche zur Regelung des Lobbyismus stellen die Reformen im Bereich der Wahlkampffinanzierung dar, deren Anfang die Verabschiedung des *Federal Election Campaign Act* im Jahre 1971 bildet. Sie haben keine wesentlichen Hürden für das Verbändewirken aufgerichtet, sondern die Diskrepanz zwischen den demokratietheoretischen Postulaten und der politischen Realität eher bestätigt.

Ende 1989 hat der Kongreß einen erneuten Versuch unternommen, die Einflußbestrebungen der Interessengruppen einer stärkeren Kontrolle zu unterwerfen. Zum einen wurde den Empfängern von Bundeszuschüssen und den Firmen mit Regierungsaufträgen gesetzlich untersagt, staatliche Gelder zu verwenden, um Lobbyisten zum Zwecke des Erhalts dieser Subventionen bzw. Kontrakte zu besolden; wer in den Genuß von öffentlichen Mitteln gelangen will, muß über diesbezügliche lobbyistische Tätigkeiten detailliert Auskunft erteilen und im Fall des Verstoßes gegen die gesetzliche Norm sowohl mit einer Geldbuße in Höhe von US-$ 100.000 als auch dem Entzug der Zuwendungen rechnen. Zum anderen hat der Kongreß mit der Verabschiedung des *Ethics Reform Act* von 1989 für die Mitglieder von Legislative, Exekutive und Judikative einen neuen Katalog von Verhaltensregeln verabschiedet (Maskell 2001: 10 ff.). Unter anderem wurde festgelegt, daß Geldzuwendungen in Form von Vertragshonoraren an Kongreßmitglieder ab 1991 nur noch in engem Rahmen zulässig sind; zudem wurde auch die Annahme von Reiseeinladungen oder sonstigen Geschenken schärfer reglementiert. Darüber hinaus schreibt das Gesetz vor, daß die Kongreßmitglieder und ihre Mitarbeiter nach Beendigung ihrer Tätigkeit ein Jahr lang keiner Lobbyisten-Tätigkeit im Bereich der Legislative nachgehen dürfen. Um so intensiver üben ehemalige Abgeordnete und Senatoren nach Ablauf dieser Anstandsfrist entsprechende Funktionen aus; über 300 von ihnen sollen als Lobbyisten in Rechtsanwaltskanzleien der Hauptstadt arbeiten, die von Verbänden und Unternehmen mit der Wahrnehmung ihrer Interessen beauftragt werden. Im Jahr 2001 standen auf den Gehaltszetteln von US-Pharmafirmen wie *Pfizer, Bristol-Myers-Squibb, Eli Lilly* und *Amgen* 23 ehemalige Kongreßmitglieder; weitere 340 Lobbyisten hatten zuvor für den Kongreß gearbeitet oder waren Regierungsangestellte gewesen. Eine Studie der Bürgerinitiative *Public Citizens* glaubte nachweisen zu können, daß es der Pharma-Industrie mit massivem Lobbying gelungen sei, Gesetzesinitiativen zu vereiteln, die verschreibungspflichtige Medikamente verbilligen sollten.

14.6   Pluralismus oder Oligarchie? Legitimationsprobleme des Verbandswesens in der amerikanischen Demokratie

Übereinstimmung herrscht heute im Lager der Sozialwissenschaften, daß sich in den USA seit den 1960er Jahren ein „neuer" Lobbyismus entwickelt hat; von „Transformation der Verbändedemokratie" ist da und dort die Rede (Sebaldt 2001). Zum einen ist die Zahl der in Washington vertretenen Interessengruppen in den vergangenen Jahrzehnten drastisch angewachsen, wobei ihr politisches Gewicht im bundesstaatlichen Willensbildungs- und Entscheidungsprozeß erheblich zugenommen hat (Smith 1988: 216 ff.). Zu den Faktoren, die zu diesem Wandel beigetragen haben, gehören vor allem die Expansion des reglementierenden und (um-)verteilenden Interventionsstaates sowie die zunehmenden Partizipationsbedürfnisse einer durch die Konflikte der 1960er Jahre politisierten Gesellschaft. Zum anderen haben sich die Methoden der Einflußnahme verfeinert. Zwar werden auch heute noch die traditionellen Formen des *direct lobbying* praktiziert. Diese werden aber immer mehr durch moderne Marketing-Techniken verdrängt, die die Mobilisierung der Massen mittels der elektronischen Medien oder durch indirekte Strategien wie das *grassroots lobbying* einschließen (Godwin 1992).

Umstritten ist dagegen die Bedeutung, die diesem quantitativ-qualitativen Wandel des Lobbying für das politische System beizumessen ist. Einerseits kann die Präsenz zahlreicher Interessengruppen in Washington (oder in den Hauptstädten der Einzelstaaten) als Indiz für eine zunehmende „Demokratisierung" der Politik gewertet werden. Andererseits sind Ungleichgewichte hinsichtlich der Einflußchancen der einzelnen Gruppen erkennbar. Auch wenn Schattschneiders berühmtes Diktum von 1960 – „the flaw in the pluralist heaven is that the heavenly chorus sings with a strong upper class accent" (Schattschneider 1960: 35) – inzwischen von der sozialwissenschaftlichen Forschung nicht mehr als unbezweifelbares Faktum gewertet wird, scheinen doch nach wie vor diejenigen am meisten vom System zu profitieren, die über die meisten Ressourcen und gesichertsten Einflußkanäle verfügen. So haben amerikanische Politikwissenschaftler in der Vergangenheit auf die quasi institutionalisierten Formen der Zusammenarbeit zwischen Kongreß(unter)ausschüssen, Verwaltungsbehörden und Interessengruppen (*iron triangles*) – etwa im Bereich der Verteidigungs- und Rüstungspolitik – hingewiesen. Allerdings lassen sich empirisch Kräfte aufweisen, die sich gegen solchermaßen oligarchisch strukturierte Kooperationsmuster formieren. Dem *iron triangle*, das im Rüstungssektor als „industriell-militärischer Komplex" firmiert, hat sich inzwischen längst ein „Dissidenten-Dreieck" entgegengestellt, das sich aus Kritikern innerhalb des Pentagon und ihren Verbündeten in Kongreß, Presse und Öffentlichkeit zusammensetzt. Ähnliches gilt auch für andere Politikbereiche. Infolgedessen kann das Modell des „eisernen Dreiecks" die politischen Entscheidungsstrukturen nur noch bedingt beschreiben (Heclo 1979: 87 ff.). Der Begriff *issue networks* dürfte insofern korrekter sein, als er den Umstand veranschaulicht, daß sich inzwischen die Zahl der Teilnehmer am politischen Entscheidungsprozeß erhöht hat und daß Experten, professionelle Politik-Technokraten, die als Hochschullehrer, Rechtsanwalt, Kongreßangestellter, oder als Lobbyist in einem spezifischen Politikfeld gearbeitet haben, einflußreiche Entscheidungskollektive bilden, wobei sich ihre Positionen im Netzwerk jedoch häufig verändern und schon deshalb kein undurchdringliches Bollwerk nach Art der *iron triangles* darstellen.

Während das Modell der „eisernen Dreiecke" die amerikanische Realität zumindest (noch) eingeschränkt widerspiegelt, kann die Neokorporatismus-Theorie die politischen Machtprozesse in den USA überhaupt nicht angemessen erfassen (Salisbury 1979). Denn die Voraussetzungen sind jenseits des Atlantik nicht gegeben, die in manchen Staaten Europas in den 1970er Jahren zu einer mehr oder minder institutionalisierten Form der Zusammenarbeit zwischen Arbeit, Kapital und Staat geführt haben. Zum einen gibt es nach wie vor erhebliche Unterschiede in der Intensität, mit der der Interventionsstaat in der Alten und Neuen Welt die sozioökonomische Sphäre reglementiert; zum anderen sind den USA in den vergangenen Jahrzehnten soziale Verteilungskämpfe europäischen Zuschnitts fremd geblieben, welche (so z. B. in der Bundesrepublik) das Bedürfnis nach „Einbindung" der Großverbände von Arbeitgebern und -nehmern in das staatliche Steuerungssystem weckten, sei es, um die Wettbewerbsfähigkeit des Landes auf dem Weltmarkt zu erhalten, sei es, um den sozialen Frieden nicht durch das Wiederaufleben von Klassenkämpfen zu zerstören. Vor allem aber haben in den USA Arbeit und Kapital bis heute keine starken Dachverbände auf nationaler Ebene entwickelt. Die Interessenorganisationen in den USA bleiben daher intern fragmentiert, regionalistisch aufgefächert, lokalistisch verwurzelt. Darüber hinaus sind aufgrund der erheblichen Interessendifferenzen bislang alle Versuche gescheitert, die Großkorporationen zu jenem Maß an Zusammenarbeit zu veranlassen, das in Deutschland für Industrieverbände und Gewerkschaften kennzeichnend ist. Überdies wäre eine „konzertierte Aktion" in den USA wenig effektiv, weil heute die Gewerkschaften nicht einmal mehr 15 Prozent der abhängig Beschäftigten vertreten (Abbildung 14-1), von denen wiederum nur ein Bruchteil Mitglieder in einer durch die *AFL-CIO* gebündelten Assoziation sind.

Allerdings sind analytische Unzulänglichkeiten der *iron triangle*- und „Neokorporatismus"-Modelle kein Beweis für die Annahme, daß das gesellschaftliche und politische System Amerikas ein pluralistisches Kräfteparallelogramm bilde und daß die konkrete Ausformung des US-Lobbyismus letztlich doch demokratietheoretischen und -praktischen Postulaten Rechnung trage. Daß die derzeit zu beobachtende Interessengruppenpolitik zwar den Eindruck einer breiten Repräsentation von gesellschaftlichen Anliegen entstehen lasse, gleichwohl von sozioökonomischer Gleichheit bei der Vertretung spezifischer Interessen nicht gesprochen werden könne, wird von den meisten Sozialwissenschaftlern ebenso wenig bezweifelt wie sie, gemeinsam etwa mit der Bürgerinitiative *Common Cause*, die Sorge teilen, es manipulierten die ressourcenstarken Verbände die Regierungspraxis im Sinne ihrer partikularen Ziele und gefährdeten darüber Legitimität und Effizienz der gouvernementalen Institutionen.

Insgesamt betrachtet ist vor allzu weitreichenden Erklärungen zu warnen, wenn von oligarchischen Tendenzen im organisierten Pluralismus die Rede ist. Diese resultieren nicht allein aus unterschiedlichen Kapital- und Machtressourcen in der amerikanischen Gruppengesellschaft. Vielmehr spielt auch der Umstand eine wichtige Rolle, daß sich nicht alle Gruppen gleichermaßen gut und schlagkräftig organisieren können (Olson 1965), möglicherweise auch nicht alle Gruppen gleichermaßen am *power game* teilhaben wollen, was sich partiell mit der prägenden Kraft von Lokalismus- und Nachbarschaftsstrukturen erklären lassen mag (Lösche 1989: 46 ff.). Solche Ungleichgewichte reichen aber nicht aus, um jene *power elite*-Theorie zu bestätigen, die seit den 1950er Jahren von einer Minderheit in den US-Sozialwissenschaften vertreten wird (Mills 1956). Zwar kann von einem Eliten-Establishment in den USA gesprochen werden, das in Bezug auf seine normativen Überzeugungen durchaus homogene Züge aufweist. Dieses Establishment darf aber nicht als ökonomische *ruling class*, als monolithischer Block mißverstanden werden, der unter Nutzung des Regierungsapparates die Gesamtgesellschaft im Sinne seiner partikularen Interessen manipulieren kann.

Zu viele Entscheidungen des politischen Systems in den vergangenen zwei Jahrzehnten – so etwa im Bereich der Umwelt- und Verbraucherschutzgesetzgebung, oder im Kartell- und Wettbewerbsrecht – belegen die Existenz eines autonomen Handlungsspielraums für die staatlichen Institutionen, der nicht zuletzt aus der sozioökonomischen Interessenvielfalt der sogenannten „Machtelite" resultiert. Und Aufkommen wie Wirksamkeit von *public interest groups* haben deutlich gemacht, daß heute in den USA auch allgemeine Interessen und diffuse Segmente der Gesellschaft organisierbar sind und politische Erfolge erzielen können, wenn ihre Repräsentanten den Politikern glaubwürdig die Gefahr des Verlustes von Wähler-stimmen vor Augen führen. Stellt man dazu noch die aktuellen Entwicklungen sozialer Ver-netzung, *social movements*, Bürgerinitiativen, Selbsthilfegruppen etc. – sie alle sind gewiß lockere Sozialgefüge – in Rechnung, will einem die Zeitdiagnose Robert Putnams (2000), die den Verlust der von Tocqueville gerühmten Gemeinschaftsorientierung der Amerikaner beklagt, als überzogen pessimistisch erscheinen. So dunkel ist die Zukunft amerikanischer Politik und Gesellschaft nicht.

14.7 Literatur

Baumgartner, Frank/**Leech**, Beth, Basic Interests. The Importance of Groups in Politics and in Political Science, Princeton 1998.

Bentley, Arthur F., The Process of Government, hrsg. von Peter H. Odegard, Cambridge 1967 [EA 1908].

Berry, Jeffrey M., Lobbying for the People, Princeton 1977.

Berry, Jeffrey M., Subgovernments, Issue Networks, and Political Conflict, in: **Harries**, Richard/**Milkis**, Sidney (Hrsg.), Remaking American Politics, Boulder 1989, S. 239-260.

Berry, Jeffrey M., The Interest Group Society, 3. Aufl., New York u. a. O. 1997.

Berry, Jeffrey M., The New Liberalism. The Rising Power of Citizen Groups, Washing-ton, D.C. 1999.

Brinkmann, Heinz U., Interesseneinflüsse auf den amerikanischen Kongreß, in: Politische Vierteljahresschrift, Jg. 25, 3(1984a), S. 255-274.

Brinkmann, Heinz U., Public Interest Groups im politischen System der USA. Organisier-barkeit und Einflußchancen, Opladen 1984b.

Browne, William P., Private Interests, Public Policy, and American Agriculture, Lawrence 1988.

Caldwell, Charles F., Government by Caucus: Informal Legislative Groups in an Era of Congressional Reform, in: Journal of Law and Politics, Vol. 5, (1989), S. 625-655.

Carp, Robert A./**Stidham**, Ronald, The Judicial Process in America, Washington, D.C. 1990.

Cigler, Allan J./**Loomis**, Burdett A. (Hrsg.), Interest Group Politics, 6. Aufl., Washing-ton, D.C. 2002.

Clive, Thomas S. (Hrsg.). Research Guide to U.S. and International Interest Groups, West-port 2004.

Congressional Quarterly, The Washington Lobby, 5. Aufl., Washington, D.C. 1987.

Erd, Rainer, Amerikanische Gewerkschaften im politisch-sozialen System der USA, in: **Wasser**, Hartmut (Hrsg.), USA. Politik – Wirtschaft – Gesellschaft, 4. Aufl., Opladen 2000, S. 243-267.

Falke, Andreas, International Pluralism in Washington? Foreign Lobbying and American Foreign Economic Policy, in: **Hönnighausen**, Lothar/**Falke**, Andreas (Hrsg.), Washington, D.C.: Interdisciplinary Approaches, Tübingen 1993, S. 61-78.

Fraenkel, Ernst, Historische Vorbelastungen des deutschen Parlamentarismus, in: **Fraenkel**, Ernst, Deutschland und die westlichen Demokratien, hrsg. von Alexander v. Brünneck, erw. Ausg., 2. Aufl., Frankfurt a. M. 1991a, S. 23-47.

Fraenkel, Ernst, Die repräsentative und plebiszitäre Komponente im demokratischen Verfassungsstaat, in: **Fraenkel**, Ernst, Deutschland und die westlichen Demokratien, hrsg. von Alexander v. Brünneck, erw. Ausg., 2. Aufl., Frankfurt a. M. 1991b, S. 153-203.

Frühbrodt, Lutz, Lobbyismus und Verbändewesen, in: **Holtfrerich**, Carl-Ludwig (Hrsg.), Wirtschaft USA. Strukturen, Institutionen und Prozesse, München/Wien 1991, S. 77-87.

Gais, Thomas, Improper Influence. Campaign Finance Law, Political Interest Groups, and the Problem of Equality, Ann Arbor 1996.

Galambos, Louis/**Pratt**, Joseph The Rise of the Corporate Commonwealth. United States Business and Public Policy in the 20th Century, New York 1988.

Godwin, R. Kenneth, Money, Technology and Political Interests: The District Marketing of Politics, in: **Petracca**, Mark P. (Hrsg.), The Politics of Interests. Interest Groups Transformed, Boulder u. a. O. 1992, S. 308-325.

Goldfield, Michael, The Decline of Organized Labor, Chicago 1987.

Goldstein, Kenneth, Interest Groups, Lobbying, and Participation in America, Cambridge 1999.

Hamilton, Alexander/**Madison**, James/**Jay**, John, Der Föderalist, hrsg. von Felix Ermacora, Wien 1958.

Heckscher, Charles, The New Unionism: Employee Involvement in the Changing Corporation, Ithaca 1996.

Heclo, Hugh, Issue Networks and the Executive Establishment, in: **King**, Anthony (Hrsg.), The New American Political System, Washington, D.C. 1979, S. 87-124.

Hesse, Konrad, Grundzüge des Verfassungsrechts der Bundesrepublik Deutschland, 20. Aufl., Heidelberg 1995.

Hertzke, Allen D., Representing God in Washington. The Role of Religious Lobbies in the American Polity, Knoxville 1988.

Hrebenar, Ronald J., Interest Group Politics in America, 3. Aufl., New York/London 1997.

Hula, Kevin, Lobbying Together. Interest Group Coalitions in Legislative Politics, Washington, D.C. 2000.

Kelso, William A., American Democratic Theory: Pluralism and its Critics, Westport 1978.

Lösche, Peter, Amerika in Perspektive: Politik und Gesellschaft der Vereinigten Staaten, Darmstadt 1989.

Lösche, Peter, Verbände, Gewerkschaften und das System der Arbeitsbeziehungen, in: **Lösche**, Peter/**Loeffelholz**, Hans Dietrich von (Hrsg.), Länderbericht USA, 4. Aufl., Bonn 2004, S. 353-389.

Lowi, Theodore J., The End of Liberalism. The Second Republic of the United States, New York 1979.

Mahood, Harry R., Interest Groups in American National Politics. An Overview, Upper Saddle River 2000.

Marshall, Thomas, The Changing World of American Interest Groups, in: American Review of Politics, Vol. 20, (1999), S. 213-222.

Marwell, Gerald/**Oliver**, Pamela, The Critical Mass in Collective Action. A Micro-Social Theory, Cambridge 1993.

Maskell, Jack, Lobbying Congress: An Overview of Legal Provisions and Congressional Ethics Rules, CRS Report for Congress, RL31126, 14. September 2001.

McFarland, Andrew, Common Cause: Lobbying in the Public Interest, Chatham 1984.

Mills, C. Wright, The Power Elite, New York 1956.

Nownes, Anthony J., Pressure and Power: Organized Interest in American Politics, Boston 2001.

Olson, Mancur, The Logic of Collective Action: Public Goods and the Theory of Groups, Cambridge 1965.

Ornstein, Norman J., Interessenvertretung auf dem Kapitol, in: **Thaysen**, Uwe/**Davidson**, Roger H./**Livingston**, Robert G. (Hrsg.), US-Kongreß und Deutscher Bundestag. Bestandsaufnahmen im Vergleich, Opladen 1988, S. 281-299.

Petracca, Mark P., Interest Mobilization and the Presidency, in: **Petracca**, Mark P. (Hrsg.), The Politics of Interests. Interest Groups Transformed, Boulder u. a. O. 1992, S. 221-240.

Putnam, Robert D., Bowling Alone. The Collapse and Revival of American Community, New York 2000.

Richan, Willard C., Lobbying for Social Change, New York 1991.

Salisbury, Robert H., Why No Corporatism in America?, in: **Schmitter**, Philippe C./**Lehmbruch**, Gerhard (Hrsg.), Trends Toward Corporatist Intermediation, Beverly Hills 1979, S. 213-230.

Salisbury, Robert H., The Paradox of Interest Groups in Washington – More Groups, Less Clout, in: **King**, Anthony (Hrsg.), The New American Political System, 2. Aufl., Washington, D.C. 1990, S. 203-229.

Schattschneider, Elmer E., The Semisovereign People: A Realist's View of Democracy in America, New York 1960.

Schlozman, Kay L./**Tierney**, John T., Organized Interests and American Democracy, New York 1986.

Sebaldt, Martin, Transformation der Verbändedemokratie. Die Modernisierung des Systems organisierter Interessen in den USA, Wiesbaden 2001.

Smith, Hedrick, The Power Game: How Washington Works, New York 1988 [dt. Ausgabe: Der Machtkampf in Amerika. Reagans Erbe: Washingtons neue Elite, Reinbek 1988].

Sterr, Martin, Lobbyisten Gottes – die Christian Right in den USA von 1980 bis 1996, Berlin 1999.

Thurber, James A., From Campaigning to Lobbying, in: **Nelson,** Candice J., Shades of Gray. Perspectives on Campaign Ethics, Washington, D.C. 2002, S. 151-170.

Tichenor, Daniel J., The Presidency and Interest Groups: Programmatic Ambitions and Contentious Elites, in: **Nelson**, Michael (Hrsg.), The Presidency and the Political System, 7. Aufl., Washington, D.C. 2003, S. 329-354.

Tocqueville, Alexis de, Über die Demokratie in Amerika, 2. Aufl., München 1984.

Truman, David B., The Governmental Process, 2. Aufl., New York 1971.

Wasser, Hartmut, Die Vereinigten Staaten von Amerika: Porträt einer Weltmacht, 2. Aufl., Stuttgart 1982.

Wolpe, Bruce C., Lobbying Congress: How the System Works, Washington, D.C. 1990.

Wright, John R., Interest Groups and Congress: Lobbying, Contributions, and Influence, New York 2003.

14.8   Websites

AFL-CIO	http://www.aflcio.org
Common Cause	http://www.commoncause.org
U.S. Chamber of Commerce	http://www.uschamber.com/about/default

31.07.2006

Markus B. Siewert / Christian Zettl

15   Politische Eliten

15.1   ‚Wer regiert Amerika?'

„The discovery that in all large-scale societies the decisions at any given time are typically in the hands of a small number of people confirms a basic fact: Government is always government by the few, whether in the name of the few, the one, or the many" (Lasswell/Lerner 1952: 7).

Die politischen Eliten als zentrale Akteure innerhalb des politischen Systems ziehen sich als „Querschnittsaspekt" durch alle Ebenen und Zusammenhänge des politischen Handelns. Jedoch ist die systematische Elitenforschung in Bezug auf die USA seit dem Ende 1980er Jahren in eine Art „Dornröschenschlaf" gefallen.

Die Existenz einer politischen Elite liegt im Wesen der repräsentativen Demokratie begründet, wonach die Staatsbürger freiwillig bestimmte Entscheidungskompetenzen an eine relativ geringe Zahl an Repräsentanten abgeben. Daß Macht unter den Mitgliedern einer Gemeinschaft immer ungleich verteilt ist und deshalb lediglich einer kleinen Gruppe innerhalb dieser zufällt, bildet dabei das Axiom der Elitenforschung. Dies konstatierte auch einer der Verfassungsväter der Vereinigten Staaten von Amerika, Alexander Hamilton: „all communities divide themselves into the few and the many. The first are rich and well-born, the other the masses of people" (zit. nach Dye 2005: 3).

Zur politischen Elite sind all jene Personen zu zählen, die aufgrund ihrer strategischen Position in der Lage sind, den politischen Willensbildungs- und Entscheidungsprozeß direkt, substantiell und regelmäßig zu beeinflussen (Higley/Moore 2001: 176). So lassen sich für die folgende Darstellung drei Kreise definieren: Im Zentrum stehen die vom Volk gewählten Amtsträger der nationalen Ebene – Mitglieder des Repräsentantenhauses und des Senats sowie der Vize-/Präsident. Zum engeren Kreis gehören darüber hinaus das Kabinett, die Mitarbeiterstäbe im Kongreß und in der Administration, die oberste Ebene der Verwaltung sowie die Bundesrichter. Im erweiterten Kreis der politischen Elite befinden sich die Gouverneure der Einzelstaaten und die Bürgermeister der größeren Städte wie z. B. New York. Diesem erweiterten Bereich müssen auch die Vertreter der einflußreichen Interessengruppen und Medien, der größeren Unternehmen und Gewerkschaften, die Mitarbeiter der verschiedenen *policy planning groups* und *think tanks* sowie hochrangige Militärs zugerechnet werden.

15.2   Theorien und Methoden

Jede systematische Betrachtung von Eliten in demokratischen Systemen erfordert eine kritische Auseinandersetzung mit den Theorien und Methoden der Elitenforschung. Denn von der theoretischen Perspektive hängt ab, welche Personen der nationalen Führungsschicht einer Gesellschaft zugerechnet werden und wie diese Elite wahrgenommen wird.

Zu Beginn des letzten Jahrhunderts entwickelten Gaetano Mosca (1895), Vilfredo Pareto (1916) und Robert Michels (1911) ihre Elitentheorien als Antwort auf die marxistische Klassentheorie. Der von Karl Marx geforderten egalitären Gesellschaft wurde die Einteilung in Elite und Masse gegenübergestellt, die allen Gesellschaften inhärent sei (Hoffmann-Lange 2003: 205). Am elegantesten formulierte dies Gaetano Mosca (zit. nach Putnam 1976: 3):

> *„In all societies [...] two classes of people appear – a class that rules and a class that is ruled. The first class, always the less numerous, performs all political functions, monopolizes power and enjoys the advantages that power brings, whereas the second, the more numerous class, is directed and controlled by the first."*

Den drei Theoretikern war die Vorstellung gemein, daß Macht – wie alle Güter einer Gesellschaft – ungleich verteilt ist und deshalb zwei Arten von Menschen existieren: jene mit und jene ohne Macht. In diesen Konzeptionen stellt die Elite eine homogene, selbstbewußte und autonome Einheit dar, deren Mitglieder sich aus einem kleinen Teil der Gesellschaft rekrutieren. Während nach Michels das Entstehen der Eliten auf die notwendige Arbeitsteilung innerhalb einer funktionierenden Gesellschaftsordnung zurückzuführen ist, entspringt die Zweiteilung in Elite und Masse bei Pareto in der unterschiedlichen Befähigung der Individuen. Zu der grundsätzlichen Einteilung in Masse und Elite kam bei Pareto und Mosca die Vorstellung einer Elitenzirkulation hinzu, die dem politisch-sozialen Wandel Rechnung tragen sollte (Michels 1989; Mosca 1950; Pareto 1963).

In der US-Elitenforschung stehen sich zwei Ansätze gegenüber. Auf der einen Seite wurde von C. Wright Mills 1956 ein hierarchisches Modell entwickelt, das bis heute vor allem in den Arbeiten von G. William Domhoff seine Anwendung findet. Anknüpfend an die klassischen Elitetheorien geht dieses Konzept der Machtelite (*power elite*) von einer einheitlichen, herrschenden Klasse aus, die eine kohärente Gruppe darstellt und deren Mitglieder hauptsächlich der gesellschaftlichen Oberschicht angehören; Hauptrekrutierungspool ist hierbei die Finanz- und Wirtschaftselite. Die Mitglieder der *power elite* besetzen dauerhaft die gesellschaftlichen und politischen Schaltstellen und schließen den Rest der Gesellschaft vom politischen Willensbildungs- und Entscheidungsprozeß aus (Domhoff 2002: 95 ff.). Auf der anderen Seite steht diesem hierarchischen Modell eine Vielzahl pluralistischer Ansätze entgegen. Hierbei wird davon ausgegangen, daß in jeder komplexen Gesellschaft mehrere soziale Subsysteme vorhanden sind, die jeweils ihre eigenen Teileliten produzieren (Moore 1979: 674). Kennzeichnend für diese Konzeptionen ist das demokratische Prinzip, wonach der ständige Wettbewerb zwischen den unterschiedlichen Eliten zu einer Machtbalance führt und die Masse vor Machtmißbrauch durch die Eliten geschützt wird. Der Zugang zu den unterschiedlichen Eliten ist offen und der Wechsel zwischen den Elitengruppen leicht möglich (Lasswell/Lerner 1952; Dahl 1958; Dahl 1961; Keller 1963; Prewitt/Stone 1973).

Beide Ansätze erkennen an, daß die USA von einer kleinen Elite und nicht von der breiten Masse regiert werden. Allerdings unterscheiden sich die beiden Konzeptionen stark in ihrer Interpretation der Elitenstruktur. Aus der Perspektive des *power elite*-Ansatzes zeichnet sich die nationale Elite in den USA durch ein Höchstmaß an Integration aus. Demnach existiert ein kleines, geschlossenes Netzwerk von einflußreichen Personen mit ähnlichem soziokulturellem Hintergrund in verschiedenen Institutionen. Diese kohärente und integrierte nationale Führungsschicht kontrolliert bzw. dominiert aufgrund ihrer gemeinsamen Interessen alle politischen, wirtschaftlichen und gesellschaftlichen Prozesse in den USA (Mills 1956: 292):

> *„The conception of the power elite and of its unity rests upon the corresponding developments and the coincidence of interests among economic, political, and military organizations. It also rests upon the similarity of origins and outlook, and the social and personal intermingling of the top circles from each of these dominant hierarchies."*

Aus pluralistischer Sicht hingegen findet sich nur ein geringes Maß an Integration innerhalb der nationalen Elite. Aufgrund ihrer Spezialisierung, ihrer begrenzten Einflußreichweite und ihrer engen Interessenlage sind die subsystemischen Eliten stärker fragmentiert, befinden sich in einem ständigen Wettbewerb und verfolgen daher keine einheitliche Politik. Vielmehr engagieren sie sich nur in solchen Bereichen, die ihre Interessen vital betreffen (Moore 1979: 73 f.).

Des weiteren unterscheiden sich die Ansätze in ihrer Machtdefinition. Dabei betrachten Pluralisten nur die faktische Teilnahme am politischen Entscheidungsprozeß, nicht die potentiellen Machtressourcen. Für den Ansatz der Machtelite spielt diese Unterscheidung keine Rolle. Vielmehr steht aus letzterer Perspektive das Machtpotential einer Person bzw. Gruppe im Vordergrund der Untersuchung, unabhängig davon, ob diese ihre Machtressourcen in den Entscheidungsprozeß einbringen oder nicht (Dye 2005: 6 ff.; Dahl 1958).

Einen dritten Zugang zur Analyse der Elitenstruktur bietet das Modell der *consensually integrated elite*, das eine Mittelposition zwischen den sich dichotomisch gegenüberstehenden Ansätzen der *power elite* und des Elitenpluralismus einnimmt. Demnach zeichnet sich das Elitennetzwerk zwar durch ein hohes Maß an Integration aus, umfaßt aber dennoch alle Gesellschaftsbereiche gleichermaßen, ohne daß eine Elitengruppe die anderen dominiert. Es bestehen zahlreiche formelle und informelle Verbindungen zwischen den verschiedenen Teileliten, in deren Mittelpunkt die politische Elite steht (Higley/Moore 1981; Higley et al. 1991).

Die unterschiedlichen Betrachtungsweisen innerhalb der US-Elitenforschung schlagen sich auch in den Methoden nieder, die bei der Bestimmung der politischen Elite angewendet werden. Dabei existieren drei Auswahlverfahren: Positions-, Reputations- und Entscheidungsanalyse. (1) Gemäß der ersten Methode dienen Positionen in politischen Institutionen als Karte der Machtverteilung. Je höher die Stellung im Institutionengefüge, desto größer ist auch der Einfluß auf den politischen Entscheidungsprozeß. (2) Während die Positionsanalyse die formelle Machtposition mißt, rückt die Reputationsanalyse den informellen Einfluß in den Fokus der Betrachtung. Dabei werden Beobachter und Akteure des politischen Prozesses danach befragt, wen sie zu den herausragenden Entscheidungsträgern zählen. Beide Ansätze erfassen institutionalisierte Machtpositionen, gleichgültig, ob sie potentielle oder faktische Entscheidungsgewalt besitzen. Deshalb werden beide Herangehensweisen in erster Linie in Konzepten der Machtelite verwendet. (3) Mit der dritten Analysetechnik werden die Machtpositionen durch die Untersuchung des politischen Willensbildungs- und Entscheidungsprozesses aufgedeckt. Insbesondere ist von Interesse, wer Politikinhalte erfolgreich initiiert bzw. blockiert. Da solche Netzwerkanalysen darauf abzielen, den tatsächlichen Einfluß von Akteuren auf den politischen Entscheidungsprozeß zu messen, bedienen sich dieser Methode hauptsächlich Studien aus pluralistischer Perspektive (Putnam 1976: 15 ff.; Hoffmann-Lange 2003: 209 f.).

15.3   Dimensionen der Elitenstruktur

Der Blickwinkel auf die politische Elite – Machtelite oder Elitenpluralismus – hat gravierenden Einfluß darauf, wie die Struktur der nationalen Führungsschicht wahrgenommen wird. Zur Analyse der Elitenstruktur, ob integriert oder fragmentiert, müssen nach Robert D. Putnam insbesondere drei Dimensionen genauer betrachtet werden: Erstens Aspekte der Elitenrekrutierung, zum zweiten der Grad der Elitenintegration (sozialstrukturelle Merkmale, Interaktionsstrukturen nationaler Eliten, Wertekonsens), sowie drittens die Verbindungen zwischen Elite und Nicht-Elite im politischen Willensbildungs- und Entscheidungsprozeß (Putnam 1976: 107). Da nur für den engeren Kreis der politischen Elite ausreichendes Datenmaterial vorhanden ist, wird bei der Betrachtung der Rekrutierungspfade und der sozialstrukturellen Merkmale der Fokus auf die gewählten Amtsträger gerichtet. Die weiteren Elemente der Elitenstruktur werden allerdings unter einer erweiterten Perspektive untersucht, um dem netzartigen Verhältnis der nationalen Elite gerecht zu werden.

15.3.1   Elitenrekrutierung

Für das Verständnis der repräsentativen Demokratie ist der Prozeß der Elitenrekrutierung elementar. Er gibt Auskunft über die Offenheit bzw. Geschlossenheit der nationalen Elite. Die zentralen Fragen lauten: Warum entscheiden sich Menschen für eine politischen Karriere? Auf welchen Pfaden gelangen sie in die nationale Elite? Und wie ist der Wechsel bzw. das Ausscheiden der Eliten geregelt?

Kandidaten, die eine politische Karriere anstreben, werden von einer bestimmten Motivation angetrieben: Ehrgeiz (*ambition*). Dabei geht *ambition* über das egoistische Streben nach einem politischen Amt hinaus. Denn um (wieder-)gewählt zu werden und seinen Ehrgeiz zu verwirklichen, muß der Kandidat immer auch die Interessen und Bedürfnisse seiner Wählerschaft (*constituency*) im Blick haben und sein politisches Handeln danach ausrichten (Moncrief 1999: 178). Die Entscheidung für eine Kandidatur gehört zu den wichtigsten Momenten im gesamten Rekrutierungsprozeß. Heute sind US-Politiker in erster Linie Selbststarter (*political entrepreneur*), was bedeutet: *„people nominate themselves"* (Ehrenhalt 1991: 17). Hierbei spielen rationale Erwägungen ebenso eine Rolle wie emotionale. Zwar haben die amerikanischen Parteien seit der Durchsetzung des Vorwahlsystems in der ersten Hälfte des 20. Jahrhunderts stark an Einfluß auf die Elitenrekrutierung eingebüßt. Dennoch stellen sie auch heute noch den Kandidaten enorme organisatorische und finanzielle Ressourcen zur Verfügung, so daß die Funktion der Parteien bereits in dieser frühen Phase des Auswahlprozesses nicht zu vernachlässigen ist.

Die Entscheidung, für ein politisches Amt zu kandidieren, stellt in den meisten Fällen den Beginn einer längeren politischen Karriere dar. Für die USA kann festgestellt werden, daß es keinen typischen Weg in die politische Elite gibt, sondern zahlreiche Zugänge existieren. Dies resultiert zum einen aus der Selbstrekrutierung der Kandidaten und zum anderen aus der Vielzahl von Ämtern im föderalen System der USA. Beides führt zu einer beliebig großen Anzahl von möglichen Ämterfolgen. Dennoch lassen sich in Bezug auf die Rekrutierungspfade der politischen Elite einige Verallgemeinerungen treffen. Erstens wird deutlich, daß die Mitglieder des Kongresses sich mehrheitlich ihre ersten Sporen in einer einzelstaatlichen Legislative verdient haben (Borchert/Copeland 2003: 402 ff.). Erweitert man diese Kategorie auf jedes politische Mandat, so hatten 1999-2000 71,5 Prozent der Kongreßabgeordneten und 86 Prozent der Senatoren vormals ein Amt auf einer der unteren politischen Ebene inne (106. Kongreß). Eine zweite Möglichkeit, erste Erfahrungen zu sammeln, ist der Dienst im Mitarbeiterstab eines Kongreßmitglieds oder Kongreßausschusses. Oftmals dient die Anstellung in einem Kongreßbüro als direktes Sprungbrett, ein Kongreßmitglied in seinem Amt zu beerben bzw. gegen ihn anzutreten (Webb Hammond 1987). In beiden Fällen können bereits in einer frühen Phase politische Erfahrungen gesammelt, persönliche Kontakte mit der Wählerschaft geknüpft und Netzwerke aufgebaut werden, die für eine spätere politische Laufbahn notwendig sind.

Während die Legislativelite in den USA zunehmend durch professionalisierte Berufspolitiker geprägt wird, so bietet die Betrachtung der Exekutivelite ein anderes Bild. Im amerikanischen *spoils system* werden bei einem Wechsel im Präsidentenamt nicht nur die Kabinettsmitglieder, sondern auch viele Positionen der Leistungsebene innerhalb der Ministerialbürokratie und Behörden neu besetzt. Dabei zeichnet sich die Exekutivelite durch ein hohes Maß an Fachkompetenz in einem bestimmten Politikfeld aus, deren Parteibindung nur eine untergeordnete Rolle spielt. Die horizontale Mobilität, d.h. der Wechsel zwischen verschiedenen Gesellschaftsbereichen, ist wesentlich höher, als dies z. B. in der Bundesrepublik Deutschland der Fall ist. Da diese Experten nur eine kurze Zeit in der Politik verweilen, ehe sie wieder in andere gesellschaftliche Teilbereiche wechseln, werden sie auch als *in-and-outers* bezeichnet (Heclo 1988). Dieses Phänomen wird auch als *revolving door-effect* bezeichnet, der insbesondere – aber nicht ausschließlich – auf die Exekutivelite zutrifft. Demnach hält die nationale Elite nicht gleichzeitig verschiedene leitende Positionen inne, sondern wechselt zeitlich nacheinander zwischen Führungspositionen. Der Übergang zwischen politischen Ämtern, Positionen in Wirtschaft und Wissenschaft sowie Expertise in *think tanks* oder *policy planning groups* ist fließend. Als Paradebeispiel dieser Form der personellen Verflechtung der gesellschaftlichen Subsysteme kann die derzeitige US-Außenministerin Condoleezza Rice angeführt werden, die bereits als Politikwissenschaftlerin und Kanzlerin an der Stanford University, als Aufsichtsratsmitglied von Hewlett Packard und Chevron sowie als Mitglied des *National Council on Foreign Relations* oder der *Rand-Corporation* tätig war, ehe sie in die Bush-Administration berufen wurde.

Das Präsidentenamt ist hierbei allerdings als Ausnahme zu betrachten, bildet es doch den „Endpunkt" einer jeden politischen Karriere. Seit 1945 hatte eine Mehrheit der Präsidenten vorher verschiedene Führungspositionen in ihrer Partei innerhalb und außerhalb des Kongresses inne. Außerdem ist festzustellen, daß das Amt des Gouverneurs eines Einzelstaates als Rekrutierungspool für das Präsidentenamt an Bedeutung gewonnen hat. So sammelten vier der letzten fünf Präsidenten (Carter, Reagan, Clinton, Bush jr.) Erfahrungen als Regierungschefs auf einzelstaatlicher Ebene (Helms 2002).

Generell kann der Typus des Berufspolitikers als Entwicklung des 20. Jahrhunderts bezeichnet werden. Das Ideal der amerikanischen Verfassungsväter, wonach der Bürgervertreter nach einem kurzen Aufenthalt in der politischen Arena wieder in seinen angestammten Beruf zurückkehrte, hatte bis weit in das 19. Jahrhundert Bestand. Im historischen Vergleich verbleiben die Abgeordneten und Senatoren heute wesentlich länger in ihrem Amt. So ist die Zahl der Kongreßabgeordneten, die nur eine Amtszeit leisten, von 44 Prozent im 19. Jahrhundert kontinuierlich auf 8,5 Prozent im 109. Kongreß (2005-2006) gesunken. Parallel hierzu stieg die Anzahl der Kongreßmitglieder mit sieben oder mehr Amtzeiten von 2,6 Prozent auf 39,3 Prozent. Die langen politischen Karrieren, wie z. B. die des Abgeordneten John Dingell (D-MI) – seit 1955 ununterbrochen im Repräsentantenhaus – oder des Senators Robert C. Byrd (D-WV) – seit 1959 im Senat – stellen allerdings die Ausnahme dar. Durchschnittlich verbleiben Abgeordnete des Repräsentantenhauses 6,2 Amtszeiten, Senatoren 3 Legislaturperioden im Kongreß (Brookshire/Duncan 1987). Die Verweildauer in der Exekutivelite hingegen ist wesentlich kürzer. So haben etwa *cabinet secretaries* in den USA eine durchschnittliche Amtszeit von 32,4 Monaten (Helms 2002: 601)

15.3.2   Elitenintegration

Sozialstrukturelle Merkmale
Gemäß der *power elite*-Theorie zeichnet sich die politische Elite durch die Homogenität ihrer sozialen Herkunft aus. Und auch heute noch ist das typische Mitglied der nationalen Elite mehrheitlich männlich, weiß, protestantisch, überdurchschnittlich wohlhabend und besitzt einen höheren Bildungsgrad.

Gemessen an ihrem Anteil der Bevölkerung müßten im amerikanischen Kongreß 222 weibliche Abgeordnete und 51 Senatorinnen vertreten sein. Jedoch sind Frauen in der politischen Elite bis heute die am stärksten unterrepräsentierte Gruppe. Im Repräsentantenhaus stieg der Frauenanteil von 4,2 Prozent (1975-1985) auf 15,3 Prozent (1995-2005); im Senat von 1 Prozent (1975-1985) auf 13,4 Prozent (1995-2005) (Stanley/Niemi 2006: 207). Im 109. Kongreß sind mehr Frauen als je zuvor vertreten: 65 im Repräsentantenhaus und 14 im Senat (CQ 2005 Almanac Plus 2006: A-6). In der Bush-Administration stieg der Frauenanteil auf 18 Prozent. Zum Vergleich waren in der Reagan-Administration nur 5 Prozent, in der von Bush sr. 10 Prozent der Exekutivpositionen von Frauen besetzt (Dye 2005: 81).

Ethnische Minderheiten hingegen sind seit den Reformen der 1960er Jahre stärker in der politischen Elite integriert, wobei die tatsächliche Bevölkerungsstruktur in den USA keineswegs abgebildet wird. Positiv hervorzuheben ist die Entwicklung im Repräsentantenhaus.

Der 109. Kongreß verzeichnet ein historisches Hoch mit 40 afro-amerikanischen Abgeordneten. So ist die Zahl der afro-amerikanischen Abgeordneten – bei einem Bevölkerungsanteil von 12,3 Prozent – kontinuierlich von 3,8 Prozent (1975-1985) auf 10,5 Prozent (1995-2005) angestiegen. Die Bevölkerungsgruppe der *Hispanics* hingegen ist weiterhin stark unterrepräsentiert, obwohl auch hier ein Rekordstand von 23 hispanischen Abgeordneten im 109. Kongreß festzustellen ist. Während ihr Anteil an der amerikanischen Gesamtbevölkerung heute auf 12,5 Prozent angewachsen ist, stieg die Zahl der Kongreßabgeordneten lediglich von 1,4 Prozent (1975-1985) auf 5,7 Prozent (1995-2005). Im Senat stagniert die Anzahl der Senatoren aus ethnischen Minderheiten allerdings auf niedrigem Niveau. So sind im 109. Kongreß ein afro-amerikanischer, zwei hispanische und zwei Senatoren asiatischer Herkunft vertreten (Stanley/Niemi 2006: 207; CQ 2005 Almanac Plus 2006: A-6). Eine ähnlich positive Tendenz wie im Repräsentantenhaus ist auch auf exekutiver Ebene feststellbar. Betrug der Anteil der Afro-Amerikaner in den Administrationen von Reagan und Bush sr. nur 5 Prozent, so ist er auf 18 Prozent unter George W. Bush angestiegen. In seinem zweiten Kabinett sind fünf Posten an Vertreter von ethnischen Minderheiten vergeben, darunter renommierte Ämter wie das *Department of State* an Condoleezza Rice oder das *Department of Justice* an Alberto R. Gonzales (Dye 2005: 77 ff.).

In der Frage der Religionszugehörigkeit dominieren im Kongreß die unterschiedlichen protestantischen Glaubensrichtungen (Episkopale, Methodisten, Baptisten, Presbyterianer), wenngleich der katholische Glaube die größte Einzelkonfession ist. Besonders raschen Zulauf erhalten in den USA – wie auch weltweit – die verschiedenen evangelikalen Glaubensrichtungen. Dieser Trend ist sowohl in der Bevölkerung als auch in der nationalen Elite der USA zu beobachten. Gemessen am Bevölkerungsanteil von 2 Prozent sind Angehörige des jüdischen Glaubens in der nationalen Führungsschicht – etwa im 109. Kongreß mit rund 7 Prozent – überrepräsentiert (Amer 2005: 5).

Während in der Bevölkerung nur 24 Prozent einen höheren Schulabschluß besitzen, sind es in der politischen Elite rund 90 Prozent. So haben im 109. Kongreß 91,2 Prozent der Abgeordneten bzw. 97 Prozent der Senatoren einen Bachelorabschluß. (Amer 2005: 4). Ein ähnliches Bild bietet auch die zweite Bush-Administration, deren Beamte zu 83 Prozent einen höheren Bildungsabschluß nachweisen können. Vor allem höhere Verwaltungspositionen werden überdurchschnittlich mit Absolventen von Eliteuniversitäten, wie z. B. Harvard, Yale, MIT, Stanford und Princeton, besetzt. Einhergehend mit dem hohen Bildungsgrad sind juristische und wirtschaftliche Berufsgruppen überproportional vertreten (Dye 2005: 81).

Interaktionsstrukturen nationaler Eliten
Elitennetzwerke bzw. Interaktionsmuster zwischen verschieden Teilbereichen der nationalen Führungsschicht lassen sich fassen als „intricate systems of discrete, informal, flexible, but still cohesive influence circles that form around and across issues and institutions. [...] they are based on repeated interactions among elite persons who have common policy interests or policy problems to solve" (Higley et al. 1991: 37).

Bis in die 1960er Jahre hinein zeichneten sich diese Elitesysteme durch einen hohen Grad an Geschlossenheit aus und wurden von engen politischen Zirkeln dominiert. Dabei bildeten Vertreter der Interessengruppen, Beamte der Bundesbürokratie und Mitglieder bzw. Mitarbeiter der Kongreßausschüsse mehr oder minder institutionalisierte Verhandlungsarenen, innerhalb derer der politische Kurs im jeweiligen Politikfeld festgelegt wurde. Kritisiert wurden diese *iron triangles* oder *policy subgovernments* aufgrund der geringen Anzahl und Fluktuation ihrer Mitglieder sowie der Abschottung gegenüber der Öffentlichkeit. Allerdings wird der politische Willensbildungs- und Entscheidungsprozeß heutzutage nicht mehr hinreichend durch das Modell der „eisernen Dreiecke" beschrieben (Heclo 1978). Zwar existieren sie in bestimmten Politikfeldern auch weiterhin, so z. B. in der Agrar-, Wasser-, Arbeitsmarkt- oder der Rüstungspolitik. Darüber hinaus sind aber neue *policy*-Netzwerke entstanden, die sich durch eine größere Anzahl an Teilnehmern und fließende Entscheidungsstrukturen auszeichnen. In sogenannten *issue networks* operieren Eliten aus den verschiedenen Gesellschaftsbereichen in sich überlappenden, flexiblen und zum Teil informellen Zirkeln, die sich um spezifische politische Sachfragen bilden (Smith 1995: 113 ff.).

Netzwerkanalysen belegen, daß eine Vielzahl solcher politikfeldspezifischer, geographisch basierter oder auch ideologisch-parteipolitisch geprägter Elitenzirkel existiert, die untereinander sehr eng verflochten sind. Dabei zeigt sich, daß zwischen nahezu allen Gesellschaftsbereichen zahlreiche Verbindungen formeller oder informeller Art bestehen, die einen regelmäßigen Informationsaustausch innerhalb der nationalen Elite ermöglichen. Darüber hinaus konnte für die USA – wie auch für andere stabile Demokratien wie die Bundesrepublik Deutschland oder Australien – die Existenz eines zentralen Zirkels (*central circle*) nachgewiesen werden, in dem Eliten aus nahezu allen Gesellschaftsbereichen interagieren (Tabelle 15-1).

Tabelle 15-1: Sektorale Zusammensetzung des Elitennetzwerks, des zentralen Zirkels und des inneren Kerns in der amerikanischen Elitenstudie (in Prozent)

Sektor	Elitennetzwerk	Zentraler Elitenzirkel	Innerer Kern
Politik	52,1	50,2	71,0
Verwaltung	8,2	5,7	1,0
Wirtschaft	13,5	16,3	9,0
Gewerkschaften	6,1	7,0	4,0
Medien	8,1	7,5	2,0
Freiwillige Vereinigungen	6,5	4,4	6,0
Wissenschaft	4,0	7,5	7,0
Andere	1,5	1,3	0,0

Quelle: **Higley, John et al., Elite Integration in Stable Democracies: A Reconsideration, in: European Sociological Review, Vol. 7, 1(1991), S. 41.**

Jedoch sind nicht alle Sektoren gleichermaßen repräsentiert. Besonders auffällig ist die Dominanz der politischen Elite in dieser zentralen Verhandlungsarena. Die Wirtschaftselite hingegen ist – wie auch die Beamten der Verwaltung – stark unterrepräsentiert. Betrachtet man nur die 100 Mitglieder des Elitennetzwerks (*inner core*), die am stärksten vernetzt sind, so ist das Übergewicht der politischen Elite innerhalb der nationalen Führungsschicht noch deutlicher. Demnach besteht dieser „innere Kern" des nationalen Elitennetzwerks der USA zu 75 Prozent aus Vertretern der politischen Elite. Die Wirtschaftselite hingegen macht nur 9 Prozent des *inner cores* aus, wohingegen die akademische Elite mit 7 Prozent überproportional stark vertreten ist. Dies bestätigt die Zentralität der politischen Führungsschicht im US-amerikanischen Elitennetzwerk (Higley et al. 1991; Higley/Moore 1981; Moore 1979).

Wertekonsens

Die Werteorientierung der Elite in Bezug auf die gesellschaftlichen und politischen Streitfragen gibt Auskunft über die Konfliktlinien innerhalb der politischen Führungsschicht. In den USA wird die politische Kultur von einem breiten Konsens der nationalen Elite über die zentralen Werte, wie z. B. Individualismus, Schutz des Eigentums, Chancengleichheit, Freiheit und ökonomischer Wettbewerb, getragen. Die Spielregeln des politischen Wettbewerbs erfreuen sich einer breiten Akzeptanz innerhalb der politischen Elite. Etwaige Konflikte spielen sich lediglich im Rahmen des liberalen Wertekanons ab (Dye 2005: 191 ff.).

Die bestimmende Konfliktlinie in den USA ist die zwischen *liberals* auf der einen und *conservatives* auf der anderen Seite, welche ihren Ausdruck in den beiden großen Parteien findet. Auseinandersetzungen zwischen diesen beiden Lagern beziehen sich in erster Linie auf die Mittel, nicht aber die allgemeinen Ziele der US-Politik. Allerdings ist in den vergangenen 25 Jahren eine Verschärfung des Konfliktes auf Elitenebene zu beobachten. Denn zum einen sind die parteipolitischen Lager wesentlich homogener und kohärenter geworden. Auf eine einfache Formel gebracht, stimmen heute Liberale mehrheitlich für die Demokratische Partei und Konservative für die Republikanische Partei. Damit verkleinert sich die Gruppe der *cross-pressured candidates* – liberale Republikaner bzw. konservative Demokraten – und die Parteizugehörigkeit stimmt zunehmend mit den ideologischen Präferenzen von Wählern und Repräsentanten überein. Zum anderen haben sich die Politikpräferenzen zwischen diesen beiden Lagern auseinanderentwickelt. Der Abstand zwischen den liberalen und den konservativen Vertretern der politischen Elite ist heute größer als noch in den 1970er Jahren (Bond/Fleisher 2000; Fiorina/Abrams/Pope 2006).

Diese beiden Entwicklungen haben dazu geführt, daß die Auseinandersetzungen im Elitendiskurs stärker und die Konsensbildung wesentlich schwieriger geworden ist. Diskussionen über wichtige Sachfragen, wie z. B. Abtreibung, die Rolle des Staates in den Wohlfahrtssystemen, Quotenregelungen für Minderheiten oder die Trennung zwischen Staat und Kirche, werden mit zunehmender Härte zwischen den Parteieliten geführt. Dabei ist die Polarisierung beileibe nicht auf die Parteien beschränkt. Es ist auffällig, daß sich in zunehmenden Maß auch die Vertreter von Wirtschaft, Medien und Wissenschaft entlang den parteipolitischen Konfliktlinien gruppieren. Einflußreiche Interessengruppen, wie z. B. die *National Rifle Association* oder *Christian Coalition*, unterstützen die Wahlkämpfe der Republikanischen Partei finanziell und organisatorisch. Konservative Medien, wie das Medienimperium von Rupert Murdoch, sehen sich als Alliierte der *Grand Old Party* im Kampf um die Werte Amerikas. Außerdem ist die Zahl der überparteilichen *think tanks* geschrumpft. An ihre Stelle sind solche „Denkfabriken" – etwa die *Heritage Foundation*, das *American Enterprise Institute* oder die *Olin Foundation* – getreten, die ihre Expertise vornehmlich der Republikanischen Partei zur Verfügung stellen. Auch die Demokratische Partei hat eine ähnliche Koalition geschmiedet. Zu ihren Verbündeten kann sie die amerikanischen Gewerkschaften, liberale

Bürgerrechtsgruppierungen, die *New York Times* oder das *Brookings Institute* zählen. So stellt Barbara Sinclair treffend fest, daß „the national political and policy community that, coming out of the 1960s, could be characterized as one of fluid coalitions is now better described as two armed and hostile camps" (Sinclair 2006: 308).

15.3.3 Elite und Masse im politischen Entscheidungsprozeß

Im Mittelpunkt der wissenschaftlichen Beschäftigung mit der repräsentativen Demokratie steht die Frage, inwieweit die Politikpräferenzen der Bürger Eingang in den politischen Willensbildungs- und Entscheidungsprozeß finden und sich die politische Elite gegenüber der Masse responsiv verhält. Die klassische Perspektive, die stark von pluralistischen Ansätzen geprägt ist, sieht den *policy making process* als ein Produkt des Wettbewerbs, des Aushandelns und der Kompromißfindung der verschiedenen gesellschaftlichen Interessen. Da jedoch nicht alle Bürger gleichermaßen an diesem Prozeß teilhaben können, müssen ihre Präferenzen über intermediäre Institutionen wie Parteien, Interessengruppen oder Medien „von unten nach oben" in den politischen Willensbildungs- und Entscheidungsprozeß eingespeist werden und sollen auf diesem Weg das Handeln der nationalen Führungsschicht beeinflussen. Dem Wahlvorgang wird dabei eine entscheidende Bedeutung beigemessen, die Responsivität der Regierenden gegenüber den Regierten zu sichern. Denn um im politischen Wettbewerb bestehen zu können, müssen ambitionierte Politiker auf die Bedürfnisse ihrer Wählerschaft Rücksicht nehmen und deren Präferenzen in ihre politischen Entscheidungen einbeziehen. Die Wahlmöglichkeit dient somit als Kontrollmechanismus der Bürger gegenüber der politischen Elite (Dye 2005: 172; Domhoff 2002: 183).

Dieses Modell spiegelt allerdings nach Ansicht der amerikanischen Bevölkerung nicht die Wirklichkeit wider. So hat die Mehrheit das Gefühl, daß die amerikanische Regierung nur in geringem Maße auf die Präferenzen der einfachen Bürger Rücksicht nimmt. Dagegen sind 81 Prozent der Bevölkerung der Meinung, daß es Amerika besser gehen würde, wenn die politische Elite näher auf ihre Bedürfnisse eingehen würde. 75 Prozent behaupten, daß ihre Regierung nicht zum Wohle aller, sondern nur im Interesse einiger weniger handelt (Dye 2001: 12). So konstatiert Thomas R. Dye, daß „the assertion that public policy reflects the ‚demands of the people' expresses the myth rather than the reality of democracy. […] the reality is that *public policy is made from the top down* [Hervorhebung Dye]" (Dye 2001: 1).

Demnach sind nicht die Präferenzen der Bürger im politischen Willensbildungs- und Entscheidungsprozeß ausschlaggebend, sondern die der nationalen Elite. In den verschiedenen Elitenzirkeln und Netzwerken werden aktuelle Gesellschaftsprobleme analysiert und erörtert, noch ehe sie von der Bevölkerung als solche wahrgenommen werden. Dabei erfüllen diese Elitenzirkel die Funktion der Konsensbildung innerhalb der nationalen Elite. Als zentraler Knotenpunkt des Entscheidungsprozesses bieten sie den unterschiedlichen Eliten aus Wirtschaft, Bildung, Lobbygruppen und Politik eine gemeinsame Verhandlungsarena. Die dort erarbeiteten Politikempfehlungen werden dann in den politischen Willensbildungs- und Entscheidungsprozeß „von oben" eingespeist. Erst nachdem die politische Agenda innerhalb der nationalen Führungsschicht Übereinstimmung gefunden hat, findet der pluralistische *policy making process* des Aushandelns, Wettbewerbs und Überzeugens statt. Verschiedene Expertisen werden angefertigt, Anhörungen veranstaltet und spezifische Gesetzesvorlagen erarbeitet. In diesem Stadium finden die gleichen Eliten Gehör, die bereits eine Stufe früher den Politikformulierungsprozeß dominiert haben. Die endgültigen Entscheidungen der politischen Elite sind bei weitem nicht unwichtig. Da jedoch breiter Konsens innerhalb der nationalen Führungsschicht in Bezug auf das amerikanische Wertesystem besteht, beschränken sich die Auseinandersetzungen darauf, welche Mittel und Wege zur Verwirklichung der Politikinhalte eingesetzt bzw. beschritten werden sollen. Die Rolle der Masse hingegen reduziert sich lediglich auf die Evaluation der beschlossenen Politikinhalte (Dye 2005: 171-202; Dye 2001; Domhoff 2002: 147-180).

15.4 Integrierte oder fragmentierte Elite

Im Mittelpunkt der US-Elitenforschung steht die Frage ‚Wer regiert Amerika?' Während Vertreter der pluralistischen Theorien die amerikanische Elitenstruktur als weitgehend offen und fragmentiert begreifen, betont der *power elite*-Ansatz die Geschlossenheit und Integration der nationalen Führungsschicht. In der Realität sind jedoch innerhalb der Elitenstruktur sowohl Merkmale der Fragmentierung als auch der Integration zu beobachten.

Der Zugang zur politischen Elite ist überwiegend offen und flexibel geregelt. Aufgrund der Vielzahl von Rekrutierungspfaden ist die vertikale Mobilität relativ groß. Natürlich gibt es immer noch „politische Dynastien" wie die Bushs oder Kennedys, allerdings rekrutiert sich die politische Elite heutzutage mehrheitlich aus der Mittelschicht (Dye 2005: 208). Insbesondere die horizontale Mobilität zwischen den verschiedenen gesellschaftlichen Subsystemen ist in den USA weitaus größer als in der Bundesrepublik Deutschland. Trotz offener und flexibler Zugangsmöglichkeiten muß einschränkend die sozialstrukturelle Zusammensetzung des engeren Kreises der politischen Elite angeführt werden. Noch immer sind männliche Mitglieder der *White Anglo-Saxon Protestant*-Kultur überproportional stark vertreten. Zwar finden sich heute mehr Frauen und ethnische Minderheiten in Legislative und Exekutive wieder, als dies noch in den 1960er und 1970er Jahren der Fall war. Jedoch sind diese Gruppen auch weiterhin unterrepräsentiert. Vielmehr zeigt sich anhand der sozialstrukturellen Merkmale, daß von der neuen Offenheit der politischen Elite in erster Linie die weiße Mittelschicht profitiert hat. Insofern kann die politische Elite als eine kohärente Gruppe bezeichnet werden. Die unteren Gesellschaftsschichten sind von dieser Entwicklung bislang weitgehend ausgeklammert.

Zur Beschreibung der Interaktionsstrukturen der nationalen Führungsschicht scheint sich das Konzept der pluralistischen Elite am besten zu eignen, da sich das nationale Elitennetzwerk in den USA durch ein hohes Maß an Inklusion auszeichnet. Es umfaßt Mitglieder nahezu aller Gesellschaftsbereiche, unabhängig ihrer sozialen Herkunft. Auffällig ist die zentrale Position der politischen Elite in ihrem Verhältnis zu den Eliten anderer Subsysteme. Die Wirtschaftselite spielt zwar auch eine wichtige Rolle innerhalb des Netzwerks und des zentralen Elitenzirkels, ihre Position ist mit Blick auf die politische Elite in den USA vergleichsweise schwach (Tabelle 15-1). Allerdings widerspricht die Existenz eines stark vernetzten und zentralisierten inneren Kerns der pluralistischen Sichtweise von subsystemischen

Eliten, die autonom, dezentral und spezialisiert agieren (Higley et al. 1990; Higley/Moore 1981). Die Entstehung politikfeldspezifischer Verhandlungsarenen, sogenannter *issue networks* oder *policy subgovernments*, hat zu einer weiteren Öffnung des Elitennetzwerkes beigetragen. Dies darf jedoch nicht darüber hinweg täuschen, daß in einigen Politikfeldern – traditionellerweise der Verteidigungs- und Agrarpolitik – auch weiterhin starre und abgeschottete Elitenzirkel (*iron triangles*) existieren.

In Bezug auf das Wertesystem der USA herrscht breiter Konsens innerhalb der politischen Elite. Deshalb ist die politische Auseinandersetzung innerhalb der nationalen Elite eine „about the *means* of achieving agreed-upon *ends* [Hervorhebungen Dye], rather than conflict over the legitimacy of American political and economic institutions" (Dye 2005: 210). Insofern kann durchaus von einem einheitlichen Wertekonsens im Sinne der Machtelitetheorie gesprochen werden. Auf der anderen Seite hat die Polarisierung der politischen Landschaft in den USA dazu beigetragen, den liberal-konservativen Faktionalismus zu verstärken. Inwieweit sich dieser Prozeß auf die Masse der Bevölkerung überträgt und damit die Basis des amerikanischen Wertesystems erschüttern kann, wird sich zeigen. In den USA ist hierüber bereits eine energisch geführte Debatte entbrannt (Fiorina/Abrams/Pope 2006; Hetherington 2001; Walker 2006). Das Verhältnis von Masse und Elite im politischen Willensbildungs- und Entscheidungsprozeß stellt dabei keine Einbahnstraße dar, sondern muß zweigleisig und sich gegenseitig bedingend gedacht werden. Je nach Politikfeld werden *policy*-Präferenzen eher aus der Bevölkerung – also von unten – in den Politikformulierungsprozeß eingespeist oder von der nationalen Elite – also von oben – initiiert (Putnam 1976: 138 ff.).

Die beiden Theorieansätze können als Kontinuum verstanden werden, an dessen Extremen sich die Theorie der Machtelite auf der einen und die Ansätze des Elitenpluralismus auf der anderen Seite positionieren lassen. Jedoch weist die amerikanische Elitenstruktur in all ihren Dimensionen sowohl Merkmale der Integration als auch der Fragmentierung auf, so daß eine Mittelposition, wie etwa das Modell der *consensually integrated elite*, die Realität in den USA besser beschreibt als die Konzeptionen der *power elite* oder der pluralistischen Elite.

15.5 Literatur

Amer, Mildred L., Membership of the 109th Congress: A Profile, CRS Report for Congress, RS 22007, 25. Oktober 2005.

Bond, Jon R./**Fleisher**, Richard (Hrsg.), Polarized Politics. Congress and the President in a Partisan Era, Washington, D.C. 2000.

Borchert, Jens/**Copeland**, Gary, United States: A Political Class of Entrepreneurs, in: **Borchert**, Jens/**Zeiss**, Jürgen (Hrsg.), The Political Class in Advanced Democracies, Oxford 2003, S. 393-415.

Bottomore, Tom B., Elites and Society, 2. Aufl., London 1993.

Brookshire, Robert G./**Duncan**, Dean F., III., Survival in the U.S. Congress, in: **Clarke**, Harold D./**Czudnowski**, Moshe M. (Hrsg.), Political Elites in Anglo-American Democracies, DeKalb 1987, S. 231-254.

CQ 2005 Almanac Plus, 109th Congress, 1st session, Vol. LXI, Washington, D.C. 2006.

Czudnowski, Moshe (Hrsg.), Political Elites and Social Change. Studies of Elite Roles and Attitudes, DeKalb 1983.

Dahl, Robert A., A Critique of the Ruling Elite Model, in: American Political Science Review, Vol. 52, 2(1958), S. 463-469.

Dahl, Robert A., Who Governs? Democracy and Power in an American City, New Haven 1961.

Davison, James/**Wolfe**, Adam, Is There a Culture War? A Dialogue on Values and American Public Life, Washington, D.C. 2006.

Domhoff, G. William, The Power Elite and the State. How Policy is Made in America, New York 1990.

Domhoff, G. William, Who rules America? Power and Politics, 4. Aufl., Boston u. a. O. 2002.

Dye, Thomas R., Top Down Policymaking, New York 2001.

Dye, Thomas R., Who's running America? The Bush Restoration, 7. Aufl., Upper Saddle River 2005.

Ehrenhalt, Alan, The United States of Ambition, New York 1991.

Field, G. Lowell/**Higley**, John, Elitism, London 1980.

Fiorina, Morris P./**Adams**, Samuel J./**Pope**, Jeremy C., Culture War? The Myth of a Polarized America, 2. Aufl., New York u. a. O. 2006.

Heclo, Hugh, Issue Networks and the Executive Establishment, in: **King**, Anthony (Hrsg.), The New American Political System, Washington, D.C. 1978, S. 87-124.

Heclo, Hugh, The In-and-Outer System: A Critical Assessment, in: Political Science Quarterly, Vol. 103, 1(1988), S. 37-56.

Heinz, John P./**Laumann**, Edward O./**Salisbury**, Robert H./**Nelson**, Robert L., Inner Circles or Hollow Cores? Elite Networks in National Policy Systems, in: Journal of Politics, Vol. 52, 2(1990), S. 356-390.

Helms, Ludger, Parlamentarismus, Präsidentialismus und Elitenstruktur – ein empirischer Drei-Länder-Vergleich, in: Zeitschrift für Parlamentsfragen, Jg. 33, 3(2002), S. 589-605.

Hetherington, Marc J., Resurgent Mass Partisanship: The Role of Elite Polarization, in: American Political Science Review, Vol. 95, 3(2001), S. 619-631.

Hibbing, John R., Congressional Careers: Contours of Life in the U.S. House of Representatives, Chapel Hill 1991.

Higley, John/**Hoffmann-Lange**, Ursula/**Kadushin**, Charles/**Moore**, Gwen, Elite Integration in Stable Democracies: A Reconsideration, in: European Sociological Review, Vol. 7, 1(1991), S. 35-53.

Higley, John/**Moore**, Gwen, Elite Integration in the United States and Australia, in: American Political Science Review, Vol. 75, 3(1981), S. 581-597.

Higley, John/**Moore**, Gwen, Political Elite Studies at the Year 2000. An Introduction, in: International Review of Sociology, Vol. 11, 2(2001), S. 175-180.

Hoffmann-Lange, Ursula, Eliten, in: **Jesse**, Eckhard/**Sturm**, Roland (Hrsg.), Demokratien des 21. Jahrhunderts im Vergleich. Historische Zugänge, Gegenwartsprobleme, Reformperspektiven, Opladen 2003, S. 203-225.

Keller, Suzanne, Beyond the Ruling Class: Strategic Elites in Modern Society, New York 1963.

Lasswell, Harold/**Lerner**, Daniel, The Comparative Study of Elites, Stanford 1952.

Lerner, Robert/**Nagai**, Althea K./**Rothman**, Stanley, American Elites, New Haven/London 1996.

Loomis, Burdett A., Taking the Queue: Careers and Policy in the U.S. House of Representatives, in: **Clarke**, Harold D./**Czudnowski**, Moshe M. (Hrsg.), Political Elites in Anglo-American Democracies, DeKalb 1987, S. 255-275.

Loomis, Burdett A., The New American Politician, Ambition, Entrepreneurship, and the Changing Face of Political Life, New York 1990.

Michels, Robert, Zur Soziologie des Parteiwesens in der modernen Demokratie. Untersuchungen über die oligarchischen Tendenzen des Gruppenlebens, 4. Aufl., Stuttgart 1989 [EA Leipzig 1911].

Mills, C. Wright, The Power Elite, New York 1956.

Moncrief, Gary F., Recruitment and Rentention in U.S. Legislatures, in: Legislative Studies Quarterly, Vol. 24, 2(1999), S. 173-208.

Moore, Gwen, The Structure of a National Elite Network, in: American Sociological Review, Vol. 44, 5(1979), S. 673-692.

Moore, Gwen/**Sobieraj**, Sarah/**Whitt**, J. Allen/**Mayorova**, Olga/**Beaulieu**, Daniel, Elite Interlocks in Three U.S. Sectors: Nonprofit, Corporate, and Government, in: Social Science Quarterly, Vol. 83, 3(2002), S. 726-744.

Mosca, Gaetano, Die herrschende Klasse. Grundlagen der politischen Wissenschaft, München 1950 [EA Elementi di Scienca Politica, Mailand 1985].

Moyser, George/**Wagstaffe**, Margaret (Hrsg.), Research Methods for Elite Studies, London 1987.

Nivola, Pietro S./**Brady**, David W., Red and Blue Nation. Characteristics and Causes of America's Polarized Politics, Washington, D.C. 2006.

Pareto, Vilfredo, The Mind and Society: A Treatise on General Sociology, 2 Bde., New York 1963 [EA Trattato di Sociologia Generale, Florenz 1916].

Parry, Geraint, Political Elites, New York 1969.

Prewitt, Kenneth/**Stone,** Allen, The Ruling Elites: Elite Theory, Power, and American Democracy, New York 1973.

Putnam, Robert D., The Comparative Study of Political Elites, New Jersey 1976.

Rose, Arnold M., The Power Structure: Political Process in American Society, New York 1967.

Rothman, Stanley/**Black**, Amy E., Elites revisited: American Social and Political Leadership in the 1990s, in: International Journal of Public Opinion Research, Vol. 11, 2(1999), S. 169-195.

Salisbury, Robert H./**Shepsle**, Kenneth A., U.S. Congressmen as Enterprise, in: Legislative Studies Quarterly, Vol. 6, 4(1981), S. 559-576.

Sinclair, Barbara, Party Wars. Polarization and the Politics of National Policy Making, Norman 2006.

Smith, Richard A., Interest Group Influence in the U.S. Congress, in: Legislative Studies Quarterly, Vol. 20, 1(1995), S. 89-139.

Stanley, Harold W./**Niemi**, Richard G., Vital Statistics on American Politics, 2005-2006, Washington, D.C. 2006.

Walker, Richard, Political Polarization – a Dispatch from the Scholarly Front Lines, The Brookings Institution Issue in Governance Studies, Washington, D.C. 2006.

Webb Hammond, Susan, From Staff Aide to Election: The Recruitment of U.S. Representatives, in: **Clarke**, Harold D./**Czudnowski**, Moshe M. (Hrsg.), Political Elites in Anglo-American Democracies, DeKalb 1987, S. 209-230.

Williams, Shirley/**Lascher**, Edward L., Jr. (Hrsg.), Ambition and Beyond. Career Paths of American Politicians, Berkley 1993.

Sabine Ruß

16   Soziale Bewegungen

16.1   Zur begrifflichen Klärung

In der politischen Rhetorik taucht der Begriff der „Bewegung" (*movement*) in den USA häufig auf und steht dann für den Anspruch, eine Sache zu vertreten, die breite und weiter wachsende Unterstützung erfährt (Salisbury 1989). Davon zu unterscheiden ist der sozialwissenschaftliche Gebrauch des Begriffs. Um soziale Bewegungen (SB) von Parteien oder Interessengruppen als weiteren Formen der Interessenartikulation im politischen System abzugrenzen, bietet die Forschung ein recht variantenreiches Spektrum an Definitionen, die als Spezifikum von SB vier Aspekte unterschiedlich stark hervorheben (Diani 1992: 1-25):

- ihren Charakter als Netzwerk informeller Interaktion,
- die von den „Bewegten" geteilten Einstellungen und ihre Solidarität,
- die Aktionsformen, die zu einem erheblichen Anteil außerhalb der gesellschaftlichen Institutionen und ihrer alltäglichen Verfahren und Routinen liegen,
- ihr auf gesellschaftliche Konflikte bezogenes Handeln.

Die Definition der *Encyclopaedia Britannica* faßt Bewegungen als „loosely organized but sustained campaign in support of a social goal, typically the implementation or the prevention of a change in the society's structure of values". Ganz ähnlich lautet die in der deutschsprachigen Literatur oft zitierte Definition von SB als „ein auf gewisse Dauer gestelltes und durch kollektive Identität abgestütztes Handlungssystem mobilisierter Netzwerk von Gruppen und Organisationen, welche sozialen Wandel mit Mitteln des Protests – notfalls bis hin zur Gewaltanwendung – herbeiführen, verhindern oder rückgängig machen wollen" (Rucht 1994: 76 f.).

Des öfteren zu finden ist auch das Verständnis von sozialen Bewegungen als Vehikel für Außenseiter-Interessen, die im politischen System (noch) keine Berücksichtigung finden (Greenberg/Page 1993: 333). Diese Definition scheint sinnvoll dann, wenn mit Außenseiter-Interessen nicht nur sozial unterprivilegierte Gruppen gemeint sind. Eine solch enge Definition würde zwar beispielsweise die *Equal-Rights*-Bewegungen wie die der Afroamerikaner, Frauen und Homosexuellen umfassen, nicht aber die amerikanische Umwelt- und Konsumentenschutzbewegung. Die von diesen Bewegungen formulierten allgemeinen Interessen sind jedoch insofern ebenfalls als Außenseiter-Interessen zu bezeichnen, als sie, wie die

Theorie kollektiven Handelns erklärt, a priori schwer organisierbare und gering konfliktfähige Interessen darstellen. Die soziale Trägerschaft der entsprechenden Bewegungen setzt sich meistens gerade nicht aus gesellschaftlichen Außenseitern zusammen, sondern rekrutiert sich häufig zu wesentlichen Teilen aus der Mittelschicht mit einem beträchtlichen kulturellen und sozialen Kapital.

16.2 Soziale Bewegungen als sozialwissenschaftlicher Untersuchungsgegenstand

Seit dem Aufschwung der Bewegungsforschung in den 1960er und 1970er Jahren und ihrer Etablierung als eigenem Zweig der Sozialforschung näherten sich europäische und amerikanische Forschungsperspektiven an, auch wenn bisher kein vollends integrierter Ansatz entwickelt wurde. Heutzutage werden Bewegungen in den Blick genommen als Epiphänomene gesellschaftlicher Brüche und Konflikte, als Politik mit unkonventionellen Mitteln und als Kollektive auf der Suche nach Identität (Klandermans 1997: 200).

Die klassische Analyse sozialer Bewegungen greift zu sozio-strukturellen Erklärungen und betrachtet SB als Anzeiger gesellschaftlicher Umbrüche und Wandlungen. Der *collective-behaviour*-Ansatz (Smelser 1962) analysiert Bewegungen als Reaktionen auf Widersprüche und Ungleichzeitigkeiten bzw. „structural strains" infolge von Modernisierungsprozessen. Das 1970 in die Diskussion eingebrachte und seitdem viel verwendete Konzept der „relativen Deprivation" (Gurr 1970) erklärt Protestmobilisierung aus einer Diskrepanz zwischen als legitim empfundenen Ansprüchen und ihren wahrgenommenen Realisierungschancen.

Demgegenüber hat der vor allem am Beispiel der amerikanischen Bürgerbewegung entwickkelte Ansatz der Ressourcenmobilisierung herausgearbeitet, daß sich Existenz und Erfolg sozialer Bewegungen keineswegs quasi mechanisch aus bestimmten strukturellen Gegebenheiten erklären lassen, sondern vor allen Dingen abhängen von den innerhalb eines Systems für die Protestmobilisierung zur Verfügung stehenden Ressourcen sowie vom Geschick ihrer Nutzung und dem Vorhandensein von unterstützungsbereiten bereits organisierten Akteuren („Sponsoren"). So sei etwa der Erfolg des *civil rights movement* nicht ohne seine Stützpunkte in Kirchengemeinden und *colleges* denkbar gewesen (Morris 1984; McAdam 1982). Die Beschäftigung mit Mobilisierungsstrukturen bildet nach wie vor eine der zentralen Forschungsperspektiven. Zustandekommen und Überleben einer Bewegung werden dabei theoretisch als Folge eines rationalen Kosten-Nutzen-Kalküls der „Bewegten" und des erfolgreichen taktischen und strategischen Einsatzes vorhandener Ressourcen modelliert.

Kritisch zu diesem Ansatz ist zu vermerken, daß eine Sichtung der bewegungsinternen Ressourcenausstattung nur bedingt aussagekräftig ist, wenn dynamische Aspekte des politischen Prozesses unberücksichtigt bleiben. Aktionen der Bewegung können schließlich selbst wieder zu Mobilisierungsressourcen werden und als „learning by doing" die politischen Fähigkeiten der Teilnehmer steigern (Scott 1990). Außerdem wird diesem Ansatz eine Tendenz zur Überschätzung organisatorischer Aspekte vorgeworfen. So folgerten Frances Fox Piven und Richard A. Cloward aus ihren eigenen Fallstudien zu Protestbewegungen von Armen in den Vereinigten Staaten, daß Organisation nur für im System bereits etablierte Akteure den Schlüssel zum politischen Erfolg bilde. Rebellion, also Regelverstöße, spontane Aufstände und Gewalt(-androhung) seien dagegen die wichtigsten Handlungsressourcen der „out-groups" bzw. Bewegungen, die auf systemüberwindende gesellschaftliche Veränderungen zielten (Piven/Cloward 1977; Piven/Cloward 1991). Die Forschungsergebnisse zur generellen Frage der Gewalt als Erfolgsfaktor für soziale Bewegungen sind allerdings alles andere als eindeutig.

Nicht die mikrosoziologisch ansetzende Akteursperspektive, sondern die Umweltperspektive wird dagegen von Studien eingenommen, die sich mit den „politischen Gelegenheitsstrukturen" und dem Vergleich des Erfolgs bestimmter sozialer Bewegungen in unterschiedlichen Ländern oder zu unterschiedlichen Zeitpunkten befassen. Die Arbeiten von Sidney Tarrow, Hanspeter Kriesi und anderen haben gezeigt, welche Bedeutung politisch-institutionelle Rahmenbedingungen für Aufkommen und Erfolg von Bewegungen haben. Zu unterscheiden sind hierbei eher harte Variablen, die für die allgemeinen Struktureigenschaften des politischen Systems stehen, und eher weiche Variablen, welche die politische Konjunktur umfassen, insbesondere die jeweilige Kräftekonstellation und die von ihr bestimmte Zahl möglicher Bewegungs-Verbündeter. Die Gefahr bei der Anwendung des Gelegenheitsstrukturen-Konzepts besteht darin, daß es – ähnlich wie das der Ressource – als konzeptioneller Schwamm eine Vielzahl von Variablen aufzunehmen vermag. Zudem läßt sich das respektive Gewicht bestimmter Gelegenheitsstrukturen für den Erfolg einer Bewegung kaum bestimmen und nur grob über Plausibiliätsvermutungen abschätzen.

Neuere Ansätze konzentrieren sich auf kulturelle Aspekte und beleuchten Bewegungen als aktive Such- und Lernprozesse, in denen die hier wiederum als Handlungsträger gesehenen Bewegungen auf Änderungen im gesellschaftlichen Umfeld reagieren und neue Deutungsangebote (*framing*) machen (Benford/Snow 2000), und zwar entweder in Hinsicht auf die Definition gesellschaftlicher Probleme bzw. Problemlösungen, oder aber auf gesellschaftliche (Gruppen)Identitäten (Melucci 1995). Auch der *framing*-Ansatz läßt sich im Sinne des *rational choice*-Paradigmas anwenden, insofern Bewegungserfolge interpretiert werden können als Folge der richtig kalkulierten Auswahl einer „Verpackungsstrategie" für das eigene Anliegen. Ein Deutungsangebot ist erfolgreich, wenn es an vorhandene gesellschaftliche Deutungsmuster anschließt und so in der Öffentlichkeit resonanzfähig wird. In der amerikanischen Geschichte bilden insbesondere für Protestbewegungen benachteiligter Gruppen die in der amerikanischen Zivilreligion vorhandenen säkularisierten judeo-christlichen Vorstellungen von der Gleichheit aller Menschen sowie das kollektive Selbstverständnis als erwählte „neue Nation" mit einer Verpflichtung zur Vorbildlichkeit zentrale Ankerpunkte für ihre jeweiligen Argumentationsstrategien, so in jüngster Zeit für das *anti-homelessness-movement* (Ruß 2005).

Für die Analyse sozialer Bewegungen erweist sich die Kombination verschiedener Blickrichtungen als nützlich. Dies läßt sich am Beispiel der sogenannten Neuen Sozialen Bewegungen (NSB) aufzeigen. Diese in den USA weit weniger als in Europa gebräuchliche Bezeichnung bezieht sich auf eine Gruppe von Protestbewegungen, die in den 1960er Jahren – zunächst in den USA, dann in Europa – entstand, und die sich zumindest nicht unmittelbar auf Klassen-

oder Statusinteresse zurückführen lassen wie frühere soziale Bewegungen, bei denen es den Anhängern entweder um die Verbesserung ihrer ökonomischen Position oder die Verteidigung der eigenen Lebensführung ging. Makrosoziologisch betrachtet erscheint die neue Bewegungsgruppe als Manifestation des Übergangs zu einer postindustriellen oder postfordistischen Gesellschaft. Eine konstruktivistische Analyse würde darauf verweisen, daß dieses Konglomerat aus Umwelt-, Friedens-, Schwulen- und Lesbenbewegung durch überlappende Deutungsrahmen (*frames*) zusammengehalten wird, darunter das Ideal eines alternativen, non-konformistischen und selbstbestimmten Lebens. Jürgen Habermas deutete solche Bewegungen als Verteidigung der Lebenswelt gegen die Kolonialisierung durch Systemzwänge.[*] Auf Identitätsfragen abzielende Ansätze wiederum betonen, daß sich die mobilisierende Gruppenidentität der NSB vor allem über eine eigene Kultur – nicht zuletzt durch gemeinsame Musik als Teil dieser Protestkultur – konstituiert. Ob die Bezeichnung „neu" für diese Bewegungen zutreffend gewählt ist, wird freilich immer wieder bezweifelt. Schon früher in der Geschichte sind immerhin Bewegungen mit vorwiegender Selbst- und Kulturorientierung aufgetreten (Brand 1998).

16.3   Die amerikanische Bewegungslandschaft

Bewegungstypologien orientieren sich

- am Fokus der Bewegungsaktivität und ihrem Adressatenkreis, so etwa die klassische Unterscheidung von Herbert Blumer (1951) zwischen Reform-, Erneuerungs- und kulturellen („expressiven") Bewegungen,
- am sozioökonomischen Interesse der Trägerschaft und ihrer Verortung in der Gesellschaftsstruktur. So unterscheidet eine auf Max Weber zurückgreifende Typologie zwischen Klassen- und Statusbewegungen, die im ersten Fall aus ökonomischer Deprivation, im zweiten aus relativer Deprivation im Sinne eines befürchteten gesellschaftlichen Statusverlusts entstehen.

Zum Überblick über die vielgestaltige amerikanische Bewegungslandschaft wird im Folgenden eine an zentralen gesellschaftlichen Konflikten orientierte Typologie präsentiert. Sie nimmt die eingangs gegebene Definition sozialer Bewegungen als kollektives Handeln für oder gegen sozialen Wandel insofern auf, als sich dieser Wandlungsprozeß als Abfolge gesellschaftlicher Konflikte begreifen läßt.

Der für Europa zentrale bewegungsbildende Konflikt, nämlich der zwischen Arbeit und Kapital, zeigt sich in den Vereinigten Staaten auf der Ebene des politischen kollektiven Handelns vergleichsweise schwach ausgeprägt. Die in Europa als Prototyp moderner Bewegungen überhaupt geltende Arbeiter- und Gewerkschaftsbewegung hatte in den Vereinigten

---

[*] Dies gilt auch für die Friedens- und Umweltbewegung, da in diesem Fall die eigene Lebenswelt sowohl durch eine militärische geführte Außenpolitik als auch durch industriell verschmutzte Umwelt bedroht wird.

Staaten Ende des 19. Jahrhunderts und in den 1930er Jahren ihre Hochzeit und errang 1935 einen Teilerfolg mit dem *Wagner Labor Relations Act,* der die Anerkennung kollektiver Verhandlungen zwischen Arbeitgebern und Gewerkschaften brachte. Im Unterschied zu Europa kam es in den Vereinigten Staaten jedoch nie zu dauerhafteren kollektiven Verhandlungsarrangements. Die Ursachen dieses Umstands sind bekannt: Klassenkämpferische Parolen erreichten im Rahmen der liberalen politischen Kultur keine breitere Resonanz, und Arbeitskämpfe wurden behindert von der Tatsache, daß im Einwanderungsland USA stets der Nachschub an Arbeitskräften gesichert schien. Gewerkschaften treten als Verhandlungspartner der Arbeitgeber vor allem auf Betriebsebene auf. Zugleich besitzen sie breiteren politischen Einfluß, nicht zuletzt aufgrund ihrer Rolle in der Wahlkampffinanzierung als Großspender der Demokratischen Partei und ihrer Kandidaten. Seit den späten 1990er Jahren betätigen sich die Gewerkschaften zudem angesichts der Herausforderung der Globalisierung (wieder) verstärkt als „Sponsoren" anderer sozialer Bewegungen (siehe weiter unten). Unter neuen Vorzeichen scheint die ökonomisch-soziale Konfliktlinie wieder an Mobilisierungskraft zu gewinnen. Diese während der Industrialisierung entstandene Konfliktlinie findet sich zudem im postindustriellen Zeitalter um neue Aspekte erweitert, die die gesellschaftlichen Konfliktkonstellationen und damit die Bewegungslandschaft modifizieren: Zu nennen ist hier der Konflikt zwischen Produzenten- und Konsumenteninteressen und, teilweise überlappend, der Konflikt zwischen ökonomischen und ökologischen Interessen, die in den USA frühzeitig zur Mobilisierung geführt haben und im internationalen Vergleich über besonders stark organisierte Trägerstrukturen verfügen.

Eine für die Geschichte der Vereinigten Staaten äußerst bedeutsame weitere Bewegungsfamilie der *Equal Rights Movements*, die hier unter dem Konflikttypus Inklusion/Exklusion gefaßt wird, zielt auf die Erringung sozialer und politischer Rechte, betrifft also die Integration als politische Nation und die immer egalitärere Ausformung der amerikanischen Demokratie. Darunter zählen im 19. Jahrhundert die Anti-Sklaverei-Bewegung und die Suffragettenbewegung, im 20. Jahrhundert die Bewegungen für *Civil Rights*, *Womens' Lib* und *Equal Rights (Gays/Lesbians)*. Auf Inklusion zielten des weiteren die im wesentlichen in den 1970er Jahren entstandenen Bewegungen zugunsten physisch oder psychisch behinderter Menschen. Bewegungen, die neben der rechtlichen und sozialen auch explizit ökonomische Egalitarisierung anstrebten, wie Teile der afro-amerikanischen Bürgerbewegung oder das *Poor Peoples Movement,* erlangten auch aufgrund der von Individualismus und Liberalismus geprägten politischen Kultur kaum nennenswerte Durchsetzungskraft.

Einen weiteren, für die amerikanische Bewegungslandschaft charakteristischen, Typus stellen sittliche Erneuerungsbewegungen dar, die auf den Kreuzungspunkten der gesellschaftlichen Konfliktlinien zwischen Tradition und Moderne, agrarischer versus städtischer Lebensweise oder auch religiöser und säkularer Lebensweise angesiedelt sind. Oft verstehen sich diese Bewegungen selbst als restaurativ und wehren sich gegen bestimmte Modernisierungserscheinungen wie kulturelle Liberalisierung und Säkularisierung. Die so klassifizierten Bewegungen lassen sich meist auch als Statusbewegungen kategorisieren. So zu verstehen ist die Bewegung der Populisten, bei der es um die Verteidigung der Interessen des ländlichen Südwestens ging, aber im eigenen Verständnis auch noch viel grundsätzlicher um die Verteidigung eines bestimmten Ideals der amerikanischen Republik als einem Bund starker (ländlicher) basisdemokratischer Gemeinden. Zumindest hinsichtlich des Aspekts moralischsozialer Erneuerung läßt sich des weiteren die Abstinenzbewegung des 19. Jahrhunderts als Vertreterin dieser Bewegungsfamilie nennen. Auch der rechtsradikale *McCarthyism* der 1950er Jahre gehört in diese Kategorie, insoweit es den Bewegungsunterstützern um die Verteidigung der liberalen und christlichen (!) amerikanischen Republik gegen den atheistischen Kommunismus ging. Aktuelle Erscheinungsformen dieses Bewegungstyps stellen gegenwärtig die Männerbewegung der *promise-keepers*, die Ehe und Familie verteidigen wollen, und vor allem der seit den 1970er Jahren auch in der politischen Arena aktive religiöse Fundamentalismus (*Christian Right, Religious Right*) dar. Diese breitere Bewegung findet sich verbunden mit der seit den 1970er Jahren wohl durchgängig aktivsten *single-issue* Bewegung, nämlich der Anti-Abtreibungsbewegung *pro-life*, die als Gegenbewegung zu *pro-choice* entstand. Mobilisierung und Gegenmobilisierung verliehen dem Abtreibungskonflikt in den USA bis heute eine Virulenz, wie er sie nirgendwo in Europa besitzt.

Da in den Vereinigten Staaten regelmäßig religiöse Erweckungsbewegungen auftreten, die ihre Aktivitäten im Laufe ihrer Mobilisierung auf unterschiedliche Ebenen und Arenen, nämlich lokale und nationale Ebene sowie persönlich-private und politische Arena konzentrieren, werden diese in der Literatur häufig als gesonderter Bewegungstypus ausgewiesen.

Ebenfalls eine eigene Kategorie räumen schließlich viele Bewegungstypologien der in den USA sehr starken Selbsthilfebewegung ein. Die Selbsthilfegruppen und -organisationen sind in den USA deshalb so verbreitet, weil der amerikanische Wohlfahrtsstaat soziale und gesundheitliche Hilfefunktionen lediglich fragmentarisch und schwach institutionalisiert hat. In der hier angewandten konfliktorientierten Sichtweise steht die Selbsthilfe-Bewegung im Gesundheitswesen für den Kampf um mehr (Patienten)-Rechte und bezieht ihre Dynamik aus den zentralen bewegungsbildenden Konflikten um gesellschaftlich-politische Inklusion sowie um Produzenten- und Konsumenteninteressen. Zudem ist darauf zu verweisen, daß es sich bei der Selbsthilfebewegung zum Teil um einen internen Aspekt des Netzwerks der Inklusionsbewegungen handelt. Dies gilt ganz offensichtlich für die Frauen- und Lesbenbzw. Schwulenbewegung, deren Selbsthilfe-Aktivitäten (Selbsterfahrungsgruppen, Beratungsinstitutionen) zur kollektiven Identität und Verstetigung der Mobilisierungsstruktur der Bewegung entscheidend beitragen.

16.4   Charakteristika sozialer Bewegungen in den USA: Erscheinungsform, Adressaten, Strategien

16.4.1   Bewegungen als Elemente des amerikanischen Interessenvermittlungssystems

Im Unterschied zu Parteien und Verbänden, die prinzipiell (auch) sozialen Wandel zum Ziel haben mögen, sind Bewegungen als solche nicht in einer Organisation verfaßt, können aber Organisationen enthalten (Rucht 1993). Sie können sich institutionalisieren und in andere, formal organisierte Formen der Interessenvermittlung übergehen, wobei diese selbst möglicherweise wiederum später zu Organisationskernen neuer Mobilisierungswellen werden. Anders als in Europa, wo soziale Bewegungen lange Zeit primär als Anti-System-Kräfte und Ausdruck unkonventioneller Politik betrachtet wurden, faßte man sie in den USA frühzeitig als integrativen Bestandteil des pluralistischen Interessenspektrums auf. Hier ist auf die überaus reiche Vielfalt von Interessengruppen, religiösen Gemeinschaften und Stiftungen des Landes hinzuweisen, die für die amerikanischen sozialen Bewegungen als Verbündete und Sponsoren in Frage kommen. Eine Schlüsselrolle spielt dabei der für Gründung und Staatswerdung der Vereinigten Staaten konstitutive religiöse Pluralismus (Tarrow 1998).

Auch zwischen den amerikanischen Parteien und Bewegungen sind Verbindungen vorhanden. So haben die Demokraten Forderungen der *Civil Rights*-Bewegung und der Frauenbewegung in sich aufgenommen, und so vor allem in der Zeit nach dem *New Deal* als „Mehrheitspartei der Minderheiten" Erfolge verbuchen können. Die Republikaner wiederum sind seit Ende der 1970er Jahre mit der Bewegung der Religiösen Rechten verbunden, die in den Ortsvereinen der Staaten des sogenannten Bibelgürtels immerhin so präsent sind, daß sie bei der Auswahl des Präsidentschaftskandidaten einige Bedeutung erlangt haben.

Außerdem gibt es den Fall, daß es aus Bewegungen heraus zu eigenen Parteibildungen kommt: So führte die bereits erwähnte Bewegung der *Populists* zur Gründung einer dritten Partei (*Populist* bzw. *People's Party*), deren Präsidentschaftskandidat im Jahr 1892 immerhin vier Einzelstaaten für sich gewann. Auch wenn die Partei sich als kurzlebig erwies, fanden die Ideen der *Populists* ein Echo: 1912 wurde ihre Forderung nach der Direktwahl der Senatoren durchgesetzt, und im gleichen Jahr zeigten sich auch in der Wahlplattform der *Progressive Party*, deren Präsidentschaftskandidat der progressive Republikaner Theodore Roosevelt war, Spuren populistischer Ideen. In der Gegenwart repräsentiert der grüne Präsidentschaftskandidat Ralph Nader als Person solch einen Wandel oder Wechsel zwischen Formen politischer Artikulation. Die von ihm gegründete gemeinnützige Organisation *Common Cause* ist das Flaggschiff der Konsumentenschutzbewegung.

Diese Beispiele zeigen, wie plausibel es gerade im amerikanischen Kontext ist, Bewegungen als eine Form der Interessenartikulation innerhalb eines Formenspektrums zu sehen, wobei zur Verteidigung ein und desselben Interesses eine Form in eine andere überführt werden kann. Besonders deutlich illustriert der Fall der amerikanischen Umweltschutzbewegung, daß der Organisationsgrad der die Gesamtbewegung konstituierenden Elemente sehr unterschiedlich sein kann und Übergänge zu verbandsförmigen und parteipolitischen Formen der Interessenorganisation fließend sind. So stellt der inzwischen international vertretene Verband *Greenpeace*, der seinen Ursprung in der amerikanischen Umweltschutzbewegung hat, eine Bewegungsorganisation dar, deren hoch professionalisierte Führung herkömmlichen Vorstellungen von Bewegungsorganisationen widerspricht. Der spektakuläre Einsatz symbolischer Mittel wie der Besetzung von Fabrikschloten oder Behinderung von Walfängern entspricht dagegen einem für Bewegungen charakteristischen Versuch, über die Gewinnung von Öffentlichkeit Machtressourcen zu erlangen. Allerdings geschieht dies nicht mehr über den Weg einer subkulturellen Gegenöffentlichkeit, sondern als Medienkampagne innerhalb des massenmedialen Kommunikationssystems der Gesellschaft (Baringhorst 1998). In puncto Professionalisierung stellt *Greenpeace* sicherlich ein extremes Beispiel dar, doch keineswegs eine einsame Ausnahme unter den amerikanischen Bewegungsorganisationen. Eher herrscht dort eine gewisse Doppelgesichtigkeit als Regelfall: Einerseits gibt es die Realität der Graswurzeldemokratie der über Amateure getragenen lokalen Netzwerke, andererseits zumindest bei den größeren, bundesweit repräsentierten Bewegungsorganisationen auch eine professionalisierte „Antenne" für die Lobby- und PR-Arbeit. Sind diese Organisationen allerdings nicht mehr verwurzelt in einem breiteren, für konkrete Protestaktionen mobilisierbaren Sympathisantenkreis, so sind sie nichts anderes als herkömmliche Interessengruppen.

16.4.2 Bewegungsstrategien

Die Strategiewahl sozialer Bewegungen erklärt sich aus den Gelegenheitsstrukturen ihrer Umwelt, und diese sind im Fall USA durch die Offenheit des politischen Systems auf der Input-Seite, und dem „schwachen Staat" auf der Output-Seite bestimmt. Die Offenheit kommt zustande infolge der zahlreichen Zugangsmöglichkeiten zur institutionalisierten Politik, die sowohl auf der Bundesebene wie auch auf der durch lokale Selbstverwaltung bestimmten unteren Ebene bestehen. Zudem gilt die staatliche Repressionsneigung gegenüber neu aufkommender sozialer Bewegungen im allgemeinen als gering. Diese Beobachtung muß allerdings zu bestimmten Zeiten bzw. in Bezug auf als systemgefährdend eingestufte Bewegungen eingeschränkt werden. So wurde Ende des 19. Jahrhunderts die Arbeiterbewegung nicht nur durch Gerichtsurteile, sondern gewaltsame Streikbeendigungen mit Hilfe von Armee und *National Guard* behindert. Im 20. Jahrhundert infiltrierte das FBI und lokale Polizei die Studenten- bzw. Vietnambewegung mit Spitzeln und *agents provocateurs*, vor allem aber auch den *Black Power*-Flügel der *Civil Rights*-Bewegung. Diese Praktiken stehen im Widerspruch zum Verfassungsgrundsatz der Meinungsfreiheit, die in der amerikanischen Politik einen außerordentlich hohen Wert darstellt.

Die vertikale Fragmentiertheit der politischen Entscheidungsstrukturen – sowohl hinsichtlich der Exekutive als auch des Parteiensystems – macht politische Prozesse schwerfällig und wirkt in Richtung eines höchstens inkrementalen Politikwandels, bisweilen auch Stillstands. So existieren auch bei der Implementierung einer einmal auf oberster Ebene getroffenen Entscheidung so viele Vetospieler, daß ein schon errungen geglaubter politischer Sieg – berühmtestes Beispiel sind sicherlich die Entscheidungen des Obersten Gerichtshofs zur Aufhebung der Rassentrennung – in der konkreten Politikumsetzung vor Ort aufgerieben werden kann. Diese von Offenheit und Fragmentierung geprägten Systemstrukturen sorgen dafür, daß Bewegungen mit begrenzten Anliegen, die vielleicht sogar auf unterster Ebene geklärt werden können, gute Durchsetzungchancen haben, Bewegungen mit weitreichenden Reformzielen dagegen auf große Schwierigkeiten stoßen. Zwar müßte man hinsichtlich der Berechnung der Chancen einer bestimmten Bewegung nach den Input- und Output-Strukturen eines bestimmten Politikfelds differenzieren, doch begünstigt die systemimmanente Logik im Fall der Vereinigten Staaten zweifellos eine assimilative Strategie sozialer Bewegungen. Obgleich diese auch zu typischen Außenseitermitteln – symbolischen Aktionen, Demonstrationen, gegebenenfalls auch ziviler Widerstand – greifen mögen, nutzen sie gemeinhin pragmatisch die relativ offenen Kanäle konventioneller Politik und vor allem auch die Möglichkeiten des amerikanischen Rechtssystems, so daß die in Europa immer wieder anzutreffende Definition von Bewegung als Form unkonventioneller Politik der amerikanischen Praxis nicht vollends gerecht würde. Bewegungen mit radikalen und umfassenden

Zielen und konfrontativen Strategien tauchen im breiten gesellschaftlichen Spektrum der USA zwar auf – etwa die schwarze Islamistenbewegung von Louis Farrakhan oder vor allem lokal vertretene anarchistische Gruppierungen – doch klar vorherrschend, weil politisch erfolgversprechend ist die Strategie des *think small* und des inkrementalen Wandels. Wenn amerikanische Bewegungen als Bewegungen auf gesellschaftliche Veränderung drängen, so vermögen sie dies typischerweise insofern systemintern zu tun, als sie ihre Kämpfe führen als Kämpfe um die Ausdeutung und Verwirklichung der amerikanischen Verfassungsgrundsätze, denen bekanntlich ein utopisches Potential innewohnt.

16.5   Der Einfluß sozialer Bewegungen auf die amerikanische Gesellschaft und Politik

Welche Spuren haben soziale Bewegungen in der amerikanischen Gesellschaft hinterlassen? Dreierlei kann prinzipiell als Erfolg von Bewegungen gewertet werden (Gamson 1975):

- Das organisatorische Überleben der Bewegung selbst.
- Politische Konsequenzen: Politisch gesehen erfolgreich ist eine Bewegung, wenn sie entweder Gesetze oder gar eine Verfassungsänderung zur Verwirklichung ihrer zentralen Forderungen bewirken konnte oder aber institutionelle Änderungen erreicht, darunter zugunsten der politischen Repräsentation der Bewegungsziele, sei es durch Einrücken von Bewegungsakteuren qua Wahl oder Kooptation in vorhandene Institutionen oder die Schaffung neuer Institutionen. William Gamson nennt diese Formen des Erfolgs „Vorteile" und bezeichnet damit Terraingewinn in der gegenwärtigen Politik.
- Kulturelle Folgen: Dieses Resultat von Bewegungspolitik nennt Gamson das Erreichen von „Akzeptanz". Akzeptanz meint die Fähigkeit, auch zukünftige Politik zu beeinflussen. Um dies zu erreichen, muß eine Bewegung durch ihre Aktivitäten die Denkschemata und das Argumentationsrepertoire der Gesellschaft verändert haben.

Der Erfolg von Bewegungen ist oft alles andere als eindeutig zu evaluieren. Zu den wenigen unumstrittenen Beispielen gehört die Anti-Vietnam-Bewegung. Bewegungen mit umfassenderen Zielen können höchstens Erfolge, nicht jedoch abschließend „Sieg" und Erfolg vermelden. Dies gilt etwa für die amerikanische Bürgerrechts-, die Umwelt- und die Frauenbewegung. Nimmt man letztere als Beispiel, so kann sie bezüglich aller drei Punkte als erfolgreich eingeordnet und dieser Erfolg zugleich relativiert oder in Zweifel gezogen werden. Erfolgreich ist die Bewegung jedenfalls hinsichtlich des ersten Punkts, außer man vertritt die Ansicht, die Institutionalisierung einer Bewegung sei gleichbedeutend mit ihrem Tod. Tatsächlich ist die „bürokratisierte" Form der Interessenvertretung, über professionalisierte Verbände wie *NOW (National Organization for Women)* heute ein hervorstechendes Merkmal der Frauenbewegung, wohingegen ihr Höhepunkt hinsichtlich der Mobilisierung direkter Proteste und Aktionen Mitte der 1970er Jahre überschritten wurde. Politische Erfolge im oben definierten Sinne stehen außer Frage, insbesondere hinsichtlich beruflicher Diskriminierung, die auf der Grundlage des siebten Kapitels des *Civil Rights Act* bekämpft werden konnte. Im gesellschaftlichen Diskurs ist ein Aufbrechen geschlechtsbezogener Rollenzuschreibungen unüberhörbar. Andererseits ist das langjährige gemeinsame Hauptthema der amerikanischen Frauenbewegung, nämlich die Verankerung gleicher Rechte in der Verfassung (*Equal Rights Amendment*) trotz der Unterstützung von höchster Seite – etwa durch Präsident Jimmy Carter – schließlich gescheitert. Mehrere Gründe erschweren die Erfolgseinschätzung von Bewegungen allgemein:

- Schon innerhalb einer Bewegung, die ja typischerweise keine verbindliche Führung und somit Programmfestlegung kennt, gehen die Auffassungen über die konkreten Ziele oft auseinander. Ein gutes Beispiel hierfür bietet wiederum die Frauenbewegung.
- Kommt es zu einer politischen oder kulturellen Entwicklung, die den Forderungen einer bestimmten Bewegung entspricht, bleibt es schwierig nachzuweisen, welchen Anteil die Bewegung daran hatte. So sind für Reformen in der amerikanischen Politik Gerichtsurteile zentral, doch der Einfluß einer sozialen Bewegung auf den Wandel der Rechtsauslegung ist schwerlich meßbar. Als gesichert kann dagegen gelten, daß Gerichtsurteile zu Ansatzpunkten oder „Gelegenheiten" für Bewegungen bzw. politische Bewegungserfolge wurden. Beispiel hierfür ist der Abbau von Rassen- oder Geschlechterdiskriminierung.

Selbst hinsichtlich des scheinbar bescheidensten Kriteriums von Bewegungserfolg, nämlich dem schlichten Überleben der Bewegung selbst, ist bei einem Urteil Vorsicht geboten, da Bewegungen typischerweise verschiedene Mobilisierungszyklen durchlaufen.

16.6   Perspektiven

Die sogenannte „Schlacht um Seattle" anläßlich der WTO-Konferenz im Herbst 1999 wurde von zahlreichen Beobachtern als Erreichen einer neuen qualitativen Stufe in der Geschichte sozialer Bewegungen eingestuft und in den Medien als Durchbruch einer breite gesellschaftliche Bündnisse umfassenden globalisierungskritischen Bewegung beschrieben. Die soziale Bewegungsforschung hat im wesentlichen erst nach diesem Katalysator-Ereignis systematisch die Dimension der intersektoralen Verbindung sozialer Bewegungen untereinander sowie die der transnationalen Vernetzung der Bewegungsideen und Bewegungen in den Blick genommen.

Neuartig an der Mobilisierung in Seattle war allerdings nicht ihr grenzübergreifender Charakter an sich. Schon der amerikanischen Anti-Sklaverei-Bewegung und der Frauenbewegung des 19. Jahrhunderts lagen internationale – zumindest europäisch-amerikanische – Kontakte zugrunde. Gleichwohl hat die Zahl transnationaler Bewegungen oder Bewegungsorganisationen in den letzten 50 Jahren dramatisch zugenommen (Keck/Sikkink 1998: 11). Auch grenzübergreifende Forderungen und Wirkungen sind nichts Neues für amerikanische Bewegungen. Diese besitzen im Vergleich zu den Bewegungen anderer Länder größeren Einfluß auf internationaler Ebene, weil sie vergleichsweise ressourcenstark sind und wichtige internationale Organisationen als Adressaten von Forderungen praktischerweise vor der eigenen Tür, also im Land angesiedelt sind. Sehr deutlich zeigt sich das im Fall der einflußreichen amerikanischen Frauenbewegung.

Neuartig an den Protesten in Seattle war erstens der zu beobachtende Schulterschluß zwischen „Tierschützern für Schildkröten" und „Gewerkschaftern der Eisen- und Stahlindustrie". Tatsächlich gehört der Brückenschlag zwischen Themenbereichen zum deklarierten Ziel von Globalisierungskritikern. Koordiniert wurden die Proteste von dem auf einem studentischen Sockel ruhenden *Direct Action Network*, das aus Aktionen gegen *sweat-shops* entstanden war, zu denen beispielsweise die aufsehenerregende Kampagne gegen Herstellerfirmen wie Nike gehörte. Neu an den Protesten in Seattle war zweitens, daß es sich um ein in der Tat transnational organisiertes Ereignis handelte. Dabei wurde extensiv das Internet genutzt, und mit INDY-News (http://indymedia.org) ein eigenes Nachrichtennetz gegründet. Der Protestaufruf wurde schließlich von 1.500 Gruppen aus 89 Ländern unterzeichnet. Zwar stammten vor Ort von den 50.000 Demonstranten 95 Prozent aus den USA und Kanada, wenn auch Vertreter der Protestbewegung aus Europa wie der französische Bauernführer José Bové oder der Deutsche Peter Wahl, der Geschäftsführer von „Weltwirtschaft, Ökologie und Entwicklung" (*WEED*), angereist waren. Zeitgleich zu Seattle fanden jedoch 80 Demonstrationen weltweit statt, an denen sich insgesamt rund 100.000 Personen beteiligten und ihren Protest auf die gemeinsame Formel „Gegen die totale Kommerzialisierung der Welt" brachten.

Jenseits solcher Formeln scheint jedoch die für eine nachhaltige Mobilisierung erforderliche gemeinsame kollektive Identität aufgrund der heterogenen Interessenlage prekär: In Seattle demonstrierten Gewerkschaften, die für Sozialstandards eintreten und den Import billiger Waren aus anderen Ländern verhindern wollen, weil sie das Lohnniveau gefährden. Die ebenfalls unter dem Banner der Globalisierungskritik protestierenden Vertreter der amerikanischen Dritte-Welt-Bewegung und die Vertreter aus Ländern der Dritten Welt verlangen aber, daß dieser Import endlich ermöglicht wird.

So illustriert das Beispiel Seattle bezüglich der Perspektiven von Bewegungen, in welchem Ausmaß sich infolge veränderter Kommunikationsgewohnheiten neue Mobilisierungsstrukturen ergeben. Das Typische von Bewegungen, nämlich daß sie weit über die festen Mitgliederkerne in ihren tragenden Bewegungsorganisationen hinaus eine breiteren Sympathisantenkreis für ihre Sache „in Bewegung" zu versetzen vermögen, hat durch das Internet eine völlig neue Dimension erreicht, die es denkbar macht, daß auch die Politik von Interessengruppen und Parteien „bewegungsförmiger" wird: Statt auf der Grundlage fester Mitgliedschaften und formalisierter Kontakte innerhalb einer Organisation kann kollektives politisches Handeln auch über die losen Bande von Kommunikationsnetzwerken ins Laufen gebracht werden.

Allerdings funktionieren solche flachen Netzwerke und Mobilisierungsformen vor allem gut bei kurzfristigen Protestaktionen, die den kleinsten gemeinsamen Nenner nach vorne stellen und inhaltliche Differenzen überbrücken. Doch mittel- und langfristig stellt sich unweigerlich die Frage nach der kollektiven Identität sowie der Repräsentativität. Aus diesem Grund ist es kaum vorstellbar, daß dem Mobilisierungstyp *Direct Action Network* die Zukunft allein gehören wird und Bewegungen gerade in der internationalen Arena ohne die Abstützung durch hierarchisch strukturierte Trägerorganisationen, wie sie sowohl die Gewerkschaften als auch Greenpeace darstellen, auskommen werden.

Ein vergleichender Blick auf die Formen der organisatorischen Trägerstrukturen amerikanischer und europäischer Bewegungen läßt zudem die Prognose zu, daß sich in den USA wieder einmal ein Trend zeigt, der zeitversetzt in Europa seine Auswirkungen haben wird: Sind, wie oben beschrieben, für amerikanische Bewegungen die Nutzung sowohl konventioneller institutioneller wie auch außerinstitutioneller Aktionsformen typisch und die Grenze zwischen Bewegungs- und Interessengruppen-Politik durchlässig, so verallgemeinert sich dies für gemeinnützige Interessengruppen, erst recht für jene, die transnational arbeiten.

16.7   Literatur

Baringhorst, Sigrid, Zur Mediatisierung des politischen Protests. Von der Institutionen zur „Greenpeace"-Demokratie?, in: **Sarcinelli**, Ulrich (Hrsg.), Politikvermittlung und Demokratie in der Mediengesellschaft, Bonn 1998, S. 328-342.

Benford, Robert D./**Snow**, David A., Framing Processes and Social Movements: An Overview and Assessment, in: Annual Review of Sociology, Vol. 26, 1(2000), S. 611-639.

Berg, John C. (Hrsg.), Teamsters and Turtels? U.S. Progressive Movements in the 21 Century, Lanham 2003.

Blumer, Herbert, „Social movements", in: **Lyman**, Stanford M. (Hrsg.), Social Movements: Critiques, Concepts, Case Studies, London 1995, S. 60-83 [Nachdruck von 1951].

Brand, Karl-Werner, Neue Soziale Bewegungen; ‚Europäische' Erklärungskonzepte, in: Forschungsjournal Neue soziale Bewegungen, Jg. 11, 1(1998), S. 63-79.

Costain, Anne N./**McFarland**, Andrew S. (Hrsg.), Social Movements and American Political Institutions, Lanham 1998.

Dalton, Russell J. (Hrsg.), Challenging the Political Order: New Social and Political Movements in Western Democracies, Cambridge 1990.

Diani, Mario: The Concept of Social Movement, in: The Sociological Review, Vol. 40, 1(1992), S. 1-25.

Farrell, James J., The Spirit of the Sixties. Making Postwar Radicalism, New York 1997.

Gamson, William A., The Strategy of Social Protest, Homewood 1975.

Greenberg, S. Edward/**Page,** Benjamin I., The Struggle for Democracy, New York 1993.

Guidry, John A./**Kennedy**, Michael D./**Zald**, Mayer (Hrsg.), Globalization and Social Movements. Culture, Power, and the Transnational Public Sphere, Ann Arbor 2000.

Gurr, Ted Robert, Why Men Rebel, Princeton 1970.

Gusfield, Joseph R., The Culture of Public Problems: Drinking and Driving and the Symbolic Order, Chicago 1981.

Keck, Margaret E./**Sikkink**, Kathryn, Activists beyond Borders: Advocacy Networks in International Politics, Ithaca 1998.

Klandermans, Bert, The Social Psychology of Protest, Oxford/Cambridge 1997.

Kriesi, Hanspeter, The Political Opportunity Structures of New Social Movements and its Impact on Mobilization, in: **Kriesi**, Hanspeter/**Jenkings**, Craig (Hrsg.), The Politics of Social Protest, Comparative Perspectives on State and Social Movements, Minneapolis 1995, S. 167-198.

Lichtenstein, Nelson, The State of the Union: A Century of American Labour, Princeton 2002.

Marx Ferree, Myra/**Herst**, Beth H., The New Feminist Movement across three Decades of Change, New York/Toronto 1994.

McAdam, Doug, Political Process and the Development of Black Insurgency 1930-70, Chicago 1982.

Melucci, Alberto, The Process of Collective Identity, in: **Johnston**, Hank/**Klandermans**, Bert (Hrsg.), Social Movements and Culture, Minneapolis 1995, S. 41-63.

Morris, Aldon D., The Origins of the Civil Rights Movement: Black Communities Organizing for Change, New York 1984.

Nedelmann, Brigitta, Soziale Bewegungen, in: **Jäger**, Wolfgang/**Welz**, Wolfgang (Hrsg.), Regierungssystem der USA. Lehr- und Handbuch, 2. Aufl., München/Wien 1998, S. 330-342.

Neidhardt, Friedhelm, Öffentlichkeit, öffentliche Meinung, soziale Bewegungen, in: Kölner Zeitschrift für Soziologie und Sozialpsychologie, Sonderheft 34/184, Opladen 1994, S. 42-76.

O'Brien, Robert/**Goetz**, Anne Marie/**Scholte**, Jan Aart/**Williams**, Marc, Contesting Global Governance: Multilateral Economic Institutions and Global Social Movements, New York 2000.

Olson, Mancur, The Logic of Collective Action, Cambridge 1965.

Piven, Frances Fox/**Cloward**, Richard A., Poor People's Movements: Why They Succeed, How They Fail, New York 1977.

Piven, Frances Fox/**Cloward**, Richard A., Collective Protest. A Critique of the Resource Mobilization Theory, in: International Journal of Politics, Culture and Society, Vol. 4, 4(1991), S. 399-441.

Riesebrodt, Martin, Fundamentalismus und ‚Modernisierung'. Zur Soziologie protestantisch fundamentalistischer Bewegung in den USA im 20. Jahrhundert, in: **Kodalle**, Klaus-Michael (Hrsg.): Gott und Politik in den USA. Über den Einfluß des Religiösen. Eine Bestandsaufnahme, Frankfurt 1988, S. 112-125.

Rucht, Dieter, Parteien, Verbände, Bewegungen als Systeme politischer Interessenvermitt-lung, in: **Niedermayer**, Oskar/**Stöss**, Richard (Hrsg.), Stand und Perspektiven der Partei-enforschung in Deutschland, Opladen 1993, S. 251-275.

Rucht, Dieter, Modernisierung und neue soziale Bewegungen. Deutschland, Frankreich und USA im Vergleich, Frankfurt/Main 1994.

Ruß, Sabine, Interessenvertretung als Problemkonstruktion. Schwache Interessen im Kräfte-feld moderner Demokratie am Beispiel der Wohnungslosen in Frankreich und den Verei-nigten Staaten, Baden-Baden 2005.

Salisbury, Robert H., Political Movements in American Politics: An Essay on Concept and Analysis, in: New Perspectives on American Politics, National Political Science Review, Vol. 1, (1989), S. 15-31.

Scott, Alan, Ideology and the New Social Movements, London 1990.

Smelser, Neil, Theory of Collective Behaviour, London 1962.

Smith, Jackie/**Johnston**, Hank (Hrsg.), Globalization and Resistance. Transnational dimen-sions of social movements, Lanham 2002.

Sterr, Martin, Lobbyisten Gottes – die Christian Right in den USA von 1980 bis 1996: zwi-schen Aktion, Reaktion und Wandel, Berlin 1999.

Tarrow, Sidney, The Very Excess of Democracy, in: **Costain**, Anne N./**McFarland**, An-drew S. (Hrsg.), Social Movements and American Political Institutions, Lanham 1998, S. 20-38.

Tilly, Charles, Social Movements, 1786-2004, Boulder 2004.

Walker, Jr., Jack L., Mobilizing Interest Groups in America. Patrons, Professions, and So-cial Movements, Ann Arbor 1992.

Hans J. Kleinsteuber

17 Massenmedien und öffentliche Meinung

17.1 Zur begrifflichen Klärung

Dieser Beitrag führt in die Medienverhältnisse in den USA ein. Üblichem Sprachgebrauch folgend wird dabei unter Medien das Feld der gedruckten (*newspaper* und *magazines*) sowie der elektronischen Medien (*radio* und *television*, gemeinsam *broadcasting* genannt) verstanden. Neuerdings kommen auch publizistische Nutzungen des Internet dazu, etwa Online-Portale von Zeitungen oder Internet-Radio. Abgrenzungen zu anderen Medienformen, z. B. Film, Buch oder Schallplatte, sind fließend zu sehen. Da deren Massencharakter im Sinne einer sehr weiten Verbreitung an ein wenig definiertes Publikum nicht oder nur sehr begrenzt gegeben ist, sollen sie hier ausgeklammert bleiben. Tatsächlich weisen heute z. B. Fernsehen und Film, obschon beide audiovisuelle Medien darstellen, ganz unterschiedliche gesellschaftliche und ökonomische Funktionen und Wirkungen auf; zu verdeutlichen etwa an der immensen Bedeutung des Fernsehens für den politischen Prozeß, die beim Film vollständig fehlt.

Das Mediensystem der USA zeichnet sich durch zwei zentrale Charakteristika aus:

- Es entwickelte sich unter den Bedingungen weitgehender Staatsfreiheit.
- Alle wesentlichen Medien sind privatwirtschaftlich verfaßt und arbeiten gewinnorientiert.

Damit markieren die USA so etwas wie einen marktwirtschaftlich-kapitalistischen Prototyp unter den Mediensystemen der westlichen Welt. Denn in keinem anderen westlich-industrialisierten Land sind Medien ähnlich umfassend staatsfrei, privatwirtschaftlich und kommerziell strukturiert. Diese Feststellung gilt insbesondere für die elektronischen Medien, die in Europa auf eine ganz andere Tradition des *public service*, verkörpert durch die britische *BBC*, zurückschauen. Letzterer zeichnet sich insbesondere durch die öffentliche Organisation des Anbieters, durch die umfassende gesellschaftliche Kontrolle, einen gesetzlichen Programmauftrag und die Finanzierung über Gebühren aus. Seit etwa 1980 stellen wir allerdings eine „Amerikanisierung" der europäischen Medienszene – insbesondere bei den Funkmedien – fest, was sich auf neugeschaffene Aufsichtsstrukturen, neue kommerzielle Anbieter, aber auch die Programm-‚*software*' bezieht, die zunehmend aus Hollywood kommt. So gewinnt die Auseinandersetzung mit der Medienlandschaft in den USA zunehmend größere Bedeutung für uns Europäer. Entsprechend werden auch einige der hier angesprochenen Themen, wie z. B. der kommerzielle und fernseh-zentrierte Wahlkampf, an Aktualität gewinnen.

17.2 Die Presse

17.2.1 Historische und rechtliche Grundlagen

Eine relativ gut ausgebaute Presselandschaft fand sich bereits in den britischen Kolonien Nordamerikas. Auch die journalistischen Spielräume waren vergleichsweise groß. Einerseits, weil die britische Staatsmacht fern war und wenig repressiv auftrat. Zum anderen, weil sich die Verleger bereits selbstbewußt eigene Freiheitsspielräume erstritten hatten. Als älteste Zeitung gilt die *Publick Occurences, Both Forreign and Domestick*, 1690 in Boston von einem Engländer publiziert, die nach der ersten Ausgabe verboten wurde und wieder verschwand. Die erste kontinuierlich erscheinende Zeitung war der *Boston News-Letter*, der ab 1704 wöchentlich erschien. Bedeutende Amerikaner der Epoche waren im Medienbereich tätig, allen voran der Zeitungsdrucker James Franklin, der ab 1721 den wöchentlichen *The New England Courant* herausgab, ein Blatt, das bereits ohne Lizenz des Gouverneurs erschien. Allerdings mußte Franklin für seine offene und kritische Berichterstattung mehrfach ins Gefängnis gehen. Mit seinem *Poor Richard's Almanack* von 1732 hatte er auch die erste Zeitschrift entworfen – sicherlich für die USA, vielleicht auch weltweit. Ein substantielles Maß an Pressefreiheit wurde 1735 gesichert, als im sog. Zenger-Verfahren ein New Yorker Gericht den Verleger John Peter Zenger gegen den klagenden Gouverneur in Schutz nahm.

Es ist vor diesem Hintergrund verständlich, daß die Revolution und der Unabhängigkeitsprozeß von einer umfassenden Diskussion und Agitation in den bereits präsenten Druckmedien begleitet wurden. Thomas Paines revolutionäre Aufrufe gehörten ebenso dazu, wie die Debatte über die Zukunft des Landes in den berühmten *Federalist Papers*. Nach den bereits gesammelten Erfahrungen und der schon etablierten Rolle der Presse lag es nahe, ihren Status auch rechtlich zu normieren. Im *First Amendment* der Verfassung, das als Symbol für Pressefreiheit steht, heißt es an oberster Stelle: „Congress shall make no law, [...] abridging the freedom of speech, or of the press [...]." Diese grundrechtliche Absicherung ist insofern besonders von Bedeutung, als es in den USA bis heute keine grundlegende Regelung der Rechtsverhältnisse der Presse in einem Pressegesetz gibt (Kleinsteuber 2003). Hugo L. Black, Richter am *U.S. Supreme Court* von 1937-1971, faßte die Botschaft der Verfassungsgeber in Bezug auf ihr Verständnis von Pressefreiheit so zusammen:

> *„I believe when our Founding Fathers [...] wrote the [First] Amendment, they [...] knew what history was behind them and they wanted to ordain in this country that Congress [...] should not tell the people what religion they should have or what they should believe or say or publish, and that is about it. It (the First Amendment) says ,no law', and that is what I believe it means."* (Teeter/LeDuc/Loving 1998: 14)

Die im Prinzip umfassende Garantie der Pressefreiheit unterlag jedoch insofern immer gewissen Einschränkungen, als schon in den Verfassungen der Einzelstaaten festgelegt wurde, daß die Pressefreiheit nur soweit reiche, wie sie nicht mißbraucht werde. Heute sind medienbezogene Sachverhalte in verschiedenen allgemeinen Bundesgesetzen (*public laws*) normiert, insbesondere zu den Komplexen Verleumdung, Obszönität, Persönlichkeitsschutz, Urheberrechte und Zugang zu staatlichen Informationen. Andere Aspekte des Presserechts werden von den Einzelstaaten geregelt. So findet sich z. B. in 28 Staaten eine gesetzliche Garantie des Zeugnisverweigerungsrechts für Journalisten in sog. *shield laws*. Weil der Kongreß – bis auf wenige Ausnahmen – von jeder weiterführenden Gesetzgebung Abstand nahm, wurde der *Supreme Court* der Ort, an dem über die Grundsatzfragen des Presserechts entschieden wurde. Obgleich der *Supreme Court* die Funktion der Presse als Grundpfeiler der demokratischen Ordnung bestätigte, entschied er in einigen Fällen durchaus restriktiv. So etwa im Jahre 1919, als er die Verurteilung russischer Emigranten, die gegen die Militärintervention der USA in ihrem Land protestiert hatten, für rechtens erklärte. In einer berühmt gewordenen abweichenden Meinung (*dissenting opinion*) gab Richter Oliver Wendell Holmes zu Protokoll, was später als die *Free-Trade-in-Ideas*-Doktrin bezeichnet werden sollte (*Abrams v. United States*, 1919):

> „*Persecution for the expression of opinions seems to me perfectly logical. [...] But when men have realized that time has upset many fighting faiths, they may come to believe even more than they believe the very foundations of their own beliefs that the ultimate good desired is better reached by free trade in ideas – that the best test of truth is the power of the thought to get itself accepted in the competition of the market, and that truth is the only ground upon which their whishes safely can be carried out. That at any rate is the theory of our constitution.* "

Insgesamt betrachtet hat der *Supreme Court* der Presse aber weitgehende Freiheiten zugestanden. So etwa im Jahre 1971, als er die Veröffentlichung der im *Defense Department* gestohlenen, geheimen *Pentagon Papers* durch die *New York Times* entgegen der Auffassung der Bundesregierung für rechtens erklärte, obgleich die Papiere wichtige Hintergrundinformationen zum Vietnamkrieg enthielten (*New York Times Co. v. United States*, 1971). Allerdings hat der *Supreme Court* es bislang abgelehnt, den elektronischen Medien dieselben Freiheiten wie der Presse einzuräumen. Trotz des Verzichts auf ein Pressegesetz sind die Rechtsverhältnisse der amerikanischen Medien und Journalisten in etwa mit den europäischen Bedingungen vergleichbar. Allerdings gilt in den USA das Presserecht mit seinen vielen verstreuten Gesetzesbestimmungen und den regionalen Unterschieden als schwer überschaubar – sehr zum Leidwesen der in den Medien Tätigen.

17.2.2   Die Grundzüge der Presseentwicklung

Nach der Gründung der Vereinigten Staaten nahm die Presse einen stürmischen Aufstieg. Die Rahmenbedingungen waren in Amerika besonders günstig, weil wesentliche Voraussetzungen für die Entstehung eines modernen Pressesystems gegeben waren, wie Freiheit von staatlicher Zensur, die notwendige Kaufkraft breiter Bevölkerungsschichten und ein hohes Maß an Lesefähigkeit (Emery/Emery 1992). Die erste wesentliche Station der Presseentwicklung war das Aufkommen der Massenpresse in den 1830er Jahren, die einen publikumswirksamen journalistischen Stil erforderte: Reißerische Schlagzeilen, kurze Beiträge, Bezüge auf Sensationen und Klatsch. Diese neue Zeitung wurde auf der Straße, für einen niedrigen Preis (*one-penny-press*) verkauft. Die erste Zeitungsgründung dieses Typs war die *New York Sun* des Verlegers Benjamin H. Day aus dem Jahre 1833. Mit der Boulevardpresse, die später auch farbig gestaltet wurde (*yellow press*), begann der Siegeszug der Zeitungsreklame. Denn dieses Medium war seinerzeit das einzige, welches der Werbung ein breites Publikum zu bieten vermochte. Entsprechend entstanden die ersten Werbeagenturen bereits in den 1840er Jahren. Erst nach 1870 wurde auch die Zeitschrift als Werbemedium entdeckt. Noch vor der Jahrhundertwende entstand dann das Agenturwesen in der Werbung. Heute beherrschen Werbeagenturen, die in den USA ihren Sitz haben, auch große Teile der Weltwerbemärkte; selbst in der Bundesrepublik spielen sie eine dominierende Rolle.

Weitere von den USA ausgehende Innovationen waren technischer Art. Mit der Erfindung des Telegraphen durch den Amerikaner Samuel F. B. Morse (1837) konnte die Übertragung von Nachrichten mit der Geschwindigkeit des elektrischen Stroms erfolgen. 1844 wurde die neue Technik erstmals für die Nachrichtenübermittlung eingesetzt. Bereits 1848 schlossen sich New Yorker Zeitungen zusammen, um gemeinsam eine Agentur für Nachrichten aufzubauen. Daraus entstand später die *Associated Press* (*AP*), bis heute eine von den Verlegern betriebene, genossenschaftlich organisierte Agentur ohne Gewinnabsichten. Da die *AP* ihre Informationen damals Konkurrenzzeitungen vorenthielt, kam es zur Gründung weiterer Nachrichtenagenturen wie etwa die seit 1907 in derselben Form bestehenden *United Press International* (*UPI*), der zweiten in den USA ansässigen Weltagentur. Sie wird kommerziell betrieben, ist allerdings weniger erfolgreich und rangiert in der Bedeutung hinter der *AP*. Andere technische Neuerungen dieser Dekade waren die Rotationsdruckpresse und die mechanische Setzmaschine (die Linotype). Beide ermöglichten eine weitere Aktualisierung der Berichterstattung, eine aufwendigere journalistische Gestaltung der Blätter und eine Senkung des Verkaufspreises.

Als Begründer eines neuen Stils von Journalismus gilt der Verleger Joseph Pulitzer, der mit dem *St. Louis Post Dispatch* und später mit der *New Yorker World* einen spezifischen Zeitungsstil einführte, eine Mischung seriöser, unterhaltender und sensationeller Berichte. Er geriet seinerzeit in heftige Zeitungskriege mit den Sensationsblättern des konservativen Verlegers William Randolph Hearst. Vor dem Ersten Weltkrieg begann auch die Tradition des *investigative reporting*, eines Journalismus, der es sich – im Sinne von Presse als Vierter Gewalt – zur Aufgabe machte, politische und andere Skandale öffentlich zu machen (Redelfs 1996). In dieser Funktion sehen sich seitdem die meisten Journalisten der USA, ihre Vorbilder sind vor allem die Mitarbeiter der *Washington Post*, die 1974 den *Watergate* Skandal publik machten und damit Präsident Richard Nixon zum Rücktritt zwangen.

Ein neuer Typ der Boulevardpresse begann sich 1919 mit der *New York Daily News* durchzusetzen, die zu den bisherigen Attraktionen noch Sex und Gewalt thematisierte und stärker bildliche Darstellungen einbezog. Diese Zeitungen werden seitdem *tabloid press* genannt, was sich ursprünglich auf das kleine und gedrängte Format des Blattes bezog. *Tabloid* meint heute Sensationszeitungen der qualitativ niedrigsten Kategorie, wie etwa den *National Enquirer*.

Natürlich gab es in den USA immer auch eine seriöse, in der journalistischen Präsentation professionelle Presse, die auf eine lange Tradition zurückschauen kann (Ruß-Mohl 1994). In ihr lebt wesentlich das angelsächsische journalistische Credo weiter, wonach Nachricht und Kommentar sorgfältig zu trennen sind und Zeitungen unabhängig zu sein haben – was nicht bedeutet, unpolitisch zu sein, wohl aber unabhängig von Parteien. Laut neueren Untersuchungen tendieren die meisten Verleger und ihre Zeitungen eher zu Republikanischen Politikern, während die Journalisten im allgemeinen eher den Demokraten nah stehen. Zeitungen wie die *New York Times* (gegründet 1851), die *Washington Post* (1877) und die *Los Angeles Times* (1881) verkörpern den seriösen Typ. Diese Zeitungen gelten in den USA als meinungsführend und werden auch international stark beachtet. Ihre Bedeutung gewinnen sie nicht zuletzt dadurch, daß ihre Artikel von anderen Zeitungen nachgedruckt werden. Sie haben *News Syndicates* aufgebaut, über die sie Beiträge ihrer Reporter und Kommentatoren an Provinzzeitungen verkaufen. Sie machen damit den Nachrichtenagenturen zunehmend Konkurrenz. Heute gibt es in den USA ca. 1.435 Tageszeitungen (2003) mit eigenständigen Redaktionen. Sie arbeiten fast ausnahmslos als lokale Zeitungen, d. h. sie versorgen Gebiete von großen Stadtregionen bis zu Kleinstädten; zumeist wird der Erscheinungsort im Titel genannt. Diese starke lokale Orientierung entspricht den Bedürfnissen und dem Erwartungshorizont der meisten Leser, die wenig an überregionalen, geschweige denn an internationalen Themen interessiert sind. Sie war aber auch bedingt durch die Größe des Landes und zeigt die Schwierigkeiten, den Zeitungsvertrieb für große Versorgungsgebiete aufzubauen. Dazu bedurfte es schließlich modernster Technologien.

1975 wagte das *Wall Street Journal*, das wichtigste Wirtschaftsblatt des Landes, als erste Zeitung eine Übertragung der Druckvorlagen per Satellit. Dies ermöglichte den gleichzeitigen Nachdruck an mehreren Orten des Landes. Damit wurde es zur ersten wirklich nationalen Zeitung der USA. Ebenfalls ein Experiment war die Gründung der Zeitung *USA Today* (1981), die bewußt auf jeden lokalen Bezug verzichtete und auf nationaler Ebene antrat. Die Zeitung erwies sich als großer Erfolg (sie wird inzwischen auch in Europa gedruckt) und kreierte dabei einen ganz neuen Stil, der sich an den visuellen und farbigen Reizen des Fernsehens orientierte und auf leichtes und schnelles Lesen hin konzipiert war; ironisch nennt sich *USA Today* selbst mitunter *McPaper*.

Die größten Zeitungen der USA erreichen Auflagen von über einer Million: *USA Today* 2,15 Mio., *Wall Street Journal* 1,78 Mio., *New York Times* 1,10 Mio., *Los Angeles Times* 0,95 Mio., *Washington Post* 0,76 Mio. Die meisten Zeitungen sind heute wirtschaftlich nicht mehr selbständig, sondern „Glieder" in größeren Zeitungsketten (*newspaper chains*). Insgesamt sind dies über zwei Drittel aller Zeitungen. Das größte dieser Kettenunternehmen ist der Gannett-Konzern mit ca. 90 Tageszeitungen, darunter auch *USA Today*. Mit der Übernahme von immer mehr Zeitungen in Ketten verödete die einst bunte publizistische Landschaft zunehmend. Gleichzeitig geht der Zeitungskonsum zurück, vor allem bei jungen Leuten. Etwa 85 Prozent der Amerikaner greift zumindest einmal wöchentlich zur Tageszeitung, darunter 75 Prozent zu einer Lokalausgabe und 10 Prozent zu einem nationalen Blatt (Daten nach: *Newspaper Association of America*). Die bedrängten Zeitungen gingen offensiv mit ihren Angeboten ins Internet, fanden jedoch keine tragfähige Form der Refinanzierung, lediglich das *Wall Street Journal* vermag seine Informationen online gewinnbringend zu vermarkten.

Die latente Zeitungskrise hat sich nach dem Crash der *New Economy* 2001 noch verstärkt, weitere Prozesse der Ausdünnung und Konzentration sind die Folge.

17.3   Die elektronischen Medien

17.3.1   Die Grundzüge der Entwicklung

Die USA spielten bereits im 19. Jahrhundert eine führende Rolle bei der Entwicklung der Vorgängertechnologien der heutigen elektronischen Medien. Die erste elektronische Übertragungstechnik überhaupt, der Morse-Telegraph, wurde bereits erwähnt; auch Alexander Graham Bells Telefon (1876), Thomas Alva Edisons Phonograph (1877) und Lee de Forests Radioröhre (1906) stammen von jenseits des Atlantik. Die Technik des drahtlosen Funkens war dagegen in Europa von Guglielmo Marconi entwickelt und erst dann von der *American Marconi Company* in den USA eingeführt worden. Aus militärischen Gründen wurde sie während des Ersten Weltkrieges staatlicher Kontrolle unterstellt, aber nach Ende des Krieges nicht zurückgegeben, sondern in die Konsortiumsgesellschaft *Radio Corporation of America* (*RCA*) eingegliedert. Mit der Einführung von experimentellen Radioprogrammen wurde in den USA, wie in anderen Industriestaaten auch, nach Ende des Ersten Weltkrieges in den Jahren 1919/20 begonnen. Die Sendeaktivitäten von Unternehmen, Privatleuten und öffentlichen Einrichtungen (wie Universitäten) nahmen in den darauffolgenden Jahren schnell zu. 500 Sender waren bereits im Jahre 1923 im Lande aktiv, darunter z. B. Stationen, die der Telefonkonzern *American Telephon and Telegraph Company* (*AT&T*) aufgebaut hatte, der ein *Toll Broadcasting* anbot, eine Art Telefonzelle mit angeschlossenem Sender. Der erste Werbespot wurde 1922 von einer New Yorker Station gesendet. Während in der Anlaufphase der Verkauf von Empfangsgeräten die primäre Motivation zum Aufbau von Radiosendern war, kam nun die Funkwerbung hinzu, die Ende des Jahrzehnts bereits die wichtigste Einnahmequelle der Sender bildete (Kittross/Sterling 2001).

Die rasch anwachsende Zahl von Stationen führte schließlich zu einer Überlastung der Sendefrequenzen. Um dem entgegenzuwirken, wurde 1927 per Gesetz eine Bundesbehörde – die *Federal Radio Commission* (*FRC*) – errichtet, die damit begann, viele der sich gegenseitig störenden Sender vom Äther zu nehmen. Die *FRC* ging 1934 in der neuerrichteten *Federal Communications Commission* (*FCC*) auf, die heute neben dem gesamten Rundfunksektor auch die Unternehmen der Telekommunikationsbranche (wie Telefon, Telegraph, Satelliten etc.) beaufsichtigt.

Die spezifischen technischen und ökonomischen Bedingungen der 1920er Jahre brachten es mit sich, daß es sich als wirtschaftlich attraktiv erwies, die Lokalstationen mit einem zentral produzierten Programm zu beliefern. Damit erübrigte sich die kostenintensive Programmproduktion vor Ort, die damals fast immer live erfolgte. Überdies konnte das Angebot durch lokale Programme ergänzt werden. *RCA* gründete 1926 die erste Programmgesellschaft dieser Art, die *National Broadcasting Company* (*NBC*). Damit wurde die Entwicklung eines umfassenden Systems von *networks* eingeleitet, wobei kommerziell tätige Programmanbieter mit Lokalstationen kooperieren, indem ein zentral von den *networks* produziertes Programm lokal ausgestrahlt wird. Die Sendeplätze für die Werbespots und die Einnahmen werden zwischen beiden Seiten geteilt. Seit den 1930er Jahren entstanden mit dem *Columbia Broadcasting System* (*CBS*) und der *American Broadcasting Company* (*ABC*) weitere *network*-Gesellschaften. Das *network*-System erwies sich bald als so erfolgreich, daß es die Radiomärkte zu beherrschen begann: Die größten Stationen verfügten jeweils auch über die besten *network*-Verbindungen. Zu Beginn der Fernseh-Ära nach dem Zweiten Weltkrieg wurde das System weitgehend unverändert auf diesen neuen Sektor übertragen. Die *network*-Anbieter sind auch heute noch im TV-Bereich die wichtigsten und meistgesehenen Programmanbieter, allerdings wegen der zunehmenden Konkurrenz neuer Kanäle mit absinkender Tendenz. Im Radiobereich haben sie schon vor vielen Jahren ihre führende Rolle eingebüßt.

17.3.2   Die Struktur von Hörfunk und Fernsehen

In den USA gibt es über 13.000 Radiostationen (2001: 13.012), von denen die meisten kommerziell arbeiten. Der verbleibende Anteil (2.234) arbeitet nichtkommerziell, d. h. entweder als *public radio* oder als *community radio* (diese und alle nachfolgenden Zahlen zum Rundfunkbereich nach: Broadcasting/Cable Yearbook 2003). Kommerzielle Stationen arbeiten gewinnorientiert und beziehen ihre Einnahmen aus der werbenden Wirtschaft. Die amerikanische Medienökonomie definiert sie als Sender, die ihre Zuhörer- bzw. Zuschauerschaften an die Werbenden verkaufen. *Public radios* werden vor allem von Universitäten, Kommunen oder ähnlichen Organisationen unterhalten, die sich um ein kulturell geprägtes Programm bemühen. Viele von ihnen sind im *Network National Public Radio* (*NPR*) zusammengeschlossen (Engelman 1996). *Community radios* werden von örtlichen Initiativen aufgebaut und bemühen sich um ein Angebot, das von interessierten Amateuren und Enthusiasten getragen wird, entsprechend sind Zugangs- und Partizipationsmöglichkeiten in diesen Stationen sehr hoch. Einige sind im kleinen *Pacifica-Network* locker miteinander verbunden. *Public* und *community radios* werden überwiegend durch Spenden, Mitgliedsbeiträge und staatliche Zuschüsse (verteilt über die *Corporation For Public Broadcasting*, *CPB*) finanziert.

Im Fernsehbereich finden wir eine große Zahl lokaler Stationen (2001: 1.686), von denen wiederum die meisten kommerziell betrieben werden. Daneben gibt es aber auch *public-television*-Stationen (insgesamt 377). Die meisten kommerziellen Stationen sind einem der drei großen *networks* angeschlossen; dazu hat sich in den letzten Jahren noch das *Network Fox Television* konstituiert, kontrolliert von dem australisch-amerikanischen Medien-Tycoon Rupert Murdoch (Head/Spann/McGregor 2001; Bachem 1995). Das *public television* ist in dem *Network Public Broadcasting System* (*PBS*) zusammengeschlossen, für das ähnliche Vorgaben wie für das *public radio* gelten. Das Kabelfernsehen hat in den letzten Jahrzehnten hat enorm expandiert und erreicht heute mehr als zwei Drittel aller Haushalte (2002: 69 Prozent). Weitere 13 Prozent empfangen das Angebot von direktstrahlenden Satelliten. Mit den neuen Techniken stehen zusätzliche Fernsehprogramme in großer Zahl zur Verfügung, im Durchschnitt bieten Kabel und Satellit mehr als hundert Programme zur Auswahl. Dazu zählen z. B. große unabhängige Stationen, die ihr Programm über Satellit verbreiten (*super stations*), Sparten- oder Zielgruppenprogramme aller Art (z. B. Sport, Musik, Kinder, spanischsprachige Programme) wie auch *pay-tv* gegen Zahlung einer speziellen monatlichen

Gebühr (der bekannteste Anbieter: *Home Box Office*). Während früher die *networks* den gesamten Fernsehkonsum der US-Bürger beherrschten und auf Gesamteinschaltungen von über 90 Prozent kamen, ging ihr Anteil über die Jahre aufgrund der starken Konkurrenz auf unter 50 Prozent zurück. Der Anteil des *public-tv* ist mit ca. 3 Prozent sehr gering.

Die US-Amerikaner zählen zu den höchsten Fernsehkonsumenten der Welt. Die durchschnittliche Einschaltzeit eines Fernsehgerätes liegt bei (2002/03) 7 Stunden und 40 Minuten pro Tag, ein in den letzten Jahren stagnierender Wert. Die überragende Bedeutung des Fernsehens wird auch in diesen Zahlen deutlich: 88 Prozent der Amerikaner nennen das Fernsehen als wichtigste Informationsquelle und 50 Prozent halten es für das glaubwürdigste Medium. Auf die Frage nach der Nutzung von Medien als Nachrichtenquelle zeigen Studien des *Pew Research Center* ebenfalls eine Dominanz des Fernsehens. Gaben 1994 noch 72 Prozent der Befragten zu Protokoll, das Fernsehen am gestrigen Tag als Nachrichtenquelle benutzt zu haben, waren es 2004 nur mehr 60 Prozent. Dagegen war der Rückgang der Nutzung bei Radio, Zeitung sowie Zeitschriften im nur einstelligen Prozentpunktbereich etwas weniger stark. Das Internet, das 2004 immerhin von 24 Prozent als weitere Nachrichtenquelle genutzt wurde, scheint zu einem wesentlichen Anteil verantwortlich für diese rückläufigen Quoten zu sein. Eine etwas engere Fragestellung nach der Hauptnachrichtenquelle für nationale und internationale Themen ergab ein ähnliches Bild des Nutzungsverhaltens. Mit nur zwei Antwortmöglichkeiten brachten die Befragten zum Ausdruck, daß sie für die Berichterstattung von der Bundesebene und aus dem Ausland bevorzugt auf Fernsehen und Tageszeitung zurückgreifen (Abbildung 17-1).

Abbildung 17-1: Nutzung von Medien als Nachrichtenquelle 1994 und 2004

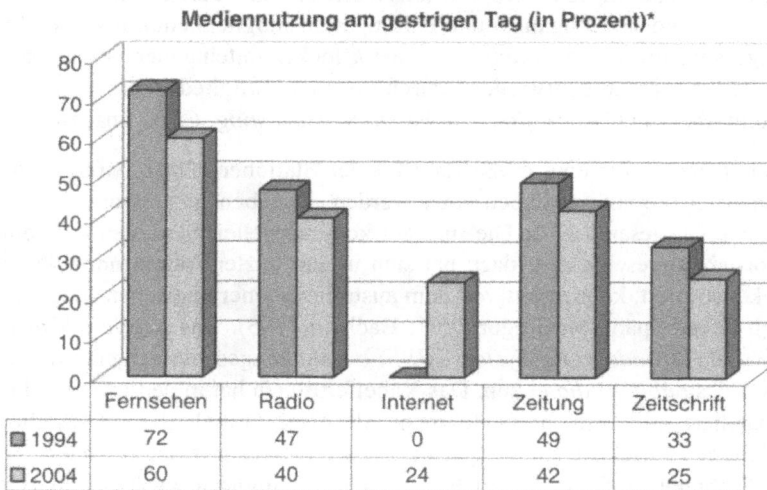

Mediennutzung am gestrigen Tag (in Prozent)*

	Fernsehen	Radio	Internet	Zeitung	Zeitschrift
1994	72	47	0	49	33
2004	60	40	24	42	25

* Media Use "Yesterday; Ja-Antworten auf die Frage, ob gestern eine der genannten Medien als Nachrichtenquelle genutzt wurde; die Frage wurde bzgl. des Internet 1994 noch nicht gestellt.

Hauptnachrichtenquellen für nationale und internationale Themen (in Prozent)**

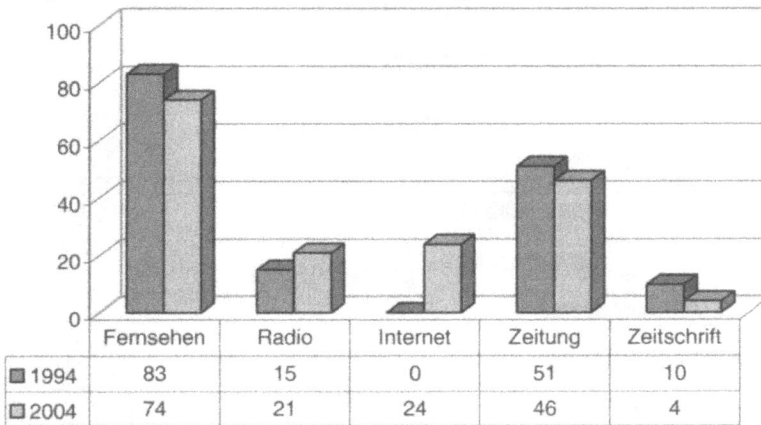

	Fernsehen	Radio	Internet	Zeitung	Zeitschrift
▣ 1994	83	15	0	51	10
▣ 2004	74	21	24	46	4

** Antwort auf die Frage, welchem Medium Nachrichten hauptsächlich entnommen wurden (zwei Nennungen möglich); die Frage wurde bzgl. des Internet 1994 noch nicht gestellt.

Quellen: Pew Research Center, News Audiences Increasingly Politicized, News Release vom 8. Juni 2004, S. 73-77; Pew Research Center, Public More Critical of Press, but Goodwill Persists, News Release vom 26. Juni 2005, S. 19.

Insgesamt ist die Fernsehlandschaft längst großwirtschaftlich strukturiert. Die nach wie vor sehr einflußreichen *network*-Gesellschaften besitzen selbst eine Reihe von Stationen in den großen Ballungszentren. Andere Sender sind zumeist im Besitz von Kettenunternehmen, wobei die *FCC* eine Obergrenze setzt, die in den letzten Jahren immer großzügiger angesetzt wurde. Bis zum Jahre 2003 konnte eine Person oder ein Unternehmen so viele TV-Stationen kontrollieren, bis max. 35 Prozent aller Fernsehhaushalte des Landes erreicht werden. Radiostationen können in großer Zahl erworben werden, so daß landesweite Ketten entstanden. Die Bestimmungen sollten 2003 weiter gelockert werden (45 Prozent bei TV-Stationen), was nach massiven Protesten und Intervention eines Gerichts zurückgestellt wurde.

Die einst mächtigen *networks* sind inzwischen zum Bestandteil großer Konzerne geworden (Abbildung 17-2), *NBC* wurde von dem Elektrogiganten *General Electric* aufgekauft, *Disney* hat *ABC* übernommen und *Viacom* (einst mit *MTV* groß geworden) erwarb 1999 *CBS* (nach einer Unternehmensneuordnung 2005 wieder gespalten in *Viacom* und *CBS Corporation*). Insgesamt hat sich der Markt zunehmend konzentriert. Das Unternehmen *Time Warner*, das mit dem Zusammenschluß des Zeitschriftenhauses *Time* (*Time Magazine*) und den *Warner* Filmstudios begann, fusionierte mit Ted Turners Nachrichtenkanal *CNN* und dem weltgrößten Online-Anbieter *AOL*. Damit wurde *Time Warner* zum weltgrößten Medienkonzern. Der Autor Ben H. Bagdikian nannte für 1987 noch 29 Medienunternehmen, die gemeinsam das Marktgeschehen bestimmen, für 2000 verblieben nach seiner Rechnung davon sechs. (Bagdikian 2000) Von den weltgrößten Unterhaltungskonzernen (darunter *Time Warner*, *Disney*, *Viacom*, Murdochs *News Corporation*) haben fünf ihren Sitz in den USA. Der sechste ist *Bertelsmann* aus Gütersloh, der u. a. den weltgrößten Buchverlag *Random House* aus New York kontrolliert (Hatch 2003; Compaine/Gomery 2000).

Abbildung 17-2: Die zehn größten Eigner von Fernsehanstalten in den USA (2002)

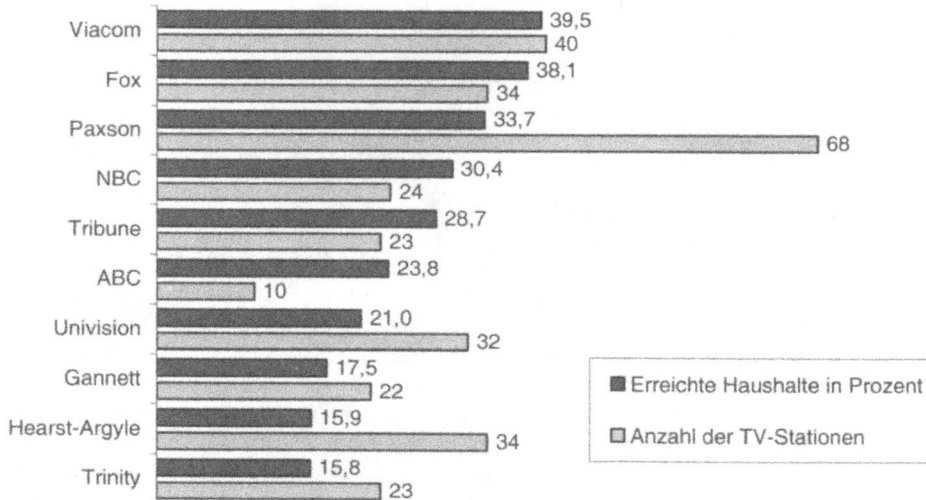

Viacom	39,5 / 40
Fox	38,1 / 34
Paxson	33,7 / 68
NBC	30,4 / 24
Tribune	28,7 / 23
ABC	23,8 / 10
Univision	21,0 / 32
Gannett	17,5 / 22
Hearst-Argyle	15,9 / 34
Trinity	15,8 / 23

■ Erreichte Haushalte in Prozent

☐ Anzahl der TV-Stationen

Quelle: USA Today, <http://www.usatoday.com/money/media/2003-02-13-tv-ownership_x.htm>
(14.02.2003).

17.3.3   Die staatliche Kommunikationsaufsicht

Im Jahre 1934 wurde mit dem *Federal Communications Act* (*FCA*) die *FCC* eingerichtet und damit der gesamte Rundfunkbereich der USA gesetzlich normiert; das Gesetz ist – mit vielen Veränderungen – bis heute Grundlage aller Rundfunkaktivitäten. Die Notwendigkeit, eine staatliche Regulierung einzuführen, ergab sich aus der unkontrollierten Nutzung von Sende-frequenzen, die im Prinzip als öffentliches Gut angesehen werden und nur per Lizenz und auf Zeit für private Nutzung freizugeben sind. Diese Lizenzvergabe erfolgt durch die Aufsichts-behörde *FCC*, in der fünf vom Präsidenten vorgeschlagene, vom Senat bestätigte und für fünf Jahre ernannte, weitgehend unabhängige *Commissioner* die wichtigsten Entscheidungen fällen. Lediglich der Vorsitzende wird vom Präsidenten benannt, maximal drei Mitglieder dürfen derselben Partei zugerechnet werden (Creech 2003).

Der *FCA* in der Fassung von 1934 ging noch von einem interventionistischen Staatsver-ständnis aus. Deshalb wurde die Lizenzvergabe damals an umfängliche Auflagen gebunden. So sollten z. B. Lizenzen nach den Kriterien *public interest, convenience*, and *necessity* (vgl. FCA, Sect. 309 a) vergeben werden. Auch andere Programmvorschriften waren seinerzeit dekretiert worden, wie die, daß die Berichterstattung der „politischen Fairneß" zu entspre-chen habe. Mit anderen Worten: Rundfunkberichte durften nicht einzelne politische Themen oder Kandidaten einseitig begünstigen.

Die Aufsichtspraxis der *FCC* ist vielfach kritisiert worden, z. B. weil sie die Stationen mit großem bürokratischem Aufwand belaste, ohne daß die gesetzlichen Auflagen wirklich durchgesetzt werden könnten. Tatsächlich war der Effekt dieser regulativen Kontrolle zu allen Zeiten gering. Weder konnte die Programmgestaltung nachhaltig beeinflußt werden, noch wurden die Konzentrationsprozesse jenseits der oben erwähnten Obergrenzen begrenzt. Die *networks* unterlagen außerdem niemals der *FCC*-Aufsicht, weil sie nur Programme gestalten, nicht aber selbst aussenden.

Mit Beginn der Administration von Ronald Reagan wurde der Rundfunkbereich dereguliert, d. h. viele einschränkende Bestimmungen wurden aufgehoben, die Laufzeiten der Lizenzen verlängert und 1987 die Fairneß-Doktrin gänzlich abgeschafft. In den 1990er Jahren begann man dann, das Land auf die digitale Konvergenz einzustimmen. Im *Telecommunications Act* von 1996 wurde die *FCC* ermächtigt, die notwendigen Spielregeln aufzustellen, wenn digitale Konvergenz wirksam wird, also die Medien-, Telekommunikations- und Informationsbranchen auf denselben Märkten zu konkurrieren beginnen. Die Visionen eines Amerika, das jedes Unternehmen und jeden Bürger mit einem breitbandigen Anschluß an die Zukunft versieht, wurde in den 1990er Jahren unter dem von Vizepräsident Al Gore geprägten Begriff des *information superhighways* entwickelt (Kleinsteuber 1996). Die Zukunft braucht aber ihre Zeit: Inzwischen verfügen ca. zehn Prozent aller Haushalte über einen *high speed*-Zugang zum Internet, der mit *video-on-demand* auch neue Formen des Fernsehens ermöglicht. In den meisten Fällen wird er über ein Kabelmodem hergestellt, aber auch der Zugang über Telefone (ADSL) ist möglich.

17.4 Die Medien im politischen Prozeß

Medien sind in jeder modernen Demokratie ein zentrales Element der politischen Information und Kommunikation (Graber 2001; Denton/Woodward 1998). Sie stellen Öffentlichkeit her, sie beteiligen sich aber auch selbst am politischen Prozeß und suchen Einfluß auf das politische Geschehen zu nehmen (McChesney 1999). Über die politische Orientierung der Presse wurde bereits einiges gesagt. Die kommerziell geprägten Rundfunk-Medien mögen auf den ersten Blick unpolitisch erscheinen; und in der Tat halten sie sich von jeder Parteipolitik fern. Inhaltsanalytische Untersuchungen haben ergeben, daß sich die Nachrichtensendungen im Fernsehen um strikte Ausgewogenheit bemühen – obwohl es keine vergleichbare Programmvorschrift gibt, wie wir sie von unserem öffentlich-rechtlichen System her kennen. Der Grund dafür ist wohl, daß die Medienunternehmen es nicht mit den politischen Autoritäten verderben wollen: Müssen doch die angeschlossenen Stationen in regelmäßigen Abständen um eine Lizenzverlängerung nachsuchen.

Diese Feststellung muß allerdings für die letzten Jahre relativiert werden. Nach den Terrorangriffen des 11. September 2001 haben die USA eine Metamorphose durchgemacht. Angst um das eigene Überleben – oft genug geschürt von den Medien – hat viele Lebensbereiche überformt. In der aktuellen Berichterstattung stehen seitdem Fragen der Terrorabwehr im Vordergrund, begleitet von einer oft emotional geladenen, amerikanische Interessen betonenden und militärische Auftritte inszenierenden Berichterstattung. Besonders hob sich dabei der *Fox*-Nachrichtenkanal hervor (der damit zeitweise sogar den Konkurrenten *CNN* überflügelte), dessen Eigner Murdoch keinen Hehl daraus macht, daß er Parteigänger von Präsident George W. Bush ist und dessen Kriegszüge gegen Terror in aller Welt unterstützt. Während die *mainstream*-Medien mit wenigen Ausnahmen (etwa die *New York Times*) den Irak-Krieg befürworteten, sammelten sich die Kritiker vor allem im Internet und suchten neue Formen der aktuellen Berichterstattung. Es zählt zu den Traditionen der USA, daß in Kriegszeiten – und in denen wähnen sich viele Amerikaner seit dem 11. September – keine staatliche Zensur ausgeübt wird, gleichwohl die Medien eine selbst auferlegte Zurückhaltung und Unterstützung der politischen Führung zeigen, eine Art *„rallying behind the flag"*-Effekt. So war es auch während der Weltkriege und erfahrungsgemäß beruhigt sich die Situation in Friedenszeiten.

Eine einzigartige Rolle spielt das Fernsehen im politischen Prozeß: Wer sich um ein politisches Amt bewirbt, ist heute vor allem auf das Fernsehen als Medium angewiesen, mit dem er sich dem Wähler vorstellt und für seine Unterstützung wirbt. Vom Kandidaten und seinen Wahlkampfstrategen her gesehen kommen dem Fernsehen dabei zwei zentrale Funktionen zu. Zum einen geht es um TV als *free media*, als Transporteur von Berichten über den Politiker. Die *political consultants*, die professionellen Berater des Kandidaten, arbeiten gezielt daraufhin, daß „ihr" Klient kontinuierlich in den Medien erscheint und dabei eine gute Figur macht. Berühmt wurden die *spin doctors*, die Politikern die Stichworte geben sollen, mit denen sie ihre Auftritte in der Öffentlichkeit „spinnen" (Mihr 2003). Speziell dafür inszenierte Auftritte sollen sie interessant genug machen, um in den täglichen Abendnachrichten zum Thema zu werden. Auch Sondersendungen, wie die Berichterstattung über die Nationalkonvente der Parteien oder die in Präsidentschaftswahlkämpfen veranstalteten Fernsehdebatten, werden von den Beteiligten sorgfältig vorbereitet.

Eine spezifische Besonderheit, die es in den meisten Staaten Europas derzeit nicht gibt, ist der Einsatz bezahlter Werbespots in Wahlkämpfen (*paid media*). In *political commercials* wird in aller Kürze (meist 30 Sekunden) und mit den modernsten Methoden der Werbepsychologie für den Politiker genau wie ansonsten für normale Konsumprodukte geworben. An dieser Art der Wahlwerbung beteiligen sich nicht nur die Kandidaten selbst, sondern auch die sie unterstützende *Political Action Committees* (*PACs*). Zunehmend wird nicht nur mit den eigenen Qualitäten geworben, sondern auch mit der angeblichen Unfähigkeit und Verkommenheit der politischen Gegner (*negative campaigning*). Wahlkampagnen dieser Art sind sehr teuer, weil diese Werbespots wie normale Werbung bezahlt werden müssen. Derzeit gehen etwa 60 Prozent aller Wahlkampfmittel für die Bewerbung um Bundesämter in die Fernsehwerbung. Untersuchungen haben ergeben, daß die *free media* für den Bekanntheitsgrad von Politikern von zentraler Bedeutung sind, während sie dagegen kaum die einzelne Partei begünstigen. Eher ist es so, daß das Fernsehen den Politikern einen Bonus verschafft, die besonders telegen sind und mit dem Instrumentarium dieses Mediums gut zu operieren vermögen. Der besondere Vorteil der *paid media* liegt darin, daß auch politisch kaum interessierte Wähler über das Vehikel von Unterhaltungssendungen angesprochen werden können. Untersuchungen haben nämlich gezeigt, daß politische Werbespots durchaus mobilisierend und einstellungsverändernd zu wirken vermögen, also Wahlergebnisse auch beeinflussen können.

Im Ergebnis entsteht eine *presidential election show*, deren großer Kostenaufwand und schlagzeilenhafte Oberflächlichkeit vielfach kritisiert worden ist. Oft stehen suggestive Bilder im Vordergrund, differenzierte Argumente haben kaum mehr eine Chance (Müller 1997). Seit einigen Jahren wird das Internet als preiswertes und interaktives Medium zunehmend in die Wahlkampfkommunikation einbezogen. Es ermöglicht auch unbekannten Kandidaten, sich ohne größere Kosten dem Wahlvolk vorzustellen und über eigene Positionen zu informieren. Inzwischen ist es auch zum Instrument geworden, über das Bürger ihren favorisierten Kandidaten kleine Spenden zukommen lassen können, was Politiker – so zumindest die Hoffnung – etwas unabhängiger von den so genannten *fat cats*, den großen Geldgebern machen soll.

Probleme der Wahlwerbung liegen einmal in den hohen Kosten, die heute jeder Politiker aufzubringen hat, um in der Öffentlichkeit überhaupt als Kandidat wahrgenommen zu werden. Zum anderen werden Wahlkämpfe unpolitischer, d. h. sie sind stärker von positiven Fernsehauftritten und vollmundigen Versprechungen geprägt, während die Diskussion von Sachthemen an Bedeutung verliert. Schließlich nimmt der Einfluß von Werbespezialisten und hauptberuflichen Kommunikationsberatern zu, die inzwischen Wahlkämpfe kommerziell für ihre Auftraggeber organisieren. Auch der „Verkauf" der präsidentiellen Politik in der Öffentlichkeit wird immer stärker nach Vorgaben des politischen Marketing geplant; Aktionen richten sich häufig weniger nach politischen Notwendigkeiten als nach ihrer möglichen Wirkung auf die Öffentlichkeit (Rybarczyk 1997).

17.5 Medien und öffentliche Meinung

Der Begriff der öffentlichen Meinung (*public opinion*) zählt zu den schillerndsten in der Sozialwissenschaft. Er ist bereits seit vier Jahrhunderten nachweisbar (es heißt, er wurde zuerst 1588 von Montaigne als *l'opinion publique* verwandt) und wurde in der europäischen Ideengeschichte immer wieder neu definiert und interpretiert. So ist z. B. die öffentliche Meinung in Europa oft als Volksmeinung oder „gemeine" Meinung und damit als Gegenpol zu den Vorstellungen der politischen Führungselite angesehen worden. Daneben wurde öffentliche Meinung häufig als Gegensatz zur „veröffentlichten Meinung" aufgefaßt, worunter eher spontane und unartikulierte Meinungen zu den politischen Ereignissen verstanden wurden.

In den USA finden sich ebenfalls mehrere Konzepte von „öffentlicher Meinung". Dennoch stand immer die Vorstellung im Vordergrund, daß öffentliche Meinung im Dienste der Demokratie zu stehen habe, also der Willensbildung von unten nach oben dienen müsse. Politiker haben sich in der US-Geschichte gern auf die öffentliche Meinung berufen, wenn sie eine breite Unterstützung der von ihnen vertretenen Positionen behaupteten. Sie setzten den Begriff also legitimatorisch ein. In anderem Kontext gebrauchten Politiker den Begriff aber auch abwertend, um eine Art „plebejischer" Meinung zu bezeichnen, der populistische Politiker angeblich nach dem Munde redeten. In vielen Politikeraussprüchen finden sich Referenzen auf diese oder ähnliche Konzepte der öffentlichen Meinung. Schließlich wurde die Auseinandersetzung mit der öffentlichen Meinung in den USA früh verwissenschaftlicht. Als erster versuchte der Journalist Walter Lippmann 1922 eine begriffliche Zuordnung, wobei er die Bilder in den Köpfen der Menschen in den Mittelpunkt stellte und klar von der Außenwelt abtrennte (Lippmann 1922: 29):

> *„Those features of the world outside which have to do with the behavior of other human beings, in so far as that behavior crosses ours, is dependent upon us, or is interesting to us, we call roughly public affairs. The pictures inside the heads of these human beings, the pictures of themselves, of others, of their needs, purposes, and relationship, are their public opinions. Those pictures which are acted upon by groups of people, or by individuals acting in the name of groups, are Public Opinion with capital letters ".*

Einflüsse bei der Herstellung der so definierten öffentlichen Meinung sind laut Lippmann insbesondere medienspezifische Faktoren, z. B. Stereotypen, aber auch medienfremde, z. B. Interessen.

In den 1930er Jahren entstand in den USA das wissenschaftliche Konzept einer systematischen Erkundung der öffentlichen Meinung durch Umfragen (*public opinion research*). Seine Entstehung ist eng mit dem Namen George Gallup verbunden, der die erste methodisch abgesicherte und repräsentative Umfrage 1935 vorlegte. Gallup, der heute als Begründer der modernen Demoskopie gilt, sah sich nicht nur als systematischer Sozialwissenschaftler, sondern vor allem auch als Sozialreformer. In seinem Buch von 1940, *„The Pulse of Democracy"*, umriß er das Ethos einer Meinungsbefragung, die dem „kleinen Mann" eine Stimme geben möchte, also durchaus die Demokratie von unten stärken wollte (Gallup 1940). Inzwischen sind Meinungsumfragen längst zu einem *big business* geworden. Kommerzielle Institute erfragen gegen Bezahlung die Meinungen zu allen erdenklichen Sachverhalten (Asher 2004). Neben Gallup zählt das Unternehmen von Louis Harris zu den Großen der Branche und bietet zahlreiche Daten über das „Innenleben" der USA an.

Demoskopische Ergebnisse spielen auch im Bereich der Politik eine große Rolle: Wer in den Wahlkampf einziehen will, läßt die potentiellen Wähler zuerst nach ihren Vorstellungen von Politik und Politikern befragen (Erikson/Tedin 2002; Glynn/Herbst/O'Keefe/Shapiro 1999). Befragungen über die Partei, die die Bürger wählen wollen, werden *public opinion polls* genannt (Manza/Cook/Page 2002; Asher 2004). Amtierende Politiker lassen die Bürger regelmäßig befragen, um ihre Popularität zu testen. Aber auch viele unabhängige Auftraggeber, etwa Medien, versuchen anhand von Umfragen die Meinung zu aktuellen Themen zu erschließen: Meinungsbarometer stoßen nämlich immer auf öffentliches Interesse und beeinflussen so auch wieder die öffentliche Meinung (Brettschneider 1991: 120 ff.).

17.6   Literatur

Asher, Herbert, Polling and the Public: What every Citizen Should Know, 6. Aufl., Washington, D.C. 2004.

Bachem, Christian: Fernsehen in den USA. Neuere Entwicklungen von Fernsehmarkt und Fernsehwerbung. Opladen 1995.

Bagdikian, Ben H., The Media Monopoly, 6. Aufl., Boston 2000.

Bagdikian, Ben H., The New Media Monopoly, Boston 2004.

Brettschneider, Frank, Wahlumfragen. Empirische Befunde zur Darstellung in den Medien und zum Einfluß auf das Wahlverhalten in der Bundesrepublik Deutschland und den USA, München 1991.

Broadcasting Cablecasting Yearbook, Washington, D.C. (erscheint jährlich).

Compaine, Benjamin M./**Gomery**, Douglas, Who Owns the Media? Competition and Concentration in the Mass Media Industry, 3. Aufl., Mahah 2000.

Creech, Kenneth C., Electronic Media Law and Regulation, 3. Aufl., Boston 2003.

Denton, Robert E./**Woodward**, Gary C., Political Communication in America, New York 1998.

Emery, Edwin/**Emery**, Michael, The Press and America. An Interpretive History of the Mass Media, 7. Aufl., Englewood Cliffs 1992.

Engelman, Ralph, Public Radio and Television in America. A Political History, Thousand Oaks 1996.

Erikson, Robert S./**Tedin**, Kent L., American Public Opinion: It's Origin, Contents and Impact, 7. Aufl., New York 2004.

Federal Communication Commission, Annual Report, Washington (jährlich).

Gallup, George, The Pulse of Democracy. The Public Opinion Poll and How it Works, New York 1940.

Glynn, Carroll J./**Herbst**, Susan/**O'Keefe**, Garrett J./**Shapiro**, Robert Y. (Hrsg.), Public Opinion, 2. Aufl., Boulder 2004.

Graber, Doris, Mass Media and American Politics, 7. Aufl., Washington, D.C. 2005.

Graber, Doris, Media Power in Politics, 5. Aufl., Washington, D.C. 2006.

Hatch, David, Media Ownership, Do Media Conglomerates have too much Power?, in: CQ Researcher, Vol. 10, (2003), S. 845-867.

Head, Sydney W./**Spann**, Thomas/**McGregor**, Michael A., Broadcasting in America. A Survey of Electronic Media, 9. Aufl., Boston 2001.

Jäger, Wolfgang, Fernsehen und Demokratie. Scheinplebiszitäre Tendenzen und Repräsentation in den USA, Großbritannien, Frankreich und Deutschland, München 1992.

Kittross, John Michael/**Sterling**, Christopher H., Stay Tuned: A History of American Broadcasting, 3. Aufl., Belmont 2001.

Kleinsteuber, Hans J. (Hrsg.), Der Information Superhighway. Amerikanische Visionen und Erfahrungen, Opladen 1996.

Kleinsteuber, Hans J., Pressefreiheit in den USA – zwischen ‚Marketplace of Ideas' und ‚The People's Right to Know', in: **Langenbucher**, Wolfgang R. (Hrsg.), Die Kommunikationsfreiheit der Gesellschaft, Wiesbaden 2003, S. 2-96.

Kleinsteuber, Hans J., Das Mediensystem der USA, in: **Hans-Bredow-Institut** (Hrsg.), Internationales Handbuch Medien 2004/05, Baden-Baden 2004 (erscheint zweijährlich).

Lippmann, Walter, Public Opinion, New York 1922.

Manza, Jeff/**Cook**, Fay Lomax/**Page**, Benjamin I. (Hrsg.), Navigating Public Opinion: Polls, Policy, and the Future of American Democracy, New York 2002.

McChesney, Robert W., Rich Media, Poor Democracy: Communication Politics in Dubious Times. Urbana 1999.

McChesney, Robert W., Problem of the Media: U.S. Communication Politics in the 21st Century, New York 2004.

Mihr, Christian, Wer spinnt denn da? Spin Doctoring in den USA und in Deutschland: eine vergleichende Studie zur Auslagerung politischer PR, Münster 2003.

Müller, Marion G., Politische Bildstrategien im amerikanischen Präsidentschaftswahlkampf 1828-1996, Berlin 1997.

Pew Research Center, News Audiences Increasingly Politicized, News Release vom 8. Juni 2004.

Pew Research Center, Public More Critical of Press, but Goodwill Persists, News Release vom 26. Juni 2005.

Pfetsch, Barbara, Politische Kommunikationskultur: Politische Sprecher und Journalisten in der Bundesrepublik und den USA im Vergleich, Wiesbaden 2003.

Redelfs, Manfred, Investigative Reporting in den USA. Strukturen eines Journalismus der Machtkontrolle, Opladen 1996.

Ruß-Mohl, Stephan, Der I-Faktor. Qualitätssicherung im amerikanischen Journalismus. Modell für Europa?, Zürich 1994.

Rybarczyk, Christoph, Great Communicators? Der Präsident, seine PR, die Medien und ihr Publikum. Eine Studie zur politischen Kommunikation in den USA, Münster 1997.

Teeter, Dwight L./**Le Duc**, Don R./**Loving**, Bill, Law of Mass Communications: Freedom and Control of Print and Broadcast Media, 9. Aufl., Westbury 1998.

17.7   Websites

Federal Communications Commission (FCC)	http://www.fcc.gov
Los Angeles Times	http://www.latimes.com
New York Times	http://www.nytimes.com
USA Today	http://www.usatoday.com
Wall Street Journal	http://online.wsj.com/public/us
Washington Post	http://www.washingtonpost.com
American Broadcasting Company (ABC News)	http://abcnews.go.com
Cable News Network (CNN)	http://www.cnn.com
Columbia Broadcast System (CBS News)	http://www.cbsnews.com
FOX Broadcasting Company (FOX News)	http://www.foxnews.com
National Broadcasting Company (NBC News on MSNBC)	http://www.msnbc.msn.com
Public Broadcasting System (PBS)	http://www.pbs.org

Stand: 31.07.2006

Herbert Dittgen

18 Präsident und Kongreß im außenpolitischen Entscheidungsprozeß

18.1 Konstitutionelle und historische Rahmenbedingungen

18.1.1 Die Verfassung und auswärtige Beziehungen

Die Zuständigkeiten im Bereich der auswärtigen Politik werden von der Verfassung entweder dem Präsidenten, dem Kongreß oder beiden gemeinsam zugewiesen (Art. I und Art. II U.S. Const.). Die verfassungsrechtlichen Unsicherheiten, die sich aus dieser funktionalen Gewaltenverschränkung für die außenpolitische Autorität im amerikanischen Regierungssystem ergeben, sind von der Judikative in den seltensten Fällen ausgeräumt worden. Der Grundsatz, daß der Oberste Gerichtshof keine politischen Fragen entscheidet (*political question doctrine*), wurde gerade in Bezug auf die Außenpolitik geltend gemacht. Allerdings hat das Gericht in einem Urteil festgestellt, daß „der Präsident das alleinige Organ der Nation für die auswärtigen Beziehungen und ihr einziger Vertreter gegenüber anderen Nationen ist" (*United States v. Curtiss-Wright Export Corp.*, 1936). Dies bedeutet jedoch nicht, daß sich die Durchführung der Außenpolitik der Kontrolle und der Zuständigkeit des Kongresses entzieht. *Justice* Robert H. Jackson hat in einem Gutachten zu dem Urteil, in dem Präsident Harry S. Truman das Notstandsrecht versagt wurde, während des Koreakrieges einen durch einen Streik bedrohten Stahlbetrieb unter staatliche Kontrolle zu stellen, die gegenseitige Abhängigkeit von Präsident und Kongreß hervorgehoben. Dieses Gutachten erlangte im Zuge der weiteren Rechtsprechung großen Einfluß. *Justice* Jackson unterschied drei unterschiedliche Bedingungen für das Verhältnis von Präsident und Kongreß (*Youngstown Sheet & Tube Co. v. Sawyer*, 1952): (1) Wenn der Präsident im Einklang mit der ausdrücklichen oder stillschweigenden Zustimmung des Kongresses handelt, ist seine Autorität am größten, da sie sowohl die ihm selbst verliehene als auch diejenige, die der Kongreß delegieren kann, umfaßt. (2) Handelt der Präsident ohne die Gewährung oder Verweigerung der Autorität durch den Kongreß, kann er sich nur auf seine eigene unabhängige Macht berufen. Es besteht aber eine Zone des Zwielichtes, in der er und der Kongreß gemeinsame Autorität besitzen oder in der ihre Zuweisung unsicher ist. Interesselosigkeit, Unentschiedenheit oder Untätigkeit des Kongresses erfordern manchmal in der Praxis sogar Maßnahmen, die auf der unabhängigen Verantwortung des Präsidenten beruhen. In diesem Bereich beruht der Ausgang eines jeden Konfliktes zwischen Präsident und Kongreß mehr auf den Herausforderungen durch die Ereignisse und auf aktuellen Unwägbarkeiten als auf den abstrakten Theorien der Gesetze. (3) Veranlaßt der Präsident Maßnahmen, die unvereinbar sind mit dem ausdrücklichen oder impliziten Willen des Kongresses, ist die Macht des Präsidenten an ihrem tiefsten Punkt, da er sich dann nur auf seine eigenen verfassungsrechtlichen Vollmachten, eingeschränkt durch die des Kongresses, in der jeweiligen Angelegenheit berufen kann. Gerichte können in einem solchen Fall die ausschließliche Zuständigkeit des Präsidenten nur stützen, indem sie den Kongreß außerstande setzen, in der fraglichen Angelegenheit zu handeln. Präsidentieller Anspruch auf eine solche Macht, die zugleich so abschließend und ausschließlich ist, muß mit Vorsicht geprüft werden, da das von der Verfassung etablierte System des Gleichgewichtes auf dem Spiel steht.

Diese Unterscheidung verschiedener Umstände für die Zusammenarbeit von Präsident und Kongreß ist auch für die Durchführung der Außenpolitik zutreffend. Die getrennten Institutionen von Exekutive und Legislative teilen sich in der Außenpolitik Befugnisse, die eine Zusammenarbeit notwendig machen.

18.1.2   Wechselnde außenpolitische Suprematie von Präsident und Kongreß

Das Verhältnis von präsidentieller Autorität und Einfluß des Kongresses im Bereich der Außenpolitik ist in der amerikanischen Geschichte vor allem von zwei Determinanten abhängig gewesen: von der Persönlichkeit des Präsidenten und von den internationalen Herausforderungen, mit denen die Vereinigten Staaten konfrontiert waren (Sundquist 1981: 19-36). George Washington hat als erster Präsident der Vereinigten Staaten maßgeblich die Führungsrolle des Präsidentenamtes im Bereich der Außenpolitik geprägt. Er war mit seiner selbstbewußten und populären Führungsrolle in der Außenpolitik Vorbild für den Stil und die Möglichkeiten späterer Präsidenten. Er hat in seiner Amtszeit für die Außenpolitik folgende Maßgaben gesetzt: die Pflege diplomatischer Beziehungen mit anderen Nationen durch den Präsidenten und seinen *Secretary of State*; die Praxis, Regierungsabkommen mit anderen Staaten zu schließen, die im Unterschied zu Verträgen nicht der Zustimmung des Senates bedürfen; die Entsendung von Streitkräften ohne ausdrückliche Ermächtigung durch den Kongreß. Der Kongreß der jungen Republik respektierte die Vorteile des Präsidenten, in der Außenpolitik schnell reagieren zu können, informell und geheim vorgehen zu können und besser informiert zu sein. Dies bedeutete jedoch nicht, daß der Kongreß von der Außenpolitik ausgeschlossen wurde. So hat Präsident Washington für seine Neutralitätserklärung im britisch-französischen Krieg, wenn auch erst nachträglich, die Zustimmung des Kongresses gesucht.

Mit dem Krieg gegen Spanien im Jahre 1898 gaben die Vereinigten Staaten ihren traditionellen Grundsatz der Nichteinmischung auf. Unter den Präsidenten William McKinley und Theodore Roosevelt intervenierten amerikanische Streitkräfte in Kuba, Panama und Santo Domingo. Insbesondere Präsident Roosevelt berief sich dabei auf seine exekutiven Vorrechte und überging bei seinen außenpolitischen Aktionen die Forderung des Kongresses nach Mitsprache. Auch Präsident Woodrow Wilson war vor und während des Ersten Weltkrieges die dominierende Persönlichkeit in der Außenpolitik. Mit der Ablehnung des Vertrages von Versailles durch den amerikanischen Senat mußte er jedoch eine bittere Niederlage hinnehmen. Die 1920er und 1930er waren wiederum Jahre des außenpolitischen Isolationismus, die maßgeblich durch die Neutralitätsgesetzgebung des Kongresses bestimmt wurden. Dieser war entschlossen, dem Präsidenten nicht die Führung der Außenpolitik zu überlassen. Den Präsidenten Theodore Roosevelt und Woodrow Wilson warf die Geschichtsschreibung und Publizistik jener Zeit vor, die Vereinigten Staaten in vermeidbare Kriege geführt zu haben. Erst der japanische Angriff auf Pearl Harbor befreite Präsident Franklin D. Roosevelt von der Zwangsjacke, die ihm der Kongreß auferlegt hatte. Die unter ihm nach 1939 einsetzende Renaissance präsidentieller Autorität und Führung in der Außenpolitik, die erst mit dem Scheitern in Vietnam ihr Ende finden sollte, kann in erster Linie als Reaktion auf die Ereignisse zwischen 1919 und 1939 erklärt werden, in denen der Kongreß die außenpolitische Suprematie besaß und eine verhängnisvoll verfehlte Politik betrieb.

Der Kalte Krieg, die Bedrohung durch die Sowjetunion und die neuartige Gefahr eines nuklearen Krieges gaben dem Präsidenten nach dem Zweiten Weltkrieg eine Führungsrolle in der Außenpolitik von ungewöhnlichem Ausmaß und weitreichender Verantwortung. Es war die militärische Bedrohung, die die Vereinigen Staaten veranlaßte, entgegen ihrer Tradition eine Weltmachtrolle einzunehmen und weitreichende Bündnisverpflichtungen einzugehen. Hieraus erklären sich das immense Anwachsen der außenpolitischen und militärischen Bürokratie der Exekutive und die Zunahme des Verteidigungsbudgets, das von 1,7 Prozent des BIP vor dem Eintritt in den Zweiten Weltkrieg auf fast 40 Prozent während des Zweiten Weltkrieges und annähernd 14 Prozent zur Zeit des Koreakrieges bzw. durchschnittlich 8 Prozent während des Vietnamkrieges anwuchs. Seither lag der niedrigste Stand zwischen 1999 und 2001 bei jeweils 3,0 Prozent, 2004 waren es dann 3,9 Prozent (Stanley/Niemi 2006: 348 f.). Der amerikanische Präsident war nunmehr nicht nur der maßgebliche Leiter der amerikanischen Außenpolitik, sondern wurde auch in die Rolle des Führers der westlichen Welt mit einer weltweiten amerikanischen militärischen Präsenz versetzt. Die Dominanz des Präsidenten in der Außenpolitik während der Nachkriegszeit beruhte nicht zuletzt darauf, daß der Kongreß auf das außenpolitische Urteil des Präsidenten vertraute und ihm fast immer ohne Widerstand folgte. Die Irrtümer des Kongresses nach dem Ersten Weltkrieg und die erfolgreiche Bündnispolitik der frühen Nachkriegszeit unter den Präsidenten Harry S. Truman und Dwight D. Eisenhower hatten wesentlich dazu beigetragen, dem Präsidenten eine unbestrittene Führungsrolle in der Außenpolitik zu geben. Mitentscheidend war auch der breite überparteiliche Konsens (*bipartisanship*), auf dem die Eindämmungspolitik der Vereinigten Staaten in der Öffentlichkeit und im Kongreß beruhte. Der Kongreß gab dem Präsidenten in Krisensituationen – Formosa 1955, Kuba 1962 und Golf von Tonking 1964 – durch Resolutionen größtmögliche Vollmachten in der Außenpolitik.

Es war der Krieg in Vietnam und die unkontrollierte Entfaltung präsidentieller Macht zur „imperialen Präsidentschaft" unter Präsident Richard M. Nixon, die die passive Rolle des Kongresses in der Außenpolitik beendeten (Schlesinger 1973). Der Wendepunkt kam aber bereits im Jahre 1965, als Präsident Lyndon B. Johnson den Einsatz amerikanischer Truppen zum Eingriff in den Bürgerkrieg in der Dominikanischen Republik anordnete, ohne zuvor den Kongreß informiert zu haben. Senator William Fulbright, Vorsitzender des *Committee on Foreign Relations* des Senats, initiierte eine Reihe von Anhörungen, die die Praxis der Geheimabkommen mit anderen Staaten untersuchten. Im Jahre 1969 verabschiedete der Senat eine *National Commitments-Resolution*, in der festgestellt wurde, daß nationale Verpflichtungen nur aufgrund von Verträgen, Gesetzen oder Resolutionen und somit nur unter Mitwirkung des Kongresses eingegangen werden können (Tabelle 18-1).

Die Veröffentlichung der *Pentagon Papers*, eine geheime Studie des *Department of Defense* (*DOD*) über die Entscheidungsprozesse im Zusammenhang mit dem Vietnam-Krieg, die Weigerung der Präsidenten Johnson und Nixon, den Kongreß in die außenpolitischen Entscheidungsprozesse mit einzubeziehen, und schließlich der *Watergate*-Skandal bewirkten in den frühen 1970er Jahren, daß der Kongreß mit großen Anstrengungen seine außenpolitischen Rechte wieder zur Geltung brachte. Die aktive Rolle des Kongresses in der Außenpolitik ist seither fester Bestandteil des politischen Prozesses in Washington geworden. Nicht mehr die Suprematie von Präsident oder Kongreß in der Außenpolitik steht zur Diskussion, sondern das Gleichgewicht zwischen beiden Institutionen (Mann 1990). Der Präsident bleibt weiterhin bei der Formulierung und der Durchführung der Außenpolitik der dominierende Part. Aber die Unterstützung durch den Kongreß ist für den Erfolg der Außenpolitik des Präsidenten unabdingbar geworden.

18.2   Präsident und Exekutive

18.2.1   Der Präsident und seine Berater

Die Organisation des Weißen Hauses und damit auch die Kontrolle der Außenpolitik hängen in hohem Maße von der Persönlichkeit und dem Stil des Präsidenten ab. Die Fähigkeit, richtige und wirkungsvolle Entscheidungen zu treffen, ist an mehrere Voraussetzungen geknüpft, die er organisatorisch bewältigen muß. Der Präsident benötigt nicht nur richtige Informationen und sachkundigen Rat, sondern er muß darüber hinaus auch sicherstellen, daß seine Entscheidungen genügend Zustimmung in der eigenen Administration, im Kongreß und in der Öffentlichkeit finden. Er muß aber auch in der Lage sein, die außenpolitischen Aktionen der Bürokratie zu koordinieren und zu kontrollieren. Dies ist angesichts der komplexen Wirklichkeit amerikanischer Außenpolitik und der riesigen außenpolitischen Bürokratie in Washington eine immense Aufgabe. In der Regel ist der Präsident gezwungen, mehr Zeit für die Außenpolitik aufzuwenden als für die Innenpolitik. In der Außenpolitik kann er seine größten Erfolge erringen, zugleich steht hier aber auch am meisten auf dem Spiel. Präsident John F. Kennedy bemerkte über den Unterschied zwischen innenpolitischer und außenpolitischer

Verantwortung, es sei der „zwischen dem Scheitern eines Gesetzes und der Auslöschung einer Nation" (zit. nach Sorensen 1965: 509).

Tabelle 18-1: Meilensteine der außenpolitischen Aktivitäten des Kongresses

1969   *National Commitments Resolution*: Forderung, daß Verpflichtungen gegenüber anderen Staaten nur mit Zustimmung des Kongresses erfolgen dürfen.

1971   Aufhebung der *Gulf of Tonkin Resolution*: Zurücknahme des Präsident Johnson gegebenen Vollmachten zur Führung des Krieges in Vietnam.

1972   *Case Act*: Verpflichtet die Exekutive, den Kongreß innerhalb von 60 Tagen über Abkommen mit anderen Staaten zu informieren.

1973   *War Powers Act*: Verpflichtet den Präsidenten, den Kongreß über die Entsendung von Streitkräften in Gebiete, in denen es zu Kampfhandlungen kommen kann, zu konsultieren. Erfolgt keine Ermächtigung durch den Kongreß, müssen die Streitkräfte innerhalb von 60 Tagen (in besonderen Fällen 90 Tagen) zurückgezogen werden.

1974   *Foreign Assistance Act*: Verpflichtet den Präsidenten, die Auslandshilfe an die Länder, die die Menschenrechte fortgesetzt verletzen, zu reduzieren oder einzustellen.

      Hughes-Ryan Amendment zum Auslandshilfegesetz: Verpflichtet die Exekutive, den zuständigen Kongreßausschüssen über Geheimoperationen im Ausland zu berichten.

      Arms Export Control Act: Gewährt dem Kongreß 30 Tage, innerhalb derer er größere militärische Verkäufe an das Ausland ablehnen kann.

      Einrichtung des *Senate Select Committee on Intelligence*: Übersieht geheime Operationen im Ausland

1976   *Foreign Assistance Act*: Verschärft die Menschenrechtsbestimmungen des Auslandshilfegesetzes von 1974.

      Clark Amendment: Untersagt die Benutzung von Mitteln für die direkte oder indirekte militärische Beteiligung am Angola-Konflikt

1977   Einrichtung des *Permanent Select Committee on Intelligence* im Repräsentantenhaus: Übersieht die Geheimoperationen im Ausland

      Menschenrechtsbestimmungen des *Agricultural Trade Development Assistance Act*: Untersagt Hilfeleistungen an Länder, in denen die Menschenrechte verletzt werden. Verpflichtet die Exekutive zu einem jährlichen Bericht über die Einhaltung der Menschenrechte in den Ländern, die amerikanische Auslandshilfezahlungen erhalten (1979 wurde die Berichtspflicht auf alle Mitgliedstaaten der Vereinten Nationen erweitert).

1980   *Intelligence Oversight Act*: Verpflichtet den Präsidenten, den Kongreß über alle „covert actions" zu informieren.

1982   *Boland Amendment* zum Autorisationsgesetz des Geheimdiensthaushaltes: Verbietet die Unterstützung militärischer Aktivitäten, die darauf angelegt sind, die Regierungen in Nicaragua zu stürzen.

1984   Zweites *Boland Amendment* zum umfassenden Haushaltsgesetz (*omnibus spending bill*): Untersagt die Ausgabe von Mitteln durch den CIA, das DOD oder irgendeiner anderen Behörde der Administration zur Unterstützung von militärischen oder paramilitärischen Aktionen in Nicaragua.

1986   *Anti-Apartheid Act*: Verpflichtet die Exekutive auf eine Politik, die auf das Ende des Apartheid-Regimes in Südafrika hinwirkt.

Quelle: eigene Zusammenstellung

Für die Organisation und Konzeption seiner außenpolitischen Aufgaben steht dem Präsidenten das unter Präsident Roosevelt 1939 geschaffene *Executive Office of the President* (*EOP*) zur Verfügung. Die Präsidenten haben diesen Apparat für die Planung und Kontrolle der Außenpolitik unterschiedlich genutzt. Die Präsidenten Truman und Eisenhower haben vor allem auf den Rat ihrer *Secretaries of State*, Dean Acheson und John Foster Dulles, vertraut. Präsident Kennedy, der einen mehr kollegialen und informellen Regierungsstil pflegte, hatte sich in außenpolitischen Fragen auf den Rat seines *Secretary of Defense*, Robert McNamara, und den seines Bruders, Justizminister (*Attorney General*) Robert Kennedy und anderer Mitarbeiter verlassen. In der Kennedy-Administration gewann auch erstmals der Nationale Sicherheitsberater, McGeorge Bundy, eine einflußreiche Position, wohingegen der *Secretary of State* nur eine untergeordnete Rolle spielte. Präsident Nixon machte seinen Nationalen Sicherheitsberater Henry Kissinger zur zentralen Figur der Außenpolitik und verurteilte das *State Department* zu einer nachgeordneten Rolle. Das außenpolitische Entscheidungssystem unter Präsident Nixon mit seiner strengen Abschottung nach außen und der damit einhergehenden straffen Organisation und Hierarchie waren die Voraussetzung für die Geheimdiplomatie und die exklusive Rolle des Sicherheitsberaters Henry Kissinger in der Außenpolitik (George 1980: 145-189). Sowohl Präsident Jimmy Carter als auch Präsident Ronald Reagan versprachen bei Amtsantritt, ihrem *Secretary of State* die zentrale Rolle in der Außenpolitik zurückzugeben. Dies gelang aber in beiden Administrationen nur zeitweilig und unvollkommen. Präsident Carter war selbst um eine aktive Rolle in der Außenpolitik bemüht, konnte aber nicht verhindern, daß sein Sicherheitsberater Zbigniew Brzezinski und sein *Secretary of State* Cyrus Vance häufig in Konflikt gerieten. Die Folge waren außenpolitische Konfusionen und Mißerfolge. Im Gegensatz zu Präsident Carter hat sich sein Nachfolger Präsident Reagan wenig um die Einzelheiten der Außenpolitik gekümmert. Der Iran-Contra-Skandal, der 1986 aufgedeckt wurde, zeigte die gefährlichen Folgen eines solchen Regierungsstils, in dem der Präsident abseits der Entscheidungsprozesse steht. Präsident George H. W. Bush dagegen verfolgte einen engagierten, persönlich-kollegialen Führungsstil in der Außenpolitik. Sein *Secretary of State*, James A. Baker III, war nicht nur sein engster Berater in außenpolitischen Fragen, sondern auch wichtigster Diplomat des Landes. Zusammen mit dem erfahrenen Sicherheitsberater Brent Scowcroft, der im Hintergrund agierte, bildeten sie ein weitgehend harmonisches außenpolitisches Team. Die erste Amtszeit der Administration William Jefferson („Bill") Clintons war gekennzeichnet durch ein geringes Interesse des Präsidenten an außenpolitischen Fragen, ineffektive Koordination durch Sicherheitsberater Anthony Lake und ein Mangel an strategischer Planung durch *Secretary of State* Warren Christopher. Ergebnis war eine Arbeitsteilung zwischen Weißem Haus, *State Department* und *DOD*, die in Somalia und Bosnien zu außenpolitischen Desastern führte. Folge dieser Ereignisse war eine Veränderung des Entscheidungsprozesses in der Exekutive in der zweiten Amtszeit, der als „ABC-Club" bezeichnet wurde. *Secretary of State* Madeleine Albright, *NSA* Samuel „Sandy" Berger und *Secretary of Defense* William Cohen bildeten zusammen mit einem gesteigerten Engagement von Präsident Clinton ein kooperatives und kollegiales außenpolitisches Team, in dem Berger allerdings „primus inter pares" war. In seiner ersten Amtszeit stützte sich Präsident George W. Bush in der Außenpolitik auf Personen, die bereits unter seinem Vater gedient hatten. Neben *Secretary of State* Colin Powell und Sicherheitsberaterin Condoleezza Rice brachte sich zudem *Vice President* Dick Cheney, unter Bushs Vater *Secretary of Defense*, in die Formulierung der Außenpolitik ein. Donald Rumsfeld, der das *DOD* bereits unter Präsident Gerald Ford geleitet hatte, wurde *Secretary of Defense*. Das Zusammentreffen dieser außenpolitisch erfahrenen Personen führte zu starken Rivalitäten, um Einfluß auf den außenpolitisch unerfahrenen Präsidenten auszuüben, die allerdings durch die Anschläge vom 11. September 2001 gemäßigt wurden. Dies etablierte eine kollegiale

Struktur, die in eine moderate und eine Hardliner Fraktion gespalten war. Die personellen Veränderungen in der zweiten Amtszeit George W. Bushs, mit Condoleezza Rice als *Secretary of State* und dem vorherigen *Deputy* Stephen Hadley als *NSA* scheinen auf eine größere Kohärenz in der Gestaltung der Politik hinzuweisen.

18.2.2 Der Nationale Sicherheitsrat

Konflikte und mangelhafte Kooperation zwischen den militärischen Streitkräften und zivilen Behörden der Regierung während des Zweiten Weltkrieges war Anlaß für eine grundlegende Neuorganisation der Entscheidungsstrukturen der Sicherheitspolitik. Mit dem *National Security Act* von 1947 wurden das *National Security Council (NSC)*, das *Department of Defense (DOD)* und die *Central Intelligence Agency (CIA)* geschaffen. Satzungsgemäß gehören dem *NSC* der Präsident, der Vizepräsident, der *Secretary of Defense* und der *Secretary of State* an. Der Direktor der *CIA* und der Vorsitzende der Vereinigten Stabschefs (*Joint Chiefs of Staffs*) haben nach den Statuten eine beratende Funktion. Dem Gesetz nach soll das *NSC* den Präsidenten bezüglich der Integration von Innen-, Außen- und Militärpolitik, soweit sie die nationale Sicherheit betreffen, beraten. Es liegt aber allein im Ermessen des Präsidenten, wie er von diesem Beratungsgremium Gebrauch macht; er beraumt die Sitzungen des *NSC* an und kann hierzu auch andere Mitglieder der Administration hinzuziehen. Die Präsidenten haben das *NSC* unterschiedlich genutzt: als ein Forum zur Diskussion und Entscheidung über außenpolitische Maßnahmen, als Koordinationsinstrument in Krisensituationen oder aber nur formal als Sanktionsorgan von Entscheidungen, die außerhalb des *NSC* getroffen wurden.

Neben dem *NSC* wurde mit dem *National Security Act* auch der *NSC*-Mitarbeiterstab geschaffen, der unabhängig von den anderen Behörden der Administration agiert. Ursprünglich war dieser Stab als ein unpolitisches Expertengremium gedacht. Seit der Kennedy-Administration ist es aber üblich geworden, daß die Präsidenten den *NSC*-Stab mit ihren eigenen Mitarbeitern neu besetzen. Präsidenten neigen dazu, dem *NSC*-Stab eine wichtige Rolle im außenpolitischen Entscheidungsprozeß zu geben, da sie sich im allgemeinen auf seine Loyalität verlassen können. Die Mitarbeiter des *Department of Defense*, des *Department of State* oder des *CIA* vertreten dagegen häufig ihre eigenen institutionellen Interessen, wodurch es für den Präsidenten schwieriger ist, sie in seine Politik einzubinden. Die prominente operative Rolle des *NSC*-Stabes führt allerdings häufig zu Konflikten mit dem *Department of State* und kann im negativen wie im positiven Sinne die Flexibilität der Außenpolitik begünstigen (Destler/Gelb/Lake 1984: 163-239).

Wichtigste Entwicklung des *NSC* war die Ernennung eines *National Security Advisers* – erstmals unter Präsident Eisenhower – der im *National Security Act* nicht vorgesehen war. Der Präsident benötigt für die Ernennung seines Nationalen Sicherheitsberaters im Gegensatz zu den meisten anderen wichtigen Positionen seiner Administration nicht die Zustimmung des Kongresses; darum kann er auch nicht zu Anhörungen im Kongreß gezwungen werden. Allgemein wird für den Sicherheitsberater die Rolle eines Koordinators und „ehrlichen Maklers" zwischen den verschiedenen außenpolitischen Stimmen in der Administration für angemessen gehalten. Brent Scowcroft, der Nationale Sicherheitsberater Präsident George H. W. Bushs, ist dieser idealen Vorstellung am nächsten gekommen. Ebenso versuchten Anthony Lake in der ersten Amtszeit Clintons und auch Condoleezza Rice nach dem 11. September 2001 diesem Ideal gerecht zu werden. Ihren Vorgängern, Henry Kissinger und Zbigniew Brzezinski ging es hingegen primär um die aktive Gestaltung der Außenpolitik.

18.2.3   Das Außenministerium (*Department of State*)

Dem amerikanischen Regierungssystem fehlt eine Institution, die einem europäischen Ministerium oder Kabinett entsprechen würde. Verantwortlich für die Außenpolitik ist der Präsident, wenn auch de facto der *Secretary of State* im Rahmen der vom Präsidenten festgelegten Politik sein *department* selbständig leitet. Entscheidend für den Einfluß des *Secretary of State* auf die Außenpolitik ist das Vertrauen des Präsidenten. Das *Department of State* (*DOS*) ist für die allgemeine Richtung und Ausführung der Außenpolitik verantwortlich. Seine Aktivitäten umfassen die Ausarbeitung von Politikempfehlungen, die Durchführung der Verhandlungen von Verträgen und Abkommen, die Vertretung der Vereinigten Staaten in den zahlreichen internationalen Organisationen sowie die Organisation der diplomatischen Beziehungen durch den Auswärtigen Dienst. Erst 1924 wurde mit dem *Rogers Act* ein professioneller Diplomatischer Dienst (*Foreign Service*) in den Vereinigten Staaten eingerichtet. Wichtige Botschafterposten werden aber auch heute noch häufig vom Präsidenten mit Personen besetzt, die sich ihm gegenüber durch persönliche Unterstützung, zumeist bei der Finanzierung seiner Wahlkämpfe, verdient gemacht haben.

An der Spitze des *DOS* steht der *Secretary of State* und sein Stellvertreter (*Deputy Secretary*). Sie werden von einem *Counselor* und sechs *Under Secretaries* unterstützt, die jeweils ein Ressort leiten. Organisatorisch gliedert sich das *DOS* in regionale und funktionale Büros. Die jeweiligen Länder werden von einem eigenen Büro aus bearbeitet (*country officer*). Zu den wichtigsten funktionalen Büros gehört das *Bureau of Economic and Business Affairs*, das für die internationale Energiepolitik und die internationale Finanz- und Handelspolitik zuständig ist. Das *Bureau of Political-Military Affairs* ist für die sicherheitspolitischen Aspekte der Außenpolitik verantwortlich, so z. B. für die Militärhilfe- und Rüstungskontrollpolitik. Es hält die Verbindung zum *Pentagon* und anderen Behörden der Administration, deren Zuständigkeit die Sicherheitspolitik betreffen. Das *Bureau of International Organization Affairs* entwickelt politische Richtlinien und koordiniert die Politik der Vereinigten Staaten im Rahmen der Vereinten Nationen und ihrer Unterorganisationen und anderer internationaler Organisationen und Konferenzen. Das *Bureau of Democracy, Human Rights, and Labor* ist für die Formulierung und Koordinierung der amerikanischen Politik in Bezug auf die Einhaltung der Menschenrechte und die Verbreitung von Demokratie in anderen Staaten verantwortlich. Seit dem *Foreign Affairs Reform and Restructuring Act* von 1998 sind dem *DOS* die zuvor unabhängigen Behörden der *Arms Control and Disarmament Agency* (*ACDA*), der *United States Information Agency* (*USIA*) und der *Agency for International Development* (*AID*) direkt unterstellt.

Die *ACDA* ist für die Rüstungskontroll- und Abrüstungspolitik der Vereinigten Staaten verantwortlich. Sie plant und koordiniert die Teilnahme an den verschiedenen internationalen Verhandlungen zur Rüstungskontrolle: in den Verhandlungen zur Reduzierung der strategischen Rüstung (*START*), den Verhandlungen über die konventionellen Streitkräfte in Europa

(KSE), der Abrüstungskonferenz der Vereinten Nationen über ein weltweites Verbot chemischer Waffen und den Verhandlungen um die Begrenzungen leichter Waffen. Der Schwerpunkt hat sich dabei deutlich in die Richtung verschoben, die Profilateration von Massenvernichtungswaffen zu verhindern. Die *ACDA* ist verpflichtet, dem Kongreß jährlich einen Bericht über die Rüstungskontrollpolitik der Administration vorzulegen.

Die *USIA* ist für die Informations- und Kulturprogramme in Übersee zuständig. Dazu gehören einerseits Radio- (*Voice of America, Radio Free Asia*) und Fernsehprogramme (*Worldnet*), die 1999 in das unabhängige *Broadcast Board of Governors* ausgegliedert wurden, andererseits Austauschprogramme (Fulbright Stipendien), die Veranstaltung von Ausstellungen und die Unterhaltung von Informationszentren (Amerikahäuser) und Bibliotheken, die dem *under secretary of state for public diplomacy and public affairs* zugeteilt sind.

Die *AID* ist für die Auslandshilfeprogramme verantwortlich. Mit dem Auslandshilfeprogramm werden sowohl humanitäre als auch strategisch-militärische Interessen verfolgt. Hatten die Ausgaben für Auslandshilfe in Mitte der 1990er Jahre einen Tiefststand von knapp 13 Milliarden US-$ erreicht (1996/97), verzeichneten diese in Folge der Anschläge des 11. September 2001 einen deutlichen Anstieg, so daß 2003 ca. 23 Milliarden US-$, 2004 ca. 21 Milliarden US-$ ausgegeben wurden (nicht berücksichtigt sind hierbei die 2,5 bzw. 18,5 Milliarden US-$ für den Wiederaufbau des Iraks). Dies weist auf die Bedeutung der Auslandshilfe als Mittel im Kampf gegen den Terrorismus hin. Unterschieden werden zwei Grundformen von Auslandshilfe: *Foreign Economic Assistance* und *Military Assistance*. Unter *Foreign Economic Assistance* fällt einerseits die bilaterale Entwicklungshilfe (*Bilateral Development Assistance*), die an den Grundbedürfnissen der Entwicklungsländer orientierte Projekte (Landwirtschaft, Gesundheitswesen und Umwelt) fördert und im Haushaltsjahr 2004 mit 30,1 Prozent den größten Anteil des Budgets ausmachte. Andererseits umfaßt sie mit 26,1 Prozent auch Wirtschaftshilfe, die zur Erreichung sicherheitspolitischer Ziele (*Economic aid supporting U.S. political and security objectives*) eingesetzt wird, mit 12,3 Prozent multilaterale Hilfsprogramme (*Mulilateral Assistance*) und mit 8,2 Prozent des Budgets humanitäre Hilfsprogramme (*Humanitarian Assistance*). Die Verantwortung für diese verschiedenen Programme teilt sich die *AID* mit dem *Department of Treasury* und dem *Department of Agriculture*. Unter *Military Assistance* fällt die Militärhilfe (*Military Aid*) mit 23,2 Prozent des Budgets im Jahr 2004. Der Verkauf und die Finanzierung von militärischem Gerät werden im *DOD* von der *Defense Security Cooperation Agency* verwaltet.

18.2.4 Das Verteidigungsministerium (*Department of Defense*)

Das *DOD* ist der größte Arbeitgeber des Bundes und der wichtigste öffentliche Auftraggeber für die private Wirtschaft. Ganze Regionen und Industriezweige sind von seinen Aufträgen abhängig. Mit einem Budget von 380 Milliarden US-$ im Haushaltsjahr 2004, etwa 17 Prozent des gesamten Haushaltes, wurden 3,4 Prozent des Bruttoinlandsprodukts verwaltet und ausgegeben. Insgesamt beschäftigt das *DOD* 1,4 Millionen Personen im aktiven Dienst der Streitkräfte, 1,2 Millionen in Reserve und Nationalgarde und 700.000 Zivilisten.

Der *Secretary of Defense* ist Mitglied des *NSC* und zugleich prinzipieller Berater des Präsidenten in allen die nationale Sicherheit betreffenden Fragen. Unter der Leitung des *Secretary of Defense* und seines Stellvertreters gliedert sich das *department* in vier größere Einheiten: das zivile *Office of the Secretary of Defense (OSD)*, die *departments* der Teilstreitkräfte, die Vereinigten Stabschefs – *Joint Chiefs of Staff (JCS)* – und seine militärischen Kommandoeinheiten und schließlich das *Armed Forces Policy Council*. Die administrative und politische Zentrale dieser Mammutbehörde bildet das *OSD*, in dem alle Fäden zusammenlaufen sollen. Der *Under Secretary for Acquisition, Technology and Logistics* trägt die Verantwortung für alle Aufgaben, die mit Waffenbeschaffungsprogrammen zusammenhängen (Forschung und Entwicklung, Produktion, Logistik). Der *Under Secretary of Defense for Politics* ist der prinzipielle Assistent des *Secretary of Defense* für die Konzeption der internationalen Sicherheits- und Verteidigungspolitik in all ihren Aspekten. Ihm unterstellt ist der *Assistant Secretary of Defense for International Security Affairs*, der für die Entwicklung, Planung und Koordinierung der militärischen Sicherheitspolitik verantwortlich ist. Ihm obliegt zudem die Planung der konventionellen und nuklearen Streitkräfte. Sein Büro gliedert sich in regionale Unterabteilungen und überwacht die Umsetzung der Politik. Der *Assistant Secretary of Defense for Strategy and Threat Reduction* entwickelt, plant und koordiniert die Politik, die auf eine Reduzierung der Bedrohung durch Massenvernichtungswaffen und anderer Waffensysteme abzielt. Ihm unterliegt daher auch die Koordination der Rüstungskontrollpolitik. Der *Assistant of Defense for Special Operations and Low Intensity Conflict* ist für die Planung und Durchführung von begrenzten militärischen Operationen in Krisengebieten zuständig.

Das Militär ist innerhalb des *DOD* durch die *Joint Chiefs of Staff (JCS)* vertreten. Ihm gehören die Oberbefehlshaber der Teilstreitkräfte (Armee, Luftwaffe, *Marines* und *Navy*) und ein Vorsitzender an. Der *Chairman of the Joint Chiefs of Staff* ist der ranghöchste Militär und muß zu den einflußreichsten Beratern des Präsidenten, des *Secretary of Defense* und des *NSC* gezählt werden. Dem *JCS* obliegt die Koordinierung der Verteidigungsplanung der Streitkräfte in Bezug auf Ressourcen, Strategie und Rüstungskontrolle. Die Teilstreitkräfte werden durch eigenständige *departments* innerhalb des *DOD* verwaltet. An ihrer Spitze steht jeweils ein ziviler *Secretary*.

Das *Armed Forces Policy Council* berät den *Secretary of Defense* hinsichtlich der politischen Richtlinien für die Streitkräfteplanung und anderer Fragen. Der *Secretary of Defense* führt den Vorsitz in diesem Gremium. Daneben gehören ihm noch ein Stellvertreter, die *Secretaries* der Teilstreitkräfte, der Vorsitzende der *JCS*, der *Under Secretary of Defense for Acquisition, Technology, and Logistics* und dessen Stellvertreter, der *Under Secretary for Defense of Politics* die *JCSs* und der Kommandant der *Marine Corps* an.

18.2.5   Geheimdienste

Die *Central Intelligence Agency (CIA)* ist aus dem während des Zweiten Weltkrieges gegründeten Geheimdienst, *Office for Strategic Services (OSS)*, hervorgegangen. Der Mißerfolg bei der Organisation der Schweinebucht-Invasion 1961, aber auch ihre Aktionen im Vietnam-Krieg, in Chile und im später aufgedeckten Komplott zur Ermordung Fidel Castros in Kuba haben dazu geführt, daß ihrem unabhängigen Handlungsvermögen in den 1970er Jahren Grenzen gesetzt wurden. Mit dem *Hughes-Ryan Act* von 1974 wurde die Exekutive verpflichtet, den zuständigen Kongreßausschüssen über geheime Operationen (*covert ac-*

tions) im Ausland zu berichten. Unter Präsident Ford wurde im Weißen Haus das *Intelligence Oversight Board* eingerichtet, das die geheimdienstlichen Tätigkeiten überwachen und dem Präsidenten durch den *Attorney General* über illegale Vorkommnisse berichten soll. Die umstrittenen *covert actions* machen aber nur einen kleinen, wenn auch folgenreichen Teil der Arbeit der *CIA* aus. Grundsätzlich obliegt ihr die Verantwortung für die Auswertung und Analyse von Informationen aus aller Welt, die die Außen- und Sicherheitspolitik betreffen. Sie liefert für die Regierung Studien zu einzelnen aktuellen Aspekten, aber auch zu langfristigen Problemen. In Folge der Fehler der Geheimdienste im Vorfeld der terroristischen Anschläge des 11. September 2001 kam es zu grundlegenden Veränderungen in der Arbeit des *CIA* als auch der gesamten *intelligence community*. Der *Intelligence Reform and Terrorism Prevention Act* von 2004 schuf die Position des *Director of National Intelligence* (*DNI*), der unabhängig vom *Director of the Central Intelligence Agency*, der Leiter der *intelligence community* ist und als wichtigster Berater des Präsidenten hinsichtlich der Geheimdienste dient. Seine Aufgabe ist die Kontrolle der *intelligence community* im Gesamten und die Entwicklung von Richtlinien bezüglich des Budgets und des Erwerbs von Informationen.

Die *intelligence community* umfaßt neben der *CIA* auch die Geheimdienste des *DOD* (die *Defense Intelligence Agency*, die *National Security Agency*, das *National Reconnaissance Office*, die *National Geospatial-Intelligence Agency* und die Nachrichtendienste der Teilstreitkräfte), das *Federal Bureau of Investigation* (*FBI*), zuständig für die Inlandsaufklärung, und die Nachrichtendienste des *DOS*, des *Department of Treasury*, des *Department of Energy*, des *Department of Homeland Security* und der *Coast Guard* (Best 2005: 5). Zusätzlich zur Reform wurde durch die Bush-Administration das *National Counterterrorism Center* geschaffen, zu dem auch das *Terrorist Threat Integration Center* (*TTIC*) und das *National Counter Proliferation Center* gehören.

18.3 Die außenpolitische Rolle des Kongresses

18.3.1 Kontrolle der Außenpolitik durch den Kongreß

Der Kongreß verfügt über Instrumentarien, die ihm erlauben, in der Außenpolitik sowohl die Initiative zu ergreifen als auch die Durchführung der Außenpolitik zu kontrollieren (*oversight*). Durch einfache oder gemeinsame Resolutionen (*simple* oder *concurrent resolutions*), die keine Gesetzeskraft haben, kann er seine Auffassung zu bestimmten außenpolitischen Themen zum Ausdruck bringen. Mittels der Gesetzgebung kann er die Politik des Präsidenten unterstützen oder aber auch andere Richtungen vorschreiben. In der Weise, wie der Präsident die Möglichkeit hat, für seine Politik in der Öffentlichkeit zu werben und damit auch den Kongreß zur Unterstützung zu veranlassen, so hat auch der Kongreß die Möglichkeit, die Außenpolitik des Präsidenten zu einem öffentlichen Diskussionsthema zu machen, um damit den Präsidenten zu einer Kurskorrektur zu bewegen.

Die Ausschüsse und Unterausschüsse des Kongresses sind die zentralen Einrichtungen, in denen die außenpolitischen Fragen beraten werden. Das *Foreign Relations-, Armed Services-*

und *Select Intelligence Committee* im Senat und das *International Relations-* (zuvor *Foreign Affairs-*), *Armed Services-* und *Permanent Select Intelligence Committee* im Repräsentantenhaus haben die wichtigsten Gesetzgebungskompetenzen für die Außen- und Sicherheitspolitik. Zusätzlich haben die Budget- und Bewilligungsausschüsse durch die Ausgabengesetze großen Einfluß auf die Außenpolitik. Darüber hinaus sind 37 Unterausschüsse im Repräsentantenhaus und 34 Unterausschüsse im Senat direkt oder indirekt mit außen- und sicherheitspolitischen Fragen betraut. Durch die sich überschneidende Mitgliedschaft von Senatoren in mehreren Ausschüssen des Senats wird zwar ein gewisses Maß an Koordination gewährleistet, aber angesichts der zahlreichen Unterausschüsse kann generell von einer dezentralisierten und fragmentierten außenpolitischen Autorität im Kongreß gesprochen werden. Diese strukturelle Schwäche erschwert sowohl die außenpolitische Gesetzgebung und Initiative als auch die Zusammenarbeit mit der Exekutive. In den 1950er und 1960er Jahren konnte der Präsident außenpolitische Fragen mit den mächtigen Ausschußvorsitzenden besprechen, um sich die Unterstützung des Kongresses zu sichern. Die Fragmentierung der Machtstrukturen durch die zahlreichen Unterausschüsse hat ein solches informelles Vorgehen sehr erschwert.

18.3.2   Information und Investigation

Um sich über außenpolitische Fragen zu informieren, können die Mitglieder des Kongresses sowohl auf dessen Hilfsdienste als auch auf ihre eigenen Mitarbeiterstäbe wie auch die der Ausschüsse zurückgreifen. Die Mitglieder von Ausschüssen mit Jurisdiktion in außenpolitischen Angelegenheiten haben normalerweise mehrere persönliche Assistenten, die sich speziell mit diesem Sachgebiet befassen. Insgesamt arbeiten etwa 2.000 Personen als Mitarbeiter für die Ausschüsse und Unterausschüsse. Neben den institutionalisierten Informationsdiensten haben in den letzten Jahren zunehmend informelle Zusammenschlüsse (*caucuses*) im Kongreß für die Koordinierung und Information in außenpolitischen Fragen an Bedeutung gewonnen. Sie sind entweder parteilich oder überparteilich nach speziellen Interessen organisiert. Es gibt z. B. einen *Arms Control and Foreign Policy Caucus*, einen *Human Rights Caucus* oder einen *Military Reform Caucus* und andere, die für die außenpolitische Koordinierung und Gesetzgebung wichtig geworden sind. Diese informellen Zusammenschlüsse haben wiederum ihre eigenen Mitarbeiterstäbe (Hammond 1989: 24). Spezielle Arbeits-, und Beobachtergruppen innerhalb des Kongresses sind zusätzliche Einrichtungen zur Information wie auch Konsultation mit der Exekutive. So gibt es z. B. Gremien, die sich mit Mittelamerika und den internationalen Flüchtlingsproblemen befassen. Die *Senate Arms Control Observer Group* verfolgt die Verhandlungen der verschiedenen Rüstungskontrollgespräche, die *Senate NATO Observer Group* die Entwicklung und Politik der Allianz. Hierdurch sind die einzelnen Mitglieder des Kongresses in außenpolitischen Fragen sowohl gegenüber der Exekutive als auch gegenüber der eigenen Parteiführung unabhängiger geworden.

Um sich über die Richtung und Durchführung der Außen- und Sicherheitspolitik der Administration zu informieren, verfügt der Kongreß neben dem informellen Informationsaustausch zwischen den Behörden der Exekutive und den zuständigen Ausschüssen und seinen Mitgliedern und Mitarbeitern über zahlreiche rechtliche Instrumentarien. Die Anhörungen (*hearings*) sind dabei das am häufigsten gebrauchte und wichtigste Mittel der Informationsbeschaffung. Aus gegebenem Anlaß können auch spezielle Untersuchungsausschüsse (*select committees*) eingesetzt werden. Jüngstes Beispiel ist das *Select Committee on Homeland Security*, das 2003 im Repräsentantenhaus ins Leben gerufen wurde. Eine Besonderheit des Investigationsverfahrens besteht darin, daß die Mißachtung einer Ladung zur Zeugenaussage oder der Vorlage von Dokumenten durch den Kongreß (*contempt of congress*) unter Strafandrohung (*subpoena*) steht. Ein weiteres Mittel der Informationsbeschaffung besteht darin, daß der Kongreß auf gesetzlichem Wege eine Behörde zur schriftlichen Berichterstattung verpflichten kann (*reporting requirement*). Diese Berichtsverpflichtung benutzt der Kongreß besonders, um die Durchführung seiner Gesetzgebung zu kontrollieren. Durch verschiedene Maßnahmen hat der Kongreß in den 1970er Jahren auch eine gut funktionierende Kontrolle der Geheimdiensttätigkeit aufgebaut. Mit dem *Intelligence Oversight Act* von 1980 wird der Präsident verpflichtet, die beiden Geheimdienstausschüsse des Kongresses nicht nur über die Aktionen des *CIA*, sondern über alle *covert actions* zu informieren. Über die Geheimdienstausschüsse erhalten die anderen Ausschüsse ihre Informationen. Durch diese Informationspflicht ist der Kongreß in die Verantwortung für die Aktionen der Geheimdienste miteingebunden (Kaiser 1992).

18.3.3   Gesetzgebung in der Außenpolitik

Die Budgethoheit ist das wirksamste Mittel des Kongresses, die Außenpolitik zu beeinflussen. Durch die Festsetzung des Budgets für die Auslandshilfe, die Verteidigung und internationale Organisationen und durch das Handelsgesetz kann der Kongreß maßgeblich die Beziehungen zu anderen Staaten in fast allen Aspekten beeinflussen. Zu den Ausschüssen, die über wichtige außen- und sicherheitspolitische Einzelpläne entscheiden, gehören im Repräsentantenhaus das *International Relations*-, das *Armed Services*-, das *Select Committee on Intelligence*, das *Agriculture* und das *Ways and Means-Committee*, im Senat das *Foreign Relations*-, das *Armed Services*-, das *Select Committee on Intelligence* und das *Finance-Committee*. Die Autorisierungsgesetzgebung gewährt dem Kongreß weitreichende Möglichkeiten, die Inhalte der Außenpolitik zu bestimmen. Das Auslandshilfegesetz von 1961 etablierte das Auslandshilfeprogramm. Der *Foreign Military Sales Act* von 1968 und die Ergänzungen durch den *Export Control Act* von 1976 sind die rechtliche Grundlage für Waffenlieferungen in andere Länder. Mit dem *Agricultural Trade Development and Assistance Act* wurden das *Food for Peace* und andere Nahrungshilfeprojekte ins Leben gerufen. Diese drei Gesetze sind die Grundlage für die jährlichen Beratungen über die jeweilige finanzielle Ausstattung der Programme. Der Kongreß hat die Möglichkeit, detaillierte Vorschriften zu geben und Gelder für bestimmte Länder oder Programme zu kennzeichnen (*earmarking*). Durch Ergänzungen (*amendments*) können bestimmte Auflagen in das Gesetz geschrieben werden.

In den letzten Jahren ist die Zahl der Gesetzesergänzungen aus den Ausschüssen oder aus dem Plenum in beiden Kammern des Kongresses enorm angestiegen. So war z. B. das Repräsentantenhaus im Jahre 2001 bei der Abstimmung über das Autorisierungsgesetz für den Verteidigungshaushalt genötigt, über 235 Gesetzesergänzungen zu beraten, die sich auf alle Aspekte der amerikanischen Verteidigungspolitik bezogen. Auch wenn nur wenige Ergänzungen Aussicht auf Erfolg haben, hat diese Entwicklung dem Kongreß den Vorwurf des „Mikromanagement" eingebracht. Durch die zunehmende Reservierung von Geldern für bestimmte Projekte und zahlreiche Gesetzesvorschriften, die Einzelheiten der Durchführung der Außenpolitik vorschreiben, wird nicht nur der Gesetzgebungsprozeß überladen, sondern auch die Flexibilität der Außenpolitik erheblich eingeschränkt.

Die Bewilligungsausschüsse und ihre 13 Unterausschüsse beraten über die Ausgabengesetze (*appropriations*), ohne die die Exekutive über keine Gelder verfügen kann. Das Bewilligungsverfahren eröffnet erneut Möglichkeiten, die einzelnen Haushaltspläne mit bestimmten Beschränkungen zu versehen, die die Ausgabe von Geldern für bestimmte Zwecke untersagt (*limitation riders*). Gelingt es dem Kongreß nicht, zeitgerecht ein Bewilligungsgesetz zu verabschieden, bewilligt er zwischenzeitliche Mittel in fortschreibenden Resolutionen (*continuing resolutions*). Eine Rekordmarke von 21 dieser Resolutionen wurde im letzten Amtsjahr der Clinton-Administration (2000) erreicht (Oleszek 2004: 60). Wenn zusätzliche Mittel benötigt werden, verabschiedet der Kongreß Ergänzungsbewilligungen (*supplemental appropriations*). Diese in den letzten Jahren häufig benutzten Instrumentarien für die die Außen- und Sicherheitspolitik betreffenden Haushaltspläne haben dazu geführt, daß die Bewilligungsausschüsse in der Außenpolitik an Bedeutung gewonnen haben, da diese Not- und Ergänzungshaushalte nicht unter die Jurisdiktion der sachlich zuständigen Ausschüsse fallen. Auch durch die Einnahmegesetze (Zölle und Außenhandelsgesetze) kann der Kongreß großen Einfluß in der Außenpolitik nehmen. Berühmtestes Beispiel ist das *Jackson-Vanik-Amendment* zum Handelsgesetz von 1974. Durch diesen Gesetzeszusatz wurde die Gewährung von Handelsvorteilen an die Sowjetunion von einer freizügigen Emigrationspolitik gegenüber sowjetischen Juden abhängig gemacht. Die Folge war, daß die Sowjetunion das bereits ausgehandelte Handelsabkommen mit den Vereinigten Staaten ablehnte.

Der Kongreß kann aber auch unabhängig vom Budgetverfahren Gesetze verabschieden, die die Außenbeziehungen der Vereinigten Staaten in einzelnen Aspekten festlegt. Ein eindrucksvolles Beispiel ist die Art, wie der Kongreß die Südafrikapolitik der Reagan-Administration änderte. In heftigstem Widerspruch zur Politik des *constructive engagement* überstimmte der Kongreß ein Veto des Präsidenten und verabschiedete den *Anti-Apartheid Act*, der Südafrika mit einschneidenden Sanktionen belegte. Die Dezentralisierung und Fragmentierung von Zuständigkeiten und die fehlende Parteidisziplin im Kongreß bedingen jedoch, daß der Kongreß nur selten eine einheitliche außenpolitische Konzeption entwickeln kann. Die Exekutive hat den Vorteil, mit einer Stimme zu sprechen und schnell auf Ereignisse reagieren zu können, während der Kongreß häufig viele Monate benötigt, um auf dem Gesetzgebungswege auf Entwicklungen im Ausland zu reagieren (Wahlen 1982: 81).

18.4   Das Zusammenwirken von Kongreß und Präsident

18.4.1   Krieg und Frieden

Die Bedeutung der Verfassungsbestimmungen, die dem Kongreß das Recht zur Kriegsführung und darüber hinaus das Recht, Streitkräfte aufzustellen und zu unterhalten zusprechen, den Präsidenten dagegen zum Oberbefehlshaber der Streitkräfte bestimmen, war in der Praxis immer umstritten. Historisch betrachtet war fast immer der amerikanische Präsident als Oberbefehlshaber der Streitkräfte ausschlaggebend für die Entscheidung über Krieg und Frieden. In mehr als 200 Fällen, in denen amerikanische Streitkräfte eingesetzt wurden, hat der Kongreß nur sechsmal eine Kriegserklärung ausgesprochen: 1812 im Krieg gegen England, 1898 im Spanisch-Amerikanischen Krieg und in den beiden Weltkriegen. Im Krieg gegen Mexiko (1846-1848) hat der Kongreß eine gemeinsame Resolution verabschiedet. Nach den terroristischen Anschlägen auf New York und Washington 2001 sowie im September 2002 erließ der Kongreß ebenfalls eine gemeinsame Resolution, die den Präsident ermächtigte militärische Gewalt gegen die Taliban in Afghanistan bzw. gegen den Irak (2003) einzusetzen.

Der Kongreß hat gewöhnlich die Initiative des Präsidenten stillschweigend gebilligt, solange die Aktionen erfolgreich waren. Es waren vor allem der Krieg in Vietnam und die Art und Weise, wie die Nixon-Administration versuchte, ihn „ehrenvoll" zu beenden, die den Kongreß veranlaßten, aktiv zu werden und seine verfassungsmäßige Rolle in der Frage von Krieg und Frieden auf rechtlichem Wege wiederherzustellen. Das Ergebnis war die *War Powers Resolution*, die gegen ein von Präsident Nixon 1973 eingelegtes Veto verabschiedet wurde.

Die *War Powers Resolution* verpflichtet den Präsidenten zur Konsultation (Abschn. 3): „Der Präsident ist verpflichtet, wenn möglich (*in every possible instance*) vor dem Einsatz der Streitkräfte den Kongreß zu konsultieren und die Konsultationen fortzuführen, solange der Truppeneinsatz andauert." Der Präsident ist weiterhin verpflichtet, innerhalb von 48 Stunden nach der Entsendung von Streitkräften, bei der eine Kriegserklärung nicht erfolgte, dem Sprecher des Repräsentantenhauses und dem Präsidenten pro tempore des Senates einen Bericht zuzuleiten (Abschn. 4a): „Der Bericht soll die Umstände des Truppeneinsatzes, seine verfassungsrechtlichen und gesetzlichen Grundlagen, den vermutlichen Umfang und die wahrscheinliche Dauer des militärischen Engagements darlegen. Solange der Truppeneinsatz andauert, soll er regelmäßig über Verlauf, Umfang und die vermutliche Dauer berichten." In Bezug auf die Maßnahmen des Kongresses trifft das Gesetz folgende Festlegungen (Abschn. 5b): Innerhalb von 60 Tagen, nachdem der Präsident dem Kongreß einen Bericht zugeleitet hat oder nach Abschn. 4a dazu verpflichtet war, müssen die Kampfhandlungen eingestellt werden, wenn eine Kriegserklärung oder andere Autorisierung durch den Kongreß nicht erfolgte. Die Frist kann bis zu 30 Tage verlängert werden, falls diese Zeit zur Sicherung des Rückzuges der Streitkräfte benötigt wird. Im nächsten Abschnitt (5c) heißt es, daß der Kongreß das Recht hat, durch eine gemeinsame Entschließung (*concurrent resolution*) jederzeit das militärische Engagement zu beenden (U.S. Senate 1989: 341-345).

Präsident Nixon hatte sein Veto gegen die *War Powers Resolution* mit verfassungsrechtlichen Einwänden gegen zwei zentrale Bestimmungen begründet: das legislative Veto, das in der Bestimmung enthalten ist, daß der Kongreß den Truppenrückzug durch eine gemeinsam Entschließung anordnen kann, und den Automatismus der 60- bzw. 90-Tage-Vorschrift, die bei fehlender Autorisierung der Kampfhandlungen durch den Kongreß ohne Mitwirkung des Präsidenten in Kraft tritt. Der *Supreme Court* hat 1983 in einem Urteil, das keinen Bezug zur Kriegsvollmacht hat, das legislative Veto für verfassungswidrig erklärt und damit nachträglich den ersten Einwand Präsident Nixons bestätigt (*Immigration and Naturalization Service v. Chadha*, 1983). Die Auswirkung dieser Entscheidung des Obersten Gerichtshofes für den „Zeitautomatismus" der *War Powers Resolution* ist umstritten. Der Kongreß müßte nun, um einen Krieg zu beenden, anstatt einer *concurrent resolution* (unterliegt nicht einem Veto des Präsidenten) auf eine *joint resolution* (unterliegt dem Vetorecht) zurückgreifen.

Seit Nixon haben bisher alle Präsidenten die Bestimmungen der *War Powers Resolution* als einen verfassungsrechtlich unzulässigen Eingriff in ihre exekutiven Vorrechte und Verantwortung abgelehnt. Zwar haben einige Präsidenten seit Inkrafttreten der Resolution mehrfach dem Kongreß über den Einsatz von amerikanischen Streitkräften berichtet, dies aber ohne Bezug auf den Abschn. 4a der Resolution, der die 60-Tage-Frist beginnen lassen würde. Eine Ausnahme ist die Informierung des Kongresses durch Präsident Ford anläßlich der Rettungsaktion für das amerikanische Handelsschiff „Mayaguez", das von kambodschanischen Kriegsschiffen aufgebracht worden war.

Aber auch der Kongreß hat von seinem Recht zu einer gemeinsamen Entschließung (Abschn. 5c) erst einmal Gebrauch gemacht. Nachdem in der Libanon-Krise 1983 die ersten amerikanischen Marineinfanteristen getötet worden waren, verabschiedete der Kongreß die *Multilateral Force in Lebanon Resolution*, die aber dem Präsidenten für weitere 18 Monate freie Hand gab, solange der Kongreß nicht zwischenzeitlich entscheiden würde, daß die Streitkräfte abgezogen werden müßten.

Die Invasion in Panama begann Ende 1989, als der Kongreß nicht tagte. Als der Kongreß im Januar 1990 wieder zusammentrat, erklärte Präsident Bush, daß alle Ziele der Operation *Just Cause* erreicht seien und der Rückzug der amerikanischen Truppen eingeleitet worden sei. Nachträglich bestätigte das Repräsentantenhaus dem Präsidenten in einer Resolution, „entschieden und angemessen" gehandelt zu haben (U.S. House of Representatives 1991: 48 f.).

Die amerikanischen Streitkräfte, die während des Zweiten Golf-Krieges am Ende des Jahres 1990 in der Golf-Region stationiert worden waren, hatten annähernd den Umfang wie auf dem Höhepunkt des Vietnam-Krieges. Präsident Bush nahm wie seine Vorgänger für sich in Anspruch, keine Autorisierung durch den Kongreß für den Einsatz der Streitkräfte zu benötigen. Der Präsident informierte den Kongreß erst nach der Entscheidung, Streitkräfte nach Saudi-Arabien zu entsenden, mit ausdrücklichem Bezug auf die *War Powers Resolution*. Von der Entscheidung, zwei Monate später den Umfang der Streitkräfte zu verdoppeln, wurde der Kongreß dagegen nicht informiert. Eine Klage von Mitgliedern des Repräsentantenhauses beim *U.S. District Court* auf eine gerichtliche Verfügung gegen den Einsatz von militärischen Streitkräften ohne die Zustimmung des Kongresses wurde abgewiesen (Fisher 1991: 276 f.). Am 8. Januar 1991 schließlich bat der Präsident den Kongreß um eine Resolution, die den Einsatz aller notwendigen Mittel zur Durchsetzung der UNO-Resolution 678 unterstützen sollte. Der Kongreß verabschiedete vier Tage später die *Authorization for Use of Military Force Against Iraq Resolution*. Sie ermächtigte den Präsidenten in Übereinstimmung mit der UNO-Resolution zum Einsatz der amerikanischen Streitkräfte, um die von den Vereinten Nationen verabschiedeten Forderungen an den Irak durchzusetzen.

Das gleiche Muster in den Beziehungen zwischen Präsident und Kongreß zeigte sich auch unter den folgenden beiden Präsidentschaften: Trotz *War Powers Resolution* dominiert der Präsident in Fragen von Krieg und Frieden die amerikanische Außenpolitik. Präsident Clinton befahl 1992 die Stationierung von Streitkräften im Rahmen der humanitären Mission der UNO (*Restore Hope*) in Somalia. Der Kongreß selbst gelangte zunächst zu keiner eigenen Position in der Frage. Erst nach der Ermordung von 18 Soldaten in den Straßen von Mogadischu 1993, und der Übertragung der Bilder auf *CNN*, entschied der Kongreß, die Finanzierung im Jahr 1994 auslaufen zu lassen. Eine Position, die allerdings auch von Clinton unterstützt wurde. Der Mißerfolg in Somalia beeinflußte in der Folge deutlich die amerikanische Position hinsichtlich der Entsendung von Truppen in anderen humanitären Krisen, etwa in Ruanda. Im Rahmen seiner Position als Oberbefehlshaber, und ohne den Kongreß an Entscheidungen zu beteiligen, entsandte Clinton 1994 20.000 Soldaten nach Haiti, um die demokratische Regierung unter Präsident Aristide wieder einzusetzen (Hook/Spanier 2000: 310 ff.). Im Jahr 1995 erreichte Clinton die Beteiligung von Bodentruppen an der *Implementation Force* (*IFOR*) Mission der UNO in Bosnien und 1999 den Angriff von Kampfflugzeugen auf Serbien, um das Abkommen von Rambouillet zwischen Serben und Kosovaren durchzusetzen. Im Fall der Stationierung von 20.000 Soldaten im Rahmen der *IFOR* setzte sich der Präsident gegen einen skeptischen Kongreß durch. Besonders die Republikanischen Mehrheiten im Senat und im Repräsentantenhaus standen diesen Beteiligungen ablehnend gegenüber, wagten allerdings auch nicht, den Präsidenten herauszufordern. Clinton stellte, wie schon sein Vorgänger Bush, den Kongreß vor vollendete Tatsachen; dieser stimmte den Truppenverlegungen im November 1995 zu (Hendrickson 1998: 242-255). Wie bereits bei den Luftangriffen der NATO 1995 auf die bosnischen Serben, erklärte Präsident Clinton 1999, daß auch die Beteiligung amerikanischer Kampfflugzeuge an Angriffen auf Serbien (*Operation Allied Force*) keine Zustimmung des Kongresses benötige, da diese im Rahmen des Bündnisses geschehen (Hook/Spanier 2000: 337-341). Die negative Stimmung im Kongreß hinsichtlich einer Verlegung von Bodentruppen, hinderte den Präsidenten allerdings daran, dieses Mittel zu erwägen.

Die terroristischen Anschläge des 11. September 2001, die ersten Angriffe auf das amerikanische Festland seit 1812, stärkten die Macht des Präsidenten deutlich. Obwohl der Präsident als Oberbefehlshaber die Kompetenz hat, in Krisensituationen militärische Kräfte ohne Zustimmung des Kongresses einzusetzen, ersuchte George W. Bush am 12. September 2001 den Kongreß um eine entsprechende Resolution. Mit nur einer Gegenstimme beschlossen die beiden Kammern des Kongresses am 14. September 2001 eine *Joint Resolution*, die den Präsidenten ermächtigte, militärische Gewalt gegen andere Staaten, Organisationen und Personen einzusetzen, die für die Anschläge verantwortlich waren. Sie gewährte der Exekutive einen breiten Handlungsspielraum, da der Präsident entscheiden konnte, wer Ziel eines Angriffes werden würde, und weil keine zeitlichen Beschränkungen fixiert waren. (Lindsay 2004: 191). Im Rahmen der Resolution vom 14. September 2001 folgte im Oktober des Jahres der Feldzug gegen das Taliban-Regime in Afghanistan. Gleichzeitig verschärfte die Bush-Administration auch die Politik gegenüber dem irakischen Diktator Saddam Hussein, da Geheimdienstinformationen darauf hinwiesen, daß dieser im Besitz von Massenvernichtungswaffen sei. Seit Mitte des Jahres 2002 verfolgte die Regierung das Ziel eines Sturzes des irakischen Diktators, der notfalls mit Waffengewalt erreicht werden sollte. Zunächst nahm auch George W. Bush die Position seiner Vorgänger in Anspruch, daß er keine Autorisation durch den Kongreß benötige. Er präsentierte im September 2002 dem Kongreß schließlich doch einen Entwurf. Am 10. Oktober 2002 verabschiedeten beide Kammern die

Use of Force Resolution, die Präsident Bush ermächtigte, die Bestimmungen der UN-Resolutionen bezüglich des Iraks mit militärischer Gewalt durchzusetzen (Lantis/Moskowitz 2005: 104-110). Die Resolution erhielt zwar eine Passage mit Bezug auf die *War Powers Resolution*, faktisch hingegen gewährte sie George W. Bush erneut einen sehr breiten Handlungsspielraum. Der Kongreß ermächtigte erstmals in der amerikanischen Geschichte den Präsidenten, einen Krieg zu führen, bevor feststand, daß es zu einem solchen überhaupt kommen würde. Sein Mitbestimmungsrecht an Entscheidungen über Kriege legte der Kongreß somit in die Hände der Exekutive, die im März 2003 den Irak-Feldzug begann.

Die *War Powers Resolution* von 1973 war eine Reaktion auf die imperiale Präsidentschaft sowie ein Versuch, die Einbeziehung des Kongresses in die Entscheidung über den Einsatz von amerikanischen Streitkräften rechtlich zu garantieren. Die Definitionsprobleme, die sich aus der Sprache des Gesetzes ergeben, und die Unsicherheiten, die aus dem Verbot des legislativen Vetos durch den *Supreme Court* resultieren, haben seit dem immer wieder zu der Forderung einer Reform oder gänzlichen Abschaffung des Gesetzes geführt (Glennon 1990: 102-122; Fisher/Adler 1998).

18.4.2   Internationale Verträge und Abkommen

Die Bestimmung der Verfassung, daß der Präsident auf Anraten und mit Zustimmung des Senates Verträge abschließt, ist insofern eindeutig, als allein der Präsident die Verhandlungen führt und die Zustimmung der Zweidrittelmehrheit der anwesenden Senatoren benötigt, um einen Vertrag in Kraft zu setzen. Ein Vertrag kann damit nur durch eine breite Übereinstimmung von Exekutive und Legislative zustande kommen. Hat der Senat seine Zustimmung gegeben, wird der Vertrag erst dann zum Gesetz, wenn ihn der Präsident ratifiziert. Der Präsident ist jedoch nicht gezwungen, einen Vertrag in Kraft zu setzen. Er hat auch die Autorität, einen Vertrag einseitig zu beenden. So hat Präsident Carter 1979 unter Berufung auf seine exekutive Gewalt entschieden, den Verteidigungsvertrag mit Taiwan zu annullieren. Die Klage von Senator Barry Goldwater gegen diese Entscheidung wurde vom *Supreme Court* zurückgewiesen (*Goldwater v. Carter*, 1979).

Die überwältigende Mehrheit der Verträge, die dem Senat zur Zustimmung vorgelegt wurden, hat die notwendige Zweidrittelmehrheit erhalten. In den seltenen Fällen, in denen ein Vertrag im Senat scheiterte, hatte dies jedoch zumeist weitreichende Folgen. So scheiterte etwa der Vertrag von Versailles im Jahre 1920 mit 49 Ja-Stimmen und 35 Nein-Stimmen. Erkennt der Präsident, daß der von ihm ausgehandelte Vertrag nicht die notwendige Mehrheit erhalten wird, legt er ihn dem Senat nicht vor oder zieht ihn aus den Beratungen im Senat zurück. Dies geschah mit dem SALT II-Vertrag nach der sowjetischen Intervention in Afghanistan. Um das Scheitern eines Vertrages zu verhindern, kann der Präsident den Senat frühzeitig über den Verlauf der Verhandlungen informieren oder besser noch Senatoren als Beobachter an den Verhandlungen teilnehmen lassen, wie das etwa bei den Rüstungskontrollverhandlungen in den 1980er Jahren über die Reduzierung der strategischen Streitkräfte (START) und über die Reduzierung der nuklearen Waffen in Europa (*INF*) geschehen ist.

Im Zuge der Beratungen eines ihm zur Zustimmung vorgelegten Vertragswerkes kann der Senat auf verschiedenen Wegen den Inhalt modifizieren. Das *Foreign Relations Committee* hat die Möglichkeit, in einem Bericht seine Interpretation der Vertragsabstimmungen darzulegen. Dies ändert nichts am Inhalt, kann aber bei eventuellen Auslegungskontroversen eine wichtige Rolle spielen. Ein weitergehendes Mittel besteht darin, die Interpretationen (*understandings* oder *interpretations*) in die Zustimmungsresolution einzufügen. Diese haben Einfluß auf die Verpflichtungen, die sich aus dem Vertrag für die Vereinigten Staaten ergeben. Normalerweise informiert die Exekutive den Vertragspartner über diese Interpretationen. Der Senat hat aber auch die Möglichkeit, der Zustimmungsresolution Einschränkungen (*reservations*) hinzuzufügen, die die Verpflichtungen des Vertrages für beide Seiten berühren. Die schwierigen Folgen einer solchen Einschränkung durch den Senat wurden bei der Abstimmung über den Panamakanal-Vertrag im Jahre 1979 deutlich. Senator Dennis DeConcini hatte eine Einschränkungsbestimmung durchgesetzt, die den Vereinigten Staaten das Recht vorbehielt, militärisch einzugreifen, wenn der Kanal geschlossen würde. Die heftige Reaktion der panamesischen Regierung auf diesen Interventionsvorbehalt machte eine erneute Runde von Verhandlungen notwendig, an der diesmal nicht nur die amerikanische und panamesische Regierung beteiligt waren, sondern auch der damalige Mehrheitsführer im Senat, Robert C. Byrd (Franck/Weisband 1979: 275-284).

Das stärkste Mittel des Senates ist der direkte Eingriff in die Vertragsbestimmungen durch Zusätze (*amendments*), die meist eine Neuverhandlung notwendig machen. Durch solche Zusätze kann auch der Inhalt von nachfolgenden Verträgen vom Senat präjudiziert werden. Die machtvolle Stellung des Senates beim Abschluß von Verträgen ist von der Exekutive häufig dadurch unterlaufen worden, daß sie auf Regierungsabkommen (*executive agreements*) zurückgegriffen hat, die keiner Zustimmung des Senates bedürfen (Tabelle 18-2). Arthur Schlesinger hat die Existenz von Regierungsabkommen „ein Rätsel der verfassungsmäßigen Ordnung" genannt, da die Verfassung keine Unterscheidung von Verträgen und Abkommen kennt (Schlesinger 1973: 99). Der *Supreme Court* hat jedoch 1937 anläßlich der amerikanischen Anerkennung der Sowjetunion durch das „Litwinov-Abkommen" in einem Urteil erklärt, daß Regierungsabkommen in ihrer rechtlichen Wirkung den gleichen Status wie Verträge besitzen (*United States v. Belmont*, 1937). Auch völkerrechtlich haben sie die gleiche Bindewirkung wie Verträge. Zwei Arten von Regierungsabkommen lassen sich unterscheiden: *Congressional-Executive Agreements* basieren entweder auf bereits existierender Gesetzgebung oder werden durch eine gemeinsame Entschließung des Kongresses zum Gesetz. In diesem Fall hat das Repräsentantenhaus ein Mitspracherecht. Diese Form des Regierungsabkommens ist die am häufigsten gebrauchte und ist weitgehend konfliktfrei. Kontrovers sind dagegen die *Presidential-Executive Agreements*. Sie werden allein durch die exekutive Gewalt des Präsidenten legitimiert und schließen eine Mitsprache des Senates aus. Selbst bedeutende Abkommen wie die von Yalta und Potsdam, aber auch zahlreiche militärische Geheimabkommen sind dem Senat nicht zur Abstimmung vorgelegt worden (Henkin 1996: 215-230). In den 1970er Jahren wurden die zahlreichen militärischen Geheimabkommen zum Gegenstand eines Untersuchungsausschusses des Kongresses. Das Ergebnis war der *Case Act* von 1972, der den *Secretary of State* verpflichtet, innerhalb von 60 Tagen dem Kongreß den Text jedes von der Exekutive abgeschlossenen internationalen Abkommens zuzuleiten. Berührt deren Inhalt die nationale Sicherheit, müssen die Abkommen unter Wahrung der Geheimhaltung den auswärtigen Ausschüssen des Repräsentantenhauses und des Senates zugeleitet werden. Nachdem sich herausstellte, daß die Exekutive diese Gesetzgebung umging, indem sie den Kongreß nicht über alle Abkommen informierte oder diese nicht zeitgerecht vorlegte, verschärfte der Kongreß im Jahre 1977 die Gesetzgebung unter anderem dahingehend, daß alle Abkommen innerhalb von 20 Tagen dem Kongreß zugeleitet werden müssen (Fisher 1991: 241 ff.).

Tabelle 18-2: Internationale Verträge und Regierungsabkommen 1930-2004

Jahre von-bis	Präsident	Anzahl der Verträge	Anzahl der Abkommen
1930-1932	Roosevelt	49	41
1933-1944	Roosevelt	131	369
1945-1952	Truman	132	1.324
1953-1960	Eisenhower	89	1.834
1961-1963	Kennedy	36	813
1964-1968	Johnson	67	1.083
1969-1974	Nixon	93	1.317
1975-1976	Ford	26	666
1977-1980	Carter	79	1.476
1981-1988	Reagan	125	2.840
1989-1992	G. H. W. Bush	67	1.350
1993-2000	Clinton	209	2.048
2001-2004	G. W. Bush	72	274

Quelle: Stanley, Harold W./Niemi, Richard G., Vital Statistics on American Politics 2005-2006, Washington, D.C. 2006, S. 339.

18.4.3   Ernennungen

Bei der Besetzung der wichtigen außenpolitischen Ämter durch den Präsidenten sind nicht nur persönliche Qualitäten und Fähigkeiten, sondern auch die politische Position der in Betracht gezogenen Kandidaten ausschlaggebend. Durch seine Wahl signalisiert der Präsident der Öffentlichkeit und dem Kongreß die außenpolitische Richtung seiner Administration. Präsident Reagan bestätigte mit der Ernennung der konservativen Jeane Kirkpatrick als Botschafterin bei den Vereinten Nationen seine Absicht, den Antikommunismus zu einem bedeutenden Thema seiner Außenpolitik zu machen. Präsident Carter hatte dagegen mit der Ernennung von Andrew Young für die gleiche Position die Bedeutung der Menschenrechte für seine Außenpolitik unterstrichen.

Normalerweise genießt der Präsident große Freiheit bei der Ernennung von Botschaftern und politischen Beamten. Aber die aktive Rolle des Kongresses seit den 1970er Jahren zeigt sich auch darin, daß er häufiger die persönlichen und fachlichen Qualitäten der vom Präsidenten Nominierten genauer prüft. Die Anhörungen, die einer Zustimmungsentscheidung vorausgehen, obliegen den Ausschüssen, die die Jurisdiktion über die Position des Nominierten besitzen. Die Beratungen über die Ernennungen für Botschafterposten werden vom *Foreign Relations Committee*, die für militärische Positionen vom *Armed Services Committee* durchgeführt. So stieß die Nominierung John Boltons für den Botschafterposten bei den Vereinten Nationen durch Präsident George W. Bush Anfang 2005 im *Foreign Relations Committee* auf erheblichen Widerstand, den der Präsident nur mit einem *recess appointment*, d. h. einer befristeten Ernennung ohne Zustimmung des Senates, umgehen konnte.

Eine einfache Mehrheit des Senates genügt für die Zustimmung. Eine knappe Mehrheit bei einer wichtigen Nominierung kann dem Präsidenten bereits zu Beginn seiner Amtszeit signalisieren, daß er mit seiner Politik auf Widerstand im Kongreß stoßen wird. So deuteten die Schwierigkeiten des von Präsident Carter nominierten Direktors der Abrüstungsbehörde Paul Warnke bereits an, daß die Rüstungskontrollpolitik der Carter-Administration im Kongreß wenig Unterstützung finden würde. Seit 1945 wurden jedoch nur zwei Ernennungen von *Secretaries* durch den Senat abgelehnt: 1959 Eisenhowers Kandidat für das *Department of Commerce*, Lewis L. Strauss, und 1989 der von Präsident Bush für das Amt des *Secretary of Defense* vorgeschlagene John Tower. Die Ablehnungen hochrangiger Mitglieder einer Administration durch den Senat werden aber immer Einzelfälle bleiben, die auf schwerwiegenden Bedenken beruhen, da der Kongreß den Start einer neuen Administration im eigenen und nationalen Interesse nicht unnötig behindern wird.

18.5   Zusammenfassung

Der amerikanische außenpolitische Entscheidungsprozeß hat seit den 1960er Jahren eine Entwicklung zur stärkeren Diffusion und Fragmentierung und damit auch zur größeren Unberechenbarkeit durchlaufen. Die zunehmende Interdependenz von Außen- und Innenpolitik, das Anwachsen der außenpolitischen Bürokratie, die aktive Rolle des Kongresses sowie der Einfluß von Interessengruppen haben für den Präsidenten die Aufgabe der Koordination der Außenpolitik erschwert. Abgesehen von Krisensituationen, in denen der Präsident größte Autorität und Entscheidungsfreiheit genießt, ist in Washington zumeist eine Vielzahl von außenpolitischen Stimmen zu vernehmen, die nicht selten im Widerspruch liegen.

Der amerikanische *Secretary of State* nimmt nicht wie etwa sein deutscher Amtskollege eine zentrale Position in der Regierung ein, die es ihm in gleichem Maße ermöglichen würde, die außenpolitischen Aktivitäten seines Landes zu koordinieren. Das *Pentagon*, das *Treasury Department* und andere Behörden verfolgen sowohl in Washington als auch durch ihre eigenen Vertreter im Ausland häufig ihre eigene Politik. Die Koordination dieser Politik durch das *NSC* war nur selten zufriedenstellend. In den 1970er Jahren hatten die Sicherheitsberater Kissinger und Brzezinski zwar eine zentrale Position im Entscheidungsprozeß eingenommen, aber gerade dadurch auch neue Konflikte innerhalb der Administration ausgelöst. Auch hat die zunehmende Zahl von politischen Beamten im Umkreis des Präsidenten die Spannungen zwischen den Beratern und den Berufsbeamten der *departments* weiter verstärkt.

Die Präsidenten Truman und Eisenhower konnten ihre Außenpolitik auf der Grundlage einer breiten Zustimmung in der Öffentlichkeit und im Kongreß durchführen. Diese Voraussetzung wurde mit dem Krieg in Vietnam und dem wachsenden Mißtrauen in die präsidentielle Macht zerstört. Außenpolitik ist zum Gegenstand der parteipolitischen Auseinandersetzung geworden. Der Kongreß hat in der Außenpolitik eine machtvolle Stimme gewonnen, die den Präsidenten zu Kompromissen oder sogar Kursänderungen zwingen kann. Kennzeichnend für die 1980er und 1990er Jahre war, daß das Weiße Haus und eine oder beide Kammern des Kongresses von jeweils einer der beiden Parteien besetzt wurden (*divided government*), wodurch Konflikte und sogar gegenseitige Blockaden in der Außenpolitik häufiger aufgetreten sind. Aber auch das *unified government* 1993/1994, mit einer demokratischen Mehrheit im Repräsentantenhaus und Senat, stellte den demokratischen Präsidenten Clinton vor Probleme. So verweigerte der Kongreß 1993 eine vom Präsident geforderte Überarbeitung des *Foreign Assistance Act* und das *Foreign Relations Committee* im Senat verweigerte sich 1994, den START II-Vertrag mit Rußland zu ratifizieren.

War der außenpolitische Entscheidungsapparat in Washington bis zum Ende des Kalten Krieges maßgeblich von diesem selbst geprägt worden, was zu einer Institutionalisierung der Militärs und Geheimdienste und zur institutionellen Stärkung der Präsidentschaft im politischen System geführt hatte, verschoben sich nach 1989 die Gewichte. Insgesamt kam es zu einer Demokratisierung, in der neben dem Kongreß auch andere Akteure, wie Interessengruppen, an Einfluß gewinnen konnten. Die veränderte Bedrohungslage mit dem Zerfall der Sowjetunion ermöglichte es dem Kongreß einerseits die Politik des Präsidenten in internationalen Wirtschafts- und Handelsfragen herauszufordern, wie die Verweigerung des Kongresses nach 1994 zeigt, Präsident Clinton eine *fast-track-authority* für die Aushandlung von Handelsverträgen zu gewähren, bei der der Kongreß auf Zusätze verzichtet. Andererseits wagte der Kongreß auch, den Präsidenten in sicherheitsrelevanten Fragen herauszufordern. Beispiel hierfür ist die Ablehnung des Senates 1999 den *Comprehensive Test Ban Treaty*, der alle Nuklearwaffenversuche verbieten sollte, zu ratifizieren.

Die terroristischen Anschläge des 11. September 2001 in New York und Washington führten, wie in Krisenzeiten üblich, zu einer Stärkung der Exekutive und einem Zurücktreten des Kongresses, so daß dieser Präsident Bush zwar ermächtigte, gegen Afghanistan und den Irak militärische Mittel einzusetzen, selbst aber keinen Einfluß auf den „war on terrorism" nahm. Die Einsetzung von Ausschüssen, die die Arbeit der Geheimdienste vor dem 11.September als auch vor dem Irak-Krieg untersuchten, sowie die Blockierung der Nominierung von John Bolton als UN-Botschafter machen allerdings auch deutlich, daß der Kongreß in nichtmilitärischen Fragen sich zunehmend wieder deutlicher in der Außenpolitik engagiert. Damit wird eine Entwicklung bestätigt, wie sie seit den 1970er Jahren zu beobachten ist. Der Kongreß hat in allen Aspekten der Außenpolitik eine aktive Rolle eingenommen. Er kontrolliert die Exekutive und greift auch gestaltend in die Außenpolitik ein. In Krisenzeiten jedoch gewinnt der Präsident einen außergewöhnlichen Handlungsspielraum. Der Kongreß wird nicht initiativ und die gewöhnlichen demokratischen Kontrollmechanismen werden kurzzeitig außer Kraft gesetzt.

18.6   Literatur

Adler, David Gray/**George**, Larry N. (Hrsg.), The Constitution and the Conduct of Foreign Policy, Lawrence 1996.

Best, Richard A., Intelligence Issues for Congress. CRS Issue Brief for Congress, 24. Mai 2005.

Blechman, Barry M., The Politics of National Security. Congress and U.S. Defense Policy, New York/Oxford 1990.

Carter, Ralph G., Contemporary Cases in U.S. Foreign Policy: From Trade to Terrorism, 2. Aufl., Washington, D.C. 2005.

Corwin, Edward S., The President. Office and Powers, 1787-1984, 5. Aufl., New York/ London 1984.

Destler, Irving M., Presidents, Bureaucrats, and Foreign Policy. The Politics of Organizational Reform, Princeton 1974.

Destler, Irving M., Executive-Congressional Conflict in Foreign Policy: Explaining It, Coping with It, in: **Dodd**, Lawrence C./**Oppenheimer**, Bruce I. (Hrsg.), Congress Reconsidered, 3. Aufl., Washington, D.C. 1985, S. 343-363.

Destler, Irving M./**Gelb**, Leslie H./**Lake**, Anthony, Our Own Worst Enemy. The Unmaking of American Foreign Policy, New York 1984.

Dittgen, Herbert, Amerikanische Demokratie und Weltpolitik. Außenpolitik in den Vereinigten Staaten, Paderborn 1998.

Fisher, Louis, Constitutional Conflicts between Congress and the President, 3. Aufl., Lawrence 1991.

Fisher, Louis/**Adler**, David Gray, The War Powers Resolution: Time to Say Goodbye, in: Political Studies Quarterly, Vol. 113, 1(1998), S. 1-20.

Foley, Michael, Congress and Policy-Making: Can It Cope with Foreign Affairs?, in: **Williams**, Robert (Hrsg.), Explaining American Politics. Issues and Interpretations. London/ New York 1990, S. 97-115.

Franck, Thomas/**Weisband**, Edward, Foreign Policy by Congress. New York/Oxford 1979.

George, Alexander L., Presidential Decisionmaking in Foreign Policy. The Effective Use of Information and Advice, Boulder 1980.

Glennon, Michael J., Constitutional Diplomacy, Princeton 1990.

Greenstein, Fred I., The Presidential Difference: Leadership Style from FDR to George W. Bush, 2. Aufl., New York 2004.

Hendrickson, Ryan C., War Powers, Bosnia, and the 104th Congress, in: Political Studies Quarterly, Vol. 113, 2(1998), S. 241-258.

Hendrickson, Ryan C., The Clinton Wars: The Constitution, Congress and War Powers, Nashville 2002.

Henkin, Louis, Foreign Affairs and the United States Constitution, 2. Aufl., New York 1996.

Hook, Steven W./**Spanier**, John, American Foreign Policy since World War II, 5. Aufl., Washington, D.C. 2000.

Jentleson, Bruce W., American Foreign Policy. The Dynamics of Choice in the 21st Century, 2. Aufl, New York 2004.

Kaiser, Frederick M., Congress and the Intelligence Community. Taking the Road Less Traveled, in: **Davidson**, Roger H. (Hrsg.), The Postreform Congress. New York 1992, S. 279-300.

Kegley, Charles W./**Scott**, James M./**Wittkopf**, Eugene R., American Foreign Policy. Pattern and Process, 6. Aufl., Belmont 2003.

Kissinger, Henry, The White House Years, Boston/Toronto 1979.

Kraus, Jon/**McMahon**, Kevin J./**Rankin**, David M., Transformed by Crisis. The Presidency of George W. Bush and American Politics, New York 2004.

Kremp, Werner/**Wilzewski**, Jürgen (Hrsg.), Weltmacht vor Neuer Bedrohung: Die Bush Administration und die US-Außenpolitik nach dem Angriff auf Amerika, Trier 2003.

Koh, Harold H., The National Security Constitution. Sharing Power after the Iran-Contra Affair, New Haven/London 1990.

Lantis, Jeffrey S./**Moskowitz**, Eric, The Return of the Imperial Presidency? The Bush Doctrine and U.S. Intervention in Iraq, in: **Carter**, Ralph G. (Hrsg.), Contemporary Cases in U.S. Foreign Policy. From terrorism to trade, 2. Aufl., Washington, D.C. 2005, S. 89-121.

Lindsay, James M., Congress and the Politics of U.S Foreign Policy, Baltimore 1994.

Lindsay, James M., Deference and Defiance: The shifting Rhythms of Executive-Legislative Relations in Foreign Policy, in: Presidential Studies Quarterly, Vol. 33, 3(2003), S. 530-546.

Lindsay, James M., From Deference to Activism and back again, in: **Wittkopf**, Eugene R./ **McCormick**, James M. (Hrsg.), The Domestic Sources of American Foreign Policy. Insights and Evidence, 4. Aufl., Lanham 2004, S. 183-195.

Lösche, Peter/**Loeffelholz**, Hans Dietrich von/**Ostermann**, Anja (Hrsg.), Länderbericht USA. Geschichte, Politik, Wirtschaft, Gesellschaft, Kultur, 4. Aufl., Bonn 2004.

Mann, Thomas E. (Hrsg.), A Question of Balance. The President, the Congress, and Foreign Policy, Washington, D.C. 1990.

Oleszek, Walter J., Congressional Procedures and the Policy Process, 6. Aufl., Washington, D.C. 2004.

Ornstein, Norman J./**Mann**, Thomas E./**Malbin**, Michael J., Vital Statistics on Congress 2001-2002, Washington, D.C. 2002.

Puhle, Hans-Jürgen/**Schreyer**, Söhnke/**Wilzewski**, Jürgen, Supermacht im Wandel. Die USA von Clinton zu Bush, Frankfurt a. M. 2004.

Schlesinger, Jr., Arthur M., The Imperial Presidency, Boston 1973.

Scott, James M. (Hrsg.): After the end. Making U.S. Foreign Policy in the Post-Cold War World, Durham/ London 1998.

Sorensen, Theodore C., Kennedy. New York 1965.

Stanley, Harold W./**Niemi**, Richard G., Vital Statistics on American Politics 2005-2006, Washington, D.C. 2006.

Sundquist, James L., The Decline and Resurgence of Congress, Washington, D.C. 1981.

U.S. House of Representatives, Congress and Foreign Policy 1990, Washington, D.C. 1991.

U.S. Senate, The War Powers after 200 Years: Congress and the President at a Constitutional Impasse. Hearings before the Special Subcommittee on War Powers of the Committee on Foreign Relations, 100th Congress, 1st session, Washington, D.C. 1989.

Wahlen, Jr., Charles W., The House and Foreign Policy. The Irony of Congressional Reform, Chapel Hill 1982.

Webb Hammond, Susan, Congressional Caucuses in the Policy Process, in: **Dodd**, Lawrence C./**Oppenheimer**, Bruce I. (Hrsg.), Congress Reconsidered, 4. Aufl., Washington, D.C. 1989, S. 351-371.

Wilson, Woodrow, Congressional Government. A Study in American Politics, Baltimore/London 1981 [EA 1885].

Wittkopf, Eugene R./**McCormick**, James M. (Hrsg.), The Domestic Sources of American Foreign Policy. Insights and Evidence, 4. Aufl., Lanham 2004.

Wolfensberger, Donald R., Congress and Policymaking in an Age of Terrorism, in: **Dodd**, Lawrence C./**Oppenheimer**, Bruce I., Congress Reconsidered, 8. Aufl., Washington, D.C. 2005, S. 343-362.

18.7 Websites

Central Intelligence Agency	https://www.cia.gov
U.S. Department of Defense (DOD)	http://www.defenselink.mil
U.S. Department of State (DOS)	http://www.state.gov
U.S. House of Representatives Committee on International Relations	http://www.internationalrelations.house.gov
U.S. Senate Committee on Foreign Relations	http://foreign.senate.gov

Stand: 31.07.2006

Michael Kreile

19   Die Außenwirtschaftspolitik

19.1   Zur begrifflichen Klärung

Unter Außenwirtschaftspolitik wird im folgenden die Gesamtheit der staatlichen Maßnahmen verstanden, die zur Steuerung und Regulierung grenzüberschreitender wirtschaftlicher Transaktionen eingesetzt werden. Die Ziele, denen die Außenwirtschaftspolitik dient (z. B. Erschließung von Absatzmärkten, Schutz der einheimischen Erzeuger, Sicherung der Rohstoffversorgung), sind Teil- oder Unterziele der allgemeinen Wirtschaftspolitik, die auf Ziele wie Wachstum, Vollbeschäftigung und außenwirtschaftliches Gleichgewicht gerichtet sind (Glastetter 1975: 33 f.).

Ferner wird Außenwirtschaftspolitik auch als Instrument der Außenpolitik im Dienst nichtwirtschaftlicher bzw. politisch-strategischer Ziele eingesetzt. Bezüglich dieser beiden Dimensionen unterscheidet sich die Außenwirtschaftspolitik der USA in der Nachkriegszeit wesentlich von derjenigen anderer westlicher Industrieländer. Aufgrund der Größe der amerikanischen Wirtschaft, ihrer lange Zeit relativ niedrigen Außenhandelsverflechtung und der Leitwährungsfunktion des Dollars konnten die USA ihre Wirtschaftspolitik meist vorrangig an binnenwirtschaftlichen Zielen ausrichten und außenwirtschaftliche Größen wie Zahlungsbilanz oder Wechselkurs mit „freundlicher Vernachlässigung" (*benign neglect*) behandeln. Als Großmacht mit globalen politischen und strategischen Interessen und als Gegenspieler der Sowjetunion im Kalten Krieg haben die USA ihre wirtschaftliche Stärke genutzt, um durch Sanktionen Gegner zu schwächen oder zu bestrafen und durch politische Anreize Verbündete zu gewinnen und an sich zu binden.

19.2   Die Politikfelder der Außenwirtschaftspolitik

Betrachtet man die einzelnen Politikfelder der Außenwirtschaftspolitik, so kommt im Fall der USA der internationalen Ordnungspolitik besondere Bedeutung zu. Denn es war die Hegemonialmacht des Westens, die am Ende des Zweiten Weltkrieges die multilateralen Institutionen und Regelwerke einer offenen und liberalen Weltwirtschaft begründet hat.

Die Handelspolitik, die traditionell über das vielfältige Arsenal des Protektionismus verfügt, hat sich während der Nachkriegszeit immer in einem Spannungsfeld bewegt zwischen einer auf weitere Liberalisierung des Welthandels gerichteten Programmatik, wie sie gewöhnlich von der Exekutive formuliert und verfochten wird, und dem Schutzinteresse einheimischer Wirtschaftszweige gegenüber wachsender Importkonkurrenz, das seine Anwälte im Kongreß findet.

In der Wechselkurspolitik, die erst mit dem Zerfall des Regimes fester Wechselkurse (1971-73) zur Aufgabe für die Träger der Wirtschaftspolitik wurde, haben seitdem Phasen der Vernachlässigung und Ansätze kooperativer Wechselkurssteuerung im Konzert der führenden Währungsmächte einander abgelöst. Als Reaktion auf die internationalen Schulden- und Finanzkrisen der 1980er und 1990er Jahre haben die USA eine Führungsrolle beim Krisenmanagement unter Einsatz des Internationalen Währungsfonds (IWF) ausgeübt.

Das breite Aufgabenspektrum des modernen Staates sowie der hohe Internationalisierungsgrad von Problemen und Politikfeldern haben eine zunehmende Auffächerung der Außenwirtschaftspolitik bewirkt. Dazu gehören heute Entwicklungspolitik, Energieversorgung, Regulierung von Direktinvestitionen ebenso wie Seerecht, Migrationspolitik oder Bankenaufsicht. Die Kompetenzen innerhalb von Exekutive und Legislative sowie die Beziehungsmuster zwischen staatlichen und gesellschaftlichen Akteuren unterscheiden sich nach Politikfeldern, weshalb man nicht von dem außenwirtschaftspolitischen Entscheidungsprozeß sprechen kann. Nicht zufällig zählen Klagen über mangelnde Koordination in der Außenwirtschaftspolitik zu den Topoi der Literatur. Trotz der Auffächerung der Außenwirtschaftspolitik lassen sich die wichtigsten Bestimmungsfaktoren angeben, auf die sich die jeweils verfolgte konkrete Politik zurückführen läßt:

* die Lage der amerikanischen Wirtschaft (Konjunktur, Strukturwandel),
* die Stellung der USA in der Weltwirtschaft (Wettbewerbsfähigkeit, Internationalisierungsgrad),
* das Kräfteverhältnis und die Arbeitsteilung zwischen Regierung und Kongreß, die wirtschaftspolitische Doktrin und Programmatik der Regierung,
* die sicherheits- und bündnispolitischen Beziehungen zu den Partnerländern, die – neben wirtschaftlichen Faktoren – die Verhandlungsmacht der USA bestimmen und zum Ansatz von Junktim-Strategien werden können.

19.3   Internationale Ordnungspolitik: Die Organisation der Weltwirtschaft unter der *Pax Americana*

Obwohl die USA schon am Ende des Ersten Weltkriegs zur „führenden Wirtschafts- und Handelsmacht" der Welt aufgestiegen waren und sich von einer Schuldner- in eine Gläubigernation verwandelt hatten (Junker 1975: 25), betrieben sie in den 1920er Jahren eine Außenwirtschaftspolitik, die ihrer neuen Rolle nicht gerecht wurde. Vielmehr verschärften sie die weltwirtschaftlichen Ungleichgewichte, indem sie durch eine Hochschutzzollpolitik, die sie keineswegs als unvereinbar mit der Öffnung neuer Märkte für amerikanische Waren ansahen, ihren Schuldnerländern die Erwirtschaftung von Exportüberschüssen verwehrten, mit denen diese ihren Schuldendienst hätten bestreiten können. Die Weltwirtschaftskrise führte in den USA zu einer weiteren Erhöhung der Zollmauern (*Smoot-Hawley Act* 1930), und weltweit zu einer Eskalation des Protektionismus mit der unausweichlichen Konsequenz, daß der Welthandel binnen weniger Jahre drastisch zurückging.

Einen Kurswechsel in der amerikanischen Handelspolitik leitete der *Reciprocal Trade Agreements Act* von 1934 ein, der den Präsidenten ermächtigte, mit anderen Ländern bilaterale Regierungsabkommen über Zollsenkungen auf der Basis der unbedingten Meistbegünstigung abzuschließen. Die Gesetzesvorlage war das Werk von Franklin D. Roosevelts Außenminister Cordell Hull (1933-44), der davon überzeugt war, daß Freihandel nicht nur die Wohlfahrt fördere, sondern auch dem Frieden diene (Junker 1975: 70 ff.). Zur Triebkraft einer internationalen Ordnungspolitik wurde diese Idee, als die amerikanische Regierung in der Endphase des Zweiten Weltkriegs eine Neuordnung der internationalen Wirtschaftsbeziehungen plante, die über multilaterale Institutionen und Regeln verwirklicht werden sollte. Ihr Ziel war es, ein System möglichst freien internationalen Waren- und Zahlungsverkehrs zu schaffen, das es der amerikanischen Wirtschaft erlauben würde, ihre überlegene Konkurrenzposition voll auszuspielen. Zugleich sollte dadurch der Wiederaufbau der Partnerländer nach dem Krieg beschleunigt werden.

Mit dem Übereinkommen über den Internationalen Währungsfonds (wie die Gründung der Weltbank ein Ergebnis der „Währungs- und Finanzkonferenz" der Vereinten Nationen, die im Juli 1944 in Bretton Woods stattfand) wurde ein Währungsregime errichtet, dessen Eckpfeiler die Konvertierbarkeit der Währungen, feste Wechselkurse und die Leitwährungsfunktion des Dollars waren. Die Mitgliedstaaten verpflichteten sich, ihren Wechselkurs durch Interventionen am Devisenmarkt innerhalb einer Bandbreite von 1 Prozent ober- und unterhalb der dem IWF gegenüber angemeldeten, in Gold oder US-Dollar fixierten Parität zu halten. Jedem Land wurde die Möglichkeit zugestanden, im Falle eines „fundamentalen Ungleichgewichts" in der Zahlungsbilanz seinen Wechselkurs bis zu 10 Prozent der Anfangsparität zu ändern. Im Interesse einer Liberalisierung des Handels wurden Devisenverkehrsbeschränkungen auf Dauer nur für Kapitalbewegungen gestattet. Im Falle vorübergehender Zahlungsbilanzdefizite sollten den betroffenen Ländern aus den Mitteln des Fonds Überbrückungskredite gewährt werden.

Da die Väter des Bretton Woods-Abkommens die Probleme der Wiederaufbauphase nach dem Krieg unterschätzt hatten und der IWF unter dem Druck der USA eine äußerst zurückhaltende Kreditpolitik betrieb, versank er bald in eine „Scheintodphase" (Andersen 1977), die bis 1956 andauern sollte. Inzwischen waren nämlich mit dem Marshall-Plan (*European Recovery Plan*) die Instrumente geschaffen worden, die den Ressourcentransfer zugunsten des europäischen Wiederaufbaus finanzierten. Der rasch wachsende internationale Liquiditätsbedarf wurde durch amerikanische Zahlungsbilanzdefizite, die den Zentralbanken anderer Länder die Ansammlung von Dollarreserven erlaubten, befriedigt. Ausländische Zentralbanken gingen dazu über, Dollars als Reservemedium zu benutzen, da aufgrund der hohen amerikanischen Goldbestände und der (auf dem *Gold Reserve Act* von 1934 beruhenden) Goldeinlösungsgarantie des Schatzamtes der Dollar so gut wie Gold und überdies verzinslich war. Beim Preis von 35 US-$ pro Unze Feingold hätte die Goldproduktion nicht ausgereicht, um die mit dem Welthandel wachsenden Bedürfnisse an internationaler Liquidität zu decken. Mit der Zunahme der Dollarreserven ausländischer Zentralbanken verschlechterte sich allerdings das Verhältnis zwischen den Dollarbeständen der Gläubigerländer und den Goldbeständen der USA. Ende der 1950er Jahre begann nicht nur die Periode des „normalen" Funktionierens des Bretton Woods-Systems, nachdem zwölf europäische Länder Ende 1958 zur Ausländerkonvertibilität übergegangen waren; es kündigten sich auch schon die Vorboten einer Vertrauenskrise gegenüber dem Dollar an. Bis Ende der 1960er Jahre gelang es den USA, die Krise des Gold-Dollar-Standards durch Maßnahmen zur Verringerung des Zahlungsbilanzdefizits, neue Instrumente der Zentralbankkooperation und Appelle an die Bündnisdisziplin abzuwenden. Die durch den Vietnam-Krieg genährte Boom-Inflation in den USA verschärfte die amerikanischen Zahlungsbilanzprobleme und setzte den Dollar einer Serie von Spekulationskrisen aus, so daß sich schließlich die Regierung Nixon 1971 veranlaßt sah, die Goldeinlösungsgarantie für den Dollar aufzuheben. Nach kurzlebigen Stabilisierungserfolgen zerbrach im Frühjahr 1973 das Gefüge fester Wechselkurse endgültig. Der Übergang zum Floating der Wechselkurse, das von nun an die Beziehungen zwischen den wichtigsten Währungen der Welt kennzeichnete, wurde 1976 in einer Neufassung des Übereinkommens über den IWF legalisiert. Bei der Veränderung der Entscheidungsstruktur des IWF behielten die USA trotz der Verringerung ihres Stimmenanteils eine Sperrminorität.

Als Gegenstück zu den Bretton Woods-Institutionen sollte die Internationale Handelsorganisation den Ordnungsrahmen für die künftige Entwicklung des Welthandels bilden. Die von der UN-Konferenz für Handel und Beschäftigung im März 1948 beschlossene *Havanna Charter for an International Trade Organization* (ITO), die nicht nur handelspolitische Bestimmungen, sondern auch Regelungen zu Auslandsinvestitionen, Rohstoffabkommen und wirtschaftlicher Entwicklung enthielt, scheiterte am Widerstand des Kongresses. Das parallel zu den ITO-Verhandlungen erarbeitete Allgemeine Zoll- und Handelsabkommen (GATT) war im Vorgriff auf das umfassendere Regelwerk am 1. Januar 1948 in Kraft gesetzt worden und erwies sich als ein überaus dauerhaftes Provisorium (Senti 2000: 19 ff.). Es verpflichtete die Mitgliedstaaten auf das Prinzip der Meistbegünstigung, die Nichtdiskriminierung unter Handelspartnern, die Beseitigung mengenmäßiger Handelsbeschränkungen und den Abbau von Zöllen im Rahmen multilateraler Verhandlungen. Trotz zahlreicher Ausnahmeregelungen trieb das GATT die Liberalisierung und damit auch das Wachstum des Welthandels voran. In den aufeinanderfolgenden Zollsenkungsrunden übernahmen die USA die Führungsrolle. Den Höhepunkt der multilateralen Liberalisierungspolitik stellte die Kennedy-Runde (1964-67) dar, die zu Zollsenkungen von durchschnittlich 35 Prozent für Industrieprodukte führte (Gilpin 1987: 192).

In dem Maße, wie der wirtschaftliche Aufstieg Westeuropas und Japans in den USA ganze Industriezweige einer wachsenden Importkonkurrenz aussetzte und die protektionistischen Kräfte an Boden gewannen, wurde die multilaterale Ebene der Handelspolitik für die Regierung ein wichtiges Instrument, um gegenüber dem Kongreß den eigenen Gestaltungsspielraum zu bewahren und protektionistische Vorstöße abzuwehren. Diese stärkten zugleich die Verhandlungsposition der Regierung nach außen und förderten damit eine offensive Vertretung amerikanischer Interessen gegenüber Handelspartnern, die sich aus amerikanischer Sicht durch alte und neue Formen des Protektionismus und Merkantilismus unfaire Wettbewerbsvorteile verschafften. So suchte die Carter-Administration in der Tokio-Runde

(1975-1979) den neuen Protektionismus einzudämmen, indem sie sich auf Vereinbarungen über die Regulierung und den Abbau von nichttarifären Handelshemmnissen konzentrierte. In der Uruguay-Runde des GATT (1986-1993) traten die USA für den weltweiten Abbau der Agrarsubventionen ein und suchten die Öffnung der Märkte für Dienstleistungen (Telekommunikation, Datenverkehr, Bankwesen) und Hochtechnologieerzeugnisse durchzusetzen, was ihnen teilweise auch gelang.

19.4 Handelspolitik zwischen Exekutive und Legislative

19.4.1 Institutionen und Interessen

Die Fragmentierung der Macht und die Dezentralisierung von Entscheidungskompetenzen, die das politische System der USA insgesamt kennzeichnen, haben in besonderem Maße die Handelspolitik bestimmt. Innerhalb der Exekutive verteilen sich die handelspolitischen Kompetenzen auf die Ministerien für Finanzen (Schatzamt), Handel, Landwirtschaft, Arbeit, das Amt des Handelsbeauftragten im Weißen Haus, das Außenministerium und den Nationalen Sicherheitsrat. War das Außenministerium unter Hull und auch noch unter der Truman-Administration die treibende Kraft der Handelspolitik, so erlitt es seit den 1950er Jahren einen Bedeutungsverlust, während das Finanzministerium eine Aufwertung erfuhr. Als wichtigster Berater des Präsidenten in allen wirtschaftspolitischen Fragen mußte sich der Finanzminister zunehmend mit außenwirtschaftlichen Problemen befassen. Beim Finanzministerium lag die Kompetenz für Anti-Dumping-Verfahren und die Verhängung von Ausgleichszöllen, bis sie 1980 auf das Handelsministerium übertragen wurde. Das Handelsministerium ist auch für diverse Programme der Exportpolitik verantwortlich, vertritt innerhalb der Exekutive die Interessen von Industrie und Dienstleistungssektor, spielt aber insgesamt in der Handelspolitik eher eine nachrangige Rolle. (Cohen 2000: 55 f.). Für Handelsvertragsverhandlungen ist seit 1962 der Handelsbeauftragte des Präsidenten (*United States Trade Representative – USTR*) zuständig, dessen Behörde im *Executive Office* des Weißen Hauses angesiedelt ist und der in engem Kontakt mit dem Kongreß steht. Das Landwirtschaftsministerium nimmt die Interessen des stark exportorientierten Agrarsektors wahr, spielt eine wichtige Rolle in internationalen Agrarverhandlungen, unterhält eine eigene Außenvertretung (*Foreign Agricultural Service*) innerhalb der amerikanischen Botschaften und verwaltet Exportförderungsprogramme (*Commodity Credit Corporation*) und Importquoten (Cohen 2000: 63). Das Arbeitsministerium ist für die Anpassungshilfen für Arbeitnehmer zuständig, die durch Importkonkurrenz ihren Arbeitsplatz verloren haben (*Trade Adjustment Assistance*). Mit handelspolitischen Entscheidungen von größerer außen- und sicherheitspolitischer Tragweite wird der Nationale Sicherheitsrat befaßt.

Nach Art. I der Verfassung liegt das Recht, Steuern und Zölle zu erheben und den Handel mit fremden Staaten zu regulieren, beim Kongreß. Die federführenden Ausschüsse sind das

Ways and Means Committee des Repräsentantenhauses und der Finanzausschuß des Senats. Da sich die Aufgabenbereiche von Ausschüssen vielfach überschneiden, beschäftigen sich auch noch andere Ausschüsse und Unterausschüsse mit handelspolitischen Fragen. Das Ausschußsystem und die Arbeitsweise des Kongresses eröffnen Interessengruppen zahlreiche Möglichkeiten, den handelspolitischen Entscheidungsprozeß zu beeinflussen. Die großen multinationalen Unternehmen und ihre Verbände (*Business Round Table, Emergency Committee for American Trade*) beziehen gewöhnlich freihändlerische Positionen. Dies gilt auch für die *National Association of Manufacturers*, in der die multinationalen Unternehmen ebenfalls über ein erhebliches Gewicht verfügen, die aber auch – ähnlich wie die *U.S. Chamber of Commerce* – Kompromisse zwischen den Interessen ihrer breiter gestreuten Mitgliedschaft herstellen muß (Rode 1980: 50 ff.; Cohen 2000: 117 ff.). Protektionistische Forderungen werden von den Branchenverbänden derjenigen Industriezweige vertreten, die ihre Konkurrenzfähigkeit durch Importe gefährdet sehen (Textil-, Stahl-, Elektroindustrie, Chemie usw.). Der Dachverband der Gewerkschaften, die *AFL-CIO*, die noch 1962 den *Trade Expansion Act* der Kennedy-Administration unterstützt hatte, steht seit Ende der 1960er Jahre im protektionistischen Lager (Rode 1980: 74) und war eine treibende Kraft in der Anti-*NAFTA*-Kampagne im Jahr 1993. Neben den üblichen Methoden des Lobbyismus (Wahlkampfspenden, Briefkampagnen usw.) stehen den Unternehmen und Verbänden auch institutionalisierte Formen der Einflußnahme und Interessendurchsetzung offen: beratende Kommissionen der Exekutive, die Abgabe von Stellungnahmen bei *hearings* im Kongreß und Anträge auf Überprüfung „unfairer" Handelspraktiken ausländischer Konkurrenten durch die *International Trade Commission*, deren Entscheidungen wiederum gerichtlich überprüft werden können.

Trotz der Offenheit des Kongresses für Verbandseinflüsse wäre es verkehrt, in ihm in erster Linie einen Erfüllungsgehilfen protektionistischer Interessen zu sehen. Vielmehr hat sich gezeigt, daß die Beziehungen zwischen Kongreß und Exekutive seit dem *Reciprocal Trade Agreements Act* (1934) durch ein Interaktionsmuster geprägt wurden, das den Kongreß vom direkten Druck der Interessengruppen entlastete und ihn von dem Zwang befreite, selbst spezifische Zollsätze festlegen zu müssen. Die Delegation von Vollmachten an den amerikanischen Präsidenten, die diesen zu internationalen Verhandlungen ermächtigte, verwies die Zölle in den Verantwortungsbereich der Exekutive, während sich der Kongreß damit begnügte, Rahmenrichtlinien für die Exekutive festzulegen (Pastor 1980; Destler 1986). Eine wichtige Voraussetzung hierfür war, daß die Handelspolitik kein parteipolitisches Streitobjekt mehr bildete, nachdem die traditionell protektionistischen Republikaner während der 1940er Jahre auf eine liberale Handelspolitik eingeschwenkt waren. Als Makler, der die Anliegen des Kongresses im Entscheidungsprozeß der Exekutive besser zur Geltung bringen sollte, als dies das Außenministerium zu tun schien, wurde durch den *Trade Expansion Act* von 1962 die Institution des *Special Representative for Trade Negotiations* geschaffen. 1974 vom Kongreß mit Kabinettsrang ausgestattet und als Behörde im *Executive Office* verankert, wurde das Amt unter Jimmy Carter erweitert und in *Office of the United States Trade Representative* umbenannt.

Der Abwehr protektionistischer Einzelforderungen diente auch die Einführung eines justizförmigen Verfahrens für die Gewährung von Schutzmaßnahmen für die einheimischen Produzenten. Seit 1962 mußten diese vor der *U.S. Tariff Commission* (seit 1974 *U.S. Internatio-*

nal Trade Commission) einen ernsthaften Schaden nachweisen, der hauptsächlich durch Importsteigerungen infolge von amerikanischen Zollkonzessionen verursacht sein mußte. Falls die Kommission im Sinne des Antragstellers entschied und Ausgleichsmaßnahmen empfahl, so konnte der Präsident dieser Empfehlung folgen oder nicht. Eine negative Entscheidung konnte der Kongreß durch ein Mehrheitsvotum beider Häuser revidieren, wovon er allerdings nie Gebrauch machte (Destler 1986: 21). Die starke Stellung der beiden federführenden Kongreßausschüsse und das ebenso strenge wie geschickte Regiment von *Ways and Means-Chairman* Wilbur Mills (1958-1974) sorgten dafür, daß produktspezifische Gesetzesvorlagen vom Plenum der beiden Häuser weitgehend ferngehalten werden konnten. Für Sonderfälle (Textil und Bekleidung, Agrarprodukte, Öl, Stahl) wurden Sonderregelungen außerhalb der üblichen handels- und protektionspolitischen Normen getroffen. Dieses System der freiwilligen Selbstbeschränkung des Kongresses wurde im Laufe der 1970er und 1980er Jahre zunehmend erschüttert. Nach Destler wurde es insofern ein Opfer seiner Erfolge, als die fortschreitende Handelsliberalisierung den Importdruck in den USA verstärkte und die Zahl der Verlierer-Branchen vermehrte. Hinzu kam, daß die Reform des Kongresses die Macht der Ausschußvorsitzenden beschränkte und dem Typus des „politischen Unternehmers" (*political entrepreneur*) mehr Entfaltungsspielraum verschaffte. Die neuen handelspolitischen Themen – Subventionen, öffentliches Beschaffungswesen, Produktstandards usw. – brachten neue Ausschüsse ins Spiel. Eine stärkere Politisierung von Handelsfragen wurde auch dadurch gefördert, daß die Demokraten als Repräsentanten des Nordostens mit seinen traditionellen Industriezweigen stärker auf die Schutzforderungen ihrer Gewerkschaftsverbündeten eingehen mußten. Wettbewerbsschwache Industriezweige drängten nicht zuletzt deshalb auf gesetzgeberische Maßnahmen, weil sie unter den bestehenden Schutzverfahren unzureichend vom Druck des Importwettbewerbs entlastet wurden (Destler 1986).

Als eine weitreichende Innovation in den Beziehungen zwischen Präsident und Kongreß hat sich die 1974 vom Kongreß eingeführte *fast-track procedure* als Verfahren für die Aushandlung und Ratifizierung multilateraler und regionaler Freihandelsabkommen erwiesen. Dieses Verfahren der „schnellen Schiene" (Pfeil 2000) soll sicherstellen, daß Abkommen, die zwischen den USA und ihren Handelspartnern vereinbart werden, nicht nachträglich vom Kongreß geändert werden können. Es war eine Antwort auf die veränderte Agenda internationaler Handelspolitik, bei der es immer weniger um die Reduzierung von Zöllen als vielmehr um den Abbau zahlreicher nicht-tarifärer Handelshemmnisse ging. Während der Präsident damit den nötigen Handlungsspielraum für komplizierte internationale Verhandlungen gewann, behielt sich der Kongreß das Recht vor, deren Ergebnisse durch Abstimmung in beiden Kammern mit einfachen Mehrheiten zu ratifizieren, ohne jedoch diese novellieren zu können. Gleichzeitig sicherte der Kongreß sich damit die Möglichkeit, formell und informell auf die Verhandlungen einwirken zu können. Dem Präsidenten wurde jeweils nur eine Vollmacht auf Zeit gewährt (Pfeil 2000: 16 f., 51 ff.; Medick-Krakau 1995: 170 ff.) Auf dieser Grundlage konnten die Tokio- und die Uruguay-Runde des GATT sowie der *NAFTA*-Vertrag abgeschlossen werden. Nach dem Auslaufen der *fast-track*-Vollmacht im Jahr 1994 verweigerte der von den Republikanern kontrollierte Kongreß der Clinton-Administration eine Erneuerung. Erst Präsident Bush gelang es 2002, den Kongreß zu einer weiteren *fast-track*-Vollmacht zu bewegen, welche die Verhandlungen über die panamerikanische Freihandelszone (*Free Trade Area of the Americas*, *FTAA*) und die Doha-Runde der WTO voranbringen sollte.

19.4.2 Grundzüge der Handelspolitik seit den 1970er Jahren

Als der Kongreß 1962 den von John F. Kennedy eingebrachten *Trade Expansion Act* verabschiedete und mit der dem Präsidenten gewährten Vollmacht, Senkungen der Zollsätze um bis zu 50 Prozent auszuhandeln, die Voraussetzung für die Kennedy-Runde des GATT schuf, war nicht nur die Wettbewerbsfähigkeit der amerikanischen Wirtschaft, sondern auch die weltwirtschaftliche Hegemonie der USA noch ungebrochen. Die Entscheidung Präsident Richard Nixons vom 15. August 1971, die Goldeinlösungsgarantie für den Dollar aufzuheben und eine zeitweilige Importsondersteuer von 10 Prozent zu erheben, um Verhandlungen über ein Realignment der Währungsparitäten zu erzwingen, signalisierte die Entschlossenheit der Regierung, angesichts des Aufstiegs Westeuropas und Japans zu ernstzunehmenden Konkurrenten die eigenen Interessen härter und notfalls mit einseitigen Maßnahmen durchzusetzen.

Neben den wachsenden Marktanteilen von Importgütern waren es die Aktivitäten der multinationalen Unternehmen, die gewerkschaftliche Kritik („Export von Arbeitsplätzen") provozierten. Die von der *AFL-CIO* entworfene *Burke-Hartke Bill* (1971) sah den Entzug von Steuervergünstigungen für die Auslandstöchter amerikanischer Unternehmen vor sowie die Errichtung einer Dreier-Kommission zur Regulierung von Importen (Pastor 1980: 134). Diese und andere Initiativen führten zwar nicht zum Ziel, signalisierten aber einen Klimawechsel im Kongreß. Dennoch legte Präsident Nixon im April 1973 einen Handelsgesetzentwurf vor, der den Präsidenten auf fünf Jahre ermächtigte, weitreichende Zollsenkungen auszuhandeln und Vereinbarungen über die Harmonisierung, Verringerung oder Beseitigung nichttarifärer Handelshemmnisse zu schließen. Zugleich sollten der Regierung gegenüber „unfairen" Handelspraktiken anderer Länder neue Vergeltungsmaßnahmen eingeräumt werden (Rode 1980: 104 ff.; Medick-Krakau 1995: 150 ff.). Obwohl die Rezession und die Ölkrise, von der Watergate-Affäre ganz zu schweigen, der Sache der Regierung nicht gerade förderlich waren, hielt der Ende 1974 vom Kongreß verabschiedete *Trade Act* an der liberalen Grundorientierung der Handelspolitik fest. Die protektionistischen Kräfte hatten sich nicht gegenüber den Freihändlern durchsetzen können, diesen aber eine Reihe von Zugeständnissen abgenötigt (Rode 1980: 162). Überdies waren die Schutzinteressen der Textil- und der Stahlindustrie außerhalb des Handelsgesetzes berücksichtigt worden. Im Fall der Stahlindustrie waren 1972 neue Selbstbeschränkungsabkommen mit der EG, Japan und Großbritannien ausgehandelt worden, für die Textilindustrie war das im Rahmen des GATT abgeschlossene Multifaser-Abkommen Anfang 1974 in Kraft getreten (Vernon/Spar 1989: 64f.; Pastor 1980: 158). Was bei der Vorlage des Handelsgesetzes als „Nixon-Runde" geplant war, ging als Tokio-Runde in die Annalen des GATT ein. Die Ergebnisse der mehrjährigen Verhandlungen – stufenweiser Zollabbau, ein Subventionskodex, ein Abkommen über die Vergabe öffentlicher Aufträge usw. – erlangten durch den *Trade Agreements Act* von 1979 Gesetzeskraft.

Die von der Reagan-Administration eingeleitete Wende in der Wirtschafts- und Haushaltspolitik führte binnen weniger Jahre nicht nur zu einer beispiellosen Zunahme der Staatsverschuldung, sondern auch zu Handelsbilanzdefiziten in einer bis dahin unbekannten Größenordnung (1981: US-$ 28 Mrd., 1987: US-$ 159 Mrd.). Nach der Überwindung der Rezession von 1982 konnten bei unzureichender Ersparnis die wachsenden Haushaltsdefizite des Bundes und die expandierenden Investitionen der Unternehmen nur durch massive, von hohen Zinssätzen angelockte Kapitalimporte finanziert werden. Die Kapitalzuflüsse aus dem Ausland trieben den Dollarkurs nach oben (Anfang Januar 1980: 1 US-$ = 1,71 DM; Ende Februar 1985: 1 US-$ = 3,47 DM). Der Kursanstieg des Dollars wiederum vergrößerte das Defizit in der Handels- und Leistungsbilanz. Teilweise war der Importsog auch dadurch bedingt, daß die Binnennachfrage in den USA wesentlich kräftiger wuchs als in den Ländern, die eine auf Haushaltskonsolidierung gerichtete Fiskalpolitik betrieben. In dem Maße, wie die Verschärfung des Importwettbewerbs einheimische Produzenten in Bedrängnis brachte, mehrten sich die Forderungen nach protektionistischen Maßnahmen. Galt es doch, wie viele meinten, die „Deindustrialisierung" Amerikas abzuwenden. Weitreichenden Gesetzesinitiativen zum Schutz einzelner Industriezweige oder zur generellen „Bestrafung" von Handelspartnern mit hohen Exportüberschüssen trat die Regierung Reagan entgegen, betonte dabei aber zunehmend das Prinzip des „fairen Handels". Sah sie dieses verletzt, scheute sie sich nicht, auf Schutz- und Vergeltungsmaßnahmen zurückzugreifen. Gegenüber dem Kongreß war sie vor allem darauf bedacht, ihren Gestaltungsspielraum bei bilateralen und multilateralen Verhandlungen zu wahren, was ihr beim *Trade and Tariffs Act* von 1984 auch weitgehend gelang (van Scherpenberg 1985: 30 ff.). Ab 1985 wurde, so die OECD, „die Handelspolitik aggressiver" (OECD 1989: 118). Unter dem Druck des Kongresses, wo 1985 mehr als 300 protektionistische Vorlagen eingebracht wurden, schlug die Regierung Reagan sowohl gegenüber der EG und Japan als auch gegenüber den Schwellenländern eine zunehmend härtere Gangart ein. Das Ziel, den internationalen Handel mit Gütern und Dienstleistungen von Marktzugangshindernissen und Wettbewerbsverzerrungen zu befreien, wurde nicht nur im multilateralen Rahmen der Uruguay-Runde, sondern zunehmend auch über die Forderung nach bilateraler Reziprozität verfolgt (Rode 1988: 93 f.; Decker 2002: 71 ff.). Der *Omnibus Trade and Competitiveness Act* von 1988 verstärkte die Doppelgesichtigkeit amerikanischer Handelspolitik. Erweiterten Vollmachten für den Präsidenten im Hinblick auf multilaterale und bilaterale Handelsliberalisierung standen eine Verschärfung der Anti-Dumping-Bestimmungen und neue Instrumente zur Bekämpfung „unfairer" Handelspraktiken anderer Länder gegenüber. Darüber hinaus brachte das Handelsgesetz von 1988 insofern eine Reihe wichtiger Neuerungen, als es binnenwirtschaftliche und außenwirtschaftliche Probleme miteinander verband, die früher nicht als Gegenstände der Außenhandelspolitik gegolten hatten, so z. B. Maßnahmen zur Steigerung der Wettbewerbsfähigkeit der amerikanischen Wirtschaft, die makroökonomische Koordinierung unter den großen Industrieländern oder die Förderung der beruflichen Bildung (Medick-Krakau 1995: 159 ff.; Mundo 1999: 120-134).

In den 1990er Jahren gelangen der Clinton-Administration mit regionalen und multilateralen Abkommen handelspolitische Liberalisierungserfolge, die freilich von einer nahezu beispiellosen Politisierung der Handelspolitik im politischen System der USA begleitet wurden. Das noch von der Bush sr. -Administration ausgehandelte *North American Free Trade Agreement (NAFTA)* mit Kanada und Mexiko zielte darauf, die schon stattfindende Handelsintegration in Nordamerika zu verstärken und abzusichern, die marktwirtschaftlichen, auf außenwirtschaftliche Öffnung setzenden Wirtschaftsreformen in Mexiko unter Präsident Carlos Salinas zu unterstützen und die Position US-amerikanischer Unternehmen im mexikanischen Markt zu stärken. Die Bestimmungen des Abkommens reichen weit über die Inhalte eines „normalen" Freihandelsabkommens (wie stufenweiser Abbau von Zöllen und nicht-tarifären Handelshemmnissen) hinaus, da sie sich auch auf die Liberalisierung des Dienstleistungshandels und die Nichtdiskriminierung von ausländischen Direktinvestitionen im jeweiligen Partnerland erstrecken. Um die Ratifizierung des Abkommens im Kongreß entbrannte 1993 eine heftige öffentliche Debatte zwischen Befürwortern und Gegnern, in der es nicht nur um die wirtschaftlichen Vor- und Nachteile für die US-amerikanische Wirtschaft ging, sondern auch um Niedriglöhne, Arbeitnehmerrechte und Umweltstandards in Mexiko. Zum Lager der Befürworter zählten die wichtigsten Wirtschaftsverbände, Großunternehmen und einige Umweltschutzverbände, im Lager der Gegner standen die Gewerkschaften, Isolationisten von der Rechten und radikalere Umweltgruppen. Im Kongreß waren die Demokraten gespalten, während die Mehrheit der Republikaner die Regierung Clinton bei ihrer energischen Kampagne für die *NAFTA*-Ratifizierung unterstützten, was im Ergebnis dazu führte, daß die Ratifizierung im Dezember 1993 nur mit einer parteienübergreifenden Mehrheit (und gegen die Mehrheit der Demokraten) zustande kam (Cohen/Paul/Blecker 1996: 238-257; Mundo 1999: 151-184).

Weniger umstritten waren die Ergebnisse der Uruguay-Runde des GATT (1986-1993), konnten doch der partielle Abbau von Agrarexportsubventionen, die Einbeziehung des Dienstleistungshandels (GATS) und der handelsbezogenen Aspekte der Rechte am geistigen Eigentum (TRIPS) in das Vertragswerk sowie die Einführung eines zügigen Streitschlichtungsverfahrens im Rahmen der WTO als Erfolge der amerikanischen Verhandlungsstrategie gewertet werden. Nach der Ratifizierung des GATT/WTO-Abkommens Ende 1994 konnte die Clinton-Administration ihrer handelspolitischen Erfolgsbilanz noch drei im Rahmen der WTO abgeschlossene Abkommen (1997) zur Liberalisierung des Handels in den Bereichen Informationstechnologie, Telekommunikation und Finanzdienstleistungen gutschreiben, die vom nun republikanisch beherrschten Kongreß auch ratifiziert wurden (Frey 2004: 60 ff.; Scherrer 2001: 62-76). Ihr Versuch, eine „Millenniumsrunde" der WTO zu eröffnen, scheiterte Ende 1999 in Seattle weniger wegen des militanten Protests der Globalisierungsgegner als vielmehr an der Uneinigkeit unter den Hauptakteuren über die Agenda einer neuen WTO-Runde (Falke 2001: 27 f.). Die Bush jr.-Administration erhielt zwar im Sommer 2002 vom Kongreß die *fast-track*-Vollmacht, konnte aber bis zum Ende der ersten Amtszeit bei zwei großen handelspolitischen Projekten – der Doha-Runde der WTO und der panamerikanischen Freihandelszone (*FTAA*) – keine nennenswerten Fortschritte erzielen. Selbst die Errichtung einer Freihandelszone mit den zentralamerikanischen Staaten (*CAFTA*) wurde im Juli 2005 vom Repräsentantenhaus nur mit äußerst knapper Mehrheit ratifiziert. Die grundsätzliche Freihandelsorientierung hat weder die Clinton- noch die Bush-Administration daran gehindert, in Handelskriegen mit der EU die Interessen amerikanischer Wirtschaftszweige, die sie unfairer Konkurrenz ausgesetzt sahen, offensiv zu vertreten und auf ihr protektionistisches Arsenal zurückzugreifen (Decker 2002; Frey 2004). Insofern verfährt die amerikanische Handelspolitik meist mehrgleisig und weist ein jeweils spezifisches Mischungsverhältnis von multilateraler, regionaler und bilateraler Handelsliberalisierung und unterschiedlichen Ausprägungen eines tendenziell abnehmenden Protektionismus aus.

19.4.3   Akteure und Ansätze der internationalen Währungs- und Finanzpolitik

Im Unterschied zur Handelspolitik ist die Währungspolitik traditionell kaum dem direkten Einfluß gesellschaftlicher Interessen ausgesetzt. Sie ist eine Domäne des Finanzministeriums und der Notenbank (*Federal Reserve*), die in enger Koordination untereinander handeln. Nach dem *Gold Reserve Act* von 1934 besitzt das Finanzministerium die Kompetenz, am Devisenmarkt zu intervenieren, um den Dollarkurs zu stabilisieren. Hierfür steht der Währungsstabilisierungsfonds (*Exchange Stabilization Fund*) zur Verfügung. Das Finanzministerium vertritt die USA im IWF und in der Weltbank. Die Notenbank, die in der Geldpolitik autonom ist, hält eigene Fremdwährungsbestände, die sie für Interventionen am Devisenmarkt einsetzen kann. Ihre Interventionsbefugnis wird aus Gewohnheitsrecht hergeleitet, doch nimmt das Finanzministerium für sich das Recht in Anspruch, Interventionen der Notenbank zu unterbinden. In der Praxis werden Interventionen einvernehmlich vorgenommen, zumal die operative Funktion für beide Akteure von der *Federal Reserve Bank of New York* wahrgenommen wird. Diese handelt als Agent des Finanzministeriums, wenn Interventionen auf Rechnung des Währungsstabilisierungsfonds gehen, und wird für die Notenbank tätig, wenn sie auf deren Rechnung interveniert. Die Koordinierung zwischen den beiden Organisationen wird durch häufige Konsultationen und den Austausch von Personal erleichtert, ferner durch das gemeinsame Interesse, Eingriffe des Kongresses abzuwehren (Destler/Henning 1989: 85 ff.).

Das Recht des Kongresses, die Goldparität des Dollars festzulegen, hat mit der Aufhebung der Goldbindung und dem Übergang zu flexiblen Wechselkursen seine Bedeutung verloren. Das Finanzministerium ist verpflichtet, den Bankenausschüssen des Kongresses über die Tätigkeit des Währungsstabilisierungsfonds regelmäßig vertraulich Bericht zu erstatten. Gerade in den 1980er Jahren war die Wechselkurspolitik häufig Gegenstand von *hearings*, die vom Finanzminister und dem Vorsitzenden der Notenbank auch genutzt wurden, um den Finanzmärkten Signale zu geben und so die Kursentwicklung des Dollars zu beeinflussen. Versuche, den Spielraum des Finanzministeriums in der Wechselkurspolitik einzuengen und diese an bestimmte Richtlinien des Gesetzgebers zu binden, sind jedoch damals gescheitert (Destler/Henning 1989: 99 ff.). Nachdem die Clinton-Administration in der Mexiko-Krise von 1994-95 auf den Währungsstabilisierungsfonds zurückgegriffen hatte, ohne die Billigung des Kongresses einzuholen, legte dieser in den Jahren 1996 und 1997 fest, daß kein Darlehen an eine ausländische Regierung gewährt werden dürfe, dessen Betrag US-$ 1 Mrd. und dessen Laufzeit 180 Tage überschreite (Cohen 2000: 200 f.).

Da der Dollar auch unter dem Regime flexibler Wechselkurse die wichtigste internationale Transaktions-, Interventions- und Reservewährung geblieben ist, erlag die amerikanische Wirtschaftspolitik leicht der Versuchung, den Dollarkurs nach dem von Nixons Finanzminister John B. Connally geprägten Motto zu behandeln: „Der Dollar ist unsere Währung, aber euer Problem" (Rode 1988: 79). Damit war gemeint, daß die USA es den Handelspartnern überließen, auf unerwünschte Kursentwicklungen zu reagieren, während sie einen eigenen Stabilisierungsbeitrag verweigerten. Erwies sich dieser Ansatz als zu kostspielig für die amerikanische Wirtschaft, suchte die Regierung die wichtigsten Partnerländer für eine Konzertierung der Wechselkurspolitik und eine Koordinierung der Geld- und Fiskalpolitiken zu gewinnen. Nachdem schon die Carter-Administration nach diesem Muster vorgegangen war, wiederholte sich die Sequenz – erst nationaler Alleingang, dann internationale Kooperation – in der Ära Reagan.

Die Kritik der Partnerländer am Höhenflug des Dollars in den Jahren 1981-84, der die Ungleichgewichte in den Handels- und Leistungsbilanzen verschärfen mußte, wurde zurückgewiesen. Der starke Dollar, die Kapitalzuflüsse und das Handelsdefizit wurden als Zeichen für die Erneuerung weltweiten Vertrauens in die amerikanische Wirtschaft gewertet, Devisenmarktinterventionen als unvereinbar mit dem freien Spiel der Marktkräfte abgelehnt. Unter dem wachsenden Druck der Wirtschaft und des Kongresses leitete der neue Finanzminister James Baker 1985 einen Kurswechsel ein. Mit dem New Yorker Plaza-Abkommen vom September 1985 wurden konzertierte Interventionen der fünf wichtigsten Notenbanken vereinbart mit dem Ziel, einen kontrollierten Kursverfall des Dollars zu erreichen. Der Louvre-Akkord vom Februar 1987 brachte eine Einigung über Zielzonen für den Dollarkurs, den die Partnerländer inzwischen schon als zu niedrig ansahen. Die Wechselkurs-Vereinbarungen wurden jedoch dadurch belastet und in ihrer Wirkung eingeschränkt, daß die Bundesrepublik und Japan den amerikanischen Vorstellungen einer Koordinierung der makroökonomischen Politiken nicht folgten und die USA einen weiteren Kursverfall des Dollars als Druckmittel einsetzten, um sie gefügig zu machen. Im Kern betraf der Konflikt den Zweck der wirtschaftspolitischen Koordinierung und die Verteilung der Anpassungslasten. Während die Reagan-Administration in erster Linie die Bundesrepublik Deutschland und Japan zu einer expansiveren Geld- und Fiskalpolitik bewegen wollte, damit deren „Wachstumslücke" gegenüber den USA verringert würde, hielt man in Bonn und Tokio einen Abbau des amerikanischen Haushaltsdefizits für vordringlich (Gilpin 1987: 159 f.).

Seither hat es keine erfolgversprechenden Ansätze zur Koordinierung makroökonomischer Politiken mehr gegeben. Auch in den 1990er Jahren hielten die USA an ihrer Grundposition fest, daß die Anpassung an unerwünschte Kursentwicklungen des Dollars im wesentlichen Sache der Handelspartner sei. Zielzonen für die Wechselkurse wurden als untauglich abgelehnt. Als nach der Einführung des Euro (1999) dessen Kurs gegenüber dem Dollar eine Talfahrt erlebte, wurde der starke Dollar von der Clinton-Administration als Zeichen wirtschaftlicher Überlegenheit der USA gewertet (Frey 2004: 113). Die sich 2002 anbahnende Aufwärtsbewegung des Euro gegenüber dem Dollar war indessen in Washington keineswegs unerwünscht, weil die Abwertung des Dollars dazu beitrug, die amerikanischen Exporte zu verbilligen. Außerdem sorgten die Zentralbanken Japans und Chinas in den Jahren 2003 und 2004 durch umfangreiche Dollarkäufe dafür, daß die Aufwertung ihrer eigenen Währungen gegenüber dem Dollar gebremst wurde, um ihre internationale Wettbewerbsfähigkeit aufrechtzuerhalten. Auf diese Weise trugen sie maßgeblich zur Finanzierung des amerikanischen Leistungsbilanzdefizits bei.

Eine Serie internationaler Finanz- und Währungskrisen in den 1990er Jahren machte das Krisenmanagement zu einer der zentralen Aufgaben der Clinton-Administration. Die Flucht der Anleger aus dem mexikanischen Peso 1994/95, die 1997 einsetzende Asienkrise und der Einbruch des Rubels auf den Devisenmärkten im Sommer 1998 gefährdeten die Stabilität des internationalen Finanzsystems. Diese Krisen waren gewissermaßen die Kehrseite der Liberalisierung und Internationalisierung des Kapitalverkehrs, die gerade von den USA aktiv vorangetrieben worden war. Die Führung beim Krisenmanagement übernahm auf Seiten der USA das Finanzministerium, im internationalen Rahmen der IWF, der auf starkes Drängen der USA milliardenschwere Kreditpakete schnürte, um eine Systemkrise abzuwenden. Es waren gerade die Rettungsaktionen des IWF zugunsten der betroffenen Schwellenländer und ihrer privaten Gläubiger, die im Kongreß auf heftige Kritik aus dem republikanischen Lager stießen. Dadurch wurde eine mit hegemonialem Gestus geführte Debatte um die Reform des IWF angestoßen mit mehr oder weniger radikalen Vorschlägen, die aber auf keine Mehrheit im IWF rechnen konnten (Kreile 2000). Ungelöst bleibt nach wie vor das Problem, wie die Stabilisierung der internationalen Finanzmärkte dauerhaft gesichert werden kann. Im Kalkül der USA muß diese Zielsetzung mit dem Interesse an der Wettbewerbsfähigkeit des Finanzplatzes New York vereinbar sein, ebenso mit dem Interesse, Krisenlösungen nach außenpolitischen Prioritäten unter Einsatz fremder Ressourcen organisieren zu können.

19.5 Literatur

Andersen, Uwe, Das internationale Währungssystem zwischen nationaler Souveränität und supranationaler Integration, Berlin 1977.

Bhagwati, Jagdish N., United States Trade Policy at the Crossroads, in: The World Economy, Vol. 12, (1989), S. 439-479.

Cohen, Stephen D., The Making of United States International Economic Policy, New York 1989.

Cohen, Stephen D., The Making of United States International Economic Policy, 5. Aufl., Westport 2000.

Cohen, Stephen D./**Paul,** Joel R./**Blecker,** Robert A., Fundamentals of U.S. Foreign Trade Policy, Boulder 1996.

Decker, Claudia, Handelskonflikte der USA mit der EU seit 1985, Berlin 2002.

Destler, Irving M., Making Foreign Economic Policy, Washington, D.C. 1980.

Destler, Irving M., American Trade Politics: System Under Stress, Washington, D.C. 1986.

Destler, Irving M., American Trade Politics, 4. Aufl., Washington, D.C. 2005.

Destler, Irving M./**Henning,** C. Randall, Dollar Politics: Exchange Rate Policymaking in the United States, Washington, D.C. 1989.

Falke, Andreas, The USA: Why fundamentals do not always matter, or: It's politics, stupid!, in: **Deutsch,** Klaus Günter/**Speyer,** Bernhard (Hrsg.), The World Trade Organization Millennium Round, London/New York 2001, S. 18-33.

Frey, Eric, Feuding Friends: U.S.-European Trade Relations in the Clinton Era 1992-2000, Frankfurt a. M. 2004.

Gilpin, Robert, The Political Economy of International Relations, Princeton 1987.

Gilpin, Robert, Global Political Economy. Understanding the International Economic Order, Princeton 2001.

Glastetter, Werner, Außenwirtschaftspolitik, Köln 1975.

Holtfrerich, Carl-Ludwig (Hrsg.), Wirtschaft USA. Strukturen, Institutionen und Prozesse, München/Wien 1991.

Irwin, Douglas A., Free Trade Under Fire, Princeton 2002.

James, Harold, International Monetary Cooperation Since Bretton Woods, Oxford 1996.

Junker, Detlef, Der unteilbare Weltmarkt. Das ökonomische Interesse in der Außenpolitik der USA 1933-1941, Stuttgart 1975.

Krasner, Stephen D., United States Commercial and Monetary Policy: Unravelling the Paradox of External Strength and Internal Weakness, in: **Katzenstein,** Peter J. (Hrsg.), Between Power and Plenty, Madison 1978, S. 51-88.

Kreile, Michael, Aufschwung und Risiko. Die Wirtschafts- und Haushaltspolitik der Reagan-Administration, in: **Wasser,** Hartmut (Hrsg.), Die Ära Reagan. Eine erste Bilanz, Stuttgart 1988, S. 162-184.

Kreile, Michael, Deutschland und die Reform der internationalen Finanzarchitektur", in: Aus Politik und Zeitgeschichte, B 37-38(2000), S. 12-20.

Medick-Krakau, Monika, Amerikanische Außenhandelspolitik im Wandel. Handelsgesetzgebung und GATT-Politik 1945-1988, Berlin 1995.

Mundo, Philip A., National Politics in a Global Economy. The Domestic Sources of U.S. Trade Policy, Washington, D.C. 1999.

Nau, Henry R., The Myth of America's Decline: Leading the World Economy into the 1990s, New York 1990.

OECD Wirtschaftsberichte, Vereinigte Staaten, Paris 1989.

Pastor, Robert A., Congress and the Politics of U.S. Foreign Economic Policy, 1929-1976, Berkeley u. a. O. 1980.

Pfeil, Andreas, Abschied von der „schnellen Schiene"? NAFTA, GATT und die Ratifizierung von Handelsabkommen in den USA, 1974-1999, Berlin 2000.

Rode, Reinhard, Amerikanische Handelspolitik gegenüber Westeuropa. Von der Handelsreform zur Tokio-Runde, Frankfurt a. M./New York 1980.

Rode, Reinhard, Die Zeche zahlen wir – Der Niedergang der amerikanischen Wirtschaft, München/Zürich 1988.

Scherrer, Christoph, Weichenstellungen unter Ausschluß: 50 Jahre US-amerikanische Außenhandelspolitik, in: **Berndt,** Michael/**Sack,** Detlef (Hrsg.), Global Governance? Voraussetzungen und Formen demokratischer Beteiligung im Zeichen der Globalisierung, Wiesbaden 2001, S. 62-76.

van Scherpenberg, Jens, Die Außenhandelspolitik der USA zwischen Freihandel und Protektionismus, in: Aus Politik und Zeitgeschichte, B 17(1985), S. 19-35.

Senti, Richard, WTO: System und Funktionsweise der Welthandelsordnung, Zürich 2000.

Stiglitz, Joseph, Die Schatten der Globalisierung, Bonn 2002.

Vernon, Raymond/**Spar,** Debora L., Beyond Globalism. Remaking American Foreign Economic Policy, New York 1989.

19.6   Websites

Department of Commerce	http://www.commerce.gov
Internationaler Währungsfond	http://www.imf.org
U.S. Trade Representative	http://www.ustr.gov
Welthandelsorganisation	http://www.wto.org/

Stand: 31.07.2006

Andreas Falke

20 Der Einfluß der Intermediären Institutionen auf die Außenpolitik

20.1 Zur begrifflichen Klärung

Der außenpolitische Entscheidungsprozeß ist in den USA im Vergleich zu den Regierungs-systemen der anderen westlichen Demokratien von großer Offenheit, was sich vor allem im politischen Gewicht von intermediären Institutionen widerspiegelt. Hierzu gehören nicht-staatliche Akteure wie Interessengruppen, gesellschaftliche Bewegungen, Verbände, als *think tanks* bezeichnete Forschungsinstitutionen wie auch die Medien. Die herausragende Rolle dieser Akteure ist nicht ohne die institutionelle Fragmentierung des amerikanischen Regie-rungssystems zu verstehen, die vielfältige Zugangschancen schafft. Der außenpolitische Ent-scheidungsprozeß in den Vereinigten Staaten hat sich damit immer mehr den innenpoliti-schen Entscheidungsabläufen angepaßt. Um den amerikanischen Sprachgebrauch zu benut-zen: Außenpolitik ist heute genauso *politics* wie *policy*, d. h. außenpolitische Entscheidungen werden nicht mehr von einem isolierten staatszentrierten Elitenzirkel (Präsident, Außenmini-sterium, legislatives Führungspersonal) getroffen, sondern sie ziehen eine Vielfalt von ge-sellschaftlichen Gruppierungen an, die bei der außenpolitischen Themensetzung eine großen Rolle spielen können. Wie Samuel Huntington hervorgehoben hat: „It is necessary to study not only the interests of the American state in a world of competing states but rather the play of economic and ethnic interests in American domestic politics" (Huntington 1997: 42).

Das Ende des Kalten Krieges hat auf diese Konstellation der Offenheit des politischen Pro-zesses nachhaltigen Einfluß gehabt. Mit dem Wegfall der disziplinierenden Klammer des Kalten Krieges haben Interessengruppen und gesellschaftliche Gruppen noch größere Frei-heiten gewonnen, ihre Themen auf die außenpolitische Tagesordnung zu setzen und die exe-kutiven Akteure zu zwingen, sie ernst zu nehmen. Der Ermessensspielraum der Exekutive und die Möglichkeit zur Verfolgung langfristiger Strategien werden dadurch eingeschränkt, was die zuweilen hervortretende Sprunghaftigkeit der amerikanischen Außenpolitik partiell erklärt. Gewicht erhält diese Pluralisierung und interessenpolitische Aufladung des außenpoli-tischen Entscheidungsprozesses mit der in den 1990er Jahren wieder stärker hervortretenden außerordentlichen Machtposition der Vereinigten Staaten im internationalen System. Nicht nur erlaubt diese Machtposition eine gewisse Permissivität gegenüber nicht-strategischer Interessenartikulierung, sie führt auch dazu, daß diese im gewissen Ausmaß hoffähig wird und außenpolitische Kalküle zunehmend von innenpolitischen bestimmt werden. Die Machtstellung der Vereinigten Staaten erlaubt es innenpolitischen Impulsen viel leichter in die internationale Arena überzuschwappen. Hierbei geht es nicht nur um Sicherung von Souveränität, sondern auch um extra-territoriale Durchsetzung von Ansprüchen (Falke 2000). Die tragischen Ereignisse vom 11. September 2001 hatten auf diese Entwicklung allerdings einen bremsenden Eindruck, als die Terrorismusbekämpfung und der Kampf gegen Terrorismus stützende Regime zu einer neuen Staatszentrierung führten, die der Exekutive die Oberhand in der Entwicklung der zu verfolgenden Strategien gibt. Doch wird sich die Gesellschaft zurückmelden.

20.2 Der Niedergang des außenpolitischen Establishments

Die außenpolitischen Entscheidungen in den Vereinigten Staaten waren bis in die 1960er Jahre einer kleinen Elite unter Führung des Präsidenten vorbehalten. Die Mitglieder dieses Elitenzirkels rekrutierten sich zumeist aus dem Ostküstenestablishment, dem vor allem Bankiers, Industrielle, Rechtsanwälte aus großen New Yorker Anwaltskanzleien sowie ein kleiner Kreis von Spitzendiplomaten angehörten. Für dieses außenpolitische Establishment stehen Namen wie Dean Acheson, Außenminister unter Präsident Harry S. Truman, John McCloy, stellvertretender Kriegsminister und späterer Hochkommissar in Deutschland, Robert Lovett, ebenfalls stellvertretender Kriegsminister, die Karrierediplomaten George F. Kennan und Charles Bohlen, beide Botschafter in Moskau, und Averell Harriman, der von Franklin D. Roosevelt bis John F. Kennedy amerikanischen Präsidenten als Sonderbotschafter diente. Sie werden heute nostalgisch als die „weisen Männer" der amerikanischen Außenpolitik verehrt (Isaacson/Thomas 1986). Mit Ausnahme der Karrierediplomaten wie Bohlen und Kennan zirkulierte diese Elite ständig zwischen Regierungspositionen und Stellungen im Privatsektor. Diese Elite verband ein prononcierter Internationalismus, die Befürwortung der atlantischen Partnerschaft und ein uneingeschränktes Eintreten für Marktwirtschaft und Freihandel. Obwohl einige Beobachter in diesem Elitenzirkel ein Instrument für die Durchsetzung wirtschaftsliberaler, kapitalistischer Interessen in der amerikanischen Außenpolitik sahen, zielte das außenpolitische Engagement dieser Gruppierung in erster Linie darauf ab, den Rückfall der USA in den Isolationismus zu verhindern und hierüber einen umfassenden außenpolitischen Konsens zu schaffen. Diese Gruppierung war also zugleich Schöpfer und Reflex des außenpolitischen Konsenses.

Die zentrale Institution dieses Establishments war der *Council on Foreign Relations* in New York, der bis in die 1960er Jahre das wichtigste außenpolitische Ideenforum der amerikanischen Eliten darstellte (Wala 1990). Zusammengehalten wurde der *Council* nicht durch spezifische Wirtschaftsinteressen, wie der relativ große Anteil von Wirtschaftsvertretern vermuten läßt, sondern durch die gemeinsame soziale Herkunft seiner Mitglieder, ihren hohen ökonomischen Status sowie ihre angelsächsisch-protestantische Orientierung und ihre Ausbildung an einer Eliteuniversität. Auch wenn ein direkter Einfluß des *Council* auf die amerikanische Außenpolitik nicht nachgewiesen werden konnte, so galt er doch als informelle Clearingstelle und als einer der wichtigsten Ideenproduzenten der offiziellen Außenpolitik. Der Einfluß des *Council* läßt sich am besten daran ablesen, daß er als Rekrutierungsfeld für die einflußreichsten Regierungsposten diente. Bis in die Regierungszeit von Kennedy und Lyndon B. Johnson waren 50 Prozent der außenpolitischen Führungspositionen von Mitgliedern des *Council* besetzt (Wala 1990: 271).

Die Entstehung von neuen intermediären Institutionen ist auf den Zerfall dieser Elite und des außenpolitischen Konsenses in den 1960er Jahren zurückzuführen. Der Auslöser hierfür war der Vietnamkrieg, der zur ideologischen Polarisierung der amerikanischen Politik und zur Spaltung der außenpolitischen Elite in eine konservative und eine liberale Fraktion führte (Schneider 1984: 14 ff.). Institutionen wie der *Council* konnten die divergierenden Kräfte nicht mehr im Zaum halten und verloren damit an Einfluß. Kennzeichnend für diese Entwicklung sind die Kandidatur von Barry Goldwater im Präsidentschaftswahlkampf von 1964 gegen das traditionelle Ostküstenestablishment der Republikanischen Partei und die Kandidatur von Eugene McCarthy, der 1968 von der Demokratischen Partei als Anti-Kriegskandidat gegen den Willen der Parteiführung nominiert worden war. Hinter dem Zusammenbruch der außenpolitischen Elite stand ein tiefliegender Wandel in der politischen Kultur der USA, den William Schneider treffend mit „anti-establishment"-Populismus umschrieben hat. Die populistisch gestimmte politische Kultur der USA entwickelte immer weniger Toleranz für eine selbsternannte außenpolitische Elite, was sich im Aufkommen von rechten wie linken Gegeneliten niederschlug (Schneider 1984). Eine weitere Folge des Vietnamkriegs war die Mobilisierung von gesellschaftlichen Gruppen in der Außenpolitik, die sich am deutlichsten in der Protestbewegung gegen den Krieg manifestierte. Außenpolitik wurde damit zum Gegenstand einer sozialen Bewegung, die insbesondere die Demokratische Partei erfaßte und sie tief spaltete.

Die Veränderung der politischen Rahmenbedingungen lag daneben auch in der zunehmenden Technologisierung und Komplexität der Außen- und Sicherheitspolitik begründet. Die alte Elite entsprach aber eher dem Typus des Generalisten, der sich vor allem durch internationalistische Orientierung, nicht aber unbedingt durch technisches Expertenwissen auszeichnete, das in zunehmendem Maße benötigt wurde. Dies unter anderem auch, weil Regionen wie der Nahe Osten und Südostasien in das Blickfeld traten. Diese Entwicklungen konnten nicht mehr mit dem europäisch geprägten Erfahrungshintergrund der alten Elite erfaßt werden, die sukzessive durch eine neue professionelle Elite verdrängt wurde (Destler/Gelb/Lake 1984: 91-126). Allerdings bildete diese Professionalisierung kein Gegengewicht zur Ideologisierung der amerikanischen Außenpolitik, wie sie seit dem Vietnamkrieg beobachtet werden kann. Die Experten wurden geradezu in die politische Auseinandersetzung hineingezogen und von den Politikern als Aushängeschild benutzt. Da es kein Orientierungsmonopol wie beim alten Establishment mehr gab, gewannen die neuen Experten Einfluß, indem sie sich auf dem „Marktplatz politischer Ideen" als Advokaten und Propagandisten verkauften. Die Profilierung über die Medien wurde damit wichtiger als die verbindenden Herkunftsmerkmale der alten Elite.

Eng verbunden mit dem Niedergang des außenpolitischen Establishments ist der Prestige- und Einflußverlust des auswärtigen Dienstes, insbesondere des *State Department*, dem einerseits innerhalb des Regierungsapparates mit dem zunehmenden Gewicht der präsidialen Beraterstäbe (Nationaler Sicherheitsrat) und einiger Ministerien (insbesondere das Pentagon und das Handels- und Finanzministerium) Konkurrenz erwuchs; andererseits machte sich auch hier der Anti-Establishment-Populismus bemerkbar. Insbesondere der Neuen Rechten und Teilen des rechten Flügels in der Republikanischen Partei galten Diplomaten als Träger des moderaten liberalen Internationalismus, der nicht bereit war, eine streng antikommunistische Linie zu unterstützen. Hier zieht sich eine Linie vom McCarthyismus der 1940er und 1950er Jahre, der das *State Department* zur Zielscheibe nahm, bis zu den Angriffen des konservativen Senators Jesse Helms in den 1980er Jahren (Shell 1986: 87 f.). Die neue professionelle, aber mit den jeweiligen polarisierten ideologischen Strömungen viel besser verbundene Elite verdrängte die diplomatische Elite aus ihren angestammten Plätzen. Im *State Department* machte sich dieser Trend durch das Zurückdrängen der Karriere-Diplomaten aus den führenden Positionen zugunsten einer ständig wachsenden Schicht von außen berufenen Funktionsträgern (*political appointees*) in Spitzenpositionen bemerkbar.

Hinzu kam, daß der auswärtige Dienst materiell und organisatorisch im Vergleich zu den sich neu bietenden Spitzenpositionen bei Stiftungen, Forschungsinstitutionen, Beratungsfirmen und Medien nicht mehr so attraktiv war. Die herausragende Stellung von Diplomaten wie Kennan oder Bohlen, die die enge Verquickung von *State Department* und außenpolitischer Elite symbolisierten, ist heute nicht mehr denkbar. Diplomaten erreichen nicht mehr aufgrund ihrer Spitzenposition im auswärtigen Dienst Elitestatus, sondern indem sie sich in die neue professionelle Elite assimilieren. Die Karrieren von Lawrence Eagleburger, in der Administration von George Bush sr. stellvertretender Außenminister, von Robert L. McFarlane, der es zum Nationalen Sicherheitsberater unter Ronald Reagan brachte, oder von Richard Holbrooke, Staatssekretär und UN-Botschafter unter Bill Clinton, stehen für diesen Trend. Diplomaten definieren sich nicht so sehr durch die Mitgliedschaft zu einem traditionellen Corps, sondern durch Einbindung in breitere außenpolitische Netzwerke.

Begünstigt wurde die Herausbildung der neuen professionellen Elite durch die zunehmende Fragmentierung der politischen Entscheidungsstrukturen, wobei in diesem Zusammenhang die Veränderungen im Kongreß besonders bedeutsam waren. Denn mit den demokratisierenden und dezentralisierenden Reformen in den 1970er Jahren entstanden neue Handlungszentren (z. B. Unterausschüsse), die konkurrierende Expertenstäbe ausbildeten.

Schließlich wirkt sich die stärkere Akzentuierung der Gewaltenteilung zwischen Exekutive und Legislative durch unterschiedliche Parteienkontrolle der beiden Gewalten aus. Von 1968 bis 1992 stand mit Ausnahme der Regierungszeit von Jimmy Carter ein Demokratischer Kongreß einem Republikanischen Präsidenten gegenüber. In den 1990er Jahren gab es nur in den beiden ersten Amtsjahren der Clinton-Administration synchronisierte Parteidominanz. Die Administration von George Bush jr. kann zwar auf einen mehrheitlich republikanischen Kongreß bauen, dessen Mehrheiten sind aber knapp. Das bedeutet, daß die seit dem Vietnamkrieg aufgebrochenen ideologischen Konfliktlinien auf der institutionellen Ebene abgebildet wurden. Die Demokraten im Kongreß wurden zumindest partiell, wenn auch nicht immer durchgängig, zur wirksamen Gegenmacht der Republikanischen Exekutive in der

Außenpolitik. Da sie sich nicht der exekutiven Ressourcen bedienen konnten, mußten sie auf eigene Stäbe innerhalb und außerhalb des Kongresses zurückgreifen. Die Pluralisierung außenpolitischer Expertisen wurde aber auch auf Seiten der Rechten intensiviert, die die bestehenden Institutionen immer noch dem moderaten zentristischen Konsens verhaftet sah und deshalb „Gegenstäbe" in Form von neuen *think tanks* aufbaute.

Neben den Veränderungen in der politischen und institutionellen Kultur ist auch das Umfeld des außenpolitischen Entscheidungsprozesses von der zunehmenden Überlagerung innen- und außenpolitischer Problembereiche betroffen. Innenpolitische Entscheidungen haben außenpolitische Auswirkungen, und eine Veränderung der Stellung der USA im internationalen System schlägt auf die Innenpolitik zurück. Ein gutes Beispiel dafür ist die Energiepolitik, die bis zur ersten Ölkrise fast ausschließlich unter innenpolitischer Gesichtspunkten formuliert wurde, und heute zunehmend internationale Aspekte wie Klimaschutzgesichtspunkte berücksichtigen muß. Vor allem spiegelt sich in der Überlagerung von Innen- und Außenpolitik die zunehmende Verflechtung der USA in die Weltwirtschaft und die Herausforderungen durch die Versuche der USA, weltwirtschaftliche Prozesse hegemonial zu steuern. Infolge dieser Überlagerung sind die traditionellen Konfliktmuster der Innenpolitik auf die Außenpolitik übertragen worden; zugleich hat sich der Kreis der auf die Außenpolitik einwirkenden Akteure erweitert, wie die Veränderungen der agrar- und handelspolitischen Entscheidungsprozesse zeigen.

Alle hier geschilderten Tendenzen – die Auflösung des von beiden Parteien getragenen Konsenses, die ideologische Polarisierung, der zunehmende Bedarf an Expertenwissen und Spezialisierung, die Veränderung in der politischen Kultur und im Institutionengefüge sowie das Zusammenwachsen von Außen- und Innenpolitik – haben das vom alten Establishment beherrschte außenpolitische Handlungszentrum „ausgehebelt". An dessen Stelle ist eine Vielzahl von neuen Eliten, Expertenstäben, wissenschaftlichen Instituten, Interessengruppen und gesellschaftlichen Bewegungen getreten. Das politische Umfeld des außenpolitischen Entscheidungsprozesses ist daher heute durch eine starke Pluralisierung und Fragmentierung gekennzeichnet.

20.3   Die Rolle von Forschungsinstitutionen im Bereich der Außenpolitik

Wissenschaftliche Forschungsinstitute (*think tanks*) spielen in der amerikanischen Außenpolitik heute eine wichtige, wenn auch verdeckte Rolle. Kennzeichnend für die Entwicklung ist die starke Zunahme der *think tanks* in den 1960er und 1970er Jahren, ihre häufig politische Ausrichtung und die Perzeption ihrer Rolle in der Öffentlichkeit als ein wichtiger politischer Akteur. Dabei sind sie von ihrer Herkunft ganz als der Erbe technokratischer Ansätze der *progressive era* anzusehen, die versuchten, politische Entscheidungen dem politischen Tagesgeschäft der amerikanischen Patronageparteien zu entziehen und durch Verwissenschaftlichung zu entpolitisieren. Ganz im Sinne des amerikanischen Pragmatismus wurden politische Konflikte als Gegenstände für wissenschaftlich angeleitetes Problemlösungsverhalten angesehen.

Ihre andere Wurzel ist die philanthropische Tradition in der amerikanischen Gesellschaft, nach der auch politikbezogene Wissensgenerierung und Aufklärung als Ziel privaten wohltätigen Engagements gilt. In der Regel arbeiten *think tanks* deshalb nicht gewinnbezogen, so daß sie von anderen gesellschaftlichen Organisationen unabhängig sind. Ihr Aufsichtsgremium spiegelt in der Regel die pluralistische Bandbreite der amerikanischen Gesellschaft wieder. Prototyp ist die *Brookings Institution*, deren Vorläufer, das *Institute for Governmental Studies*, 1916 gegründet wurde (1927 in *Brookings* umbenannt). Angesichts der Weltmachtrolle der USA und des Bedarfs an außenpolitischer Expertise konnte es nicht ausbleiben, daß innen- und wirtschaftspolitisch ausgerichtete Institute wie *Brookings* sich außenpolitische Abteilungen zulegten oder primär auf außen- und sicherheitspolitische Themen festgelegte Institutionen entstanden (Smith 1988b: 17-25).

Zu den wichtigsten *think tanks* im außenpolitischen Bereich gehören neben Brookings das *American Enterprise Institute*, die *Heritage Foundation*, das *Center for Strategic and International Studies*, das *Carnegie Endowment for International Peace*, das *U.S. Institute of Peace*, das *Nixon Center*, für den Außenwirtschaftsbereich das *Institute for International Economics* und das *Cato Institute*, sowie im internationalen Umweltschutzbereich *Resources for the Future* und *World Watch*. Außerhalb Washingtons sind der *Council on Foreign Relations*, die *Hoover Institution* und die *Rand Corporation* in Kalifornien als einflussreiche Institutionen erwähnenswert. Zu nennen sind schließlich Institute, die eine regionale Ausrichtung haben, wobei in Washington besonders die mit dem Nahen Osten befaßten Institute wie das *Institute for Near East Policy* und das *Middle East Institute* eine große Bedeutung in der politischen Diskussion erlangen können. Institute, die sich mit Europa und Deutschland beschäftigen sind der *Atlantic Council of the U.S.*, das *American Institute for Contemporary German Studies* und der *American Council on Germany* in New York. Diese Institutionen haben meist nur eine schwächere Ausrichtung auf Forschung, dienen aber als wichtige Plattformen der Informationsvermittlung und Bühne für die politischen Vertreter der betroffenen Länder.

Entsprechend ihrer Aufgabenstellung bzw. politischen Orientierung lassen sich die *think tanks* in drei Gruppen aufteilen: (1) Die wichtigste Gruppe sind die „Universitäten ohne Studenten" wie die *Brookings Institution* (Weaver 1989). Die Betonung liegt auf objektiver, nachprüfbarer Analyse, der Einhaltung strenger wissenschaftlicher Standards, hoher akademischer Qualifikation der Mitarbeiter und auf Überparteilichkeit. Im Gegensatz zu Universitäten liegt ihr Schwerpunkt auf der Analyse des politischen Entscheidungsprozesses (*policy analysis*). Typisch für diese Gruppe ist, daß die Forschungsschwerpunkte überwiegend selbst gesetzt werden und nur beschränkt Auftragsforschung betrieben wird, um einen Beitrag zu einer fundierten Debatte zu leisten. Ergänzt wird diese Gruppe von Forschungsinstitutionen an renommierten Universitäten. (2) Die zweite Gruppe unterscheidet sich von der ersten insofern, als sie in der Auftragsforschung ihren Schwerpunkt hat. Das bekannteste Beispiel ist die *Rand Corporation* in Santa Monica, die der bedeutendste sozialwissenschaftliche Auftragnehmer des *Pentagon* ist. (3) Zur dritten Gruppe gehören die Institute, die die Propagierung einer politischen Linie (*advocacy*) vor qualitativ hochstehende wissenschaftliche

Arbeit stellen. Furore haben seit den späten 1970er Jahren und insbesondere seit dem Amtsantritt der Reagan-Administration rechts-konservative Institute wie die *Heritage Foundation* gemacht. Die Stiftung trat von Anfang an als rein ideologisch motiviert Propagandainstitution an, die mit dem zum Amtsantritt der Reagan-Regierung veröffentlichten Bericht *Mandate for Leadership* große Aufmerksamkeit auf sich zog, weil man suggerierte, hiermit das politische Konzept für das Programm der Regierung vorgelegt zu haben. Hinzu traten eine Vielzahl von kleineren konservativen Instituten wie das *Cato Institute* und das *Hudson Institut* in New York, deren Thesen im konservativen Meinungsklima der 1980er Jahre leicht Widerhall fanden. Auf dem linken Ende des politischen Spektrums finden sich Institute wie das *Economic Policy Institute*, das den Gewerkschaften und dem linken Flügel der Demokraten nahe steht. Typisch für die meisten dieser Institute ist die nur zum Teil wissenschaftlich untermauerte Unterstützung konservativer oder progressiver Anliegen.

Aber selbst Institute mit einer anerkannten wissenschaftlichen Reputation entziehen sich nicht der politischen Zuordnung. *Brookings* gründete 1969 seine außenpolitische Abteilung mit dem Ziel, Alternativen zu den sicherheitspolitischen Konzepten der Administration von Richard Nixon zu entwickeln (Destler/Gelb/Lake 1984: 110 ff.), was ihr den Ruf einer der Demokratischen Partei nahestehenden Institution einbrachte, obwohl sich auch viele Republikaner im Mitarbeiterstab befinden. In den 1990er Jahren verwischte sich *Brookings* politische Ausrichtung als „liberaler", den Demokraten nahe stehender *think tank* durch die Berufung von Vertretern aus dem republikanischen Establishment wie Michael Armacost und Richard Haass in Spitzenpositionen (Präsident bzw. Leiter der außenpolitischen Abteilung). Haass leitet in der zweiten Bush-Administration den Planungsstab des *State Department*.

Das *American Enterprise Institute* (*AEI*) profilierte sich seit seiner Gründung im Jahre 1943 bewußt als konservative Gegenmacht zu *Brookings*, um die Unterstützung von konservativen Finanzquellen zu erhalten, behielt aber seinen wissenschaftlichen Fokus. Bekannte konservative Wissenschaftler wie Herbert Stein, Jeane Kirkpatrick und Arthur Burns stützten *AEIs* Image als Hochburg des intellektuell respektablen Konservatismus. Im *Center for Strategic und International Studies* sammelten sich die Republikaner und außenpolitisch konservative Demokraten während der Carter-Regierung. Heute sind seine prominentesten Mitglieder Henry Kissinger, Zbigniew Brzezinski und James Schlesinger.

Die wichtigste Funktion der *think tanks* besteht also darin, ausgehend von einer politischen Grundeinstellung, politische Konzepte auf wissenschaftlicher Basis für Entscheidungsträger und die Öffentlichkeit zu entwerfen. Sie evaluieren Politikideen und setzen sie in praktikable Vorschläge um. Und schließlich bewerten und analysieren sie abgelaufene staatliche Politiken und Maßnahmen. In der internationalen Wirtschaftspolitik, in der Rüstungskontrollpolitik und neuerdings auch in der internationalen Umweltpolitik sind ihre Beiträge heute nicht mehr wegzudenken. Nicht minder wichtig ist ihre Funktion als Rekrutierungsreservoir von Personal mit substantiellen Kenntnissen ohne unmittelbare Anbindung an Programminteressen in der Bürokratie. Ebenso dienen sie als „Parkplatz" für die Spitzenbeamten der Opposition. Sie sind der ideale Ort für wissenschaftliche Experten mit politischen Ambitionen. Immer wichtiger wird die Rolle ihrer führenden Mitarbeiter als Auskunftsbüro und Interpret komplexer politischer Probleme für die Medien (*punditry*). Die dadurch errungene Prominenz sichert ihnen und den Instituten die Aufmerksamkeit von Sponsoren und Politikern.

Ein Grund für die Bedeutung der *think tanks* ist die strikte institutionelle Gewaltenteilung: Der Kongreß und insbesondere seine aktiven Mitglieder haben einen hohen Bedarf an von der Regierung unabhängigem Expertenwissen, um fundierte Gegenpositionen zur Regierungspolitik entwickeln zu können. Der Vorschlag eines Senators, der von einem in den Medien anerkannten „*think tanker*" unterstützt wird, hat mehr Gewicht. Der zweite Grund ist die institutionelle Schwäche der Parteien: Da die Parteien keine eigenen Forschungseinrichtungen oder den deutschen Parteistiftungen vergleichbare Organisationen haben, sind sie gezwungen, auf externe Ressourcen wie *think tanks* zurückzugreifen. Der dritte Grund ist die Durchlässigkeit der administrativen Elite. Da wegen der Politisierung der administrativen Führungsspitze häufig keine Karrierebeamten für die Besetzung von Spitzenpositionen in Frage kommen (Falke 1991), aber Sachkenntnis gefragt ist, sind politisch engagierte „*think tankers*" eine ideale Ressource. Deshalb ist auch eine gewisse Nähe zur Politik unvermeidlich.

Von einigen Beobachtern werden *think tanks* als Planungsorgane der Elite angesehen. Sie verweisen auf die hohe Zahl von Vertretern großer Konzerne und anderer Elitenmitglieder wie Universitätspräsidenten in den Aufsichtsgremien (Dye 1987: 83). Die 1980er Jahre, die eine extreme Proliferation von *think tanks* erlebt haben, legen eher pluralistische Fragmentierung als die Steuerung durch eine Elite nahe. Es gilt immer noch, daß sich *think tanks* an der Peripherie des politischen Prozesses befinden, doch mit dem Zerfall der außenpolitischen Elite ist die Peripherie wichtiger geworden. Auch in der Außenpolitik sind sie eine unverzichtbare Ressource in einer Demokratie, in der alle ideologischen Lager den Austausch zwischen Gesellschaft und Staat akzeptieren. Ihre Funktion im außenpolitischen Entscheidungsprozeß unterscheidet sich wenig von der innenpolitischen Arena, aber gerade deshalb belegen sie, wie weit sich die USA im außenpolitischen Entscheidungsprozeß im Vergleich zu anderen westlichen Industrieländern auf intermediäre Institutionen verlassen müssen.

20.4   Außenpolitik als Interessengruppenpolitik

20.4.1   Ethnische Interessengruppen

Ist mit den *think tanks* eine neue, wenn auch fragmentierte, außenpolitische Funktionselite entstanden, so zeigt der zunehmende Einfluß von Lobbygruppen wie ethnischen Interessengruppen und politischen Bewegungen, wie weit innenpolitisch gesteuerte Prozesse und Verfahren in die Außenpolitik hineinreichen. Betrifft ein außenpolitisches Problem eine gesellschaftliche Gruppierung in den USA, dann kann mit ihrer politischen Mobilisierung gerechnet werden. Dies bedeutet, daß außenpolitische Entscheidungsprozesse nicht mehr ausschließlich von den jeweiligen Funktionseliten gesteuert werden, sondern die Interessen von Gruppen mit elektoraler Sanktionskraft und hohem publizistischen Mobilisierungspotential ins Spiel kommen (Tierney 1993).

Die auffälligsten Vertreter von Interessengruppenpolitik in der außenpolitischen Arena sind die ethnischen Interessengruppen, die die Außenpolitik der USA in Bezug auf ihr jeweiliges

Heimatland beeinflussen wollen. Sie spiegeln bei allem Homogenitätsdruck den Zustand der USA als ethnisch differenzierte, multikulturelle Gesellschaft wider. Da diese Gruppen im Gegensatz zu wirtschaftlichen Lobbys keine materiellen Vorteile für sich anstreben, werden sie auch als *identity groups* bezeichnet (Jentleson 2000).

Das Ende des Kalten Krieges hat den Spielraum für außenpolitische Interessengruppen erheblich erweitert. Das Fehlen einer äußeren Bedrohung wie zu Zeiten des Kalten Krieges durch die Sowjetunion hat zwar nicht zu einem neuen Isolationismus geführt, aber zu einer als *apathetic internationalism* bezeichneten Indifferenz gegenüber der internationalen Politik. Er verkörpert eine Haltung der Bevölkerung, die nicht den Rückzug der USA aus der internationalen Arena fordert, sondern außenpolitischen Themen auf der allgemeinen Prioritätenliste einen geringen Stellenwert einräumt (Holsti 2002). Mit dem abnehmenden Interesse der Öffentlichkeit tut sich ein Vakuum auf, das Interessengruppen gerade deshalb gut füllen können, weil sie im Gegensatz zur breiten Öffentlichkeit bereit sind, das Verhalten von Politikern zu sanktionieren, das nicht ihren Interessen entspricht. *Apathetic internationalism* senkt die Kosten der Verfolgung partikularer Interessen. Gegenkräfte gegen partikulare Politik wurden schwächer und Interessengruppen mit engen Anliegen konnten sich im politischen Prozeß besser festsetzen. Das galt vor allem für den Kongreß. Interessengruppenpolitik entwickelte sich in den 1990er Jahren von einem Aspekt des außenpolitischen Prozesses in den USA zu seinem markantesten Merkmal (Lindsay 2003; Bennet 2002).

Ein ethnisch akzentuierter Zugriff auf die Außenpolitik ist Ausdruck des Übergreifens der inneren Identitätskonflikte der Gesellschaft auf die Außenpolitik. Von der Mehrzahl der Amerikaner wird er nicht als Fremdsteuerung begriffen. Denn nach dem pluralistischen Verständnis der Amerikaner von Politik als Gruppenpolitik folgt, daß das Einbringen von ethnischen Anliegen in die Außenpolitik legitim ist. Dies gilt umsomehr, wenn sich Interessengruppen akzeptierter Instrumente des amerikanischen politischen Prozesses bedienen und sich in ihren Einflußversuchen auf die Grundwerte (Freiheit, Menschenrechte, Gerechtigkeit) berufen können, die in der amerikanischen Öffentlichkeit emphatischen Widerhall finden. Je artikulierter eine ethnische Interessengruppe sich zu Wort meldet, desto mehr kann man davon ausgehen, daß sie amerikanisiert und zum „Mitspieler" in der amerikanischen Politik geworden ist. Gleichwohl gilt, daß ethnische Lobbys den Spielraum von außenpolitischen Entscheidungsträgern einengen, durch Betonung partikularer Sichtweise die Formulierung eines nationalen Interesses erschweren und damit zu Faktoren der Unberechenbarkeit der amerikanischen Außenpolitik werden können.

Prototyp der ethnischen Interessengruppen sind die jüdischen Amerikaner. Ohne Übertreibung kann man behaupten, daß ohne sie die amerikanische Nahostpolitik nicht nachzuvollziehen ist. Mit dem Holocaust als ständige Ermahnung im Gedächtnis treten jüdische Amerikaner dafür ein, daß Amerika nicht nur Israels Überleben sichert, sondern es zur stärksten militärischen Kraft im Mittleren Osten macht und die israelische Politik gegenüber den arabischen Staaten und Palästina nicht untergräbt. Während die Durchsetzung dieser Agenda in den Nahostkriegen von 1967 und 1973 noch relativ unproblematisch war, geriet sie mit dem verstärkten Interesse der USA an der Erdölversorgung aus dem Nahen Osten und an der Stützung der konservativen arabischen Staaten wie Saudi-Arabien und Ägypten in Konflikt. Jetzt ging es nicht nur um bilaterale Hilfe für Israel, sondern auch um die Militärhilfe für potentielle Gegner Israels. Die funktionale Elite in der Exekutive (*State Department, Pentagon*) vertrat aus sicherheitspolitischen Gründen einen ausgewogenen Kurs und erwies sich gegenüber Interessengruppendruck weitgehend immun (Crabb/Holt 1989: 102-113). Jüdisch-amerikanische Interessengruppen waren daher gezwungen, ihren Widerstand gegen die exekutiven Strategien öffentlich zu artikulieren.

Eine herausragende Rolle spielte hierbei das *American-Israel Public Affairs Committee (AIPAC)*, das nach außen hin strikte Distanz zur israelischen Regierung hält, obwohl eine starke informelle Zusammenarbeit angenommen werden kann (Curtiss/Payson 1990). Es konzentriert sich vor allem auf den Kongreß als Ansatzpunkt zur Beeinflussung der amerikanischen Nahostpolitik. Mit über 55.000 Mitgliedern ist es eine relativ große, in den ganzen USA aktive Organisation. Das Netzwerk der jüdischen Organisationen kann so leicht mobilisiert und Druck auf die Kongreßvertreter im Wahlkreis ausgeübt werden. *AIPACs* organisatorische Präsenz in Washington ist ebenso beeindruckend wie seine Ressourcenausstattung. Die Organisation hat 150 Mitarbeiter und ihr Budget beläuft sich auf US-$ 15 Mio. Im Mittelpunkt der Bemühungen der jüdischen Lobby stehen die Besetzung von außenpolitischen Spitzenpositionen mit Israel-freundlichen Kandidaten, die militärtechnische und wirtschaftliche Unterstützung Israels (seit 1979 etwa US-$ 70 Mrd.), der diplomatische Beistand Israels in der UNO und anderen multilateralen Foren sowie Unterstützung israelischer Positionen im Nahostfriedensprozeß und der Forderung nach Anerkennung von Jerusalem als Hauptstadt (Lind 2002; Cameron 2002: 87). Die Wirksamkeit beruht auf der Fähigkeit zur Wählermobilisierung an der Basis (*grassroots lobbying*), zur Wahlkampfunterstützung Israel-freundlicher Kandidaten und in seinem überlegenen Einsatz legislativer Strategien und organisationspolitischer Techniken in Washington. Gegen eine derartige Kombination ist die arabische Lobby schwach. Sie hat zu wenig Mitglieder, nicht die nötigen Ressourcen, und auch keine ausreichende Unterstützung in der öffentlichen Meinung (Uslaner 1986: 246-251).

Erfolge erzielte die jüdisch-amerikanische Lobby in Zusammenarbeit mit entspannungskritischen Kräften, etwa mit dem *Jackson-Vanik Amendment*, einem Zusatz zur Handelsgesetzgebung, der die Gewährung der Meistbegünstigungsklausel an die Sowjetunion an die Möglichkeit der Auswanderung sowjetischer Juden band und der vielen Beobachtern als der Beginn des Zusammenbrechens der Detente-Politik galt.

Eine spektakuläre Rolle spielte das *AIPAC* in den 1980er Jahren bei den Auseinandersetzungen um Waffenverkäufe an arabische Staaten, bei denen es stets um die Anwendung des mittlerweile verfassungsrechtlich umstrittenen legislativen Vetos des Kongresses gegen Waffenverkäufe der Regierung ging. Als 1981 der schon unter Carter geplante und von allen maßgeblichen Kräften in der Regierung befürwortete Verkauf von Luftfrühwarnsystemen (AWACS) an Saudi-Arabien zur Debatte stand, war es im wesentlichen auf *AIPACs* Einfluß zurückzuführen, daß die Regierung mit 301:11 Stimmen eine schwere Niederlage im Repräsentantenhaus erlitt. Der Einspruch des Kongresses scheiterte jedoch, weil Präsident Reagan den Senat dazu bewegen konnte, nicht mit dem Repräsentantenhaus zu votieren.

Erfolgreicher waren die Einflußbestrebungen des *AIPACs* bei der Verhinderung von Waffenverkäufen an Jordanien (1985) und an Saudi-Arabien (Smith 1988a: 218-229; Jentleson 1990: 162 ff.). *AIPACs* Erfolge sind vor allem auf die finanzielle Unterstützung von pro-israelischen Kandidaten bei den Kongreßwahlen zurückzuführen. Ob jedoch die jüdische

Lobby die Handlungsfreiheit der amerikanischen Politik so weit einschränkt, daß die amerikanische Politik völlig unausgewogen wird, muß angesichts des Camp David Prozesses unter Clinton als zweifelhaft angesehen werden. Die Restriktionen amerikanischer Politik ergeben sich häufig aus der internen Konfliktsituation, insbesondere der israelischen Innenpolitik (Kaim 2003). In den 1990er Jahren hatten jüdische Organisationen auch großen Einfluß auf die Strategie der USA im Umgang mit „Schurkenstaaten" wie Iran, Irak und Libyen. Der 1996 verabschiedete *Iran-Lybia Sanctions Act*, der exterritorial das Investitionsverhalten ausländischer Staaten, einschließlich der Alliierten der USA, im Iran und Libyen regulieren wollte, wurde nicht zufällig im Wahljahr 1996 verabschiedet, um sich die Zustimmung jüdischer Wähler mit einer harten Politik gegen die Störenfriede im Nahostfriedensprozeß zu sichern (Falke 2000).

Andere ethnische Interessengruppen haben versucht, das Beispiel des *AIPAC* nachzuahmen. Am erfolgreichsten waren die Griechen mit dem *American Hellenic Institute on Public Affairs*, das nicht nur erhebliche Waffenhilfe an Griechenland durchsetzen konnte, sondern dem es nach der türkischen Invasion Zyperns auch gelang, ein von 1974 bis 1977 gültiges Waffenembargo gegen die Türkei durchzusetzen. Der Druck osteuropäischer, insbesondere polnischer Gruppen, spielte eine ausschlaggebende Rolle bei der Entscheidung Präsident Clintons von 1996, der NATO-Erweiterung durch Aufnahme osteuropäischer Länder zuzustimmen (Jentleson 2000: 211). Einflußreich erwiesen sich auch die kubanischen Organisationen bei der Durchsetzung der extra-territorialen Sanktionsgesetzgebung gegen Kuba und ihre Ausdehnung auf ausländische Investoren. Die innenpolitische, durch eine ethnische Interessengruppe ausgelöste Dynamik war in diesen Fällen entscheidend (Falke 2000).

In die Kategorie ethnisches Lobbying fällt auch eine Anti-Apartheid-Gruppe der Schwarzen wie *Transafrica*, obwohl der Bezug auf ein bestimmtes Heimatland fehlt und es sich eher um eine soziale Bewegung handelt, die die Medien und die breite liberale nicht-schwarze Öffentlichkeit zu mobilisieren vermag. An den Anti-Apartheid-Gruppen, die entscheidend zur Verstärkung der Kritik an Südafrika und zur Verabschiedung von Sanktionen beigetragen haben, wird besonders die Verquickung von Innen- und Außenpolitik deutlich. Ohne den Bezug auf ein bestimmtes Heimatland zu haben, entsprang die Motivation für die Bewegung eigentlich dem „innenpolitischen Bürgerrechtsproblemkreis", wie Senator Robert Dole bemerkte. Aber gerade darum war sie so wirkungsvoll, denn sie konnte die Senatoren und Abgeordneten mobilisieren, die einen hohen Anteil von Schwarzen in ihren Wahlkreisen hatten. Typisch war, daß *Transafrica* eng mit dem *Black Caucus*, dem Arbeitskreis schwarzer Abgeordneter, zusammenarbeitete. Eine ähnliche politische Dynamik beflügelte die Entscheidung der amerikanischen Regierung 1994, in Haiti zu intervenieren, um den von einer Junta abgesetzten Präsident Jean-Bertrand Aristide wieder in sein Amt einzusetzen (Jentleson 1990: 158; Uslaner 1986: 244; Jentleson 2000: 213).

Der Erfolg der ethnischen Interessengruppen ist vor allem auf das politische Engagement der betroffenen Bürger als Wähler, auf den koordinierten Einsatz von Wahlkampfspenden und auf die Unterstützung durch sympathisierende Medien und deren einflußreiche Kommentatoren zurückzuführen. Zur Hilfe kommt Gruppen wie den jüdischen und anderen ethnischen Amerikanern, daß sie in bestimmten Großstadträumen, und das heißt Wahlkreisen, konzentriert sind; daß sie ökonomisch sehr erfolgreiche Gruppen sind und daß sie wie etwa die jüdischen Amerikaner über eine große Präsenz bei meinungsbildenden Akteuren in den Medien, an Universitäten und unter Intellektuellen verfügen (Lind 2002). Der häufig vorgebrachte Kritikpunkt, daß angesichts eines nur dreiprozentigen jüdischen Bevölkerungsanteils deren Einfluß überproportional hoch ist, kann nicht überzeugen: Andere Gruppen mit ebenso geringem Bevölkerungsanteil wie etwa die amerikanischen Farmer (unter 3 Prozent) haben ähnlichen Einfluß auf die amerikanische Politik. Eine derartige Projektion ethnischer Bindungen und Gefühle auf die Außenpolitik erschwert gewiß die Interessenfindung, aber sie ist in einer ethnisch fragmentierten Einwanderernation unvermeidlich und letztlich die Konsequenz der Offenheit des politischen Prozesses. Es ist allerdings leicht, den Einfluß von ethnischen Interessengruppen zu überschätzen. Wie nämlich der AWACS-Fall und die Aufhebung des türkischen Waffenembargos zeigen, vermag sich eine entschlossene Exekutive bei vollem Engagement des Präsidenten auch gegen den Widerstand von ethnischen Interessengruppen durchzusetzen. Und obwohl viele amerikanischen Juden Deutschland mit sehr viel Mißtrauen begegnen, haben sie die Kernbereiche der deutsch-amerikanischen Beziehungen (Sicherheit, Wirtschaft) nie in Frage gestellt. Nur wenn symbolische Themen auf der Tagesordnung standen (Bitburg) oder sich die Auffassung durchsetzte, Deutschland schade Israel (Rabta), gab es gegen die Bundesrepublik gerichtete Initiativen. Allerdings hat auch hier das Ende des Kalten Krieges zu einer Aufhebung der Zurückhaltung geführt, wie die Auseinandersetzung um die Kompensation von Zwangsarbeiter zeigt, die bei aller hoher moralischer Valenz mit teilweise sehr problematischen Methoden der Druckausübung amerikanischer Anwaltskanzleien und lokaler Finanzaufsichtsbehörden geführt wurde (Eizenstat 2003).

Zu unterscheiden ist ethnisches Lobbying vom *foreign lobbying*, den Versuchen ausländischer Regierungen, Verbände, Firmen oder Organisationen, die amerikanische Politik zu beeinflussen oder um Verständnis für ihre Position zu werben. Diese Form des Lobbying stößt gelegentlich als fremde Vereinnahmung des politischen Prozesses auf großes Mißtrauen und scharfe Kritik, die sich Ende der 1990er Jahre an den Auseinandersetzung um angebliche illegale Wahlkampfspenden von Chinesen amerikanischer Herkunft manifestierten (Shirk 2003: 157). Zwar wird die Zahl der ausländischen Lobbyisten auf etwa 15.000 geschätzt, doch in dem verstärkten ausländischen Lobbying spiegelt sich jedoch keine illegitime Vereinnahmung des innenpolitischen Prozesses durch Ausländer wider, sondern der Globalisierungsprozeß, d. h. die zunehmende weltwirtschaftliche und politische Verflechtung der USA wie auch ihre Neigung, auf die Verhältnisse in anderen Ländern durch die extraterritoriale Anwendung amerikanischen Rechts einzuwirken. Die amerikanische Politik provoziert häufig die Notwendigkeit von *foreign lobbying*. Präsenz in Washington ist heute Pflicht. Die meisten Klienten der als ausländische Lobbyisten registrierten Anwaltskanzleien sind allerdings kleine oder Dritte-Welt-Staaten, die sich in Washington nicht zurechtfinden und im Lobbying den einzigen Weg sehen, sich Gehör zu verschaffen. Erfolgreich kann ausländisches Lobbying nur sein, wenn es sich mit amerikanischen Interessen verbündet, wie es die Kanadier im Zusammenhang mit dem Freihandelszonenabkommen von 1988 getan haben, als sie erfolgreich einige amerikanische Tochtergesellschaften kanadischer Firmen als innenpolitische Lobbyisten gegenüber den jeweiligen Kongreßvertretern einsetzten, oder die Saudis, die amerikanische Ölkonzerne und amerikanische Sicherheitsinteressen auf ihrer Seite hatten (Falke 1992; Smith 1988a: 274; Levy 1987: 68).

20.4.2 Gesellschaftliche Bewegungen in der Außenpolitik

Von ethnischen Interessengruppen sind die politischen und sozialen Bewegungen zu unterscheiden, die signifikante Teile der amerikanischen Öffentlichkeit zu einer engagierten Stellungnahme zu einem außenpolitischen Problemkreis mobilisieren können. Obwohl die Übergänge fließend sind, artikulieren gesellschaftliche Bewegungen eher moralische Werte (Frieden, Abrüstung, Menschenrechte) und nicht immer klar umrissene operative Ziele. In den 1990er Jahren hat sich für diese Bewegung der Terminus *Non-Governmental Organizations* (oder *NGOs*) herausgebildet, was auf die Institutionalisierung und arbeitsteilige Differenzierung von politischen Bewegungen hinweist. Ihre Ursprünge liegen jedoch in früheren Perioden der politischen Geschichte der USA. Der historisch wichtigste Fall ist die Bewegung gegen den Vietnamkrieg, die paradigmatischen Charakter hatte und nicht nur den außenpolitischen Nachkriegskonsens störte, sondern auch das Bürger-Engagement in außenpolitischen Fragen quasi legitimierte.

Unter veränderten Umständen sollte das Vorbild der Anti-Kriegsbewegung in der *Freeze*-Bewegung Anfang der 1980er Jahre wieder aufleben, die angesichts der aggressiven Rhetorik und der Aufrüstung der Reagan-Administration ein Einfrieren der Nuklearpotentiale beider Supermächte forderte. Die *Freeze*-Bewegung fand starken Rückhalt in der Bevölkerung und spielte in den Wahlen von 1982 eine große Rolle. Sie führte zur Verabschiedung von acht *Freeze*-Resolutionen in den Einzelstaaten und kulminierte schließlich in einer nichtbindenden Entschließung des Kongresses, wenn auch ihr eigentliches Ziel, das Einfrieren der Potentiale, nie eine realistische Chance hatte. Nur einen Monat nach der Entschließung billigte der Kongreß die Aufstellung der MX-Raketen. Gleichwohl war die Bewegung nicht ohne Einfluß auf die Politik. Sie kanalisierte das Unbehagen breiter Bevölkerungteile über die Haltung der Administration zur Rüstungskontrolle und zur nuklearen Kriegsführung. Als Vehikel der öffentlichen Meinung mobilisierte sie den Kongreß, der sich verstärkt im Bereich der Rüstungskontrolle engagierte und die Administration zu einer Veränderung ihrer Politik bewegte. Rüstungskontrolle wurde damit wieder respektabel (Waller 1987; Blechman 1990). Die Bewegung mobilisierte auch andere, funktional verankerte Gruppen für Abrüstung wie die *Union of Concerned Scientists* und die *Federation of American Scientists*. Die *Union* spielte eine nicht zu unterschätzende Rolle bei der Entstehung einer Ablehnungsfront gegen Anti-Satellitenwaffen im Kongreß. Beide Organisationen gehörten auch zur Opposition gegen die *Strategic Defense Initiative* (*SDI*), die sie durch ihre Aktivitäten (Aussagen vor Kongreßausschüssen, Publikationen, Pressearbeit) erheblichen Zweifeln aussetzten (Blechman 1990: 126 f.; Steinberg 1988: 37-53).

Daß auch die konservative Rechte durchaus mobilisierende Wirkung in der Sicherheitspolitik haben kann, beweist das *Committee on the Present Danger,* das Ende der 1970er Jahre gegen den SALT II-Vertrag Front machte und eine auf Überlegenheit beruhende Nuklearstrategie gegenüber der Sowjetunion durchsetzen wollte. Angeführt vom Nestor des rüstungspolitischen Establishments, Paul Nitze, versammelte es Prominente aus beiden Parteien (Dean Rusk, Eugene Rostow, Max Kampelman, Lane Kirkland, Norman Podhoretz, Richard Allen, Douglas C. Dillon) zum Kampf gegen die in der Sicherheitspolitik zu nachgiebig eingestufte Carter-Administration. Hier war es nicht die große Zahl der Beteiligten, sondern der Ruf Paul Nitzes und seiner Mitstreiter als rüstungspolitische Fachleute und ihre intensiven publizistischen Aktivitäten, die dazu beitrugen, den SALT II-Vertrag noch vor der sowjetischen Invasion Afghanistans zu diskreditieren (Garthoff 1985: 730; Huntington 1984: 276 f.). Daß bei vielen der Mitglieder des *Committee* die Enttäuschung mitspielte, nicht in der Carter-Administration berücksichtigt worden zu sein und daß Nitze später im Dienst der Reagan-Regierung für die Einhaltung der Bestimmungen des nicht-ratifizierten Vertrages eintrat, ändert nichts daran, daß es sich hierbei um eine politische Initiative der rechten Elite handelt, die auf den Kongreß und die Öffentlichkeit erheblichen Einfluß ausübte und den rüstungspolitischen Vorstellungen der Reagan-Administration den Weg bereitete.

Das Ende des Kalten Krieges hat sowohl rechte wie linke Gruppen, deren Themen die Spannung des Ost-West-Konfliktes waren, obsolet werden lassen. Dagegen gab es eine Explosion von *NGOs*, die sich bevorzugt mit Themen wie Menschenrechten, Demokratisierung, Flüchtlingshilfe und Asylfragen sowie internationalem Umweltschutz befassen, so daß man von den 1990er Jahren als einer Dekade der *NGOs* sprechen kann. Schätzungen gehen davon aus, daß es in den USA etwa 600 *NGOs* mit einem Budget von mehr als einer Million US-$ gibt, die sich mit außenpolitischen Fragen im weitesten Sinne beschäftigen. Die gesamten Ausgaben der *NGOs* wurden 1996 auf US-$ 11 Mrd. geschätzt. *NGOs* sind primär für *advocacy*, das heißt für das Eintreten für eine Sache durch Lobbying, öffentliche Mobilisierung und Medienkampagnen bekannt. Zunehmend übernehmen sie jedoch auch operative Verantwortung, z. B. durch Durchführung von humanitären Hilfsprogrammen, Überwachung von Wahlen, wirtschaftlichen Hilfsprogrammen. Etwa 40 Prozent der amerikanischen Entwicklungshilfe wird über *NGOs* abgewickelt (Stremlau 1997).

20.4.3   Außenwirtschaftspolitik und Ökonomische Interessengruppen

Der Lobbyismus in der Außenwirtschaftspolitik verwischt die Grenzlinie zwischen häufig lokal determinierter Innenpolitik und außenpolitischer Entscheidung. In den meisten Fällen ähnelt die Interessengruppenpolitik in der Außenwirtschaftspolitik, die sich mit wenigen Ausnahmen auf die Handelspolitik konzentriert, den Strukturen in der einheimischen Wirtschaftspolitik. Da sich die weltwirtschaftliche Position der USA in den 1980er Jahren durch verstärkte ausländische Konkurrenz und interne makroökonomische Fehlentscheidungen (hohe öffentliche Verschuldung bei geringer Sparquote und Zwang zu Kapitalimport) verschlechtert und die weltwirtschaftliche Verflechtung insgesamt zugenommen hat, wuchs die Bedeutung der außenwirtschaftlichen Interessengruppenpolitik (Cohen 1988: 121-140).

Die Handelspolitik ist traditionell die Domäne kleiner, gut organisierter Produzenteninteressen. Der Kongreß, der der Verfassung nach allein für die Handelspolitik zuständig ist, ist dem Druck dieser Interessen wegen ihrer geographischen Konzentration und ihrer Einflußmöglichkeiten über das fragmentierte Ausschußsystem nicht ausreichend gewachsen. Mit dem Aufstieg der USA zum liberalen Hegemon des Welthandelssystems trat der Kongreß deshalb seine Vollmachten, insbesondere hinsichtlich der Setzung produktspezifischer Zölle, an den Präsidenten ab, der sie zur Handelsliberalisierung nutzte. Einzelne von Importdruck betroffene Firmen wurden an die Beschwerdewege der *International Trade Commission* (in

Anti-Dumping- und Subventionsfällen) und für Ausnahmeregelungen (*Escape Clause*) an den Präsidenten verwiesen.

In den 1980er Jahren jedoch wurde Interessengruppenpolitik für protektionistische Ziele wieder reaktiviert und wurde über den Hebel des Kongresses zu einer ernsthaften Herausforderung für den handelsliberalen Konsens. Interessengruppen setzten die Verschärfung von Schutzverfahren zur Abwehr „unfairer" Importe durch, die diese zunehmend zur Regel als zur Ausnahme werden ließen. Selbst die als handelsliberal geltende Exekutive unter Präsident Reagan setzte als freiwillige Selbstbeschränkungen deklarierte Quotenregelungen für gefährdete Industriezweige wie Autos und Stahl durch (Nivola 1993). Gleichzeitig verfochten die führenden amerikanischen High Tech-Konzerne aus der informationstechnischen und Kommunikationsindustrie eine aggressive Marktöffnungspolitik, die sich insbesondere gegen die industriepolitisch geförderten und durch informelle Barrieren abgesicherten Märkte der Hauptkonkurrenten in Asien richtete. Aggressive Marktöffnung und gleiche Konkurrenzbedingungen (*level-playing field*) wurden zu den Hauptschlagworten einer Politik, die insbesondere von der Exekutive unter Reagan, Bush sr. und Clinton aufgegriffen und durch die mit 301 und Super-301 bezeichneten unilateralen Instrumente in der amerikanischen Handelsgesetzgebung kodifiziert wurden (Yoffie 1989; Bayard/Elliot 1994).

Die 1990er Jahre präsentierten ein anderes Bild. Interessengruppenpolitik blieb weiter bestimmend, aber ihre Basis veränderte sich. Protektionistische und aggressive Marktöffnungsstrategien traten zwar angesichts des *New Economy Boom* der amerikanischen Wirtschaft zurück, jedoch entwickelten sich bisher nie mit Handelspolitik befaßte Gruppen wie Umweltschutzorganisationen und Sozialaktivisten in Allianz mit protektionistischen Gewerkschaften zu neuen Akteuren in der handelspolitischen Arena. Ausgehend von der Debatte um die Ratifizierung des Nordamerikanischen Freihandelsabkommens (*NAFTA*), thematisierten diese Gruppen den Zusammenhang von Handelspolitik mit Sozial- und Umweltthemen, wobei Handelsliberalisierung gleichgesetzt wurde mit der Senkung von Umwelt- und Sozialstandards in entwickelten Volkswirtschaften. Handelspolitik entwickelte sich zum Kristallisationspunkt der Anti-Globalisierungsbewegung in den USA, und die fundamentale Kritik an Handelsliberalisierung fand Resonanz im gewerkschaftsnahen Flügel der Demokraten im Kongreß. Die Folge dieser neuen interessenpolitischen Konstellation war die fast völlige Lähmung der Handelspolitik unter Präsident Clinton seit Abschluß der Uruguay-Runde, deren sinnfälligstes Ereignis das Scheitern der Welthandelskonferenz in Seattle unter der Führung von Präsident Clinton und seiner Handelsbeauftragten Charlene Barshefsky war (Destler/Balint 1999; Falke 2001; Falke 2002).

20.5 Die Rolle der Medien und der öffentlichen Meinung

Die öffentliche Meinung ist der entscheidende Kontext, in dem sich die Außenpolitik einer pluralistischen Demokratie entfaltet. Diese wird weitgehend durch die modernen Massenmedien geprägt, wobei diese zunehmend die Agenda bestimmen und den Ausschlag dafür geben, wie ein Thema präsentiert wird (*issue casting*) und welchen Themen Priorität zukommt (*issue priming*) (Jentleson 2000: 55). Der große Einfluß der intermediären Institutionen auf die amerikanische Außenpolitik ist nicht ohne die Bedeutung der modernen Massenmedien zu verstehen, denn alle diese Institutionen (ethnische Interessengruppen, *think tanks*) sind auf diese zur Propagierung ihrer Themen angewiesen.

Vor dem Siegeszug des Fernsehens als dem wichtigsten Informationsmedium war die breite Öffentlichkeit von außenpolitischen Nachrichten und Ereignissen stärker isoliert. Das Fernsehen hat die Öffentlichkeit, die an Außenpolitik wenig interessiert ist, quasi zum unfreiwilligen Zuschauer außenpolitischer Nachrichten gemacht. Deshalb hatte der Vietnamkrieg, den das Fernsehen direkt „ins Haus brachte", eine mobilisierende Wirkung. Die Folge war, daß die ehemals nicht-interessierte und nicht-internationalistische Öffentlichkeit wesentlich kritischer gegenüber außenpolitischen Initiativen geworden ist und den Vertrauensvorschuß für die außenpolitische Elite zurückgenommen hat. Die Rolle des *cheerleaders*, also der vorbehaltlosen Unterstützung für die außenpolitischen Konzeptionen der Elite, die die Medien bis zum Vietnam-Krieg pflegten, ging verloren.

Die Hauptanliegen der breiten Öffentlichkeit, nämlich Frieden und militärische Stärke, sind aufgrund der Mobilisierbarkeit durch das Massenmedium Fernsehen offen für populistische Strategien der Dramatisierung, wie die Wahlkampftaktiken der Republikanischen Rechten und auch die Aktivitäten des eher auf die Elite zielenden *Committee on the Present Danger* zeigten (Schneider 1984: 18 ff.). Das Fernsehen ist für derartige Strategien besonders geeignet, da es statt differenzierter Analyse kurze griffige *spots* bietet. Die Auseinandersetzung um die Lieferung des Flugüberwachungssystems AWACS hätte nie einen so wichtigen Platz auf der politischen Tagesordnung eingenommen, wäre sie nicht von den Medien zum Zweikampf zwischen Präsident und Senat hochgespielt worden. Und der amerikanische Militäreinsatz in Somalia 1993 wäre ohne die dramatische Live-Berichterstattung über den Abschuß eines Hubschraubers nicht so schlagartig abgebrochen worden.

Auf der Elitenebene wären die Herausforderungen des traditionellen politischen Establishments im Gefolge des Vietnamkrieges ohne die aktive Rolle der Presse nicht möglich gewesen. Die „Glaubwürdigkeitslücke" der amerikanischen Vietnampolitik, die systematisch vorgenommene Irreführung von Presse und Öffentlichkeit über die wahre Lage im Kriegsgebiet durch die Regierung (Sheehan 1989), zerstörte die traditionell guten Beziehungen zwischen Presse und Regierung, die zuvor durch gegenseitiges Vertrauen gekennzeichnet waren. Während die Presse bis zum Vietnamkrieg in der Regel die regierungsamtliche Definition der jeweiligen außenpolitischen Probleme akzeptierte, führte die Vertrauenskrise des Vietnamkrieges und die *Watergate*-Affäre zu dem *investigative journalism*, der aus einem unnachgiebigen Nachspüren möglichen Machtmißbrauchs der Exekutive oder anderer staatlicher Akteure besteht, und durch Vorfälle wie der Iran-Contra-Affäre immer neuen Auftrieb gewann. Die Presse, insbesondere große Tageszeitungen wie die *New York Times* und die *Washington Post*, wurde insofern zu einem Antipoden gegenüber außenpolitischen Initiativen der Regierung, als diese einem prinzipiellen Mißtrauensvorbehalt unterlagen (Destler/ Gelb/Lake 1984: 139 ff.). Die erste Bush-Administration zog aus dieser Situation für ihre Medienstrategie im ersten Golf-Krieg den Schluß, daß die Kriegsberichterstattung sorgfältig zu orchestrieren sei (Bennett/Paletz 1994). Der ständige Konflikt zwischen nationalen Sicherheitsinteressen und der Pressefreiheit blieb zumindest bis zum 11. September 2001 in einem prekären Gleichgewicht.

Die Medien suchten Distanz zu dem vom alten Establishment definierten Zentrum und wurden zugleich zum wichtigsten Schiedsrichter für die Auseinandersetzungen zwischen den neuen Akteuren in der amerikanischen Außenpolitik. Denn die neuen Akteure wie *think tanks*, Wissenschaftler, Berater, ethnische Interessengruppen, soziale Bewegungen sind nur wirksam, wenn ihre Anliegen in den Medien Anerkennung finden und sie auf diese Weise die Öffentlichkeit oder ihre Klientel mobilisieren können. Während früher ein Experte im allgemeinen nur private Ratschläge erteilte, zieht er es heute vor, durch einen Kommentar in einer der großen Tageszeitungen oder durch Auftritt in einer der vielen politischen Fernseh-Talkshows Einfluß zu nehmen. Es gibt eine Phalanx prominenter Kolumnisten, deren Analysen und Reportagen meinungsbildend wirken. Zu erinnern ist hier nur an die Wirkungen, die der Kolumnist William Safire mit seinen Kommentaren („Auschwitz im Wüstensand") nach den Enthüllungen über die deutsche Beteiligung am Bau der libyschen Giftgasfabrik in Rabta in der *New York Times* im Januar 1989 erzielte. Aber auch Kongreßabgeordnete nutzen die Kommentarseiten führender Zeitungen und Auftritte im Fernsehen zur politischen Profilierung jenseits von Parteibindungen und institutioneller Loyalität. So stellt sich das Medienumfeld als ein Forum dar, in dem eine Vielfalt von Stimmen um Einfluß kämpfen kann. Das gilt auch für Zeitschriften. Das einstige Flaggschiff, die vom *Council on Foreign Relations* herausgegebene Zeitschrift *Foreign Affairs*, beherrscht nicht mehr die Szene; Zeitschriften wie *Foreign Policy*, die als liberale Alternative zu Kissingers Außenpolitik gegründet wurde, das der rechten Mitte zuzurechnende *Washington Quarterly* und die Organe der neuen Rechten wie *Commentary* und *The National Interest* sind ernstzunehmende Konkurrenten geworden. Die Internet-Revolution hat zu einer fast unübersehbaren Vielfalt neuer Informationsquellen geführt, wobei sich aber auch einige qualitative hoch stehende Anbieter wie das liberale Online-Magazin *Salon* profilieren konnten.

Während in den oben genannten Zeitschriften der Elite die Auseinandersetzung um die Ausrichtung der amerikanischen Außenpolitik nach Ende des Kalten Krieges mit großer Intensität geführt wurde, hatte in den Massenmedien der in den 1990er Jahren aufkommende *apathetic internationalism* große Auswirkungen. Die Massenmedien reflektierten das abnehmende Interesse der amerikanischen Bevölkerung an internationalen Fragen. Die Fernsehberichterstattung über außenpolitische Themen in den Nachrichtensendungen fiel von 1990 bis 1997 von 32 Prozent auf 20 Prozent, und die Zahl der Auslandskorrespondenten nahm drastisch ab, auch weil die Öffentlichkeit sehr viel weniger Interesse an Nachrichtenprogrammen mit internationalem Fokus zeigte. Im Jahr 2000 lasen nur noch 29 Prozent der Erwachsenen eine Tageszeitung, verglichen mit 60 Prozent in den 1960er Jahren. Die Auslandsberichterstattung wird kontinuierlich reduziert und findet immer weniger Resonanz. Erst der 11. September erschütterte die Indifferenz der Amerikaner gegenüber der übrigen Welt und in den Medien gewann die Auslandsberichterstattung wieder eine dramatisch höhere Priorität. Die amerikanische Außenpolitik stand erneut im Mittelpunkt der öffentlichen Meinung und der Medien (Lindsay 2003: 46-55).

20.6 Die Intermediären Institutionen in der amerikanischen Außenpolitik: Das Erbe der 1990er Jahre und der Einfluß des 11. Septembers

Wie einflußreich sind die intermediären Institutionen? Die *think tanks* und wissenschaftlichen Beratungsinstitutionen haben sicherlich keinen direkten Einfluß auf außenpolitische Entscheidungen, auch wenn viele ihrer Vertreter Regierungsämter übernehmen, dort aber unter völlig anderen Handlungsimperativen agieren müssen. Der Einfluß dieser Institutionen besteht daher mehr in der subtilen Definition von politischen Agenden, deren Formulierung Fachwissen und Expertise voraussetzt.

Dagegen verfügen intermediäre Institutionen wie ethnische Interessengruppen und als Bewegungen auftretende Gruppen immer dann über ein gewisses Maß an politischem Einfluß, wenn sie die Öffentlichkeit in wahlrelevanter Weise mobilisieren können. Die Auswirkungen dieser Form der Einflußnahme zeigen sich zuerst beim Kongreß, der gegenüber dem Druck selbst kleinerer Gruppen, sofern diese gut organisiert sind und eine starke elektorale Basis haben, sehr anfällig ist. In solchen Fällen können die von den intermediären Institutionen vertretenen Interessen für die außenpolitischen Kalküle der Exekutive Bedeutung haben. Dies umsomehr als sich die Stellung von Interessengruppen im außenpolitischen Entscheidungsprozeß über den gestiegenen Einflusses des Kongresses auf die Außenpolitik verbessert hat. Denn nur weil der Kongreß sich in der Außenpolitik ein größeres Gewicht verschafft hat, kann er auch die Impulse der intermediären Institutionen weitervermitteln.

Da die intermediären Institutionen heute ein konstantes Element im außenpolitischen Entscheidungsprozeß darstellen, ist abschließend zu fragen, wie sich das Ende des Kalten Krieges und der 11. September auf sie auswirkten.

In den 1990er Jahren trat die Phalanx der sicherheitspolitischen *think tanks*, Berater und Kommentatoren etwas in das hintere Glied zurück. Die Außenwirtschaft und Wettbewerbsprobleme traten in den Vordergrund für diese Institutionen. Neue Problemfelder wie der internationale Umweltschutz oder die internationale Drogenbekämpfung wurden zu Themen, bei denen ein enger Konnex zwischen Innen- und Außenpolitik dominierte (*intermestic affairs*). Intermediäre Institutionen wie *think tanks* trugen auch nicht unerheblich zur Neudefinition der Weltmachtrolle der USA bei, wobei es in den 1990er Jahren nicht zu einer Wiederbelebung isolationistischer Tendenzen kam, sondern zu einem neuen Konflikt zwischen einem selektiven Internationalismus und unilateralistischen Tendenzen (Nye 1990). Interessengruppen, besonders solche mit ethnischer Basis, hatten im permissiven Umfeld der 1990er Jahre fast ungehindert freie Bahn und im Kongreß einen willigen Ansprechpartner.

Der 11. September änderte diese Konstellation schlagartig. Nationale Sicherheitsinteressen unter Führung exekutiver Vorgaben bestimmten die Agenda. Intermediäre Politik trat zurück wie der Einfluß von Menschenrechtsgruppen, die in den 90er Jahren zum Beispiel in Bezug auf die Politik gegenüber China eine entscheidende Rolle gespielt hatten (Shirk 2003). Die Menschenrechtsproblematik wurde verengt auf den Kampf gegen den Terrorismus. Nur noch jüdische Interessengruppen konnten wegen des Zusammenhangs von Terrorismus und dem

Nahostfriedensprozeß ihre Position aufrechterhalten. Die unabhängigen, von ideologischen Grabenkämpfen getragenen Kongreßinitiativen, die mit dem Wegfall der Bedrohungssituation des Kalten Krieges zum alltäglichen Politikmuster des außenpolitischen Entscheidungsprozesses geworden waren, bestimmten nicht mehr die Szene. Mit dem Terrorangriff auf Amerika gab es einen überparteilichen Schulterschluß zwischen Legislative und Exekutive. Einstimmig oder mit großen Mehrheiten folgte der Kongreß sowohl der Terrorismusbekämpfungsstrategie der Bush-Administration und den damit verbundenen innenpolitischen Maßnahmen wie dem *Patriot Act* von 2002. Das Gleiche gilt für die Militäreinsätze in Afghanistan und im Irak. Auch die nötigen Haushaltsmittel für die Terrorismusbekämpfung und die Kriegsführung wurden ohne Widerspruch bewilligt. Mit den Terroranschlägen war auch auf einen Schlag die Apathie der breiten Öffentlichkeit beendet. Außen- und sicherheitspolitische Probleme rangierten ganz oben auf der Tagesordnung und die außenpolitischen Strategien stießen auf breite Zustimmung, wobei es jedoch keine vorbehaltlose Unterstützung für die unilateralistischen Tendenzen der Bush-Administration gab (Wilzewski 2003).

Die Terrorangriffe vom 11. September haben ein Muster bestätigt, dem zufolge sich Öffentlichkeit und Kongreß angesichts einer nationalen Bedrohungssituation den sicherheitspolitischen Initiativen der Exekutive, insbesondere des Präsidenten, anvertrauten. Dabei handelt es sich um ein Muster, das aus der Zeit vor dem Vietnamkrieg bekannt ist und das in der Zeit zwischen dem Fall der Mauer und dem 11. September völlig zugunsten intermediärer Institutionen zurücktrat. Angesichts der Bedrohungssituation und -perzeption wurde der intermediäre politische Prozeß still gestellt. Ob sich dieses Muster angesichts der Schwierigkeiten, denen die Bush-Administration mit der Herstellung einer stabilen Nachkriegsordnung im Irak gegenüber steht, aufrecht erhalten läßt, muß sich noch zeigen. Es ist möglich, daß die Öffentlichkeit und der Kongreß nicht länger bereit sind, die militärischen Opfer und finanziellen Lasten zu tragen und der Bush-Administration die Gefolgschaft aufkündigen. In diesem Falle wäre mit einer Reaktivierung intermediärer Politik zu rechnen.

20.7 Literatur

Bayard, Thomas O./**Elliott**, Kimberly A., Reciprocity and Retaliation in U.S. Trade Policy, Washington, D.C. 1994.

Bennet, Andrew, Who Rules the Roost? Congressional-Executive Relations on Foreign Policy after the Cold War, in: **Lieber**, Robert J. (Hrsg.), Eagle Rules? Foreign Policy and American Primacy in the Twenty-First Century, New York 2002, S. 47-69.

Bennet, W. Lance/**Paletz**, David L, Taken by Storm. The Media, Public Opinion and U.S. Policy in the Gulf War, Chicago 1994.

Blechman, Berry M., The New Congressional Role in Arms Control, in: **Mann**, Thomas E. (Hrsg.), A Question of Balance. The President, the Congress and Foreign Policy, Washington, D.C. 1990, S. 109-145.

Cameron, Frazer, US Foreign Policy After the Cold War. Global Hegemon or Reluctant Sheriff?, London 2002.

Cohen, Stephen D., The Making of United States International Economic Policy, New York 1988.

Crabb, Cecil V./**Holt**, Pat M., Invitation to Struggle. Congress, the President and Foreign Policy, Washington, D.C. 1989.

Curtiss, Richard H./**Payson**, Parker L., Stealth PACs: How Israels American Lobby Seek to Control U.S. Middle East Policy, Washington, D.C. 1990.

Destler, Irving M., American Trade Politics. A System under Stress, Washington, D.C. 1986.

Destler, Irving M./**Balint**, Peter J., The New Politics of American Trade: Trade Labor, and Environment, Washington, D.C. 1999.

Destler, Irving M./**Gelb**, Leslie H./**Lake**, Anthony, Our Own Worst Enemy. The Unmaking of American Foreign Policy, New York 1984.

Dye, Thomas R., Organizing Power for Policy Planning. The View from the Brookings Institution, in: **Domhoff**, G. William/**Dye**, Thomas R. (Hrsg.), Power Elites and Organizations, Beverly Hills 1987, S. 169-188.

Eizenstat, Stuart, Imperfect Justice: Looted Assets, Slave Labor, and the Unfinished Business of World War II, New York 2003.

Falke, Andreas, Das Präsidentenamt und die Struktur der Exekutive, in: **Adams**, Willi Paul et al. (Hrsg.), Die Vereinigten Staaten von Amerika, Bd. 1, Frankfurt a. M./New York 1991, S. 339-359.

Falke, Andreas, International Pluralism in Washington: Foreign Lobbying and American Foreign Economic Policy, in: **Hönnighausen**, Lothar/**Falke**, Andreas (Hrsg.), Washington, D.C.: Interdisciplinary Approaches, Tübingen 1992, S. 61-78.

Falke, Andreas, Confronting the Hegemon. The EU's Challenge to U.S. Sanctions Policy, in: European Foreign Affairs Review, Vol. 5, 2(2000), S. 139-162.

Falke, Andreas, U.S. Trade Policy for the Next Round: Why Fundamentals do not always Matter or it's Politics Stupid, in: **Deutsch**, Klaus-Günter/**Speyer**, Bernhard (Hrsg.), Freer Trade in the Next Decade. Issues in the Millenium Round in the World Trade Organisation, London 2001, S. 18-33.

Falke, Andreas, Auf dem Weg nach Seattle? Amerikanische Handelspolitik nach dem Ende der Bretton-Woods-Ära, in: **Werner**, Welf (Hrsg.), Wirtschaftspolitik nach dem Ende der Bretton-Woods-Ära, Jahrbuch für Wirtschaftsgeschichte, 1(2002), S. 127-138.

Falke, Andreas, New Thinking? Außenhandelspolitik der USA im Licht der neuen Bedrohung, in: **Wilzewski**, Jürgen/**Kremp**, Werner (Hrsg.), Weltmacht vor neuer Bedrohung.

Die Bush Administration und die US-Außenpolitik nach dem Angriff auf Amerika, Trier 2003, S. 157-184.

Garthoff, Raymond L., Detente and Confrontation, Washington, D.C. 1985.

Howard, David, Foreign Policy and Ethnic Interest Groups: American and Canadian Jews Lobby for Israel, New York 1990.

Holsti, Ole, Public Opinion and Foreign Policy, in: **Lieber**, Robert J. (Hrsg.), Eagle Rules? Foreign Policy and American Primacy in the Twenty-First Century, New York 2002, S. 16-46.

Huntington, Samuel, Renewed Hostility, in: **Nye**, Joseph S. (Hrsg.), The Making of America's Soviet Policy, New Haven 1984, S. 265-290.

Huntington, Samuel, The Erosion of American National Interests, in: Foreign Affairs, Vol. 76, 5(1997), S. 28-49.

Isaacson, Walter/**Thomas**, Evan, The Wise Men. Six Friends and the World they Made, New York 1986.

Jentleson, Bruce, American Diplomacy: Around the World and along Pennsylvania Avenue, in: **Mann**, Thomas E. (Hrsg.), A Question of Balance. The President, the Congress and Foreign Policy, Washington, D.C. 1990, S. 146-200.

Jentleson, Bruce, American Foreign Policy. Dynamics of Choice in the 21th Century, New York 2000.

Kaim, Markus, Die regionale Ordnung des Nahen Ostens und die Rolle extraregionaler Akteure: Die Politik der Bush-Administration, in: Zeitschrift für Politikwissenschaft, Jg. 13, 3(2003), S. 1299-1322.

Levy, Deborah M., Advice for Sale, in: Foreign Policy, Vol. 67, (1987), S. 64-86.

Lind, Michael, Die Israel-Lobby in den Vereinigten Staaten, in: Blätter für deutsche und internationale Politik, Jg. 47, 6(2002), S. 685-697.

Lindsay, James, Apathy Interest, and the Politics of American Foreign Policy, in: **May**, Bernhard/**Hönicke Moore**, Michaela (Hrsg.), The Uncertain Superpower. Domestic Dimension of U.S. Foreign Policy after the Cold War, Opladen 2003, S. 41-55.

Mann, Thomas E., Making Foreign Policy: President and Congress, in: **Mann**, Thomas E. (Hrsg.), A Question of Balance. The President, the Congress and Foreign Policy, Washington, D.C. 1990, S. 1-34.

Nivola, Pietro S., Regulating unfair Trade, Washington, D.C. 1993.

Nye, Joseph S., The Misleading Metaphor of Decline, in: Atlantic Monthly, (1990), S. 86-94.

Schneider, William, Public Opinion, in: **Nye**, Joseph S. (Hrsg.), The Making of America's Soviet Policy, New Haven 1984, S. 11-35.

Sheehan, Neil, A Bright Shining Lie, New York 1989.

Shell, Kurt L., Der Amerikanische Konservatismus, Stuttgart/Berlin/Köln 1986.

Shirk, Susan L., Congressional Politics and U.S. China Policy 1996-2000, in: **May**, Bernhard/**Hönicke Moore**, Michaela (Hrsg.), The Uncertain Superpower. Domestic Dimension of U.S. Foreign Policy after the Cold War, Opladen 2003, S. 149-158.

Smith, Hedrick, The Power Game: How Washington Works, New York 1988a [deutsch: Der Machtkampf in Amerika. Reagans Erbe: Washingtons neue Elite, Reinbek 1988a].

Smith, James A., Private Players in the Game of Nations, in: Washington Quarterly, Vol. 11, (1988), S. 17-25.

Steinberg, Gerald M., Preaching to the Converted. The Role of Scientists in the SDI Debate, in: **Steinberg**, Gerald M. (Hrsg.), Lost in Space. The Domestic Politics of the Strategic Defense Initiative, Lexington 1988, S. 37-52.

Stremlau, John, Non-governmental Organizations, in: **Jentleson**, Bruce W./**Patterson**, Thomas (Hrsg.), Encyclopedia of U.S. Foreign Relations, Bd. 3, New York 1997, S. 258-59.

Tierney, John T, Interest Group Involvement in Congressional Foreign and Defense Policy, in: **Ripley**, Randall B./**Lindsay**, James M. (Hrsg.), Congress Resurgent: Foreign and Defense Policy on Capitol Hill, Durham 1993, S. 89-111.

Uslaner, Eric M., One Nation, Many Voices: Interest Groups in Foreign Policy Making, in: **Cigler**, Allan J./**Loomis**, Burdett A. (Hrsg.), Interest Group Politics, Washington, D.C. 1986, S. 235-257.

Wala, Michael, Winning the Peace. Amerikanische Außenpolitik und der Council on Foreign Relations, 1945-50, Stuttgart 1990.

Waller, Douglas C., Congress and the Nuclear Freeze. An Inside Look at the Politics of a Mass Movement, Amherst 1987.

Weaver, Kent R., The Changing World of think tanks, in: PS: Political Science and Politics, Vol. 22, 3(1989), S. 563-578.

Wilzewski, Jürgen, Back to Acquiescence? Präsident und Kongress nach den Terrorangriffen auf Amerika, in: **Wilzewski**, Jürgen/**Kremp**, Werner (Hrsg.), Weltmacht vor neuer Bedrohung. Die Bush Administration und die US-Außenpolitik nach dem Angriff auf Amerika, Trier 2003, S. 63-91.

Yoffie, David, American Trade Policy. An Obsolete Bargain?, in: **Chubb**, John E./**Peterson**, Paul E. (Hrsg.), Can the Government Govern ?, Washington, D.C. 1989, S. 100-138.

Christoph M. Haas

21 Die Regierungssysteme der Einzelstaaten

21.1   *In pluribus multum*

Mit der Unabhängigkeitserklärung von 1776 wurden aus 13 vormals britischen Kolonien 13 eigenständige Staaten, die sich wenige Jahre später – zunächst im Rahmen der *Articles of Confederation* (1784) und schließlich unter der noch heute gültigen US-Verfassung (1787) – gemäß dem Motto „E pluribus unum" zu einem Bundesstaat verbanden. Während hierdurch aus vielen Staaten einer entstand, der bestimmte Aufgaben einheitlich und für alle verbindlich wahrnehmen sollte, verblieben doch zahlreiche Kompetenzen auf der nunmehr zweiten Ebene des neuen föderalen Regierungssystems. Und mit diesen Rechten blieb auch die Vielfalt, die noch heute zwischen den politischen Systemen der seit den Beitritten Alaskas und Hawaiis im Jahre 1959 mittlerweile 50 Einzelstaaten klar zu erkennen ist. Hier gilt also gleichsam „In pluribus multum": In den vielen Staaten geht es recht verschieden zu. In vergleichender Perspektive ist unter dieser Vielfalt weniger diejenige gemeint, die durchaus auch zwischen den deutschen Bundesländern zu beobachten ist, sondern eher jene, die die Unterschiede zwischen den Mitgliedsstaaten der langsam (zusammen)wachsenden Europäischen Union kennzeichnet. Wie in der EU können die Unterschiede zwischen den Einzelstaaten nicht allein an der Größe oder der Bevölkerungszahl festgemacht werden (Tabelle 21-1). Auch in den *American states* variieren die politischen Kulturen, haben die Exekutiven und Legislativen[*] zum Teil sehr verschiedene Kompetenzen oder sind die sie tragenden Organe ganz allgemein anders strukturiert, obgleich alle einzelstaatlichen Regierungssysteme dem Typus des präsidentiellen Systems zuzuordnen sind. Aus diesen Unterschieden ergeben sich Varianzen hinsichtlich der Rolle der Parteien und Interessengruppen, bei direktdemokratischen Verfahren sowie der Haushaltssysteme, etwa bei der Erhebung von Steuern (z. B. auf Einkommen, Konsumgüter oder Genußwaren) oder der Schwerpunktsetzung bei den öffentlichen Ausgaben. Angelegt ist die Verschiedenheit der Einzelstaaten bereits im Variantenreichtum der Verfassungen.

---

[*] Für einen Überblick zum Gerichtssystem der Einzelstaaten siehe den Beitrag von Werner Heun in diesem Band.

Tabelle 21-1: Eckdaten zu den Einzelstaaten

Staat, offizielle Abkürzung	Hauptstadt	Beitritt zur Union (Reihenfolge)	aktuell** gültige Verfassung vom	Bevölkerung 2005 in Mio.	Fläche in km² (Anteil Bund in %)
Alabama, AL	Montgomery	14.12.1819 (22.)	28.11.1901 (6)	4,558	135.765 (1,6)
Alaska, AK	Juneau	03.01.1959 (49.)	03.01.1959 (1)	0,664	1.717.854 (69,1)
Arizona, AZ	Phoenix	14.02.1912 (48.)	14.02.1912 (1)	5,939	295.254 (48,1)
Arkansas, AR	Little Rock	15.06.1836 (25.)	30.10.1874 (5)	2,779	137.732 (7,2)
California, CA	Sacramento	09.09.1850 (31.)	04.07.1879 (2)	36,132	423.970 (45,3)
Colorado, CO	Denver	01.08.1876 (38.)	01.08.1876 (1)	4,665	269.601 (36,6)
Connecticut, CT	Hartford	09.01.1788* (5.)	30.12.1965 (4)	3,510	14.357 (0,4)
Delaware, DE	Dover	07.12.1787* (1.)	10.06.1897 (4)	0,844	6.447 (2,0)
Florida, FL	Tallahassee	03.03.1845 (27.)	07.01.1969 (6)	17,790	170.304 (8,2)
Georgia, GA	Atlanta	02.01.1788* (4.)	01.07.1983 (10)	9,073	153.909 (3,8)
Hawaii, HI	Honolulu	21.08.1959 (50.)	21.08.1959 (1)	1,275	28.311 (19,4)
Idaho, ID	Boise	03.07.1890 (43.)	03.07.1890 (1)	1,429	216.446 (50,2)
Illinois, IL	Springfield	03.12.1818 (21.)	01.07.1971 (4)	12,763	149.998 (1,8)
Indiana, IN	Indianapolis	11.12.1816 (19.)	01.11.1851 (2)	6,272	94.321 (2,0)
Iowa, IA	Des Moines	28.12.1846 (29.)	03.09.1857 (2)	2,966	145.743 (0,8)
Kansas, KS	Topeka	29.01.1861 (34.)	29.01.1861 (1)	2,745	213.096 (1,2)
Kentucky, KY	Frankfort	01.06.1792 (15.)	28.09.1891 (4)	4,173	104.659 (5,4)
Louisiana, LA	Baton Rouge	30.04.1812 (18.)	01.01.1975 (11)	4,524	134.264 (5,1)
Maine, ME	Augusta	15.03.1820 (23.)	15.03.1820 (1)	1,322	91.646 (1,1)
Maryland, MD	Annapolis	28.04.1788* (7.)	05.10.1867 (4)	5,600	32.133 (2,8)
Massachusetts, MA	Boston	06.02.1788* (6.)	25.10.1780 (1)	6,399	27.336 (1,9)
Michigan, MI	Lansing	26.01.1837 (26.)	01.01.1964 (4)	10,121	250.494 (10,0)
Minnesota, MN	St. Paul	11.05.1858 (32.)	11.05.1958 (1)	5,133	225.171 (5,6)
Mississippi, MS	Jackson	10.12.1817 (20.)	01.11.1890 (4)	2,921	125.434 (7,3)
Missouri, MO	Jefferson City	10.08.1821 (24.)	30.03.1945 (4)	5,800	180.533 (5,0)
Montana, MT	Helena	08.11.1889 (41.)	01.07.1973 (2)	0,936	380.838 (29,9)
Nebraska, NE	Lincoln	01.03.1867 (37.)	12.10.1875 (2)	1,759	200.345 (1,4)
Nevada, NV	Carson City	31.10.1864 (36.)	31.10.1864 (1)	2,415	286.351 (84,5)
New Hampshire, NH	Concord	21.06.1788* (9.)	02.07.1784 (2)	1,310	24.216 (13,4)
New Jersey, NJ	Trenton	18.12.1787* (3.)	01.01.1948 (3)	8,718	22.588 (3,1)
New Mexico, NM	Santa Fe	06.01.1912 (47.)	06.01.1912 (1)	1,928	314.915 (41,8)
New York, NY	Albany	26.07.1788* (11.)	01.01.1895 (4)	19,255	141.299 (0,8)
North Carolina, NC	Raleigh	21.11.1789* (12.)	01.07.1971 (3)	8,683	139.389 (11,8)
North Dakota, ND	Bismarck	02.11.1889 (39.)	02.11.1889 (1)	0,637	183.112 (2,7)
Ohio, OH	Columbus	01.03.1803 (17.)	01.09.1851 (2)	11,464	116.096 (1,7)
Oklahoma, OK	Oklahoma City	16.11.1907 (46.)	16.11.1907 (1)	3,548	181.036 (3,6)
Oregon, OR	Salem	14.02.1859 (33.)	14.02.1859 (1)	3,641	254.805 (53,1)
Pennsylvania, PA	Harrisburg	12.12.1787* (2.)	1968** (5)	12,430	119.283 (2,5)
Rhode Island, RI	Providence	29.05.1790* (13.)	02.05.1843 (2)	1,076	4.002 (0,4)
South Carolina, SC	Columbia	23.05.1788* (8.)	01.01.1896 (7)	4,255	82.932 (2,9)
South Dakota, SD	Pierre	02.11.1889 (40.)	02.11.1889 (1)	0,776	199.731 (6,2)
Tennessee, TN	Nashville	01.06.1796 (16.)	23.02.1870 (3)	5,963	109.151 (3,2)
Texas, TX	Austin	29.12.1845 (28.)	15.02.1876 (5)	22,860	695.621 (1,9)
Utah, UT	Salt Lake City	04.01.1896 (45.)	04.01.1896 (1)	2,470	219.887 (57,4)
Vermont, VT	Montpelier	04.01.1791 (14.)	09.07.1793 (3)	0,623	24.901 (7,5)

Virginia, VA	Richmond	25.06.1788* (10.)	01.07.1971 (6)	7,567	110.785 (9,9)
Washington, WA	Olympia	11.11.1889 (42.)	11.11.1889 (1)	6,288	184.665 (30,3)
West Virginia, WV	Charleston	20.06.1863 (35.)	09.04.1872 (2)	1,817	62.755 (7,4)
Wisconsin, WI	Madison	29.05.1848 (30.)	29.05.1848 (1)	5,536	169.639 (5,6)
Wyoming, WY	Cheyenne	10.07.1890 (44.)	10.07.1890 (1)	0,509	253.336 (42,3)
U.S.A.	*Washington, D.C.*	—		#296,410	#9.826.630 (28,8)

*Gründungsmitglieder der Union, Datum der Ratifizierung der Bundesverfassung; **In Klammern: Die Zahl gibt an, die wievielte Verfassung des Einzelstaats heute in Kraft ist. Ein Großteil der Verfassung Pennsylvanias von 1873 wurde durch eine Kommission 1968 modifiziert; # einschließlich Washington, D.C., zum Vergleich Bundesrepublik Deutschland: 82,438 Mio. Einwohner (2005); 357.027 km²

Quellen: Council of State Governments, The Book of the States, Vol. 37, Lexington 2005, S. 10 f., 621 f.; U.S. Census Bureau, Statistical Abstract of the United States: 2007, Washington, D.C. 2006, S. 20, 215 f.

21.2 Die Verfassungen der Einzelstaaten

Die Verfassungsgeschichte der Einzelstaaten beginnt mit der ersten Besiedelung der Ostküste durch englische Kolonisten, die in ihrem Gepäck *colonial charters* der Krone führten. Die *charters* stellten eine Ermächtigung des Königs dar, von den Ländereien Besitz zu nehmen und in seinem Sinne zu verwalten. Im wesentlichen geschah dies unter der Kontrolle eines vom König eingesetzten Gouverneurs. Nach der Unabhängigkeit bildeten die Kolonialchartas die Grundlage für die Verfassungen, die sich die Einzelstaaten nun gaben. Sämtliche Referenzen auf den König wurden gestrichen und Kataloge mit Grundrechten (*bill of rights*) eingefügt. Insbesondere wegen der negativen Erfahrungen mit den starken Gouverneuren schuf man in den meisten Einzelstaaten dominante Legislativen, die befugt waren, den Gouverneur und auch die Richter zu ernennen. In Georgia, Pennsylvania und Vermont entschied man sich für Einkammerlegislativen, während die anderen Staaten die Legislativen in zwei, zumeist gleichberechtigte Kammern – ein Repräsentantenhaus und einen Senat – teilten. Das Zensuswahlrecht, das damals in allen Staaten außer Vermont zur Anwendung kam, führte jedoch in vielen Fällen zu einer einseitigen Klientelvertretung in den Legislativen. In Ermangelung einer Kontrolle durch die schwachen Exekutiven wurde die Tätigkeit der Legislativen als ähnlich unausgewogen oder gar als tyrannisch empfunden, wie dies zuvor mit starken Gouverneuren und deren Mißbrauch der durch den König verliehenen Prärogativen der Fall war. Mit der nach und nach erfolgenden Erweiterung des Wahlrechts und in Anbetracht der Funktionstüchtigkeit der Bundesverfassung mit ihrem Prinzip der *checks and balances* paßten die Einzelstaaten ihre Verfassungen dem Modell des Bundes an. Auch die neu hinzukommenden Staaten orientierten sich bei der Verfassungsgebung an der US-Verfassung. Im Laufe der Geschichte nahmen viele Einzelstaaten die Anpassungen im Zuge einer Totalrevision vor, andere vollzogen sie durch Ergänzungen der bestehenden Verfassungen. Heute sind es noch 19 Einzelstaaten, deren Verfassungen auf dem Ursprungskorpus aufbauen. So auch die von Massachusetts, dessen Verfassung damit – wie die New Hampshires – älter ist als die des Bundes (Tabelle 21-1). Anders als die US-Verfassung mit 27 Änderungen wurden in diesen beiden Staaten die Verfassungen jedoch 120 bzw. 143mal ergänzt. Von der Bundesverfassung unterscheiden sich die einzelstaatlichen Verfassungen insbesondere durch ihre

Länge. Während die US-Verfassung mit rund 7.500 Wörtern auskommt (siehe Anhang), liegt der Durchschnitt bei den einzelstaatlichen Verfassungen bei 26.000 Wörtern. Die Verfassung New Hampshires mit 9.200 Wörtern ist noch ähnlich kurz wie die des Bundes, New Yorks Verfassung dagegen hat mit 51.700 Wörtern einen mehr als siebenfachen Umfang. Die mit Abstand längste Verfassung ist die Alabamas mit über 340.000 Wörtern (Council of State Governments 2005: 10 f.). Der Grund für die überwiegend umfangreichen Verfassungen ist darin zu finden, daß in ihnen auch lokale Belange oder steuerrechtliche Details geregelt werden. So haben etwa in Alabama 70 Prozent der *amendments* lokalen Bezug und betreffen nur einen Landkreis (*county*) oder es werden z. B. in der Verfassung Kaliforniens in dutzenden Absätzen die Ausnahmen bei der Erhebung von Grundsteuern aufgezählt. Der Katalog der Grundrechte fällt zudem in den meisten einzelstaatlichen Verfassungen länger aus als in der US-Verfassung, auch werden strafrechtliche Regelungen detailliert ausgeführt oder seitenweise die Rechte und Pflichten der staatlichen Schulen und Universitäten dargelegt. Insofern ist die Länge der Verfassungen in vielen Fällen der Zuständigkeit der Einzelstaaten geschuldet. Hinzu kommt, daß die Bürger verfassungsrechtliche Verankerungen mit größerer Bestandsgarantie einfacher gesetzlicher Regelung vorziehen. Deutlich wird dies insbesondere in Staaten, die Verfassungsänderungen auf dem Wege von Bürgerinitiativen ermöglichen.

21.3   Politische Kultur

Warum die Einzelstaaten im Rahmen des amerikanischen Föderalismus verschiedenartig auf die Politik des Bundes reagieren bzw. diese zu beeinflussen suchen, warum ihre Regierungssysteme vielfältig ausgestaltet sind, warum politische, ökonomische und soziale Probleme unterschiedlich wahrgenommen und behandelt werden, sind Fragen, die die amerikanische Forschung seit langem beschäftigen. Der bis heute wirkmächtigste Erklärungsansatz für dieses Phänomen stammt von Daniel Elazar (Smith/Greenblatt/Buntin 2005: 97-104; Gray 2004: 22-25). Er sah den Grund darin, daß in den Einzelstaaten verschiedene politische Subkulturen bestehen, die er in die drei Hauptkategorien traditionalistische, individualistische und moralistische politische Kultur einteilt (Abbildung 21-1). Diese Subkulturen sind auf unterschiedliche Einwanderungs- und Migrationsströme zurückzuführen und lassen sich mit einer jeweils dominierenden Prägung territorial den Einzelstaaten zuordnen, wenngleich innerhalb der Einzelstaaten Mischformen bzw. regionale Abweichungen anzutreffen sind. Für die Identifizierung bzw. Zuordnung einer Subkultur zu einem Einzelstaat sind nach Elazar drei Aspekte politischer Kultur von Bedeutung:

> *"[...] (1) the set of perceptions of what politics is and what can be expected from government, held by both the general public and the politicians; (2) the kinds of people who become active in government and politics, as holders of elective offices, members of the bureaucracy, and active political workers; and (3) the actual way in which the art of government is practiced by citizens, politicians, and public officials in the light of their perceptions."* (Elazar 1972: 90)

In der individualistisch geprägten politischen Kultur wird die demokratische Ordnung als ein Marktplatz verstanden und Politik dient in erster Linie der Befriedigung individueller Bedürfnisse. Die individualistische politische Kultur fördert ein kompetitives Parteiensystem, innerhalb dessen die Politiker daran interessiert sind, die Verteilung der Mittel zu kontrollieren, und weniger daran, Regierungsverantwortung zur Umsetzung programmatischer Ziele zu nutzen. Politik wird zudem als ein professionelles Geschäft aufgefaßt, bei dem politische Laien oder Amateure keine aktive Rolle spielen sollten. Politiker, die darauf ausgerichtet sind, der Öffentlichkeit zu geben, was sie verlangt, werden daher neue Programme und staatliche Aktivitäten erst dann einleiten, wenn diese öffentlich gefordert werden.

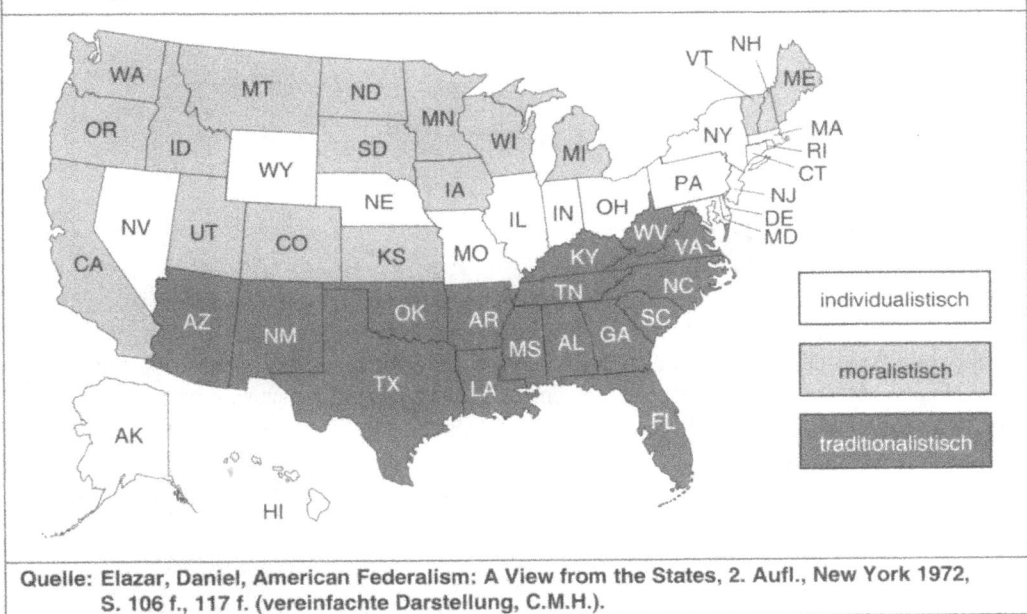

Abbildung 21-1: Politische Kulturen in den Einzelstaaten

individualistisch

moralistisch

traditionalistisch

Quelle: Elazar, Daniel, American Federalism: A View from the States, 2. Aufl., New York 1972, S. 106 f., 117 f. (vereinfachte Darstellung, C.M.H.).

In der moralistischen politischen Kultur wird der Gedanke der Bürgergesellschaft betont und als Grundlage der Demokratie betrachtet. Politik wird hier als die Suche nach einer besseren Ordnung verstanden. Wenngleich in politischem Handeln durchaus ein Kampf um Macht gesehen wird, so geschieht dies unter der Prämisse, daß die Machtausübung letztlich dem gesamtgesellschaftlichen Fortschritt dient. Die moralistische politische Kultur mäßigt den Individualismus insofern, als sie Bürgerinitiativen (vgl. Abbildung 21-4) und kommunales politisches Engagement fördert. Der Staat soll dann eingreifen, wenn die Gemeinschaft mit der Lösung der Probleme nicht vorankommt oder das staatliche Handeln eine deutliche Verbesserung zur Erreichung dieses Ziels mit sich bringt. Generell wird staatliches Eingreifen aber nicht negativ oder als Einschränkung des Individuums gesehen, da es dem öffentlichen Wohl dient. Die aktive Partizipation der Bürger ist ein Grundanliegen in der moralistisch geprägten politischen Kultur, so daß nicht allein Profis das politische Geschäft betreiben sollen. Politische Parteien werden als Instrumente betrachtet, mit deren Hilfe die im öffentlichen Interesse liegenden Ziele erreicht werden können.

Die traditionalistische politische Kultur, die neben Arizona und New Mexico ausschließlich in den Südstaaten dominiert (Abbildung 21-1), akzeptiert wie die moralistische Variante den Staat als Akteur und sieht ihn in einer positiven Rolle in Bezug auf die Gesellschaft. Allerdings soll diese Rolle sich insbesondere darauf beschränken, die existierende soziale Ordnung zu sichern. Insofern wird Politik als das Geschäft traditioneller Eliten betrachtet, und lange bestehende soziale und familiäre Strukturen prägen das politische System. Das führt auch dazu, daß politische Parteien weniger bedeutsam sind, zumal die prinzipielle Offenheit von Parteien einer eliteorientierten politischen Ordnung entgegensteht. Gutes Regieren wird als Erhalt, Bestätigung und Förderung der traditionellen Werte verstanden. Deshalb soll die Anpassung an sich verändernde Bedingungen nur in tatsächlich erforderlichem Rahmen erfolgen. Politiker in diesem Umfeld sind konservativ, aber nicht initiativ.

21.4 Die Regierungsinstitutionen

21.4.1 Die Legislativen

Die Legislativen weisen im Parallelvergleich der Kompetenzen und Strukturen aller Regierungsinstitutionen der Einzelstaaten die markantesten Unterschiede auf. Dies trifft auf ihre Größe, den Grad der Repräsentation und der Professionalität, die Dauer der Legislatur- und Sitzungsperioden und nicht zuletzt – in engem Ursache-Wirkungszusammenhang mit den bereits genannten – auf den Umfang bzw. die Beschränkung ihrer Kompetenzen im Institutionengefüge des jeweiligen Einzelstaates zu. Hieraus erklärt es sich, daß die Legislativen die ihnen zukommenden Funktionen – etwa Repräsentation, Gesetzgebung, Kontrolle der Exekutive – unterschiedlich wahrnehmen.

Während die Legislative auf Bundesebene als *Congress* firmiert, wird sie in 27 Einzelstaaten schlicht als *Legislature* bezeichnet. In 19 Staaten ist sie die *General Assembly*, in zwei weiteren die *Legislative Assembly* und in Massachusetts sowie New Hampshire wird sie *General Court* genannt. Bis auf die *Legislature* in Nebraska bestehen alle Legislativen aus zwei Kammern, von denen die sogenannten *Upper houses* analog zur Bundesebene jeweils als *Senate* bezeichnet werden. Das *Lower house* heißt in 41 Staaten *House of Representatives*, in vier wird es als *Assembly* (CA, NH, NY, WI), in dreien als *House of Delegates* (MD, VA, WV) und in New Jersey als *General Assembly* bezeichnet. Alle 50 Legislativen zusammengenommen haben 7.382 Mitglieder, davon sind 1.971 Senatoren (durchschnittlich rund 40 pro Einzelstaat) und 5.411 Abgeordnete (durchschnittlich rund 108). Die Zahl der Mitglieder in den Kammern schwankt zwischen den Einzelstaaten zum Teil erheblich. Die *Assembly* in New Hampshire zählt als größtes Abgeordnetenhaus 400 Mitglieder, der dortige Senat ist dagegen mit 24 Senatoren der viertkleinste; das *House of Representatives* und der *Senate* in Alaska sind mit 40 bzw. 20 Mitgliedern die kleinsten *Lower* bzw. *Upper houses*. Den größten Senat hat Minnesota mit 67 Mitgliedern (Tabelle 21-2). Die unterschiedliche Größe der Kammern hat zur Folge, daß erhebliche Unterschiede bezüglich der Repräsentationsverhältnisse bestehen. Während 2005 auf jeden der 40 *state senators* in Kalifornien über 900.000

Einwohner kamen, entfielen auf die 40 Senatoren in Kansas etwas mehr als 68.000 und auf die 30 in Wyoming nur rund 17.000. Die 400 Abgeordneten der *Assembly* in New Hampshire dürften die etwa 3.300 Einwohner, die sie durchschnittlich vertreten, ebenso wie ein Dorfbürgermeister zu einem Gutteil persönlich kennen, während Repräsentationsverhältnisse von rund 1:150.000 oder 1:450.000 für einen texanischen bzw. kalifornischen Abgeordneten an nationalstaatliche Vertretungsrelationen wie im Falle des Deutschen Bundestages oder des britischen Unterhauses erinnern.

Aus den unterschiedlichen Repräsentationsverhältnissen ergibt sich, daß die Vertretung von Interessen innerhalb der Legislative in Staaten wie New Hampshire oder Wyoming viel kleinteiliger und spezialisierter ausfällt als in den bevölkerungsreichen Staaten, in denen die Abgeordneten und Senatoren bei ihren Entscheidungen eine größere Fülle von Teilinteressen einer zumeist sozioökonomisch viel stärker fragmentierten Wählerklientel berücksichtigen müssen. Nicht von ungefähr sind es daher überwiegend die Legislativen der bevölkerungsreichen Staaten, in denen Politik von ihren Mitgliedern hauptberuflich betrieben wird, für deren Sitzungsperioden deutlich längere Zeiträume veranschlagt werden und deren Mitarbeiterstäbe erheblich größer sind. Gemäß der genannten Kriterien können die einzelstaatlichen Legislativen nach drei Typen klassifiziert werden: (1) den professionalisierten Vollzeitlegislativen (*professional, full-time legislatures*) wie z. B. in Kalifornien, New York, Pennsylvania, Ohio, Florida oder Michigan, (2) den Teilzeit- oder Bürgerlegislativen (*part-time* bzw. *citizen* oder auch *amateur legislatures*) wie z. B. in New Hampshire, Vermont, Maine und fast allen *Rocky Mountain*-Staaten und schließlich (3) den Hybridlegislativen (*hybrid legislatures*), die eine Zwischenstufe zwischen den beiden anderen darstellen und zu denen die Legislativen in nahezu allen Südstaaten oder auch in Oregon, Washington und Minnesota gezählt werden (Smith/Greenblatt/Buntin 2005: 203 ff.). Während die Staaten mit Vollzeitlegislativen keine Begrenzung für deren Sitzungsperioden haben, gibt es in anderen Staaten häufig Limitierungen, die zwischen 45 wie in Utah und 140 Kalendertagen wie in Texas liegen können. Sechs Staaten (AR, MT, NV, ND, OR, TX) beschränken zudem ihre Sitzungsperiode auf jedes zweite Jahr (*biennial session*). Ähnliche Unterschiede gibt es hinsichtlich der Höhe der Diäten. Die kalifornischen Abgeordneten und Senatoren etwa erhalten ein Jahresgehalt von US-$ 99.000 zuzüglich Tagessätze in Höhe von US-$ 140 an Abstimmungstagen, einem Mitglied der Legislative New Hampshires dagegen stehen gerade einmal US-$ 200 pro Jahr zu (Council of State Governments 2005: 142 f.). Auch die Zahl der Mitarbeiter variiert zwischen den Legislativen zum Teil erheblich. Professionalisierte Legislativen haben neben persönlichen Mitarbeitern zumeist Hilfsorgane mit großen Stäben (z. B. NY: 3.460; PA: 2.680; CA: 2.510), während die Bürgerlegislativen auf nur wenige Vollzeitkräfte (z. B. WY: 20; ND: 30; VT: 40), die z. B. einem Ausschuß zuarbeiten, zurückgreifen können (Hamm/Moncrief 2004: 158 f.). Obwohl diese Unterschiede eine Wirkung bezüglich der Gesetzgebungstätigkeit vermuten lassen würden, gibt es jedenfalls in quantitativer Hinsicht keine regelhaften Übereinstimmungen. Die Vollzeitlegislativen in Kalifornien und Ohio verabschiedeten 2004 950 bzw. 132 Gesetze, die Hybridlegislativen in Minnesota und Louisiana 159 bzw. 931 und die Amateurlegislativen in Idaho und Vermont kamen auf 395 bzw. 188 (Council of State Governments 2005: 168 f.).

Tabelle 21-2: Die Legislativen der Einzelstaaten im Überblick

	term limits (Jahr der Einführung bzw. Abschaffung)	Senat Zahl der Sitze	Mindest-alter	Dauer der Legisla-turperiode (Jahre)	Repräsentantenhaus Zahl der Sitze	Mindest-alter	Dauer der Legisla-turperiode (Jahre)
AL	—	35	25	4	105	21	4
AK	—	20	25	4	40	21	2
AZ	✓ (1992)	30	25	2 (8 kon.)	60	25	2 (8 kon.)
AR	✓ (1992)	35	25	4 (8 max.)	100	21	2 (6 max.)
CA	✓ (1990)	40	18	4 (8 max.)	80	18	2 (6 max.)
CO	✓ (1990)	35	25	4 (8 kon.)	65	25	2 (8 kon.)
CT	—	36	18	2	151	18	2
DE	—	21	27	4	41	24	2
FL	✓ (1992)	40	21	4 (8 kon.)	120	21	2 (8 kon.)
GA	—	56	25	2	180	21	2
HI	—	25	18	4	51	18	2
ID	— (1994-2002)*	35	21	2	70	21	2
IL	—	59	21	**	118	21	2
IN	—	50	25	4	100	21	2
IA	—	50	25	4	100	21	2
KS	—	40	18	4	125	18	2
KY	—	38	30	4	100	24	2
LA	✓ (1995)	39	18	4 (12 kon.)	105	18	4 (12 kon.)
ME	✓ (1993)	35	25	2 (8 kon.)	151	21	2 (8 kon.)
MD	—	47	25	4	141	21	4
MA	— (1994-1997)*	40	18	2	160	18	2
MI	✓ (1992)	38	21	4 (8 max.)	110	21	2 (6 max.)
MN	—	67	21	4	134	18	2
MS	—	52	25	4	122	21	4
MO	✓ (1992)	34	30	4 (8 max.)	163	24	2 (8 max.)
MT	✓ (1992)	50	18	4 (8 kon.)	100	18	2 (8 kon.)
NE	✓ (2000)	49	21	4 (8 kon.)	—	—	—
NV	✓ (1996)	21	21	4 (12 max.)	42	21	2 (12 max.)
NH	—	24	30	2	400	18	2
NJ	—	40	30	4***	80	21	2
NM	—	42	25	4	70	21	2
NY	—	62	18	2	150	18	2
NC	—	50	25	2	120	21	2
ND	—	47	18	4	94	18	4
OH	✓ (1992)	33	18	4 (8 kon.)	99	18	2 (8 kon.)
OK	✓ (1990)	48	25	4 (12 max.****)	101	21	2 (12 max.****)
OR	— (1992-2002)*	30	21	4	60	21	2
PA	—	50	25	4	203	21	2
RI	—	38	18	2	75	18	2
SC	—	46	25	4	124	21	2
SD	✓ (1992)	35	21	2 (8 kon.)	70	21	2 (8 kon.)
TN	—	33	30	4	99	21	2
TX	—	31	26	4	150	21	2
UT	— (1994-2003)*	29	25	4	75	25	2

VT	—	30	18	2	150	18	2
VA	—	40	21	4	100	21	2
WA	— (1992-1998)*	49	18	4	98	18	2
WV	—	34	25	4	100	18	2
WI	—	33	18	4	99	18	2
WY	— (1992-2004)*	30	25	4 (12 kon.)	60	21	2 (12 kon.)
ges.:	*15*	*1.971*	*ø 22,8*	*12x2 J./36x4 J.*	*5.411*	*ø 20*	*44x2 J./ 5x4 J.*

Kon. = konsekutiv: Zahl der Jahre, in denen hintereinander ein Mandat ausgeübt werden darf; die erneute Wahl nach einer Pause von einer Legislaturperiode ist möglich. Max. = maximale Anzahl der Jahre, für die ein Mandat in der jeweiligen Kammer ausgeübt werden darf. *In Idaho und Utah wurden die *term limits* durch die Legislativen wieder abgeschafft; in Massachusetts, Oregon, Washington und Wyoming wurden sie durch den jeweiligen *State Supreme Court* aufgehoben. **In Illinois wird der Senat seit 1972 alle zehn Jahre komplett neu gewählt. Dabei werden die Senatswahlkreise in drei Gruppen unterteilt. In der ersten Gruppe wird für Amtszeiten von zwei, vier und vier Jahren gewählt, in der zweiten für vier, zwei und vier Jahre sowie in der dritten für vier, vier und zwei Jahre. ***In New Jersey beträgt die Mandatsdauer der Senatoren zu Beginn jedes Jahrzehnts nur zwei Jahre. ****In Oklahoma darf die Zugehörigkeit zur Legislative insgesamt nur 12 Jahre betragen, während in den anderen Staaten mit *term limits* die Begrenzung jeweils für eine Kammer gilt.

Quellen: Council of State Governments, The Book of the States, Vol. 37, Lexington 2005, S. 130 ff.; National Conference of State Legislatures, The Term Limited States, <http://www.ncsl.org/programs/legman/about/states.htm> (31.07.2006).

Wenngleich die Komplexität der zu treffenden politischen Entscheidungen insbesondere in den bevölkerungsreichen Staaten Berufspolitiker erfordert, steht die Professionalisierung der Legislativen der traditionellen amerikanischen Vorstellung von einer Versammlung entgegen, in der Bürger mit verschiedensten Berufen zusammenkommen, um die anstehenden Probleme gesetzgeberisch zu lösen und sich dann wieder ihrem Haupterwerb zuzuwenden. Diese idealistische Sichtweise war ein wichtiger Beweggrund zur Einführung von Amtszeitbegrenzungen. Kalifornien war 1990 der erste Staat, der im Zuge einer Bürgerinitiative *term limits* einführte. Bis 2000 folgten diesem Beispiel 20 andere Staaten – viele davon nicht, weil es mittels eines direktdemokratischen Verfahrens wie in Kalifornien erzwungen wurde, sondern weil die Legislativen auf den öffentlichen Druck mit entsprechender Gesetzgebung reagierten. Allerdings waren bis 2004 in sechs Staaten – in vieren davon durch Gerichtsentscheidungen, in zweien durch die Legislativen selbst – die *term limits* wieder abgeschafft worden, so daß es heute 15 Einzelstaaten mit derartigen Regelungen gibt (Tabelle 21-2). Die bisherigen Erfahrungen mit den Amtszeitbegrenzungen fallen sehr gemischt aus. Die Befürworter sehen ihr Ziel erreicht, die Fluktuation der Mitgliederschaft in der Legislative zu erhöhen und Amtsinhaber zu verdrängen, die sich mehr um ihre Wiederwahl zwecks Erhalt ihrer Privilegien als Abgeordnete bzw. Senatoren als um die Lösung aktueller politischer Probleme bemühten. Inwiefern dies, wie von vielen Anhängern der *term limits* gewünscht, auch zu stärkerem Wechsel der parteipolitischen Konstellationen in den Legislativen führen wird, kann noch nicht beurteilt werden. Deutlich erkennbar sind jedoch bereits die negativen Konsequenzen. Mit den begrenzten Amtszeiten und der dadurch bedingten höheren Fluktuation sinkt die über Jahre angesammelte Erfahrung und Expertise sowohl im Hinblick auf parlamentarische Prozesse als auch auf Sachthemen. Die Mitglieder der Legislative sind daher um so mehr auf die Sachkenntnis der (nicht gewählten, permanenten) Mitarbeiterstäbe z. B. der Ausschüsse oder auch von Lobbyisten angewiesen und deshalb auch in deren Sinne leichter beeinflußbar. In der Folge wirkt sich dies auch auf die Qualität der Gesetzgebung und die Kontrolltätigkeit gegenüber der Exekutive aus. Ganz abgesehen davon haben die Wähler nun nicht mehr die Möglichkeit, die Arbeit von geschätzten Abgeordneten oder Senatoren mit einer über die Amtszeitbegrenzung hinausreichenden Wiederwahl zu honorieren – zumal ja die Wähler schon in Vorwahlen über die erneute Aufstellung von Kandidaten mitentscheiden können und zudem im Mehrheitswahlsystem ohnehin anders als in parteiabhängigen, listenbasierten Verhältniswahlsystemen die Möglichkeit haben, unerwünschten Amtsinhabern nicht erneut das Vertrauen zu schenken (Dresang/Gosling 2006: 238 f., 296 f.; Smith/Greenblatt/Buntin 2005: 206-210; Burns et al. 2004: 86 f.).

21.4.2   Die Exekutiven

Ebenso wie die Legislativen zeichnen sich auch die einzelstaatlichen Exekutiven durch vielfältige Unterschiede aus. Besonders bedeutsam sind die Varianzen zwischen den Einzelstaaten hinsichtlich der Anzahl des direkt gewählten Exekutivpersonals, weil sich hieraus einige wesentliche Folgen für die Verteilung der Kompetenzen innerhalb der Exekutive als auch gegenüber der Legislative ergeben. Im Durchschnitt aller Einzelstaaten läßt sich davon sprechen, daß ihre Exekutiven sehr stark pluralistisch organisiert sind, innerhalb der vollziehenden Gewalt gleichwohl der Gouverneur die dominierende Rolle spielt.

Die Gouverneure
In funktionaler Hinsicht ist der Gouverneur auf einzelstaatlicher Ebene das Äquivalent des US-Präsidenten. Wie der Präsident übt der Gouverneur sowohl die Funktion des Regierungschefs als auch des Staatsoberhauptes aus. Differenziert man diese beiden Rollen etwas aus, so läßt sich wie der Präsident auch der Gouverneur als wichtigster Gesetzgeber (*chief legislator*), oberster Verwaltungschef (*chief administrator*) sowie oberster Repräsentant und Staatschef (*ceremonial head, head of state* und *chief negotiator*) bezeichnen. Das Gouverneursamt ist damit das bedeutendste auf einzelstaatlicher Ebene. Gleichwohl hängen im Detail die Kompetenzen des Gouverneurs von der verfassungsrechtlichen bzw. gesetzlichen Ausgestaltung des Amtes im jeweiligen Einzelstaat ab.

Die herausragende Position, die die Gouverneure heute in den Einzelstaaten einnehmen, ist das Resultat einer über 200jährigen Entwicklung. Historisch betrachtet ist das Amt ein Relikt aus der Kolonialzeit, als das englische Mutterland die Gouverneure zur Leitung der Staatsgeschäfte und als Vertreter der Krone einsetzte. Zwar wurde das Amt nach der Unabhängigkeit beibehalten, die negativen Erfahrungen mit den Statthaltern des Königs führten jedoch dazu, daß die Gouverneure nur wenige Kompetenzen erhielten. Sie waren weitgehend auf eine repräsentative Rolle bei häufig nur einjähriger Amtszeit beschränkt. Nur in vier der dreizehn Gründerstaaten wurde der Gouverneur direkt vom Volk gewählt, in den anderen neun wurde er von den Legislativen eingesetzt. Das Vetorecht bei der Gesetzgebung wurde nur den Gouverneuren von Massachusetts, New York und South Carolina eingeräumt. In den 1830er Jahren wurden schließlich in allen Staaten die Direktwahl des Gouverneurs eingeführt und die Amtsperioden ausgedehnt. Nach dem Bürgerkrieg durften in den Südstaaten die Gouverneure nur für zwei Jahre und zudem nur für eine Amtsperiode gewählt werden. In der Zeit des *Progressive movement* zu Beginn des 20. Jahrhunderts wurde die Zahl der direkt gewählten Exekutivämter erweitert. Die Kompetenzen von gewählten *boards* und *commissions* wurden gestärkt und außerdem direktdemokratische Elemente wie das Referendum und die Bürgerinitiative eingeführt. All dies bedeutete die Schwächung der Gouverneure und der Legislativen. Die relative Bedeutungslosigkeit der einzelstaatlichen Ebene bei der politischen Gestaltung ergab sich zudem aus dem innenpolitischen Erstarken der Bundesregierung insbesondere während des *New Deal*. Gleichzeitig bedeutete die zunehmende internationale Einbindung der USA einen Bedeutungszuwachs für den Bund. In dieser Zeit erschienen daher die Gouverneure als bloße Verwaltungsorgane des Bundes. Ein echter Wandel setzte erst in den 1960er Jahren, als die repräsentativen Strukturen in den Einzelstaaten (etwa durch *Baker v. Carr*, 1962) gestärkt wurden, und in den 1970er Jahren ein, als die Abneigung gegen überbordende Bundeskompetenzen immer größer wurde. Legt man die zweijährige Amtszeit sowie die Möglichkeit zur Wiederwahl als Indikatoren für einen schwachen Gouverneur zugrunde, so waren 1960 noch in 16 Einzelstaaten die Gouverneure auf eine zweijährige Amtsperiode beschränkt und in den 34 Staaten mit vierjährigen Amtsperioden durften in 15 die Gouverneure nicht zu einer Wiederwahl antreten. Seit 1992 sind es nur noch zwei Einzelstaaten (New Hampshire, Vermont), die eine Amtszeit von zwei Jahren vorschreiben, wobei in beiden eine unbegrenzte Wiederwahl möglich ist. Und von den heute 48 Einzelstaaten mit vierjähriger Wahlperiode erlaubt nur die Verfassung von Virginia dem Gouverneur keine direkte Wiederwahl (Tabelle 21-3).

Mit der Ausdehnung der Wahlperiode wurden zudem die Ernennungsrechte (*appointment powers*) des Gouverneurs erweitert. Die Gouverneure können somit heute einen Großteil der Behördenleiter und politischen Beamten selbst ernennen. Zwar bedürfen sie dafür zumeist der Zustimmung einer oder der beiden Kammern der Legislative, allerdings wird sie in den seltensten Fällen verweigert, da dem Gouverneur für die Durchsetzung seines politischen Programms auch das von ihm gewünschte Personal zugestanden wird. Parallel zu dieser Entwicklung erfolgte die Zusammenführung von vielen kleineren Ministerien in wenige größere, was insgesamt eine zentralere politische Steuerung erlaubt. Wenngleich die *appointment powers* des Gouverneurs gewachsen sind, bleiben im Durchschnitt dennoch rund 50 Prozent der turnusmäßig besetzbaren Exekutivämter außerhalb der Kontrolle der Gouverneure. Im Vergleich mit dem Präsidenten sind sie in dieser Hinsicht in einer deutlich schwächeren Position. Mit der Reorganisation der Behördenstrukturen und der Ausweitung der Berufungsrechte des Gouverneurs hat sich in vielen Einzelstaaten auch der Begriff des *cabinet government* etabliert. In 30 Einzelstaaten wird die Bildung eines Kabinetts verfassungsrechtlich oder gesetzlich vorgeschrieben, in neun weiteren wird die Bildung eines Kabinetts dem Gouverneur überlassen. Durchschnittlich haben die Kabinette eine Größe von 21 Mitgliedern, die kleinsten in Florida und Vermont mit sieben, das größte in New York mit 75 Mitgliedern (Council of State Governments 2005: 225 f.). Unter *cabinet government* ist keineswegs die europäische Form der Kabinettsregierung einschließlich kollektiver Entscheidungsfindung und Verantwortlichkeit zu verstehen. Vielmehr wird der Begriff benutzt, um anzudeuten, daß der Gouverneur die personelle Besetzung der Exekutive zu großen Teilen steuern und die Behördenleiter gemäß seiner politischen Prioritäten anweisen kann. Über die Inszenierung als mediales Ereignis kommen Kabinettssitzungen in den Einzelstaaten zumeist nicht hinaus (Dresang/Gosling 2006: 252).

Tabelle 21-3: Die wichtigsten Exekutivämter der Einzelstaaten im Überblick

	Gouverneur				Vizegouverneur		andere Exekutivämter (Auswahl)					
	Gehalt 2005 (in US-$)	Wahlperiode in Jahren	max. aufeinanderfolgende Amtszeiten	Mindestalter		im *Ticket* mit Gouv. gewählt	Attorney General	Treasurer	Comptroller	Secretary of State	Secretary of Education	Secretary of Agriculture
AL	96.361	4	2	30	✓	nein	✓	✓	e	✓	e	✓
AK	85.766	4	2	30	✓	ja	e	e	e	VG	e	e
AZ	95.000	4	2	25	—	—	✓	✓	e	✓	✓	e
AR	75.296	4	2	30	✓	nein	✓	✓	e	✓	e	e
CA	175.000	4	2	18	✓	nein	✓	✓	✓	✓	✓	e
CO	90.000	4	2	30	✓	ja	✓	✓	e	✓	e	e
CT	150.000	4	kB	30	✓	ja	✓	✓	e	✓	e	e
DE	132.500	4	2	30	✓	nein	✓	✓	e	e	e	e
FL	120.171	4	2	30	✓	ja	✓	✓***	e	e	✓	✓
GA	127.303	4	2	30	✓	nein	✓	e	✓	✓	✓	✓
HI	94.780	4	2	30	✓	ja	e	e	e	VG	e	e
ID	98.500	4	2	30	✓	nein	✓	✓	✓	✓	✓	e
IL	150.691	4	kB	25	✓	ja	✓	✓	✓	✓	e	e
IN	95.000	4	2	30	✓	ja	✓	✓	✓	✓	✓	e
IA	107.482	4	kB	30	✓	ja	✓	✓	e	✓	e	✓
KS	98.331	4	2	—	✓	ja	✓	✓	e	✓	e	e
KY	127.146	4	2	30	✓	ja	✓	✓	e	✓	e	e
LA	94.532	4	2	25	✓	nein	✓	✓	e	✓	e	✓
ME	70.000	4	2	30	—	—	e	e	e	e	e	e
MD	135.000	4	2	30	✓	ja	✓	e	✓	e	e	e
MA	135.000	4	2	—	✓	ja	✓	✓	e	✓	e	e
MI	177.000	4	2	30	✓	ja	✓	e	e	✓	e	e
MN	122.311	4	kB	25	✓	ja	✓	e	e	✓	e	e
MS	122.160	4	2	30	✓	nein	✓	✓	e	✓	e	✓
MO	120.087	4	2	30	✓	nein	✓	✓	e	✓	e	e
MT	93.089	4	2	25	✓	ja	✓	e	e	✓	e	e
NE	85.000	4	2	30	✓	ja	✓	✓	e	✓	✓	e
NV	117.000	4	2	25	✓	nein	✓	✓	✓	✓	e	e
NH	96.060	2	kB	30	—	—	e	e	e	e	e	e
NJ	157.000	4	2	30	—	—	e	e	e	e	e	e
NM	110.000	4	2	30	✓	ja	✓	✓	e	✓	e	e
NY	179.000	4	kB	30	✓	ja	✓	e	✓	e	e	e
NC	121.391	4	2	30	✓	nein	✓	✓	e	✓	✓	✓
ND	85.506	4	kB	30	✓	ja	✓	✓	e	✓	✓	✓
OH	126.485	4	2	18	✓	ja	✓	✓***	✓	e	e	e
OK	110.298	4	2	31	✓	nein	✓	✓	e	e	✓	e
OR	93.600	4	2	30	—	—	✓	✓	e	✓	e	e
PA	155.753	4	2	30	✓	ja	✓	✓	e	e	e	e
RI	105.194	4	2	18	✓	nein	✓	✓	e	✓	e	e
SC	106.078	4	2	30	✓	nein	✓	✓	✓	✓	✓	✓

SD	103.222	4	2	21	✓	ja	✓	✓	✓	✓	e	e
TN	85.000	4	2	30	—	—**	e	e	e	e	e	e
TX	115.345	4	kB	30	✓	nein	✓	✓***	e	e	✓	✓
UT	101.600	4	kB	30	✓	ja	✓	✓	e	VG	e	e
VT	133.162	2	kB	18	✓	nein	✓	✓	e	✓	e	e
VA	124.855	4	*	30	✓	nein	✓	e	e	e	e	e
WA	139.087	4	2	18	✓	nein	✓	✓***	✓	✓	e	e
WV	90.000	4	2	30	—	—**	✓	✓	✓	✓	e	✓
WI	131.768	4	kB	18	✓	ja	✓	✓	e	✓	✓	e
WY	130.000	4	2	30	—	—	e	✓	✓	✓	✓	e
ges.:	*ø115.818*	*48x4/2x2*	*38x2/11xkB*	*35x30*	*42*	*24ja/18nein*	*43*	*37/4*	*12/4*	*35*	*14*	*12*

Gouverneur: kB = keine Begrenzung für die Wiederwahl. *In Virginia muß nach einer Amtszeit eine volle Wahlperiode gewartet werden, bis eine erneute Wahl zum Gouverneur möglich ist. Vizegouverneur: **in Tennessee trägt der *Speaker of the Senate* den Titel des Vizegouverneurs; in West Virginia ist der *President of the Senate* gleichzeitig Vizegouverneur. Andere Wahlämter: ✓ = wird von den Wahlberechtigten des Einzelstaates gewählt, e = in der überwiegenden Zahl der Fälle erfolgt für dieses Amt eine Ernennung durch den Gouverneur; ***in Florida werden seit Januar 2003 die Aufgaben des *Treasurer* und *Comptroller* von einem gewählten *Chief Financial Officer* ausgeübt; in Ohio, Washington und Texas übt der *Comptroller* bzw. *Treasurer* beide Funktionen aus; VG = in Hawaii ist der Vizegouverneur gleichzeitig auch *Secretary of State* bzw. übernimmt in Alaska und Utah weitgehend dessen Funktionen.

Quelle: Council of State Governments, The Book of the States, Vol. 37, Lexington 2005, S. 215-296.

Die Funktion des *chief legislator* findet ihren Ausgangspunkt in der Ausstattung der Gouverneure mit umfassenden Vetokompetenzen, die ihnen durch die Verfassungen eingeräumt werden. Identisch dem Recht des US-Präsidenten haben die Gouverneure in allen Einzelstaaten die Möglichkeit, mit einem Veto ein Gesetz in seiner Gesamtheit abzulehnen (*general* oder *package veto*). Die Legislativen können einen Einspruch gegen ein Gesetz mit qualifizierten Mehrheiten überstimmen. Hierfür ist in den meisten Einzelstaaten jeweils eine Zweidrittelmehrheit in beiden Kammern erforderlich. In sieben Staaten ist eine Dreifünftelmehrheit von Nöten und in weiteren sechs genügt eine Mehrheit der gewählten Mitglieder der Kammer (Council of State Governments 2005: 161 f.). Auch wenn die Legislativen mit der Möglichkeit, ein Veto zu überstimmen, verfassungsrechtlich betrachtet das letzte Wort in der Gesetzgebung besitzen, so zeigt doch die Praxis, daß es ein Gouverneur in den meisten Fällen vermag, eine entsprechende Anzahl von einem Drittel bis zur Hälfte der Abgeordneten in einer Kammer auf seine Seite zu bringen und hierdurch die Abweisung seines Einspruchs zu verhindern. Insgesamt wird von den Gouverneuren durchschnittlich nur bei fünf Prozent aller Gesetze ein Veto eingelegt, von allen Vetos wiederum werden nur etwa zehn Prozent überstimmt. Die Zahl der Vetos ist bei unterschiedlicher Parteizugehörigkeit des Gouverneurs und der Mehrheit in den Legislativen (*divided government*) erwartungsgemäß höher. Zur Gestaltung der Gesetzgebung ist die Drohung mit einem Veto für den Gouverneur ein wirksames Instrument, das es ihm erlaubt, über das gesamte legislative Verfahren hinweg Einfluß auf die Formulierung von Gesetzen zu nehmen. So erwächst dem Gouverneur aus einem gleichsam negativen Gesetzgebungsrecht ein positiver Gesetzgebungsanspruch. Bis hierhin unterscheidet sich das Vetorecht eines Gouverneurs kaum von dem des US-Präsidenten. Anders als dieser verfügen jedoch die Gouverneure in 43 Einzelstaaten über ein *line-item veto* bei Haushaltsgesetzen. Das bedeutet, je nach verfassungsrechtlicher Ausgestaltung, daß der Gouverneur nicht nur das Haushaltsgesetz als Ganzes, sondern einzelne Zuweisungen oder ganze Passagen streichen, kürzen oder deren Ausführungsbestimmungen ändern kann. Auch hier kann die Legislative aber wie beim *general veto* mit den entsprechenden qualifizierten Mehrheiten den Teileinspruch des Gouverneurs überstimmen. Allerdings findet sich dafür noch seltener als beim *general veto* die erforderliche Stimmenzahl, da die Eingriffe des Gouverneurs zumeist jeweils nur die Interessen einiger weniger Abgeordneter oder Senatoren betreffen. Insofern stellt das *line-item veto* ein sehr präzises Instrument zur Beeinflussung dar: Der Gouverneur kann mit dem Hinweis auf das *line-item veto* die Zustimmung einzelner Abgeordneter bei anderen Gesetzen aushandeln und im Gegenzug auf die Streichung von finanziellen Zuweisungen an deren Wahldistrikte verzichten.

Die Vizegouverneure

Der Vizegouverneur (*Lieutenant Governor*) ist auf einzelstaatlicher Ebene das funktionale Äquivalent des Vizepräsidenten. Allgemein gesagt ist der Vizegouverneur der Vertreter des Gouverneurs bei dessen Abwesenheit oder Amtsunfähigkeit. Er tritt die Nachfolge des Gouverneurs an, wenn dieser stirbt, zurücktritt, abgewählt oder infolge eines Impeachmentverfahrens seines Amtes enthoben wird. Da es in acht Bundesstaaten das Amt des Vizegouverneurs nicht gibt (Tabelle 21-3), folgen dort in solchen Fällen der jeweilige *Speaker* bzw. *President of the Senate* dem Gouverneur im Amt nach. In 26 Einzelstaaten ist der Vizegouverneur Vorsitzender des Senats und hat in 22 Staaten bei einem Abstimmungspatt das Stimmrecht, um eine Entscheidung herbeizuführen – in Massachusetts hat er dies sogar, obwohl er dort nicht Vorsitzender des Senats ist (Council of State Governments 2005: 250). In 25 Staaten ist der Vizegouverneur Mitglied des Kabinetts, hat aber zumeist nur eine beratende Funktion. Insgesamt kann das Amt des Vizegouverneurs als ein wenig machtvolles, gleichsam als stille Reserve bezeichnet werden. Allerdings gibt es Ausnahmen bzw. einige Einzelstaaten, in denen dem Vizegouverneur besondere Kompetenzen zukommen. In Alaska, Hawaii und Utah übt er die Aufgaben aus, die in den anderen Staaten der *Secretary of State* übernimmt. Im Einzelstaatenvergleich sticht insbesondere das Vizegouverneursamt in Texas heraus, das im Hinblick auf die Kompetenzen im Haushaltsverfahren als mächtiger als das des Gouverneurs bezeichnet werden kann (Haas 2004: 120). In Texas kommt hinzu, daß der Vizegouverneur unabhängig vom Gouverneur gewählt wird, weshalb die Situation eintreten kann, daß die beiden nicht derselben Partei angehören. Insgesamt wird in 18 Einzelstaaten der Vizegouverneur nicht im *ticket* mit dem Gouverneur gewählt. Dennoch gehörten 2005 nur sieben Vizegouverneure nicht der Partei des Gouverneurs an. Auch in den Staaten, in denen Gouverneur und Vizegouverneur im Verbund gewählt werden, hat der Kandidat für das Gouverneursamt wenig Einfluß auf die Auswahl seines *running mate*, zumal die Kandidaten in gesonderten Vorwahlen der Parteien bestimmt werden. Einen Nominierungsparteitag wie auf Bundesebene, auf dem der Präsidentschaftskandidat mitsamt dem von ihm festgelegten Kandidaten für das Vizepräsidentenamt akklamiert wird, gibt es analog nur in acht Staaten (FL, KS, MD, MN, MT, ND, OH, UT).

Diesen Ausführungen ist zu entnehmen, daß das Zusammenspiel von Gouverneur und Vizegouverneur gemäß den rechtlichen und parteipolitischen Gegebenheiten in einem Einzelstaat beurteilt werden muß. Je nach Kompetenzverteilung, Parteizugehörigkeit oder auch persönlichem Verhältnis kann aus dem Vizegouverneur ein veritabler Gegenspieler des Gouverneurs werden. Es gab auch schon Fälle, in denen der Gouverneur aus Furcht, der Vizegouverneur würde als amtierender Vertreter sein Programm sabotieren, den Einzelstaat möglichst nicht verließ (Beyle 2004: 211). Im Gegensatz dazu kann die Zusammenarbeit der beiden auch überdurchschnittlich gut sein und der Vizegouverneur wird zum wichtigsten Berater des Gouverneurs oder von diesem sogar als Behördenleiter berufen und damit gestärkt. Über alle Einzelstaaten hinweg betrachtet hat jedoch ein Vizegouverneur wenig Kompetenzen, weshalb insgesamt – von den bereits notierten wenigen Ausnahmen abgesehen – dieses Amt als nicht besonders bedeutungsvoll eingestuft werden muß (Dresang/Gosling 2006: 263).

Andere Exekutivämter
Wie bereits angedeutet ist die exekutive Gewalt in den Einzelstaaten insbesondere wegen separater Wahlen und Legitimationsstränge sehr pluralistisch. Wenngleich dem Gouverneur in der großen Mehrheit der Einzelstaaten die mächtigste Position zukommt und er gegenüber der Legislative der wichtigste Akteur der Exekutive ist, so endet doch diese weitgehende Übereinstimmung mit der Konstellation auf Bundesebene bei der Struktur der vollziehenden Gewalt. Während der Präsident die Ernennungshoheit bei allen wichtigen Exekutivämtern exklusiv besitzt (und es nur in seltenen Fällen an der Zustimmung des Senates mangelt), gestehen die einzelstaatlichen Verfassungen den Gouverneuren keine solch umfassenden Kompetenzen bei Amtsbesetzungen zu. Sehr viele Schlüsselpositionen in der Exekutive werden durch Direktwahl von der Bevölkerung – ohne die 50 Gouverneure hinzuzählen, sind es fast 300 Wahlämter (Bowman/Kearney 2006: 165) – oder durch die Legislativen besetzt. Nur in drei Bundesstaaten (ME, NH, NJ) wird neben dem Gouverneur kein anderes Mitglied der Exekutive direkt gewählt. Insbesondere in Einzelstaaten im Süden und Westen sind es dagegen vier und mehr Staatsämter, die von der Bevölkerung durch Wahlen besetzt werden (Tabelle 21-3). Zwar werden einerseits durch die Direktwahl die Machtfülle und Möglichkeiten des Gouverneurs bei Personalentscheidungen beschnitten, andererseits führt dies nur in den wenigsten Fällen zur Einschränkung seiner politischen Gestaltungsmöglichkeiten etwa im Hinblick auf Gesetzesinitiativen, zumal den anderen Wahlämtern meist nur administrative Kompetenzen zukommen. Gleichwohl verhindern letztere häufig einen Zugriff des Gouverneurs auf bestimmte Vorgänge und können eventuell dazu benutzt werden, Entscheidungen zu blockieren. Generell kann aber ebenso wie beim Vizegouverneur nicht davon gesprochen werden, daß die anderen, direkt gewählten Akteure in der Exekutive – selbst wenn sie einer anderen politischen Partei zugehören – bedeutende Kontrahenten oder gar eine politische Gefahr für die Führungsrolle des Gouverneurs darstellen.

Das Ranking der neben dem Gouverneur direkt gewählten Mitglieder der Exekutive wird vom *Attorney General* angeführt, der in 43 Einzelstaaten von den Wahlberechtigten bestimmt wird (Tabelle 21-3). In fünf anderen Staaten wird er vom Gouverneur ernannt, in Maine von den beiden Kammern der Legislative in einer gemeinsamen Sitzung gewählt und in Tennessee von den Richtern des *State Supreme Court* bestimmt (Council of State Governments 2005: 233). Die Amtsdauer entspricht der des Gouverneurs. Der *Attorney General* ist Justizminister und Generalstaatsanwalt in einem – angesichts seiner Kernfunktionen jedoch mit eindeutigem Schwerpunkt auf letzterem. Seine Hauptaufgaben bestehen darin, den Staat und seine Behörden vor Gericht zu vertreten, die Staatsanwaltschaften des Einzelstaates zu leiten, zu koordinieren und gegebenenfalls bei Untersuchungsverfahren zu unterstützen, sowie die Exekutive und Legislative rechtlich zu beraten. Hierzu gehört in vielen Einzelstaaten auch die Vorabprüfung von Gesetzen auf ihre Verfassungskonformität. Eine besondere politische Dimension erlangen die Stellungnahmen (*opinions*) des *Attorney General*, wenn er etwa Fragen der rechtlichen Zuständigkeit, die sich zwischen dem Gouverneur und der Legislative im Rahmen der Gesetzgebungstätigkeit ergeben, klären soll. Hierfür muß er jedoch von einem der einzelstaatlichen Organe aufgefordert werden. Die Interpretation der Verfassung durch den *Attorney General* kann durchaus von ideologischen und parteipolitischen Neigungen beeinflußt sein. Erscheinen die Entscheidungen des *Attorney General*, die im übrigen Gesetzeskraft haben, dem Gouverneur oder der Legislative zu einseitig im Sinne einer Institution oder parteipolitisch motiviert, so steht ihnen immer noch der Weg zum Obersten Gericht des Einzelstaats offen. In Anbetracht der genannten Aufgaben des *Attorney General* wäre es auch gerechtfertigt, dieses Amt unter einem Kapitel zur judikativen Gewalt zu behandeln, wie es vereinzelt Einführungen in die einzelstaatlichen Regierungssysteme handhaben (z. B. Dresang/Gosling 2006: 375-380).

Von den anderen Wahlämtern der Exekutive werden sowohl der *Treasurer* als auch der *Secretary of State* in über 30 Einzelstaaten direkt gewählt. Die Aufgaben des *Secretary of State* sind zumeist rein verwaltungstechnischer Art. Hierunter fallen etwa die Verantwortung für die Registrierung der Wähler und der Lobbyisten, die Durchführung von Wahlen oder die Herausgabe der einzelstaatlichen Publikationen und Pflege der Archive. Für eine gewisse Berühmtheit des Amtes sorgte Floridas *Secretary of State*, Katherine Harris, im Rahmen der beträchtlichen Konfusion bei der Präsidentschaftswahl im Jahr 2000. Pikanterweise war die Umwandlung des Bestellungsmodus' des *Secretary of State* vom direkt gewählten Kabinettsmitglied mit Verfassungsrang zum durch den Gouverneur ernannten und ihm unterstellten Behördenleiter – mit Wirkung für 2003 – bereits zuvor mit der Begründung beschlossen worden, daß die Organisation von Wahlen einen routinemäßigen Vorgang darstelle, der nicht von einem direkt gewählten Amt aus geleitet werden müsse (Dresang/Gosling 2004: 242).

Der *Treasurer* ist gleichsam der Schatzminister in den Einzelstaaten. Er ist für die Einnahmen und Ausgaben sowie die Überwachung der staatlichen Konten zuständig. Hierunter fällt etwa auch die Verwaltung der Studiengebühren der staatlichen Universitäten und Colleges. Die Verantwortung des *Treasurer* läßt sich am besten mit einem Negativbeispiel illustrieren: So mußte der *Treasurer* von West Virginia, A. James Manchin, 1989 zurücktreten, weil er rund US-$ 230 Millionen aus der Staatskasse durch schlechte Kapitalmarktanlagen verloren hatte. Mit dem Rücktritt kam Manchin seiner sicheren Amtsenthebung in Folge eines Impeachmentverfahrens zuvor. Ein weiteres wichtiges Amt der einzelstaatlichen Finanzverwaltung ist das des *Comptroller* (auch *Controller*), der in immerhin zwölf Staaten – zählt man die vier Staaten hinzu, in denen *Treasurer* und *Comptroller* eine Funktionseinheit bilden, sind es 16 – direkt gewählt wird. Der *Comptroller* ist für die Schätzungen der Einnahmen und Ausgaben zuständig. Die Einflußmöglichkeiten des *Comptroller* hängen ebenso wie beim *Treasurer* von den ihm verfassungsrechtlich oder gesetzlich zugeschriebenen Aufgaben ab. In Texas etwa muß der *Comptroller* den Haushalt vor seiner Verabschiedung zertifizieren und damit den materiellen Ausgleich der Ausgaben mit den geschätzten Einnahmen bescheinigen. Er übt damit eine wesentliche Kontrolle über den Staatshaushalt aus (Haas 2004: 112). Die Aufstellung des Staatshaushalts wird in den Einzelstaaten entweder von einem *Secretary of the Budget*, der als Minister Kabinettsrang hat, oder einem *Budget Director*, der Leiter eines dem Gouverneur direkt zugeordneten Budgetbüros ist, übernommen. Seine Aufgabe ist es, der politischen Programmatik des Gouverneurs durch Schwerpunktsetzungen im Haushalt Geltung zu verschaffen. Auch wenn in einigen Einzelstaaten die genannten Funktionen teilweise oder ganz gebündelt sind (in Florida etwa gibt es seit 2003 nur noch einen *Chief Financial Officer*), so nehmen doch überwiegend drei Ämter (*Treasurer, Comptroller, Secretary of the Budget*) die Aufgaben wahr, die in den deutschen Bundesländern vom Finanzminister ausgeübt werden. Das Äquivalent eines deutschen Landesrechnungshofes stellt in den meisten Einzelstaaten das *Office of the Auditor* dar. Der *Auditor* wird in vielen Staaten ebenfalls direkt von der Bevölkerung gewählt. Während dem *Comptroller* in der Regel das *pre-audit*, also die Prüfung des Budgets auf Gesetzeskonformität vor der Verabschiedung und mitlaufend während des Vollzugs zukommt, ist der *Auditor* für das *post-audit*, die nachträgliche Kontrolle eines abgeschlossenen Haushalts zuständig. Hierzu gehört häufig auch die Evaluation der Effizienz des Mitteleinsatzes. Die hierbei gewonnenen Erkenntnisse dienen als Grundlage für die Planung kommender Haushalte.

21.5 Intermediäre Institutionen und politische Partizipation

21.5.1 Parteien und Wahlen

Wie auf Bundesebene durchdringen die Parteien – also die Demokratische und die Republikanische Partei, dritte Parteien spielen keine bedeutsame Rolle – auch in den Einzelstaaten alle Bereiche des Regierens. Die Intensität, mit der sie die staatlichen Handlungen bestimmen und die einzelstaatlichen Institutionen kontrollieren können, hat jedoch im Verlauf des letzten Jahrhunderts insgesamt abgenommen. Die Stichworte, die die Schwächung der Parteien charakterisieren, sind dabei der sukzessive Verlust der Möglichkeit der Ämterpatronage, der Verlust der Kontrolle bei der Nominierung von Kandidaten durch die Einführung von Vorwahlen, der zunehmende programmatische und organisatorische Wettbewerb mit den Interessengruppen oder mit den kandidateneigenen (Wahlkampf-)Büros sowie etwa die Konkurrenz mit zahlreichen (Wahlkampf-)Beratungsunternehmen. Gleichwohl gelang es den Parteien, sich dem allgemeinen Wandel hin zu *candidate centered campaigns* anzupassen, ihre Rolle neu zu definieren und in vielen Einzelstaaten sogar eine Trendwende einzuleiten, so daß hier ein Wiedererstarken der Parteien zu beobachten ist. Der Handlungsrahmen, in dem sich die Parteien dabei bewegen können, wird zu einem großen Teil durch die einzelstaatliche Gesetzgebung bestimmt. Daher variiert der Bewegungsspielraum, den die Parteien haben, um die ihnen zugeschriebenen Kernfunktionen (die Nominierung von Kandidaten, der Bewerb bei Wahlen und die Übernahme von Ämtern in den Regierungsinstitutionen) zu erfüllen, zwischen den Einzelstaaten zum Teil erheblich (Bibby/Holbrook 2004: 62).

Parteien und Kandidatennominierung

Die Rolle der Parteien bei der Nominierung von Kandidaten für Wahlen ist ein wichtiges Element bei der Beurteilung ihrer Stärke innerhalb des einzelstaatlichen Regierungssystems. Welche Kandidaten einer Partei in den Hauptwahlen gegeneinander antreten, bestimmen seit der Einführung der *direct primaries* nicht mehr die Parteiführungen – etwa unter der Leitung eines einflußreichen US-Senators, des Gouverneurs oder einiger weniger Parteifunktionäre –, sondern die registrierten Wähler. Während *open primaries* im Kern allen Registrierten zugänglich sind, ist bei *closed primaries* und bei *caucuses* die Auswahl der Kandidaten auf die bei der jeweiligen Partei registrierten „Mitglieder" begrenzt (vgl. Tabelle 13-4). Insofern sind letztere Vorwahlvarianten der Kohäsion der Parteien zuträglicher. Wird eine Vorwahl zu einer knappen Kampfabstimmung, deutet dies auf eine gespaltene, fragmentierte und damit schwache Partei. Zur Wahrung organisatorischer Geschlossenheit muß es einer Partei daher aus folgenden Gründen daran gelegen sein, bereits das Teilnehmerfeld bei den Vorwahlen zu kontrollieren bzw. den Ausgang der *primaries* in ihrem Sinne zu beeinflussen: (1) Da die Partei nach der Übernahme von Ämtern strebt, sollen in der Hauptwahl möglichst Kandidaten mit der größten Siegchance antreten; (2) ein Kandidat sollte die programmatische Mitte der Partei vertreten und dadurch integrativ wirken, zumal dies die Mobilisierung einer breiteren Anhängerschaft und größeres Engagement von Parteiaktivisten verspricht; (3) im Falle eines Wahlsiegs haben die von einer Partei massiv unterstützten Mandatsträger sowohl eine starke Rückendeckung und damit größeres politisches Gewicht als auch eine Verpflichtung, sich im Amt für die Ziele der Partei einzusetzen (Morehouse/Jewell 2005: 335).

Die Möglichkeit zu *preprimary endorsements* hängen allerdings von den einzelstaatlichen rechtlichen Regelungen der Nominierungen und der Vorwahlen ab. In knapp über 20 Einzelstaaten können die Parteiführungen und Amtsträger einen starken Einfluß auf die Kandidatennominierung ausüben. In dieser Situation befinden sie sich u. a. deshalb, weil es ihnen gelang, die Einführung von Vorwahlen lange hinauszuzögern (z. B. in CT, NY, RI). Als die Vorwahlen schließlich doch gesetzlich verankert wurden, vermochten die Parteien es, die Gesetzgebung dahingehend zu beeinflussen, daß *preprimary conventions* eingerichtet wurden. Auf diesen öffentlichen Versammlungen des Führungspersonals der einzelstaatlichen Parteien müssen Kandidaten einen bestimmten Anteil der Stimmen erhalten, um überhaupt auf den Stimmzettel der Vorwahl zu gelangen, z. B. 30 Prozent in Colorado, 25 Prozent in New York. In Utah kommen die beiden Kandidaten mit den meisten Stimmen bei den *preprimary conventions* auf den Vorwahlstimmzettel, erhält ein Kandidat gar 70 Prozent auf dieser Versammlung, ist er automatisch für die Hauptwahl nominiert. Insgesamt haben sieben Staaten (CO, CT, ND, NM, NY, RI, UT) eine gesetzliche Verankerung für solche *preprimary endorsements*. In Ermangelung rechtlicher Regelungen für eine verpflichtende Parteizustimmung zur Kandidatur bei Vorwahlen haben eine oder auch beide großen Parteien in anderen Staaten versucht, sich eine starke Position bei der Nominierung von Kandidaten zu erhalten, indem sie ihre Parteisatzungen um entsprechende Regeln ergänzten. In 14 Einzelstaaten finden sich parteiinterne Regularien, gemäß denen ein Wahlbewerber als Parteikandidat ermittelt wird. Zwar können Kandidaten ohne Parteizustimmung bei den Vorwahlen antreten, sie wissen gleichwohl, daß sie im Wahlkampf auf die Unterstützung der Parteiführung möglicherweise verzichten müssen, zumal dann, wenn diese ganz gezielt einen eigenen Kandidaten unterstützt. Untersuchungen zu den Wirkungen von gesetzlich oder parteiintern geregelten *preprimary endorsements* zeigen, daß der von einer Partei unterstützte Kandidat in Vorwahlen häufig ohne Gegenkandidaten antritt. Bei Vorwahlen mit mehreren Kandidaten gewann im Durchschnitt der letzten zwei Jahrzehnte in Dreiviertel der Fälle der von der Partei unterstützte Kandidat, gleichwohl lag die Quote zwischen 1960 und 1980 noch bei über 90 Prozent (Jewell/Morehouse 2001: 109 f.).

Parteien als Dienstleister im Wahlkampf

Selbst wenn Wahlbewerber (satzungs)rechtlich unabhängig von den Parteien ihre Kandidatur betreiben können, heißt das nicht, daß sie auf deren Unterstützung verzichten können. Zwei Aspekte sind hierbei besonders hervorzuheben: die Finanzierung der Wahlkämpfe und die Werbung um Wählerstimmen. Die Hilfe, die die einzelstaatlichen Parteien hierbei leisten können, steht und fällt gleichwohl mit ihrer organisatorischen Stärke. Besonders dort, wo die Bundesparteien im Zuge von Präsidentschaftswahlen oder bei knappen Rennen um Senats- oder Repräsentantenhaussitze große logistische und finanzielle Anstrengungen unternahmen, bildeten sich auch stärkere einzelstaatliche Organisationsstrukturen (vgl. Abbildung 13-1) heraus, die sich die Parteien nunmehr bei einzelstaatlichen Wahlen zunutze machen und dadurch wiederum ihr Profil festigen konnten. Sichtbar wird die heutige Bedeutung der einzelstaatlichen Parteien am Anteil der von ihnen aufgebrachten Finanzmittel an den Gesamteinnahmen der Parteien. Bei den Präsidentschaftswahlen von 1996 und 2000 betrug er 76 Prozent und in Wahljahren, in denen der Fokus auf einzelstaatlichen Wahlen liegt, fällt er naturgemäß mit fast 90 Prozent noch höher aus. Blickt man auf die Kosten der Wahlkämpfe, wird deutlich, warum die Parteien mit ihrem ausgebauten Netz an Kontakten zu potentiellen Geldgebern für die Kandidaten von großem Wert sind. Bei den im Jahr 2002 in 36 Einzelstaaten stattfindenden Gouverneurswahlen gaben die Kandidaten für ihre Wahlkämpfe rund US-$ 840 Mio. aus. Ob und wieviel die Parteien des von ihnen selbst eingeworbenen Geldes an die Kandidaten weitergeben, hängt auch von den einzelstaatlichen Regelungen ab. In Kalifornien z. B. gibt es wie in 20 anderen Staaten keine Beschränkungen, in New York dürfen die Parteien Gouverneurskandidaten in den Vorwahlen überhaupt nicht, in der Hauptwahl dagegen unbeschränkt unterstützen, in Ohio darf pro Wahl rund eine halbe Million, in New Jersey nur US-$ 2.600 pro Vor- und Hauptwahl gegeben werden. Es sind aber nicht nur direkte Finanzierungshilfen, die den Kandidaten einen Nutzen bringen. Von größerer Bedeutung sind die personellen und indirekten finanziellen Leistungen der Parteien bei der Mobilisierung von Wählern. Dazu gehören insbesondere der Einsatz bei der Wählerregistrierung, die Kampagnen, die die Bürgerinnen und Bürger zur Teilnahme an den Wahlen auffordern, oder auch das Schalten von Werbespots, die ganz generell allen Kandidaten einer Partei zugute kommen, unabhängig davon, ob es sich um Wahlen zu kommunalen, einzelstaatlichen oder bundesstaatlichen Ämtern handelt (Morehouse/Jewell 2005: 336-342).

Von der Einparteiendominanz zu kompetitiven Zweiparteiensystemen

Die Situation der Parteien in den Einzelstaaten läßt sich sehr gut anhand einer Entwicklung beschreiben, die in den letzten Jahrzehnten – in manchen Regionen erst seit den 1990er Jahren – zu beobachten ist. Während früher in der Mehrzahl der Staaten eine der beiden Parteien dominierte und sowohl den Gouverneur stellte als auch mit zumeist deutlichen Mehrheiten die beiden Kammern der Legislative kontrollierte, kann heute nur noch in 19 Staaten von einer Einparteiendominanz gesprochen werden, während sich in 31 Staaten ein kompetitives Zweiparteiensystem etabliert hat (Bibby/Holbrook 2004: 88). Besonders signifikant zeigt sich dieser Wandel in den Südstaaten (Bullock/Rozell 2003). Nach dem Ende der Rekonstruktion (1877) wurde bis 1966, über hundert Jahre nach dem Bürgerkrieg, in zehn der elf Staaten der ehemaligen Konföderation (AL, AR, FL, GA, LA, MS, NC, SC, TX, VA) kein einziger Republikanischer Gouverneur gewählt; nur Tennessee hatte zwischen 1883 und 1971 zwei kurze Republikanische Gouverneursinterregna (1911-15, 1921-23). In den besonders ländlich geprägten Alabama, Arkansas, Louisiana und Mississippi lag noch zwischen 1960 und 1979 der Anteil der Republikaner an den Sitzen in deren Legislativen bei durchschnittlich nur einem bis vier Prozent! Während in den anderen Staaten derartige Einseitigkeit nie existierte und ein Wandel zu größerer Ausgeglichenheit bereits in den 1950er Jahren einsetzte (etwa in den Staaten des Nordostens zugunsten der Demokraten), dauerte es bis in die 1990er Jahre, daß auch in den Südstaaten von einem vergleichsweise offenen Parteienwettbewerb die Rede sein kann. Nach den Wahlen 2006 kontrollierten die Republikaner die Legislativen in immerhin fünf der „alten" Südstaaten. Ein Blick auf die parteipolitischen Konstellationen in den Legislativen aller Einzelstaaten zeigt, daß seit Mitte der 1990er Jahre eine ausgewogene Mehrheitsverteilung existiert (Abbildung 21-2). Davor hatten die Demokraten mit der Ausnahme von 1966-1970 seit 1958 stets mehr als die Hälfte der einzelstaatlichen Legislativen kontrolliert.

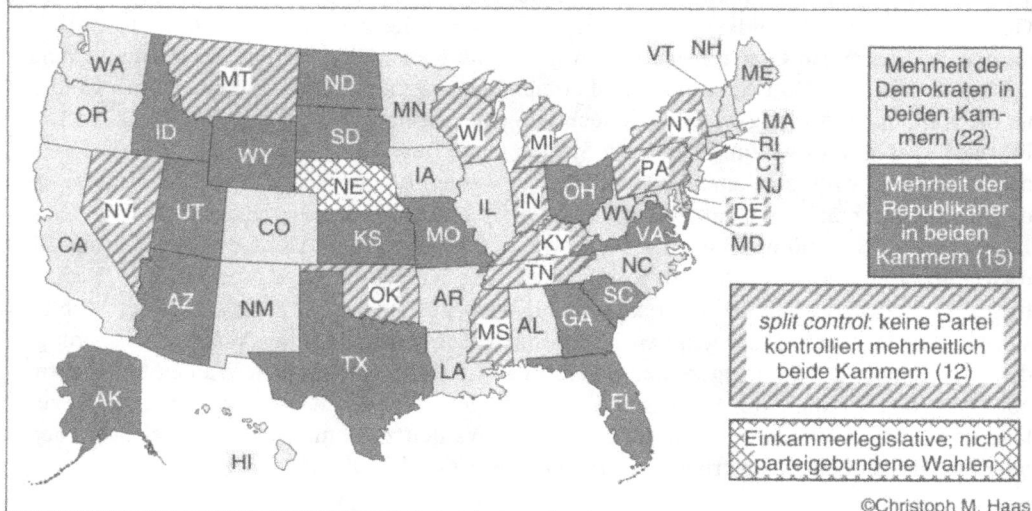

Abbildung 21-2: Parteikonstellation in den Legislativen der Einzelstaaten (2007)

©Christoph M. Haas

	1975	1980	1985	1990	1995	1997	1999	2001	2003	2005	2007
Demokraten	37	29	27	29	18	20	20	16	16	19	22
Republikaner	5	15	11	9	19	18	17	18	21	20	15
Split control	7	5	11	11	12	11	12	15	12	10	12

Quellen: U.S. Census Bureau, Statistical Abstract of the United States: 2007, Washington, D.C. 2006, S. 254; NCSL, <http://www.ncsl.org/programs/legismgt/elect/hstptyct.htm> (31.07.2006).

Bei der Parteizugehörigkeit der Gouverneure ergibt sich ein ähnliches Bild des Wandels. Während die Demokraten seit dem Zweiten Weltkrieg nur 1952 und 1968 nicht die Mehrheit der Gouverneure stellten (Fiorina 1996: 35), waren zwischen 1995 und 2006 Republikanische Gouverneure in der Mehrzahl. Mit den Wahlen 2006 drehte sich das Verhältnis wieder zugunsten der Demokraten (Abbildung 21-3). Der Wechsel kam auch aufgrund struktureller Umstände zustande. Fünf der sechs Gouverneursposten, die die Demokraten dazugewannen, wurden bei neun *open seat*-Wahlen in Staaten erobert, in denen der Republikanische Amtsinhaber nicht erneut antrat bzw. aufgrund von Amtszeitbeschränkungen nicht mehr kandidieren durfte. Nur den Republikanischen Amtsinhaber in Maryland konnten die Demokraten aus dem Amt verdrängen. Insgesamt lag die Wiederwahlquote der *incumbents* 2006 bei 96,2 Prozent. Ähnlich wie bei anderen Wahlen (z. B. zum US-Senat oder Repräsentantenhaus) zeigt sich auch hier, daß sich der Einsatz der Parteien insbesondere bei den kompetitiveren *open seat*-Wahlen lohnt, weil diese ohne Amtsinhaberbonus ausgefochten werden und daher die Wahrscheinlichkeit höher ist, der anderen Partei den Sitz abzunehmen.

Abbildung 21-3: Parteizugehörigkeit der Gouverneure (2007)

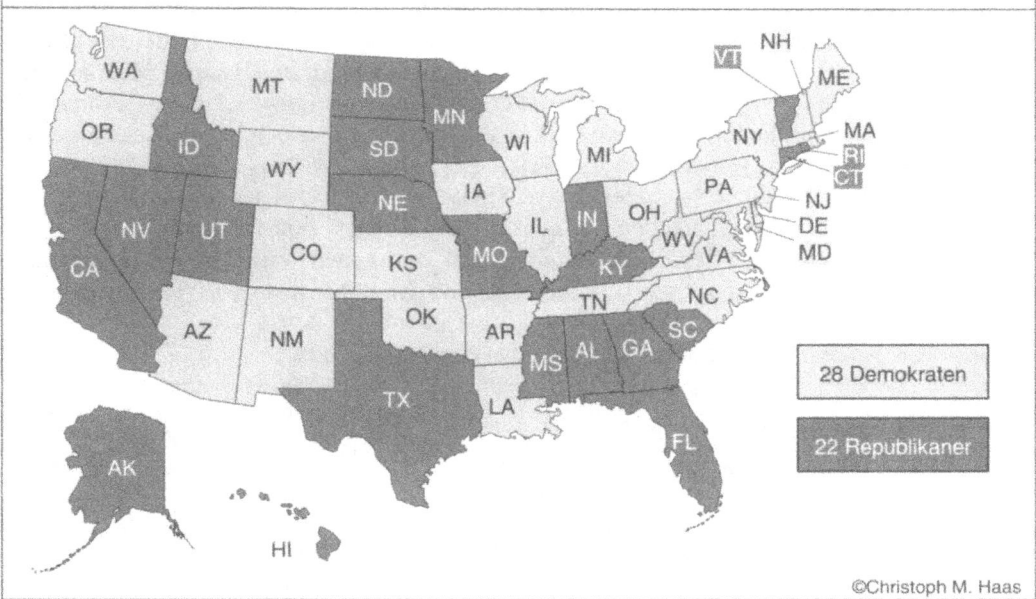

28 Demokraten

22 Republikaner

©Christoph M. Haas

	1975	1980	1985	1990	1995	1997	1999	2001	2003	2005	2007
Demokraten	36	31	34	29	19	17	17	21	24	22	28
Republikaner	13	19	16	21	30	32	31	27	26	28	22
Independent	1	—	—	—	1	1	2	2	—	—	—

Quellen: U.S. Census Bureau, Statistical Abstract of the United States: 2006, Washington, D.C. 2005, S. 258; NGA, <http://www.nga.org/Files/pdf/GOVLIST2007.PDF> (30.01.2007).

Der Wandel zu kompetitiven Parteiensystemen hatte zur Konsequenz, daß sich in den Einzelstaaten viel häufiger als früher die Konstellation des *divided government* findet. Während in den Jahren nach dem Zweiten Weltkrieg bis in die späten 1970er Jahre von wenigen Ausnahmen abgesehen 60 bis 80 Prozent der Einzelstaaten *unified governments* hatten (Fiorina 1996: 25), entsprachen seither in mehr als der Hälfte der Einzelstaaten die Mehrheitskonstellationen in den Legislativen nicht der Parteizugehörigkeit der Gouverneure. Auch die Konstellationen nach den Wahlen von 2006 zeigen die Ausgeglichenheit der Parteien im Wettbewerb um die einzelstaatlichen Gouverneursämter und Legislativen: Die Demokraten stellen in 15, die Republikaner in elf Staaten sowohl den Gouverneur als auch die Mehrheit in beiden Kammern. In 24 Einzelstaaten gibt es ein *divided government* (Tabelle 21-4). Für die Gouverneure bedeutet das, sich in der Gesetzgebung mit den Mehrheiten der anderen Partei arrangieren zu müssen. Der Erfolg bei der Umsetzung seiner eigenen Politik hängt dabei wie auch beim Präsidenten von einem Bündel von Faktoren ab. Die Nutzung der institutionellen Kompetenzen – wie etwa dem Vetorecht als Drohung oder der Möglichkeit der Ämterbesetzungen durch Personen aus bestimmten Wahlkreisen als Gegenleistung für Unterstützung bei Abstimmungen –, der Umgang mit den Medien und das Ausnutzen öffentlicher Stimmungslagen oder auch der Einsatz in Wahlkämpfen für oder gegen ein Mitglied der Legislative sind allesamt Möglichkeiten, um Mehrheiten bei Abstimmungen zu gewinnen. Oftmals hängt der Erfolg des Gouverneurs auch von der Stärke der Parteien ab. Eine geeinte Partei mit großer Abstimmungsdisziplin wird dem Gouverneur, auch wenn sie nur eine knappe Mehrheit besitzt, eine stärkere Opposition sein als eine zwar durch das Parteilabel scheinbar zusammengehörige und mit vermeintlich großer Mehrheit ausgestattete, aber durch viele Einzelinteressen fragmentierte Parlamentsfraktion – und dies gilt auch in der Situation eines *unified government*. Finden sich die Abgeordneten bzw. Senatoren einer Partei dagegen in der Legislative – sei es in der Zusammenarbeit mit oder in Gegnerschaft zum Gouverneur – zu einer einheitlichen Handlungsstrategie und Programmatik zusammen, werden sie von hier aus auch die Geschlossenheit der Partei im Einzelstaat und damit ihre Kompetitivität erhöhen.

Tabelle 21-4: Parteipolitische Konstellationen in den Einzelstaaten (2007)

Gouverneure	Senate	Repräsentantenhäuser*	Mehrheitspartei in der Legislative*	*unified* bzw. *divided government* *
22D/28R	1010D/908R/53I* 25xD/23xR/1xS	2979D/2413R/15I/4V 30xD/19xR	22xD/15xR/12xS	15xD/10xR/24xS

D: Demokraten; R: Republikaner; I: Unabhängiger; V: vakanter Sitz; S: geteilte Kontrolle; * je ohne Nebraska, das eine Einkammerlegislative hat, deren Mitglieder in nicht parteigebundenen Wahlen bestimmt werden – in den 53I in der Spalte „Senate" sind die 49 unabhängig gewählten Senatoren eingerechnet.

Quelle: NCSL, <http://www.ncsl.org/statevote/partycomptable2007.htm> (30.01.2007).

21.5.2   Direktdemokratische Elemente

Viele Einzelstaaten eröffnen den Bürgerinnen und Bürgern über Wahlen hinaus die Möglichkeit, mittels direktdemokratischer Elemente in den politischen Prozeß einzugreifen. Bei diesen können drei Formen unterschieden werden: die (Bürger-)Initiative, das Referendum und die Abwahl (*initiative, referendum, recall*). Insgesamt sind es 34 Staaten, in denen es der Bevölkerung per Petition bzw. Sammlung einer bestimmten Zahl von Unterschriften möglich ist, eines dieser Verfahren in Gang zu setzen. Alle drei Formen stehen jedoch nur in elf Einzelstaaten zur Verfügung (Abbildung 21-4). Die Partizipation an den Verfahren (z. B. Unterschriftensammlung, Werbung um Zustimmung) steht zwar in der Regel allen offen, es dürfen jedoch nur die Wahlberechtigten des jeweiligen Einzelstaates eine Petition unterzeichnen bzw. bei der Abstimmung teilnehmen. Die Unterschriften werden deshalb von behördlicher Seite geprüft und dabei gleichzeitig festgestellt, ob das erforderliche Quorum erreicht ist, um das Vorhaben schließlich allen Wahlberechtigten zur Abstimmung vorlegen zu können. Dies geschieht in Bezug auf *initiative* und *referendum*, die häufig als *ballot measures* bezeichnet werden, gleichzeitig mit den nächsten einzelstaatlichen Wahlen. Neben der Entscheidung über die Kandidaten zu den öffentlichen Ämtern haben demnach die Wähler in Staaten mit derartigen Verfahren auch über konkrete politische Inhalte zu befinden. Die Beteiligung an den *ballot measures* liegt in Ermangelung ausreichender Information oder wegen Desinteresse dabei häufig unter der zu den Wahlen zur Legislative bzw. zu den Exekutivämtern. Das liegt daran, daß sich Wähler auf dem Stimmzettel z. B. für einen Kandidaten zum Gouverneursamt entscheiden, aber die Stimmabgabe für eine Initiative oder ein Referendum schlicht unterlassen. Zwar genügt zur Annahme einer *ballot measure* in den meisten Staaten eine Mehrheit, so daß die Wahlbeteiligung insofern nicht von Bedeutung ist. Verlangt eine *initiative* dagegen eine qualifizierte Mehrheit, so hängt sehr viel von einer ausreichenden Teilnahme und damit auch von einer umfassenden Information und Mobilisierung im Vorfeld der Wahl ab. In engem Zusammenhang hiermit steht auch die Problematik der Formulierung des Abstimmungsgegenstandes. Auf dem Stimmzettel werden nur der Titel eines Gesetzesvorschlages sowie eine Kurzfassung mit einer limitierten Zahl von Wörtern abgedruckt (z. B. Oregon: 25, Washington: 30), in der die Konsequenzen eines „Yes" bzw. „No" erläutert werden sollen. Je nach einzelstaatlichen Bestimmungen werden Titel und Kurzfassung von staatlicher Seite – in den meisten Fällen vom *Secretary of State* oder vom *Attorney General* – verfaßt bzw. müssen wenigstens genehmigt sein. Der Gegenstand soll knapp, präzise und insbesondere neutral beschrieben sein. Nicht allein die Frage der Formulierung auf dem Stimmzettel, sondern der gesamte Inhalt einer Maßnahme kann nicht nur zwischen Befürwortern und Gegnern, sondern auch innerhalb dieser Gruppierungen umstritten sein. Je mehr eine *ballot measure* polarisiert, desto stärker werden Interessengruppen oder Parteien sie für ihre Zwecke zu instrumentalisieren versuchen. Insofern wird das ursprüngliche Ziel bei der Einführung der *initiative* bzw. des *referendum* konterkariert. Denn die Reformbewegungen der *Populists* und *Progressives* hatten um die Wende vom 19. auf das 20. Jahrhundert vorgesehen, die Gesetzgebung nicht ausschließlich den unter Einfluß der *political machines* stehenden und zudem in ihren Augen inkompetenten Legislativen zu überlassen. Insbesondere die *Progressives* setzten auf die politische Klugheit und den Sachverstand der Bürger und glaubten, diese würden sich ausreichend über die Gegenstände informieren, die sie sich gleichsam selbst zur Abstimmung vorlegen konnten. Tatsache ist jedoch heute, daß die *initiative* insbesondere für Interessengruppen, aber auch für einzelne Politiker oder Ideologen als ein wirksames Instrument zur Beeinflussung politischer Entscheidungen dient. Darunter fällt auch, daß mittels der Abstimmung zu einem bestimmten Gegenstand versucht werden kann, das nationale Interesse zu wecken. Gelingt es, auf Bundesebene Entscheidungen herbeizuführen, so ist dies für eine Interessengruppe eine erhebliche Effizienzsteigerung, denn

Lobbying auf einer Ebene ist leichter als in 50 Einzelstaaten. Eine ähnliche Entwicklung hat auf einzelstaatlicher Ebene (ganz im Sinne der Interessengruppen) schon stattgefunden, zumal viele vormals lokale Kompetenzen auf dem Weg der *initiative* vom kommunalen auf den einzelstaatlichen Entscheidungsbereich übergegangen sind. Ebenfalls problematisch ist, daß sich Bürgerinitiativen gezielt gegen Minderheiten richten können, wie etwa in Kalifornien 1994 gegen illegale Einwanderer und 1996 gegen *affirmative action*-Programme. Folglich wird gegen solche diskriminierenden Mehrheitsentscheidungen geklagt und sie werden schließlich von den Gerichten korrigiert (Burns et al. 2004: 90-94).

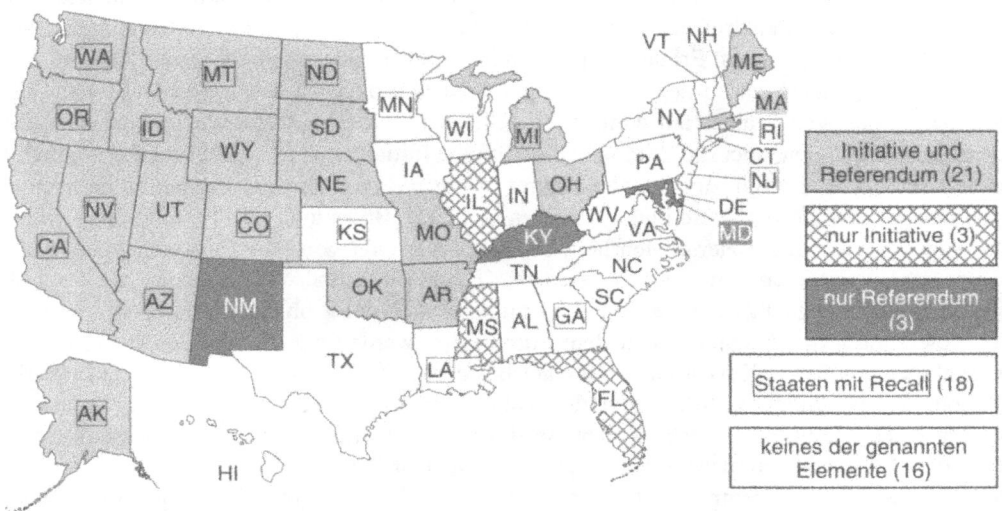

Abbildung 21-4: Direktdemokratische Elemente: *Initiative, Popular Referendum* und *Recall*

Initiative und Referendum (21)

nur Initiative (3)

nur Referendum (3)

Staaten mit Recall (18)

keines der genannten Elemente (16)

©Christoph M. Haas

Quelle: National Conference of State Legislatures, Initiative, Referendum and Recall, <http://www.ncsl.org/programs/legismgt/elect/initiat.htm> (31.07.2006).

Initiative

Die *initiative* ist ein Verfahren, das es der Bevölkerung erlaubt, eigene Gesetzesvorschläge oder in manchen Staaten sogar Verfassungsergänzungen zur Abstimmung zu bringen. Die Gesetzgebungskompetenz liegt demnach nicht ausschließlich bei der Legislative. Der erste Staat, der die *initiative* einführte, war South Dakota im Jahr 1898. Seitdem folgten 23 andere diesem Beispiel, zuletzt Mississippi 1992, so daß heute 24 Einzelstaaten ihrer Bevölkerung dieses Verfahren einräumen. Es ist zwischen zwei Typen der Bürgerinitiative zu unterscheiden: Die *direct initiative* befördert einen Gesetzesvorschlag oder eine Verfassungsergänzung ohne Umwege auf den Stimmzettel bei der nächsten Wahl. Die *indirect initiative* erlaubt es der Legislative Stellung zu nehmen. Diese kann den Vorschlag annehmen und das Gesetz verabschieden, so daß die Volksabstimmung nicht mehr erfolgen muß. Sie kann ihn auch ändern und diese Version zur Abstimmung bringen. Und sie kann den Vorschlag ablehnen.

Für die letzten beiden Fälle gilt, daß in drei Staaten (MA, OH, UT) die Initiatoren zusätzliche Unterschriften erbringen müssen, um die ursprüngliche Version auf den Wahlbogen zu bringen. In den anderen Staaten geschieht dies automatisch. Es kann also der Fall eintreten, daß die Variante der Bürger mit der der Legislative konkurriert. Von den 24 Staaten mit der *initiative* stellen sechs (ME, MA, MI, MS, NV, OH) nur die indirekte Methode bereit. In Mississippi kann sie nur für Verfassungsänderungen eingesetzt werden. Letzteres gilt z. B. auch für Florida und Illinois, wobei hier die Bürger mit der direkten Methode den Verfassungsänderungsvorschlag ohne Umwege auf dem Wahlzettel plazieren können. In Utah und Washington können die Bürger zwischen der indirekten und direkten Methode wählen, wobei in Utah die Zahl der erforderlichen Unterschriften bei der indirekten Variante niedriger ist.

Wenngleich keine zwei Staaten exakt die gleichen Vorschriften haben, so sind doch im allgemeinen folgende Schritte erforderlich, um einen Gesetzesvorschlag auf den Wahlzettel zu bringen. Zunächst muß eine angestrebte Petition bei der entsprechenden staatlichen Stelle vorläufig aktenkundig gemacht werden. Hier wird die Petition auf ihre Konformität mit den gesetzlichen Vorschriften und, in manchen Staaten, die sprachliche Ausgestaltung des Vorschlags überprüft. Dann werden der Titel und eine Kurzfassung des Gesetzesvorschlags verfaßt. Anschließend zirkuliert die Petition in der Bevölkerung, um die erforderliche Zahl von Unterschriften der registrierten Wähler zu erhalten. Am Ende steht die Einreichung bei der für Wahlen zuständigen Behörde, die die Unterschriften prüft und bei ausreichender Anzahl die Petition auf den Wahlzettel setzt. In den meisten Staaten ist eine *initiative* dann erfolgreich, wenn sie bei der Wahl eine Mehrheit der abgegebenen Stimmen erhält. In neun Staaten sind jedoch qualifizierte Mehrheiten für die Verabschiedung erforderlich. In Florida und Illinois z. B. müssen Vorschläge zur Änderung der Verfassung mindestens eine Zweidrittelbeziehungsweise Dreifünftelmehrheit der Abstimmenden erhalten. In Nebraska genügt sowohl für Gesetzesinitiativen als auch für Verfassungsänderungsvorschläge eine Mehrheit für den Erfolg, allerdings müssen mindestens 35 Prozent aller an der Wahl Teilnehmenden auch ihre Stimme bei der entsprechenden Maßnahme abgegeben haben. Derartige Hürden erscheinen nicht sehr hoch, sie sind jedoch insofern nicht zu unterschätzen, als fast alle Wähler für das Amt des Gouverneurs oder des Abgeordneten im US-Repräsentantenhaus abstimmen, angesichts des Umfangs der Wahlzettel aber kein Interesse zeigen, für alle zur Wahl stehenden Ämter oder Gesetzesinitiativen eine Entscheidung zu treffen.

Referendum

Im Gegensatz zur *initiative* wird beim *referendum* nicht über eine Maßnahme abgestimmt, die von der Bevölkerung ausgeht, sondern über ein Gesetz, das von der Legislative verabschiedet worden ist. Es ist zwischen drei Typen von Referenden zu unterscheiden: dem *popular referendum*, dem *legislative referendum* und dem *advisory referendum*. Im Grunde können die beiden letzteren nicht als echte direktdemokratische Elemente bezeichnet werden, da sie nicht aus einer Initiative der Bürger hervorgehen. Anders als das *popular referendum* findet sich das *legislative referendum* in allen 50 Bundesstaaten. Mit Ausnahme von Delaware müssen in den 49 anderen Einzelstaaten von der Legislative angestrebte Verfassungsänderungen der Bevölkerung zur Abstimmung vorgelegt werden. In manchen Staaten sind die Legislativen auch verpflichtet, Gesetze bestimmten Inhalts, etwa die geplanten Änderungen der Steuergesetzgebung oder die Ausgabe von Staatsanleihen durch die Bürgerinnen und

Bürger genehmigen zu lassen. Im Gegensatz dazu ist es beim *popular referendum* die Bevölkerung, die eine Abstimmung über jedwedes Gesetz erwirken kann. Hierzu ist ebenso wie bei der *initiative* die Sammlung einer bestimmten Zahl von Unterschriften erforderlich, wobei diese in der Regel in einem Zeitraum von 90 Tagen erbracht werden müssen. Wenn genügend Unterschriften gesammelt und als gültig bescheinigt wurden, wird bei der nächsten Wahl über das Inkrafttreten des neuen Gesetzes entschieden. Solange die Abstimmung nicht erfolgt ist, ist das Gesetz nicht rechtskräftig. Dies ist – ebenso wie beim *legislative referendum* – erst der Fall, wenn es mehrheitlich angenommen wird. Eine Ablehnung dagegen stellt ein absolutes Veto dar, so daß das Gesetz gegebenenfalls in der nächsten Legislaturperiode erneut eingebracht werden muß. Insgesamt sind es 24 Staaten, die das *popular referendum* ermöglichen – die meisten von ihnen sind auch *initiative*-Staaten (Abbildung 21-4).

Von den beiden bereits genannten Formen des Referendums ist eine dritte zu unterscheiden, die allerdings nur sehr selten benutzt wird: das *advisory referendum*. Dieser Typ des Referendums ermöglicht es der Legislative und in manchen Staaten auch dem Gouverneur, der Bevölkerung eine Frage zu einem bestimmten Gegenstand vorzulegen, um so ein Bild von der vorherrschenden Meinung zu bekommen. Das Ergebnis eines *advisory referendum* ist nicht bindend und der Gouverneur bzw. die Legislative sind nicht verpflichtet, gesetzgeberisch tätig zu werden oder gar eine Verfassungsänderung voranzutreiben.

Recall

Die *recall* ermöglicht der Bevölkerung, einen gewählten Amtsträger vor Beendigung der Wahlperiode aus seiner Position zu entfernen. Auch die *recall* erfordert eine Petition, allerdings ist bei ihr die Zahl der zu erbringenden Unterschriften zumeist deutlich höher als bei der *initiative* oder dem *referendum*. In den meisten Fällen sind es 25 Prozent der für die betreffende Position bei der letzten Wahl insgesamt abgegebenen Stimmen. In sechs der insgesamt 18 *recall*-Staaten (Abbildung 21-4) erfolgt die Wahl des Nachfolgers simultan. Dabei kann der Amtsinhaber in der Liste der Kandidaten enthalten sein. In Arizona und Wisconsin etwa wird er automatisch auf dem Stimmzettel geführt. In Kalifornien besteht der Stimmzettel aus zwei Teilen. Im ersten Abschnitt wird gefragt, ob der Amtsinhaber abgewählt werden soll. Der zweite Abschnitt enthält die Liste der neuen Kandidaten für das Amt. In dieser ist der Amtsinhaber nicht mehr enthalten. Stimmt die Mehrheit für eine Abwahl, ist der Kandidat mit den meisten Stimmen aus der Liste der neuen Kandidaten gewählt. Auf diese Weise wurde am 7. Oktober 2003 Gray Davis als Gouverneur abgewählt und Arnold Schwarzenegger mit 48,6 Prozent der abgegebenen Stimmen der neue Amtsinhaber (Tabelle 21-5). Zwar hatte er eine andere Bedeutung, gleichwohl eignet sich der Titel eines Schwarzenegger-Films bestens zur Beschreibung dieses Ergebnisses: „Total recall". Obwohl es seit 1913 insgesamt 32 Anläufe zur Abwahl des Gouverneurs gegeben hatte, war es der erste, der überhaupt den *ballot*-Status erreichte und damit auch die erste Abwahl eines Gouverneurs in Kalifornien. Auf alle Ämter bezogen gab es dort insgesamt 118 Abwahlversuche, aber neben dem von 2003 nur fünf erfolgreiche: schon 1913 und 1914 waren zwei *state senators* sowie 1994 und 1995 zwei Abgeordnete des kalifornischen Repräsentantenhauses abgewählt worden. Das kalifornische Beispiel zeigt, daß eine *recall*-Initiative zumeist an der erforderlichen Zahl der Unterschriften scheitert. Von den 118 Anläufen führten nur acht (6,8 Prozent) zur tatsächlichen Abstimmung. Kommt es dagegen dazu, ist die Abwahl wahrscheinlich (62,5 Prozent).

Auch wenn die Fallzahl der tatsächlichen Abstimmungen sehr niedrig ist, so läßt sich doch aus der Erfolgsquote schließen, daß in diesen Fällen offenbar der Anlaß bzw. die Motive für die Abwahl sehr gewichtig waren.

Tabelle 21-5: Wahlen 2002 und 2003 in Kalifornien

General election 5. November 2002

	Stimmen	Prozent
Wahlbeteiligung insgesamt:	7.738.821	
Prozent der Wahlberechtigten:		36,05
Prozent der registrierten Wähler:		50,57
Gouverneurswahl 2002	Stimmen	Prozent
Beteiligung:	7.476.351	96,6
nicht abgestimmt:	262.470	3,4
Gray Davis (D)	3.533.490	47,3
Bill Simon (R)	3.169.801	42,4
andere	773.020	10,3

Recall und Special Election 7. Oktober 2003

	Stimmen	Prozent
Wahlbeteiligung insgesamt:	9.413.494	
Prozent der Wahlberechtigten:		43,12
Prozent der registrierten Wähler:		61,20
Recall Governor?	Stimmen	Prozent
Beteiligung:	8.984.057	95,4
nicht abgestimmt:	429.431	4,6
Yes	4.976.274	55,4
No	4.007.783	44,6
New Governor		
Beteiligung:	8.657.919	92,0
nicht abgestimmt:	755.575	8,0
Arnold Schwarzenegger (R)	4.206.284	48,6
Cruz Bustamente (D)	2.724.874	31,5
Tom McClintock (R)	1.161.287	13,4
andere	565.474	6,5

Daten entnommen bei: California Secretary of State, <http://www.ss.ca.gov/elections/elections.htm> (16.03.2005).

Der Vergleich zwischen der turnusmäßigen Wahl 2002 und der speziell einberaumten Wahl von 2003 macht dies deutlich. Die Wahlbeteiligung lag 2003 mit sieben Prozentpunkten bzw. mit elf Prozentpunkten bei den registrierten Wählern über der von 2002. Die hohe Wählermobilisierung wirkte sich dabei gegen den Amtsinhaber Gray Davis aus, obgleich er gegenüber 2002 sogar ein Plus von rund 500.000 Stimmen verzeichnen konnte. Die Wahl des neuen Gouverneurs stellte unter parteipolitischen Gesichtspunkten für die Demokraten eine klare Niederlage dar. Ihr Kandidat, der Vizegouverneur unter Gray Davis, Cruz Bustamente konnte nur 31,5 Prozent der abgegebenen Stimmen auf sich vereinigen, während der dem moderaten Flügel der Republikaner zuzurechnende Arnold Schwarzenegger und der stärker konservativ ausgerichtete parteiinterne Rivale Tom McClintock zusammen auf 62 Prozent kamen. Dennoch dürfte das Wahlresultat primär auf personenorientiertes Abstimmungsverhalten und nicht auf parteigebundene Entscheidungen zurückzuführen sein, wie dies bei Gouverneurswahlen im allgemeinen zu beobachten ist.

Auch in anderen Einzelstaaten sind die Erfolgsquoten der *recall*-Initiativen recht dürftig. Bis 2003 war Lynn J. Frazier (North Dakota) der einzige Gouverneur, der vorzeitig aus seinem Amt gewählt wurde. Das war 1921 und mit ihm mußten damals auch der *Atttorney General* und der *Commissioner of Agriculture* den Hut nehmen.

21.5.3 Interessengruppen

Im Gegensatz zum Bund sind die Einzelstaaten sozioökonomisch weniger diversifiziert. Dies resultiert naturgemäß in einer weniger breiten Ausfächerung der organisierten Interessen in den Einzelstaaten, was in der Vergangenheit häufig dazu führte, daß einzelne Interessengruppen die dominante politische Kraft in den Staaten darstellten. Zwar gibt es auch heute noch einige Einzelstaaten, in denen einer einzigen Interessengruppe eine besondere Bedeutung zukommt (z. B. UT: Mormonen, NV: Spielcasinos, WV: Kohleindustrie), insgesamt kann jedoch konstatiert werden, daß ein Einzelstaat nicht mehr ausschließlich von einer Interessengruppe gleichsam beherrscht wird. Grundsätzlich gilt aber, daß die Untersuchung der Aktivitäten von Interessengruppen und deren Lobbyisten Aufschluß über die Machtverhältnisse in einem bestimmten Staat gibt. Wenngleich über alle Staaten hinweg viele Gemeinsamkeiten der Interessengruppen bestehen, sind auch zahlreiche Unterschiede festzustellen. Diese reichen von der Zahl und Ausrichtung der Interessengruppen über ihren konkreten Einfluß bis hin zu ihrer rechtlichen Regulierung durch die Einzelstaaten. Daher sollen im folgenden die Bedeutung der Interessengruppen als Barometer der einzelstaatlichen Politik, ihre Strategien und Taktiken sowie ihre Rechte im politischen Prozeß, desweiteren die Gründe für die Verschiedenheit von Interessengruppen in den Einzelstaaten und die Konsequenzen, die sich hieraus ergeben, und schließlich ihre Entwicklung und zukünftige Trends überblicksartig dargestellt werden (Thomas/Hrebenar 2004: 101).

Der Terminus „Interessengruppe" wird hier analog zu dem in der *public policy*-Forschung gebräuchlichen und sehr weit gefaßten Begriff benutzt. Unter Interessengruppe wird ein Akteur verstanden, der am *policy making*-Prozeß teilnimmt, um seine Vorstellungen und Bedürfnisse deutlich zu machen und politische Entscheidungen zu beeinflussen (Jordan/Halpin/Maloney 2004). Ausgehend von dieser Definition finden sich in den Einzelstaaten wie auf Bundesebene drei Kategorien von Interessengruppen: Das sind, erstens, die traditionellen *membership groups*, also Interessengruppen, in denen sich Individuen mit gemeinsamen gesellschaftlichen, wirtschaftlichen oder politischen Anliegen zusammenfinden, wie z. B. Rentner, Lehrer, Umweltschützer, Landwirte oder Verbraucher. Zweitens die Interessengruppen, die sich aus Organisationen (*organizational interests*) zusammensetzen, etwa Unternehmer- oder Gewerkschaftsverbände. Eine *organizational interest group* kann also auch ein Zusammenschluß von *membership groups* sein. Solche Verbände werden in der Literatur häufig mit dem Begriff *association* belegt. Und schließlich, drittens, die institutionellen Interessengruppen (*institutional interests*), also Institutionen wie die kommunalen Gebietskörperschaften und Verwaltungen, Behörden des Bundes oder des Einzelstaates, private und staatliche Universitäten oder auch *think tanks*. Seit den 1980er Jahren bilden die institutionellen Interessen die größte und bedeutendste Kategorie (Abbildung 21-5). Zusammen ergibt sich aus diesen Kategorien bzw. den von ihnen umfaßten Interessengruppen ein Interessengruppensystem, das wiederum einen Teil der sozioökonomischen und politischen Struktur des Staates darstellt. Die Charakteristika des jeweiligen Interessengruppensystems – Größe, Entwicklung, Zusammensetzung, Arbeitsweise – und sein Verhältnis zu Gesellschaft, Wirtschaft und Staat sind es, die die politischen Machtstrukturen mitbestimmen und darüber mitentscheiden, welche staatlichen *policies* umgesetzt oder verhindert werden. Zudem wirken sie auf die Formen der Repräsentation und die demokratische Praxis im jeweiligen Staat ein.

Vor 1900 gab es in den Einzelstaaten nur wenige organisierte Interessen. Bis 1930 etablierten sich in damals noch 48 Gliedstaaten fünf, die als die traditionellen einzelstaatlichen Interessen bezeichnet werden: (1) Wirtschaft bzw. Unternehmen, (2) Gewerkschaften und Berufsverbände, (3) Bildungswesen, (4) Landwirtschaft sowie (5) die kommunalen Gebietskörperschaften.

Abbildung 21-5: Entwicklung der Kategorien von Interessengruppen 1980-1999

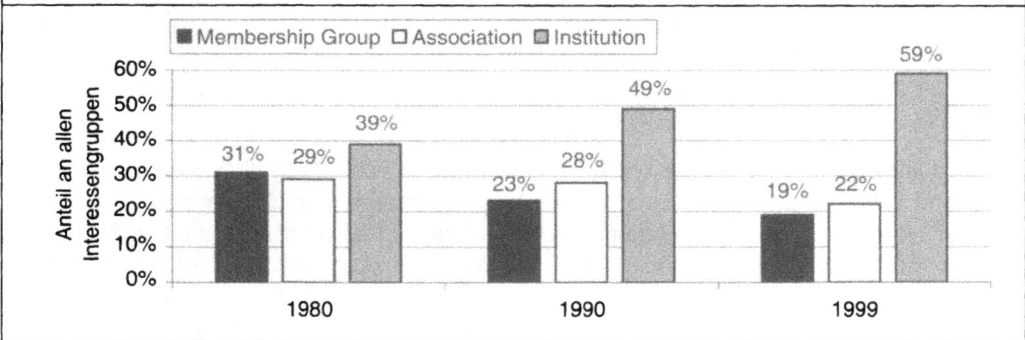

Quelle: Gray, Virginia/Lowery, David, Trends in Lobbying in the States, in: Council of State Governments, The Book of the States, Vol. 35, Lexington 2003, S. 260.

Diese fünf waren über zwei Generationen hinweg bis in die späten 1960er Jahre im wesentlichen die einzigen durchgehend am politischen Prozeß partizipierenden Akteure von Seiten der Interessenvertretungen. Aufgrund der relativen Bedeutungslosigkeit der Einzelstaaten und insbesondere der einzelstaatlichen Legislativen waren die Möglichkeiten zur Einflußnahme jedoch begrenzt. Das Lobbying beschränkte sich daher weitgehend auf die Kommunen. Dies änderte sich erst, als die Legislativen einen deutlichen Machtzuwachs erlebten. Allerdings nahmen nun nicht nur die Aktivitäten der traditionellen Interessengruppen zu, sondern es stieg insgesamt die Zahl der Interessengruppen, und die einzelstaatlichen Interessengruppensysteme wurden damit deutlich pluralistischer. Es bildeten sich eine Reihe neuer Interessengruppen von verschiedensten Seiten und Sektoren heraus (z. B. Frauengruppen, religiöse Gruppen, Sozialverbände, oder auch *governance groups*, die sich etwa für Amtszeitbegrenzungen oder niedrigere Steuern einsetzen). Der Höhepunkt des Zuwachses wurde in den 1980er Jahren erreicht, als insbesondere Interessengruppen im Bereich des Gesundheitswesens (Krankenhäuser, Versicherungen), der öffentlichen und privaten Versorgungsbetriebe (Strom- und Wasserversorgung, Telekommunikation) sowie des produzierenden (Klein-)Gewerbes entstanden. Besonders groß war jedoch der Zuwachs im öffentlichen Sektor, in dem sich etwa neue Gewerkschaften für Staatsbedienstete (Polizei, Feuerwehr, Verwaltung) gründeten. Ebenso unternahmen die Kommunen unabhängig von ihren Verbänden (z. B. *League of Cities*) eigene Lobbyanstrengungen – eine Entwicklung, die sich auch auf Unternehmerseite zeigt, wenn sich z. B. Microsoft unabhängig von Unternehmerverbänden mit eigenen Lobbyisten engagiert. Auch ideologisch ausgerichtete Interessengruppen (*religious right, anti-abortion*) sowie *single-issue groups*, wie z. B. die *National Rifle Association* (*NRA*), verstärkten ihre Aktivitäten bei den Regierungsstellen. In den 1990er Jahren stieg die Zahl der Interessengruppen zwar weiterhin an, blieb aber weit unter der Steigerungsrate der 1980er zurück. Der Trend in den 1990ern bestand vielmehr zum einen darin, daß einzelne Interessengruppen, die bislang nur in einem oder wenigen Staaten vertreten waren, sich auf andere Staaten ausdehnten (z. B. *Hispanics*), und zum anderen darin, daß sich die Intensität des Lobbying nochmals verstärkte. Aus der geschichtlichen Entwicklung der Zunahme der Zahl der Interessengruppen als auch der Ausweitung ihrer Aktivitäten lassen sich zwei

Schlüsse ziehen: Erstens, daß die Bedeutung der Einzelstaaten im politischen System der USA deutlich zugenommen, und daß, zweitens, die Zunahme der Zahl und des Engagements der Interessengruppen auf einzelstaatlicher Ebene auch gleichzeitig den Bedeutungszuwachs der Gliedstaaten befördert hat. Insofern können die Interessengruppen tatsächlich als Indikator bzw. Barometer für den Wandel der Rolle und Tragweite der einzelstaatlichen Politik und deren aktueller Trends bezeichnet werden.

Die bislang geschilderten Entwicklungen sind in ihren Grundzügen allen Einzelstaaten gemeinsam. Dennoch gibt es Variationen und je nach Einzelstaat auch sehr markante Unterschiede zwischen den Interessengruppensystemen. Insgesamt beeinflussen fünf, sich teilweise gegenseitig bedingende Faktoren die einzelstaatlichen Interessengruppenkonstellationen. Bereits angedeutet wurde der erste Faktor: Die sozioökonomische Diversifizität der Einzelstaaten hat zur Folge, daß nicht überall die gleichen Interessen oder diese im selben Ausmaße vertreten werden. Unterschiede in der wirtschaftlichen Entwicklung, dem allgemeinen Wohlstand der Einzelstaaten, deren Einnahmen- und Ausgabenstruktur sowie in der sozialen und demographischen Zusammensetzung der Bevölkerung bilden die Grundlagen dafür, ob und mit welcher Intensität bestimmte Interessen vertreten werden. Einen zweiten Faktor stellt die allgemeine politische Ausrichtung eines Einzelstaates dar. Diese wird bestimmt durch die jeweilige politische Kultur und vorherrschende Ideologie. Hierunter fällt z. B. die Akzeptanz von Interessengruppen in der Bevölkerung oder deren Verhältnis zu den politischen Parteien, welches den Zugang zum politischen Prozeß erleichtert oder erschwert. In diesem Kontext sind außerdem die Kosten für Wahlkämpfe zu nennen. Je höher diese sind, um so mehr können Interessengruppen mit offenen Armen bei Kandidaten und damit auch bei späteren Amtsträgern rechnen. Ein dritter Faktor ist die institutionelle Ausgestaltung des einzelstaatlichen Regierungssystems. Über die Einzelstaaten hinweg haben die Institutionen wie oben gesehen unterschiedliche Rechte und Kompetenzen, was wiederum für die Interessengruppen bedeutet, verschiedene Handlungsweisen wählen zu müssen. Auch können zahlreiche direktdemokratische Elemente in manchen Einzelstaaten den Interessengruppen Strategien ermöglichen, die ihnen in anderen Einzelstaaten nicht zur Verfügung stehen. Eine weitere erhebliche Einschränkung für die Interessengruppen können strenge Gesetze zur Registrierung von Lobbyisten darstellen. Als vierter Faktor ist der intergouvernementale Kontext zu nennen. Die Verteilung von Zuweisungen des Bundes auf die Einzelstaaten bedeutet zugleich die Förderung bestimmter *policies* und stellt daher für Interessengruppen ein weiteres, aber von Einzelstaat zu Einzelstaat variierendes Betätigungsfeld dar. In diesen intergouvernementalen Bereich fällt zudem das *out-of-state lobbying*, d. h. die Ausweitung der Aktivitäten von Interessengruppen über ihre angestammten Staaten hinaus. Als fünfter und letzter Faktor für die konkrete Ausgestaltung des Interessengruppensystems in einem Einzelstaat ist schließlich die kurzfristige politische Entwicklung festzuhalten. Die Änderung der parteipolitischen Konstellationen und damit häufig der politischen Prioritäten können für manche Interessengruppen neue Chancen eröffnen, während andere ihre Zugangskanäle verlieren und neue Strategien entwickeln müssen (Thomas/Hrebenar 2004: 107 ff.).

Die Strategien und Taktiken der Interessengruppen auf einzelstaatlicher Ebene unterscheiden sich nicht wesentlich von den auf Bundesebene agierenden. Die bis in die späten 1960er Jahre ausschließlich praktizierte Taktik der persönlichen Einflußnahme (*direct tactic* bzw. *direct lobbying*) durch Lobbyisten mit guten, langjährigen Kontakten zu den Entscheidungsträgern in der Exekutive und Legislative (*insider lobbying*) ist zwar auch heute noch eine übliche Variante, wurde aber durch verschiedene andere Formen des Lobbying (*indirect* und *outsider lobbying*) ergänzt. Indirekte Taktiken zielen z. B. darauf, das Umfeld eines Abgeordneten zu beeinflussen, die Öffentlichkeit zu mobilisieren oder Koalitionen mit anderen Interessengruppen zu bilden. Diese Taktiken müssen insbesondere *outsider* anwenden, die häufig gesellschaftliche Randgruppen vertreten und deshalb auch weniger leicht den direkten Zugang zu Abgeordneten oder zur Exekutive finden. Lobbying-Strategien hängen im wesentlichen vom gewünschten Ziel ab. Letzteres kann entweder darin bestehen, ein bestimmtes Gesetz zu verhindern oder ein neues zu erwirken. Betreffen aktuelle politische Entscheidungen nicht unmittelbar ein bestimmtes Interesse einer Gruppe, kann das Ziel von Lobbying schlichtweg darin bestehen, sich für zukünftige Eventualitäten einen guten Kontakt zu erhalten.

Ein Blick auf eine von der Forschung erstellte Rangliste verrät, welche Interessengruppen in den 50 Einzelstaaten im Jahr 2002 den größten Einfluß ausübten. Die bedeutendsten fünf sind in Reihenfolge: die Unternehmerverbände (z. B. Handelskammern), die Lehrergewerkschaften, die Versorgungsbetriebe und deren Verbände (Strom, Wasser, Gas, Telekommunikation), Versicherungen sowie die Verbände der Krankenhäuser und Altersheime. Unter den ersten zehn befinden sich auch die kommunalen Gebietskörperschaften und deren Organisationen sowie die Landwirtschaft. Seit dem ersten Ranking von 1985 haben sich z. B. die Universitäten vom 19. auf den 13. Rang vorgeschoben, wohingegen die Arbeitnehmerverbände (1985: Rang 5, 2002: 12), die Banken (1985: 7, 2002: 25) und die Unternehmen und Verbände der Öl- und Gasindustrie (1985: 20, 2002: 36) deutlich an Effektivität einbüßten. Während in dieser Rangliste der Einfluß einzelner Interessen über die 50 Einzelstaaten hinweg zum Ausdruck kommt, kann über den Einfluß von Interessengruppen auf das *policy making* in den einzelnen Staaten festgestellt werden, daß er in immerhin fünf Staaten (AL, FL, MT, NV, WV) als dominant bezeichnet werden muß. In nur drei Staaten (MI, MN, SD) spielen Interessengruppen eine untergeordnete Rolle. Für die anderen Staaten wird hinsichtlich des *policy making*-Prozesses von einer komplementären Einflußnahme gesprochen, worunter zu verstehen ist, daß Parteien und organisierte Interessen zusammenarbeiten, um ihre Vorstellungen durchzusetzen (Thomas/Hrebenar 2004: 118 ff.).

Was die zukünftige Entwicklung der organisierten Interessen in den Einzelstaaten anbelangt, so wird sich die geschilderte Pluralisierung verfestigen. Zwar wird sich die Zunahme von Interessengruppen insgesamt verlangsamen, in Staaten mit wenig ausgeprägter Interessenstruktur jedoch beschleunigen. Auch der Trend zur „Nationalisierung" durch das *out-of-state lobbying* wird andauern, wenngleich dieses sich weitgehend auf bundesweit oder überregional operierende Unternehmen beschränken wird. So war im Jahr 2000 Anheuser-Busch (u. a. Budweiser Bier) als einziges Unternehmen in allen 50 Einzelstaaten registriert. Neben Pfizer (Pharmaindustrie) und drei Unternehmen der Tabakindustrie waren nur weitere zehn Firmen bzw. Verbände in 40 oder mehr Einzelstaaten als Lobbyisten gemeldet. Die Mehrheit der registrierten Interessen (1997: 53 Prozent) wird auch in Zukunft ihre Aktivität nur auf einen Einzelstaat begrenzen. Insofern wird das Diktum „all politics is local" in Bezug auf die Interessengruppen weiterhin seine Gültigkeit behalten (Gray/Lowery 2003: 261).

21.6 Haushaltssysteme

Die Haushaltssysteme der Einzelsstaaten unterscheiden sich in drei Punkten signifikant von dem des Bundes. Erstens gestaltet sich die Einnahmensituation deutlich anders. Während sich die Einnahmen des Bundes zu rund 85 Prozent aus der Einkommenssteuer und den Sozialversicherungsbeiträgen zusammensetzen, greifen die Einzelstaaten insgesamt betrachtet für einen derartigen Anteil auf wesentlich mehr Quellen zurück. Ähnlich verschieden stellt sich die Ausgabensituation dar. Aufgrund der unterschiedlichen Aufgabenstellung entfällt z. B. für die Einzelstaaten der gesamte Bereich der Verteidigungsausgaben, wohingegen Ausgaben für das Bildungswesen auf Bundesseite kaum eine Rolle spielen. Das zweite wesentliche Unterscheidungsmerkmal im Bezug auf die Haushaltspolitik findet sich in den sogenannten *balanced budget requirements*, die die Einzelstaaten anders als den Bund zu einem materiellen Haushaltsausgleich im Rahmen ihrer Verwaltungshaushalte zwingen. Hiermit ist auch die Trennung der Haushaltsrechnung in ein *operating* und ein *capital budget* (Vermögenshaushalt) angedeutet, die auf Bundesebene nicht praktiziert wird. Drittens unterscheiden sich auch die Haushaltsverfahren der Einzelstaaten von dem des Bundes. Die Verschiedenheit betrifft hierbei weniger die Grundstrukturen der Haushaltsfindung, sondern bezieht sich etwa darauf, daß sich die Zahl der haushaltsrelevanten Akteure sowie die ihnen zukommenden Kompetenzen von denen des Bundes zum Teil sehr stark unterscheiden. Zudem weisen die Budgetprozesse in den Einzelstaaten selbst zahlreiche Varianten auf, wobei etwa eine darin besteht, daß in 29 Staaten Einjahreshaushalte (*annual budgeting*), in den 21 anderen *biennial budgets* verabschiedet werden. Im folgenden sollen die einzelstaatlichen Haushaltssysteme aus den drei genannten Blickwinkeln überblicksartig erläutert werden.

21.6.1 Einnahmen und Ausgaben

Etwas mehr als zwei Drittel der einzelstaatlichen Einnahmen (Abbildung 21-6) kommen aus Quellen, über die die Einzelstaaten selbst verfügen können. Das weitere Drittel der Einnahmen stammt aus den *intergovernmental revenues*. Hierunter fallen die Zuweisungen des Bundes sowie Zuflüsse von kommunaler Seite. Während letztere nur einen Bruchteil der einzelstaatlichen Gesamteinnahmen darstellen (2004: 1,7 Prozent), machten die Bundeszuweisungen im Durchschnitt aller Einzelstaaten 31,7 Prozent der Einnahmen aus. Der überwiegende Anteil der Bundesmittel fließt im Rahmen der Sozialversicherungsprogramme, worunter als größter Posten das *Medicaid*-Programm zu zählen ist, das die medizinische Versorgung von sozial Bedürftigen oder Arbeitslosen gewährleisten soll. Finanziell gesehen stellt *Medicaid* für die Einzelstaaten insofern eine Herausforderung dar, als die Bundesmittel nur abgerufen werden können, wenn die Einzelstaaten *matching funds* bereitstellen, also eine Kofinanzierung (in festgelegter Höhe) übernehmen. Zwar ist es den Einzelstaaten möglich zu entscheiden, ob sie die per Bundesgesetz festgelegten Versorgungsstandards in Eigenregie erfüllen und ausschließlich aus eigenen Mitteln bestreiten wollen, um sich eine größere Flexibilität zu erhalten, oder ob sie die Bundesmittel in Anspruch nehmen und sich damit auch der Direktive des Bundes unterwerfen sollen. Allerdings leistet es sich in der Praxis mit Blick auf die zusätzliche Belastung des Haushalts kein Einzelstaat, auf die Bundesmittel zu verzichten, zumal die eigenen Einnahmen für vielfältige andere Aufgaben benötigt werden.

Rund zwei Drittel dieser eigenen Einnahmen bzw. 50 Prozent der Gesamteinnahmen kommen aus Steuern zusammen, die die Einzelstaaten weitgehend (sie dürfen z. B. keine Bundeseinrichtungen besteuern) selbst festsetzen und deren Höhe sie selbst bestimmen können. Die beiden größten Einnahmeposten aus Steuern bilden die Verkaufssteuer (*sales tax*) sowie die Einkommenssteuer (*individual income tax*), die die Einzelstaaten unabhängig von der Einkommensteuer des Bundes zusätzlich erheben können.

Abbildung 21-6: Struktur der Einnahmen und Ausgaben der Einzelstaaten (2004)

Gesamteinnahmen* 2004: US-$ 1.194,06 Millionen

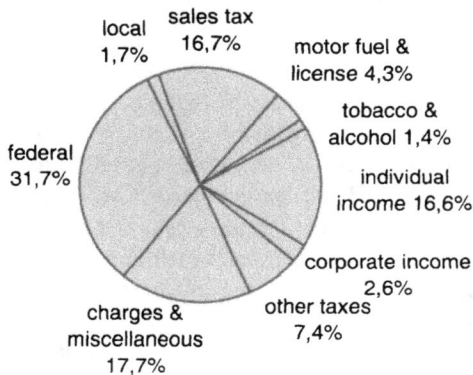

local 1,7%
sales tax 16,7%
motor fuel & license 4,3%
tobacco & alcohol 1,4%
federal 31,7%
individual income 16,6%
corporate income 2,6%
charges & miscellaneous 17,7%
other taxes 7,4%

Gesamtausgaben** 2004:US-$ 1.209,4 Millionen

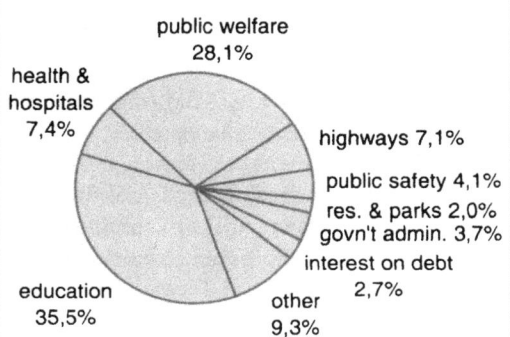

public welfare 28,1%
health & hospitals 7,4%
highways 7,1%
public safety 4,1%
res. & parks 2,0%
govn't admin. 3,7%
interest on debt 2,7%
education 35,5%
other 9,3%

* ohne Renten- und Arbeitslosenversicherungsbeiträge (*insurance trust revenue*)

**Die Angaben stellen die Anteile an der *general expenditure* aller Einzelstaaten dar. Hierunter fallen u. a. nicht die Ausgaben der Sozialversicherungsfonds (*insurance trust*; z. B. Renten für Staatsbedienstete). Die *total expenditure* aller Einzelstaaten belief sich 2004 auf US-$ 1.586,7 Mio. Die Gesamtverschuldung der Einzelstaaten betrug US-$ 754,2 Mio., das entsprach einer Pro-Kopf-Verschuldung von US-$ 2.573.

Quellen: **U.S. Census Bureau, Federal, State, and Local Governments. State Government Finances,** <http://www.census.gov/govs/www/state.html> und **State Government Finances: 2004,** <http://www.census.gov/govs/state/0400usst.html> (07.08.2006).

Anders als auf Bundesebene wird die einzelstaatliche Einkommensteuer nicht in allen Staaten progressiv nach der Einkommenshöhe erhoben. Insgesamt hatten 2005 sechs Staaten eine *flat rate* auf das Einkommen. Den höchsten Satz hatte Massachusetts mit 5,3 Prozent, Illinois den niedrigsten mit 3,0 Prozent. Auch in Staaten mit progressiver Erhebung variieren die Steuersätze erheblich. Oklahoma z. B. hatte 2005 einen Eingangssteuersatz von 0,5 Prozent, in North Carolina liegt er bei 6 Prozent. Den niedrigsten (progressiven) Höchststeuersatz auf Einkommen hat Maryland mit 4,75 Prozent, den höchsten Vermont mit 9,5 Prozent. In Kalifornien liegen die Steuersätze in einer Spannbreite zwischen 1,0 Prozent (für Jahreseinkommen ab US-$ 6.147) und 9,3 Prozent (ab US-$ 40.346). Überhaupt keine einzelstaatliche *individual income tax* gibt es in sieben Staaten (AK, FL, NV, SD, TX, WA, WY). Auch bei der *sales tax* schwanken die Sätze zum Teil erheblich. Colorado und Wyoming verlangen 3 Prozent, Mississippi und Rhode Island haben mit 7 Prozent die höchsten Steuersätze. Fünf

Staaten (AK, DE, MT, NH, OR) erheben dagegen keine Verkaufssteuer. Die *sales tax* darf nicht mit der Mehrwertsteuer bzw. Umsatzsteuer (*value added tax, VAT*) gleichgesetzt werden, denn sie wird nur auf die letzte Verkaufshandlung erhoben, also wenn der Endverbraucher ein Produkt erwirbt. Die *VAT* wird nur in manchen Staaten (z. B. Michigan) in begrenztem Rahmen eingezogen (Haas 2004: 29-32). Neben anderen Steuern machen die Abgaben und Gebühren (*Charges and Miscellaneous*) einen weiteren großen Teil der Eigeneinnahmen der Einzelstaaten aus. Hierunter fallen z. B. Straßennutzungsgebühren, Gebühren für die Kfz-Zulassung oder auch Studiengebühren (2004: 5,3 Prozent der Einnahmen). Gebühren werden wie auch manche Steuern (*motor fuel tax, motor license tax, tobacco tax*) als *special funds* bezeichnet. Diese Einnahmen müssen im Gegensatz zu *general funds* (*income* und *sales tax*) zweckgebunden verwendet werden. Die *motor fuels tax* und *highway fees* fließen z. B. in die Instandhaltung von Straßen und Brücken, Studiengebühren werden für die Hochschulfinanzierung benutzt.

Ebenso variantenreich wie die Einnahmenstruktur stellt sich auch die Verteilung der Ausgaben in verschiedenen Einzelstaaten dar. Besonders deutlich wird dies im Bereich der Bildungsausgaben, die in der Gesamtschau etwas mehr als ein Drittel der einzelstaatlichen Ausgaben ausmachen (Abbildung 21-6). In New Hampshire z. B. werden nur etwa 5 Prozent der Ausgaben für Bildung aufgebracht, in Hawaii dagegen 90 Prozent. Das liegt darin begründet, daß in New Hampshire den Kommunen deutlich größere Kompetenzen im Bildungsbereich zukommen, während auf Hawaii keine *local school district*-Aufteilung existiert und daher die einzelstaatliche Ebene fast die gesamte Finanzierung übernimmt (Fisher 1987: 373 ff.). Über alle Einzelstaaten hinweg fließen von den Ausgaben für Bildung etwa ein Drittel an *colleges* und *universities* (*higher education*), die anderen rund Zweidrittel gehen in den Bereich der *elementary and secondary education*. Den zweiten großen Ausgabenposten bilden mit ebenfalls mehr als einem Drittel der Gesamtausgaben die Bereiche *public welfare* sowie *health & hospitals*. Während ersterer überwiegend die Leistungen im Rahmen des *Medicaid*-Programms umfaßt, ist unter letzterem die Finanzierung des staatlichen Gesundheitssektors und hierbei insbesondere der Krankenhäuser zu verstehen. Das restliche Drittel der Ausgaben setzt sich aus verschiedenen kleineren Verwendungen zusammen: Ausgaben für den Verkehr (*highways*), für polizeiliche Aufgaben (*public safety*), für Umweltschutz und Naturparks (*natural resources, parks and recreation*) sowie für die öffentliche Verwaltung und die Regierungsinstitutionen (*government administration*). Der Schulden- und Zinsdienst machte 2004 einen Anteil von 2,7 Prozent der Gesamtausgaben aus.

21.6.2   *Balanced Budget*

Eine Besonderheit der einzelstaatlichen Haushaltssysteme stellen die Vorschriften zu einem materiell ausgeglichenen Haushalt (*balanced budget requirements*) dar. Darunter ist zu verstehen, daß die Ausgaben des Einzelstaats nur durch seine Einnahmen aus Steuern, Gebühren und Abgaben, nicht aber durch die Aufnahme von Krediten gedeckt sein dürfen. Die Mehrzahl der Einzelstaaten sieht diese Regelung allerdings nur für den Verwaltungshaushalt (*operating budget*) vor. Für den Vermögens- oder Investitionshaushalt (*capital budget*) dagegen genügt der formelle Haushaltsausgleich. Hier ist eine Verschuldung durch Kreditaufnahme bzw. Emission von Staatsanleihen zur Deckung der Ausgaben möglich. Insgesamt gibt es in

49 Einzelstaaten (Ausnahme: Vermont) Regelungen für ein *balanced budget*. In den meisten Staaten ist es verfassungsrechtlich verankert, in den anderen gesetzlich vorgeschrieben. Allerdings finden sich drei unterschiedliche Formen der Vorschriften. Die gleichsam schwächste Form sieht nur vor, daß der Gouverneur der Legislative einen materiell ausgeglichenen Haushalt zur Beratung vorlegt. Andere Staaten verlangen, daß die Legislative auch tatsächlich ein *balanced budget* verabschiedet. Die schärfste Variante, die in 35 Einzelstaaten vorgesehen ist, schließlich verlangt vom Gouverneur entweder die Unterzeichnung eines ausgeglichenen Haushalts – was mithilfe des *line-item veto* umgesetzt werden kann – oder entsprechende Kürzungen während des Haushaltsvollzugs (Haas 2004: 40-45). Um für konjunkturell schwierige Jahre gerüstet zu sein, bilden viele Einzelstaaten Rücklagen in *rainy day funds*. Obwohl die *balanced budget*-Vorschriften eine gewisse Haushaltsdisziplin erzeugen und ohne sie die Verschuldung der Einzelstaaten sicher weit größer wäre, schließen sie jedoch eine kreative Buchführung oder das Abwickeln von staatlichen Aufgaben im Rahmen von Nebenhaushalten nicht aus (Briffault 1996).

21.6.3   Haushaltsverfahren

Wie auf Bundesebene folgen die Haushaltsverfahren der Einzelstaaten dem Prinzip des Exekutivbudgets. Demnach ist der Gouverneur für die Aufstellung eines Haushaltsplans verantwortlich. Der Entwurf des Gouverneurs dient der Legislative als Grundlage für ihre Beratungen, an deren Ende die Verabschiedung des Budgets steht, dessen Vollzug wiederum in den Aufgabenbereich des Gouverneurs fällt. Wenngleich dieses Muster in allen Einzelstaaten zu finden ist, lassen sich die gliedstaatlichen Budgetprozesse dennoch nach drei Grundtypen unterscheiden: (1) Haushaltsverfahren mit Exekutivdominanz, (2) Haushaltsverfahren, in denen – ähnlich dem auf Bundesebene – ein Kräftegleichgewicht zwischen Exekutive und Legislative existiert, sowie (3) Verfahren mit Legislativdominanz. Gradmesser ist für alle drei Fälle die Rolle, die der Gouverneur auf der Basis der ihm rechtlich zugewiesenen Kompetenzen im Haushaltsprozeß spielt oder die er in Ermangelung bestimmter Rechte bzw. aufgrund legislativer Vollmachten nicht spielen kann.

(1) In vier Einzelstaaten (MD, NE, NY, WV) kann von einer eindeutigen Dominanz des Gouverneurs im Haushaltsverfahren gesprochen werden. Nicht nur, daß der Gouverneur dort das alleinige Recht zur Aufstellung des Budgets hat, auch dürfen die Legislativen in Maryland und West Virginia keine Haushaltserhöhungen und in Nebraska und New York diese nur mit qualifizierten Mehrheiten vornehmen (Saffell/Basehart 1998: 174 f.). Will die Legislative in Maryland Programme finanzieren, die der Gouverneur in seinem Entwurf nicht vorsieht, muß sie dies in einem Nachtragshaushalt (*supplementary appropriation bill*) tun, wobei sie hierfür gleichzeitig die Finanzierung – sei es durch Steuererhöhungen oder durch zusätzliche Abgaben – bereitstellen muß. Der Gouverneur kann hiergegen wiederum sein Veto einlegen, das die Legislative mit jeweils Zweidrittelmehrheiten in beiden Kammern überstimmen kann. Zur Einhaltung der Bestimmungen des *balanced budget* kann der Gouverneur Marylands zudem während des Vollzugs – mit Ausnahme der Bewilligungen für die Zinszahlungen, für die öffentlichen Schulen sowie für die Legislative und Judikative – Kürzungen in Höhe von bis zu 25 Prozent vornehmen ohne dazu der Genehmigung durch die *General Assembly* zu bedürfen. (2) Weitgehend ausgeglichen stellt sich das Kräfteverhältnis

zwischen Gouverneur und Legislative in 40 Einzelstaaten dar. Hier kann die Legislative ähnlich wie der Kongreß auf Bundesebene unbeschränkt Änderungen am Haushaltsentwurf vornehmen. Varianzen ergeben sich gleichwohl auch hier, zumal in manchen Einzelstaaten zur Überstimmung eines *line-item veto* oder *general veto* Dreifünftel- oder sogar absolute Mehrheiten genügen. Bemerkenswert ist auch die Konstellation in Arkansas, Kalifornien und Rhode Island, wo der Haushalt mit qualifizierten Dreiviertel- (AR) bzw. Zweidrittelmehrheiten (CA, RI) der gewählten Mitglieder beider Kammern verabschiedet werden muß. Gerade in Kalifornien mit seinem starken und kompetitiven Parteiensystem gehört die Herstellung eines Haushaltskompromisses zu den diffizilsten Aufgaben des Gouverneurs und der legislativen Führung (Haas 2004: 148-150). (3) Von einer legislativen Dominanz läßt sich in sechs Einzelstaaten (CO, KY, LA, NM, SC, TX) sprechen. Hier haben die Legislativen nicht nur uneingeschränkte Rechte zur Änderung des Budgets, vielmehr teilt sich der Gouverneur die Verantwortlichkeit für die Aufstellung des Haushalts mit einer anderen Institution. Besonders deutlich läßt sich dies am Beispiel Texas' zeigen, wo der Gouverneur zwar ebenfalls zur Einreichung eines Budgets verpflichtet ist, allerdings in der Praxis den vom Hilfsorgan der Legislative (*Legislative Budget Board*) erstellten Entwurf einreicht. Zwar hat der texanische Gouverneur die vollen Vetorechte, allerdings kann die Legislative das *line-item veto* dadurch umgehen, daß sie Ausführungsbestimmungen zu Gesetzen in *riders* anhängt, die gemäß einem Urteil des texanischen *Supreme Court* von 1911 (*Fulmore v. Lane*, 140 S. W. 405) nicht dem Vetorecht des Gouverneurs unterliegen, sofern sie nicht die Bewilligung selbst, sondern nur eine Anweisung enthalten, wie die Mittel verwendet werden sollen (Haas 2004: 103 ff.).

Wenngleich die Unterschiede der Haushaltssysteme hier nur äußerst kurz angerissen werden konnten, macht der Überblick dennoch die „diversity across the American states" (Clynch/Lauth 1991) deutlich. Er zeigt – wie jedes andere, in diesem Beitrag behandelte Thema –, daß über jeden Einzelstaat ein umfangreiches Buch zum jeweiligen Regierungssystem, zu institutionellen Arrangements und handelnden Akteuren verfaßt werden könnte, das wiederum selbst nur eine Einführung wäre. *E pluribus unum*: eine Gesamtschau der Facetten der Einzelstaaten zu erstellen, kann nur in der Gewißheit enden: *in pluribus multum*.

21.7   Literatur

Aronson, J. Richard/**Hilley**, John L., Financing State and Local Governments, 4. Aufl., Washington, D.C. 1986.

Beyle, Thad, The Governors, in: **Gray**, Virginia/**Hanson**, Russell L. (Hrsg.), Politics in the American States. A Comparative Analysis, 8. Aufl., Washington, D.C. 2004, S. 194-231.

Bibby, John F./**Holbrook**, Thomas M., Parties and Elections, in: **Gray**, Virginia/**Hanson**, Russell L. (Hrsg.), Politics in the American States. A Comparative Analysis, 8. Aufl., Washington, D.C. 2004, S. 62-99.

Bowman, Ann O'M./**Kearney**, Richard C., State and Local Government. The Essentials, 3. Aufl., Boston/New York 2006.

Briffault, Richard, Balancing Acts. The Reality Behind State Balanced Budget Requirements, New York 1996.

Bullock, Charles S., III/**Rozell**, Mark J. (Hrsg.), The New Politics of the Old South. An Introduction to Southern Politics, Lanham u. a. O. 2003.

Burns, James MacGregor/**Peltason**, J. W./**Cronin**, Thomas E./**Magleby**, David B./**O'Brian**, David M./**Light**, Paul C., State and Local Politics. Government by the People, 11. Aufl., Upper Saddle River 2004.

Clynch, Edward J./**Lauth**, Thomas P. (Hrsg.), Governors, Legislatures, and Budgets. Diversity across the American States, New York/Westport/London 1991.

Council of State Governments, The Book of the States, Vol. 37, Lexington 2005.

Dresang, Dennis L./**Gosling**, James J., Politics and Policy in American States and Communities, 4. Aufl., New York u. a. O. 2004.

Dresang, Dennis L./**Gosling**, James J, Politics and Policy in American States and Communities, 5. Aufl., New York u. a. O. 2006.

Dye, Thomas R./**MacManus**, Susan A., Politics in States and Communities, 11. Aufl., Upper Saddle River 2003.

Edinger, Florian, Die Legislativen im Regierungssystem der US-amerikanischen Einzelstaaten, in: Zeitschrift für Parlamentsfragen, Jg. 27, 2(1996), S. 283-297.

Elazar, Daniel, American Federalism: A View from the States, 2. Aufl., New York 1972.

Elazar, Daniel, American Federalism: A View from the States, 3. Aufl., New York 1984.

Engel, Michael, State and Local Government. Fundamentals and Perspectives, New York u. a. O. 2000.

Fiorina, Morris, Divided Government, 2. Aufl., Boston u. a. O. 1996.

Fisher, Ronald C., State and Local Public Finance, Glenview/London 1987.

Gray, Virginia/**Lowery**, David, Trends in Lobbying in the States, in: **Council of State Governments**, The Book of the States, Vol. 35, Lexington 2003, S. 257-262.

Gray, Virginia, The Socioeconomic and Political Context of States, in: **Gray**, Virginia/**Hanson**, Russell L. (Hrsg.), Politics in the American States. A Comparative Analysis, 8. Aufl., Washington, D.C. 2004, S. 1-30.

Haas, Christoph M., Haushaltsverfahren in den Einzelstaaten der USA, Baden-Baden 2004.

Hamm, Keith E./**Moncrief**, Gary F., Legislative Politics in the States, in: **Gray**, Virginia/**Hanson**, Russell L. (Hrsg.), Politics in the American States. A Comparative Analysis, 8. Aufl., Washington, D.C. 2004, S. 157-193.

Jewell, Malcolm E./**Morehouse**, Sarah M., Political Parties and Elections in American States, 4. Aufl., Washington, D.C. 2001.

Jordan, Grant/**Halpin**, Darren/**Maloney**, William, Defining Interests: Disambiguation and the Need for New Distinctions?, in: British Journal of Politics and International Relations, Vol. 6, (2004), S. 195-212.

Morehouse, Sarah M./**Jewell**, Malcolm E., The Future of Political Parties in the States, in: **Council of State Governments**, The Book of the States, Vol. 37, Lexington 2005, S. 331-345.

Osborne, David, The Laboratories of Democracy, Boston 1988.

Rosenthal, Alan, Governors and Legislatures: Contending Powers, Washington, D.C. 1990.

Rosenthal, Alan, The Third House. Lobbyists and Lobbying in the States, Washington, D.C. 1993.

Rosenthal, Alan, State Legislative Development: Observations from Three Perspectives, in: Legislative Studies Quarterly, Vol. 21, 2(1996), S. 169-198.

Sabato, Larry, Goodbye to Good-time Charlie. The American Governorship Transformed, 2. Aufl., Washington, D.C. 1983.

Saffell, David C./**Basehart**, Harry, State and Local Government. Politics and Public Policies, 6. Aufl., Boston u. a. O. 1998.

Smith, Kevin B./**Greenblatt**, Alan/**Buntin**, John, Governing States and Localities, Washington, D.C. 2005.

Thomas, Clive S./**Hrebenar**, Ronald J., Interest Groups in the States, in: **Gray**, Virginia/ **Hanson**, Russell L. (Hrsg.), Politics in the American States. A Comparative Analysis, 8. Aufl., Washington, D.C. 2004, S. 100-128.

Van Horn, Carl E. (Hrsg.), The State of the States, 4. Aufl., Washington, D.C. 2006.

21.8   Websites

National Association of State Budget Officers	http://www.nasbo.org
National Conference of State Legislatures (NCSL)	http://www.ncsl.org
National Governors' Association (NGA)	http://www.nga.org
The Council of State Governments	http://www.csg.org
U.S. Bureau of the Census	http://www.census.gov

Stand: 31.07.2006

Anhang

US-Verfassung

THE CONSTITUTION OF THE UNITED STATES (1787)

We the people of the United States, in order to form a more perfect union, establish justice, insure domestic tranquility, provide for the common defense, promote the general welfare, and secure the blessings of liberty to ourselves and our posterity, do ordain and establish this Constitution for the United States of America.

ARTICLE I

Section 1.

All legislative powers herein granted shall be vested in a Congress of the United States, which shall consist of a Senate and House of Representatives.

Section 2.

The House of Representatives shall be composed of members chosen every second year by the people of the several states, and the electors in each state shall have the qualifications requisite for electors of the most numerous branch of the state legislature.

No person shall be a Representative who shall not have attained to the age of twenty five years, and been seven years a citizen of the United States, and who shall not, when elected, be an inhabitant of that state in which he shall be chosen.

Representatives and direct taxes shall be apportioned among the several states which may be included within this union, according to their respective numbers, which shall be determined by adding to the whole number of free persons, including those bound to service for a term of years, and excluding Indians not taxed, three fifths of all other Persons. The actual Enumeration shall be made within three years after the first meeting of the Congress of the United States, and within every subsequent term of ten years, in such manner as they shall by law direct. The number of Representatives shall not exceed one for

VERFASSUNG DER VEREINIGTEN STAATEN VON AMERIKA (1787)

Wir, das Volk der Vereinigten Staaten, von der Absicht geleitet, unseren Bund zu vervollkommnen, die Gerechtigkeit zu verwirklichen, die Ruhe im Innern zu sichern, für die Landesverteidigung zu sorgen, das allgemeine Wohl zu fördern und das Glück der Freiheit uns selbst und unseren Nachkommen zu bewahren, setzen und begründen diese Verfassung für die Vereinigten Staaten von Amerika.

ARTIKEL 1

Abschnitt 1

Alle in dieser Verfassung verliehene gesetzgebende Gewalt ruht im Kongreß der Vereinigten Staaten, der aus einem Senat und einem Repräsentantenhaus besteht.

Abschnitt 2

Das Repräsentantenhaus besteht aus Abgeordneten, die alle zwei Jahre in den Einzelstaaten vom Volke gewählt werden. Die Wähler in jedem Staate müssen den gleichen Bedingungen genügen, die für die Wähler der zahlenmäßig stärksten Kammer der gesetzgebenden Körperschaft des Einzelstaats vorgeschrieben sind.

Niemand kann Abgeordneter werden, der nicht das Alter von 25 Jahren erreicht hat, sieben Jahre Bürger der Vereinigten Staaten gewesen und zur Zeit seiner Wahl Einwohner desjenigen Staates ist, in dem er gewählt wird.

Die Abgeordnetenmandate und die direkten Steuern werden auf die einzelnen Staaten, die diesem Bund angeschlossen sind, im Verhältnis zu ihrer Einwohnerzahl verteilt; diese wird ermittelt, indem zur Gesamtzahl der freien Personen, einschließlich der in einem befristeten Dienstverhältnis stehenden, jedoch ausschließlich der nicht besteuerten Indianer, drei Fünftel der Gesamtzahl aller übrigen Personen hinzugezählt werden. Die Zählung selbst erfolgt innerhalb von drei Jahren nach dem ersten Zusammentritt des Kongresses der Vereinigten Staaten und dann jeweils alle zehn Jahre nach Maßgabe eines

every thirty thousand, but each state shall have at least one Representative; and until such enumeration shall be made, the state of New Hampshire shall be entitled to choose three, Massachusetts eight, Rhode Island and Providence Plantations one, Connecticut five, New York six, New Jersey four, Pennsylvania eight, Delaware one, Maryland six, Virginia ten, North Carolina five, South Carolina five, and Georgia three.

When vacancies happen in the Representation from any state, the executive authority thereof shall issue writs of election to fill such vacancies.

The House of Representatives shall choose their speaker and other officers; and shall have the sole power of impeachment.

Section 3.

The Senate of the United States shall be composed of two Senators from each state, chosen by the legislature thereof, for six years; and each Senator shall have one vote.

Immediately after they shall be assembled in consequence of the first election, they shall be divided as equally as may be into three classes. The seats of the Senators of the first class shall be vacated at the expiration of the second year, of the second class at the expiration of the fourth year, and the third class at the expiration of the sixth year, so that one third may be chosen every second year; and if vacancies happen by resignation, or otherwise, during the recess of the legislature of any state, the executive thereof may make temporary appointments until the next meeting of the legislature, which shall then fill such vacancies.

No person shall be a Senator who shall not have attained to the age of thirty years, and been nine years a citizen of the United States and who shall not, when elected, be an inhabitant of that state for which he shall be chosen.

The Vice President of the United States shall be President of the Senate, but shall have no vote, unless they be equally divided.

The Senate shall choose their other officers, and also a President pro tempore, in the absence of the Vice President, or when he shall exercise the office of President of the United States.

The Senate shall have the sole power to try all impeachments. When sitting for that purpose, they shall be on oath or affirmation. When the President of the United States is tried, the Chief Justice shall preside: And no person shall be convicted without the concurrence of two thirds of the members present.

Judgment in cases of impeachment shall not extend further than to removal from office, and disqualification

hierfür zu erlassenden Gesetzes. Auf je dreißigtausend Einwohner darf nicht mehr als ein Abgeordneter kommen, doch soll jeder Staat durch wenigstens einen Abgeordneten vertreten sein; bis zur Durchführung dieser Zählung hat der Staat New Hampshire das Recht, drei zu wählen, Massachusetts acht, Rhode Island und Providence Plantations einen, Connecticut fünf, New York sechs, New Jersey vier, Pennsylvania acht, Delaware einen, Maryland sechs, Virginia zehn, North Carolina fünf, South Carolina fünf und Georgia drei.

Wenn in der Vertretung eines Staates Abgeordnetensitze frei werden, dann schreibt dessen Regierung Ersatzwahlen aus, um die erledigten Mandate neu zu besetzen.

Das Repräsentantenhaus wählt aus seiner Mitte einen Präsidenten (Sprecher) und sonstige Parlamentsorgane. Es hat das alleinige Recht, Amtsanklage zu erheben.

Abschnitt 3

Der Senat der Vereinigten Staaten besteht aus je zwei Senatoren von jedem Einzelstaat, die von dessen gesetzgebender Körperschaft auf sechs Jahre gewählt werden. Jedem Senator steht eine Stimme zu.

Unmittelbar nach dem Zusammentritt nach der erstmaligen Wahl soll der Senat so gleichmäßig wie möglich in drei Gruppen aufgeteilt werden. Die Senatoren der ersten Gruppe haben nach Ablauf von zwei Jahren ihr Mandat niederzulegen, die der zweiten Gruppe nach Ablauf von vier Jahren und die der dritten Gruppe nach Ablauf von sechs Jahren, so daß jedes zweite Jahr ein Drittel neu zu wählen ist. Falls durch Rücktritt oder aus einem anderen Grunde außerhalb der Tagungsperiode der gesetzgebenden Körperschaft eines Einzelstaates Sitze frei werden, kann dessen Regierung vorläufige Ernennungen vornehmen, bis die gesetzgebende Körperschaft bei ihrem nächsten Zusammentritt die erledigten Mandate wieder besetzt.

Niemand kann Senator werden, der nicht das Alter von 30 Jahren erreicht hat, neun Jahre Bürger der Vereinigten Staaten gewesen und zur Zeit seiner Wahl Einwohner desjenigen Staates ist, für den er gewählt wird.

Der Vizepräsident der Vereinigten Staaten ist Präsident des Senats. Er hat jedoch kein Stimmrecht, ausgenommen im Falle der Stimmengleichheit.

Der Senat wählt seine sonstigen Parlamentsorgane und auch einen Interimspräsidenten für den Fall, daß der Vizepräsident abwesend ist oder das Amt des Präsidenten der Vereinigten Staaten wahrnimmt.

Der Senat hat das alleinige Recht, über alle Amtsanklagen zu befinden. Wenn er zu diesem Zwecke zusammentritt, stehen die Senatoren unter Eid oder eidesstattlicher Verantwortlichkeit. Bei Verfahren gegen den Präsidenten der Vereinigten Staaten führt der Oberste Bundesrichter den Vorsitz. Niemand darf ohne Zustimmung von zwei Dritteln der anwesenden Mitglieder schuldig gesprochen werden.

In Fällen von Amtsanklagen lautet der Spruch höchstens auf Entfernung aus dem Amte und Aberkennung der

to hold and enjoy any office of honor, trust or profit under the United States: but the party convicted shall nevertheless be liable and subject to indictment, trial, judgment and punishment, according to law.

Section 4.

The times, places and manner of holding elections for Senators and Representatives, shall be prescribed in each state by the legislature thereof; but the Congress may at any time by law make or alter such regulations, except as to the places of choosing Senators.

The Congress shall assemble at least once in every year, and such meeting shall be on the first Monday in December, unless they shall by law appoint a different day.

Section 5.

Each House shall be the judge of the elections, returns and qualifications of its own members, and a majority of each shall constitute a quorum to do business; but a smaller number may adjourn from day to day, and may be authorized to compel the attendance of absent members, in such manner, and under such penalties as each House may provide.

Each House may determine the rules of its proceedings, punish its members for disorderly behavior, and, with the concurrence of two thirds, expel a member.

Each House shall keep a journal of its proceedings, and from time to time publish the same, excepting such parts as may in their judgment require secrecy; and the yeas and nays of the members of either House on any question shall, at the desire of one fifth of those present, be entered on the journal.

Neither House, during the session of Congress, shall, without the consent of the other, adjourn for more than three days, nor to any other place than that in which the two Houses shall be sitting.

Section 6.

The Senators and Representatives shall receive a compensation for their services, to be ascertained by law, and paid out of the treasury of the United States. They shall in all cases, except treason, felony and breach of the peace, be privileged from arrest during their attendance at the session of their respective Houses, and in going to and returning from the same; and for any speech or debate in either House, they shall not be questioned in any other place.

No Senator or Representative shall, during the time for which he was elected, be appointed to any civil office

Befähigung, ein Ehrenamt, eine Vertrauensstellung oder ein besoldetes Amt im Dienste der Vereinigten Staaten zu bekleiden oder auszuüben. Der für schuldig Befundene ist desungeachtet der Anklageerhebung, dem Strafverfahren, der Verurteilung und Strafverbüßung nach Maßgabe der Gesetze ausgesetzt und unterworfen.

Abschnitt 4

Zeit, Ort und Art der Durchführung der Senatoren- und Abgeordnetenwahlen werden in jedem Staate durch dessen gesetzgebende Körperschaft bestimmt. Jedoch kann der Kongreß jederzeit selbst durch Gesetz solche Bestimmungen erlassen oder ändern; nur die Orte der Durchführung der Senatorenwahlen sind davon ausgenommen.

Der Kongreß tritt wenigstens einmal in jedem Jahr zusammen, und zwar am ersten Montag im Dezember, falls er nicht durch Gesetz einen anderen Tag bestimmt.

Abschnitt 5

Jedem Haus obliegt selbst die Überprüfung der Wahlen, der Abstimmungsergebnisse und der Wählbarkeitsvoraussetzungen seiner eigenen Mitglieder. In jedem Hause ist die Anwesenheit der Mehrheit der Mitglieder zur Beschlußfähigkeit erforderlich. Eine kleinere Zahl Anwesender darf jedoch die Sitzung von einem Tag auf den anderen vertagen und kann ermächtigt werden, das Erscheinen abwesender Mitglieder in der von jedem Haus vorgesehenen Form und mit dementsprechender Strafandrohung zu erzwingen.

Jedes Haus kann sich eine Geschäftsordnung geben, seine Mitglieder wegen ordnungswidrigen Verhaltens bestrafen und mit Zweidrittelmehrheit ein Mitglied ausschließen.

Jedes Haus führt ein fortlaufendes Verhandlungsprotokoll, das von Zeit zu Zeit zu veröffentlichen ist, ausgenommen solche Teile, die nach seinem Ermessen Geheimhaltung erfordern; die Ja- und die Nein-Stimmen der Mitglieder jedes Hauses zu jedweder Frage sind auf Antrag eines Fünftels der Anwesenden im Verhandlungsprotokoll zu vermerken.

Keines der beiden Häuser darf sich während der Sitzungsperiode des Kongresses ohne Zustimmung des anderen auf mehr als drei Tage vertagen noch an einem anderen als dem für beide Häuser bestimmten Sitzungsort zusammentreten.

Abschnitt 6

Die Senatoren und Abgeordneten erhalten für ihre Tätigkeit eine Entschädigung, die gesetzlich festgelegt und vom Schatzamt der Vereinigten Staaten ausbezahlt werden soll. Sie sind in allen Fällen, außer bei Verrat, Verbrechen und Friedensbruch, vor Verhaftung geschützt, solange sie an einer Sitzung ihres jeweiligen Hauses teilnehmen oder sich auf dem Wege dorthin oder auf dem Heimweg befinden; kein Mitglied darf wegen seiner Reden oder Äußerungen in einem der Häuser andernorts zur Rechenschaft gezogen werden.

Kein Senator oder Abgeordneter darf während der Zeit, für die er gewählt wurde, in irgendeine Beamtenstellung

under the authority of the United States, which shall have been created, or the emoluments whereof shall have been increased during such time: and no person holding any office under the United States, shall be a member of either House during his continuance in office.

Section 7.

All bills for raising revenue shall originate in the House of Representatives; but the Senate may propose or concur with amendments as on other Bills.

Every bill which shall have passed the House of Representatives and the Senate, shall, before it become a law, be presented to the President of the United States; if he approve he shall sign it, but if not he shall return it, with his objections to that House in which it shall have originated, who shall enter the objections at large on their journal, and proceed to reconsider it. If after such reconsideration two thirds of that House shall agree to pass the bill, it shall be sent, together with the objections, to the other House, by which it shall likewise be reconsidered, and if approved by two thirds of that House, it shall become a law. But in all such cases the votes of both Houses shall be determined by yeas and nays, and the names of the persons voting for and against the bill shall be entered on the journal of each House respectively. If any bill shall not be returned by the President within ten days (Sundays excepted) after it shall have been presented to him, the same shall be a law, in like manner as if he had signed it, unless the Congress by their adjournment prevent its return, in which case it shall not be a law.

Every order, resolution, or vote to which the concurrence of the Senate and House of Representatives may be necessary (except on a question of adjournment) shall be presented to the President of the United States; and before the same shall take effect, shall be approved by him, or being disapproved by him, shall be repassed by two thirds of the Senate and House of Representatives, according to the rules and limitations prescribed in the case of a bill.

Section 8.

The Congress shall have power to lay and collect taxes, duties, imposts and excises, to pay the debts and provide for the common defense and general welfare of the United States; but all duties, imposts and excises shall be uniform throughout the United States;

To borrow money on the credit of the United States;

To regulate commerce with foreign nations, and among the several states, and with the Indian tribes;

---

im Dienste der Vereinigten Staaten berufen werden, die während dieser Zeit geschaffen oder mit erhöhten Bezügen ausgestattet wurde; und niemand, der ein Amt im Dienste der Vereinigten Staaten bekleidet, darf während seiner Amtsdauer Mitglied eines der beiden Häuser sein.

Abschnitt 7

Alle Gesetzesvorlagen zur Aufbringung von Haushaltsmitteln gehen vom Repräsentantenhaus aus; der Senat kann jedoch wie bei anderen Gesetzesvorlagen Abänderungs- und Ergänzungsvorschläge einbringen.

Jede Gesetzesvorlage wird nach ihrer Verabschiedung durch das Repräsentantenhaus und den Senat, ehe sie Gesetzeskraft erlangt, dem Präsidenten der Vereinigten Staaten vorgelegt. Wenn er sie billigt, so soll er sie unterzeichnen, andernfalls jedoch mit seinen Einwendungen an jenes Haus zurückverweisen, von dem sie ausgegangen ist; dieses nimmt die Einwendungen ausführlich zu Protokoll und tritt erneut in die Beratung ein. Wenn nach dieser erneuten Lesung zwei Drittel des betreffenden Hauses für die Verabschiedung der Vorlage stimmen, so wird sie zusammen mit den Einwendungen dem anderen Hause zugesandt, um dort gleichfalls erneut beraten zu werden; wenn sie die Zustimmung von zwei Dritteln auch dieses Hauses findet, wird sie Gesetz. In allen solchen Fällen aber erfolgt die Abstimmung in beiden Häusern nach Ja- und Nein-Stimmen, und die Namen derer, die für und gegen die Gesetzesvorlage stimmen, werden im Protokoll des betreffenden Hauses vermerkt. Falls eine Gesetzesvorlage vom Präsidenten nicht innerhalb von zehn Tagen (Sonntage nicht eingerechnet) nach Übermittlung zurückgegeben wird, erlangt sie in gleicher Weise Gesetzeskraft, als ob er sie unterzeichnet hätte, es sei denn, daß der Kongreß durch Vertagung die Rückgabe verhindert hat; in diesem Fall erlangt sie keine Gesetzeskraft.

Jede Anordnung, Entschließung oder Abstimmung, für die Übereinstimmung von Senat und Repräsentantenhaus erforderlich ist (ausgenommen zur Frage einer Vertagung), muß dem Präsidenten der Vereinigten Staaten vorgelegt und, ehe sie wirksam wird, von ihm gebilligt werden; falls er ihre Billigung ablehnt, muß sie von Senat und Repräsentantenhaus mit Zweidrittelmehrheit nach Maßgabe der für Gesetzesvorlagen vorgeschriebenen Regeln und Fristen neuerlich verabschiedet werden.

Abschnitt 8

Der Kongreß hat das Recht: Steuern, Zölle, Abgaben und Akzisen aufzuerlegen und einzuziehen, um für die Erfüllung der Zahlungsverpflichtungen, für die Landesverteidigung und das allgemeine Wohl der Vereinigten Staaten zu sorgen; alle Zölle, Abgaben und Akzisen sind aber für das gesamte Gebiet der Vereinigten Staaten einheitlich festzusetzen;

auf Rechnung der Vereinigten Staaten Kredit aufzunehmen;

den Handel mit fremden Ländern, zwischen den Einzelstaaten und mit den Indianerstämmen zu regeln;

To establish a uniform rule of naturalization, and uniform laws on the subject of bankruptcies throughout the United States;	für das gesamte Gebiet der Vereinigten Staaten eine einheitliche Einbürgerungsordnung und ein einheitliches Konkursrecht zu schaffen;
To coin money, regulate the value thereof, and of foreign coin, and fix the standard of weights and measures;	Münzen zu prägen, ihren Wert und den fremder Währungen zu bestimmen und Maße und Gewichte zu normen;
To provide for the punishment of counterfeiting the securities and current coin of the United States;	Strafbestimmungen für die Fälschung von Staatsobligationen und gültigen Zahlungsmitteln der Vereinigten Staaten zu erlassen;
To establish post offices and post roads;	Postämter und Poststraßen einzurichten;
To promote the progress of science and useful arts, by securing for limited times to authors and inventors the exclusive right to their respective writings and discoveries;	den Fortschritt von Kunst und Wissenschaft dadurch zu fördern, daß Autoren und Erfindern für beschränkte Zeit das ausschließliche Recht an ihren Publikationen und Entdeckungen gesichert wird;
To constitute tribunals inferior to the Supreme Court;	dem Obersten Bundesgericht nachgeordnete Gerichte zu bilden;
To define and punish piracies and felonies committed on the high seas, and offenses against the law of nations;	Seeräuberei und andere Kapitalverbrechen auf hoher See sowie Verletzungen des Völkerrechts begrifflich zu bestimmen und zu ahnden;
To declare war, grant letters of marque and reprisal, and make rules concerning captures on land and water;	Krieg zu erklären, Kaperbriefe auszustellen und Vorschriften über das Prisen- und Beuterecht zu Wasser und zu Lande zu erlassen;
To raise and support armies, but no appropriation of money to that use shall be for a longer term than two years;	Armeen aufzustellen und zu unterhalten; die Bewilligung von Geldmitteln hierfür soll jedoch nicht für länger als auf zwei Jahre erteilt werden;
To provide and maintain a navy;	eine Flotte zu bauen und zu unterhalten;
To make rules for the government and regulation of the land and naval forces;	Reglements für Führung und Dienst der Land- und Seestreitkräfte zu erlassen;
To provide for calling forth the militia to execute the laws of the union, suppress insurrections and repel invasions;	Vorkehrungen für das Aufgebot der Miliz zu treffen, um den Bundesgesetzen Geltung zu verschaffen, Aufstände zu unterdrücken und Invasionen abzuwehren;
To provide for organizing, arming, and disciplining, the militia, and for governing such part of them as may be employed in the service of the United States, reserving to the states respectively, the appointment of the officers, and the authority of training the militia according to the discipline prescribed by Congress;	Vorkehrungen zu treffen für Aufbau, Bewaffnung und Ausbildung der Miliz und die Führung derjenigen ihrer Teile, die im Dienst der Vereinigten Staaten Verwendung finden, wobei jedoch den Einzelstaaten die Ernennung der Offiziere und die Aufsicht über die Ausbildung der Miliz nach den Vorschriften des Kongresses vorbehalten bleiben;
To exercise exclusive legislation in all cases whatsoever, over such District (not exceeding ten miles square) as may, by cession of particular states, and the acceptance of Congress, become the seat of the government of the United States, and to exercise like authority over all places purchased by the consent of the legislature of the state in which the same shall be, for the erection of forts, magazines, arsenals, dockyards, and other needful buildings;--And	die ausschließliche und uneingeschränkte Gesetzgebung für jenes Gebiet (das nicht größer als zehn Quadratmeilen sein soll) auszuüben, das durch Abtretung seitens einzelner Staaten und Annahme seitens des Kongresses zum Sitz der Regierung der Vereinigten Staaten ausersehen wird, und gleiche Hoheitsrechte in allen Gebieten auszuüben, die zwecks Errichtung von Befestigungen, Magazinen, Arsenalen, Werften und anderen notwendigen Bauwerken mit Zustimmung der gesetzgebenden Körperschaft desjenigen Staates, in dem diese angelegt werden sollen, angekauft werden; - und
To make all laws which shall be necessary and proper for carrying into execution the foregoing powers, and all other powers vested by this Constitution in the government of the United States, or in any department or officer thereof.	alle zur Ausübung der vorstehenden Befugnisse und aller anderen Rechte, die der Regierung der Vereinigten Staaten, einem ihrer Zweige oder einem einzelnen Beamten auf Grund dieser Verfassung übertragen sind, notwendigen und zweckdienlichen Gesetze zu erlassen.
Section 9.	**Abschnitt 9**
The migration or importation of such persons as any of	Die Einwanderung oder Hereinholung solcher Personen,

the states now existing shall think proper to admit, shall not be prohibited by the Congress prior to the year one thousand eight hundred and eight, but a tax or duty may be imposed on such importation, not exceeding ten dollars for each person.

deren Zulassung einer der derzeit bestehenden Staaten für angebracht hält, darf vom Kongreß vor dem Jahre 1808 nicht verboten werden, doch kann eine solche Hereinholung mit Steuer oder Zoll von nicht mehr als zehn Dollar für jede Person belegt werden.

The privilege of the writ of habeas corpus shall not be suspended, unless when in cases of rebellion or invasion the public safety may require it.

Der Anspruch eines Verhafteten auf Ausstellung eines richterlichen Vorführungsbefehls darf nicht suspendiert werden, es sei denn, daß die öffentliche Sicherheit dies im Falle eines Aufstandes oder einer Invasion erforderlich macht.

No bill of attainder or ex post facto Law shall be passed.

Kein Ausnahmegesetz, das eine Verurteilung ohne Gerichtsverfahren zum Inhalt hat, oder Strafgesetz mit rückwirkender Kraft soll verabschiedet werden.

No capitation, or other direct, tax shall be laid, unless in proportion to the census or enumeration herein before directed to be taken.

Kopfsteuern oder sonstige direkte Steuern dürfen nur nach Maßgabe der Ergebnisse der Schätzung oder Volkszählung, wie im Vorhergehenden angeordnet, auferlegt werden.

No tax or duty shall be laid on articles exported from any state.

Waren, die aus einem Einzelstaat ausgeführt werden, dürfen nicht mit Steuern oder Zöllen belegt werden.

No preference shall be given by any regulation of commerce or revenue to the ports of one state over those of another: nor shall vessels bound to, or from, one state, be obliged to enter, clear or pay duties in another.

Eine Begünstigung der Häfen eines Einzelstaates gegenüber denen eines anderen durch handels- oder abgabenrechtliche Vorschriften darf nicht gewährt werden; die Schiffe mit Bestimmungs- oder Abgangshafen in einem der Staaten dürfen nicht gezwungen werden, in einem anderen anzulegen, zu klarieren oder Gebühren zu entrichten.

No money shall be drawn from the treasury, but in consequence of appropriations made by law; and a regular statement and account of receipts and expenditures of all public money shall be published from time to time.

Geld darf der Staatskasse nur auf Grund gesetzlicher Bewilligungen entnommen werden; über alle Einkünfte und Ausgaben der öffentlichen Hand ist der Öffentlichkeit von Zeit zu Zeit ordnungsgemäß Rechnung zu legen.

No title of nobility shall be granted by the United States: and no person holding any office of profit or trust under them, shall, without the consent of the Congress, accept of any present, emolument, office, or title, of any kind whatever, from any king, prince, or foreign state.

Adelstitel dürfen durch die Vereinigten Staaten nicht verliehen werden. Niemand, der ein besoldetes oder Ehrenamt in ihrem Dienst bekleidet, darf ohne Zustimmung des Kongresses ein Geschenk, Entgelt, Amt oder einen Titel irgendeiner Art von einem König, Fürsten oder fremden Staat annehmen.

Section 10.

No state shall enter into any treaty, alliance, or confederation; grant letters of marque and reprisal; coin money; emit bills of credit; make anything but gold and silver coin a tender in payment of debts; pass any bill of attainder, ex post facto law, or law impairing the obligation of contracts, or grant any title of nobility.

Abschnitt 10

Kein Einzelstaat darf einem Vertrag, Bündnis oder einer Konföderation beitreten, Kaperbriefe ausstellen, Münzen prägen, Banknoten ausgeben, etwas anderes als Gold- oder Silbermünzen zum gesetzlichen Zahlungsmittel erklären, ein Ausnahmegesetz, das eine Verurteilung ohne Gerichtsverfahren zum Inhalt hat, oder ein Strafgesetz mit rückwirkender Kraft oder ein Gesetz, das Vertragsverpflichtungen beeinträchtigt, verabschieden oder einen Adelstitel verleihen.

No state shall, without the consent of the Congress, lay any imposts or duties on imports or exports, except what may be absolutely necessary for executing it's inspection laws: and the net produce of all duties and imposts, laid by any state on imports or exports, shall be for the use of the treasury of the United States; and all such laws shall be subject to the revision and control of the Congress.

Kein Einzelstaat darf ohne Zustimmung des Kongresses Abgaben oder Zölle auf Ein- oder Ausfuhr legen, soweit dies nicht zur Durchführung der Überwachungsgesetze unbedingt nötig ist; über den Reinertrag, der einem Staat aus Zöllen und Abgaben auf Ein- und Ausfuhr zufließt, verfügt das Schatzamt der Vereinigten Staaten; alle derartigen Gesetze unterliegen der Revisions- und Aufsichtsbefugnis des Kongresses.

No state shall, without the consent of Congress, lay any

Kein Staat darf ohne Zustimmung des Kongresses Ton-

duty of tonnage, keep troops, or ships of war in time of peace, enter into any agreement or compact with another state, or with a foreign power, or engage in war, unless actually invaded, or in such imminent danger as will not admit of delay.

ARTICLE II
Section 1.

The executive power shall be vested in a President of the United States of America. He shall hold his office during the term of four years, and, together with the Vice President, chosen for the same term, be elected, as follows:

Each state shall appoint, in such manner as the Legislature thereof may direct, a number of electors, equal to the whole number of Senators and Representatives to which the State may be entitled in the Congress: but no Senator or Representative, or person holding an office of trust or profit under the United States, shall be appointed an elector.

The electors shall meet in their respective states, and vote by ballot for two persons, of whom one at least shall not be an inhabitant of the same state with themselves. And they shall make a list of all the persons voted for, and of the number of votes for each; which list they shall sign and certify, and transmit sealed to the seat of the government of the United States, directed to the President of the Senate. The President of the Senate shall, in the presence of the Senate and House of Representatives, open all the certificates, and the votes shall then be counted. The person having the greatest number of votes shall be the President, if such number be a majority of the whole number of electors appointed; and if there be more than one who have such majority, and have an equal number of votes, then the House of Representatives shall immediately choose by ballot one of them for President; and if no person have a majority, then from the five highest on the list the said House shall in like manner choose the President. But in choosing the President, the votes shall be taken by States, the representation from each state having one vote; A quorum for this purpose shall consist of a member or members from two thirds of the states, and a majority of all the states shall be necessary to a choice. In every case, after the choice of the President, the person having the greatest number of votes of the electors shall be the Vice President. But if there should remain two or more who have equal votes, the Senate shall choose from them by ballot the Vice President.

The Congress may determine the time of choosing the electors, and the day on which they shall give their votes; which day shall be the same throughout the United States.

ARTIKEL II
Abschnitt 1

Die vollziehende Gewalt liegt bei dem Präsidenten der Vereinigten Staaten von Amerika. Seine Amtszeit beträgt vier Jahre, und er wird zugleich mit dem für dieselbe Amtsperiode zu wählenden Vizepräsidenten auf folgende Weise gewählt:

Jeder Einzelstaat bestimmt in der von seiner gesetzgebenden Körperschaft vorgeschriebenen Weise eine Anzahl von Wahlmännern, die der Gesamtzahl der dem Staat im Kongreß zustehenden Senatoren und Abgeordneten gleich ist; jedoch darf kein Senator oder Abgeordneter oder eine Person, die ein besoldetes oder Ehrenamt im Dienste der Vereinigten Staaten bekleidet, zum Wahlmann bestellt werden.

Die Wahlmänner treten in ihren Staaten zusammen und stimmen durch Stimmzettel für zwei Personen, von denen mindestens eine nicht Einwohner desselben Staates sein darf wie sie selbst. Sie führen in einer Liste alle Personen auf, für die Stimmen abgegeben worden sind, und die Anzahl der ihnen zugefallenen Stimmen; diese Liste unterzeichnen und beglaubigen sie und übersenden sie versiegelt an den Sitz der Regierung der Vereinigten Staaten, zu Händen des Senatspräsidenten. Der Präsident des Senats öffnet vor Senat und Repräsentantenhaus alle diese beglaubigten Listen; anschließend sind die Stimmen zu zählen. Derjenige, der die größte Stimmenzahl auf sich vereinigt, soll Präsident sein, wenn diese Zahl der Mehrheit der Gesamtzahl der bestellten Wahlmänner entspricht; wenn aber mehrere eine derartige Mehrheit erreichen und die gleiche Anzahl von Stimmen erhalten, dann soll das Repräsentantenhaus sogleich einen von ihnen durch Stimmzettel zum Präsidenten wählen; und wenn niemand eine derartige Mehrheit erreicht hat, soll das genannte Haus in gleicher Weise aus den fünf führenden Personen auf der Liste den Präsidenten wählen. Bei dieser Präsidentschaftsstichwahl wird jedoch nach Staaten abgestimmt, wobei die Vertretung jedes Staates eine Stimme hat; zur Beschlußfähigkeit ist für diesen Zweck die Anwesenheit von je einem oder mehreren Abgeordneten von zwei Dritteln der Staaten und zum Wahlentscheid eine Mehrheit aller Einzelstaaten erforderlich. In jedem Fall soll nach der Wahl des Präsidenten derjenige, der die größte Anzahl der Wahlmännerstimmen auf sich vereinigt, Vizepräsident sein. Wenn aber zwei oder mehrere die gleiche Stimmenzahl aufweisen, soll der Senat unter ihnen durch Stimmzettel den Vizepräsidenten auswählen.

Der Kongreß kann den Zeitpunkt für die Wahl der Wahlmänner und den Tag ihrer Stimmenabgabe festsetzen; dieser Tag soll im ganzen Bereich der Vereinigten Staaten derselbe sein.

No person except a natural born citizen, or a citizen of the United States, at the time of the adoption of this Constitution, shall be eligible to the office of President; neither shall any person be eligible to that office who shall not have attained to the age of thirty five years, and been fourteen Years a resident within the United States.

In case of the removal of the President from office, or of his death, resignation, or inability to discharge the powers and duties of the said office, the same shall devolve on the Vice President, and the Congress may by law provide for the case of removal, death, resignation or inability, both of the President and Vice President, declaring what officer shall then act as President, and such officer shall act accordingly, until the disability be removed, or a President shall be elected.

The President shall, at stated times, receive for his services, a compensation, which shall neither be increased nor diminished during the period for which he shall have been elected, and he shall not receive within that period any other emolument from the United States, or any of them.

Before he enter on the execution of his office, he shall take the following oath or affirmation:--"I do solemnly swear (or affirm) that I will faithfully execute the office of President of the United States, and will to the best of my ability, preserve, protect and defend the Constitution of the United States."

Section 2.

The President shall be commander in chief of the Army and Navy of the United States, and of the militia of the several states, when called into the actual service of the United States; he may require the opinion, in writing, of the principal officer in each of the executive departments, upon any subject relating to the duties of their respective offices, and he shall have power to grant reprieves and pardons for offenses against the United States, except in cases of impeachment.

He shall have power, by and with the advice and consent of the Senate, to make treaties, provided two thirds of the Senators present concur; and he shall nominate, and by and with the advice and consent of the Senate, shall appoint ambassadors, other public ministers and consuls, judges of the Supreme Court, and all other officers of the United States, whose appointments are not herein otherwise provided for, and which shall be established by law: but the Congress may by law vest the appointment of such inferior officers, as they think proper, in the President alone, in the courts of law, or in the heads of departments.

The President shall have power to fill up all vacancies that may happen during the recess of the Senate, by granting commissions which shall expire at the end of their next session.

In das Amt des Präsidenten können nur in den Vereinigten Staaten geborene Bürger oder Personen, die zur Zeit der Annahme dieser Verfassung Bürger der Vereinigten Staaten waren, gewählt werden; es kann niemand in dieses Amt gewählt werden, der nicht das Alter von 35 Jahren erreicht und seinen Wohnsitz seit 14 Jahren im Gebiete der Vereinigten Staaten gehabt hat.

Im Falle der Amtsenthebung des Präsidenten oder seines Todes, Rücktritts oder der Unfähigkeit zur Wahrnehmung der Befugnisse und Obliegenheiten seines Amtes geht es auf den Vizepräsidenten über. Der Kongreß kann durch Gesetz für den Fall der Amtsenthebung, des Todes, des Rücktritts oder der Amtsunfähigkeit sowohl des Präsidenten als auch des Vizepräsidenten Vorsorge treffen und bestimmen, welcher Beamte dann die Geschäfte des Präsidenten wahrnehmen soll, und dieser Beamte versieht dann die Geschäfte so lange, bis die Amtsunfähigkeit behoben oder ein Präsident gewählt worden ist.

Der Präsident erhält zu festgesetzten Zeiten für seine Dienste eine Vergütung. Diese darf während der Zeit, für die er gewählt ist, weder vermehrt noch vermindert werden, und er darf während dieses Zeitraumes auch keine sonstigen Einkünfte von den Vereinigten Staaten oder einem der Einzelstaaten beziehen.

Ehe er sein Amt antritt, soll er diesen Eid oder dieses Gelöbnis leisten: „Ich schwöre (oder gelobe) feierlich, daß ich das Amt des Präsidenten der Vereinigten Staaten getreulich verwalten und die Verfassung der Vereinigten Staaten nach besten Kräften erhalten, schützen und verteidigen will."

Abschnitt 2

Der Präsident ist Oberbefehlshaber der Armee und der Flotte der Vereinigten Staaten und der Miliz der Einzelstaaten, wenn diese zur aktiven Dienstleistung für die Vereinigten Staaten aufgerufen wird; er kann von den Leitern der einzelnen Abteilungen der Bundesregierung die schriftliche Stellungnahme zu Angelegenheiten aus dem Dienstbereich der betreffenden Behörde verlangen, und er hat, außer in Amtsanklagefällen, das Recht, Strafaufschub und Begnadigung für Straftaten gegen die Vereinigten Staaten zu gewähren.

Er hat das Recht, auf Anraten und mit Zustimmung des Senats Verträge zu schließen, vorausgesetzt, daß zwei Drittel der anwesenden Senatoren zustimmen. Er nominiert auf Anraten und mit Zustimmung des Senats Botschafter, Gesandte und Konsuln, die Richter des Obersten Bundesgerichts und alle sonstigen Beamten der Vereinigten Staaten, deren Bestellung hierin nicht anderweitig geregelt ist und deren Ämter durch Gesetz geschaffen werden; doch kann der Kongreß nach seinem Ermessen die Ernennung von unteren Beamten durch Gesetz dem Präsidenten allein, den Gerichtshöfen oder den Leitern der Bundesbehörde übertragen.

Der Präsident hat die Befugnis, alle während der Senatsferien freiwerdenden Beamtenstellen im Wege des Amtsauftrags zu besetzen, der mit dem Ende der nächsten Sitzungsperiode erlischt.

Section 3.

He shall from time to time give to the Congress information of the state of the union, and recommend to their consideration such measures as he shall judge necessary and expedient; he may, on extraordinary occasions, convene both Houses, or either of them, and in case of disagreement between them, with respect to the time of adjournment, he may adjourn them to such time as he shall think proper; he shall receive ambassadors and other public ministers; he shall take care that the laws be faithfully executed, and shall commission all the officers of the United States.

Section 4.

The President, Vice President and all civil officers of the United States, shall be removed from office on impeachment for, and conviction of, treason, bribery, or other high crimes and misdemeanors.

ARTICLE III

Section 1.

The judicial power of the United States, shall be vested in one Supreme Court, and in such inferior courts as the Congress may from time to time ordain and establish. The judges, both of the supreme and inferior courts, shall hold their offices during good behaviour, and shall, at stated times, receive for their services, a compensation, which shall not be diminished during their continuance in office.

Section 2.

The judicial power shall extend to all cases, in law and equity, arising under this Constitution, the laws of the United States, and treaties made, or which shall be made, under their authority;--to all cases affecting ambassadors, other public ministers and consuls;--to all cases of admiralty and maritime jurisdiction;--to controversies to which the United States shall be a party;--to controversies between two or more states;--between a state and citizens of another state;-- between citizens of different states;--between citizens of the same state claiming lands under grants of different states, and between a state, or the citizens thereof, and foreign states, citizens or subjects.

In all cases affecting ambassadors, other public ministers and consuls, and those in which a state shall be party, the Supreme Court shall have original jurisdiction. In all the other cases before mentioned, the Supreme Court shall have appellate jurisdiction, both as to law and fact, with such exceptions, and under such regulations as the Congress shall make.

The trial of all crimes, except in cases of impeachment,

Abschnitt 3

Er hat von Zeit zu Zeit dem Kongreß über die Lage der Union Bericht zu erstatten und Maßnahmen zur Beratung zu empfehlen, die er für notwendig und nützlich erachtet. Er kann bei außerordentlichen Anlässen beide oder eines der Häuser einberufen, und er kann sie, falls sie sich über die Zeit der Vertagung nicht einigen können, bis zu einem ihm geeignet erscheinenden Zeitpunkt vertagen. Er empfängt Botschafter und Gesandte. Er hat Sorge zu tragen, daß die Gesetze gewissenhaft vollzogen werden, und er erteilt allen Beamten der Vereinigten Staaten die Ernennungsurkunden.

Abschnitt 4

Der Präsident, der Vizepräsident und alle Zivilbeamten der Vereinigten Staaten werden ihres Amtes enthoben, wenn sie wegen Verrats, Bestechung oder anderer Verbrechen und Vergehen unter Amtsanklage gestellt und für schuldig befunden worden sind.

ARTIKEL III

Abschnitt 1

Die richterliche Gewalt der Vereinigten Staaten liegt bei einem Obersten Bundesgericht und bei solchen unteren Gerichten, deren Errichtung der Kongreß von Fall zu Fall anordnen wird. Die Richter sowohl des Obersten Bundesgerichts als auch der unteren Gerichte sollen im Amte bleiben, solange ihre Amtsführung einwandfrei ist, und zu bestimmten Zeiten für ihre Dienste eine Vergütung erhalten, die während ihrer Amtsdauer nicht herabgesetzt werden darf.

Abschnitt 2

Die richterliche Gewalt erstreckt sich auf alle Fälle nach dem Gesetzes- und dem Billigkeitsrecht, die sich aus dieser Verfassung, den Gesetzen der Vereinigten Staaten und den Verträgen ergeben, die in ihrem Namen abgeschlossen wurden oder künftig geschlossen werden; — auf alle Fälle, die Botschafter, Gesandte und Konsuln betreffen; — auf alle Fälle der Admiralitäts- und Seegerichtsbarkeit; — auf Streitigkeiten, in denen die Vereinigten Staaten Streitpartei sind; — auf Streitigkeiten zwischen zwei oder mehreren Einzelstaaten; — zwischen einem Einzelstaat und den Bürgern eines anderen Einzelstaates; — zwischen Bürgern verschiedener Einzelstaaten; — zwischen Bürgern desselben Einzelstaates, die auf Grund von Zuweisungen seitens verschiedener Einzelstaaten Ansprüche auf Land erheben; — und zwischen einem Einzelstaat oder dessen Bürgern und fremden Staaten, Bürgern oder Untertanen.

In allen Fällen, die Botschafter, Gesandte und Konsuln betreffen, und in solchen, in denen ein Einzelstaat Partei ist, übt das Oberste Bundesgericht ursprüngliche Gerichtsbarkeit aus. In allen anderen zuvor erwähnten Fällen ist das Oberste Bundesgericht Appellationsinstanz sowohl hinsichtlich der rechtlichen als auch der Tatsachenbeurteilung gemäß den vom Kongreß festzulegenden Ausnahme- und Verfahrensbestimmungen.

Alle Strafverfahren mit Ausnahme von Fällen der Amts-

shall be by jury; and such trial shall be held in the state where the said crimes shall have been committed; but when not committed within any state, the trial shall be at such place or places as the Congress may by law have directed.

anklage sind von einem Geschworenengericht durchzuführen, und die Verhandlung findet in dem Einzelstaat statt, in dem die fragliche Straftat begangen worden ist. Wenn eine Straftat aber nicht im Gebiet eines der Einzelstaaten begangen worden ist, so findet die Verhandlung an dem Ort oder den Orten statt, die der Kongreß durch Gesetz bestimmen wird.

Section 3.

Treason against the United States, shall consist only in levying war against them, or in adhering to their enemies, giving them aid and comfort. No person shall be convicted of treason unless on the testimony of two witnesses to the same overt act, or on confession in open court.

The Congress shall have power to declare the punishment of treason, but no attainder of treason shall work corruption of blood, or forfeiture except during the life of the person attainted.

Abschnitt 3

Als Verrat gegen die Vereinigten Staaten gilt nur die Kriegführung gegen sie oder die Unterstützung ihrer Feinde durch Hilfeleistung und Begünstigung. Niemand darf des Verrates schuldig befunden werden, es sei denn auf Grund der Aussage zweier Zeugen über dieselbe offenkundige Handlung oder auf Grund eines Geständnisses in öffentlicher Gerichtssitzung.

Der Kongreß hat das Recht, die Strafe für Verrat festzusetzen. Die Rechtsfolgen des Verrats sollen jedoch nicht über die Lebenszeit des Verurteilten hinaus Ehrverlust oder Vermögensverfall bewirken.

ARTICLE IV
Section 1.

Full faith and credit shall be given in each state to the public acts, records, and judicial proceedings of every other state. And the Congress may by general laws prescribe the manner in which such acts, records, and proceedings shall be proved, and the effect thereof.

ARTIKEL IV
Abschnitt 1

Gesetze, Urkunden und richterliche Entscheidungen jedes Einzelstaates genießen in jedem anderen Staat volle Würdigung und Anerkennung. Der Kongreß kann durch allgemeine Gesetzgebung bestimmen, in welcher Form der Nachweis derartiger Gesetze, Urkunden und richterlicher Entscheidungen zu führen ist und welche Geltung ihnen zukommt.

Section 2.

The citizens of each state shall be entitled to all privileges and immunities of citizens in the several states.

A person charged in any state with treason, felony, or other crime, who shall flee from justice, and be found in another state, shall on demand of the executive authority of the state from which he fled, be delivered up, to be removed to the state having jurisdiction of the crime.

No person held to service or labor in one state, under the laws thereof, escaping into another, shall, in consequence of any law or regulation therein, be discharged from such service or labor, but shall be delivered up on claim of the party to whom such service or labor may be due.

Abschnitt 2

Die Bürger eines jeden Einzelstaates genießen alle Vorrechte und Freiheiten der Bürger anderer Einzelstaaten.

Wer in irgendeinem Einzelstaate des Verrats oder eines Verbrechens oder Vergehens angeklagt wird, sich der Strafverfolgung durch Flucht entzieht und in einem anderen Staat aufgegriffen wird, muß auf Verlangen der Regierung des Staates, aus dem er entflohen ist, ausgeliefert und nach dem Staat geschafft werden, unter dessen Gerichtsbarkeit dieses Verbrechen fällt.

Niemand, der in einem Einzelstaate nach dessen Gesetzen zu Dienst oder Arbeit verpflichtet ist und in einen anderen Staat entflieht, darf auf Grund dort geltender Gesetze oder Bestimmungen von dieser Dienst- oder Arbeitspflicht befreit werden. Er ist vielmehr auf Verlangen desjenigen, dem er zu Dienst oder Arbeit verpflichtet ist, auszuliefern.

Section 3.

New states may be admitted by the Congress into this union; but no new states shall be formed or erected within the jurisdiction of any other state; nor any state be formed by the junction of two or more states, or parts of states, without the consent of the legislatures of the states concerned as well as of the Congress.

The Congress shall have power to dispose of and make all needful rules and regulations respecting the territory

Abschnitt 3

Neue Staaten können vom Kongreß in diesen Bund aufgenommen werden. Jedoch darf kein neuer Staat innerhalb des Hoheitsbereichs eines anderen Staates gebildet oder errichtet werden. Auch darf kein neuer Staat durch die Vereinbarung von zwei oder mehr Einzelstaaten oder Teilen von Einzelstaaten ohne die Zustimmung sowohl der gesetzgebenden Körperschaften der betreffenden Einzelstaaten als auch des Kongresses gebildet werden.

Der Kongreß hat das Recht, über die Ländereien und sonstiges Eigentum der Vereinigten Staaten zu verfügen

or other property belonging to the United States; and nothing in this Constitution shall be so construed as to prejudice any claims of the United States, or of any particular state.

Section 4.

The United States shall guarantee to every state in this union a republican form of government, and shall protect each of them against invasion; and on application of the legislature, or of the executive (when the legislature cannot be convened) against domestic violence.

ARTICLE V

The Congress, whenever two thirds of both houses shall deem it necessary, shall propose amendments to this Constitution, or, on the application of the legislatures of two thirds of the several states, shall call a convention for proposing amendments, which, in either case, shall be valid to all intents and purposes, as part of this Constitution, when ratified by the legislatures of three fourths of the several states, or by conventions in three fourths thereof, as the one or the other mode of ratification may be proposed by the Congress; provided that no amendment which may be made prior to the year one thousand eight hundred and eight shall in any manner affect the first and fourth clauses in the ninth section of the first article; and that no state, without its consent, shall be deprived of its equal suffrage in the Senate.

ARTICLE VI

All debts contracted and engagements entered into, before the adoption of this Constitution, shall be as valid against the United States under this Constitution, as under the Confederation.

This Constitution, and the laws of the United States which shall be made in pursuance thereof; and all treaties made, or which shall be made, under the authority of the United States, shall be the supreme law of the land; and the judges in every state shall be bound thereby, anything in the Constitution or laws of any State to the contrary notwithstanding.

The Senators and Representatives before mentioned, and the members of the several state legislatures, and all executive and judicial officers, both of the United States and of the several states, shall be bound by oath or affirmation, to support this Constitution; but no religious test shall ever be required as a qualification to any office or public trust under the United States.

ARTICLE VII

The ratification of the conventions of nine states, shall be sufficient for the establishment of this Constitution between the states so ratifying the same.

Done in convention by the unanimous consent of the states present the seventeenth day of September in the year of our Lord one thousand seven hundred and eighty

---

und alle erforderlichen Anordnungen und Vorschriften hierüber zu erlassen; und keine Bestimmung dieser Verfassung soll so ausgelegt werden, daß durch sie Ansprüche der Vereinigten Staaten oder irgendeines Einzelstaates präjudiziert würden.

Abschnitt 4

Die Vereinigten Staaten gewährleisten jedem Staat innerhalb dieses Bundes eine republikanische Regierungsform; sie schützen jeden von ihnen gegen feindliche Einfälle und auf Antrag seiner gesetzgebenden Körperschaft oder Regierung (wenn die gesetzgebende Körperschaft nicht einberufen werden kann) auch gegen innere Gewaltakte.

ARTIKEL V

Der Kongreß schlägt, wenn beide Häuser es mit Zweidrittelmehrheit für notwendig halten, Verfassungsänderungen vor oder beruft auf Ansuchen der gesetzgebenden Körperschaften von zwei Dritteln der Einzelstaaten einen Konvent zur Ausarbeitung von Abänderungsvorschlägen ein, die in beiden Fällen nach Sinn und Absicht als Teile dieser Verfassung Rechtskraft erlangen, wenn sie in drei Vierteln der Einzelstaaten von den gesetzgebenden Körperschaften oder den Konventen ratifiziert werden, je nachdem, welche Form der Ratifikation vom Kongreß vorgeschlagen wird. Jedoch darf keine Abänderung vor dem Jahre 1808 in irgendeiner Weise den 1. und 4. Absatz des 9. Abschnittes des 1. Artikels berühren und keinem Staat darf ohne seine Zustimmung das gleiche Stimmrecht im Senat entzogen werden.

ARTIKEL VI

Alle vor Annahme dieser Verfassung aufgelaufenen Schulden und eingegangenen Verpflichtungen sind für die Vereinigten Staaten unter dieser Verfassung ebenso rechtsverbindlich wie unter den Konföderationsartikeln.

Diese Verfassung, die in ihrem Verfolg zu erlassenden Gesetze der Vereinigten Staaten sowie alle im Namen der Vereinigten Staaten abgeschlossenen oder künftig abzuschließenden Verträge sind das oberste Gesetz des Landes; und die Richter in jedem Einzelstaat sind ungeachtet entgegenstehender Bestimmungen in der Verfassung oder den Gesetzen eines Einzelstaates daran gebunden.

Die vorerwähnten Senatoren und Abgeordneten, die Mitglieder der gesetzgebenden Körperschaften der Einzelstaaten und alle Verwaltungs- und Justizbeamten sowohl der Vereinigten Staaten als auch der Einzelstaaten haben sich durch Eid oder Gelöbnis zur Wahrung dieser Verfassung zu verpflichten. Doch darf niemals ein religiöser Bekenntnisakt zur Bedingung für den Antritt eines Amtes oder einer öffentlichen Vertrauensstellung im Dienst der Vereinigten Staaten gemacht werden.

ARTIKEL VII

Die Ratifikation durch neun Staatskonvente ist ausreichend, diese Verfassung für die ratifizierenden Staaten in Kraft zu setzen.

Gegeben im Konvent mit einmütiger Zustimmung der anwesenden Staaten am 17. Tage des Monats September im Jahre des Herrn 1787 und im 12. Jahre der Unabhän-

seven and of the independence of the United States of America the twelfth. In witness whereof We have hereunto subscribed our Names,

G. Washington
President and deputy from VIRGINIA

NEW HAMPSHIRE: John Langdon, Nicholas Gilman

MASSACHUSETTS: Nathaniel Gorham, Rufus King

CONNECTICUT: Wm: Saml. Johnson, Roger Sherman

NEW YORK: Alexander Hamilton

NEW JERSEY: Wil: Livingston, David Brearly, Wm. Paterson, Jona: Dayton

PENNSYLVANIA: B. Franklin, Thomas Mifflin, Robt. Morris, Geo. Clymer, Thos. FitzSimons, Jared Ingersoll, James Wilson, Gouv Morris

DELAWARE: Geo: Read, Gunning Bedford jun, John Dickinson, Richard Bassett, Jaco: Broom

MARYLAND: James McHenry, Dan of St Thos. Jenifer, Danl Carroll

VIRGINIA: John Blair, James Madison Jr.

NORTH CAROLINA: Wm. Blount, Richd. Dobbs Spaight, Hu Williamson

SOUTH CAROLINA: J. Rutledge, Charles Cotesworth Pinckney, Charles Pinckney, Pierce Butler

GEORGIA: William Few, Abr Baldwin

AMENDMENTS

AMENDMENT I
Congress shall make no law respecting an establishment of religion, or prohibiting the free exercise thereof; or abridging the freedom of speech, or of the press; or the right of the people peaceably to assemble, and to petition the government for a redress of grievances.

AMENDMENT II
A well regulated militia, being necessary to the security of a free state, the right of the people to keep and bear arms, shall not be infringed.

AMENDMENT III
No soldier shall, in time of peace be quartered in any house, without the consent of the owner, nor in time of war, but in a manner to be prescribed by law.

AMENDMENT IV
The right of the people to be secure in their persons, houses, papers, and effects, against unreasonable searches and seizures, shall not be violated, and no warrants shall issue, but upon probable cause, supported by oath or affirmation, and particularly describing the place to be searched, and the persons or things to be seized.

---

gigkeit der Vereinigten Staaten von Amerika; zu Urkund dessen wir hier unsere Namen unterzeichnen.

G. Washington
Präsident und Abgeordneter von VIRGINIA

NEW HAMPSHIRE: John Langdon; Nicholas Gilman

MASSACHUSETTS: Nathaniel Gorham; Rufus King

CONNECTICUT: Wm. Saml. Johnson; Roger Sherman

NEW YORK: Alexander Hamilton

NEW JERSEY: Wil. Livingston; David Brearley; Wm. Paterson; Jona. Dayton

PENNSYLVANIA: B. Franklin, Thomas Mifflin; Robt. Morris; Geo. Clymer; Thos. FitzSimons; Jared Ingersoll; James Wilson; Gouv. Morris

DELAWARE: Geo. Read; Gunning Bedford, Jun.; John Dickinson; Richard Bassett; Jaco. Broom

MARYLAND: James McHenry; Dan of St. Thos. Jenifer; Danl. Carroll

VIRGINIA: John Blair; James Madison, Jr.

NORTH CAROLINA: Wm. Blount; Richd. Dobbs Spaight; Hu. Williamson

SOUTH CAROLINA: J. Rutledge; Charles Cotesworth Pinckney; Charles Pinckney; Pierce Butler

GEORGIA: William Few; Abr. Baldwin

DIE ZUSATZARTIKEL

ZUSATZARTIKEL I
Der Kongreß darf kein Gesetz erlassen, das die Einführung einer Staatsreligion zum Gegenstand hat, die freie Religionsausübung verbietet, die Rede- oder Pressefreiheit oder das Recht des Volkes einschränkt, sich friedlich zu versammeln und die Regierung durch Petition um Abstellung von Mißständen zu ersuchen.

ZUSATZARTIKEL II
Da eine gut ausgebildete Miliz für die Sicherheit eines freien Staates erforderlich ist, darf das Recht des Volkes, Waffen zu besitzen und zu tragen, nicht beeinträchtigt werden.

ZUSATZARTIKEL III
Kein Soldat darf in Friedenszeiten ohne Zustimmung des Eigentümers in einem Haus einquartiert werden und in Kriegszeiten nur in der gesetzlich vorgeschriebenen Weise.

ZUSATZARTIKEL IV
Das Recht des Volkes auf Sicherheit der Person und der Wohnung, der Urkunden und des Eigentums, vor willkürlicher Durchsuchung, Verhaftung und Beschlagnahme darf nicht verletzt werden, und Haussuchungs- und Haftbefehle dürfen nur bei Vorliegen eines eidlich oder eidesstattlich erhärteten Rechtsgrundes ausgestellt werden und müssen die zu durchsuchende Örtlichkeit und die in Gewahrsam zu nehmenden Personen oder Gegenstände genau bezeichnen.

AMENDMENT V

No person shall be held to answer for a capital, or otherwise infamous crime, unless on a presentment or indictment of a grand jury, except in cases arising in the land or naval forces, or in the militia, when in actual service in time of war or public danger; nor shall any person be subject for the same offense to be twice put in jeopardy of life or limb; nor shall be compelled in any criminal case to be a witness against himself, nor be deprived of life, liberty, or property, without due process of law; nor shall private property be taken for public use, without just compensation.

ZUSATZARTIKEL V

Niemand darf wegen eines Kapitalverbrechens oder eines sonstigen schimpflichen Verbrechens zur Verantwortung gezogen werden, es sei denn auf Grund eines Antrages oder einer Anklage durch ein Großes Geschworenengericht. Hiervon ausgenommen sind Fälle, die sich bei den Land- oder Seestreitkräften oder bei der Miliz ereignen, wenn diese in Kriegszeit oder bei öffentlichem Notstand im aktiven Dienst stehen. Niemand darf wegen derselben Straftat zweimal durch ein Verfahren in Gefahr des Leibes und des Lebens gebracht werden. Niemand darf in einem Strafverfahren zur Aussage gegen sich selbst gezwungen noch des Lebens, der Freiheit oder des Eigentums ohne vorheriges ordentliches Gerichtsverfahren nach Recht und Gesetz beraubt werden. Privateigentum darf nicht ohne angemessene Entschädigung für öffentliche Zwecke eingezogen werden.

AMENDMENT VI

In all criminal prosecutions, the accused shall enjoy the right to a speedy and public trial, by an impartial jury of the state and district wherein the crime shall have been committed, which district shall have been previously ascertained by law, and to be informed of the nature and cause of the accusation; to be confronted with the witnesses against him; to have compulsory process for obtaining witnesses in his favor, and to have the assistance of counsel for his defense.

ZUSATZARTIKEL VI

In allen Strafverfahren hat der Angeklagte Anspruch auf einen unverzüglichen und öffentlichen Prozeß vor einem unparteiischen Geschworenengericht desjenigen Staates und Bezirks, in welchem die Straftat begangen wurde, wobei der zuständige Bezirk vorher auf gesetzlichem Wege zu ermitteln ist. Er hat weiterhin Anspruch darauf, über die Art und Gründe der Anklage unterrichtet und den Belastungszeugen gegenübergestellt zu werden, sowie auf Zwangsvorladung von Entlastungszeugen und einen Rechtsbeistand zu seiner Verteidigung.

AMENDMENT VII

In suits at common law, where the value in controversy shall exceed twenty dollars, the right of trial by jury shall be preserved, and no fact tried by a jury, shall be otherwise reexamined in any court of the United States, than according to the rules of the common law.

ZUSATZARTIKEL VII

In Zivilprozessen, in denen der Streitwert zwanzig Dollar übersteigt, besteht ein Anrecht auf ein Verfahren vor einem Geschworenengericht, und keine Tatsache, über die von einem derartigen Gericht befunden wurde, darf von einem Gerichtshof der Vereinigten Staaten nach anderen Regeln als denen des gemeinen Rechts erneut einer Prüfung unterzogen werden.

AMENDMENT VIII

Excessive bail shall not be required, nor excessive fines imposed, nor cruel and unusual punishments inflicted.

ZUSATZARTIKEL VIII

Übermäßige Bürgschaften dürfen nicht gefordert, übermäßige Geldstrafen nicht auferlegt und grausame oder ungewöhnliche Strafen nicht verhängt werden.

AMENDMENT IX

The enumeration in the Constitution, of certain rights, shall not be construed to deny or disparage others retained by the people.

ZUSATZARTIKEL IX

Die Aufzählung bestimmter Rechte in der Verfassung darf nicht dahin gehend ausgelegt werden, daß durch sie andere dem Volke vorbehaltene Rechte versagt oder eingeschränkt werden.

AMENDMENT X

The powers not delegated to the United States by the Constitution, nor prohibited by it to the states, are reserved to the states respectively, or to the people.

ZUSATZARTIKEL X

Die Machtbefugnisse, die von der Verfassung weder den Vereinigten Staaten übertragen noch den Einzelstaaten entzogen werden, bleiben den Einzelstaaten oder dem Volke vorbehalten.

AMENDMENT XI (1798)

The judicial power of the United States shall not be construed to extend to any suit in law or equity, commenced or prosecuted against one of the United States

ZUSATZARTIKEL XI (1798)

Die richterliche Gewalt der Vereinigten Staaten darf nicht dahin gehend ausgelegt werden, daß sie sich auf Klagen nach dem Gesetzes- oder Billigkeitsrecht erstreckt, die

by citizens of another state, or by citizens or subjects of any foreign state.

AMENDMENT XII (1804)

The electors shall meet in their respective states and vote by ballot for President and Vice-President, one of whom, at least, shall not be an inhabitant of the same state with themselves; they shall name in their ballots the person voted for as President, and in distinct ballots the person voted for as Vice-President, and they shall make distinct lists of all persons voted for as President, and of all persons voted for as Vice-President, and of the number of votes for each, which lists they shall sign and certify, and transmit sealed to the seat of the government of the United States, directed to the President of the Senate;--The President of the Senate shall, in the presence of the Senate and House of Representatives, open all the certificates and the votes shall then be counted;-- the person having the greatest number of votes for President, shall be the President, if such number be a majority of the whole number of electors appointed; and if no person have such majority, then from the persons having the highest numbers not exceeding three on the list of those voted for as President, the House of Representatives shall choose immediately, by ballot, the President. But in choosing the President, the votes shall be taken by states, the representation from each state having one vote; a quorum for this purpose shall consist of a member or members from two-thirds of the states, and a majority of all the states shall be necessary to a choice. And if the House of Representatives shall not choose a President whenever the right of choice shall devolve upon them, before the fourth day of March next following, then the Vice-President shall act as President, as in the case of the death or other constitutional disability of the President.

The person having the greatest number of votes as Vice-President, shall be the Vice-President, if such number be a majority of the whole number of electors appointed, and if no person have a majority, then from the two highest numbers on the list, the Senate shall choose the Vice-President; a quorum for the purpose shall consist of two-thirds of the whole number of Senators, and a majority of the whole number shall be necessary to a choice. But no person constitutionally ineligible to the office of President shall be eligible to that of Vice-President of the United States.

AMENDMENT XIII (1865)
Section 1.
Neither slavery nor involuntary servitude, except as a

punishment for crime whereof the party shall have been duly convicted, shall exist within the United States, or any place subject to their jurisdiction.

Section 2.

Congress shall have power to enforce this article by appropriate legislation.

AMENDMENT XIV (1868)

Section 1.

All persons born or naturalized in the United States, and subject to the jurisdiction thereof, are citizens of the United States and of the state wherein they reside. No state shall make or enforce any law which shall abridge the privileges or immunities of citizens of the United States; nor shall any state deprive any person of life, liberty, or property, without due process of law; nor deny to any person within its jurisdiction the equal protection of the laws.

Section 2.

Representatives shall be apportioned among the several states according to their respective numbers, counting the whole number of persons in each state, excluding Indians not taxed. But when the right to vote at any election for the choice of electors for President and Vice President of the United States, Representatives in Congress, the executive and judicial officers of a state, or the members of the legislature thereof, is denied to any of the male inhabitants of such state, being twenty-one years of age, and citizens of the United States, or in any way abridged, except for participation in rebellion, or other crime, the basis of representation therein shall be reduced in the proportion which the number of such male citizens shall bear to the whole number of male citizens twenty-one years of age in such state.

Section 3.

No person shall be a Senator or Representative in Congress, or elector of President and Vice President, or hold any office, civil or military, under the United States, or under any state, who, having previously taken an oath, as a member of Congress, or as an officer of the United States, or as a member of any state legislature, or as an executive or judicial officer of any state, to support the Constitution of the United States, shall have engaged in insurrection or rebellion against the same, or given aid or comfort to the enemies thereof. But Congress may by a vote of two-thirds of each House, remove such disability.

als Strafe für ein Verbrechen, dessen die betreffende Person in einem ordentlichen Verfahren für schuldig befunden worden ist, in den Vereinigten Staaten oder in irgendeinem Gebiet unter ihrer Gesetzeshoheit bestehen.

Abschnitt 2

Der Kongreß hat das Recht, diesen Zusatzartikel durch entsprechende Gesetze zur Durchführung zu bringen.

ZUSATZARTIKEL XIV (1868)

Abschnitt 1

Alle Personen, die in den Vereinigten Staaten geboren oder eingebürgert sind und ihrer Gesetzeshoheit unterstehen, sind Bürger der Vereinigten Staaten und des Einzelstaates, in dem sie ihren Wohnsitz haben. Keiner der Einzelstaaten darf Gesetze erlassen oder durchführen, die die Vorrechte oder Freiheiten von Bürgern der Vereinigten Staaten beschränken, und kein Staat darf irgend jemandem ohne ordentliches Gerichtsverfahren nach Recht und Gesetz Leben, Freiheit oder Eigentum nehmen oder irgend jemandem innerhalb seines Hoheitsbereiches den gleichen Schutz durch das Gesetz versagen.

Abschnitt 2

Die Abgeordnetenmandate werden auf die einzelnen Staaten im Verhältnis zu ihrer Einwohnerzahl verteilt, wobei in jedem Staat die Gesamtzahl aller Personen mit Ausnahme der nicht besteuerten Indianer zugrunde gelegt wird. Wenn aber das Wahlrecht bei irgendeiner Wahl zur Bestimmung der Wahlmänner für den Präsidenten und Vizepräsidenten der Vereinigten Staaten, der Abgeordneten im Kongreß, der Verwaltungs- und Justizbeamten eines Einzelstaates oder der Mitglieder seiner gesetzgebenden Körperschaft irgendwelchen männlichen Einwohnern dieses Staates, die über einundzwanzig Jahre alt und Bürger der Vereinigten Staaten sind, abgesprochen oder irgendwie beschränkt wird, außer wenn dies wegen Teilnahme an einem Aufstand oder wegen eines sonstigen Verbrechens geschieht, so ist die Grundzahl für die Vertretung daselbst im selben Verhältnis zu vermindern, in dem die Zahl solcher männlichen Bürger zur Gesamtzahl der männlichen Bürger über einundzwanzig Jahre in diesem Staate steht.

Abschnitt 3

Niemand darf Senator oder Abgeordneter im Kongreß oder Wahlmann für die Wahl des Präsidenten oder Vizepräsidenten sein, irgendein ziviles oder militärisches Amt im Dienste der Vereinigten Staaten oder eines Einzelstaates bekleiden, der, nachdem er als Mitglied des Kongresses oder als Beamter der Vereinigten Staaten oder als Mitglied der gesetzgebenden Körperschaft eines der Einzelstaaten oder als Verwaltungs- oder Justizbeamter in einem der Einzelstaaten auf die Einhaltung der Verfassung der Vereinigten Staaten vereidigt worden ist, an einem Aufstand oder Aufruhr gegen sie teilgenommen oder ihre Feinde unterstützt oder begünstigt hat. Doch kann der Kongreß mit Zweidrittelmehrheit in jedem der beiden Häuser diese Amtsunfähigkeit aufheben.

Section 4.

The validity of the public debt of the United States, authorized by law, including debts incurred for payment of pensions and bounties for services in suppressing insurrection or rebellion, shall not be questioned. But neither the United States nor any state shall assume or pay any debt or obligation incurred in aid of insurrection or rebellion against the United States, or any claim for the loss or emancipation of any slave; but all such debts, obligations and claims shall be held illegal and void.

Section 5.

The Congress shall have power to enforce, by appropriate legislation, the provisions of this article.

AMENDMENT XV (1870)

Section 1.

The right of citizens of the United States to vote shall not be denied or abridged by the United States or by any state on account of race, color, or previous condition of servitude.

Section 2.

The Congress shall have power to enforce this article by appropriate legislation.

AMENDMENT XVI (1913)

The Congress shall have power to lay and collect taxes on incomes, from whatever source derived, without apportionment among the several states, and without regard to any census of enumeration.

AMENDMENT XVII (1913)

The Senate of the United States shall be composed of two Senators from each state, elected by the people thereof, for six years; and each Senator shall have one vote. The electors in each state shall have the qualifications requisite for electors of the most numerous branch of the state legislatures.

When vacancies happen in the representation of any state in the Senate, the executive authority of such state shall issue writs of election to fill such vacancies: Provided, that the legislature of any state may empower the executive thereof to make temporary appointments until the people fill the vacancies by election as the legislature may direct.

This amendment shall not be so construed as to affect the election or term of any Senator chosen before it becomes valid as part of the Constitution.

Abschnitt 4

Die Rechtsgültigkeit der gesetzlich genehmigten Staatsschulden der Vereinigten Staaten mit Einschluß der Verpflichtungen, die aus der Zahlung von Pensionen und Sonderzuwendungen für Teilnahme an der Unterdrückung von Aufstand und Aufruhr erwachsen sind, darf nicht in Frage gestellt werden. Doch dürfen weder die Vereinigten Staaten noch irgendein Einzelstaat eine Schuld oder Verbindlichkeit übernehmen oder einlösen, die aus der Unterstützung eines Aufstands oder Aufruhrs gegen die Vereinigten Staaten erwachsen ist, oder irgendeinem Ersatzanspruch für den Verlust oder die Freilassung eines Sklaven stattgeben; vielmehr sind alle derartigen Schulden, Verbindlichkeiten und Ansprüche ungesetzlich und nichtig.

Abschnitt 5

Der Kongreß ist befugt, die Bestimmungen dieses Zusatzartikels durch entsprechende Gesetze zur Durchführung zu bringen.

ZUSATZARTIKEL XV (1870)

Abschnitt l

Das Wahlrecht der Bürger der Vereinigten Staaten darf von den Vereinigten Staaten oder einem Einzelstaat nicht auf Grund der Rassenzugehörigkeit, der Hautfarbe oder des vormaligen Dienstbarkeitsverhältnisses versagt oder beschränkt werden.

Abschnitt 2

Der Kongreß ist befugt, diesen Zusatzartikel durch entsprechende Gesetze zur Durchführung zu bringen.

ZUSATZARTIKEL XVI (1913)

Der Kongreß hat das Recht, Steuern auf Einkommen beliebiger Herkunft zu legen und einzuziehen, ohne sie proportional auf die einzelnen Staaten aufteilen zu müssen oder an eine Schätzung oder Volkszählung gebunden zu sein.

ZUSATZARTIKEL XVII (1913)

Der Senat der Vereinigten Staaten besteht aus je zwei Senatoren von jedem Einzelstaat, die von dessen Bevölkerung auf sechs Jahre gewählt werden. Jedem Senator steht eine Stimme zu. Die Wähler in jedem Staate müssen den gleichen Bedingungen genügen, die für die Wähler der zahlenmäßig stärksten Kammer der gesetzgebenden Körperschaften der Einzelstaaten vorgeschrieben sind.

Wenn in der Vertretung eines Staates Senatssitze frei werden, dann schreibt dessen Regierung Ersatzwahlen aus, um die erledigten Mandate neu zu besetzen. Doch kann die gesetzgebende Körperschaft jedes Einzelstaates dessen Regierung ermächtigen, vorläufige Ernennungen vorzunehmen, bis das Volk die freigewordenen Sitze durch Wahlen gemäß den Anweisungen der gesetzgebenden Körperschaften neu besetzt.

Dieser Zusatzartikel darf nicht so ausgelegt werden, daß dadurch die Wahl oder die Amtsperiode eines Senators berührt wird, der bereits gewählt war, bevor dieser Zusatzartikel als Teil der Verfassung in Kraft tritt.

AMENDMENT XVIII (1919)

Section 1.

After one year from the ratification of this article the manufacture, sale, or transportation of intoxicating liquors within, the importation thereof into, or the exportation thereof from the United States and all territory subject to the jurisdiction thereof for beverage purposes is hereby prohibited.

Section 2.

The Congress and the several states shall have concurrent power to enforce this article by appropriate legislation.

Section 3.

This article shall be inoperative unless it shall have been ratified as an amendment to the Constitution by the legislatures of the several states, as provided in the Constitution, within seven years from the date of the submission hereof to the states by the Congress.

AMENDMENT XIX (1920)

The right of citizens of the United States to vote shall not be denied or abridged by the United States or by any state on account of sex.

Congress shall have power to enforce this article by appropriate legislation.

AMENDMENT XX (1933)

Section 1.

The terms of the President and Vice President shall end at noon on the 20th day of January, and the terms of Senators and Representatives at noon on the 3d day of January, of the years in which such terms would have ended if this article had not been ratified; and the terms of their successors shall then begin.

Section 2.

The Congress shall assemble at least once in every year, and such meeting shall begin at noon on the 3d day of January, unless they shall by law appoint a different day.

Section 3.

If, at the time fixed for the beginning of the term of the President, the President elect shall have died, the Vice President elect shall become President. If a President shall not have been chosen before the time fixed for the beginning of his term, or if the President elect shall have failed to qualify, then the Vice President elect shall act as President until a President shall have qualified; and the Congress may by law provide for the case wherein neither a President elect nor a Vice President elect shall have qualified, declaring who shall then act as President, or the manner in which one who is to act shall be selected, and such person shall act accordingly until a President or Vice President shall have qualified.

ZUSATZARTIKEL XVIII (1919)

Abschnitt 1

Nach Ablauf eines Jahres von der Ratifikation dieses Artikels an ist die Herstellung, der Verkauf oder der Transport alkoholischer Flüssigkeiten für Getränkezwecke innerhalb der Vereinigten Staaten, ihre Einfuhr in die oder ihre Ausfuhr aus den Vereinigten Staaten nebst allen ihrer Hoheit unterstehenden Gebieten hiermit verboten.

Abschnitt 2

Der Kongreß und die Einzelstaaten sind gleichermaßen befugt, diesen Zusatzartikel durch entsprechende Gesetze zur Durchführung zu bringen.

Abschnitt 3

Dieser Zusatzartikel ist unwirksam, wenn er nicht, wie in der Verfassung vorgesehen, durch die gesetzgebenden Körperschaften der Einzelstaaten binnen sieben Jahren, gerechnet vom Zeitpunkt seiner Übermittlung an die Staaten durch den Kongreß, als Verfassungszusatz ratifiziert wird.

ZUSATZARTIKEL XIX (1920)

Das Wahlrecht der Bürger der Vereinigten Staaten darf von den Vereinigten Staaten oder einem Einzelstaat nicht auf Grund des Geschlechts versagt oder beschränkt werden.

Der Kongreß ist befugt, diesen Zusatzartikel durch entsprechende Gesetze zur Durchführung zu bringen.

ZUSATZARTIKEL XX (1933)

Abschnitt 1

Die Amtsperioden des Präsidenten und Vizepräsidenten enden am Mittag des 20. Tages des Monats Januar und die Amtsperioden der Senatoren und Abgeordneten am Mittag des 3. Tages des Monats Januar des jeweiligen Jahres, in dem diese Amtsperioden geendet hätten, wenn dieser Artikel nicht ratifiziert worden wäre; sodann beginnt die Amtsperiode ihrer Nachfolger.

Abschnitt 2

Der Kongreß tritt wenigstens einmal in jedem Jahr zusammen, und zwar beginnt diese Sitzung am Mittag des 3. Tages des Monats Januar, falls er nicht durch Gesetz einen anderen Tag bestimmt.

Abschnitt 3

Wenn zu der für den Beginn der Amtsperiode des Präsidenten festgesetzten Zeit der gewählte Präsident verstorben sein sollte, dann wird der gewählte Vizepräsident Präsident. Wenn vor dem für den Beginn der Amtsperiode festgesetzten Zeitpunkt kein Präsident gewählt worden sein sollte oder wenn der gewählte Präsident die Voraussetzungen der Amtsfähigkeit nicht erfüllt, dann nimmt der gewählte Vizepräsident die Geschäfte des Präsidenten wahr, bis ein amtsfähiger Präsident ermittelt ist. Für den Fall, daß weder ein gewählter Präsident noch ein gewählter Vizepräsident amtsfähig ist, kann der Kongreß durch Gesetz bestimmen, wer dann die Geschäfte des Präsidenten wahrnehmen soll, oder das Verfahren

	festlegen, nach dem derjenige, der die Geschäfte wahrnehmen soll, auszuwählen ist. Dieser übt daraufhin die Geschäfte aus, bis ein amtsfähiger Präsident oder Vizepräsident ermittelt ist.
Section 4.	**Abschnitt 4**
The Congress may by law provide for the case of the death of any of the persons from whom the House of Representatives may choose a President whenever the right of choice shall have devolved upon them, and for the case of the death of any of the persons from whom the Senate may choose a Vice President whenever the right of choice shall have devolved upon them.	Der Kongreß kann durch Gesetz Bestimmungen erlassen für den Fall des Ablebens einer der Personen, aus deren Mitte das Repräsentantenhaus einen Präsidenten wählen kann, wenn ihm das Wahlrecht zufällt, sowie für den Fall des Ablebens einer der Personen, aus deren Mitte der Senat einen Vizepräsidenten wählen kann, wenn ihm das Wahlrecht zufällt.
Section 5.	**Abschnitt 5**
Sections 1 and 2 shall take effect on the 15th day of October following the ratification of this article.	Der erste und zweite Abschnitt sollen am 15. Tage des Monats Oktober, der der Ratifikation dieses Artikels folgt, in Kraft treten.
Section 6.	**Abschnitt 6**
This article shall be inoperative unless it shall have been ratified as an amendment to the Constitution by the legislatures of three-fourths of the several states within seven years from the date of its submission.	Dieser Zusatzartikel ist unwirksam, wenn er nicht durch die gesetzgebenden Körperschaften von drei Vierteln der Einzelstaaten binnen sieben Jahren, gerechnet vom Zeitpunkt seiner Übermittlung, als Verfassungszusatz ratifiziert wird.
AMENDMENT XXI (1933)	**ZUSATZARTIKEL XXI (1933)**
Section 1.	**Abschnitt 1**
The eighteenth article of amendment to the Constitution of the United States is hereby repealed.	Der achtzehnte Zusatzartikel zur Verfassung der Vereinigten Staaten wird hiermit aufgehoben.
Section 2.	**Abschnitt 2**
The transportation or importation into any state, territory, or possession of the United States for delivery or use therein of intoxicating liquors, in violation of the laws thereof, is hereby prohibited.	Der Transport oder die Einfuhr von alkoholischen Getränken in einen Einzelstaat, ein Territorium oder eine Besitzung der Vereinigten Staaten zwecks Abgabe oder dortigem Gebrauch ist hiermit verboten, wenn dies gegen ein dort gültiges Gesetz verstößt.
Section 3.	**Abschnitt 3**
This article shall be inoperative unless it shall have been ratified as an amendment to the Constitution by conventions in the several states, as provided in the Constitution, within seven years from the date of the submission hereof to the states by the Congress.	Dieser Artikel ist unwirksam, wenn er nicht, wie in der Verfassung vorgesehen, durch die Konvente der Einzelstaaten binnen sieben Jahren, gerechnet vom Zeitpunkt seiner Übermittlung an die Staaten durch den Kongreß, als Verfassungszusatz ratifiziert wird.
AMENDMENT XXII (1951)	**ZUSATZARTIKEL XXII (1951)**
Section 1.	**Abschnitt 1**
No person shall be elected to the office of the President more than twice, and no person who has held the office of President, or acted as President, for more than two years of a term to which some other person was elected President shall be elected to the office of the President more than once. But this article shall not apply to any person holding the office of President when this article was proposed by the Congress, and shall not prevent any person who may be holding the office of President, or acting as President, during the term within which this article becomes operative from holding the office of President or acting as President during the remainder of such term.	Niemand darf mehr als zweimal in das Amt des Präsidenten gewählt werden; und niemand, der länger als zwei Jahre der Amtszeit, für die ein anderer zum Präsidenten gewählt worden war, das Amt des Präsidenten innehatte oder dessen Geschäfte wahrnahm, darf mehr als einmal in das Amt des Präsidenten gewählt werden. Dieser Zusatzartikel findet jedoch keine Anwendung auf jemanden, der das Amt des Präsidenten zu dem Zeitpunkt innehatte, zu dem dieser Zusatzartikel durch den Kongreß vorgeschlagen wurde, noch hindert er jemanden, der das Amt des Präsidenten in der Periode innehat oder wahrnimmt, in der dieser Zusatzartikel in Kraft tritt, daran, für den Rest dieser Amtsperiode das Amt des Präsidenten innezuhaben oder dessen Geschäfte wahrzunehmen.

Section 2.

This article shall be inoperative unless it shall have been ratified as an amendment to the Constitution by the legislatures of three-fourths of the several states within seven years from the date of its submission to the states by the Congress.

AMENDMENT XXIII (1961)

Section 1.

The District constituting the seat of government of the United States shall appoint in such manner as the Congress may direct:

A number of electors of President and Vice President equal to the whole number of Senators and Representatives in Congress to which the District would be entitled if it were a state, but in no event more than the least populous state; they shall be in addition to those appointed by the states, but they shall be considered, for the purposes of the election of President and Vice President, to be electors appointed by a state; and they shall meet in the District and perform such duties as provided by the twelfth article of amendment.

Section 2.

The Congress shall have power to enforce this article by appropriate legislation.

AMENDMENT XXIV (1964)

Section 1.

The right of citizens of the United States to vote in any primary or other election for President or Vice President, for electors for President or Vice President, or for Senator or Representative in Congress, shall not be denied or abridged by the United States or any state by reason of failure to pay any poll tax or other tax.

Section 2.

The Congress shall have power to enforce this article by appropriate legislation.

AMENDMENT XXV (1967)

Section 1.

In case of the removal of the President from office or of his death or resignation, the Vice President shall become President.

Section 2.

Whenever there is a vacancy in the office of the Vice President, the President shall nominate a Vice President who shall take office upon confirmation by a majority vote of both Houses of Congress.

Section 3.

Whenever the President transmits to the President pro tempore of the Senate and the Speaker of the House of Representatives his written declaration that he is unable to discharge the powers and duties of his office, and until he transmits to them a written declaration to the

Abschnitt 2

Dieser Zusatzartikel ist unwirksam, wenn er nicht durch die gesetzgebenden Körperschaften von drei Vierteln der Einzelstaaten binnen sieben Jahren, gerechnet vom Zeitpunkt seiner Übermittlung an die Staaten durch den Kongreß, als Verfassungszusatz ratifiziert wird.

ZUSATZARTIKEL XXIII (1961)

Abschnitt 1

Der Bezirk, der als Sitz der Regierung der Vereinigten Staaten dient, bestimmt in vom Kongreß vorzuschreibender Weise:

Eine Anzahl von Wahlmännern für die Wahl des Präsidenten und Vizepräsidenten entsprechend der Gesamtzahl der Senatoren und Abgeordneten, die dem Bezirk im Kongreß zuständen, falls er ein Staat wäre, jedoch keinesfalls mehr als der Einzelstaat mit den wenigsten Einwohnern; diese sind den von den Einzelstaaten bestimmten hinzuzuzählen, aber für die Zwecke der Wahl des Präsidenten und Vizepräsidenten als von einem Einzelstaat bestimmte Wahlmänner zu betrachten; und sie treten in dem Bezirk zusammen und versehen solche Pflichten, wie im zwölften Zusatzartikel vorgesehen.

Abschnitt 2

Der Kongreß ist befugt, diesen Zusatzartikel durch entsprechende Gesetze zur Durchführung zu bringen.

ZUSATZARTIKEL XXIV (1964)

Abschnitt 1

Das Recht der Bürger der Vereinigten Staaten, in Vor- oder anderen Wahlen ihre Stimme für den Präsidenten oder Vizepräsidenten, für die Wahlmänner bei der Wahl des Präsidenten oder Vizepräsidenten, oder für Senatoren oder Abgeordnete im Kongreß abzugeben, darf von den Vereinigten Staaten oder einem Einzelstaat nicht auf Grund eines Wahl- oder anderen Steuersäumnisses versagt oder beschränkt werden.

Abschnitt 2

Der Kongreß ist befugt, diesen Zusatzartikel durch entsprechende Gesetze zur Durchführung zu bringen.

ZUSATZARTIKEL XXV (1967)

Abschnitt 1

Im Falle der Amtsenthebung, des Todes oder des Rücktritts des Präsidenten wird der Vizepräsident Präsident.

Abschnitt 2

Sofern das Amt des Vizepräsidenten frei wird, benennt der Präsident einen Vizepräsidenten, der das Amt nach Bestätigung durch Mehrheitsbeschluß beider Häuser des Kongresses antritt.

Abschnitt 3

Sofern der Präsident dem Präsidenten pro tempore des Senates und dem Sprecher des Repräsentantenhauses eine schriftliche Erklärung des Inhalts übermittelt, daß er unfähig ist, die Befugnisse und Obliegenheiten seines Amtes wahrzunehmen, und bis er ihnen eine schriftliche

contrary, such powers and duties shall be discharged by the Vice President as Acting President.

Section 4.

Whenever the Vice President and a majority of either the principal officers of the executive departments or of such other body as Congress may by law provide, transmit to the President pro tempore of the Senate and the Speaker of the House of Representatives their written declaration that the President is unable to discharge the powers and duties of his office, the Vice President shall immediately assume the powers and duties of the office as Acting President.

Thereafter, when the President transmits to the President pro tempore of the Senate and the Speaker of the House of Representatives his written declaration that no inability exists, he shall resume the powers and duties of his office unless the Vice President and a majority of either the principal officers of the executive department or of such other body as Congress may by law provide, transmit within four days to the President pro tempore of the Senate and the Speaker of the House of Representatives their written declaration that the President is unable to discharge the powers and duties of his office. Thereupon Congress shall decide the issue, assembling within forty-eight hours for that purpose if not in session. If the Congress, within twenty-one days after receipt of the latter written declaration, or, if Congress is not in session, within twenty-one days after Congress is required to assemble, determines by two-thirds vote of both Houses that the President is unable to discharge the powers and duties of his office, the Vice President shall continue to discharge the same as Acting President; otherwise, the President shall resume the powers and duties of his office.

AMENDMENT XXVI (1971)
Section 1.
The right of citizens of the United States, who are 18 years of age or older, to vote, shall not be denied or abridged by the United States or any state on account of age.
Section 2.
The Congress shall have the power to enforce this article by appropriate legislation.

AMENDMENT XXVII (1992)
No law varying the compensation for the services of the Senators and Representatives shall take effect until an election of Representatives shall have intervened.

Erklärung gegenteiligen Inhaltes übermittelt, werden diese Befugnisse und Obliegenheiten vom Vizepräsidenten als amtierendem Präsidenten wahrgenommen.

Abschnitt 4

Sofern der Vizepräsident und eine Mehrheit entweder der Leiter der Ministerien der Bundesregierung oder einer anderen vom Kongreß durch Gesetz zu benennenden Körperschaft dem Präsidenten pro tempore des Senates und dem Sprecher des Repräsentantenhauses eine schriftliche Erklärung des Inhalts übermitteln, daß der Präsident unfähig ist, die Befugnisse und Obliegenheiten seines Amtes wahrzunehmen, übernimmt der Vizepräsident unverzüglich die Befugnisse und Obliegenheiten des Amtes als amtierender Präsident.

Wenn danach der Präsident dem Präsidenten pro tempore des Senats und dem Sprecher des Repräsentantenhauses eine schriftliche Erklärung des Inhalts übermittelt, daß keine Amtsunfähigkeit besteht, gehen die Befugnisse und Obliegenheiten seines Amtes wieder auf ihn über, es sei denn, der Vizepräsident und eine Mehrheit entweder der Leiter der Ministerien der Bundesregierung oder einer anderen vom Kongreß durch Gesetz zu benennenden Körperschaft übermitteln binnen vier Tagen dem Präsidenten pro tempore des Senats und dem Sprecher des Repräsentantenhauses eine schriftliche Erklärung des Inhalts, daß der Präsident unfähig ist, die Befugnisse und Obliegenheiten seines Amtes wahrzunehmen. In diesem Falle entscheidet der Kongreß die Sache und tritt zu diesem Zwecke, falls er sich nicht in Session befindet, binnen 48 Stunden zusammen. Wenn der Kongreß innerhalb 21 Tagen nach Erhalt der letztgenannten schriftlichen Erklärung, oder, sofern er nicht tagt, innerhalb 21 Tagen nach dem vorgeschriebenen Zeitpunkt des Zusammentretens des Kongresses, mit Zweidrittelmehrheit beider Häuser entscheidet, daß der Präsident unfähig ist, die Befugnisse und Obliegenheiten seines Amtes wahrzunehmen, nimmt der Vizepräsident dieselben weiterhin als amtierender Präsident wahr; andernfalls übernimmt der Präsident wiederum die Befugnisse und Obliegenheiten seines Amtes.

ZUSATZARTIKEL XXVI (1971)
Abschnitt 1
Das Wahlrecht der Bürger der Vereinigten Staaten, die 18 Jahre oder darüber sind, darf von den Vereinigten Staaten oder einem Einzelstaat nicht auf Grund des Alters versagt oder beschränkt werden.
Abschnitt 2
Der Kongreß ist befugt, diesen Zusatzartikel durch entsprechende Gesetze zur Durchführung zu bringen.

ZUSATZARTIKEL XXVII (1992)
Kein Gesetz, das die Bezahlung der Dienste der Senatoren und Repräsentantenhausmitglieder verändert, tritt in Kraft, bevor nicht eine Neuwahl des Repräsentantenhauses erfolgt ist.

Präsidenten und Kongreßmehrheiten 1789-2006

Präsident; Partei des Präsidenten	Vizepräsident*	Wahl-jahr	Gegen-kandidat	Wahlsieger (in %) Wähler-stimmen	Wahlsieger (in %) Electoral College	Kon-greß	Sitzverteilung Repräsentantenhaus Majorität	Min.**	Senat Maj.	Min.**
1 George Washington; F	John Adams	1789	—			1st	38 Ad	26 Opp	17 Ad	9 Opp
						2nd	37 F	33 DR	16 F	13 DR
		1792				3rd	57 DR	48 F	17 F	13 DR
						4th	54 F	52 DR	19 F	13 DR
2 John Adams; F	Thomas Jefferson	1796	Jefferson			5th	58 F	48 DR	20 F	12 DR
						6th	64 F	42 DR	19 F	13 DR
3 Thomas Jefferson; DR	Aaron Burr	1800	J. Adams			7th	69 DR	36 F	18 DR	13 F
						8th	102 DR	39 F	25 DR	9 F
	George Clinton	1804	Pinckney		92,0	9th	116 DR	25 F	27 DR	7 F
						10th	118 DR	24 F	28 DR	6 F
4 James Madison; DR	George Clinton (bis 1812)	1808	Pinckney		69,3	11th	94 DR	48 F	28 DR	6 F
						12th	108 DR	36 F	30 DR	6 F
	Elbridge Gerry (bis 1814)	1812	DeWitt Clinton		58,7	13th	112 DR	68 F	27 DR	9 F
						14th	117 DR	65 F	25 DR	11 F
5 James Monroe; DR	Daniel D. Tompkins	1816	R. King		82,8	15th	141 DR	42 F	34 DR	10 F
						16th	156 DR	27 F	35 DR	7 F
		1820	J. Q. Adams		98,3	17th	158 DR	25 F	44 DR	4 F
						18th	187 DR	26 F	44 DR	4 F
6 John Quincy Adams; —	John C. Calhoun	1824	Jackson	30,9	***	19th	105 Ad	97 JD	26 Ad	20 JD
						20th	119 JD	94 Ad	28 JD	20 Ad
7 Andrew Jackson; D	John C. Calhoun (bis 1832)	1828	J. Q. Adams	56,0	68,2	21st	139 D	74 NR	26 D	22 NR
						22nd	141 D	58 NR	25 D	21 NR
	Martin Van Buren	1832	Clay	54,2	76,0	23rd	147 D	53 AM	20 D	20 NR
						24th	145 D	98 W	27 D	25 W
8 Martin Van Buren; D	Richard M. Johnson	1836	W. H. Harrison	50,8	57,8	25th	108 D	107 W	30 D	18 W
						26th	124 D	118 W	28 D	22 W
9 William H. Harrison; W	John Tyler (1841)	1840	Van Buren	52,9	79,6					
10 John Tyler; W	Nachfolger Harrisons nach dessen Tod					27th	133 W	102 D	28 W	22 D
						28th	142 D	79 W	28 W	25 D
11 James K. Polk; D	George M. Dallas	1844	Clay	49,5	61,8	29th	143 D	77 W	31 D	25 W
						30th	115 W	108 D	36 D	21 W
12 Zachary Taylor; W	Millard Fillmore (bis 1850)	1848	Cass	47,3	56,2	31st	112 D	109 W	35 D	25 W
13 Millard Fillmore; W	Nachfolger Taylors nach dessen Tod					32nd	140 D	88 W	35 D	24 W
14 Franklin Pierce; D	William R. King (1853)	1852	Scott	50,8	85,8	33rd	159 D	71 W	38 D	22 W
						34th	108 R	83 D	40 D	15 R
15 James Buchanan; D	John C. Breckenridge	1856	Fremont	45,3	58,8	35th	118 D	92 R	36 D	20 R
						36th	114 R	92 D	36 D	26 R
16 Abraham Lincoln; R	Hannibal Hamlin	1860	Brecken-ridge	39,8	59,4	37th	105 R	43 D	31 R	10 D
						38th	102 R	75 D	36 R	9 D
	Andrew Johnson (1865)	1864	McClel-lan	55,0	90,6					

17 Andrew Johnson; R	Nachfolger Lincolns nach dessen Ermordung					39th	149 U	42 D	42 U	10 D
						40th	143 R	49 D	42 R	11 D
18 Ulysses S. Grant; R	Schuyler Colfax	1868	Seymour	52,7	72,8	41st	170 R	73 D	61 R	11 D
						42nd	139 R	104 D	57 R	17 D
	Henry Wilson (bis 1875)	1872	Greeley	55,6	78,1	43rd	203 R	88 D	54 R	19 D
						44th	181 D	107 R	46 R	29 D
19 Rutherford B. Hayes; R	William A. Wheeler	1876	Tilden	47,9	50,1	45th	156 D	137 R	39 R	36 D
						46th	150 D	128 R	43 D	33 R
20 James A. Garfield; R	Chester A. Arthur (1881)	1880	Hancock	48,3	58,0	47th	152 R	130 D	37 R	37 D
21 Chester A. Arthur; R	Nachfolger Garfields nach dessen Ermordung					48th	200 D	119 R	40 R	36 D
22 Grover Cleveland; D	Thomas Hendricks (1885)	1884	Blaine	48,5	54,6	49th	182 D	140 R	41 R	34 D
						50th	170 D	151 R	39 R	37 D
23 Benjamin Harrison; R	Levi P. Morton	1888	Cleveland	47,8	58,1	51st	173 R	156 D	47 R	37 D
						52nd	231 D	88 R	47 R	39 D
24 Grover Cleveland; D	Adlai E. Stevenson	1892	B. Harrison	46,1	62,4	53rd	220 D	126 R	44 D	38 R
						54th	246 R	104 D	44 R	39 D
25 William McKinley; R	Garret A. Hobart (bis 1899)	1896	Bryan	51,0	60,6	55th	206 R	134 D	46 R	34 D
						56th	185 R	163 D	53 R	26 D
	Theodore Roosevelt (1901)	1900	Bryan	51,7	65,3					
26 Theodore Roosevelt; R	Nachfolger McKinleys nach dessen Ermordung					57th	198 R	153 D	56 R	29 D
						58th	207 R	178 D	58 R	32 D
	Charles W. Fairbanks	1904	Parker	56,4	70,6	59th	250 R	136 D	58 R	32 D
						60th	222 R	164 D	61 R	29 D
27 William Taft; R	James S. Sherman (bis 1912)	1908	Bryan	51,6	66,4	61st	219 R	172 D	59 R	32 D
						62nd	228 D	162 R	49 R	42 D
28 Woodrow Wilson; D	Thomas R. Marshall	1912	T. Roosevelt (P) Taft (R)	41,8	81,9	63rd	290 D	127 R	51 D	44 R
						64th	231 D	193 R	56 D	39 R
		1916	Hughes	49,2	52,2	65th	210 D#	216 R	53 D	42 R
						66th	237 R	191 D	48 R	47 D
29 Warren G. Harding; R	Calvin Coolidge (bis 1923)	1920	Cox	60,3	76,1	67th	300 R	132 D	59 R	37 D
30 Calvin Coolidge; R	Nachfolger Hardings nach dessen Tod					68th	225 R	207 D	51 R	43 D
	Charles G. Dawes	1924	Davis	54,1	71,9	69th	247 R	183 D	54 R	40 D
						70th	237 R	195 D	48 R	47 D
31 Herbert C. Hoover; R	Charles Curtis	1928	Smith	58,2	83,6	71st	267 R	163 D	56 R	39 D
						72nd	216 D#	218 R	48 R	47 D
32 Franklin D. Roosevelt; D	John Garner	1932	Hoover	57,4	88,9	73rd	313 D	117 R	59 D	36 R
						74th	322 D	103 R	69 D	25 R
		1936	Landon	60,8	98,5	75th	333 D	89 R	75 D	17 R
						76th	262 D	169 R	69 D	23 R
	Henry Wallace	1940	Wilkie	54,7	84,5	77th	267 D	162 R	66 D	28 R
						78th	222 D	209 R	57 D	38 R
	Harry S. Truman (1945)	1944	Dewey	53,4	81,3	79th	243 D	190 R	57 D	38 R

33 Harry S. Truman; D	Nachfolger F. D. Roosevelts nach dessen Tod					80th	246 R	188 D	51 R	45 D
	Alben Barkley	1948	Dewey	49,5	57,1	81st	263 D	171 R	54 D	42 R
						82nd	234 D	199 R	48 D	47 R
34 Dwight D. Eisenhower; R	Richard M. Nixon	1952	Stevenson	55,1	83,2	83rd	221 R	213 D	48 R	46 D
						84th	232 D	203 R	48 D	47 R
		1956	Stevenson	57,4	86,1	85th	234 D	201 R	49 D	47 R
						86th	283 D	153 R	64 D	34 R
35 John F. Kennedy; D	Lynd. B. Johnson (bis 1963)	1960	Nixon	49,7	56,4	87th	262 D	175 R	64 D	36 R
36 Lyndon B. Johnson; D	Nachfolger Kennedys nach dessen Ermordung					88th	258 D	176 R	67 D	33 R
	Hubert H. Humphrey	1964	Goldwater	61,1	90,3	89th	295 D	140 R	68 D	32 R
						90th	248 D	187 R	64 D	36 R
37 Richard M. Nixon; R	Spiro T. Agnew (Rücktritt Okt. 1973)	1968	Humphrey	43,4	55,9	91st	243 D	192 R	58 D	42 R
						92nd	255 D	180 R	54 D	44 R
		1972	McGovern	60,7	96,6	93rd	242 D	192 R	56 D	42 R
	Gerald R. Ford (1973-74)									
38 Gerald R. Ford; R	Nachfolger Nixons nach dessen Rücktritt									
	Nelson A. Rockefeller					94th	291 D	144 R	61 D	37 R
39 Jimmy Carter; D	Walter F. Mondale	1976	Ford	50,1	55,2	95th	292 D	143 R	61 D	38 R
						96th	277 D	158 R	58 D	41 R
40 Ronald Reagan; R	George H. W. Bush	1980	Carter	50,7	90,9	97th	242 D	192 R	53 R	46 D
						98th	269 D	166 R	54 R	46 D
		1984	Mondale	58,8	97,6	99th	253 D	182 R	53 R	47 D
						100th	258 D	177 R	55 D	45 R
41 George H. W. Bush; R	Dan Quayle	1988	Dukakis	53,4	79,2	101st	260 D	175 R	55 D	45 R
						102nd	267 D	167 R	56 D	44 R
42 William Jefferson "Bill" Clinton; D	Albert Gore	1992	Bush; R Perot; I	43,0	68,8	103rd	258 D	176 R	57 D	43 R
						104th	230 R	204 D	52 R	48 D
		1996	Dole; R Perot; Rf	49,2	70,4	105th	226 R	207 D	55 R	45 D
						106th	223 R	211 D	55 R	45 D
43 George W. Bush; R	Richard B. Cheney	2000	Gore	47,9	50,4	107th	221 R	212 D	50 R	50 D
						108th	229 R	204 D	51 R	48 D
		2004	Kerry	50,7	53,2	109th	232 R	202 D	55 R	44 D
						110th	233 D	202 R	49 D/2 I	49 R

Ad = Unterstützer der Administration; AM = Anti-Masonic; D = Democratic Party; DR = Democratic-Republican; F = Federalist; I = Independent; JD = Jacksonian Democratic Party; NR = National-Republican; Opp = in Opposition zur Administration; P = Progressive Party; R = Republican Party; Rf = Reform Party; U = Unionist Party; W = Whig.

* Erst seit der Verabschiedung des 25. Zusatzartikels zur Verfassung (1967) gibt es eine Nachnominierung eines Vizepräsidenten, sofern dieser entweder als Präsident nachrückt oder das Vizepräsidentenamt durch Rücktritt oder Tod vorzeitig vakant wird. Gerald Ford war 1973 (November) der erste nachnominierte Vizepräsident. Er selbst wiederum nominierte nach dem Rücktritt Nixons (August 1974) – nunmehr als nachgerückter Präsident – Nelson Rockefeller als Vizepräsidenten (Dezember 1974); ** Aufgeführt ist nur die zahlenmäßig stärkste Oppositionsgruppierung; *** Entscheidung des Repräsentantenhauses; # Demokraten Mehrheitspartei 1917 (65th) mittels assoziierter neun Abgeordneter anderer Parteien, 1931 (72nd) wegen des Todes Republikanischer Abgeordneter.

Quellen: U.S. Bureau of the Census, Historical Statistics, Washington, D.C. 1975, S. 1083 f.; Nelson, Michael (Hrsg.), CQ Guide to Presidency, 3. Aufl., Washington, D.C. 2005, S. 1685 ff.; Office of the Clerk of the House of Representatives <http://clerk.house.gov/member_info/election.html> (30.01.2007).

Präsidentschafts- und Kongreßwahl 2004

A-1: Präsidentschaftswahl 2004: Gewonnene Staaten[3] bzw. *Electoral College*-Stimmen

©Christoph M. Haas

Kandidat	Partei	absolute Stimmenzahl	Prozent der abgegebenen Stimmen	gewonnene Staaten (inkl. D.C.)	*Electoral College*-Stimmen	Prozent der *EC* Stimmen
George W. Bush	Republikaner	62.040.610	50,73	31	286	53,16
John Kerry	Demokrat	59.028.444	48,27	20	251	46,65
Ralph Nader	unabhängig	465.650	0,38	0	0	0,00
Michael Badnarik	Libertarian	397.265	0,32	0	0	0,00
andere	verschiedene	363.376	0,30	0	1*	0,19
gesamt:		122.295.345	100,00	51	538	100,00
Wahlbeteiligung:		60,7%	als Anteil der Wahlberechtigten			
		70,9%	als Anteil der registrierten Wähler			

in Minnesota stimmte ein *Electoral College*-Mitglied für John Edwards als Präsident und Vizepräsident.

---

[3] Eine Aufschlüsselung der Abkürzungen der Einzelstaaten findet sich in Tabelle 21-1.

A-2: Parteikonstellation im Repräsentantenhaus nach der Wahl 2004, 109. Kongreß (2005-2007)

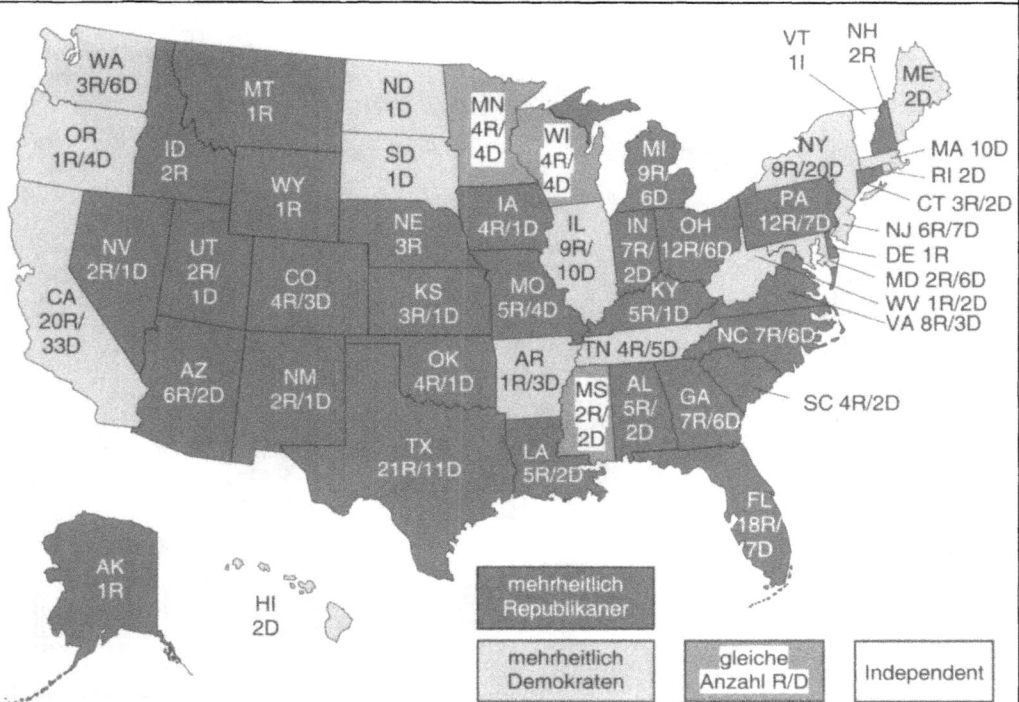

WA 3R/6D
MT 1R
ND 1D
MN 4R/4D
WI 4R/4D
MI 9R/6D
VT 1I
NH 2R
ME 2D
OR 1R/4D
ID 2R
SD 1D
NY 9R/20D
MA 10D
RI 2D
CT 3R/2D
NV 2R/1D
UT 2R/1D
WY 1R
NE 3R
IA 4R/1D
IL 9R/10D
IN 7R/2D
OH 12R/6D
PA 12R/7D
NJ 6R/7D
DE 1R
MD 2R/6D
WV 1R/2D
VA 8R/3D
CA 20R/33D
CO 4R/3D
KS 3R/1D
MO 5R/4D
KY 5R/1D
NC 7R/6D
AZ 6R/2D
NM 2R/1D
OK 4R/1D
AR 1R/3D
TN 4R/5D
MS 2R/2D
AL 5R/2D
GA 7R/6D
SC 4R/2D
TX 21R/11D
LA 5R/2D
FL 18R/7D
AK 1R
HI 2D

mehrheitlich Republikaner

mehrheitlich Demokraten

gleiche Anzahl R/D

Independent

R: Republikaner; D: Demokrat; I: Unabhängiger

©Christoph M. Haas

108. Kongreß	nicht wieder kandidiert/für anderes Amt beworben	vakant	Vorwahl verloren	Amtsinhaber in Hauptwahl	Parteiwechsel bei *open seat*-Wahlen	109. Kongreß
229R/205D/1I	29(17R/12D)	2R	2D	angetreten: 402 gewählt: 395 verloren: 7 (3R/4D*) netto: + 1R	D → R: 4 R → D: 2 netto: + 2R	232R/202D/1I

* In Texas wurden die Wahldistrikte zugunsten der Republikaner neu zugeschnitten. Dies führte auch dazu, daß jeweils zwei Demokratische und Republikanische Amtsinhaber in zwei dieser neuen Distrikte gegeneinander antraten. Beide Wahlkreise gewannen die Republikanischen *incumbents*.

A-3: Parteikonstellation im Senat nach der Wahl 2004, 109. Kongreß (2005-2007)

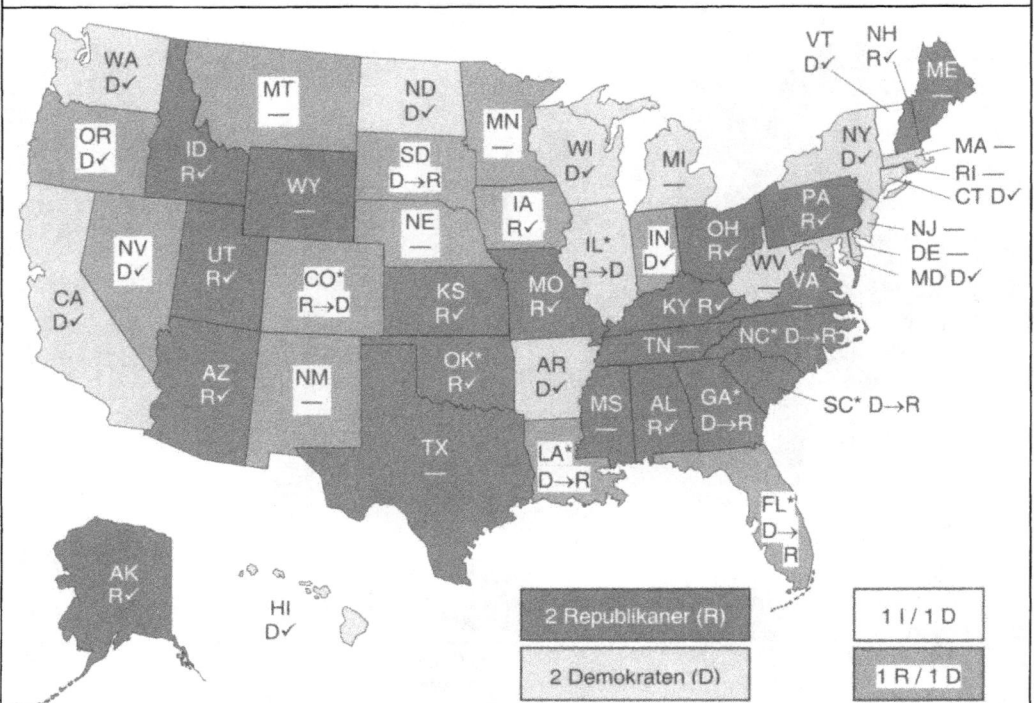

©Christoph M. Haas

R: Republikaner; D: Demokrat; I: Unabhängiger;

—: Staaten, in denen 2004 keine Senatssitze zur Wahl standen;

*: Staat, in dem der Amtsinhaber nicht mehr zur Wahl antrat (open seat);

D→R: Demokratischer Sitz auf Republikaner übergegangen und vice versa;

✓: Sitz bei Wahl verteidigt.

108. Kongreß	nicht zur Wahl stehende Senatoren: 66	es standen zur Wahl: 34	davon *open seats*: 8	Amtsinhaber	109. Kongreß
51R/48D/1I	36R/29D/1I	15R/19D	3R/5D	12R/14D	55R/44D/1I
gewählt:		19R/15D	1R(-2)/0D(-5)	12R/13D	+4R/-4D

Datenmaterial zu den Wahlen aus:

CQ 2004 Almanac Plus, 108th Congress, 2nd session, Vol. LX, Washington, D.C. 2005.

Federal Election Commission, Federal Elections 2004. Election Results for the U.S. President, the U.S. Senate and the U.S. House of Representatives, Washington, D.C. 2005.

Scammon, Richard M./**McGillivray**, Alice V./**Cook**, Rhodes, America Votes 26. Election Returns by State, Washington, D.C. 2006.

Wahlergebnisse in den Regionen

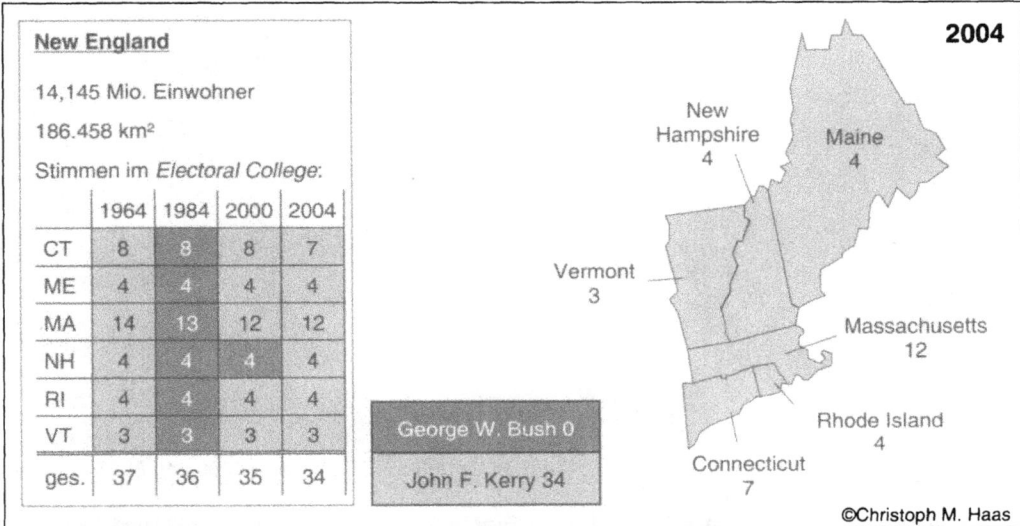

New England **2004**

14,145 Mio. Einwohner

186.458 km²

Stimmen im *Electoral College*:

	1964	1984	2000	2004
CT	8	8	8	7
ME	4	4	4	4
MA	14	13	12	12
NH	4	4	4	4
RI	4	4	4	4
VT	3	3	3	3
ges.	37	36	35	34

George W. Bush 0

John F. Kerry 34

New Hampshire 4

Maine 4

Vermont 3

Massachusetts 12

Rhode Island 4

Connecticut 7

©Christoph M. Haas

A-4: Ergebnisse der Präsidentschaftswahlen und Sitzverteilung im Kongreß 2000 und 2004

	Wahlbeteiligung in Prozent*		Stimmenzahl 2000 Prozent		Stimmenzahl 2004 Prozent		Konstellation im US-Kongreß nach den Wahlen 2000 und 2004			
							House		Senate	
	2000	2004	Bush	Gore	Bush	Kerry	2000	2004	2000	2004
CT	58,4 (71,8)	66,1 (77,2)	561.094 38,44	816.015 55,91	693.826 43,95	857.488 54,31	3R/3D	3R/2D	2D	2D
ME	67,3 (68,8)	75,3 (72,3)	286.616 43,97	319.951 49,09	330.201 44,58	396.842 53,57	2D	2D	2R	2R
MA	56,9 (67,6)	64,7 (71,1)	878.502 32,50	1.616.487 59,80	1.071.109 36,78	1.803.800 61,94	10D	10D	2D	2D
NH	62,5 (66,4)	71,9 (79,2)	273.559 48,07	266.348 46,80	331.237 48,87	340.511 50,2	2R	2R	2R	2R
RI	54,3 (62,4)	58,1 (67,1)	130.555 31,91	249.508 60,99	169.046 38,67	259.760 59,42	2D	2D	1R/1D	1R/1D
VT	64,0 (68,9)	66,4 (70,3)	119.775 40,70	149.022 50,63	121.180 38,80	184.067 58,94	1I	1I	1R#/1D	1D/1I#
Region New England gesamt:			2.250.101 36,97	3.417.331 56,14	2.716.599 40,80	3.842.468 57,70	5R/17D/ 1I	5R/16D/ 1I	6R#/6D	5R/6D/ 1I#
EC-Stimmen: in Prozent:			4 11,43	31 88,57	0 0	34 100	+12D	+11D	+/- 0	+1D

* als Anteil der Wahlberechtigten; (in Klammern: Wahlbeteiligung als Anteil der registrierten Wähler).

Senator James M. Jeffords verkündete mit Wirkung zum 5. Juni 2001 die Beendigung seiner Zugehörigkeit zu den Republikanern. Er firmierte danach als Unabhängiger (*Independent*), war aber mit den Demokraten in Verfahrens- und Geschäftsordnungsfragen assoziiert, etwa bei der Ausschußbesetzung.

Mideast					**2004**

38,329 Mio. Einwohner

321.927 km²

Stimmen im *Electoral College*:

	1964	1984	2000	2004
DC	3	3	2/1#	3
DE	3	3	3	3
MD	10	10	10	10
NJ	17	16	15	15
NY	43	36	33	31
PA	29	25	23	21
ges.	105	93	87	83

New York 31

Pennsylvania 21

New Jersey 15

Delaware 3

Maryland 10

District of Columbia 3

George W. Bush 0

John F. Kerry 83

©Christoph M. Haas

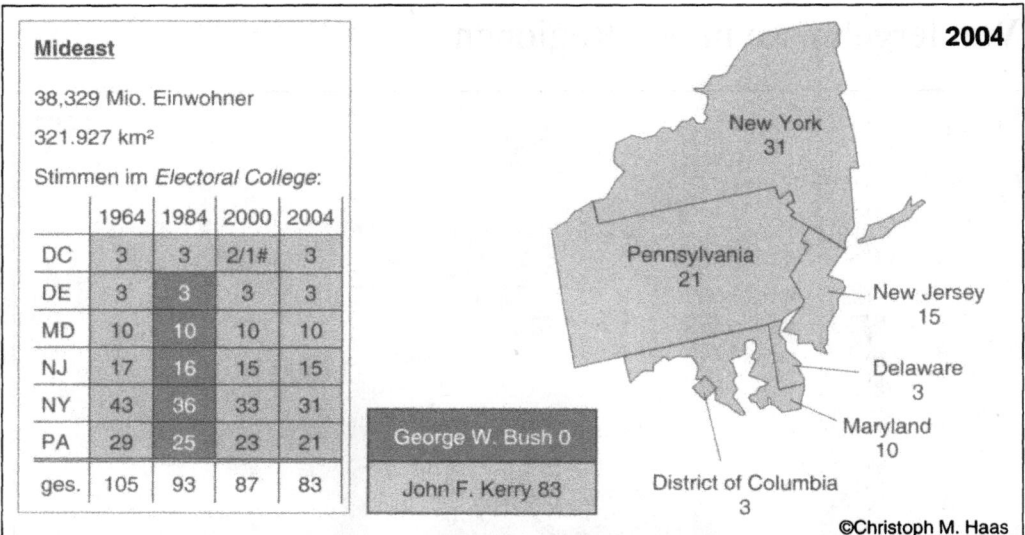

A-5: Ergebnisse der Präsidentschaftswahlen und Sitzverteilung im Kongreß 2000 und 2004

	Wahlbeteiligung in Prozent*		Stimmenzahl 2000 Prozent		Stimmenzahl 2004 Prozent		Konstellation im US-Kongreß nach den Wahlen 2000 und 2004			
	2000	2004	Bush	Gore	Bush	Kerry	House		Senate	
							2000	2004	2000	2004
DC	49,1 (57,0)	58,2 (59,3)	18.073 8,95	171.923 85,16	21.256 9,34	202.970 89,18	—	—	—	—
DE	56,3 (65,0)	62,4 (67,7)	137.288 41,90	180.068 54,96	171.660 45,75	200.152 53,35	1R	1R	2D	2D
MD	51,5 (74,4)	62,7 (77,6)	813.797 40,18	1.145.782 56,57	1.024.703 42,93	1.334.493 55,91	4R/4D	2R/6D	2D	2D
NJ	51,0 (67,7)	63,3 (72,1)	1.284.173 40,29	1.788.850 56,12	1.670.003 46,24	1.911.430 52,92	6R/7D	6R/7D	2D	2D
NY	49,4 (60,6)	59,1 (62,4)	2.403.374 35,23	4.107.697 60,21	2.962.567 40,08	4.314.280 58,37	12R/19D	9R/20D	2D	2D
PA	53,7 (63,1)	62,5 (69,0)	2.281.127 46,43	2.485.967 50,60	2.793.847 48,42	2.938.095 50,92	11R/10D	12R/7D	2R	2R
Region Mideast gesamt:			6.937.832 39,70	9.880.287 56,53	8.644.036 43,74	10.901.420 55,16	34R/40D	30R/40D	2R/8D	2R/8D
EC-Stimmen: in Prozent:			0 0	87 100	0 0	83 100	+6D	+10D	+6D	+6D

* als Anteil der Wahlberechtigten; (in Klammern: Wahlbeteiligung als Anteil der registrierten Wähler).

\# Eine Elektorin aus dem Hauptstadtdistrikt verweigerte die Stimmabgabe für Al Gore aus Protest gegen die Nichtanerkennung Washingtons als Bundesstaat bzw. gegen die fehlende Vertretung im US-Senat.

Great Lakes

45,672 Mio. Einwohner

780.548 km²

Stimmen im *Electoral College:*

	1964	1984	2000	2004
IL	26	24	22	21
IN	13	12	12	11
MI	21	20	18	17
OH	26	23	21	20
WI	12	11	11	10
ges.	98	90	84	79

2004

Wisconsin 10

Michigan 17

Illinois 21

Indiana 11

Ohio 20

George W. Bush 31

John F. Kerry 48

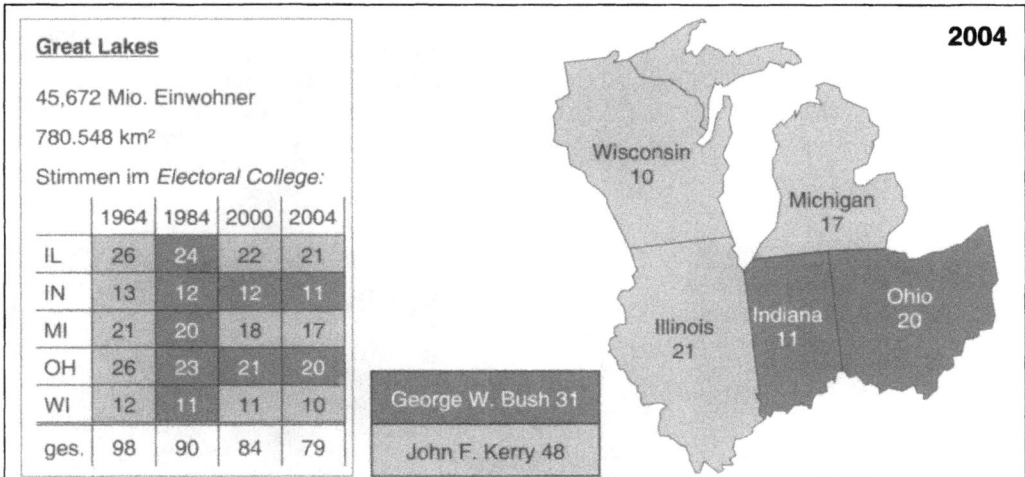

©Christoph M. Haas

A-6: Ergebnisse der Präsidentschaftswahlen und Sitzverteilung im Kongreß 2000 und 2004

	Wahlbeteiligung in Prozent*		Stimmenzahl 2000 Prozent		Stimmenzahl 2004 Prozent		Konstellation im US-Kongreß nach den Wahlen 2000 und 2004			
	2000	2004	Bush	Gore	Bush	Kerry	House 2000	House 2004	Senate 2000	Senate 2004
IL	52,8 (66,6)	61,7 (70,3)	2.019.421 42,58	2.589.026 54,60	2.345.946 44,48	2.891.550 54,82	10R/10D	9R/10D	1R/1D	2D
IN	49,4 (55,0)	54,0 (57,4)	1.245.836 56,65	901.980 41,01	1.479.438 59,94	969.011 39,26	6R/4D	7R/2D	1R/1D	1R/1D
MI	56,6 (60,7)	66,4 (67,5)	1.953.139 46,15	2.170.418 51,28	2.313.746 47,81	2.479.183 51,23	7R/9D	9R/6D	2D	2D
OH	55,8 (62,4)	66,3 (70,6)	2.351.209 49,97	2.186.190 46,46	2.859.768 50,81	2.741.167 48,71	11R/8D	12R/6D	2R	2R
WI	66,1 (—)**	73,9 (—)**	1.237.279 47,61	1.242.987 47,83	1.478.120 49,32	1.489.504 49,70	4R/5D	4R/4D	2D	2D
Region Great Lakes gesamt:			8.806.884 47,66	9.090.601 49,20	10.477.018 49,40	10.570.415 49,85	38R/36D	41R/28D	4R/6D	3R/7D
EC-Stimmen: in Prozent:			33 39,29	51 60,71	31 39,24	48 60,76	+2R	+13R	+2D	+4D

* als Anteil der Wahlberechtigten; (in Klammern: Wahlbeteiligung als Anteil der registrierten Wähler).
** vorherige Registrierung nicht erforderlich.

Plains

19,470 Mio. Einwohner

1.347.731 km²

Stimmen im *Electoral College*:

	1964	1984	2000	2004
IA	9	8	7	7
KS	7	7	6	6
MN	10	10	10	9/1#
MO	12	11	11	11
NE	5	5	5	5
ND	4	3	3	3
SD	4	3	3	3
ges.	51	47	45	45

2004

George W. Bush 35

John F. Kerry 9

©Christoph M. Haas

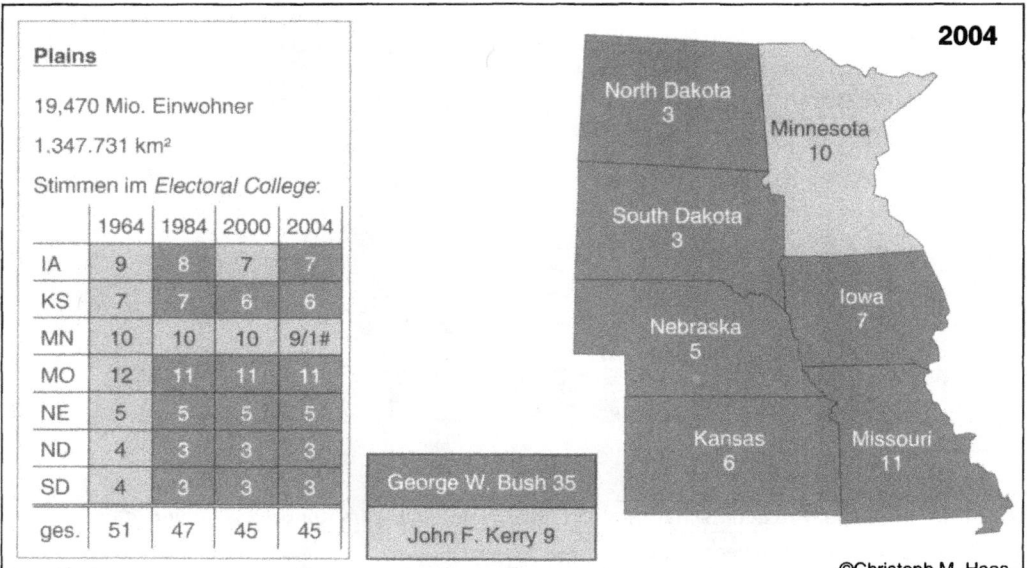

A-7: Ergebnisse der Präsidentschaftswahlen und Sitzverteilung im Kongreß 2000 und 2004

	Wahlbeteiligung in Prozent*		Stimmenzahl 2000 Prozent		Stimmenzahl 2004 Prozent		Konstellation im US-Kongreß nach den Wahlen 2000 und 2004			
	2000	2004	Bush	Gore	Bush	Kerry	House 2000	House 2004	Senate 2000	Senate 2004
IA	60,8 (66,8)	68,8 (71,5)	634.373 48,22	638.517 48,54	751.957 49,90	741.898 49,23	4R/1D	4R/1D	1R/1D	1R/1D
KS	54,1 (66,0)	60,8 (74,6)	622.332 58,04	399.276 37,24	736.456 62,00	434.993 36,62	3R/1D	3R/1D	2R	2R
MN	68,8 (87,1)	77,3 (79,5)	1.109.659 45,50	1.168.266 47,90	1.346.695 47,61	1.445.014 51,09	3R/5D	4R/4D	2D	1R/1D
MO	57,5 (64,2)	64,4 (65,1)	1.189.924 50,42	1.111.138 47,08	1.455.713 53,30	1.259.171 46,10	5R/4D	5R/4D	1R/1D	2R
NE	56,5 (64,2)	62,0 (67,1)	433.862 62,24	231.780 33,25	512.814 65,90	254.328 32,68	3R	3R	1R/1D	1R/1D
ND	60,4 (—**)	64,8 (—**)	174.852 60,66	95.284 33,06	196.651 62,86	111.052 35,50	1D	1D	2D	2D
SD	58,4 (60,7)	68,2 (70,3)	190.700 60,30	118.804 37,56	232.584 59,91	149.244 38,44	1R	1D	2D	1R/1D
Region Plains gesamt			4.355.702 51,32	3.763.065 44,33	5.232.870 53,76	4.395.700 45,16	19R/12D	19R/12D	5R/9D	8R/6D
EC-Stimmen: in Prozent:			28 62,22	17 37,78	35 77,78	9# 20,00	+7R	+7R	+4D	+2R

* als Anteil der Wahlberechtigten; (in Klammern: Wahlbeteiligung als Anteil der registrierten Wähler).

** vorherige Registrierung nicht erforderlich.

\# Ein Elektor aus Minnesota gab Vizepräsidentschaftskandidaten John Edwards die Stimme.

2004

Mountain

19,056 Mio. Einwohner

2.236.628 km²

Stimmen im *Electoral College*:

	1964	1984	2000	2004
AZ	5	7	8	10
CO	6	8	8	9
ID	4	4	4	4
MT	4	4	3	3
NM	4	5	5	5
NV	3	4	4	5
UT	4	5	5	5
WY	3	3	3	3
ges.	33	40	40	44

George W. Bush 44

John F. Kerry 0

©Christoph M. Haas

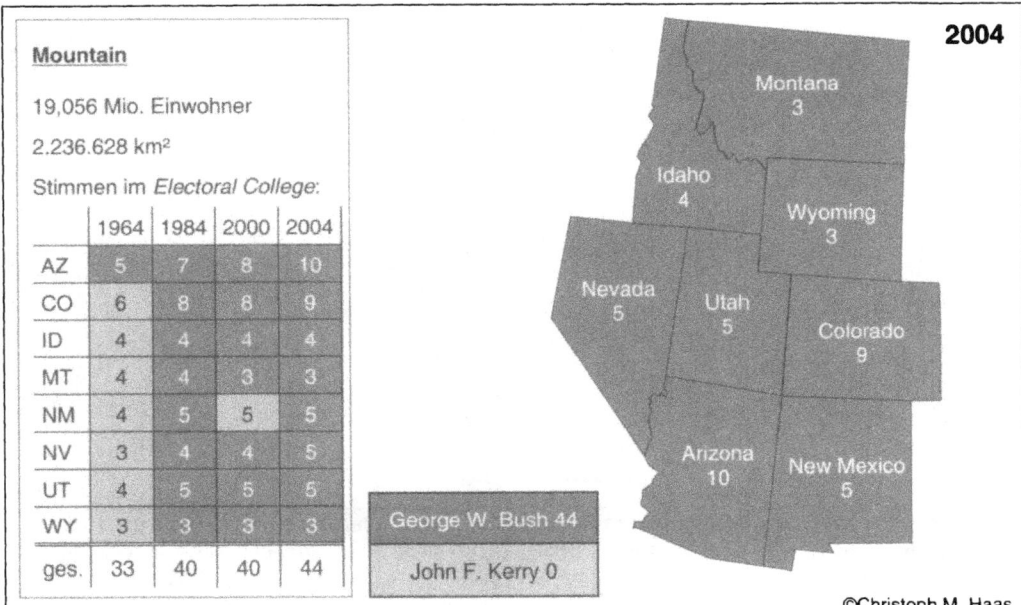

A-8: Ergebnisse der Präsidentschaftswahlen und Sitzverteilung im Kongreß 2000 und 2004

	Wahlbeteiligung in Prozent*		Stimmenzahl 2000 Prozent		Stimmenzahl 2004 Prozent		Konstellation im US-Kongreß nach den Wahlen 2000 und 2004			
	2000	2004	Bush	Gore	Bush	Kerry	House 2000	House 2004	Senate 2000	Senate 2004
AZ	42,3 (57,7)	53,4 (76,1)	781.652 51,02	685.341 44,73	1.104.294 54,87	893.524 44,40	5R/1D	6R/2D	2R	2R
CO	56,8 (60,9)	65,0 (68,4)	883.748 50,75	738.227 42,39	1.101.255 51,69	1.001.732 47,02	4R/2D	4R/3D	2R	1R/1D
ID	54,5 (68,9)	60,8 (75,0)	336.937 67,17	138.637 27,64	409.235 68,38	181.098 30,26	2R	2R	2R	2R
MT	61,5 (58,9)	63,5 (70,6)	240.178 58,44	137.126 33,36	266.063 59,07	173.710 38,56	1R	1R	1R/1D	1R/1D
NM	47,4 (64,4)	57,2 (68,4)	286.417 47,85	286.783 47,91	376.930 49,84	370.942 49,05	2R/1D	2R/1D	1R/1D	1R/1D
NV	43,8 (69,3)	54,3 (77,5)	301.575 49,52	279.978 45,98	418.690 50,47	397.190 47,88	1R/1D	2R/1D	1R/1D	1R/1D
UT	52,6 (68,8)	58,5 (72,6)	515.096 66,83	203.053 26,34	663.742 71,54	241.199 26,00	2R/1D	2R/1D	2R	2R
WY	61,0 (99,2)	64,1 (104,7)	147.947 67,76	60.481 27,70	167.629 68,86	70.776 29,07	1R	1R	2R	2R
Region Mountain gesamt:	3.493.550 54,73	2.529.626 39,63	4.507.838 56,71	3.330.171 41,89			18R/6D	20R/8D	13R/3D	12R/4D
EC-Stimmen: in Prozent:	35 87,50	5 12,50	44 100	0 0			+12R	+12R	+10R	+8R

* als Anteil der Wahlberechtigten; (in Klammern: Wahlbeteiligung als Anteil der registrierten Wähler).

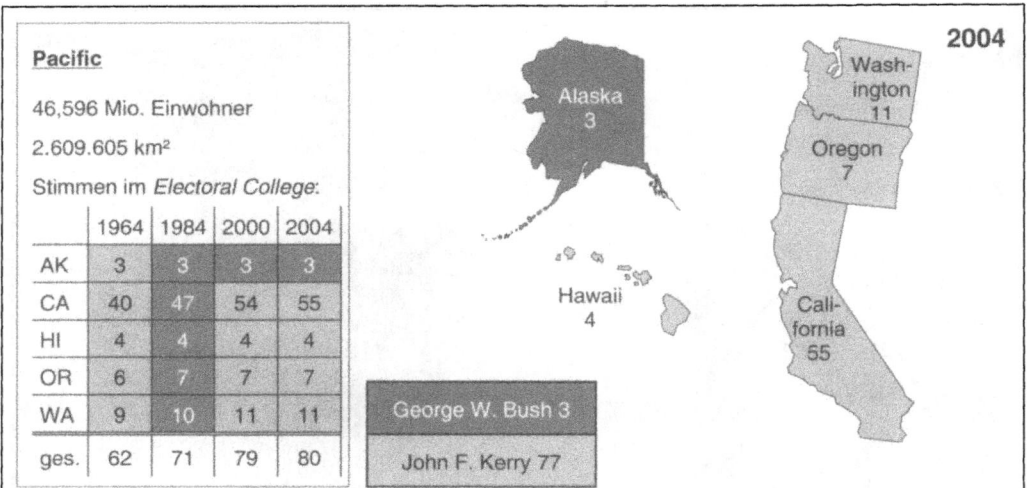

Pacific

46,596 Mio. Einwohner

2.609.605 km²

Stimmen im *Electoral College*:

	1964	1984	2000	2004
AK	3	3	3	3
CA	40	47	54	55
HI	4	4	4	4
OR	6	7	7	7
WA	9	10	11	11
ges.	62	71	79	80

2004

Washington 11

Alaska 3

Oregon 7

Hawaii 4

California 55

George W. Bush 3

John F. Kerry 77

©Christoph M. Haas

A-9: Ergebnisse der Präsidentschaftswahlen und Sitzverteilung im Kongreß 2000 und 2004

	Wahlbeteiligung in Prozent*		Stimmenzahl 2000 Prozent		Stimmenzahl 2004 Prozent		Konstellation im US-Kongreß nach den Wahlen 2000 und 2004			
	2000	2004	Bush	Gore	Bush	Kerry	House		Senate	
							2000	2004	2000	2004
AK	66,4 (60,3)	69,9 (66,0)	167.398 58,62	79.004 27,67	190.889 61,07	111.025 35,52	1R	1R	2R	2R
CA	44,1 (69,8)	59,9 (75,0)	4.567.429 41,65	5.861.203 53,45	5.509.826 44,36	6.745.485 54,30	20R/32D	20R/33D	2D	2D
HI	40,5 (57,7)	48,9 (66,3)	137.845 37,46	205.286 55,79	194.191 45,26	231.708 54,01	2D	2D	2D	2D
OR	60,6 (78,6)	71,2 (85,8)	713.577 46,52	720.342 46,96	866.831 47,19	943.163 51,35	1R/4D	1R/4D	1R/1D	1R/1D
WA	56,9 (74,6)	65,4 (81,5)	1.108.864 44,58	1.247.652 50,16	1.304.894 45,64	1.510.201 52,82	3R/6D	3R/6D	2D	2D
Region Pacific gesamt:			6.695.113 42,81	8.113.487 51,87	8.066.631 45,17	9.541.582 53,43	25R/44D	25R/45D	3R/7D	3R/7D
EC-Stimmen: in Prozent:			3 3,80	76 96,20	3 3,75	77 96,25	+19D	+20D	+4D	+4D

* als Anteil der Wahlberechtigten; (in Klammern: Wahlbeteiligung als Anteil der registrierten Wähler).

South

96,512 Mio. Einwohner

2.343.736 km²

Stimmen im *Electoral College*:

	1964	1984	2000	2004
AL	10	9	9	9
AR	6	6	6	6
FL	14	21	25	27
GA	12	12	13	15
KY	9	9	8	8
LA	10	10	9	9
MS	7	7	7	6
NC	13	13	14	15
OK	8	8	8	7
SC	8	8	8	8
TN	11	11	11	11
TX	25	29	32	34
VA	12	12	13	13
WV	7	6	5	5
ges.	152	161	168	173

George W. Bush 173
John F. Kerry 0

2004

WV 5 · VA 13 · KY 8 · NC 15 · TN 11 · SC 8 · OK 7 · AR 6 · MS 6 · AL 9 · GA 15 · TX 34 · LA 9 · FL 27

Barry Goldwater 47
Lyndon Johnson 105

1964

WV 7 · VA 12 · KY 9 · NC 13 · TN 11 · SC 8 · OK 8 · AR 6 · MS 7 · AL 10 · GA 12 · TX 25 · LA 10 · FL 14

©Christoph M. Haas

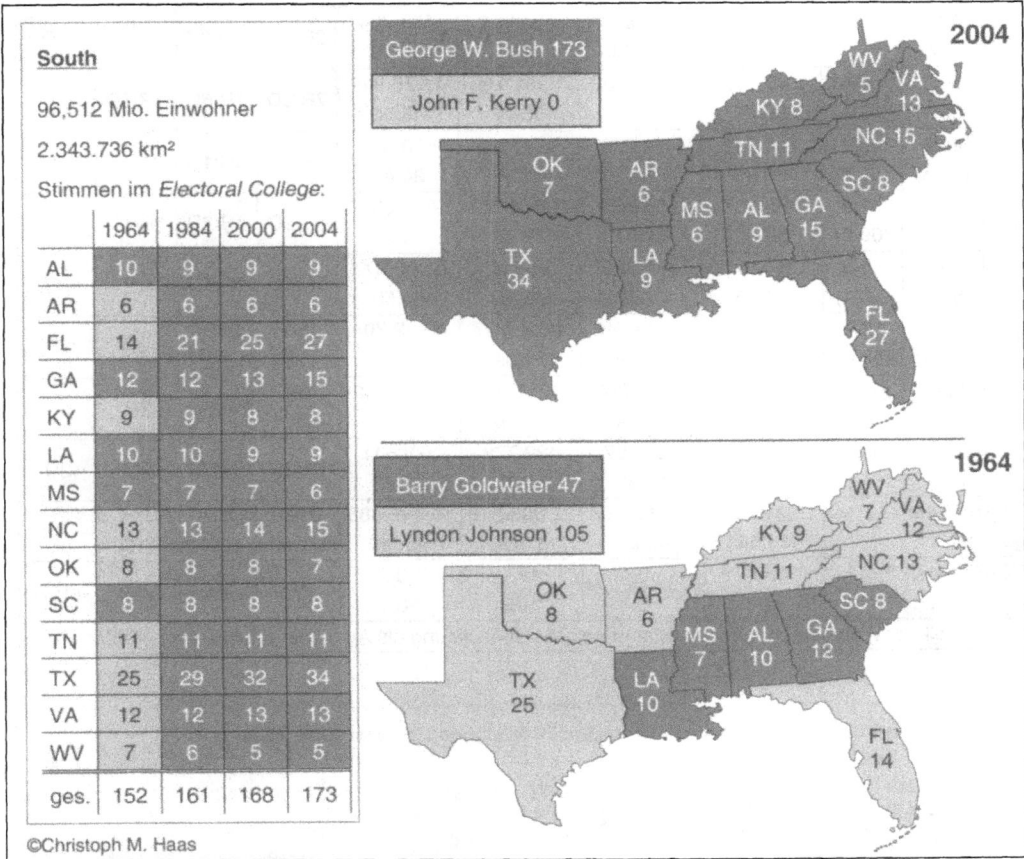

A-10: Ergebnisse der Präsidentschaftswahlen und Sitzverteilung im Kongreß 2000 und 2004

	Wahlbeteiligung in Prozent*		Stimmenzahl 2000 Prozent		Stimmenzahl 2004 Prozent		Konstellation im US-Kongreß nach den Wahlen 2000 und 2004			
							House		Senate	
	2000	2004	Bush	Gore	Bush	Kerry	2000	2004	2000	2004
AL	50,0 (65,9)	55,1 (66,2)	941.173 56,48	692.611 41,57	1.176.394 62,46	693.933 36,84	5R/2D	5R/2D	2R	2R
AR	47,8 (59,2)	51,3 (62,6)	472.940 51,31	422.768 45,86	572.898 54,31	469.953 44,55	1R/3D	1R/3D	1R/1D	2D
FL	50,6 (68,1)	63,9 (73,9)	2.912.790 48,85	2.912.253 48,84	3.964.522 52,10	3.583.544 47,09	15R/8D	18R/7D	2D	1R/1D
GA	44,1 (55,9)	53,8 (66,7)	1.419.720 54,67	1.116.230 42,98	1.914.254 57,97	1.366.149 41,37	8R/3D	7R/6D	2D	2R
KY	51,6 (60,4)	57,3 (64,3)	872.492 56,50	638.898 41,37	1.069.439 59,55	712.733 39,69	5R/1D	5R/1D	2R	2R
LA	54,2 (63,4)	58,7 (66,5)	927.871 52,55	792.344 44,88	1.102.169 56,72	820.299 42,22	5R/2D	5R/2D	2D	1R/1D

MS	48,6 (n.v.)	53,5 (64,3)	572.844 57,62	404.614 40,70	684.981 59,45	458.094 39,76	2R/3D	2R/2D	2R	2R
NC	50,2 (56,1)	56,4 (63,4)	1.631.163 56,03	1.257.692 43,20	1.961.166 56,02	1.525.849 43,58	7R/5D	7R/6D	1R/1D	2R
OK	48,8 (55,3)	56,7 (68,3)	744.337 60,31	474.276 38,43	959.792 65,57	503.966 34,43	5R/1D	4R/1D	2R	2R
SC	46,4 (61,0)	51,9 (69,9)	785.937 56,84	565.561 40,91	937.974 57,98	661.699 40,90	4R/2D	4R/2D	1R/1D	2R
TN	49,2 (61,1)	54,6 (65,1)	1.061.949 51,15	981.720 47,28	1.384.375 56,80	1.036.477 42,53	5R/4D	4R/5D	2R	2R
TX	43,1 (51,8)	52,2 (56,6)	3.799.639 59,30	2.433.746 37,98	4.526.917 61,09	2.832.704 38,22	13R/ 17D	21R/ 11D	2R	2R
VA	52,1 (67,3)	60,5 (70,8)	1.437.490 52,47	1.217.290 44,44	1.716.959 53,68	1.454.742 45,48	6R/ 4D/1I	8R/3D	2R	2R
WV	45,8 (60,7)	53,1 (64,7)	336.475 51,92	295.497 45,59	423.778 56,06	326.541 43,20	1R/2D	1R/2D	2D	2D
Region South gesamt:			17.916.820 54,54	14.205.500 43,24	22.395.618 57,24	16.446.683 42,04	82R/ 57D/1I	92R/ 53D	17R/ 11D	22R/ 6D
EC-Stimmen: in Prozent:			168 100	0 0	173 100	0 0	+25R	+39R	+6R	+16R

* als Anteil der Wahlberechtigten; (in Klammern: Wahlbeteiligung als Anteil der registrierten Wähler).

A-11: *Electoral College*-Resultate der Präsidentschaftswahlen von 1948-2004

		1948	1952	1956	1960	1964	1968	1972	1976	1980	1984	1988	1992	1996	2000	2004
New England	CT	8	8	8	8	8	8	8	8	8	8	8	8	8	8	7
	ME	5	5	5	5	4	4	4	4	4	4	4	4	4	4	4
	MA	16	16	16	16	14	14	14	14	14	13	13	12	12	12	12
	NH	4	4	4	4	4	4	4	4	4	4	4	4	4	4	4
	RI	4	4	4	4	4	4	4	4	4	4	4	4	4	4	4
	VT	3	3	3	3	3	3	3	3	3	3	3	3	3	3	3
Mideast	D.C.	—	—	—	—	3	3	3	3	3	3	3	3	3	2 / 1	3
	DE	3	3	3	3	3	3	3	3	3	3	3	3	3	3	3
	MD	8	9	9	9	10	10	10	10	10	10	10	10	10	10	10
	NJ	16	16	16	16	17	17	17	17	17	16	16	15	15	15	15
	NY	47	45	45	45	43	43	41	41	41	36	36	33	33	33	31
	PA	35	32	32	32	29	29	27	27	27	25	25	23	23	23	21
Great Lakes	IL	28	27	27	27	26	26	26	26	26	24	24	22	22	22	21
	IN	13	13	13	13	13	13	13	13	13	12	12	12	12	12	11
	MI	19	20	20	20	21	21	21	21	21	20	20	18	18	18	17
	OH	25	25	25	25	26	26	25	25	25	23	23	21	21	21	20
	WI	12	12	12	12	12	12	11	11	11	11	11	11	11	11	10

		1948	1952	1956	1960	1964	1968	1972	1976	1980	1984	1988	1992	1996	2000	2004
Plains	IA	10	10	10	10	9	9	8	8	8	8	8	7	7	7	7
	KS	8	8	8	8	7	7	7	7	7	7	7	6	6	6	6
	MN	11	11	11	11	10	10	10	10	10	10	10	10	10	10	9/1
	MO	15	13	13	13	12	12	12	12	12	11	11	11	11	11	11
	NE	6	6	6	6	5	5	5	5	5	5	5	5	5	5	5
	ND	4	4	4	4	4	4	3	3	3	3	3	3	3	3	3
	SD	4	4	4	4	4	4	4	4	4	3	3	3	3	3	3
Mountain	AZ	4	4	4	4	5	5	6	6	6	7	7	8	8	8	10
	CO	6	6	6	6	6	6	7	7	7	8	8	8	8	8	9
	ID	4	4	4	4	4	4	4	4	4	4	4	4	4	4	4
	MT	4	4	4	4	4	4	4	4	4	4	4	3	3	3	3
	NM	4	4	4	4	4	4	4	4	4	5	5	5	5	5	5
	NV	3	3	3	3	3	3	3	3	3	4	4	4	4	4	5
	UT	4	4	4	4	4	4	4	4	4	5	5	5	5	5	5
	WY	3	3	3	3	3	3	3	3	3	3	3	3	3	3	3
Pacific	AK	—	—	—	3	3	3	3	3	3	3	3	3	3	3	3
	CA	25	32	32	32	40	40	45	45	45	47	47	54	54	54	55
	HI	—	—	—	3	4	4	4	4	4	4	4	4	4	4	4
	OR	6	6	6	6	6	6	6	6	6	7	7	7	7	7	7
	WA	8	9	9	9	9	9	9	8/1	9	10	10	11	11	11	11
South	AL	11	11	10/1	5/6	10	10	9	9	9	9	9	9	9	9	9
	AR	9	8	8	8	6	6	6	6	6	6	6	6	6	6	6
	FL	8	10	10	10	14	14	17	17	17	21	21	25	25	25	27
	GA	12	12	12	12	12	12	12	12	12	12	12	13	13	13	15
	KY	11	10	10	10	9	9	9	9	9	9	9	8	8	8	8
	LA	10	10	10	10	10	10	10	10	10	10	10	9	9	9	9
	MS	9	8	8	8	7	7	7	7	7	7	7	7	7	7	6
	NC	14	14	14	14	13	12/1	13	13	13	13	13	14	14	14	15
	OK	10	8	8	7/1	8	8	8	8	8	8	8	8	8	8	7
	SC	8	8	8	8	8	8	8	8	8	8	8	8	8	8	8
	TN	11/1	11	11	11	11	11	10	10	10	11	11	11	11	11	11
	TX	23	24	24	24	25	25	26	26	26	29	29	32	32	32	34
	VA	11	12	12	12	12	12	11/1	12	12	12	12	13	13	13	13
	WV	8	8	8	8	7	7	6	6	6	6	5/1	5	5	5	5
gesamt:		531	531	531	537	538	538	538	538	538	538	538	538	538	538	538
R		189	442	457	219	52	301	520	240	489	525	426	168	159	271	286
D		303	89	73	303	486	191	17	297	49	13	111	370	379	266	251
andere		39	—	1	15	—	46	1	1	—	—	1	—	—	1	1

Daten-material aus: Für die Jahre 1948-1992: Committee on Rules and Administration, Senate Manual, Senate Document 104-1, Washington 1995, S. 1062-1073; für 1996-2004: Carle, Robin H., Clerk of the House of Representatives, Statistics of the Presidential and Congressional Election of November 5, 1996, Washington 1997, S. 78 f.; Trandahl, Jeff, Clerk of the House of Representatives, Statistics of the Presidential and Congressional Election of November 7, 2000, Washington, D.C. 2001, S. 73 f.; Trandahl, Jeff, Clerk of the House of Representatives, Statistics of the Presidential and Congressional Election of November 2, 2004, Washington, D.C. 2005, S. 63 f.

Kongreßwahl 2006

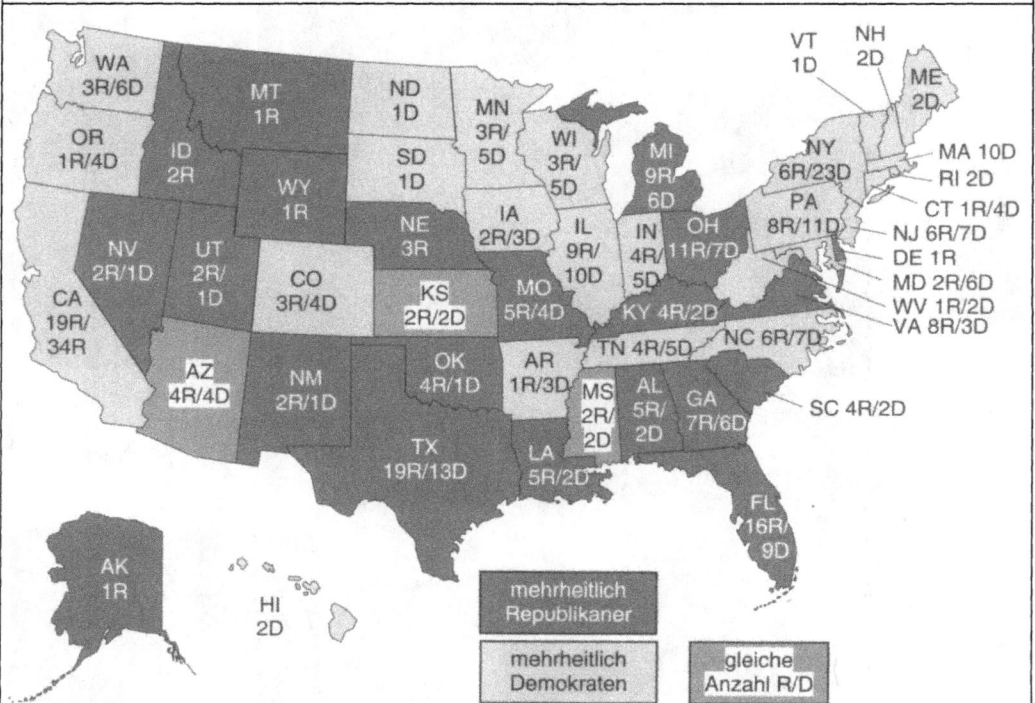

A-12: Parteikonstellation im Repräsentantenhaus, 110. Kongreß (2007-2009)

R: Republikaner; D: Demokrat; I: Unabhängiger

©Christoph M. Haas

109. Kongreß	nicht wieder kandidiert/für anderes Amt beworben	vakant	Vorwahl verloren	Amtsinhaber in Hauptwahl	Parteiwechsel bei *open seat*-Wahlen	110. Kongreß
232R/202D/1I	27(17R/9D/1I)	3R/1D	1R/1D	angetreten: 402 gewählt: 380 verloren: 22 (22R/0D) netto: + 22D	D → R: 0 R → D: 8 I → D: 1 netto: + 9D	202R/233D

Quelle: <http://www.cq.com> (15.12.2006); eigene Berechnungen (C.M.H.).

A-13: Parteikonstellation im Senat, 110. Kongreß (2007-2009)

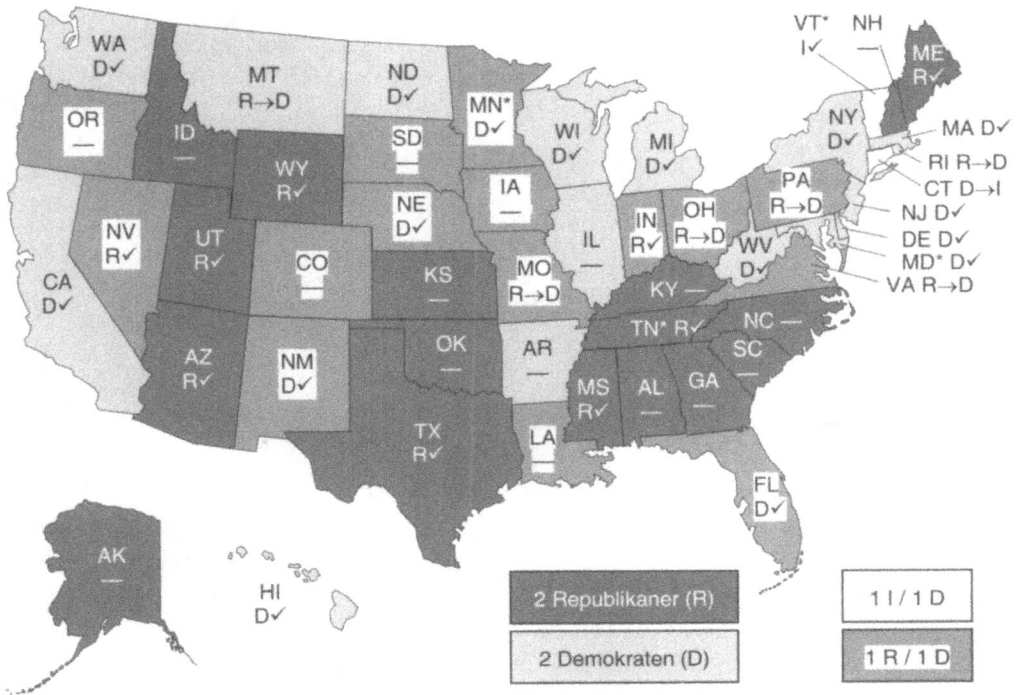

| 2 Republikaner (R) | 1 I / 1 D |
| 2 Demokraten (D) | 1 R / 1 D |

©Christoph M. Haas

R: Republikaner; D: Demokrat; I: Unabhängiger;

—: Staaten, in denen 2006 keine Senatssitze zur Wahl standen;

*: Staat, in dem der Amtsinhaber nicht mehr zur Wahl antrat (open seat);

D→R: Demokratischer Sitz auf Republikaner übergegangen und vice versa;

✓: Sitz bei Wahl verteidigt.

109. Kongreß	nicht zur Wahl stehende Senatoren: 67	es standen zur Wahl: 33	davon *open seats*: 4	Amtsinhaber	110. Kongreß
55R/44D/1I	40R/27D	15R/17D/1I	1R/2D/1I**	14R/15D***	49R/49D/2I****
gewählt:		9R/22D/2I	1R/2D/1I**	8R/14D/1I***	-6R/+5D/+1I

** Der Unabhängige James Jeffords (VT) trat nicht zur Wiederwahl an; der Sitz ging an den als Unabhängiger kandidierenden Bernie Sanders.

*** Der Demokrat Joseph Lieberman (CT) verlor die Demokratische Vorwahl gegen einen parteiinternen Konkurrenten, trat als Unabhängiger an und gewann die Hauptwahl, weshalb er zwar als Demokratischer Amtsinhaber, aber als Unabhängiger Wahlsieger geführt wird.

**** Lieberman bezeichnet sich als *Independent Democrat*, gehört gleichwohl dem *Democratic Caucus* an; auch Sanders kann den Demokraten zugerechnet werden, weshalb diese faktisch die Mehrheit im Senat stellen und damit auch die Kontrolle über die Ausschußvorsitze haben.

Quelle: <http://www.cq.com> (15.12.2006); eigene Berechnungen (C.M.H.).

Glossar

Act: Gesetz, das von beiden Häusern des Kongresses verabschiedet wurde; es erlangt durch die Unterschrift des Präsidenten endgültig Rechtskraft und wird damit zum *law*. Ein präsidentielles Veto gegen einen *act* kann mit jeweils Zweidrittelmehrheiten in beiden Häusern des Kongresses überstimmt werden (→ *bill*).

Affirmative Action: Auf Gesetzes- oder Verwaltungsakt beruhende Maßnahme zur Förderung und Integration von Minderheiten.

Amendment: (1) Änderungsantrag zu Gesetzesvorlagen; (2) eine Verfassungsergänzung wird als *constitutional amendment* bezeichnet.

Apportionment/Reapportionment: Festlegung der Zahl der Abgeordneten, die aus jedem Einzelstaat in den Kongreß gewählt werden dürfen. Die Verfassung schreibt vor, daß diese Zahl alle 10 Jahre auf der Grundlage einer bundesweit durchgeführten Volkszählung (*census*) neu bemessen wird.

Appropriation: Ausgabenbewilligung durch den Kongreß (→ *authorization*).

Authorization: Erlaubnis bzw. Ermächtigung des Kongresses, Ausgaben mittels des *appropriation*-Verfahrens zu bewilligen bzw. die im *appropriation*-Verfahren bewilligten Geldmittel auszugeben (→ *appropriation*). Die *appropriation* darf die *authorization* nicht übersteigen.

Bandwagon Effect: Phänomen, sich gemäß dem Prinzip eines „Trittbrettfahrers" der Position, Partei oder dem Kandidaten anzuschließen, der die größte Aussicht auf Erfolg verspricht.

Bill: Gesetzesvorlage, die im Repräsentantenhaus oder im Senat eingebracht wird (→ *public bill*; → *private bill*). Aus einer *bill* wird nach erfolgreich abgeschlossenem Gesetzgebungsverfahren ein → *act*.

Bill of Rights: Die ersten zehn Zusatzartikel (→ *amendments*) der US-Verfassung. Dieser Grundrechtskatalog umfaßt individuelle Freiheitsrechte wie etwa das Recht zur freien Meinungsäußerung, die Religions- und Pressefreiheit sowie das Recht auf ein ordentliches Gerichtsverfahren (→ *due process of law*).

Calendar: Legislatives Verzeichnis, das eine Auflistung aller → *bills* enthält, die einzelnen Ausschüssen (→ *committee*) des Kongresses oder seinen beiden Kammern zur Bearbeitung und Abstimmung vorliegen.

Caucus: (1) Parteiversammlung zur Nominierung von Kandidaten für öffentliche Ämter; (2) *Democratic Caucus*: Fraktion der Demokratischen Mitglieder im Repräsentantenhaus bzw. Senat (→ *Republican Conference*); (3) *Congressional Caucus*: Informeller, häufig auch parteiübergreifender Zusammenschluß von Kongreßmitgliedern mit gleichen Interessen, z. B. *Congressional Steel Caucus* oder *Congressional Rural Housing Caucus*.

Checks and Balances: Prinzip der Gewaltenteilung und -verschränkung im amerikanischen Regierungssystem. Danach sollen die institutionelle Trennung und die funktionale Verschränkung der Verfassungsorgane den Zwang zum Zusammenwirken erhöhen und zugleich einem Machtmißbrauch vorbeugen.

Closed Rule: Eine vom → *Rules Committee* des Repräsentantenhaus erlassene Vorschrift, die den zeitlichen Rahmen für die Debatte einer Gesetzesvorlage festlegt und die Ergänzung der Vorlagen im Plenum verbietet; die → *open rule* hingegen erlaubt derartige Zusätze.

Cloture: Verfahren zur Beendigung oder Abkürzung einer Senatsdebatte, die das Ziel verfolgt, mißliebige Gesetzesvorlagen durch → *filibuster* zu Fall zu bringen; die erfolgreiche Durchführung einer *cloture* erfordert die Zustimmung von 3/5 der anwesenden Senatoren.

Coattail Effect: Phänomen bei Wahlen, daß wenig bekannte oder schwächere Kandidaten oft vom hohen Bekanntheitsgrad bzw. der Beliebtheit eines der eigenen Partei zugehörigen Kandidaten auf dem Wahlschein profitieren.

Committee: Ausschuß des Kongresses (→ *Rules Committee*, → *Ways and Means Committee*, → *Joint Committee*). Neben ständigen Ausschüssen (*standing committees*) und Unterausschüssen (*subcommittees*) gibt es auch *select committees* für zeitlich und sachlich begrenzte Aufgaben.

Committee on Committees: Parteiausschuß im Kongreß, der festlegt, welche Abgeordneten einer Partei in die einzelnen Kongreßausschüsse entsandt werden.

Common Law: Richterliches Recht, dessen Ursprünge im englischen Fall- bzw. Gewohnheitsrecht liegen.

Concurrent Resolution: Gemeinsamer Beschluß beider Kongreßkammern ohne Außenwirkung.

Conference Committee: Der sich aus Mitgliedern von Senat und Repräsentantenhaus zusammensetzende Vermittlungsausschuß.

Congressional Record: Regelmäßig publizierter Bericht über Debatten, Erklärungen und alle sonstigen Vorkommnisse im Kongreß.

Divided Government: Wenn Präsidentenamt und Mehrheit einer oder beider Kongreßkammern von unterschiedlichen Parteien kontrolliert werden (→ *unified government*).

Due Process of Law: Diese „Freiheits"-Formel der US-Verfassung besagt, daß niemandem Leben, Freiheit oder Eigentum entzogen werden darf „without due process of law", also ohne ordentliches Gerichtsverfahren (5. bzw. 14. Zusatzartikel zur US-Verfassung).

Electoral College: Wahlmännerkollegium zur Wahl von Präsident und Vizepräsident. In diesem Gremium ist jeder Einzelstaat entsprechend der Zahl seiner Senatoren und Repräsentanten vertreten.

Executive Agreement: Regierungsabkommen, das der Präsident mit dem Ausland abschließt. Im Gegensatz zu internationalen Verträgen (→ *treaty*) bedürfen solche Abkommen nicht der Ratifizierung durch den Senat.

Executive Privilege: Das dem Präsidenten und seinen engsten Mitarbeitern zustehende Recht auf Aussageverweigerung vor Kongreßausschüssen oder Gerichten.

Federalist Papers: Eine Serie von 85 Essays, von Alexander Hamilton, James Madison und John Jay unter dem Pseudonym „Publius" verfaßt und 1787 in New Yorker Zeitungen veröffentlicht. Ziel war es, die Bevölkerung von New York zur Annahme des Verfassungsentwurfs zu bewegen. Die später als *Federalist Papers* veröffentlichte Aufsatzsammlung gilt als wichtiger Kommentar zur US-Verfassung.

Filibuster: Die durch das Prinzip uneingeschränkter Redezeit im Senat ermöglichte Praxis, die Abstimmung über eine Gesetzesvorlage durch Dauerreden zu verzögern oder zu verhindern. Das *filibuster* wurde während der 1960er Jahre insbesondere von Senatoren der Südstaaten praktiziert, die die Bürgerrechtsgesetze zu Fall bringen wollten. Die Einführung des → *cloture*-Verfahrens hat zu einer Beschränkung dieser Praxis geführt.

Fiscal Year: Haushaltsjahr; beginnt auf Bundesebene am 1. Oktober und endet am 30. September des Folgejahres.

Germaneness Rule: Im Repräsentantenhaus müssen Ergänzungsanträge zu einem Gesetzentwurf (→ *amendment*) einen direkten Bezug zur behandelten Materie besitzen.

Gerrymandering: Wortschöpfung des frühen 19. Jahrhunderts, wonach durch Manipulation des Gouverneurs von Massachusetts, Elbridge Gerry (1810-1812), bei der Wahlbezirkseinteilung ein Wahlkreis entstanden ist, der dem Bild eines Salamanders ähnelte. Das von Gerry gewünschte Gesetz zur Neueinteilung der Wahlkreise in Massachusetts kostete ihn die Wiederwahl 1812. Auch heute wird *gerrymandering* als Bezeichnung für manipulative Wahlkreiseinteilung, die sich zum Vorteil einer Partei auswirken, benutzt (→ *redistricting*).

Government: Im amerikanischen Sprachgebrauch kann damit kontextabhängig sowohl der „Staat" als Gemeinwesen als auch der „Staatsapparat" im Sinne der Gesamtheit der politischen Institutionen sowie außerdem der „Regierungsapparat", die Exekutive, gemeint sein.

Grants-in-Aid: Finanzielle Zuschüsse des Kongresses an Einzelstaaten und Kommunen, die diese für bestimmte, vom Bund initiierte Programme ausgeben. Dazu zählen etwa Ausgaben für den Ausbau von Verkehrswegen oder das Erziehungs- und das Gesundheitswesen.

Impeachment: Recht des Repräsentantenhauses, Mitglieder der Exekutive wegen Verfassungs- und Rechtsverstößen vor dem Senat anzuklagen; für die Erhebung der Anklage ist die absolute Mehrheit der Abgeordneten erforderlich, während der Beschluß der Amtsenthebung einer Mehrheit von 2/3 aller Senatoren bedarf.

Implied Powers: Kompetenzen, die zwar nicht ausdrücklich in der Verfassung zugewiesen, aber implizit aus Verfassungsklauseln abgeleitet werden können.

Impoundment: Die Weigerung des Präsidenten, vom Kongreß bewilligte Gelder auszugeben. Im *Congressional Budget and Impoundment Control* (1974) wurde festgelegt, daß die Einbehaltung bereits bewilligter Gelder der ausdrücklichen Zustimmung des Kongresses bedarf.

Incumbent: Gegenwärtiger Amtsinhaber.

Joint Committee: Gemeinsamer Ausschuß aus Mitgliedern des Repräsentantenhauses und des Senats, der sich meist ad hoc zu Untersuchungszwecken konstituiert.

Joint Resolution: Formelle Entschließung beider Häuser des Kongresses, die durch die Unterschrift des Präsidenten Gesetzeskraft erhält. Hat eine *joint resolution* eine Ergänzung (→ *amendment*) zur US-Verfassung zum Inhalt,
so ist die Unterschrift des Präsidenten nicht erforderlich; allerdings bedarf es für eine erfolgreiche Verfassungsergänzung jeweils einer Zweidrittelmehrheit in beiden Kammern sowie anschließend der Ratifizierung durch Dreiviertel aller Einzelstaaten innerhalb von sieben Jahren.

Joint Session: Gemeinsame Sitzung des Repräsentantenhauses und des Senats.

Judicial Review: Richterliche Befugnis, Gesetze und Rechtsverordnungen auf Verfassungsmäßigkeit zu prüfen.

Law: → *act*; → *bill*.

Legislative Court: (Bundes-)Gericht, das vom Kongreß gemäß Art. I, Sec. 8, cl. 9 bzw. Art. III, Sec. 1 U.S. Const.
geschaffen werden kann. *Legislative courts* sind z. B. das Berufungsgericht des Militärs (*Court of Military Appeals*) oder der Steuergerichtshof (*Tax Court*).

Line-Item Veto: Das den Gouverneuren der meisten Einzelstaaten zustehende Recht, gegen Teile eines Gesetzes
ein Veto einzulegen, während die übrigen Teile Gesetzeskraft erlangen. Der Präsident hat ein solches Recht nicht.

Logrolling: Informelle Vereinbarung zwischen Kongreßmitgliedern, ihre jeweiligen Gesetzesanträge wechselseitig
zu unterstützen.

Majority Leader: Wird von den Mitgliedern der Mehrheitspartei der jeweiligen Kammer gewählt. Im Senat legt er
in Absprache mit dem → *minority leader* die Tagesordnung fest und ist Sprecher der Mehrheitspartei. Im Repräsentantenhaus fungiert er als der erste Mitarbeiter des → *Speakers of the House* und steht in der Hierarchie seiner
Partei an zweiter Stelle.

Markup: Überarbeitung einer Gesetzesvorlage in einem Kongreßausschuß.

Medicaid: Krankenfürsorgeprogramm der Einzelstaaten für Wohlfahrtsempfänger, das mit Bundesmitteln bezu-
schußt wird.

Medicare: Krankenfürsorgeprogramm für Personen über 65 Jahre, das aus Bundesmitteln finanziert wird.

Minority Leader: Führer der Minderheitspartei in beiden Kammern.

National Convention: Bezeichnung für den alle vier Jahre stattfindenden Nominierungsparteitag der Demokraten
bzw. Republikaner, auf dem die Kandidaten für die Ämter von Präsident und Vizepräsident bestimmt werden.

New Deal: Regierungsprogramm Franklin D. Roosevelts (1933-1945) zur Bekämpfung der Folgen der Weltwirtschaftskrise in Amerika. Das Programm umfaßte z. B. die Errichtung neuer Bundesbehörden sowie gezielte Struk-
turförderungsmaßnahmen.

Open Rule: Im Gegensatz zur → *closed rule* ermöglicht eine solche Vorschrift die Ergänzung (→ *amendment*)
einer Gesetzesvorlage im Plenum, solange diese Änderungsvorschläge den Sachverhalt der behandelten Materie
betreffen (→ *germaneness rule*).

Open Seat Election: Eine Wahl in der kein Amtsinhaber (→ *incumbent*) zur Wiederwahl antritt.

Party Platform: Das von einer Programmkommission erarbeitete Wahlprogramm einer Partei in Form einer
Grundsatzerklärung; sie wird auf dem Nominierungsparteitag (→ *national convention*) zur Ratifizierung vorgelegt.

Pocket Veto: Bestimmte Form des präsidentiellen Vetos, wobei die Verfassungsbestimmung, daß ein vom Kongreß verabschiedetes Gesetz innerhalb von zehn Tagen unterzeichnet werden muß, ausgenutzt wird. Vertagt sich
der Kongreß innerhalb dieser Frist, etwa am Ende einer Sitzungsperiode, so kann der Präsident durch Nichthandeln
ein mißliebiges Gesetz „in der Tasche" verschwinden lassen.

Political Action Committee (PAC): Politische Vereinigung, die als Vertretung von Unternehmen, Organisationen
oder Privatpersonen materielle Wahlkampfunterstützung – zunehmend seit Mitte der 1970er Jahre – leistet.

Pork Barrel Legislation: Bezeichnung für auf Antrag von einzelnen Kongreßmitgliedern verabschiedete Gesetze,
die die Durchführung von Infrastrukturmaßnahmen (z. B. den Bau von Staudämmen, Autobahnen oder Postämtern)
in ihren eigenen Wahlkreisen vorsehen.

Primary: Vorwahl; dient der Nominierung von Kandidaten für die Wahlen zu öffentlichen Ämtern, im Rahmen
der Präsidentschaftswahl zur Auswahl der Delegierten für die → *national conventions*. An einer *closed primary*
dürfen nur registrierte Mitglieder einer Partei teilnehmen, die *open primary* hingegen stellt es jedem Wähler frei,
ob er sich an der Vorwahl der Demokraten oder derjenigen der Republikaner beteiligen möchte.

Private Bill: Gesetzesvorlage zur Regelung von Einzelfällen, die nicht generell normiert werden; z. B. lokale
Angelegenheiten, Einbürgerungsverfahren und die Festsetzung von Einwanderungsquoten für bestimmte Länder.

Public Bill: Regelt Angelegenheiten von allgemeinem Interesse, z. B. Verteidigungsausgaben.

Quorum: Verfassungsbestimmung (Art. I, Sec. 5 U.S. Const.), wonach zur Beschlußfähigkeit eine Mehrheit der
Mitglieder der jeweiligen Kongreßkammer (218 im Repräsentantenhaus, 51 im Senat) anwesend sein muß.

Realigning Election: Wahl, in der sich durch die Ausformung neuer und dauerhafter Wählerkoalitionen fundamentale Verschiebungen im Parteiensystem ergeben; man spricht auch von *realignments* oder *critical elections*.

Recall: Ein in 18 Einzelstaaten mögliches Verfahren zur Abwahl eines Amtsinhabers.

Reconciliation: Eine gemeinsame Entschließung (→ *concurrent resolution*) beider Häuser des Kongresses, welche die für die einzelnen Haushaltsposten des kommenden → *fiscal year* vorgesehenen Beiträge mit dem Gesamtumfang des Budgets in Einklang bringt.

Redistricting: Neueinteilung von Wahlkreisen, zumeist nach einem Zensus. Innerhalb eines bestimmten Wahlgebietes werden die Grenzen der Wahlkreise (*electoral districts*) neu gezogen, um – gemessen an den Einwohnerzahlen – möglichst gleich große Wahlkreise zu gewährleisten (nicht zu verwechseln mit → *apportionment*).

Referendum: Ein in 24 Einzelstaaten mögliches Verfahren; dabei können die Wähler über → *amendments* zur Verfassung ihres Staates oder über Gesetze der Einzelstaatslegislativen abstimmen.

Register to vote/Voter registration: Erforderlicher Eintrag in eine offizielle Wählerliste, um bei Wahlen das Stimmrecht ausüben zu können.

Republican Conference: Fraktion der Republikanischen Mitglieder im Repräsentantenhaus bzw. Senat.

Rider: Gesetzliche Bestimmung, die für sich allein genommen kaum den Kongreß passieren würde und deshalb zumeist einer wichtigen Gesetzesvorlage beliebigen Inhalts angehängt wird.

Rules Committee: Geschäftsordnungsausschuß des Repräsentantenhauses. Er legt die zeitlichen und inhaltlichen Bedingungen (*rules*) fest, nach denen eine Gesetzesvorlage im Plenum des Hauses behandelt wird.

Seniority Rule: Senioritätsprinzip, das Machtpositionen im Kongreß nach der Dauer der Zugehörigkeit zur Legislative verteilt. Danach fällt etwa der Vorsitz einflußreicher Ausschüsse an dasjenige Mitglied der Mehrheitspartei, das dem Ausschuß am längsten angehört.

Speaker of the House: Wird vom Repräsentantenhaus als Ganzes gewählt und steht diesem vor. Da die Wahl des *Speakers* in der Regel entlang der Parteigrenzen verläuft, gehört er der Mehrheitspartei an.

Split-Ticket Voting: Wahlentscheidung für Kandidaten verschiedener Parteien, die sich auf demselben Wahlschein um verschiedene Ämter bewerben. Die Zunahme dieses „Stimmen-Splitting" zeigt eine verstärkte Orientierung an Person und Position des Kandidaten auf Kosten der Parteien.

Spoils System: Praxis der Ämterpatronage im 19. Jahrhundert. Das Fehlen eines Berufsbeamtentums begünstigte die Vergabe von Verwaltungspositionen an Anhänger der bei Wahlen siegreichen Partei.

State Of The Union (Address/Message): Gemäß Verfassung soll der Präsident dem Kongreß von Zeit zu Zeit einen Bericht zur Lage der Nation erstatten (Art. II, Sec. 3). In der Regel wird der Bericht vom Präsidenten persönlich, meist im Januar vorgetragen. Der Kongreß kommt hierzu nach Verabschiedung einer → *concurrent resolution* (zur Festlegung des Termins) in einer → *joint session* im Repräsentantenhaus zusammen. Die „State of the Union" ist gemäß Verfassung die einzige Möglichkeit des Präsidenten, direkt vor der Legislative zu sprechen.

Steering Committee: Inoffizieller Ausschuß, der von den Führern je einer Partei im Kongreß gebildet wird. Ziel ist die Koordinierung des Gesetzgebungsprogramms der Partei sowie seine Durchsetzung im Kongreß.

Treaty: Internationaler Vertrag, der die Zustimmung von Zweidritteln der Senatoren bedarf. Nach seiner Ratifizierung durch den Präsidenten wird er zu bindendem US-Recht.

Triangulation: Versuch, einen zentristischen Kurs zwischen liberalen und konservativen Positionen einzunehmen.

Unified Government: Präsidentenamt und Kongreßmehrheit werden von derselben Partei kontrolliert.

Veto: Recht des Präsidenten (bzw. eines Gouverneurs), einem vom Parlament verabschiedeten Gesetz die Zustimmung zu verweigern, indem die erforderliche Unterschrift nicht innerhalb der vorgeschriebenen Frist geleistet wird. Mit einer Zweidrittelmehrheit (in manchen Einzelstaaten auch weniger) in beiden Häusern kann die Legislative das Gesetz auch gegen das Veto des Präsidenten (des Gouverneurs) in Kraft setzen.

War Powers Act/Resolution: Vom Kongreß 1973 mit der Absicht zur Disziplinierung des Präsidenten in Fragen des Auslandseinsatzes von Truppen verabschiedete → *joint resolution*. Das von Präsident Nixon eingelegte Veto wurde mit den erforderlichen Zweidrittelmehrheiten in beiden Häusern überstimmt und damit zu einem → *act*. Daher werden im Sprachgebrauch die beiden Begriffe synonym verwandt.

Ways and Means Committee: Ausschuß des Repräsentantenhauses, der für die Steuergesetzgebung zuständig ist; die Entsprechung im Senat ist das *Finance Committee*.

Whip: „Assistent" des Führers der jeweiligen Mehrheits- und Minderheitspartei (→ *majority leader*, → *minority leader*) im Kongreß. Zu den Aufgaben des *whips* gehört es, die Parteimitglieder auf die Linie der Parteiführung zu bringen sowie diese über die Ansichten der Abgeordneten zu unterrichten.

Personenverzeichnis

Sachverzeichnis

Autorenverzeichnis

Dittgen, Herbert, Prof. Dr., Professor am Institut für Politikwissenschaft, Johannes Gutenberg-Universität Mainz.

Falke, Andreas, Prof. Dr. disc. pol., Ordinarius für Auslandswissenschaft, Wirtschafts- und Sozialwissenschaftliche Fakultät, Friedrich-Alexander-Universität Erlangen-Nürnberg.

Haas, Christoph M., Dr. phil., wissenschaftlicher Assistent am Seminar für Wissenschaftliche Politik, Albert-Ludwigs-Universität Freiburg.

Heun, Werner, Prof. Dr. jur. utr., Direktor des Instituts für Allgemeine Staatslehre und Politische Wissenschaften, Georg-August-Universität Göttingen.

Jäger, Wolfgang, Prof. Dr. phil. Dr. h.c. mult., Ordinarius am Seminar für Wissenschaftliche Politik, seit 1995 Rektor der Albert-Ludwigs-Universität Freiburg.

Kleinsteuber, Hans J., Prof. Dr. rer. pol., Professor für Politikwissenschaft, Universität Hamburg.

Kreile, Michael, Prof. Dr. rer. soc., Professor für Internationale Politik, Humboldt-Universität Berlin.

Lösche, Peter, Prof. Dr. phil., Professor für Politikwissenschaft, Sozialwissenschaftliche Fakultät, Georg-August-Universität Göttingen.

Ruß, Sabine, Prof. Dr. phil., Professorin für Politikwissenschaft, Fachbereich Gesellschaftswissenschaften, Universität Kassel.

Sattar, Majid, Dr. phil., Redakteur, Frankfurter Allgemeine Zeitung, Frankfurt.

Schneider-Sliwa, Rita, Prof. Dr. phil., Professorin für Humangeographie/Stadt- und Regionalforschung, Universität Basel.

Schreyer, Söhnke, Dr. phil., z. Zt. eigenständiges Forschungsprojekt, Zentrum für Nordamerika Forschung, Johann Wolfgang Goethe-Universität Frankfurt am Main.

Shell, Kurt L., Prof. em. Ph.D. Dr. h.c., Professor emeritus der Politikwissenschaft, Johann Wolfgang Goethe-Universität Frankfurt am Main.

Siewert, Markus B., Mitarbeiter am Seminar für Wissenschaftliche Politik, Albert-Ludwigs-Universität Freiburg.

Sterzel, Paul, M.A., wissenschaftlicher Mitarbeiter am Geschwister-Scholl-Institut für Politische Wissenschaft, Ludwig-Maximilians-Universität München.

Vorländer, Hans, Prof. Dr. phil., Professor für Politikwissenschaft, Technische Universität Dresden.

Wasser, Hartmut, Prof. em. Dr. phil., Professor emeritus der Politikwissenschaft, Pädagogische Hochschule Weingarten.

Welz, Wolfgang, Dr. phil., Consultant, Freiburg.

Zettl, Christian, M.A., Lehrbeauftragter am Seminar für Wissenschaftliche Politik, Albert-Ludwigs-Universität Freiburg.

Methoden der empirischen Sozialforschung

Rainer Schnell, Paul B. Hill, Elke Esser
Methoden der empirischen Sozialforschung

7., völlig überarb. und erweiterte Aufl.
2006 | VIII, 596 S. | gebunden
€ 24,80
ISBN 978-3-486-57684-9

Dieses am Beginn des Studiums ansetzende Lehr-
werk bemüht sich vielfältig und auf teils neue
Weise um den methodischen Brückenschlag von
empirischer Sozialforschung und soziologischer
Theorie. Es stellt Verfahren und Sachverhalte nicht
nur vor, sondern erklärt sie verständlich. Allein dies
weist über die vorhandene Lehrbuchliteratur weit
hinaus.

**Die siebte Auflage wurde wesentlich überarbeitet
und ergänzt. In allen Kapiteln finden sich neue
Details und Fortentwicklungen älterer Techniken;
fast keine Seite blieb unverändert.**

- Ziel und Ablauf empirischer Sozialforschung.
- Historische Entwicklung.
- Wissenschaftstheorie und empirische Sozial-
  forschung.
- Konzeptspezifikation, Operationalisierung und
  Messung.
- Forschungsdesign und Untersuchungsformen.
- Auswahlverfahren.
- Datenerhebungstechniken.
- Datenaufbereitung, Datenanalyse.
- Anhänge.

Prof. Dr. Rainer Schnell ist seit 1996 Professor für
Methoden der empirischen Sozialforschung an der
Universität Konstanz.

Paul Hill ist Professor für Soziologie am Institut für
Soziologie der RWTH Aachen.

Dr. Elke Esser, Dipl-Sozialwissenschaftlerin, ist
Geschäftsführende Gesellschafterin ACADEMIC
DATA.

Oldenbourg

www.ingramcontent.com/pod-product-compliance
Lightning Source LLC
Chambersburg PA
CBHW061753260326
41914CB00006B/1089